Wilfried Kuhn

Physik

Band I

Lehrerband

Autoren
Ludwig Fontius
Horst Lochhaas

westermann

Wilfried Kuhn Physik Band I Lehrerband

Herausgeber: Wilfried Kuhn

Autoren: Ludwig Fontius
(Wärmelehre, Optik, Elektrizitätslehre, Aufgaben und Lösungen)
Horst Lochhaas
(Allgemeiner Teil, Wärmelehre, Mechanik, Elektrische Arbeit, Schwingungen und Wellen, Energie aus dem Atom, Aufgaben und Lösungen)

Aufbau des Werkes

Sekundarstufe 1:

Physik/Chemie 5/6	ISBN 3-14-151100-4
Lehrerband 5/6	ISBN 3-14-159100-8
Band 1 (Gesamtband)	ISBN 3-14-151021-0
Lehrerband	ISBN 3-14-159021-4
Ausgabe A, 1. Teilband	ISBN 3-14-151027-X
Ausgabe A, 2. Teilband	ISBN 3-14-151029-6
Ausgabe B, 1. Teilband	ISBN 3-14-151037-7
Ausgabe B, 2. Teilband	ISBN 3-14-151039-3

Die Ausgaben A und B sind inhaltsgleich mit dem Gesamtband. Sie unterscheiden sich nur durch die Reihenfolge des Stoffes.

Sekundarstufe 2:

Band II (bish. Ausgabe)	ISBN 3-14-151096-2
(Neuausgabe)	ISBN 3-14-151022-9
Band III A "Mechanik"	ISBN 3-14-151971-4
Band III B "Thermodynamik und Statistik"	ISBN 3-14-151972-2
Band III C "Felder und Ladungen"	ISBN 3-14-151973-0
Band III D "Schwingungen und Wellen"	ISBN 3-14-151974-9
Band III E "Quantenphysik"	ISBN 3-14-151975-7
Lehrerheft zu "Mechanik"	ISBN 3-14-159071-4

© Georg Westermann Verlag,
Druckerei und Kartographische Anstalt GmbH & Co., Braunschweig 1978
Verlagslektor: Jürgen Diem
Layouter: Georg Bieder, Adolf Kahmann
Hersteller: Adolf Kahmann
Zeichnungen: Techn.-Graph. Abteilung Westermann
Gesamtherstellung: Westermann, Braunschweig 1978

ISBN 3-14-159021-4

Inhaltsverzeichnis

1. Allgemeiner Teil 7
 1.1 Bemerkungen zur Gesamtkonzeption des Physikbuches 7
   1.1.1 Didaktische und methodische Konzeption des Buches 7
   1.1.2 Gliederung des Buches 12
   1.1.3 Einsatzmöglichkeiten im Physikunterricht 14
 1.2 Didaktische und methodische Bemerkungen 17
   1.2.1 Zur Aufgabe des Physikunterrichts in der Sekundarstufe I 17
   1.2.2 Die physikalische Methode 20
   1.2.3 Begriffsbildung 26
   1.2.4 Modellvorstellungen in der Physik 37
   1.2.5 Physik und Technik 48
   1.2.6 Differenzierung 51

2. Lösungen und Hinweise zu den Aufgaben 55
 2.1 Einführung und Wärmelehre 55
 2.2 Optik 58
 2.3 Magnetismus und Elektrizitätslehre 64
 2.4 Mechanik 72
 2.5 Elektrische Arbeit, Einfache Bewegungen, Schwingungen und Wellen, Energie aus dem Atom 84

3. Hinweise zu den einzelnen Unterrichtseinheiten 87
 3.1 Einführung und Wärmelehre 90
   3.1.1 Allgemeine Hinweise 90
   3.1.2 Hinweise zu den Lerneinheiten 93
   3.1.3 Unterrichtsbeispiel 120
   3.1.4 Literatur 122
 3.2 Optik 123
   3.2.1 Allgemeine Hinweise 123
   3.2.2 Hinweise zu den Lerneinheiten 126
   3.2.3 Unterrichtsbeispiel 166
   3.2.4 Literatur 168
 3.3 Magnetismus und Elektrizitätslehre 169
   3.3.1 Allgemeine Hinweise 169
   3.3.2 Hinweise zu den Lerneinheiten 177
   3.3.3 Unterrichtsbeispiele 257
   3.3.4 Literatur 263
 3.4 Mechanik 264
   3.4.1 Allgemeine Hinweise 264
   3.4.2 Hinweise zu den Lerneinheiten 270
   3.4.3 Unterrichtsbeispiel 369
   3.4.4 Literatur 372
 3.5 Elektrische Arbeit, Einfache Bewegungen, Schwingungen und Wellen, Energie aus dem Atom 376
   3.5.1 Allgemeine Hinweise 376
   3.5.2 Hinweise zu den Lerneinheiten 379
   3.5.3 Unterrichtsbeispiel 418
   3.5.4 Literatur 419

Vorwort

Der Lehrer steht bei der Unterrichtsvorbereitung vor dem schwierigen Problem, sehr komplexe, vielfach miteinander verwobene Sachverhalte, Phänomene, Begriffe und Modelle in eine sinnvolle Abfolge von Unterrichtsabschnitten zu bringen. Gleichzeitig muß er die durch die Lehrpläne seines Landes gestellten Bedingungen berücksichtigen.

Ziel des Lehrerbandes ist es, Hilfen für diese Unterrichtsvorbereitung zu geben.

Dies geschieht auf zweierlei Weisen. Zum einen werden im Teil 3 zu den einzelnen Unterrichtseinheiten des Schülerbuchs ausführliche Hinweise gegeben, zum anderen werden im Teil 1 auch grundsätzliche Probleme des physikalischen Unterrichts auf der Sekundarstufe I erörtert.

Der Lehrerband begründet und beschreibt die Zielsetzungen und die methodische Gestaltung des Schülerbuches. Er vermittelt dabei den Physiklehrern verschiedener Schulformen und insbesondere Referendaren sehr viele Anregungen und unterrichtspraktische Hilfen.

Im "Allgemeinen Teil" enthält er Gedanken

- zur Aufgabe des Physikunterrichts in der Sekundarstufe I, auch zur Frage: Wozu sollen Schüler Physik lernen?
- zur physikalischen Methode, insbesondere zu dem Problem, ob die "Physikalische Methode" auch methodisches Prinzip des physikalischen Unterrichts sein kann.
- zur Begriffsbildung. Physik lernen heißt vor allem auch Erlernen einer Begriffssprache. Deshalb wird die Bildung physikalischer Begriffe sehr ausführlich dargestellt.
- zur Modellvorstellungen in der Physik. Der Modellbegriff spielt im heutigen wissenschaftlichen Sprachgebrauch eine bedeutende Rolle. Es wird dargelegt, inwieweit der Physikunterricht zum sachgerechten Umgang mit Modellvorstellungen beitragen kann.
- zur Wechselwirkung von Physik und Technik.
- zur Differenzierung. Hier werden zunächst Formen der Differenzierung beschrieben und das Differenzierungsangebot im Lehrbuch erläutert.

Aber auch der spezielle Teil, der sich eng an die Gliederung des Lehrbuchs anlehnt, enthält viele fachmethodische und unterrichtsmethodische Überlegungen und Vorschläge zu den einzelnen Themen, die im Unterricht behandelt werden. So erfährt der Lehrer etwas zum Problem der didaktischen Begründung und Auswahl von Lerninhalten und zum Problem der Elementarisierung; er erhält Anregungen zur Bildung von Schwerpunkten, methodische Hilfen und Hinweise zur Versuchstechnik.

Die "Hinweise zu den einzelnen Unterrichtseinheiten" bestehen aus

- den Vorbemerkungen. In diesen werden Zielsetzung, methodischer Aufbau der betreffenden Unterrichtseinheit und einige Möglichkeiten zur Schwerpunktbildung erörtert. Die Vorbemerkungen charakterisieren wesentliche Merkmale der Unterrichtseinheit.

- den Bemerkungen zu den einzelnen Themen. Sie enthalten sachliche und methodische Hinweise für den Lehrer und Hinweise zur Versuchstechnik. Eine Hauptaufgabe bei der Unterrichtsvorbereitung ist die Sachanalyse, die jeder methodischen Aufbereitung eines Unterrichtsgegenstandes vorauszugehen hat. Gerade hierzu werden viele Anregungen gegeben und durch Lehrerinformationen ergänzt. Die Arbeit des Lehrers wird erleichtert, wenn auch der theoretische Hintergrund beleuchtet wird, was an vielen Stellen geschehen ist.

- ergänzende Aufgaben und Fragen. Neben den Lösungen und Hinweisen zu den Aufgaben, die im Schülerbuch gestellt und im Teil 2 zu finden sind, werden zahlreiche neue Aufgaben unterschiedlichen Schwierigkeitsgrades angeboten. Jeder Lehrer weiß, wie wichtig sie für das Verständnis physikalischer Zusammenhänge sind. Einsicht allein genügt nicht. Vertrautheit mit den Sachverhalten läßt sich nur gewinnen durch ständiges Üben. Sicherheit im Umgang mit den erlernten Begriffen und Verfahren ist eine Forderung, die nicht nur von den Universitäten, sondern z.B. auch von der gewerblichen Wirtschaft erhoben wird. Das große Angebot an Aufgaben und Fragen ermöglicht dem Lehrer, die jeweils für den Unterricht geeigneten auszuwählen.

– einer Zusammenstellung audiovisueller Hilfsmittel. Der Begriff "audiovisuelle Hilfsmittel" wird hier umfassend gebraucht im Sinne von auditiven oder visuellen Trägern von Informationen. Deshalb werden in der Zusammenstellung nicht nur Filme mit und ohne Ton, sondern auch Wandtafeln, Bildtafeln, Dias und Arbeitstransparente aufgeführt.

Die Fülle des auf dem Markt angebotenen Materials machte es unmöglich, auch eine Bewertung der einzelnen Hilfsmittel zu geben. Wo dies möglich war, wurde in den "Bemerkungen zu den einzelnen Themen" darauf hingewiesen.

Ein Lehrbuch der Schulphysik kann sich heute nicht darauf beschränken, eine rein systematische Wiedergabe physikalischer Fakten und Gesetzmäßigkeiten zu bringen. Es muß methodisch gestaltet sein. Trotzdem kann der Unterricht nicht immer genau dem Buch folgen. Dies ist bedingt durch die unterschiedlichen Lehrpläne in den einzelnen Bundesländern und vor allem durch die jeweils gegebene Unterrichtssituation. Interesse und Vorkenntnisse der Schüler, Ausstattung der Schule und die vom Lehrer gewählte Unterrichtsform (Klassenunterricht, Gruppenarbeit, Möglichkeiten zu Schülerübungen u. a. m.) bestimmen weitgehend den Ablauf des Unterrichts. Man muß auch zugeben, daß es keinen Weg gibt, der für sich beanspruchen könnte, der einzig mögliche zu sein. Neben der weit verbreiteten Form des problemorientierten Unterrichts haben auch der Lehrervortrag, das Schülerreferat oder ein sehr straff geführter Unterricht in fragend-entwickelnder Form ihre Berechtigung.

Im Lehrerband werden deshalb exemplarisch einige Unterrichtsbeispiele genauer beschrieben, und zwar zu jedem der Blöcke "Einführung und Wärmelehre", "Optik", "Magnetismus und Elektrizitätslehre", "Mechanik" und "Elektrische Arbeit, Einfache Bewegungen, Schwingungen und Wellen, Energie aus dem Atom" höchstens zwei Beispiele. In ihnen werden mögliche Unterrichtsabläufe skizziert.

Darüber hinaus enthalten auch die "Bemerkungen zu den einzelnen Themen" gezielt Hinweise zur Unterrichtsgestaltung. Am Beispiel der Wetterkunde wird eine 8-stündige Unterrichtsreihe dargestellt, in der im Gegensatz zum Schülerbuch Grundtatsachen der Wetterkunde in einem geschlossenen Lehrgang vermittelt werden können. In der Lerneinheit 12 zur Elektrizitätslehre findet sich der Entwurf eines pragmatischen Lehrgangs über die Einführung elektronischer Bauelemente und ihrer technischen Anwendungen als verkürzende Alternative zur Darstellung des Themas im Lehrbuch.

Das Schülerbuch weicht in mancher Hinsicht in der Art der Darstellung und der Aufmachung von anderen Physiklehrbüchern ab. Im ersten Teil des Lehrerhandbuches wird deshalb die didaktische und methodische Konzeption des Physikbuchs ausführlich dargelegt. Im einzelnen werden behandelt die

- angebotene Differenzierung,
- neu aufgenommenen Inhalte,
- Einarbeitung der gesetzlichen Einheiten,
- methodische Aufbereitung des Schülerbuchs,
- Funktion der Bebilderung,
- Konzeption als Arbeitsbuch,
- Berücksichtigung der physikalischen Methode,
- historische Dimension und
- der Bezug zur Technik.

Ausführliche Literaturverzeichnisse sollen Anregung zur Weiterarbeit geben.

Ein Hauptanliegen des Schülerbuchs ist ebenfalls Leitlinie des Lehrerbandes: Der Physikunterricht darf sich nicht auf die Vermittlung von Faktenkenntnissen beschränken, er hat auch durch geistige Verarbeitung ein schüleradäquates Verstehen zu lehren. Dieses vollzieht sich stufenweise im Erkennen von phänomenologischen Zusammenhängen und prinzipiellen Gemeinsamkeiten der Erscheinungen, die schließlich auch zum Ausbau von umfassenden Modellvorstellungen und Theorien führen.

Dank gilt Herrn Prof. Dr. G. Schwarz, Gießen, für seine Hilfe bei der Gestaltung des Kapitels "Elektrizitätsleitung" in metallischen Leitern" im Schülerbuch und der entsprechenden Abschnitte im Lehrerhandbuch. Dank auch Herrn Prof. Dr. K. Schäfer, Kassel, der im Lehrerhandbuch wesentliche Teile der Abschnitte über "Modellvorstellungen in der Physik" und "Atommodelle" schrieb. Herrn Studiendirektor Rudolf Gerhard danken wir für zahlreiche kritische Anmerkungen und Vorschläge zum Schüler- und Lehrerhandbuch.

Herausgeber und Verfasser

Lehrmittelfirmen

Baader Planetarium KG
Hartelstr. 30
8000 München 21

Walter Bender oHG und Erhard Bender
Elektronik
Krottorfer Str. 24
5905 Freudenberg

CONATEX Dipl.-Ing. L. Colbus GmbH
Alsfassenerstr. 56
6690 St. Wendel

Dr. Max Clemenz Nachf.
Technisch-Physikalische Werkstätten
Escher Str. 117
5000 Köln 60

Walter Dittel GmbH, Luftfahrtgerätebau
Erpftinger Str. 36
8910 Landsberg/Neuerpfting

Ealing GmbH
Postfach 1226
6128 Höchst

Elfna-Ingenieurbüro GmbH
Stromversorgungsgeräte
Vorstadt 13
6370 Oberursel

Experimenta KG Gambke GmbH & Co
Gneisenaustr. 33
1000 Berlin 61

Erich Eydam
Feldstr. 5-7
2300 Kiel

Gesellschaft für Regelungstechnik und
Simulationstechnik mbH
Darmstädter Str. 1
6100 Darmstadt 12

Lehrmittelverlag Hagemann, Hadü-Lehrmittel
Karlstr. 20
4000 Düsseldorf

Kinderman & Co. GmbH
Tückelhäuser Str. 41, Postfach
8703 Ochsenfurt

Dr. Kröncke KG
Am Schützenplatz 5
3000 Hannover 73

Ernst Leitz Wetzlar GmbH
Postfach 2020
6330 Wetzlar

Leybold-Heraeus GmbH & Co.
Bonner Str. 504
5000 Köln 1

Ing.-Büro L. Maass MAPHY
Natte 1
5758 Fröndenberg-Strickerdicke

Mauer, Lehrmittel und Labortechnik
Hofheimer Str. 57
6239 Lorsbach/Taunus

Mettler-Waagen GmbH
Ockerweg 3
6300 Gießen 2

NEVA Dr. Vatter KG
Heidenheimer Str. 79
7340 Geislingen

OHAUS
Waagen für Industrie,
Unterricht und Wissenschaft
Bergerstr. 289
6000 Frankfurt 60

PEK-Electronic
Dr. Ing. Paul E. Klein GmbH
Postfach 240
7992 Tettnang

PHYWE AG
Levinstr. 1
3400 Göttingen

RATEC
Körberstr. 15
6000 Frankfurt a. M. 50

Hugo Sachs Elektronik KG
7801 March-Hugstetten

Sartorius-Werke
Weender Landstr. 94-108
3400 Göttingen

H. T. Schmidt
Astronomische Geräte
Steinweg 5
6000 Frankfurt

Spindler & Hoyer KG
Königsallee 23
3400 Göttingen

Albin Sprenger KG
Mühlenstr. 47
3424 St. Andreasberg

Technowa GmbH
Breite Str. 110
4040 Neuss

Vogel
Stromversorgungsgeräte für Schulen
Feldstr. 22-24
4200 Oberhausen

Carl Zeiss
Carl-Zeiss-Straße
7082 Oberkochen

1. Allgemeiner Teil

1.1 Bemerkung zur Gesamtkonzeption des Physikbuchs

1.1.1 Didaktische und methodische Konzeption des Buchs

Die Neubearbeitung des Physikbuchs von Kuhn soll der veränderten pädagogischen Situation und den daraus resultierenden unterrichtspraktischen Forderungen gerecht werden. Es wendet sich an die Sekundarstufe I und an Schulen mit einem differenzierten Unterrichtsangebot, also an Gymnasien, Realschulen und Gesamtschulen.

Entsprechend dieser Zielsetzung wurde das bisherige didaktisch-methodische Konzept des Buches erweitert und ergänzt.

Differenzierung

Dem Lehrer müssen für die verschiedenen Organisationsformen von Unterricht alternative Möglichkeiten zur Differenzierung angeboten werden. Aus diesem Grund enthält das Lehrbuch drei verschiedene Lehrgänge (Fundamentum, 1. Erweiterung, 2. Erweiterung) mit unterschiedlichem Anspruch. Die einzelnen Lehrgänge und Teile davon können auch miteinander kombiniert werden (s. 1.1.2).

Das Differenzierungsangebot erleichtert nicht nur dem Lehrer die Auswahl von Unterrichtsgegenständen, sondern gewährleistet auch eine optimale Anpassung an die unterschiedlichen Lehrpläne der Länder. Näheres hierzu wird in einem der folgenden Abschnitte gebracht.

Neue Inhalte

Geht man davon aus, daß es "Aufgabe der Schule ist, dem Menschen zu helfen, sich in der heutigen komplizierten Welt zurechtzufinden, diese zu verstehen und mitzugestalten" (1), dann muß die Schule Gegenstände, Arbeitsweisen und Denkweisen jener Wissenschaften, die an der Veränderung der Welt maßgeblichen Anteil haben, den Schülern nahebringen.

Neben der Vermittlung von Fähigkeiten und Fertigkeiten wie Beobachten, Beschreiben, Klassifizieren, Systematisieren u. a. m. hat demnach der Physikunterricht die Aufgabe, ein strukturiertes Grundwissen von elementaren Naturerscheinungen und von den notwendigen Grundlagen für das Verständnis technischer Anwendungen zu vermitteln (vgl. z. B. (2), (3)).

Wissenschaft und Technik entwickeln sich ständig weiter. Viele ihrer Erkenntnisse und Produkte gehören schon nach kurzer Zeit zur technischen Umwelt der Schüler. Man denke nur an die Halbleiterbauelemente oder auch an die wachsende Anzahl der Kernkraftwerke. Die Schule kann diese Entwicklungen nicht ignorieren.

So ist es unausbleiblich, daß auch in der Sekundarstufe I neue Inhalte aufgenommen oder bisher behandelte Stoffgebiete neu durchdacht werden müssen.

Selbstverständlich entscheidet bei der Auswahl dieser Inhalte nicht nur die Aktualität, sondern es müssen noch weitere Kriterien angewandt werden.

Solche Kriterien sind z. B.:
- die Eignung des Stoffs für Schülerübungen,
- das Vorhandensein experimenteller Hilfsmittel,
- die Elementarisierbarkeit des Stoffbereichs u. a. m.

Sollen neue Stoffgebiete aufgenommen werden, dann müssen andere mit dem Ziel der Stoffbeschränkung gekürzt werden oder sogar ganz wegfallen.

So wurden die Abschnitte über den Schleifenoszillografen oder den Funkeninduktor ganz gestrichen. Die Kolbendampfmaschine ist praktisch nur noch von historischem Interesse und hat deshalb einen anderen didaktischen Stellenwert. Auch hier konnte gekürzt werden. An vielen Stellen konnte so der bisher im Kuhn angebotene Stoff gestrafft oder im Umfang verringert werden.

Die Wetterkunde erscheint in der Neubearbeitung nicht mehr als geschlossenes Gebiet. Wesentliche Abschnitte wurden an geeigneten Stellen eingeordnet.

Neu aufgenommen wurden:
- Elektrizitätsleitung in Halbleitern,
- Elektronische Bauelemente und ihre technische Anwendungen,
- Grundlagen der Schaltalgebra,
- Energie aus dem Atom,

Bemerkungen zur Gesamtkonzeption des Physikbuchs

- Grundtatsachen zur Kreisbewegung und
- Elektromagnetische Schwingungen und Wellen.

Der Umfang des Physikbuchs liegt trotz der neu aufgenommenen Inhalte durch eine gleichzeitig durchgeführte Stoffbeschränkung mit 368 Seiten noch unterhalb der Umfänge der meisten übrigen überregionalen Physikbücher.

Gelegentlich wird mehr geboten, als es die Lehrpläne des einen oder anderen Bundeslandes fordern.

Dies kann nur als Vorteil gewertet werden, da die aufgeführten Inhalte dem natürlichen Interesse des Schülers an modernen technischen Dingen entgegenkommen.

Da diese Information im Rahmen eines Physikbuches gegeben wird, läßt sie sich gut in die gesamte Unterrichtsarbeit einordnen, zumal die Akzente vom Sensationellen mehr zum prinzipiell Physikalischen verschoben werden.

SI-Einheiten

In der Neubearbeitung werden die gesetzlichen Einheiten konsequent verwendet. Dies ist nicht so selbstverständlich, wie es vielen erscheinen mag. Das SI-System ist Ergebnis einer langen Entwicklung. In den Definitionen der Basisgrößen und Basiseinheiten spiegelt sich deshalb der gegenwärtige Stand der Wissenschaft wieder. Dabei wird keine Rücksicht genommen auf didaktische Gesichtspunkte. Man denke nur an die Definitionen der Stromstärkeeinheit oder der Längeneinheit. Im Grunde kann man das moderne Begriffssystem nur verstehen, wenn man schon tief in die Physik eingedrungen ist. Es wäre eine Schein-Modernisierung, wenn die Definitionen der SI-Einheiten und der übrigen gesetzlichen, auf den SI-Einheiten aufbauenden Einheiten wie z. B. des Newton oder des Joule in ein Physikbuch aufgenommen würden, ohne eine gründliche Verankerung in den Fakten, die zum Begriffsinhalt gehören. Wesentliche Teile des modernen Begriffssystems sind Ziel des physikalischen Unterrichts, nicht Ausgangspunkt. Schulbücher wenden sich an junge Menschen, die erst in die Physik eingeführt werden sollen und eine positive Einstellung zur Physik erhalten sollen. Deshalb werden im Sinne einer allmählichen Ausschärfung der Begriffe Wege vorgeschlagen, wie man ohne eine Überforderung der Schüler zu den gesetzlichen Einheiten vordringen kann. Dabei ist das Hauptziel dieses methodischen Konzepts, den Schülern den Prozeß der physikalischen Begriffsbildung an vielen geeigneten Beispielen zu verdeutlichen.

Methodische Aufbereitung

Die Schwierigkeit, einen Lehrgang zu entwerfen, besteht in der Physik darin, sehr komplexe, vielfach miteinander verwobene und vernetzte Sachverhalte, Phänomene, Begriffe und Modelle zu linearisieren, also in eine sinnvolle Abfolge von zeitlich aufeinanderfolgenden Unterrichtsabschnitten zu bringen.

Diese methodische Schwierigkeit, das dem heutigen Stande der Wissenschaft entsprechende System dem Schüler nahezubringen, wird durch das folgende Zitat von Pierre Duhem deutlich:

"Die Logik gibt dem Lehrer, der die Hypothesen, auf welche die physikalischen Theorien gegründet sind, darlegen will, nicht mehr Anhaltspunkte als dem Forscher. Sie lehrt ihn bloß, daß die Gesamtheit physikalischer Hypothesen ein System von Prinzipien bilde, dessen Konsequenzen die Gesamtheit der durch die Experimentatoren festgestellten Gesetze darstellen sollen. Daher würde eine wirklich logische Darstellung der Physik vor allem mit einer Aufzählung aller Hypothesen, von denen die verschiedenartigen Theorien Gebrauch machen, sodann mit der Ableitung einer Fülle von Folgerungen aus diesen Hypothesen fortfahren und schließlich mit der Konfrontation dieser Menge von Folgerungen mit der Menge der experimentellen Gesetze, die sie darstellen sollen, schließen. Es ist klar, daß eine solche Art der Darlegung, die allein logisch wäre, absolut undurchführbar ist; es ist daher gewiß, daß der Unterricht nie in einer Form gegeben werden kann, die unter dem Gesichtspunkt der Logik einwandfrei wäre; eine jede Darlegung der physikalischen Theorien hat wesentlich ein Kompromiß zwischen den Forderungen der Logik und den intellektuellen Bedürfnissen der Studierenden zu sein ...
Diese praktische Unmöglichkeit, das System der Physik in der Form, wie es die logische Strenge verlangen würde, darzulegen, diese Notwendigkeit, eine Art Gleichgewicht zwischen dem, was diese Strenge fordert, und dem, was die Intelligenz des Schülers aufnehmen kann, herzustellen, machen den Unterricht in dieser Wissenschaft so außerordentlich heikel ...
... der Schüler muß wissen, daß der stark lückenhafte und unvollständige Unterricht, mit dem er sich zufrieden geben muß, in seinem Kopf nicht falsche Vorstellungen weckt. Der Kampf gegen falsche Vorstellungen, die sich in einem derartigen Unterricht so schnell einschleichen, muß daher die ständige Sorge des Lehrers sein." (4)

Wollte man z. B. das heutige Begriffssystem der Physik dem Unterricht von vornherein zugrundelegen, so wären die Schüler überfordert,

Didaktische und methodische Konzeption des Buches

da man dieses nur verstehen kann, wenn man schon tief in die Physik eingedrungen ist. Ebenso ist es nicht möglich, den Physikunterricht mit den Hypothesen zum Aufbau der Körper zu beginnen, ohne daß bereits entsprechende Erfahrungen vorliegen.

Duhem fragt noch, wie der Lehrer den Gefahren seines Unterrichts begegnen könne. Er kommt zu dem Schluß, daß die richtige Methode die sei, in der der Lehrer in der intellektuellen Bildung des einzelnen Menschen den Fortschritt nachahme, durch den sich die menschliche Wissenschaft gebildet habe. Damit soll nicht behauptet werden, daß die geschichtliche Entwicklung der Physik auch den Weg vorzeichnet, wie man Physik erlernen müsse. Eine solche Auffassung wird in dem vorliegenden Buch nicht realisiert. Allerdings bietet die Geschichte der Physik und der Technik sehr viele Hilfen. Wir kommen darauf später noch einmal zurück.

Es scheint heute unumstritten, daß auch in einem Lehrbuch der Physik die "Bedingungen des menschlichen Lernens stufenweise" (5) aufgebaut werden müssen. Für ein Lehrbuch stellt sich darüber hinaus noch das Problem, daß es flexibel eingesetzt werden muß. Es soll den Lehrer methodisch nicht gängeln, andererseits soll es aber auch kein bloßes Nachschlagewerk sein.

Geht man von dem wichtigsten Ziel eines Physikbuchs aus, physikalische Tätigkeiten bei den Schülern in Gang zu setzen, so kann dies nur durch eine dem Schüler angemessene Problemstellung und Motivation geschehen. Dabei werden im Sinne einer fortlaufenden Motivationskette ganze Bereiche allmählich erarbeitet.

Möchte der Lehrer einen anderen Weg wählen als den im Buch dargestellten, so ist dies ohne weiteres möglich. Die im Buch angebotene Differenzierung erleichtert dies, da durch die Einteilung in Fundamentum, 1. Erweiterung und zweite Erweiterung einzelne Abschnitte früher erarbeitet werden können, als dies die im Buch vorgeschlagene Reihenfolge vorsieht, wenn man sich zunächst auf das Fundamentum beschränkt.

Die entwickelnde Methode und der gestufte Aufbau jeder einzelnen Lernsequenz ermöglicht es dem Schüler, auch dann in einen physikalischen Sachverhalt einzudringen, wenn dieser im Unterricht auf andere Weise oder nicht behandelt wird.

Darüber hinaus kann der Schüler das im Unterricht Erarbeitete anhand des Buchs in grössere Zusammenhänge einordnen. Dies trifft besonders für den Übungsunterricht zu, da hier nicht immer die für zusammenfassende Unterrichtsgespräche notwendige Zeit zur Verfügung steht.

Vorschläge für den Einsatz des Physikbuchs im Unterricht werden im Kapitel 1.1.3 gemacht.

Die entwickelnde Darstellung beinhaltet nicht nur eine allmähliche Ausschärfung der Begriffe, sondern auch, daß Inhalte, Methoden und Begriffe auf verschiedenen Ebenen und mit verschiedenem Anspruch immer wieder aufgegriffen werden (Spiralcurriculum). So tritt z. B. der Begriff der Wärme in drei verschiedenen Ebenen auf. In der Einführung wird die umgangssprachliche Bedeutung von "Wärme" abgegrenzt gegenüber dem Temperaturbegriff und eingeengt auf die Beschreibung bestimmter Wärmevorgänge (Ebene der Sprachregelung). Um eine stoffliche Interpretation dieses Wärmebegriffs zu vermeiden, wird gleichzeitig das Teilchenmodell erarbeitet und zur Erklärung von Wärmeerscheinungen benutzt (Ebene der modellmäßigen Beschreibung). Diese Darstellung erleichtert den späteren Übergang zum übergeordneten Begriff der Energie. Die begriffliche Ebene wird in der Mechanik angesteuert. Hier erhält der Energiebegriff eine zentrale Stellung. Der Begriff der Wärmemenge kann jetzt erst strukturgerecht eingeführt werden, da grundlegende mechanische Begriffsbildungen vorausgegangen sind. Ähnliches gilt auch für andere Begriffsbildung (s. auch 1.2.2).

Aber auch für die Gestaltung des Unterrichts bietet das Buch methodische Hilfen und Anregungen, und zwar nicht nur durch die ca. 750 ausführlich beschriebenen Experimente, sondern auch durch die Art und Weise, wie jeweils zur Problemstellung hingeführt wird. Das Buch verfolgt hierbei kein starres Schema. Als motivierende Zugänge dienen z. B. ein technisches Gerät, ein interessantes Natur- oder Laborphänomen, eine Problemstellung, historische Zusammenhänge u. a. m. Diese Anregungen sollen in weiteren Kapiteln dieses Lehrerheftes ergänzt werden.

Die meisten Experimente sind als Schülerversuche möglich. Die Kennzeichnung erfolgt in den erwähnten Ergänzungen.

Alle Experimente wurden von den Autoren selbst durchgeführt, die Messungen und Meßergebnisse sind nicht rekonstruiert, sondern im Unterricht gewonnen worden. Auch die Fotos geben Versuche wieder, die tatsächlich durchgeführt wurden.

Bemerkungen zur Gesamtkonzeption des Physikbuchs

In vielen Lehrplänen wird gefordert, daß der Versuch zum Kernstück des Physikunterrichts gemacht werden soll, wobei der Schwerpunkt des experimentellen Unterrichts in der geistigen Verarbeitung der Versuchsergebnisse liegen soll. Hier bietet das Physikbuch mit den vielen Versuchen eine gute Arbeitsgrundlage, zumal der Weg, wie man zu physikalischen Erkenntnissen gelangt, stets im Mittelpunkt der Betrachtung steht. Notwendige Mitteilungen werden sorgfältig von dem getrennt, was durch die experimentelle Erfahrung nahegelegt oder im Unterricht überprüft werden kann.

Neue Bebilderung

Der neue Kuhn verwendet in sehr viel stärkerem Maße, als es in früheren Auflagen der Fall war, grafische Hilfsmittel und Bilder. So wurden neben grafischen Darstellungen, Veranschaulichungen von physikalischen Zusammenhängen und Prinzipzeichnungen sehr viele Farbfotos von technischen Gegenständen, Versuchsanordnungen und Naturerscheinungen aufgenommen. Damit wird die visuelle Aufnahmebereitschaft der Schüler angesprochen. Der veranschaulichende Unterricht ist wesentlich erfolgreicher als der nicht veranschaulichende (6). Dies trifft natürlich auch für die Darstellungen physikalischer Sachverhalte und Zusammenhänge in einem Buch zu.

Farbfotos von Versuchsanordnungen sind für den Schüler beim Nacharbeiten von Unterrichtsstunden hilfreich. Außerdem geht von diesen Fotos eine stärkere Motivation aus, sich mit dem Gegenstand zu befassen, als von Zeichnungen.

Nicht immer sind aber Fotos die geeigneten Hilfsmittel zur Veranschaulichung. Auf den Abstraktionsschritt, der beim Übergang zur Prinzipzeichnung geleistet werden muß, sollte nicht verzichtet werden. Die Schüler müssen lernen, sich auf das Wesentliche und Prinzipielle zu konzentrieren. Es wäre deshalb nicht zu vertreten, alle Abbildungen durch Fotos oder auch plastische Zeichnungen zu ersetzen. Das Buch enthält 969 Abbildungen, und zwar 388 Fotos und 581 Zeichnungen.

Erfahrungsgemäß neigen Schüler dazu, beim Anfertigen von Zeichnungen oder Versuchsskizzen gerade die unwesentlichen Teile besonders liebevoll zu gestalten (z. B. Stativmaterial oder die züngelnde Flamme bei einem Bunsenbrenner). Auch das Anfertigen einer Prinzipzeichnung muß geübt werden. Das Buch enthält deshalb an vielen Stellen sowohl ein Foto als auch die zugehörige Schemazeichnung.

Schließlich sind in Abbildungen Zusammenhänge oft übersichtlicher wiederzugeben als durch Beschreibungen. Das Wesentliche kann "mit einem Blick" erfaßt werden. In technischen oder naturwissenschaftlichen Darstellungen kann man deshalb auf die Vermittlung von Informationen durch Bilder nicht verzichten.

Dabei spielt das Zusammenwirken von bildhafter und textlicher Information eine große Rolle. Das Erfassen dieser Information bedarf allerdings der Übung. Damit sind auch schon einige Einsatzmöglichkeiten des Buchs im physikalischen Unterricht angedeutet, auf die im nachfolgenden Kapitel näher eingegangen werden soll.

Arbeitsbuch

Das Buch will nicht nur die Physik, sondern auch den Schüler erreichen. Aus diesem Grunde wurde die bewährte Konzeption beibehalten: Es ist als Arbeitsbuch gedacht.

Die betont entwickelnde Methode ist bewußt auf den Schüler abgestellt. Nicht die Vermittlung bloßer Kenntnisse als fertige Erkenntnisse anderer, sondern das Werden der Erkenntnis steht im Mittelpunkt der Betrachtung.

Damit hat der Schüler die Möglichkeit, auch eine von der Behandlung im Unterricht unabhängige Darstellung produktiv nachzuvollziehen. Das Buch will durch diese ausführliche Darstellung und eine gegenüber früheren Auflagen wesentlich verbesserte ansprechende Bebilderung den Schüler zur eigenen weiteren Lektüre einladen. Durch diese Lektüre kann sich der Schüler die in unserem Zeitalter notwendige und ihn interessierende physikalische und technische Information aneignen.

Die Erfahrung zeigt, wie schwer es ist, Klassen-Demonstrationsunterricht, Gruppen-Übungsunterricht und Abschnitte programmierten Unterrichts zu koordinieren. Zusammenfassende Unterrichtsgespräche kommen häufig zu kurz. Hier möchte das Buch helfen.

Der Schüler soll nicht nur den Umgang mit Apparaten, sondern auch ein Lehrbuch allmählich benutzen lernen. Die im vorliegenden Buch gegebene Darstellung ermöglicht es dem Schüler, auch dann in einen physikalischen Sachverhalt einzudringen, wenn dieser im Unterricht nicht behandelt wird. So kann sich der Unterricht auf die wichtigen Grundlagen beschränken, und das Durcharbeiten des einen oder anderen Kapitels den Schülern überlassen. Dabei ist eine Kontrolle darüber wichtig, ob die im Buch entwickelten Zusammenhänge auch wirklich verstanden werden.

Didaktische und methodische Konzeption des Buches

Bei dieser Kontrolle sollen die vielen Aufgaben helfen. Ein Teil dieser Aufgaben ist im Text eingestreut und am Rande durch das Zeichen A hervorgehoben. Diese Aufgaben sollen zum Weiterdenken anregen, aber auch die Eigenkontrolle ermöglichen.

Ein weiterer Teil der Aufgaben befindet sich am Ende eines größeren Abschnitts. Sie sind nach Schwierigkeitsgrad geordnet und dienen zur Einübung erlernter Begriffe und Verfahren.

Wichtige Ergebnisse (Merksätze) sind durch farbige Unterlegungen hervorgehoben, die das Durcharbeiten der einzelnen Abschnitte erleichtern.

Physikalische Methode

Es kann nicht das Ziel eines Physiklehrbuchs sein, einen Überblick über die Gesamtheit des physikalischen Wissens zu geben. Man muß sich darauf beschränken, einige grundlegende Prinzipien, Gesetze und Modelle zu entwickeln, mit deren Hilfe elementare physikalische Erscheinungen verstanden werden können. Eine solche Einführung kann nur gelingen, wenn gleichzeitig die physikalische Methode an vielen Beispielen vermittelt wird.
Nur so läßt sich die Forderung realisieren, daß "jeder Bürger eine substantielles Wissen davon haben (sollte), was z. B. Physiker eigentlich tun und auch was sie nicht tun können" (7).

In der Neubearbeitung wird die physikalische Methode noch viel stärker betont als in der vorhergehenden Auflage. Verwiesen sei z. B. nur auf die Kapitel "Einführung" (W3 bis W16), "Die einfachen Maschinen" (M28 bis M34), "Molekularkinetische Theorie" (M70 bis M75), "Ohmsches Gesetz" (E55 bis E56) und "Rückblick" (A49 bis A50). Auch die Entstehung einer Fachsprache (Definition von Begriffen, Größen; vgl. S. M9, S. M45, S. W17ff.), die Festlegung von Meßverfahren (vgl. S. M6ff.) und die Bedeutung des Experiments (vgl. z.B. W10) werden immer wieder an den verschiedensten Gegenständen ausführlich erläutert.

Die historische Dimension

Ein besonderes Kennzeichen des Kuhn war von Anfang an die Berücksichtigung der historischen Entwicklung von Naturwissenschaft und Technik. Auch die Neubearbeitung bleibt diesem Ziel treu, die Physik als eine werdende und gewordene Wissenschaft aufzuzeigen.

Mit der Kenntnis der physikalischen Methode ist nämlich der Erfolg bei der Lösung physikalischer Probleme noch nicht garantiert. So spielen in der Forschung viele Faktoren mit. Neben Fleiß, Einfallsreichtum und Glück gehören dazu z. B. die Unterstützung durch andere, der Einfluß des Staates, das Interesse der Öffentlichkeit usw. Solche Zusammenhänge kann man sehr viel leichter an historischen Beispielen studieren als an gegenwärtigen.

Die Geschichte von Physik und Technik wird deshalb im Sinne einer Problemgeschichte und Begriffsgeschichte in diesem Buch besonders berücksichtigt. Damit unterscheidet sich das Buch nicht nur von vergleichbaren Schulbüchern, sondern es wird einer alten, bereits in den Meraner Bildungsplänen (1905) erhobenen Forderung entsprochen: "Die Geschichte der Physik ist nicht durch eine beiläufige Erwähnung von Namen und Jahreszahlen, sondern wesentlich dadurch zu berücksichtigen, daß an geeigneten Stellen an historische Fragestellungen und Gedankengängen angeknüpft und auf bedeutsame historische Zusammenhänge hingewiesen wird." (8)

Wir meinen mit S. G. Brush, daß "das Wachstum der wissenschaftlichen Ideen und Theorien, der Vorgang der Ansammlung experimenteller Daten und Techniken und die Wechselbeziehungen zwischen beiden" erfaßt werden sollte, da diese Art der Geschichtsbetrachtung zum Verständnis der Physik selbst beitragen kann. (9) Wir teilen aber nicht seine Auffassung, daß es für einen Physiker nicht sehr wesentlich sei, was jemand wo und wann gemacht habe. Sicher soll man nicht übertreiben, doch kann diese "menschliche Anteilnahme" den Gegenstand durchaus beleben. Sie zeigt darüber hinaus, daß Wissenschaft eine internationale Angelegenheit ist und der Gedankenaustausch eine wesentliche Voraussetzung für einen Fortschritt in der Erkenntnis darstellt.

Schließlich geht es im physikalischen Unterricht nicht nur um Physik, sondern auch um den Menschen, der sich mit Physik beschäftigt.

So hoffen wir, daß die Beschäftigung mit der Geschichte der Naturwissenschaften "sowohl dem Lernenden als auch dem Lehrenden nicht nur unermeßlichen Erfolg und Nutzen bringen, sondern darüber hinaus den weisen Menschen noch mehr Weisheit und all denen, die sich nicht davor verschließen, noch mehr menschliche Anteilnahme schenken" wird. Zudem aber wird "die Beschäftigung mit dieser Wissenschaft für alle, welche die Fähigkeit des Wunderns und Bewunderns noch nicht verlernt haben und frei von überheblichem Zynismus sind, neue Gelegenheiten und Möglichkeiten eröffnen, einige der größten Ruhmestaten der

Bemerkungen zur Gesamtkonzeption des Physikbuchs

Menschheit bewundernd nacherleben zu können." (10)

Die Geschichte der Physik ist auch von <u>didaktisch-methodischer Bedeutung.</u> Toeplitz schreibt:

"Ich sagte mir: alle diese Gegenstände, die heute als kanonisierte Requisiten gelehrt werden, ... und bei denen nirgends die Frage berührt wird: warum so? wie kommt man zu ihnen? alle diese Requisiten also müssen doch einmal Objekte eines spannenden Suchens, einer aufregenden Handlung gewesen sein, nämlich damals, als sie geschaffen wurden. Wenn man an diese Wurzeln der Begriffe zurückginge, würde der Staub der Zeiten, die Schrammen langer Abnutzung von ihnen abfallen, und sie würden wieder als lebensvolle Wesen vor uns erstehen". Und an einer anderen Stelle: "Unerschöpflich kann man so aus der Historie für die didaktische Methode lernen" (11). Diese Hilfe für den Unterricht bietet die Geschichte der Physik in der Begriffsbildung, dem Modellverständnis und in der Bedeutung von Physik und Technik für den Menschen und für die Gesellschaft. Schließlich kann sie Einsicht vermitteln in den komplexen Vorgang, der mit Forschung bezeichnet wird. J. B. Conant meint, daß es durch Fallstudien möglich sei, in die Arbeits- und Denkweisen der Naturwissenschaft einzuführen (12).

<u>Das Arbeiten und Denken in Modellen</u> ist ein Kennzeichen der physikalischen Arbeitsweise. Die Gefahr, daß die Modelle mit dem verwechselt werden, was sie darstellen sollen, ist immer gegeben. Die Eigenschaften von Modellen kann man nur an vielen Beispielen kennenlernen. Auch hier bietet die Geschichte der Physik wesentliche Hilfen. Es gibt sehr viele Fälle, wo in einem bestimmten historischen Stadium zwei oder mehrere konkurrierende Theorien existierten. Die Falsifikation einzelner Theorien bedeutete dann stets einen Fortschritt in der wissenschaftlichen Erkenntnis. In der Schulphysik kam man meist über den sogenannten Dualismus von Welle und Korpuskel oder auch eine Betrachtung des ptolemäischen und kopernikanischen Weltsystems nicht hinaus. Da diese Bereiche der Sekundarstufe II vorbehalten sind, werden in diesem Buch Beispiele diskutiert, die auch für Schüler der Sekundarstufe I zugänglich sind (tierische Elektrizität, Vorstellungen über elektrische Leitungsvorgänge, Wärmestofftheorie, kinetische Theorie der Wärme, horror vacui u. a.)

Bezug zur Technik

Naturwissenschaften und Technik haben die menschliche Gesellschaft stark verändert. Wir stellen dies z. B. fest an der Veränderung der Produktionsmethoden oder an den sozialen Errungenschaften, die erst durch eine hochentwickelte Technik möglich geworden sind. Nicht weniger wichtig ist aber auch der Einfluß auf das gesamte menschliche Denken. Deshalb wird an vielen Stellen des Buchs die <u>Bedeutung von Physik und Technik</u> für den Menschen und für die Gesellschaft hervorgehoben. Dies ist nicht nur im positiven Sinne zu verstehen. Die Entwicklung von Naturwissenschaften und Technik haben Probleme aufgeworfen, die auch im Physikunterricht zur Sprache kommen sollten. So werden z. B. Fragen des Umweltschutzes im Zusammenhang mit der Energieerzeugung (Wärmekraftanlagen, Atomkernenergie) untersucht.

Der Bezug zur Technik wird gegenüber früheren Ausgaben sehr viel stärker betont. Dies geschieht einmal im Hinblick auf die wachsende Bedeutung der Technik, zum anderen auch im Hinblick auf die <u>andersartige Fragestellung der Technik.</u> Bei der Beschäftigung mit technischen Problemen wird das konstruktive Denken gefördert. Der Schüler erfährt, daß beim Lösen technischer Probleme nicht nur physikalische Sachverhalte, sondern z. B. auch ökonomische, gesellschaftspolitische und ökologische Gesichtspunkte berücksichtigt werden müssen (vgl. auch (13), (14).)

Auch in der Bebilderung wurde Wert darauf gelegt, daß neben dem physikalischen Prinzip die technische Ausführung von Geräten und Gegenständen erkannt werden kann. Viele Farbfotos wurden deshalb neu aufgenommen.

1.1.2 Gliederung des Buchs - Reihenfolge der Stoffgebiete

Die Strukturierung des Stoffs wird vielfach noch durch die klassische Einteilung in Mechanik, Akustik, Wärmelehre, Magnetismus, Elektrizitätslehre und Optik vorgenommen. Diese Einteilung wird durch das heute gebräuchliche physikalische Begriffssystem nahegelegt, da grundlegende physikalische Begriffe und Methoden an leicht zugänglichen Gegenständen innerhalb der Mechanik erarbeitet werden können. Außerdem stellt gerade die Mechanik allein drei Basisgrößen, nämlich die Länge, die Zeit und die Masse, auf die sehr viele Größen aus anderen Phänomenbereichen zurückgeführt werden. Selbst die Vereinbarungen zum Grundmeßverfahren für die Temperatur oder die Stromstärke setzen die Kenntnis mechanischer Basisgrößen voraus.

Gliederung des Buches – Reihenfolge der Stoffgebiete

Physikalische Größen sind Erfindungen des menschlichen Geistes (vgl. auch (15)). Es sind ganz verschiedene Begriffssysteme möglich. Bei der Wahl eines Begriffssystems spielen sehr unterschiedliche Faktoren eine Rolle (s. Abschnitt 1.2.2). Schüler der Sekundarstufe I wären zweifellos überfordert, wollte man bereits hier verschiedene Möglichkeiten durchspielen. Es ist deshalb sinnvoll, wenn das in der Schule verwendete oder angestrebte Begriffssystem mit dem weitgehend übereinstimmt, das auch in Wissenschaft und Technik durch internationale Vereinbarungen benutzt wird.

Dies spricht für die oben angegebene Reihenfolge, die mit Mechanik beginnt.

Die in der Mechanik zu erarbeitenden Begriffe liegen aber andererseits auf einem so hohen Abstraktionsniveau, das im Anfangsunterricht nicht erwartet werden kann. Was den Schüler an der Mechanik interessiert, kennt er bereits, was ihn aber interessieren soll, kann er noch nicht verstehen (16).

Dies hat dazu geführt, daß einige Lehrpläne die klassische Einteilung aufgegeben haben und eine andere Reihenfolge der Stoffgebiete angeben.

So erweist sich z. B. die Optik als Ausgangspunkt günstig, da man mit sehr viel weniger physikalischen Größen auskommt als etwa in der Mechanik oder der Elektrizitätslehre. Die mit der Einführung der SI-Einheiten verbundenen Probleme treten hier nicht auf.

Man kann länger, als dies in der Mechanik der Fall ist, im anschaulichen, qualitativen Kennenlernen der Naturerscheinungen bleiben, wobei der Zusammenhang der Phänomene die Inhalte strukturiert. Walter Gerlach sagt:

"Ich halte es für fast vollkommen gleichgültig, an welcher Erscheinung der Unterricht zuerst ansetzt - nur eines darf er nicht: mit dem schematischen oder formalistischen Erkennen der Grundbegriffe, der selbst einfachen Gesetze anfangen. Der Unterricht muß zu ihnen hinführen." (17)

Man kann aber auch mit elementaren Erscheinungen aus der Wärmelehre beginnen, wenn man darauf verzichtet, sofort alle quantitativen Begriffe der Wärmelehre einführen zu wollen.

Entscheidend für einen solchen flexiblen Beginn des Physikunterrichts ist ein <u>gestufter Aufbau der Begriffe.</u>

Im Physikbuch von Kuhn erscheint deshalb die Wärmelehre nicht mehr als ein geschlossenes Kapitel. Das gleiche gilt auch für die Mechanik. Teile davon werden bereits in der Einführung und wesentliche Gebiete (Bewegungen, Kraftbegriff) im letzten Abschnitt behandelt. Nur die optischen und elektrischen Erscheinungen werden in relativ geschlossenen Kapiteln dargestellt.

Die Aufgliederung der Mechanik bietet den Vorteil einer <u>allmählichen Hinführung zum dynamischen Kraftbegriff.</u> Die unmittelbar an der Muskelkraft orientierte erste Stufe führt zum Kraftmesser als einem bereits geeichten Meßinstrument und zu einer pragmatischen Benutzung des Kraftbegriffs. Im letzten Abschnitt wird nach einer Einführung in die einfachen Bewegungen (gleichförmige Bewegung, gleichmäßig beschleunigte Bewegung) der dynamische Kraftbegriff definiert.

Die Überschriften der einzelnen Abschnitte charakterisieren also nur jene Gebiete, die in dem betreffenden Block <u>vorwiegend</u> erarbeitet werden. Mit der beschriebenen Aufteilung klassischer Stoffbereiche ist ein Schritt zu einer strukturellen Neuordnung des traditionellen Unterrichtsstoffs getan.

Wir müssen nicht zuletzt die Vorstellung aufgeben, die Schule sei die einzige Informationsquelle für die Schüler. Diese kommen nicht als "tabula rasa" in den Unterricht. Die Schule darf zu den vielen evtl. vorhandenen meist unklaren Vorstellungen und Begriffen keine weiteren hinzufügen. Diese Gefahr ist aber gegeben, wenn aus einer falsch verstandenen Forderung nach Aktualität oder aus dem Wunsch nach Klärung und Richtigstellung, schwierige und abstrakte Begriffe zu früh im Unterricht gebracht werden.

Ähnliches gilt für Inhalte. Auch hier kann man nicht allen Wünschen gerecht werden. Es ist eine Auswahl notwendig. "Die Schule darf heute nicht annehmen, der Schüler wüßte nichts und müsse in der Schule alles das erlernen, was an orientierendem 'Gehörthaben von etwas' und Reflexionsformeln 'über etwas' üblich ist, wenn man sich in unserem Alltag zurechtfinden will." (18)

Gliederung

Das Buch ist in fünf große Blöcke gegliedert, die durch die Buchstaben und Farben gekennzeichnet sind. Jeder dieser Blöcke ist mit Seite 1 beginnend durchnumeriert.

W Einführung, Wärmelehre 1
O Optik
E Elektrizitätslehre

Bemerkungen zur Gesamtkonzeption des Physikbuchs

M Mechanik, Wärmelehre 2
A Elektrische Arbeit, Bewegungen, Schwingungen und Wellen, Energie aus dem Atom

Um den unterschiedlichen Lehrplänen der einzelnen Bundesländer gerecht zu werden, erscheint das Buch in zwei Aufbindungen, und zwar jeweils in zwei Teilbänden. Die folgende Übersicht zeigt die Aufeinanderfolge der erwähnten fünf großen Abschnitte in den beiden Aufbindungen (Ausgabe A und B):

	1. Teilband	2. Teilband
Ausgabe A	W, O, E_1	E_2, M, A
Ausgabe B	W, M	O, E, A

Außerdem gibt es einen Gesamtband mit der Reihenfolge der Ausgabe A. Die verschiedenartige Anordnung ist möglich, da innerhalb eines jeden Abschnitts die bereits erwähnte inhaltliche und methodische Differenzierung eingearbeitet ist und die einzelnen Blöcke weitgehend unabhängig voneinander sind.

Beschreibung der Lehrgänge

Das Buch enthält drei verschiedene Lehrgänge, die natürlich auch miteinander kombiniert werden können.

Im Grundkurs werden die wichtigsten elementaren physikalischen Erscheinungen und deren technische Anwendungen behandelt. Die einzelnen Erscheinungen werden nicht zusammenhangslos aneinandergereiht, sondern es wird herausgearbeitet, welche Beziehungen zwischen ihnen bestehen. Die physikalische Methode wird an vielen Beispielen erläutert. Auf die Bedeutung von Physik und Technik wird stets Bezug genommen.

Die erste Erweiterung (gekennzeichnet durch einen blauen Strich am linken Rand einer Spalte) vertieft und erweitert die Kenntnisse aus dem Grundkurs. Zum Verständnis sind größere mathematische Kenntnisse nötig. Auch die Bildung physikalischer Begriffe nimmt einen breiten Raum ein.

Geistesgeschichtliche Zusammenhänge und eine noch weitergehende Mathematisierung und modellmäßige Beschreibung finden sich in der zweiten Erweiterung (gekennzeichnet durch einen roten Strich am Rande einer Spalte). Die erste Erweiterung setzt das Fundamentum voraus, die zweite Erweiterung Fundamentum und erste Erweiterung. Das Fundamentum allein bietet eine von den Erweiterungen unabhängige geschlossene Darstellung an. Die Abschnitte über geistesgeschichtliche Zusammenhänge (im allgemeinen durch Kleindruck vom übrigen Text abgesetzt) können ohne Schwierigkeiten als Ergänzung zum Grundkurs gewählt werden.

Durch die angebotene Differenzierung wird dem Lehrer eine Anpassung an den Lehrplan durch Auswahl der Stoffgebiete ermöglicht. Er kann aber auch mit Hilfe des Buchs den Stoff jederzeit vertiefen.

Sollen z. B. Teile der Mechanik bereits im ersten Jahr nach Beginn des Physikunterrichts (Klasse 7 oder 8) behandelt werden, so kann man sich z. B. in Klasse 7 auf die Erarbeitung des Fundamentums beschränken. Die schwierigeren Begriffsbildungen aus den Erweiterungen können dann einer späteren Schulstufe vorbehalten bleiben.

Grundlegende mechanische Begriffe wie Länge, Fläche, Volumen, Zeit und Masse und die zugehörigen Meßverfahren werden in allen Ausgaben bereits in der Einführung (Abschnitt W) erläutert.

Im übrigen sei darauf verwiesen, daß die Entwicklung neuer Curricula eine größere Freiheit gegenüber Stoffen beinhaltet. So heißt es z. B. in den bayerischen "Handreichungen für den Physikunterricht" (19):

"Immer stärker setzt sich in der Lehrplanentwicklung der Gedanke vom Primat der Ziele vor den Stoffen durch. Wir fragen nicht mehr zuerst: Was soll gelehrt (gelernt) werden?, sondern eher wozu soll etwas gelernt werden?. Nur so, hofft man, kann auf die Dauer das schwierige Problem der Stoffüberfütterung gelöst werden.

Auch für die Benützer der Curricularen Lehrpläne gilt daher der Grundsatz: Wir müssen uns vom Diktat der bisherigen Stoffpläne lösen. Wichtig ist vor allem die Zielerreichung; gegenüber den Stoffen besteht größere Freiheit als früher."

1.1.3 Einsatzmöglichkeiten im Physikunterricht

Es dürfte heute Übereinstimmung darüber herrschen, daß das Lehrbuch ein unentbehrliches Hilfsmittel für den physikalischen Unterricht darstellt. Nur vorübergehend hörte man gelegentlich die Ansicht, das Lehrbuch sei durch eine Lose-Blatt-Sammlung, die ständig je nach Unterrichtsfortschritt ergänzt werden müsse, oder durch Schüler-Arbeitsblätter

Einsatzmöglichkeiten im Physikunterricht

zu ersetzen. Diese Hilfsmittel sollten nur Arbeitsanweisungen enthalten, die Ergebnisse sollten von den Schülern selbst eingetragen werden. Arbeitsblätter für Schüler, Versuchsanleitungen und Testbogen können aber die Arbeit mit dem Buch nicht ersetzen, sondern nur ergänzen.

In der zweiten Hälfte des 19. Jh. stellten die Physikbücher nur einen bloßen Abriß der Wissenschaft dar. F. Dannemann begrüßte deshalb im Handbuch für den physikalischen Unterricht 1926, daß die Schulbücher methodisch gestaltet und zu einer mehr entwickelnden oder gar heuristischen Form übergegangen seien (20). Heute wird auch von einem Lehrbuch verlangt, daß es die Bedingungen des Lernens stufenweise aufbaue (5).

Auch die Vorstellungen über den Einsatz des Schulbuchs im Unterricht haben sich stark gewandelt. Lietzmann lehnte eine Verwendung des Buchs im Unterricht weitgehend ab. "Unterricht bei geöffnetem Buch, gleichgültig, ob es sich um die Behandlung eines Lehrsatzes oder einer Aufgabe handelt, ist falsch." Oder: "Das Schulbuch zur Vorbereitung der Schüler auf die Neudurchnahme zu benutzen, halte ich gleichfalls für verfehlt". (21)

Die heutigen Bücher bieten sehr viel Materialien (Tabellen, Grafiken, Fotos u. a. m), die direkt zur Belebung und Ergänzung des im Unterricht Erarbeiteten verwendet werden können. Darüber hinaus wird immer wieder beklagt, daß z. B. Studenten auf der Schule nicht gelernt hätten, mit Büchern zu arbeiten. Das Buch spielt in der Tat im derzeitigen Physikunterricht eine zu geringe Rolle. Möglicherweise liegt dies in dem verständlichen Bestreben begründet, das Unterrichtsgespräch sowie Planung, Aufbau und Durchführung von Experimenten zum Zentrum des Physikunterrichts zu machen.

Man sollte dabei nicht vergessen, daß auch das Arbeiten mit einem Buch geübt werden muß. Gagné sagt:

"Schließlich besteht eine zunehmende Abhängigkeit von gedruckten Medien. Lesen muß gelernt werden. Die Möglichkeiten, die sich für gedruckte Texte bieten, sind sehr groß, und man kann bezweifeln, ob sie bislang schon hinreichend ausgenutzt werden." Und weiter: "Ein erfahrener Wissenschaftler bezieht vielleicht den größten Teil seiner Unterweisung aus den gedruckten Medien von Büchern und wissenschaftlichen Zeitschriften; dennoch findet er es nötig, mit seinen Kollegen die aus Büchern entnommenen Ideen zu diskutieren." (22) Mit diesem Zitat ist auch schon eine weitgehend ungenutzte Möglichkeit angedeutet, von einem Lehrbuch der Physik Gebrauch zu machen und den Erfolg zu sichern.

Für das Physikbuch Kuhn bestehen folgende Einsatzmöglichkeiten:

1. Verwendung in der häuslichen Arbeit
   - zur Nachbereitung des Unterrichts,
   - zur Vorbereitung einer Unterrichtsstunde oder einer ganzen Unterrichtsreihe,
   - als Grundlage für Schülerreferate,
   - zur Wiederholung größerer Unterrichtsabschnitte
   - als Ergänzung und Vertiefung der im Unterricht behandelten Gegenstände.

2. Einsatz im Unterricht
   - als Hilfe bei der Anfertigung schematischer Zeichnungen,
   - bei der Durchführung von Schülerversuchen (Beschreibung von Versuchen, Anleitung zur Durchführung)
   - zum Durcharbeiten einzelner Abschnitte in Einzel- oder Partnerarbeit,
   - bei der Bearbeitung von Aufgaben
   - als Nachschlagewerk (Arbeiten mit dem Sachwortverzeichnis, mit der Formelsammlung)
   - als Grundlage für Diskussionen (Prüfen des Textverständnisses, Aufzeigen von historischen Zusammenhängen, Charakterisierung der physikalischen Methode)
   - zur Illustration (Fotos, Tabellen u. a. m.),

Im Abschnitt 3 "Hinweise zu den einzelnen Unterrichtseinheiten" des Lehrerbandes werden an geeigneten Stellen Hinweise für den Einsatz des Buches gegeben.

Zur Untermauerung der oben angegebenen Möglichkeiten sollen aber bereits an dieser Stelle einige Beispiele genannt werden.

Zu 1): Vorbereitung einer Unterrichtseinheit

Zum Durcharbeiten eignen sich die folgenden Abschnitte: W1.2, W2.1, W2.5.3, W4.1, O1.2, O4.31, O4.36, E1.1, E1.4, E6.2, E7.3, M1.1, M3.1, M4.2.3, M6.4, M6.5, A4.14, A4.12.

Diese häusliche Vorbereitung kann auch verknüpft sein mit kleinen Experimenten und dem Bau einfacher Vorrichtungen. Beispiele: O4, V1; O5, V1; O16, V1; E45, V1 (verbunden mit dem Bau eines einfachen Elektroskops); M4, V4; M4, V5; M20, V2; A30, V2.

Zu 2): Verwendung im Unterricht

Zur Durcharbeit in Partner- oder Einzelarbeit eignen sich z. B. die Seiten E39, E77, M36/37, M25.

Bemerkungen zur Gesamtkonzeption des Physikbuchs

Als Anleitung für die Anfertigung schematischer Zeichnungen durch die Gegenüberstellung von Prinzipzeichnung und Versuchsanordnung können dienen: die Abbildungen W27, 1; W22, 2; E 96, 3.

Zur Illustration von Geräten oder Vorgängen eignen sich:
W22, 1; W29, 1; W32, 1; W32, 2; W35, 4; W40, 1; O1, 1; O7, 5; E43, 1; E44, 6; M13, 1; M12, 1; M18, 2; M26, 4; M28, 1; M55, 3; A35, 1; A39, 1.

Als Unterlage für Schülerversuche im arbeitsteiligen Unterricht oder auch bei Schülerübungen in gleicher Front kann verwendet werden:
z. B. VO6, 1 bis VO6, 6; VW22, 1; VE58, 3; VM7, 1 u. M7, 2; VM14, 1; VM23, 1, VM59, 2 u. a. m.

Literatur

1 Der Hessische Kultusminister: Rahmenrichtlinien für die Sekundarstufe II, Diskussionsentwurf Physik, 1975, S. 1

2 Der Hessische Kultusminister: Rahmenrichtlinien Physik, Sekundarstufe I, 1972, S. 5

3 Der Kultusminister des Landes Nordrhein-Westfalen: Empfehlungen für den Unterricht in der Realschule für das Fach Physik, S. 10 ff.

4 Pierre Duhem: Ziel und Struktur physikalischer Theorien, 1908

5 Robert Gagné: Die Bedingungen des menschlichen Lernens. Darmstadt: Hermann Schroedel Verlag, 1970, S. 27

6 Döring, K. W.: (Hrsg.) Lehr- und Lernmittelforschung, Beltz-Studienbuch. Weinheim: Verlag Julius Beltz, 1972, S. 117 ff.

7 W. Jung: Beiträge zur Didaktik der Physik. Frankfurt: Diesterweg, 1970, S. 12

8 Zitiert nach: Karl Hahn: Methodik des physikalischen Unterrichts. Heidelberg: Quelle & Meyer, 1955, S. 109

9 Brush, S. G.: Kinetische Theorie, Bd. I, Die Natur der Gase und der Wärme. Einführung und Originaltexte. Braunschweig: Vieweg Verlag, 1970, S. 5 u. S. 7 (Wissenschaftliche Taschenbücher, Band 65)

10 Sarton, George: Das Studium der Geschichte der Naturwissenschaften. Frankfurt: Vittorio Klostermann, 1965, S. 70

11 Toeplitz, Otto: Jber. dtsch. Math.-Ver. Bd. 36 (1927), S. 88-100. Abgedruckt in: Toeplitz, O.: Die Entwicklung der Infinitesimalrechnung. Berlin, Göttingen, Heidelberg: Springer Verlag, 1949.

12 Conant, J. B.: On Understanding Science. Princeton 1947

13 Schietzel, C. u. Kalipke, H.: Technik, Natur und exakte Wissenschaft, Teil I. Braunschweig: Georg Westermann Verlag, 1968, S. 45 ff.

14 Weltner, K.: Technik und naturwissenschaftlicher Unterricht. In: MNU, Bd. 24, S. 65

15 Falk, G. u. Ruppel, W.: Mechanik, Relativität, Gravitation. Berlin-Heidelberg-New York, 1973, S. 2 f.

16 Zietz, K.: Kind und physische Welt. Pädagogische Voraussetzungen der Naturlehre in der Volksschule. München: Kösel Verlag, 1955

17 Gerlach, W.: Physik in Geistesgeschichte und Pädagogik, Köln: Aulis Verlag, 1964, S. 79

18 Flitner, W.: Die gymnasiale Oberstufe. Heidelberg: Quelle & Meyer, 1961, S. 46

19 Staatsinstitut für Schulpädagogik, München, Abteilung Gymnasium: Handreichungen für den Physikunterricht in der Kollegstufe, 2. Folge, 1972, S. 2

20 Dannemann, F.: Handbuch für den physikalischen Unterricht. Langensalza: Verlag Julius Beltz, 1926, S. 102 f.

21 Lietzmann, W.: Methodik des mathematischen Unterrichts, Bd. 1, Der Unterricht. Heidelberg: Quelle & Meyer, 1953, S. 125

22 Gagné, R.: a. a. O., S. 224

23 Raufuß, D.: Materialien zur Planung des Unterrichts in Mathematik und Physik auf der Sekundarstufe. Frankfurt: Diesterweg Verlag, 1975

1.2 Didaktische und methodische Bemerkungen

1.2.1 Zur Aufgabe des Physikunterrichts in der Sekundarstufe I

Allgemeine Ziele

In der Vergangenheit wurde zuweilen die Auffassung vertreten, daß aus wenigen, fachübergreifenden Zielen durch ein mathematisch-deduktives Verfahren alle weiteren Teillernziele gefunden werden könnten. Dabei hegte man die Hoffnung, auch fachspezifische Lernziele in dieses Lernzielsystem einzuordnen.(1) Objektive, rational begründbare Methoden sollten an die Stelle subjektiver Entscheidungen treten. Dieser Anspruch ist jedoch nicht einlösbar.(2)

Trotzdem ist die Angabe solch allgemeiner Zielvorstellungen für die Konstruktion von Lehrplänen z.B. erforderlich, da sie den Rahmen abstecken, innerhalb dessen dann die speziellen Ziele des physikalischen Unterrichts formulierbar sind. Solche Ziele, die gleichsam nur die Richtung angeben auf das, was erreicht werden soll, sind:

- Fähigkeit zur Selbstbestimmung,
- Fähigkeit zur Kommunikation und Kooperation,
- Fähigkeit zur Berufswahl,
- Fähigkeit zur kritischen Reflexion der bestehenden Welt,
- Bereitschaft zum Umdenken,
- Fähigkeit zum selbständigen Arbeiten u.a. (vgl. auch 3, 4, 5).

Der Hinweis, daß die Physik einen wertvollen Beitrag zur Erreichung der genannten Ziele leisten kann, genügt nicht, um Physik als Schulfach zu begründen. Wenngleich durchaus im einzelnen nachgewiesen werden kann, worin dieser Beitrag besteht (6), so müssen noch weitere Argumente für eine Verankerung, ja sogar für eine Verstärkung der Physik in der Schule zusammengetragen werden. Im folgenden sollen einige Argumente genannt werden.

Warum Physikunterricht in der Sekundarstufe I?

1. Die Schule hat die Aufgabe, dem Schüler zu helfen, sich in der komplizierten, durch Naturwissenschaft und Technik bestimmten Umwelt zu orientieren, sie zu verstehen und mitzugestalten, z.B. (7). Die Physik darf nicht fehlen, da ihre Ergebnisse, Arbeits- und Denkweisen maßgeblich an der geistigen und materiellen Veränderung der Welt mitgewirkt haben.

2. Die zunehmende Komplexität der Begriffsbildung und der technischen Geräte bringt die Gefahr einer neuen Wissenschaftsgläubigkeit mit sich. Ziel des Physikunterrichts muß es sein, diesem entgegenzuwirken und Wissenschaftsgläubigkeit durch Wissenschaftsverständigkeit zu ersetzen. Technik soll als rational durchschaubar erkannt werden. Große Bedeutung kommt hier gerade dem neu in das Buch aufgenommene Kapitel "Elektronische Bauelemente und ihre technischen Anwendungen" zu.

3. Der Modellbegriff spielt im heutigen wissenschaftlichen Sprachgebrauch eine bedeutende Rolle. Dies gilt zwar insbesondere für die Naturwissenschaften, doch begegnet man ihm auch in den Wirtschaftswissenschaften und der Soziologie (s. auch S. 34). Die Physik eignet sich nun besonders gut zum Studium des Modellbegriffs, da die Eigenschaften von Modellen in der Physik vergleichsweise leicht verstanden werden können.

4. Physik und Technik haben der Menschheit große materielle Segnungen gebracht, aber auch die Möglichkeit zur Selbstvernichtung. Der Physikunterricht muß den Schüler für die drängenden Probleme unserer technisierten Welt sensibilisieren und ihn zu besonderen geistigen Anstrengungen zur Lösung dieser Probleme anregen. (8)

5. Begriffe, Methoden und Ergebnisse der Physik sind für viele andere Wissenschaften und Disziplinen, insbesondere für alle technischen und naturwissenschaftlichen Fachrichtungen und für die Medizin unentbehrlich.

6. In der Physik ist die Mathematisierung im Vergleich zu anderen Wissenschaften am weitesten fortgeschritten, und zwar auf allen Stufen des Anspruchs. Das Quantifizieren, das Metrisieren und das Messen lassen sich in der Physik an elementaren Zusammenhängen verdeutlichen.

7. Die Wechselwirkung zwischen Physik und Technik kann gerade im Physikunterricht gezeigt werden. So gesehen, leistet der Physikunterricht auch einen hervorragenden Beitrag zur notwendigen technischen Bildung.

Didaktische und methodische Bemerkungen

Ziele des physikalischen Unterrichts

Die Aufgabe des Physikunterrichts kann nach dem bisher Gesagten nicht nur darin bestehen, in die Arbeits- und Denkweise der Physik einzuführen, sondern es müssen konkrete Inhalte vermittelt werden. Die angestrebten Ziele sind real nur in ihrer Anwendung auf konkrete Inhalte. Darüber hinaus würde eine Loslösung der physikalischen Arbeitsweise vom Inhalt und eine Beschränkung der Ausbildung auf das methodische Vorgehen nicht nur die eigentliche Triebkraft naturwissenschaftlichen Arbeitens herausschneiden; man würde auch übersehen, daß zur Lösung neuer Probleme auch neuartige Methoden verwendet werden.

Ziel des physikalischen Unterrichts ist also:

> Erarbeiten eines geordneten Wissens von den grundlegenden naturgesetzlichen Zusammenhängen und mathematischen Methoden. Anwenden dieses Wissens auf konkrete Probleme.

Aus der Fülle des Wissens ist eine Auswahl zu treffen. Diese ist festgelegt durch die Lehrpläne. Die Lehrbücher spiegeln diese Auswahl wieder.

Die Inhalte kann man gliedern nach folgenden Gesichtspunkten

> wichtige Phänomene (z. B. Wirkungen des elektrischen Stroms, Induktion),
> physikalische Größen (z. B. Länge, Masse),
> Konzepte der Physik (z. B. Wechselwirkung, Erhaltung),
> physikalische Modelle (Teilchen, Strahlenmodell, Strommodell),
> physikalische Techniken und Verfahren (z. B. Verfahren zur Temperaturmessung),
> physikalische Gesetze (z. B. Reflexionsgesetz),
> physikalische Theorien und Begriffsgebäude (z. B. molekularkinetische Theorie, Gefüge der erarbeiteten physikalischen Größen).

Weitere Ziele des physikalischen Unterrichts betreffen die

- Methoden der Physik,
- Anwendungen physikalischer Kenntnisse und Methoden,
- geschichtliche Dimension,
- gesellschaftliche Dimension.

Auch diese Zielsetzungen lassen sich nur an konkreten Inhalten realisieren. Es ist aber unmöglich, von vornherein zu bestimmen, an welchen Inhalten, in welcher Jahrgangsstufe und in welcher Weise dies geschehen soll, da eine Reihe von Faktoren mitwirken, die nur von dem Lehrer in der jeweiligen Unterrichtssituation berücksichtigt werden können. Nicht zuletzt spielen die äußeren Voraussetzungen wie Klassenstärke, Ausstattung der Schule und die Stundentafeln eine entscheidende Rolle.

Trotzdem ist eine Zusammenstellung von Zielen hilfreich bei der Gestaltung von Unterrichtsreihen. Bei der Vorbereitung kann der Lehrer eine geeignete Auswahl treffen.

Die nachfolgende Übersicht erhebt keinen Anspruch auf Vollständigkeit (vgl. 9, 10).

1. Methoden

1.1 Vorgänge und Objekte unter physikalischen Gesichtspunkten beobachten und beschreiben
1.2 Experimente nach vorgelegtem Plan aufbauen und durchführen
1.3 Messungen durchführen und Versuchsprotokolle erstellen
1.4 Meßdaten in Diagrammen darstellen
1.5 Beziehungen zwischen den Daten einer Meßreihe erkennen und gegebenenfalls mathematisch darstellen
1.6 Verallgemeinerungen aufgrund aufgefundener Zusammenhänge formulieren
1.7 Die Bildung physikalischer Größenbegriffe an Beispielen aufzeigen
1.8 Die Bedeutung des Abstrahierens und Idealisierens für die Erkenntnisgewinnung am Beispiel erläutern
1.9 Eine Arbeitshypothese aufstellen und eine Methode zu ihrer Überprüfung auswählen
1.10 Die Bedeutung von Modellen für die Erkenntnisgewinnung am Beispiel angeben
1.11 Die Eigenschaften von Modellen am Beispiel erläutern
1.12 Veränderung und Weiterentwicklung von Modellen am Beispiel aufzeigen
1.13 Neue Hypothesen aus einem Modell ableiten
1.14 Die deduktive Methode charakterisieren
1.15 Die Qualität einer Aussage (Definition, Gesetz, Hypothese) innerhalb eines Systems von Aussagen beurteilen
1.16 Die black-box-Methode anwenden
1.17 Genauigkeit von Meßwerten und Rechenergebnissen beurteilen, Analogien erkennen.

2. Anwendung physikalischer Erkenntnisse

2.1 Physikalische Begriffe und Gesetze auf neuartige oder bekannte Aufgaben anwenden

Zur Aufgabe des Physikunterrichts

2.2 Anwendung physikalischer Gesetze in der Technik angeben

2.3 Technische Prozesse mit Hilfe physikalischer Kenntnisse analysieren

2.4 Einfache technische Vorrichtungen im Prinzip konstruieren

2.5 Physikalische Kenntnisse auf naturwissenschaftliche Aufgaben außerhalb der Physik anwenden

2.6 Die Wechselwirkung zwischen Physik und Technik am Beispiel darstellen

3. Geschichtliche Dimension der Physik

3.1 Die historische Entwicklung der Physik an einigen Beispielen darlegen

3.2 Beispiele für die Wandlung des Weltbildes durch physikalische Erkenntnisse erläutern

3.3 Beispiele nennen, daß auch in der Physik die Anerkennung neuer Auffassungen durch vorherrschende Lehrmeinungen und wissenschaftliche Vorurteile oft behindert wurde

4. Gesellschaftliche Zusammenhänge

4.1 An historischen Beispielen belegen können, daß zwischen dem Stand naturwissenschaftlicher Forschung in einem Staat und dessen wirtschaftlicher oder politischer Macht ein Zusammenhang besteht

4.2 Die Rückwirkungen physikalischer Erkenntnisse auf gesellschaftliche Entwicklungen an Beispielen erläutern

4.3 Durch Beispiele belegen, in welcher Weise sich die Auswirkungen des naturwissenschaftlichen Fortschritts in unserer Umwelt bemerkbar machen

4.4 Die Notwendigkeit physikalischer Forschung sowie deren Kontrolle erörtern

4.5 Erkennen, daß Physik das Ergebnis der Bemühungen von Menschen aus vielen Nationen und Generationen ist

4.6 Erkennen, daß Naturwissenschaft die Zusammenarbeit und die Verständigung unter Völkern fördern kann (z.B. internationale Zusammenarbeit bei der Erforschung des Wetters und beim Wetterdienst)

4.7 Erkennen, daß der Mensch durch naturwissenschaftliche Erkenntnisse und deren technische Verwertung befreit wird (z.B. durch die segensreiche Erfindung der Brille), aber auch in seiner Freiheit eingeschränkt wird

Selbstverständlich gibt es noch eine Reihe weiterer wichtiger Lernziele, die im Physikunterricht angestrebt werden sollten. Hierzu gehören Ziele wie

- Lernen, Lücken in einem gerade durchgearbeiteten Lehrgang zu erkennen und in ihrem Gewicht einzuschätzen
- Lernen, die aus anderen Informationsquellen stammenden Vorstellungen zu prüfen
- Lernen, Organisation und Durchführung eines Versuchs gemeinsam zu planen
- Lernen, beim Experimentieren Gefahren vorauszusehen und Schäden für sich und andere zu vermeiden

u.a.m.

Diese Ziele können keinem Stoffgebiet zugeordnet werden, sie sollten während des gesamten Unterrichts in der Sekundarstufe I angestrebt werden. Ihre Realisierung hängt z.T. auch von der angebotenen Unterrichtsform ab (z.B. von der Möglichkeit zu Schülerübungen).

Wegen der unterschiedlichen Gegebenheiten in den verschiedenen Bundesländern und wegen der verschiedenen Voraussetzungen an den einzelnen Schulen erscheint es nicht sinnvoll, im vorliegenden Lehrerband zum KUHN detaillierte Lernzielangaben zu den Unterrichtsabschnitten zu machen. Da allein schon die Reihenfolge der Abschnitte verschieden sein kann, hätten Feinlernziele keinen Sinn. Wir beschränken uns daher auf die Kennzeichnung der Zielsetzung eines ganzen Abschnitts und geben für jeden größeren Stoffbereich ein ausgearbeitetes Unterrichtsbeispiel mit den entsprechenden Feinlernzielen an.

Literatur

1 Möller, Bernhard und Christine: Perspektiven der didaktischen Forschung. München 1966, S. 10

2 Blankertz, H.: Theorien und Modelle der Didaktik. München: Juventa Verlag, 1974, S. 153 ff.

3 Jung, Walter: Beiträge zur Didaktik der Physik. Frankfurt: Diesterweg, 1970, S. 14

4 Robinsohn, S.B.: Bildungsreform als Revision des Curriculums. Neuwied, 1967

5 v. Hentig, Hartmut: Allgemeine Lernziele. In: Lernziele der Gesamtschule, Gutachten und Studien der Bildungskommission, hrsg. vom Deutschen Bildungsrat. Stuttgart: Klett Verlag, 1969, S. 17 f.

6 Jung, W.: a.a.O., S. 11 f.

Didaktische und methodische Bemerkungen

7 Der Hess. Kultusminister (Hrsg.): Rahmenrichtlinien, Diskussionsentwurf Sekundarstufe II, Physik, Teil 1. Wiesbaden, 1975

8 Heitler, W.: Der Mensch und die naturwissenschaftliche Erkenntnis. Braunschweig: Vieweg, 1964, S. 2

9 Der Hess. Kultusminister (Hrsg.): Rahmenrichtlinien Physik für die Sekundarstufe I, 1972, S. 5 ff.

10 Heitler, W.: Naturphilosophische Streifzüge. Braunschweig: Vieweg, 1970, S. 77 ff.

1.2.2 Die physikalische Methode

Das geistesgeschichtliche Phänomen "Physik" ist charakterisiert durch die besondere Art der Erkenntnisgewinnung und die entscheidende Stellung des Experiments in diesem Prozeß. Deshalb fordern auch viele Physikdidaktiker, diese physikalische Forschungsmethode zum methodischen Prinzip des physikalischen Unterrichts zu machen.

Um zu dieser Forderung Stellung nehmen zu können, soll zunächst die historische Entwicklung des physikalischen Denkens aufgezeigt werden.

Das Denken der Griechen

Die Griechen gelten im allgemeinen und mit voller Berechtigung als die Begründer der Wissenschaft von der Natur. Sie waren bestrebt, auch eine rationale Erklärung der verschiedenartigen Vorgänge in der Natur mit Hilfe von einheitlichen und allgemeingültigen Prinzipien zu finden. Voraussetzung hierfür war eine Entmythologisierung der Natur, d.h. eine Ablehnung aller anthropomorph gedachten Götter. Parallel hierzu verlief die Entwicklung zu immer abstrakteren Vorstellungen von Gottheiten (Kuhn I, A 49, W 1.2).

Diese Fähigkeit zur Abstraktion ermöglicht es auch den Griechen, zu einer Begriffssprache vorzudringen, wie sie jede wissenschaftliche Sprache darstellt. Ein abstrakter Begriff ist z.B. "Tier". Dieser Begriff wurde erst in der zweiten Hälfte des 5. Jahrhunderts v. Chr. mit einem eigenen Wort, nämlich "Zoon" belegt (3). Ähnlich verhält es sich mit den Begriffen "das Wasser", "das Kalte", "das Warme", "das sich Bewegende", "das Sein" u.a.m. Auf der Suche nach dem Urgrund alles Seins, nach den zugrunde liegenden Prinzipien neigten die Griechen zu einer Überbewertung der Theorie gegenüber der praktischen Anwendung. Das Experiment als prüfende Instanz für eine Theorie spielte bei ihnen eine untergeordnete Rolle. Der Schwerpunkt dessen, was die klassische Kultur zur Naturwissenschaft beitrug, lag nicht auf dem Gebiet der Technik, sondern auf dem Gebiet des spekulativen Denkens.

Umwälzung der Denkmethoden

Unter der Herrschaft der Römer, die das politische Erbe der Griechen übernahmen, zerfällt die Naturwissenschaft. Bei den Römern steht politisches, militärisches und juristisches Denken im Vordergrund; physikalisches Denken tritt trotz ihres Interesses für praktisch-technische Konstruktionen und Bauten in den Hintergrund. Philosophisches Denken ist mehr auf moralisch-ethische Aspekte als auf Erkenntnisprobleme hin zentriert. Auch als das Christentum die römische Welt ablöst, wird naturwissenschaftliche Erkenntnis eher negativ bewertet. So ist z.B. der berühmte Kirchenvater AUGUSTINUS (um 400 n. Chr.) der Meinung, sie beeinträchtige Demut und Streben nach Gott. Dies führte zu einem Niedergang des mathematisch-naturwissenschaftlichen Denkens.

Hüter und Bewahrer der griechischen Tradition wurde im Mittelalter zunächst der Islam, der auf seinen Eroberungszügen auch naturwissenschaftliches Wissen und Methoden der griechischen Naturforscher mit nach Europa brachte.

Der nächste große Schritt in der Entwicklung der Naturwissenschaft geschah dann im 16. und 17. Jahrhundert, gefolgt von einer atemberaubenden Entwicklung bis in die neueste Zeit hinein.

Eine Reihe von Faktoren begünstigte sicherlich diese Entwicklung, so z.B. die sozialen und wirtschaftlichen Bedingungen des 16. und 17. Jahrhunderts (vgl. auch (4)).

Der innere Umbau des wissenschaftlichen Denkens war durch zwei wesentliche Aspekte gekennzeichnet, den <u>experimentellen</u> und den <u>mathematischen</u>. In der Antike war die Mathematik mit gutem Erfolg in der Astronomie, der Optik und der Statik angewandt worden. Im Mittelalter wurde die Dynamik hinzugefügt. Die erfolgreiche Anwendung der Mathematik auf die Mechanik wandelte die ganze Naturauffassung um.

So beginnt im 14. Jahrhundert in Europa die Wiederbelebung naturwissenschaftlichen Denkens mit einer kritischen Auseinandersetzung mit der Physik des Aristoteles. Jene Forscher, die sich wieder für mathematische Methoden und ihre Anwendung auf physikalische Probleme und Experimente interessierten, können als die "Vorläufer GALILEIS" bezeichnet werden. Unter ihnen ragt besonders ORESME an der Universität Paris heraus, der als erster physikalische Qualitäten durch Zahlen zu erfassen versuchte und Bewegungsabläufe graphisch darstellte. Dies stellt einen wichtigen Schritt im Übergang von der Qualitäten-Physik des Aristoteles zum quantitativen Erfassen der Naturvorgänge dar.

Die neue Methode

Wir erwähnten bereits, daß die Ausbildung der experimentellen Methode ein Kennzeichen der neuen Arbeitsweise war. Damit im Zusammenhang steht eine tiefgreifende Änderung der Erkenntnisintention. Das Interesse für das, was wissenswert ist, hat sich wesentlich verschoben. So interessierte sich z. B. der englische Politiker und Philosoph FRANCIS BACON (1561-1628) nicht mehr für das Wesen der Dinge, sondern ihm ging es allein um das Wie, um die Zahlenverhältnisse und das Beziehungsgefüge. Er erkennt die Bedeutung einer systematischen Empirie und will mit Hilfe der "induktiven Methode", also über das Sammeln und Ordnen von möglichst vielen Beobachtungen zu Erkenntnissen gelangen. Ziel der Erkenntnis ist die Prognose. Damit verzichtet die Naturwissenschaft der Renaissance auf die vollständige rationale Erfassung der Wirklichkeit. Das Sosein der Sachverhalte wird als gegeben hingenommen. BACON erkannte zwar den Wert des Experiments als Entscheidungshilfe an, der Erkenntniswert mathematischer Gesetzmäßigkeiten blieb ihm jedoch verschlossen. Er verkennt außerdem in Überschätzung seiner empirisch-induktiven Methodik den hohen Anteil deduktiven Denkens in den empirischen Wissenschaften.

GALILEI war es, der die Übertragung der experimentellen und mathematischen Methode auf das gesamte Gebiet der Physik konsequent vollzog und die geistige Umwandlung zuwege brachte, welche die Voraussetzung der modernen Naturwissenschaft darstellt. Er versuchte, alle naiven Induktionen aus der Alltagserfahrung beiseite zu lassen und die Dinge auf eine ganz neue Weise zu betrachten (vgl. auch Kuhn, Physik, Bd. I, S. A 49 und A 50 und Band III A S. 93-97 (21), Band III D S. 132-138 (22). Nach GALILEI beginnt die Wissenschaft mit Beobachtung und endet mit Beobachtung.

Wodurch ist diese neue Betrachtungsweise GALILEIs gekennzeichnet?

Man kann die folgenden Kennzeichen der wissenschaftlichen Methode nennen (5):

1. <u>Beschreibung der Phänomene</u>, ohne nach unauffindbaren "Essenzen" zu suchen, was noch der Hauptgegenstand der aristotelischen Physik gewesen war.

2. <u>Ordnen von beobachteten Regelmäßigkeiten</u>, d. h. Aufsuchen von Ereignissen, die bei sonst gleichen Bedingungen stets eine gegebene Wirkung hervorrufen. Dahinter steckt die Überzeugung, daß bei jeder "festen konstanten Veränderung in der Wirkung auch eine feste konstante Veränderung in der Ursache" bestehe.

3. <u>Analyse der Erfahrungen mit dem Ziele, zu allgemeinen Theorien zu gelangen und die Theorien im Experiment zu bestätigen oder als falsch zu erweisen.</u> Dabei spielen neben den tatsächlich durchgeführten Versuchen auch Gedankenexperimente eine entscheidende Rolle.

4. <u>Durchführung quantitativer Versuche.</u> GALILEI forderte systematische genaue Messungen, so daß die Phänomene quantitativ bestimmt und mathematisch ausgedrückt werden können.

5. <u>Anwendung der Methode der mathematischen Abstraktion (Idealisierung).</u> Sie steht im Gegensatz zur naiven, direkten Verallgemeinerung der vorgalileischen Zeit. Das Phänomen wird durch bestimmte Experimente unter vereinfachten, kontrollierbaren Bedingungen erforscht, alle störenden Elemente werden zunächst ausgeschaltet, und es wird versucht, eine quantitative Beziehung mit mathematischen Hilfsmitteln aufzustellen. Nachdem diese Beziehungen aufgestellt sind, können die verschiedenen Faktoren wieder berücksichtigt werden.

Aus diesen Bemerkungen geht hervor, daß die für die moderne Naturwissenschaft kennzeichnende Methode, die von GALILEI ihren Ausgang nahm, eine Verknüpfung von Empirie und Spekulation darstellt. Reine Empirie führt zu keinen Erkenntnissen. Bereits bei

Didaktische und methodische Bemerkungen

der Beobachtung fließen theoretische Vorstellungen ein. (6)

In besonders deutlicher Form hat der Wissenschaftstheoretiker KARL R. POPPER in seinem Buch "Objektive Erkenntnis" dies ausgedrückt:

"Es führt kein Weg mit Notwendigkeit von irgendwelchen Tatsachen zu irgendwelchen Gesetzen. Was wir 'Gesetz' nennen, sind Hypothesen, die eingebaut sind in Systeme von Theorien (ja, einen ganzen Erwartungshorizont) und die niemals völlig isoliert geprüft werden können. Der Gang der Wissenschaft besteht im Probieren, Irrtum und Weiterprobieren. Keine bestimmte Theorie kann als absolut sicher betrachtet werden; jede, auch die am besten bewährte, kann unter Umständen wieder problematisch werden. Keine wissenschaftliche Theorie ist sakrosankt. Man hat diese Tatsache sehr oft vergessen, vor allem im vorigen Jahrhundert unter dem Eindruck der lang dauernden und glänzenden Bewährung gewisser Theorien auf dem Gebiet der Mechanik, die man schließlich für absolut sicher hielt. Die stürmische Entwicklung der Physik seit der Jahrhundertwende hat uns eines besseren belehrt, der Tatsache nämlich, daß es die Aufgabe des Wissenschaftlers ist, seine Theorie immer neuen Prüfungen zu unterziehen, und daß man daher keiner Theorie Endgültigkeit zusprechen kann. Das Überprüfen geschieht, indem man die Theorie festhält, mit allem möglichen Anfangsbedingungen und andere Theorien kombiniert und die Ergebnisse hierauf mit der Wirklichkeit vergleicht. Die Widerlegung, die Enttäuschung der Erwartung, hat schließlich den Neubau der Theorie zur Folge. Diese Enttäuschung von Erwartungen, mit denen wir an die Wirklichkeit herantreten, ist ein sehr bedeutsames Moment. Sie gleicht der Erfahrung eines Blinden, der gegen ein Hindernis läuft und dadurch von dessen Existenz erfährt. Durch die Falsifikation unserer Annahmen bekommen wir tatsächlich Kontakt mit der 'Wirklichkeit'. Die Widerlegung unserer Irrtümer ist die 'positive' Erfahrung, die wir aus der Wirklichkeit gewinnen. Es ist natürlich immer möglich, durch Aufstellen von Hilfshypothesen eine widerlegte Theorie zu retten. Der Fortschritt der Wissenschaft erfolgt aber nicht auf diese Weise. Man nimmt Stellung zu den Widerlegungen, indem man neue Theorien erdenkt, die ein besseres Erfassen des Tatbestandes ermöglichen. Die Wissenschaft will nicht neuen Erfahrungen gegenüber Recht behalten, sie will aus der Erfahrung lernen; d.h. aber, aus dem Irrtum lernen. Wir sehen so letzten Endes die Wissenschaft als ein grandioses Abenteuer des Geistes vor uns, ein unermüdliches Erfinden von neuen Theorien und Ausprobieren von Theorien an der Erfahrung. Die Prinzipien des wissenschaftlichen Fortschrittes erweisen sich als von sehr einfacher Natur. Die erreichten Sätze und Theorien gewähren nicht die Sicherheit (oder auch nur einen hohen Grad von Wahrscheinlichkeit im Sinne der Wahrscheinlichkeitsrechnung), die man von ihnen aufgrund magischer Vorstellungen von der Wissenschaft und vom Wissenschaftler erwarten würde. Nicht auf die Entdeckung absolut sicherer Theorien geht die Bemühung des Wissenschaftlers hinaus, sondern auf die Entdeckung oder, vielleicht besser, Erfindung von immer besseren Theorien, die immer strengeren Prüfungen unterworfen werden können. D.h. aber, die Theorien müssen falsifizierbar sein: durch ihre Falsifikation macht die Wissenschaft Fortschritte."((7), vgl. auch Kuhn: Physik, Bd. III D, S. 137)

Das Induktionsproblem

Im Zusammenhang mit diesen Ausführungen muß auch das sog. Induktionsproblem gesehen werden. Die "induktive Methode" wird vielfach als die Methode der empirischen Wissenschaft betrachtet. So glaubte z.B. Francis BACON, daß man mit der reinen Sammlung eines großen naturwissenschaftlichen Beobachtungsmaterials zu naturwissenschaftlichen Gesetzen gelangen könnte.

Ein induktiver Schluß liegt vor, wenn von besonderen Sätzen, die z.B. bestimmte Beobachtungen, Experimente oder Meßergebnisse beschreiben, auf allgemeine Sätze, auf Hypothesen oder Theorien geschlossen wird. Die Frage, ob und wann induktive Schlüsse berechtigt sind, bezeichnet man als Induktionsproblem. Der englische Philosoph und Historiker DAVID HUME (1711-1776) unterschied zwei Probleme, ein logisches und ein psychologisches (8).

Die Frage, ob es gerechtfertigt sei, von wiederholten Einzelheiten, die uns in der Erfahrung vorliegen, auf noch nicht erfahrbare Einzelfälle zu schließen, wird von HUME verneint (logisches Induktionsproblem). Noch so viele Einzelfälle können die Behauptung nicht rechtfertigen, eine Theorie sei wahr. Trotzdem glauben die Menschen, daß aus den vorliegenden Erfahrungen auf kommende geschlossen werden kann, und zwar, wie HUME sagt, aus Gewohnheit, durch Wiederholung und den Mechanismus der Ideenassoziation (psychologisches Induktionsproblem). KARL

POPPER, dem wir uns hier anschließen, faßt das Induktionsproblem etwas allgemeiner als HUME und kommt so zu einem pragmatischen Ansatz, der die irrationalistische Erkenntnistheorie überwindet. (9)

Der entscheidende Schritt besteht hierbei darin, daß Popper der Falsifikation von Theorien eine große Bedeutung beimißt. (9, 10)

In seinem Buch "Logik der Forschung" sagt er:

"Nach unserer Auffassung aber gibt es keine Induktion. Der Schluß von den durch "Erfahrung" (was immer wir auch mit diesem Wort meinen) verifizierten besonderen Aussagen auf die Theorie ist logisch unzulässig, Theorien sind somit niemals empirisch verifizierbar. Wollen wir den positivistischen Fehler, die naturwissenschaftlich theoretischen Systeme durch das Abgrenzungskriterium auszuschließen, vermeiden, so müssen wir dieses so wählen, daß auch Sätze, die nicht verifizierbar sind, als empirisch anerkannt werden können. Nun wollen wir aber doch nur ein solches System als empirisch anerkennen, das einer Nachprüfung durch die "Erfahrung" fähig ist. Diese Überlegung legt den Gedanken nahe, als Abgrenzungskriterium nicht die Verifizierbarkeit, sondern die Falsifizierbarkeit des Systems vorzuschlagen; mit anderen Worten: Wir fordern zwar nicht, daß das System auf empirisch methodischem Wege endgültig positiv ausgezeichnet werden kann, aber wir fordern, daß es die logische Form des Systems ermöglicht, dieses auf dem Wege der methodischen Nachprüfung negativ auszuzeichnen: ein empirisch wissenschaftliches System muß an der Erfahrung scheitern können." (11)

Alle Gesetze oder Theorien müssen danach als Vermutungen betrachtet werden. Die Asymmetrie zwischen Verifikation und Falsifikation durch die Erfahrung führt zu einer Bevorzugung der noch nicht widerlegten Hypothesen.

Es kann vorkommen, daß die Prüfaussagen einige, aber nicht alle konkurrierenden Theorien widerlegen. Wir bevorzugen damit alle diejenigen, die sich als nicht falsch erwiesen haben. Die Prüfung der Theorie erfolgt nach POPPER mit der "kritischen Methode".

"Es ist eine Methode des Versuchs und der Ausmerzung von Irrtümern, der Aufstellung von Theorien und ihrer möglichst strengen Prüfung. Gibt es Annahmen, aufgrund derer nur endlich viele konkurrierende Theorien für möglich gehalten werden, so kann die Methode zur Herausschälung der wahren Theorie durch Ausscheidung aller ihrer Konkurrenten führen. Im Normalfall - d. h. wenn es unendlich viele mögliche Theorien gibt - kann die Methode nicht ermitteln, welche von ihnen wahr ist; das kann aber auch keine andere Methode. Sie bleibt anwendbar, führt aber zu keinem eindeutigen Schluß.

Die Vermehrung der Probleme durch die Widerlegung falscher Theorien und die Forderung, nicht nur da erfolgreich zu sein, wo es ihr Vorgänger war, sondern auch da, wo er versagte, sorgen dafür, daß der Vorgänger einer neuen Theorie - von deren Standpunkt aus - eine Näherung ist. Nichts kann natürlich garantieren, daß wir zu jeder falsifizierten Theorie einen "besseren" Nachfolger oder eine bessere Näherung finden - eine, die diese Forderungen erfüllt. Es gibt keine Garantie, daß wir Fortschritte zu besseren Theorien machen werden." (12)

POPPER sieht also die Möglichkeit einer Annäherung an die Wahrheit durch rationale Diskussion gegeben. Er schlägt vor, daß wir die bestgeprüfte Theorie vorziehen. Er sagt: "Mit anderen Worten, es gibt keine 'absolute Verläßlichkeit'; doch da wir wählen müssen, ist es vernünftig, die bestgeprüfte Theorie zu wählen. Das ist vernünftig im unmittelbarsten Sinne des Wortes, den ich kenne: Die bestgeprüfte Theorie ist diejenige, die im Lichte unserer kritischen Diskussion bis jetzt als die beste erscheint, und ich kann mir nichts Vernünftigeres vorstellen, als eine gut geführte kritische Diskussion." (13)

Wissenschaftliche Theorien sind danach nicht begründbar (verifizierbar), aber sie sind nachprüfbar. Die Objektivität der wissenschaftlichen Sätze liegt darin, daß sie intersubjektiv nachprüfbar sein müssen.

Bezieht man das Verfahren der Induktion sowohl auf die Entdeckung von Hypothesen als auch auf die Rechtfertigung von bereits gewonnenen Hypothesen, so bedeutet die negative Feststellung POPPERs, daß es weder ein induktives Entdeckungsverfahren noch ein induktives Rechtfertigungsverfahren gibt. Der Wissenschaftstheoretiker RUDOLF CARNAP und seine Schüler vertreten dagegen die Auffassung, daß im Rahmen einer induktiven Logik sehr wohl ein Bestätigungsgrad eines Gesetzes definiert werden könne. In der Auffassung, daß es kein induktives Entdeckungsverfahren gibt, sind sich die "Induktivisten" und die "Deduktivisten" einig. (14, 15)

Didaktische und methodische Bemerkungen

Das Wesen wissenschaftlicher Forschung besteht darin, daß Theorien aufgestellt und überprüft werden. POPPER meint nun, daß das Aufstellen der Theorien einer logischen Analyse weder fähig noch bedürftig sei. "An der Frage, wie es vor sich geht, da jemandem etwas Neues einfällt - sei es nun ein musikalisches Thema, ein dramatischer Konflikt oder eine wissenschaftliche Theorie -, hat wohl die empirische Psychologie Interesse, nicht aber die Erkenntnislogik." (16) POPPER unterscheidet also zwischen dem Zustandekommen des Einfalls und den Methoden und Ergebnissen seiner logischen Diskussion. Vom Standpunkt der Psychologie scheint also die Induktion bei der Erkenntnisgewinnung noch eine Rolle zu spielen. So ist es verständlich, daß z. B. PIAGET vorschlägt, den Ausdruck "Induktion" in der genetischen Erkenntnistheorie der Physik zu belassen. Er weist darauf hin, daß eine Deduktion unmittelbar kaum möglich ist ohne eine vorgängige Erarbeitung oder Vorbereitung. "Um deduzieren zu können, muß man Begriffe und operative Schemata kennen, deren Bildung nicht in einem deduktiven Prozeß besteht, da diese Schemata durch Approximationen und sukzessive Versuche organisiert werden müssen, bis ihre freie Komposition, d.h. schließliche Deduktion möglich wird. Es ist nun gerade diese Organisation oder Bildung der Begriffe und Relationen, welche die Induktion kennzeichnet." (17)

Didaktische und methodische Folgerungen

Für die Methode bzw. Methoden der Naturwissenschaften, d.h. für den Weg, wie man zu Erkenntnissen gelangt, gibt es kein allgemeingültiges Schema, da zu viele Faktoren im Spiele sind. Wie wir aber im Vorhergehenden gesehen haben, lassen sich gewisse Merkmale der physikalischen Methode angeben, die das <u>grundsätzliche Vorgehen bei der Erkenntnisgewinnung</u> kennzeichnen. Diese Merkmale können wir durch die folgenden Stichworte beschreiben:

Beobachtung,
Hypothese,
Experiment,
Verifikation/Falsifikation,
Theorie,
Deduktion,
Modell,
Begriffsbildung, insbesondere Bildung von Größenbegriffen,
Messen.

Nun wird vielfach die Meinung vertreten, daß sich auch der Unterricht an der physikalischen Methode zu orientieren habe. Die Konzeption eines forschenden Unterrichts geht auf die erste pädagogische Reformbewegung um die Jahrhundertwende zurück. KERSCHENSTEINER forderte, daß der physikalische Unterricht den Weg der Wissenschaft widerspiegeln müsse. Er sagte: "Wesentlicher als die Erkenntnis selbst ist der Weg, wie man zu diesen Erkenntnissen gelangt."

Die Forderung KERSCHENSTEINERs, daß "der Weg der Schule der Weg der Wissenschaft" sein müsse, läßt sich ohne erhebliche Vereinfachungen kaum realisieren. Als ein solches stark vereinfachendes Normalverfahren gilt vielfach das Schema: Beobachtung, Hypothese, Experiment, Verifikation, Theorie. Von KERSCHENSTEINER selbst stammt das Schema: Schwierigkeitsanalyse und Umgrenzung, Lösungsvermutung, Prüfung der Lösungskraft, Bestätigungsversuche (18). Forschender Unterricht kann niemals ein vollständiges Bild von dem liefern, was sich in der Forschung wirklich abspielt.

Wesentliche Aspekte der physikalischen Methode, nämlich der sehr komplexe Vorgang der physikalischen Begriffs- und Theorienbildung und das Erfinden und Handhaben von Modellen können durch ein solches starres methodisches Schema nicht voll erfaßt werden. Außerdem kann der Schüler das Begriffssystem nicht selbst finden. Es sind immer wieder Hilfen und auch Mitteilungen nötig.

Daher wird in dem vorliegenden Buche (Kuhn: Physik, Band I) dieses Methoden-Lern-Schema auch nicht als Nachvollzug des "Weges der Forschung" angestrebt.

Darüber hinaus kann ein solches Prinzip nicht das einzige Organisationsprinzip des Unterrichts sein (19). Systematisieren und Kumulieren kommen hinzu. Außerdem gibt es Phasen der Problemgewinnung, der Nutzung der Problemlösung und im Unterricht die Phasen des Einübens und Festigens.

Das Physikbuch verwendet deshalb zur Gliederung der Lerneinheiten und Lehrsequenzen kein festes Schema wie: Versuch, Beobachtungen, Folgerungen.

Im vorliegenden Lehrbuch werden die Elemente der physikalischen Methoden in verschiedenen Zusammenhängen und in verschiedener Weise immer wieder vorgestellt. Auf die Hinführung zum Problem wird großer Wert gelegt. Auch hier verfolgt das Buch kein starres Schema, um den Eindruck zu vermeiden, man müsse nur in der Erkenntnisgewinnung gewisse Schritte aufeinanderfolgen lassen und schon sei das Problem gelöst. Einfallsreichtum und Phantasie könnten bei einem solchen Vorgehen gar nicht zum Tragen kommen.

Auch die physikalische Methode hat sich im Laufe der Entwicklung der Menschheit allmählich herausgebildet. Dieser langwierige Prozeß, der beileibe nicht auf geradem Wege kontinuierlich aufsteigend erfolgte, wird im Lehrbuch an vielen Stellen deutlich gemacht. Dabei ist die "physikalische Methode" nicht selbst Gegenstand der Betrachtung, sondern es werden am Beispiel der geschichtlichen Entwicklung konkrete Erkenntnisse, Begriffe oder Modelle auch einzelne Elemente der physikalischen Methode beleuchtet.

Beispiele: W 1 Einführung, O 4.36 die Bedeutung der Optik und der optischen Geräte für den Menschen, O 6. Teilchenmodell des Lichts, E 2.2 das magnetische Feld der Erde, E 7.5 chemische Generatoren, M 1.2 Schwere und Trägheit, M 3.3 die einfachen Maschinen, M 4.2.2 der Schweredruck in Flüssigkeiten und Gasen, M 6.4 die Entwicklung des Energiebegriffs, A 49 Rückblick.

Für die Schule wird vielfach angenommen, daß vorwiegend induktiv gearbeitet werden müsse. Nach den vorhergehenden Bemerkungen ist dies nicht möglich, da es sich stets um ein Ineinandergreifen von Hypothesen und Deduktionen, theoretischen Entwürfen und experimentellen Erfahrungen handelt. Es ist nicht richtig, wenn behauptet wird, daß in der Physik die induktive Methode überwiegend angewendet werde und hier zu großen Erfolgen geführt habe, so daß man sie als die charakteristische Methode der Physik bezeichnen könne. (20)

In der Regel wird das wissenschaftliche Vorgehen, von Beobachtungs- und Meßreihen zu Gesetzmäßigkeiten und Begriffsbildungen zu gelangen als induktive Methode in den Schulbüchern bezeichnet. Oft meint man aber auch mit induktivem Vorgehen eine Verquickung des induktiven und deduktiven Verfahrens: Nach ersten Beobachtungen wird induktiv zunächst eine noch unbewiesene Annahme, Arbeitshypothese, gemacht. Mit ihrer Hilfe werden dann deduktive Schlußfolgerungen gezogen mit dem Zweck, experimentell prüfbare Erscheinungen vorherzusagen. Treffen schließlich die Vorhersagen zu, so ist sie bestätigt werden. Der Terminus "induktive Methode" wird also in unterschiedlicher Bedeutung verwendet.

Im Lehrbuch kommen deshalb die Begriffe "Induktion" und "induktive Methode" nicht vor.

Weder die rein induktive Methode des Empirismus (z.B. BACON, LOCKE, MELL) noch die rein deduktive des Rationalismus wird verwendet (vgl. auch KUHN: Physik, Bd. III A, S. 93 ff.). An vielen Beispielen wird dagegen das Ineinandergreifen von theoretischen Überlegungen und experimentellen Erfahrungen gezeigt. Hierbei können die theoretischen Überlegungen gelegentlich einen breiteren Raum einnehmen. Beispiele: Die Herleitung der Gleichgewichtsbedingungen an der schiefen Ebene (Seite M 33/34), die Überprüfung der Gleichgewichtsbedingungen am Hebel (S. M 37), die Herleitung des archimedischen Gesetzes (S. M 60) u.a.m.

Literatur

1 Bleichroth, Wolfgang: Das Verhältnis von Fachwissenschaft und Fachdidaktik am Beispiel des Volksschulfaches "Naturlehre". In: D.C. Kochan (Hrsg.): Allgemeine Didaktik, Fachdidaktik, Fachwissenschaft. Darmstadt: Wissenschaftliche Buchgesellschaft, 1975, S. 292 f.

2 Wagenschein, Martin: Die pädagogische Dimension der Physik. Braunschweig: Georg Westermann Verlag, 1962, S. 108 ff.

3 Krafft, Fritz: Geschichte der Naturwissenschaft. Die Begründung einer Wissenschaft von der Natur durch die Griechen. Freiburg: Verlag Rombach, 1971, S. 45 f.

4 Crombie, A.C.: Von Augustinus bis Galilei. Die Emanzipation der Naturwissenschaft. Köln, Berlin: Kiepenheuer & Witsch, 1964, S. 354 ff.

5 Crombie, A.C.: a.a.O., S. 369 f.

6 Jung, W.: Beiträge zur Didaktik der Physik. Frankfurt: Diesterweg, 1970, S. 15

7 Popper, Karl, R.: Objektive Erkenntnis. Ein evolutionärer Entwurf. Hamburg: Hoffmann & Campe, 1973, S. 389

8 Popper, K., R.: a.a.O., S. 18 ff.

9 Popper, K., R.: a.a.O., S. 18

10 Popper, K., R.: Logik der Forschung. Tübingen: Verlag J.C.B. Mohr, 1973, 5. Aufl., S. 14

11 Popper, K., R.: a.a.O., S. 14

12 Popper, K., R.: Objektive Erkenntnis, S. 28 f.

13 Popper: a.a.O., S. 34

14 Carnap, R.: Einführung in die Philosophie der Naturwissenschaft. München: Nymphenburger Verlagshandlung, 1969, S. 28 ff.

15 Stegmüller, W.: Das Problem der Induktion: Humes Herausforderung und moderne Antworten. Darmstadt: Wissenschaftliche Buchgesellschaft, 1975, S. 8 f.

16 Popper: Logik der Forschung, S. 6

17 Piaget, Jean: Die Entwicklung des Erkennens II. Das physikalische Denken. Stuttgart: Klett Verlag, 1973, S. 187

18 Kerschensteiner, Georg: Wesen und Wert des naturwissenschaftlichen Unterrichts, 1914

19 Jung, W.: a. a. O., S. 62

20 Höfling: Physik, Bd. 1. Bonn: Dümmler Verlag, 1975, S. 61

21 Kuhn: Physik, Bd. III A. Braunschweig: Westermann Verlag, 1977 (Mechanik)

22 Kuhn: Physik, Bd. III D. Braunschweig: Westermann Verlag, 1976 (Schwingungen und Wellen)

23 Sambursky, S.: Der Weg der Physik. Zürich/München: Artemis Verlag, 1975, S. 11 ff.

1.2.3 Begriffsbildung

Historische Entwicklung der Begriffe und didaktische Folgerungen

Die Physik hat es wie jede Wissenschaft mit der Bildung brauchbarer Begriffe zu tun, mit deren Hilfe die Fülle der Beobachtungen geordnet und physikalische Gesetzmäßigkeiten formuliert werden. In der Entwicklung der Physik spielt die Begriffsbildung eine zentrale Rolle. Die Begriffe sind das Material, an dem ständig geformt wird. Dabei werden die Begriffe neuen Gegebenheiten angepaßt, man paßt sich ihnen nicht an.

Jeder Begriff hat eine "Geschichte". So ist verständlich, daß häufig die derzeitige Auffassung in der Begriffsbestimmung nur verstehbar ist, wenn man die historische Entwicklung kennt, die zu dieser Begriffsbestimmung führte.

Hieraus ergeben sich einige didaktische Folgerungen:

1. Das Begriffslernen ist im Physikunterricht von allergrößter Bedeutung. Hierbei kommt es darauf an, den Vorgang der Begriffsbildung bewußt zu machen und Begriffe als Instrumente zu sehen, die der Erfahrung angepaßt werden.

2. Die Rolle der Begriffsbildung kann nur einsichtig gemacht werden, wenn der Physikunterricht nicht als eine statische Lehre des Wissensbestandes aufgefaßt wird, sondern wenn die Physik als eine werdende und gewordene Wissenschaft gezeigt wird. Dies bedeutet auch eine Einbeziehung der Begriffsgeschichte an geeigneten Beispielen.

3. Die heute verwendeten Begriffe und Systeme von Begriffen sind Ergebnis einer langen historischen Entwicklung. Diese Begriffe sind zum Teil recht schwierig und können vielfach letztlich nur verstanden werden, wenn man bereits tief in die Physik eingedrungen ist. Dem Lernenden kann man deshalb in der Regel nicht von Anfang an die in der heutigen Wissenschaft verwendeten Begriffe vorsetzen. Es bedarf eines gestuften Aufbaues der Begriffe. Ja man kann sagen, daß zumindest alle wichtigen Begriffsbildungen Prozesse sind, die sich über Jahre erstrecken. Die Schüler müssen im Sinne einer allmählichen Ausschärfung der Begriffe an das heutige Begriffssystem herangeführt werden. Verfrühungen können sich auf das Verständnis physikalischer Zusammenhänge negativ auswirken.

4. Wegen der geschichtlichen Entwicklung der Begriffe finden sich auch in der heutigen Fachsprache Relikte aus vergangener Zeit, die nicht immer gültige Vorstellungen oder Begriffsbestimmungen zur Voraussetzung haben oder bei denen der zugrundeliegende Sachverhalt noch nicht durchschaut worden war (1). So beinhaltet die Bezeichnung "Wärmespeicher" noch die veraltete Stofftheorie der Wärme. Das gleiche gilt für das Wort "Wärmekapazität". Das "Thermometer" mißt nicht die Wärme, sondern Temperaturänderungen. Der Name wurde gewählt, bevor man den Unterschied zwischen Temperatur und Wärme begriffen hatte. Es ergibt sich hieraus, daß im Physikunterricht, allgemein im naturwissenschaftlichen Unterricht, nicht von der Worterklärung ausgegangen werden sollte.

Umgangssprache und Fachsprache

Die Methode der Physik ist eine geniale Synthese von Experiment und mathematischer

Begriffsbildung

Formulierung. Die Mathematik als Sprache der Wissenschaft spielt dabei eine entscheidende Rolle. Dies ist auch der Grund dafür, daß naturwissenschaftliche Begriffe fähig sind, sich in allen Sprachen anzusiedeln und überall in gleicher Weise verstanden werden. Trotzdem benötigt die Physik die Alltagssprache, freilich eine veränderte, ergänzte, erweiterte oder verengte Sprache (2). Sie benötigt sie, um Produkte des Denkens mitteilbar zu machen, Bereiche für die Wissenschaft zu erarbeiten und um Sinneswahrnehmungen zu beschreiben.

Worin besteht nun die Veränderung der Alltagssprache?

Die Umgangssprache hat mehr Bedeutungen als Wörter. Zahlreiche Wörter werden mehrdeutig verwendet, der jeweilige Sinn ergibt sich aus dem Zusammenhang. Beispiele hierfür gibt es in Fülle. Wissenschaftliche Begriffe müssen im Interesse der Exaktheit, um Mißverständnisse zu vermeiden, durch die Angabe von Regeln besonders festgelegt werden (3). Dieses Verfahren bezeichnet man als Explikation. Sämtliche naturwissenschaftliche Begriffe sind Explikate.

Klassifikation von Begriffen

Man kann drei Arten von Begriffen unterscheiden: klassifikatorische, komparative und quantitative Begriffe. Jede der genannten Begriffsarten setzt die vorhergehende voraus. Ohne klassifikatorische Begriffe kann man keine komparativen Begriffe bilden, ohne diese wiederum keine quantitativen. Bei Einführung von Messungen und von quantitativen Begriffen geht meist eine Stufe der Beschreibung voraus, in der zunächst nur komparative Begriffe verwendet werden.

Ein klassifikatorischer Begriff dient dazu, einen Gegenstand oder einen Vorgang einer bestimmten Klasse zuzuordnen. Der Begriff ist dann definiert durch alle Eigenschaften, die alle Elemente der Klasse gemeinsam haben. Von allen anderen Eigenschaften wird dabei abgesehen (Abstraktion). Der Begriff bezieht sich auf die Erfahrungswirklichkeit, gehört aber selbst als reines Gedankending einer anderen Realitätssphäre an als die Dinge oder Vorgänge, aus denen er gewonnen wurde. Vom Begriff muß man das Wort, das Begriffszeichen, das diesen Begriff bezeichnet, unterscheiden. So bezeichnen zum Beispiel die Wörter "rot", "red", "rouge" immer denselben Begriff.

Die Menge der zu einem Begriff gehörenden und ihn bestimmenden Merkmale nennen wir seinen Inhalt. Unter Umfang des Begriffs versteht man die Menge aller Gegenstände oder Vorgänge, die er bezeichnet und aus denen er abstrahiert wurde. Alle Begriffe der Taxonomie in Botanik und Zoologie - die verschiedenen Arten, Familien, Gattungen - sind klassifikatorische Begriffe. In der Physik sind klassifikatorisch Begriffe wie "heiß", "kalt", "fest", "flüssig", "gasförmig", "Wärmeleiter", "Wärmestrahlung", "Lichtquellen", "Farbfilter", "magnetisch", "Leiter", "Lichtleiter", "Generator", "träge", "schwer", "Vakuum", "gleichförmige Bewegung", "Schwingungen", "Wellen", "radioaktiv" u. a. m.

Auf der Stufe der klassifikatorischen Begriffe liegen auch Aussagen wie: "Eine Schraubenfeder dient zum Nachweis von Kräften." (4)

Begriffspaare wie "schwerer - leichter", "schneller - langsamer", "wärmer - kälter" usw. gehören zu den komparativen Begriffen. "Gleich schwer" ist ebenfalls ein komparativer Begriff. Komparative Begriffe haben einen größeren Informationsgehalt. Die Verwendung komparativer Begriffe setzt ein subjektives oder objektives Vergleichen voraus. Auf dieser Stufe der Begriffsbildung ist ein lineares Ordnen möglich, z. B. beim Ausdehnungsverhalten der Körper (bei raumgleichen Luft- und Wassermengen gilt: Gase dehnen sich viel stärker aus als Flüssigkeiten) oder bei guten, schlechten Wärmeleitern oder elektrischen Leitern. Auch Je-desto-Beziehungen lassen sich hiermit gewinnen.

Welche empirischen Kriterien kann man nun für komparative Begriffe aufstellen? Wenn wir als Beispiel die Begriffe "warm - wärmer - gleich warm" wählen, dann brauchen wir dazu ein Thermoskop (skalenloses Thermometer), um mit Hilfe der beiden folgenden Regeln die komparative Form der Temperatur zu erhalten:

1. Die Temperaturen zweier Körper sind gleich, wenn das Quecksilber in der Kapillaren des Thermoskops denselben Stand einnimmt.

2. Nimmt die Quecksilbersäule einen tieferen Stand (kürzerer Quecksilberfaden) ein, so ist die Temperatur des betreffenden Körpers niedriger als die Temperatur des Vergleichskörpers. (Vgl. hierzu auch KUHN: Physik, Bd. 1, S. W 20.)

Die Verfahren, mit denen diese Ausdrücke "sind gleich" und "niedriger als" eingeführt werden, sind nun nicht völlig willkürlich gewählt. Nur wenn die Verfahren gewissen for-

Didaktische und methodische Bemerkungen

malen Bedingungen genügen, können wir sie verwenden. Die erste Beziehung muß eine Äquivalenzrelation sein, d.h. sie muß transitiv und symmetrisch sein. Mit anderen Worten: besteht die Beziehung 1 zwischen den Körpern A und B, ferner zwischen den Körpern B und C, dann besteht sie auch zwischen A und C. Außerdem muß gelten: gilt die Beziehung zwischen A und B, dann auch zwischen B und A. Ein Beispiel, daß dies nicht selbstverständlich ist, zeigt die Einführung des Massenbegriffs mit Hilfe der Balkenwaage. Wenn zwei Körper a und b sich auf der Balkenwaage das Gleichgewicht halten, so bedeutet das nicht in allen Fällen auch, daß beim Vertauschen der beiden Körper das Gleichgewicht erhalten bleibt. Es hängt von der Konstruktion der Balkenwaage ab, ob dies der Fall ist. Das empirische Verfahren muß aber so beschaffen sein, daß die oben angegebenen Bedingungen erfüllt sind (vgl. hierzu KUHN: Physik, Bd. 1, S. M 11).

Bei den klassifikatorischen Begriffen können wir beliebige Bedingungen auswählen, selbst wenn die definierte Klasse kein Element hat oder die Bedingungen logische Widersprüche enthalten (z. B. Kugeleck) (5). Brauchbare Begriffe sollten also bestimmte Forderungen erfüllen. Solche Forderungen sind:

Vollständigkeit: Die charakteristischen Merkmale müssen alle vorhanden sein.
Unabhängigkeit: Ein Merkmal sollte nicht aus einem anderen Merkmal folgen.
Widerspruchsfreiheit: Die bestimmenden Merkmale dürfen sich nicht widersprechen.

Folgerichtigkeit: Die bei der Definition benutzten Hilfsmittel (Oberbegriff, andere Begriffe oder Merkmale) müssen selbst bereits definiert worden sein. Am Anfang müssen also Begriffe stehen, die nicht mehr auf andere Begriffe zurückgeführt werden können. Sie heißen Grundbegriffe. Beispiele: Zahl, Raum, Zeit, Leben, Punkt, Gerade, Zustand. (18)

Paare von komparativen Begriffen bilden gewöhnlich die Vorstufe zu den quantitativen Begriffen. Auch im Lehrbuch wird im Sinne eines gestuften Aufbaus der Begriffe vielfach nur die komparative Fassung eines Begriffs benutzt, bis genauere Angaben und Festlegungen sich als notwendig erweisen. Die Tragfähigkeit und Leistungsfähigkeit der komparativen Begriffe erweist sich hierbei als sehr groß. So wird z. B. in dem ersten Kapitel der Elektrizitätslehre eine solche Vorstufe des Stromstärkenbegriffs mit Hilfe der Glühlampen benutzt (stärkeres Leuchten bedeutet stärkeren Strom). Ohne diese Vorstufe wäre auch die Definition der Stromstärke (KUHN: Physik, Bd. 1, S. E 29 ff.), in der eine Fülle physikalischer Kenntnisse erforderlich ist, nicht verständlich. Ähnliches gilt für die elektrische Spannung und für viele andere Begriffe. An gegebener Stelle wird stets auf den gestuften Aufbau dieser Begriffe hingewiesen.

Bei der Bildung komparativer Begriffe im Bereich der Physik kommt jedoch noch ein weiterer Gesichtspunkt hinzu. Vielfach wird der Vergleich noch subjektiv vorgenommen. Die Begriffe sind noch eng mit sinnlichen Wahrnehmungen bzw. Erfahrungen verknüpft (z. B. Wärmeempfindung, Muskelgefühl, Helligkeitsempfindung).

So kann die Vorstufe des Temperaturbegriffs noch an der Wärmeempfindung orientiert sein, der Kraftbegriff an dem Maß der Muskelanstrengung. Die Temperatur eines Körpers heißt höher, wenn sie eine stärkere Wärmeempfindung hervorruft als der Wärmezustand des Vergleichskörpers. Diese Stufe ist sogar notwendig, selbst wenn es nicht ausformuliert wird, da die Vereinbarung mit objektiven Hilfsmitteln (Längenvergleich) so getroffen wird, daß im normalen Fall kein Widerspruch zur subjektiven Wärmeempfindung besteht. Die Zuordnung "längerer Quecksilberfaden - höhere Temperatur" könnte auch anders erfolgen, indem man dem Wärmezustand bei kürzerem Quecksilberfaden eine höhere Temperatur zuschreibt.

Diese Stufe der Begriffsbildung, in der man sich noch nicht von der unmittelbaren sinnlichen Wahrnehmung gelöst hat, wird vielfach übersehen oder ignoriert. (6)

Diese erste Stufe der naiven Begriffsbildung ist auch in den Hessischen Richtlinien gemeint, wenn es heißt: "Der einfache Begriff, der sich auf unmittelbare oder mittelbare Sinnesempfindungen stützt, steht in der Regel am Anfang. Dieser Begriff ist bereits recht leistungsfähig, da für ihn zwar keine metrischen Definitionen, jedoch topologische Bestimmungen (Gleichheit, Ordnungsrelationen) möglich sind. Der Übergang zum wissenschaftlichen Maßbegriff vollzieht sich dadurch, daß die topologischen Bestimmungen nicht mehr subjektiv, sondern objektiv, d. h. durch oder an physikalischen Objekten (Meßapparat) und durch eine Klasse von Prozessen (Meßprozessen) vorgenommen wird. Die erste Stufe dient der Vorbereitung der zweiten, der metrischen Stufe, in der die Regeln festgelegt werden, nach denen die Zuordnung von Zahlen zu physikalischen Objekten oder Prozessen erfolgen soll. Nur wenn man lange genug in dieser ersten Stufe verweilt, in der die Eignung einer Beziehung für eine Größenbestimmung und die Notwendigkeit dieser Größenbestimmung erkannt wird, kann die metrische Stufe einsichtig und damit pädagogisch fruchtbar gemacht werden. Schließlich erfolgt die Einordnung der gewonnenen Begriffe in ein Begriffsgefüge (Begriffssystem)." (7) Die Stufe der naiven Begriffe wird auch im Lehrbuch benutzt. Es wird stets versucht, den Übergang von dieser Stufe zur Stufe der quantitativen Begriffe bewußt zu machen. Diesem Vorgehen liegt die Überzeugung zugrunde, daß die Bildung quantitativer Begriffe niemals ohne die naiven, an der sinnlichen Wahrnehmung orientierten Begriffe möglich wäre. Geht man also von den "alltäglichen" oder "sinnlichen" Erfahrungen aus, so ist dieses Verfahren durchaus wissenschaftlich und keine Verfremdung der Physik, wie es gelegentlich behauptet wird. Die Schüler sind allerdings in unterschiedlicher Weise vorgeprägt. Sie sitzen ja nicht als tabula rasa dem Lehrer gegenüber, auf die nur Wissen gestapelt zu werden braucht, sondern sie haben sich selbst bereits ein ganz bestimmtes Weltbild geschaffen, das vom Lehrer nicht einfach ignoriert werden darf. Das Kind versucht, das Mannigfache der Anschauung in eine geistige Einordnung zu bringen.

Welche <u>pädagogischen und methodischen Folgerungen</u> ergeben sich hieraus?

1. Der Unterricht muß die geistige Struktur der Schüler berücksichtigen und an ihren naiven Vorstellungen anknüpfen.

2. Der Übergang vom ursprünglichen, primitiv-konkreten Denken zum wissenschaftlichen, begrifflich-exakten Denken kann sich niemals plötzlich vollziehen, sondern nur allmählich. Unter der Schicht verbalen Wissensgutes lebt erfahrungsgemäß dieses ursprüngliche Denken ungestört weiter und bricht immer wieder durch, wenn selbständiges Denken gefordert wird (8). Wegen dieser allmählichen Überleitung sind verfrühte Abstraktionen zu vermeiden, zumal die Entwicklung der Begriffsbildung im allgemeinen gekennzeichnet ist durch den Übergang des Denkens in Substanzbegriffen zu einem Denken in Funktionsbegriffen.

3. Es muß gewarnt werden vor zu früh herangetragenem und halbverstandenem Wissen. Das ist immer dann der Fall, wenn die naiven, aber in sich klaren Vorstellungen der Schüler zerstört werden, ohne daß etwas Greifbares an ihre Stelle gesetzt wird. So ist es z.B. unsinnig, die Wichte oder das spezifische Gewicht bereits in der Unterstufe einführen zu wollen, da das funktionale Denken noch nicht genügend ausgebildet ist. Der Schüler wird zwar lernen, daß die Wichte definiert ist aus den Quotienten aus Gewichtskraft und Volumen, doch wird er stets darunter das Gewicht eines Würfels vom Volumen 1 cm^3 verstehen. Das ist anschaulich und konkret. Auch die Kraft ist für ihn kein Gedankensymbol, sondern das Gewichtsstück. Ein solcher Bedeutungswandel tritt z.B. auch bei dem Begriff der Arbeit ein. Es handelte sich hier zunächst ganz allgemein um Arbeitsverrichtungen. Allmählich wird der Begriff eingeschränkt auf Vorgänge, bei denen man beim Bemühen, einen Körper in Bewegung zu halten oder in Bewegung zu versetzen oder ihn zu verformen, einen Widerstand verspürt. Diese Ausschärfung des Begriffes wird dann übertragen auf Vorgänge, die zum Teil außerhalb der sinnlichen Wahrnehmungen liegen (elektrische Arbeit). Man muß dabei bedenken, daß in der ersten Phase dieser Begriffsentwicklung Arbeit ein Prozeß bedeutet, in der letzten Phase bedeutet Arbeit eine physikalische Größe.

4. Schüler sind Heranwachsende, die in einer geistigen Entwicklung begriffen sind. Dieser Entwicklungsprozeß fordert, daß die Physik nicht als ein fertiges Begriffssystem den Schülern aufgesetzt wird. So wird vielfach im Schulunterricht der Fehler gemacht, daß die Einführung eines Begriffs oder eines Sachverhalts vom Ergebnis her durchdacht ist, nicht aber vom zugrundeliegenden Phänomen. Als Beispiel sei hier die Einführung des Druckbegriffs erwähnt: Die Kraft verteilt sich auf eine Fläche (z.B. wenn ein Mann auf Skiern steht), der Druck auf den Schnee ist aber überall gleich, wie auch die Kraft pro cm^2 überall gleich ist. Deshalb nennen wir den Quotienten aus Kraft und Fläche Druck. Hier geschieht die Einführung des Druckbegriffs von der dem Lehrer bekannten Definition des physikalischen Maßbegriffs Druck her, nicht aber vom Phänomen Druck. Der Grund liegt darin, daß für viele Physiklehrer ein richtiger Physikunterricht erst mit der quantitativen Stufe beginnt. Das ist aber falsch. Nach CARNAP muß ein Begriffszeichen gesetzmäßig festgelegt werden, d.h., es müssen die Bedingungen aufgestellt werden, bei deren Vorhandensein man dieses Zeichen verwendet. Das ist wissenschaftliches Vorgehen.

Didaktische und methodische Bemerkungen

Wenn man also zunächst ermittelt, bei welchen Phänomenen wir das Wort "Druck" gebrauchen oder in Zukunft gebrauchen wollen, dann ist der Begriff Druck festgelegt, und zwar so exakt, wie es die augenblicklichen Kenntnisse zulassen. Dieser Begriff umfaßt das Phänomen "Druck", noch nicht aber die Meßgröße. Im Physikunterricht wird aber oft die Absicht verfolgt, sofort die Meßgröße zu haben und die erste Stufe zu überspringen; man sieht die Berücksichtigung dieser ersten Stufe als eine "didaktische Trivialität" an, die in keinem Lehrbuch erwähnt zu werden braucht, da jeder gute Physikunterricht schon seit eh und je darauf Rücksicht genommen hätte. Eine methodische Trivialität liegt hier nicht vor, denn es handelt sich erstens um keinen methodischen Kniff, sondern um einen Bestandteil der physikalischen Begriffsbildung und zweitens um eine wesentliche Stufe im Übergang vom vorwissenschaftlichen zum wissenschaftlichen Denken.

Wie wir bereits erwähnt haben, sind komparative und klassifikatorische Begriffe bereits recht leistungsfähig, da Erkenntnisse möglich sind von der Form: wenn ... dann, je ... desto. (Wenn wir einen Körper bestrahlen, dann wird er wärmer als die Umgebung.) Der Übergang zum Maßbegriff vollzieht sich allmählich dadurch, daß die topologischen Bestimmungen nicht mehr subjektiv, sondern objektiv, d. h. durch oder an Objekten vorgenommen werden.

Beispiel:
a) Vergleich von Kräften wird zunächst subjektiv vorgenommen, später überträgt man die hier gemachten Erfahrungen auf Vorgänge, bei denen die Muskelkraft nicht mehr beteiligt ist.
b) Temperaturen vergleicht man zuerst subjektiv, dann durch Längenänderung ein und desselben Körpers, z. B. eines Flüssigkeitsfadens (Thermoskop).

Die topologische Bestimmung physikalischer Größenbegriffe verlagert sich also von Beziehungen zwischen Objekten und dem Subjekt auf Beziehungen zwischen Objekten untereinander. Beispiel: Vereinbarung über die Gleichheit zweier Temperaturen.

a) subjektiv: Die Temperaturen zweier Körper sind gleich, wenn sie dieselbe Wärmeempfindung hervorrufen. (Hier kommt es zu fehlerhaften Aussagen, denn Eisen fühlt sich kalt an, Holz dagegen warm oder umgekehrt, je nachdem, wie sich die Temperatur des Eisens zur Körpertemperatur verhält.)

b) objektiv: Die Temperaturen zweier Körper sind gleich, wenn beim Berühren keine Temperaturänderung eintritt (feststellbar an Thermoskopen, die - im festen Kontakt mit beiden Körpern - gleichbleibend anzeigen).

Wir können aus dem vorher Gesagten einige methodische Regeln für den Physikunterricht ableiten.

1. Kennenlernen der Erscheinungen. Abgrenzen des Neuen gegenüber bereits bekannten Begriffen, die auf diese Erscheinungen passen.

2. Verwenden des naiven physikalischen Begriffs, der auf unmittelbaren oder mittelbaren sinnlichen Wahrnehmungen beruht, und zwar solange, bis er nicht mehr ausreicht oder sich als unbrauchbar, ergänzungsbedürftig erweist. Messungen werden notwendig.

3. Keine Scheu vor der Verwendung noch nicht endgültig definierter Begriffe wie der der Zeit oder der Länge. Hier kann man sich zunächst an das halten, was die Schüler aus dem täglichen Leben wissen, zumal gerade die so selbstverständlich erscheinenden Begriffe wie die der Zeit im Grunde recht schwierig sind. Das Bedürfnis nach exakter Begriffsbildung muß erst geweckt werden.

4. Als Vorstufe für quantitative Begriffe dienen komparative Begriffe. Halbquantitative Aussagen können und sollen gemacht werden. Funktionale Beziehungen werden erkannt und oft vollzieht sich in dieser Phase eine Umwandlung von Dingbegriffen in Maßbegriffen (z. B. bei der Masse).

5. Die metrische Bestimmung einer physikalischen Größe.

Damit ist die quantitative Stufe der Begriffsbildung erreicht, mit der wir uns im folgenden Abschnitt etwas näher beschäftigen wollen.

Quantitative Begriffe

Quantitative Angaben über Merkmale von Objekten heißen Größen. Nicht alle qualitativen Begriffe oder Erscheinungen lassen sich durch Zahlen oder geometrische Formen quantifizieren. Durch das Mathematisieren wird eine Auswahl unter den Phänomenen vorgenommen. Diese werden dann mit Hilfe der Begriffe einer weiteren mathematischen Behandlung zugänglich gemacht.

Begriffsbildung

Eine Größenvariable, die verschiedene Werte annehmen kann, nennt man auch "allgemeine Größe", den Wert, den eine allgemeine Größe im speziellen Fall annimmt, auch "Größenwert".

Physikalische Größen, die sich nur um einen Zahlenwert unterscheiden, bilden eine Klasse. Man nennt sie auch Dimension. Vielfach wird für das Wort Dimension das Wort Größenart verwendet. Man unterscheidet zwischen einfachen Größenarten, den sogenannten Basisgrößenarten, und den zusammengesetzten, abgeleiteten Größenarten.

Viele Physiklehrer sind der Meinung, daß in der Schule bei der physikalischen Begriffsbildung exakt vorzugehen sei. Zuerst finde man einen funktionalen Zusammenhang zwischen bereits definierten physikalischen Größen (z. B.: I proportional U), dann interpretiere man die Konstante U/I und spreche die neue Definition (z. B. R = U/I) aus, wobei man sich wieder von der Konstanten löse (die Definition R = U/I gilt auch dann, wenn R nicht konstant ist). Wenn kein funktionaler Zusammenhang vorläge, dann müsse wenigstens die Exaktheit der Begriffsbildung dadurch gewährleistet sein, daß man den quantitativen Begriff sofort einführe. Unexakt und vage und deshalb auf jeden Fall in der Schule zu vermeiden sei, wenn man z. B. von Geschwindigkeit, Helligkeit, Leitfähigkeit usw. rede, bevor sie exakt, d. h. durch eine Meßvorschrift definiert seien. Wenn man so denkt, vergißt man, daß die physikalische Begriffsbildung, wie bereits gesagt, nicht mit der Definition der Maßgrößen beginnt oder damit erschöpft ist. Jeder quantitative Begriff baut sich auf einem naiveren Begriff auf. Auch bei "exaktem" Vorgehen benutzt man spätestens bei der Interpretation der Konstanten diesen naiven Begriff. Z. B. bei der Definition der Leitfähigkeit: Man kann den Quotienten I/U nur dann Leitwert oder Leitfähigkeit nennen, wenn man bereits eine Vorstellung von dem hat, was Leitfähigkeit bedeutet, nämlich die Eigenschaft eines Leiters, den Strom gut oder schlecht zu leiten (vgl. S. 26).

Auch bei der Festlegung der Stromstärke redet man schon vorher von stärkeren und schwächeren Strömen. Es geht also auch bei der sofortigen quantitativen Erfassung dieser einfache Begriff mit ein, ob man es nun wahrhaben will oder nicht.

Es sei noch darauf hingewiesen, daß auch die Auffassung, nach der eine physikalische Größe durch eine Meßvorschrift definiert ist, logischen Ansprüchen nicht voll genügt. Logisch einwandfrei ist nach G. FALK, wenn man die Größenvariablen (z. B. die Energie) als Grundbegriffe auffaßt, die nicht weiter erklärt sind, und die zugeordneten Prozesse definitorisch festlegt. (9)

Ein solcher Weg läßt sich in der Schule nicht gehen, da er zumindest ein nicht mehr elementares physikalisches Grundwissen voraussetzt.

Wie erfolgt nun die Einführung physikalischer Größen?

Aus dem Komplex der Wahrnehmungen sucht der Mensch Einzelmerkmale heraus, die für den betreffenden Vorgang oder das Objekt, das er untersucht, typisch sind. Diese Einzelmerkmale müssen begrifflich präzisiert werden. Das Einzelmerkmal kann dabei alles sein, was wir mit unseren Sinnen oder Geräten an einem Vorgang oder einem Objekt beobachten. Bei der Beschreibung dieser Beobachtung mit Worten benutzen wir Begriffe aus unserem täglichen Erfahrungsbereich. Stellen wir z. B. fest, daß ein Auto schneller ist als ein zweites, d. h. in der gleichen Zeit einen größeren Weg zurücklegt, dann sagen wir, es habe eine größere Geschwindigkeit. Das Mißverständnis, bei diesem Vorgehen handele es sich um eine unexakte Arbeitsweise, rührt eben daher, daß das Wort Geschwindigkeit hier noch kein Maßbegriff bedeutet, sondern nur das Phänomen beschreibt. Wir hätten auch Schnelligkeit sagen können oder Hauptwörter bei der Darstellung des Vorgangs ganz vermeiden können: Das Auto ist schneller, weil es in der gleichen Zeit weiterkommt.

Nachdem nun Einzelmerkmale ausgewählt sind, müssen sie metrisiert werden: Physikalische Größen sind metrisierte Einzelmerkmale. Nicht alle Einzelmerkmale sind für die Definition einer physikalischen Größe geeignet. In der qualitativen Stufe wird die Eignung einer Beziehung für eine Größenbestimmung erkannt. Es wird ferner geprüft, ob die Eigenschaft durch Definition einer neuen Basisgröße oder durch geeignete Verknüpfung bereits bekannter Größen metrisiert werden kann. In vielen Fällen, besonders wo es sich um die Erschließung neuer Phänomenbereiche handelt, ist es anschaulicher und für das Verständnis leichter, wenn man eine neue Basisgröße einführt. Erst in der weiteren theoretischen Entwicklung dieses Sachgebietes kann sich herausstellen, daß aufgrund der ermittelten Zusammenhänge die zuerst beschriebene Eigenschaft auch durch eine abgeleitete Größenart beschrieben werden kann, oder daß es zweckmäßiger ist, eine andere Größe als Basisgröße aufzufassen.

Didaktische und methodische Bemerkungen

Die Geschichte der Physik bietet hierfür genügend Beispiele. So wurden die Kraft (Einheit Kilopond), der Druck (Einheit Torr), der elektrische Widerstand (Einheit Ohm), die elektrische Spannung (Einheit Volt) oder die elektrische Ladung (Einheit elektrostatische Ladungseinheit) als Basisgrößen eingeführt. Heute werden diese Größen durchweg als abgeleitete Größen definiert.

Um einen Einblick in Entstehung und Ausformung eines Begriffssystems zu geben, können frühere Begriffsbildungen hilfreich sein.

Die Einführung von Basisgrößen erfolgt durch

a) Die Aufstellung der Gleichheitsbedingung.
   Hier wird festgelegt, unter welchen Bedingungen zwei Größenwerte der betreffenden Größenart einander gleich sind.

b) Die Vielheitsbedingung.
   Diese legt fest, wie das Vielfache einer Größenart festgestellt werden kann.

c) Die Festlegung der Einheit.
   Die Einheit ist ein gut reproduzierbarer Größenwert, der aus dem Bereich solcher physikalischer Größen ausgewählt wird, die dasselbe Merkmal beschreiben. Außer der Einheit handelt es sich bei den übrigen Festlegungen nicht um reine Konventionen, denn man sucht sich stets solche Zusammenhänge aus, die gewisse formale Eigenschaften (z. B. die Eigenschaft einer Gleichheitsrelation) besitzen.

Die Basisgrößen bilden zusammen mit den abgeleiteten Größen ein Größensystem. Welche Größen als Basisgrößen gewählt werden, ist eine Frage der Konvention, wobei sicherlich praktische Erwägungen eine Rolle spielen. Alle Versuche, "natürliche" Basisgrößen zu finden, sind fehlgeschlagen. Dies gilt auch für die uns so selbstverständlich bzw. grundlegend erscheinenden Begriffe wie "Länge" oder "Zeit". Die Überzeugung, daß die bei naiver Betrachtung als "natürlich" empfundenen Begriffe aus bereits vertrauten Begriffen ableitbar seien oder sich sogar aus Beobachtungen, Experimenten oder mathematischen Überlegungen folgern ließen, trifft man immer wieder an. So stellt man häufig fest, daß bei der Einführung des Temperaturbegriffs mit Hilfe der Ausdehnung von Quecksilber die Meinung geäußert wird, man könne den linearen Zusammenhang zwischen $\Delta \vartheta$ und ΔV_{Hg} experimentell nachweisen.

Erst wenn die Definition $\Delta \vartheta \sim \Delta V$ durch eine andere ersetzt wird, sieht man ein, daß es sich auch im ersten Fall um eine Festsetzung handelt. Das angegebene Schema zur Einführung von Basisgrößen reicht aber für die Festlegung der Temperatur nicht aus. Die Temperatur macht in sofern eine Ausnahme, weil sie keine additive Größe ist. Zu ihrer Festlegung benötigen wir noch Vereinbarungen über den Nullpunkt und über die Skalenform. Außerdem muß noch bestimmt werden, welchem Zustand wir die höhere Temperatur zuordnen wollen.

In der Physik gibt es nun auch Maßangaben, die nicht mit den Forderungen des Größenkalküls in Einklang zu bringen sind. Dazu gehören alle Angaben mit Sonderkennzeichen, wie z. B. die Angabe 1^h MEZ oder 1m NN.

Diese Angaben beziehen sich jeweils auf einen besonders vereinbarten Nullpunkt. Bekanntestes Beispiel ist aus der Physik die Temperatur. Das gleiche gilt für die Zeit. Entscheidend ist, daß Zeit- und Temperaturangaben punktuelle Angaben sind und solche "punktuelle Größen" nicht die Forderungen des Größenkalküls erfüllen.

Die Gleichung $293\, K = 10^\circ C$ sollte man deshalb vermeiden, da man bei der Anwendung der üblichen Umformungsregeln aus der Gleichungslehre zu falschen Aussagen kommt. Multipliziert man nämlich die oben angegebene Gleichung mit 2, so ergibt sich die Gleichung $586\, K = 20^\circ C$, was offensichtlich falsch ist.

WENINGER schlägt deshalb für diese Meßwerte im Unterschied zu den sog. "echten Größen" die Bezeichnung "Skalenwerte" vor, da sie dem Größenkalkül nicht gehorchen. Temperaturdifferenzen dagegen gehören zu den "echten Größen". (10)

Zur Einführung von Skalenwerten werden allerdings Größen gebraucht, zumindest deren Einheiten. So findet man die Temperaturskala, wenn man die Einheit der Temperatur, also den hundertsten Teil des Temperaturunterschiedes zwischen der Temperatur des siedenden Wassers und der Temperatur des schmelzenden Eises, von der willkürlich mit $0^\circ C$ bezeichneten Temperatur des schmelzenden Eises ausgehend, unter Zuhilfenahme der Ausdehnung eines Quecksilberfadens abträgt. Im Sinne des Größenkalküls ist die so definierte Celsiustemperatur keine physikalische Größe. Die mit Hilfe des Carnotschen Kreisprozesses definierte thermodynamische Temperatur T dagegen, die als Basisgröße verwendet wird, genügt wieder dem Größenkalkül, da das n-fache eines Wertes der Größe definiert ist, ohne daß eine willkürliche Verabredung getroffen werden muß.

Da die Auswahl der Basisgrößen beliebig erfolgen kann, lassen sich auch beliebige

Begriffsbildung

Größensysteme zusammenbauen. Zu jedem Größensystem gehören eine bestimmte Anzahl von Basisgrößen.

Alle Größen, außer den durch logarithmische Funktionen festgelegten Größen, können durch Potenzprodukte der Basisgrößen ausgedrückt werden. Seien $B_1, B_2, B_3 \ldots B_n$ Basisgrößen, dann kann eine Größenart X durch das Produkt

$$X = B_1^{\alpha_1} B_2^{\alpha_2} B_3^{\alpha_3} \ldots B_n^{\alpha_n}$$

dargestellt werden.

Beispiele:
In der Dynamik sind die Masse m, die Zeit t und die Länge l Basisgrößen. Damit wird

$$F = m\,a = m\,l^1/t^2 = m^1 l^1 t^{-2},$$
$$W = F \cdot l = m^1 l^2 t^{-2}.$$

Behält man dieses System von drei Basisgrößen auch für die Elektrodynamik bei, so kann die Ladung als abgeleitete Größe über die Kraftwirkung (Anziehung oder Abstoßung) definiert werden unter Zugrundelegung der Gleichung $F = Q^2/r^2$ (Coulombsches Gesetz). Es gilt dann:

$$Q = \sqrt{F\,r^2} = m^{1/2} l^{3/2} t^{-1}.$$

Gehen wir von den Einheiten 1 g, 1 cm und 1 s aus, so erhält man für die Ladung die zusammengesetzte Einheit:

$$Q = g^{1/2} cm^{3/2} s^{-1}.$$

Gebrochene Exponenten in den Definitionsformeln bereiten große Verständnisschwierigkeiten, zumal in dem genannten Beispiel eine Ladung durch die Masse, die Länge und die Zeit ausgedrückt wird. Auch die Rechnungen werden in einem solchen System unhandlich.

Das Begriffssystem wird anschaulicher, deutlicher, wenn für den neuen Phänomenbereich "Elektrizitätslehre" eine dafür charakteristische Basisgröße definiert wird. Dies kann z. B. die Ladung sein, aber auch die Stromstärke. In beiden Fällen treten keine gebrochene Exponenten mehr auf.

<u>Es besteht aber weder eine zwingende mathematische noch eine zwingende physikalische Notwendigkeit für die Einführung eines "ganzzahligen" Größensystems.</u>

Schema des physikalischen Größensystems (jeder neue Phänomenbereich ist durch eine typische Größe vertreten)

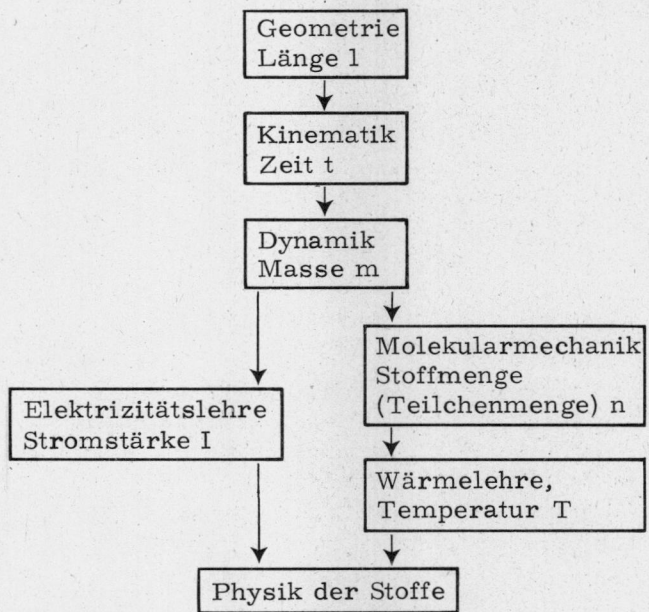

Als Grad eines Systems bezeichnet man die Anzahl der Basisgrößen. Zu jedem Größensystem gehört ein <u>Einheitensystem</u> vom gleichen Grade. Den Basisgrößen entsprechen Basiseinheiten, den abgeleiteten Größen abgeleitete Einheiten.

<u>Die Einheiten eines Systems heißen kohärent, wenn alle abgeleiteten Einheiten als Potenzprodukte von Basiseinheiten ohne Zahlenfaktor definiert sind.</u> Beispiel:
$$1\,N = 1\,kg^1 m^1 s^{-2}$$

In diesem Buch wird das von der Generalkonferenz für Maß und Gewicht 1954 empfohlene <u>System der Internationalen Einheiten (SI-Einheiten)</u> verwendet, das durch Bundesgesetz vom 2.7.1969 für den geschäftlichen Verkehr übernommen wurde.

Die Einheiten dieses Systems sind: das Meter, das Kilogramm, die Sekunde, das Ampere, das Kelvin und die Candela. Hinzu kommt das Mol als Einheit der Stoffmenge.

Obwohl es nicht notwendig ist, daß die Basiseinheiten die Einheiten von Basisgrößen sind, werden in diesem Buch, dem allgemeinen Brauch folgend, die zu den SI-Einheiten gehörigen Größen auch als Basisgrößen benutzt.

Die Einheiten kcal, Torr, at, die nach dem Gesetz über Einheiten im Meßwesen im geschäftlichen Verkehr nach dem 31.12.1977 nicht mehr verwendet werden dürfen, sind keine zum SI-System kohärente Einheiten. Sie

Didaktische und methodische Bemerkungen

unterscheiden sich durch bestimmte Zahlenfaktoren von den SI-Einheiten bzw. den gesetzlich vorgeschriebenen Einheiten.

Auch diese Einheiten werden im vorliegenden Buch angegeben, zumal der Umgang mit diesen Einheiten mit Rücksicht auf die wissenschaftliche Literatur noch erlernt werden muß. Das Gesetz schreibt deshalb bindend sinnvollerweise die Umstellung nur für die gewerbliche Wirtschaft vor. Selbstverständlich muß sowohl die wissenschaftliche als auch die didaktische Literatur die Umstellung vornehmen. Dieser Prozeß wird aber naturgemäß länger dauern, als es vom Gesetz für die gewerbliche Wirtschaft vorgesehen ist.

Es wäre eine grobe Fehleinschätzung der Aufgaben des physikalischen Unterrichts, wenn man die Auffassung vertreten würde, daß in der Sekundarstufe I die Schüler mit allen diesen Problemen der Größenlehre vertraut gemacht werden sollten. Die Schüler sollen Sicherheit im Umgang mit physikalischen Größen und Größengleichungen erreichen, in einigen geeigneten Fällen auch die Notwendigkeit zur Ausschärfung in der Begriffsbildung einsehen lernen und den Zusammenhang der verschiedenen Größen innerhalb des in der Sekundarstufe abdeckbaren Bereichs erfahren.

Die Gesamtheit der Begriffe, die in der Sekundarstufe I erarbeitet werden können, bilden ein System, in dem jede Größe einen bestimmten Stellenwert besitzt. Über diesen Stellenwert und über seine Veränderbarkeit sollte jeder Schüler im Laufe der Sekundarstufe I etwas erfahren, ohne daß eine Systematik der Größen oder eine Größenlehre betrieben wird.

Auch an dieser Stelle müssen wir uns eine weitergehende Betrachtung versagen. Hier gibt es Spezialliteratur. Einiges davon ist in der Übersicht auf S. 37 angegeben. (10), (11), (12), (13), (14), (15), (16)

Beispiele für die allmähliche Ausschärfung der Begriffe

Beispiel Volumen

Die Bildung des Volumenbegriffs setzt die Fähigkeit voraus, die Eigenschaft der Raumerfüllung losgelöst von der Form der Körper zu erfassen. Das Volumen ist gegenüber einer Veränderung der Form invariant, wobei konstanter Druck und konstante Temperatur angenommen werden. Diese Nebenbedingungen werden im Unterricht zunächst nicht betrachtet. Sie treten ja erst in Erscheinung, wenn man bereits gelernt hat, die Volumina von Körper zu bestimmen. Dem Volumenbegriff voraus geht nach PIAGET der Begriff des Gewichts bzw. der Masse.

Am Anfang steht die Erfahrung, daß die Körper unterschiedlich groß oder verschieden schwer sind. Die Kinder werden zunächst mit dem Mittel der Umgangssprache (viel - wenig, groß - klein, schwer - leicht, hoch - niedrig u. a. m.) ihre Beobachtungen zu beschreiben versuchen, aber bald einsehen, daß man damit nicht auskommt. Gießt man z. B. ein und dieselbe Wassermenge nacheinander in verschieden geformte (breite, niedrige bzw. hohe, schmale) Gefäße, so kann man mit "mehr" und "weniger" den jeweiligen Sachverhalt nur dann unmißverständlich beschreiben, wenn angegeben wird, was man unter "mehr" oder "weniger" genau meint. Mit Hilfe einer Balkenwaage stellt man fest, daß das Umgießen den Gleichgewichtszustand nicht zu ändern vermag. Diese Untersuchungen führen dann zum Begriff des Gewichts ("die Wassermenge ist stets gleich schwer") und zu einer pragmatischen Benutzung dieses Begriffs.

Die Frage, ob in allen Fällen die Wassermenge auch den gleichen Platz beansprucht, bereitet den Begriff des Volumens vor. Der Platzbedarf etwa einer Plastilinkugel wird mit einem Überlaufgefäß bestimmt. Gibt man dem Plastilinkörper verschiedene Formen und vergleicht jeweils die verdrängte Wassermenge, so stellt man keinen Unterschied fest. Die verschieden geformten Körper nehmen zwar jedesmal einen anderen Raum ein, der Rauminhalt ist jedoch gleich. Analog zu Fläche und Flächeninhalt unterscheiden wir auch hier zwischen Raum und Rauminhalt (Volumen). Die Invarianzeigenschaft des Volumens bietet die Möglichkeit, Rauminhalte zu messen, d. h. den Rauminhalt eines Körpers durch Vergleich mit einer festgelegten Einheit (Liter) zu ermitteln. Diese erste Stufe bei der Bildung des Volumenbegriffs wird bereits in der Primarstufe erreicht. In den folgenden Klassen wird der Volumenbegriff nach zwei Richtungen vertieft. Zum einen wird er zurückgeführt auf die Längenmessung (das Volumen als abgeleitete Größe), zum anderen führt die Temperaturabhängigkeit des Volumens zu einer weiteren Abgrenzung gegenüber dem Begriff Masse (Gewicht). Die Druckabhängigkeit tritt nur als Phänomen in Erscheinung. Das Volumen einer Gasmenge läßt sich z. B. durch Zusammendrücken verändern. Die Begriffe "Menge" oder "Stoffmenge" werden nicht weiter definiert, sondern im Sinne einer ungeformten Stoffportion gebraucht, die nach unterschiedlichen Gesichtspunkten betrachtet werden kann.

Eine weitere Ergänzung des Volumenbegriffs kann entweder im Zusammenhang mit dem Teilchenmodell erfolgen oder später, nachdem das Rechnen mit physikalischen Größen an vielen Beispielen aus den unterschiedlichsten Gebieten geübt wurde. Spätestens am Ende der Mittelstufe sollte man nämlich auch über die Voraussetzungen sprechen, die bei diesem Rechnen erfüllt sein müssen. Ein Körper A habe das Volumen V_1, ein Körper B das Volumen V_2. Jeder Schüler nimmt als völlig selbstverständlich an, daß beide Körper zusammengefügt das Volumen $V_1 + V_2$ haben. Diese Eigenschaft der Additivität einer physikalischen Größe muß aber stets experimentell belegt werden können. Nun zeigt sich, daß beim Volumen dies nicht immer der Fall ist. Gießt man nämlich zu 500 ml Wasser 500 ml handelsüblichen Spiritus, dann beträgt das Gesamtvolumen der Mischung nur ca. 960 ml.

Beispiel Temperatur

Die erste Stufe der Begriffsbildung knüpft unmittelbar an die sinnliche Wahrnehmung an. Veranlaßt wird die Bildung des Temperaturbegriffs z. B. durch folgende Erfahrungen:

1. Die verschiedenen Körper rufen verschiedene Wärmeempfindungen hervor.
2. Zwei Körper aus gleichem Material fühlen sich gleich warm an, wenn sie sich lange genug berührt haben.

Damit wäre folgende Vereinbarung möglich: Zwei Körper besitzen den gleichen Wärmezustand (die gleiche Temperatur), wenn sie die gleiche Wärmeempfindung hervorrufen. (Kinder würden sagen: "..., wenn sie sich gleich warm anfühlen.")

Eine solche Vereinbarung führt zu widersprüchlichen Aussagen, die man mit Hilfe des bekannten Versuchs, den Wärmezustand zweier verschieden warmer Wassermengen zu vergleichen, leicht herbeiführen kann. Auch die Erfahrung, daß sich Körper aus verschiedenem Material im allgemeinen auch verschieden warm anfühlen, obwohl sie z. B. im gleichen Wasserbad gelegen haben, verstärkt die Notwendigkeit nach einem objektiven Temperaturmaß.

Die nächste Stufe des Temperaturbegriffs könnte man als pragmatische Stufe bezeichnen. Es genügt: Temperatur ist das, was mit dem Thermometer gemessen wird. Das Thermometer ist aus der Alltagserfahrung bekannt, der Anschluß an die sinnlich Wahrnehmung ist gegeben, da die Anzeige des Thermometers nicht im Widerspruch zur Wärmeempfindung steht. Taucht man z. B. denselben Finger nacheinander in verschieden warme Wassermengen, so kann man diese Wassermengen durchaus nach ihren Wärmezuständen ordnen.

Die Untersuchung des Ausdehnungsverhaltens der Körper bereitet dann die nächste Stufe vor. Es sind eine Reihe von Erkenntnissen und Begriffsbildungen nötig, bevor die Temperatur einigermaßen zufriedenstellend definiert werden kann. Möglich wäre folgender Weg: Zu Beginn steht eine Verunsicherung des vertrauten, selbstverständlichen Umgangs mit Thermometern. Die Frage, wie man entscheiden könne, welche von zwei Wassermengen die wärmere ist, wird meist mit dem Hinweis auf Thermometer beantwortet. Auf die weitere Frage, woher man denn wisse, daß ein Thermometer hierzu geeignet sei, erntet man in der Regel nur ein mitleidiges Lächeln. (Schüler antworten: "Das ist so!" "Wenn das Thermometer steigt, dann ist das Wasser eben wärmer.") Die Beschreibung des Aufbaus eines Thermometers veranlaßt zum Bau eines Modellthermometers. Man nimmt dazu eine ausgediente Essigflasche (Kunststoffflasche), verschließt sie mit einem einfach durchbohrten Gummistopfen, durch den ein Glasrohr gesteckt ist. Die Flasche wird mit gefärbtem Wasser gefüllt, so daß es bis zur Mitte des Glasrohrs steht. Erwärmt man nun die Flasche in einem Wasserbad, so fällt die Wassersäule fortwährend. Ersetzt man die Kunststoffflasche durch einen genügend großen Glaskolben (1 l), den man plötzlich in ein warmes Wasserbad eintaucht, so sinkt zuerst die Wassersäule im Steigrohr, um anschließend anzusteigen. Das Ergebnis dieser Untersuchung ist die Erkenntnis, daß sich Körper aus verschiedenen Stoffen beim Erwärmen unterschiedlich ausdehnen. Die Frage, woher wir wissen, daß sie sich erwärmt haben, stößt bei den Schülern jetzt nicht mehr auf Unverständnis. Sie erkennen, daß man zunächst den Wärmesinn zu Hilfe nehmen muß. Man löst sich dann von dieser subjektiven Empfindung, indem das Ausdehnungsverhalten einer bestimmten Substanz als Grundlage für die Definition der Temperatur gewählt wird. Eine weitere Ausschärfung erfolgt dann, wenn erkannt wird, daß die

Didaktische und methodische Bemerkungen

sogenannten Fixpunkte eigentlich keine sind (Druckabhängigkeit). Eine Neudefinition der Temperatur wird dann im Zusammenhang mit der Behandlung der Gasgesetze vorgenommen.

Eine weitere Verschärfung dieses Temperaturbegriffs ist möglich, wenn später im Rahmen der kinetischen Gastheorie erkannt wird, daß die absolute Temperatur eines Körpers mit der mittleren kinetischen Energie der Bewegung jedes seiner Teilchen zusammenhängt. Die Temperatur könnte dann über diese mittlere kinetische Energie definiert werden. Eine solche Definition scheidet natürlich für die Sekundarstufe I völlig aus. Die bisherigen Stufen in der Begriffsbildung bereiten aber diesen Übergang zu einer Definition, bei der auf jegliche Thermometersubstanz verzichtet wird, vor.

Die physikalischen Begriffe sind Symbole. Auch das Formelzeichen, das einen Begriff bezeichnet, ist ebenfalls ein Symbol. Man darf es aber nicht - wie wir ja bereits erwähnt haben - verwechseln mit dem Begriff selbst. Begriffe wie Energie, Kraft, Welle, Wärme sind demnach keine Realitäten im Sinne von etwas von vornherein Gegebenem, sondern es sind Bilder. Diese Begriffe sind genauso wie wissenschaftliche Theorien bestimmten Bedingungen unterworfen. Diese Bedingungen haben wir an verschiedenen Stellen im "allgemeinen Teil" diskutiert. Wir wollen hier nicht mehr näher darauf eingehen. Erinnert sei nur daran, daß eine Revision der Begriffsbestimmung vorgenommen werden muß, wenn sie nur schwer mit Beobachtungen, theoretischen Aussagen und Experimenten in Einklang zu bringen ist. Lebendige Wissenschaft fordert also von den Forschern eine ständige Bereitschaft zur kritischen Überprüfung des Bestehenden und die Bereitschaft zum Umdenken. Dies ist nun auch ein wesentliches Ziel des Physikunterrichts. Allerdings muß diese Bereitschaft zum Umdenken in elementareren Bereichen geübt und gefördert werden. Wir können also gar nicht erwarten, in der Schule die heute in der Fachwissenschaft gesicherten Begriffe von vornherein einführen zu können, sondern wir müssen die Begriffsbestimmungen in abgestufter Weise vornehmen, und zwar so, daß die Vorstufen z. B. des Kraftbegriffs einer Weiterführung nicht im Wege stehen, sie nicht blockieren.

Wie unsinnig es ist, wenn man leichtfertig die Forderung nach sofortiger exakter Begriffsbildung in der Schule ausspricht, zeigt - allerdings am Beispiel des Massenbegriffs - das folgende Zitat von Max Jammer: "Obwohl er (der Begriff Masse) für alle Zweige der Physik von entscheidender Bedeutung ist und ein unentbehrliches begriffliches Werkzeug des wissenschaftlichen Denkens darstellt, scheint er sich allen Versuchen zu einer völlig befriedigenden Erklärung in einer logisch sowohl wie wissenschaftlich einwandfreien Definition zu entziehen. In seiner langen Geschichte im menschlichen Denken vom frühen schattenhaften Auftauchen in der neuplatonischen Philosophie, seiner mystischen und noch verschwommenen Vorstellung in der Theologie, bis hin zu seiner wissenschaftlichen Behandlung in der Physik KEPLERS und NEWTONS, seiner sorgfältig ausgedachten neuen Definierungen in positivistischen und axiomatischen Formulierungen, und dann bis zu seinen weitreichenden Modifikationen in den modernen physikalischen Theorien - nirgends erzielt offenbar die Wissenschaft eine vollständige Beherrschung aller begrifflichen Schwierigkeiten, die er birgt. Man muß zugeben, daß trotz gemeinsamer Bemühungen von Physikern und Philosophen, Mathematikern und Logikern bisher keine endgültige Klärung des Massenbegriffs erzielt werden konnte. Der moderne Physiker kann mit Recht auf seine eindrucksvollen Erfolge in Wissenschaft und Technik stolz sein. Aber er sollte sich ständig bewußt bleiben, daß die Grundlagen seines imponierenden Gebäudes und die Grundbegriffe seines Faches, wie z. B. der Massenbegriff, mit bedenklichen Unsicherheiten und ernsten Schwierigkeiten behaftet sind, deren er noch nicht Herr geworden ist."(17)

Literatur

1 Gerlach, W.: Die Sprache der Physik. Ferdinand Dümmlers Verlag, 1962, MNT, Band 5

2 Weizsäcker, C. F. V.: Die Einheit der Natur. München: Karl Hanser Verlag, 1971, S. 65 u. S. 82

3 Carnap, R.: Physikalische Begriffsbildung. Darmstadt: Wissenschaftliche Buchgesellschaft, 1966. Nachdruck der Ausgabe Karlsruhe 1926, S. 4 u. 5

4 Rhöneck, Chr. (Hrsg.): Der Physikunterricht, Heft 1, Febr. 1976. Zur Methodik der Sekundarstufe I, Mechanik und Wärme. Stuttgart: Klett Verlag, 1976, S. 68 ff.

5 Carnap, R.: Einführung in die Philosophie der Naturwissenschaften. München: Nymphenburger Verlagshandlung, 1969, S. 65

Modellvorstellungen in der Physik

6 Bavink, B.: Ergebnisse und Probleme der Naturwissenschaften. Zürich: S. Hirtzel Verlag, 1954, S. 251 f.

7 Der Hessische Kultusminister: Rahmenrichtlinien Physik, Sekundarstufe I, 1972, S. 9-10

8 Wagenschein, M.: Die pädagogische Dimension der Physik. Braunschweig: Georg Westermann Verlag, 1962

9 Falk, G.: Theoretische Physik, Band 2, Allgemeine Dynamik, Thermodynamik. Berlin, Heidelberg, New York: Springer Verlag, 1968, S. 4 ff.

10 Weninger, J.: Einheiten, Größen und Skalenwerte. Frankfurt: Otto Salle Verlag, 1968, S. 12

11 Quade, W.: Über die algebraische Struktur des Größenkalküls in der Physik. Abhandlungen der Braunschweigischen Wissenschaftlichen Gesellschaft 13, 1961, S. 24

12 Quade, W.: Zur Theorie und Anwendung des Größenkalküls in der Physik. Abhandlungen der Braunschweigischen Wissenschaftlichen Gesellschaft 18, 1966

13 Fleischmann, R.: Einheiten, invariante Größengleichungen, Dimensionen. MNU 12, 1969/70, S. 385 u. S. 443

14 Fleischmann, R.: Einführung in die Physik. Weinheim: Verlag Chemie, 1973, S. 613

15 Deutscher Normenausschuß (Hrsg.): Normen für Größen und Einheiten in Naturwissenschaft und Technik. AEF Taschenbuch 22. Berlin, Köln: Beuth-Vertrieb, 1972

16 Rang, O.: Der Physikunterricht, Heft 3, 1971. Zum Gesetz über Einheiten im Meßwesen vom 2. Juli 1969. Stuttgart: Ernst Klett Verlag, 1971

17 Jammer, M.: Der Begriff der Masse in der Physik. Darmstadt: Wissenschaftliche Buchgesellschaft, 1964, S. 241 f.

18 Schupp, H.: Elemente der Logik. Braunschweig: Georg Westermann Verlag, 1970

1.2.4 Modellvorstellungen in der Physik

Der Modellbegriff spielt im heutigen wissenschaftlichen Sprachgebrauch eine bedeutende Rolle. Dies gilt insbesondere für die Naturwissenschaften, aber man begegnet ihm ebenso in den Wirtschaftswissenschaften, in der Soziologie und der Psychologie. Auch in der Erziehungswissenschaft spielt er eine Rolle. Davon zeugen die Titel bekannter erziehungswissenschaftlicher Bücher (z.B. HERWIG BLANKERTZ: Theorien und Modelle der Didaktik; RUPRECHT/BECKMANN/v. CUBE/SCHULZ: Modelle grundlegender didaktischer Theorien). Daß bei dieser weiten Verwendung des Begriffes der Sprachgebrauch nicht einheitlich ist, darf nicht verwundern. Oft kann nur aus dem Zusammenhang erschlossen oder vermutet werden, welchen Modellbegriff ein Autor seinen Überlegungen zugrundelegt. Einen Beitrag zur Klärung der Begriffe zu liefern und den Stellenwert von "Modell" und "Modellvorstellung" im Lehrbuch KUHN: Physik, Bd. 1, zu erläutern, ist der Sinn dieses Abschnittes.

Gerade die Physik eignet sich in hervorragender Weise zum Studium des Modellbegriffs und seiner Verwendung in den Erfahrungswissenschaften. Dies folgt zum einen aus der historisch weit fortgeschrittenen Entwicklung der Physik, verglichen mit den jüngeren empirischen Wissenschaften wie etwa der Soziologie, zum anderen aus den weniger komplexen Untersuchungsgegenständen, mit denen es die Physik zu tun hat. Wir können ja eine fortschreitende Komplexität in den zu untersuchenden Objekten von der Physik über die Chemie und Biologie zu den Gesellschaftswissenschaften feststellen. Dennoch wird in all diesen Wissenschaften die "naturwissenschaftliche Methode" angewandt, deren wohl reinste Ausdrucksform wir in der Physik erkennen können. Aus dieser Tatsache folgt einer der Bildungswerte der Physik. Es können für die Physik entwickelte und bewährte Methoden des geistigen Arbeitens so gründlich erlernt werden, daß der Schüler befähigt wird, auch die für andere Bereiche entworfenen Modelle sachgerecht zu benutzen und von ihrer Entstehung her kritisch zu beurteilen. Erleichtert wird dies durch den Umstand, daß die Eigenschaften von Modellen in der Physik vergleichsweise leicht verstanden werden können.

Selbstverständlich sind dem Unterricht in der Sekundarstufe I hier Grenzen gesetzt, aber es sollte diese Dimension des Physikunterrichts doch stets dem Lehrer gegenwärtig sein. Seine Einstellung wird das Verhältnis der Schüler zur Naturwissenschaft prägen. Ihm sollten die bedeutsame Leistungsfähigkeit, aber auch die Grenzen der Modellvorstellungen bewußt sein.

Didaktische und methodische Bemerkungen

Historische Entwicklung des Modellbegriffs

Für das Verständnis der physikalischen Methode ist die Rolle des Modellbegriffs von grundlegender Bedeutung.

Dies wird bei einem Blick auf die ideengeschichtlichen Entwicklungslinien der Modellvorstellungen besonders deutlich.

Die Weltschöpfungsmythen, die sich in allen Kulturkreisen finden, können als Modelle angesehen werden, mit denen die Menschen der Frühzeit ihre Naturerfahrungen und Deutungen in ein System zu bringen versuchten.

Im 6. Jahrhundert v. Chr. vollzog sich in Griechenland zum ersten Male in der Geschichte der Menschheit ein sehr bedeutungsvolles geistiges Ereignis, als man diese mythologischen Modelle durch rationale, abstrakte mechanische Modellvorstellungen ersetzte.

PLATON (427-347 v. Chr.) hatte die methodische Forderung aufgestellt, die unregelmäßigen Bewegungen der Himmelskörper durch ein System regelmäßiger, "idealer" Kreisbewegungen darzustellen.

Für dieses kinematische Konzept hat dann EUDOXOS (408-355 v. Chr.) ein raffiniertes mechanisches Modell erfunden, mit dem die komplizierten Planetenbewegungen durch ineinandergeschachtelte und mit passenden Geschwindigkeiten rotierenden Hohlkugeln, deren Rotationsachsen unter ganz bestimmten Winkeln zueinander angebracht sind, erfaßt werden. Dieses Modell ist in der Lage, die Planetenbewegungen in grober Näherung anschaulich darzustellen. Eine wesentliche Grenze dieses Modells ist der Umstand, daß man mit ihm die beobachteten Abstandsänderungen der Planeten nicht wiedergeben kann. Es bildet also nur einen ganz bestimmten Teilaspekt der Phänomene ab. Zur Rettung der Phänomene und zur Erfüllung der Platonischen Forderung ersann PTOLEMÄUS (85-160 n. Chr.) ein mathematisches Modell. Diese Epizykeltheorie ist ein kinematisches Modell, bei dem die Bewegung der Himmelskörper sehr genau durch ein ausgeklügeltes System von Träger- und Aufkreisen (vgl. KUHN: Physik, Bd. III A, S. 22-27) geometrisiert wird. Diese geometrischen und kinematischen Parameter des mathematischen Modells sind so gewählt, daß die Phänomene mit erstaunlicher Genauigkeit, die die des Kopernikanischen Modells weit übertraf, abgebildet werden.

Die Frage, ob die Planeten in "Wirklichkeit" so umlaufen, wie diese mathematische Konstruktion sie abbildet, war für PTOLEMÄUS zunächst kein Problem.

Später hat er für seine abstrakte mathematische Konstruktion ein anschauliches mechanisches Sphärenmodell erdacht. Auch das dem Ptolemäischen Modell folgende Kopernikanische Modell ist bei KOPERNIKUS selbst ein mathematisches Modell, das aus dem Ptolemäischen lediglich durch Wechsel des kinematischen Bezugssystems hervorgeht. Erst für GALILEI und KEPLER ist dieses Modell jedoch identisch mit der "Wirklichkeit". Als Modell benutzte es BOHR (1885-1962) wieder zur Abbildung der Atom-Wirklichkeit. Wir wissen heute, daß diese Modellvorstellung sehr problematisch ist. Die mikrophysikalischen Phänomene lassen sich nämlich nicht durch anschauliche mechanische Begriffsbildungen, sondern nur durch sehr abstrakte mathematische Strukturen abbilden.

Diese kurze historische Skizze macht deutlich, daß eine Art innere Dialektik zwischen Abstraktion und Veranschaulichung die Entwicklung der Modellvorstellungen beherrscht.

Diese fruchtbare methodische Herausforderung wird auch bereits bei der Erklärung der Stoffeigenschaften durch die griechischen Naturphilosophen deutlich. LEUKIPP und DEMOKRIT erfanden dazu das erste anschauliche mechanische Teilchen-Modell der Atomistik, während PLATON die verschiedenen Stoffeigenschaften durch ein mathematisches Modell (Platonische Körper, Vgl. KUHN: Physik, Bd. III B, S. 17) erklärte.

Das Wort Modell geht auf das italienische Wort modello zurück. Es entstand etwa im 16. Jahrhundert und hat seinen Ursprung in dem lateinischen modulus (Verkleinerungsform von modus = Maß). Es wird zunächst vorwiegend im Handwerk und in der Kunst verwendet. Der Künstler sah in einer schönen Frau, die ihm Modell stand, nur das mehr oder weniger vollkommene Abbild der idealen weiblichen Schönheit.

Im Sinne von Maßstab wurde das Wort modulus häufig von POLLIO VITRUV in einem Buch über die Baukunst benutzt, das 1414 als lateinisches Manuskript in einem Schweizer Kloster aufgefunden wurde. Diese Manuskript wurd 1486 gedruckt und verbreitete von da an den Fachausdruck. In seiner ursprünglichen Bedeutung, als maßstäblich verkleinertes oder vergrößertes Abbild, wird der Modellbegriff auch heute noch benutzt. Damit haben wir eine erste Verwendung des Begriffs erkannt:

1. Bildhafte (ikonische, reale) Modelle: Darunter verstehen wir ein Vorbild, nach dem

Modellvorstellungen in der Physik

etwas gestaltet werden kann, oder eine Kopie von etwas bereits fertiggestelltem etwa im Sinne eines hölzernen verkleinerten Abbildes eines Hauses. Auch die im Unterricht verwendeten Modelle von Verbrennungsmotoren, Strahltriebwerken und Turbinen gehören hierher. Die zusammenknüpfbaren Kugeln der im Chemieunterricht benutzten Molekülmodelle sind ebenfalls bildhafte Modelle. Im Erdkundeunterricht wird ein Globus als Modell der Erde eingesetzt.

Eine erste Verallgemeinerung steckt dann bereits darin, wenn wir anstelle des Globus eine Landkarte verwenden. Aus dem dreidimensionalen Urbild ist ein zweidimensionales Abbild geworden. Der gleiche Fall liegt bei den im Buch verwendeten Zeichnungen oder Fotografien von Versuchsaufbauten vor. Sie sind bildhafte Modelle der abgebildeten Gegenstände. (Hier liegt ein Beispiel vor, wie das Wort "Modell" im genauen Gegensatz zu seiner sonstigen Verwendung gebraucht wird. In der hier benutzten Ausdrucksweise ist eine Fotografie das Modell des abgebildeten Menschen. Anderswo wird aber gerade der abgebildete Mensch als "Fotomodell" bezeichnet. Diese hier an einem Beispiel aufgezeigte Vieldeutigkeit des Begriffs muß genau beachtet werden, wenn mit Vertretern anderer Fächer über diesen Begriff gesprochen wird.)

Die Wichtigkeit des Modellbegriffs in der Physik beruht aber nicht auf der Verwendung bildhafter Modelle, die eine Abbildung ihrer Urbilder im geometrischen Sinne darstellen. Vielmehr bilden die wichtigsten Modelle in der Physik ihre Urbilder in ihren für wesentlich gehaltenen Strukturen ab. Um welche Art von Strukturen es sich dabei handelt, kann ganz verschieden sein. Wasserwellen können z. B. ein Modell für das elektromagnetische Feld in der Nähe einer Antenne sein, weil sich die Strukturen "Periodizität", "Wellenlänge", "Überlagerung" usw., die von Wasserwellen bekannt sind, zur Deutung von Versuchsergebnissen im elektromagnetischen Feld eignen.

Die strukturelle Beziehungen abbildende Modelle können noch danach unterschieden werden, welche Elemente zur Konstruktion der Modelle verwendet wurden. Zum einen können Gegenstände oder Vorgänge aus unserer näherliegenden Erfahrung (möglicherweise in idealisierter Form) als Modell dienen. Ein Beispiel dieser Art ist die Wasserwelle, idealisiert zur Sinuswelle, als Modell für bestimmte Arten von elektromagnetischen Feldern. Zum anderen können die Modelle aus Elementen der Mathematik (oder allgemeiner: formalisierter Begriffssysteme) aufgebaut werden. Wir nennen als Beispiel die als "Wellengleichung" bekannte partielle Differentialgleichung. Damit haben wir zwei weitere Klassen von Modellen kennengelernt:

2. Analoge Modelle: Die strukturellen Beziehungen in einem einfacheren oder leichter zugänglichen Erfahrungsbereich dienen als Modell für einen komplizierten oder ungewohnten, neuartigen Bereich. Besonders wichtig werden sie, wenn unanschauliche Objekte Gegenstand der Untersuchungen sind.

3. Formale (mathematische) Modelle: Die Elemente dieser Modellklasse sind Begriffe aus der Mathematik, deren Struktur durch Formeln oder Regeln festgelegt wird. Diese Stufe des Modellbegriffs ist die leistungsfähigste, denn die in den Formeln auftretenden Variablen können sehr vielseitig interpretiert werden. Die Vielfalt der möglichen Modelle ist deshalb viel größer als bei den analogen Modellen, bei deren Konstruktion wir auf Erfahrungen und Objekte unserer anschaulichen Erfahrung angewiesen sind.
(Zu unterscheiden sind die mathematischen Modelle von Wirklichkeitsbereichen aus der Physik von den in der Mathematik verwendeten Modellen. In der Mathematik sind die Urbilder Axiomensysteme, also von Menschen geschaffene Dinge. So ist beispielsweise die Schaltalgebra ein Modell der Booleschen Algebra.)

Ihrer Natur nach können formale Modelle nicht als reale Gegenstände vorliegen. Auch bei den analogen Modellen verhält es sich oft so, daß sie nur in Gedanken existieren. So sprechen wir vom Teilchenmodell oder vom Modell der Welle und stellen uns dazu Teilchen oder Welle nur vor. Deshalb spricht man in solchen Fällen von Modellvorstellungen. Von diesen Vorstellungen können aber gelegentlich wieder reale Modelle verwendet werden. Wir erinnern an die Molekülmodelle des Chemieunterrichts oder die Wasserwellen in der Wellenwanne. Diese Anschauungshilfen werden als reale Modelle von Modellvorstellungen benutzt. Unter den analogen Modellen gibt es neben Modellvorstellungen auch gegenständlich existierende Modelle. So ist z. B. ein elektrischer Schwingkreis ein analoges Modell für ein mechanisches schwingungsfähiges Gebilde. Dies wird in der Technik mit Vorteil ausgenutzt. Die Federung eines Kraftfahrzeugs stellt beispielsweise ein recht kompliziertes System dar.

Didaktische und methodische Bemerkungen

Durch eine Simulation mit Schwingkreisen auf einem Analogrechner kann das optimale Federungsverhalten viel einfacher als an einem wirklichen Fahrzeug erprobt werden. Während bei einem solchen real vorliegenden Modell der Modellcharakter unmittelbar erkennbar ist, gilt dies nicht immer bei Modellvorstellungen. Daß die elektromagnetische Welle nur eine Modellvorstellung vom orts- und zeitabhängigen elektromagnetischen Feld ist, stellte sich erst am Ende einer langen Entwicklung um die Jahrhundertwende heraus. Damals mußte die Vorstellung von einem Trägermedium, dem "Äther", aufgegeben werden. Die Feldstärke beschreibt keine Eigenschaft eines vorstellbaren Mediums. Genausowenig ist ein Atom ein Teilchen in dem Sinne, wie es ein makroskopischer Modellkörper ist. Die langwierige historische Entwicklung, die zu dieser Erkenntnis vom Modellcharakter führte, sollte ein Hinweis darauf sein, daß Schüler nicht von selbst den Modellcharakter vieler physikalischer Begriffe erkennen können.

Mathematische Modelle treten durchaus auch im Physikunterricht der Sekundarstufe I auf. Ein Beispiel dafür ist das Strahlenmodell des Lichtes. Es kann entweder mit den geometrischen Begriffen "Gerade", "Strahl", "Winkel", "Punkt" oder durch die "Linsenformel" von Seite O 27 formuliert werden.

Heute werden in der Physik meist Formeln und mathematisierte Theorien zur Beschreibung und Deutung der Phänomene eingesetzt. Viele zeitgenössische Forscher betrachten auch diese hochkomplexen erfahrungswissenschaftlichen Theorien (Beispiele: die NEWTONsche Mechanik, die MAXWELLsche Elektrodynamik) als "Modelle". Darin drückt sich eine tiefgreifende Wandlung des wissenschaftlichen Denkens aus. Bedingungen und Grenzen der Erkenntnismöglichkeiten werden deutlich. <u>Anstelle der erstrebten Erkenntnis des "wahren Wesens"</u> tritt die Konstruktion brauchbarer Modelle der Wirklichkeit. Wir werden unten auf diesen Aspekt genauer eingehen.

Die Klassifikation des Modellbegriffs in die drei Stufen "bildhaftes Modell", "analoges Modell" und "formales Modell" kann als Beispiel einer <u>modelltheoretischen Taxonomie</u> verstanden werden. Mit dem Wort "Taxonomie" gingen früher insbesondere die Biologen um (lt. Duden: Taxonomie = Einordnung der Lebewesen in systematische Einheiten auf Grund ihrer verwandtschaftlichen Beziehungen). Heute ist es in der Zusammensetzung "Lernzieltaxonomie" jedem Lehrer geläufig. Doch von den Lernzieltaxonomien weiß man auch, daß es für einen Bereich sehr wohl unterschiedliche Taxonomien geben kann. So wie die BLOOMsche Lernzieltaxonomie eine unter anderen möglichen ist, so muß auch die hier vorgeschlagene Modelltaxonomie als eine Möglichkeit verstanden werden. Sie geht auf CHURMAN, ACKOFF und ARNOFF (1961) zurück ((3), vgl. auch (4), (5)).

Merkmale des Modellbegriffs

Allen Stufen des Modellbegriffs kommen gewisse übereinstimmende Merkmale zu. Man kann die im folgenden aufgeführten Merkmale auch als eine Festlegung ansehen, die "Modell" als wissenschaftlich zubereiteten Kunstbegriff kennzeichnen und ihn von anderen Verwendungen unterscheiden.

1. <u>Abbildungsmerkmal:</u> Modelle sind stests Modelle von etwas, nämlich Abbildungen von natürlichen oder künstlichen "Originalen". Diese Urbilder können ihrerseits selbst wieder Modelle sein. So ist der in das Heft gezeichnete "Lichtstrahl" ein bildhaftes Modell des Lichtstrahlmodells, das seinerseits ein mathematisches Modell der Lichtausbreitung ist. In keinem Fall darf das Modell mit seinem Urbild, z. B. der physikalischen Wirklichkeit verwechselt werden.

2. <u>Verkürzungsmerkmal:</u> Modelle erfassen nicht alle Eigenschaften des durch sie repräsentierten Originalsystems, sondern nur solche, die den jeweiligen Modellerschaffern und Modellbenutzern relevant scheinen. STACHOWIAK (3) schreibt dazu:

"Zu wissen, daß nicht alle Originaleigenschaften von dem zugehörigen Modell erfaßt werden, und zum anderen, welche Originaleigenschaften vom Modell erfaßt werden, setzt natürlich die Kenntnis aller Eigenschaften sowohl des Originals als auch des Modells voraus. Der exakte Original-Modell-Vergleich hat, wie man sieht, stets ein künstliches, ein "gemachtes" Original zur Voraussetzung. Er ist in Strenge bei natürlichen Originalen nicht möglich."

Diese Schwierigkeit tritt in der Physik deutlich auf. Sie sucht Modelle zu bestimmten Aspekten unserer natürlichen Umwelt. Alle Eigenschaften der natürlichen Systeme kennen wir gewöhnlich nicht. Wir wissen daher auch nicht genau, welche Eigenschaften des Originals mit denen des Modells übereinstimmen. Manchmal wissen wir allerdings, daß Eigenschaften des

Modellvorstellungen in der Physik

Originals nicht im Modell enthalten sind. So enthält das Modell des Lichtstrahls nicht die beim Licht auftretenden Beugungserscheinungen. Das Lichtstrahlmodell hat deshalb eine Gültigkeitsgrenze. Bei vielen Modellen kennen wir die Gültigkeitsgrenze nicht genau. Hier setzt die Arbeit der Forschung an (s. u.).

Die Auffindung der Grenzen eines Modells stellt immer einen Fortschritt dar. Von eng begrenzten Modellen gelangt man über die Abtastung ihrer Gültigkeitsgrenzen zu umfassenderen Modellen, und zwar durch Zusatzannahmen oder durch vollkommene Änderung der grundlegenden Annahmen.

Die Güte eines Modells wird an der Erfahrung gemessen: je einfacher die Erkenntnisgewinnung dadurch wird, je größer sein Gültigkeitsbereich ist, d. h. je mehr Erfahrung durch das Modelldenken verständlich wird, desto besser ist das Modell.

3. Subjektivierungsmerkmal: Modelle sind ihren Originalen nicht eindeutig zugeordnet. Vielmehr verwenden die sie ersinnenden Menschen die ihnen und ihrer Zeit geläufigen Begriffe. In anderen Zeiten und für andere Menschen kann das Modell seinen Wert als Hilfsmittel zur Deutung des Originals verlieren. Für heutige Menschen sind die Mythen vom Donnergott keine geeigneten Modelle von den Abläufen bei einem Gewitter. Doch auch näherliegende modellhafte Begriffsbildungen sind zeitgebunden. So ist das "Feld" (das Wort wurde aus der Sprache der Artillerie übernommen) in der Romantik im Rahmen des naturphilosophischen "Dynamismus" zu einem zentralen Begriff der Physik geworden. Heute benutzen wir zwar den Begriff, doch nicht mehr in einem dynamistischen Sinn. Das Subjektivierungsmerkmal der Modelle ist sicherlich am schwierigsten herauszuarbeiten, denn zu seinem Verständnis bedarf es eines Vergleichs zwischen verschiedenen Epochen oder Kulturen. Dennoch ist es notwendig, die Begriffe und Modelle der Naturwissenschaften als von Menschen geschaffene Dinge zu erkennen, damit durch ihre historische Dimension ihre vermeintliche Absolutheit relativiert wird.

Notwendigkeit von Modellen

Die Erkenntnis der wesentlichen Merkmale des Modellbegriffs sagt noch wenig über seinen Wert für die Physik. Es muß noch geklärt werden, warum (über die bildhaften, realen Modelle hinaus) in der Physik Modelle verwendet werden, ja sogar verwendet werden müssen. Im Laufe der Entwicklung wurde deutlich, daß die der Physik zugänglichen Vorgänge nur mit einer prinzipiell unvermeidbaren Verkürzung in Modellen erfaßt werden können. Dem Gedanken einer vollständigen Erkenntnismöglichkeit durch die Physik lag der Glauben an die Anschaulichkeit der klassischen Physik zugrunde. Die grundlegenden Begriffe Raum, Zeit, Masse und Kraft wurden als der Anschaulichkeit vollständig zugänglich angesehen. Fehler in der Übereinstimmung zwischen den physikalischen Modellen und der Wirklichkeit wurden nicht in den Modellen gesucht. Von GALILEI stammt dazu der Satz: "Die Fehler liegen weder an dem Abstrakten noch an dem Konkreten, weder an der Geometrie noch an der Physik, sondern an dem Rechner, der nicht richtig zu rechnen versteht."(1)

Diese hohe Einschätzung der Möglichkeiten der Physik begann zu wanken, als die Phänomenbereiche, die wir heute durch den Feldbegriff kennzeichnen, in die physikalische Forschung einbezogen wurden. Zunächst versuchte man im 18. und 19. Jahrhundert noch, verschiedene Äthermodelle zu ersinnen, die als wahrheitsgetreue Abbilder dienen sollten.

So stellte sich noch James Clerk MAXWELL das magnetische Feld als Flüssigkeit mit Wirbeln vor, die in Richtung der Kraftlinien als Achse, einsinnig drehend, aufeinanderfolgen. Zwischen benachbarte Wirbel sollten entgegengesetzt rotierende Hilfswirbel zur schlupffreien Drehungsübertragung eingeschaltet sein. Mit diesen mechanischen Modellen konstruierte MAXWELL in den Jahren 1861 und 1862 die Elektrodynamik, mit der die klassische Physik zur Vollendung gebracht wurde. Doch die Bedeutung der Elektrodynamik liegt in den MAXWELLschen Gleichungen, nicht in den mechanischen Modellen, für die sich keine experimentellen Hinweise finden ließen. Mit dem negativen Ausgang des Ätherwindexperimentes von MICHELSON (1881/87) und EINSTEINs Formulierung der speziellen Relativitätstheorie (1905) verschwand die Vorstellung von der mechanischen Deutbarkeit der elektromagnetischen Felderscheinungen. Das Scheitern all dieser Versuche veranlaßte die Physik, in ihrem Bestreben sich des gesamten Wirklichkeitsgehaltes der Wahrnehmung zu bemächtigen, die Annahme einer realistischen Modelldarstellbarkeit der physikalischen Realität aufzugeben. "Der Wahrheitsgehalt

Didaktische und methodische Bemerkungen

der Physik - und damit aller Naturwissenschaften - wird nicht mehr in einer objektgetreuen Spiegelung der Realität, sondern in einer strukturgetreuen Beziehung gesehen."(6)

Diese notwendige Beschränkung im Anspruch an die Erkenntnismöglichkeiten der Physik wurde den Physikern gegen Ende des 19. Jahrhunderts langsam bewußt. Ein Dokument für diesen Wandel finden wir in dem Buch "Die Prinzipien der Mechanik", das Heinrich HERTZ kurz vor seinem Tode schrieb. Er starb am 1.1.1894 im 36. Lebensjahr, nachdem seine Entdeckung der elektromagnetischen Wellen die MAXWELLsche Theorie glänzend bestätigt hatte. Im Vorwort seines Buches schrieb HERTZ noch: "Alle Physiker sind sich einstimmig darin, daß es die Aufgabe der Physik sei, die Erscheinungen der Physik auf die einfachen Gesetze der Mechanik zurückzuführen." Diesem nach heutiger Ansicht nicht einlösbaren Glauben stellt aber HERTZ in der Einleitung des Buches eine Beschreibung der Arbeitsweise der Physik zur Seite, welche den erkenntnistheoretisch neuen Standort der Physik klar darstellt (7): "Es ist die nächste und in gewissem Sinne wichtigste Aufgabe unserer bewußten Naturerkenntnis, daß sie uns befähige, zukünftige Erfahrungen vorauszusehen, um nach dieser Voraussicht unser gegenwärtiges Handeln einrichten zu können. Als Grundlage für die Lösung jener Aufgabe der Erkenntnis benutzen wir unter allen Umständen vorangegangene Erfahrungen, gewonnen durch zufällige Beobachtungen oder durch absichtlichen Versuch. Das Verfahren aber, dessen wir uns zur Ableitung des Zukünftigen aus dem Vergangenen und damit zur Erlangung der erstrebten Voraussicht stets bedienen, ist dieses: Wir machen uns innere Scheinbilder oder Symbole der äußeren Gegenstände, und zwar machen wir sie von solcher Art, daß die denknotwendigen Folgen der Bilder stets wieder die Bilder seien von den naturnotwendigen Folgen der abgebildeten Gegenstände. Damit diese Forderung überhaupt erfüllbar sei, müssen gewisse Übereinstimmungen vorhanden sein zwischen der Natur und unserem Geiste. Die Erfahrung lehrt uns, daß die Forderung erfüllbar ist und daß also solche Übereinstimmungen in der Tat bestehen. Ist es uns einmal geglückt, aus der angesammelten bisherigen Erfahrung Bilder von der verlangten Beschaffenheit abzuleiten, so können wir an ihnen, wie an Modellen, in kurzer Zeit die Folgen entwickeln, welche in der äußeren Welt erst in längerer Zeit oder als Folge unseres Eingreifens auftreten werden; wir vermögen so den Tatsachen vorauszueilen und können nach der gewonnenen Einsicht unsere gegenwärtige Entschlüsse richten. Die Bilder, von welchen wir reden, sind unsere Vorstellungen von Dingen; sie haben mit den Dingen die eine wesentliche Übereinstimmung, welche in der Erfüllung der genannten Forderung liegt, aber es ist für ihren Zweck nicht nötig, daß sie irgend eine weitere Übereinstimmung mit den Dingen haben. In der Tat wissen wir auch nicht, und haben auch keine Mittel zu erfahren, ob unsere Vorstellungen von den Dingen mit jenen in irgend etwas anderen übereinstimmen, als allein in eben jener einen fundamentalen Beziehung."

In diesem Text von HERTZ müssen wir das Wort "Bild" durch "Modell" oder "Modellvorstellung" ersetzen, wenn wir ihn dem heutigen Sprachgebrauch annähern wollen.

Schema zur Veranschaulichung des HERTZschen Gedankengangs:

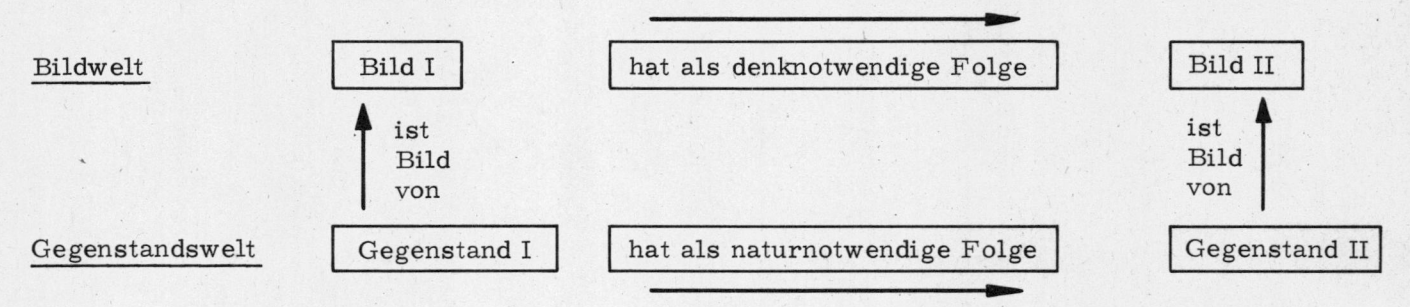

Bildwelt	Bild I	hat als denknotwendige Folge →	Bild II
	↑ ist Bild von		↑ ist Bild von
Gegenstandswelt	Gegenstand I	hat als naturnotwendige Folge →	Gegenstand II

Die Betrachtung von Heinrich HERTZ darf nicht in dem Sinne mißverstanden werden, daß die objektive Realität in eine nebelhafte Ferne rückt, die nicht erkennbar ist. Vielmehr wird auf die durch Erfahrung belegte Übereinstimmung zwischen der Natur und unserem Geist hingewiesen. Damit ist gemeint, daß es dem menschlichen Geist möglich ist, Begriffe zu schaffen, die der Realität angemessen sind.

Modellvorstellungen in der Physik

Den Gedanken von Heinrich HERTZ, daß unsere physikalischen Theorien und Begriffe "innere Scheinbilder oder Symbole der äußeren Gegenstände" sind, hat insbesondere Karl POPPER konsequent weitergedacht. Seine Erkenntnistheorie ist in den Büchern "Logik der Forschung" (Wien, 1934) und "Objektive Erkenntnis" (Hamburg, 1973) dargestellt. (8), (9)

Der Ausgangspunkt von POPPERs Überlegungen ist die Tatsache, daß es keine Möglichkeit zu einem logisch zwingenden Beweis für die Richtigkeit einer erklärenden naturwissenschaftlichen Theorie gibt. Alle derartigen Theorien sind durch Verallgemeinerung einer beschränkten Anzahl von Erfahrungen entstanden. Von den Einzelfällen der Erfahrung kann aber nicht logisch zwingend auf die allgemeinen Aussagen einer Theorie und somit auch nicht auf Einzelfälle in der Zukunft geschlossen werden. Deshalb sind unsere erfahrungswissenschaftlichen Erkenntnisse "Vermutungswissen", das in den meisten Fällen unbeweisbar ist. Dennoch ist unsere wissenschaftliche Erkenntnis keineswegs wertlos, denn obzwar wissenschaftliche Theorien nicht beweisbar sind, so können sie doch widerlegbar sein. Es können Erfahrungen auftreten, bei denen wissenschaftliche Theorien Ergebnisse vorhersagen, die nicht im Einklang mit der Wirklichkeit stehen. Dann ist der Fall eingetreten, daß nicht "die Folgen der Bilder stets wieder die Bilder von den naturnotwendigen Folgen der abgebildeten Gegenstände" sind. Die Erfahrung hat unser Modell (Bild) der Wirklichkeit widerlegt. Entweder muß das Modell durch Veränderung an die neue Erkenntnis angepaßt werden, oder falls dies nicht möglich erscheint, durch ein neues Modell ersetzt werden. Die Aufgabe der Wissenschaft besteht nun darin, die bis jetzt noch nicht widerlegten Modelle stets daraufhin zu überprüfen, ob sie widerlegt werden können. Durch dieses Falsifizieren entsteht der Fortschritt der Wissenschaft, da die Aufstellung neuer Theorien erforderlich wird.

Damit keine Verwechslungen entstehen zwischen der Wirklichkeit und unseren Theorien über die Wirklichkeit, unterscheidet POPPER drei Welten: "erstens die Welt der physikalischen Gegenstände oder physikalischen Zustände; zweitens die Welt der Bewußtseinszustände oder geistigen Zustände oder vielleicht der Verhaltensdispositionen zum Handeln; und drittens die Welt der objektiven Gedankeninhalte, insbesondere der wissenschaftlichen und dichterischen Gedanken und der Kunstwerke." Die physikalischen Theorien sind Bewohner von POPPERs dritter Welt, denn sie sind von Menschen gemachte Modelle der physikalischen Wirklichkeit, die POPPER die erste Welt nennt. Zwischen den verschiedenen Welten bestehen selbstverständlich Wechselwirkungen, doch in einem gewissen Sinne kommt der dritten Welt eine unabhängige Existenz zu. Als Beispiel werden die natürlichen Zahlen genannt. Wenn auch manche der Meinung sind, daß sie nicht ein geistiges Produkt der Menschen sind, so ist doch offenkundig, daß mit ihrer Entstehung eine große Zahl von Problemen auftrat, die - unabhängig vom Bewußtsein eines Mathematikers - objektiv bestehen. So ist z.B. bis heute die Frage unbeantwortet, ob jede positive gerade Zahl, abgesehen von 2, Summe von zwei Primzahlen ist. Ganz entsprechendes gilt für die physikalischen Theorien. Mit den MAXWELLschen Gleichungen waren unbeabsichtigt auch die Formalismen für die Erfassung der elektromagnetischen Wellen gefunden. In der dritten Welt entstehen so neue unerwartete Probleme und unbeabsichtigte Tatsachen. Ob diese theoretischen Folgerungen jedoch auch ihr Gegenstück in der Welt der physikalischen Zustände finden, muß durch das Experiment geklärt werden. Im Falle der elektromagnetischen Wellen kam es nicht zu einer Widerlegung des Modells. Die Möglichkeit von überprüfbaren Schlußfolgerungen aus Bedingungen eines Modells ist ein Kennzeichen der Eigenständigkeit oder Eigengesetzlichkeit der dritten Welt der geistigen Konstrukte.

Die Eigengesetzlichkeit der Modelle ist ein wichtiger Bestandteil der Erkenntnisgewinnung. Ohne die durch die Modelle und die aus ihnen gezogenen Konsequenzen würden gar keine Fragen bewußt gestellt und auch diese Fragen nicht durch planmäßiges Beobachten oder Experimenten beantwortet. Der falsche Glaube, daß ohne vorausgegangene Hypothese und planmäßige Beobachtung neue Erkenntnis gewonnen werden könne, wird schon von KANT in seiner "Kritik der reinen Vernunft" zurückgewiesen. POPPER nennt die falsche Vorstellung, die Wirklichkeit bilde sich unmittelbar im menschlichen Geist ab, die "Erkenntnistheorie des Alltagsverstandes". Danach besteht alle Erfahrung aus Informationen, die wir durch unsere Sinne erhalten haben. Dabei wird jedoch vergessen, daß wir unter objektiver Erkenntnis im wissenschaftlichen Sinne sprachlich formulierte Theorien und Zukunftserwartungen verstehen, die einer kritischen Diskussion ausgesetzt werden können. Diese kritische Diskussion besteht im Versuch, die Modelle der Wirklichkeit als mit dieser nicht übereinstimmend zu erweisen oder innere Widersprüche aufzudecken.

Folgt man der von HERTZ und POPPER vorgezeichneten Linie mit Konsequenz, so haben alle Erkenntnisse den Charakter von "Modellen", über deren Wahrheitsgehalt oder Realitätsbezug wenig gesagt werden kann. Damit wird der Modellbegriff sehr umfassend gebraucht. Derartige Tendenzen findet man in vielen Schulbüchern. Vielen in der Praxis arbeitenden Physikern erscheint dieser erkenntnistheoretische Standpunkt allerdings als überspitzt. Sie gehen davon aus, daß sich Physik mit der objektiven Realität beschäftigt und daß deren physikalische Gesetzmäßigkeiten erkannt werden können. Die bei Heinrich HERTZ anklingende Vermutung, daß die "Dinge" (Erkenntnisobjekte) noch weitere Eigenschaften haben können, die nicht durch Modelle erfaßbar sind, wird als außerhalb der Wissenschaft stehend angesehen, denn sie ist prinzipiell nicht entscheidbar. Über solche "metaphysischen" Fragestellungen denkt ein Forscher nicht nach, dessen Arbeit sich auf die Verbesserung unserer Naturerkenntnis richtet, mit dem Ziel einer besseren Beherrschung der Natur. Auch für einen solchen praktisch arbeitenden Physiker ist das Auftreten von Modellen im physikalischen Erkenntnisprozeß von Bedeutung. Er wird aber seine erkannten Theorien und Naturgesetze nur in ihrer Funktion als Hilfsmittel zur Gewinnung neuer Hypothesen, etwa bei Extrapolationen über den bekannten Bereich hinaus, als Modelle ansehen.

Wie weit der Modellbegriff gefaßt wird, hängt letztlich von weltanschaulichen Positionen ab, die weder bewiesen noch widerlegt werden können. Als Beispiel können wir den dialektischen Materialismus anführen. Für ihn gilt nach LENIN das Postulat: "Die einzige Eigenschaft der Materie, an deren Anerkennung der philosophische Materialismus gebunden ist, ist die Eigenschaft, objektive Realität zu sein, außerhalb unseres Bewußtseins zu existieren." Ebenfalls in dem Werk "Materialismus und Empiriokritizismus" finden wir den Satz: "Das menschliche Denken ist also seiner Natur nach fähig, uns die absolute Wahrheit, die sich aus der Summe der relativen Wahrheiten zusammensetzt, zu vermitteln, und es tut dies auch." Bei der Entscheidung über den Wahrheitsgehalt, spielt jedoch das "Kriterium der Praxis" die Hauptrolle. Wissenschaft richtet sich nach dieser Anschauung auf die Veränderung der gesellschaftlichen Praxis, nicht auf die Gewinnung zweckfreier Erkenntnis. "Der Gesichtspunkt des Lebens, der Praxis muß der erste und grundlegende Gesichtspunkt der Erkenntnistheorie sein." Es ist offenkundig, daß sich mit dieser Position ein Modellbegriff, der alle empirischen Erkenntnisse einschließt, nicht vertragen kann. Vielmehr ist in dieser Sicht der historische Stand der Erfahrungswissenschaften ein Teil der uns umgebenden Wirklichkeit, die sich mit der Entwicklung der Wissenschaft selbst verändert. (10)

Zwischen den erkenntnistheoretischen Standpunkten des dialektischen Materialismus und eines subjektiven Idealismus sind viele Zwischenformen möglich. In dem Lehrbuch KUHN: Physik wird eine erkenntnistheoretische Position eingenommen, die von POPPER beeinflußt ist. POPPER ist ein Realist, d.h. er erkennt die objektive Existenz einer physikalischen Welt ("Die erste Welt") an. Er geht aber davon aus, daß der Forschungsdrang des Menschen auf die Erkenntnis der Wirklichkeit gerichtet ist. Eine Veränderung der gesellschaftlichen Praxis kann sich dabei ergeben, sozusagen als "Nebenprodukt". Der Sprachgebrauch im Buch im Zusammenhang mit dem Modellbegriff ist jedoch offen für andere Positionen.

Forderungen an ein Modell

Unabhängig von der Frage, wie weit der Modellbegriff gefaßt werden soll, ist die wichtige Frage, welche Eigenschaften ein Modell haben muß, damit es brauchbar ist. Heinrich HERTZ gab hierzu bereits Antworten in seinen "Prinzipien der Mechanik":

"Eindeutig sind die Bilder, welche wir uns von den Dingen machen wollen, noch nicht bestimmt durch die Forderung, daß die Folgen der Bilder wieder die Bilder der Folgen seien. Verschiedene Bilder derselben Gegenstände sind möglich und diese Bilder können sich nach verschiedenen Richtungen unterscheiden.

Als unzulässig sollten wir von vornherein solche Bilder bezeichnen, welche schon einen Widerspruch gegen die Gesetze unseres Denkens in sich tragen und wir fordern also zunächst, daß unsere Bilder <u>logisch zulässige</u> oder kurz zulässige seien.

Unrichtig nennen wir zulässige Bilder dann, wenn ihre wesentlichen Beziehungen den Beziehungen der äußeren Dinge widersprechen, das heißt, wenn sie jener ersten Grundforde-

Modellvorstellungen in der Physik

rung nicht genügen. Wir verlangen demnach zweitens, daß unsere Bilder richtig seien.

Aber zwei zulässige und richtige Bilder derselben äußeren Gegenstände können sich noch unterscheiden nach dem Grad der Zweckmäßigkeit. Von zwei Bildern desselben Gegenstandes wird dasjenige das zweckmäßigere sein, welches mehr wesentliche Beziehungen des Gegenstandes widerspiegelt als das andere; welches, wie wir sagen wollen, das deutlichere ist.

Bei gleicher Deutlichkeit wird von zwei Bildern dasjenige zweckmäßiger sein, welches neben den wesentlichen Zügen die geringere Zahl überflüssiger oder leerer Beziehungen enthält, welches also das einfachere ist. Ganz werden sich leere Beziehungen nicht vermeiden lassen, denn sie kommen den Bildern schon deshalb zu, weil es eben nur Bilder und zwar Bilder unseres besonderen Geistes sind und also von den Eigenschaften seiner Abbildungsweise mitbestimmt sein müssen."

Wenn HERTZ im 19. Jahrhundert auch noch wenig von dem formalisierten Modellbegriff der heutigen Physik ahnen konnte, so können wir seiner Betrachtung doch entnehmen:

1. Modelle sollen zutreffende Voraussagen ermöglichen.
2. Modelle müssen in sich logisch widerspruchsfrei sein.
3. Modelle sollen zweckmäßig sein.
4. Modelle sollen möglichst einfach sein, soweit dies ihr Zweck gestattet.
5. Modelle haben oft Eigenschaften, die den Urbildern nicht zukommen ("abundante Eigenschaften").

An einem historischen Beispiel wollen wir uns klarmachen, daß die Forderung, die Folgen der Bilder sollten die Bilder naturnotwendiger Folgen darstellen, für ein brauchbares Modell nicht ausreicht. So wird die Bewegung der Planeten durch ein geozentrisches Modell durchaus genau beschrieben, wenn genügend viele Epizykel in der kinematischen Beschreibung verwendet werden. Schließlich handelt es sich beim Übergang von der Sonne als Koordinatenursprung zur Erde nur um eine kinematische Koordinatentransformation. Ein geozentrisches Modell des Planetensystems liefert demnach zutreffende Voraussagen über die Örter der Planeten, es ist auch logisch widerspruchsfrei. Dennoch ist es nicht einfach und schon gar nicht zweckmäßig, denn das Gravitationsgesetz wird in diesem Modell nur sehr kompliziert formuliert werden können.

Mit dem heliozentrischen Planetenmodell haben wir dagegen ein Modell der Wirklichkeit, das zutreffende Voraussagen ermöglicht und gleichzeitig in seiner Struktur sehr viel besser der in der Natur objektiv vorgegebenen Bewegung der Planeten entspricht. Das heliozentrische System steht der Wirklichkeit näher als das geozentrische. Dennoch entspricht es der heute bekannten Wirklichkeit nicht vollständig, wie die experimentellen Untersuchungen zur allgemeinen Relativitätstheorie zeigen. So sollte aufgrund der KEPLERschen Gesetze die Lage der Hauptachsen der Bahnellipsen fest im Raum sein. Diese Eigenschaft des Modells wird beim Planeten Merkur nicht beobachtet. Er führt eine Periheldrehung seiner Bahnellipse durch. Das Modell des Planetensystems nach KEPLER hat Eigenschaften, die dem Urbild nicht zukommen.

Als weiteres Beispiel für abundante Eigenschaften wollen wir das Teilchenmodell für den atomaren Aufbau der Materie betrachten. Hier besteht sehr leicht die Gefahr, daß Schüler die Atome als maßstäbliche Verkleinerungen der ihnen vorgeführten Atommodelle mißverstehen. Sie glauben, diese Modelle dienten nur dazu, die unhandliche Kleinheit der tatsächlichen Atome zu überspielen. Doch vergrößerte Modelle, insbesondere wenn sie gegenständlich gedacht werden, haben nicht nur andere Quantitäten sondern auch andere Qualitäten. So haben Atomkerne oder Elektronen keine Farbe, keine Gestalt im Sinne makroskopischer Körper, keine Oberfläche, die mit den Begriffen unserer Erfahrung erfaßt werden kann.

Didaktische und methodische Überlegungen zum Modellbegriff

Um die Schüler nicht zu überfordern, wird das Wort "Modell" vorwiegend da verwendet, wo es nicht um komplexe Theorien geht, sondern wo erkennbar vereinfachte Vorstellungen als Bilder der Realität dienen.

Die Trennung zwischen Modell und dem, was durch das Modell beschrieben werden soll, bereitet Schülern immer wieder große Schwierigkeiten. Deshalb sollten im Anfangsunterricht nur Modelle verwendet werden, die nicht zu perfekt sind. Aus diesem Grunde treten auch manche Modelle im Sinne eines spiralig angelegten Curriculums immer wieder in Erscheinung. So wird der Problemkreis "Teilchenmodell" in der Elektrizitäts-

Didaktische und methodische Bemerkungen

lehre im Zusammenhang mit der Ionenlehre und in der Mechanik im Zusammenhang mit Kapillarwirkung und Oberflächenspannung wieder aufgegriffen.

Ziel ist nicht, daß die Schüler in der Sekundarstufe I die Eigenschaften von Modellen in der Allgemeinheit angeben und erläutern können, wie es in diesem Abschnitt geschehen ist, sondern sie sollen jeweils am konkreten Beispiel das Arbeiten mit Modellen beschreiben können.

Die wichtigsten Modelle im Buch sind das Teilchenmodell der Materie und der Lichtstrahl. Beim Teilchenmodell kommt der Modellcharakter durch die zunehmende Komplexität der gedachten atomaren Teilchen zum Ausdruck. Die Existenz von Atomen oder Molekülen wird zwar zunächst (S. W 30) auch als Modell im Sinne einer Arbeitshypothese eingeführt. Der Schüler erkennt jedoch im weiteren Verlauf, daß hier das wissenschaftlich methodische Vorgehen durch den Kenntnisstand der Klasse bestimmt wird. So besteht die Modellannahme zunächst nur in der Existenz kleinster Teilchen. Später werden von diesen Teilchen selbst immer weiter verbesserte Modelle entworfen (S. E 79 ff., E 83 f., A 40 ff.).

Am Teilchenmodell der Materie finden wir ein Beispiel für die Feststellung POPPERs, daß erfahrungswissenschaftliche Theorien niemals exakt bewiesen, wohl aber widerlegt werden können. Die Aussage, daß die Materie beliebig weit teilbar ist, ohne ihre Eigenschaften zu ändern, also einen kontinuierlichen Aufbau hat, wird durch die Erfahrung widerlegt. Damit ist jedoch streng genommen nicht bewiesen, daß die Materie aus Teilchen aufgebaut ist, denn das Wort "Teilchen" ist in diesem Zusammenhang zunächst noch undefiniert. Erst wenn wir uns von den Teilchen Modelle machen, können aufgrund der Eigengesetzlichkeit der Modelle Hypothesen aufgestellt werden. Diese erlauben dann, auf dem Weg über Widerlegungen weitere Präzisierungen des Modells zu finden.

Damit sich im Schüler keine Mißverständnisse über den Modellcharakter festsetzen, wird in dem Schülerband besonders die Fundierung des Teilchenmodells durch Phänomene betont. Das Modell ist damit niemals etwas Fertiges, das es nur zu erlernen gilt, um die wesentlichen Fragen der Physik beantworten zu können. Vielmehr befindet sich das verwendete Modell in steter Entwicklung je nach dem bisherigen Kenntnisstand. Auf den Seiten W 15/16 (Einführung Wärmelehre) gibt der Mischungsversuch von Wasser und Alkohol einen ersten Hinweis, daß die Materie aus nicht ganz dicht gepackten Teilchen unterschiedlicher Größe aufgebaut ist. Es werden aber keine an dieser Stelle der experimentellen Erfahrung noch nicht zugängliche weitere Eigenschaften der Atome eingeführt. Erst nach der experimentellen Erarbeitung der Phänomene bei der Aggregatzustandsänderung folgt auf der Seite W 30 eine Deutung der Erscheinungen im Teilchenbild. Hinzu kommen weitere Experimente (Diffusion, BROWNsche Molekularbewegung), so daß stets die Aufgabe des Modells, eine gedankliche Vorwegnahme von Ergebnissen tatsächlicher Versuche liefern zu können, zum Ausdruck kommt.

Natürlich müssen im Rahmen eines Schülerbuches um der Verständlichkeit willen mitunter schwierige theoretische Zusammenhänge verkürzt dargestellt oder gar unterlassen werden. So ist z. B. der Gedankengang, mit dem Albert EINSTEIN im Jahre 1905 aus der BROWNschen Molekularbewegung eine Widerlegung der Vorstellungen vom kontinuierlichen Aufbau der Materie herleitete, nicht altersgerecht darstellbar. Einen Hinweis auf die Schwierigkeit dieser Gedankengänge kann man daraus entnehmen, daß die Positivisten um Ernst MACH bis dahin den Atomismus der Materie nur als unbewiesene Denkhilfe akzeptierten. Darum müssen an derartigen Stellen auch Mitteilungen für den Schüler gegeben werden. Doch wo immer eine Erarbeitung möglich erschien, ist dieser der Vorzug vor einer Mitteilung gegeben worden. Die schrittweise Erarbeitung und gleichzeitige Ausschärfung der Begriffe kann bei den Schülern auf Widerstand stoßen. Sie wollen gleich wissen, "wie es genau ist". Sie kennen von anderen Quellen meist Atommodelle, die oft dem BOHRschen Modell entsprechen, und stellen sich diese ganz gegenständlich als Abbilder der Realität vor. Die Verwechslung von Modell und Wirklichkeit ist dann nur schwer auszuräumen, denn die Modelle im Unterricht werden als Folge des noch nicht vollständig bewältigten Schulpensums angesehen, deren Ungenauigkeiten durchaus vermeidbar wären oder wenigstens bis zum Abitur spätestens behoben sind. Wenn dann gar der Lehrer noch die Meinung zuläßt, es handle sich hier ja doch nur um Modelle, so daß es auf eine Ungenauigkeit mehr oder weniger nicht ankommt, dann sind tiefgehende Mißverständnisse über die Denkweise der Physik die unausbleibliche Folge.

Bei der Arbeit mit anderen physikalischen Modellen lassen sich diese Probleme leichter bewältigen als beim Teilchenmodell, da etwa beim Modell des Lichtstrahls die Schüler gewöhnlich nicht schon alles besser zu wissen glauben. Der Lichtstrahl als zweckmäßiges Modell bei der Entwicklung technischer Geräte (S. O 41) zeigt dem Schüler den Wert von Modellen für die Praxis. Um zu zeigen, daß der Lichtstrahl ein verkürztes Abbild der Lichtausbreitung ist, brauchen nicht Beugungserscheinungen gegenübergestellt zu werden. Hierzu genügt durchaus die Tatsache, daß Linsen nicht einen Brennpunkt auf jeder Seite haben, sondern für jede Farbe einen. Entsprechende Schlüsse können aus den anderen Linsenfehlern gezogen werden. So wird die Bedeutung des Modells als Hilfsmittel der Erkenntnis deutlich.

Das Erfinden, Prüfen und Verbessern von Modellen muß ebenfalls geübt werden. Während beim Teilchenmodell der Materie und bei den verschiedenen Modellen, die man sich von den Teilchen selbst macht, die erste der genannten Tätigkeiten kaum verlangt werden kann, bieten sich hierfür im Rahmen der Elektrizitätslehre eine Reihe von Möglichkeiten, zumal man auf Erfahrungen im Unterricht und auf ähnlich gelagerte Fälle zurückgreifen kann. So kann das Strömungsmodell im Unterricht erarbeitet werden. Man denkt sich zunächst einen kontinuierlichen Strom elektrischer Ladungen. Später wird durch die Elektronenvorstellung (Elementarladung) das Modell verbessert und schließlich treten statistische Betrachtungen hinzu, wenn z. B. der Leitungsvorgang in Metallen beschrieben wird als eine Driftbewegung von Elektronen, die selbst eine ungeordnete Wärmebewegung vollführen. Ein analoges Modell, mit dem gewisse Eigenschaften simuliert werden, kann von den Schülern im Prinzip entwickelt werden.

Die Gemeinsamkeiten von galvanischer Elektrizität und Reibungselektrizität (Kontaktelektrizität) können mit dem Begriff der "elektrischen Ladung" beschrieben werden.

Hier können die Schüler das Arbeiten mit <u>zwei konkurrierenden Theorien</u> erlernen. Die elektrischen Erscheinungen können nämlich zunächst mit der Annahme nur einer Ladungsart erklärt werden. Nach dieser Vorstellung, die von Benjamin FRANKLIN (1706-1790) vertreten wurde, enthält jeder Körper einen ihm gemäßen Teil an elektrischer Ladung. Enthält er mehr als seinem natürlichen Maße entspricht, so ist er z. B. positiv geladen. Enthält er weniger, dann ist er negativ geladen. Dieser Auffassung kann die Vorstellung, daß es zwei verschiedene elektrische Ladungen gebe, gegenübergestellt werden.

Beide Vorstellungen werden erfahrungsgemäß auch von Schülern benutzt, wenn ihnen hierzu Gelegenheit gegeben wird. Aufladen durch "Reibung", der Stromfluß zwischen verschieden geladenen Körpern, Anziehung zwischen plus- und minuselektrischen Körpern und die Abstoßung zwischen pluselektrischen Körpern können erklärt werden. Bei der Erklärung der Influenz stößt man aber mit der FRANKLINschen Vorstellung auf Widersprüche.

Die Schüler erleben hier unmittelbar, wie nur durch gehäufte experimentelle Erfahrung die Überlegenheit eines Modells gegenüber einem anderen gezeigt werden kann.

Selbstverständlich können diese Überlegungen nur mit einer leistungsfähigen Schülergruppe angestellt werden. Sie sind im Buch nicht dargestellt, können aber leicht im Zusammenhang mit dem Abschnitt "Aufladen von Körpern" (S. E 15) oder dem Abschnitt "Influenz" (S. E 43) erarbeitet oder überprüft werden. Auch die Frage, welche Elektrizitätsart für den elektrischen Strom verantwortlich ist, führt zu verschiedenen Vorstellungen, die ebenfalls diskutiert werden können (vgl. S. E 16 "Leitungs- und Ladungsmodelle" oder Kapitel 11 über Elektrizitätsleitung S. E 79).

Literatur

1 Jammer, Max: Die Entwicklung des Modellbegriffs in den physikalischen Wissenschaften, in: Studium Generale, Jahrgang 18, Heft 3 (1965), S. 166

2 Hund, Friedrich: Denkschemata und Modelle in der Physik, in: Studium Generale, Jahrgang 18, Heft 3 (1965), S. 174

3 Stachowiak, H.: Gedanken zu einer allgemeinen Theorie der Modelle, in: Studium Generale, Jahrgang 18, Heft 7 (1965), S. 433

4 Jung, Walter: Beiträge zur Didaktik der Physik. Frankfurt: Verlag Moritz Diesterweg, 1970, S. 41

5 Frey, G.: Die Mathematisierung unserer Welt. Stuttgart/Berlin/Köln/Mainz: W. Kohlhammer Verlag, 1967, S. 90 f.

6 Jammer, Max: a. a. O., S. 168

7 Hertz, Heinrich: Die Prinzipien der Mechanik, Leipzig, 1894, Nachdruck: Darmstadt, 1963

8 Popper, Karl: Logik der Forschung, Wien, 1934/1966

9 Popper, Karl: Objektive Erkenntnis, Hamburg, 1973

10 Lenin, W. I.: Materialismus und Empiriokritizismus, Kap. I-III, Berlin, 1972

11 Kuhn, Thomas S.: Die Struktur wissenschaftlicher Revolutionen, Frankfurt, 1973

12 Herrmann, Armin: Lexikon Geschichte der Physik, Köln, 1972

13 Kuhn, Wilfried (Hrsg.): Physik, Bd. IIIA-E

14 Schürmann, H. W.: Theorienbildung und Modellbildung. Wiesbaden: Akademische Verlagsgesellschaft, 1977

1.2.5 Physik und Technik

Die Entwicklung der Technik ist mit der Evolution des Menschen untrennbar verbunden. Sie begann mit dem ersten bewußt verwendeten Werkzeug in der Urzeit und entwickelte sich über die bewunderswerte handwerkliche Kunst des Mittelalters zu der planmäßig organisierten Laboratoriums-, Konstruktions- und Entwicklungsarbeit von Forschern und Ingenieuren der heutigen Zeit.

Die Technik gehört genauso wie die Kunst und die Symbolsprache zum Wesensmerkmal des Menschen. Sie ist ein Kulturfaktor, der sich den anderen angliedert und sie durchdringt. Technik ist notwendige Voraussetzung für jedes kulturelle Schaffen.

Leider entspricht die Einschätzung der Technik in der heutigen Gesellschaft im allgemeinen nicht ihrer wahren Bedeutung, und zwar im positiven wie im negativen Sinne.

Die einen, erfüllt von grenzenlosem Optimismus, erhoffen sich von der Technik und den Möglichkeiten, die sie der Wirtschaft, dem Verkehr, dem Alltags- und dem Gemeinschaftsleben der Menschen bietet, einen ständig steigenden Lebensstandard, immer weniger Arbeit, immer mehr Freizeit. Andere verteufeln die Technik, lasten alle Mißstände der Technik an und sehen ein Zeitalter der Roboter aufkommen, das den Menschen einer Massengesellschaft zum Sklaven von Automaten werden läßt.

In der utopischen Literatur der modernen Zeit wird die Angst vor der Technik spürbar, die Angst vor Gefahren und unerwünschten Folgen. ORWELLs "1894" und Aldous HUXLEYs "Schöne neue Welt" sind bekannte Beispiele.

In dem Literaturführer zu "Technik und Gesellschaft", herausgegeben von Hans SACHSSE, heißt es hierzu: "Die (heutige) Literatur - und nicht nur die deutsche - steht der Technik distanziert, man kann schon sagen fremd gegenüber. Schon das einfache Vorhandensein von elektrischer Energie und fließendem Wasser in der Wohnung, Fräsbank und Schreibmaschine am Arbeitsplatz, Auto und Flugzeug, Radio und Fernseher, die ganze künstliche Welt, in der wir leben, all dies wird in der gehobenen Literatur nach Möglichkeit nicht zur Kenntnis genommen. Technik ist kaum Hintergrund, geschweige denn Lebenswelt oder gar Thema literarischer Arbeiten. Waren noch Rad und Hebel poetische Symbole, der Handwerker ein exemplarisches Bild menschlicher Existenz, so hat es von den Errungenschaften moderner Technik gerade noch die Dampfmaschine, aber nun schon als Dämon und Ungeheuer, zu literarischen Ehren gebracht. Was die Technik danach entwickelte und was das Zusammenleben der Menschen ebenso wie die Existenz des Einzelnen, insbesondere in unseren Breiten und Gesellschaftsformen bestimmte und in einem Maße und in einer Geschwindigkeit verändert hat wie nie zuvor in der Geschichte, blieb der Literatur weitgehend ein fremder Stoff."(1) Und an anderer Stelle lesen wir: "Die Literatur ist der Spiegel des öffentlichen Bewußtseins, und sie zeigt uns ungeschminkt, wie es mit einem allgemeinen Technikverständnis beschaffen ist. Auch den Philosophen ist, von Ausnahmen abgesehen, die Technik fremd geblieben. Zwischen Philosophen und Technikern besteht ein Unterschied in der Mentalität, der die Verständigung erschwert: für den Philosophen steht die Reflexion im Vordergrund, für den Techniker die Handlung. Auch ist das Phänomen Technik sehr komplex, neben der irrationalen erfinderischen Phantasie spielen organisatorische Methoden, wirtschaftliche und soziale Strukturen, die ihrerseits von der Technik abhängen, sie aber rückwirkend wieder beeinflussen, eine wesentliche Rolle. In den Details ist technisches Handeln sehr durchdacht, das Phänomen als Ganzes aber noch wenig verstanden. So ist die Menschheit nahezu unvermutet und unbeabsichtigt an ihr technisches Vermögen gekommen und sieht nun ihr eigenes Werk gleichzeitig mit Staunen und Bewunderung, aber auch mit Angst und Gier. Der moderne Mensch, der homo technicus, kennt sich selbst zu wenig. Die Technik ist ein gesellschaftliches Bildungsproblem."(2)

Eine Bewältigung des Phänomens Technik kann nicht dadurch erreicht werden, daß man die Technik verdrängt. Allzu gern teilt man

Physik und Technik

auch heute noch der Technik eine untergeordnete oder niedere Rolle zu, gegenüber der "Kontemplation, die wirklich Selbstzweck sei im Menschenleben."(3)

Die Wurzel dieser Einschätzung liegt schon vermutlich bei den Griechen. Friedrich KLEMM schreibt: "Die große kulturelle Leistung des antiken Griechentums war ohne Zweifel die Entwicklung eines wissenschaftlichen Bewußtseins. Der Grieche war in der Tat der erste theoretische Mensch. Sein Leben galt der wissenschaftlichen Erkenntnis, die es ihrerseits wieder in höherem Sinne formte. Die Technik mußte im Griechentum im allgemeinen in der Wertung gegenüber der reinen Wissenschaft zurückstehen. Besonders der platonische Idealismus, der nicht die Einzeldinge hier, sondern das unveränderliche Reich der Ideen als das Reale betrachtete, sah die dingliche Welt als schattenhaft und damit untergeordnet an. Daraus erklärt sich auch, daß das Experiment beim Griechen keine wesentliche Rolle in der Theorienbildung spielte... Wie bereits gesagt, gelangte das Griechentum in der Statik zu wesentlichen Erkenntnissen, gerade weil es das mathematische Sein als Gestaltungsprinzip der Dingwelt betrachtete. Aber den Schritt von der Theorie zur praktischen Anwendung tat der Grieche nur ungern. Der freie Mann widmete sich dem Staate, der reinen Wissenschaft, der Kunst. Technisches Schaffen war mehr oder weniger Aufgabe der Metöken (d. s. die Fremden) und der Sklaven, deren Zahl zu manchen Zeiten, besonders seit der hellenistischen Epoche, in Griechenland ungemein hoch war." (4)

Bezeichnend für die Einschätzung der praktischen Anwendungen durch antike Schriftsteller ist auch die bekannte Stelle PLUTARCHs über ARCHIMEDES (5):

"Archimedes hatte bei seinem Reichtum von Erfindungen einen so erhabenen Geist und so große Gesinnungen, daß er von diesen Künsten, die ihm den Ruhm eines übermenschlichen und göttlichen Verstandes erwarben, nichts Schriftliches hinterlassen wollte. Er hielt die praktische Mechanik und überhaupt jede Kunst, die man der Notwendigkeit wegen betriebe, für niedrig und handwerksmäßig. Sein Ehrgeiz ging nur auf solche Wissenschaften, in denen das Gute und Schöne einen inneren Wert für sich selbst hat, ohne der Notwendigkeit zu dienen, die mit keiner anderen Wissenschaft verglichen werden können und bei welchen die behandelten Dinge mit den Beweisen in Absicht der Vortrefflichkeit gleichsam wetteifern, weil die Sachen an sich so erhaben und schön und die Beweise so gründlich und wichtig sind."(5)

Und bei SENECA heißt es: "Auch das kann ich nicht zugeben, die Weisen seien es gewesen, die die Fundgruben des Eisens und Erzes erschlossen hätten, indem die von Waldbränden durchglühte Erde die obersten Adern erweicht und in Fluß gebracht hätte. Solche Dinge werden von Leuten gefunden, die dafür ein wachsames Auge haben. Auch die Frage scheint mir nicht so schwierig..., was zuerst in Gebrauch gekommen sei, der Hammer oder die Zange. Beide Erfindungen zeugen von einem geweckten und scharfen, aber nicht von einem großen und erhabenen Geist. Und so steht es mit allem, was mit gebeugter Körperhaltung und auf den Boden gerichteter Aufmerksamkeit gesucht werden muß."(6)

Wir wissen heute, daß das Bild von Handwerkern und Technikern, das man den Zeugnissen einiger antiker Autoren entnehmen könnte, der tatsächlichen Einschätzung in der Antike durch die Allgemeinheit nicht entsprach (vgl. auch KUHN: Physik, Bd. I, S. M 29).

Antikes Gedankengut war jedoch das Fundament der humanistischen Bildung humboldtscher Prägung im 19. Jahrhundert. HUMBOLDT findet in der Idealität und Klassizität des griechischen Geistes und der alten Sprachen die geistigen Medien und Substanzen für alle wahrhafte Menschenbildung und zugleich das Prinzip einer Art Bildung, die zur Hochschulreife führt.

So ist es nicht verwunderlich, daß die Naturwissenschaften um ihre Anerkennung kämpfen mußten, da sie wegen der praktischen Verwertbarkeit ihrer Erkenntnisse in dem Geruch standen, auf materielle Zwecke ausgerichtet zu sein. In dem Bestreben, es den klassischen Fächern gleich zu tun, vergleichbare Bildungswerte nachzuweisen, wurde eine Vorstellung von Wissenschaft vertreten, die sich, über den Alltag erhebend, in der reinen Sphäre des Geistes entwickelt und sich deutlich von der pragmatisch ausgerichteten Technik abhebt.

Bezeichnend war die Haltung vieler Mathematiker dieser Zeit, die Wert darauf legten, daß sie sich mit der reinen Mathematik beschäftigten und nicht mit der angewandten Mathematik. Diese Haltung konnte bestehen, obwohl man sehr genau wußte, daß viele hochinteressante Probleme der reinen Mathematik praktischen Problemen entstammten. In gleicher Weise schauten die Physiker auf

Didaktische und methodische Bemerkungen

die Techniker herab, die sich nicht mit den grundlegenden Gesetzen der Natur, sondern "nur" mit den Anwendungen beschäftigen. Der Satz: "Techniker ist man nicht, sondern hält man sich," beschreibt durchaus zutreffend auch heute noch die Meinung vieler Physiker.

Auch in der Didaktik schlug sich diese Auffassung nieder. Die Technik erfreute sich zwar großer Wertschätzung, das Verhältnis zur Wissenschaft wurde jedoch einseitig gesehen. So schreibt z. B. WAGENSCHEIN: "Freilich kann unser Weg nicht um die Technik herumführen. Dann wäre er wirklich lebensfremd und heute auch kinderfremd, sondern er kann nur durch die Technik hindurch zum Handwerk und zur Natur leiten ... Die Technik ist heute nicht mehr nur "Anwendung", sondern auch ein Weg zur Physik." (7)

Hier dient die Technik allenfalls als Zugang zur Physik, Technik ist unterrichtsmethodisches Prinzip, keine Disziplin mit eigenständigen Fragestellungen. Sie wird hier ebenfalls nur als Anwendung gesehen. In einem modernen Buch zur Methodik des physikalischen Unterrichts kann man noch lesen: "Die Physik ist, das sei nachdrücklich betont, eine reine, eine zweckfreie Wissenschaft, und die physikalische Technik ist eine angewandte, einem bestimmten Zweck dienende Wissenschaft, die physikalisches Wissen zum Nutzen des Menschen verwendet."(8) Eine solche Auffassung kann nicht mehr aufrecht erhalten werden. Technik und Physik bedingen sich gegenseitig.

Ein hervorragender Vertreter der heutigen Physik, Hermann BONDI, sagt hierzu: "Der nächste Punkt, auf den ich eingehen möchte, ist rein politischer Natur und betrifft den Fortschritt in der Wissenschaft. Ich habe vorhin gesagt, daß Widerlegungen das wesentliche Agens des wissenschaftlichen Fortschritts sind; aber wie kommt es überhaupt, daß wir heute widerlegen können, was wir gestern nicht widerlegen konnten? Die Antwort ist, daß wir heute genauere Experimente durchführen, bei denen wir auf Sachen stoßen, die gestern noch unzugänglich waren. Und das liegt an Fortschritten der Technologie. Der Fortschritt der Technologie ist also eine absolut wesentliche Vorbedingung für den Fortschritt der Wissenschaft. Es scheint mir eine eigentümliche englische Krankheit zu sein, daß man sich einbildet, die Wissenschaft marschiere immer voraus, und die arme ungewaschene Technologie käme in großem Abstand hinterher. In Wirklichkeit verhalten sich Wissenschaft und Technologie zueinander wie das Huhn und das Ei; keins von beiden könnte es ohne das andere geben. Es stimmt zwar, daß die moderne Technik von der modernen Wissenschaft abstammt; aber ohne moderne Technologie hätten wir auch keine moderne Wissenschaft. Der ungeheure Strom wissenschaftlicher Entdeckungen gegen Ende des 19. Jahrhunderts, dem wir so viele Einsichten verdanken - die Entdeckung der Elektronen, die Entdeckung der Röntgenstrahlung, der Umgang mit der Radioaktivität usw. -, geht einzig und allein auf den Umstand zurück, daß es den Technikern gelungen war, anständige Vakuumpumpen zu konstruieren. Denn bevor man anständige Vakuumpumpen hatte, konnte man die erforderlichen Experimente beim besten Willen nicht durchführen. Die Röntgenstrahlen sind natürlich schon für sich genommen eine großartige wissenschaftliche Entdeckung, aber wenn diese Entdeckung von den Technikern ausgenutzt wird, um zuverlässige, sicher und präzis arbeitende Röntgenapparate zu konstruieren, kann man mit ihrer Hilfe wieder Fortschritte in der Molekularbiologie machen. Das ist, wie ich schon sagte, ein politischer Punkt, weil er sich gegen das hierzulande verbreitete Vorurteil richtet, daß die Technologie etwas Zweitklassiges wäre. In Wirklichkeit ist die Technologie ebenso eine Vorbedingung der Wissenschaft, wie die Wissenschaft eine Vorbedingung der Technologie ist."(9) Durch Verbesserung der Meßtechnik können nämlich Theorien immer schärferen Prüfungen ausgesetzt werden. (10)

Da es sich beim vorliegenden Lehrbuch um ein Physikbuch handelt, stehen natürlich physikalische Probleme im Vordergrund. Die Beziehung zur Technik wird jedoch immer wieder hergestellt. Vor allen Dingen aber wurde darauf geachtet, daß das Verhältnis zur Technik nicht einseitig beschrieben wird. Dabei kommt auch die finale Bestimmtheit der Technik zum Ausdruck.

<u>Ein wesentliches Ziel des Buchs ist es, der Auffassung entgegenzutreten, als sei die praktische Verwertbarkeit physikalischer oder naturwissenschaftlicher Erkenntnisse nur ein Nebenprodukt der Beschäftigung mit Physik, die wahren bildenden Werte der Physik lägen aber in anderen Bereichen.</u>

Literatur

1 Sachsse, Hans (Hrsg.): Technik und Gesellschaft, Band 1, Literaturführer. München: Verlag Dokumentation, 1974, Uni-Taschenbücher 413, S. 169 f.

2 Sachsse, Hans (Hrsg.): a. a. O., S. 5 f.

3 Sachsse, Hans (Hrsg.): a. a. O., S. 161

4 Klemm, Friedrich: Technik, Eine Geschichte ihrer Probleme. Freiburg/München: Verlag Karl Alber, 1954, S. 5

5 Plutarch: Biographien. Übers. von G. B. v. Schirach. Tl. 3. Berlin und Leipzig, 1777, S. 264-278. Abgedruckt in (4)

6 Seneca: Epistulae ad Lucilium. Deutsche Übers. von O. Apelt in: Seneca, Philosophische Schriften, Bd. 4, Leipzig 1924, Brief 90. Abgedruckt in (4)

7 Wagenschein, M.: Ursprüngliches Verstehen und exaktes Denken. Stuttgart: Ernst Klett Verlag, 1965, S. 350

8 Hahn/Töpfer/Bruhn: Methodik des Physikunterrichts. Heidelberg: Quelle & Meyer, 1970, S. 74

9 Bondi, Hermann: Mythen und Annahmen in der Physik. Göttingen: Vandenhoeck & Ruprecht, 1971, S. 11 f.

10 Kuhn, Wilfried (Hrsg.): Physik, Bd. III A, Mechanik, S. 180 f.

1.2.6 Differenzierung

An vielen Schulen werden zur Zeit neue Organisationsformen von Unterricht erprobt, die bestimmt sind durch Möglichkeiten zur Differenzierung. Das Problem der Differenzierung ist besonders innerhalb der Gesamtschule von Bedeutung, gewinnt aber auch im Zuge einer Individualisierung des Lernens an allen anderen Schulformen zunehmend an Gewicht.

Man unterscheidet eine Differenzierung nach Leistung und nach Neigung. Die letztere Form bezieht sich meist auf zusätzliche Unterrichtsveranstaltungen, die bei gegebenen äußeren Voraussetzungen (genügend Räume, Personal, Geräte) als Neigungskurse oder Förderkurse angeboten werden können.

In den Förderkursen können die lernschwächsten und die leistungsstärksten Schüler aus zwei verschiedenen Niveaukursen zusammen unterrichtet werden. Der Unterrichtsstoff wird vertieft bzw. wiederholt. In den Neigungskursen bestimmt der Schüler selbst die Arbeitsstoffe. Hier können Zusatzgebiete, die den normalen Unterrichtsstoff ergänzen, angeboten oder auch fächerübergreifende Themen wie z. B. "Grundtatsachen aus der Wetterkunde" behandelt werden.

Von der Organisationsform her unterscheidet man die äußere Differenzierung, die innere Differenzierung und die flexible Differenzierung. Während es sich im ersten Fall um eine relativ homogene Gruppierung von Schülern nach den Kriterien "Leistung" und "Interesse" handelt, versteht man unter innerer Differenzierung den Unterricht in heterogenen Gruppen, die aufgrund des individuellen Lerntempos und unterschiedlicher individueller Fähigkeiten unterschiedliche Lernziele erarbeiten. Die innere Differenzierung stellt hohe Ansprüche an das methodische Können des Lehrers.

Bei dem Modell der flexiblen Differenzierung, das durch einen häufigen Wechsel zwischen einer Kern- und einer Kursphase mit unterschiedlicher Schülerzusammensetzung gekennzeichnet ist, liegen noch keine genaueren Erfahrungen vor.

Während an Gesamtschulen sowohl die innere als auch die äußere Differenzierung durch das Angebot mehrerer Niveaukurse (meist A-, B-, C-Kurse) eine Rolle spielen, kommt für alle anderen Schulformen nur die innere Differenzierung in Frage.

Mögliche Organisationsformen sind:

- die Alleinarbeit, evtl. unter Benutzung geeigneter programmierter Texte, vor allem des Physikbuches;

- die Partnerarbeit (auch als Helfersystem möglich);

- die Gruppenarbeit, z. B. beim arbeitsteiligen Gruppenunterricht.

Es versteht sich von selbst, daß die geeignetste Form des Unterrichts, in dem man von der Möglichkeit zu einer inneren Differenzierung Gebrauch machen kann, Schülerübungen darstellen.

Jede Form der Differenzierung krankt daran, daß es noch keine zufriedenstellenden Differenzierungskriterien gibt. Über die Notwendigkeit zu einer Differenzierung bestehen keine Zweifel. So bleibt also zunächst nichts anderes übrig, als trotz unzulänglicher Kriterien eine Gruppierung vorzunehmen. Dabei kann man aber doch ein gewisses Gerüst angeben, an das man sich halten kann.

Didaktische und methodische Bemerkungen

Das Leistungsniveau eines Schülers drückt sich durch ein ganzes Spektrum aus, das von Fach zu Fach verschieden ist und dessen Komponenten bei den einzelnen Schülern verschieden stark ausgebildet sind. Für die Physik lassen sich etwa die folgenden Leistungskomponenten angeben:

1. Wissen
   (z. B.: Physikalische Größen kennen)

2. Abstraktions- und Konkretisierungsvermögen
   (z. B.: Fähigkeit, einen Schaltplan zu erstellen bzw. zu lesen; Fähigkeit, unwesentliche Erscheinungen bei physikalischen Vorgängen zu erkennen)

3. Fähigkeit zur Mathematisierung
   (z. B.: Fähigkeit, ein physikalisches Problem in die Sprache der Mathematik zu übersetzen, Beziehungen zwischen den Daten einer Meßreihe zu erkennen und gegebenenfalls mathematisch darzustellen)

4. Beobachtungs- und Darstellungsvermögen
   (z. B.: Vorgänge und Objekte unter physikalischen Gesichtspunkten beobachten und beschreiben; Versuchsprotokolle erstellen)

5. Fähigkeit zum Experimentieren
   (z. B.: Fähigkeit, ein Experiment im Sinne der Fragestellung aufzubauen; Fertigkeiten beim Umgang mit physikalischen Geräten)

6. Fähigkeit zum Problemlösen und Transfer
   (z. B.: Physikalische Begriffe, Gesetze und Prinzipien auf neue Situationen anwenden; Erkennen der gleichen Struktur in verschiedenen Bereichen)

Anhand des Lernzielkataloges können den einzelnen Komponenten noch weitere Ziele zugeordnet werden.

Die Komponente des Wissens sollte nicht geringschätzig abgewertet werden. Alle Ziele, auch die höheren Lernzielstufen können nur am Stoff erreicht werden, niemals durch Reden über sie.

Im Strukturplan des Deutschen Bildungsrates heißt es: "Es wird für jedes Fach zu prüfen sein, welche Wissensstoffe zugunsten des Verständnisses der Grundprinzipien, auf die es bevorzugt ankommt, eingeschränkt oder völlig aufgegeben werden können, weil wenige exemplarische Beispiele ausreichen, die Grundprinzipien hinreichend zu erfassen und zu begreifen ... " Und weiter an einer anderen Stelle: "Eine höhere Stufe von Lernzielen wird angestrebt, wenn nicht mehr nur der Gedächtnisbestand an Wissen erfragt, sondern eine selbständige Reorganisation des Gelernten verlangt wird ... " (4)

So sinnvoll einerseits diese Rangordnung ist, so ist andererseits auch die Tatsache nicht zu verkennen, daß die Abwertung des schlichten Lernens von Fakten bereits zu einer Lässigkeit des Lernens geführt hat, die ein Erklimmen einer höheren Stufe in der Lernzielhierarchie unmöglich macht und mitverantwortlich ist für eine verbreitete Ignoranz bezüglich physikalischer Sachverhalte. Die Fähigkeit zum Problemlösen und zum Transfer beruht auf einer nicht unerheblichen Menge früher erworbenen Wissens.

Die oben angegebenen Kriterien zur Differenzierung nach Leistung treten ebenfalls auf, wenn man nach Jahrgangsstufen differenziert. Bei der Behandlung eines Stoffgebietes spielt nämlich die Lernerfahrung, die sich in gleicher Weise durch die genannten Komponenten charakterisieren läßt, eine große Rolle. Einklassige Volksschulen, in denen früher das Problem der Differenzierung notgedrungen gelöst werden mußte, existieren nicht mehr. Doch bei der Zuordnung von Inhalten zu Jahrgangsstufen tritt dieses Problem nach wie vor in Erscheinung.

Auswahl, Anordnung und Darstellung von Inhalten können in gewissen Grenzen, die durch historische Entwicklung und die logische Struktur der Fachwissenschaft bestimmt sind, in ganz verschiedener Weise erfolgen, je nachdem, welches didaktische Konzept in einem Curriculum vertreten wird.

So ist es nicht verwunderlich, daß sich die Lehrpläne der einzelnen Bundesländer mehr oder weniger unterscheiden.

Darüber hinaus zeigt es sich, daß die von der Fachdidaktik für wichtig und elementarisierbar gehaltenen Themen so umfangreich sind, daß ihre Behandlung in der Sekundarstufe I schon aus zeitlichen Gründen schier unmöglich ist. Hier muß der Lehrer auf der Grundlage der Lehrpläne auswählen.

Sowohl die Forderungen nach einer differenzierenden Gestaltung des Unterrichts als auch die durch die Lehrpläne aufgestellten Randbedingungen erschweren den Einsatz eines Lehrbuchs herkömmlicher Art sehr. Hier bietet das vorliegende Lehrbuch dem Lehrer durch die eingearbeitete Differenzierung große Hilfen.

Der flexible Einsatz des Lehrbuches wird möglich gemacht durch eine inhaltliche und methodische Differenzierung (vgl. auch 1.1.3). Im Rahmen der inhaltlichen Differenzierung werden zusätzliche Stoffgebiete erarbeitet, die den im Fundamentum oder der ersten Erweiterung behandelten Stoffbereich entweder ergänzen, erweitern oder vertiefen. Ergänzende Inhalte können im Schwierigkeitsgrad dem Fundamentum gleichgestellt sein, erweiternde oder vertiefende Kapitel setzen aber meist ein höheres Leistungsniveau voraus. Wesentlich für das Arbeiten mit dem Angebot zur Differenzierung ist die methodische Differenzierung, die allerdings vielfach mit neuen Sachgebieten gekoppelt ist.

Die methodische Differenzierung im Lehrbuch beruht auf

1. dem Grad der Mathematisierung,
2. dem Schwierigkeitsgrad und der Komplexität der Experimente,
3. dem Grad der Verkürzung von Begründungszusammenhängen,
4. dem Modellverständnis,
5. der Begriffsbildung.

Die Differenzierung kann im gleichen Abschnitt, in aufeinanderfolgenden Stoffgebieten, aber auch in weiter auseinanderliegenden Kapiteln erfolgen.

Wir wollen nun einige Beispiele nennen:

1. S. O 2: Licht als Bewegungsvorgang

   Im Zusammenhang mit dem Komplex "Licht und Schatten" wird im Fundamentum die Vorstellung erarbeitet, daß Licht für die Ausbreitung Zeit benötigt.

   Eine größere Fähigkeit zur Analyse von Experimenten und zur Beurteilung von Versuchsergebnissen setzt die angebotene Erweiterung voraus. Hier wird der Galilei-Versuch erläutert und interpretiert. Der Hinweis auf die Lichtgeschwindigkeitsbestimmung durch Olaf RÖMER soll deutlich machen, daß eine größere Meßstrecke gut meßbare Zeiten ergibt. Nicht daran gedacht ist, das Verfahren von RÖMER genau zu beschreiben.

   Die Mitteilung des Betrages der Lichtgeschwindigkeit und der Umgang mit dieser Größe (z. B. beim Lösen einfacher Rechenaufgaben) ist ein Beispiel für ein zusätzliches Stoffangebot, ohne daß ein höheres Maß an Mathematisierungsfähigkeit verlangt wird. Diese ist allerdings notwendig, wenn in der zweiten Erweiterung das FIZEAUsche Verfahren zur Messung der Lichtgeschwindigkeit ausführlich dargestellt wird. Auch die Fähigkeit zum Transfer wird angesprochen, da der Grundgedanke des GALILEIschen Verfahrens gleich dem FIZEAUschen Verfahren ist.

2. S. E 58: Abhängigkeit des elektrischen Widerstandes von den Leiterabmessungen und dem Material

   Hier beruht die Differenzierung im wesentlichen auf einem unterschiedlichen Grad der Mathematisierung. Im Fundamentum wird das Versuchsergebnis, das in Form einer Tabelle erfaßt werden kann, verbal beschrieben: "Der Widerstand eines homogenen, d.h. überall gleich beschaffenen Drahtes wächst wie seine Länge." In der ersten Erweiterung wird dies Ergebnis formalisiert: $R \sim l$, und in der zweiten Erweiterung werden die verschiedenen Ergebnisse zusammengefaßt und der spezifische Widerstand definiert:

   $$R = \varrho \, \frac{l}{A}$$

3. S. E 14: Strom als bewegte Ladung

   Unterschiedliches Modellverständnis wird in diesem Kapitel als Differenzierungskriterium benutzt, aber auch Schwierigkeitsgrad und Umfang der Experimente, während die Mathematisierung hier von untergeordneter Bedeutung ist.

   Im Fundamentum wird ein propädeutischer Ladungsbegriff erarbeitet, verschiedene Ladungsmodelle werden in der ersten Erweiterung diskutiert und in der zweiten Erweiterung (S. E 18) werden Folgerungen und ihre experimentelle Überprüfung untersucht.

   Dieser Abschnitt ist im übrigen auch ein Beispiel für unterschiedliche Verkürzung von Begründungszusammenhängen.

4. S. M 33: Die schiefen Ebenen

   Ein- und derselbe Stoffbereich wird mit unterschiedlichem Anspruch dargestellt: Für das Fundamentum in beschreibender Form, experimentell in der ersten Erweiterung und theoretisch-deduktiv in der zweiten Erweiterung.

5. S. M 9, M 17 ff. und A 12 ff.: Definition der Kraft

   Die Einführung des Kraftbegriffs ist ein Beispiel für eine Differenzierung bezüglich

Didaktische und methodische Bemerkungen

der Begriffsbildung. Außerdem wird die Kraft nicht in einem einzigen Kapitel eingeführt. Es handelt sich um einen gestuften Aufbau des Kraftbegriffs, der im Sinne eines spiralig angelegten Curriculums wieder aufgegriffen und vertieft wird. Für das Fundamentum ist nur eine pragmatische Benutzung vorgesehen (Zur Messung von Kräften verwendet man Kraftmesser.), eine Erörterung der Möglichkeiten für eine Kraftdefinition findet man in der ersten Erweiterung, die dynamische Kraftdefinition ist der zweiten Erweiterung vorbehalten.

Literatur

1 Rang/Schulz: Die differenzierte Gesamtschule. München, 1969

2 Heckhausen, H.: Förderung der Lernmotivierung und der intellektuellen Tüchtigkeiten. In: H. Roth, Begabung und Lernen. Stuttgart, 1962

3 Fischler, H.: Untersuchungen zur Differenzierung im Physikunterricht. PZ Kurzinformationen, Arbeitspapiere, Heft 1, 1973. Berlin: Pädagogisches Zentrum

4 Deutscher Bildungsrat: Strukturplan. Stuttgart: Klett Verlag

2. Lösungen und Hinweise zu den Aufgaben

2.1 Einführung und Wärmelehre

2.1.1 Einführung

Seite W 12

A1 Man schätzt ab, wieviel Zehntel des Skalenintervalls hinzugefügt werden müssen. Beispiel: Ende der Strecke zwischen 5,3 und 5,4 cm. Geschätzt werden 5,37 cm.

Seite W 13

A1 $A = 19{,}9 \text{ cm} \cdot 25{,}9 \text{ cm} \approx \underline{515 \text{ cm}^2}$

A2 Das "greifbare Gebilde" - seine geometrische Gestalt.

A3 Der Körper "Tisch" besteht aus einer bestimmten Menge "Holz".

A4 Wasser dringt ein, bis es innen ebenso hoch steht wie außen. (Vernachlässigung der Randeffekte durch Grenzflächenspannung)

Seite W 14

A1 Man taucht einen 1 cm³ großen Metallwürfel ein. Die Erhöhung des Wasserspiegels ergibt den Skalenabstand für 1 cm³.

A2 1. Das Wasser läuft aus, bis der Wasserspiegel die Höhe des Überlaufs erreicht hat. 2. Nach dem Eintauchen eines Körpers läuft so viel Wasser aus, wie vom Körper verdrängt wurde.

A3 Poröse Steine nehmen Wasser auf. Die Volumenzunahme nach dem Auflösen des Zuckerstücks ist geringer als das Volumen des festen Stücks. Deutung: Entweder war das Zuckerstück porös oder es findet beim Auflösen in "Hohlräumen" des Wassers Platz oder es ist beides der Fall.

Seite W 15

A1 $1570 \text{ cm}^3 - 675 \text{ cm}^3 = \underline{895 \text{ cm}^3}$

2.1.2 Wärmezustand und Erscheinungsformen der Materie

Seite W 17

A1 Nach längerem Aufenthalt in winterlicher Kälte empfinden wir ein ungeheiztes Zimmer beim Eintreten als warm.

Seite W 21

A1 Die Plastikflasche dehnt sich stärker aus als das Wasser aus.

Seite W 22

A1 Als praktische Übung zum Thermometerablesen gestalten. Bsp.: 27,5 °C oder 27,5 K über dem Gefrierpunkt des Wassers.

A2 Bei der Erwärmung um 80 K verschiebt sich die Stoßstelle eines 1 m langen zusammengesetzten Stabes aus Eisen um 0,48 mm, das Ende um 0,96 mm. Das Stabende verschiebt sich um die doppelte Strecke wie die Stoßstelle.

Seite W 23

A1 Die Durchbiegung erfolgt nach der Eisenseite (Eisen innen im Bogen).

A2 Der Aluminiumstreifen muß außen liegen.

Aufgaben

1. Eisenbrücke: Verlängerung $\Delta l = 100 \cdot 0{,}012 \text{ mm} \cdot 70 = \underline{84 \text{ mm}}$
   Betonbrücke: Verlängerung $\Delta l = 150 \cdot 0{,}012 \text{ mm} \cdot 70 = \underline{126 \text{ mm}}$
   Eisen und Beton, Glas und Platin dehnen sich bei gleichen Temperaturerhöhungen und gleicher Länge (Dicke) gleich stark aus.

2. $\Delta l = 50 \cdot 0{,}017 \text{ mm} \cdot 70 \approx \underline{60 \text{ mm}}$

3. Die Freileitung reißt im Winter ab.

4. Invar dehnt sich im Vergleich zu anderen Materialien bei Temperaturerhöhung nur sehr wenig aus; invariant = unveränderlich

5. Die Brücke würde im Winter auseinanderreißen und sich im Sommer "aufbäumen" oder "verwerfen".

6. Die Risse in der Mauer sind auf fehlende Dehnungsfugen zurückzuführen.

Seite W 25

A1 Weitere Beispiele: Wasserflasche platzt bei 0 °C, eine Mineralwasserflasche aber ist bei 0 °C noch nicht gefährdet. Bei Pflanzen werden die Zellen gesprengt. Frostbeständige Pflanzen müssen wie das Kühlwasser beim Auto ein "Frostschutzmittel" besitzen, um die Sprengung zu verhindern (z. B. Salzlösungen haben einen niedrigeren Gefrierpunkt, vergl. auch Kältemischung S. 24). Äcker und Gartenbeete sollen im Winter "grobschollig" liegen, damit die Erde - bes. Lehmboden - durchfriert und beim Auftauen im Frühling krümelt.

Lösungen und Hinweise zu den Aufgaben

Seite W 26
A1 Beim Erhitzen entsteht offenbar Wasserdampf, der an der kühleren Glaswand wieder kondensiert.

Seite W 27
Aufgaben

1. Das durch die Poren durchgedrungene Wasser verdunstet an der Außenfläche, die dazu nötige Wärmezufuhr erfolgt von innen, das Wasser kühlt sich dabei ab.

2. Das auf der Haut verdunstende Wasser entzieht dem menschlichen Körper die zum Verdunsten nötige Wärme.

3. Zugluft beschleunigt die Verdunstung, der Körper wird örtlich unterkühlt.

Seite W 29
A1 Die Temperatur bleibt oben zunächst konstant. Wenn die Abkühlung unten 4 °C erreicht hat, erfolgt die Abkühlung nach oben.

2.1.3 Teilchenstruktur der Materie

Seite W 34
A1 Durch die Grenzflächen der Luftbläschen diffundieren Luftteilchen ins Wasser, die dann erst von den Fischen aufgenommen werden.

A2 Ein fester Körper schmilzt, wenn die Teilchenbewegung so heftig wird, daß die Teilchenbindung im Gitter aufreißt. Beim Erstarren fangen sich die Teilchen gegenseitig ein und formieren sich aufgrund der Teilchen-Bindekraft im Gitterverbund.

2.1.4 Ausbreitung der Wärme

Seite W 37
A1 Das unten erwärmte Wasser steigt auf und durchmischt die Flüssigkeit, das oben erwärmte Wasser bleibt oben.

A2 Der "Aufwind" über dem Heizkörper setzt einen Luftkreislauf in Gang (vergl. Rechteckrohr); Kaltluft strömt am Boden gegen den Heizkörper, der diese nur erwärmen kann, wenn er möglichst tief sitzt. (Vermeidung von niedrigen Temperaturen in Bodennähe!)

A3 Die oben einströmende Warmluft verdrängt die im Nebenzimmer befindliche Kaltluft nach unten (s. Bild).

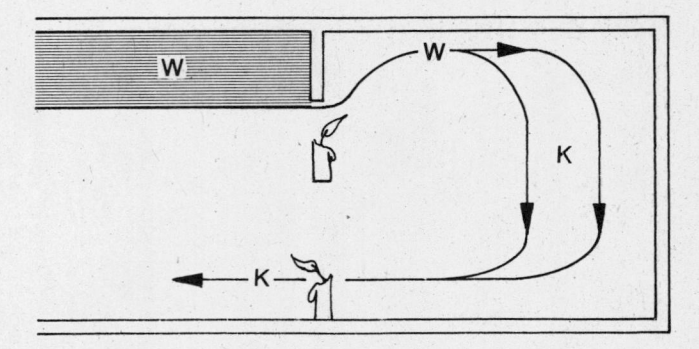

zu W 37, A3

Seite W 38
Aufgaben

1. Der kürzesten Zeit entspricht die beste Leitfähigkeit. Die Reihenfolge der Leitfähigkeiten entspricht der Reihenfolge der zugeordneten Kehrwerte $1/t_1$, $1/t_2$, $1/t_3$.

   Anm.: Eine exakte Messung der Wärmeleitfähigkeit setzt voraus, daß 1. die leitenden Stäbe adiabatisch verpackt sind, 2. die Temperaturen an den Enden der Stäbe konstant (z. B. 100 °C und 0 °C) und 3. die transportierten "Wärmemengen" meßbar sind. Im Prinzip wäre die Anordnung von Vers. 2 (Abb. 38, 4) mit zwei Metallstäben besser geeignet, wenn man in beiden Reagenzgläsern gleiche Eismengen bei 0 °C zum Schmelzen bringt und die Schmelzzeiten t_1, t_2, t_3 mißt. Dann gilt: Die Wärmeleitfähigkeiten verhalten sich wie die Kehrwerte von t_1, t_2, t_3. Vers. 38, 1 zeigt das Fortschreiten der Temperatur.[1]

2. Der Holzstiel ist ein schlechter Wärmeleiter.

3. Die Wärmeisolierstoffe schützen die Hand vor Verbrennung.

A1 Die Wärmeleitung hängt ab von der Länge und dem Querschnitt des Wärmeleiters und der zwischen den Enden herrschenden Temperaturdifferenz; deshalb müssen zum Vergleich der Wärmeleitfähigkeit alle Stäbe gleich lang sein, gleichen Querschnitt haben und die Versuche müssen mit gleichen Temperaturdifferenzen beginnen.

A2 Versuch 37, 4b.

---
[1] Vgl. 3.1.2.4, S.116.

Lösungen und Hinweise zu den Aufgaben

Seite W 39

Aufgaben

1. Ein Körper wird um so kälter empfunden, je besser er die Wärme der Hand ableitet. Holz leitet die beim Erstarren des Wassers abgegebene Wärme nur langsam ab, die Hand heizt das Wasser ausreichend nach, deshalb kein Festfrieren.

2. Der Wärmenachschub aus der Watte erfolgt langsamer als aus dem Wasser.

3. Schaumstoffe fühlen sich warm an, weil sie die Handwärme kaum ableiten. Die Wärmeleitfähigkeit poröser Körper - auch der Bimssteine - wird durch die in den Hohlräumen eingeschlossene Luft (geringe Leitfähigkeit) mitbestimmt.

4. Die eingeschlossene Luft oder Kohlendioxid bei Thermopaneglas wirken als Wärmeisolatoren.

5. Die Wollfasern sind schlechte Wärmeleiter, noch schlechter leitet das Luftpolster zwischen den Fasern.

6. Die Lufteinschlüsse zwischen den locker liegenden Schneekristallen vermindern die Wärmeleitfähigkeit der Schneedecke; der Wurzelbereich der Pflanzen wird dadurch vor raschen Temperaturschwankungen geschützt.

Seite W 40

A1 Höcker bedingen isolierende Luftpolster zwischen Topf und Heizplatte.

A2 Kühlrippen vergrößern die Kontaktfläche mit der vorbeistreichenden Luft.

A3 Der schwarze Lappen wird durch die Sonnenstrahlen stärker erwärmt als der weisse; denkbar wäre noch, er sei der bessere Wärmeleiter.

Seite W 41

Aufgaben

1. Am Tage wird die Wärmestrahlung wenig absorbiert (stark reflektiert), nachts wenig emittiert. Die Schneedecke wirkt dämpfend auf Temperaturschwankungen.

2. Die Wolkendecke absorbiert die Wärmestrahlung der Erde und strahlt wieder zurück.

3. Das weiße Fell reflektiert die Sonnenstrahlung im Polarsommer und strahlt im Polarwinter die Körperwärme nur wenig ab.

A1 Das Vakuum-Doppelwandgefäß leitet nicht (Glas, Vakuum: schlechte Wärmeleiter), die Wärmestrahlung nach außen wird reflektiert. Der abgeschlossene Luftmantel isoliert, ebenso die Korkhalterung.

Seite W 42

A1 Die verschiedenen Braunfärbungen des Wärmepapiers erklären die polwärts abnehmenden Temperaturen auf der Erde (Klimazonen).

Seite W 43

A1 Wärmeströmung: Bewegung von stofflichen Wärmeträgern.
Wärmeleitung: Im ortsfesten Wärmeträger wird die Teilchenbewegung auf benachbarte Teilchen übertragen.
Wärmestrahlung: Kein materieller Wärmeträger vorhanden. Übertragungsmechanismus (für Schüler) noch unbekannt, ähnelt der Lichtausbreitung.

Lösungen und Hinweise zu den Aufgaben

2.2 Optik

2.21 Ausbreitung des Lichts

Seite O 1

Aufgaben

1. Die Farbe des Stoffs wechselt mit der Beleuchtungsart.

2. Man müßte - wie beim Radar - die Gegenstände auch bei Nacht sehen können.

Seite O 4

A1 Zeichne nach Abb. 4,2 von A, B, C ausgehende Lichtstrahlen a) durch die Blendenmitte, b) durch die Blendenränder.

A2 Das Mosaikbild der Lichtflecke ist um so schärfer, je kleiner die Lichtflecke sind.

A3 Durch Anwendung des Strahlensatzes auf Abb. 4,2:
$x/12$ cm = 100 m/30 m $\Rightarrow$ x = <u>40 cm</u>.

Seite O 5

A1 Der Ausschlag des Belichtungsmessers ist (bei linearer Anzeige) der Zahl der Kerzen proportional und nimmt mit dem Quadrat der Entfernung ab.

Seite O 6

A1 Die Lichtstrahlen kreuzen sich a) beim Lochkamera- oder Lichtbild im Blendenloch, b) beim Schattenbild in der Lichtquelle. Die Bilder sind scharf, wenn a) das Blendenloch, b) die Lichtquelle klein ist.
Schatten- und Lichtbildgröße verhalten sich zur Gegenstandsgröße wie die entsprechenden Entfernungen vom jeweiligen Kreuzungspunkt der Lichtstrahlen (Strahlensatz).

A2 Das Licht wird an den Rückständen der Fingerabdrücke zerstreut.

A3 Jeder Punkt der Lichtquelle erzeugt ein Schlagschattenbild der kleinen Kugel. Diese reihen sich zu einem Schattenbild der Lichtquelle auf hellem Grund aneinander.

Aufgaben

1. Fall a) kein Schattenbild, Fall b) Halbschattenbild in der mittleren Hellfläche oder b') Kernschattenbild in einer Halbschattenfläche, c) Halbschattenbild im Hellraum und Kernschattenbild im Halbschatten oder c') zwei Halbschattenbilder in einer Hellfläche, d) teils Halbschatten

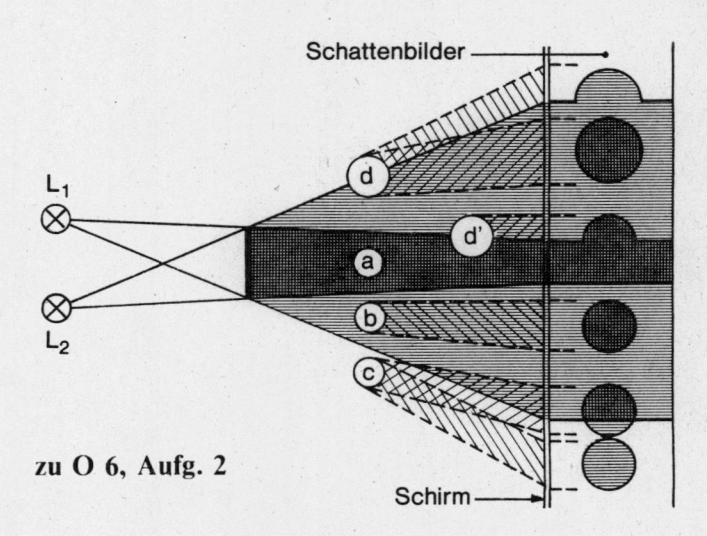

zu O 6, Aufg. 2

im Hellraum, teils Kernschatten im Halbschatten (zugrunde gelegt Beleuchtung von 6, 2a).

2. S. Bild: Kugeln in den verschiedenen Schattenräumen, gezeichnet nach Abb. O 6, 2b.

Seite O 7

A1 Die sichtbaren Teile des Mondes liegen links. Der Mond liegt in den Phasen G und H um Mitternacht noch unter dem Horizont (Tangente im Mitternachtspunkt der Erdumrandung).

A2 Schatten des Mondes auf der Erde gibt es nur, wenn sich der Mond auf der Verbindungsgeraden Sonne-Erde befindet, Schatten der Erde auf dem Mond setzt voraus, daß sich der Mond auf der Verlängerung dieser Verbindungsgeraden befindet.

A3 Der Mond ist kleiner als die Erde und die Mondkernschattengrenzen konvergieren erdwärts. Wegen dieser Konvergenz ändert sich der Kernschattendurchmesser mit der Entfernung des Mondes von der Erde.

Aufgaben

1. Nach Abb. O 7, 2 ist der Schattenraum, in dem der Mond verdunkelt wird, schmaler als der Lichtraum, aus dem er Schatten auf die Erde wirft. In diesen gelangt der Mond häufiger.

2. Der Ort des Mondschattens auf der Erde hängt von der Stelle ab, von der aus der Mond die Erde beschattet.

3. Aus dem maximalen Kernschattendurchmesser ergibt sich, daß das Kernschattengebiet <u>kleiner als 47 500 km^2</u> ist. Der

Lösungen und Hinweise zu den Aufgaben

Durchmesser entspricht etwa der Entfernung Bremerhaven-Göttingen.

4. Wenn die Finsternisbedingung z. B. für eine Sonnenfinsternis (Neumond) erfüllt war, kann nach zwei Wochen die Bedingung für Mondfinsternis nicht mehr erfüllt sein, da sich die Gerade g aus ihrer Lage in Abb. 7,7 in eine auf die Lage in Abb. O 7,6 zustrebende gedreht hat.

2.2.2 Reflexion des Lichts

Seite O 8
A1 Durch Wolken, Gebäude oder den Erdboden wird Licht ins Zimmer gestreut. Das direkte Licht der Hängelampe erzeugt kontrastreiche Schatten, das indirekte und diffuse Licht des Deckenstrahlers ist schattenarm, man nennt es "weich".

Seite O 10
A1 $\sphericalangle FS_1 P = \sphericalangle SpS_1 R_1 = \sphericalangle F S_1 P'$ und $\sphericalangle F S_2 P = \sphericalangle F S_2 P' \Rightarrow \overline{PP'}$ ist Basis in beiden gleichschenkligen Dreiecken.

A2 Das Einfallslot dreht sich um den Winkel α, der reflektierte Strahl um $\alpha + \alpha = 2\alpha$

A3 Einen Spiegel an der Lagerrolle oder am Schneidenblech der Abb. W 22,2 befestigen.

Seite O 12
A1 S. Abb. O 12,2 und 12,3.

A2 Im gleichschenkligen Dreieck MSpF gilt: $\overline{MF} = \overline{FSp}$ und $\overline{MF} + \overline{FSp} > \overline{MSp} = \overline{MS} \Rightarrow \overline{MF} > \overline{MS}/2$. Nur für sehr kleine Winkel (achsennahe Strahlen) gilt: $\overline{MF} \approx \overline{MS}/2$

Seite O 13
Aufgaben
1. In 13,1 ist die Gegenstandsweite < Brennweite: virtuelles Bild,
   in 13,2 ist die Gegenstandsweite = Brennweite: kein Bild
   in 13,3 ist die Gegenstandsweite > Brennweite: reelles Bild.

2. Konstruiere a) mit den Hauptstrahlen 3. und 4., b) mit den Hauptstrahlen 1. und 2. (s. Bild).
   Bei einer mit der Länge von MS vergleichbaren Pfeillänge weichen die Ergebnisse von a) und b) voneinander ab.

3. Entfernt sich der Gegenstand vom Spiegel über M hinaus, dann sind die reellen Bilder verkleinert.

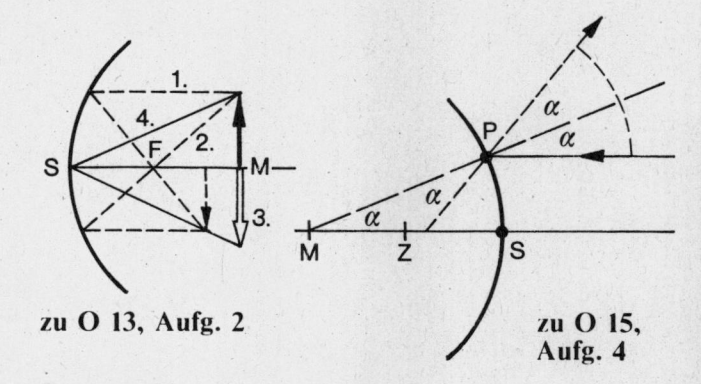

zu O 13, Aufg. 2   zu O 15, Aufg. 4

Seite O 15
Aufgaben
1. Man schätzt die Entfernungen nach den verkleinerten Bildern zu groß ein: Unfallgefahr.

2. Von Hauptstrahlen ist der Verlauf nach der Reflexion bekannt. Das Bild eines Gegenstandspunktes ist durch den Schnitt von nur zwei Hauptstrahlen bestimmt.

3. Alle reflektierten Strahlen erzeugen das Bild, nicht nur Hauptstrahlen, deshalb müssen diese nicht notwendig vorhanden sein.

4. Verbinde M mit dem Auftreffpunkt P eines Parallelstrahles auf dem Spiegel (s. Abb.). Die Verlängerung von MP ist das Einfallslot für die Reflexion, Z der Schnittpunkt der rückwärtigen Verlängerung des reflektierten Strahles mit der Achse: Δ MZP ist gleichschenklig. $\overline{MZ} + \overline{ZP} > \overline{MP} = \overline{MS} \Rightarrow \overline{MZ} > \overline{MS}/2$. Nur für achsennahe Parallelstrahlen gilt: $\overline{MZ} \approx \overline{ZS} \approx \overline{MS}/2$.

A1 a) Die Wärmewirkung im Brennpunkt ist auf die Wärmestrahlen zurückzuführen, b) sie wird (vorwiegend) von den Lichtstrahlen erzeugt.

A2 Die das Wärmebild erzeugenden Wärmestrahlen werden vom Glas absorbiert, die Lichtstrahlen der leuchtenden Flamme aber nicht.

A3 Glas-Hohlspiegel müßten auf der Glasoberfläche, nicht wie üblich auf der Glasrückseite versilbert sein, damit die ein- und ausfallenden Wärmestrahlen nicht vom Glas absorbiert werden.

2.2.3 Brechung und Dispersion

Seite O 17
A1 Mit der Brechung erklärt sich der Knick des eingetauchten Paddels, die Verkürzung der im Wasser stehenden Beine und die Zeilenverschiebung im Versuch 1.

Lösungen und Hinweise zu den Aufgaben

A2 Der vom Gegenstand P ausgehende Lichtstrahl müßte den umgekehrten Weg wie in Abb. 17, 4 genommen haben. Für das Auge kommt das Licht von einem Punkt auf der verlängerten Glasrohrachse (Draht in V_3); dieser Punkt ist gegenüber P angehoben.

Seite O 18
A1 Damit der Lichtstrahl beim Austritt aus dem Glaskörper nicht ein zweites Mal gebrochen wird.

A2 a) Der langsam durchlaufene Lichtweg wird durch den Knick verkürzt, dafür der schnell durchlaufene verlängert.
b) Wenn die Verbindungslinie beider Punkte senkrecht zur Grenzfläche steht, kann der langsam durchlaufene Weg nicht mehr verkürzt werden.

A3 Jeder andere Reflexionsweg als ASB wäre länger. Man lege z. B. die Teilwege $\overline{AS} + \overline{SB}$ einerseits und $\overline{AS'} + \overline{SB'}$ aneinander und vergleiche.

Seite O 19
A1 Nach dem Mittelpunkt des Halbkreisdurchmessers.

A2 Das von den Rändern des Kieselsteines ausgehende "weiße Licht" wird beim Austritt aus dem Wasser je nach Farbe verschieden gebrochen und dadurch in seine Farbanteile zerlegt.

A3 Die Divergenz der farbigen Lichtstrahlen wird bei der Austrittsbrechung aufgehoben. (Parallele Strahlen werden im Auge wieder in einem Punkt vereinigt).

Seite O 20
A1 Unterhalb des Wasserspiegels an der inneren Glaswand. (Außerhalb des Wassers wird durch die starke Brechung des Lichtes beim Übergang des Lichtes von Luft in Glas der Grenzwinkel der Totalreflexion noch nicht erreicht).

A2 Die Gesamtablenkung bei der Brechung ist um so größer, je größer der Einfallswinkel ist.

Seite O 21
A1 Das Licht, das den Nebenregenbogen erzeugt, durchläuft den Wassertropfen im umgekehrten Drehsinn; das erzeugte Spektrum ist deshalb seitenvertauscht.

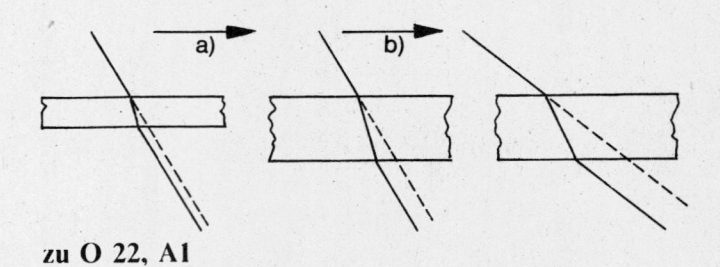

zu O 22, A1

2.2.4 Technische Anwendungen der Optik

Seite O 22
A1 S. Bild.

A2 Wenn $\varphi = \beta_1$, trifft der gebrochene Strahl senkrecht auf die Fläche II.

Seite O 23
A1 Die Strahlen verschiedener Farbe verlassen die planparallele Platte parallel. Im Auge werden diese in einem Punkt vereinigt.

Seite O 24
A1 Die Bedingungen für virtuelle Hohlspiegel- und Linsenbilder sind gleich: Der Gegenstand muß sich innerhalb der Brennweite befinden.

Seite O 27
A1 Ein Bild wird um so heller, je größer der Öffnungswinkel des Lichtkegels ist, der einen Bildpunkt erzeugt (z. B. B in Abb. O 26, 1).

Seite O 28
A1 Konstruktion nach Abb. 28, 1.
a) $\frac{1}{1m} + \frac{1}{b} = \frac{1}{0,2m} \Rightarrow \frac{1}{b} = \frac{1}{0,2m} - \frac{1}{1m} = \frac{1m - 0,2m}{0,2m^2} = \frac{4}{m}$; $b = \frac{1}{4}m = 0,25\,m = \underline{25\,cm}$ b) $b = \underline{0,6\,m}$ c) $b = \underline{-0,2m}$

A2 a) Eine negative Bildweite bedeutet ein virtuelles Bild. Zusatz zur Linsenformel: Die Bildweiten b für virtuelle Bilder sind negativ.
b) Wenn die Randstrahlen abgeblendet werden, nimmt die Helligkeit des Bildes ab und die Bildschärfe zu.

A3 Alle Bilder entstehen in der jeweiligen Brennebene; ihre Größe nimmt ab, wenn die Brennweite der Linse kleiner wird.

Lösungen und Hinweise zu den Aufgaben

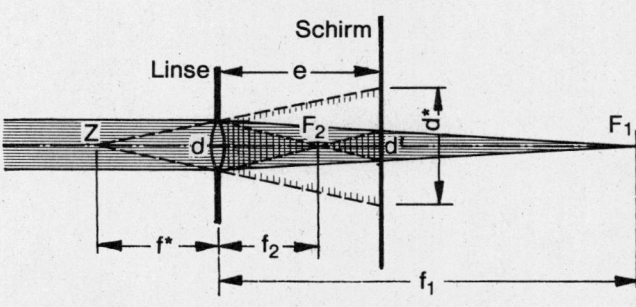

zu O 29, Aufg. 5

Seite O 29
Aufgaben

1. Parallelstrahlen werden durch Wölbspiegel und Konkavlinsen divergent gemacht. Es gibt nur virtuelle Bilder.

2. Die Bilder, die durch Wölbspiegel und Konkavlinsen erzeugt werden, sind stets virtuell und verkleinert. Virtuelle Bilder am Wölbspiegel liegen hinter dem Spiegel, die virtuellen Linsenbilder auf der gleichen Seite wie der Gegenstand.

3. Das Gesichtsfeld sei durch eine Linsenfassung begrenzt. Bringe, ohne den Abstand Auge - Fassung zu verändern, eine Konkavlinse in die Blendenöffnung!

4. Konvexlinsen liefern vergrößerte virtuelle Bilder (Lupe), Konkavlinsen stets verkleinerte.

5. S. Bild. Die Berechnung erfolgt nach dem Strahlensatz:
   a) $f_1 > e$: $d/d' = f_1/(f_1 - e)$ ⇒
   $f_1 = d \cdot e / (d - d')$
   b) $f_2 < e$: $d/d' = f_2/(e - f_2)$ ⇒
   $f_2 = d \cdot e / (d + d')$
   c) Konkavlinse: $d/d^* = f^*/(f^* + e)$ ⇒
   $f^* = d \cdot e / (d^* - d)$

Seite O 30
A1 Bei der Wahrnehmung virtueller Bilder durch das Auge wirkt die Augenlinse mit, die auf der Netzhaut ein reelles Bild erzeugt. Nur das in Punkten der Bildebene zusammenlaufende Licht (s. Abb. O 26, 1) erzeugt auf dem Film die nötigen Helligkeitskontraste.

A2 Zwischen 2f und f.

Seite O 31
A1 Exakte Einstellung des Objektivs ist bei kleinen Entfernungen nötig.

A2
g	∞	10	5	3	2
a	15,0	15,23	15,46	15,79	16,22

1,5	1	0,7	m
16,67	17,65	19,09	cm

A3 Der Abstand Film-Objektiv muß zwischen 30 cm und 21,4 cm, d. h. um 8,6 cm variieren.

Seite O 32
Aufgaben

1. Die Vorsatzlinse muß 25 cm Brennweite haben.

2. a) Maximaler Blendendurchmesser d_{max} = 2,5 cm
   b) f : 2
   c) f : 8, der Blendendurchmesser d = 5cm/8 = 0,625 cm
   Die Belichtungsdauer wird 16 mal so groß (4 Stufen), d. h. $(1/500)s \cdot 16 \approx (1/32)$ s

3. Mit dem Teleobjektiv (f=15 cm) wird das Bild 3 mal so groß.

Seite O 33
A1 Die Pupille (Blende) wird automatisch kleiner und damit wird die Schärfentiefe größer, auch Linsenfehler stören weniger.

A2 Konvexlinse verkleinert die Brennweite der Augenlinse, Konkavlinse vergrößert sie.

Seite O 34
Aufgaben

1. Die Brennweite paßt sich dem zu großen Netzhautabstand immer besser an.

2. Bringe den Text dieser Aufgabe so nahe ans Auge, daß du ihn - mit Anstrengung - gerade noch lesen kannst!

3. a) Kurzsichtigkeit, b) Weitsichtigkeit.

4. a) 54 dpt   b) 52 dpt.

5. + 2 dpt.

A1 Man muß das eine Auge schließen, bevor man Faden und Nadel in die Ausgangsposition gebracht hat!

Seite O 35
A1 Vergrößerung: $V_1 = \dfrac{25 \text{ cm}}{15 \text{ cm}} = 1\dfrac{2}{3}$;

$V_2 = \dfrac{25 \text{ cm}}{1,5 \text{ cm}} = 16\dfrac{2}{3}$.

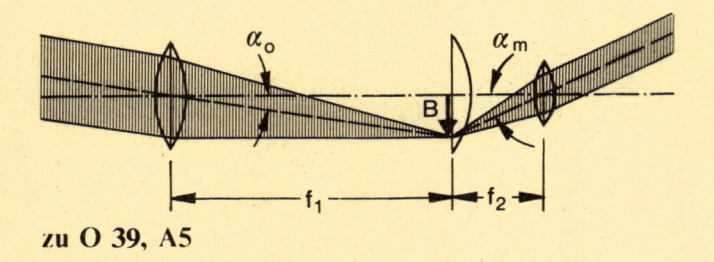

Lösungen und Hinweise zu den Aufgaben

Seite O 36–O 40

zu O 39, A5

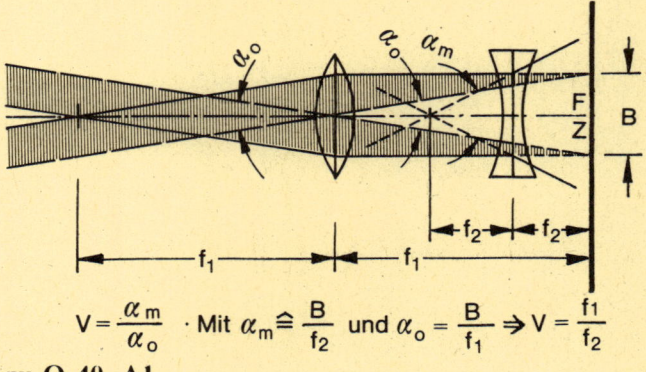

$$V = \frac{\alpha_m}{\alpha_o} \cdot \text{Mit } \alpha_m \cong \frac{B}{f_2} \text{ und } \alpha_o = \frac{B}{f_1} \Rightarrow V = \frac{f_1}{f_2}$$

zu O 40, A1

Seite O 36

A1 Alle an der Abbildung beteiligten Lichtstrahlen werden auf die Linsenmitte konzentriert, Randstrahlen sind nicht beteiligt. Linsenfehler machen sich wenig bemerkbar.

A2 Beim Annähern der Lichtquelle an den Kondensor vergrößert sich die Öffnung des Lichtkegels, der den Kondensor trifft. Maximale Ausleuchtung erfolgt, wenn das aus dem Kondensor austretende, nun nicht mehr so konvergente Lichtbündel das Objektiv gerade ausleuchtet. Das Objektiv muß korrigiert sein, da jetzt auch Randstrahlen an der Abbildung beteiligt sind.

A3 Die Ablenkung an der Zonenlinse ist die gleiche wie an der Originallinse. Die durch die Einebnung verursachte Parallelverschiebung der gebrochenen Strahlen gleicht die Brennweite der achsennahen Strahlen an die der Randstrahlen an.

Seite O 37

A1 Man benutzt für die Konstruktion einen Mittelpunktstrahl und einen achsenparallelen Strahl.

Aufgaben

1. Vom Objektiv aus werden Bild und Gegenstand unter gleichen Sehwinkeln gesehen.

2. Das Auge kann in 5,5 cm Entfernung einen Gegenstand nicht scharf sehen, aber bequem dessen Bild auf dem Schirm.

3. Der Beobachter kann sich dem Schirmbild nähern (theoretisch bis auf bequeme Sehweite).

4. Lineare Vergrößerung $V = 150 \text{ cm}/3,6 \text{ cm} \approx \underline{41,7}$; d. h. $g = 41,7 \cdot b$.
   Aus $\frac{1}{b} + \frac{1}{41,6b} = \frac{1}{0,1\text{m}} \Rightarrow b = \underline{0,102 \text{ m}}$
   und $\underline{g = 4,27 \text{ cm}}$.

Seite O 38

A1 Zur Projektion mit dem Okular muß der Abstand des Zwischenbildes vom Okular vergrößert werden.

A2 Das erreicht man, indem man den Abstand Gegenstand – Objektiv vergrößert.

A3 Die Beleuchtung muß direkt durch einen Kondensor erfolgen.

Seite O 39

A1 Bei großer Brennweite und großem Durchmesser des Fernrohrobjektivs entstehen große und helle Zwischenbilder.

A2 Die Länge des atronomischen Fernrohres beträgt $\underline{2,05 \text{ m}}$.

A3 (Für 1. Erweiterung) Das reelle Zwischenbild entsteht jetzt bei $\underline{b = 2,22 \text{ m}}$. Der Tubus muß um $\underline{22 \text{ cm}}$ ausgezogen werden.

A4 Die Gesamtvergrößerung beträgt bei $f_1 = 2,0$ m und $f_2 = 0,05$ m: $\underline{V = 40}$. Zur Begründung: Der untere Strahl des einfallenden Lichtbündels ist achsenparallel und geht nach dem Durchgang durch das Okular durch F_2'. Mit[1]) $\alpha_m \approx B/f_2$ und $\alpha_o \approx B/f_1$ wird $V = \alpha_m/\alpha_o = \underline{f_1/f_2}$.

A5 S. Bild.

A6 Eigenexperiment: Konvexlinse mit $f_1 = 50$ cm wird Objektiv, die mit $f_2 = 5$ cm wird Umkehrlinse und die mit $f_3 = 2,5$ cm Okular (stark vergrößernde Lupe). Tubuslänge: 50 cm + 20 cm + 2,5 cm = $\underline{72,5 \text{ cm}}$. Die Gesamtvergrößerung $f_1/f_2 = 50$ cm/ 2,5 cm = $\underline{20}$

Seite O 40

A1 S. Bild. Der weit entfernte Gegenstand wird vom Objektiv unter dem Sehwinkel α_o gesehen. Nach dem Durchgang durch die Zerstreuungslinse sieht ihn das Auge unter α_m.

A2 Eine Glasabdeckung würde Bildverzerrung hervorrufen.

A3 Dispersion – wie bei Linsen – tritt bei der Spiegelung an einem Hohlspiegel nicht auf.

---

[1]) Die Winkel α_m und α_o im Bogenmaß

Lösungen und Hinweise zu den Aufgaben

2.2.5 Spektrum

Seite O 43
A1 Man wählt die Farbe eines Abendkleides bei künstlicher Beleuchtung, die eines Tagesanzugs bei Tageslicht.

Seite O 45
A1 Gegen Goethes Ansicht sprechen die Versuche 44, 3 und 43, 4.

Seite O 47
A1 Wird ein Körper beleuchtet a) mit den Lichtarten, die er absorbiert, so erscheint er schwarz, b) mit denen, die er reflektiert, so zeigt er seine "natürliche" Farbe.

A2 Die "natürliche" Farbe eines Farbstoffes setzt sich aus den nicht absorbierten Spektralfarben des "weißen" Sonnenlichtes zusammen.

Seite O 48
A1 Durch einen Gelbfilter erscheint der blaue Himmel schwarz.

Seite O 49
Aufgaben
1. Ein grünes Farbfilter läßt a) nur Grün durch, b) mehrere Farben, die sich zu Grün ergänzen.
2. Die Mischfarbe Grün aus Orange und Blau kommt erst nach mindestens zwei Reflexionen zustande, die Originalfarbe Grün schon nach einer Reflexion. Die Mischfarbe Grün enthält außerdem noch die Beifarben zu Grün aus der ersten Reflexion, nämlich Rot und Blau.

Seite O 50
A1 Durch einen zusätzlichen Blau-Violett-Anteil wird der gelbe Grundton der Wäsche zu weiß ergänzt.

A2 Moderne "Weißmacher" wandeln auch nicht sichtbares Ultraviolettlicht in sichtbares Blaulicht um, erhöhen also die Helligkeit.

Seite O 51
A1 Glas absorbiert UV-Licht, Quarz nicht.

A2 Gelbfilterbrillen geben dem Auge und Cremes der Haut Schutz durch Absorption der UV-Strahlen.

A3 Ein solcher Schutz von Auge und Haut ist wegen des hohen Anteils an UV-Strahlen im Hochgebirge und an der See nötig.

Lösungen und Hinweise zu den Aufgaben   Seite E 2-E 14

2.3 Magnetismus – Elektrizitätslehre

2.3.1 Erfahrungen mit Magneten

Seite E 2

A1 Reißnägel bestehen aus Eisen, sie haben nur einen dünnen Messingüberzug. Zehnpfennigstücke bestehen aus einer Legierung, die magnetisches Metall (Nickel) enthält.

Seite E 5

Aufgaben

1. Bei sehr tiefen Temperaturen reicht die Teilchenbewegung des Weicheisens nicht aus, um die Ordnung der Elementarmagnete zu zerstören.

2. Die Elementarmagnete des Ankers werden geordnet; ihre Ordnung ist die Fortsetzung der im Hufeisenmagneten vorgegebenen Ordnung.

3. Magnetische Sättigung ist erreicht, wenn alle Elementarmagnete geordnet sind.

4. Oberhalb der Curie-Temperatur wird jede Ordnung der Elementarmagnete durch die Teilchenbewegung im Metallgitter verhindert. Denkbar wäre auch die Zerstörung der Elementarmagnete (Weiss'sche Bezirke, demonstriert mit Magnetmodellen).

5. Erschütterung zerstört die Ordnung der Elementarmagnete.

Seite E 6

Aufgaben

1. Eisenträger und eiserne Betonarmierung werden von der Erde als Magnet magnetisiert und wirken zusätzlich auf die Kompaßnadel.

2. Über den magnetischen Polen der Erde gibt es keine Richtwirkung auf eine horizontal drehbare Magnetnadel. Versuch: Man nähere einen Stabmagneten genau in Richtung der Drehachse der Magnetnadel.

2.3.2 Das magnetische Feld

Seite E 7

A1 Beim Beklopfen springen die Eisenfeilspäne hoch; solange sie schweben, ordnen sie sich leichter als auf der rauhen Unterlage.

Aufgaben

1. Die Eisenfeilspäne ordnen sich nach der Struktur des magnetischen Feldes und dienen als "Indikatoren" dieses Feldes.

2. Eisenfeilspäne zeigen das unabhängig von ihnen existierende Feld nur an.

Seite E 8

A1 Magnetische Kraftwirkungen gibt es an jeder Stelle des Feldes. Durch jeden Punkt des Feldes gibt es eine, aber auch nur eine Feldlinie. Die Eisenspanketten sind nur einzelne Repräsentanten aller denkbaren Feldlinien.

2.3.3 Der einfache elektrische Stromkreis

Seite E 12

A1 Man achte beim Kippschalter auf den Leitungsweg, auf die Vorspannung der Feder vor dem Kippen, auf den Totpunkt und die Einmaligkeit des Kippvorgangs (vergl. Bild zu E 37 A1). Ein ähnlicher Vorgang spielt sich in der automatischen Sicherung (Abb. E 37,1) ab.

A2 Der Stromkreis besteht aus den blau und rot gezeichneten Leitern. Der grün gezeichnete Leiter ist der Erdleiter. Schaltelemente in Abb. 12, 2 sind: Dreiadriges Kabel (a), Schukostecker (b), Schukodose (c), Druckknopfschalter im Lampensockel und Glühlampe.

A3 Unterbrechung des Stromkreises ist durch den Schalter oder durch Herausziehen des Netzsteckers (Schukostecker) möglich.

Seite E 14

A1 Geschlossener Stromkreis in Abb. E 12, 3: Roter Pol (E-Werk), Sicherung im roten Leiter, Steckdosenpol, Schalter, Glühbirne, blauer Leiter über Steckdosenpol zum E-Werk zurück. Blauer Pol im E-Werk ist geerdet (Erdungszeichen fehlt). Blaue Leitung kann durch "Erde" ersetzt werden, wenn man z.B. den blauen Glühlampenausgang mit der Wasserleitung verbindet.

Aufgaben

1. Kunststoffgehäuse- und Deckel verhindern die Berührung nichtisolierter metallischer Leiterteile.

2. Das Steckergehäuse (b) schließt die Steckdose (c) (s. Abb. E 12, 2) nach außen ab, bevor die metallischen Steckerstifte die Pole der Steckdose berühren.

Lösungen und Hinweise zu den Aufgaben

Seite E 15

A1 Eine an einem dünnen Metalldraht hängende Pendelkugel wird von einem positiv oder negativ geladenen Körper angezogen.

A2 Um die Ladungsart zu bestimmen, muß die Pendelkugel isoliert aufgehängt sein und eine Ladung bestimmten Vorzeichens tragen (ähnlich wie man Magnetpole nur mit Hilfe einer Magnetnadel bekannter Polung bestimmen kann).

Seite E 16
Aufgaben

1. K_2 ist negativ geladen, wenn negative Elektrizität vom Minuspol zuströmt, K_1 ist positiv geladen, wenn negative Elektrizität von K_1 nach dem Pluspol abfließt. Die Entladung von K_1 erfolgt durch den Zufluß negativer Elektrizität von der Erde und die von K_2 durch Abfluß derselben nach der Erde. Die von K_2 über G_3 nach K_1 abfließende überschüssige negative Ladung füllt den auf K_1 herrschenden Mangel an negativer Elektrizität auf. Für bewegliche positive Elektrizität gilt stets die umgekehrte Flußrichtung.

2. Eine einheitliche Elektrizitätsströmung entspricht am besten unserer Vorstellung von einem Strom, sie folgt aber nicht zwingend aus den Versuchen.

3. Die Glimmlampe zeigt den ersten Ladestromstoß an.

4. An der Wechselstromsteckdose wird der Körper auf dem Isolierschemel fortlaufend auf-, ent- und umgeladen.

Seite E 17

A1 Um die Neutralisierung des negativen Pols zu verhindern, muß fortlaufend positive Elektrizität nach dem positiven Pol gepumpt werden. Sind beide Elektrizitätsarten beweglich, so muß negative Ladung vom Pluspol nach dem Minuspol und positive vom Minuspol zum Pluspol gepumpt werden.

2.3.4 Wirkungen des elektrischen Stromes

Seite E 19

A1 Das unter starkem Gefälle rasch fließende Wasser reißt Steine und Geröll mit. Der elektrische Strom erhöht offensichtlich im dünnen Leiter die Teilchenbewegung, während im dicken Draht nur eine geringe Wärmewirkung auftritt, ähnlich wie die träge Strömung im breiten Flußbett nur wenig Geröll bewegt.

A2 Mit zunehmender Temperatur verschiebt sich das Maximum der Strahlungsintensität (O 50, 1) in den sichtbaren Teil des Spektrums, der Blauanteil wird stärker.

Seite E 20

A1 Das einpolige Aufleuchten der Glimmlampe war Hinweis auf das Gerichtetsein des Geschehens im Draht (Strom).

Seite E 24
Aufgaben

1. Die Elementarmagnete bilden eine Kette von aufeinanderfolgenden ungleichnamigen Polen, die sich gegenseitig anziehen und deshalb keine Wirkung nach außen zeigen; magnetisch wirksam sind nur die freien Polenden.

2. Keine Streuwirkung tritt auf, wenn man die ungleichnamigen Pole von Hufeisenmagneten zusammenfügt.

3. Das äußere magnetische Feld eines Hufeisenmagneten verschwindet im Innern eines zweiten, wenn beide Magnete einen magnetischen Ring bilden.

4. Das Feld des einen Ringpartners richtet die Elementarmagnete das anderen aus (wichtig für die Aufbewahrung von Hufeisenmagneten).

Seite E 25

A1 Wenn alle Elementarmagnete gleichgerichtet sind, ist keine Steigerung der Magnetisierung mehr möglich.

Seite E 26
Aufgaben

1. Für jedes Spulenstückchen zeigen die Fingerspitzen im Innern der Spule dieselbe Magnetfeldrichtung an.

2. Ein Nordpol entsteht, wenn der Strom den beschauten Pol im Gegenzeigersinn umfließt, ein Südpol beim Umfließen im Zeigersinn.

3. Man legt zunächst nach Aufgabe 1. die Richtung des Magnetfeldes in der Spule fest und prüft dann die neue Regel nach. Zusatzfrage: Warum ist diese neue Rechte-Faust-Regel leicht zu behalten?

Seite E 27

A1 Die Nägel werden zu gleichliegenden Magneten, die sich an beiden Polenden abstoßen.

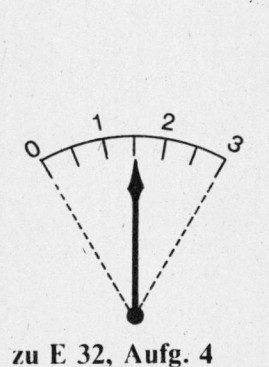

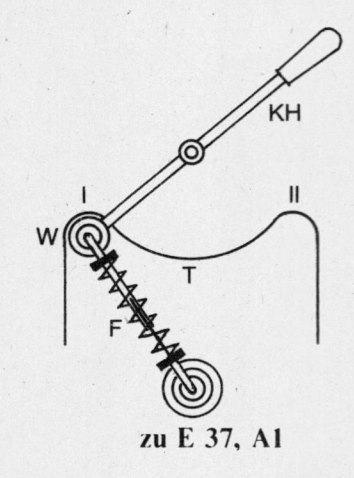

Lösungen und Hinweise zu den Aufgaben Seite E 28–E 36

zu E 32, Aufg. 4

zu E 37, A1

Seite E 28

A1 Auch durch Wechselstrom entstehen stets gleichliegende Magnete mit wechselnder Polung.

A2 Trotz wechselnder Polung stoßen sich Wandblech (Rundstab) und Dreheisen ab.

A3 Das Magnetfeld der Drehspule würde sich bei jeder Stromstärke in Richtung des äußeren Magnetfeldes einstellen.

A4 Das in der Drehspule erzeugte Magnetfeld wechselt mit der Netzfrequenz seine Polung. Auf Grund ihrer Trägheit kann sich die Drehspule nicht schnell genug in die wechselnden Richtungen einstellen.

2.3.5 Strommessung

Seite E 30

Aufgaben

1. 1 A; 2 A; 5 A; 2,5 A; 3 A

2. 1 Skt.; 2 Skt; 5 Skt; 2,5 Skt.; 3 Skt.

3. 2 A; 1,5 A; 2,4 A; 0,6 A
   2 A ≙ 10 Skt.; 1,5 A ≙ 7,5 Skt.; 1 A ≙ 5 Skt.;
   2,5 A ≙ 12,5 Skt.

4. I = 3 A ≙ 3 Skt.; a) 3 Skt. ≙ 0,5 Vollausschlag, b) 3 Skt. ≙ 0,3 Vollausschlag. Die Winkelausschläge verhalten sich wie 5 zu 3.

Seite E 32

A1 Im größten Meßbereich erhält man den kleinsten Ausschlag: Es besteht die geringste Gefahr der Instrumentüberlastung.

Aufgaben

1. In 1 s werden 200 cm³/900 = 0,2 cm³ Knallgas abgeschieden: I = 1,28 A.

2. Ein Strom von 1,5 A scheidet in 1 s 1,677 mg Silber ab. Um 1 g = 1000 mg Silber abzuscheiden, sind (1000/1,677)s ≈ 596 s ≈ 10 min nötig.

3. Aus $Q^* = 0{,}174 \frac{cm^3}{A \cdot s} I \cdot t \Rightarrow I = \frac{Q^* \cdot As}{0{,}174\, cm^3 \cdot t}$
   I = (26,1/17,4) A = 1,5 A

4. S. Bild. Dem Vollausschlag entspricht ein Strom von 3 A.

Seite E 33

Aufgaben

1. 17,4 cm³ Knallgas ≙ 100 As, 52,2 cm³ ≙ 300 As.
   59 mg (Ag) = Q · 1,118 $\frac{mg(Ag)}{As}$; Q = $\frac{59}{1,118}$ As
   Q ≈ 52,8 As = 52,8 C

2. $Q^* = 1{,}118 \frac{mg}{As} \cdot t \cdot I \approx 83{,}85\, mg$ (Ag). oder
   $Q^* = 0{,}174 \cdot t \cdot I \approx 13\, cm^3$ (Knallgas)

3. Akkuladung Q = 6 Ah = 21600 As

4. Brenndauer der Glühlampe t = 2h

5. Abgeschiedene Stoffmenge $Q^* = A \cdot I \cdot t \Rightarrow$
   a) $Q = \frac{Q^*}{A}$ b) $I = \frac{Q^*}{A \cdot t}$

Seite E 34

A1 Nebenschlußströme: 3 mA – 0,3 mA = 2,7 mA; 9,7 mA; 29,7 mA; 99,7 mA; 999,7 mA.

2.3.6 Technische Anwendungen der magnetischen Stromwirkung

Seite E 35

A1 Nach Umkehr der Stromrichtung (Abb. 35, 2b) ist die Polung des Ankermagneten entgegengesetzt zu der in Abb. 35, 2a. Ankerstellung a) ist für das Anlaufen am günstigsten, Stellung b) bedeutet "Totpunkt", der nur durch den Schwung des Ankers überwunden wird.

Seite E 36

A1 Nach der Dreifingerregel müssen die Ströme im oberen Teil des Spulenbettes nach hinten und im unteren auf den Beschauer zu fließen, wenn der Anker sich im Uhrzeigersinn drehen soll

A2 Das linke T-Stück ist stromlos; wird das rechte obere gegen den Uhrzeigersinn umflossen (N-Pol), dann erzeugt der Strom im rechten unteren T-Stück einen Südpol: Der Anker dreht sich im Uhrzeigersinn.

A3 Mit der Umpolung der Anker-T-Stücke erfolgt gleichzeitig die Umpolung der Feldmagnete, so daß die mechanische Wirkung gleichbleibt.

Lösungen und Hinweise zu den Aufgaben

Seite E 36–E 45

A4 Besteht der innere Streifen aus Kupfer, dann öffnet sich der Bimetallschalter beim Überschreiten einer bestimmten Temperatur.

Seite E 37

A1 Nachdem die Arretierung durch Anheben des Schnapphebels S ausgelöst wurde, ist die Rückführung des Kontakthebels H nur mit Hilfe des Druckknopfes "Ein" möglich. Beim Kippschalter (s. Bild) verbindet die Metallwalze W in Stellung I zwei Kontaktbleche, gegen die sie von der Feder F gedrückt wird. Eine Lösung dieses Kontaktes erfolgt durch den Kipphebel KH gegen den Widerstand der Feder F.

Nach Überschreitung des Tiefstpunktes T springt die Walze unter Federdruck von selbst in Stellung II und verbleibt dort.

A2 Es fehlt die Rückholfeder, die den Schalter im Nutzstromkreis öffnet, sobald der Relaismagnet stromlos wird.

Seite E 38

A1 Da der Meßraum nicht mehr aufgeheizt wird, bleibt der Thermostatschalter geschlossen. Der Brenner geht auf Dauerbetrieb bis der Sicherheitsthermostat am Heizkessel abschaltet.

Seite E 40

Aufgaben

1. Da mit jedem Walzenumlauf ein Buchstabe geschrieben wird, können im vorliegenden Fall $8 \cdot 60 =$ <u>480 Buchstaben</u> in der Minute geschrieben werden.

2. Ein Lösungsvorschlag, s. Bild:
Eine 6. Codierschiene C_0 schließt in Ruhestellung den Schalter S_{1O}; der zugehörige Nocken auf der Nockenwelle schließt gleichzeitig den Schalter S_{2O} und damit den Fernstromkreis. Beim Niederdrücken einer beliebigen Sendertaste wird C_0 nach <u>rechts</u> geschoben, dabei die Nockenwellensteuerung entriegelt und der Fernstromkreis geöffnet. Mit diesem Pausenschritt wird auch die Drehung der Nutenwelle eingeleitet: Alle Schalthebel H des Empfängers werden vom Haltemagneten HM angezogen; H_O gibt die Nutenwelle zur Drehung frei (Entriegelung). Nach einer Volldrehung der Nockenwelle schließt der Nocken No_O den Schalter S_{2O}; C_0 rastet gleichzeitig in den Absatz an der Nockenwellensteuerung ein, schließt den Schalter S_{1O} und damit den Fernstromkreis. Mit diesem 7. (Strom-)Schritt werden alle Schalthebel H vom Haltemagneten losgelassen: Die Nutenwelle wird in gleicher Weise wie die Nockenwelle verriegelt.

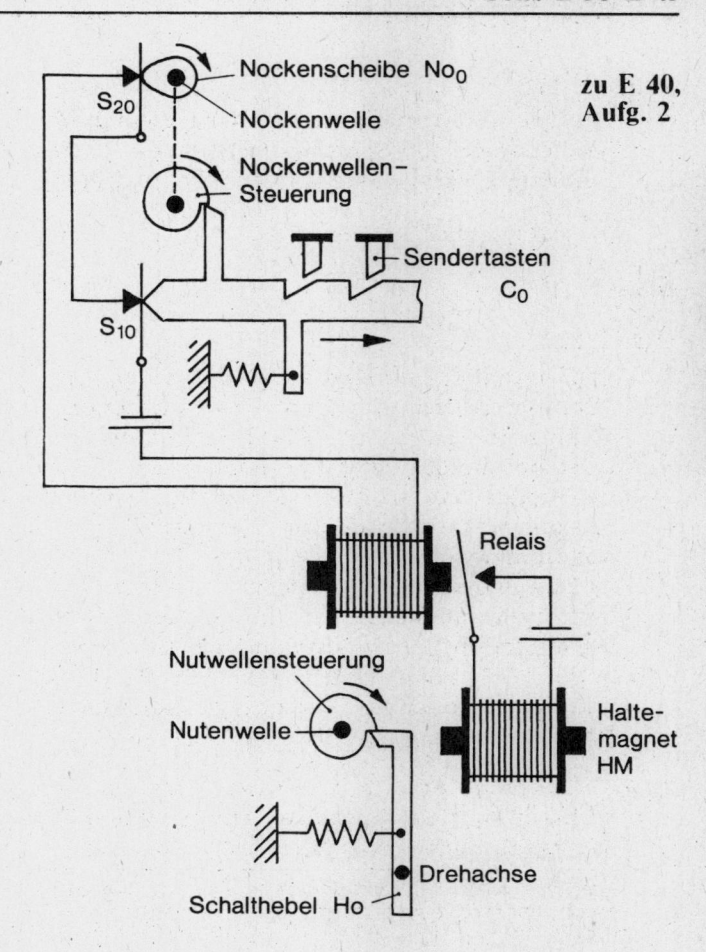

zu E 40, Aufg. 2

Seite E 41

A1 Durch Ummagnetisierung des Eisens würde die Membran in jeder Wechselstromperiode zweimal angezogen werden und eine Verdoppelung der Tonfrequenz eintreten.

2.3.7 Generatoren zur Stromerzeugung

Seite E 45

A1 Die über den Tisch "geerdeten" Papierschnitzel erhalten durch langsame Ladungstrennung eine positive Influenzladung: Sie werden angezogen; wegen der sehr geringen Leitfähigkeit geben sie ihre Ladung nur langsam an den Hartgummistab ab. Von diesem werden sie negativ geladen und wieder abgestoßen.

A2 Beim Kämmen mit einem Kunststoffkamm laden sich Kamm und Haar auf; beim Ausziehen von Perlonwäsche sind in der Dunkelheit Fünkchen zu sehen und Knistern zu hören. Das ausgezogene, lose hängende Kleidungsstück bläht sich zur Glockenform auf.

Lösungen und Hinweise zu den Aufgaben

Seite E 46

A1 Die große Temperaturdifferenz zwischen Sonnenseite und Schattenseite eines Raumfahrzeugs wird kostenlos aufrechterhalten.

Seite E 49

Aufgaben

1. a) Zwischen Metallen eines galvanischen Elementes kann ein Strom nur entstehen, wenn beide gegen den Elektrolyten verschieden hoch negativ geladen sind.
   b) Dies ist um so mehr der Fall, je weiter die Metalle in der Spannungsreihe auseinanderliegen.
   c) Das gegen den Elektrolyten weniger negativ geladene Metall (z. B. Kupfer) ist aufnahmebereit für den Überschuß an negativer Ladung des anderen (z. B. Zink) und damit positiver Pol des galvanischen Elementes.

2. a) Thermoelemente mit gegeneinander wirksamen Kontaktstellen aus gleichen Materialpaaren - z. B.

| Kupfer | Konstantan | Kupfer |

zeigen den Generatoreffekt nur bei verschiedenen Temperaturen der Lötstellen;

   b) bei galvanischen Elementen tritt der Effekt ein, wenn verschiedene Elektrodenmaterialien in Kontakt mit demselben Elektrolyten treten, z. B.

| Kupfer | verd. Schwefelsäure | Zink |

   c) (Als Ergänzung) Die ersten Versuche mit dem Halbleiter Selen vor über 100 Jahren zeigten: Zwei Selenstäbe als Elektroden in einem Elektrolyten bilden ein galvanisches Element, wenn man einen der Stäbe beleuchtet.

A1 Im galvanischen Element gehen Stoffe in Lösung (Ionisierung), bei der Elektrolyse werden Ionen des Elektrolyten entladen und Stoffe abgeschieden (Entionisierung).

A2 Im Voltaschen Becher bewegt sich eine als beweglich angenommene positive Ladung vom Zink zum Kupfer, negative in umgekehrter Richtung.

Seite E 51

A1 Dreifingerregel für den Induktionsstrom: Hält man den Zeigefinger der rechten Hand in Richtung des magnetischen Feldes und den Daumen in Richtung der Leiterbewegung, so gibt der Mittelfinger die Richtung des Induktionsstromes an.

Seite E 52

A1 Der kurzgeschlossene Motor stellt einen hochbelasteten Generator dar; nach der Lenzschen Regel werden die bewegten Stromleiter des Ankers abgebremst.

Seite E 54

A1 Man schaltet nacheinander 1, 2, 3, ... Akkus der Batterie nach Abb. 53, 4 gegen die Spannung des Netzgerätes. Ist die Stromstärke I = 0, dann liefert das Netzgerät die gleiche Spannung wie 1, 2, 3, ... Akkus (Kompensationsmethode).

2.3.8 Die Gesetze des elektrischen Stromkreises

Seite E 56

A1 Der Widerstand der heißen Glühlampe ist rund 10 mal so groß wie der der kalten.

Aufgaben

1. Beim gleichzeitigen Einschalten mehrerer Glühlampen kann Überlastung des Gesamtstromkreises eintreten.
2. $U = 30 \frac{V}{A} \cdot 0{,}4\,A = \underline{12\,V}$
3. $R = \frac{220\,V}{1{,}1\,A} = \underline{200\,\Omega}$; $G = \frac{1{,}1\,A}{220\,V} = \underline{0{,}005 \frac{A}{V}}$
4. $I = 20\,V \cdot 0{,}1 \frac{A}{V} = \underline{2\,A}$
5. $U = 150 \frac{V}{A} \cdot 1{,}5\,A = \underline{225\,V}$

A2 Maximale Spannung $U = 10 \frac{V}{A} \cdot 10\,A = \underline{100\,V}$

Seite E 59

A1 Da sich in Versuch 58, 4 Umfang und Querschnitt verdoppeln, sagt der Versuch nichts darüber aus, welches von beiden Leiterdaten den Widerstand bestimmt.

Aufgaben

1. $R = 0{,}50 \frac{\Omega}{m} mm^2 \cdot \frac{5\,m}{0{,}5\,mm^2} = \underline{5\,\Omega}$;
   $G = \frac{1}{5} S = \underline{0{,}2\,S}$
2. $R = 0{,}1 \frac{\Omega}{m} mm^2 \cdot \frac{100\,m}{1{,}5\,mm^2} = \underline{6{,}6\,\Omega}$
3. $l = \frac{100\,\Omega \cdot 0{,}5\,mm^2}{0{,}5 \frac{\Omega}{m} mm^2}\,m = \underline{100\,m}$
4. $I = \frac{10\,V \cdot 2\,mm^2}{0{,}017 \frac{\Omega}{m} mm^2 \cdot 2000\,m} = \frac{20}{34}\,A = \underline{0{,}5882\,A}$

Seite E 60

Aufgaben 1

1. $I = \frac{350\,V}{(2+5)\,k\Omega} = \frac{350}{7000}\,A = \underline{0{,}05\,A}$

Lösungen und Hinweise zu den Aufgaben

2. $U_1 = 0,05 A \cdot 2000 \frac{V}{A} = 100 V$, $U_2 = \underline{250 V}$
   Ein zweiter Weg: Es gelten die Gleichungen:
   $U_1/U_2 = R_1/R_2 = 2/5$ und $U_1 + U_2 = 350 V$
   Mit $U_1 = \frac{2}{5} U_2$: $\frac{2}{5} U_2 + U_2 = \frac{7}{5} U_2 = 350 V$
   $U_2 = \underline{250 V}$ und $U_1 = \underline{100 V}$

3. Der Brückenstrom $I = 0$, wenn
   $\frac{x}{1 m} = \frac{2 k\Omega}{7 k\Omega} = \frac{2}{7} \Rightarrow x = \frac{2}{7} m \approx \underline{0,2857 m}$

4. $\frac{Rx}{1 k\Omega} = \frac{60 cm}{40 cm} = \frac{3}{2} \Rightarrow Rx = \underline{1,5 k\Omega}$

5. In dem von den Widerständen zwischen AP und AP' und dem Brückeninstrument gebildeten Stromkreis sind die Spannungsabfälle an beiden Widerständen gegeneinander geschaltet.

Aufgaben 2

1. Nebenschlußstrom $I_S = \underline{999,7 mA}$, Nebenschlußwiderstand: $R_S/200\Omega = 0,3 mA/999,7 mA \Rightarrow R_S = 60 \Omega/1000 = \underline{0,060 \Omega}$

2. $R^*_{AS} = 2,5 k\Omega$: $U_1/U_2 = 2,5 k\Omega/5 k\Omega = 1/2$: $U_1 = \underline{\frac{1}{3}U}$ und $U_2 = \underline{\frac{2}{3}U}$

3. S. Abb. E 61, 5. Es gelten die beiden Gleichungen:
   $\frac{1}{R_{AS}} = \frac{1}{5 k\Omega} + \frac{1}{R_x} = \frac{R_x + 5 k\Omega}{R_x \cdot 5 k\Omega}$ und
   $R_{AS} = 10 k\Omega - R_x$. Aus ihnen folgt:
   $R_x^2 = 50 k\Omega^2 \Rightarrow R_x \approx \underline{7,07 k\Omega}$

Seite E 61

Aufgaben

1. $R_V + 50\Omega = 100 V/2 mA = 50 k\Omega \Rightarrow R_V = \underline{49,95 k\Omega}$
   $R_V + 50\Omega = 250 V/2 mA \Rightarrow R_V = \underline{124,95 k\Omega}$
   $R_V + 50\Omega = 500 V/2 mA \Rightarrow R_V = \underline{249,95 k\Omega}$

2. In den vorliegenden Fällen ist die Gesamtspannung $\underline{1000}$, $\underline{2500}$, $\underline{5000}$ mal so groß wie der Spannungsabfall am Meßinstrument.

Seite E 62

Aufgaben 1

1. Höchstwert des Spannungsabfalls am Strommesser bei $R_i = 50\Omega$ und $I_{max} = 0,002 A$ ist $\Delta U_i = 50\Omega \cdot 0,002 A = \underline{0,1 V}$. (Allgemein:
   $\Delta U_i = R_i \cdot I_{i\,max}$

zu E 60, A3

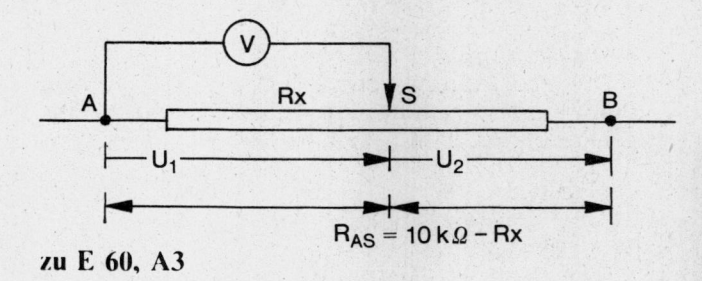

2. Der Strom durch den Spannungsmesser beträgt 1/10 oder $\underline{10 \%}$ des Nutzstromes I_L und 1/11 oder rund $\underline{9,1 \%}$ des Gesamtstromes I.

3. Der durch den Spannungsmesser fließende Strom $I_V = 1/50 \cdot I_L = 1/51 \cdot I$; die anliegende Spannung beträgt: $U_L = 5 k\Omega \cdot (1/51) \cdot I$. Für den Meßbereich 10 mA beträgt der Gesamtwiderstand des Strommessers $R_A = 10 \Omega$. Der Spannungsabfall am Strommesser ist $\Delta U_A = 10 \Omega \cdot I$:
   $\Delta U_A/U_L = 10 \Omega \cdot I/5 k\Omega \cdot \frac{1}{51} \cdot I = 51/500 = 0,102 = \underline{10,2 \%}$.

Aufgaben 2

1. Der Widerstand der drei Akkuzellen beträgt $R_3 = 0,06 \Omega$. Bei einer Belastung von 10 A sinkt die Klemmspannung um
   $\Delta U_K = 10 A \cdot 0,06 \frac{V}{A} = \underline{0,6 V}$ ab.

2. a) $I = \frac{6 V}{2 \Omega + 0,06 \Omega} = \frac{6}{2,06} A \approx \underline{2,91 A}$
   b) $I = \frac{6 V}{20 \Omega + 0,06 \Omega} = \frac{6}{20,06} A \approx \underline{0,299 A}$
   Ohne Berücksichtigung des Innenwiderstandes berechnen sich die Stromstärken zu: a) 3 A, b) 0,3 A. Die Abweichungen vom wahren Wert: a) + $\underline{90 mA}$, b) + $\underline{1 mA}$, das sind a) $\underline{3,1 \%}$, b) $\underline{0,33 \%}$.

2.3.9 Spannung und elektrisches Feld

Seite E 65

A1 Kugel und Drahtenden ragen aus dem Becher und gehören zur "Oberfläche". An dem Teil der Stange, der sich im "Innern" des Bechers befindet, läßt sich keine Ladung ablöffeln.

Aufgaben

1. Beim langen Dipol ist die abgestoßene, gleichnamige Influenzladung weiter als die ungleichnamige und angezogene von der influenzierenden Ladung entfernt: Die Anziehung ist größer als die Abstossung. Je kürzer der Dipol (kleine Kugel), desto besser gilt: Abstoßende Kraft = anziehende Kraft.

Lösungen und Hinweise zu den Aufgaben

2. Die Ladung des äußeren Dipolendes kann man mit der Glimmlampe ableiten.

3. Der lange Körper trägt dann nur ungleichnamige Ladung: Es herrscht nur noch Anziehung.

Seite E 66

A1 Auf Leitern und Papierfähnchen findet Ladungstrennung statt, desgleichen auch auf Grießkörnern: Es entstehen elektrische Dipole.

Seite E 67

Aufgaben

1. Feldlinien enden, wo sich Ladungen befinden.

2. Im inneren, feldfreien Raum stoßen sich die Ladungen der Probekugel ab: Sie streben nach außen zur Oberfläche des Bechers, sobald die Kugel die Innenwand berührt. Die außen berührende Kugel bildet einen Teil der Becheroberfläche und behält mindestens einen Teil der Ladung.

3. Es geht nur eine bestimmte Ladung auf das Elektroskop über, die aber von der Spannung des ladunggebenden Generators abhängt.

Seite E 68

A1 Die einheitliche Ladung des Faraday-Bechers stößt sich ab und strebt nach außen, die entgegengesetzten Ladungen der Kondensatorplatten ziehen sich an.

A2 Die Summe der Teilladungen ist gleich der Ladung, die durch den einmaligen Stromstoß bei geerdeter Influenzplatte E übergeht.

2.3.10 Elektromagnetische Induktion und ihre technischen Anwendungen

Seite E 73

Aufgaben

1. Die Feldlinien eines Stabmagneten divergieren von den Polen aus; beim Einführen in die Spule wird das Magnetfeld im Innern stärker, beim Herausführen schwächer.

2. Die beim Kurzschließen von Spulen- bzw. Leiterschaukel fließenden Induktionsströme erzeugen im Magnetfeld Kraftwirkungen, die die Bewegung bremsen (Lenz'sche Regel). In der Leiterschaukel (Abb. E 51, 2) fließt der Induktionsstrom auf den Beschauer zu, in der Spulenschaukel (Abb. E 72, 1) fließt er so, daß er in der Spule nach der Rechten-Faust-Regel ein dem Magneten entgegengesetztes Magnetfeld erzeugt.

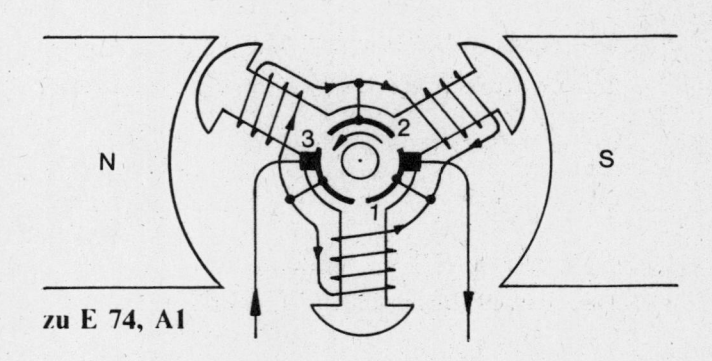

3. Die abgeänderte Dreifingerregel ist auf die Induktion in der Spulenschaukel anwendbar.

A1 Während sich ein Magnetpol von einer Außenspule entfernt, nähert er sich der folgenden. Bei gleichsinniger Wicklung würden sich die hintereinander geschalteten induzierten Spannungen kompensieren.

Seite E 74

A1 Man läßt die Überlegungen am besten an einem Modellmotor oder anhand der Abb. durchführen. Bei einer Linksdrehung des dreipoligen Ankers durchfließt der Induktionsstrom die beiden oberen T-Anker gleichsinnig - von außen gesehen - linksherum, den unteren T-Anker aber rechtsherum. Beide Kollektorströme fließen im Kollektorstreifen 1 zusammen, über die rechte Schleifbürste nach außen. Nach dem Durchfließen des Außenstromkreises teilt sich der Strom wieder im Kollektorstreifen 3. Ein so vom Strom durchflossener dreifach T-Anker würde sich rechtsherum drehen (vergl. Lenzsche Regel).

Seite E 75

A1 Der Nebenschlußgenerator stellt stets Spannung bereit, der Hauptschlußteil verstärkt mit zunehmender Belastung das Magnetfeld.

A2 Da die Selbsterregung fehlt, ist der Fahrraddynamo keine Dynamomaschine.

Seite E 77

A1 Strom in der Hochspannungsleitung ist 0,006 A, verlorener Spannungsabfall am Widerstand 4000 Ω: 0,006 · 4000 A·V/A = 24 V. Spannung an T_2 beträgt 22000 V,

Lösungen und Hinweise zu den Aufgaben

verbleibt Betriebsspannung an T_2 von 21976 V. Niederspannung an T_2 ist 219,76 V. - Der Spannungsverlust am Ohmschen Widerstand ist mit der Entstehung von Wärme verbunden, die nicht mehr nutzbar ist.

Aufgaben

1. Stromstärke in der Aluminiumrinne ist ungefähr 1000 A.

2. Bei einer Netzspannung von 225 V ist das Windungszahlverhältnis 3/1. Im Primärkreis fließt ein Strom von $(5/3)A \approx \underline{1,7\ A}$.

Seite E 78

A1 Der in der Spule fließende "Schwingstrom" erzeugt Wärme.

2.3.11 Elektrizitätsleitung - Atomistische Vorstellung von der Elektrizität

Seite E 80

A1 Ionen könnten auch erst unter dem Einfluß des elektrischen Feldes entstehen, das bei allen Versuchen vorhanden war.

Seite E 81

A1 Jede Gasentladung erfolgt durch Ionen. Diese sind bei der selbständigen Entladung entweder vorhanden oder entstehen im elektrischen Feld durch Stoßionisation. Bei der unselbständigen Entladung erfolgt die Ionenerzeugung durch Fremdeinfluß (thermisch).

Seite E 82

Aufgaben

1. Die Spannung des Röhrengenerators nimmt mit der Temperatur der glühenden Elektrode zu.

2. Bei gleicher Beschaffenheit und gleicher Temperatur beider Elektroden entsteht keine Spannung; der elektrische Strom fließt in beiden Richtungen.

3. Röhrengenerator und Thermoelement arbeiten nach demselben Prinzip: Diffusion von Elektronen durch eine Grenzfläche.

Seite E 83

Aufgaben

1. Das Magnetfeld muß nach hinten gerichtet sein, wenn der Elektronenstrahl nach rechts abgelenkt werden soll.

2. Die linke Ablenkplatte muß negativ, die rechte positiv geladen sein.

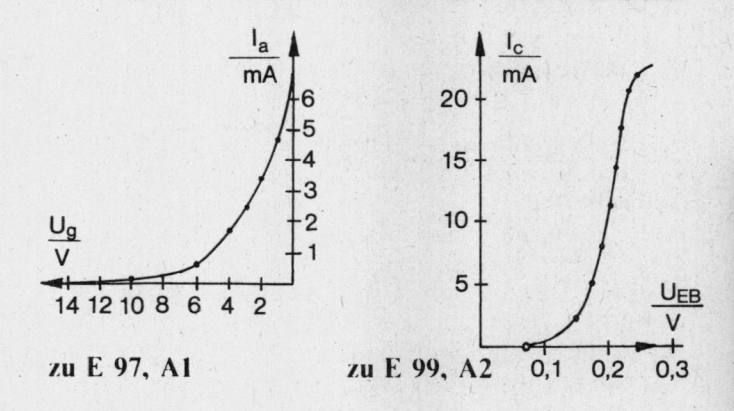

zu E 97, A1   zu E 99, A2

3. Das ausgedehnte Magnetfeld lenkt den Kathodenstrahl fortlaufend und an jeder Stelle senkrecht zur Bewegungsrichtung ab; das elektrische Feld dagegen ist auf den Kondensatorraum beschränkt.

Seite E 89

A1 Mit dem Abfallen des Ankers kann man das Schließen eines Beleuchtungsstromkreises verbinden. Was kann geschehen, wenn das nun eingeschaltete künstliche Licht auf den Photowiderstand fällt?

A2 Die Wärmestrahlung wird vom Prismen- und Linsenmaterial absorbiert.

2.3.12 Elektronische Bauelemente und ihre technischen Anwendungen

Seite E 97

A1 S. Bild
U_R in V : o; 2; 10; 28; 44; 66; 96; 134.

Seite E 99

A1 U_R in V: 0,3; 0,75; 1,13; 1,65; 2,18; 2,63; 3,08; 3,3.

A2 S. Bild

2.3.13 Grundlagen der Schaltalgebra

Seite E 103

Funktionstabellen der NOR- und NAND-Funktion

A	B	$Y=\overline{A \vee B}$	A	B	$Y=\overline{A \wedge B}$
O	O	L	O	O	L
O	L	O	O	L	L
L	O	O	L	O	L
L	L	O	L	L	O

Seite E 105

A1 Die Ziffer L kommt in den Potenzen von 2 nur einmal vor: 2^0; 2^1; 2^2; 2^3.

A2 13≙LLOL; 18≙LOOLO; 24≙LLOOO; 29≙LLLOL; 31≙LLLLL; 32≙LOOOOO; 63≙LLLLLL; 64≙LOOOOOO; 73≙LOOLOOL.

LLO≙6; LOLO≙10; LOOL≙9; LOLOL≙21; LOLLO≙22; LLLLL≙31.

Lösungen und Hinweise zu den Aufgaben

2.4 Mechanik

2.4.1 Eigenschaften der Körper

Seite M 1

A1 Uhrfeder, Blattfeder, Flitzbogen, Tennisball, Gummiringe.

Seite M 4

A1 Zum Beschleunigen der Kugel ist eine Kraft nötig. Die Fadenkraft oberhalb der Kugel ist um diese Kraft geringer.

A2 Beim Abschleppen von Wagen kann ruckartiges Anfahren zum Zerreißen des Abschleppseils führen. Man kann dies in einem Modellversuch zeigen, indem man einen schweren Körper an einem geeigneten Bindfaden befestigt, zuerst langsam, dann ruckartig zieht.
Spalten eines Holzklotzes mit einem Beil, Einschlagen eines Nagels, Anschieben eines Personenwagens: Am Anfang braucht man eine erheblich größere Kraft als anschließend zur Aufrechterhaltung einer bestimmten Geschwindigkeit.

Seite M 5

Aufgaben

1. Auf der Erdoberfläche sind die Begriffe "oben" und "unten" eindeutig durch die Gravitation bestimmt: Unten ist dort, wohin die Dinge fallen.
Zum Problem der Antipoden vgl.: Martin Wagenschein: Die Erfahrung des Erdballs. In: Der Physikunterricht, Jg. 1, 1967, Heft 1, S. 21 ff.

2. Der Füllhalter wird mit der Feder nach unten beschleunigt und plötzlich abgebremst. Der Besen wird mit dem Stiel nach unten auf den Boden gestoßen.

3. Infolge der Trägheit des Grases oder des Getreides. Die Festigkeit der Halme reicht nicht aus, um auch die oberen Teile schnell in Bewegung zu setzen: Die Halme werden durchgetrennt. Bewegen sich die schneidenden Werkzeuge (Sichel, Sense, Messer eines Rasenmähers) zu langsam, so wird das Gras nicht geschnitten. Als Modellversuch sind möglich: Mehrere Dominosteine werden aufeinandergelegt. Mit einem Lineal kann man den untersten herausschlagen. Einen senkrecht aufgestellten, dünnen Plastilinstab kann man mit einem scharfen Messer durchtrennen.

4. Die Mitte des Stabes wird durch den Schlag sehr stark beschleunigt. Der Widerstand, den die Stabhälften dieser Bewegungsänderung entgegensetzen, ist so groß, daß der Stab zerbricht. Auf die Papierschlaufen wirkt eine wesentlich geringere Kraft. Sie werden zusätzlich entlastet, da die Stabhälften sich außerdem drehen, die Stabenden nach oben schnellen.

5. Die Insassen eines Autos werden bei einer Vollbremsung "nach vorn geschleudert", beim Beschleunigen dagegen "in die Sitze gedrückt". Die Ausdrucksweisen entsprechen nicht dem physikalischen Sachverhalt: Infolge ihrer Trägheit bewegen sich die Insassen weiter, beim Beschleunigen schiebt das Auto die Insassen und bringt sie auf eine höhere Geschwindigkeit.

Seite M 7

A1 Die Länge des Nonius sei 9 mm. Der Strichabstand auf dem Nonius beträgt dann 0,9 mm. Fällt die Nullmarke des Nonius mit einem Strich der Hauptteilung zusammen, so ändert sich der Abstand eines Noniusstrichs zum nachfolgenden Strich der Hauptteilung von einem Noniusstrich zum benachbarten um jeweils 0,1 mm. Schiebt man den Nonius jeweils um 0,1 mm weiter nach rechts, so kommt der Reihe nach der erste, der zweite, ..., der zehnte Noniusstrich mit einem Strich der Hauptteilung zur Deckung.

In Abb. M 6.1 beträgt die Länge des Nonius 39 mm, der Abstand zweier Teilstriche 1,95 mm. Steht die Nullmarke des Nonius auf einem Strich der Hauptteilung, so steht der nächste Noniusstrich 0,05 mm vor dem übernächsten Strich der Hauptteilung usf.

Bestimmung der Dicke eines Buches: Hier wird eine höhere Genauigkeit durch die Art der Messung erreicht. 100 Buchseiten seien 7,2 mm dick. Dann beträgt die Dicke einer Seite 7,2 mm / 50 ≈ 0,14 mm.

A2 Buchdeckel sind nicht genau gleich, die einzelnen Meßinstrumente (z. B. Lineale) sind nicht gleichwertig, die Bedienung erfolgte unterschiedlich (z. B. schräges Anlegen, Verrutschen, Parallaxe bei zu dicker Linealkante).

A3 Benutzen die Schüler dasselbe Meßgerät, so kann die unterschiedliche Handhabung zu verschiedenen Meßergebnissen führen: schräges Anlegen, Parallaxe bei zu dicker Linealkante, unterschiedliche Meßstelle (die Schüler legen das Lineal an verschiedenen Stellen an).

Lösungen und Hinweise zu den Aufgaben

Seite M 8

Aufgaben

1. a) $d_1 = 2,5$ cm: $h_1 = \underline{20,4\text{ cm}}$; $d_2 = 5$ cm: $h_2 = \underline{5,1\text{ cm}}$

   b) $a \geq 1$ mm. d_1: 1 mm $\triangleq$ 0,49 cm³, Markierungen möglich für: $\underline{1\text{ cm}^3}$, $\underline{2\text{ cm}^3}$, $\underline{5\text{ cm}^3}$. d_2: 1 mm $\triangleq$ 1,96 cm³, Markierungen für $\underline{2\text{ cm}^3}$, $\underline{5\text{ cm}^3}$.

2. Auf dm, auf cm, auf mm genau; Genauigkeit würde geändert.

3. Kein Unterschied bei den beiden ersten Angaben: auf 1/100 cm bzw. auf 1/10 000 m genau. Bei der letzten Angabe: auf 1/1000 cm genau.

4. 4,60 cm

5. a) 16,3925 cm²; 15,5925 cm²; b) 16 cm²

6. auf km genau; auf 500 km genau.

7. $A = 2,8$ km² ($\pm 0,3$ km²)

8. $2,5\text{ m} \leq l < 3,5\text{ m}$; $299,5\text{ cm} \leq l < 300,5\text{ cm}$

9. Erhöhung der Meßgenauigkeit. Niederschlag wird auf großer Fläche gesammelt, im engen Meßzylinder hoher Stand, feinere Unterteilung möglich.

2.4.2 Kraft und Masse

Seite M 12

A1 Man stellt z. B. 10 untereinander gleiche Massenstücke her, die zusammen 1 kg wiegen.
Masse: ungeformte Menge Materie, Menschenmenge (große Zahl), knetbarer oder dickflüssiger Körper (lehmige Masse), Vermögen (Erbmasse, Konkursmasse), Massengesellschaft.

Seite M 16

A1 Der Kolben muß gut abgedichtet sein. Während des Ablesens darf auf den Kolben keine zusätzliche Kraft ausgeübt werden, Kolbenprober waagerecht stellen. Bei wiederholter Anwendung Dreiwegehahn benutzen.

Aufgaben

1. Die Größenwerte sind unter Berücksichtigung der Meßunsicherheit gerundet $(11,5 \ldots 12,5) \cdot 10^2$ N

2. $(200 \ldots 350)$ kg

3. $(19 \ldots 38) \cdot 10^2$ kg

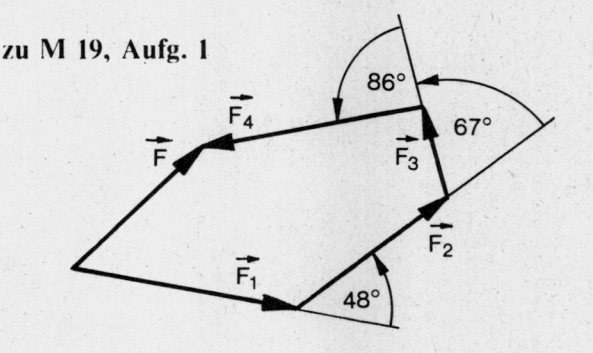

4. 272 kg

zu M 19, Aufg. 1

5. 2,3 kg

6. Es gilt wegen $m = \varrho Ah$: $\varrho_1 Ah_1 = \varrho_2 Ah_2 \Rightarrow \varrho_1 : \varrho_2 = h_2 : h_2$. Die Höhen verhalten sich umgekehrt wie die Dichten. Oder: $\varrho_1 h_1 = \varrho_2 h_2 = \ldots$ Alkohol-Wasser: $h_1 : h_2 = 0,79 : 1,0 = \underline{0,79}$; Wasser-Quecksilber: $h_2 : h_3 = 1,0 : 13,6 \approx \underline{0,074}$.

7. 465 cm³

8. a) 39 cm; b) 5,03 cm

Seite M 19

A1 Für $\varrho = 180°$, die beiden Kräfte wirken dann gegeneinander. Für $\vec{F}_1 = \vec{F}_2$ und $240° > \varrho > 120°$.

A2 Man kann beliebige Richtungen für die beiden Komponenten annehmen.

Aufgaben

1. Resultierende: 486 N, 468 N, 444 N, 381 N, 304 N, 200 N.
Aus Symmetriegründen scheiden aus: 45°, 120°. Bei $<(\vec{F}_3, \vec{F}_2) = 60°$ liegen die Resultierende und $\vec{F}_1$ auf einer Geraden. Es ergibt sich: $\vec{F}_r \approx \vec{F}_1$ ($\vec{F}_r \approx -\vec{F}_1$).
Man legt jeweils den Anfangspunkt eines Kraftpfeils in den Endpunkt des vorhergehenden, Reihenfolge beliebig. Die Resultierende ergibt sich, indem man den Anfangspunkt des ersten Pfeils mit dem Endpunkt des letzten verbindet (Kräftepolygon) Beispiel (s. Bild):

$F_1 = 23$ N, $F_2 = 20$ N, $F_3 = 10$ N, $F_4 = 22,5$ N
$F = \underline{19\text{ N}}$, $<(\vec{F}_1, \vec{F}) = \underline{55°}$

2. $<(\vec{F}_1, \vec{F}_r) = 95°$; $F_r = 206$ N

3. 120°

4. Es ist $F = G/2\sin\alpha$ mit $\sin\alpha = 2,5/\sqrt{100 + 6,25}$; $F = \underline{309\text{ N}}$.

5. $F_2 = (160^2 - 50^2)$ N; $F = \underline{152\text{ N}}$

6. Beide Kräfte greifen an verschiedenen Körpern an. Man darf sie nicht ins Gleichgewicht setzen.

Lösungen und Hinweise zu den Aufgaben

2.4.3 Aus der Mechanik fester Körper

Seite M 20

A1 Im Schnittpunkt der Seitenhalbierenden, Diagonalenschnittpunkt bei Quadrat und Rechteck.

Seite M 21

A1 Balancieren: Man bewegt den Unterstützungspunkt und versucht, ihn stets senkrecht unter dem Schwerpunkt zu halten. Die Trägheit des Gegenstandes muß so groß sein, daß er nicht schnell auf eine Ortsveränderung des Unterstützungspunktes reagiert.

Seite M 22

Aufgaben

1. Bei unbelasteter Waage muß bereits stabiles Gleichgewicht herrschen. Eine bestimmte Gleichgewichtslage, die bei Wägungen immer wieder hergestellt wird, kann durch Justierschrauben eingestellt werden.

2. Dadurch liegt der Schwerpunkt tief. Dies verbessert die sogenannte Straßenlage und die Unempfindlichkeit gegen Wind. Schwerpunkt wird nach oben verlagert: Das Auto ist windanfälliger, Kurvenlage verschlechtert sich.

3. Die leere Blumenvase wegen ihrer geringeren Gewichtskraft. Vgl. auch M 25!

4. Doppelkegel: Bei nicht zu großer Neigung der Leisten läuft der Doppelkegel scheinbar aufwärts. Der Schwerpunkt bewegt sich dagegen abwärts. Die Leisten müssen auseinanderlaufen, damit die Berührungspunkte zwischen Kegel und Leisten auf einer Geraden liegen, die - bezogen auf die Richtung der ansteigenden Leisten - hinter dem Lot durch den Schwerpunkt verläuft. Bei stärkerer Neigung der Leisten verläuft das Lot vor dieser Geraden: Der Doppelkegel läuft hinab.

5. Die Leisten müssen nach oben zusammenlaufen.

6. Der untere Teil des Stehaufmännchens ist ein Teil einer Kugel (z. B. halbkugelförmig). Er ist so beschwert, daß der Schwerpunkt des Männchens bei senkrechter Lage unterhalb des Mittelpunktes der Kugel liegt. Wird das Männchen aus dieser Lage nach rechts (links) gekippt, so befindet sich der Schwerpunkt links (rechts) vom Unterstützungspunkt.

7. Stabiles Gleichgewicht: Die Bahn ist nach unten gewölbt; indifferentes Gleichgewicht: horizontale Gerade; instabiles Gleichgewicht: Bahn nach oben gewölbt. Der Schwerpunkt verlagert sich an die tiefste Stelle der Bahn.

Seite M 25

A1 Türgriff, Schlüssel, Locher, Schalter, Balkenwaagen, Wasserhahn.

A2 Bei der Besprechung dieser Aufgabe empfiehlt es sich am Gegenstand selbst, also z. B. an einer geöffneten Nähmaschine oder Schreibmaschine, die Fülle der raffiniert angeordneten Hebel zu betrachten und einzelne Hebelsysteme in ihrer Wirkungsweise zu beschreiben.

Seite M 26

A1 Tretrad beim Fahrrad, Kurbelgestänge bei der Nähmaschine zur Erzeugung der Geradführung, Seilwinde, Umspulvorrichtung für Filme, Kaffeemühle, Antriebsvorrichtung für Scheibenwischer; Lenkrad eines Autos, Hinterrad eines Fahrrads mit Zahnrad, Zahnradgetriebe z. B. in Uhren u. a. m.

A2 Bei gleicher Drehzahl des Tretrades macht das Hinterrad eine größere Zahl von Umdrehungen, wenn der Durchmesser des hinteren Zahnrades kleiner ist. Bei großer Geschwindigkeit wird man demnach einen kleinen Zahnraddurchmesser wählen. Zum Anfahren oder beim Bergfahren benötigt man ein großes Drehmoment, das durch Vergrößern des Zahnraddurchmessers erreicht werden kann. Anpassung an die verschiedenen Bedingungen ermöglicht die Gangschaltung.

A3 Die Fahrradkette wirkt als "Treibriemen". Kleines Zahnrad und Hinterrad bilden zusammen ein Wellrad.

Seite M 27

A1 Der Hebelarm auf der Lastseite bleibt unverändert. Werden Lasten unterschiedlicher Gewichtskraft aufgelegt, so wird das Gleichgewicht durch eine Veränderung des Hebelarmes des Laufgewichts wiederhergestellt.

Aufgaben

1. Um ein Streichholz zu zerbrechen ist ein bestimmtes Drehmoment erforderlich. Beim Zerbrechen in immer kleinere Stücke werden die Hebelarme kleiner: Es sind größere Kräfte nötig.

Lösungen und Hinweise zu den Aufgaben

2. Um Papier zu zerschneiden, ist eine geringe Kraft erforderlich. Die Schneiden können lang sein; bei einmaligem Schliessen große Schnittlänge, gleichmäßiges Schneiden möglich; zum Schneiden von Blech sind große Kräfte nötig, deshalb kurze Schneiden.

3. Das Ruder (Riemen) stellt praktisch einen einseitigen Hebel dar: Drehpunkt liegt im Wasser. Das Boot wird relativ zum Wasser bewegt. Angriffspunkte der Kräfte: Dolle und Griff.

4. Über Tretrad und Kette wird die Kraft auf das hintere Zahnrad übertragen. Wirksam ist nur die Kraftkomponente, die senkrecht zum Kurbelarm (hier mit dem Hebelarm gleichbedeutend) angreift. F sei vertikal, α der Winkel zwischen Kurbel und der Horizontalen: Wirksame Komponente: $F\cos\alpha$. Kurbellänge: r_1, Radius des Tretrades: r_2. Kette überträgt die Kraft: $F_2 = \frac{r_1}{r_2} F \cos\alpha$.
r_3, r_4 seien die Radien von Zahnrad und Hinterrad, F_3 die Kraft, die auf den Boden wirkt. Dann gilt: $F_3 = \frac{r_3}{r_4}\frac{r_1}{r_2} F \cos\alpha$.

5. Es gelten die Gleichungen: $G_1 a_1 = G_2 a_2$ und $a_1 + a_2 = a$. Man erhält: $a_1 = G_2 a/(G_1 + G_2)$; $a_1 = \underline{1m}$, $a_2 = \underline{0,5m}$.

6. 5mal. Übertragene Kraft: 8000N, Drehmoment: 2000Nm.

7. a) s. Aufg. 4! Es gilt: $F_2 = \frac{d_3}{d_4} \cdot 2 \frac{F_1 r_1}{d_1}$;
$F_2 = \frac{6cm}{72cm} \cdot 2 \frac{80N \cdot 18cm}{18cm} = \frac{40}{3} N \approx \underline{13,3N}$
b) $360N/6 = \underline{60N}$.

8. Die Hebelarme seien a_1, a_2. Dann gilt: $m_1 a_1 = a_2 m$; $m a_1 = a_2 m_2$.
Man erhält: $m = \sqrt{m_1 m_2}$; $m = \underline{2,75\ kg}$.

9. Links vom Drehpunkt im Abstand 16 cm.

10. a) 500N, b) $F_1 = G/3$; $F_2 = 2G/3$; 1000N/3, 2000N/3

Seite M 30

A2 Seil: bei allen Hebezeugen, Hängebrücke, Abschleppseil, Seilzugbremse, Aufhängung einer Pendelleuchte, Angelschnur, Bergseil, Drachenschnur, Zügel, Hundeleine, Hosenträger

Stange: Besenstiel, Angelrute, Schirmstock, Skistock, Stab beim Stabhochsprung, Gerüststange, Stampfer, Queue (Billardspiel), Deichsel, Schürhaken, Bohrgestänge, Bootshaken, Spazierstock, Stativstange

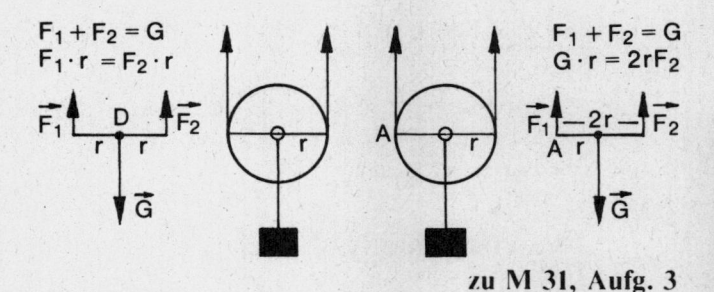

$F_1 + F_2 = G$
$F_1 \cdot r = F_2 \cdot r$

$F_1 + F_2 = G$
$G \cdot r = 2rF_2$

zu M 31, Aufg. 3

Seite M 31

A2 Um die lose Rolle um die Strecke a zu heben, müssen beide Seilstücke um a "gekürzt" werden: Das Seilende muß demnach um 2a gehoben werden.

A3 Die Kräfte greifen am Umfang der Rolle an. Ohne Berücksichtigung der Reibung gilt: $F_1 r = F_2 r$ mit der Rollenachse als Drehpunkt. Wählt man A als Drehpunkt, dann gilt: $G \cdot r = F_2 \cdot 2r$. (s. Bild)

Seite M 34

A1 Es gelten die Beziehungen: $F_1 = G\frac{h}{l_1}$ und $F_2 = G\frac{h}{l_2}$; $F_1 : F_2 = l_2 : l_1$.

Aufgaben

1. a) 260N. b) Bei der festen Rolle ist es gleichgültig, welche Richtung das Zugseil besitzt. Stets gilt: $F = G$. Genaugenommen spielt die Reibungskraft noch mit. Man kann sie aber hier vernachlässigen. Bei der losen Rolle müssen die beiden Teile des Seils parallel verlaufen. Schließen sie einen Winkel α ein, so ist $2F\cos\frac{\alpha}{2} = G$.

2. Nein. Es sei denn, es handelt sich um einen Differenzflaschenzug, bei dem ein endloses Seil oben über zwei fest miteinander verbundene feste Rollen verschiedenen Durchmessers und unten über eine lose Rolle geführt wird.

3. 217N

4. Jeweils 530N

5. Wegen der geringen Steighöhe können wir näherungsweise für l (Länge der schiefen Ebene, vgl. SM33) den Umfang der Schraube setzen. $F_H = (h/\pi \cdot d) \cdot G \approx \underline{637N}$. Benutzt man z. B. einen Schraubenschlüssel der Länge 32 cm, so ist $F_2 = \underline{20N}$. (Wegen $F_{hor} = F_H/\cos\varphi$ und $\cos\varphi = l_o/l$ gilt $F_{hor} = Gh/l_o$.)

6. Unter der Steigung versteht man den Quotienten $h/l_o = \tan\alpha$.
Für die Hangabtriebskraft gilt:
$F = G\frac{\tan\alpha}{\sqrt{\tan^2\alpha + 1}}$; $\underline{F = 1187N}$.

Lösungen und Hinweise zu den Aufgaben

7. $G = 13{,}6 \cdot 10^4 N$; $F_H = 13{,}5 \cdot 10^3 N$; <u>45 Männer</u>

8. $F_H = 667 N$, $F_N = 745 N$.

Seite M 41
Aufgaben

1. Zu leistende Arbeit: $W = 10 \cdot 1000 \cdot 9{,}81 N \cdot 25 m$; $W = 245 \cdot 10^4 J$. Mit $t = W/P$ ist $t = 663 s \approx \underline{11 min}$.

2. $14{,}1 kJ$

3. $1{,}76 \cdot 10^6 J$

4. $\dfrac{2508 m}{300 m/h} \approx \underline{8{,}4 h}$, $P = \underline{58{,}3 W}$

5. $9{,}8 kW \approx \underline{10 kW}$

6. $(8810 m^3)$ $\underline{8807 m^3}$

7. $\underline{98 kJ}$

8. $16{,}4 \cdot 10^6 \cdot 0{,}1 \cdot 9{,}81 \cdot 10^3 N \cdot 200 m \approx \underline{3{,}22 \cdot 10^{12} Nm}$

Seite M 42

A1 Es ist leichter, die Bewegung einer Kugel auf einer spiegelglatten Eisfläche aufrechtzuerhalten als auf einer Asphaltstraße oder sogar einer Sandfläche. Es dauert länger, bis eine sich bewegende Kugel auf der Eisfläche zur Ruhe kommt. Beide Erfahrungen zusammen führen dann zu der uns heute selbstverständlich erscheinenden Folgerung, die Bewegung der Kugel werde durch mehr oder weniger starke Reibungskräfte abgebremst.
Es hat sehr lange gedauert, bis man diese Vorstellung entwickelte. Bekanntlich führt die gedankliche Weiterentwicklung zum Trägheitssatz, der zwar auf einem vielfältigen Beobachtungsmaterial beruht, aber empirisch nicht unmittelbar beweisbar ist.
Die völlig reibungsfreie Bewegung stellt eine idealisierte Forderung dar, die nicht das ausspricht, was man wirklich gesehen hat.
Daß diese Forderung als Ausgangspunkt weiterer Analysen sehr nützlich ist, kann an dieser Stelle im Unterricht noch nicht gezeigt werden.
Gelegentlich äußern Schüler die Vermutung, daß ein Körper auch bei nicht vorhandener Reibung zur Ruhe kommen müsse, wenn kein äußerer Antrieb mehr wirke (Ermüdung). (Vgl.: Aristoteles: "... alles Bewegtwerdende muß notwendig von etwas bewegt werden".) In diesem Fall muß der Lehrer noch mehr Erfahrungs- und Beobachtungsmaterial zusammenstellen.

Seite M 43

A1 Der Betrag der Haltekraft F_2 ist um die entsprechende Komponente der Reibungskraft gegenüber dem Betrag der Zugkraft F_1 vermindert. Treten zusätzliche Reibungskräfte auf, so wird der Betrag von F_2 immer kleiner.

A2 Treibriemen, Gleitlager, rauher Straßenbelag, Transportband, Klettern an Stange, Seil.

Seite M 44
Aufgaben

1. Die Finger werden gegen den Bleistift bzw. das Trinkglas gedrückt. Dadurch entsteht Haftreibungskraft.

2. Autorad: Die Gleit- bzw. Rollreibung in den Lagern wird möglichst verringert. Beim Reifen kommt es aber auf eine gute "Haftung" zwischen Reifen und Straßenoberfläche an. Hier wird also die Reibungskraft vergrößert.
Ohne Haftreibung könnte kein Mensch, kein Auto, keine Straßenbahn sich vorwärtsbewegen, da der Antrieb nur durch innere Kräfte erfolgt.

3. Die Gewichtskraft des Besens verteilt sich auf beide Finger. Dort, wo die größere Kraft auf den Finger wirkt, ist auch die Haftreibungskraft größer. An dieser Stelle bleibt der Besenstiel liegen, während er über den anderen Finger gleitet. Durch diese Verschiebung ändern sich auch die Beträge der auf die Finger wirkenden Kräfte. Die Verhältnisse kehren sich um, wenn die Gleitreibungskraft größer als die Haftreibungskraft wird.

4. Auf den Boden wirkt die Gewichtskraft beim Kurvenfahren unter einem bestimmten Winkel. Die vertikale Komponente bestimmt die maximale Haftreibungskraft, die horizontale Komponente wirkt der Haftreibungskraft entgegen. Ist die Haftreibungskraft größer als die horizontale Komponente, so rutscht das Rad nicht. Mit größer werdender Neigung verkleinert sich die Haftreibungskraft, die horizontale Komponente vergrößert sich, bis schließlich das Rad rutscht.

5. $6{,}3 N$

6. Erwärmung und Abkühlung wirken zusammen. Die Abkühlung infolge Wärmeabgabe ist größer als die Erwärmung durch Reibung.

Lösungen und Hinweise zu den Aufgaben

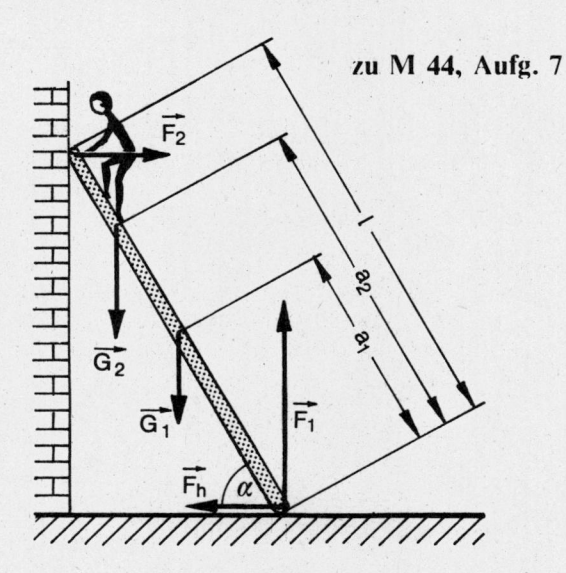

zu M 44, Aufg. 7

7. Nein! Die Kraft, mit der die Leiter auf den Boden wirkt, bleibt gleich groß, wenn der Mann die Leiter hochsteigt. Dagegen ändert sich die Kraft, mit der die Leiter an die Wand drückt.
Mathematische Behandlung (s. Bild):
Gleichgewichtsbedingungen (ohne Berücksichtigung der Reibung an der Wand):

$F_h = F_2$, $F_1 = G_1 + G_2$; Rutschen, wenn

$F_2 > F_{h,max} = \mu_h \cdot F_1$

$F_2 = \dfrac{G_1 a_1 + G_2 a_2}{1 \cdot \tan \alpha}$

Die angegebene Rechnung kann den Schülern i. a. nicht zugemutet werden.

8. An den sich berührenden Flächen tritt eine Kraft auf (Haftreibungskraft), die der äußeren angreifenden Kraft entgegengesetzt gleich ist, die Gewichtskraft also genau aufhebt. Erst wenn die antreibende Kraft einen bestimmten Betrag überschreitet, dann setzt sich der Körper in Bewegung. In der Aufgabe ist die Gleitreibungskraft angegeben. Im Falle einer gleichförmigen Bewegung könnte G den Wert 20N haben. Damit der Körper sich überhaupt bewegte, müßte G > 20N sein.

2.4.4 Aus der Mechanik der Flüssigkeiten und der Gase - Wärmeverhalten der Gase

Seite M 47

A1 Beim Hebel wirkt am längeren Hebelarm die kleinere Kraft. Hier wirkt auf die größere Fläche auch die größere Kraft.

Seite M 48

A1 $2,23 \cdot 10^3 \text{N/m}^2$ = $\underline{22,3 \text{mbar}}$

A2 Bewegt sich der Pumpkolben nach oben, so strömt aus dem Vorratsgefäß Flüssigkeit in den Pumpzylinder, während das Ventil zum Preßzylinder geschlossen ist. Das Ventil zum Preßzylinder öffnet sich, wenn der Pumpkolben abwärts bewegt wird. Das linke Ventil ist hierbei geschlossen. Für die Preßkraft gilt:
$\underline{F_2 = F_1 \cdot A_2/A_1}$.

Seite M 49

A1 $F \sim A$. Denkt man sich das Rohr in Längsrichtung halbiert (durch Schnitt senkrecht zur Zeichenebene), so ist die Oberfläche des inneren Rohrteils kleiner als die Oberfläche des äußeren Rohrteils. Auf die äußere Rohrwandung wirken demnach größere Kräfte als auf die innere Rohrwand. Das Rohr verbiegt sich. Die elastischen Gegenkräfte stellen den Gleichgewichtszustand wieder her.

Aufgaben

1. 250 cm^2; Durchmesser: $D = \underline{17,8 \text{ cm}}$

2. Der Druck ist innerhalb und außerhalb des Meßgefäßes gleich groß: dadurch verändert sich nicht das Volumen des Meßgefäßes.

3. $\underline{80 \text{kN}}$; $p = 28,3 \text{N/cm}^2$; Kraft am Pumpkolben: $F = \underline{20 \text{N}}$; $V = \underline{283 \text{ l}}$; $W_1 = 1\text{m} \cdot 80\text{kN}$ = $80 \cdot 10^3 \text{J}$ bzw. $\underline{8 \cdot 10^3 \text{J}}$. Arbeit am Pumpkolben:
$W_2 = 200\text{N} \cdot 283 \cdot 1000 \text{ cm}^3/7,1 \text{ cm}^2$;
$W_2 = \underline{80 \cdot 10^3 \text{J}}$ bzw. $\underline{8 \cdot 10^3 \text{J}}$.

4. Im zweiten Fall tritt eine plötzliche Druckerhöhung durch Volumenverkleinerung ein: dem flüssigen Ei-Inhalt steht weniger Raum zur Verfügung, die sich allseitig auswirkt. Im ersten Fall werden vorwiegend Kräfte in Richtung der Flugbahn des eindringenden Geschosses wirksam.

Seite M 50

A1 Die Wichte der Flüssigkeit änderte sich: $\gamma \neq$ konst.
Die Gleichung $G = \gamma \cdot V$ kann nicht benutzt werden.

A2 Um auf die gleiche Höhe zu kommen, muß die Flüssigkeitssäule einen längeren Weg zurücklegen als bei vertikaler Anordnung des Rohres. Bei einer geringeren Wichte stellt sich die Flüssigkeit bei gleichem Druck auf eine größere Steighöhe ein. Die Unterteilung kann feiner gemacht werden.

Lösungen und Hinweise zu den Aufgaben

Seite M 51

A1 Wegen des Strömungs- und Luftwiderstandes und wegen der Behinderung durch herabfallende Wassertropfen spritzt das Wasser nicht ganz bis zur Wasseroberfläche im Gefäß bzw. in der wasserführenden Schicht hoch.

A2 Das Wasser wird in einen Hochbehälter gepumpt. Von dort erreicht es die Zapfstellen. Der Hochbehälter kann als Wasserturm ausgeführt sein. Die Zapfstellen müssen tiefer liegen als die Wasseroberfläche im Hochbehälter, damit an den Zapfstellen ein bestimmter Verbrauchsdruck herrscht. Hochbehälter gleichen Verbrauchsschwankungen aus, ermöglichen damit einen gleichmäßigen Pumpbetrieb und sorgen für einen weitgehend konstanten Wasserdruck. Hinweis: Nicht überall werden für die Wasserversorgung Hochbehälter verwendet, sondern Druckkessel (Windkessel), in denen das Wasser gespeichert wird.

A3 Weitere Anwendungen: Kaffeekanne, Geruchsverschlüsse an Küchenausguß und Straßenablauf (Siphon), Wasserstandglas an Dampfkesseln, Schleusenanlage, Gießkanne.

A4 Unten muß der Druck, der durch die beiden Flüssigkeitssäulen erzeugt wird, gleich groß sein. Wegen der unterschiedlichen Wichte müssen die Säulen verschieden hoch sein.

A5 Es gilt: $\gamma_1 h_1 = \gamma_2 h_2$. Daraus folgt der angegebene Satz.

Seite M 52

Aufgaben

1. Siehe Aufgabe M 50/A1. Mit zunehmender Entfernung von der Erdoberfläche nimmt die Gewichtskraft ab. Eine bestimmte Wassermenge z. B. erfährt also an der Erdoberfläche eine größere Gewichtskraft als in größerer Höhe. Dort ist demnach γ geringer als an der Erdoberfläche. Bei geringen Höhenunterschieden ist aber γ praktisch als konstant anzusehen.

2. a) 10,2 m, b) 12,8 m

3. a) $\approx 0,2$ bar, b) $\approx 0,2$ bar, kein Unterschied, c) $A = 10 m^2$, Druck nimmt linear mit der Tiefe zu: mittlerer Druck: 0,1 bar, Kraft auf die gesamte Fläche: $\underline{10^5 N}$, d) siehe c).

4. $\underline{980 bar}$ (bei $0,98 cN/cm^3$); $1,02769 g/cm^3$ entspricht $1,0082 cN$, $1,07211 g/cm^3$ entspricht $1,0517 cN$; Zunahme: $\underline{4,3\%}$.

5. Die Fläche sei $16 \cdot 25 cm^2 = 400 cm^2$. Ein 14jähriger Schüler hat etwa die Gewichtskraft 500N. Dann ist $p = (5/4) N/cm^2$ ($= 1,25 \cdot 10^{-1}$ bar). Steighöhe ca. $\underline{130 cm}$.

6. Nehmen wir eine Tiefe von 5000 m an, so beträgt der Druck ca. 500 bar. Ob ein Geschoß einen Gewehrlauf verlassen kann, hängt von dem Explosionsdruck ab. Der Höchstdruck im Nato-Gewehr G 3 beträgt etwa 3200 bar. Länge des Laufes 450 mm. Der Druck beträgt noch ca. 760 bar, wenn es an der Mündung angelangt ist. In einer Tiefe von 5000 m könnte das Geschoß also noch den Gewehrlauf verlassen. Dagegen würde es in mehr als 7600 m Tiefe im Lauf steckenbleiben.

Seite M 52

A1 Der Windkessel ist zum Teil mit Luft gefüllt. Wird der Kolben nach unten bewegt, so wird das Wasser in den Windkessel gepreßt. Infolge der Trägheit der Wassers im Steigrohr, fließt nicht das ganze Wasser sofort ins Steigrohr, sondern verkleinert das Luftvolumen: Der Druck steigt. Infolgedessen fließt das Wasser auch dann noch ab, wenn das Ventil am Windkessel bereits wieder geschlossen ist.

Seite M 55

A1 Auf der Südhalbkugel eilen polwärts strömende Winde ebenfalls der Erddrehung voraus. Für einen Beobachter auf der Erdoberfläche kommen diese Winde aus nordwestlicher Richtung, während auf der Nordhalbkugel aus dem gleichen Grunde polwärts strömende Winde aus südwestlicher Richtung kommen. Die Winde erfahren also auf der Nordhalbkugel eine Rechtsablenkung, auf der Südhalbkugel eine Linksablenkung. Die Ablenkung ist eine Folge der Trägheit der Luftmassen.

Seite M 57

A1 Gemeinsames Prinzip: Die Vergrößerung des Volumens hat einen Unterdruck zur Folge: Flüssigkeit wird dann vom äußeren Luftdruck in diesen Raum gepreßt.

Seite M 58

A1 Es fließt zunächst etwas Flüssigkeit aus; dadurch entsteht ein Unterdruck im Luftraum über der Flüssigkeit. (Druck etwas geringer als der äußere Luftdruck, und zwar um den Schweredruck der Flüssigkeitssäule).

Lösungen und Hinweise zu den Aufgaben

A2 Wegen des geringen Höhenunterschiedes kann der Luftdruck in beiden Gefäßen als gleich betrachtet werden. Bei C (Abb. M 58, 2) ist der Druck jeweils um den hydrostatischen Druck der Flüssigkeitssäulen geringer.
Das Wasser strömt so lange, bis entweder die obere Öffnung frei liegt oder die Flüssigkeitsoberflächen in beiden Gefäßen auf gleichem Niveau stehen.

Aufgaben

1. Ist der Kamin mit heißen Gasen gefüllt, so nimmt der Luftdruck im Innern des Kamins nach unten weniger zu als außerhalb. An der unteren Öffnung herrscht deshalb außen ein höherer Druck als innen: Es strömt zum Druckausgleich kalte Luft von außen hinein. Der Kamin "zieht" um so besser, je höher er ist, da dann auch der Druckunterschied größer ist. Nach längerem Nichtgebrauch kann die Kaminluft kälter sein als die Außenluft: Die Luft strömt unten aus dem Kamin heraus. Man kann sich dadurch helfen, daß man ein Zeitungsblatt anzündet und die untere Klappe schließt. Dadurch erwärmt sich die Innenluft und der Zug kommt richtig in Gang.

2. $1,12 \cdot 10^5 N$

3. $1,4 \cdot 10^5 N$

4. Das Brettchen bricht. Läge die Zeitung nicht über dem Brettchen, dann könnte die Luft rasch nachströmen, wenn der über dem Tisch liegende Teil plötzlich nach oben bewegt wird. Die Zeitung verhindert aber das rasche Nachströmen, so daß ein Unterdruck entsteht. Der Druckunterschied zwischen unten und oben hat eine Kraft zur Folge, mit der das Brettchen auf die Tischplatte gedrückt wird.

5. Das Quecksilber hat in beiden Gefäßen verschiedene potentielle Energie, obwohl der Luftdruck den Quecksilberspiegel jedesmal um Δh gesenkt und die gleiche Arbeit $W = p \cdot A \cdot \Delta h$ verrichtet hat. Die Verschiedenartigkeit rührt daher, daß nicht nur Hubarbeit verrichtet wird, sondern das Quecksilber wegen der verschiedenen Druckunterschiede mit unterschiedlicher Geschwindigkeit in die beiden Gefäße einströmt. Rechts mit größerer Geschwindigkeit. Ein Teil der Arbeit dient also vorübergehend zur Erhöhung der kinetischen Energie (Verwirbelung). Diese kinetische Energie führt zu einer Erhöhung der Temperatur des Quecksilbers, und zwar erfährt das Quecksilber im niedrigeren Gefäß eine größere Temperaturerhöhung als im höher liegenden Gefäß. Mit Berücksichtigung der "inneren Energie" und der "Wärme" ist also der Energiesatz nicht verletzt (vgl. M 76 ff!).

6. Es fließt zunächst etwas Wasser aus, dann ist im Luftraum über dem Wasser der Druck geringer als der Atmosphärendruck.

Seite M 60

A1 Es sei G_K die Gewichtskraft des Körpers, $F_{K, Fl}$ die Kraft, die z. B. von einem Kraftmesser angezeigt wird, wenn der angehängte Körper in die Flüssigkeit eintaucht: $F_{K, Fl} = G_K - F_A$.

F_A = Auftriebskraft. Mit $F_A = \gamma_{Fl} \cdot V$ gilt:

a) $V = \dfrac{G_K - F_{K, Fl}}{\gamma_{Fl}}$

b) $\gamma_K = \dfrac{G_K \cdot \gamma_{Fl}}{G_K - F_{K, Fl}} = \dfrac{\gamma_{Fl}}{1 - \dfrac{F_{K, Fl}}{G_K}}$

$\varrho_K = \dfrac{G_K \cdot \varrho_{Fl}}{G_k - F_{K, Fl}}$

Die Wichte der Flüssigkeit sollte etwas kleiner als die Wichte des Körpers sein. Dann ist $F_{K, Fl}$ klein und kann mit einem empfindlicheren Kraftmesser bestimmt werden. Bei Verwendung einer hydrostatischen Waage können die Kräfte mit guter Genauigkeit gemessen werden. Die Volumenbestimmung mit Hilfe des Archimedischen Prinzips ist vom Standpunkt der Genauigkeit der Volumenbestimmung mit Meßzylinder und Überlaufgefäß vorzuziehen.

A2 Unter dem Holzstück herrscht der gleiche Druck wie an der Wasseroberfläche. Ist das Holzstück gut abgedichtet, kann also kein Wasser eindringen, dann wird es in das Glasrohr infolge des hydrostatischen Drucks hineingepreßt.

Seite M 61

A1 Auftriebskraft $F_A = \gamma V_{Fl} = G_K = \gamma_K V_K$

Für $V_{Fl} \leqq V_K$ ist $\gamma_{Fl} \geqq \gamma_K$.

V_{Fl} : Volumen der verdrängten Flüssigkeitsmenge.

A2 γ_{Fl} ist temperaturabhängig.

Die Wichten von Flüssigkeit und eingetauchtem Körper sind auf dem Mond geringer als auf der Erde. Damit ändert

Lösungen und Hinweise zu den Aufgaben

sich sowohl die Auftriebskraft als auch die Gewichtskraft. Das Aräometer würde gleich tief eintauchen. Deshalb mißt man strenggenommen die Dichte der Flüssigkeit. Wegen $\gamma = \varrho \cdot g$ gilt:

$F_A = \varrho_{Fl} g_M V_{Fl} = \varrho_K g_M V_K$; $\varrho_{Fl}/\varrho_K = V_K/V_{Fl}$.

Schwimmdocks, Unterseeboote werden geflutet, d. h. sie haben Hohlräume die mit Wasser gefüllt werden können. Es verändert sich hierdurch die Gewichtskraft des Tauch- oder Senkkörpers.

Seite M 62

A1 Zu dem Trugschluß können mehrere Faktoren geführt haben, z. B. auch eine zu geringe Empfindlichkeit der Waage. (Man kann ja durchaus die Dichte der Luft bestimmen, indem man in einen Ballon zusätzlich Luft hineinpumpt, vgl. M 4 und M 16. In beiden Fällen darf sich aber an der durch die umgebende Luft bedingten Auftriebskraft nichts ändern!)
Wir betrachten folgenden Fall: Gefüllte Blase, Innendruck = Außendruck. Dann mißt man: $G - F_A = G_B$ (Gewichtskraft der Blase allein). Das Volumen der Blasenhaut kann gegenüber dem Gesamtvolumen vernachlässigt werden. Drückt man die Blase zusammen, dann mißt man G_B, wenn man auch hier die noch bestehende geringe Auftriebskraft nicht berücksichtigt. In beiden Fällen mißt man also nur die Gewichtskraft der Blase. Das gleiche Ergebnis erhält man auch bei Berücksichtigung des geringen Auftriebs, den die Blasenhaut erfährt.

Aufgaben

1. Gewichtskraft der Gegengewichte und Gewichtskraft des mit Wasser gefüllten Troges sind gleich groß. Zahl und Größe der Schiffe spielen keine Rolle.

2. $G = 1,05$ N, in Wasser: $\underline{0,07N}$; in Alkohol: $\underline{0,27N}$; in Kochsalz von $\gamma = 1,13 cN/cm^3$: $\underline{0,08N}$; $V = 7\ cm^3$

3. Die Wassermenge schwebt, also ist $F_A = G = \gamma V$. Da der Auftrieb durch das umgebende Wasser erzeugt wird, änderte er sich nicht, wenn man an die Stelle der Wassermenge einen anderen Körper gleichen Volumens brächte.

4. Erhöht sich der Druck, so wird das Luftvolumen zusammengepreßt, der Auftrieb wird kleiner: der Taucher sinkt oder schwebt oder steigt weniger schnell.

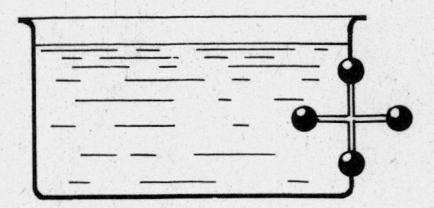

zu M 63, Aufg. 6

Seite M 63

5. $\Delta V/V = (1 - \gamma_{Eis}/\gamma_W)$; $\Delta V/V = 0,107$; $10,7\ \% \approx \underline{11\ \%}$.

6. Die resultierende Kraft ist stets auf die Achse gerichtet. Es entsteht kein Drehmoment.
Variation dieser Anordnung: s. Bild.

7. $\gamma_H V_H + \gamma_{Fe} V_{Fe} = \gamma_W (V_H + V_{Fe})$
$V_{Fe}/V_H = 0,0499\ 0,05$; Volumenverhältnis: $\underline{5/100}$.
$G_{Fe}/G_H = 0,5 \cdot \dfrac{\gamma_{Fe}}{\gamma_H} \approx 0,61$; Gewichtskraftverhältnis: $\underline{61/100}$.

8. Wasserspiegel sinkt. Wasserverdrängung größer, wenn die Steine im Boot liegen.

9. Wasserspiegel sinkt.

10. $F_A = 200 cN - 185 cN = 15 cN$. $V = F_A/\gamma_W$, $V = 15,3\ cm^3$.
Es gelten die Gleichungen:
$V_{Au} + V_{Ag} = 15,3\ cm^3$ und $V_{Au} \cdot \gamma_{Au} + V_{Ag} \cdot \gamma_{Ag} = 200 cN$.
$V_{Au} = \underline{4,9\ cm^3}$; $V_{Ag} = \underline{10,4\ cm^3}$; $G_{Au} = \underline{93 cN}$, $G_{Ag} = \underline{107 cN}$.

11. Auftriebskraft: $2,54 \cdot 10^6 N$. Gewichtskraft von $200\ 000\ m^3\ H_2$: $1,76 \cdot 10^5 N$; Hubkraft: $F_A - G_{H2} = \underline{2,36 \cdot 10^6 N}$; Nutzauftrieb: $F_N = \underline{94,4 \cdot 10^4 N}$ (entspricht der Gewichtskraft von ca. 90 Pkw's)

12. Die Kugel steigt. Im Quecksilber erhöht sich der Druck um den Druck, der an der Grenzfläche herrscht. Auf die Kugel wirkt eine größere Auftriebskraft. Dieser Auftriebskraft wirkt eine Kraft entgegen infolge des hydrostatischen Drucks der Wasserschicht. Da dieser Druck mit abnehmender Entfernung von der Wasseroberfläche ebenfalls abnimmt, ist diese Kraft geringer als der zusätzliche Auftrieb, (s. Bild).

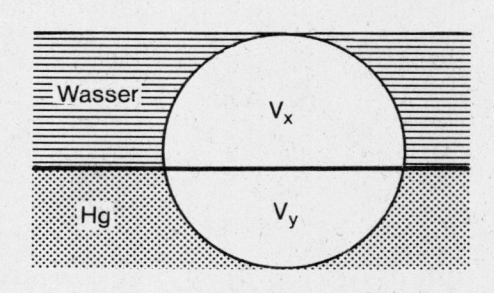

Lösungen und Hinweise zu den Aufgaben   Seite M 63–M 74

zu M 63, Aufg. 12

b) ohne Wasser: $\Delta V/V_k = \dfrac{\gamma_{Hg} - \gamma_{Fe}}{\gamma_{Hg}}$;

$\Delta V/V_k \approx \underline{0,41}$.

c) mit Wasser: $\gamma_W V_x + \gamma_{Hg} V_y = \gamma_{Fe} V$;
$V_x + V_y = V$;
Man erhält: $V_x = \dfrac{\gamma_{Hg} - \gamma_{Fe}}{\gamma_{Hg} - \gamma_W} V$.

$V_x \approx \underline{0,45 V}$.

Seite M 64
A1 Das Luftvolumen wird durch den Quecksilberfaden etwas zusammengedrückt. Dies entspricht einer geringen Druckerhöhung, die konstant ist.

Seite M 65
A1 Hauptfehler: Ein Teil des Gases wird nicht im Wasserbad erwärmt, sondern durch aufsteigenden Wasserdampf. Im oberen Teil des Rohres keine definierte Temperatur.

A2 Dann ist der Innendruck gleich dem äußeren Luftdruck.

Seite M 66
A1 Mit $V_2 - V_1 = A(h_2 - h_1)$, $V_1 = V_0(1 - \vartheta_1/\vartheta_0)$ und

$V_2 = V_0(1 - \vartheta_2/\vartheta_0)$ erhält man:

$\vartheta_0 = \dfrac{\vartheta_1 V_2 - \vartheta_2 V_1}{V_2 - V_1} = \dfrac{\vartheta_1 h_2 - h_1 \vartheta_2}{h_2 - h_1}$

A2 $V_2 - V_1 = V_0 \dfrac{\vartheta_2 - \vartheta_1}{273\,°C}$, für $\Delta\vartheta = 1K$ ergibt sich:

$\Delta V/V_0 = 1/273$.

A3 $(p_2 - p_1)/p_0 = (\vartheta_2 - \vartheta_1)/273\,°C$. Für $\vartheta_0 = 1K$ ist $\Delta p = \dfrac{1}{273} p_0$.

Seite M 67
A1 $V_{01} = 258\,cm^3$; $V_0 = \dfrac{p \cdot V_{01}}{p_0}$; $V_0 = \underline{250\,cm^3}$

Aufgaben:

1. a) 1500 l; b) Bei 1,013 bar ist V = 1480 l; Annahme: 1480 l sei das Volumen bei Zimmertemperatur (20 °C). Dann ist $V_0 = 1380$ l. G = 19,3 kN.

2. $V_0 \approx 4000$ l; bei 100 bar und 20 °C: V = $\underline{43,5\,l}$.

3. 54 m³; a) $\Delta V = V_1(T_2 - T_1)/T_1$, $\Delta V = \underline{1,875\,m^3}$.
   b) $\Delta p = p_1(T_2 - T_1)/T_1$; $\Delta p = \underline{33,3\,mbar}$.
   c) Bei Normalbedingungen: $V_0 = \underline{48,5\,m^3}$; G = $\underline{615\,N}$.

4. $p_n V_1 = p_1(V_1 + n\Delta V)$, $\Delta p \approx \dfrac{1}{15}$ bar; $\underline{n = 15}$.

Seite M 68
A1 Der entstehende Wasserdampf wird abgesaugt ("Eindampfen").

Seite M 69
A1 Die Weinsäule müßte niedriger stehen, und zwar wegen des im Vergleich zu Wasser höheren Dampfdrucks.

2.4.5. Molekularphysik

Seite M 74
Aufgaben

1. Molekulare Anziehungskräfte wirken dem Zersprühen entgegen.

2. Der Zucker löst sich im Wasser auf, dadurch erhöht sich die Oberflächenspannung. Seife enthält Fette, die die Oberflächenspannung herabsetzen. Auf beiden Seiten des Streichhölzchens herrschen also verschiedene Oberflächenspannungen: Auf ein Teilchen an der Oberfläche wirken parallel zur Oberfläche demnach verschieden große Kräfte. Betrachten wir der Einfachheit halber nur ein Flüssigkeitsteilchen an der Grenzfläche Holz/Flüssigkeit, so wirkt auf der Seite mit der größeren Oberflächenspannung auf dieses Teilchen eine größere Kraft in Richtung der Flüssigkeit als auf der gegenüberliegenden Seite. Es besteht kein Kräftegleichgewicht. Das Holzstückchen bewegt sich nach der Seite, auf der die größere Oberflächenspannung herrscht.

3. Es ist unmöglich, eine unaufhörliche Bewegung zu erzeugen. Das Wasser läuft nicht aus, die Oberflächenspannung des

Lösungen und Hinweise zu den Aufgaben

Wassers ist so groß, daß sie die Gewichtskraft der kleinen Wassersäule ausgleicht.

Seite M 75

A1 siehe M 75, Aufg. 1

Aufgaben

1. Beim Schweißen und Kleben werden die zwischenmolekularen Kräfte benutzt. Durch die Schmelze an der Schweißnaht entsteht eine innige Berührung, die mittleren Abstände werden verringert. Das gleiche geschieht beim Kleben. Der Kleber, eine Flüssigkeit, "berührt" die beiden zu klebenden Flächen viel besser. Die Zahl der "Kontaktstellen", also die Berührungsfläche wird erheblich vergrößert. Dadurch verstärken sich auch die molekularen Kräfte.

2. Die Rauhigkeit der Oberfläche ermöglicht einen besseren Kontakt an wenigen Stellen. Dort haften und verhaken sich die Oberflächen stärker ineinander. Teile aus dem "weicheren" Material, d. h. aus dem Material mit geringeren zwischenmolekularen Kräften können herausgerissen werden.

2.4.6 Mechanische Arbeit und Wärme - Energieerhaltungssatz

Seite M 82

Aufgaben

1. 300 kJ, 400 kJ, 240 kJ; zusammen: 940 kJ
2. $0,84$ kJ/s = $50,4$ kJ/min
3. W = 252 kJ
4. $83,3$ J/s, $27,8$ J/s
5. Steine haben eine geringere spezifische Wärmekapazität: Ihr Wärmebedarf ist geringer. Bei gleicher Energiezufuhr (stärkere Sonneneinstrahlung im Sommer) erwärmt sich das Land schneller als das Meer, da Wasser einen größeren Wärmebedarf (spezifische Wärmekapazität) besitzt als Steine oder Sand. Verringert sich die Energiezufuhr pro Zeiteinheit (z. B. in der Nacht oder beim Übergang vom Sommer zum Winter) dann kühlt sich das Land schneller ab. Bei gleicher Temperaturerniedrigung gibt es weniger Energie in Form von Wärme ab. Ist die Energieabgabe pro Zeiteinheit für beide etwa gleich, dann ist die niedrigere Temperatur beim Land eher erreicht als beim Wasser.

6. Der Boden, aber auch das Meer stellen Energiespeicher dar. Wärmezufuhr erhöht die innere Energie, die wiederum in Form von Wärme abgegeben werden kann. Diese Wärme beeinflußt das Klima.

7. 78 kg Luft, Q = $\underline{1176 kJ}$

8. Wärmeabgabe: 42 kJ/min, ohne Mauerwerk 28 min Aufheizzeit. Mit Mauerwerk: ≈ 17 h

9. $167,5$ kJ + $10,8$ kJ $\approx \underline{178 kJ}$

10. $Q_W = 7,85$ kJ, $Q_{Gl} = 0,9$ kJ; $Q_{ges.} = \underline{8,75 kJ}$
    Fehler: $\underline{0,9 kJ}$, bezogen auf $Q_{ges.}$: $\approx \underline{10 \%}$

11. $C_g \approx 0,054$ kJ/K, $C_{Alk} \approx 0,24$ kJ/K, $C \approx 0,294$ kJ/K

12. "Wasserwert": $\underline{70 g}$ Wasser

13. $22,5$ g Alkohol

Seite M 83

A1 Wegen $l_d = L_d/m$ wirkt sich eine Vergrößerung von m als Verkleinerung von l_d aus. l_d wurde also zu groß bestimmt.

Seite M 84

Aufgaben

1. $\vartheta_m = 30\ °C$

2. $(4,2$ kJ/kgK$) \cdot 0,2$ kg $\cdot 40$ K $+ (2,39$ kJ/kgK$) \cdot 0,1$ kg $\cdot 40$ K $= (4,2$ kJ/kgK$) \cdot 0,6$ kg $\cdot \Delta\vartheta$;
   $\Delta\vartheta = 17,1\ °C$. Temperatur des heißen Wassers: $\underline{77,1\ °C}$.

3. Verdampfungswärme: $22,6 \cdot 10^3$ kJ, Wärmeabgabe des Wassers: $1,68 \cdot 10^3$ kJ
   Anteil der Verdampfungswärme: $\underline{93 \%}$
   Wärmeabgabe insgesamt $\underline{24,3 \cdot 10^3 kJ}$.

4. $Q_a = 840$ kJ, $Q_b = 1050$ kJ, $Q_a + Q_b = 1890$ kJ. $\underline{\vartheta_m = 30\ °C}$.
   $c_w m_1 \vartheta_1 + c_w m_2 \vartheta_2 = c_w(m_1 + m_2) \cdot \vartheta_m$;
   $\vartheta_m = \dfrac{m_1 \vartheta_1 + m_2 \vartheta_2}{m_1 + m_2}$

5. Auf der linken Seite stehen die Wärmemengen, die erforderlich sind, um die Flüssigkeitsmengen mit den Massen m_1 und m_2 von $0\ °C$ auf die Temperaturen ϑ_1 bzw. ϑ_2 zu bringen. Auf der rech-

Lösungen und Hinweise zu den Aufgaben

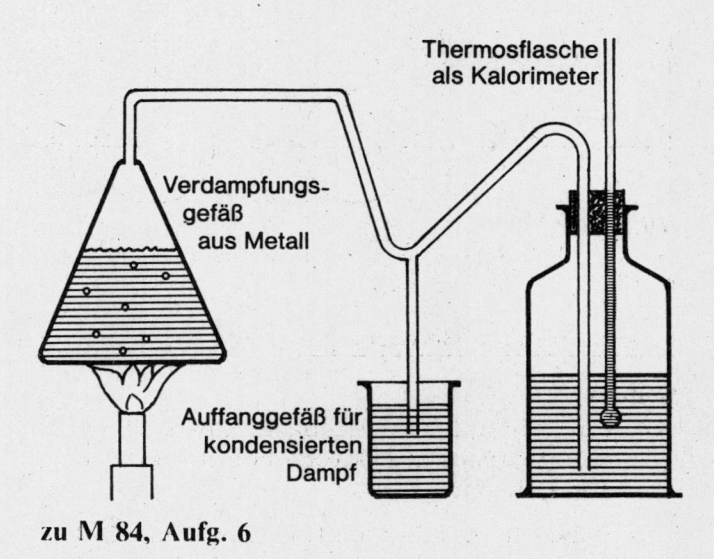

Seite M 84–M 92

zu M 84, Aufg. 6

(Abbildung: Verdampfungsgefäß aus Metall, Auffanggefäß für kondensierten Dampf, Thermosflasche als Kalorimeter)

ten Seite steht die Wärmemenge, die beide Flüssigkeiten zusammen von 0 °C auf die Mischungstemperatur bringt. Dies entspricht dem Lösungsweg der Aufgabe 4.

6. Man leitet Wasserdampf in Wasser, das sich in einem Kalorimeter befindet (vgl. Abb.). Das Wasser wird durch die beim Kondensieren abgegebene Kondensationswärme erwärmt. Durch Wägen stellt man die Massenzunahme fest.

7. Kondensationswärme wird an die Luft abgegeben.

8. $1129 \cdot 10^2$ kJ

9. $168 \cdot 10^2$ kJ

10. $1297 \cdot 10^2$ kJ $\approx 130 \cdot 10^3$ kJ

11. 2160 kJ/min, 72 Tauchsieder à 30 kJ/min

Seite M 92

A1 Stellung a: Die Kammer vergrößert sich, dadurch wird das Gas-Luft-Gemisch angesaugt. Beim Weiterdrehen des Kolbens wird die Kammer von der Öffnung getrennt, das Gas verdichtet, schließlich gezündet (Stellung b). Das Gas dehnt sich unter Arbeitsverrichtung aus (c), danach wird es aus der Kammer durch den sich weiterdrehenden Kolben ausgestoßen. Im Arbeitstakt muß das Gas dem Kolben so viel Energie zuführen, daß die Verbrennungsgase ins Freie getrieben, das frische Gas angesaugt und verdichtet und Nutzarbeit verrichtet wird.

Lösungen und Hinweise zu den Aufgaben

2.5 Elektrische Arbeit, Einfache Bewegungen, Schwingungen und Wellen, Energie aus dem Atom

zu A 7, A2

2.5.1 Elektrische Arbeit

Seite A 3

Aufgaben

1. $880W = 880J/s$; $3168kJ \approx \underline{3170kJ}$

2. Der Widerspruch entsteht durch die Unvollständigkeit der Angaben. Es muß jeweils die Größe angegeben werden, die konstant gehalten wird. Also: $P_w \sim R$, wenn $I =$ konst. und $P_w \sim 1/R$, wenn $U =$ konst.

Seite A 4

A1 $2,5A$

A2 Die Abbremsung bewirkt einen gleichmäßigen Lauf. Die Bremskraft ist um so größer, je größer die Drehzahl. Es wird mechanische Arbeit verrichtet, die der zu messenden gesamten verbrauchten elektrischen Energie proportional ist.

Seite A 5

Aufgaben

1. $36kWh$

2. $Q = 50kg \cdot 60K \cdot 4,2\frac{kJ}{kg\,K} \cdot 30 = 3,78 \cdot 10^3$ kWs = $\underline{105kWh}$

3. In 30 Tagen: $240kWh = \underline{864 \cdot 10^3 kJ}$; Wärmeleistung: $1000W = \frac{3600kJ}{h}$

4. Der spezifische Widerstand muß von der Temperatur unabhängig sein.

5. $P_w \approx 4,5kW$; $I = 11,8A$; $R = \underline{32\,\Omega}$.

6. $\underline{4,8K}$ (Wasser); Benzol: $11,6K \approx \underline{12K}$.

7. Bei 2000 Arbeitsstunden im Jahr (250 Arbeitstage) beträgt die verrichtete Arbeit: $75W \cdot 2000h = \underline{150kWh}$. Bei 360 Tagen: $\underline{171kWh}$.

8. 33500 kWs $\approx 9,3kWh$; $\triangleq \underline{16kg}$ Steinkohle bzw. $18,4kg$ (bei $360d$)

9. $16kg \triangleq 1$ Schwerarbeiter, $187,5 \approx \underline{188}$ Schwerarbeiter. Bei einem Arbeitspreis von 12 Pf/kWh betrügen die Kosten 18 DM. Für Kleinverbraucher gelte der Tarif 36 Pf/kWh. Sie zahlen 54 DM.

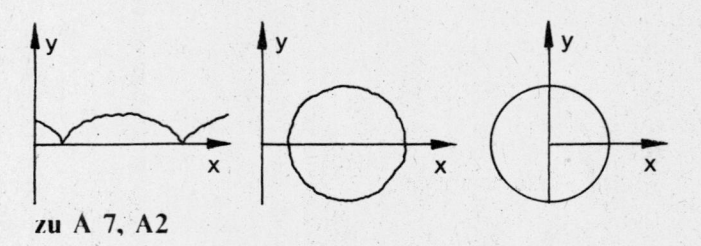

2.5.2 Einfache Bewegungen

Seite A 7

A1 Für Radfahrer: Kreisbahn; für Beobachter: gestreckte Zykloide bei glatter ebener Fahrbahn.

A2 Bahn einer fallenden Kugel im Zug: Gerade; bezüglich Bahnkörper: Teil einer Parabel. Weitere Beispiele: Bahnkurve eines Punktes am Umfang eines Autorades, und zwar bezüglich der Straße, der Karosserie, der Radachse, (s. Bild).
Bahn eines Satelliten bezüglich der als ruhend gedachten Erde: z. B. kreisförmig; Bahnkurve des Satelliten bezüglich eines mit der Sonne verbundenen Koordinatensystems: Kurve mit Schleifen.
Bahnkurve eines geostationären Satelliten: a) bezüglich einer nicht rotierenden Erde: Kreisbahn, b) bezüglich eines mit der Erde rotierenden Koordinatensystems: Punkt bzw. eine Kurve in Form einer liegenden Acht.

Seite A 9

Aufgaben

1. $\approx 7m/s$; $22m/s$, $31m/s$

2. $\frac{1}{3}h$, $\frac{2}{3}h$, $1,5h$, $1,8h$

3. $35,3\,km/h$

4. a) $1,3s$, b) $8,3min$

5. $\Delta v = 20km/h$, $\Delta s = 45m$, $\Delta t = \underline{8,15s}$.
   Oder: $s_1 = v_1 t_1$, $s_2 = s_1 + 45m = v_2 t_1$;

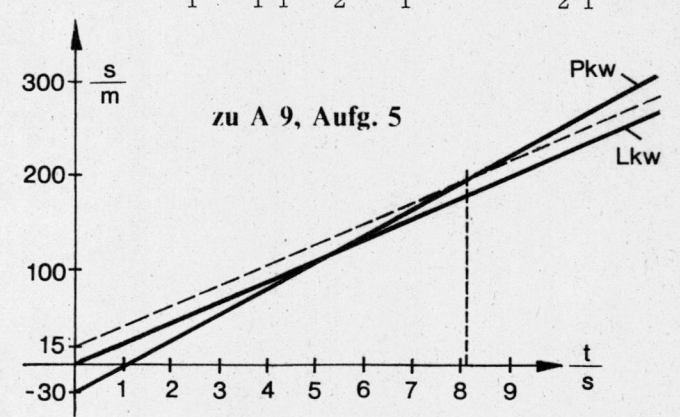

zu A 9, Aufg. 5

Lösungen und Hinweise zu den Aufgaben

v_2: Geschwindigkeit des Personenwagens.
$t_1 = \frac{45m}{v_2 - v_1}$ $s_2 = \underline{225\,m}$
Zeichnerische Lösung: s. Abb.

6. v_1 sei die Geschwindigkeit des Fußgängers. Dann gelten die Beziehungen: $10m = v_1 t_1$; $l - 10m = v_2 t_1$ und $40m = v_1 t_2$; $40m - l = v_2 t_2$. $l = \underline{16m}$, $v_1/v_2 = \underline{5/3}$.

Seite A 12
Aufgaben

1. Lösungsweg 1: $t_1 = s/v_1$; $t_2 = s/v_2$. Mittlere Geschwindigkeit $\langle v \rangle = \frac{2s}{t_1 + t_2} = \frac{2 v_1 v_2}{v_1 + v_2}$; $\langle v \rangle = \underline{48\,km/h}$.

   Lösungsweg 2: Annahme: Die Weglänge betrage 20 km. Dann gilt:
   $t_1 = \frac{1}{2}h$, $t_2 = \frac{1}{3}h$, $\langle v \rangle = \frac{40\,km}{(\frac{1}{2}+\frac{1}{3})h} = 48\,km/h$.

2. $2,8\,m/s^2$

3. $a = \Delta v / \Delta t \cdot \Delta t = 3s$; $11,7\,m/s \approx \underline{42\,km/h}$.

4. $v_{gr} = 60\,m/s = 216\,km/h$. a) Mit $v = g \cdot t$ ergibt sich: $t = 6s$. Aus $s = \frac{1}{2} g t^2$ folgt: $\underline{180\,m}$
   b) Annahme: $a = 30g$, Abbremszeit: $t_B = 0,2s$.
   Die Verzögerung von 30g bewirkt, daß der Körper aus der Geschwindigkeit v_0 auf die Geschwindigkeit Null abgebremst wird. Eine Beschleunigung von 30g würde umgekehrt bewirken, daß der Körper auf einer gleich langen Wegstrecke auf die Geschwindigkeit v_0 gebracht würde. Hierfür gilt $s = \frac{1}{2} a t_B^2$, also $s = \underline{6m}$. Die Schneewehe muß demnach tiefer als 6 m sein.

   (Unter Benutzung des Unabhängigkeitsprinzips erhielte man:
   $s = v_0 t_B - \frac{1}{2} a t_B^2$; wegen $v_0 = a t_B$ folgt:
   $s = \frac{1}{2} a t_B^2$.
   Da das Unabhängigkeitsprinzip nicht behandelt wurde, kann die oben angegebene plausible Überlegung angestellt werden.)

Seite A 14
Aufgaben

1. $D = 0,06\,N/cm$. a) $\Delta l_1 = \underline{10\,cm}$, $\Delta l_2 = \underline{7,5\,cm}$
   b) $0,06\,N/cm$,   c) $0,42\,N$.

2. a) $F_1 = 0,1\,\frac{N}{cm}\,\Delta l$ $F_2 = 0,15\,\frac{N}{cm}\,\Delta l$;
   $F_2/F_1 = 3/2$.
   Die Beträge der Kräfte müssen sich wie 3 zu 2 verhalten.
   b) $\Delta l = 0,4\,N/D_1 + 0,4\,N/D_2 = \underline{6,7\,cm}$.
   Richtgröße für zwei hintereinandergeschaltete Federn: $D = \frac{D_1 \cdot D_2}{D_1 + D_2}$.

Seite A 17
Aufgaben

1. Zwischen Wasserteilchen und Wäsche wirken Adhäsionskräfte. Reichen diese nicht mehr aus, so fliegen die Wasserteilchen tangential weg.
   Beim Rotor wird die Zentralkraft durch Verformung der Rotorwandung aufgebracht.
   Infolge ungleicher Massenverteilung (z.B. bei einem Rad) sind bei gleicher Entfernung zur Drehachse zur Aufrechterhaltung der Drehbewegung unterschiedliche Zentralkräfte erforderlich, die auf die Achse zurückwirken.

2. Die Zentralkraft wird durch den Lochrand aufgebracht.

3. Die Reibung zwischen Straßendecke und Rädern ist dafür verantwortlich, daß diese in die gewünschte Richtung laufen. Mit Federn und Stoßdämpfern werden Kräfte auf den Fahrzeugkörper übertragen. Diese verformen sich dabei. Was zur Folge hat, daß sich der Fahrzeugaufbau gegenüber dem Fahrwerk verschiebt, und zwar nach außen. Damit verschiebt sich auch der Schwerpunkt des Fahrzeugs gegenüber der Unterstützungsfläche bzw. gegenüber den Unterstützungspunkten.

4. Der Schwerpunkt wird nicht gegenüber den unterstützenden Flächen verschoben. Kein Abrutschen.

2.5.3 Schwingungen und Wellen
Seite A 19

A1 Bewegt sich die Stahlkugel (Pendelkörper) nach unten, so wird der Schalter geschlossen: Der Anker zieht an, die Schraubenfeder wird stärker gedehnt. Die rücktreibende Kraft, die den Pendelkörper wieder nach oben beschleunigt, wird dadurch vergrößert. Der Schalter öffnet sich wieder, wenn die Kugel sich nach oben bewegt. Nach einer vollen Periode wiederholt sich das Spiel.

Lösungen und Hinweise zu den Aufgaben

(Anmerkung: In dieser Stufe ist es nicht möglich, eine genauere Betrachtung anzustellen. Es genügt, den Ablauf zu beschreiben. Daß die Selbstinduktion der Spule wesentlich für das Zustandekommen der Schwingung ist, kann hier nicht gezeigt werden.)

A2 Durch Verformung wird Energie in Wärme umgesetzt, ebenso durch nicht vermeidbare Lagereibung.

Seite A 20

A1 Bei gleichem absoluten Meßfehler ΔT (Ablesegenauigkeit der Stoppuhr) wird die unbekannte, zu bestimmende Zeitspanne T um den Faktor 10 vergrößert, nicht aber der Meßfehler: Bei Division durch 10 verkleinert sich somit der Fehler für die einzelne Schwingung auf $\Delta T/10$.

A2 Kinetische und potentielle Energie.

Seite A 21

A2 a) Bei Proportionalität erwartete man eine "Sägezahnkurve", s. Bild

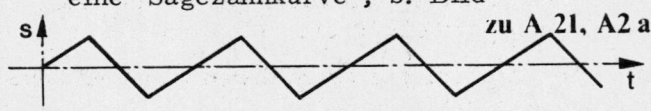

zu A 21, A2 a

b) Bei stark gedämpfter Schwingung, s. Bild.

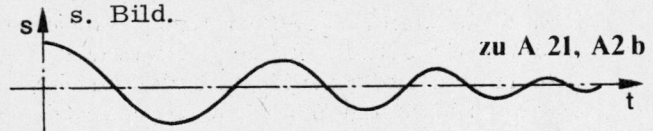

zu A 21, A2 b

A3 Die Sandhäufchen sind an den Umkehrpunkten höher.

Seite A 25

A1 264 Hz

A2 $f_1 = z_1 n$; $f_2 = z_2 n$. $f_1/f_2 = z_1/z_2$.

Seite A 27

A1 s. Bildunterschrift!

Seite A 31

A1 Die Eigenfrequenzen der schwingenden Luftsäulen sind wegen der unterschiedlichen Höhe verschieden. Durch das Einfüllen des Wassers werden sie der Frequenz der Stimmgabel angepaßt.

A2 Die Schwingungen der Luftsäule werden gut auf die angrenzende Luft übertragen.

A3 Hätte der Luftraum Eigenfrequenzen, die genau gleich oder in der Nähe der Erregerfrequenzen lägen, dann würden diese besonders gut wiedergegeben.

2.5.4 Energie aus dem Atom

Seite A 45

A1 Der Luftraum ist von der Wasseroberfläche nicht getrennt. Es stellt sich ein Gleichgewicht ein (vgl. S. M 71), das von der Temperatur abhängig ist.

A2 Staub und Abgase enthalten genügend Kondensationskerne, an die sich bei geeigneter Wetterlage Wassertröpfchen anlagern können.

3. Hinweise zu den einzelnen Unterrichtseinheiten

Hinweise für den Benutzer

Alle "Hinweise zu den einzelnen Unterrichtseinheiten" sind in gleicher Weise gegliedert. (S. Inhaltsverzeichnis!). Die zweite Ziffer in der Kapitelnummer gibt den enstprechenden Block des Lehrbuchs an, und zwar in der Reihenfolge der Gesamtausgabe:

- 3.1 Einführung und Wärmelehre (Block W),
- 3.2 Optik (Block O),
- 3.3 Magnetismus und Elektrizitätslehre (Block E),
- 3.4 Mechanik (Block M),
- 3.5 Elektrische Arbeit usw. (Block A).

Jeder dieser Abschnitte zerfällt in vier Teile. Im ersten Teil werden Zielsetzung, Aufbau der Unterrichtseinheit und einige Möglichkeiten zur Schwerpunktbildung erörtert. Bei der Angabe der Ziele verzichteten die Autoren bewußt auf die explizite Formulierung von Lernzielen, da es nur darauf ankam, die betreffende Unterrichtseinheit zu charakterisieren und die Richtung anzugeben, in welcher sie angelegt werden sollte (vgl. auch Kap. 1.2.1).

Die Möglichkeiten zur Schwerpunktbildung sind als Ergänzung zu dem Differenzierungsangebot im Lehrbuch gedacht. Dort sind drei verschiedene Lehrgänge gekennzeichnet, die mit Fundamentum, erste Erweiterung und zweite Erweiterung bezeichnet werden. Sie sind im Kap. 1.1 näher beschrieben. Um die verschiedene Interessenlage der Schüler zu berücksichtigen, können innerhalb dieser im Lehrbuch vorgeschlagenen Lehrgänge ganz unterschiedliche Schwerpunkte gewählt werden. Dabei ist es möglich, am gleichen Stoff die Akzente verschieden zu setzen. Die Schwerpunkte können stärker im Theoretischen liegen, aber auch in den technischen Anwendungen, im Praxisbezug. Deshalb werden als Ergänzung zu den Differenzierungsvorschlägen im Lehrbuch drei Lehrgänge (Kurse) in einer Übersicht zusammengestellt, und zwar

- ein theoriebezogener Kurs, der Fundamentum und Erweiterungen umfaßt (Kurs A),
- ein praxisbezogener Kurs mit Erweiterungen (Kurs B),
- ein praxisbezogenes Fundamentum mit Kürzungsvorschlägen (Kurs C).

Die schwerpunktmäßig zu erarbeitenden Stoffgebiete sind in der Übersicht durch Unterstreichung hervorgehoben. Da eine gründliche experimentelle und gedankliche Bearbeitung unter Berücksichtigung möglichst vieler Schülerversuche sehr viel Zeit erfordert, können andere Stoffgebiete meist nur informatorisch behandelt werden. Hier wird der Lehrerversuch im Vordergrund stehen, unterstützt durch das Lehrbuch und durch audiovisuelle Hilfsmittel. Der zweite Teil enthält Hinweise zu den Lerneinheiten, die den Hauptkapiteln des Lehrbuch entsprechen. So besteht der Block W "Einführung und Wärmelehre" aus den vier Lerneinheiten:

- 3.1.2.1 LE 1: Einführung
- 3.1.2.2 LE 2: Wärmezustand und Erscheinungsform der Körper
- 3.1.2.3 LE 3: Teilchenstruktur der Materie
- 3.1.2.4 LE 4: Ausbreitung der Wärme

Entsprechendes gilt für die anderen Blöcke. Die letzte Ziffer gibt jeweils die Kapitelnummer im Lehrbuch an.

Zu jeder Lerneinheit werden im Abschnitt a) "Vorbemerkungen und Ziele" einige Gedanken vorgetragen, die die gesamte Lerneinheit betreffen. Im Abschnitt b) folgen dann "Bemerkungen zu den einzelnen Themen", die im Lehrbuch als Kapitelüberschriften auftreten. Es wird das Thema genannt und die Kapitelnummer in Klammern dahintergesetzt, z.B.: "Beispiele für die Arbeitsweise der Physik (1.3)".

Die Bemerkungen zu den einzelnen Themen enthalten sachliche und methodische Hinweise für den Lehrer und Hinweise zur Versuchstechnik (am Rande mit VT gekennzeichnet). Dabei wird nicht nur der Frage: "Wie wird es gemacht?" nachgegangen, sondern insbesondere der Frage: "Worauf kommt es an?" Alle Versuche, die von Schülern ausgeführt werden können, sind am Rande durch SV hervorgehoben. Hinweise auf Versuche erfolgen wie im Lehrbuch. V O17,2 bedeutet demnach: Versuch Nr. 2 auf der Seite O17 (vgl. auch S. W1). Lehrerversuche erhalten das Zeichen "LV". LV und SV bedeuten, daß dieser Versuch nicht im Lehrbuch beschrieben ist.

Ergänzende Informationen für Schüler bzw. Lehrer sind durch "SI" bzw. "LI" gekennzeichnet.

Die Lehrerinformation (LI) begnügt sich nicht mit Literaturhinweisen, sondern versucht, theoretische Hintergründe für den Lehrer

Hinweise für den Benutzer

darzustellen. In vielen Fällen sind die Texte schon so weit der Unterrichtssituation angepaßt, daß der Lehrer evtl. mögliche oder notwendige Mitteilungen bereits "schülernah" vorformuliert findet.

Einige Formulierungen innerhalb der SI, die nur für den Gebrauch des Lehrers gedacht und für den Schüler noch begrifflich fremd sind, werden in [eckige Klammern] gesetzt.

Neue Aufgaben und Fragen enthält Abschnitt c). Aufgaben mit erhöhten Anforderungen werden mit * bzw. ** gekennzeichnet.

Die Zusammenstellung der audiovisuellen Hilfsmittel erfolgt unter d) der jeweiligen Lerneinheit. Es bedeuten:

AT = Arbeitstransparent, (3) = Anzahl der Folien
DR = Dia-Reihe, (15) = Anzahl der Dias
F = Film
M = Modell
( ) = Nr. der Bezugsstelle im folgenden Firmenschlüssel

Wenn z.B. Dias von (23) verliehen und von (13) verkauft werden, so werden diese beiden Möglichkeiten mit (23*)/(13) gekennzeichnet.

Die mit * versehenen Stellen oder Firmen verleihen Filme, ebenso alle der unter 23. aufgeführten Hauptberatungsstelle für Elektrizitäts-Anwendung (HEA) angeschlossenen Stellen oder Firmen, die in der Anschriftenliste durch ein vorgesetztes H und die Nummer auf der HEA-Verleihanschriftenliste gekennzeichnet sind. Für letztere gelten folgende Ausleihbedingungen:

Bei der Bestellung von Filmen bitte genau angeben:

1. Filmtitel, Vorführtermin, Bahnstation.
2. Die gewünschten Filme gehen dem Besteller unfrei zu.
3. Die Ausleihe ist kostenlos.
4. Die Leihfrist wird nach den vorliegenden Bestellterminen festgelegt und ist unbedingt einzuhalten.
5. Die Rücksendung durch den Besteller geschieht auf dessen Risiko; die Sendung muß postalisch frei gemacht sein.

Die Anschriften der Landesfilmdienste (20) und der Landesbildstellen (21) sind - wenn nicht bekannt - von der HEA (23) zu erfahren.

Unterrichtsbeispiele werden im dritten Teil eines jeden Abschnitts (Block) beschrieben.

Auf die Formulierung von Feinlernzielen wurde verzichtet, da das Lehrerhandbuch unnötig aufgebläht würde. Darüber hinaus wäre dies nur möglich, wenn die Unterrichtssituation genau bekannt wäre. Nun besteht in den einzelnen Bundesländern zwar weitgehend Übereinstimmung darüber, was in der Sekundarstufe I gebracht werden soll, es gibt aber unterschiedliche Auffassungen über Reihenfolge und Intensität der Behandlung einzelner Stoffgebiete.

Es war deshalb nicht möglich, zu allen Themen auch ausgearbeitete Unterrichtsbeispiele zu bringen. Die Autoren haben sich darauf beschränkt, zu jedem Block höchstens zwei Beispiele anzubieten.

Firmenschlüssel zu audiovisuellen Hilfsmitteln

Institute und Firmen, die Filme und Dias verleihen, sind mit * gekennzeichnet.

(1) Westermann Verlag, Postfach 3320, 3300 Braunschweig, Tel. 0531/708-1
(2) PHYWE AG, Postfach 665, 3400 Göttingen, Tel. 0551/604-1
(3) Leybold-Heräus, Bonner Str. 504, 5000 Köln, Tel. 0221/37011
*(4) Staatl. Landesbildstelle Hessen, Gutleutstr. 8-12, 6000 Frankfurt/M.,
(5) Neva, Elektrotechnische Fabrik Dr. Vatter KG, 7340 Geislingen
(6) Dr. Kröncke KG, Am Schützenplatz 5, 3001 Anderten-Hannover
(7) Lehrmittelverlag Wilhelm Hagemann, Karlstr. 20, Postfach 5129, 4000 Düsseldorf
*(8) Siemens AG, ZVW 5 Verlag, Postfach 325, 8520 Erlangen 2[1)]
*(9) Esso Filmverleih, Neue Mainzerstr. 66, 6000 Frankfurt/M.
(10) Ernst Klett Verlag, Expeditionslager, Postfach 1170, 7054 Korb
*(11) Institut für Film und Bild in Wissenschaft und Unterricht, Bavaria-Film-Platz 3, 8022 Grünwald-München
(12) V-Dia-Verlag GmbH, Postfach 1912, 6900 Heidelberg 1
(13) Werner Jünger Verlag, Schumannstr. 161, 6050 Offenbach/M.
*(14) Landesfilmdienst für Jugend- und Volksbildung in Hessen, Kennedyallee 105a, 6000 Frankfurt/M. und Wilhelmshöher Allee 19, 3500 Kassel

Hinweise für den Benutzer

*(15) Institut für den wissenschaftlichen Film, Nonnensteg 72, 3400 Göttingen
(16) Walter de Gruyter u. Co., Genthiner Str. 13, D1000 Berlin 30
*(17) Film-Library, International Atomic Energy Agency, Kärntner Ring 11, P. O. Box 590, A 1011 Wien
(18) Ealing über Gesellschaft für Regelungstechnik und Simulationstechnik GmbH, 6100 Darmstadt-Arheiligen
(19) Schroedel Verlag, Zeißstr. 10, 3000 Hannover 81
*(20) Für das Bundesland zuständiger Landesfilmdienst
*(21) Für das Bundesland zuständige Landesbildstelle
*(22) Zuständige Kreis- oder Stadtbildstelle
*(23) Hauptberatungsstelle für Elektrizitätsanwendung - HEA -, Am Hauptbahnhof 12, 6000 Frankfurt/M., Tel. 0611/233557
(24) Diesterweg/Salle, Hochstr. 31, 6000 Frankfurt/M.
(25) Mauer, Lehrmittel und Labortechnik, Postfach 20, 6239 Lorsbach/Taunus

Dem Filmdienst der HEA als Verleiher angeschlossen:[2]

H1 Allgemeine Deutsche Philips Industrie GmbH, Filmdienst, Postfach 100229, 2000 Hamburg, Tel. 040/2812414
H2 Badische Anilin und Sodafabrik AG, Abt. AOA/VFV, 6700 Ludwigshafen, Tel. 0621/609307
H3 Berufsgenossenschaft der chemischen Industrie, Gaisbergstr. 11, 6900 Heidelberg 1, Tel. 06221/523282
H4 Robert Bosch GmbH, Abt. Verkaufsförderung, Werbung Max-Lang-Str. 46, 7022 Leinfelden, Tel. 0711/9031
H5 Deutsche Bundesbahn, Filmstelle, Postfach 1.060, 4950 Minden/Westfalen, Tel. 0571/82497
H6 Deutsche Bundespost, Filmstelle beim Posttechnischen Zentralamt, Postfach 1180, 6100 Darmstadt 1, Tel. 06151/174192
H7 Deutsche Industriefilm-Zentrale, Oberländer Ufer 84-88, 5000 Köln 51, Tel. 0221/372016
H8 Deutsches Filmzentrum e. V., Hohenzollernstr. 12, 5300 Bonn, Tel. 02221/655436 und 651889
H9 Deutsches Tiefkühlinstitut, An der Flora 11, 5000 Köln 60, Tel. 0221/762064/65
H10 Energie-Versorgung Weser-Ems - EWE, Tirpitzstr. 39, 2900 Oldenburg/O, Tel. 0441/232388

H11 FIA - Film Interconti Aussem KG, Rankenstr. 2, 8000 München 13, Tel. 089/302350
H12 Gesamtverband des Deutschen Steinkohlenbergbaus, Information, Friedrichstr. 1, 4300 Essen, Tel. 0201/105310
H13 Henkel & Cie, Abt. PR/Filmstelle, Postfach 1100, 4000 Düsseldorf 1, Tel. 0211/7972686
H14 Hygiene im Alltag im Industrieverband Körperpflege- und Waschmittel, Karlstr. 19, 6000 Frankfurt/M., Tel. 0611/236141
H15 Informationszentrale der Elektrizitätswirtschaft e. V. - IZE, Heinrich-Lübke-Str. 19, 5300 Bonn, Tel. 02221/238689
H16 INTERMETALL, Halbleiterwerk der Deutschen ITT Ind. GmbH, Hans-Bunte-Str. 19, 7800 Freiburg/Br., Tel. 0761/5171
H17 Land- u. Hauswirtschaftl. Auswertungs- und Informationsdienst e. V. -AID-, Heerstr. 124, 5300 Bonn-Bad Godesberg, Tel. 02221/331024-26
H18 Landesfilmdienst für Jugend- und Volksbildung in Hessen e. V., Kennedyallee 105a, 6000 Frankfurt/M., Tel. 0611/636302
H19 Langnese-Iglo GmbH, Pressestelle, Dammtorwall 15, 2000 Hamburg 36, Tel. 040/34901
H20 Metzenauer & Jung, Postfach 130 119, 5600 Wuppertal 1, Tel. 0202/396346
H21 Nordwestdeutsche Kraftwerke AG, Hauptverwaltung, Schöne Aussicht 14, 2000 Hamburg 76, Tel. 040/22831
H22 Rheinisch-Westf. Elektrizitätswerk AG - RWE - Abt. Öffentlichkeitsarbeit, Informationswesen und Anwendungstechnik, Kruppstr. 5, 4300 Essen, Tel. 0201/1851
H23 Siemens AG, ZVW 851, Postfach 1500, 8510 Fürth 2, Tel. 0911/77981 oder 30011
 a) Siemens AG, Bereich Medizintechnik, ZVW 14[1] Henkestr. 127, 8520 Erlangen, Tel. 09131/842925
H24 VALVO GmbH, Abt. Dokumentation, Werbung, Burchardstr. 19, 2000 Hamburg 1, Tel. 040/3296286
H25 Vereinigte Elektrizitäts- und Bergwerks-AG - VEBA, Pemperforter Str. 52, 4000 Düsseldorf, Tel. 0211/36781

1) Alle Bestellungen bei der Fa. Siemens AG (8), (H23 und H23a) können unter der Anschrift von H 23 erfolgen.

2) Bestellungen entweder direkt oder unter Vermittlung der HEA (23). Verleihbedingungen s. S. 88

Allgemeine Hinweise zum Block W (Einführung und Wärmelehre)

3.1 Einführung und Wärmelehre

3.1.1 Allgemeine Hinweise zum Block W

Didaktische Gesichtspunkte

Für den Physikunterricht in der Sekundarstufe I stellt sich immer wieder das Problem, womit man beginnen soll. Welche Stoffbereiche sollen am Anfang stehen? Womit soll man sich in den ersten Physikstunden beschäftigen?

Die Schüler kommen mit großen Erwartungen in den Physikunterricht und wenden sich häufig bereits nach kurzer Zeit enttäuscht von der Physik ab. Hierfür lassen sich sicher eine Reihe von Gründen anführen. Ein wesentlicher Faktor scheint uns aber zu sein, daß im allgemeinen zu früh und zu schnell zu einem stoffsystematischen Unterricht und zu einer mathematisierten, quantitativ ausgerichteten Betrachtungsweise der natürlichen und technischen Umwelt vorgedrungen wird.

Schüler der Jahrgangsstufen 5 und 6, aber auch noch der Klassen 7/8 haben ein großes Bedürfnis nach qualitativem Kennenlernen der Erscheinungen und nach einem anwendungsorientierten Physikunterricht. Diesem Bedürfnis sollte man entgegenkommen, ohne aber in dem qualitativen, erlebnishaften Kennenlernen der Naturerscheinungen stecken zu bleiben.

Der Unterricht muß außerdem das mehr oder weniger ausgeprägte Vorwissen der Schüler berücksichtigen. Durch Zeitschriften, Filme, Funk und Fernsehen, populärwissenschaftliche Bücher und die eigenen Erfahrungen in einer technisierten Umwelt, durch den Umgang mit technischem Spielzeug und Experimentierkästen verfügen sehr viele Schüler über Detailkenntnisse und praktische Fertigkeiten, die vielfach weit über das hinausgehen, was der Anfangsunterricht in Physik bieten kann und darf, ohne oberflächlich zu werden. Es wäre deshalb methodisch nicht sehr geschickt, wenn der Physikunterricht mit dem Studium eines Teilbereichs etwa der Mechanik oder der Optik begänne, den Schülern aber keinen Ausblick gäbe auf das, was ihn in der Physik erwartet, womit sich die Physik beschäftigt. Bevor man sich also den einzelnen Gebieten zuwendet, sollte deshalb ein kleiner Einblick gegeben werden in Gegenstand und Methode der Physik. Wenngleich manche Zusammenhänge vom Schüler nicht im vollen Umfang verstanden werden können, so werden dadurch die Akzente vom Sensationellen mehr zum prinzipiell Physikalischen verschoben. Es werden Erwartungen geweckt statt nicht befriedigt.

Man muß darüber hinaus bedenken, daß heutzutage die Situation wesentlich anders ist als früher, da im allgemeinen bereits in der Primarstufe ein naturwissenschaftlich-technischer Elementarunterricht angeboten wird. Dieser Elementarunterricht soll dem Interesse der Kinder an Natur und Technik stärker Rechnung tragen. Dabei werden die Schüler durch Anregungssituationen in den Lernbereich Sachunterricht eingeführt. Eine solche Anregungssituation kann z. B. durch das Rahmenthema "Licht und Schatten" gegeben sein, aber auch durch "Schall - Schallquellen" u.a.m. (1)

Dieser Sachunterricht in der Primarstufe wird aufgegriffen und fortgesetzt durch den meist fachspezifisch ausgerichteten naturwissenschaftlichen Unterricht in den Klassen 5 und 6. In Lehrplänen wird betont, daß dieser Unterricht vorwiegend problemorientiert und nicht stoffsystematisch aufgebaut sein soll. Damit wird der Übergang zu einem mehr systematisch gegliederten Unterricht in den Klassen 7-10 der Sekundarstufe I vorbereitet. (2) (3)

Auf diesen Lernerfahrungen in der Primarstufe kann also der Physikunterricht der Sekundarstufe I aufbauen.

Das Problem der Einführung in die Physik wird von den einzelnen Lehrplänen unterschiedlich gesehen und gelöst, je nachdem, ob das Physik-Curriculum mehr vom Standpunkt der Fachsystematik oder vom Standpunkt der allmählichen Hinführung zum System der Physik entwickelt wurde (vgl. auch Kap. 1.1).

Um diesen unterschiedlichen Gegebenheiten Rechnung zu tragen, wurde der Block W gestaltet. Er besteht aus einer Einführung und einer qualitativen Wärmelehre, die abgerundet wird durch eine modellmäßige Beschreibung der Wärmevorgänge.

Die Einführung soll einen ersten Einblick geben in die Denk- und Arbeitsweise der Physik, gleichzeitig aber auch einige grundlegende Begriffe bereitstellen, ohne die eine weitere Beschäftigung mit physikalischen Problemen außerordentlich erschwert, wenn nicht sogar unmöglich wäre. Hierzu gehören die Begriffe "Länge", "Zeit", "Masse", "Volumen" und "Flächeninhalt".

Die Einführung dient aber auch der Motivation. Der Schüler soll einen Eindruck gewinnen von der Vielfalt physikalischer Probleme und Be-

Allgemeine Hinweise zum Block W (Einführung und Wärmelehre)

reiche. Er soll darüber hinaus erfahren, wie sich aus einfachen Anfängen heraus komplizierte technische und physikalische Probleme entwickeln.

Deshalb wird den Schülern dargelegt, wie man aus dem Studium der Kerzenflamme Erkenntnisse gewinnen kann, die bei der Konstruktion eines Schweißbrenners verwendet werden. Deshalb werden gelegentlich auch Vorrichtungen und Geräte gezeigt, die der Schüler noch nicht oder nur teilweise begreifen kann, die aber das Ausmaß der wissenschaftlich-technischen Weiterentwicklung sowie Dimension und Ausstattung technisch-wissenschaftlicher Geräte vor Augen führen.

Die Einführung wird für alle Lehrgänge vorausgesetzt, da fast alle Eigenschaften der Materie in der Einführung angesprochen werden. Das Studium dieser Eigenschaften kann dann vertiefend sowohl im Block O als auch in den Abschnitten E oder M fortgeführt werden.

Die Wärmelehre greift die Umwelterfahrung und bisherige Kenntnisse der Schüler auf, die Begriffe "Wärme" und "Temperatur" werden gebildet. Während der Temperaturbegriff quantitativ gefaßt wird, handelt es sich bei dem Begriff "Wärme" vorläufig um eine Sprachregelung (vgl. auch Kap. 1.1.1, S. 9 und Kap. 3.1.2 und Bd. 1, S. W17). Schließlich wird durch die modellmäßige Beschreibung im Rahmen einer molekularkinetischen Vorstellung von Wärmevorgängen verhindert, daß sich mit dem Begriff "Wärme" etwas Stoffliches verbindet. Dadurch wird die mathematische Fassung dieses wichtigen Begriffs vorbereitet. Zu dieser Begriffsbildung (Wärme als Energie) sind einige schwierige mechanische Begriffe erforderlich, die im Abschnitt M erarbeitet werden.

Im Mittelpunkt steht deshalb neben der Beschreibung, dem Ordnen und dem Erkennen der Zusammenhänge der Phänomene das Erarbeiten des Teilchenkonzepts. Die Schüler sollen eine einfache Vorstellung vom Aufbau der Materie bekommen, ohne daß die Teilchen zunächst näher betrachtet werden. Im Sinne eines spiralig angelegten Curriculums wird im Rahmen der Elektrizitätslehre, der Mechanik und der Atom- und Kernphysik das Teilchenmodell immer wieder aufgegriffen, verbessert und ergänzt.

Bemerkung zur Gliederung

Die Frage "Was ist eigentlich Physik?" wird von zwei Seiten angegangen: Zunächst wird die geschichtliche Entwicklung der naturwissenschaftlichen Denkweise behandelt. Es ist wohl kaum zu erwarten, daß die volle Tragweite der in diesem Kapitel geäußerten Gedanken von den Schülern erfaßt werden. Hierzu sind die Lernerfahrungen im Bereich der Physik noch zu gering. Deshalb sollte man im weiteren Verlauf des Unterrichts immer wieder einmal auf diesen Abschnitt zurückgreifen. Der zweite Zugang zur Beantwortung der oben erwähnten Frage ist die Praxis, d. h. die Beschäftigung mit konkreten physikalischen Problemen. Hierzu werden einige Beispiele für die Arbeitsweise der Physik aus verschiedenen Bereichen gegeben werden. Diese Beispiele haben zugleich die Aufgabe, die Grundlage für den weiteren Lehrgang zu legen.

Das Kapitel "Einteilung der Körper nach ihren Aggregatzuständen" leitet über zur Beschreibung und quantitativen Erfassung von Wärmezuständen. Die Kenntnis des Temperaturbegriffs und seine Abgrenzung gegenüber dem Begriff "Wärme" machen es möglich, die Aggregatzustände genauer zu untersuchen. In den nun folgenden Abschnitten wird eine Fülle von Erfahrungen gesammelt, mit deren Hilfe sehr viele technische Anwendungen erarbeitet und verstanden werden können. Gleichzeitig wird das Bedürfnis nach einer einheitlichen Vorstellung (Teilchenmodell) geweckt, die alle diese Vorgänge zu verstehen gestattet.

Das Kapitel "Teilchenstruktur der Materie" knüpft an die Überlegungen an, die bereits in der Einführung (W 1.35) angeschnitten wurden. Die anschließende Behandlung der Wärmeausbreitung liefert in Teilbereichen eine weitere Bestätigung des Teilchenmodells. Es wird außerdem deutlich, daß einige Fragen (z. B. der Mechanismus der Wärmeausbreitung durch Strahlung oder auch die Erklärung der Anomalie des Wassers) offen bleiben.

Wird der Lehrgang mit Lerneinheiten aus der Optik fortgesetzt, so stellt die Wärmestrahlung einen ausgezeichneten Übergang dar zur Lichtstrahlung (vgl. S. W 43).

Schwerpunktbildung

Innerhalb der Wärmelehre (Block W) können drei Schwerpunkte gesetzt werden:

1. Betonung der technischen Anwendungen (technische Ausführung von Thermometern, Steuern und Regeln im Zusammenhang mit dem Bimetallstreifen, Probleme des Wärmetransports, Wärmedämmung, Absorption von Wärmestrahlung);(Kurs C oder B),

Allgemeine Hinweise zum Block W (Einführung und Wärmelehre)

Themen und Kapitelnummern	Verkürzt, ohne Erweiterungen praxisbezogen Kurs C	Anm.	Praxisbezogen mit Erweiterungen (12) Kurs B	Anm.	Theoriebezogen Kurs A	Anm.
1. Einführung						
1.1 Was ist eigentlich Physik?	F		F		F1	
1.2 Die geschichtliche Entwicklung	-		F1		F1	
1.3 Beispiele für die Arbeitsweise der Physik						
1.31 Planvolle Beobachtung	F		F		F	
1.32 Erklärung verschiedener Naturerscheinungen	-		F		F	
1.33 Beobachtung von Naturvorgängen	F		F		F1	
1.34 Mathematische Beschreibung	F	1	F	2	F	
1.35 Erklärung der Naturerscheinungen	-		F		F	
2. Wärmezustand der Körper						
2.1 Einteilung der Körper nach Aggregatzuständen	F		F		F	
2.2 Merkmale des Wärmezustandes	F	3	F		<u>F</u>	
2.3 Temperaturmessung						
2.31 Meßbare Kennzeichen	F	4	F		<u>F</u>	
2.32 Definition der Temperatur	F		F1		<u>F1</u>	
2.33 Technische Ausführung von Thermometern	<u>F</u>		<u>F</u>		F	
2.4 Verhalten der festen Körper bei Temperaturänderungen	<u>F</u>	5	<u>F</u>		F	
2.5 Vorgänge bei Änderung der Aggregatzustände						
2.51 Schmelzen und Erstarren	F	6	F		F	
2.52 Verdampfen und Kondensieren	F	7	F		F	
2.53 Verdunsten	F	8	F	9	F	
2.54 Verfestigen und Sublimieren	<u>F</u>		<u>F</u>		F	
2.6 Anomalie des Wassers	F	10	F	11	F	12
3. Teilchenstruktur der Materie						
3.1 Begründung des Teilchenmodells	F		F		<u>F</u>	
3.2 Die Aggregatzustände in der Teilchenvorstellung	F		F		F	
3.3 Die Brownsche Bewegung	-		-		<u>F2</u>	
3.4 Die Begriffe Temperatur und Wärmeaustausch	-	13	F		F	
3.5 Die Ausdehnung im Teilchenbild	-		F1	14	F1	
3.6 Übergänge der Aggregatzustände im Teilchenbild	-		F1		F12	
4. Ausbreitung der Wärme						
4.1 Ausbreitungsarten	F		F		F	
4.2 Konvektion	<u>F</u>	15	<u>F</u>	16	F	
4.3 Wärmeleitung	<u>F</u>	17	<u>F</u>	18	F	
4.4 Wärmestrahlung	<u>F</u>	19	<u>F</u>	20	F	21

Schwerpunkte sind unterstrichen. F12 heißt: Das Thema umfaßt Fundamentum, 1. und 2. Erweiterung. Anm. x: Siehe unter x der nachfolgenden Liste.

Charakterisierung der Kurse A, B, C, s. S. 87 "Hinweise für den Benutzer".

Hinweise zur LE 1: Einführung

2. Einblick in die physikalische Begriffsbildung am Beispiel des Temperaturbegriffs (Kurs A),
3. Erarbeiten eines einfachen Teilchenmodells - Anwenden dieses Teilchenmodells (Kurs A).

Das Differenzierungsangebot ist wegen der vorwiegend qualitativen Betrachtungsweise beschränkt. Nur im Zusammenhang mit dem Erarbeiteten des Teilchenmodells bieten sich mehr Möglichkeiten zur Differenzierung an, da gerade dieser Abschnitt ein hohes Maß an Abstraktion erfordert.

Anmerkungen zu den differenzierenden Lehrgängen

1. Ohne Hinweis auf Definition der Längeneinheit mit Hilfe der Wellenlänge einer bestimmten Lichtart.
2. Wie 1).
3. Das Arbeiten mit Thermochromstiften kann entfallen.
4. V W19, 3 kann entfallen.
5. Für die Längenausdehnung sollten sehr viele Beispiele aus der Technik gebracht werden, vor allem aus dem Bauwesen (Auftreten von Schäden bei Nichtbeachtung des Ausdehnungsverhaltens, Stahlbeton u. a. m.).
6. Ohne Unterkühlung (V W24, 4), auch V W25, 5 kann wegfallen.
7. Ohne Siedeverzug, V W27, 5.
8. Hier sollte man vor allem die Anwendungen betonen, Bedeutung der Verdunstung in der Natur (Wetterkunde).
9. Wie 8).
10. Wenn der Versuch V W28, 1 nicht durchführbar ist (der Versuch erfordert einige Vorbereitung, die nicht immer gegeben ist), dann die Anomalie aus Abb. W29, 1 und Abb. 25, 3 (V W25, 3) erschließen.
11. Wie 10).
12. Wie 10).
13. Die Schüler besitzen bereits ein Vorwissen über Bewegungsabläufe, das man hier nutzen sollte. Es genügt, die Geschwindigkeit durch die Angabe des Weges zu beschreiben, der in der Zeiteinheit zurückgelegt wird. ("Ein Körper hat eine größere Geschwindigkeit als ein zweiter, wenn er in der gleichen Zeitspanne einen längeren Weg zurücklegt.")
14. Die Überlegung über die Eigenschaften des Federmechanismus kann entfallen.
15. Die Anwendungen in Natur und Technik betonen und durch weitere Beispiele ergänzen.
16. Wie 15).
17. Maßnahmen der Wärmedämmung besprechen.
18. Wie 17).
19. Anwendungen in Natur und Technik schwerpunkthaft behandeln, Querverbindung zur Wetterkunde herstellen; V W41, 1 ohne Temperaturverlauf, V W41, 4 kann entfallen.
20. Anwendungen schwerpunkthaft behandeln; V W41, 4 kann entfallen.
21. Auswertung von Abb. 41, 1 vornehmen, Wärmestrahlung als Bindeglied zwischen den Naturerscheinungen der Wärme und des Lichtes betonen. Intensive Behandlung der auf den Seiten W42 und W43 dargestellten Inhalte.

3.1.2 Hinweise zu den Lerneinheiten

3.1.2.1 LE 1: Einführung

a) Vorbemerkungen und Ziele

Im Einführungskapitel werden (nach einer Übersicht über die Entwicklung der naturwissenschaftlichen Denkweise) exemplarisch und in groben Zügen wesentliche Merkmale der physikalischen Methode umrissen. Man kann damit eine Antwort auf die eingangs gestellte Frage, was Physik sei, nur andeuten. Es bleibt deshalb Aufgabe des Lehrers, keine Gelegenheit auszulassen, um im Zuge der Sachbehandlung immer wieder neue Merkmale des Vorgehens bewußt zu machen, damit der Physikunterricht mehr bietet als einen Kanon von Sachwissen. Die im Kapitel behandelten Beispiele wollen dafür nur die Richtung weisen, nicht abschließen oder Vollständigkeit beanspruchen. Die zur Demonstration der Methodenmerkmale ausgewählten Versuche gehören verschiedenen Sachgebieten an; damit soll auch der zu behandelnde Sachkomplex vorgestellt werden. Da diese Versuche ausschließlich auf Methodendemonstration angelegt sind, bleibt das Sachverständnis vielfach

Hinweise zur LE 1: Einführung

noch völlig offen. Dieses Faktum muß herausgestellt werden, damit der Wunsch nach sachlicher Erklärung der Erscheinungen geweckt wird und der Eindruck verhindert, als seien die Versuche nur eine imponierende Show.

Physik ist eine Wissenschaft, in der letztlich exakt gemessen werden muß. Dies könnte Veranlassung sein, mit einem sogenannten Meßkurs zu beginnen. Ein solcher entspricht aber um so weniger den Erwartungen und der Einsicht der Schüler, je früher der Physikunterricht beginnt. Dagegen ist die Art, wie Faraday Physik betrieb, dem Anfangsunterricht angemessen (4).

Die Verknüpfung von Beobachtung und logischer Auswertung zu weiterführenden Arbeitshypothesen macht erfahrungsgemäß sehr viel Freude, besonders wenn sich - wie im Beispiel der Kerzenflamme - noch technische Anwendungen daraus ergeben. Weite Sachbereiche des Anfängerunterrichts lassen sich auf diese Weise erfolgreich behandeln. Aber irgendwann ergibt sich die Notwendigkeit zum exakten Vergleich, der nur durch Messen möglich ist; dann ist auch die Motivation der Schüler für die Feinheiten einer Meßmethode gegeben.

Da sich die Physik ja bewußt auf die meßbaren Eigenschaften und Naturvorgänge beschränkt und darauf die mathematische Beschreibung der Natur gründet, kann das Messen nicht in einer Übersicht der Methoden fehlen. Man kann sich aber hier mit einer pragmatischen Beschreibung der Meßverfahren für die Erfassung des physikalischen Körpers durch Längen-, Flächen-, Raum- und Massenbestimmung begnügen. Das Einüben der Verfahren und deren Verfeinerung verlege man an die Stelle praktischer Anwendung. Dafür verwende man alle Mühe auf die experimentelle Erarbeitung der materiellen Raumerfüllung, die sich dann auch noch in der Masse ausdrückt. Mit der Zeitmessung wird die Liste der mechanischen Grundgrößen vervollständigt, so daß auch die Bewegung der Körper erfaßt werden kann. Es ist klar, daß mit ihrer pragmatischen Einführung noch nicht das letzte Wort über die Grundgrößen und vor allem ihre begriffliche Ausschärfung gesprochen ist. Es sei hier auf den Block M verwiesen.

Die Besonderheiten der vorzustellenden physikalischen Methode zur Naturerfassung werden vom Schüler besser begriffen, wenn er sie vor dem Hintergrund der historischen Entwicklung der Einstellung des Menschen zur Natur sieht. Deshalb wurde die historische Entwicklung der naturwissenschaftlichen Denkweise vorangestellt. Die Bilder vom Blitz und Lavastrom wecken sicher das Verständnis für die Angst der Menschen und die mythologische Verflechtung ihrer Naturvorstellung. Die Schüler erfahren aber auch durch den Text die allmähliche Befreiung aus dumpfer Schicksalsergebenheit durch Beachtung von Regeln über Zusammenhänge im Naturgeschehen, die aus mehr oder weniger zufälligen Beobachtungen oder langwährenden Erfahrungen stammen und vergleichbar sind mit den heute noch gebräuchlichen "Bauernregeln" für zukünftige Wetterentwicklungen. Eine Reihe von Bauernregeln sind meteorologisch und physikalisch begründbar.

Der Fortschritt, den die Physik der Neuzeit brachte, beruht auf der von Galilei systematisierten Untersuchungsmethode (1.31) unter Einbeziehung des ad hoc ausgedachten Experiments (1.33) und seiner Entdeckung der Mathematisierbarkeit der Natur (1.34), dem bewußten Aufsuchen und Absichern von Kausalzusammenhängen (1.32) und dem Aufstellen von übergreifenden Theorien (1.35).

b) Bemerkungen zu den einzelnen Themen

Was ist eigentlich Physik? (1.1)

Diese Frage umschließt die Gegenstände und die Methode der Forschung. Angesichts der Fülle von Forschungsergebnissen, die heute kein einzelnes Menschengehirn mehr zu fassen vermag, gewinnt die Beherrschung der Arbeitsmethode in mehrfacher Hinsicht an Bedeutung:

1. Kenntnis der Methoden vermittelt Vertrauen in die so gewonnenen Forschungsergebnisse; nur so ist es möglich, Darstellungen von Forschungsergebnissen aus Fachbüchern und Fachzeitschriften zu übernehmen. Lernen aus Büchern (auch Schulbüchern) wird möglich, sobald ein zum Verstehen ausreichender Wissensvorrat vorhanden ist.
2. Vertrautsein mit der Arbeitsmethode befähigt den Schüler zur Eigentätigkeit im Übungsunterricht durch Anregung und Steuerung seiner Phantasie.
3. Kenntnis der Methoden befähigt zur Wertung naturwissenschaftlicher Erkenntnis in bezug auf ihren Beitrag zur Lösung von Problemen der menschlichen Zivilisation und Kultur.

Diese drei Punkte sollten ausreichen, um zu verstehen, warum das Einführungskapitel so

Hinweise zur LE 1: Einführung

intensiv auf die Darstellung der Arbeitsweise ausgerichtet wurde. Da die Arbeitsweise immer nur am Stoff demonstriert werden kann, darf sie diesen niemals verdrängen, was dann geschieht, wenn man über Physik nur redet, ohne sie zu praktizieren.

Anmerkungen zu den Bildern

Abb. 2, 1: Zu allen Zeiten haben die Menschen mit den ihnen zur Verfügung stehenden Mitteln - wie hier zu sehen - monumentale Bauwerke errichtet als Zeugen ihrer Kultur. Dies beweist auch die Vorgeschichte des abgebildeten Obelisken. Dieser 25, 5 m hohe und 326 784 kg schwere, aus einem (!) Stück Fels bestehende Koloß (Monolith) wird hier unter Leitung von Domenico Fontana 1586 an seinen dritten Standort gebracht. Caligula ließ ihn 39 n. Chr. von Heliopolis in Ägypten, wo er erstmals etwa 1500 bis 1700 Jahre vorher aufgestellt worden war (das sind rund 3000 Jahre vor der Situation des Bildes), nach Rom bringen und im Circus Vatikanus (= Zirkus am vatikanischen Hügel) aufstellen. Die erste Aufrichtung in Agypten, der Schiffstransport und die Bewegung auf einer Bühne mit Rollen von der Anlegestelle am Tiber in Rom zum Zirkus sind - aus unserer Sicht vom Altertum - unvorstellbare Leistungen, verbunden mit noch größeren Mühen als der Transport vom Circus Vaticanus nach dem Petersplatz. Dort steht der Obelisk heute noch, nachdem er unversehrt zweimal seinen Platz gewechselt hat.

Abb. 3.1 und 4.1 sollen den Schüler im Zusammenhang mit dem Text von Kap. 1.2 daran erinnern, daß der Mensch gegenüber Naturkatastrophen wie Erdbeben und Vulkanausbrüchen machtlos ist; obwohl er sich heute unter dem Schutz von Blitzableitern sicher fühlt, bleibt doch der Eindruck der verheerenden Wirkung eines Blitzschlags wie des abgebildeten. Um zum Blitzschutz zu kommen, war die Kenntnis aller Erscheinungen nötig, die in Kap. 1.32 skizziert und miteinander in Verbindung gebracht werden. Dies setzt planvolles Beobachten von Naturerscheinungen voraus, zu dem die Abb. 4, 2; 5, 1; 6, 1 und 6, 2 auffordern möchten.

Die Abb. 7, 1 und 7, 2 weisen auf die technische Welt hin, in der wir leben und deren wir uns bedienen, die vom Menschen aus seiner Kenntnis der Naturgesetze gestaltet wurde und zum Inventar der zu betrachtenden Gegenstände gehört.

Die weiteren Bilder sind textbezogen und durch Begleittexte erläutert.

Mensch und Natur (1.2)

Man kann die heute übliche Methode der physikalischen Naturbetrachtung nur dann richtig verstehen, wenn man auch frühere Einstellungen des Menschen zur Natur kennt. Deshalb sollte eigentlich jeder Schüler das Kapitel 1.2 - obwohl es für die 1. Erweiterung vorgesehen ist - zur Kenntnis nehmen. Er kann daraus erfahren, wie sich der Mensch aus seiner ursprünglich totalen und schicksalhaften Abhängigkeit von den Unbilden der Natur, hinter denen er das Wirken von Göttern und Dämonen sah, durch Naturbeobachtung und Entdeckung von Zusammenhängen zwischen verschiedenen Naturerscheinungen befreite, indem er diese Zusammenhänge beachtete.

Aktuelle Ergänzung: Die grandiosen Erfolge, LI die sich aus der strikten Befolgung der Naturgesetze bei der technischen Produktion schließlich ergaben, ließen die Meinung aufkommen, der Mensch könne die Natur nach Belieben beherrschen und sie bedenkenlos ausbeuten. Erst die heute überall zu beobachtenden Umweltschäden machten darauf aufmerksam, daß der vielgepriesene "technische Fortschritt", den ja niemand missen möchte, mit einer Fehlhaltung des Menschen gegenüber der Natur verbunden ist. Eine Reflexion über die Stellung des Menschen zur Natur kann nur zu dem Ergebnis führen, daß die Distanzierung des Menschen vom Objekt seiner Forschung, wie sie in der Physik erfolgreich praktiziert wird, nicht übertragen werden kann auf die Folgen technischer Erfindungen. Der Mensch kann nur in und mit der Natur leben; er darf sie nicht nur nutzen, ohne sie zu pflegen. Zur Selbsterhaltung müssen in der Anwendungspraxis neue Kriterien eingeführt werden, die man unter der Devise "kontrollierter Fortschritt zum Schutz des Menschen und seines Lebensraumes" zusammenfassen kann. (5), (6)

Die vorstehende "aktuelle Ergänzung" ist als Anregung für den Lehrer gedacht, der sie im Zusammenhang mit konkreten Beispielen immer wieder dem Schüler nahebringen sollte.

Beispiele für die Arbeitsweise der Physik (1.3)

Planvolle Beobachtungen (1.31) werden exemplarisch an der Kerzenflamme angestellt. Wer die Kerze als Unterrichtsgegenstand für nicht mehr zeitgemäß hält, möge bedenken, daß die Ergebnisse der Untersuchung die Grundlage der Flammenheiztechnik bilden.

Hinweise zur LE 1: Einführung

Planvolles Beobachten kann etwa durch folgende Etappen-Merkmale gekennzeichnet werden:

1. Gründlich anschauen und auch Details beachten (z. B.: Flamme entwickelt sich langsam, Paraffin schmilzt um den Docht, Flamme brennt am oberen Dochtende, Docht verbrennt nicht, die Flamme besteht aus drei Bezirken, der äußere ist an der Flammenspitze am ausgedehntesten und heißesten).

2. Konzentration auf die wesentlich erscheinenden Beobachtungen (z. B.: Weder festes noch flüssiges Paraffin brennt, das feste nimmt aber ab, Docht bleibt erhalten, oberes Dochtende ist von dunklem Raum umgeben).

3. Versuch einer logischen Kausal-Verknüpfung der Beobachtungen und Aufstellen einer Arbeitshypothese (z. B.: Da festes und flüssiges Paraffin nicht brennen und auch der Docht erhalten bleibt, die Flamme über dem Docht brennt, muß brennbares Paraffin aus dem Docht in den Dunkelraum strömen).

4. Arbeitshypothesen werden durch selbst zu entwerfende Versuche geprüft: V W7, 2 und W7, 3.

Bei der nachfolgenden Untersuchung der Flamme führt bloßes Anschauen nicht weiter. Geklärt ist nur die dunkle Zone als "Brennstoffraum". Ohne Hilfe ist die Situation in bezug auf die "leuchtende" und die "heiße" Zone zunächst blockiert: Man müßte deshalb auf einen Einfall oder eine Zufallsbeobachtung warten. Da kaum ein Schüler noch einen berußten Lampenzylinder kennt, muß der Lehrer den V W8, 1 initiieren. Die Schüler erkennen die aufschließende Bedeutung dieses Versuchs sofort und verarbeiten sein Ergebnis auch logisch zu der am Ende von V W8, 1 aufgestellten Arbeitshypothese. Der Entwurf zum Versuch V W8, 2 liegt in der Situation begründet und dieser fordert den Gegenversuch V W8, 3 buchstäblich heraus. Beide Versuche bilden für die Schüler den Schlüssel zum Verständnis von Bunsenbrenner und
SV Schweißbrenner. Alle Versuche sind grundsätzlich als Schülerversuche durchführbar.

Erklärung verschiedener Naturerscheinungen unter einem gemeinsamen Gesichtspunkt (1.32). Die beschriebenen Versuche müssen vom Lehrer initiiert werden. V W9, 1
SV und 9, 2 sind als Schülerversuche durchführbar und machen in dieser Spielart sehr gro-
VT ßen Eindruck. Man lasse mit Spiritus gereinigte Projektionsfolien auf Schreibmaschinenpapier pressen. Zum V W9, 2 verwende man ein Stabglimmlämpchen. Die Verknüpfung dieses Versuchs mit selbsterlebten Erscheinungen an Synthetics ist sehr wichtig.

LV V W9, 3 und 9, 4 müssen als LV durchgeführt werden; V W9, 4 wirkt aber auch als Lehrerversuch überzeugend. Die im Anschluß an V W9, 3 erwähnte Gewittersituation ist nur selten gerade parat. Darin liegt die Motivation für die "künstlichen Blitze" mit dem Bandgenerator. Es ist für die Physik verfahrenstypisch, daß Naturphänomene ins Labor geholt und in verkleinerten Dimensionen nachgeahmt werden. Vergl. auch Kap. 1.33.

Die Gemeinsamkeit der gezeigten Phänomene wurde durch das gleiche Verhalten des Glimmlämpchens bei der "Entladung" ausgewiesen. Daß aus solcher Gemeinsamkeit (nicht zu verwechseln mit Analogie) umfassende Begriffsbildungen hervorgehen wie die der "elektrischen Ladung", kann dem Schüler hier nur mitgeteilt werden. In dieser Einstiegsphase stehen zunächst nur die gemeinsamen Merkmale aber keine Begriffsbildung zur Debatte.

LI Begriffe von vergleichbarer Tragweite, zu denen nicht nur physikalische Größen gehören, sind z. B. Teilchen, Felder, Ladungstrennung, Kraft, Energie, Schwingungen, Wellen und Wellenerscheinungen wie Interferenz usw. Diese wenigen Beispiele zeigen die Bedeutung des in diesem Kapitel angeschnittenen Fernziels: Erklärung verschiedener Erscheinungen unter einem gemeinsamen Begriff. Solche Begriffe kann der Schüler aber schon erleben, bevor sie genau definiert werden.

Beobachtung von Naturvorgängen unter künstlich hergestellten Bedingungen (1.33). Beispiel dafür war schon der mit dem Bandgenerator erzeugte künstliche Blitz. Das Erlebnis von Licht und Farbe im Regenbogen wurde erstmals von Newton analysiert. Sein Vorgehen (auf S. W10 beschrieben) und der nach Abb. W11, 1 durchgeführte Versuch zeigen nur, wie man die Regenbogen-Farben künstlich herstellen kann, aber noch nicht, wie sie im natürlichen Regenbogen entstehen; dies wird später im Rahmen der Optik gezeigt.

Die im Anschluß an die Beschreibung von Newtons Experiment dargestellte Vorgehensweise (auf S. W10 gelb unterlegt) bedarf einer konkreten Erläuterung: Das "Herauslösen des Wesentlichen aus der bunten Vielfalt einer komplexen Naturerscheinung" und "ihre Befreiung von zufälligen Begleiterscheinungen" setzt das Erkennen des Wesentlichen und seine Abgrenzung vom Unwesentlichen voraus, ebenso das Erkennen von Störeffekten.

Hinweise zur LE 1: Einführung

S. W 10–W 12

Eine solche Analyse ist aber nur möglich, wenn aus der genauen Beobachtung des Naturvorgangs bereits eine fundierte Vermutung über Kausalzusammenhänge hervorging. Man kann den Schüler zwar mit einer solchen komplexen Erscheinung konfrontieren, aber nicht erwarten, daß er die beteiligten Faktoren erkennt und differenziert, besonders wenn dazu historisch Jahrzehnte oder Jahrhunderte notwendig waren. Er wird aber verstehen, daß es eine geniale Idee war, wenn sich Newton in eine Dunkelkammer begab und nur das direkt "von der Sonne kommende Licht" (wie beim Regenbogen) als schmales Lichtbündel durch ein Loch im Fensterladen eintreten ließ; damit hielt er das von allen beleuchteten Gegenständen herkommende Streulicht (Störeffekt) fern.

Mit diesem Schritt eröffnete Newton die optische Experimentierpraxis. Nach über 200 Jahren wurde das Sonnenlicht durch das künstliche Licht der Bogenlampe und dann der Glühlampe als laborgerechtere Lichtquellen ersetzt. Die dadurch erreichte Vereinfachung besteht in der Unabhängigkeit vom Wetter und vom Sonnenstand, der leichteren Justiermöglichkeit und - was für die Experimentierpraxis der Schule wichtig erscheint - darin, daß eine justierte Anordnung immer wieder benutzt werden kann.

Es ist deshalb im Hinblick auf die bevorstehenden Kapitel nicht abwegig, Kunstlichtquellen und elektrische Wärmequellen als technische Gegenstände auf ihren Kern hin zu untersuchen. Das gelingt leicht, denn der "Heizdraht" ist rasch entdeckt und der im V W11,1 vollzogene Schritt im Sinn der oben beschriebenen Vorgehensweise wird leicht eingesehen.

Während das künstliche Licht der Bogenlampe und der Glühlampe dem natürlichen Licht der Sonne ähnlich ist, besitzt das Licht des Lasers (S. W11) Eigenschaften, die das natürliche Licht nicht besitzt. Dies kann man natürlich hier nicht zeigen oder näher begründen; man sollte es aber erwähnen als Exemplum dafür, daß die Technik nicht nur "Verbraucher" physikalischer Erkenntnisse ist, sondern auch "Produzent neuer Phänomene" sein kann.

Mathematische Beschreibung und zahlenmäßige (quantitative) Erfassung von Naturvorgängen (1.34)
Auch in der Physik wird nur gemessen, wenn die Situation einen exakten Vergleich verlangt, keinesfalls um des Messens willen. Die Schüler sind dann auch dafür motiviert. Es ist keineswegs an einen der früher üblichen Meßkurse gedacht, wenn im Rahmen der Beispiele für die Arbeitsweise der Physik die quantitative Erfassung der Grundmerkmale eines Körpers (Länge, Flächeninhalt, Rauminhalt, Masse) und die Zeitmessung behandelt werden.

Bei der Einführung der Basisgrößen ist es nicht erforderlich, alle Einzelheiten des Meßverfahrens zu definieren und zu begründen, da den Schülern dieser Altersstufe z.B. die Festlegung der Gleichheit zweier Größenwerte trivial erscheint. Man kann sich deshalb bei dieser pragmatischen Behandlungsweise auf folgende Punkte beschränken:

1. Beschreibung des betreffenden Merkmals, das für den betrachteten Gegenstand oder Vorgang charakteristisch und metrisierbar ist. Einführung einer Begriffsbezeichnung.
2. Definition der Einheit und Angabe des Meßverfahrens ohne explizite Definition von Gleichheit und Vielfachheit zweier Größenwerte.

Die Längenmessung (1.341) ist den Schülern aus dem Alltagsleben weitgehend bekannt; deshalb kann man sich hier auch auf einige Grundbegriffe des physikalischen Messens einlassen. Man unterscheide zwischen der "Längeneinheit" (Länge einer bestimmten Strecke) und dem "Längenormal" (Urmeter, Maßstab als materieller Träger zweier Strichmarken zur Begrenzung der Strecke mit der Länge 1 m). Als Symbole für Längen dienen die Buchstaben s, l, h. Nimmt die Länge l durch Messung einen bestimmten Größenwert, z.B. 3 m an, so schreibt man dies in der Form $l = 3$ m. Die Maßzahl 3 gibt an, daß die Einheit 1 m dreimal aneinandergefügt werden muß, um die Streckenlänge abzudecken. Es gilt: $l = 1m + 1m + 1m = 3 \cdot 1m = 3m$.

LI Nach der SI-Definition der Längeneinheit ist diese gleich dem 1 650 763,73-fachen der Wellenlänge des orangefarbenen Lichts, das vom Krypton-Isotop der Massenzahl 86 beim Übergang vom Energieniveau $5d_5$ zum Niveau $2p_{10}$ im Vakuum ausgesandt wird.

Es besteht wohl kein Zweifel, daß man weder hier noch zu einem späteren Zeitpunkt in der Sekundarstufe I, da man sich mit Längenmessung befaßt, mit dieser Festsetzung etwas anfangen kann. Der früheste Zeitpunkt, zu dem man dieses Verfahren verständlich machen könnte, wäre in der optischen Interferometrie mit Laserlicht in der SII gegeben.

Man verzichte an dieser Stelle auch auf Genauigkeits- und Fehlerbetrachtungen (s. S. M7/8).

Hinweise zur LE 1: Einführung   S. W 13–W 15

Messung von Flächen- und Rauminhalt (1.342). Die Einheiten für Flächen- und Rauminhalt sind als Quadrate bzw. Würfel mit den Seiten- bzw. Kantenlängen von 1m (1dm, 1cm) leicht zu definieren. Flächeninhalte von Rechtecken (wie in Abb. W13, 1) lassen sich durch Abdecken mit der Flächeneinheit und Abzählen finden. Entsprechendes gilt für den Rauminhalt von quaderförmigen Körpern. Das Verfahren lehrt, daß sich der Flächeninhalt eines Rechtecks mit der Formel $A = a \cdot b$ und der Rauminhalt eines Quaders mit $V = a \cdot b \cdot c$ berechnen läßt.

Der Flächeninhalt eines Kreises, das Volumen eines Zylinders und einer Kugel sind schließlich Probleme des Mathematikunterrichts in höheren Klassenstufen. Sollte eine solche Berechnung einmal nötig sein, so kann man die entsprechenden Formeln (mit $\pi \approx 22/7 \approx 3,14$) angeben. Wesentlich wichtiger erscheint das Problem der Flächen- und Rauminhalte von unregelmäßig begrenzten Flächen bzw. von unregelmäßigen Körpern, die sich nicht berechnen lassen.

Raumerfüllung der Körper. Bisher wurden Körper nur vom geometrischen Standpunkt hinsichtlich ihrer Gestalt und ihres Volumens betrachtet. Physikalisch gesehen sind sie mit Materie ausgefüllt; deshalb gilt: Wo ein Körper ist, kann kein anderer sein. Diese Tatsache der Raumerfüllung ist der Schlüssel zur physikalischen Volumenbestimmung fester, flüssiger und gasförmiger Körper; auch letztere beanspruchen Raum, wenn sie auch kompressibel sind.

So ergeben sich - nach der Schwierigkeit des Verfahrens geordnet - die Methoden für die
SV Volumenbestimmung: Für Flüssigkeiten mit
SV Meßzylindern, für (wasserunlösliche) feste Körper durch Wasserverdrängung nach Abb.
LV W14, 2 und 14, 3 und für Gase mit einem Gasometer nach Abb. W15, 1. Wegen der Kompressibilität der Gase muß die "Druckkonstanz" durch die nachfolgende, umschreibende Bedingung gewahrt bleiben: Beim Ablesen des Gasvolumens (Abb. W15, 1) muß der Wasserspiegel im (umgekehrten) Meßzylinder (Gasometer) und außen gleich hoch sein.

Die Zeitmessung (1.343) sollte hinter die Massenbestimmung gesetzt werden, da letztere unmittelbar mit der materiellen Struktur der physikalischen Körper zu tun hat. Zeitmessung hat - wie später die Temperatur - zwei verschiedene Ausprägungen:

1. Uhren, die auf astronomisch oder sonstwie kontrollierte Normaluhren ausgerichtet sind, bestimmen den Zeitpunkt eines Ereignisses.

2. Stoppuhren bestimmen die Zeitdauer eines Vorgangs. Diese kann auch aus der Differenz der Zeitpunkte von Ende und Anfang des Vorgangs berechnet werden.

Als physikalische Größe ist nur die Zeitdauer anzusprechen, da man vom Nullpunkt der Zeitmessung abhängige Zeitpunkte nicht sinnvoll vervielfachen kann, wohl aber die Zeitdauer eines Vorgangs. Ähnliches gilt für die punktuelle Temperatur (gemessen auf der Celsiusskala) und die Temperaturänderung z. B. durch Erwärmen.

Die Einheit des Zeitintervalls ist 1 Sekunde (1 s). Sie wurde früher als 1/86400 des mittleren Sonnentages festgelegt. Die SI-Einheit der Zeitdauer wird aus der Schwingungsdauer des Lichts einer bestimmten atomaren Lichtquelle gewonnen. S. Band 1, 1. Umschlagsseite. Weiterführende Literatur (7), (8).

SI Mit Cäsium-Uhren lassen sich Zeitintervalle auf 10^{-11} s genau bestimmen. Man hat damit festgestellt, daß sich die Erde von Tag zu Tag langsamer dreht, und zwar ist der folgende Tag um mehr als $50 \cdot 10^{-9}$ s länger als der vorhergehende. Das wäre im Jahr eine Zunahme von rd. $2 \cdot 10^{-5}$ s und nach 50 000 Jahren eine Tagesverlängerung von 1s. Eine Verdoppelung der Tageslänge wird nach 4,32 Milliarden Jahren erreicht. Diese Angaben beleuchten die imponierende Genauigkeit der Cs-Uhr.

LI Die SI-Definition der Zeiteinheit ist in der Schule so wenig realisierbar und methodisch zu verkraften wie die ähnlich definierte Längeneinheit. Immerhin bietet sich hier ein Vergleich mit dem Sekundenpendel an: Der atomare Schwingungsvorgang erfolgt 9 192 631 770mal so rasch wie der des Sekundenpendels.

Die Bestimmung der Masse (1.344) mit Balkenwaagen ist schon viele tausend Jahre alt. Man maß damit die "Stoffmenge", wie es zunächst auch hier geschieht. Hierbei werden die Begriffe Menge bzw. Stoffmenge im umgangssprachlichen Sinn gebraucht, also nicht weiter definiert. Die beiden Begriffe bezeichnen eine ungeformte Stoffportion, die unter verschiedenen Gesichtspunkten gemessen werden kann. Hier zeigt sich, daß man bei der Darstellung physikalischer Sachverhalte nicht auf die Umgangssprache verzichten kann. Auch an vielen anderen Stellen eines Physiklehrgangs wird dies deutlich.

Hinweise zur LE 1: Einführung S. W 16

Carl Friedrich von Weizsäcker sagt hierzu: "Die sogenannte exakte Wissenschaft kann niemals und unter keinen Umständen die Anknüpfung an das, was man natürliche Sprache oder die Umgangssprache nennt, entbehren. Es handelt sich stets um einen Prozeß der vielleicht sehr weit getriebenen Umgestaltungen derjenigen Sprache, die wir immer schon sprechen und verstehen. Und deshalb ist die Vorstellung einer vollkommen exakten Sprache zumindest für solche Wissenschaften, die sich, wie man sich ausdrückt, mit realen Dingen beschäftigen, eine reine Fiktion."(9)

Nach Weizsäcker hat die Sprache der Physik ihre Eindeutigkeit, soweit sie sie hat, nicht in einer für immer garantierten und absoluten Weise, sondern bezogen auf eine jeweilige Situation. Er schreibt: "Es gibt einen immer schon erschlossenen Bereich, in dem man sich genug verständigen kann, um - auf das dort herrschende Verständnis aufbauend - neue Bereiche zu erschließen. Der erschlossene Bereich, in dem wir uns verständigen können, ist uns erschlossen nicht nur, aber weitgehend durch die Sprache, die wir immer schon sprechen. Daher ist "natürliche" Sprache, d.h. die Sprache, die wir jeweils haben und die die Logiker heute manchmal Umgangssprache nennen, die Voraussetzung der weiteren Erkenntnis und damit auch der weiteren Verschärfung der Begriffe. Verschärfung der Begriffe heißt aber: Korrektur der Umgangssprache. Und so ist diese Sprache ein Mittel, das uns immer von neuem Wirklichkeit erschließt und uns anhand der erkannten Möglichkeit gestattet, jenes Mittel selbst zu korrigieren. Und dieser, wenn man so will, zirkelhafte Vorgang scheint mir derjenige zu sein, der von der sprachlichen Seite her gesehen, in einer Wissenschaft wie der Physik unablässig geschieht."(9)

Die physikalische Größe, die man durch Wägung mit Wägesatz und Waage gewinnt, heißt die Masse des Körpers. Sie ist der Ausdruck für das mit Materie Ausgefülltsein des physikalischen Körpers und kann u.a. auch als Maß für die Stoffmenge benutzt werden. Die Marktfrau sagt für Masse zwar Gewicht; man sollte aber im Physikunterricht wegen der leichten Verwechselbarkeit von "Gewicht" mit "Gewichtskraft" nur die Bezeichnung "Masse" verwenden. Außer dem im Schülerbuch beschriebenen Meßverfahren gibt es noch andere: S. S. M11, M12 und Lehrerband Kap. 3.4.1 und 3.4.2.

Erklärung der Naturerscheinungen durch Modellvorstellungen (1.35)

Das Arbeiten mit Modellen gehört wie das Messen zur Methode der Physik. Eine falsche Auffassung von der Bedeutung der Modelle führt zur Fehleinschätzung naturwissenschaftlicher Erkenntnis; von ihr gehen auch didaktische und methodische Fehlentwicklungen aus. Beispiele hierfür sind:

1. Modellvorstellungen werden unmotiviert und zu früh eingeführt.

2. Modelle werden mit den Gegenständen oder Vorgängen, die sie darstellen sollen, verwechselt, weil sie diese so überzeugend "erklären".

3. Es entsteht das Mißverständnis, daß Naturerscheinungen so ablaufen, weil es das Modell verlangt.

Das Beispiel von der Nicht-Additivität der Volumina mischbarer Flüssigkeiten möchte dazu beitragen, die oben beschriebenen Fehler zu vermeiden.

LV Nach den Vorversuchen ist V W16,2 ein erstaunliches Phänomen. Erstaunlich, weil nicht erwartet, nicht verständlich, nicht "einsehbar" im Doppelsinn des Wortes. Das gibt Veranlassung, nach ähnlichen Erscheinungen zu suchen: Wasser verschwindet im Sandhaufen, weil ... zwischen den Sandkörnern Platz für das Wasser ist. Das ist verstehbar (10)! Der Wunsch, auch die Nicht-Additivität der Volumina von Wasser und Alkohol zu "verstehen" (mit dem Verstand logisch zu erfassen) drängt zur "Annahme" einer körnigen- oder Teilchenstruktur der beiden Flüssigkeiten Wasser und Alkohol, eigentlich gegen den Augenschein.

Bei der Modell-Erklärung der Volumenschrumpfung bleibt noch offen, ob die Alkoholteilchen zwischen den Wasserteilchen Platz finden oder umgekehrt. Das wäre zwar wissenswert, ist aber für das vorliegende Problem unwesentlich (vergl. LI). Es muß darauf hingewiesen werden, daß diese Phänomene nicht allein durch die Annahme von Zwischenräumen erklärbar sind; es sind vielmehr noch innermolekulare Kräfte im Spiel, die hier aber nicht betrachtet werden sollen. Eine Modellvorstellung ist dann gut brauchbar, wenn sie nicht nur eine sondern eine Vielzahl von physikalischen Erscheinungen
LV verständlich macht, z.B. auch V W16,1 und V W15,2. Die Additivität der Volumina von Wasser und Öl folgt aus ihrer räumlichen Trennung. (Hier wäre es die Seitenfrage, warum beide nicht mischbar sind, die nach Klärung verlangt.) Wenn die Zwischenräume

Hinweise zur LE 2: Wärmezustand und Erscheinungsform

zwischen den Wasserteilchen (Alkoholteilchen) groß genug wären, um Wasserteilchen (Alkoholteilchen) aufzunehmen, würden sich diese von selbst auffüllen. Dann können auch neu hinzukommende Teilchen derselben Art sich <u>nicht</u> "verkriechen" und eine Volumenschrumpfung hervorrufen. Für <u>Modellflüssigkeiten</u> gilt: Beim Mischen zweier Flüssigkeitsmengen derselben Art kann keine Schrumpfung eintreten. Wenn <u>wirkliche</u> Flüssigkeiten sich ebenso verhalten, so ist das ein <u>Indiz für die Brauchbarkeit der Modellvorstellung</u> von der Flüssigkeit, keinesfalls aber so, <u>weil</u> es das Modell verlangt.

LI Da Alkohol mit der größeren relativen Molekülmasse (50) gegen Wasser (18) aber die geringere mechanische Dichte hat, muß man annehmen, daß Alkohol "lockerer gepackt" ist als Wasser. Demnach fänden wohl Wasserteilchen zwischen den Alkoholteilchen Platz, aber keine weiteren Alkoholteilchen.

c) Neue Aufgaben und Fragen

1. Warum hat das Urmeter (Abb. W12, 2) ein solch merkwürdiges Profil?
L. Das besondere Profil soll jede Verbiegung verhindern. Dies ist nötig, weil sich mit jeder Verbiegung der Abstand der Endmarken ändert.

2. Um wieviel kann sich die Brücke von Abb. W12.1 noch ungehindert ausdehnen?
L. Die Brücke kann sich um die Länge der vor den Lamellen liegenden offenen Schlitze ausdehnen.

3. Warum sind die Laufstege im Innern der Taucherglocke <u>über</u> dem unteren Rand der Glocke angebracht?
L. Da sich die Luft in der Glocke zusammendrücken läßt, dringt das Wasser mit zunehmender Eintauchtiefe von unten immer weiter in das Innere ein.

4. Wie kann man das eingedrungene Wasser wieder aus der Glocke verdrängen?
L. Durch Hineinpumpen von Luft von außen durch einen Schlauch.

*5. Erkläre die Wirkungsweise der in Abb. W15, 3 dargestellten Pendeluhr.
L. Erst beim Rückschwingen des Pendels wird der rechte Zahn freigegeben. Das rechte Bügelende gleitet die schräge Fläche des sich nunmehr nach links drehenden Zahnes hinauf, wird nach oben gedrückt, treibt die Pendelbewegung an und erhält diese. Anschließend wird das Zahnrad durch das linke Ende des Steuerbügels wieder blockiert, und zwar links vor dem gerade ankommenden Zahn.

d) Audio-visuelle Hilfsmittel

AT	Verbrennung 1: Das Feuer will nicht brennen	357271	(1)
AT	Verbrennung 2: Wie entsteht eine Flamme	357272	(1)
AT	Verbrennung 3: Der Bunsenbrenner	357273	(1)
F	Mondfinsternis	355053	(1)
F	Tageszeiten	355055	(1)
F	Jahreszeiten	355056	(1)
F	Fließende Lava	355004	(1)
AT	SI-Einheiten, Teil 1 Basiseinheiten	23040.01	(2)

3.1.2.2 LE 2: Wärmezustand und Erscheinungsform der Körper

a) Vorbemerkungen und Ziele

Innerhalb der Sekundarstufe I beschränkt sich die Wärmelehre auf zwei wesentliche Begriffe:

1. Die Temperatur als einzige Grundgröße der Wärmelehre wird in dieser LE definiert.

2. Die Wärmemenge wurde früher durch die Temperaturerhöhung einer bestimmten Wassermenge ebenfalls als Basisgröße definiert.

Im heutigen Begriffssystem dagegen wird die Wärmemenge durch die Änderung der inneren Energie und die zugeführte mechanische Arbeit festgelegt. Deshalb leuchtet es ein, daß die Definition dieser Größe wegen ihrer engen Koppelung mit dem Energiebegriff am besten im Zusammenhang mit dem Energie-Erhaltungssatz (s. S. M76 ff) erfolgt.

Um jedoch zu verhindern, daß sich mit dem Gebrauch der unvermeidlichen Vokabel Wärmezufuhr (Wärmeentzug) die Vorstellung eines Wärmestoffs herausbildet, wird dieser Vorgang in der LE 3 (Teilchenmodell) eingeschränkt wie folgt interpretiert: Wärmezufuhr erhöht die Teilchenbewegung oder lockert die bestehende Teilchenbindung. Diese Beschreibung im Teilchenmodell deckt sich mit dem korrigierten Begriffsschema auf S. W27. Wärmezufuhr als Übertragungsvorgang ist vom Temperaturbegriff wohl zu unterscheiden.

Wie bei jedem Einstieg in ein neues Gebiet stehen am Anfang nur Begriffe der Umgangssprache zur Verfügung, die es durch "Sprachregelungen" einzugrenzen gilt (s. auch S. 99).

Hinweise zur LE 2: Wärmezustand und Erscheinungsform

So soll z.B. unter "Wärmezustand" der Zustand der Körper verstanden werden, den man mit dem Temperatursinn der Haut subjektiv als warm, kalt oder heiß empfindet. Die Bezeichnung Temperatur soll für den mit Thermometern objektiv gemessenen Wärmezustand verwandt werden.

Da sich der Temperaturbegriff auf meßbare Kennzeichen des Wärmezustandes gründet, muß erst nach solchen gesucht und das Ausdehnungsverhalten von festen, flüssigen und gasförmigen Körpern als quantifizierbares Merkmal für Änderungen des Wärmezustandes gefunden werden. In dieser qualitativen Phase der Begriffsbildung wird der Wärmezustand immer noch über den Temperatursinn registriert. Der so gefundene Zusammenhang zwischen Länge bzw. Volumen eines Körpers und dessen Wärmezustand wird dann durch eine definitorische Zuordnung von Längen- bzw. Volumenänderung und Temperaturänderung ersetzt. Dieser Übergang von der qualitativen Phase der Begriffsbildung zur Definition einer Größe - hier der Temperaturänderung - sollte ebenso bewußt werden wie die Tatsache, daß man in der Physik im allgemeinen nur solche Festsetzungen trifft, die den vorliegenden qualitativen Erfahrungen gerecht werden.

Die Definition der SI-Einheit 1 Kelvin (K) als "der 273,16-te Teil der thermodynamischen Temperatur des Tripelpunktes des Wassers" geht an der Schulpraxis vorbei, aber 1 K deckt sich mit dem 100-ten Teil der Temperaturdifferenz zwischen dem Eispunkt (0 °C ≙ 273,15 K) und dem Siedepunkt des Wassers unter den bekannten Normbedingungen.

Mit den Fixpunkten der Temperatur, die zur Festlegung des Fundamentalabstandes dienen, verbinden sich die Umwandlungen der Aggregatzustände, deren eingehende Untersuchung die LE beschließen, nachdem vorher am Beispiel der Ausdehnung fester Körper gezeigt wurde, wie man nach der Definition einer Temperaturskala gesetzmäßige Zusammenhänge zwischen Temperatur und Länge ermittelt. Die Anomalie des Wassers ist als Beispiel dafür zu behandeln, daß kleinste Ursachenphänomene von ungeheurer Bedeutung für das Leben auf der Erde sein können.

b) Bemerkungen zu den einzelnen Themen

Einteilung der Körper nach ihren Aggregatzuständen (2.1)

Aus der Erfahrung ist bekannt, daß Wasser in den drei Zustandsformen fest, flüssig, gasförmig vorkommt, desgleichen, daß das feste Stearin der Kerze schmilzt und in Gasform verbrennt (vgl. Kap. W1.31). Man sollte die Verallgemeinerung: Alle Stoffe kommen in drei verschiedenen Zustandsformen vor, durch ein weiteres, nicht alltägliches Beispiel stützen. Z.B.: Die Kohlensäure der Luft (CO_2) ist nur als Gas bekannt; in der Stahlflasche kann man sie aber als Flüssigkeit kaufen. Man zeige nun die Erzeugung von CO_2-Schnee.

An diesem Beispiel wird deutlich, daß der Wärmezustand nicht allein die Zustandsform bestimmt; denn das flüssige CO_2 hat die Temperatur des Lagerraumes. Das Zischen beim Ablassen des flüssigen CO_2 weist auf hohen "Druck" hin, wie man aus dem Vergleich mit dem Luftablassen aus einem Auto- oder Fahrradreifen erschließen kann.

Merkmale des Wärmezustandes (2.2)

Einen "Zustand" untersucht man dadurch, daß man ihn verändert. Bei der Beschreibung der verändernden Ursachen und der Wirkungen in umgangssprachlichen Ausdrücken ergibt sich die Notwendigkeit zu Verabredungen über die Verwendung dieser Ausdrücke, eine Art Begriffsbildung durch Sprachregelung. Es muß angemerkt werden, daß das dabei entstandene Begriffsschema von S.W17 nur gilt, wenn keine Änderung des Aggregatzustandes eintritt (d.h. keine "latente" Wärme zur Änderung der potentiellen Energie des molekularen Gefüges mitwirkt).

Die wenig differenzierte verbale Beschreibungsmöglichkeit des Wärmezustandes und die im V W17,1 nachgewiesene Unzuverlässigkeit des Temperatursinns der Haut motivieren für die Objektivierung der Wärmezustands-Anzeige.

Den Übergang zur endgültigen Temperaturmessung bilden die Farbumschläge von Thermochromstoffen, die bei individuell verschiedenen, aber ganz bestimmten Wärmezuständen (Temperaturen) erfolgen und - wie im V W18,1 und 18,2 - das Erreichen dieses Wärmezustandes anzeigen. Man braucht die auf den Thermochromstiften angegebenen Temperaturwerte für die Einordnung in eine Temperaturskala nicht zu benutzen - obwohl man das könnte, da den Schülern der Umgang mit Thermometern vertraut ist -, denn man kann bei gleichmäßiger Erwärmung des Wassers die zeitliche Folge der einzelnen Farbumschläge registrieren und zu einer ansteigenden Ordnung der Umschlagstemperaturen kommen, z.B. $\vartheta_A < \vartheta_B < \vartheta_C$.

Hinweise zur LE 2: Wärmezustand und Erscheinungsform   S. W 18-W 21

Temperaturmessung (2.3)

Die Temperaturmessung mit Thermometern wird auf meßbare Kennzeichen des Wärmezustands (2.31) zurückgeführt, z.B. die Ausdehnung von festen, flüssigen und gasförmigen Körpern durch Erwärmen, natürlich innerhalb desselben Aggregatzustandes. Diese Verhaltensweise wird in qualitativen Versuchen demonstriert. Grundsätzlich sind Körper in allen Aggregatzuständen als Thermometersubstanzen geeignet. Aus dem Angebot sollte eigentlich ein Gas (z.B. Wasserstoff oder Helium) ausgewählt werden, weil sich bei Gasen die Ausdehnung am deutlichsten zeigt. Dies geschieht auch zu wissenschaftlichen Zwecken. Für die Alltagspraxis sind Gasthermometer zu umständlich, deshalb benutzt man Flüssigkeiten als Thermometersubstanz, z.B. Quecksilber, daneben auch Alkohol und Pentan. Man wählt die Flüssigkeit, die in dem zu erfassenden Temperaturbereich weder verdampft noch erstarrt.

Die Definition der Temperatur mit Hilfe der Ausdehnung von Quecksilber (2.32) erfolgt mit einer bestimmten Menge Quecksilber, die sich zum größten Teil in einem kleinen Vorratsbehälter (Abb. W20,1) befindet und sich in ein oben abgeschlossenes Kapillarrohr hinein ausdehnen kann. Mit diesem Thermoskop (ohne Skala) lassen sich zwei für ein Meßverfahren typische Feststellungen treffen: 1. Definition der Gleichheit zweier Temperaturen und 2. Festlegung der Skalenrichtung.

Um für die Festlegung einer Temperaturskala ein Normalthermometer zu vermeiden, braucht man zwei vom Thermoskop unabhängig reproduzierbare Wärmezustände. Als solche Fixpunkte der Temperatur bieten sich an die Temperatur des schmelzenden Eises und die Temperatur des siedenden Wassers, beide daran erkennbar, daß sich der Quecksilberstand am Thermoskop während der beiden Umwandlungsprozesse nicht ändert. Die Tatsache, daß diese "Fixpunkte" noch vom Luftdruck abhängen - besonders der Siedepunkt -, braucht zunächst nicht berücksichtigt zu werden; auf alle Fälle sollte man, um keine Verwirrung zu stiften, dies erst im Nachhinein erörtern. Man lasse dazu Leitungs-
LV wasser unter vermindertem Druck sieden (vergl. Abb. M68,2).

Jedes Thermometer erhält durch die Quecksilberstände im Eispunkt und Siedepunkt einen individuellen Fundamentalabstand. Einer Verschiebung des Quecksilberfaden-Endes um 1/100 dieses Fundamentalabstandes entspricht eine Temperaturänderung von 1 Kelvin = 1K und einer Verschiebung von n solcher Teile eine Temperaturänderung von n Kelvin (nK). Die Temperaturänderung ist wegen ihrer Additivität (sinnvolle Vervielfachung) die eigentliche physikalische Größe der Temperaturbestimmung. Man unterscheide zwischen Temperatur als Punkt einer Temperaturskala und der Temperaturänderung als Strecke zwischen zwei solchen Punkten.

Diese wichtige Unterscheidung der Temperatur ϑ von einer Temperaturänderung $\Delta\vartheta$ bedarf der sorgfältigen geistigen Verarbeitung. Man nennt ϑ = 15 °C den Skalenwert der Temperatur und die Temperaturänderung $\Delta\vartheta$ = 15 K einen Größenwert. Der absolute Nullpunkt als Anfangspunkt der Kelvinskala ist hier noch nicht zu erarbeiten, kann aber mitgeteilt werden.

Technische Ausführung von Thermometern (2.33)

Flüssigkeitsthermometer sind nach dem Modell von Abb. W 18,3 gestaltet. Da Thermometer stets nur mit einem Aggregatzustand der Thermometersubstanz arbeiten, darf der zu messende Temperaturbereich keinen Umwandlungspunkt derselben enthalten.

SV Wie V W21,1 deutlich macht, vergrößert sich das Thermometergefäß ebenfalls und kann sogar die Ausdehnung der Flüssigkeit übertreffen; bei Thermometern mit Glasgefäß ist dies aber nicht der Fall. Die Gefäßausdehnung geht in den Fundamentalabstand ein und ist damit für alle Fälle berücksichtigt.

LI Da die Eigenleitfähigkeit von Halbleitern stark temperaturabhängig ist, dienen Thermistoren oder NTC-Widerstände als Temperatur-Fühler von elektrischen Thermometern (vergl. Kap. E 11.51 und Abb. E88,1); sie können auch im Unterricht benutzt werden. Gasthermometer nach Abb. M66,1 setzen die Gesetze von Amontons und Gay-Lussac voraus (s. S. M67). Sie sind zweckmäßigerweise auch dort einzuordnen, weil in diesem Zusammenhang auch ein neues Grundmeßverfahren für die Temperatur definiert werden kann. Näheres s. S. M67.

Das Verhalten der festen Körper bei Temperaturänderungen (2.4) wurde als meßbares Kennzeichen des Wärmezustandes besonders herausgestellt, weil die lineare Ausdehnung fester Körper in der Technik eine große Rolle spielt. Das besondere Verhalten des Bimetallstreifens macht ihn zum Thermometer und Sensor in der Regeltechnik. Nach der

Hinweise zur LE 2: Wärmezustand und Erscheinungsform S. W 22–W 24

Definition der Temperatur könnte man an die experimentelle Erarbeitung des Ausdehnungsgesetzes denken. Es wurde aber auf seine mathematische Formulierung (s. LI) bewußt verzichtet, weil die technischen Auswirkungen der Ausdehnung zunächst wichtiger erscheinen und das Fundamentum damit überfordert wäre.

Das Beispiel der Brückenlagerung im Verein mit dem evtl. vorzuziehenden Versuch V W23,2 (Abb. W23,4) dürfte die Notwendigkeit zur quantitativen Beherrschung der Ausdehnung ausreichend begründen. Mit Rücksicht auf das Fundamentum wurde auch auf die Einführung des Ausdehnungskoeffizienten verzichtet und der Sachverhalt durch Normierung auf 1 m lange Stäbe vereinfacht dargestellt. Die Proportionalität der Ausdehnung Δl mit der Stablänge l_o und der Temperaturänderung $\Delta \vartheta$ wurde immanent angesprochen, so daß sich die diesbezüglichen Aufgaben 1. und 2. auf S. W23 mit Dreisätzen und Maßzahlrechnen lösen lassen.

LI Man erhält aus einer solchen Rechnung auch die übliche Größengleichung, wenn man für die Größen $l_o = \{l_o\}$ m und für $\Delta \vartheta = \{\Delta \vartheta\}$ K schreibt, wobei $\{l_o\}$ und $\{\Delta \vartheta\}$ die Maßzahlen der Größenwerte bedeuten. Nennt man die in der Tabelle (S. W22) aufgeführten Verlängerungen der Meterstäbe bei 1K Temperaturänderung Δl_1, so erhält man die Verlängerung Δl eines Stabes der Länge l_o bei der Temperaturänderung $\Delta \vartheta$ zu:

$$\Delta l = \Delta l_1 \cdot \{l_o\} \cdot \{\Delta \vartheta\} = \Delta l_1 \frac{l_o}{m} \cdot \frac{\Delta \vartheta}{K} = \frac{\Delta l_1}{mK} \cdot l_o \cdot \Delta \vartheta$$

Man nennt den Faktor $\frac{\Delta l_1}{mK} = \alpha$ den Längenausdehnungskoeffizienten. Die Ausdehnungsformel vereinfacht sich auf: $\Delta l = \alpha \cdot l_o \cdot \Delta \vartheta$.

Die neue Länge wird $l = l_o + \Delta l = l_o \cdot (1 + \alpha \Delta \vartheta)$.

Das Ausdehnungsgesetz ist nur für die 2. Erweiterung geeignet. Beispiel: Für Eisen wird $\alpha = 0{,}012 \frac{mm}{mK} = \frac{0{,}012}{10^3 K}$. Die 100 m lange Brücke wird zwischen $-30°C$ und $+40°C$ um:

$$\Delta l = \frac{0{,}012 \text{ mm}}{mK} \cdot 100 \text{ m} \cdot 70 \text{ K} = 0{,}012 \cdot 7000 \text{ mm}$$

= 84 mm länger.

VT Nicht alle Ausdehnungsgeräte haben, wie das in Abb. W22,2 dargestellte, eine in mm geeichte Skala. Eine Winkelskala läßt sich durch Rechnung umwandeln. Wenn d der Durchmesser der Zeigerrolle und φ der

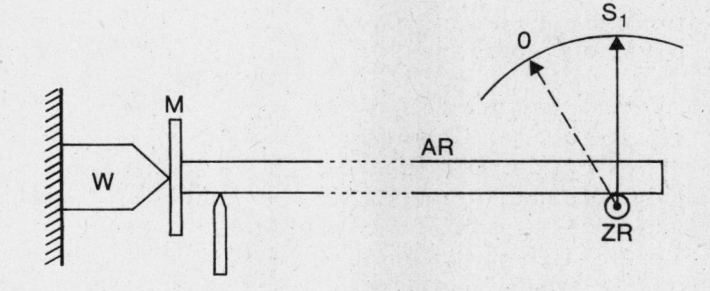

Abb. 103,1 Experimentelle Eichung des Ausdehnungsgeräts

Winkelausschlag ist, berechnet sich Δl aus $\Delta l = \frac{\pi \cdot \varphi}{360°}$. Zur experimentellen Eichung (s. Abb. 103,1) entferne man den Dampfschlauch vom Ausdehnungsrohr und drücke dieses gegen ein Widerlager W. Die Zeigerstellung sei 0. Ein zwischen Stabanfang und Widerlager geschobenes 1 mm dickes planparalleles Meßplättchen M erzeugt den Ausschlag s_1 Skt. Dann gilt: s Skt. = $1 \text{ mm} \frac{s}{s_1}$.

Vorgänge bei Änderung der Aggregatzustände (2.5)

Mit ihnen verbindet sich eine bunte Palette meist überraschender Vorgänge. Sie haben Bedeutung für die physikalische Erkenntnis, für eine Reihe von Naturerscheinungen, für das Leben von Menschen, Tieren und Pflanzen und für technische Anwendungen.

Physikalische Erkenntnisse vermitteln: Die Temperaturkonstanz während der Übergänge der Aggregatzustände und die Gleichheit von Schmelz- und Erstarrungstemperatur bzw. Siede- und Kondensationstemperatur, der Zusammenhang von Verdunsten und Verdampfen und die Abgrenzung beider gegeneinander.

Wichtige Naturvorgänge sind bedingt durch Unterkühlung, durch anomale Ausdehnung des Wassers beim Gefrieren, durch die Kraftwirkungen, die dabei auftreten und das Schmelzen von Eis unter Druck, die Kondensation des Wasserdampfs der Luft zu Nebel- und Tautröpfchen, die Verfestigung des Wasserdampfs zu Reif. Das Verdunsten von Wasser bei jeder Temperatur und die Sublimation von Eis sind bekannte Erscheinungen. Biologisch wichtige Vorgänge sind das Verdunsten von Wasser an der Hautoberfläche zur Stabilisierung der Körpertemperatur; Verdunsten an der Blattoberfläche fordert den Saftnachschub heraus. Der Wärmeentzug beim Verdunsten rasch verdunstender Flüssigkeiten

Hinweise zur LE 2: Wärmezustand und Erscheinungsform — S. W 24–W 27

dient der Lokalanästhesie (Kälteanästhesie bei kleinen oberflächlichen Eingriffen).

Technisch genutzt werden die Abgabe von Wärme bei der Kondensation des Wasserdampfs in der Dampfheizung, die Volumenvergrößerung beim Verdampfen zum Betrieb von Dampfmaschinen, die Abkühlung beim Verdunsten von Wasser zur Klimatisierung und die Abkühlung beim Verdampfen von Freon (Frigen) als Wirkprinzip des Kühlschranks. Gefährlich sind die Sprengwirkung des gefrierenden Wassers und der Siedeverzug in Dampfkesseln.

Schmelzen und Erstarren (2.51)

VT / LV Für V W 24,1 eignen sich nur chemisch homogene Stoffe, nicht Gemische wie Wachs oder Paraffin, deren Bestandteile arteigene Schmelzpunkte haben und nacheinander schmelzen, so daß sich der Schmelzvorgang über ein breites Temperaturband erstreckt. Empfohlen wird LV mit einem elektrischen Thermometer oder einem Projektionsthermometer.

SV V W 24,2 kann mit V W 25,1 gekoppelt und als SV durchgeführt werden. In arbeitsteiliger Gruppenarbeit können dazu auch das Erstarren von Paraffin V W 25,2 parallel durchgeführt werden.

Mit dieser Versuchsreihe wird die entgegengesetzte "Dichteänderung" beim Erstarren von Wasser und Paraffin anschaulich begründet. Dichteänderung heißt hier, das Volumen der gleichen Masse vergrößern oder verkleinern.

SV Im V W 25,3 wird nachgeprüft, ob das offenbar mit der Dichteänderung zusammenhängende Verhalten des festen im flüssigen Aggregatzustand desselben Stoffs auf die unterschiedliche "Dichte" von heißem und kaltem Wasser übertragbar ist. Mit dem Versuchsergebnis ist das Aufsteigen und Absinken in der gleichen Substanz auch für Wasser begründet. Dieses Teilergebnis genügt zur Erklärung der thermisch bedingten Strömungssysteme in der Warmwasserheizung oder im Luftraum der Erde.

LV Die V W 25,4 und 25,5 sind ausgesprochene Demonstrationsversuche. Nicht nur Gletscher gleiten auf dem Wasser, das zwischen ihnen und ihrer Unterlage entsteht, sondern auch die Kufe eines Schlittschuhs oder Schlittens.

Verdampfen und Kondensieren (2.52)

SV Die V W 26,1 und 26,2, mit der Anordnung von Abb. W 26,1 als SV durchgeführt, verlangen genaue Beobachtung. Der Nebel ist vom Wasserdampf zu unterscheiden, dessen Vorhandensein zwar nicht sichtbar aber logisch zu erschließen ist. Obwohl sich die Glasplatte bei der Kondensation des Wasserdampfs erwärmt (V W 26,2) kann man daraus noch nicht schließen, daß die Wärme aus dem Kondensationsvorgang stammt.

LV Das Diagramm der Abb. W 26,1 rechts läßt sich mit der gleichen Versuchsanordnung erstellen, wenn man den Rundkolben auf eine Asbestunterlage oder in ein Sandbad stellt und

LV nur etwa 150 g Wasser verwendet. Man führe ihn aber als Lehrerversuch durch, da Schülerversuche den Raum zu stark einnässen würden.

LV Der Versuch kann auch mit der gleichen Zielsetzung mit der Versuchsanordnung von Abb. M 82,1 durchgeführt werden. Um 1 kg Wasser mit einem 1-kW-Tauchsieder zum Sieden zu bringen, braucht man rund 5,5 min. Läßt man den Tauchsieder darüber hinaus eine gleiche Zeit lang eingeschaltet, so verdampfen – wie man mit der Waage feststellt – rund 150 g Wasser aus dem Dewargefäß, d. i. rund 1/7 der Gesamtmenge. Damit läßt sich das Diagramm konstruieren, allerdings ohne die Überhitzung des Wasserdampfs.

Der Vorgang des Kondensierens bedarf einer

SV ähnlich genauen Beobachtung. V W 26,3 läßt sich durchaus mit der Anordnung von Abb. W 27,1 als SV realisieren, wenn entsprechend gebogene Dampfrohre und passend durchbohrte Stopfen bereitstehen. Der Versuch bedarf einer gründlichen Nacharbeit im Unterrichtsgespräch zur Erarbeitung der Einsicht, daß erst das Wiedereinsetzen der Kondensation nach dem Stop beweist, daß bei der Kondensation Wärme frei wird, die abgeführt werden muß.

LV V W 26,4 zur Siederpunktsbestimmung und V W 26,5 zur Demonstration des Siedeverzugs sind auch als LV wirkungsvoll (für SV zu aufwendig bzw. gefährlich!).

LV Die Volumenänderung beim Kondensieren im V W 26,6 kann auch mit Wasserdampf gezeigt werden, wenn man ein wenig Wasser in einem dünnen Blechkanister verdampft und denselben dann fest verschließt. Der Kanister knautscht ebenfalls zusammen. Das Kondenswasser läßt sich in einem Meßzylinder sammeln, das Volumen mit dem des Gasvolumens vergleichen.

Verdunsten (2.53)

SV / LV Von den auf S. W 27 beschriebenen Versuchen eignet sich V2 als SV, alle übrigen sollten schon aus Gründen der Zeitersparnis als LV durchgeführt werden. Gleichzeitig mit V2, V3 und V6 können die länger dauernden Versuche V1, V4 und V5 aufgestellt sein und laufen. Die Ergebnisse werden gesammelt und koordiniert, wobei deutlich werden muß, daß

Hinweise zur LE 2: Wärmezustand und Erscheinungsform

Verdunsten ein Vorgang an der Oberfläche ist, der bei jeder Temperatur stattfindet, aber von der Temperatur der verdunstenden Flüssigkeit und der Dampfaufnahmefähigkeit der umgebenden Luft abhängt.

SI Es wäre noch zu ergänzen, daß Verdunsten in Verdampfen übergeht, wenn sich Dampfblasen in der Flüssigkeit bilden und erhalten können [Dampfdruck = Luftdruck], so daß der Übergang vom flüssigen in den gasförmigen Aggregatzustand auch an den inneren Oberflächen der Dampfblasen erfolgt. Auf die besondere Bedeutung der Verdunstung für alle Lebensbereiche wurde bereits hingewiesen.

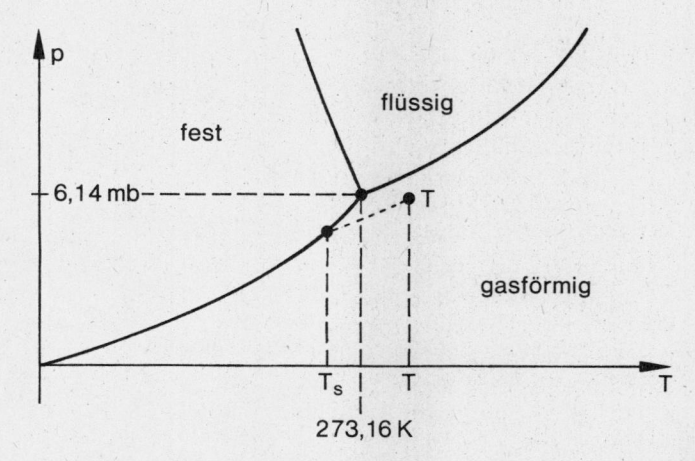

Abb. 105,1 Tripelpunkt des Wassers

Verfestigen und Sublimieren (2.54)

Die Direktübergänge zwischen dem festen und gasförmigen Aggregatzustand sind weniger bekannt als Verdunsten und Verdampfen. Daß zugefrorene Pfützen bei längerem Dauerfrost verschwinden, fällt wenig auf, und daß steifgefrorene Wäsche bei Frost trocknet und weich wird, erlebt heute kaum noch jemand. Reif auf Dächern und auf dem Rasen kennt zwar jeder, doch daß und warum er direkt aus dem Wasserdampf der Luft entsteht, ist weitgehend unbekannt und kann auch in dieser Unterrichtsphase kaum erklärt werden, wie das nachfolgende Beispiel zeigt.

LI Bei einer Temperatur von 5 °C seien 70% Luftfeuchtigkeit gemessen; dann sind 4,75 g Wasserdampf in 1 m³ Luft. Mit diesem Wasserdampfgehalt wird bei -0,27 °C der Sättigungszustand (100%) erreicht bei einem Dampfdruck von 6 mb, der unter dem Dampfdruck des Tripelpunktes im Phasendiagramms (s. Abb. 105,1) des Wassers liegt. Damit ist nur der Übergang vom gasförmigen in den festen Zustand möglich. Als Regel gilt: Verfestigen oder Sublimieren erfolgt stets dann, wenn der Phasenübergang bei einer unter der des Tripelpunktes liegenden Temperatur stattfindet (s. KUHN Physik IIIB).

Durch das Konstantbleiben der Temperatur bei der Aggregatzustandsänderung ist eine Korrektur des früher aufgestellten Begriffsschemas nötig geworden. Eine Verständigung mit dem Schüler ist nur möglich, wenn man von dessen Sprache (Umgangssprache, meist keine gehobene) ausgeht (s. hierzu auch S. 99). Dies entspricht dem Grundsatz der Informationslehre, wonach der Nachrichtengeber- und -empfänger einen gleichen Zeichenvorrat besitzen müssen. Ausschärfen der Begriffe und Ausbildung einer Begriffssprache bedeutet Korrektur der Umgangssprache bzw. Aufbau eines gemeinsamen Zeichenvorrats durch Verabredung.

Die Entwicklung einer Gewitterwolke und ihres Niederschlags eignet sich als Zusammenfassung aller im Kap. 2.5 besprochenen

LI Vorgänge: Feucht-warme Luft (schwül) steigt
SI in einer kälteren Umgebung auf, kühlt sich dabei ab (Mitteilung) und kondensiert ab einer bestimmten Höhe ihren Wasserdampf zu Nebel (Wolke). Die dabei frei werdende Wärme heizt die Wolkenluft auf und vergrößert den Temperaturunterschied zur wolkenlosen Umgebung in gleicher Höhe: Die Aufwärtsbewegung wird dadurch verstärkt. Die Nebelbildung überschreitet die Nullgradgrenze. Darüber sind Wolkentropfen unterkühlt. Bis zu Höhen von 6000 m (im Sommer) und Temperaturen bis -20 °C behält die Wolke ihr durch scharfe Konturen gekennzeichnetes Aussehen, das Merkmal der Wasserwolke. Darüber trifft die wachsende Haufenwolke unter besonderen Umständen bei Temperaturen unter -20 °C auf sogen. Eiskeime, die sich auf Kosten der Wassertröpfchen vergrößern (Reifbildung unter gleichzeitigem Verdunsten der Wassertröpfchen) und den Kopf der Wolke innerhalb kurzer Zeit (1/2 Stunde) in eine Eiswolke verwandeln, erkennbar an ihrer seidig-faserigen Struktur und unscharfen Grenzen (Amboßbildung). S. unter d) DR Die Wolkenformen K11005 (12).

Die immer weiter wachsenden Schneesterne beginnen die Wolke zu durchfallen, wobei sie sich einmal durch Verfestigung des Wasserdampfs vergrößern (=Reifbildung), zum andern treffen sie auf unterkühlte Wassertröpfchen, die sofort anfrieren (=Rauhreifbildung). Die "vereisenden Schneesterne" wachsen zu Graupel- und Hagelkörnern an, die je nach ihrer Größe in tieferen und wärmeren Luftschichten ganz oder teilweise abschmelzen

Hinweise zur LE 2: Wärmezustand und Erscheinungsform

und die Erde als Regentropfen oder als Hagelkörner erreichen oder sogar außerhalb der Wolke gleich wieder verdunsten (aus der Wolke hängende Fallstreifen). Fallstreifen oder Regen sind immer erst dann zu beobachten, wenn der Kopf der Wolke vereist. Bleibt die Vereisung des Wolkengipfels wegen fehlender Eiskeime aus, dann liefert die mächtigste Cumulus-Wolke keinen Niederschlag. Diese Odyssee des Regentropfens enthält - selbst bei vereinfachter Darstellung - nahezu alle Phänomene des Kap. 2.5 und erinnert daran, daß Physik auch mit Natur etwas zu tun hat.

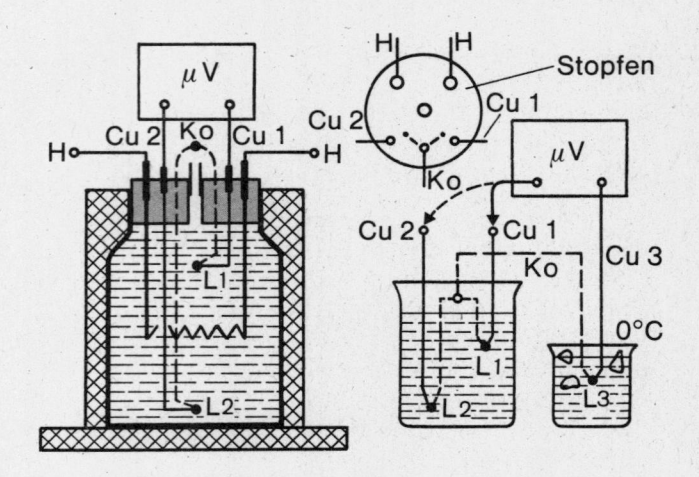

Abb. 106,1 (links) Anomale Temperaturschichtung

Abb. 106,2 (rechts) Messung der Einzeltemperaturen gegen $0°C$

Anomalie des Wassers (2.6)

Die Ausdehnung des Wassers beim Erstarren, die das Schwimmen des Eises auf dem Wasser zur Folge hat, und die Dichtezunahme des Wassers zwischen $0°C$ und $4°C$, die man Anomalie nennt, sind - wie aus den Ausführungen des Schülerbuchs hervorgeht - für die Gestaltung des Lebens auf der Erde von eminenter Bedeutung. Warum sich das Wasser in diesem Temperaturbereich anders als fast alle anderen Stoffe verhält, muß hier eine noch offene Frage bleiben. Die Ausdehnung des erstarrenden Wassers wurde in SV W25.1 gezeigt. Schwieriger ist die Demonstration der Volumenänderung des Wassers zwischen $0°C$ und etwa $10°C$. Anmerkungen dazu sollen am Schluß gemacht werden.

Wegen der subtilen Vorbereitungsarbeit, die ein solcher Versuch verlangt, wäre es verständlich, wenn man nach einer anderweitigen Erschließung der Anomalie suchte (s. auch (11) Bd. 4 S. 36). Das könnte man z. B. aus den Temperaturverteilungen von Abb. W29,1 oder aus V W29,1 versuchen. V W29,1 ist aber sehr zeitraubend; er verlangt mit der Auswertung des Diagramms eine volle Doppelstunde. Rascher läuft die Umkehrung dieses Versuchs ab.

LV Nachweis der Anomalie durch Temperaturschichtung (Abb. 106,1)

In einer zylindrischen Weithalsflasche (0,5 l Normalglas) wird destilliertes Wasser im Eis-Schmelzwasserbad auf $0°C$ abgekühlt. Am passenden Gummistopfen, der nach der Temperaturkontrolle aufgesetzt wird, hängt an kräftigen Haltedrähten eine Heizspule (2,5 - 3 Ohm) etwas unterhalb der Gefäßmitte. Ins Gefäß ragen, am Stopfen befestigt, zwei Thermometer; das eine endet in Bodennähe, das andere in der oberen Hälfte. Der Nullpunkt der beiden Thermometer muß über dem Stopfen liegen. Die beiden Thermometer können - wie in Abb. 106,1 gezeichnet - auch durch ein Thermoelement ersetzt werden, dessen eine Lötstelle L1 über, die andere L2 unter der Heizung liegt. Das anzeigende Galvanometer oder das Meßinstrument eines Mikrovoltverstärkers zeigt die Differenz der Temperaturen des Wassers über und unter der Heizung an. Nach Abb. 106,2 kann man auch eine dritte Lötstelle L3 in Eisschmelzwasser bringen, wahlweise L1 oder L2 in den Thermokreis schalten und so die Temperaturdifferenzen gegen $0°C$ messen (beide Ausschläge nach derselben Seite, aber verschieden groß).

VT Unmittelbar vor der Versuchsdurchführung wird die fertig montierte Flasche aus dem Kühlbad genommen und ihr eine passende Isoliermanschette aus Polyuretanschaum (mit Polyäthylen beschichtet) übergeschoben; das Ganze steht auf einer Styroporplatte. Die vorbereiteten Stromkreise werden angeschlossen.

Schlauchförmiges Isoliermaterial in 10 bis 15 mm Dicke wird unter der Warenbezeichnung "Misselon" oder "Armaflex" im Heizungsbau zur Isolierung von Heizungsrohren verwendet und ist bei einschlägigen Firmen zu haben. Das Material läßt sich mit Kontaktkleber leicht kleben.

Nach dem Einschalten der Heizung (ca. 7,5 - max. 10 Watt) zeigt das Galvanometer (Mikrovoltmeter) durch einen Ausschlag nach der einen Seite eine Erwärmung der unteren Lötstelle an (die Ausschlagsrichtung muß vor dem Aufsetzen des Stopfens ermittelt werden). Erst wenn der Raum unter der Heizung mit Wasser von $4°C$ aufgefüllt ist, beginnt das angeheizte Wasser aufzusteigen; die Temperaturdifferenz wird rasch abgebaut, die Thermospannung geht durch Null und wechselt das

Hinweise zur LE 2: Wärmezustand und Erscheinungsform

Abb. 107,1 Nachweis der Anomalie durch den Temperaturgang des Volumens

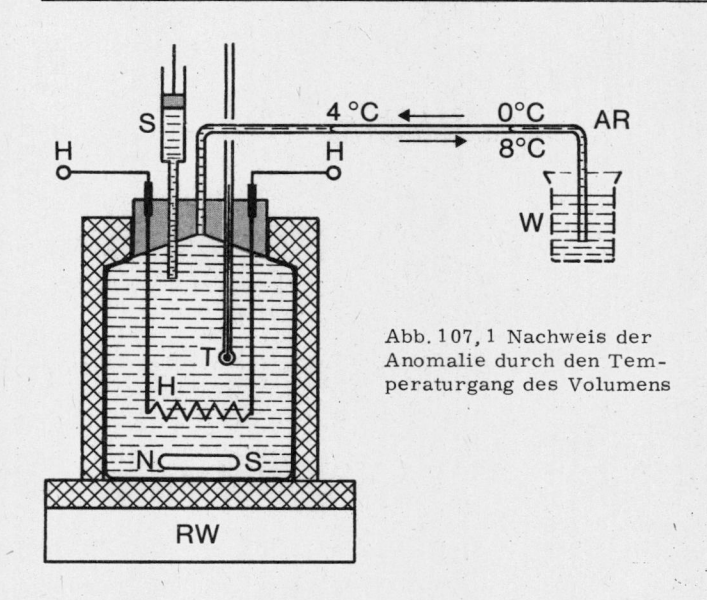

Vorzeichen. Der Ausschlag nach der anderen Seite wächst gleichmäßig an.

LI Gelegentliche Fehlschläge mit der Anordnung
VT nach Abb. W28,1 haben folgende Ursache: Bei schwacher Heizung erwärmt sich das Wasser infolge der Abkühlung von außen durch die Eiswasserpackung nicht bis auf +4 °C. Bei zu starker Heizung wird das Wasser örtlich überhitzt, steigt gleich nach oben und bleibt dort: Der Anomalie-Effekt wird übersprungen. Deshalb wird die Abkühlung von außen aufgegeben und durch Isolierung ersetzt. Bleibt man anfangs mit der Heizleistung unter 10 Watt, so stellt sich die untere Erwärmung und die anschließende Temperaturumkehr auf alle Fälle ein.

LV Dasselbe gilt bezüglich der Heizung, wenn man die <u>Anomalie durch den Temperaturgang des Volumens</u> nachweisen möchte (s. Abb. 107,1). Verzichtet man darauf, die anomale Schichtung zu zeigen, so genügt ein normales Thermometer zur Temperaturkontrolle (oder ein Thermoelement mit der Lötstellenkombination L1/L3 nach Abb. 106,2). Entscheidend ist die Volumenverminderung zu Beginn der Erwärmung, sichtbar gemacht durch die Projektion der Meniskusverschiebung im Ausdehnungsrohr AR. Für den Ablauf günstig ist das Einbringen eines Magnetrührstäbchens (NS), das man durch ein untergesetztes Magnetrührwerk (RW) rotieren läßt; es sorgt für die Durchmischung des Wassers beim Abkühlen und verhindert eine örtliche Überhitzung beim Heizen, wenn man die Heizung ins untere Gefäßdrittel verlegt.

<u>Warum Innenheizung?</u> Von ihr wird zuerst das Wasser betroffen, zuletzt das Glas. Man verwende eine Flasche aus Duran 50. Bei der Erwärmung von außen dehnt sich zuerst das Glas aus. Dies kann zum Nachweis einer "Pseudo-Anomalie" führen. Bei der Isolation von außen bleibt zunächst die Temperatur des Glases konstant.

VT Das zur Füllung der Flasche benutzte destillierte Wasser muß vorher durch Erhitzen entgast werden. Es wird im heißen Zustand eingefüllt, das Gefäß wird durch Aufsetzen des Gummistopfens verschlossen, die Spritze ist vorher luftblasenfrei gefüllt. Luftblasen entweichen wegen der konischen Gestaltung der Stopfeninnenfläche beim Aufsetzen des Stopfens durch das Ausdehnungsrohr AR; sie müssen dieses - notfalls durch Eindrücken des Spritzenkolbens - durch das U-förmige Ausdehnungsrohr verlassen haben. Während der Abkühlung (2 Stunden) im Eis-Wasserbad strömt blasenfrei Wasser aus dem Nachfüllgefäß W ins Hauptgefäß zurück. Unmittelbar vor dem Versuch wird das Gefäß aus dem Kühlbad genommen, ins Isoliergehäuse gebracht, der Wasserstand mit dem Spritzenkolben reguliert. Bei einer Kapillarenquerschnittsfläche von $A = 1\,mm^2$ führt die Erwärmung auf +4 °C zu einer Meniskusverschiebung von 6,5 cm nach innen.

c) Neue Aufgaben und Fragen

1. Worin besteht die doppelte Bedeutung der durch die beiden Fixpunkte der Temperatur begrenzten Fundamentalstrecke a?
L. a/100 ≙ die Einheit der Temperaturdifferenz (1 Kelvin). Der untere Fixpunkt markiert den Nullpunkt der Celsius-Skala. S. W20.

*2. Die Temperaturskala mit der Einheit 1 K und dem Nullpunkt bei -273,15 °C heißt absolute Temperaturskala oder Kelvinskala. Dem Nullpunkt der Celsiusskala 0 °C entspricht die absolute Temperatur $T = 273,15\,K$. Welche absolute Temperatur T entspricht a) der Zimmertemperatur 20 °C, b) der Bluttemperatur 36,6 °C, c) dem Siedepunkt des Wassers, einer beliebigen Temperatur ϑ nach Celsius? S. W22
L. 293,15 K, b) 309,75 K, c) 373,15 K, d) $T = \vartheta + 273,15\,K$.

*3. Rechne alle bei Meßübungen in °C gemessenen Temperaturen in absolute Temperaturen um. S. W22, A1.

4. Warum armiert (festigt) man Beton gegen Reißen und Brechen mit Eisen und nicht mit Aluminium? Beurteile auf Grund der Tabelle über die Ausdehnung von Normstäben auf S. W22.
L. Eisen und Beton dehnen sich bei Temperaturzunahme gleich stark aus.

Hinweise zur LE 3: Teilchenstruktur der Materie

d) Audio-visuelle Hilfsmittel

AT	Kreislauf des Wassers in der Natur	357261	(1)
AT	SI-Einheiten Teil 6: Wärme und Temperatur	23040.01	(2)
DR	Meersalzgewinnung (12)	N139	(4)
DR	Temperatur-Meßgeräte (14)	101265	(11)
DR	Auf einer Wetterwarte (12)	100310	(11)
AT	Gradeinteilung der Thermometer (4)	37015	(12)
DR	Die Wolkenformen	K11005	(12)
DR	Wärmelehre Reihe 1 und 2	1191/1192	(13)
F	Tropfenkondensation von W-Dampf 3,5 min	W105	(15)
F	Thermal expansion of solids 4 min	P80-3296/1	(18)
F	Thermal expansion of liquids 4 min	P80-3o4/1	(18)
F	Thermal expansion of gases 4 min	P80-3312/1	(18)

3.1.2.3 LE 3: Teilchenstruktur der Materie

a) Vorbemerkungen und Ziele

Die frühe Einführung des Teilchenmodells scheint auf den ersten Blick der These zu widersprechen, Modelle nicht vom Zaun zu brechen und solche nur einzuführen, wenn sie sachlich herausgefordert werden. Welche Gründe sprechen also für die Einführung des Teilchenmodells gerade jetzt?

Die Schrumpfung mischbarer Flüssigkeiten gab einen ersten Anstoß für die Entwicklung der Teilchenvorstellung. Das Beispiel wurde zwar mit Absicht als Muster für die Arbeitsweise in der Physik gewählt, aber als Prototyp für das Arbeiten mit Modellen könnte dort auch jedes andere Modell dienen. Von da her kann also keine echte Motivation dafür ausgehen, das Teilchenmodell jetzt schon auszubauen.

Nach der Klärung des Temperaturbegriffs und der Erfahrung, daß die Temperatur während der Umwandlung der Aggregatzustände konstant bleibt, tauchen im Zusammenhang mit dem Begriff "Wärme" auf S. W27 die Fragen auf: Was geschieht eigentlich bei der Wärmezufuhr, wenn diese einmal zur Temperaturerhöhung, ein anders Mal zur Umwandlung der Zustandsform führt? Was messen wir mit der Temperatur und was bedeutet Wandel des Aggregatzustandes? Diese Fragen geben eine echte Motivation dafür ab, mit dem bereits vorgeformten Teilchenmodell eine Erklärung zu versuchen. Dahinter steht auch die didaktisch bedeutsame Absicht, die Entstehung der Vorstellung eines "Wärmestoffs" im Zusammenhang mit der "Wärmezufuhr" zu verhindern und die Vorstellung von der Wärme als Energie vorzubereiten.

Die Einführung der Teilchenvorstellung bietet außerdem die Möglichkeit, verschieden erscheinende Phänomene wie z.B. Verdunsten und Verdampfen und die bei diesem Prozeß eintretende enorme Volumenvergrößerung unter einer gemeinsamen Vorstellung zu sehen. Dieser Gesichtspunkt spielte auch in der geschichtlichen Entwicklung der Teilchenvorstellung eine große Rolle. Vgl. (12), (13).

Vor dem weiteren Ausbau ist eine sachliche Begründung der Teilchenvorstellung zu versuchen, so weit dies hier möglich ist. Die Untersuchung der "Teilbarkeit" führt zur Erkenntnis, daß das Teilchenmodell nicht denknotwendig aus der Teilbarkeit hervorgeht, aber eine zweckdienliche und einleuchtende Gedankenkonstruktion darstellt (s. auch (10)). Damit wird die Modellbenutzung unbedenklich. Wie in dieser Phase des Anfangsunterrichts nicht anders zu erwarten ist, muß eine Reihe von Annahmen und Vorstellungen mitgeteilt werden, weil noch die Erfahrungen fehlen, die sie nahelegen. Vielleicht unterstreichen gerade noch nicht begründbare, aber zweckgerichtete Annahmen den Charakter des Modells als Gedankenkonstruktion.

Als Ziel der LE mag gelten:
Die Schüler sollen erfahren, daß im Teilchenbild der Materie die Temperatur der meßbare Ausdruck der Teilchenbewegung ist und daß Wärmezufuhr (Entzug) ein Vorgang (später Arbeitsvorgang) ist, durch den entweder die Teilchenbewegung oder die Teilchenbindung geändert wird.

Die Schüler sollen Einsicht gewinnen in die Gemeinsamkeiten von zunächst zusammenhanglos nebeneinander stehenden Phänomenen.

b) Bemerkungen zu den einzelnen Themen

Begründung des Teilchenmodells (3.1)
Die selbsttätige Verteilung eines Fremdgases im Luftraum (Diffusion genannt), die Diffusion zweier Gase in einem abgeschlossenen Volumen und die Auflösung eines Farbkristalls in Wasser mit anschließender Diffusion belegen die Teilbarkeit der Materie.

Hinweise zur LE 3: Teilchenstruktur der Materie

Der Verfeinerungsversuch durch mehrfache Verdünnung löst die naiv gestellte, doch bedeutungsvolle Frage aus, wie lange diese Teilung fortgesetzt werden kann, und ob man dann immer noch und überall Farbstoffteile findet. Die Verdünnung kann schließlich nur gedanklich weitergeführt werden.

Die Teilbarkeit setzt keineswegs eine körnige Struktur der Materie voraus. Sowohl die Kontinuumsvorstellung der Materie als auch die Annahme einer körnigen Struktur führen für einen makroskopischen Bereich zu einer Gleichverteilung. Für immer kleiner werdende Bereiche (Mikrobereich) bejaht die Kontinuumsvorstellung das Vorhandensein von Farbstoff, die Teilchenvorstellung dagegen schließt nach dem Beispiel der "Sandhaufenteilung" das Fehlen nicht aus. Damit wäre sogar ein stichhaltiges Kriterium für eine experimentelle Entscheidung zwischen beiden Modellen gegeben, wenn der Gedankengang experimentell realisierbar wäre.

Die Teilchenvorstellung der Materie ist schon sehr alt. Doch erst im 19. Jahrhundert hat die quantitative Chemie die Hypothese "Atom" und damit die Teilchenvorstellung so vielschichtig verifiziert, daß sie auch im physikalischen Bereich das Materiebild beherrscht, und zwar so überzeugend, daß man sie vielfach für "real" ansah, bis sich an "Teilchen" Erscheinungen zeigten, die nur mit einem "Wellenbild" in Einklang zu bringen waren. Die Tatsache, daß es eine "Wellenmechanik" gibt, sollte den Lehrer ermuntern, auch den letzten Absatz des Kapitels 3.1 zu erörtern.

In der vorliegenden Unterrichtssituation fehlt noch eine Reihe von Phänomenen, die das Teilchenmodell stützen könnten, z.B. Kristallbildung und Strukturnachweis. Da man aber mit der Einführung dieses Modells nicht warten kann, bis alle diese Fakten bekannt sind, sind Mitteilungen an die Schüler nicht zu umgehen und durchaus als legitim zu werten, wenn dabei der hypothetische Charakter der Modellaussagen betont wird.

Aggregatzustände in der Teilchenvorstellung (3.2)
Leitlinie für die knappe, auf das Fundamentum zugeschnittene Darstellung ist die von den Gasen über die Flüssigkeiten zu den Festkörpern zunehmende Teilchenbindung oder abnehmende Teilchenbeweglichkeit, wobei diese sehr wohl aus der "Durchdringbarkeit" bei der Diffusion und der Oberflächen- und Tropfenbildung erschlossen werden kann. Gerade diese Begründungszusammenhänge dürfen nicht übersehen werden. Daß es auch bei Festkörpern unter besonderen Umständen eine Diffusion gibt, die z.B. in der Halbleitertechnologie eine große Rolle spielt (vgl. S. E91 und 105), kann hier außer acht bleiben.

Teilchenbeweglichkeit ist Voraussetzung für Mischbarkeit, sie reicht aber noch nicht aus, um die selbsttätig ablaufende Diffusion zu erklären. Diese noch offene Frage motiviert für die Annahme einer Temperaturbewegung der Teilchen, die für das Fundamentum in Kap. 3.4 aufgegriffen wird.

Die Umwandlung der Aggregatzustände wird später behandelt; sie ist ohne Temperaturbewegung nicht zu erklären. Daß es sich bei den Übergängen Schmelzen und Verdampfen um eine Lockerung bzw. Auflösung der Teilchenbindung handelt, folgt schon aus der Abstufung der Teilchenbeweglichkeit.

Das in Abb. W31,3 dargestellte "Federmodell" läßt sich mit den Vorstellungen, die der Schüler von einem Festkörper hat, nicht begründen. Man sollte sich an dieser Stelle mit dem in Abb. W31,2 dargestellten Modell begnügen und das Federmodell erst einführen, wenn die in Gasen und Flüssigkeiten festgestellte (indirekt beobachtete) Temperaturbewegung dazu zwingt, dieser auch in Festkörpern Raum zu geben.

Die Brownsche Bewegung (3.3) z.B. von Rauchteilchen in Luft sollte eigentlich jeder Schüler, der mit der kinetischen Theorie der Wärme konfrontiert wird, vorher gesehen haben. Die eigene Beobachtung bietet dem Schüler sicher das gleiche unvergeßliche Erlebnis wie dem Entdecker Brown, der die Erscheinung zunächst für eine Lebensäußerung hielt, weil er sie erstmals im biologischen Bereich beobachtete. Erst viel später brachte man die Bewegung der Teilchen in Verbindung mit der thermischen Bewegung der Moleküle. Wenn das Thema in die 2. Erweiterung verwiesen wurde - was niemand daran hindern sollte, daß Phänomen trotzdem zu zeigen -, so waren dafür im wesentlichen zwei Gründe maßgebend: 1. Nicht alle Schulen besitzen geeignete Apparaturen, um das Phänomen objektiv zu zeigen und die zeitraubende subjektive Beobachtung zu umgehen. 2. Die Klärung der kausalen Beziehung zwischen der Bewegung der beobachteten Rauchteilchen und der viel rasanteren Bewegung der Luftteilchen (der eigentlichen Molekularbewegung) ist nicht allen Schülern dieser Altersstufe zumutbar, selbst wenn die Verhältnisse in einem Treffballspiel nachgeahmt

Hinweise zur LE 3: Teilchenstruktur der Materie   S. W 31–W 32

und durchgespielt werden. Ohne entsprechende Klärung entsteht leicht die irrige Vorstellung, man habe Moleküle schwirren sehen statt der von ihnen gewirbelten viel größeren Rauchteilchen. Man sollte dem auch verbal dadurch Rechnung tragen, daß man die Erscheinung "Brownsche Bewegung" und nicht "Molekularbewegung" nennt. Es sei hier auf den Simulationsversuch zur Brownschen Bewegung mit dem Luftkissentisch in 3.3.2.11 hingewiesen.

Abb. 110,1 Rauchkammer für Brownsche Bewegung

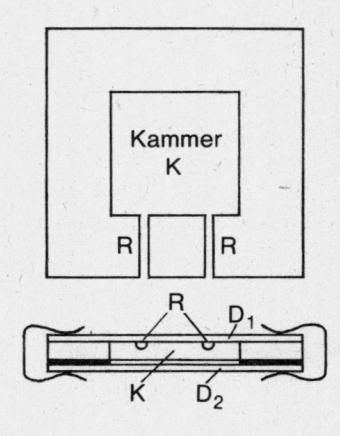

VT Wegen der Dunkelfeldbeleuchtung ist die Mikroprojektion des Vorgangs recht schwierig. Da immer mehr Schulen mit Fernseh-Monitoren ausgerüstet werden, bietet sich an, das Auge des subjektiven Beobachters durch eine Fernsehkamera zu ersetzen und deren Bild auf dem Bildschirm zu verfolgen. Der unbestreitbare Vorteil dieses Verfahrens besteht darin, daß der Lehrer Erläuterungen zu dem von allen Schülern gleichzeitig gesehenen Bild geben kann. Voraussetzung dafür ist eine gute Dunkelfeld-Ausleuchtung der Rauchkammer.

VT Ein für subjektive Beobachtung und die Fernsehkamera brauchbares Behelfs-Dunkelfeldmikroskop kann aus dem Millikan-Gerät (Phywe 9071) zusammengestellt werden. Der Millikankondensator wird entfernt und durch nachfolgend beschriebene Rauchkammer ersetzt (s. Abb. 110, 1). Die Beobachtung erfolgt mit kleiner Vergrößerung.

Aus einem 2 mm dicken Alublech von der Höhe der Millikankammer wird ein quadratisches Loch mit 2 cm Seitenlänge ausgesägt (die Lochmitte soll nach der Montage in Höhe der Mikroskopachse liegen). Zwei in den Rahmen (nach unten) eingefeilte Rillen bilden die Kanülen zum Einblasen des Rauchs. Die Kammer wird auf dieser Seite mit einem Deckglas D_1 gleicher Größe zugeklebt; das die andere Seite abschließende D_2 wird durch ein untergelegtes Rähmchen aus dünner weicher Pappe abgedichtet und durch zwei Klammern (Wäscheklammern) angedrückt. Die ganze Flachkammer wird nach der Füllung mit Rauch durch ein am Ende ausgezogenes Glasrohr zwischen zwei Paßleisten in die Haltevorrichtung für den Millikankondensator geklemmt und festgeschraubt. Das Licht fällt wie beim Millikankondensator schräg ein. Fremdlicht kann durch eine in geeigneter Weise zugeschnittene Pappschachtel ferngehalten werden. Da die Kammer sehr flach ist, gibt es kaum Konvektion, da die Auf- und Abwärtsströmungen sich gegenseitig hemmen (vergl. Anmerkung zur Konvektionsbehinderung in Thermopaneglasscheiben).

Die Begriffe Temperatur und Wärmeaustausch in der Teilchenvorstellung (3.4)
Für das Fundamentum ist dieses Kapitel die Fortsetzung des vorletzten (3.2). Der Hinweis auf den Entdecker Brown ist deshalb historisch aufzufassen, nicht aber als Bezug auf die "Brownsche Bewegung" (3.3). Die "Molekularbewegung", die aus der "Brownschen Bewegung" beobachtbarer Teilchen (in 3.3) erschlossen wurde, bleibt für das Fundamentum schlicht Mitteilung. Damit vereinigen sich beide Wege wieder zur gemeinsamen Fortsetzung.

Zur Verwendung des Begriffs "Teilchengeschwindigkeit" muß angemerkt werden, daß Schülern dieses Alters der Geschwindigkeitsbegriff als Ausdruck für den Bewegungszustand eines Körpers - auch ohne exakte Definition - wohlvertraut ist. Selbst wenn er die Angabe 70 km/h als Weg in der Stunde (Zeiteinheit) interpretiert, erwartet er nicht, daß ein Auto diese Strecke auch mit gleichbleibender "Geschwindigkeit" abfährt, d. h. er unterscheidet schon zwischen Strecke und Geschwindigkeit (besser als auf Verkehrsschildern!).

LI Die eigentliche Bezugsgröße für die Temperatur ist in der kinetischen Theorie der Wärme die mittlere kinetische Teilchen-Energie, deren Gebrauch zwar die Fußnote 1) erübrigen würde, aber dem Schüler wenig hülfe. Nicht ohne Grund ist der exakte Energiebegriff in der Geschichte und Didaktik der Physik ein relativ später Begriff (14). Im Gegensatz zum "Geschwindigkeitserlebnis" kann man mit einem unmittelbaren "Energie-Erlebnis" nicht rechnen. Deshalb kann in der gegebenen Situation nur die "Geschwindigkeit der Teilchen" einen lebendigen Eindruck des unsichtbaren Geschehens vermitteln. Dieser

SI Eindruck kann noch verstärkt werden durch die Angabe, daß die mittleren Geschwindigkeiten von Gasteilchen in der Größenordnung von 1000 m/s oder der dreifachen Schallgeschwindigkeit liegen. Nachdrücklich sollte

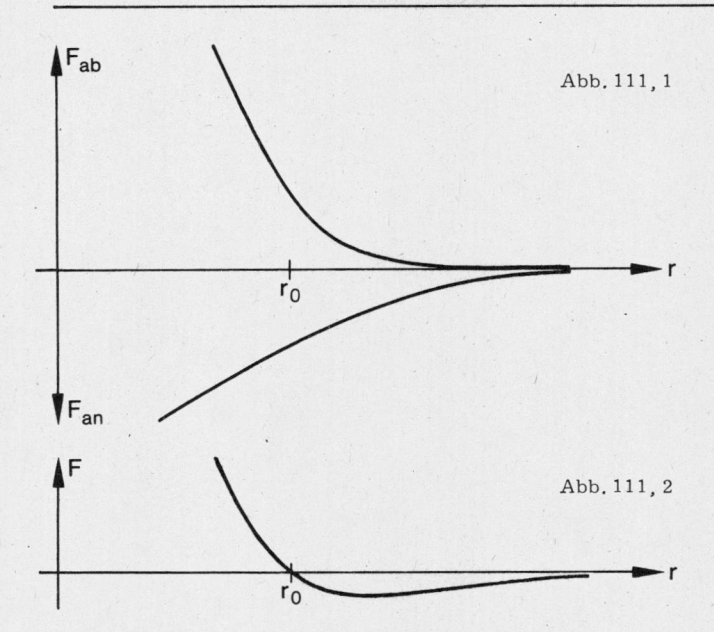

Hinweise zur LE 3: Teilchenstruktur der Materie

Abb. 111, 1

Abb. 111, 2

Abb. 111, 3 Modellversuch zur Gitterteilchenbindung

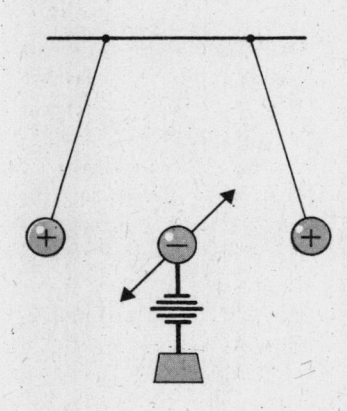

auf die große Streuung der Teilchengeschwindigkeiten und die Allseitigkeit der Bewegungsrichtungen hingewiesen werden.

SI Die Erklärung des Wärmeaustauschs mit Hilfe der Teilchenbewegung wäre noch zu ergänzen durch die zwanglose Erklärung der Diffusion als selbsttätiger Vorgang.

Die Ausdehnung im Teilchenbild (3.5)
Sie ist für Gase am leichtesten zu verstehen, weil das Verhalten der Einzelteilchen wegen fehlender Teilchenbindung allein durch die Zusammenstöße untereinander und mit den Gefäßwänden bestimmt wird. Letztere werden durch die auftreffenden Teilchen so weit nach außen geschoben, wie es der äußere Widerstand zuläßt. Rascher bewegte Teilchen verschaffen sich so mehr Raum. Genauer gesagt:

LI Die Impulse schnellerer Teilchen bewirken eine größere Dauerkraft senkrecht zur Gefäßwand: Der Druck steigt. Mit zunehmendem Volumen gleicht sich der Innendruck dem Außendruck an.

SI Tropfenbildung und Oberflächenspannung (eine Nähnadel bleibt auf der Wasseroberfläche, vgl. auch Abb. M73,3 und 73,4) beweisen, daß zwischen Flüssigkeitsteilchen Bindekräfte (Kohäsion) und Wechselwirkung bestehen, die in kleinen Bereichen zu einer gewissen Ordnung der Teilchen (Nahordnung) führt. Die thermische Ausdehnung von Flüssigkeiten wird sicher durch diese Wechselwirkungskräfte beeinflußt; sie wird aber verstehbar zugleich mit der Ausdehnung fester Körper, deren bleibende Ordnung sich über große Bezirke erstreckt (Fernordnung) und durch noch größere Bindekräfte gekennzeichnet ist. Die Bindekräfte in Festkörpern und Flüssigkeiten sind elektrischer Natur ((15), S. 359/360) und resultieren aus einer abstoßenden Kraft F_{ab} und einer anziehenden F_{an} (s. LI).

LI Die ruhend gedachten Gitterbausteine eines kristallinen Festkörpers (bei 0 K) haben einen bestimmten Abstand r_0, wenn $F_{ab} = F_{an}$. Unter der Annahme, daß bei der Kompression die abstoßende Kraft F_{ab} rascher wächst als die anziehende F_{an}, wird $F_{ab} > F_{an}$; bei der Expansion nimmt dann auch F_{an} langsamer ab als F_{ab}, so daß $F_{an} > F_{ab}$ (vergl. Abb. 111, 1). Aus beiden resultieren also rücktreibende Kräfte F hin zur Normallage, die unsymmetrisch sind, und zwar ist nach Abb. 111, 2
$|F(r_0 - \Delta r)| > |F(r_0 + \Delta r)|$.

Das hat zur Folge, daß ein thermisch schwingendes Gitterteilchen bei der Annäherung an das benachbarte früher umkehrt als bei der Entfernung: Die Umkehrpunkte liegen deshalb unsymmetrisch zur Normallage. Da sich das Teilchen im Mittel in einer Entfernung $\bar{r} > r_0$ befindet, führt die Temperaturerhöhung zu einer Vergrößerung des Teilchenabstandes, d. h. zu einer Vergrößerung des Gesamtkörpers (s. auch LV am Schluß).

LI Die nachfolgenden Ausführungen dienen der Entwicklung eines unharmonischen Oszillators, wie ihn die Theorie der Ausdehnung von Festkörpern zu Grunde legt.

LI Das Zusammenwirken der abstoßenden Kraft der Atomrümpfe (=Atom ohne Valenzelektronen) und der Bindekraft der Valenzelektronen läßt sich an einem einfachen Modellversuch veranschaulichen (s. Abb. 111, 3): Zwei gleichnamig (+) geladene, an Isolierfäden hängende Kugeln (metallisierte Tischtennisbällchen), die Atomrümpfe darstellen, stoßen sich deutlich ab. Bewegt man eine entgegengesetzte (-) Ladung (Elektron) am Isolierstiel mehr oder weniger häufig zwischen den beiden senkrecht zu ihrer Verbindungslinie hin und her, so nähern sich die beiden "Atomrümpfe" mit zunehmender Aufenthaltswahrscheinlichkeit des

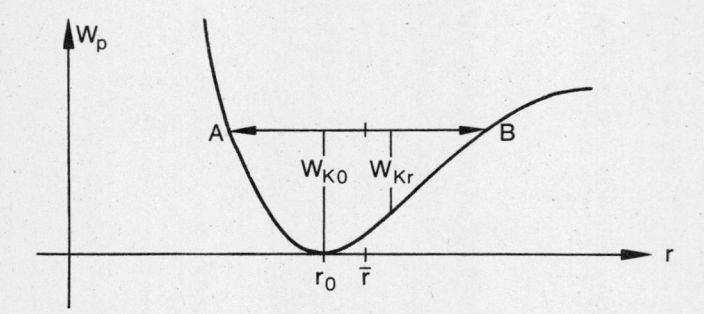

Hinweise zur LE 3: Teilchenstruktur der Materie

Abb. 112,1 Potentielle Energie eines Gitterteilchens bezogen auf r_0

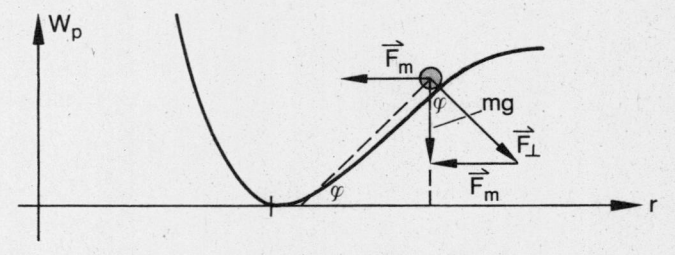

Abb. 112,2 Kräfte in der Rinne

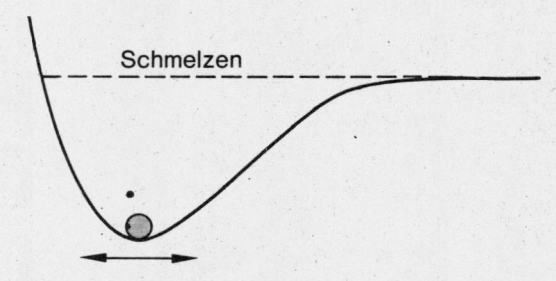

Abb. 112,3 "Rinnenmodell"

"Elektrons" immer mehr. (In der halben Entfernung zieht die negative Ladung die beiden positiven mit der vierfachen Kraft an, mit der sich die beiden positiven abstoßen; dies ist aber nur während einer kurzen Verweilzeit der Fall).

LI Die Resultierende der beiden gegeneinander wirkenden Kräfte F_{an} und F_{ab} ist in Abb. 111,2 als Funktion des Orts dargestellt. Der Vorzeichenwechsel bei r_0 bedeutet Richtungsumkehr. Der Wirkungsbereich ist begrenzt, reicht aber über mehrere Gitterstellen.

Durch Integration

$$\int_{r_0}^{r_0 - \Delta r} F \, dr \quad \text{und} \quad \int_{r_0}^{r_0 + \Delta r} F \, dr$$

erhält man für die potentielle Energie W_p, die das Gitterteilchen bei einer Auslenkung aus der Normallage r_0 annimmt, die in Abb. 112,1 dargestellte Kurve. Ein durch die Stelle r_0 mit der kinetischen Energie W_{k0} schwingendes Teilchen verliert diese auf dem Weg nach A bzw. B, wo $W_k = 0$ und $W_p = W_{k0}$ ist. Die konstante Gesamt-Energie des schwingenden Teilchens wird durch die Gerade AB dargestellt, wobei die örtliche kinetische Energie $W_k = W_{k0} - W_p(r)$ ist. Vgl. (15) S. 366.

Mit zunehmendem W_{k0} wandert der Umkehrpunkt B immer weiter aus und mit ihm der zeitliche Mittelwert für den Ort des Teilchens (neuer Gitterabstand). Man erkennt auch, daß das Teilchen seinen Gitterplatz verlassen kann (Auflösung der Fernordnung), wenn W_{k0} so weit angestiegen ist, daß der Umkehrpunkt B auf den fast horizontalen Auslauf der W_p-Kurve zu liegen kommt.

LV Man biege aus Blech eine Rinne mit dem Profil der W_p-Kurve. Bringt man eine Stahlkugel nach A und läßt sie dort los, so schwingt sie - von oben betrachtet - wie ein Gitterteilchen zwischen A und B hin und her. Mit diesem Versuch ist der auf S. W33 geforderte Mechanismus gefunden, mit dem man eine unsymmetrische Schwingung erzeugen kann. Der Versuch kann den Schülern nur ohne Kommentar zum besonderen Profil der Rinne gezeigt werden. Für sie handelt es sich um eine reine Zweckkonstruktion zur Erzeugung von Schwingungen der gewünschten Form.

LI Anhand der Abb. 112,2 läßt sich nachweisen, daß die Horizontalkomponente F_m der mechanischen Kraft, die auf die in der Rinne rollende Kugel wirkt, der aus der Teilchenbindung resultierenden Kraft F (vgl. Abb. 111,2) genau entspricht.

$$\tan \varphi = \frac{F_m}{mg} \,;\; \tan \varphi = \left\{\left|\frac{dW_p}{dr}\right|\right\} = \{F\} \Rightarrow F_m = mg \{F\} \Rightarrow F_m \sim F$$

Übergang der Aggregatzustände im Teilchenmodell (3.6)

SI So lange zwei Aggregatzustände (fest/flüssig, flüssig/gasförmig) koexistieren, bleibt die Temperatur trotz Wärmezufuhr - oder Entzug konstant und für beide Zustandsformen gleich. Die Wärmezufuhr bei Schmelzen und Verdampfen dient zur Auflockerung der Teilchenbindung. Wie das im gerade entwickelten "Rinnenmodell" aussieht, soll im folgenden als Ergänzung zum Buchtext dargestellt werden (s. Abb. 112,3):

LV Bewegt man die Blechrinne in ihrer Profilebene hin und her, so beginnt die am tiefsten Punkt liegende Kugel in ihr zu schwingen. Derartiges geschieht, wenn das bisher als

Hinweise zur LE 3: Teilchenstruktur der Materie

ruhend angesehene Nachbarteilchen selbst schwingt [gekoppelte Schwingung]. Die Schwingung kann, je nach dem Bewegungsrhythmus der Rinne aufgeschaukelt oder gedämpft werden. Erreicht die Kugel beim Aufschaukeln den äußeren flachen Rand der Rinne, so entweicht sie: Der Modellvorgang veranschaulicht das Aufbrechen der Gitterbindung, d.h. der Fernordnung, das Schmelzen beginnt. Spielt sich dieser Vorgang nahe der Körperoberfläche ab, und hat das aus der Gitterbindung entweichende Teilchen einen größeren Geschwindigkeits- [Energie] Rest, so ist der Austritt aus dem Festkörper möglich: Sublimation.

Da die Teilchen beim Verlassen ihres Gitterplatzes ihre thermische Bewegung ganz oder zum größten Teil verlieren, tritt eine örtliche "Abkühlung" ein. Das bedeutet einen Stop für den weiteren Zerfall der Fernordnung. Deshalb muß Wärme zugeführt werden, wenn das Schmelzen weitergehen soll. Die Temperatur steigt dabei nicht über die Schmelztemperatur an, so lange sich noch Teilchen in Gitterposition befinden.

Flüssigkeitsbildung erfolgt durch Begegnung von langsamen, ihrer Gitterbindung ledigen Teilchen. Zuerst dominiert die Anziehungskraft, dann verhindert die Abstoßungskraft das Zusammentreffen: Die Teilchen schwingen ähnlich wie im Festkörper gegeneinander, und es stellt sich in kleinen Bezirken eine Ordnung (Nahordnung) ein. In dieser neuen Konfiguration verlassen die Teilchen ihre Bindung an den Partner in der Regel bald wieder, so daß die Nahordnung ständig wechselt. Die Tatsache, daß stets viele Teilchen von einer Konfiguration zur anderen bindungsfrei unterwegs sind, macht die Teilchenbeweglichkeit [Viskosität] der Flüssigkeit aus.

Verdunsten: Teilchen nahe der Oberfläche, die ihre fluktuierende Bindung mit ausreichend großer Geschwindigkeit verlassen - und solche Teilchen gibt es wegen der großen Geschwindigkeitsstreuung -, können von der Flüssigkeit in den Gasraum hinein diffundieren (verdunsten). Ihr Verlust senkt den Mittelwert der Teilchengeschwindigkeit in der Flüssigkeit (Verdunstungskälte, wenn nicht durch Wärmezufuhr ausgeglichen wird).

Sieden tritt ein, wenn Zahl und Geschwindigkeit der Teilchen, die in die als "Siedekeime" dienenden Luftbläschen eintreten, ausreicht, um durch ihren Aufprall auf die gegenüberliegende Blasenwand (s. Abb. 113, 1) diese zurückzudrängen [d.h. um im Innern des Siedekeims einen dem Luftdruck gleichen

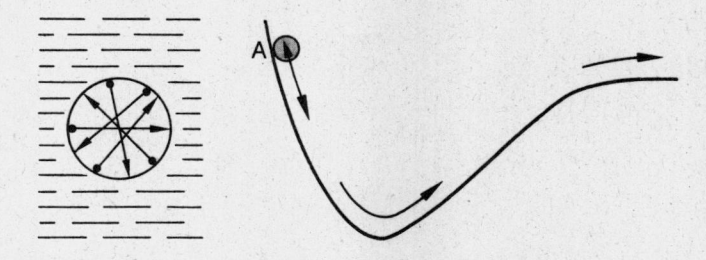

Abb. 113, 1 (links) Luftblase als Siedekeim

Abb. 113, 2 (rechts) Stoßmodell für Gasteilchen

Dampfdruck zu erzeugen: Abhängigkeit des Siedepunkts vom Luftdruck].

Stoßmodell für Gasteilchen: Nach Abschluß der Verdampfung gibt es keine Nahordnung mehr. In der Modellsprache heißt das: Es gibt bei der Annäherung zweier Teilchen zwar noch [Potential-]"Rinnen" mit primär dominierender Anziehungskraft, aber auf Grund der eigenen hohen Geschwindigkeit liegt der Umkehrpunkt (A) auf der Nahseite der Rinne (s. Abb. 113, 2) so hoch, daß das Teilchen die Rinne auf dem Rückweg über den Außenrand wieder verlassen muß, ohne auch nur vorübergehend zum Schwingen zu kommen: Modell für den Zusammenstoß freier Teilchen.
Zur Ergänzung s. (15), S. 381 und in 3.3.2.10b die Simulation der Verfestigung eines Gases auf dem Luftkissentisch.

c) Neue Aufgaben und Fragen

**1. Das "Einfangmodell" nach VW34,1 (Abb. W34,1) erklärt zwar die Zunahme der Teilchengeschwindigkeit beim Eingehen einer festeren Bindung; warum aber kann es nicht zwischen den Übergängen, Kondensieren und Erstarren unterscheiden? Warum gestattet das "Rinnenmodell" diese Unterscheidung?

L. Das Einfangmodell arbeitet nur mit der anziehenden Kraft, die stets zu unbegrenzter Annäherung führt; es liegt nahe, dieses Ergebnis dem festen Aggregatzustand zuzuschreiben. Die anziehenden und abstoßenden (antagonistischen) Kräfte aber des "Rinnenmodells" begrenzen die Annäherung zweier Teilchen, garantieren einen bestimmten Ruheabstand im Kristallgitter, um den jedes Teilchen eines Festkörpers thermisch schwingen kann, ermöglicht das Ausbrechen aus dem Gitterverband (Auflösung der Fernordnung - Schmelzen) und das Eingehen wechselnder Bindungen im flüssigen Zustand (Nahordnung). Schließlich ist bei noch höherer Teilchengeschwindigkeit eine auch nur vorübergehende Teil-

Hinweise zur LE 4: Ausbreitung der Wärme

chenbindung unmöglich (gasförmiger Zustand).

*2. Warum steigt die Temperatur des unterkühlten Wassers oder Natriumacetats beim Einsetzen der Erstarrung a) an, b) so rasch an, c) aber nicht über den Schmelzpunkt? S. W24

L. a) Beim gegenseitigen Einfangen (Eingehen einer festeren Bindung - "Hineinfallen in die Rinne") vergrößert sich die Geschwindigkeit der Teilchen: die Temperatur steigt.
b) Der Zuwachs an Teilchenbewegung muß nicht erst von außen übertragen werden.
c) Beim Überschreiten des Schmelzpunktes würde der gerade erstarrte Stoff wieder schmelzen oder: Beim Erreichen des Schmelzpunktes geht der Erstarrungsprozeß nur in dem Umfang weiter, wie der dabei eintretende Zuwachs an Teilchenbewegung nach außen abgegeben wird.

3. Trockene Luft kühlt sich beim Anheben um 100m um rund 1 K ab, feuchte Wolkenluft dagegen nur um ca. 0,5 K. Versuche eine Erklärung! S. W26

L. Der in der Wolkenluft enthaltene Wasserdampf kann nur zu Nebeltröpfchen kondensieren, wenn der dabei eintretende Zuwachs an Teilchenbewegung sofort auf die Wolkenluft übertragen wird.

d) Audio-visuelle Hilfsmittel

F Brownsche Bewegung - Modellversuch 1,5 min	360024	(11)
F Brownsche Bewegung in verschiedenen Medien 3 min	360025	(11)
F Brownsche Bewegung 5 min	F344	(11)
F Brownsche Bewegung 4,5 min	C563	(15)
F Brownsche Molekularbewegung		(16)

3.1.2.4 LE 4: Ausbreitung der Wärme

a) Vorbemerkungen und Ziele

Die Unterscheidung der Arten des Wärmetransports ist am besten mit Hilfe des Teilchenmodells möglich. Die LE wurde deshalb auch daraufhin angelegt. Aber auch ohne dieses Modell - man darf nicht annehmen, daß es überall an dieser Stelle vorausgesetzt werden kann - genügen die beschriebenen Phänomene und Anwendungen, um die Transportarten durch das Verhalten des "Wärmeträgers" zu differenzieren, so daß man die Modellvorstellung einfach ausklammern kann.

Immerhin bringt das kinetische Modell den Begriff der "Wärme" - auch im Rahmen dieses Themenkomplexes - latent der endgültigen Fassung näher: Wärme erzeugt ungeordnete mechanische Energie der Teilchen. (s. S. M79). Der Lehrer lasse sich hintergründig hier schon von einer dritten - zur Zeit noch nicht artikulierbaren - Sprachregelung leiten: Wärmezufuhr ist ein (u. U. mechanischer) Prozeß, durch den die kinetische Energie (Temperatur) oder die potentielle Energie (Auflockerung der Teilchenbindung) erhöht wird.

Der begriffliche Rahmen ist hier verbal durch die Bezeichnungen "Wärmezufuhr (-Entzug)", "Zunahme (Abnahme) der Teilchenbewegung" und "Auflösung (Verstärkung) der Teilchenbindung" abgesteckt. Neben der Fixierung des kinetischen Wärmebegriffs durch seine Anwendung steht hier natürlich als Hauptsache die von den Phänomenen her begründete Differenzierung der Arten des Wärmetransports: 1. Konvektion, 2. Leitung, 3. Strahlung. Diese Ordnung ergibt sich aus der Durchschaubarkeit der Übertragungsvorgänge.

b) Bemerkungen zu den einzelnen Themen

Die verschiedenen Arten des Wärmetransports (4.1) werden durch bekannte Alltagserfahrungen und durch erläuterte einschlägige Bilder vorgestellt. Die Kernfrage: Wie wird "Wärme" von einem Körper A auf einen Körper B übertragen? ist von ihrer modellbezogenen Version begleitet: Wie geht Teilchenbewegung von A auf B über?

Die Beispiele für die verschiedenen Übertragungsarten lassen schon deutlich den fundamentalen Sachverhalt erkennen: Wärme geht nur von einem wärmeren Körper auf einen kälteren über. Dies ist eine von vielen Formulierungen des 2. Hauptsatzes der Wärmelehre.

Konvektion (4.2)

Die "Mitführung" umfaßt den in Abb. 36,2 dargestellten, einfachen Vorgang und die selbständig verlaufenden Strömungsvorgänge z.B. in Heizungen. Die Begründung ihres automatischen Ablaufs ist wesentlich und nimmt einen breiten Raum ein; sie wird deshalb meist für die Hauptsache gehalten. Den Kern des Wärmetransports bei der Konvektion erfährt man aber am einfachen Beispiel nach Abb. W36,2: Das am Ort A aufgeheizte Wasser

Hinweise zur LE 4: Ausbreitung der Wärme

kann die ihm innewohnende Wärme (Teilchenbewegung) am Ort B an einen kälteren Körper abgeben, aber nur bis zum Temperaturausgleich (Austausch und Angleichung der Teilchenbewegung). Transportiert wird der Wärmeträger (Teilchen und Teilchenbewegung). Nimmt man die Konvektionsströmung in der Dampfheizung hinzu - ohne zunächst auf deren Automatik einzugehen -, so erweitert sich der Transportumfang um die im Dampf gespeicherte "Verdampfungswärme" (aufgelöste Teilchenbindung $\triangleq$ potentielle Energie), die bei der Kondensation wieder frei wird (Verstärkung der Teilchenbewegung). Damit findet die Frage nach dem "Wie" und "Was" des Transportvorgangs ihre Antwort. Diesen Abschluß sollte man betonen, bevor man sich der Untersuchung der automatisch ablaufenden Strömungsvorgänge zuwendet. Strömungsvorgänge können auch durch Pumpen angetrieben werden, in Heizungen z.B. zur Verstärkung oder als voller Ersatz des sogen. Schwerkraftantriebs.

SV V W36,1 ist Modellversuch für freie Wasserströmungen und V W37,1 für freie Luftströmungen. Sie erklären sich aus V W25,3 (Abb.
LV W25,3). Um auch V W37,2 als Modellversuch für Warmwasserheizungen damit zu erklären, muß man ergänzen, daß das gefüllte Rechteckrohr eine "Waage" darstellt, die aus dem Gleichgewicht gerät, weil das erhitzte Wasser im einen Schenkel (als weniger dicht) leichter ist als das im anderen Schenkel.

LV Der Gegenversuch V W37,3 und der Schüler-
SV versuch V W37,4 führen auf das für die Auslösung der Konvektion wichtige Problem der stabilen und labilen Schichtung, auf die wegen ihrer Bedeutung für Natur und Technik unbedingt eingegangen werden sollte. Dem Einwand, die im Falle labiler Schichtung einsetzende Bewegung könne auf die Aktivität der Wärmequelle (Tauchsieder, Flamme) zurückgeführt werden, kann man durch die fol-
SV gende Versuchsreihe begegnen: Man fülle ein weithalsiges Salben- oder Tablettengläschen mit gefärbtem heißem Wasser - letzteres ist auch ohne Färbung im Schattenwurf an der Schlierenbildung zu erkennen -, schließe es durch Andrücken einer Korkscheibe ab und stelle es a) auf den Boden einer mit kaltem Wasser gefüllten Wanne. Nach Abnehmen des Deckels entweicht das heiße Wasser in Form eines lotrechten "Thermikschlauchs". b) Stülpt man das gefüllte Gefäß um, so bleibt das heiße Wasser nach dem Abnehmen des Bodenverschlusses bei jeder Eintauchtiefe im Gefäß. c) Hält man ein zweites mit Kaltwasser gefülltes Gefäß mit der Öffnung nach unten über den aufsteigenden Warmwasserstrom von

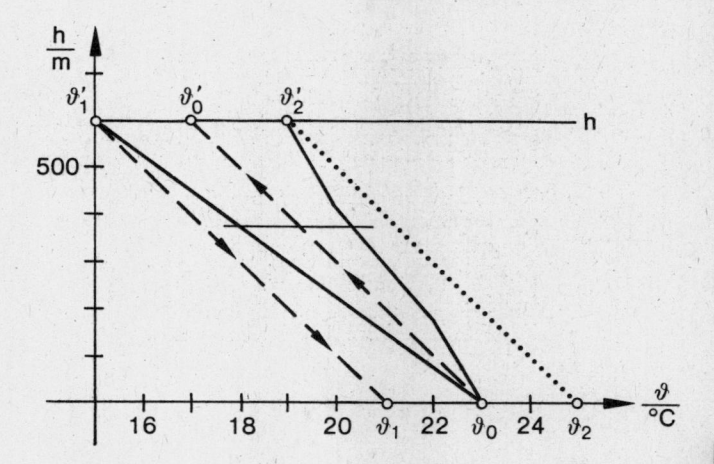

Abb. 115,1 Labile und stabile Schichtung bei trockener Luft

Versuch a), so verdrängt das warme Wasser das kalte aus dem oberen Gefäß, während es im unteren durch kaltes ersetzt wird.

Aristoteles hätte dafür die zutreffende Merkregel aufgestellt: Das kältere Wasser hat "seinen natürlichen Ort" unten (vgl. S. M2), das warme oben. Die Versuche bestätigen: Warmes Wasser steigt im kälteren auf und bleibt oben. Dabei geht die labile Schichtung von selbst in eine stabile über.

Stabile und labile Schichtung in der freien Atmosphäre haben für die Wetterentwicklung entscheidende Bedeutung. Für die Beurteilung der Schichtung genügt aber der Temperaturvergleich zwischen unten und oben nicht; denn trockene Bodenluft der Temperatur ϑ_0 kühlt sich beim Aufsteigen bis zur Höhe h durch adiabatische Ausdehnung auf ϑ'_0 ab (s. Abb. 115,1). Mißt man in dieser Höhe eine tiefere Temperatur ϑ'_1, so kennzeichnet der Temperaturkurvenverlauf zwischen ϑ_0 und ϑ'_1 eine labile Schichtung, weil aufsteigende Bodenluft in jeder Höhe wärmer ist als die in dieser Höhe vorhandene Luft und deshalb in ihr mit zunehmender Höhe rasanter aufsteigt. Bei feuchter Bodenluft sind Haufenwolkenbildung und Gewitter die Folge, wenn die labile Schichtung genügend hoch reicht.

Außerhalb des "Thermikschlauchs" sinkt Luft aus der Höhe ab (vergl. Abb. W40,3) und erreicht den Boden mit der Temperatur ϑ_1. Diese kühlere Luft strömt als böiger Fallwind von allen Seiten in das Zentrum des Thermikschlauchs ein. Nach dem Auffüllen des durch die aufgestiegene Warmluft entstandenen örtlichen "Tiefdruckgebietes" ist ohne Bodenerwärmung durch die Sonne die "Thermik" meist beendet.

Stabile Schichtung, wie sie zwischen ϑ_0 und ϑ'_2 dargestellt ist, entsteht durch Erwärmung

Hinweise zur LE 4: Ausbreitung der Wärme

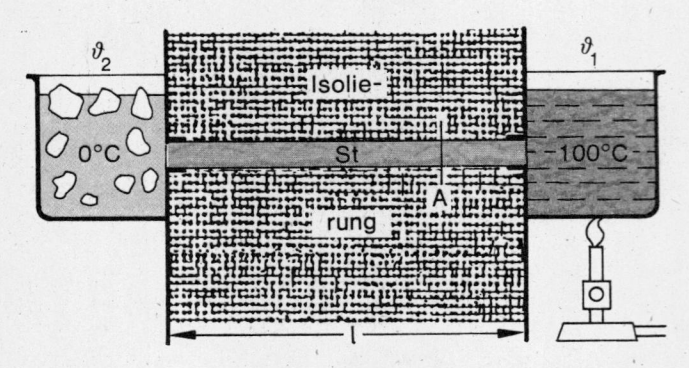

Abb. 116,1 Wärmeleitung quantitativ

von oben infolge Absinkens höherer Luftschichten (in hochreichenden Hochdruckgebieten). Die fehlende Vertikalbewegung führt zur Staubanreicherung in der bodennahen Luftschicht, die typisch für dauerhaftes Schönwetter ist.

Wärmeleitung (4.3)

Im V W37,6 setzen sich die Merkmale der Wärmeleitung sehr deutlich von denen der Konvektion ab, und wenn man ihn als SV durchführen läßt, können die Schüler auch den Temperaturanstieg längs der Stabes "ertasten" (Vorsicht! unten beginnen). Der Wärmeübergang erfolgt auch hier von heißeren zum kälteren Körper.

Um zu einer kritischen Wertung der einzelnen Versuche zu kommen, muß man von der in Abb. 116,1 dargestellten, der exakten Definition der Wärmeleitfähigkeit entsprechenden Musteranordnung ausgehen: Der Wärme leitende Stab St ist zwischen zwei Wärmebehälter konstanter Temperatur eingespannt und gegen eine Wärmeabgabe nach der Seite durch Isoliermaterial geschützt. Erst nach einiger Zeit stellt sich ein stationärer Wärmestrom ein. Von diesem Zeitpunkt an wird die dem Behälter II in der Zeit t zugeführte Wärmemenge Q durch die Menge des geschmolzenen Eises gemessen.

LI Für den stationären Wärmestrom gilt:

$I = \frac{Q}{t} = \lambda \cdot A \cdot \frac{\vartheta_1 - \vartheta_2}{l}$, wobei A die Querschnittsfläche des Stabes ist. Der Proportionalitätsfaktor λ heißt Wärmeleitzahl.

Die Versuche V W37,6 und V W38,2 entsprechen bis auf die fehlende Isolation den von der Theorie gestellten Anforderungen wenigstens im Prinzip, wenn die im Wasser eingetretene Temperaturerhöhung gering war. Völlig anders liegen die Verhältnisse bei den beiden anderen Versuchen.

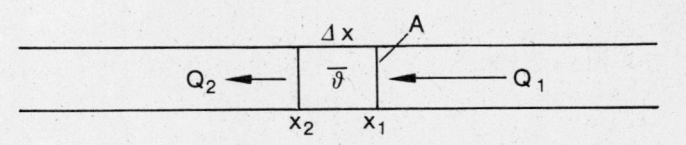

Abb. 116,2 Wärmeabsorption bei Temperaturleitung

In V W37,7 (Abb. W38,2) und V W38,1 (Abb. W38,3) wird als Kriterium für die Wärmeleitung das Erreichen einer bestimmten Temperatur am freien Ende gefordert, bei der man den Draht loslassen muß oder die Zündholzköpfchen zünden. $\vartheta_1 - \vartheta_2$ ist also nicht konstant, der Wärmestrom nicht stationär.

Das Erreichen und Fortschreiten einer bestimmten Temperatur auf den Stäben von Abb. W38,3 kann durch Bestreichen mit einem Thermochromstift sichtbar gemacht werden. Die Geschwindigkeit dieses Fortschreitens kennzeichnet die Temperaturleitfähigkeit, die sich aber sehr wohl von der Wärmeleitfähigkeit unterscheidet.

Solange die Temperatur ϑ im Volumenelement $\Delta V = A \cdot \Delta x$ (Abb. 116,2) des Wärmeleiters zunimmt, muß die in der Zeit Δt zufließende Wärmemenge $Q_1 = \lambda \cdot A \cdot \left(\frac{\Delta \vartheta}{\Delta x}\right)_1 \cdot \Delta t$ größer sein als die abfließende

$Q_2 = \lambda \cdot A \cdot \left(\frac{\Delta \vartheta}{\Delta x}\right)_2 \cdot \Delta t$. Die in ΔV absorbierte Wärmemenge $\Delta Q = Q_1 - Q_2$ bewirkt eine Erhöhung der mittleren Temperatur $\bar{\vartheta}$ um $\Delta \bar{\vartheta} = \frac{\Delta Q}{m \cdot c} = \frac{\Delta Q}{c \cdot \varrho \cdot \Delta V} = \frac{\Delta Q}{c \cdot \varrho \cdot \Delta x \cdot A}$.

Mit $\Delta Q = Q_1 - Q_2$ wird

$$\frac{\Delta \bar{\vartheta}}{\Delta t} = \frac{\lambda \cdot A}{c \cdot \varrho \cdot A \cdot \Delta x} \left[\left(\frac{\Delta \vartheta}{\Delta x}\right)_1 - \left(\frac{\Delta \vartheta}{\Delta x}\right)_2\right]$$

$$= \frac{\lambda}{c \cdot \varrho \cdot \Delta x} \Delta\left(\frac{\Delta \vartheta}{\Delta x}\right) = \frac{\lambda}{c \cdot \varrho} \cdot \frac{\Delta\left(\frac{\Delta \vartheta}{\Delta x}\right)}{\Delta x}.$$

Exakt als partielle Differentialgleichung geschrieben:

$$\frac{\partial \bar{\vartheta}}{\partial t} = \frac{\lambda}{c \cdot \varrho} \cdot \frac{\partial}{\partial x}\left(\frac{\partial \vartheta}{\partial x}\right) = \frac{\lambda}{c \cdot \varrho} \cdot \frac{\partial^2 \vartheta}{\partial x^2}.$$

Aus dieser Differentialgleichung folgt, daß $\frac{\partial \bar{\vartheta}}{\partial t} = 0$, d.h. daß die Temperaturen an jeder Stelle des Wärmeleiters konstant bleiben, wenn $\frac{\partial^2 \vartheta}{\partial x^2} = 0$. Das ist der Fall, wenn der Temperaturgradient $\frac{\partial \vartheta}{\partial x}$ überall gleich ist oder wenn $\vartheta = kx + \vartheta_2$. Wegen $\vartheta_1 = kl + \vartheta_2$ wird $k = \frac{\vartheta_1 - \vartheta_2}{l}$ und $\vartheta = \frac{\vartheta_1 - \vartheta_2}{l} \cdot x + \vartheta_2$.

Hinweise zur LE 4: Ausbreitung der Wärme

Erst wenn sich durch Absorption bei der Temperaturleitung - zu Beginn des Versuchs - eine solch lineare Temperaturverteilung eingestellt hat, beginnt die absorptionsfreie stationäre Wärmeleitung. Wegen der fehlenden Wärmeableitung am freien Ende kann es bei beiden Versuchen V W37,7 und V W38,1 nicht zur stationären Wärmeleitung kommen, es sei denn mit $I = 0$, wenn $\vartheta_2 = \vartheta_1$ geworden ist. Die Geschwindigkeit, mit der sich die Temperatur an einer Stelle des Wärmeleiters ändert, entspricht der Geschwindigkeit, mit der eine bestimmte Temperatur dem Stab entlang wandert. Die obige Differentialgleichung beschreibt die Temperaturleitung und $\frac{\lambda}{c \cdot \varrho}$ heißt deshalb Temperaturleitzahl. Ihre Zusammensetzung aus drei materialabhängigen Konstanten läßt zu, daß ein guter Wärmeleiter hoher Dichte und hoher spezifischer Wärmekapazität (z. B. Metalle) eine geringere Temperaturleitfähigkeit hat als ein schlechter Wärmeleiter mit niedriger Dichte und kleinem c.

Beispiel:

$$\left(\frac{\lambda}{c \cdot \varrho}\right)_{Cu} = 1{,}1 \cdot 10^{-4} \frac{m^2}{s}; \quad \left(\frac{\lambda}{c \cdot \varrho}\right)_{H_2} = 1{,}3 \cdot 10^{-4} \frac{m^2}{s}$$

Damit ist natürlich - trotz der Proportionalität von Wärme- und Temperaturleitzahl - die Aussage von V W37,7 und V W38,1 bezüglich der Wärmeleitfähigkeit in Frage gestellt; denn sie demonstrieren eindeutig die Temperaturleitung. Der Vergleich der Wärmeleitzahlen mit den Temperaturleitzahlen (s. Tab.)

Material	Cu	Al	Fe	
Wärmeleitzahl	395	230	80	W/mK
Temp.-Leitzahl	1,1	0,8	0,22	$10^{-4}\,m^2/s$

zeigt aber, daß sich bei den aufgeführten Metallen die Temperaturleitzahlen wie die Wärmeleitzahlen verhalten, so daß die prinzipiell falsch angesetzten Versuche doch zu einer richtigen Relation der Wärmeleitzahlen führen.

Man sollte aber aus den vorstehenden Überlegungen und aus methodischen Gründen die Konsequenz ziehen und die Reihenfolge der
SV Versuche ändern: V W37,7 motiviert für das
LV Problem, V W38,1 kann als LV an seine Stelle treten oder ihn ergänzen; man verzichte aber trotz der eleganten Vergleichsmöglichkeit der Temperaturleitfähigkeit wegen der dargelegten prinzipiellen Bedenken auf quantitative Aussagen über die Wärmeleitfähigkeit. Dann erst gehe man mit V W37,6 auf die Merkmale der Wärmeleitung ein und versuche eine Deutung mit Hilfe des Teilchenmodells (Federmodell). Die Koppelung kann auch mit dem "Rinnenmodell" erklärt werden. Die "Rinne", in der ein Teilchen schwingt, bewegt sich ja mit dem Nachbarteilchen mit (vgl. LV zu 3.6).

SV Schließlich kann V W38,2 im arbeitsteiligen Übungsunterricht zu brauchbaren Relativwerten für die Wärmeleitfähigkeit verschiedener Metalle führen, wenn man die Bügel geometrisch gleich gestaltet, die geraden Mittelteile mit Watte umwickelt und die Temperaturerhöhungen niedrig hält. Jede Stoffart muß zweimal vorkommen, damit man die Ergebnisse miteinander verketten kann nach der Art: A/B, B/C, C/D ...

Wärmestrahlung (4.4)
Die Analyse des Wärmezustromes von der Sonne ergibt, daß Materie am Wärmetransport nicht beteiligt ist, d. h. daß weder Konvektion noch Wärmeleitung in Frage kommt. Da die wärmende Wirkung ebenso rasch wechselt wie die Helligkeit und gleichzeitig mit dem Licht einsetzt, wird die Bezeichnung "Wärmestrahlung" in Anlehnung an die in der Umgangssprache geläufige "Lichtstrahlung" vom Schüler akzeptiert. Da beide als "Strahlung" bezeichnete Übertragungsvorgänge noch völlig ungeklärt sind, bedeutet die gemeinsame Bezeichnung einen verbalen Vorgriff in Richtung auf eine Identifizierung beider Vorgänge. Diese Reflexion über den Stand der Tatsachenkenntnis ist an dieser Stelle notwendig, um die Schüler für die Beobachtung von Analogien im Verhalten von Licht- und Wärmestrahlen zu motivieren; der verbale Vorgriff wird damit zur legitimen Arbeitshypothese und zu einer immanenten Frage, die sich durch die ganze Optik hindurchzieht.

Bei allen Strahlungen müssen wir unterscheiden zwischen: 1. Quelle oder Sender der Strahlung, 2. dem Vorgang der Ausbreitung und 3. dem Strahlungsempfänger. Da bei der entwickelnden Darstellung im Schülerbuch diese Systematik zwangsläufig zu kurz kommt, seien die Anmerkungen einmal nach ihr geordnet.

1. Als Quellen für Wärme- und Lichtstrahlen dienen meist heiße Festkörper. Zunächst scheinen nur heiße Körper zu strahlen, aber auch von kälteren gehen nachweisbare Wär-
LV mestrahlen aus. Ein dicker Eisennagel, nach V E77,1 mit einem Hochstromtransformator erhitzt, strahlt - mit der Hand wahrnehmbar - Wärmestrahlen ab, bevor er glüht: Erst mit zunehmender Temperatur wird er auch zur Lichtquelle.

Ein Eingehen auf den Vorgang der Erzeugung von Wärmestrahlen und Licht ist hier nicht

Hinweise zur LE 4: Ausbreitung der Wärme

möglich. Daß er mit der Teilchenbewegung zusammenhängt, geht aus der Strahlungszunahme mit der Temperatur hervor. Man könnte allenfalls an einen Hinweis auf "Erschütterungen im Teilcheninnern" als Folge heftiger Teilchenbewegung denken.

2. <u>Wärmestrahlung</u> ist von der Lichtstrahlung unabhängig, kann aber auch mit ihr gekoppelt sein. Erst später erfolgt im Rahmen der Optik (vergl. O S. 49 - UR-Spektrum) der Nachweis, daß Wärmestrahlen unsichtbares Licht darstellen. Es ist deshalb üblich, mit Wärmestrahlen einen bestimmten Teil des Spektrums zu bezeichnen. Daß auch sichtbares Licht "wärmt", d.h. Energie überträgt (vgl. S. 050), kann nur bei völliger Trennung von den Wärmestrahlen nachgewiesen werden (vgl. V 050,1).

LV Dies ist aber durch Absorption wie im V W 42,1 <u>nicht</u> gesichert.

Über den Mechanismus des Wärmetransportvorgangs selbst kann keine Aussage gemacht werden. Diese Tatsache muß als offene Frage herausgestellt werden; sie motiviert für die in solchen Fällen <u>typische Vorgehensweise,</u> zunächst einmal das <u>Verhalten,</u> hier der Wärmestrahlen in allen möglichen Situationen zu untersuchen: Absorption und Reflexion verlaufen "quasioptisch" (abgesehen von der Absorption in durchsichtigen Medien). Zur Beurteilung dieser Tatsache reichen die optischen Alltagserfahrungen aus. Im Bilde der "auftreffenden Strahlung" verschluckt (=absorbiert) ein Körper mit "schwarzer" Oberfläche das auf ihn fallende Licht; er läßt es weder durch noch reflektiert er es. Es ist doch auffallend, daß ein solcher Körper mit "schwarzer" Oberfläche sich auch am stärksten erwärmt. Wir schließen daraus, daß er auch die Wärmestrahlen absorbiert.

3. Als <u>Wärmestrahlenindikatoren</u> dienen Wärmestrahlen absorbierende Körper mit tiefschwarzer, rauher Oberfläche in Verbindung mit Thermometern, die deren Erwärmung anzeigen. Außer dem <u>geschwärzten</u> Flüssigkeits-(Quecksilber) <u>Thermometer</u> und dem in Abb. W 41,2 dargestellten Doppel-(Gas) Thermoskop soll hier noch auf die Möglichkeit zur Verwendung von <u>elektrischen Thermometern</u> hingewiesen werden, z.B. auf die auf S. W 21 erwähnte, in Abb. O 49,4 dargestellte <u>Thermosäule,</u> auf die Wärmestrahlen bevorzugt anzeigenden <u>Photowiderstände</u> (s. S. E 88) aus PbS, PbSe oder mit Au dotiertem Ge; ferner sind <u>Photodioden</u> in Sperrschaltung (s. Abb. E 93,2) oder nach Abb. E 93,1 als Generatoren in Verbindung mit einem Gleichspannungsverstärker in Gebrauch bzw. in der Anordnung nach Abb. 160,1; 160,2 in Verbindung mit "Lichtsäge" und einem Wechselspannungs-

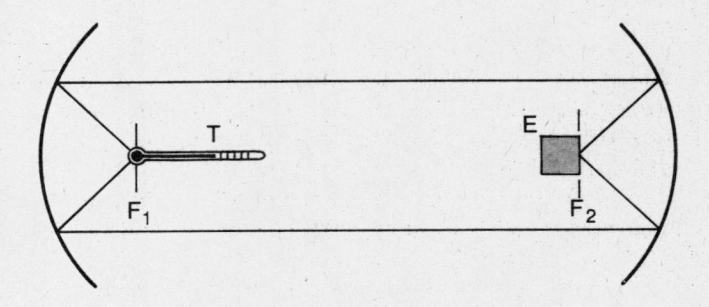

Abb. 118,1 Geschwärztes Thermometer schmilzt Eis

verstärker. Ein sehr einfacher und praktischer, auf Erwärmung durch Absorption beruhender Strahlungsindikator ist das <u>Wärmepapier.</u>

<u>Bemerkungen zu einzelnen Ergebnissen</u>
Die Tatsache, daß Körper mit dunkler Oberfläche nicht nur stärker als solche mit heller und glänzender Oberfläche <u>absorbieren</u>
SV (V W 41,1 und 41,2), sondern auch im gleichen
LV Maße <u>emittieren</u> (V W 41,3 und 41,4), (Kirchhoffsches Gesetz) kann natürlich auch mit
LV dem bekannten Leslieschen Würfel (mit verschieden gearteten Oberflächen und Heißwasserfüllung) gezeigt werden. Man kann erwarten, daß bei der Gegenüberstellung eines geschwärzten Thermometers und einer geschwärzten Fläche <u>beide Körper strahlen;</u> der heißere Körper strahlt nur stärker als der kältere. Deshalb geht Wärme trotz der Gegenstrahlung nur vom heißeren zum kälteren Körper über.

Dies kann mit zwei gegeneinander gerichte-
LV ten Hohlspiegeln gezeigt werden (s. Abb. 118,1). a) Bringt man eine Punktlichtlampe in den Brennpunkt F_1 des einen, ein Streichholz in den Brennpunkt F_2 des anderen Spiegels, so entzündet sich das Streichholz auf mehrere Meter Entfernung. b) Ein berußtes Thermometer auf Zimmertemperatur im Brennpunkt F_1 sinkt ab, wenn man in den Brennpunkt F_2 einen Eiswürfel bringt! Daß es nicht, wie man vermuten könnte, etwa "Kältestrahlen" des Eises sind, die das Thermometer abkühlen, sondern die stärkere eigene Abstrahlung gegenüber der schwächeren Gegenstrahlung des Eises, erkennt man an der Tatsache, daß das Eis in F_2 schmilzt. Will man diesen Doppelversuch wegen Unkenntnis der Brennpunktseigenschaften hier nicht zeigen, dann zeige man ihn in der Optik in Verbindung mit V O 15,2 (Abb. O 15,2).

SV Im Zusammenhang mit V W 42,3 und A W 42,1 (Entstehung der Klimazonen auf der Erde)

Hinweise zur LE 4: Ausbreitung der Wärme

sollte man die Tageserwärmung der Erde durch den Strahlungsüberschuß der Sonne und die nächtliche Abkühlung durch Abstrahlung der Erdoberfläche unter dem Aspekt des Doppel-Versuchs betrachten. Wolken behindern dabei die Abstrahlung in den Weltraum, indem sie die Wärmestrahlung der Erde absorbieren, sich erwärmen und nach der Erde zurückstrahlen (16).

SV Wärmeschattenbilder (V W 42,4) bilden einen nahtlosen Übergang zur geometrischen Optik. Das quasi-optische Verhalten der Wärmestrahlung sollte immanent in die geometrische Optik einfließen, sei es als Wiederholung oder in Form von Parallelversuchen wie z.B. die beschriebenen Hohlspiegelversuche (V O 15,1; O 15,2 und nach (17)).

Wärmeisolation - Wärmedämmung

Die Zeit bedenkenloser Energievergeudung geht zu Ende; im Zuge der Sparmaßnahmen gewinnt das Verhindern eines Wärmetransports (Energieaustausch durch Wärme) zunehmend an Bedeutung. Musterbeispiel für <u>Wärmeisolation</u> ist die bekannte Thermosflasche (Dewar-Gefäß), bei der Wärmeausbreitung aller Arten verhindert wird. Die Vakuumisolierung ist aber z.B. nicht auf den Wohnungsbau, die Stelle, an der - volkswirtschaftlich gesehen - die größten Wärmeverluste eintreten und auch Sparmöglichkeiten gegeben sind, übertragbar. Es wurden zwar lufthaltige Baustoffe und ebensolche Schaumstoffe zur Wärmedämmung entwickelt, aber gleichzeitig wurden die Glasflächen (Fenster und Türen) vergrößert. Deshalb konzentriert sich die Forschung auf die Entwicklung von isolierenden Fensterscheiben. Die isolierende Wirkung des Luftpolsters zwischen den Scheiben eines Doppelfensters ist seit langem bekannt. Unangenehm ist der Kondenswasserbeschlag oder die Eisbildung auf der Innenseite der Außenscheibe. Die unter der Bezeichnung Thermopane-<u>Isolierscheibe</u> bekannt gewordenen Doppelscheiben haben einen Abstand von 9 oder 12 mm; sie sind dampf- und staubdicht auf einen Metallrahmen aufgekittet. Zwischen den Scheiben befindet sich ein Polster aus getrockneter Luft oder einem anderen trocknen Gas. Beschlag und Frostansatz ist damit ausgeschlossen.

LI Die Untersuchungen von W. Linke u.a. haben ergeben, daß an der Wärmeübertragung durch Thermopane-Fenster (s. (18)) beteiligt sind: 1. Die Wärmeleitung der wärmeren Scheibe, 2. die Wärmestrahlung zwischen

Abb. 119,1 Konvektion zwischen Doppelglasscheiben bei zunehmendem Scheibenabstand

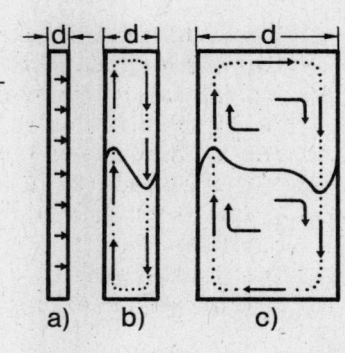

den einander zugekehrten Flächen der Scheiben, 3. die Wärmeleitung des Luftpolsters, 4. dessen Konvektion und 5. die Wärmeleitung der kalten Scheibe. Bei sehr kleinem Abstand d der Scheiben (Abb. 119,1a) ist das Polster konvektionsfrei, seine Wärmeleitung bestimmt den Wärmedurchgang. b) Mit zunehmendem Abstand d nimmt die Wärmeleitung der Luft ab, die Konvektion beginnt mit laminarer Strömung. c) Der laminare Umlauf wird durch seitlichen Zustrom von der Mitte her (Wirbel) verstärkt. Die Abnahme der Wärmeleitung mit zunehmendem d wird dadurch kompensiert. So ergibt sich, daß der Wärmedurchgang durch Thermopane-Scheiben mit zunehmendem Abstand der Scheiben anfangs rasch abnimmt (bei $d = 5$ mm: 53 % der Durchlässigkeit bei $d = 0$), dann aber nur noch wenig absinkt und fast konstant bleibt (bei $d = 9$ mm: 45 %, bei $d = 12$ mm: 43,5 %, bei $d = 20$ mm: 40 % und $d = 30$ mm: 39,5 %). Die Wahl des 9 mm bzw. 12 mm großen Scheibenabstandes ist eine Konzession an die Einbautechnik; größere Scheibenabstände würden schwerfällige Rahmen verlangen und wärmetechnisch wenig einbringen.

Am Beispiel der Thermopane-Scheiben kann man lernen, daß der technischen Perfektionierung durch äußere Bedingungen Grenzen gesetzt sein können: Man kann die Strahlung nicht verhindern, weil die Scheibe lichtdurchlässig sein muß, man braucht die Gasfüllung, weil der Luftdruck die Scheiben eindrücken würde.

d) Audio-visuelle Hilfsmittel

AT Bestrahlung der Erde - Gesamtstrahlung (5)	356253	(1)
AT Klimazonen der Erde - Bestrahlungsdauer (5)	356261	(1)
AT Bestrahlung der Erde - Bestrahlungsstärke (5)	356251	(1)

Unterrichtsbeispiel mit Grob- und Feinlernzielen

AT	Bestrahlung der Erde - Bestrahlungsdauer (4)	356252	(1)
AT	Kreislauf des Wassers in der Natur	357261	(1)
AT	Die Warmwasserheizung	357263	(1)
DR	Klimatechnik (21)	N 218	(4)
DR	Wärmeschutz im Hochbau (29)	B 17	(4)
AT	Die Jahreszeiten	176603	(7)
F	Warmwasserheizung 16 min	321222	(11)
F	Wolken in Bewegung I: Die Gleitvorgänge 12 min	F75	(11)
DR	Einführung in den Wärmeschutz (9)	102086	(11)
DR	Wetterkunde - Die Wolkenformen (10)	K11005	(12)
DR	Reihe 1: Wärmelehre	1191	(23)/(13)
DR	Reihe 2: Wärmelehre	1192	(23)/(13)
F	Leidenfrostsches Phänomen 10,5 min	E 512	(15)
F	Schaumstoff aus Styropor-Anwendung im Bauwesen (19 min)	C2/70	(23)/H2
F	Bauen mit Styropor	C2/75	(23)

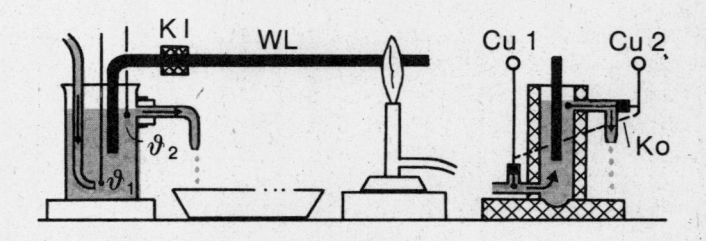

Abb. 120,1 Stationärer Wärmestrom erzeugt konstante Temperaturdifferenz. Rechts: Isoliertes Kühlgefäß, $\vartheta_2 - \vartheta_1$ mit Thermoelement nachgewiesen

3.1.3 Unterrichtsbeispiel mit Grob- und Feinlernzielen

Thema: Wärmeleitung in Metallstäben

Zeit: 1 Doppelstunde oder 2 Einzelstunden

Groblernziele sind:
1. Der Wärmetransport vom heißen zum kalten Ende eines Stabes erfolgt ohne Mitbewegung des Wärmeträgers.
2. Wärmeleitung besteht im Austausch von Teilchenbewegung zwischen benachbarten Stellen in Richtung des Temperaturgefälles.
3. Es ist zu unterscheiden die Phase der Wärmeleitung, bei der die Temperatur an jeder Stelle des Leiters noch zunimmt (Temperaturleitung) von der stationären Wärmeleitung nach dem Erreichen eines stabilen linearen Temperaturgefälles.
In die Fortsetzung des Themas fällt:
4. Besonders gute und besonders schlechte Wärmeleiter haben große praktische und technische Bedeutung.

Die Feinlernziele werden jeweils nach den einzelnen Schritten als Teilergebnisse formuliert.

SV 1. Schritt (experimentelle Einführung):
V W37,7 (SV) zeigt, daß sich die Temperatur ϑ_0, bei der man den Draht loslassen muß, am Ende des Kupferdrahtes eher einstellt als am Eisendraht. Man ertaste mit der frei gewordenen Hand am Eisendraht die Stelle mit derselben Temperatur ϑ_0: Sie liegt noch in der dem Brenner näheren Hälfte des Eisendrahtes.
Ergebnis: 1. Erhitzt man gleich lange Stäbe (Drähte) verschiedenen Materials aber mit gleicher Querschnittsfläche am einen Ende, so steigt die Temperatur in gleicher Entfernung von der Flamme je nach Material verschieden an.
2. Eine bestimmte Temperatur ϑ_0 wandert je nach Material verschieden rasch dem kälteren Ende zu. Man nennt den Vorgang Temperaturleitung.

LV Temperaturleitung zeigt auch V W38,1 oder
LV ein analoger Versuch mit dem "Wärmeleitapparat" nach Ingenhousz" (Phywe 4517, Leybold 389 03) als ergänzender und anschaulicher LV.

2. Schritt (auswertendes Unterrichtsgespräch):
Die Beobachtung, daß der Holzgriff des Geräts von Abb. W38,3 kalt bleibt, könnte Veranlassung sein, hier schon auf Beispiele für gute und schlechte Wärmeleiter (Isolatoren) einzugehen. Dies sollte man aber erst tun, wenn die Schüler die stationäre Wärmeleitung kennen. Zu dieser kann die Frage hinführen, wie heiß wohl das losgelassene freie Ende des Kupferdrahtes überhaupt werden kann. Antworten: Maximal bis zur Flammentemperatur und: Die Höchsttemperatur des Drahtendes hängt von der Abkühlung ab. Daraus ergibt sich für den
3. Schritt: Forderung nach einer definierten Abkühlung des freien Endes. Eine solche ist, wenn man von der geringen Temperaturänderung absieht, die das Stabende mit dem Kühlwasser erfährt, in V W37,6 (Abb. W38,1) und V W38,2 (Abb. W38,4) wenigstens näherungsweise gegeben.
Die nachfolgend beschriebene Anordnung (s. Abb. 120,1) stellt eine experimentelle Ver-

Unterrichtsbeispiel mit Grob- und Feinlernzielen

besserung bezüglich der Abkühlung am freien Ende dar und kann die Anordnungen von Abb. W38,1 und W38,4 ersetzen; sie ist improvisierbar und kommt, bis auf die Wärmeisolation, dem Muster von Abb. 116,1 nahe. Das abgebogene Ende eines dicken Kupferdrahtes als Wärmeleiter WL ragt in ein Überlaufgefäß, in das unten so viel Wasser der Temperatur ϑ_1 zuläuft, wie oben mit der Temperatur ϑ_2 ausläuft. Die Durchlaufkühlung sorgt für konstante Temperatur ϑ_2 am Ende des Stabes. $\vartheta_2 - \vartheta_1$ ist Indikator (und Maß für die Stärke) des Wärmestromes (wenn der Kühlwasserstrom gleich bleibt). S. auch ergänzende LI am Schluß.

Ergebnis: Aus der Temperaturerhöhung des Kühlwassers schließt man:
1. Die zur Erwärmung des Kühlwassers nötige Wärme kann nur durch den Stab hindurch zugeleitet worden sein. Daran knüpfen sich die Begriffe Wärmestrom, Wärmeleitung, Wärmeleiter.

Durch Abtasten des Stabes mit dem Finger oder auch mit einem Thermistor (NTC-Widerstand der Phywe 4187) ergibt sich:
2. Die Temperatur des die Wärme leitenden Stabes nimmt nach der Wärmequelle hin gleichmäßig zu.
3. Nach einiger Zeit des Anheizens verändert sich die Temperatur eines beliebigen Punktes des Stabes nicht mehr; d.h. es findet keine Temperaturleitung mehr statt.

Definition: Ein Wärmestrom, der an keiner Stelle des Wärmeleiters eine Temperaturänderung erzeugt, heißt stationär.

Nur stationäre Wärmeströme sagen etwas über die Wärmeleitfähigkeit der Stoffe aus. Wechselt man in der Anordnung von Abb.120,1 bei gleichbleibendem Kühlwasserstrom den Kupfer-Wärmeleiter gegen eine gleichdimensionierten aus Aluminium oder Eisen aus, so ergeben sich für diese unterschiedlich kleinere Werte für $\vartheta_2 - \vartheta_1$.
4. Die Wärmeleitfähigkeit ist stark materialabhängig.

4. Schritt (Deutung der Wärmeleitung im Teilchenbild): Bei der vorliegenden Art des Wärmetransports durch ortsfeste Festkörper scheidet die Mitbewegung von Materie aus. Aus der längs des Stabes ansteigenden Temperatur (2.) folgt, daß jedem Raumteil V des Wärmeleiters mit der Temperatur ϑ ein Raumteil V^+ mit der höheren Temperatur $\vartheta + \Delta\vartheta$ und ein Raumteil V^- mit der niedrigeren Temperatur $\vartheta - \Delta\vartheta$ benachbart ist, mit denen er Teilchenbewegung austauscht (vgl. Abb. 121,1). Da nach Schritt 3. die Temperatur in V konstant bleibt, muß der Verlust an Teilchenbewegung Energie an V^- gerade durch den Gewinn aus V^+ kompensiert werden.

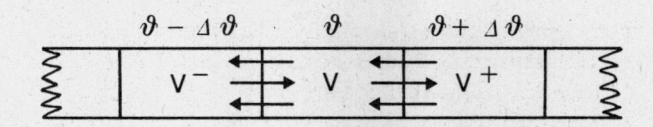

Abb. 121,1 Raumteil V tauscht mit V^+ und V^- Teilchenbewegung aus

Ergebnis: Bei stationärem Wärmestrom gibt ein Raumteil des Wärmeleiters nach der Seite niederer Temperatur ebenso viel Teilchenbewegung ab, wie er von der Seite höherer Temperatur empfängt. Bei diesem Fluß der Teilchenbewegung bleibt die Temperatur eines jeden Raumteils konstant.
Wenn ein Raumteil weniger Teilchenbewegung abgibt als er aufnimmt, steigt seine mittlere Teilchengeschwindigkeit (Temperatur): Es findet Temperaturleitung statt. Temperaturleitung ist stets mit nicht-stationärer Wärmeleitung verbunden, dagegen stationäre Wärmeleitung nicht mit Temperaturleitung.

Fortsetzung des Themas
Das hier näher ausgeführte Thema wird ergänzt durch Demonstration der Leitfähigkeit von Nichtmetallen, Flüssigkeiten, Gasen und Dämpfen. Daran schließt sich die Auswertung der Tabelle auf S. W49 hinsichtlich der technischen und praktischen Anwendungen der Wärmeleitung an.

Allgemeine Lernziele
Im Rahmen des Gesamtthemas Wärmeleitung können folgende allgemeinen Lernziele (s.S. 18/19) angesprochen werden: 1.1; 1.2; 1.6; 1.10; 2.2; 2.5. Natürlich können nicht alle Ziele akzentuiert werden. Zur Auswahl bieten sich besonders an: 1.2 beim Schritt 3 und 1.10 beim Schritt 4.

LI Ergänzende Lehrerinformation
Die durch den Wärmeleiter in der Zeit t zugeführte Wärmemenge W wird vom Kühlwasserstrom $I_k = \frac{m}{t}$ aufgenommen (m = Masse des in der Zeit t ausgeflossenen Wassers): $W = c \cdot m \cdot (\vartheta_2 - \vartheta_1) = c \cdot m \cdot \Delta\vartheta$. Der Wärmezustrom $I_w = \frac{W}{t} = c \cdot \frac{m}{t} \Delta\vartheta$ kann also a) bei konstantem Kühlwasserstrom $I_k = \frac{m}{t}$ durch die eingetretenen Temperaturerhöhung $\Delta\vartheta$ gemessen werden oder b) durch die Kühlwasserstromstärke $I_k = \frac{m}{t}$, bei der eine vorgegebene Temperaturerhöhung $\Delta\vartheta_n$ eintritt. Im letzten Fall wird der Wärmestrom I_w auf eine Wasserstrom I_k "abgebildet".

VT Will man mit einem - z.B. durch Auswechseln des Wärmeleiters - veränderten Wärmestrom die gleiche Temperaturdifferenz

$\Delta \vartheta_n$ erreichen, dann muß man den Wasserstrom ändern. Man mißt I_k, indem man mit einem kleinen Meßzylinder z. B. 10 s lang das ausfließende Wasser auffängt. Das Verfahren b) ist bei elektrischer Temperaturmessung (s. Abb. 120,1 rechts) recht praktikabel und garantiert eine gleichbleibende Temperatur des gekühlten Stabendes.

Meßbeispiel:
Methode a)
I_k = konst. = 1 g/s   Kupfer $\Delta \vartheta$ = 6 K
                         Aluminium $\Delta \vartheta$ = 3 K
                         Eisen $\Delta \vartheta$ = 1 K

Methode b)
$\Delta \vartheta_n$ = konst. = 3 K   Kupfer I_k = 2 g/s
                                      Aluminium I_k = 1 g/s
                                      Eisen I_k = 0,3 g/s

3.1.4 Literatur

(1) Der Hess. Kultusminister: (Hrsg.) — Rahmenrichtlinien Primarstufe Sachunterricht. Wiesbaden, 1976, S. 7 ff.

(2) Der Hessische Kultusminister (Hrsg.): — Rahmenrichtlinien Sekundarstufe I, Physik, Ausgabe Oktober 1976, S. 22 u. S. 23

(3) Kultusministerium d. Landes Nordrhein-Westfalen (Hrsg.): — Physik, Unterrichtsempfehlungen für die Klassen 5 bis 10, 1973, S. 10

(4) Faraday, Michael: Naturgeschichte einer Kerze. Stuttgart: Reclam-Verlag, 1953

(5) Popper, K.: Die moralische Verantwortlichkeit des Wissenschaftlers. In: Universitas 7, 1975

(6) Meadows, D.: Die Grenzen des Wachstums. Stuttgart: Deutsche Verlagsanstalt, 1972

(7) Phys.-Techn. Bundesanstalt (Hrsg.): Die SI-Einheiten - Definition, Entwicklung, Realisierung. Braunschweig: Vieweg Verlag, 1975, S. 14 ff.

(8) Stille, U.: Messen und Rechnen in der Physik, Grundlagen der Größeneinführung und Einheitenfestlegung. Braunschweig: F. Vieweg & Sohn, 1961

(9) Weizsäcker, C. F. v.: Die Einheit der Natur. München: Carl Hanser Verlag, 1971; Kap. I. 3: "Die Sprache der Physik", S. 61-83

(10) Piaget, J. u. Inhelder, B.: Die Entwicklung der physikalischen Mengenbegriffe. Stuttgart: E. Klett Verlag, 1969: "Von der Invarianz z. Atomismus", S. 117-118, insbes. S. 165ff.

(11) Friedrich, A.: Handbuch der experimentellen Schulphysik, Bd. 4. Köln: Aulis Verlag Deubner & Co., 1964

(12) Lukrez: Von der Natur der Dinge. Frankfurt: Fischer Bücherei KG, 1960, z. B. S. 17f.

(13) Lasswitz, K.: Geschichte der Atomistik vom Mittelalter bis Newton, 2 Bde. Nachdruck Darmstadt: Wissenschaftl. Buchges., 1963

(14) Planck, M.: Das Prinzip der Erhaltung der Energie. Leipzig: G. Teubner, 1924

(15) Bergmann/Schaefer: Lehrbuch der Experimentalphysik, Bd. I. Berlin: W. de Gruyter, 1965

(16) Scherhag, R.: Klimatologie. Aus der Reihe: Das geographische Seminar. Braunschweig: Georg Westermann Verlag, 1960, S. 45 ff.

(17) Hoffmann, H.: Wärmestrahlung. Köln: Aulis Verlag Deubner & Co, 1965

(18) Linke, W. Prof. Dr.: Die Wärmeübertragung durch Thermopane-Fenster in Nr. 402 der Forschungsberichte des Wirtschafts- und Verkehrsministeriums Nordrhein-Westfalen oder Zschr. Kältetechnik 8 (1956), S. 378-384)

Allgemeine Hinweise zum Block O (Optik)

3.2 Optik

3.2.1 Allgemeine Hinweise zum Block O (Optik)

Didaktische Gesichtspunkte

Die Optik stellt bezüglich des Einstiegs einen Lernbereich mit wenig Voraussetzungen dar. Sie bietet viele, das fachliche Interesse weckende Phänomene, an denen die Beobachtungsgabe geschult, das strukturierende Kombinationsvermögen herausgefordert und der Sinn für die physikalische Erklärung von Naturvorgängen geschärft werden. Die Freude über das Verstehen und Beherrschen von technischen Anwendungen verhindert Frustration. Die in diesem ersten Lehrgang über die Erscheinungen des Lichtes gewonnenen Einsichten in Zusammenhänge und Gesetzlichkeiten (als einer ersten Stufe des Verstehens) sollten - bei geeigneter Darstellungsweise - ausreichen, um die optischen Phänomene und ihre technischen Anwendungen aus der Sphäre alltäglicher Selbstverständlichkeit herauszuheben und ihre existentielle, kulturelle und wissenschaftliche Bedeutung bewußt zu machen.

Der Klage, die Optik sei zu umfangreich und verhindere die Behandlung aktueller Themen, kann entgegengehalten werden, daß es sich dabei meist um typische Verfrühungen im theoretischen oder technischen Bereich handelt. Die anstehenden Phänomene aus der Optik sind dagegen erlebnisnah oder können durch ein gut ausgestattetes Repertoire von Schülerübungen erlebnishaft ausgestaltet werden.

Von besonderer didaktischer Bedeutung ist, daß das Modell des Lichtstrahls leicht zugänglich ist und daß man mit ihm allein die geometrische Optik bestreiten kann. Die Mathematisierung erfolgt anschaulich in geometrischer Form. Die geometrische Optik kann bereits frühzeitig angeboten werden. Schon im Kindergarten könnte z. B. durch Anfertigen von Scherenschnitten ein Anfang damit gemacht werden. Das Strahlenmodell ist vor allem eine Beschreibungs- und Veranschaulichungshilfe und registriert grafisch immer nur das, was durch Versuche mit schmalen Lichtbündeln an Fakten gefunden wurde. Es beinhaltet nur eine Eigenschaft des Lichts, nämlich die geradlinige Ausbreitung. Wie im Rahmen der letzten Lerneinheit näher ausgeführt werden soll, zeigt das Licht diese Modell-Eigenschaft auch nur mit Einschränkungen. Erstaunlich ist, daß das Modell gerade dort versagt, wo man ihm eine sichere Aussage zutraut (Grimaldiversuch S. O 53).

Trotzdem können viele optische Erscheinungen durch das Strahlenmodell dargestellt werden. Dafür gibt es zwei Gründe: 1. Die Lichtbündel, die das Modell realisieren, zeigen keine Beugungserscheinungen. 2. Die geometrische Optik beschränkt sich auf Richtungsänderungen an Grenzflächen, denen dann aber geradlinige Ausbreitung in homogenen Medien folgt, die streckenweise immer wieder durch das mathematische Modell beschrieben werden kann. Vergl. auch 3.2.6.2b. Ein Gegenbeispiel wäre der "gekrümmte Lichtstrahl" (Abb. O 21, 1) im Medium mit stetiger Änderung der optischen Dichte.

Wenn die Optik im Lehrbuch Kuhn hinter den phänomenologischen Teil der Wärmelehre gesetzt wurde, so war dafür der Gesichtspunkt entscheidend, daß die den "Wärmetransport" abschließende "Wärmestrahlung" mit ihren quasioptischen Versuchen einen zwanglosen Übergang zur Optik gestattet; außerdem können weitere Versuche mit Wärmestrahlen an geeigneten Stellen in die Optik miteinbezogen werden (z. B. Wärmebilder am Hohlspiegel und Ultrarotspektrum). So kann die Einheit von Licht- und Wärmestrahlen (im Sinne des elektromagnetischen Spektrums) durch das einheitliche Verhalten beider in bezug auf Phänomene und Gesetze zunächst untermauert und mit der Entdeckung des Ultrarotspektrums auch bestätigt werden. Die Darstellung erlaubt aber, die Reihenfolge zu ändern, wenn die Lehrpläne dies erfordern.

Bemerkungen zur Gliederung

Nach Vermittlung der grundlegenden Erkenntnis, daß Licht ein Bewegungsvorgang ist, ergibt sich folgende natürliche und für den Schüler einsichtige Gliederung:

1. Lichtquellen erzeugen Licht
2. Licht breitet sich in den Raum aus
3. Licht trifft auf Hindernisse
4. Das Verhalten des Lichts beim Durchgang durch besonders geformte durchsichtige Körper
5. Spektralfarben und Lichtquellen
6. Was "ist" Licht?

Mit Punkt 3. endet ein erster Spannungsbogen, denn Spannungsbögen sollen überschaubar bleiben und nicht zu lange sein. Gleichzeitig muß aber vor unmotivierter, häppchenweiser Darbietung ohne übergeordnete Zielsetzung gewarnt werden. Mit 3. ergeben sich eine Reihe von Detailfragen, die

Allgemeine Hinweise zum Block O (Optik)

wieder zu einem neuen Spannungsbogen zusammengefaßt werden können:

a) Körper lassen das Licht nicht durch; sie absorbieren oder reflektieren es oder sie tun beides,

b) Körper lassen das Licht durch.

Die bei der Spiegelung und Brechung an Laborexperimenten gesammelten Erfahrungen werden zunächst zur Erklärung von Naturerscheinungen herangezogen. Mit den Erscheinungen der Brechung werden die Schüler aber auch herausgefordert, den Durchgang des Lichts durch besonders geformte Körper (wie Prismen, Linsen usw.) zu untersuchen und damit die Voraussetzungen für das Verständnis der technischen Anwendungen (optische Geräte) zu schaffen.

Eine Würdigung der Bedeutung der optischen Erkenntnisse und der Erfindung optischer Geräte für den Menschen versteht sich sowohl aus geistesgeschichtlicher und wissenschaftlicher als auch aus sozialer Sicht (s. Brille).

Die in Verbindung mit der Lichtbrechung bei weißem Licht zu beobachtende Farbzerlegung (S. O 19) führte bereits zu einer befriedigenden Erklärung der Regenbogenfarben. Deutlicher wurde die Erscheinung bei der doppelten Brechung am Prisma (S. O 23). Diese bisher noch nicht ausgewerteten Kenntnisse über die Zerlegung des "weißen Lichtes" in Spektralfarben bilden nun den abschließenden Fragenkomplex Spektralfarben und Lichtquellen.

Da der Zusammenhang zwischen Farbkomposition und der Art der Lichtquelle nicht von vornherein auf der Hand liegt, ergeben sich drei Etappen:

a) Wie erzeugt man helle und klare Spektren?
b) Überlagerung (Komposition) und Absorption von Spektralfarben
c) Austausch der Lichtquellen

Die Temperaturänderung einer Glühlichtquelle führt über die Abhängigkeit der Intensitätsverteilung im kontinuierlichen Glühlichtspektrum von der Temperatur (Abb. O 50, 1) zur Erweiterung des sichtbaren Spektrums durch die unsichtbaren ultraroten und ultravioletten Bereiche. Die Untersuchung des Lichtes von Dampflampen führt zu den Linienspektren glühender Gase und zur Spektralanalyse. Für die Erforschung des Weltalls sind die Absorptionsspektren von besonderer Bedeutung (z. B. Fraunhofersche Linien).

Der in der Spektralanalyse aufgezeigte Zusammenhang zwischen Spektrum und den im Gas selbständigen Teilchen, von denen das Licht ausgehen muß, legt die Frage nach "Entstehung und Wesen des Lichtes" nahe. Die Frage: "Wie entsteht das Licht in den Gasteilchen" kann im Rahmen dieses Lehrgangs nicht behandelt werden.

Die Frage: "Was ist Licht?" stellt heute kein Physiker mehr, seitdem man weiß, daß es mindestens zweier sich gegenseitig ausschließender Modelle (Teilchen- und Wellenmodell) bedarf, um die Gesamtheit aller Lichtphänomene kausal zu verstehen. Sie wird aber von jedem interessierten Schüler und Nichtphysiker in dieser Form gestellt und darf nicht einfach unterdrückt werden. Sie ist ein Exemplum dafür, daß eine solche naiv-realistisch gestellte Frage durch die Physik nur bildhaft beantwortet werden kann. Dieses Bild (Modell) als Antwort darf nun nicht mit dem Gegenstand der Frage (hier Licht) identifiziert werden. Die Darstellung von S. O 53 und 54 kann über diesen Sachverhalt nur referieren, da alle zur Begründung nötigen Vorkenntnisse fehlen. Weitere ergänzende Bemerkungen s. S. 162/163.

Schwerpunktbildung

Die für den theoriebezogenen Kurs A vorgeschlagenen Schwerpunkte umfassen: 1. ein Beispiel für kritische Begriffsbildung (1.4), 2. die Koppelung des wissenschaftlichen Fortschritts mit der Technik und die zeitlose Bedeutung genialer Ideen (1.3), 3. die Differenzierung gekoppelter Phänomene (3.3), 4. die geometrische Mathematisierung (4.24), 5. den Zusammenhang von Lichtart und aussendender Materie (5.32), 6. die Modellbezogenheit aller Aussagen über das Licht (6) und 7. den sozialen Bezug der Optik (4.36).

Der Hauptschwerpunkt des praxisbezogenen Kurses B liegt im Verständnis der optischen Geräte (4.31 - 4.35) auf Grund der Kenntnisse über Strahlengänge durch Linsen (4.23) und Bildkonstruktionen (4.24) und der sozialen Bedeutung dieser Geräte (4.36). Daneben begründen die Erweiterungen des kontinuierlichen Spektrums das Verständnis für die Unwirtschaftlichkeit von Temperaturstrahlern (5.31).

Der letzte Schwerpunkt wird vom ebenfalls praxisbezogenen Kurs C übernommen. Dieser beschränkt sich grundsätzlich auf das Fundamentum, reduziert die Zahl der linsenbestückten optischen Geräte (4.31 - 4.33) und hat dafür einen weiteren Schwerpunkt bei den Spiegeln aller Art (2.2 und 2.3).

Allgemeine Hinweise zum Block O (Optik)

Themen und Kapitelnummern		Verkürzt, ohne Erweiterungen, praxisbezogen Kurs C	Anm.	Praxisbezogen mit Erweiterungen (12) Kurs B	Anm.	Theoriebezogen Kurs A	Anm.
1.	Ausbreitung des Lichts						
1.1	Lichtquellen	F		F		F	
1.2	Licht und Schatten	F		F		F	
1.3	Lichtgeschwindigkeit	-		F1<u>2</u>	8	<u>12</u>	1
1.4	Begriff d. Lichtstrahls	F	12	F		F<u>2</u>	
1.5	Beleuchtungsstärke	-		1	13	1	
1.6	Schatten - Finsternisse	F	14	F1		F2	
2.	Reflexion des Lichts						
2.1	Der ebene Spiegel	F		F		F	
2.2	Reflexionsgesetz	<u>F</u>	15	F		F	
2.3	Hohlspiegel - Wölbspiegel	<u>F</u>	16	F1		F12	2
3.	Brechung - Dispersion						
3.1	Der Regenbogen	F	17	F		F	
3.2	Verhalten d. Lichts an ebenen Flächen	F	18	F		F<u>2</u>	
3.3	Brechung - Totalreflexion bei Naturerscheinungen	F	19	F12	3	F12	3
4.	Technische Anwendungen						
4.1	Durchgang d. Lichts durch Platten und Prismen	F		F		F2	
4.2	Optische Linsen						
4.21	Linsenformen	F		F		F	
4.22	Bilderzeugung durch Linsen	F		F		F	
4.23	Strahlengang bei Konvexlinsen	F		<u>F1</u>	9	F12	4
4.24	Bildentstehung bei Konvexlinsen - Bildkonstruktion	F		<u>F1</u>	9	<u>F12</u>	
4.25	Bildentstehung bei Konkavlinsen - Bildkonstruktion	F		F1		F12	
4.3	Auge u. opt. Geräte						
4.31	Fotoapparat	<u>F</u>	20	<u>F1</u>	10	F2	5
4.32	Das Auge	<u>F</u>	21	<u>F1</u>	10	F12	5
4.33	Lupe, Bildwerfer, Filmgerät	<u>F</u>		<u>F1</u>	10	F	5
4.34	Mikroskop	F		<u>F1</u>	10	F	
4.35	Fernrohre	F		<u>F1</u>	10	F1	6
4.36	Bedeutung der Optik und der optischen Geräte für den Menschen	F		F2		F2	
5.	Spektrum						
5.1	Erzeugung eines Spektrums	F		F		F2	
5.2	Komplementärfarben	F		F12		F12	
5.3	Spektrale Zerlegung versch. Lichtarten						
5.31	Kontinuierliches Spektrum	<u>F</u>	11	<u>F</u>	11	F	
5.32	Nichtkont. Emissionsspektren-Spektr. Analyse	-		F1		F1	
6.	Was "ist" Licht?	-		1		<u>12</u>	

Schwerpunkte sind unterstrichen. F12 heißt: Das Thema umfaßt Fundamentum, 1. und 2. Erweiterung. Anm. x: s. unter x der nachfolgenden Liste.
Charakterisierung der Kurse A, B, C s. S. 87 "Hinweise für den Benutzer".

Hinweise zur LE 1: Ausbreitung des Lichts

Anmerkungen zu den differenzierten Lehrgängen

1. Mit interessierten Schülern könnte die Lichtgeschwindigkeit nach Foucault-Michelson bestimmt werden. S. Handb. der exp. Schulphysik 5/S. 136 oder Leybold-Versuchskartei 535. 222 a, b.
2. Das Wärmestrahlbild erhält einen besonderen Akzent.
3. Kap. 3 ist im Anschluß an die Erklärung des Regenbogens als Exemplum für die physikalische Methode herauszustellen.
4. Evtl. ohne VO25, 3.
5. Kann weitgehend selbständig nach dem Buch erarbeitet werden.
6. Galileisches Fernrohr kann entfallen.
7. Beachte die unter 3.2.3.6 b) beschriebenen weiteren Versuche.
8. Zum besseren Verständnis des Fizeauschen Versuchs Modellversuch mit Lochsirenenscheibe oder Pappzahnrad aufbauen. Mit Laserstrahl und Kerrzelle kann langsame periodische Verdunkelung gezeigt werden, um die technische Weiterentwicklung anzudeuten.
9. Das Schwergewicht liegt auf der Konstruktion, auf Formeln kann verzichtet werden.
10. Intensive experimentelle Erarbeitung erwünscht.
11. Die wirtschaftliche und technische Bedeutung der Ultraspektren sowie die technische Rolle der Fluoreszenz sollte deutlich herausgestellt werden.
12. Bezeichnung "Lichtstrahl" nur für schmalen Lichtkegel (Abb. O3, 3) verwenden.
13. Nur 1. Absatz und VO5, 3 und 5, 4
14. Ohne O7 A2 und A3
15. Anwendungen der Spiegelgesetze als Modellversuche durchführen.
16. VO12, 5 bis VO13, 2 kann entfallen.
17. Ohne VO16, 3 und 16, 4
18. Ohne Zusammenhang zwischen Einfallswinkel und Brechungswinkel.
19. Nur Schlieren besprechen.
20. Schärfentiefe (d) nur experimentell erarbeiten oder ganz auslassen.
21. Aufbau der Netzhaut und Physiologie des Sehvorgangs (O33 nach A1 und vor V1) kann dem Biologieunterricht überlassen oder ausgeklammert werden. Schwerpunkte sind: 1. Augenfehler und ihre Korrektur, 2. Stereoskopie (+ Verstärkung).

3.2.2 Hinweise zu den Lerneinheiten

3.2.2.1 LE 1: Ausbreitung des Lichts (Kap. 1)

a) Vorbemerkungen und Ziele

Obgleich vorwiegend Glühlampen verwandt werden, steht der Begriff "Lichtquelle als Gegenstand, der Licht erzeugt", von vornherein auch für andere Typen, ohne Rücksicht auf Art und Erzeugungsweise des Lichts. Ein Glühwürmchen ist demnach auch eine Lichtquelle.

Daß Licht als Bewegungsvorgang denkbar ist, kann aus dem Schattenwurf in Analogie zum "Windschatten" erschlossen werden. Es gäbe keinen Schatten, wenn der Raum mit einem ruhenden Licht-Stoff z. B. "Lichtäther" (23) erfüllt wäre, ohne daß dieser eine fortschreitende Bewegung ausführte.

Bei der Bestimmung der Lichtgeschwindigkeit sollen die Schüler die Originalität der Idee von Galilei und Römer und die technische Findigkeit Fizeaus u. a. erkennen und würdigen lernen.

Zwischen dem "schmalen Lichtbündel" als Lichtwirklichkeit und dem Gedankengebilde "Lichtstrahl", dem geometrischen Strahl, zu dem wir das Lichtbündel idealisieren, ist klar zu unterscheiden. Der Lichtstrahl ist Modell des schmalen Lichtbündels und beinhaltet nur dessen geradlinige Ausbreitung, die zwar anschaulich gesichert ist, aber Postulat bleibt.

Die Genauigkeit der Berechnung von Sonnen- und Mondfinsternissen wird durch die tatsächlichen Ereignisse kontrolliert: Das Naturgeschehen allein bestätigt oder verwirft eine Theorie.

Das Telluruium, das die Mondbewegung veranschaulicht, ist ein maßstabverzerrtes, reales Modell, das wie das Modell des Lichtstrahls oder der Lichtquelle nicht alle Eigenschaften des Gegenstandes, den es substituiert, exakt wiedergibt. (Die Entfernung Erde-Mond = 60 Erdradien schrumpft im Modell auf etwa 6 Erdradien zusammen).

Hinweise zur LE 1: Ausbreitung des Lichts

b) Bemerkungen zu den einzelnen Themen

Lichtquellen (1.1)

"Was eine Lichtquelle ist, erfährt man im Dunkeln". Man lasse einmal die Schüler im verdunkelten Raum ihre Plätze aufsuchen. Dem Verlangen nach "Licht" trage man Rechnung, indem man
LV nacheinander eine Kerze anzündet, dann ein 6V-Experimentierlämpchen allmählich zum Leuchten bringt, eine 100W-Glühlampe einschaltet, den Raum mit einer Na-Dampflampe ausleuchtet und - wenn vorhanden - eine Leuchtstoffröhre in Betrieb nimmt, dann alle gleichzeitig und schließlich bei Tageslicht das "Lichterlebnis" bespricht. Die Schüler haben erfahren, daß Licht die Gegenstände "sichtbar macht" und von "Lichtquellen" herkommt.

LV Die bisher aufgeführten Lichtquellen können noch durch eine Bienenkorbglimmlampe, bengalische Streichhölzer, verbrennendes Magnesium (Blitzlampe) und die Bogenlampe als besonders helle Punktlichtquelle ergänzt werden.
Alle nicht selbstleuchtenden Körper, die durch Fremdbeleuchtung aber sichtbar werden, z.B. der Mond, sollten als "Sekundärstrahler" eingereiht werden; sie reflektieren das empfangene Licht mehr oder weniger gut nach allen Seiten.

Licht und Schatten (1.2)

Das Thema beschränkt sich hier auf den Beitrag, den das Phänomen "Schatten" zur Erschließung des Lichtes als dynamischer Prozeß mit Bewegungscharakter (Ausbreitung) leisten kann. Aus der Tatsache, daß man die vorgeführten Lichtquellen von allen Seiten sehen kann (Gegenbeispiel wäre der Laser als Lichtquelle), ergibt sich die allseitige Ausbreitung.
Ein erstes Indiz für "geradlinige" Ausbreitung kann die Schattengrenze in VO2,1 sein, der abgewandelt als Schüler-
SV versuch ausgeführt werden kann: Die längliche Wendel der Schülerübungsleuch-
VT te wird waagerecht gestellt und das Licht wie in Abb. O 3,3 streifend auf einen etwas schräg gestellten Schirm fallen gelassen. Ein waagerecht vor den Schirm und senkrecht zu ihm gehaltenes 3-4 cm breites Lineal oder Brettchen (undurchsichtig) erzeugt "gerade" und divergierende Schattengrenzen.
VT Lichträume können sichtbar gemacht werden:

1. Durch Streukörper wie Staub, Zigarettenrauch, Salmiakrauch. Letzterer besteht aus fein verteilten Salmiak-Kristallen (NH_4Cl) und entsteht durch Mischung von HCl-Gas mit NH_3-Gas. Mit einer geschlossenen Raucherzeugungsapparatur läßt sich ein chemisch neutraler Rauch erzeugen.
2. Durch Einbringen eines sogen. Fadenbarts in den Lichtraum. Dieser besteht aus einer Leiste mit angeklebten dünnen weißen Wollfäden, die aufleuchten, wo sie von Licht getroffen werden. Herstellung nach K. Weltner, Praxis 1963, S. 288).
3. In Wasser wird der Lichtverlauf sichtbar durch Beimischung von Fluoreszin, alkoholischer Mastixlösung oder durch Einrühren von Aluminiumstaub.

Lichtgeschwindigkeit (1.3)

Die Frage nach der Größe der Lichtgeschwindigkeit ergibt sich aus der Vorstellung der "Lichtausbreitung". Es genügt hier zu wissen, daß das Licht in einer Sekunde 300000 km zurücklegt und in ca. 1,25 s vom Mond zur Erde gelangt, von der Sonne zur Erde ca. 8 min braucht. Diese Daten können mitgeteilt werden (s. auch unter c).
Die Endlichkeit der Lichtgeschwindigkeit hat für die "geometrische Optik" zwar keine Bedeutung. Die Tatsache, daß Radio- und Fernsehwellen (elektromagnetische Wellen) sich mit der gleichen Geschwindigkeit ausbreiten, verleiht der Lichtgeschwindigkeit jedoch den Rang einer universellen Naturkonstanten. Dies sollte hier erwähnt werden und rechtfertigt das Eingehen auf die Frage der Lichtgeschwindigkeit bereits im Rahmen einer Einführung in die Optik.
Methoden der Lichtgeschwindigkeitsbestimmung gehören eindeutig zu den Erweiterungen. Im Mittelpunkt sollten drei für die Methode der Physik wesentliche Einsichten stehen: 1. Das Scheitern eines Versuchs besagt nicht, daß die Grundidee falsch war. 2. Mögliche Gründe des Scheiterns müssen erwogen und abgestellt werden (hier: Menschliche Reaktionsdauer zu lang). 3. Der Erfolg stellt sich erst nach "Ausschalten des Menschen" aus der Versuchsanordnung ein. Der Mensch registriert und beurteilt nur die Endergebnisse von Vorgängen, die ohne ihn ablaufen.
Es leuchtet ein, daß man das Fizeausche Lichtbündel durch einen Laserstrahl ersetzen kann und das Zahnrad als Modu-

Hinweise zur LE 1: Ausbreitung des Lichts

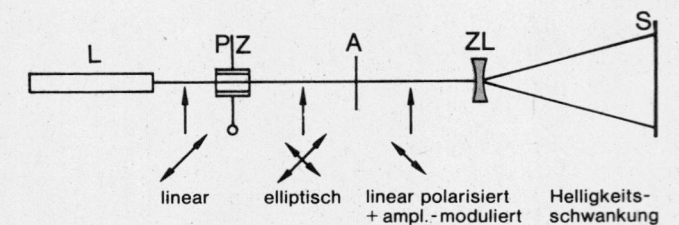

Abb. 128,1 Amplitudenmodulation eines Laserstrahls als Ersatz für das Fizeausche Zahnrad

lator durch einen elektro-optischen, nämlich durch eine Pockelszelle oder auch eine Kerrzelle (s. Der Physikunterricht 10/2, S. 9 und hier Abb. 128, 1).

LV Man schicke den linear polarisierten Laserstrahl so durch den Kristall einer Pockelszelle, daß seine Polarisationsebene um 45° gegen das elektrische Feld der Steuerspannung geneigt ist. Je nach Feldstärke verläßt der Laserstrahl den Kristall elliptisch polarisiert, so daß das nachgeschaltete, um 90° gegen die ursprüngliche Polarisationsebene gedrehte Polarisationsfilter nur die Komponente durchläßt, die durch den Einfluß des elektrischen Feldes entstanden ist. Die Helligkeitsmodulation läßt sich optisch durch Aufweiten des Laserstrahls mit einer Konkavlinse oder elektrisch mit einem Fotowiderstand oder einer Fotodiode als Belichtungsmesser nachweisen. Der Versuch enthält auch die Grundlagen der optischen Nachrichtenübermittlung und kann jederzeit in dieser Richtung oder zum messenden Fizeauschen Versuch ausgebaut werden (vergl. LE 6 b). Es genügt hier, die elektrisch gesteuerte Helligkeitsmodulation zu zeigen (ohne Eingehen auf das oben beschriebene Wirkschema).

Damit ist die Richtung angedeutet, in der der Versuch von Fizeau weiterentwickelt wurde: Wissenschaftlicher Fortschritt ist mit technischer Perfektion gekoppelt. Genaue Angaben der Lichtgeschwindigkeit wie die: c = (299 792 456, 2 ± 1, 1) m/s beziehen sich stets auf das Vakuum (Weltraum).

Der Begriff des Lichtstrahls (1.4)

Das Kapitel enthält zwei wesentliche begriffliche Schwierigkeiten:

1. Der Begriff des Lichtstrahls: Wenn man - wie in Abb. O 3, 2 dargestellt - einen Lichtkegel immer enger macht, bleibt er stets ein Lichtkegel; man sollte ihn deshalb auch als Lichtkegel oder als "schmales Lichtbündel" bezeichnen. Erst die gedankliche Schrumpfung des Bündels auf die geometrische Achse des Kegels unter Verlust der "Lichtwirklichkeit" rechtfertigt die Bezeichnung "Strahl". Dieser geometrische Strahl ist Substitut (Bild, Modell) der Lichtwirklichkeit "schmales Lichtbündel". Wenn man nach dieser Klarstellung im Sprachgebrauch die Bezeichnung "Lichtstrahl" auch für den schmalen Lichtkegel verwendet (vgl. Bildunterschrift zu Abb. O 3.3), so entspricht dies beim Betrachten einer Fotografie der erlaubten Aussage: "Das ist meine Mutter" statt zu sagen: "Das ist das Bild meiner Mutter". An diesem Analogon wird klar: Das Bild der Mutter kann weder gehen noch sprechen, was die Mutter selbst kann. Das sollte auf unser Problem übertragen und bewußt werden: Der geometrische Lichtstrahl als Bild des Lichtkegels macht nicht hell wie der Lichtkegel, der den Staub zum Aufleuchten bringt. Man sollte dieser sachlichen Differenzierung möglichst auch verbal Rechnung tragen, d. h. die Bezeichnungen "Lichtstrahl" und "Lichtbündel" situationsgerecht verwenden.

SV Die Versuche O 3, 1 und O 3, 2 sollten unbedingt als Schülerversuche durchgeführt werden.

2. Die Geradlinigkeit der Lichtausbreitung ist nach VO 3, 2 evident, aber auch nicht mehr! Sachliche Einschränkungen wie "im homogenen Medium, im materiefreien Weltraum, bei nicht allzu enger Blende (!)" wären unmotiviert und verfrüht.

Dagegen löst die Frage, wie die Geradlinigkeit der Lichtausbreitung nachgewiesen werden könnte, das Dilemma eines Zirkelschlusses aus, dessen Bewältigung - wie im Buch geschehen - in die Erweiterung verwiesen werden muß.

LV Eine Möglichkeit zur experimentellen Nachprüfung ergibt sich, wenn man "geradlinig" als kürzeste Verbindung zweier Punkte definiert und dies - wegen des Durchhangs - durch einen lotrecht gespannten Faden realisiert. Wegen der Kürze des durch den Faden gegebenen Kontrollwegs schließt der Versuch eine Abweichung von der Geradlinigkeit über größere Strecken nicht aus. Es stellt sich deshalb die Frage, ob der mehr symbolische Charakter eines solchen Versuchs den Aufwand lohnt.

VT Ein auf mehrere Meter ausreichend enges Lichtbündel liefert der Laser (21, 22, 28), bei dessen Benutzung allerdings besonde-

Hinweise zur LE 1: Ausbreitung des Lichts S. O3–O4

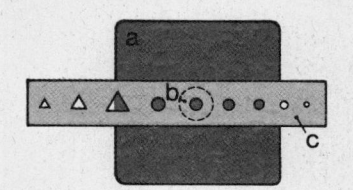

Abb. 129,1 (links)
a) Kamera
b) großes Loch im Kasten
c) Pappe mit Blendenlöchern

Abb. 129,2 (rechts)
a) Glühlampentafel
b) Perl-Eins
c) F-Blende

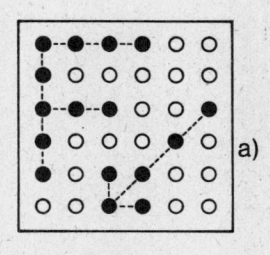

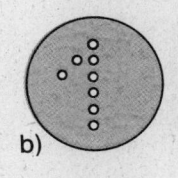

re Vorschriften zu beachten sind. Unter keinen Umständen darf der Laserstrahl gegen die Klasse gerichtet werden, und Reflexionen an Stativen oder sonstigen Geräten müssen ausgeschlossen sein.

LV Der Laserstrahl ist, durch Rauch sichtbar gemacht, auf mehrere Meter Länge als "gerade" zu erkennen (Ersatz für VO 3, 2).

SV Wird V2 mit Schülerübungsgerät durchgeführt, so ist darauf zu achten, daß die längliche Glühfadenwendel zum Spalt

VT parallel, d. h. waagerecht gestellt wird.

Die Substitution des Lichtbündels durch den Lichtstrahl bedeutet eine Mathematisierung auf geometrischer Basis. Dabei gehen alle im schmalen Lichtbündel enthaltenen physikalischen Eigenschaften verloren bis auf die Geradlinigkeit. Die Beschränkung auf die experimentell fundierte Evidenz der geradlinigen Ausbreitung und die Einstufung als nicht weiter nachweisbare Grundaussage wird der Unterrichtssituation zu diesem Zeitpunkt am ehesten gerecht.

Die Lochkamera kann 1. - wie es im Buch geschehen ist - als Anwendung des Strahlenmodells behandelt und verstanden werden, 2. auch als Einstieg in die Optik dienen.

SV Auf jeden Fall können alle Versuche (VO 4, 1 und 4, 2) von den Schülern selbst ausgeführt werden, und zwar im verdunkelten Raum mit besonderem Schülerübungsgerät im Aufbauverfahren oder

VT mit selbstgefertigten Lochkameras bei Tageslicht. Wenn man das Blendenloch der unter V1 beschriebenen Lochkamera etwa 1,5 cm groß macht und dieses mit einem Pappstreifen abdeckt, der mit einer Reihe zunehmend großer Rundlöcher und Dreieckslöchern verschiedener Größe versehen ist (Abb. 129,1) kann man damit außer V1 und V2 auch den folgenden Versuch durchführen, der der Aufgabe A1 O4 entspricht: Als Gegen-

SV stand dient eine "Perl-Eins" oder eine Glühlampentafel, auf der man mit Glühlämpchen markante Muster erzeugen

kann (s. Abb. 129, 2). Durch Abdecken der Gegenstandspunkte oder Herausdrehen einzelner Glühlämpchen läßt sich die in A1 durch Zeichnung zu ermittelnde Zuordnung finden. Die Zeichnung wird dadurch nicht überflüssig, da man dabei erkennt, daß jedem Gegenstandspunkt ein Lichtfleck (nach Abb. O 4, 1) von der Gestalt der Blendenöffnung zugeordnet ist.

Die Lochkamera führt zu den neuen Begriffen "Bild", "Bildschärfe" und "Bildhelligkeit", die mit einfachen Umschreibungen wie: "scharf = deutlich" und "hell = gut zu sehen" erklärt sind; der Begriffsinhalt sollte vor allem erlebnishaft erfahren werden.

Erst die Streuwirkung der Mattscheibe macht das Bild als ganzes durch das Auge wahrnehmbar, indem jede aus einer bestimmten Richtung beleuchtete Mattscheibenstelle zu einer rundum strah-

SV lenden Lichtquelle wird. Gegenversuch: Mattscheibe durch saubere Klarsichtscheibe ersetzen oder weglassen.

SV Mit großen Blendenlöchern erhält man als Lochkamerabild undefinierbare Lichtflecke, die eher nach der Gestalt der Blendenöffnung tendieren (s. Abb. O 4, 1). V2 zeigt, daß mit kleiner werdendem Blendenloch die Bildschärfe zu- und gleichzeitig die Bildhelligkeit abnimmt. Der praktisch denkende Schüler setzt der Blendenöffnung eine untere Grenze, wenn ihm das Bild zu dunkel wird. Damit sollte man sich an dieser Stelle begnügen.

LI Die Tatsache, daß die Bildschärfe bei kleineren Blendenöffnungen durch Beugungsringe wieder abnimmt, könnte evtl. in LE 6 gezielt eingebaut werden. Näheres s. Physikalische Handblätter (Leybold) DK 535.311 a, Bergmann-Schäfer 4. Aufl. Bd. III S. 4/5, Handb. der exp. Schulphysik Bd. 5, Vers. 7. Die Schluß-

LV bemerkung zum Thema Lochkamera sollte mit den sich kreuzenden Lichtkegeln zweier Experimentierleuchten durch Rauch demonstriert werden.

Hinweise zur LE 1: Ausbreitung des Lichts S. O4–O7

Das Thema Beleuchtungsstärke (1.5) ist mit der Bildhelligkeit bei der Lochkamera zwar angesprochen, doch liegt eigentlich kein Grund vor, die Vorstellung von "Helligkeit" zu quantisieren und die Maßeinheiten Candela und Lux an dieser Stelle des Lehrgangs zu definieren. Das könnte auch am Schluß des Kapitels Optik oder an deren Stellen als ad-hoc-Einschub geschehen, z. B. O 4.31, O 5.31, E 11.51 oder E 11.55.
In jedem Fall sind alle quantitativen photometrischen Aussagen in die Erweiterungen zu verweisen. Wegen der Bedeutung der richtigen Beleuchtung von Arbeitsplätzen sollte aber auch im Fundamentum wenigstens eine Methode subjektiven Helligkeitsvergleichs besprochen werden, z. B. die von Abb. O 5,1.

SV VO 5,1 kann auch mit einem Fettfleckphotometer als Schülerversuch durchgeführt werden. V4 macht darüber hinaus mit objektiv messenden photoelektrischen Luxmetern bekannt. Es genügt, für 1 Lux gleich 1 Helligkeitseinheit zu setzen.

Schatten und Finsternisse (1.6)

Unter diesem Thema werden in einem zweiten Anlauf Schattenräume und Schlagschattenformen untersucht; die Kenntnisse werden auf die durch Schattenwurf von Erde und Mond verursachten planetarischen Finsternisse angewandt. (10, 17).

SV Alle Versuche sind als Schülerversuche geeignet. VO 6,1, als Lehrerversuch eingestreut, bringt Zeitgewinn und die Möglichkeit, auf die Streuung der Mattscheibe einzugehen und die Fragestellung zu V2, V3 und V4 zu erörtern. V6 bildet die experimentelle Grundlage für die nachfolgenden Aufgaben 1, 2. Zu Abb. O 6,2: Die Löcher im Schirm erlauben die Beobachtung der Lichtquellen durch den Schirm hindurch (vgl. c) 4.).
Zu V5: Das "Schattenbild" einer Lichtquelle entspricht genau dem "Lichtbild" der Lochkamera, beide stehen dem Schlagschattenbild eines undurchsichtigen Körpers gegenüber. Das gemeinsame Abbildungsprinzip ist zu erarbeiten.

SV Mit einer mattierten Glühbirne als "Sonne" und zwei unterschiedlich großen, auf Stielen sitzende Kugeln als "Erde" und "Mond" (statisches reales Modell) können alle auf die Abb. O 7,1; 7,2; 7,3; 7,4 und 7,5 bezogenen Fragen von den Schülern selbsttätig erarbeitet werden. Zum Verständnis der Abb. O 7,6 und O 7,7 sollte ein Tellurium herangezogen werden. Dieses trägt der Raumstabilität der Mondbahnebene aber nicht Rechnung; nach ihm würden bei jedem Mondumlauf Sonnen- und Mondfinsternisse eintreten, ganz im Widerspruch zu der Seltenheit dieser Ereignisse. Wesentlich besser paßt sich das Baader-Planetarium der Wirklichkeit an. Die Frage, warum der Mond der Erde stets dieselbe Seite zuwendet, kann ebenfalls am Tellurium oder Planetarium erörtert werden.

Im Zusammenhang mit der Besprechung der Mondphasen und der Finsternisse können die Schüler für eigene astronomische Beobachtungen mit bloßem Auge oder selbstgebauten Fernrohren und für eine Teilnahme an freiwilligen Arbeitsgemeinschaften in Astronomie motiviert werden. Orientierungshilfe für den Lehrer bietet "Der Physikunterricht (Klett) Heft 2/1974: Astronomie in der Schule" und die im Literaturverzeichnis unter (18, 20, 26, 27) aufgeführten Bücher.

LI Anmerkung zur Sarosperiode:
Nach Abb. O 7,7 ereignet sich eine zentrale Mondfinsternis, wenn der Mond auf seiner Bahn die Gerade g <u>im Knotenpunkt M genau in Vollmondstellung</u> trifft. Der Mond erreicht den Knotenpunkt wieder nach einem Umlauf von $360°$ in 27,21222 Tagen, die Vollmondstellung wegen der inzwischen veränderten Einfallsrichtung der Sonnenstrahlen erst nach 29,53059 Tagen $\triangleq$ Umlaufswinkel von $390,67053°$. Die Frage lautet: Wieviel ganzzahlige Umläufe (x) zu $390,67053°$ ergeben gerade wieder ein ganzzahliges Vielfaches (y) von $360°$? Es gilt $x \cdot 390,67053° = y \cdot 360°$ mit der Nebenbedingung x und y ganzzahlig. Mit x = 223 und y = 242 erhalten wir die Zeitspanne zwischen zweien solcher Ereignisse zu t = 223 · 29,53059 d = 6585,32 d ≈ 242 · 27,21222 d = 6585,36 d oder t = 18 a 11 1/3 d (Sarosperiode).

c) Neue Aufgaben und Fragen

1. Beantworte schriftlich: Welche Auswirkungen hätte das Ausfallen aller künstlichen Lichtquellen für 24 Stunden auf den Tagesablauf? Was könnte man alles nicht mehr tun? (S. O1)

2. Welche Redewendungen in der Umgangssprache bringen zum Ausdruck, daß "Licht sich ausbreitet"? (S. O2)

Hinweise zur LE 1: Ausbreitung des Lichts — Aufgaben–Hilfsmittel

L Kommt von der Lichtquelle, durchflutet den Raum, wird abgestrahlt, zurückgeworfen, Lichtstrom.

3. Ein Düsenflugzeug legt in einer Sekunde 0,25 km zurück. Wie lange braucht es für die rund 1000 km lange Strecke Frankfurt - Rom? Wie lange braucht ein Lichtsignal für eine gerade Strecke derselben Länge?

L a) 4000 s = 1 h 6 min 40 s b) 1/300 s

4. Wie ändert sich die Größe des Schlagschattenbildes, wenn a) bei gleichem Abstand Lichtquelle - Gegenstand der Schirm beispielsweise auf die doppelte Entfernung gebracht wird, b) bei gleichbleibendem Abstand Lichtquelle - Schirm der Gegenstand zum Schirm hin verschoben wird? (S. O5)

L Das Schlagschattenbild wird doppelt so groß, b) das Schlagschattenbild verkleinert sich.

5. Wieviele und welche Lichtquellen sieht man durch die Löcher im Schirm der Abb. O 6,2? (S. O 6)

L Hinter dem Schirm stehend sieht man nach Abb. O 6,2b) bspw. durch die Löcher 2 und 3 von rechts nur die rechte Lichtquelle, durch das mittlere keine.

6. Warum zeigt der Mond der Erde stets dieselbe Seite? (S. O7)

L Er dreht sich bei jeder Erdumkreisung gerade einmal um seine eigene Achse.

** 7. Woran kann man erkennen, daß die linke Aufnahme der Abb. 7,5 eine Mondfinsternis, die rechte eine Mondphase darstellt? Begründe zuvor, warum bei einer Mondphase der beleuchtete Mondrand stets ein Halbkreis ist, an dessen Enden die Eigenschattengrenze beginnt.

L Die Eigenschattengrenze des Mondes ist ein Großkreis (Meridian), der den Mondumriß (Kreis) halbiert; dessen sichtbare Hälfte ist deshalb ein Halbkreis. Dies ist in der linken Aufnahme nicht der Fall. Außerdem ist die Eigenschattengrenze schärfer als die Schlagschattengrenze der Erde auf dem Mond.

d) Audiovisuelle Hilfsmittel zur LE 1

AT	Schatten	36 0118	(1)
AT	Finsternisse	36 0119	(1)
AT	Entfernungsgesetz und Beleuchtungsstärke (5)	35 7210	(1)
F	Die Erde aus dem Weltraum	35 5795	(1)
F	Mondfinsternis	35 5053	(1)
F	Tageszeiten	35 5055	(1)
F	Jahreszeiten	35 5056	(1)
AT	Glühlampe mit Fassung	17 3208	(7)
	Entstehung diffusen Lichts	17 3302	(7)
	Sonnen- und Mondfinsternis	17 3360	(7)
	Finsternisse	17 6607	(7)
	Ausbreitung des Lichts	73 021	(12)
F	Mond- und Sonnenfinsternisse - 12 min	320 644	(11)
F	Mondfinsternis - 5 min	360 167	(11)
F	Der Mond, seine Bahn, seine Lichtgestalten	320 666	(11)
DR	Gestirne I: Sternwarten, Sonne, Mond (15)	100 381	(11)
DR	Die Sternwarte (6)	K 11 010	(12)
	Die Sonne (14)	K 11 011	(12)
	Die Erde als Planet (13)	K 11 012	(12)
DR	Der Mond (11)	K 11 013	(12)
	Die Planeten (14)	K 11 014	(12)
	Erdaufnahmen aus dem Weltraum (10)	K 11 025	(12)
	Eroberung des Mondes (12)	K 11 027	(12)
	Der Flug zum Mond	1150	(13)
	Die Erde aus dem Weltall	620	(13)
F	Geheimnisvoller Mond (10 min)		(14)
	Unser Nachbar im All (Mond) - 12 min		(14)
DR	Werdegang der Philips TL-Leuchtstofflampe	B 21	(4)
M	Baader Planetarium (Modell)	04861.93	(2)
	Baader Planetarium (Modell)	38395	(3)
	Tellurium (Modell)		

Hinweise zur LE 2: Reflexion des Lichts S. O8–O9

3.2.2.2 LE 2: Reflexion des Lichts (Kap. 2)

a) Vorbemerkungen und Ziele

Die Lerneinheit befaßt sich zwar in der Hauptsache mit der regulären Reflexion (Spiegelung), ist aber zu verstehen unter dem allgemeineren Gesichtspunkt: Körper im Licht. Diese haben dann eine Lichtseite und eine Schattenseite, die das Hauptthema der 1. LE bildete. Jetzt soll die Lichtseite behandelt werden.

Die Wechselwirkung zwischen Licht und Körper reicht - mit kontinuierlichen Übergängen - von der Absorption über diffuse Reflexion bis zur Spiegelung. Letztere ist als Sonderfall einer allgemeinen Reflexion zu betrachten.

Kriterium für Spiegelung sind die Bilder, die bei der Reflexion an ebenen- und Kugelflächen entstehen. Diese weisen auf gesetzmäßige Reflexion von Lichtstrahlen hin, deren Untersuchung den Kern der LE bildet. Die mit schmalen Lichtbündeln gefundenen Spiegelgesetze gestatten, mit Lichtstrahlen Bilder zu konstruieren und damit deren Entstehung und eine Reihe anderer Reflexionserscheinungen zu verstehen.

Daß Licht- und Wärmestrahlenbild am Hohlspiegel geometrisch identisch sind, ist zwar ein wesentliches Indiz, aber noch kein schlüssiger Beweis für die Artverwandtschaft von Licht- und Wärmestrahlen.

b) Bemerkungen zu den einzelnen Themen

Reflexionsarten - Spiegelbild am ebenen Spiegel (2.1)

Zur Begründung des Vorspanns "Körper im Licht" s. a).
Beispiele dafür, daß durchsichtige Körper wie Wasser und Glas auch "spiegeln", liefern die Abb. O 8,1 und 8,2. Es handelt sich um eine teilweise Spiegelung, deren Verhältnis zum eindringenden Licht vom Brechungsindex, dem Einfallswinkel (und dem Polarisationszustand) abhängt, wie später bei der Brechung noch gezeigt wird (s. auch Bergmann-Schäfer 4. Aufl., Bd. III Optik unter "Fresnelsche Formeln").

LI

SI Aus Abb. O 8,1 ist erkennbar: 1. Das Spiegelbild ist wesentlich dunkler als das Original, 2. die flach gespiegelten (entfernteren) Bildteile sind heller als der steil gespiegelte Bildvordergrund.

LI Brillengläser und Objektive werden vergütet, indem man $\lambda/4$ dicke Schichten eines durchsichtigen Stoffes aufdampft; die an der Vorder- und Rückseite der dünnen Schicht reflektierten Lichtwellen löschen sich aus (s. Bergmann-Schäfer, Interferenzen an dünnen Schichten), der reflektierte Anteil wird vermindert.

Reflexion: Bei der diffusen Reflexion, wie in Abb. O 10,3 vereinfacht dargestellt, spielen auch noch andere Faktoren mit, auf die hier nicht eingegangen werden kann. Es genügt aber, das Phänomen experimentell zu erfassen, um seine Bedeutung für Beleuchtungsfragen und Beleuchtungstechnik erkennbar zu machen. Außerdem ist zu bedenken, daß Körper diffus reflektieren oder sogar stark absorbieren, bevor sie durch Polieren spiegeln. Das gilt für Bohnerwachs ebenso wie für Metalle.
Bei diffuser Reflexion gibt es mitunter eine Richtung stärkerer Reflexion (Glanz), was mit einem Luxmeter objektiv nachweisbar ist.

SI Auch bestens polierte oder auf Glas aufgedampfte Metallflächen reflektieren nicht alles auftreffende Licht; so Silber nur ca. 92 - 95 %, der Rest wird absorbiert.

Das Bild am ebenen Spiegel
ist allgemein bekannt, deshalb auch als Einstieg und Motivationszentrum geeignet. Das Bild ist leicht als virtuell (nicht wirklich vorhanden) zu erkennen. Interessant ist die Tatsache, daß die lotrecht stehende spiegelnde Glasplatte in Abb. O 8,2 die Bildkerze aufrecht stehen läßt, während die Bäume im Spiegelbild der horizontalen Wasserfläche (Abb. O 8,1) auf dem Kopf stehen s. c) 1.

Nach detaillierter Bildanalyse dürften die Schüler für die Frage nach der Bildentstehung motiviert sein und eingesehen haben, daß zu ihrer Erklärung das Reflexionsverhalten einzelner Lichtstrahlen untersucht werden muß. Das geschieht anhand der in Kap. 2.2 beschriebenen Versuche.

Reflexionsgesetz (2.2)

Die Versuche sind so anzulegen, daß die Ergebnisse überzeugen und am Versuch

Hinweise zur LE 2: Reflexion des Lichts

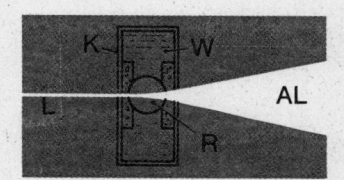

Abb. 133, 1 (links) Auffächerung des Laserstrahls

Abb. 133, 2 (rechts)
a) Stecknadelversuch zur Umkehrung des Lichtwegs
b) Winkelspiegel

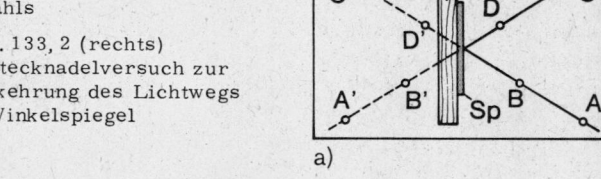

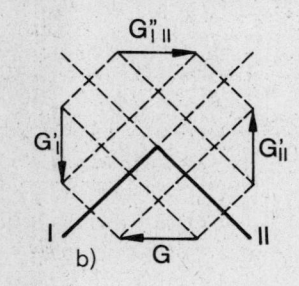

selbst formuliert werden können. Dazu ist die Herstellung von hellen, aber nicht zu breiten Lichtbündeln Voraussetzung.

VT Die Versuche nach Abb. O 9, 1 werden eindrucksvoll mit Laserstrahl(en) durchgeführt. Der lichtstarke Laserstrahl ist auf der vollen Länge durch den in jedem Raum enthaltenen Staub sichtbar. Für VO 9, 3 wären allerdings zwei Laser nötig oder die Kombination Laser - Experimentierleuchte, mit der man das Einfallslot simuliert. Montiert man die beiden Strahlerzeuger auf einem drehbaren Tisch oder einer drehbaren optischen Bank so, daß der Laserstrahl von der Klasse weg gerichtet ist, dann kann die Komplanarität der drei Strahlen von den Sitzplätzen aus gesehen werden, wenn der Tisch langsam gedreht und der Verlauf der Strahlen eingeräuchert wird.

VT Rundstrahlen erzeugt man konventionell mit einer Experimentierleuchte mit Punktlichtlampe und Kreislochblende. Für Demonstrationsversuche wird man die Kreislochblende - ohne methodische Bedenken - mit aufgesetztem Kondensor ausleuchten, der auf parallelen Lichtausfall eingestellt ist. Dasselbe für die Ausleuchtung der Spaltblende in VO 9, 4 (Abb. O 9, 3). Als Lichtquelle dient hier eine Lampe mit langgestreckter Wendel oder eine Halogenlampe. Es ist darauf zu achten, daß die Langwendel parallel zum Spalt verläuft.

VT Strahldarstellung durch "streifenden Einfall" auf einer optischen Scheibe wie in Abb. O 9, 3 oder einem Schirm erfordert Lichtbündel, die in einer zum Schirm senkrechten Ebene aufgefächert sind, damit man das Lichtbündel mit dem Schirm auf eine größere Länge "anschneiden" kann. Deshalb ist der wenig divergente Laserstrahl in originaler Form dafür ungeeignet. Man kann ihn jedoch mit einer konkaven Zylinderlinse starker Krümmung in einer Ebene aufweiten. Eine solche Linse erhält man auf einfache Weise, indem man ein luftgefülltes enges Reagenzglas (ϕ: 1 - 1,5 cm) in eine optisch passable, wassergefüllte Küvette eintaucht (s. Abb. 133, 1). Das Reagenzglas wird mit ausgesparten Korkscheibchen an der Küvette festgeklemmt. Mit unten verschlossenen Glasrohren verschiedenen Durchmessers anstelle des Reagenzglases kann man jede gewünschte Auffächerung erreichen, auch eine asymmetrische, wenn der Laserstrahl nicht zentral auf das Reagenzglas bzw. Glasrohr auftrifft.

SV Die Umkehrbarkeit des Lichtweges kann überzeugend als Stecknadelversuch von den Schülern selbst gefunden werden (Abb. 133, 2). Der Spiegel Sp, an einem Holzquader befestigt, steht senkrecht auf einem mit Papier bespannten Brettchen. Vor ihm werden die beiden Stecknadeln A, B eingesteckt und zwei weitere C und D auf deren Spiegelbilder A', B' ausgefluchtet. Die vier Stecknadeln A', B', D, C scheinen auf einer Geraden zu stehen. Visiert man nun über A, B, so erscheinen diese auf einer Geraden mit den Spiegelbildern C', D'. Der Lichtweg von A über B, den Spiegel und C, D ist umkehrbar.

SV Auf gleiche Weise können die Konstruktionen nach Abb. O 10, 1 experimentell nachvollzogen werden. Über zwei unmittelbar vor dem Spiegel eingesteckte Nadeln S_1 und S_2 werden zwei weitere R_1 und R_2 auf das Spiegelbild von P (P') ausgefluchtet. Nach Entfernen des Spiegels schneiden sich die Verlängerungen $R_1 S_1$ und $R_2 S_2$ in P', dem symmetrisch zum Spiegel liegenden Bildpunkt von P (vergl. auch c) 3.). Man erkennt: Bei der Spiegelung bleibt die ursprüngliche Lichtverteilung erhalten; deshalb gibt es gestaltgleiche Spiegelbilder.

Die Zahl der Spiegel-Anwendungen kann - wenn es die zur Verfügung stehende Zeit zuläßt - durch Kombination von Planspiegeln vermehrt werden. Die hier ausgewählten Beispiele überraschen die Schüler und bieten die Möglichkeit zur Selbstbetätigung in Gruppen.

SV 1. Winkelspiegel (s. Abb. 133, 2b): Von einem Gegenstand G (Kerze zwischen zwei Spiegeln, die einen Winkel α ein-

Hinweise zur LE 2: Reflexion des Lichts

schließen, entstehen um so mehr Bilder, je kleiner α ist. Sie sind auf einem Kreis angeordnet und bilden, den Gegenstand mit eingerechnet, ein regelmäßiges n-Eck mit n = 360/{α}, wenn {α} ein Teiler von 360 ist. Das kann man durch Konstruktion nachprüfen. Man entdeckt dabei, daß die Vielzahl von Bildern dadurch entsteht, daß jedes Bild im Spiegel I wieder ein solches im Spiegel II zur Folge hat. Für α = 0 erhält man n = ∞ am

SV 2. **Parallelspiegel.** Auch hier sollte man konstruieren, besonders den Fall, daß der Gegenstandspunkt nicht gleich weit von den Spiegeln I und II entfernt ist. Eine weitere Überraschung bietet der durch seine Anwendung als Rückstrahler an Fahrzeugen bekannte Tripelspiegel.

LV 3. **Tripelspiegel:** Drei zueinander senkrecht stehende Planspiegel bilden eine Würfelecke. Ein Lichtstrahl, der einen der drei Spiegel trifft, wird nacheinander auch von den beiden anderen Spiegeln so reflektiert, daß er in entgegengesetzter Richtung zurückkehrt (vgl. c) 4.)

SV 4. **45°-Winkelspiegel** (s. Abb. 134,1): Ein Lichtstrahl verläßt den 45°-Spiegel nach zweimaliger Reflexion um 90° gegen die Einfallsrichtung gedreht. Erblickt man über den Spiegel II hinweg den Gegenstand B und im Spiegel II an derselben Stelle darunter den Gegenstand A, so stehen die einfallenden Strahlen senkrecht aufeinander. Das ist an allen Punkten des Thaleskreises über der Strecke AB der Fall; der 45°-Winkelspiegel dient deshalb in der Geodäsie zum Abstecken von rechten Winkeln.
Beweis: Die beiden Einfallslote bilden den Winkel δ = 45°. Als Außenwinkel ist δ = α + β. Der einfallende und ausfallende Lichtstrahl bilden den Außenwinkel γ = 2(α + β) = 2·δ = 90°.

Hohlspiegel und Wölbspiegel (2.3)

Da die virtuellen Wölbspiegelbilder zwar verkleinert, aber den Spiegelbildern von Planspiegeln ähnlich sind, könnte man auch - als Alternative zur Reihenfolge im Buch - von der Frage ausgehen, ob man die an Planspiegeln geübte Vorgehensweise nicht einfach auf Wölbspiegel übertragen kann. Dem müßte natürlich eine Klärung der geometrischen Struktur (Kugelspiegel, Krümmungsmittelpunkt (M) usw.) vorangehen.
Man betrachtet zunächst Lichtstrahlen, die nach dem Krümmungsmittelpunkt

Abb. 134,1 (links) 45° Winkelspiegel

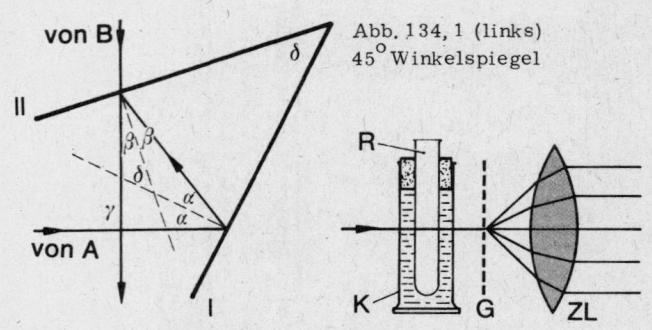

Abb. 134,2 (rechts) Erzeugung von aufgefächerten Parallelbündeln mit Laser und Gitter

(Abb. O 14,5) hinzielen. Ihr Verhalten wird verständlich, wenn man die kleine Auftrefffläche des Lichtbündels als eben ansieht. Überträgt man diese Vorstellung auf beliebige Lichtstrahlen (Abb. O 14,3), so sind die verlängerten Radien Einfallslote, an denen sich die Reflexion nach dem Reflexionsgesetz für Planspiegel orientiert.

SV Der Zerstreuungspunkt Z (Abb. O 14,4) als Richtpunkt für reflektierte Parallelstrahlen kann auch durch Stecknadelversuche empirisch gefunden werden. Aufgrund des bekannten Reflexionsverhaltens eines Mittelpunktes- und eines Parallelstrahls oder eines Strahls, der nach dem Scheitel S zielt, kann der virtuelle Bildpunkt P' durch rückwärtige Verlängerung der reflektierten Strahlen (nach Abb. O 15,1) konstruiert werden.

VT Für V O 14,3 (Abb. O 14,4) benötigt man schmale parallele Lichtbündel. Man erhält sie auf konventionelle Art mit der Experimentierlampe. Mit langer Wendel oder Halogenlampe und Kondensor wird bei parallel ausfallendem Licht eine Mehrfachspaltblende ausgeleuchtet.

VT Der - wie unter 2.2 beschrieben wurde - aufgefächerte Laserstrahl kann wie folgt vervielfacht werden: Man läßt den horizontalen Fächer ein ebenfalls horizontal orientiertes Gitter mit 500 - 1000 Strichen pro cm passieren. Die 5 oder 7 divergenten und aufgefächerten Lichtbündel werden mit einer Zylinderlinse mit f = 15 cm gleichgerichtet (s. Abb. 134,2). Ein weiteres Verfahren beschreibt H. Machemer in (22), Praxis der Naturwissenschaften, Heft 1/77, S. 5.

VT Alle Strahlengangversuche lassen sich auch mit optischen Bauteilen durchführen, die magnetisch an der Wandtafel haften (Wandtafeloptik). Die Speziallichtquellen sind sehr lichtstark.

Hinweise zur LE 2: Reflexion des Lichts

S. O12–O14

Hohlspiegel spiegeln das Licht nach innen. Sie liefern sowohl virtuelle als auch reelle Bilder. Beide Typen sollten als Einführung möglichst in Form von Schülerversuchen (V O 11,1 bis 11,5) realisiert werden. Die Schüler werden dadurch für den folgenden, etwas umfangreicheren Spannungsbogen der Strahlengonguntersuchungen und Konstruktionen besser motiviert. [SV]

[SV] Deshalb sollte man die Schüler das reelle Bild auch auf die folgende Art "handgreiflich" erleben lassen: Geht ein Schüler, eine brennende Kerze oder einen leuchtend roten Bleistift in Augenhöhe und entlang der optischen Achse vor sich hertragend, auf den Spiegel zu, so kommt ihm ein größer werdendes, frei im Raum stehendes Bild entgegen. Bild und Gegenstand begegnen sich in gleicher Größe und sind nur dadurch zu unterscheiden, daß das (reelle) Bild "auf dem Kopf steht". Bei weiterer Annäherung erlebt der Schüler auch noch die "Bildauflösung" und den Übergang zum vergrößerten Bild des Rasierspiegels.

Vor dem Eintritt in die experimentelle Strahlengang-Analyse sind noch die geometrischen Strukturen (sphärischer, parabolischer Hohlspiegel, Krümmungsmittelpunkt, optischer Mittelpunkt = Scheitel und optische Achse) zu erläutern.

Der Brennpunkt als reelles Bild der Sonne und als Schnittpunkt von achsenparallel einfallenden Lichtstrahlen bedarf einer sorgfältigen Betrachtung. Die sogen. Katakaustik führt in die Problematik der geometrischen Aussagen am sphärischen Hohlspiegel ein. Deshalb muß bei allen Aussagen über Strahlverläufe gesagt werden, für welchen Spiegeltyp sie exakt gelten oder nur näherungsweise.

[VT] Die Untersuchung der Strahlengänge erfolgt mit denselben Hilfsmitteln wie beim Wölbspiegel. Ein divergentes Lichtbündel, das von einem Punkt z. B. dem Brennpunkt oder dem Krümmungsmittelpunkt ausgehen soll, erhält man durch Fortlassen der Kondensorlinse oder beim Laser der Zylinderlinse.

Bei der Konstruktion von Bildern mittels Hauptstrahlen sollte betont werden, daß diese nur bevorzugte Repräsentanten beliebiger Strahlen sind, weil ihr Reflexionsverhalten bekannt ist. Die Gesamtheit aller Lichtbündel, die auf den Spiegel treffen, erzeugt das Bild.

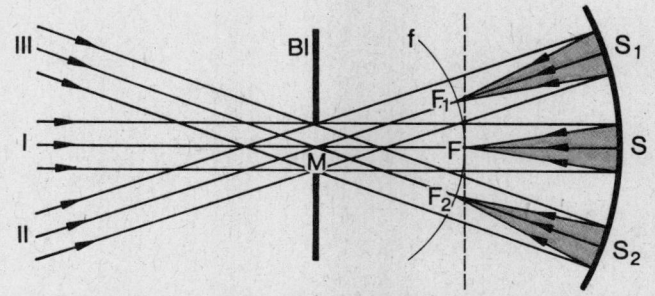

Abb. 135,1 Die Brennpunkte von schmalen Parallelbündeln durch den Mittelpunkt M eines Hohlspiegels liegen auf einer Kugel um M mit dem Radius f

Bildkonstruktionen sind mathematische Idealisierungen. Der Schüler versteht durch sie die Bildentstehung, nicht aber durch eine Hohlspiegelformel, auf die deshalb verzichtet werden kann. Wenn der Schüler in Eigenversuchen (Versuchsreihe V O 11,1 - 11,5) oder durch den soeben beschriebenen Ergänzungsversuch den Inhalt der Tabelle von S. O 13 "erlebt" hat und dann darüber hinaus noch die in der Tabelle beschriebenen und in Abb. O 13,4 dargestellten Bildphasen aufgrund der Strahlengesetze selbständig konstruieren kann, so dürfte das mehr bleibendes Wissen und Können einbringen als das Einsetzen von Zahlen in die Hohlspiegelgleichung. Produktiv dagegen könnte das Einüben von Verknüpfungen sein wie: "Wenn der Gegenstand sich im Raum II befindet (von M nach F bewegt), dann liegt (bewegt sich) sein Bild im Raum I (von M weg nach ∞), und das Bild ist reell; oder: "Je weiter der Gegenstand vom Spiegel weg ist, desto kleiner ist das (reelle) Bild".

Die auf S. O 12 definierte "Brennebene" dient zunächst als rein geometrisches Gebilde zur Kennzeichnung der Lagebeziehung von Bild und Gegenstand (vgl. Abb. O 13,4). Die physikalische Aussage, daß sich schräg zur Hohlspiegelachse einfallende parallele Lichtstrahlen nach der Reflexion in Punkten dieser Brennebene schneiden, gilt nur näherungsweise. Dies soll für zwei Fälle gezeigt werden.

a) Für die drei nach Abb.135,1 durch eine Blende Bl im Mittelpunkt des Spiegels begrenzten Parallelbündel I, II, III sind die Reflexionsverhältnisse am Kugelspiegel völlig äquivalent. Die Strahlen der drei Parallelbündel schneiden sich nach der Reflexion in den drei

Hinweise zur LE 2: Reflexion des Lichts

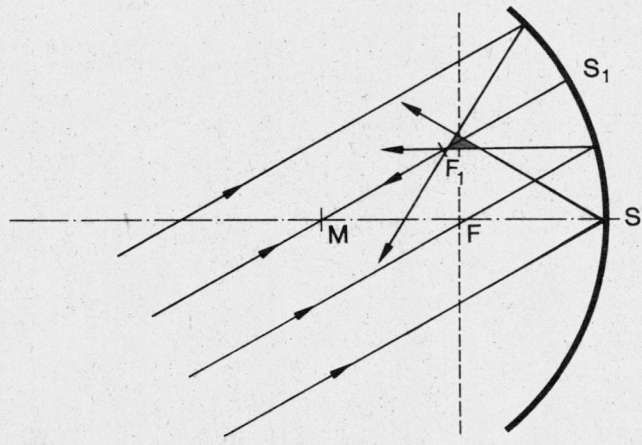

Abb. 136,1 Die Schnittpunkte der reflektierten Strahlen eines breiten, gegen die Spiegelachse schräg einfallenden Parallelbündels streuen um die Brennebene

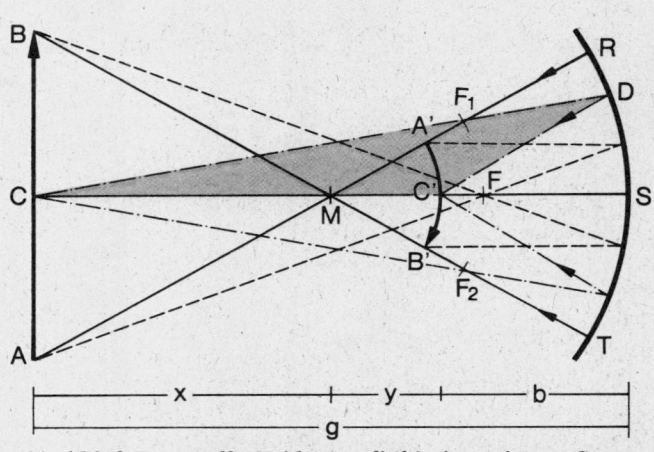

Abb. 136,2 Das reelle Hohlspiegelbild eines ebenen Gegenstandes ist näherungsweise kugelförmig gewölbt

Brennpunkten F, F_1, F_2, die vom Spiegel und von M die Entfernung $f = r/2$ haben, d. h. auf einer Kugelschale um M liegen. Für kleine Neigungswinkel der Bündel II und III gegen das Hauptbündel I kann die Kugelschale näherungsweise durch die Brennebene in F ersetzt werden. Dies ist für die Abbildung astronomischer Objekte mit Spiegelteleskopen von besonderer Bedeutung.

b) Wird nach Abb. 136,1 ein breites Parallelbündel reflektiert, so häufen sich infolge der sphärischen Abweichung die Schnittpunkte je zweier reflektierter Strahlen um die Brennebene. Die Unschärfe kann näherungsweise als Realisierung unseres Satzes gedeutet werden; sie täuscht eine verbesserte Annäherung vor. Eine so weit gehende Idealisierung legt nahe, zumindest im Fundamentum auf die physikalische Aussage zur Brennebene ganz zu verzichten. Auch der Begriff der <u>Bildebene</u> stellt eine solche Idealisierung dar. Die Problematisierung könnte in der 2. Erweiterung erfolgen. Der Lehrer aber sollte wissen, warum Hohlspiegelbilder nicht gleichzeitig im Zentrum und am Rande scharf sind (s. Abb. 136,2).

L Die Bildpunkte A', B', C' eines ebenen Gegenstandes A, B, C werden mit Hilfe der Mittelpunktstrahlen (Hauptachse CS, Nebenachsen AR, BT) und der Brennstrahlen durch F und F_1 bzw. F_2 konstruiert: Die Bildpunkte A', B', C' liegen auf einem kreisnahen Bogen um M. Das kann auch durch Rechnung nachgewiesen werden:
Aus dem schraffierten Dreieck CC'D mit $MF_1 \parallel C'D$ folgt:

$\dfrac{\overline{MF_1}}{\overline{C'D}} = \dfrac{x}{x+y}$. Mit $\overline{MF_1} = f$ und (bei kleinem Winkel α) $\overline{C'D} \approx \overline{CS'} = 2f - y$

ergibt sich: $\dfrac{f}{2f-y} = \dfrac{x}{x+y}$ * und $y = \dfrac{x}{1+x/f}$.

Für $x = x_A = x_B$ wird auch $y = y_A = y_B$, d. h. das Bild A', B', C' ist ein Kreisbogen, (das Bild liegt auf einer Kugelschale).

Für $x_A = x_B > x$ wird auch $y_A = y_B > y$, d. h. aber, daß der Kreisbogen gegen die Tangente in C' aufgebogen wird, oder: Die Bildfläche ist weniger gekrümmt als die Kugel.

Anm. Mit $2f - y = b$, $x+y = g-b$ und $x = g - 2f$ lautet Gl.*:
$\dfrac{f}{b} = \dfrac{g-2f}{g-b}$. Hieraus ergibt sich durch Umformen die bekannte Hohlspiegelgleichung $1/f = 1/g + 1/b$

c) Neue Aufgaben und Fragen

1. Warum stehen in Abb. O 8, 2 die Kerze und ihr Spiegelbild beide aufrecht, während die in Abb. O 8, 1 an der Wasseroberfläche gespiegelten Bäume auf dem Kopf stehen? (s. O 8)

L Die Kerze ist parallel zum Spiegel orientiert, die Bäume aber senkrecht. In beiden Fällen sind die Gesetze der Symmetrie erfüllt.

2. Die Spitzen der drei hohen Bäume auf der rechten Bildhälfte von Abb. O 8, 1 bilden ein Dreieck, die entsprechenden Bildpunkte ebenfalls. Vergleiche den Umlaufsinn beider Dreiecke, wenn die sich entsprechenden Gegenstands- und Bildpunkte in derselben Reihenfolge genannt werden (s. O 8).

Hinweise zur LE 2: Reflexion des Lichts — Aufgaben–Hilfsmittel

Abb. 137,1 Nur die zum Spiegel senkrechte Bewegungskomponente wird bei der Reflexion umgekehrt.

L Beide Dreiecke werden gegensinnig umlaufen.

3. Konstruiere nach Abb. O 10,1 mit Hilfe des Spiegelgesetzes für zwei von P ausgehende Lichtstrahlen die reflektierten.
Wähle $\overline{S_1S_2}$ = 6 cm, $\overline{S_1P}$ ≈ 15 cm, $\overline{S_1F}$ ≈ 7 cm. Zeichne auf DIN A4 Doppelbogen die Spiegelfläche in die Bruchkante. (Die Zeichnung dient zur Vorbereitung eines Stecknadelversuchs, s. O 9).

4. Die Einfallsrichtung eines Lichtstrahls in eine Tripelspiegel-Ecke werde in drei Bewegungskomponenten parallel zu den Kanten der Ecke zerlegt. Mache Dir an der Skizze Abb. 137,1 klar, daß bei einer Spiegelung stets nur die zur Spiegelfläche senkrechte Bewegungskomponente umkehrt. Warum verläßt der ausfallende Lichtstrahl die Ecke parallel zur Einfallsrichtung? (s. S. 134)

L Bei drei nacheinander erfolgenden Reflexionen werden alle drei Bewegungskomponenten umgekehrt, also die gesamte Richtung.

5. Was ist am Strahlverlauf des Abblendlichtes in Abb. O 14, 2 falsch gezeichnet, wenn man einen Parabolspiegel annimmt? (s. O 14)

L Da die Lichtquelle sich außerhalb der Brennweite befindet, müssen die reflektierten Strahlen konvergieren.

d) Audiovisuelle Hilfsmittel

AT	Reflexionsgesetz (3)	35 7200 (1)
AT	Bildentstehung am Hohlspiegel	35 7216 (1)
AT	Bildentstehung am Wölbspiegel	17 3306 (7)
F	Bild am ebenen Spiegel (2 min)	36 0043 (11)
F	Eigenschaften des Hohlspiegels (2,5 min)	36 0045 (11)
AT	Bildentstehung am ebenen Spiegel (4)	37 022 (12)
AT	Der Konvexspiegel (3)	37 023 (12)
AT	Der Konkavspiegel (5)	37 024 (12)

Hinweise zur LE 3: Brechung – Dispersion – Totalreflexion   S. O16

3.2.2.3 LE 3: Brechung – Dispersion – Totalreflexion (Kap. 3)

a) Vorbemerkungen und Ziele

Die LE beginnt mit einem Einstiegsphänomen und weist als Exemplum für forschendes Vorgehen folgende verfahrenstypischen Merkmale auf, die neben der Sachdarstellung bewußt gemacht werden sollen:

1. Im Naturphänomen "Regenbogen", mit dem der Einstieg erfolgt, sind Brechung und Dispersion gekoppelt: Das Phänomen ist komplex. Die Analyse eines solchen - überdies nicht zugänglichen - Phänomens setzt voraus, daß der Kern der Erscheinung (hier "Wassertropfen im Licht") erkannt wurde (hier aus den Umständen seiner Entstehung erschlossen und durch Heranholen in Form eines künstlichen Regenbogens bestätigt).
2. Eine "Erklärung" der Naturerscheinung, d. h. ihre Zurückführung auf bekannte oder neu zu entdeckende Grundphänomene, ist nur möglich, wenn die Teilphänomene in Laborversuchen isoliert und idealisiert werden (einzelner Wassertropfen).
3. Durch Modellversuche (Schusterkugel und Becherglas) erfolgen Lösung vom Ausgangsphänomen und Übergang zu allgemeingültigen Aussagen über Grundphänomene (Brechung, Teil- und Totalreflexion, Dispersion), Theorien (Anwendbarkeit des Fermatschen Prinzips) und Gesetze (Brechungsgesetz).
4. Die Allgemeingültigkeit wird durch die Anwendbarkeit auf möglichst viele Phänomene erhärtet, so auch durch die - nicht alle Erscheinungen erfassende - Erklärung des Regenbogens nach Descartes.

Mit dieser für das Einstiegsverfahren typischen, das Eingangsphänomen erklärenden Rückschau endet die "Einstiegsrunde". Für die nach der Descartesschen Methode noch ungeklärten Erscheinungen von farbigen Ringen, die gelegentlich im Hauptregenbogen zu beobachten sind, gibt es auf dieser Stufe noch keine Erklärungsmöglichkeit. S. Bergmann-Schaefer Bd. III, S. 424: Theorien von Young und Airy (23).

Bei der Sachdarstellung sollte deutlich werden, daß das Strahlenmodell die Brechung oder die Dispersion nicht erklärt; ebenso nicht die Totalreflexion oder die Aufspaltung eines Lichtstrahls in einen gebrochenen und einen reflektierten Anteil. Eine Erklärung dieser Erscheinungen kann erst mit Hilfe der Wellenvorstellung des Lichts gegeben werden (23). Erklärungsversuche mit unfundierten, ad hoc erfundenen Modellen sollten unterbleiben, sie gefährden ein sachgerechtes Modellverständnis und verführen zu naiv-realistischem Gebrauch.

Dagegen lassen sich Reflexions- und Brechungsgesetz aus dem Fermatschen Prinzip (S. O18) deduzieren, letzteres unter der Voraussetzung, daß die Lichtgeschwindigkeit in den verschiedenen Medien bekannt ist. Eine geometrische Erklärung für die Brechung gibt Huygens in seiner "Abhandlung über das Licht" auf S. 42/43. Die Dispersion folgt dann aus der Abhängigkeit der Lichtgeschwindigkeit in Medien von der Lichtart, genauer von der Wellenlänge (s. Bergmann-Schaefer, 4. Aufl. Bd. III S. 161 ff).

b) Bemerkungen zu den einzelnen Themen

Der Regenbogen (3.1)

Die Analyse der Naturerscheinung Regenbogen in bezug auf die Umstände seiner Entstehung und der farbig funkelnde Tautropfen legen die Arbeitshypothese nahe: Die Erscheinungen entstehen durch das Zusammentreffen von Licht mit Wassertropfen. Sie initiiert den "künstlichen Regenbogen" (VO16, 1) und schließlich auch VO16, 2. Dieser ist primär als SV Schülerversuch geeignet, kann aber auch LV als Lehrerversuch gezeigt werden, wenn VT man ihn auf einem erschütterungsfrei drehbaren Experimentiertisch mit optischer Bank aufbaut. Das farbige Funkeln wird zweimal auf mehrere Meter Entfernung von allen Plätzen aus gesehen.

In der zweiten Phase wird der Tropfen SV zunächst "vergrößert" und dann zum Zylinder umgestaltet. VO16, 5 ist ohne Mühe als SV durchzuführen. Die Schüler sollten selbst die zweimalige Brechung an der Grenzfläche und die starke Teilreflexion dazwischen entdecken und die nunmehr deutliche Farbauffächerung zunächst unmittelbar mit dem Auge und dann auf einem Schirm beobachten. Die systematische Umgestaltung des "Wassertropfens" bis zur ebenen Grenzfläche zwischen Wasser und Luft wird mit dem nachfolgenden Thema fortgesetzt.

Hinweise zur LE 3: Brechung – Dispersion – Totalreflexion

Verhalten des Lichts an ebenen Grenzflächen zweier durchsichtiger Körper (3.2)

Hiermit ist die vollständige Loslösung vom Einstiegsthema vollzogen und jene Abstraktionsstufe erreicht, von der aus die konventionelle Untersuchung der Brechung beginnen kann.

Die vorangestellten Erfahrungen und Versuche geben zunächst einmal Antwort auf die eingangs gestellte Frage: Treten ähnliche Erscheinungen (Brechung, Teilspiegelung) auch an ebenen Grenzflächen auf? Sie können aber auch als selbständige Einstiegsmöglichkeit in die Brechung benutzt werden, wenn man den komplexeren Einstieg mit dem Regenbogen umgehen möchte.

SV VO17,1 und 17,2 sind unter allen Umständen als Schülerversuche durchzuführen. Auch V17,3 kann - in der Wirkung natürlich nicht vollwertig - durch einen einfachen bekannten SV ersetzt

SV werden: Man legt auf den Boden einer Wanne eine Münze an das entferntere Ende und visiert diese über den näheren Wannenrand an. Ohne die Augenlage zu verändern, läßt man Wasser einfließen. Die Münze erscheint angehoben, ein Stück Kreide anstelle der Münze zeigt noch farbige Ränder. Statt über den Wannenrand zu visieren kann man auch die Kante eines in ein Stativ eingespanntes Lineals als fixierte Visierlinie benutzen. Eine evtl. beobachtete Horizontalverschiebung oder Unschärfe hat zunächst keine Bedeutung, da es nur auf den Winkel ankommt. Der Gegegenstand scheint auf der durch den Speer in Abb. O 17,3 vorgegebenen Geraden zu liegen.

Mit VO17,4 vollzieht sich der Übergang von der subjektiven Beobachtung von Phänomenen zur gezielten Untersuchung des Strahlverhaltens. Dieser und die

VT nachfolgenden Versuche lassen sich sehr gut mit dem Laserstrahl durchführen, wenn man diesen für die Beobachtung durch streifenden Einfall - wie früher beschrieben - aufweitet. Sonst verwendet man den Rundstrahl. Man bedenke aber, daß Fluoreszin auf rotes Laserlicht nicht anspricht; man menge stattdessen etwas Alu-Pulver oder Mastix ins Wasser. Im Versuch nach Abb. O 19,1 mache man den Strahlverlauf in Luft durch Rauch sichtbar.

Für die Versuche O17,4 ff bietet sich die Verwendung des Lasers an. Die Möglichkeit, die Brechung von der Dispersion zu trennen, sollte aber nicht zur Verdrängung der Dispersion führen. Unter keinen Umständen sollte man die Verbindung der Dispersion mit der Brechung von "weißem Licht" ganz unterschlagen und Dispersion nur im Zusammenhang mit dem Prisma "zulassen". Auch wenn man den Regenbogen und seine Erklärung zunächst fortläßt, sollte man unmittelbar nach Abschluß der quantitativen Versuche zur Brechung die Dispersion mit den Versuchen nach Abb. O 19,2 und 19,3 als Begleiterscheinung der Brechung provozieren. Ebensowenig sollte man dabei die Teilreflexion übersehen.

Für Teil- und Totalreflexion ist es prinzipiell gleich, ob sie mit monochromatischen oder weißem Licht gezeigt werden. Verwendet man weißes Licht, dann werden in der Anordnung von Abb. O 19,2 zugleich die Dispersion des gebrochenen Strahls zu Tage gefördert und die Teil- und Totalreflexion als dispersionsfrei erkannt.

VT VO 20,1 ist wegen der Gefahr, daß Quecksilber verspritzt wird, nur als
LV Lehrerversuch auszuführen (Reagenzglas verschließen und in Schräglage einspannen!).

SI Als Ergänzung zu den totalreflektierenden Prismen sei das als Rückstrahler bekannte "Katzenauge" angeführt. Ein Lichtstrahl, der in eine Glaswürfelecke (dreiseitig, rechtwinklige, gerade Pyramide) fällt, wird wie beim Tripelspiegel dreimal reflektiert und tritt dann in der Einfallsrichtung wieder aus.

Brechung und Totalreflexion bei Naturerscheinungen (3.3)

Luftspiegelungen lassen sich auch erklären, wenn man die Annahme einer totalreflektierenden Fläche ersetzt durch eine stetige Änderung der optischen Dichte, wobei eine dem Modellversuch von Abb. O 21,1 entsprechende Krümmung der Lichtstrahlen eintritt. Wird die Luft stark von unten erwärmt (über Land), dann werden abwärts gerichtete

SI Lichtstrahlen nach oben gekrümmt. Streicht heißer Wüstenwind (Schirokko) über das kältere Meer, so liegt die optisch dünnere Warmluft oben: Nach oben gerichtete Lichtstrahlen werden nach unten gekrümmt. In beiden Fällen kommt die Krümmung der Lichtstrahlen einer Spiegelung gleich. Der erste Fall

Hinweise zur LE 3: Brechung – Dispersion – Totalreflexion

LV entspricht der Fata morgana, der zweite dem Seegesicht: Man sieht ein unter dem Horizont befindliches Schiff umgekehrt am Himmel. Modellversuche zu den Luftspiegelungen s. Handbuch der exp. Schulphysik 5/S. 65, desgl. zur Totalreflexion S. 61-64.

SI Durch Brechung an sechsseitigen, säulenförmigen Eiskristallen, die unter gewissen Umständen in der Atmosphäre vorhanden sind, entsteht unter einem Winkel von 22° (gelegentlich auch unter 46°) ein Halo genannter farbiger Ring um die Sonne oder den Mond, bei dem der Innenrand rot, der Außenrand blau gefärbt ist. Ein Modellversuch zur Haloerscheinung, in dem die Eiskristalle durch ausfallende Alaunkristalle vertreten werden, s. Bergmann-Schaefer 4. Aufl. III. Bd. Optik S. 423 (Optik der Atmosphäre).

LV

Im Anschluß an V O 21,1 wurden geometrische Bedingungen für den Ort der den Regenbogen erzeugenden Wassertropfen aufgestellt; diese können mit V O 16,1 demonstriert und nachgeprüft werden. Wenn dieser (naturnahe) Versuch aus jahreszeitlichen oder witterungsmäßigen Gründen nicht durchzuführen ist, so kann der nachfolgend beschriebene an seine Stelle treten: Man belege den Tisch mit

LV
SV mattem Schwarzpapier, leuchte mit einer Halogenleuchte (Punktlampe mit Einfachkondensor) aus 1,4 bis 1,5 m Höhe mit schwach divergentem Licht eine Kreisfläche von 0,6 bis 0,7 m Durchmesser aus und bestreue diese gleichmäßig mit Plexiglasperlen ($\phi \approx 0,3$ mm).

Abb. 140,1 Brechungsgesetz nach Tabelle auf S. O 18

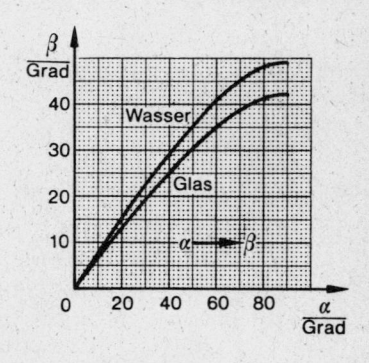

Betrachtet man die Perlenfläche einäugig von oben aus 25 bis 30 cm Höhe, so beobachtet man einen nahezu halbkreisförmigen Bogen in den Regenbogenfarben um den Schatten des Kopfes, genauer um die "Schattenlinie des Auges". Bei beidäugiger Beobachtung sieht man zwei sich schneidende Bögen; mit dem Auge wechselt auch der zugehörige "Regenbogen". Bei zunehmender Entfernung des Auges von der Fläche verschwindet der Bogen im Dunkelraum, die Fläche erscheint wie eine "Perl"-Projektionswand "schneeweiß".

c) Neue Aufgaben und Fragen

1. Stelle die Abhängigkeit ($\alpha \rightarrow \beta$) des Brechungswinkels β vom Einfallswinkel α graphisch dar für die Werte der Tab. 1 für Wasser und Glas (O S. 18).

L Siehe Abb. 140,1.

* 2. Beschreibe die Vorgehensweise von der Analyse der Regenbogenentstehung bis zur Erklärung der Entstehung von Haupt- und Nebenregenbogen nach Descartes.) (O S. 21)

d) Audiovisuelle Hilfsmittel

AT	Brechungsgesetz	357 202	(1)
F	Brechungserscheinungen 3 min	355 746	(1)
F	Brechung an ebenen Flächen 2,5 min	36 0044	(11)
AT	Die Totalreflexion (6)	37 025	(12)
AT	Die Brechung des Lichts beim Übergang von Wasser nach Luft (5)	37 049	(12)
DR	Spiegelprismen (5)	10 1012	(11)

Hinweise zur LE 4: Durchgang des Lichts durch Platten, Prismen und Linsen

3.2.2.4 LE 4: Durchgang des Lichts durch Platten, Prismen und Linsen (Kap. 4)

a) Vorbemerkungen und Ziele

Die neue Lerneinheit schafft die Voraussetzungen für wichtige optische Geräte wie Lichtbildgeräte, Projektoren, Fernrohre und Mikroskope. Der technische Aspekt selbst wird zunächst nur in der Lichtleitung angedeutet, die aber als Anwendung der Totalreflexion bereits in LE 3 vorgezogen werden kann.

Die meisten Versuche der LE können als Schülerversuche durchgeführt werden; Übungsgerät wird dafür reichlich angeboten. Man sollte deshalb die Gelegenheit wahrnehmen, die Schüler zu gezielter Planung von Experimenten anzuleiten und an der Organisation des Übungsbetriebs zu beteiligen. Die Schüler sollten mit den Geräten sachgerecht umgehen lernen und sich für die Entstehung von Sach- und Personenschäden verantwortlich fühlen.

Im Zentrum der Lerneinheit stehen Linsen als technische Zweckformen durchsichtiger Körper, mit denen man virtuelle und reelle Bilder - wie beim Hohlspiegel - erzeugen kann. Wie dort bildet die Kenntnis des Verlaufs besonderer Lichtstrahlen den ersten Schritt zu einer (geometrischen) Mathematisierung des Abbildungsvorgangs.

Mit Lichtstrahlen, deren weiterer Verlauf nach dem Durchgang durch die Linse bekannt ist, kann man Linsenbilder konstruieren und deren Zustandekommen verstehen. Schwierigkeit bereitet dabei der Strahlverlauf in der Linse. Für dünne Linsen ersetzt man die zweimalige Brechung durch einen einzigen Knick an der optischen Mittelebene. Bei dicken Linsen treten an ihre Stelle zwei Hauptebenen. Näheres darüber s. unter b). Mit diesem - auch nur näherungsweise gültigen - Trick, gelingt es, die Unfähigkeit des Strahlenmodells zu einer selbständigen Aussage über die beiden Einzelbrechungen zu überspielen.

Die Mathematisierung beschränkt sich in dieser LE zunächst auf die Anwendung des Strahlenmodells zu Bildkonstruktionen. Nur mit interessierten Schülern sollte man auch die "Linsenformel" anstreben (s. unter b)).

b) Bemerkungen zu den einzelnen Themen

Durchgang des Lichts durch planparallele Platten, Glasstäbe und Prismen (4.1)

SV — Die in Abb. O 22, 1 geometrisch begründete Parallelverschiebung sollte außerdem - bei schwächeren Lerngruppen ausschließlich - durch einen Stecknadelversuch nahegebracht werden: Der Lichtweg von Abb. O 22, 1 wird dadurch gefunden, daß man vier Stecknadeln A, B, C, D durch den Glaskörper mit parallelen Flächen ausfluchtet. Durch denselben Glaskörper läßt sich auch die Verschiebung der Zeilen nach VO 17, 1 beobachten, wenn man ihn auf eine bedruckte Buchseite legt.

Die Lichtleitung gehört der Ursache nach zur Totalreflexion. Wegen ihrer medizinisch-technischen Bedeutung wurde sie unter dem Gesichtspunkt der technischen Anwendung hier eingeordnet.

LV — VO 22, 2 muß das bisher noch fehlende Anschauungsmaterial ersetzen.

Der gedanklich vollzogene Übergang von parallelen Ebenen zum Prisma (Keil) wiederholt sich an den Ersatzprismen für Konvexlinsen (Abb. O 24, 4). Dort nimmt der Keilwinkel von innen nach außen zu. Wegen der Möglichkeit zur Verwechslung des "brechenden Winkels" mit dem "Brechungswinkel" ist die Verwendung der Bezeichnung "Keilwinkel" zu empfehlen oder durch die Benutzung beider Bezeichnungen die Bedeutung des "brechenden Winkels" eindeutig zu fixieren.

Daß es ein Minimum der Ablenkung gibt, überrascht die Schüler ebenso wie die optimale Klarheit der Farben, die sich dabei einstellt. Die Tatsache, daß die Dispersionserscheinung so deutlich wird, kann mit zweimal gleichsinniger Brechung erklärt werden. Es besteht aber kein Anlaß, näher auf das Spektrum einzugehen; dies geschieht in Kap. 5.

Der Lichtdurchgang durch Prismen vermittelt ein gutes qualitatives Verständnis für das Verhalten des Lichts beim Durchgang durch Linsen. Die Einführung von Ersatzprismen nach Abb. O 24, 4 macht den Verlauf einzelner Strahlen, die sphärische und chromatische Aberration verständlich.

LI — Quantitative Aussagen über den Strahlverlauf durch Glaskörper mit Hilfe von Brechungsgesetz und geometrischen An-

Hinweise zur LE 4: Durchgang des Lichts durch Platten, Prismen und Linsen

gaben über den brechenden Körper sind zwar grundsätzlich möglich, überschreiten aber die hier vorliegenden Möglichkeiten (s. Bergmann-Schaefer, 4. Aufl. III., S. 47-84).

Optische Linsen (4. 2)

Linsenformen (4. 21)

Die Lupenwirkung der Schusterkugel ist sicher schon so lange bekannt wie die Schusterkugel als Lichtsammler. Die Bilderzeugung mit der Wasserkugel (VO 23, 1 und 23, 2) überrascht durch Einfachheit und legt die nachfolgende Analyse nahe, aus der zunächst die Bikonvexlinse als technische Zweckform hervorgeht. Die in Abb. O 23, 5 dargestellten Linsenformen c - f sind zunächst hypothetische Ansätze, die erst noch ihre Funktionsprobe zu bestehen haben.

Bilderzeugung durch Linsen (Konvexlinsen) (4. 22)

Man sollte dabei - wenn vorhanden - auch Linsen mit den Formen b und c verwenden. Die Funktionsprobe führt zu einer vollständigen Analogie mit den Hohlspiegelbildern. Zur Abkürzung kann man:
1. die an Hohlspiegeln gewonnenen Kenntnisse über die Entstehung von reellen und virtuellen Bildern als Hypothese auf die Bilder von Konvexlinsen übertragen (s. Text auf S. O24 rechts oben) und
2. auch den Verfahrensmechanismus übernehmen.

SV Die Versuche O24, 2 und 24, 3 sollten auf alle Fälle als SV durchgeführt werden, denn ihre Ergebnisse müssen bis zu den entsprechenden Bildkonstruktionen gespeichert werden.

SV VO24, 3 kann noch ergänzt werden: Entfernt man die Mattscheibe in Abb. O24, 1, so sieht ein in den Strahlengang blickender Beobachter das reelle Bild frei im Raum stehen.

Strahlengang bei Konvexlinsen (4. 23)

Nach VO24, 4 verengt sich das eingefallene Sonnenlichtbündel nach dem Durchgang durch eine Konvexlinse und rechtfertigt die Bezeichnung Sammel-

LV linse. Der Gegenversuch: Man taucht die Linse in eine mit Schwefelkohlenstoff gefüllte Küvette, wiederholt VO24, 4 mit einem Parallelbündel aus der Experimentierleuchte und erhält das Gegenteil; das Bündel wird breiter. Der Gegenversuch besagt:

SI 1. Eine Konvexlinse ist nur dann eine Sammellinse, wenn sie sich in einem dünneren Medium befindet.

2. Die das optische Verhalten einer Konvexlinse bestimmende Brennweite hängt auch vom umgebenden Medium ab.

LV Man bestimme die Brennweite einer Linse in Luft nach Abb. 25, 2 mit einem Parallelbündel aus der Experimentierleuchte und Schirm (Stiel der Linse nach oben eingespannt). Dann taucht man die Linse in eine Küvette mit Wasser: Das austretende Lichtbündel konvergiert (schwächer) nach einem entfernteren Brennpunkt.

SI Die für Linsen angegebenen Brennweiten gelten für das umgebende Medium Luft und auch für das Vakuum. Die Brennweite wird nicht allein von den geometrischen Daten der Linse, sondern auch noch von den optischen Dichten des Linsenmaterials und des umgebenden Mediums bestimmt.

LI Die Brennweite f einer Bikonvexlinse berechnet sich für eine Linse aus Glas mit dem Brechungsindex n, den Krümmungsradien r_1 und r_2, wenn sie sich in Luft befindet, nach Gerthsen-Kneser 11. Aufl. S. 317 (25) aus

$$D = \frac{1}{f} = (n - 1) \cdot \left(\frac{1}{r_1} + \frac{1}{r_2}\right),$$

wobei die beiden Krümmungsradien absolut gesetzt werden. Für eine Kronglaslinse mit n (gegen Luft) = 1,5 und $r_1 = r_2 = r$ (symmetrisch) erhält man

$$\frac{1}{f} = 0,5 \cdot \frac{2}{r} \longrightarrow f = r$$

als Faustregel für symmetrische Bikonvexlinsen aus Kronglas in Luft.

In der von Bergmann-Schaefer (23), S. 73, III. Bd., angegebenen Form:

$$\frac{1}{f} = (n - 1) \cdot \left(\frac{1}{r_1} - \frac{1}{r_2}\right)$$

sind alle Linsenformen enthalten, wenn man die Indizes und die Vorzeichen der nach dem jeweiligen Krümmungsmittelpunkt gerichteten Krümmungsradien auf die Lichtstromrichtung bezieht.

SI Es sollte bereits hier herausgestellt werden, daß die auf S. O 24 r. unten beschriebene Brennweite

Hinweise zur LE 4: Durchgang des Lichts durch Platten, Prismen und Linsen S. O25–O26

$f = \dfrac{\overline{F_1 F_2}}{2}$ nur für dünne Linsen gilt und daß die Begriffe optischer Mittelpunkt und optische Mittelebene, die hier im Hinblick auf spätere Bildkonstruktionen als geometrische Ersatzdaten für die Linse eingeführt werden, auch nur für dünne Linsen Bedeutung haben. Sie werden, wie an anderer Stelle noch ausgeführt wird, bei dicken Linsen durch andere geometrische Begriffe abgelöst.

LI Man bezeichnet eine Linse als "dünn", wenn ihre Dicke d klein ist gegenüber den Krümmungsradien, genauer, wenn $d(n-1) \ll n \cdot (r_2 - r_1)$ (s. Bergmann-Schaefer S. 73). Für eine dünne symmetrische Bikonvexlinse gilt wegen $-r_1 = r_2 = r$: $d \ll \dfrac{n}{n-1} \cdot 2r$.

Für $n = 1,5$ folgt: $d \ll 6r$. Einigt man sich für "vernachlässigbar klein" auf 1 %, dann dürfte eine Glaslinse mit $n = 1,5$ und $f = r = 15$ cm höchstens $d = \dfrac{1}{100} \cdot 6 \cdot 15$ cm $= 0,9$ cm dick sein. Dies trifft für die meisten Experimentierlinsen zu.

Die Untersuchung des Verlaufs diskreter Lichtbündel erfolgt mit den gleichen Methoden wie am Hohlspiegel; auch der Laserstrahl kann wieder eingesetzt werden.

Die Untersuchung des Brennpunktes mit achsenparallelen Lichtbündeln führt zur Erkenntnis der sphärischen und chromatischen Aberration. Um einen eindeutigen Brennpunkt zu erhalten, ist der Ausschluß der Randstrahlen nötig. Berücksichtigt man diese Einschränkung a priori, dann kann das Fundamentum über die Strahlengänge zügig abgewickelt werden. Man sollte aber nie (auch im Fundamentum nicht) so weit gehen, die beiden Randstrahl-Aberrationen ganz zu unterdrücken, denn die Schüler werden bald fragen: Wozu hat man denn in optischen Geräten so komplizierte Linsensysteme?

SV Bei entsprechender Ausstattung können alle Versuche von Kap. 4.23 als SV durchgeführt werden, ausgenommen VO 25, 3 und 25, 4. Als Linsen verwen-
VT det man dann flache Zylinderlinsen aus Plexiglas, die man mittels Klemmbügel auf dem weißen Schirm befestigt. Die divergierenden Strahlen aus einer Mehrschlitzblende werden zunächst mit einer am vorderen Schirmrand befestigten bikonvexen Zylinderlinse parallel gemacht (VO 25, 1). In das Parallelbündel bringt man eine zweite Bikonvex-Zylinderlinse: Brennpunkt entsprechend Abb. O 25, 2. Damit sind die beiden Merksätze über Parallel- und Brennstrahlen in einem Versuch demonstriert. Durch Drehen der zweiten Zylinderlinse um ihren optischen Mittelpunkt werden die Versuche O 26, 2 und 26, 3 realisiert und auch die beiden anderen Merksätze demonstriert.

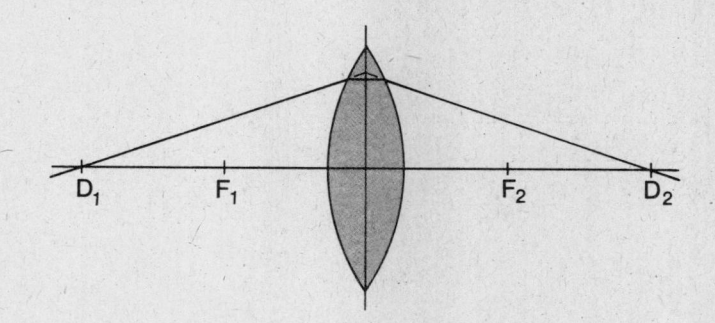

Abb. 143, 1 Symmetriestrahl

SV Man beginnt mit der Ausgangsposition "Parallelstrahlen" von VO 25, 1. und markiere den Brennpunkt (Lampenwendel). Beim Abrücken der Lampe von der Linse suche man die Stelle, für die der Schnittpunkt der jenseits der Linse konvergierenden Lichtbündel von der Linse ebensoweit entfernt ist wie die Lampe. Das ist in der Entfernung $d = 2f$ der Fall (Punkt D_1 in Abb. O 28, 1).

SI Alle Lichtstrahlen, die durch einen Punkt D_1 der Achse in der Entfernung $2f$ (doppelte Brennweite) gehen, verlaufen symmetrisch zur optischen Mittelebene der Linse und schneiden sich im symmetrisch zu D_1 liegenden Achsenpunkt D_2. Wir nennen sie deshalb Symmetriestrahlen (s. Abb. 143, 1).

Bildentstehung bei Konvexlinsen - Bildkonstruktion (4.24)

Da im Fundamentum Bildkonstruktionen nicht vorgesehen sind, bildet VO26, 5 mit der in Abb. O 26, 5 skizzierten Versuchsreihe den Abschluß. Die reellen Bilder sind einmal mit dem Schirm aufzufangen, zum andern aber auch frei im Raum stehend zu beobachten. Die Zuordnung von Gegenstand und Bild ist in Form einer Skizze (keine Konstruktion) unter Benutzung der Bild- und Gegenstandsräume von Abb. O 28, 1 festzuhalten. Die
SV Versuchsreihe sollte im Fundamentum unter allen Umständen als SV durchge-

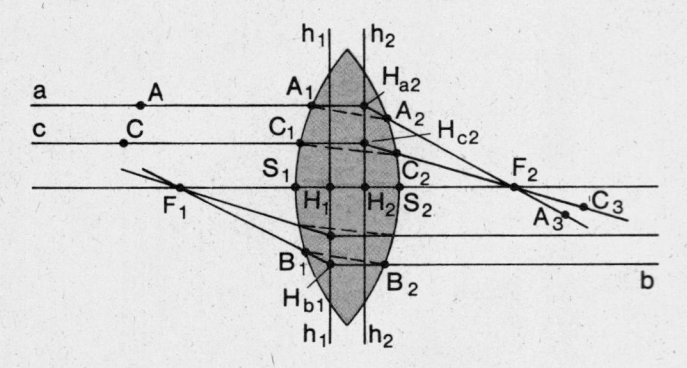

Hinweise zur LE 4: Durchgang des Lichts durch Platten, Prismen und Linsen

Abb. 144,1 Hauptebenen einer dicken Linse

führt werden. Die konstruierenden Gruppen könnten u. U. den V O26, 5 übergehen und ihn nach der Konstruktion zur Illustration der Tabelle auf S. O28 im Demonstrationsversuch nachholen.

Zur Bildkonstruktion eines Gegenstandspunktes genügen zwei von diesem Punkt ausgehende Hauptstrahlen. Zur Wahl stehen außer den drei Hauptstrahlen von S. 27 der symmetrische Strahl. Nur bei ihm schneiden sich die Verlängerungen des einfallenden und ausfallenden Strahls bei symmetrischer Linse genau in der optischen Mittelebene, unabhängig von der Linsendicke, was bei achsenparallelen Hauptstrahlen und Brennstrahlen nur näherungsweise und nur für dünne Linsen gilt. Dann kann, wie auf S. O27 und S. O28 praktiziert wird, die zweimalige Brechung an den beiden Linsenflächen durch einen einzigen Knick an der optischen Mittelebene ersetzt werden. Dieser

SV Sachverhalt kann mit einem Stecknadelversuch in Anlehnung an Abb. O 27, 1 nachgeprüft werden.

Mittelebene und Brennpunkte sind Ersatz für alle Linsen gleicher Brennweite, unabhängig von deren Durchmesser (vergl. VO 27, 2). Zur Konstruktion können Hauptstrahlen benutzt werden, die die Linse selbst nicht treffen (vergl. Brennstrahl in Abb. O 27, 2). Umgekehrt entstehen auch Bilder ohne Hauptstrahlen,

SV z. B. wenn man die Linsenmitte oder den Brennpunkt F_1 durch eine kleine Scheibe abdeckt.

LI Für dicke Linsen muß das Konstruktionsverfahren wie folgt modifiziert werden (s. Abb. 144, 1):
Da der Austrittspunkt A_2 des an der Linsenvorderseite gebrochenen Parallelstrahls a bei einer dicken Linse wesentlich achsennäher liegt als der Eintrittspunkt A_1, schneiden sich die Verlängerungen des einfallenden und ausfallenden Strahls in einer gegen die optische Mittelebene nach dem Scheitel S_2 verschobenen Ebene, der Hauptebene h_2. Ihr Schnittpunkt mit der Achse ist der Hauptpunkt H_2. Statt der zweimaligen Brechung in A_1 und A_2 kann der einfallende Parallelstrahl a bis zum Punkt H_{a2} verlängert und von dort nach F_2 weitergeführt werden. Ein in B_2 von rechts einfallender Parallelstrahl b müßte dann bis zu einer zweiten Hauptebene h_1 verlängert und von H_{b1} nach F_1 weitergeführt werden. Für den in B_1 einfallenden Brennstrahl gilt der umgekehrte Lichtweg: F_1, H_{b1}, B_2.

Bildkonstruktionen an dicken Linsen können durchgeführt werden, wenn die Lage der Brennpunkte und der Hauptebenen bekannt ist. Die Brennweite f ist gleich dem Abstand der Brennpunkte von den ihnen zugewandten Hauptpunkten (Neudefinition). Zur Bildkonstruktion müssen lediglich f und $\overline{H_1H_2} = \Delta$ bekannt sein. Für symmetrische Bikonvexlinsen gilt nach Gerthsen-Kneser (11. Aufl. S. 321): $\overline{S_1H_1} \approx \overline{H_1H_2} \approx \overline{H_2S_2} = 1/3\ d$ (d = Dicke der Linse).

Der Parallelverschiebung des Zentralstrahls wird dadurch Rechnung getragen, daß dieser statt nach O nach H_1 zielt und von H_2 in gleicher Richtung weitergeführt wird.

SV Brennweite und Hauptebenen lassen sich für eine dicke Modellzylinderlinse experimentell durch einen Stecknadelversuch bestimmen: Mindestens zwei achsenparallele Strahlen a, c werden durch die Stecknadeln A, A_1 bzw. C, C_1 festgelegt, die Stecknadeln A_2, A_3 bzw. C_2, C_3 durch die Linse hindurch auf AA_1 bzw. CC_1 ausgefluchtet und der Linsenumriß eingezeichnet. H_{a2} und H_{c2} sowie F_2 sind nach dem Bild durch Konstruktion zu finden. Dieser Versuch ist allenfalls für an der Frage "dicke Linsen" besonders interessierte Schüler gedacht. Normalerweise kann man auf dieses Thema nicht eingehen.

Linsenformeln stehen zwar in ihrer Lernzielbedeutung hinter den Bildkonstruktionen zurück; angesichts der Anwendungsmöglichkeiten bei optischen Geräten haben sie aber eine reale praktische Bedeutung (vergl. S. O 31 oben, Aufg. S. O 34 und O 37 u. a.).

Im Buch wurde der experimentelle Weg zur Findung der beiden Beziehungen

Hinweise zur LE 4: Durchgang des Lichts durch Platten, Prismen und Linsen

x	y	x · y
x_1	y_1	$x_1 \cdot y_1$
$2x_1$	$\frac{1}{2}y_1$	$x_1 \cdot y_1$
f	f	f^2

Abb. 145, 1 Tabellenmuster zur Newtonschen Linsenformel

V Nr.	$\frac{f}{cm}$	$\frac{e}{cm}$	I		II		Ergebnisse
			g	b	g'	b'	
1.	15	70	g_1	b_1	g_1'	b_1'	$g_1 = b_1'; b_1 = g_1'$
							$g_1 \cdot b_1 = g_1' \cdot b_1' = k$
2.	15	140	g_2	b_2	g_2'	b_2'	$g_2 \cdot b_2 = g_2' \cdot b_2' = 2k$
							$g \cdot b \sim e$
3.	30	140	g_3	b_3	g_3'	b_3'	$g_3 \cdot b_3 = g_3' \cdot b_3' = 4k$
							$g \cdot b \sim f$

Abb. 145, 2 Tabellenmuster zur Herleitung des Linsengesetzes nach Bessel

$B/G = b/g$ und $x \cdot y = f^2$ vorgeschlagen, weil u. U. die mathematischen Voraussetzungen (Strahlensätze) für eine Deduktion aus Abb. 27, 2 noch fehlen. Hilfe bei der empirischen Auffindung der Beziehung $x \cdot y = f^2$ kann sein, wenn in der Tabelle (s. Tabellenmuster) für die Brennpunktsabstände x die Werte x_1, $2x_1$ und f vorkommen; dann tauchen unter den y-Werten die Werte y_1, $y_1/2$ und f auf.

Bei entsprechenden mathematischen Vorkenntnissen können die beiden Gleichungen aus Abb. O 27, 2 nach Anleitung durch Zusatzaufgabe c) 4. gewonnen werden.

Eine andere empirische Herleitung der Linsenformel geht davon aus, daß es bei vorgegebenem Abstand des Gegenstandes vom Bild $e > 4f$ zwei Stellungen für die Konvexlinse mit der Brennweite f gibt, in der sie scharfe Bilder des Gegenstandes G erzeugt (s. Abb. 146, 1), in Stellung I ein vergrößertes B1, in Stellung II ein verkleinertes B1'. Für f = 15 cm und e = 70 cm zeigt der Versuch (s. Tabellenmuster):

1. $g_1 = b_1'$ und $b_1 = g_1'$ ⇒
   $g_1 \cdot b_1 = g_1' \cdot b_1' = k$
2. Mit f = 15 cm, e = 140 cm:
   $g_2 \cdot b_2 = g_2' \cdot b_2' = 2k$ ⇒ $g \cdot b \sim e$
3. Mit f = 30 cm, e = 140 cm:
   $g_3 \cdot b_3 = g_3' \cdot b_3' = 4k$ ⇒ $g \cdot b \sim f$

Aus 2. und 3. folgt: $g \cdot b = \alpha \cdot e \cdot f$.

Setzt man die Werte der drei Beispiele für g, b, e, f ein, so ergibt sich $\alpha = 1$. Also gilt: $g \cdot b = e \cdot f$

Mit $e = g + b$ ⇒ $g \cdot b = (g + b) \cdot f$ oder
$\frac{1}{f} = \frac{g + b}{g \cdot b} = \frac{1}{b} + \frac{1}{g}$

LI Das obige Verfahren beinhaltet die <u>Bestimmung der Brennweite</u> einer Konvexlinse <u>nach Bessel.</u> Mit $b = e - g$ liefert $g \cdot b = g(e - g) = e \cdot f$ die quadratische Gleichung $g^2 - e \cdot g + e \cdot f = 0$;

deren beide Lösungen $g = \frac{1}{2}e - \frac{1}{2}\sqrt{e(e-4f)}$
und $g' = \frac{1}{2}e + \frac{1}{2}\sqrt{e(e-4f)}$
liegen symmetrisch zu $\frac{1}{2}e$ (vergl. Versuch 1.). Der Abstand der beiden Scharfeinstellungen I, II wird $d = g' - g = \sqrt{e^2 - 4ef}$. Aus $d^2 = e^2 - 4ef$ ergibt sich
$f = \frac{1}{4}\frac{e^2 - d^2}{e} = \frac{1}{4}\left(e - \frac{d^2}{e}\right)$.

Der Vorteil dieser Methode beruht darauf, daß d und e genauer zu bestimmen sind als g und b.

Die Lösung von A1 S. O 28 zeigt, daß die Linsenformel auch für virtuelle Bilder gilt und diese auch als solche kennzeichnet. Die Tatsache, daß es an Konvexlinsen <u>auch</u> virtuelle Bilder gibt, muß deutlich davon abgehoben werden, daß es an Konkavlinsen <u>nur</u> virtuelle Bilder gibt. Die Begründung erfolgt in 4.25.

Bildentstehung bei Konkavlinsen (4. 25)

Von einem Punkt divergierende Strahlen sind nach dem Durchgang durch Konkavlinsen in Luft noch divergenter: Ein reelles Bild kann deshalb nie entstehen.

VT Die Versuchsmethoden und Techniken zur Strahldarstellung (Abb. O 29, 3 und 29, 4) sind die gleichen wie bisher.

SV Die Zerstreuungspunkte Z_1 und Z_2 und der Verlauf der beiden in Abb. O 29, 3 und 29, 4 dargestellten Hauptstrahlen können durch Stecknadelversuche gefunden werden (für dicke Konkavlinsen auch die Hauptebenen nach Fixierung des tatsächlichen Strahlverlaufs im Innern der Linse).

Die Linsenformel für Konvexlinsen ist auf Konkavlinsen übertragbar, wenn man die Werte für f und b mit einem Minuszeichen versieht (vgl. c) 5.).

LV Eine aus zwei zusammengekitteten Uhrgläsern hergestellte bikonvexe "Luft-

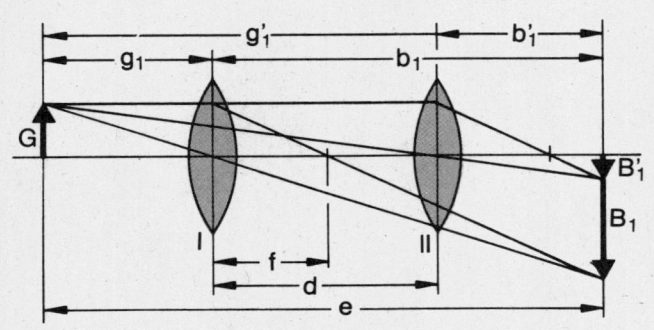

Hinweise zur LE 4: Durchgang des Lichts durch Platten, Prismen und Linsen — Aufgaben–Hilfsmittel

Abb. 146,1 Zur Herleitung des Linsengesetzes nach Bessel

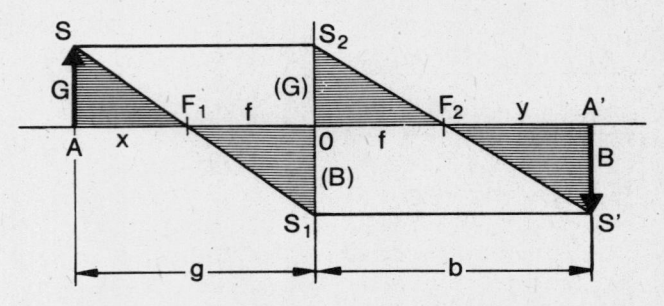

Abb. 146,2 Zur Herleitung des Linsengesetzes nach Newton

linse" wirkt, in Wasser getaucht, wie eine Konkavlinse. Dieser Versuch unterstreicht erneut, daß die Wirkung einer Linse auch vom umgebenden Medium abhängt.

c) Neue Aufgaben und Fragen

1. Worin besteht die Analogie der mit der Schusterkugel gewonnenen Bilder mit denen am Hohlspiegel? (S. O23 zu V1/V2)

L. In beiden Fällen gibt es reelle und virtuelle Bilder, in beiden Fällen virtuelle bei kleiner Gegenstandsweite.

2. Warum hat eine Zylinderlinse keine Brennpunkte, sondern Brennlinien? (S. O24 zu V4)

L. Sie ist nur einseitig gekrümmt und "sammelt" nur in einer Richtung.

* 3. Warum unterscheidet man die Brechkraft von Konvex- und Konkavlinsen durch das Vorzeichen? Berechne die Brechkraft einer Konkavbrille mit 40 cm Zerstreuungsweite (S. O26 u. 29)!

L. Die Zerstreuungsweite von Konkavlinsen ist als negative Brennweite aufzufassen, weil der Zerstreuungspunkt auf der Licht-Einfallsseite liegt. $D = 1/-0,4m = -2,5$ dpt.

* 4. Ergänze die Abb. O 27,2 nach den Angaben der Abb. 146,2.
   a) Leite aus dem $\triangle OSA$ und $\triangle OS'A'$ Beziehung zwischen G, B und g, b her,
   b) aus den Dreieckspaaren $\triangle F_1 SA / \triangle F_1 S_1 O$ und $\triangle F_2 S_2 O / \triangle F_2 S'A'$ über Beziehungen zwischen x, f, G, (B) und y, f, B, (G) die Newtonsche Gleichung $x \cdot y = f^2$! (S. O 27)

L. a) $G/B = g/b$ b) $G/(B) = x/f$; $(G)/B = f/y \Rightarrow x/f = f/y \Rightarrow x \cdot y = f^2$

** 5. Zeige an der Abb. O 29,5, daß die Linsenformel für Konvexlinsen auch für Konkavlinsen gilt, wenn man der Brennweite f und der Bildweite b ein negatives Vorzeichen gibt. Setze $\overline{GP} = G$ und $\overline{BP'} = B$. (S. O 29)
   a) Bilde das Verhältnis G/B vom O aus,
   b) verschiebe $\overline{BP'}$ nach O: (B) und bilde das Verhältnis G/(B) von Z_2 aus.

L. a) $G/B = g/b$ b) $G/(B) = (f+g)/f$. Aus a) und b) folgt $g/b = (f+g)f \Rightarrow 1/b = 1/g + 1/f$ oder $-1/f = 1/g - 1/b$.

d) Audiovisuelle Hilfsmittel

AT	Brechung des Lichts an einer planparallelen Platte (3)	35 7203 (1)
AT	Brechung des Lichts am Prisma (3)	35 7204 (1)
AT	Gegenstand und Bild bei der Abbildung durch eine Sammellinse (6)	35 7205 (1)
AT	Abbildung mit Hilfe einer Zerstreuungslinse (5)	35 7206 (1)
AT	Linsengesetze (3)	35 7207 (1)
AT	Abbildung mit Hilfe einer Sammellinse (5)	35 7208 (1)
F	Eigenschaften der Sammellinse (3, 5 min)	36 0046 (11)
F	Virtuelle Bilder von Linsen (2 min)	36 0047 (11)

Hinweise zur LE 5: Optische Geräte

3.2.2.5 LE 5: Optische Geräte (zu Kap. 4)

a) Vorbemerkungen und Ziele

Optische Geräte sollen nicht nur als Anwendungen von Reflexion und Brechung (und deren Gesetzen) behandelt werden. Versteht man nämlich die Bauelemente Spiegel, Prismen, Linsen und Mattscheibe als künstliche Zweckformen, mit denen man eine gewünschte Lichtführung - im Sinne des Licht-Strahlenmodells - erreicht, so eröffnet eine solche Auffassung die Möglichkeit, durch zweckgerichtete Aufgabenstellung die Schüler-(innen) zum konstruktiven technischen Denken (Nacherfinden von Geräten) anzuregen. Man erreicht damit neben dem Funktionsverständnis als primärem Ziel auch noch einen Einblick in das für das technische Denken typische Wechselspiel zwischen Wissen, zielgesteuerter Phantasie und einschränkenden technologischen Möglichkeiten. Werden letztere in Schülerversuchen gemeistert, so resultiert daraus auch noch ein Erfolgserlebnis, das bei den optischen Geräten besonders leicht zu vermitteln ist, wenn man sich auf Modelle der Geräte beschränkt. Da die Vorgehensmerkmale an allen Beispielen deutlich werden, genügt es, eine Auswahl von optischen Geräten zu betrachten.

Fernrohre dienen der Information über den Kosmos; Fotoapparat und Filmgerät ermöglichen die Speicherung optischer Informationen, Projektoren geben sie vergrößert wieder. Neben einer solchen Katalogisierung der optischen Geräte nach ihren Funktionen muß bewußt werden, daß alle optischen Geräte letztlich nur dem Auge als letzter wahrnehmender Instanz aller optischen Informationen vorgeschaltet sind.

Der Vergleich des Auges mit einer Kamera zeigt die Überlegenheit dieses wichtigsten menschlichen Informationsmittels selbst über hochgezüchtete, weitgehend automatisierte Kameras. Die ungeheure soziale Bedeutung der Korrektur von Augenfehlern durch Brillen wird allzuoft übersehen (vgl. Kap. 4.36) (14).

b) Bemerkungen zu den einzelnen Themen

Das Auge und die optischen Geräte (4.3)

Nach der kurzen Leistungsbeschreibung von Auge und Fotoapparat läge es nahe, beide zugleich zu behandeln, indem man

Abb. 147,1 Einfacher Zentralverschluß
a) offen, b) geschlossen
UL = untere Lamelle
OL = obere Lamelle

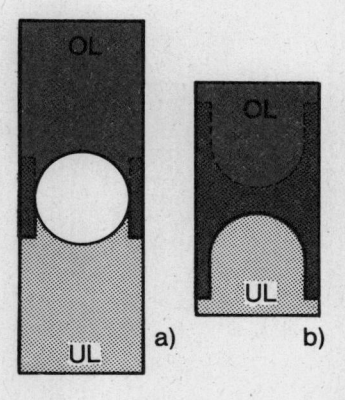

die funktional sich entsprechenden Bauelemente sofort miteinander vergleicht. Mit Rücksicht auf die Übersichtlichkeit wurden beide Themen getrennt dargestellt und zwar zuerst der Fotoapparat, weil das Auge als vorgegebenes Naturprodukt effizienter analysiert werden kann, wenn das technische Analogon bekannt ist.

Fotoapparat (4.31)

Technische Gegenstände kann man auf ihre physikalischen Grundlagen hin analysieren, man kann sie auch von der Aufgabenstellung her planen und realisieren. Am Fotoapparat wurde die synthetische Struktur des technischen Denkens an den Aufgaben a) - f) exemplifiziert.

Anm. zu a): Im Zuge der Beantwortung von O 30, Aufg. 1, sollten auch Parallelen und Unterscheidungsmerkmale zum Lochkamerabild herausgestellt werden.

Anm. zu b): Um eine richtige Belichtung des Films zu erreichen, muß die Belichtungsdauer variabel sein. Die Belichtungszeit wird vorher eingestellt und vom Verschlußmechanismus gespeichert; nach der Auslösung wird der Film die vorgegebene Zeit lang belichtet.

SI Die Öffnung des Verschlusses geschieht beim Zentral-Verschluß von innen nach außen, einfachst z.B., indem zwei Lamellen mit halbkreisförmigen Ausschnitten auseinandergezogen werden (s. Abb. 147,1 a). Beim Schließen des Verschlusses schieben sich beide Lamellen nach der Mitte übereinander, bis sie die Objektivöffnung völlig abdecken (s. Abb. 147,1 b). Obwohl achsennahe Strahlen länger freigegeben sind als die Randstrahlen, werden doch alle Teile des Films gleichzeitig und gleich lang belichtet. Da die Verschlußteile hin und zurück bewegt werden müssen, kann die Öff-

Hinweise zur LE 5: Optische Geräte

nungsdauer nicht kleiner als etwa 1/100 s gemacht werden.
Kürzere Öffnungszeiten (bis 1/1000 s) erreicht man mit <u>Schlitzverschlüssen</u>. Ein Rouleau (s. Abb. 148,1) mit eingelassenem Schlitz befindet sich unmittelbar vor dem Film und verdeckt diesen mit seiner einen Hälfte. Beim Belichten bewegt sich der Schlitz mit konstanter Geschwindigkeit vor dem Film vorbei. Die Filmfläche wird zwar überall gleich lang belichtet - bei breitem Schlitz länger als bei schmalem -, aber nicht überall gleichzeitig. Deshalb geben bei rascher Querbewegung eines Objektes die Teile des Films, die zuletzt belichtet werden, eine spätere Phase der Bewegung wieder als die zuerst belichteten: Die Bilder sehr rasch bewegter Gegenstände sind oft verzerrt.

Neben den technischen Zweckformen der Bauteile lernen die Schüler auch noch einige spezielle technische Begriffe wie Bildschärfe (c), Schärfentiefe (d), Bildhelligkeit und Blendenzahlen (f) kennen. Der Begriff "Schärfentiefe" muß zuerst
SV experimentell (VO 31, 1) erarbeitet werden, bevor er theoretisch begründet wird (Abb. O 31, 3).

<u>Das Auge</u> (4.32)

Die beschreibende Darstellung des Auges folgt denselben Funktionsmerkmalen wie beim Entwurf einer Kamera (deshalb ist auch eine Parallelbehandlung mit dem Fotoapparat möglich). Sie beschränkt sich im wesentlichen auf den physikalischen Aspekt, weil der physiologische der Biologie zusteht. Es ist aber unvermeidbar, daß die an den physikalischen Aspekt angrenzenden physiologischen Vorgänge wie Verarbeitung des Netzhautbildes zur Wahrnehmung, Umkehrung des Netzhautbildes, Automatik der Scharfeinstellung und des Blendenmechanismus angesprochen werden. Man sollte hier wohl auf die Fragestellung eingehen, weil diese Vorgänge ja gerade die Überlegenheit des biologischen Mechanismus Auge begründen, die Beantwortung aber muß man in die Zuständigkeit der Biologie verweisen.

<u>Augenfehler</u> und deren Korrektur stellen dagegen rein physikalische Sachfragen dar; man vergesse aber nicht, auch an dieser Stelle schon auf die soziale Bedeutung der Korrekturen hinzuweisen, ebenso auf die Gefahren, die das Auge bedrohen.

Abb. 148, 1 Schlitzverschluß
S = Schlitz im Rouleau R
F = Film - Bildausschnitt

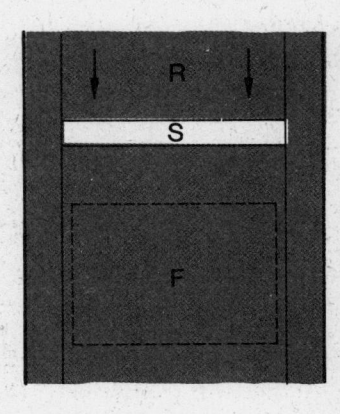

SV Die Versuche zum "räumlichen Sehen" mit zwei Augen vermitteln wiederum einen Einblick in das Zusammenwirken von physikalischen und physiologischen Effekten. Im Versuch nach Abb. O34, 3 verschmelzen beide, zunächst getrennt gesehenen Bilder erst allmählich zu
SV einem räumlich wirkenden. Trägt man mit Bleistift in das linke Bild ein L und genau an die entsprechende Stelle des rechten Bildes ein F, so steht bei der Bildverschmelzung ein E mitten im Würfel.

LI Stereoskopischer Entfernungsmesser: Man denke sich auf der Mittelsenkrechten der Basis in Abb. O 34, 4 eine Reihe von Entfernungsmarken (50 m, 100 m, 200 m, ...) aufgestellt. Die stereoskopischen Fotos dieser Entfernungsmarken werden als Okularmikrometer in das dem Auge vorgeschaltete Doppelfernrohr eingebaut. Bei stereoskopischer Betrachtung einer Landschaft stehen dann diese Entfernungsmarken in derselben: Man kann die Entfernung der Landschaftsgegenstände vom Beobachter direkt an den überlagerten Marken ablesen.

VT Augenmodelle. Bei der objektiven Demonstration der optischen Geräte kann man das Auge durch einen Fotoapparat als Augenmodell ersetzen und auf einer Mattscheibe das "Netzhautbild" beobachten. Wenn vorhanden, kann man als Augenmodell auch eine Fernsehkamera benutzen und das Netzhautbild auf dem Bildschirm verfolgen.

LV Die Akkommodation des Auges kann mit einer echten Gummilinse nach Abb. 149,1 demonstriert werden.

LI Technische "Gummilinsen", die vielfach
SI in Schmalfilmgeräte und auch Fotoapparate eingebaut werden, aber keine echten Gummilinsen sind, beschränken sich nicht nur auf die Akkommodation. Sie er-

Hinweise zur LE 5: Optische Geräte   S. O33–O35

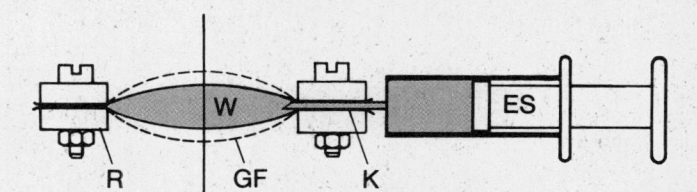

Abb. 149,1 Echte Gummilinse. Zwei Klarsicht-Gummifolien GF sind im Doppelrahmen R eingeklemmt. Die Wasserfüllung erfolgt durch die Kanüle K einer Einwegspritze ES.

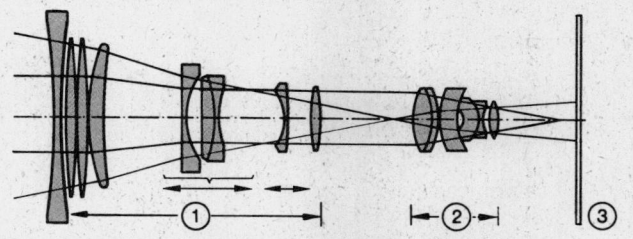

Abb. 149,2 Technische Gummilinse aus 1 Varioteil, 2 Grundlinse, 3 Film - Bildebene

möglichen scharfe Bilder bei verschiedenen Brennweiten, so daß man jeden gewünschten Bildausschnitt so weit heranholen kann, bis er das Bildformat gerade ausfüllt, ohne den Standort verändern zu müssen. Die Brennweite eines solchen Linsensystems (s. Abb. 149,2) wird dadurch verändert, daß man die inneren Teile (Konkavlinsen) des aus zwei Konvex- und zwei Konkavlinsen bestehenden Systems verschiebt und damit die bildseitige Hauptebene verlagert. Beim Teleobjektiv wird die Brennweite sogar größer als der Abstand der Frontlinse vom Film (13, 16).
In der Fototechnik unterscheidet man zwei Arten von "Gummilinsen". Beide Typen haben einen kontinuierlich regelbaren Brennweitenbereich und einen Einstellbereich, der von ∞ bis zur Frontlinse reichen kann. Sie unterscheiden sich nur in der Automatik der Entkopplung von Brennweiten- und Entfernungseinstellung. Ergänzungsaufgabe

SV d) 7. leitet zum Aufbau einer Modellgummilinse an.

LI Mit Zoom-Objektiven kann man Gegen-
SI stände, auf die man die Kamera scharf eingestellt hat, mit jeder möglichen Brennweite fotografieren, ohne die Scharfeinstellung nachregulieren zu müssen. Ein Vario - Focus - Objektiv behält die Bildschärfe beim Durchlaufen des Brennweitenbereichs nur dann bei, wenn die Kamera vorher auf einen sehr entfernten Gegenstand (∞) eingestellt wurde. Stellt man auf einen näheren Gegenstand ein, so muß die Bildschärfe beim Verändern der Brennweite nachgestellt werden.

Lupe und Bildwerfer - Filmgerät (4.33)

Ein Gegenstand oder ein Bild erscheint um so größer, je größer der sogen. Sehwinkel ist. Vergrößern heißt also, den Sehwinkel vergrößern.

LI Nimmt man an, die mit Sehzellen be-
SI setzte Netzhaut bilde eine Halbkugel, so ergibt sich hieraus ein maximaler Sehwinkel von ca. 90° (Gesichtsfeld). Aus den Angaben auf S. O33 folgt ein minimaler Sehwinkel $\alpha_{min} = \frac{0,007}{25}$ rad = $2,8 \cdot 10^{-4}$ rad = $160 \cdot 10^{-4}$ Grad = $9600 \cdot 10^{-4}$ Min. = $0,96' \approx 1'$.
D. h.: Zwei Punkte werden vom Auge nur dann getrennt gesehen, wenn die von ihnen begrenzte Strecke unter einem Sehwinkel $\alpha > 1'$ gesehen wird (Auflösungsvermögen des Auges).

Anmerkung: Wie im vorstehenden Beispiel werden Sehwinkel zunächst im Bogenmaß angegeben, definiert durch $\alpha = \frac{b}{r}$ rad, wobei b der zwischen den Winkelschenkeln liegende Kreisbogen und r der Radius des Kreises bedeuten. $\alpha = 0,5$ rad heißt: Der von dem Winkel α eingeschlossene Kreisbogen ist gleich dem halben Kreisradius. Für kleine Winkel gilt $\alpha = \frac{b}{r}$ rad $\approx (\tan \alpha)$ rad.
Bei kleinem Sehwinkel hat das Auge dann eine den Sehwinkel vergrößernde Sehhilfe nötig, wenn sich der Sehwinkel nicht durch Verkürzung des Abstandes Auge - Gegenstand vergrößern läßt, z. B. a) beim Beobachten der Sterne und nicht erreichbarer Gegenstände, b) beim Überschreiten des Nahpunktes. Aus der Situation a) resultieren die Fernrohre, aus b) Lupe und Mikroskop als Sehhilfen.

LI Zu Vergrößerung einer Lupe: (s. Abb.
SI 150,1). Das nahe dem Lupenmittelpunkt befindliche Auge sieht das virtuelle Bild B des Gegenstandes G unter demselben Sehwinkel, unter dem es G ohne Lupe sähe, wenn es auf die kurze Entfernung akkommodieren könnte. Um G scharf sehen zu können, müßte man ihn mindestens in die Entfernung s (bequeme Sehweite) bringen. Dann wäre der Sehwinkel $\alpha' = \frac{G}{s}$ rad.

Bringt man G in die Brennebene (Abb. 150,1), dann sieht das auf ∞ eingestellte

149

Hinweise zur LE 5: Optische Geräte

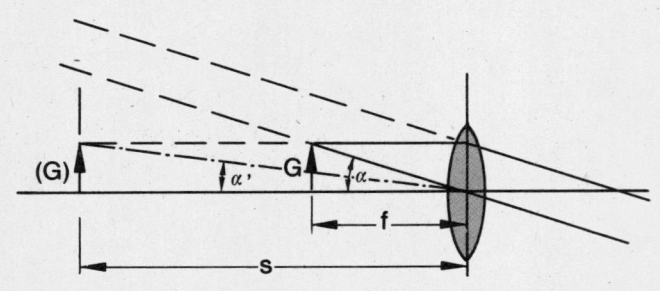

Abb. 150, 1 Brennebenen-Vergrößerung einer Lupe

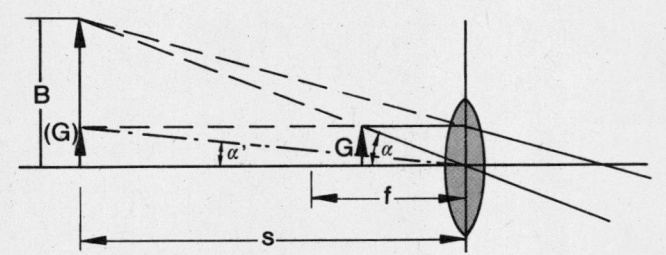

Abb. 150, 2 Praktisch mögliche Vergrößerung mit einer Lupe

Abb. 150, 3 Vergrößerung durch Projektion

entspannte Auge sein Bild unter $\alpha = \frac{G}{f}$ rad. Ohne Lupe wäre der maximal mögliche Sehwinkel $\alpha' = \frac{G}{s}$ rad. Hieraus folgt: $V = \frac{G}{f} : \frac{G}{s} = \frac{s}{f}$ (s. Buch O 35).

Man nenne diese Vergrößerung "Brennebenen-Vergrößerung". Beanspruchen wir die Akkommodationsfähigkeit des Auges, dann darf B bis auf die Entfernung s heranrücken. Die zugehörige Gegenstandsweite g berechnet sich bei der negativen Bildweite b = -s aus: $-\frac{1}{s} + \frac{1}{g} = \frac{1}{f} \Rightarrow \frac{1}{g} = \frac{1}{f} + \frac{1}{s}$
zu $g = \frac{f \cdot s}{f + s}$. Außerdem gilt (nach Abb. 150,2): $V = \frac{B}{G} = \frac{b}{g} = \frac{s}{g}$, so daß
$V = \frac{s}{f \cdot s} \cdot (f + s) = 1 + \frac{s}{f}$ wird.

Bei einer Linse mit f = s würde man durch Ausschöpfen der Akkommodationsfähigkeit V verdoppeln, wenn man G aus der Brennebene (g = f) auf die Entfernung $g = \frac{s}{2} = \frac{f}{2}$ heranführt. Man erkennt aber auch, daß diese Anstrengung des Auges bei Lupen mit kleinerer Brennweite weit weniger einbringt. Z. B. wird bei f = 0,2 s: $V = 1 + \frac{s}{0,2 \, s} = 1 + 5 = 6$ gegenüber der Brennweitenvergrößerung $\frac{s}{f} = 5$. Deshalb legt man der Lupenvergrößerung meist die Brennweitenvergrößerung zugrunde. Es ist aber nützlich zu wissen, daß man diese noch um 1

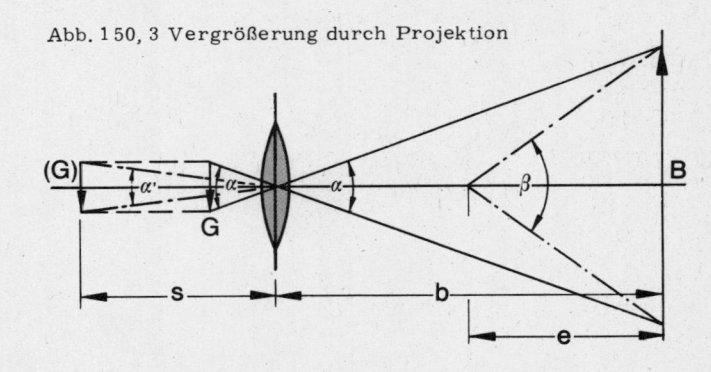

vergrößern kann, wenn man den Gegenstand so weit der Lupe nähert, daß das virtuelle Bild in der bequemen Sehweite s entsteht. Diese Information ist nur als Hilfe für den Fall gedacht, daß Schüler (in einer freiwilligen Arbeitsgemeinschaft oder einem Neigungskurs) sich für eine quantitative Erweiterung des Themas interessieren.

Projektionsgeräte. Da der Arbeitsprojektor das Episkop weitgehend verdrängt hat, wurde dieses hier nicht mehr behandelt. Zur Erläuterung wird im Bedarfsfalle auf das unter d) aufgeführte Arbeitstransparent verwiesen.

Bei aller Wichtigkeit der im Buch angeschnittenen technischen Probleme, sollte die Einsicht, daß auch die Projektion ein Vergrößerungsverfahren ist, nicht zu kurz kommen (s. Abb. 150,3).

LI Ein Beobachter, der das Schirmbild B
SI aus der Entfernung b betrachtet und mit dem Dia G in bequemer Sehweite s vergleicht, findet eine subjektive Vergrößerung $V_s = \frac{\alpha}{\alpha'} = \frac{B}{b} : \frac{G}{s} = \frac{B}{G} \cdot \frac{s}{b} = \frac{b}{g} \cdot \frac{s}{b} = \frac{s}{g}$.

Befindet er sich zwischen Projektor und Schirm, so muß er β und α' vergleichen:
$V_s' = \frac{\beta}{\alpha'} = \frac{B}{e} : \frac{G}{s} = \frac{b}{g} \cdot \frac{s}{e} = \frac{s}{g} \cdot \frac{b}{e}$.

Geht man bis auf bequeme Sehweite s an den Schirm heran, dann wird
$V_s = \frac{s}{g} \cdot \frac{b}{s} = \frac{b}{g}$, d. h. aber: Die objektive Vergrößerung durch Projektion ist gleich der maximalen subjektiven Vergrößerung.

LI Beim Mikroskop (4.34) wird das objek-
SI tiv im Verhältnis b/g vergrößerte reelle Zwischenbild mit der Lupe betrachtet, d. h. die Entfernung e wird auf f (und weniger) reduziert:
$V_s' = \frac{b}{g} \cdot \frac{s}{f} = V_P \cdot V_L$

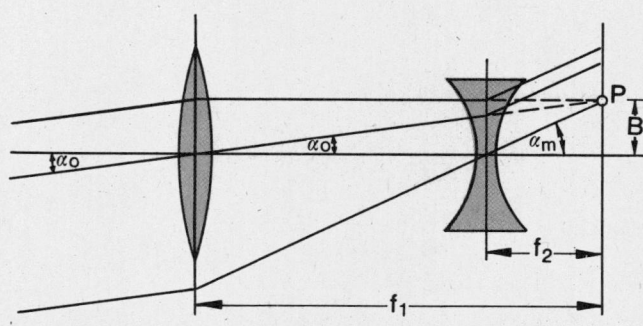

Hinweise zur LE 5: Optische Geräte   S. O38–O39

Abb. 151,1 Vergrößerung durch das Galileische Fernrohr

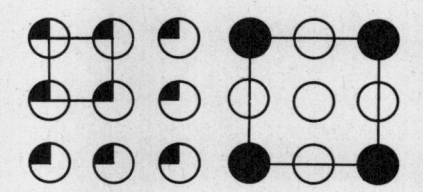

Abb. 151,2 Ausleuchtung der Netzhaut:
a) bei direkter Augenbeobachtung,
b) bei einer Fernrohrvergrößerung V=2

Fernrohre (4.3,5)

LI Zu Abb. O 38, 2: Unter Benutzung des Mittelstrahles erscheint, vom Objektiv des Fernrohres aus gesehen, der ferne Gegenstand unter demselben Sehwinkel $\alpha_0 = \frac{B}{f_1}$ wie das verkleinerte reelle Bild.

Betrachtet man letzteres mit bloßem Auge, so wäre der maximal mögliche Sehwinkel $\beta = \frac{B}{s}$; bringt man es in die Brennebene einer Lupe mit der Brennweite f_2, so vergrößert sich β

auf $\alpha_m = \beta \cdot \frac{s}{f_2} = \frac{B}{s} \cdot \frac{s}{f_2} = \frac{B}{f_2}$.

Die Gesamtvergrößerung wird:

$$V = \frac{\alpha_m}{\alpha_0} = \frac{B}{f_2} : \frac{B}{f_1} = f_1/f_2 .$$

Diese Beziehung kann auch aus Abb. O 38, 2 unter Benutzung der im Fernrohr achsenparallel verlaufenden unteren Bündelbegrenzung direkt hergeleitet werden. Der vorstehende Gedankengang stellt aber eine verallgemeinerungsfähige Aussage dar, wenn die Endvergrößerung mit einer Lupe erfolgt.

LI Beim Galileischen Fernrohr (s. Abb. 151,1) konvergieren alle unter dem Sehwinkel α_0 einfallenden Parallelstrahlen nach einem Punkt P der Objektiv-Brennebene, der aber zugleich ein Punkt der Okular-Zerstreuungsebene ist. Da alle nach einem solchen Punkt hinzielenden Strahlen von der Konkavlinse vorher so abgelenkt werden, daß sie die Linse parallel verlassen, müssen sie die Richtung des (einzigen nicht abgelenkten) Mittelpunktsstrahles O₂P haben. Das beobachtende Auge sieht das unter dem Winkel $\alpha_0 = \frac{B}{f_1}$ einfallende Parallelbündel jetzt unter dem Winkel $\alpha_m = \frac{B}{f_2}$, so daß

die Vergrößerung $V = \frac{\alpha_m}{\alpha_0} = \frac{f_1}{f_2}$ wird.

Man kann also mit einer Konkavlinse mit der Zerstreuungsweite f_2 als Okular dieselbe Endvergrößerung V erreichen wie mit einer Lupe gleicher Brennweite, wenn man die Konkavlinse um f_2 vor und die Lupe um f_2 hinter die Brennebene des Objektivs setzt.

SI Zur Bildhelligkeit in Fernrohren muß angemerkt werden, daß die aus den Lichtstrombildern gewonnene Aussage von S. O40 nur für entfernte punktförmige Lichtquellen zutrifft; die Zeichnungen entsprechen auch diesem Fall. Leuchtende Flächen aber erscheinen dem Auge in der Vergrößerung ebenso hell wie bei direkter Augenbeobachtung, wenn die Querschnittsfläche des aus dem Fernrohr austretenden Lichtbündels (Austrittspupille) ≤ Augenpupille (s. Abb. O 40, 1 a, b). Dieser merkwürdige Sachverhalt äußert sich z. B. darin, daß die Helligkeit der selbstleuchtenden Fixsterne erheblich verstärkt wird, während der Himmelshintergrund gleich hell bleibt, so daß man Fixsterne durch Fernrohre auch am Tage sehen kann.

SI Ein elementares Verständnis für diesen Sachverhalt ist durch folgende Überlegung zu gewinnen: Man denke sich die Leuchtfläche in quadratisch angeordnete diskrete Leuchtpunkte aufgelöst; bei Beobachtung mit bloßem Auge falle das Bild jedes Leuchtpunktes auf je ein Zäpfchen der Netzhaut, die entsprechend angeordnet sein sollen. Jedes Zäpfchen empfange dieselbe Lichtmenge E (s. Abb. 151,2a). Bei der Beobachtung durch ein Fernrohr mit der linearen Vergrößerung V = 2 wird nur jedes zweite Zäpfchen beleuchtet (s. Abb. 151,2b), aber jedes mit der vierfachen Lichtmenge 4E. Da sich diese viermal so stark beleuchteten Zäpfchen auf eine viermal so große Netzhautfläche verteilen, bleibt der visuelle Helligkeitseindruck von der Fläche gleich, ein selbstleuchtendes punktförmiges Objekt (Fixstern), das auch in der Vergrößerung nur ein Zäpfchen ausleuchtet, erscheint aber heller.

LI Auf eine exakte Theorie über die Helligkeitsverhältnisse kann hier nicht einge-

Hinweise zur LE 5: Optische Geräte

gangen werden. Sie ist z. B. zu finden in Bergmann-Schaefer Bd. III, 4. Aufl. S. 150-155. (23)

Spiegelteleskope haben zur Erzeugung eines reellen Zwischenbildes alle einen mehr oder weniger großen Hohlspiegel als Grundausstattung und unterscheiden sich nur im System zur Endvergrößerung dieses Zwischenbildes. Die in Abb. O 40, 2 wiedergegebene Endvergrößerung stammt von Newton. Das Anbringen einer Gondel zur Aufnahme des Okulars und des Beobachters ist nur bei Riesenteleskopen (Mount Palomar) möglich. Herschel brachte das Okular schräg an der Tubuswand an und drehte die Spiegelachse so gegen die Tubusachse, daß das reelle Zwischenbild vor dem Okular

SV entstand (s. Abb. 152,1). Paraxialen Lichtaustritt durch ein Loch im optischen Mittelpunkt des Spiegels erreichte

LV Gregory nach Abb. 152, 2, indem er das reelle Zwischenbild noch einmal mit einem kleineren Hohlspiegel S_2 in das zentrale Loch von S_1 abbildete. Cassegrain (Abb. 152, 3) erreichte dasselbe durch einen kleineren Wölbspiegel. (Vgl. auch c) 6. Aufg.)

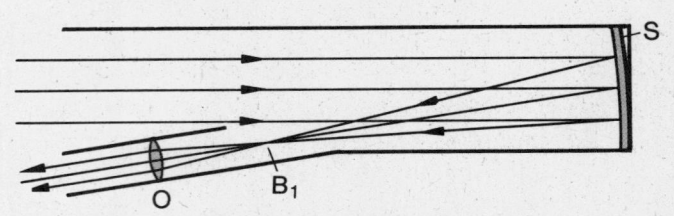

Abb. 152, 1 Spiegelteleskop nach Herschel (a)

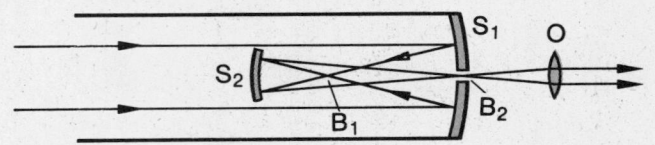

Abb. 152, 2 Spiegelteleskop nach Gregory (b)

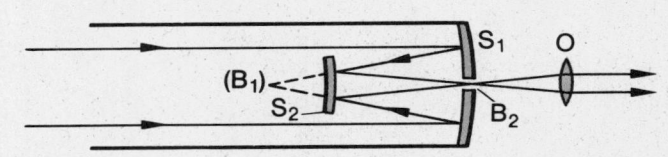

Abb. 152, 3 Spiegelteleskop nach Cassegrain (c)

Die Bedeutung der Optik und der optischen Geräte (4. 36) für den Menschen wurde in einem besonderen Kapitel zusammengefaßt, weil diese aus der historischen Entwicklung besser hervorgeht als aus der sachbezogenen Darstellung in der Folge Physik-Technik. So darf nicht übersehen werden, daß sich die Physik der optischen Erscheinungen erst aus pragmatisch-handwerklichen Erfahrungen entwickelte, daß auch die heutige technische Forschung vielfach diesen Weg geht und erst zu neuer physikalischen Erkenntnis hinführt. So hatte man lange schon Röntgen- und radioaktive Strahlen experimentell untersucht und sie auch medizinisch und technisch genutzt, bevor man sie theoretisch-physikalisch beherrschte.[1]) Die auf Seite O 41 formulierte Aufgabenteilung zwischen Physik und Technik ist deshalb auch nicht als Reihen- oder sogar Rangfolge zu verstehen, sondern als komplementäres Wechselspiel.

Da Basteln und Bauen nach Vorlage auf dem Weg über freies Werken im Verein mit geeigneter Literatur (Erzeugnisse des Franckschen- und Cosmos-Verlags) stets zu planvollem Experimentieren und letztlich zu physikalischer Erkenntnis führt, sollte der Physiklehrer eine solche Eigentätigkeit nicht ablehnen, sondern ihre Entwicklung zu sinnvollem Tun lenkend fördern.

Ergänzend sei hier auf photochemische Wirkungen des Lichts hingewiesen, die als Naturphänomene oder als technische Anwendungen für die kulturelle Entwicklung der Gesellschaft Bedeutung haben. Beispiele hierfür sind: Photosynthese bei der Assimilation der Pflanzen, Photographie und Photo-Lithographie als technische Grundlage für den Bilddruck.

Da sich Licht bei diesen Prozessen als Energieform ausweist, sollen nähere Einzelheiten als Ergänzung zu Kap. O 6 abgehandelt werden (s. S. 164 f).

d) Neue Aufgaben und Fragen

1. Warum braucht man bei der Spiegelreflexkamera (Abb. O31, 1) keinen besonderen Entfernungsmesser? (S. O31)

L. Die Objektiveinstellung bestimmt zugleich die Schärfe des Bildes auf dem Film und des Sucherbildes.

2. Wo entsteht nach dem Herunterklappen des Spiegels R in Abb. O 31,1 das reelle Bild, das bei richtiger Objek-

---

[1]) Die Untersuchungen Röntgens: "Eine erste Mitteilung über eine neue Art von Strahlen", nachgedruckt in "Quellenheft zur Physik", Westermann Verlag, sind ein für Schüler verständliches Musterbeispiel für forschendes Vorgehen (29).

Hinweise zur LE 5: Optische Geräte   Aufgaben

tiveinstellung in der Filmebene liegt?
(S. O31)

L. Auf der Feldlinse zwischen Kamera und Sucher.

* 3. Begründe, warum sich die Intensität des Lichtstroms vervierfacht, wenn man den Blendendurchmesser einer Kamera verdoppelt.

L. Die Intensität des Lichtstromes wächst proportional mit der Blendenfläche und diese mit dem Quadrat des Durchmessers.

4. Wodurch unterscheidet sich die Akkommodation des Auges von der Scharfeinstellung eines Fotoapparates?

L. Die Scharfeinstellung des Fotoapparates erfolgt durch Verschieben des Objektivs, die Akkommodation des Auges durch Verändern der Brennweite.

* 5. Welches Okularsystem der im Buch auf S. O40 abgebildeten und der vorseitig wiedergegebenen Spiegelteleskope stört den ersten Abbildungsvorgang am wenigsten? Welchen Nachteil bringt dieser Vorteil ein?

L. Das System von Herschel; bei der ersten Abbildung werden nur nicht achsenparallele Strahlen benutzt.

** 6. Wo muß man beim Gregory-Verfahren (b) den Hohlspiegel und beim Cassegrain-Verfahren (c) den Wölbspiegel hinsetzen, damit das zweite reelle Bild B_2 in den optischen Mittelpunkt (Loch) des Spiegels S_1 fällt?

L. B_1 muß zwischen f_2 und $2f_2$ liegen, so daß $f_1 + 2f_2 > \overline{S_1S_2} > f_1 + f_2$.
Zu c) B_1 in F_1 muß innerhalb f_2 liegen, damit die reflektierten Strahlen noch konvergent bleiben. Es muß $f_1 > \overline{S_1S_2} > f_1 - f_2$. (S. Abb. O14,3; 14,4.)

** 7. Experimentelle Aufgabe (SV in GA): Schrittweiser Aufbau eines "Gummilinsen"-Modells. Als Objekt diene der Leuchtfaden einer Klarglasglühlampe oder eine Glühlampentafel in ca. 2 m Entfernung von der Frontlinse (s. Abb. 153,1a).

1. Mit der Frontlinse L_1 ($f_1 = +30$ cm) entsteht in ca. 35 cm das erste reelle Bild B_1. Markiere die Bildebene von B_1 (E_r)!

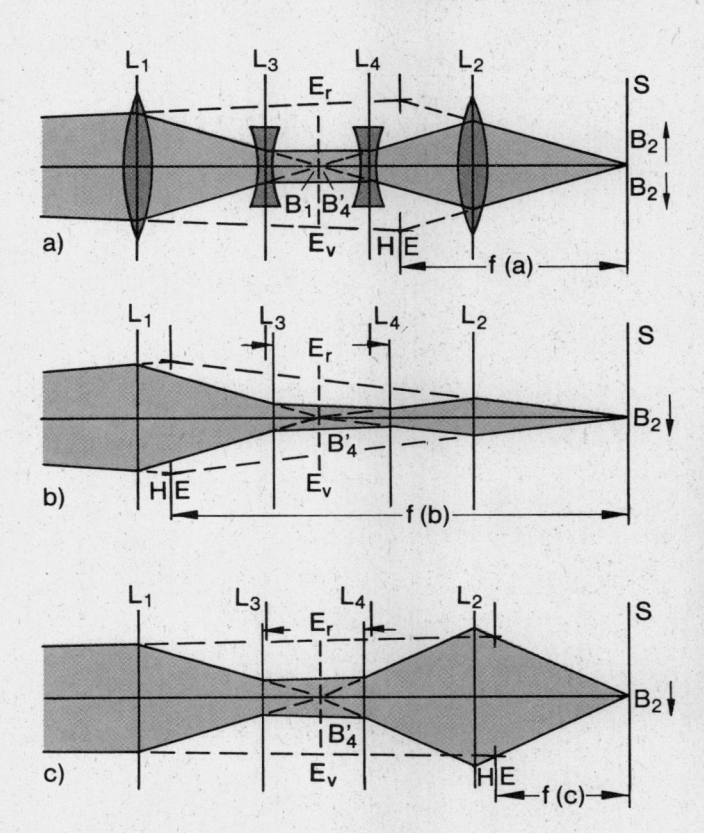

Abb. 153,1 Modell einer Gummi- oder Variolinse
a) Justierung in definierter Ausgangsstellung der Linsen
b) Teleobjektiv mit großer Brennweite
c) Weitwinkelobjektiv mit kleiner Brennweite
HE = Hauptebene des ganzen Systems

2. Mit der Linse L_2 ($f_2 = +15$ cm) erzeugt man in der Entfernung $4f_2$ von B_1 ein zweites, gleich großes und aufrechtes reelles Bild $B_2\uparrow$ auf dem Schirm S. ($\overline{B_1S} \approx 60$ cm).

3. Man bringe L_3 ($f_3 = -10$ cm) 10 cm vor, L_4 ($f_4 = -10$ cm) 10 cm hinter B_1: Auf S entsteht (evtl. nach geringfügigem Verschieben von L_3) ein scharfes, nunmehr umgekehrtes und mit B_1 etwa gleich großes reelles Bild $B_2\downarrow$

4. Verschiebt man L_4 nach rechts, so läßt sich (innerhalb bestimmter Grenzen) zu jeder Stellung von L_4 eine solche für L_3 finden (geringe Rechtsverschiebung), bei der das nunmehr vergrößerte Bild $B_2\downarrow$ scharf wird (s. Abb. 153,1 b): Das Linsensystem wirkt als Teleobjektiv mit großer Brennweite.

5. Auf gleiche Weise entsteht durch Linksverschiebung von L_4 und

Hinweise zur LE 5: Optische Geräte — Aufgaben–Hilfsmittel

Scharfeinstellung durch L_3 (ebenfalls nach links) ein verkleinertes Bild (Abb. 153,1c): Das Linsensystem wirkt als <u>Weitwinkelobjektiv mit kleiner Brennweite.</u>

<u>Ergebnis:</u> Bei unveränderter Lage der Konvexlinsen L_1, L_2 und des Schirms S läßt sich durch Verschieben von L_4 die Brennweite des Linsensystems variieren und mit L_3 die Scharfeinstellung erreichen. D. h.: Die Bildgröße desselben Gegenstandes kann ohne Standortänderung in weiten Grenzen (z. B. 1 : 10) verändert werden.

LI Die Ausgangslage (Abb. 153,1a) wurde in der vorstehenden Aufgabe so speziell gewählt, weil dann der Strahlverlauf exakt konstruierbar ist. (Dies ist für den Fall von Bedeutung, daß man mit interessierten Schülern evtl. auf eine theoretische Klärung eingehen möchte).

Nach dem Schritt 3. bildet L_2 - anstelle des reellen Bildes B_1 - das an der gleichen Stelle liegende, von L_4 erzeugte virtuelle Bild B_4' ab. Hieraus folgt, daß B_4' in der Ebene von B_1 liegen muß. Scharfe Bilder B_2 erhält man bei vorgegebener Lage von L_4 nur, wenn man mit L_3 das auf L_4 treffende Lichtbündel vorher so verändert, daß das durch L_4 erzeugte virtuelle Bild B_4' in dieser Ebene $E_v = E_r$ entsteht.

Je weiter L_4 nach rechts rückt, desto schlanker wird das aus L_2 austretende Bündel, dessen rückwärtige Verlängerung durch den Schnitt mit dem einfallenden Bündel die optische Mittelebene einer Ersatzlinse mit großer Brennweite bestimmt. In Abb. 153,1c liegen die Verhältnisse gerade umgekehrt: Das stark konvergent ausfallende Bündel bestimmt eine Ersatzlinse kleiner Brennweite.

e) Audio-visuelle Hilfsmittel

AT	Augenfehler und ihre Korrektur (4)	35 7209 (1)
AT	Schärfentiefe (5)	35 7211 (1)
AT	Vergrößerung des Sehwinkels durch die Lupe (2)	35 7212 (1)
AT	Das Mikroskop (6)	35 7213 (1)
AT	Das Keplersche Fernrohr, astronom. Fernrohr (5)	35 7214 (1)
AT	Das Holländische oder Galileische Fernrohr (4)	35 7215 (1)
F	Das Auge - Die Akkomodation (2 min)	35 5412 (1)
F	Das Auge - Korrektur der Kurzsichtigkeit (1 min)	35 5413 (1)
DR	Optische Industrie in Wetzlar (36)	Ne 44 (4)
DR	Grundzüge der fotografischen Optik (41)	N 84 (4)
F	Ein astronomisches Fernrohr wird gebaut (20 min)	ETF 526 (4)
F	Mit Licht schreiben (40 min)	ETF 1590 (4)
AT	Diaskop	173 380 (7)
AT	Episkop	173 381 (7)
DR	Das Mikroskop (16)	100 557 (11)
DR	Aus der Geschichte der Fotografie (15)	100 205 (11)
F	Mit dem Brennpunkt fängt es an (47 min)	FT 443 (11)
DR	Strahlengang in optischen Geräten (9)	101 016 (11)
AT	Das Spiegelteleskop (6)	37 034 (12)
F	Mit Licht schreiben (43 min)	(14)
F	Bildentstehung im Mikroskop	(16)

Hinweise zur LE 6: Spektren und Farben

3.2.2.6 LE 6: Spektren und Farben (Kap. 5)

a) Vorbemerkungen und Ziele

Für diese Lerneinheit gelten folgende Voraussetzungen:

1. Die Dispersion trat im Zusammenhang mit der Brechung (Kap. 3.2) auf; sie genügte bereits zur Erklärung des Regenbogens nach Descartes.

2. Am Prisma (Kap. 4.1) wurde der Effekt verstärkt.

3. Neben der sphärischen Aberration (Kap. 4.23) trat bei dicken Konvexlinsen auch eine chromatische Aberration (Chromasie) auf, die Ursache für die farbigen Ränder ihrer reellen Bilder. Die Chromasie deckt sich mit den Erfahrungen am Prisma.

Aus diesem breit gestreuten Erfahrungsbereich ergibt sich: Die Dispersion ist wie die Brechung nicht kausal aus dem Strahlenmodell ableitbar. Sie ergänzt den als Phänomen hinzunehmenden Tatbestand der Richtungsänderung eines Lichtstrahls an Grenzflächen durch die Erkenntnis, daß diese auch noch von der "Farbe des Lichts" abhängig ist.

Die Frage nach der Herkunft der "farbigen Lichter" bei einfallendem "weißen Licht" konzentriert sich auf die beiden, im 1. Abs. von Kap. 5.1 dargelegten kontroversen Hypothesen von Goethe und Newton. Die Situation drängt jetzt auf eine experimentelle Entscheidung, die an sich schon zu einem früheren Zeitpunkt (Kap. 4.1) hätte erfolgen können. Gründe für die Zurückstellung waren: 1. Linsen als experimentelle Hilfsmittel standen noch nicht zur Verfügung, um die Abhandlung so effizient zu gestalten, wie dies hier geschieht. 2. Im Zuge der Bestätigung der Newtonschen Hypothese ergeben sich jetzt die Grundlagen einer experimentellen (metrisch ausbaubaren) Farbenlehre. 3. Aus der Abhängigkeit des Spektrums von der Temperatur der Glühlichtquelle ergibt sich die Motivation für die beiden Erweiterungen des kontinuierlichen Spektrums. 4. Aus der spektralen Untersuchung anderer Lichtquellen ergeben sich die nicht-kontinuierlichen Spektren. Das Eigengewicht eines solchen Komplexes verlangt die Zusammenfassung unter einer selbständigen Thematik in einer besonderen LE. Das Strahlenmodell, das - wie die bisherigen Erfahrungen gezeigt haben - eine Reihe von optischen Erscheinungen richtig beschrieben, wenn dem Lichtstrahl nach jedem Ereignis der neue Verlauf durch ein Erfahrungsgesetz vorgeschrieben wird, ist mit den behandelten Themen auch an der Grenze seiner Leistungsfähigkeit angekommen. Dies soll als Ergänzung zu den Ausführungen von Kap. 6. durch konkrete Hinweise und neue Versuche gezeigt werden.

b) Bemerkungen zu den einzelnen Themen

Entstehung von Farbeindrücken: Um bei indirekter Wahrnehmung von Farben zu eindeutigen Aussagen über die zu untersuchenden Lichtarten zu kommen, müssen die "Nebenbedingungen normiert" werden: Wir lassen das zu untersuchende Licht im Dunkeln auf einen Schirm fallen, der im Sonnenlicht weiß erscheint, d.h. der alle im Sonnenlicht vorkommenden Lichtarten diffus reflektiert. Der Schirm muß zunächst frei sein von fluoreszierenden Aufhellern.

VT Zur Erzeugung eines Spektrums (5.1) genügt für alle folgenden Versuche zunächst die in O43 V2 beschriebene und durch Abb. O 43,1 und 43,2 dargestellte einfache Anordnung. Dies gilt insbesondere, wenn eine geeignete Halogenlampe mit langgestreckter Wendel (Strichwendel) zur Verfügung steht, die man auch lotrecht brennen kann. Man sollte aber nicht versäumen, auch das Bogenlampenspektrum einmal zu zeigen, bevor man es zur Demonstration des UV-Spektrums in Kap. 5.3 benutzen muß.

LI Verwendet man dabei einen zu seiner Breite langen Spalt, so sind die nach der oberen und unteren Spaltbegrenzung zielenden Strahlen stark gegen die horizontale Schnittebene der Abb. O 43,3 geneigt. Den vergrößerten Einfallswinkeln entsprechen größere Brechungswinkel und eine stärkere Gesamtablenkung aller Farbstrahlen: An den Rändern des Spektrums erscheinen alle Farben stärker abgelenkt als in der Mitte. Fraunhofersche Linien und die Linien der nicht-kontinuierlichen Spektren (Kap. 5.32) sind nach dem violetten Ende des Spektrums hin gekrümmt.

Im Zusammenhang mit der Beschreibung des Spektrums als Aneinanderreihung von farbigen Bildern der Lichtquelle bzw.
SI Spalte wäre noch der ergänzende Hin-

Hinweise zur LE 6: Spektren und Farben

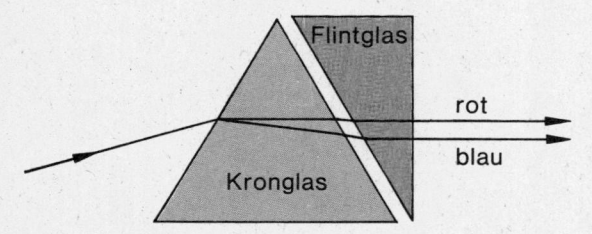

Abb. 156,1 Achromatisches Prisma

weis möglich, daß die räumliche Trennung der Spektralfarben im Spektrum eine erste Möglichkeit bietet, Farben durch Angabe ihrer Lage im Spektrum objektiv zu kennzeichnen, wenn man zur Beobachtung stets dieselbe Anordnung (Spektrograph) benutzt. Eine weitere

LI Stufe objektiver Farbkennzeichnung durch Angabe der Frequenz ist erst in Sekundarstufe II möglich; ein verbaler Hinweis könnte vielleicht aber schon im Zusammenhang mit der Besprechung von Kap. 6 gegeben werden.

VT Aus experimenteller Sicht empfiehlt sich frühzeitig die Benutzung eines Geradsichtprismas. Man kann es als ein technisches Hilfsmittel betrachten, beschränkt sich auf Abb. O 44, 2 und deren Erläuterung und zeigt, daß das grüne Licht das Prisma unabgelenkt durchsetzt: Die Spektralfarbe Grün erscheint auf dem Schirm etwa dort, wo sich das Bild der Lichtquelle ohne Prisma befand. Man kann aber auch eine Erklärung durch VO 44, 2 versuchen und

LV außerdem zeigen, daß die Ablenkung (und Dispersion) bei gleichem Material mit dem Prismenwinkel zunimmt. Durch Kombination eines Kron- und Flintglasprismas nach Abb. 156,1 läßt sich eine Ablenkung ohne Dispersion erreichen (achromatisches Prisma und achromatische Linse), durch eine Kombination nach Abb. O 44, 2 Dispersion ohne Ablenkung des mittleren Strahls (Geradsichtprisma).

Die Wiedervereinigung der Spektralfarben (5.2) zum Eindruck "Weiß" kann als

LV Vorversuch zu VO44, 5 und V6 auch mit einem Drehspiegel gezeigt werden, den man anstelle der Linse L in Abb. O 45, 1 in den Strahlengang bringt und das Spektrum auf einen seitwärts aufgestellten Schirm lenkt. Dreht man den Spiegel genügend rasch, so beobachtet man statt der Farben einen weißen Streifen. Das ist nur möglich, weil das Auge dem raschen Farbwechsel nicht folgen kann und somit alle Farben gleichzeitig sieht.

LV Läßt man den mit weißem Licht beleuchteten Newtonschen Farbkreisel (Abb. O46, 2) rasch rotieren, so verschwinden die Farben, es entsteht der Eindruck Weiß.
Die Mischung der Farben beruht in den beiden letzten Versuchen auf einer physiologischen Eigenschaft des Auges.
Zu V5 (Abb. O45, 1): Daß die weiß ausgeleuchtete Rechteckfläche das Bild der Prismenvorderfläche darstellt, kann

LV nachgewiesen werden, indem man einen dünnen, rechtwinklig abgebogenen Draht lotrecht vor das Prisma hängt (A in Abb. O 45, 1) und von ihm in der weißen Rechteckfläche ein scharfes Bild erhält.

VT Der Draht kann auch als Einstellhilfe dienen. Verschiebt man ihn nach beiden Seiten, so wird er jedesmal unscharf. D. h. aber, daß man die schräg im Strahlengang liegende Prismenvorderseite als ganzes nie scharf auf den Schirm abbilden kann. Hiermit könnte man auch in erster Annäherung die farbigen seitlichen Ränder der weißen Rechteckfläche erklären. Man erhält aber eine scharfe Schwarz-Weiß-Grenze, wenn man statt der Mitte eine seitliche Begrenzung der vorderen Prismenfläche scharf abbildet; das Bild der anderen Begrenzung ist dann farbig, und zwar meist rot, da die nach VO 44, 7 mit Rotlicht abgebildete Prismenvorderfläche breiter als die mit den anderen Lichtarten erzeugten ist. Man bedenke: 1. Die Linse besitzt für jede Lichtart eine andere Brennweite; 2. wegen der Auffächerung im Prisma benutzen die Randfarben die nicht zentralen Teile der Linse und sind damit der sphärischen Aberration unterworfen. Man erhält ein Optimum, wenn man als Wiedervereinigungslinse eine solche mit der Brennweite $f = 15$ cm benutzt und diese solange seitwärts verschiebt (Verschiebe- oder Kippreiter als Linsenhalter benutzen), bis der farbige Rand nahezu ganz verschwindet.

Zu Komplementärfarben: In Abb. O 45, 3 (Anordnung zur Erzeugung von Komplementärfarben) wurde ein normales Prisma gezeichnet; man wird aber besser, wie in Abb. O 45, 1 oben, ein Geradsicht-

VT prisma benutzen. Die an den Spaltspiegelhälften I (in Abb. O 45, 3) oder an S1, S2 (in Abb. O 46, 4) reflektierten farbigen Lichtbündel haben einen größeren Lichtweg zum Schirm als das direkte Bündel. Der Umweg hat aber bei einer Schirmentfernung von 1,50 m von der

Hinweise zur LE 6: Spektren und Farben

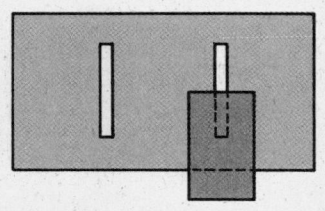

S. O46–O47

Abb. 157,1 Kärtchen mit Doppelspalten in verschiedenen Abständen. Spalt ganz rechts ist zur Hälfte abgedeckt.

Linse L1 mit f = 15 cm keinen merklichen Einfluß auf die Schärfe; lediglich die auf dem Umweg erzeugte Farbfläche ist etwas größer als die direkt abgebildete.

LV Additive Farbmischung kann, wenn die in Abb. O 46,4 zu VO 46,2 gezeichneten schmalen Spiegel S1 und S2 nicht vorhanden sind, ersatzweise wie folgt durchgeführt werden: In der Ebene des Zwischenspektrums Sp werden aus Pappe passend geschnittene Doppelspalte mit verschiedenen Spaltabständen aufgestellt (s. Abb. 34). Deckt man wechselweise einen der beiden Spalte ab, so erhält man nacheinander Bilder der Eingangs-Prismenfläche in zwei reinen Spektralfarben. Gibt man gleichzeitig beide Spalte frei, dann erhält man ihre additive Mischfarbe und überdies alle möglichen Mischfarbentöne, wenn man zuerst den einen, dann den anderen Spalt teilweise freigibt. Durch Verschieben der Doppelspalte und durch Wechsel im Abstand der Spalte lassen sich die Grundfarben variieren.

Der Dreifarbenversuch (VO 46,4 und V5) kann ebenfalls ohne die schmalen Spiegel S1, S2 auch mit der Anordnung nach Abb. O 45,3 durchgeführt werden: Man

VT dreht eine der beiden Spiegelhälften des Spaltspiegels I so weit aus der gemeinsamen Ebene heraus, daß die von beiden reflektierten Farbanteile sich nur teilweise überlagern. Auf dem Schirm sind dann neben der mittleren, durch den Spalt gehende Farbe (Grün) noch drei Farben zu sehen, nämlich die von beiden Spiegelhälften reflektierten Anteile (Rot und Blau-Violett) als Grundfarben und deren Mischfarbe (Purpur). - Überlagert man (nach VO 46,5) diese drei Farben durch Drehen des Spiegels II mit der direkten Farbe (Grün), so erhält man außer den drei Grundfarben Rot, Grün, Blau-Violett deren paarige Mischfarben Gelb, Hellblau, Purpur und im Zentrum Weiß. Gegenüber Abb. O 46,5 sind die Farbfelder im Gegenzeigersinn zyklisch vertauscht.

Die Bedeutung des Dreifarben-Versuchs beruht primär auf der Möglichkeit, jede Farbe durch das Verhältnis von drei Grundfarben-Intensitäten, sogen. "Farbkoordinaten" zu beschreiben ((23) und DIN 5033). Das Verfahren kann im Anschluß an VO 46,5 modellhaft demon-

LV striert werden: Man decke zunächst S1 in Abb. O 46,4 oder den Spalt von I in Abb. O 45,3 zur Hälfte, dann auch noch S2 bzw. die rechte Spaltspiegelhälfte zu einem Drittel ab. Der weiße Kern (s. Abb. O 46,5) nimmt Farbe an und wechselt diese. Die Farbzustände kön-

LI nen durch Gleichungen beschrieben werden:

1. Weiß $W = 1R + 1G + 1B$
2. Mischfarbe $F1 = 1R + \frac{1}{2}G + 1B$
3. Mischfarbe $F2 = 2/3\,R + 1/2\,G + 1\,B$

Dabei bedeuten R, G, B die Intensitäten der Grundfarben. Letztere müssen natürlich in einer amtlichen Farbmetrik genau definiert sein. Allgemein gilt: Jede beliebige Farbe läßt sich aus einer Dreifarbenkombination erzeugen und durch eine Gleichung von der Form
$F = x \cdot R + y \cdot G + z \cdot B$
mit Hilfe der Farbkoordinaten x, y, z beschreiben.

Farbdruck und Farbfernsehen sind Anwendungen intensitätsgeregelter Dreifarbkombinationen. Beide bedienen sich des "Rasterverfahrens". D. h. die Farben werden nicht überlagert, sondern in Rasterpunkten nebeneinander gesetzt und zwar so eng, daß sie das Auge nicht mehr getrennt wahrnimmt; die Addition erfolgt im Auge.

LV Ein optischer Modellversuch zum Farbfernsehen: Aus Pappe oder einer undurchsichtigen Kunststoffplatte werden nach Abb. 158,1a drei Löcher ausgeschnitten und mit durchsichtiger roter, grüner und blauer Folie überklebt. Im Abstand 20 cm vor der Platte stellt man zentral zu den Farbkreisscheibchen eine Kreislochblende und in etwa 40 cm vor der Blende drei Lampen (in Abb. 158,1b sind sie in eine Ebene gezeichnet) mit Kondensorlinse so auf, daß die Bildpunkte der Punktlampen in die Blendenöffnung fallen und jede Lampe gerade ein Kreisscheibchen ausleuchtet. Mindestens zwei der Lampen sind in ihrer Helligkeit regelbar.

Hinweise zur LE 6: Spektren und Farben

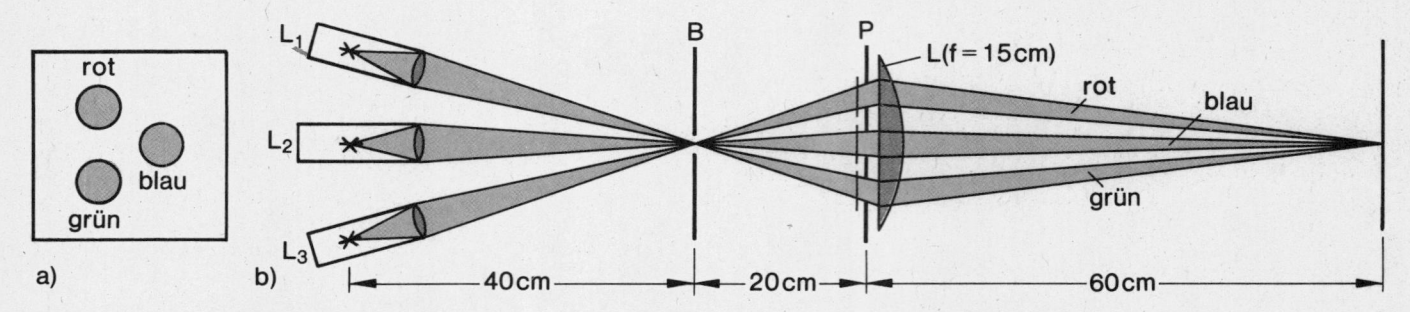

S. O47–O49

Abb. 158, 1 Modellversuch zum Farbfernsehen. a) Farbtripel mit beleuchteten Farbfolien, b) helligkeitsgesteuerte Ausleuchtung des Farbtripels, rechts s Überlagerung der Farben mit einer Feldlinse.

Die drei farbigen Kreisscheibchen entsprechen einem der 0,4 Millionen aus Phosphorpünktchen bestehenden "Farbtripel" des Fernsehbildschirms, die sich vor ebensovielen Blendenlöchern der sogenannten Lochmaske hinter dem Schirm befinden. Die Phosphorpünktchen werden aber nicht mit Licht-, sondern mit drei "Elektronenstrahlen" zum Leuchten gebracht; diese sind nämlich magnetisch ablenkbar, und durch sie kann die Helligkeit der Phosphorpünktchen leichter gesteuert werden.

Die drei "Punkte" des vergrößerten Farbtripels werden natürlich getrennt gesehen. Die Überlagerung der Tripelpunkte des Bildschirms, die im Auge erfolgt, kann man auch im Modellversuch erreichen, wenn man die drei vom Blendenloch divergierenden - nach dem Durchgang durch die Folien farbigen - Lichtbündel mit einer hinter die Folien gebrachten Konvexlinse als Feldlinse konvergent macht. Im dreifach farbigen reellen Bild der Kreislochblende sieht man die Mischfarbe, die wechselt, wenn man die Helligkeit zweier Lampen ändert. Ist die Helligkeit aller Lampen steuerbar, so kann die Mischfarbe des Farbtripels jede Farbe in variabler Helligkeit annehmen. Dies gilt auch für jedes Farbtripel auf dem Bildschirm.

Zu Farbstoffe, Farbfilter: Mit Rücksicht auf das Fundamentum werden diese Themen in zwei Stufen abgehandelt. Anstrichfarben sind zunächst farbselektierende Reflektoren und Filter farbselektierende Absorber. Erst nach der Untersuchung der Filter-Absorptionsspektren kann auf die subtraktive Farbmischung durch Mehrfachfilter und den Aufbau von Farbdias eingegangen werden. Farbstoffe als Filter und Farbstoffmischungen als Mehrfachfilter im Sinne der Abb. O 49, 1 zu betrachten, wird durch VO 47, 3 nahegelegt. Die Zusammensetzung der Restfarbe eines Mehrfachfilters läßt sich als Mengengleichung schreiben, wenn man die von den einzelnen Filtern absorbierten Farben A1 und A2 kennt:
$F1 = S \setminus A1$, $F2 = S \setminus A2$, wobei S = Sonnen- oder Bogenlampenlicht. Die subtraktive Mischfarbe M_S ergibt sich zu:

$$M_S = S \setminus \{A1 \wedge A2\}.$$ S. auch d) Aufg. 1.

Optische Täuschung, Farbtäuschung (12): Man sollte - wenn es zeitlich irgendwie möglich ist - die Rolle des menschlichen Auges beim Zustandekommen optischer Wahrnehmungen (physiologische Effekte) aufzeigen. Dies kann einmal an "optischen Täuschungen" hinsichtlich geometrischer Aussagen (vgl. Abb. 158, 2) geschehen, zum anderen an offensichtlichen Fehlaussagen über Farben. Dazu sei eine im SV durchführbare Versuchsreihe beschrieben (s. Abb. 158, 3).

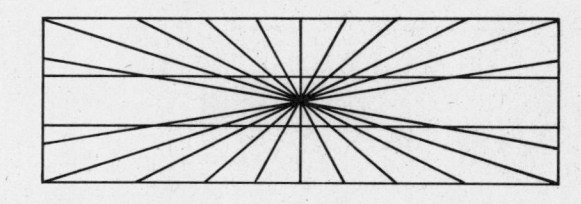

Abb. 158, 2 Beispiel für geometrisch-optische Täuschung. Parallele Geraden erscheinen gekrümmt.

Abb. 158, 3 Erzeugung farbiger Schatten

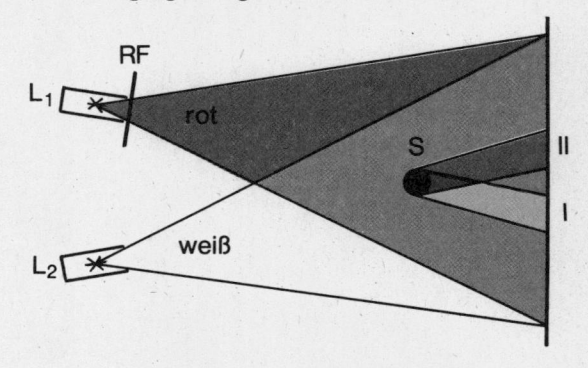

Hinweise zur LE 6: Spektren und Farben S. O48–O49

SV Beleuchtet man den Stab S mit der Farbleuchte L1 z. B. rot, so sieht man auf dem Schirm im Rotfeld seinen dunklen Schatten I. Beleuchtet man den Stab zugleich mit einer zweiten regelbaren Leuchte L2 weiß, so steht sein ausschließlich rot ausgeleuchteter Halbschatten II auf dem nunmehr aufgehellten roten Untergrund satt rot; mit zunehmender Aufhellung des Untergrundes wird er immer dunkler. Sein erster Schlagschatten I, der nun zunehmend weiß ausgeleuchtet wird, erscheint aber grün. Bei jeder Farbwahl für L1 erscheint der weiß aufgehellte Schlagschatten I des Stabes - wie die untenstehende Tabelle ausweist - in der Komplementärfarbe.

Für diese Erscheinung gibt es keine physikalische Erklärung. Sie erklärt sich aber physiologisch durch die Annahme, daß eine dominierende Farbreizung auf größere Teile der Netzhaut in ihren weiß gereizten Teilen einen komplementären Farbreiz hervorruft.

LV Daß dieser Farbreiz Folge des farbigen Umfeldes ist, zeigt der folgende Versuch: Beobachtet man den farbigen Halbschatten I auf der Rückseite eines Transparentschirmes, so verschwindet der Farbeindruck, wenn man das farbige Umfeld mit zwei Nicht-Transparentschirmen abdeckt: Der Halbschatten I erscheint weiß, wie dies objektiv zu erwarten ist. Der komplementäre Farbeindruck stellt sich erst allmählich wieder ein, wenn man das farbige Umfeld plötzlich freigibt.

SV Jede Aufhellung der Umgebung eines Farbfeldes führt zu dessen Dunkeltönung, auch "Verhüllung" genannt. Das gilt auch für rein weißes Umfeld. S. Abb. 159, 1: Vor der Farbleuchte L1 wird ein Spalt Sp so justiert, daß nur der Schlagschatten II der Weißleuchte L2 farbig beleuchtet wird. Mit zunehmender Helligkeit des nunmehr rein weißen Umfeldes wird die Farbe von II dunkler. Der Effekt stellt sich erst mit einer kleinen Verzögerung ein. Für ihn gibt es aber eine physikalische Erklärung: Mit zunehmender Gesamthelligkeit schließt sich die Pupille (mit Verzögerung), die Farbfläche erscheint dunkler.

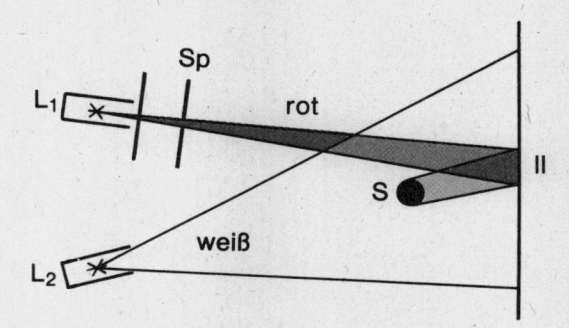

Abb. 159, 1 Farbverhüllung durch Aufhellung des Umfeldes

Das letzte Beispiel der Tabelle, bei dem keine wahrgenommene Farbe mit der objektiv zu erwartenden übereinstimmt, dürfte die Glaubwürdigkeit des menschlichen Auges in bezug auf seine Farbeindrücke ganz erheblich erschüttern. Diese wichtige Information über mögliche Farbtäuschungen hat die experimentiertechnisch wichtige Konsequenz: Um beim Experimentieren Farbtäuschungen zu vermeiden, müssen Farben möglichst einzeln und in einer dunklen Umgebung betrachtet werden.

Tabelle farbiger Schatten zu Abb. 37

	L1	L2	I	II	Untergrund
1.	rot	weiß	grün	d.-rot	rosa
2.	grün	weiß	orange	d.-grün	grünlich-weiß
3.	blau	weiß	gelb	d.-blau	blau-violett
4.	rot	grün	grün	rot	nahezu weiß
5.	rot	blau	blau	orange	purpur
6.	grün	blau	blau	gelb-grün	eisblau
7.	grün	blau	violett	gelb	eisblau

Mit Glühlampenlicht aufgehellt (zu Zeile 7: L1 grün, L2 blau)

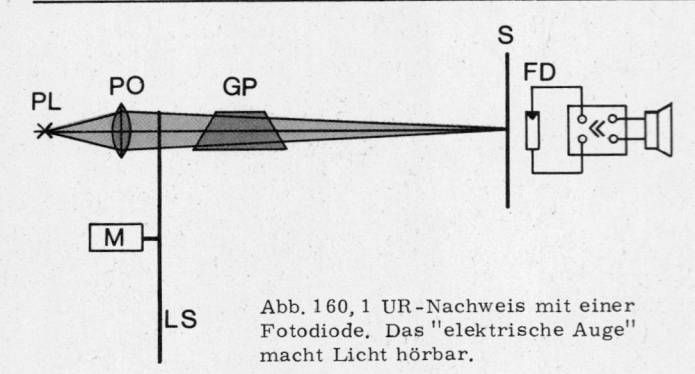

Hinweise zur LE 6: Spektren und Farben

Abb. 160,1 UR-Nachweis mit einer Fotodiode. Das "elektrische Auge" macht Licht hörbar.

Abb. 160,2 Sektorenscheibe (Lichtsäge) LS moduliert das ins Prisma fallende Licht. Das Flackerlicht erzeugt in einer Fotodiode modulierte Gleichspannung, die sich leicht verstärken läßt.

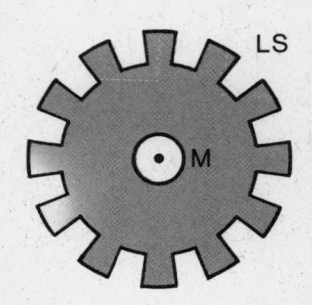

Spektrale Zerlegung verschiedener Lichtarten (5.3)

Es handelt sich hier um die Charakterisierung verschiedenartiger Lichtquellen durch ihre Spektren. Eine darauf abzielende Untersuchung ist aber von vornherein ebensowenig motiviert wie der Gebrauch des Attributs "kontinuierlich" vor der Kenntnis der Linienspektren. Die Überschriften dienen nur zur Gliederung und sollen nicht als methodische Leitlinien mißverstanden werden.

Der Motivation für das im Buch gewählte Vorgehen dürften die folgenden Fragen und Vermutungen dienlich sein: 1. Das verschiedenfarbige Leuchten eines Glühdrahtes könnte Einfluß auf die Zusammensetzung des Spektrums haben. 2. Es liegt doch nahe, die optischen Eigenschaften von "Aufhellern" in Waschmitteln wie bei den Farbstoffen zu untersuchen. 3. Wenn Glühlampen wegen ihres Emissionsschwerpunktes im unsichtbaren UR-Spektrum unwirtschaftlich sind, dürften (wirtschaftlichere) moderne Lichtquellen in ihren Spektren diese Ballast-Emission nicht aufweisen. Die Untersuchungen führen zur Entdeckung 1. des UR-Spektrums, 2. des UV-Spektrums, 3. des Linienspektrums.

Das "kontinuierliche" Spektrum (5.31)

SV Der mit zunehmender Temperatur steigende Blauanteil im Spektrum (VO 49,1) erbringt qualitativ bereits die Grundaussage des Wienschen Verschiebungsgesetzes. Aber erst die quantitative Erfassung der spektralen Verteilung

LV (Abb. O 50,1) erschließt mit VO 50,1 das unsichtbare Ultrarotspektrum, das man schon nachweisen kann, bevor sichtbare Strahlung entsteht. Es liegt deshalb nahe, die früher "Wärmestrahlen" genannte Dunkelstrahlung mit der Ultrarot-Strahlung zu identifizieren und damit die aus historischen Gründen noch übliche Differenzierung von Wärmestrahlen und

LI Lichtstrahlen inhaltlich zu beenden; denn auch sichtbares Licht "wärmt", sogar je "Licht"-Quant mehr als ein "Wärmestrahlungs"-Quant.

VT Da Messungen mit der Thermosäule wegen der langen Einstellzeit zeitraubend sind, soll hier ein weiteres Verfahren beschrieben werden, das "Helligkeit hörbar macht", das Auge entlastet und das Ohr als registrierendes Organ einschaltet (s. Abb. 160,1).

LV Mit der Punktlampe PL, dem Projektionsobjektiv PO und dem Geradsichtprisma GP wird bei geringer Schirmentfernung ein lichtstarkes schmales Farbband erzeugt. In der Ebene des Schirmes S wird eine Foto-Diode FD oder auch eine rotempfindliche Fotozelle als "elektrisches Auge" durch das Spektrum geführt. Der der Strahlungsintensität proportionale Fotogleichstrom ließe sich bequem mit einem Meßverstärker messen; besser aber ist folgendes Verfahren: Der ins Prisma eintretende Lichtstrom wird durch ein rotierendes Pappzahnrad ("Lichtsäge" s. Abb. 160,2) periodisch unterbrochen. Die pulsierende Foto-Gleichspannung läßt sich mit einem normalen Verstärker regelbar verstärken. Die Lautstärke des im Lautsprecher gehörten Sirenentons kann somit der einfallenden Lichtintensität angepaßt, seine Tonhöhe am Motor M geregelt werden.

Der Ton, dessen Lautstärke mit dem Verstärker auf "gerade noch vernehmbar" eingestellt war, wenn sich FD im sichtbaren Rot befindet, erschüttert mit FD im UR Wände und Trommelfelle. Das Maximum der Intensität kann akustisch festgelegt werden. Zur Kontrolle legt man einen dem Verstärker-Ausgang mit hohem Widerstand angepaßten Spannungsmesser an:

Das Maximum liegt bei weißglühenden Glühfäden dem sichtbaren Spektrum näher als bei Rotglut.

Hinweise zur LE 6: Spektren und Farben

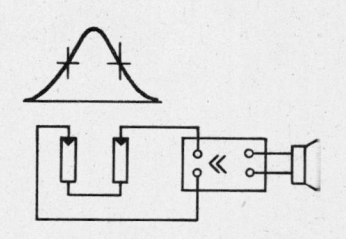

Abb. 161,1 Anordnung zum Nachweis der Verschiebung des spektralen Maximums mit der Temperatur der Lichtquelle

LV Diese Wiensche Verschiebung des Maximums der Strahlungsintensität kann noch deutlicher wie folgt demonstriert werden: Zwei gleiche Fotodioden werden, nach Abb. 161,1 gegeneinander geschaltet, in einem solchen Abstand auf ein Brettchen montiert, daß die eine Fotodiode vor, die andere hinter dem Maximum in Abb. O 50,1 empfängt. Durch gemeinsames Verschieben läßt sich erreichen, daß beide gleich stark empfangen: Die Fotospannungen kompensieren sich. Bei geringer Temperaturerhöhung der Lichtquelle wird ein Ton hörbar, der durch erneutes Verschieben nach dem sichtbaren Spektrum hin wieder zum Verschwinden gebracht werden kann. Dieser objektive Nachweis der Maximum-Verschiebung ist eine wertvolle Ergänzung zur subjektiven Erstaussage nach VO 50,1. Eine weitere Nachweismöglichkeit des UR-Spektrums soll später besprochen werden.

Das "elektrische Auge" kann hier natürlich nur im "Black-box"-Verfahren angewandt werden. Die Vorrichtung zeigt nur "Flackerlicht" an (und kann deshalb auch im unverdunkelten Raum eingesetzt werden), die Tonhöhe entspricht der Flackerfrequenz, die Lautstärke der einfallenden Lichtintensität.

LI Fotodioden und Fotozellen sprechen nur in einem bestimmten Spektralbereich optimal an. Deshalb können mit ihnen keine absolut auswertbaren Vergleiche einfallender Lichtintensitäten durchgeführt werden, wenn diese im Spektrum weit auseinanderliegen, was aber mit der Thermosäule möglich ist. Wegen der regelbaren Verstärkung kann man auch die Existenz einer relativ schwachen Strahlung nachweisen, z. B. die

LV Ultraviolettstrahlung, wenn man eine auf Blaulicht optimal ansprechende Fotozelle benutzt. Sonst geht man wie im Buch vor: Nach der Entdeckung des UR-Spektrums liegt die Suche nach einer Fortsetzung des Spektrums über das sichtbare violette Ende hinaus nahe. Der ein-

LV führende Versuch VO 50,2 läßt sich möglicherweise damit begründen, daß man einmal "weißmachende" Waschmittel als Farbstoffe betrachtet und diese in bekannter Weise nach VO 50,2 als Abwandlung von VO 47,3 untersucht. Die dabei

SI entdeckte Fluoreszenzstrahlung ist als spontane Photo-Lumineszenz, d. h. als durch (kurzwelliges) Violett- bzw. UV-Licht angeregte (längerwellige) grüne bzw. blaue Eigenstrahlung des fluoreszierenden Körpers zu charakterisieren, die mit der Anregung beginnt und mit ihr aufhört (Lichtwandler). Von ihr unterscheidet sich die Phosphoreszenz als Speicher-Lumineszenz nur durch das Selbstleuchten über die Anregungsdauer hinaus. Sie darf nicht verwechselt werden mit dem Leuchten eines Glühwürmchens durch Oxidation von ausgeschwitztem Phosphor in der Luft (Chemilumineszenz).

Fluoreszierende und phosphoreszierende Schirme gestatten den Nachweis der UV-Strahlung. Hand in Hand damit geht die Erklärung der Weißmacherfunktion der Waschmittelzusätze durch Nutzung des unsichtbaren UV-Lichtes.

LV Weniger bekannt, aber elegant und aufschlußreich ist der Ultra-Rot-Nachweis mit einem nachleuchtenden Zinksulfidschirm. Als Vorversuch wird ein solcher Schirm im Tageslicht aufgeladen: Er leuchtet im Dunkeln grün nach. Drückt man die Fingerspitzen von hinten gegen den Schirm, so leuchten die erwärmten Stellen zunächst heller; nach dem Temperaturausgleich sind sie jedoch dunkler als ihre Umgebung: Das gespeicherte Licht wurde infolge der Erwärmung vorzeitig emittiert, dann aber bedingt der kleinere Vorrat eine kleinere Emissionsrate.

LV Hauptversuch: Auf dem erneut aufgeladenen Zinksulfidschirm wird ein Glühlampenspektrum erzeugt. Nach einer Belichtungszeit von 1 bis 2 Minuten erscheint der Bereich Blau-Violett heller als die Umgebung, der Bereich Rot-UR dunkler. D. h.: Mit Licht von Grün - UV wurde der Schirm nachgeladen, mit Grün - UR die Emission gefördert. Die stärkste Abstrahlung erfolgte im UR-Bereich: UR-Nachweis.

SI Das Strahlungsmaximum der Sonne liegt im sichtbaren Spektrum bei Gelb - Grün. Dieser Verschiebung des Maximums entspricht eine intensivere UV-Strahlung. Dies ist entscheidend für den pflanzli-

Hinweise zur LE 6: Spektren und Farben

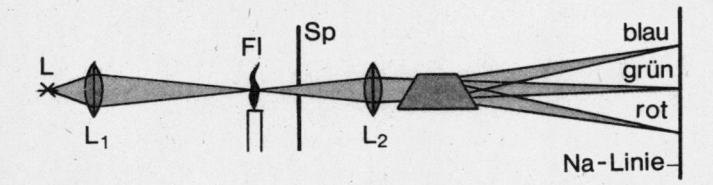

Abb. 162.1 Anordnung zur Umkehrung der Na-Linie. Na-Dampf absorbiert "seine" Lichtart aus dem weißen Licht.

Abb. 162.2 Gedankliche Entwicklung des "Lichtstrahls" aus einem kontinuierlichen Lichtbündel (a). Die durch Blenden erzeugten schmalen Lichtbündel (b) werden durch geometrische Strahlen (c) ersetzt.

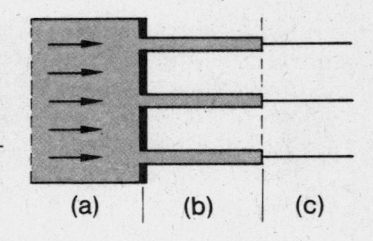

chen Stoffwechsel. Vor UV-Strahlung müssen aber Haut und Augen geschützt werden. Im Hochgebirge und an der See, wo zur Direktstrahlung, die wegen der dort geringeren Absorption schon verstärkt ist, Reflexionen an Schnee bzw. Wasserflächen noch hinzukommen, sind Hautschutzmittel und Sonnenbrillen nötig, desgl. auch Schutzbrillen beim Elektroschweißen und beim Gebrauch der "Höhensonne". Ihre keimtötende Wirkung macht Sterilisieren mit UV-Strahlen möglich.

Die Ballaststrahlung einer Glühlampe im UR-Bereich erklärt deren Unwirtschaftlichkeit (zu 95 % Heizofen). Diese Feststellung motiviert für die Untersuchung anderer, moderner Lichtquellen. Dabei werden die nichtkontinuierlichen Spektren entdeckt.

Nichtkontinuierliche Spektren (5, 32)

VT Um eine größere Helligkeit im Spalt Sp (Abb. O 51, 1) für den V1 zu erreichen, bildet man die Dampflampe DL zunächst einmal mit einer Konvexlinse auf den Spalt ab.

Leuchtende Gase und Dämpfe (Na, Hg) im atomaren Zustand haben Linienspektren.

SV Diese können auch im Schülerversuch beobachtet werden, wenn man mit einem Induktor angeregte Spektralröhrchen (lineare Lichtquellen) durch ein Geradsichtprisma betrachtet. Sog. Bandenspektren, bestehend aus Gruppen vieler Linien, gehen auf emittierende Moleküle zurück. Man erhält sie, wenn man den

SV grünen Lichtkegel eines Bunsenbrenners vor den Spalt eines (Taschen-)Spektroskops bringt oder die nichtbeleuchtende Bunsenflamme durch Einbringen von Salzen färbt. (Geeignete Salze werden von den Lehrmittelfirmen geliefert).

SI Daß diese für die Stoffart charakteristischen Spektren den Schlüssel für die Entwicklung von Atommodellen gedient haben, kann hier mitgeteilt werden. Die größere Wirtschaftlichkeit der neuen Lichtquellen ist ohne Messung nur an einer "kalten Lichtquelle" wie der Leuchtstoffröhre einsichtig. Vgl. VO 51, 3.

Absorptionsspektren sind im Prinzip von den Filtern her bekannt, nicht aber die Tatsache der Resonanzabsorption. Da Na-Licht monochromatisch ist, wird diese allein schon durch den Schatten der

LV Na-Flamme im VO 52, 1 belegt. Der sonst übliche Versuch zur Umkehrung der Na-Linie sei trotzdem - als Alternative - beschrieben (s. Abb. 162, 1).

LV Schickt man das Licht einer Glühlampe (oder Bogenlampe) L, mit dem man den Spalt Sp ausleuchtet, vorher durch die mit einem Na-Salz[1]) kräftig gefärbte Flamme Fl, so zeigt sich im Gelben des Spektrums eine dunkle Linie, die am gleichen Ort in die gelbe Emissionslinie übergeht, wenn man das weiße Licht ab-

VT schirmt. Na-Dämpfe im Experimentierraum lassen sich vermeiden, wenn man anstelle der Flamme einen Na-Absorber-Kolben benutzt, der in einem elektrischen Heizofen aufgeheizt wird (Phywe: Natrium-Resonanzlampe Nr. 08159.00).

VT Zu VO 52, 2: Die ins Sonnenlicht gehal-
SV tene Stecknadel ersetzt den engen Spalt eines Spektrographen. Der Versuch kann auch mit einem Taschenspektrographen durchgeführt werden.

Was "ist" Licht? (6.)

Aus einem breiten, kontinuierlichen Lichtbündel wurden durch Spalte schmale Lichtbündel ausgeblendet, an denen das Verhalten des Lichts untersucht wurde (s. Abb. 162, 2). Die Idealisierungen der schmalen Lichtbündel zu geometrischen Strahlen wurden Lichtstrahlen genannt; mit ihnen kann man konstruieren und auch rechnen. Dieses Modell beinhaltet die Geradlinigkeit der Lichtausbreitung.

1) Na-Thiosulfat oder Na-Acetat

Hinweise zur LE 6: Spektren und Farben

Das Spiegelungsverhalten schmaler Lichtbündel hat seine mathematische Entsprechung in der Symmetrie, die zwar sehr einleuchtend ist, aber nicht aus dem Strahlenmodell logisch folgt. Die Dispersion zwingt dazu, den physiologisch als Farben empfundenen Lichtarten Eigenschaften zuzuordnen, die im schmalen Lichtbündel wirksam sind und die Brechung, insbesondere die nach Lichtarten differenzierte Brechung bedingen: Wir können das Verhalten der schmalen farbigen Lichtbündel zwar durch "farbige Lichtstrahlen" beschreiben (darstellen), aber nicht damit begründen.

LV VO 54, 1 und die am Schluß beschriebenen ergänzenden Beugungsversuche lassen sich aber mit dem Strahlenmodell auch nicht mehr darstellen. Das Verhalten der schmalen Lichtbündel steht sogar im Widerspruch zu der einzigen diesem Modell immanenten Eigenschaft des Lichts, der geradlinigen Ausbreitung. Das Lichtbündel entspricht in seinem Verhalten um so weniger dem Strahlenmodell, je dünner es gemacht wird, d. h. je besser es seiner Idealisierung ange-

LV paßt wird. Dies ist auch der Grund, weshalb die Bilder einer Lochkamera wieder unscharf werden, wenn man das Kameraloch extrem klein macht.

Das <u>Wellenmodell</u>, mit dem die Beugungserscheinungen beschrieben werden können, verlangt theoretischen Aufwand für das Verstehen der geradlinigen Ausbreitung; außerdem steht es, wie erst später gezeigt werden kann, im Widerspruch mit den Erfahrungen des Fotoeffektes, die durch ein <u>Teilchenmodell</u> erfaßt werden können, und aus dem sich auch die geradlinige Ausbreitung deduzieren ließe.

Um die Gesamtheit aller optischen Erscheinungen anschaulich zu verstehen, bedarf es mehrerer Modelle, von denen jedes nur einen Teil der "Lichtwirklichkeit" beschreibt. Was hier im besonderen offenbar wird, gilt allgemein: Modelle erfassen immer nur einen Teilaspekt der "Wirklichkeit". Die ursprüngliche Frage nach dem "Sein" hat nur Erkenntnisse über Eigenschaften und Verhaltensweisen zu Tage gefördert und den Menschen dafür Modelle finden lassen. Zugleich mußte aber der Zweifel reifen, ob diese Seinsfrage überhaupt mit naturwissenschaftlichen Methoden für einen ihrer Gegenstände beantwortet werden kann.

Abb. 163, 1 Subjektiver Beugungsversuch mit zwei Spalten. WW = weiße Wand oder M = Mattscheibe

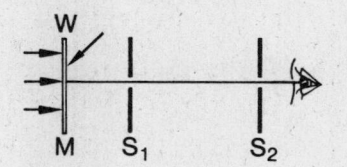

Ergänzende Beugungsversuche

SV 1. Man betrachte eine hell beleuchtete weiße Wand W (s. Abb. 163, 1) oder eine von hinten beleuchtete Mattscheibe M durch zwei hintereinander aufgestellte parallele enge Spalte: Man sieht neben dem hellen Spalt S1 auf beiden Seiten mehrere mehrfarbige Spalte.

LV 2. Man bilde den engen Beleuchtungsspalt S1 mit Hilfe einer Linse mit der Brennweite f = 30 bis 50 cm auf die Wand W ab: S1' in Abb. 163, 2. Dann bringt man den Beugungsspalt S2 vor die Linse und sorgt durch Verschieben der Lichtquelle (Strichwendel), daß S2 optimal ausgeleuchtet wird (Kondensorbild der Lichtquelle Q' zwischen S1 und S2). Solange S2 breit ist, ist das Spaltbild S1' scharf. Mit zunehmender Verengung von S2 wird S1' breiter und es entstehen im Dunkelraum Nebenspaltbilder. Das System L, W ersetzt das Auge im Versuch 1; das Beugungsbild auf W entspricht dem Netzhautbild.

LV 3. Ersetzt man S2 durch "Gitter" mit zunehmender Strichzahl, so beobachtet man zunächst mehrere, dann immer weniger und breiter werdende, zum mittleren Spaltbild symmetrisch liegende Spektren.
Alle Versuche sprechen gegen die "Geradlinigkeit" der Lichtausbreitung.

LV Zur <u>Informationsübertragung</u> mit dem Laserstrahl sei zunächst auf die unter LE 1, 1.3 beschriebene Steuerung mit einer Pockelszelle verwiesen, mit der man dem Laserstrahl auch jede Ton- oder Sprechfrequenz aufmodulieren kann. Im gleichen Heft 2 (Der Physikunterricht Jg. 10) wird ein optisches Mikrofon beschrieben, das man sich aus einer

Abb. 163, 2 Objektiver Beugungsversuch. S1 = Beleuchtungsspalt, S1' sein reelles Bild durch L. S2 = Beugungsspalt.

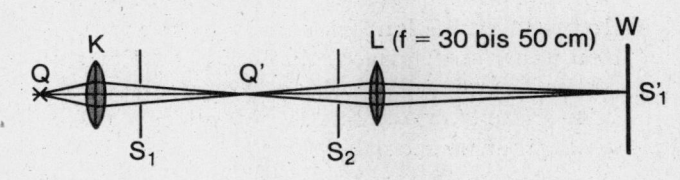

Hinweise zur LE 6: Spektren und Farben

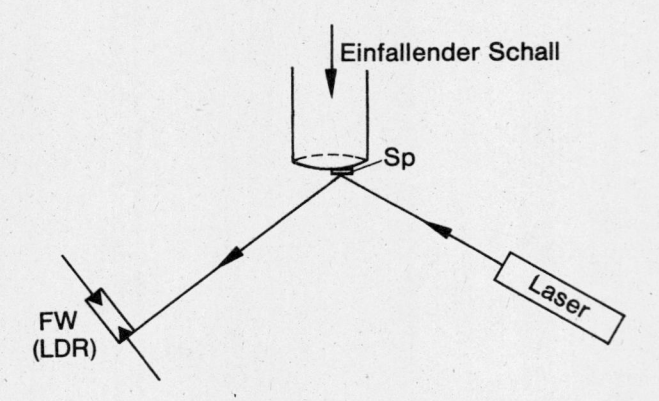

Abb. 164,1 Richtungsmodulation eines Laserstrahls zur Tonübertragung

Blechdose als Schallauffänger selbst herstellen kann (s. Abb. 164,1).

LV Der Laserstrahl wird von einem kleinen Spiegel Sp, der in Randnähe am Boden der Dose aufgeklebt ist, reflektiert. Der abgelenkte Strahl trifft bei maximaler Ablenkung nach oben zentral auf einen Fotowiderstand FW, bei maximaler Auslenkung nach unten trifft er ihn gerade nicht mehr. Die Modulation erfolgt durch Richtungsänderungen des Laserstrahls, wenn der Dosenboden akustisch zum Schwingen angeregt wird.

LV Eine weitere, ebenfalls auf kleine Reichweite eingestellte und im gleichen Heft beschriebene Nachrichtenübertragungsanlage benutzt als Sender eine Lumineszenzdiode, die unsichtbares Infrarotlicht abstrahlt, als Empfänger eine Fotodiode oder einen Fototransistor.

Der in diesem Kapitel erstmals gebrauchte Energiebegriff ist im propädeutischen Sinn zu verstehen und bezeichnet die Fähigkeit eines Energieträgers - hier Licht -, einen Arbeitsprozeß auszulösen und in Gang zu halten. Es ist bei diesem Stand der Begriffsentwicklung angezeigt, Beispiele für solche vom Licht hervorgerufene Prozesse kennenzulernen.

SI 1. Assimilation (Photosynthese): Das vom Blattgrün absorbierte Licht löst im Blatt chemische Reaktionen aus, in deren Verlauf das aus der Luft aufgenommene Kohlendioxid und das durch die Wurzel dem Erdboden entnommene Wasser Kohlenhydrate bilden. Den dabei entwickelten Sauerstoff gibt die Pflanze an die Luft ab und regeneriert diese. Genaueres über diese Vorgänge sollte der Biologie- oder Chemieunterricht bringen.

SI 2. Beim Photographieren (11) (vergl. auch S. O30, Kap. 4. 31, 2. Abs.) verwandelt das Licht die Struktur der Körnchen in der Silberbromidschicht. Das reelle Bild wird in der Filmschicht entsprechend der örtlich absorbierten Lichtmenge in Form von strukturveränderten Körnchen "latent" gespeichert. Bei der nachfolgenden Entwicklung des Films verläuft die Reduktion des Silberbromids zu Silber an den belichteten und veränderten Körnchen rascher als an den nicht belichteten. Der Entwicklungsvorgang wird abgebrochen, wenn die Kontraste optimal ausgeprägt sind. Das bis jetzt noch nicht reduzierte Silberbromid wird im anschließenden Fixierbad aufgelöst und ausgespült. Auf dem Film befindet sich nur noch der unterschiedlich dichte Silberniederschlag: Das Negativ ist erst jetzt lichtunempfindlich.

LI Die Strukturänderung der Körnchen (sechseckige Kristalltäfelchen mit Ag^+ und Br^- in Ionengitterbindung) beginnt mit der Absorption eines Lichtquants durch ein Br^--Ion. Dieses verliert ein Elektron, das energetisch (ins Leitungsband) angehoben wird: Der Kristall wird leitend (vgl. E 88 ff.). Würde nun ein solches Leitungselektron das "alleinstehende" Silberion neutralisieren ($Ag^+ + e^- \rightarrow Ag$), dann wäre die Trennung eines $Ag^+ Br^-$-Moleküls durch Licht (Photolyse) komplett. In reinen, fehlerfreien Silberbromid-Einkristallen findet dieser zweite Schritt aber nicht statt. Das Leitungselektron rekombiniert vielmehr mit einem im Gitter als Defektelektron (Loch) wirkenden Br-Atom, wodurch der ursprüngliche Zustand wiederhergestellt und die Gitterenergie (Temperatur) erhöht wird. Fehlstellen der Kristallbildung im Innern und Verunreinigungen durch Spuren von Silber- oder Silbersulfid-Anlagerungen an der Kornoberfläche (Reifkeime) wirken als Akzeptoren für Leitungselektronen (Elektronenfallen). Mit der eingefangenen Elektronenladung sind sie in der Lage, Ag-Ionen anzuziehen und zu entladen: Es lagern sich so lange Silberatome an, wie der Reifkeim Leitungselektronen einfängt, d. h. so lange solche durch Belichtung entstehen. Das latente Bild besteht also aus unterschiedlich großen - nur mit dem Elektronenmikroskop nachweisbaren - Silberhäufchen (Silberkeime), die bei der Entwicklung des Films als Katalysatoren wirken und die Reduktion des Silberbro-

Hinweise zur LE 6: Spektren und Farben

mids zu Silber ihrer Größe entsprechend beschleunigen. Dabei wird die den Silberkeim ausmachende primäre Silbermenge bis zum 10^9-fachen erhöht.
(S. J. Eggert, Lehrbuch der physikalischen Chemie 8. Aufl., Hirzel Stuttgart, Photochemie) (24).

SI 3. Auch die Photolithographie beruht auf einem photochemischen Vorgang. Auf einer Metallplatte ist eine dünne Schicht aus Polyvinylalkohol (PVA) und Bichromat (z. B. Ammoniumbichromat) aufgetragen. Wird diese Schicht durch einen Positivfilm hindurch oder durch Projektion eines Diapositivs mit einer Speziallampe beleuchtet, deren Licht vom Chromat-Ion absorbiert wird, so entsteht an allen belichteten Stellen Chromoxid, das die Schicht an diesen Stellen härtet und an der Metallplatte fixiert. Nach dem Auswaschen der nicht gehärteten Teile der Schicht erscheinen die Hellstellen erhaben, die Dunkelstellen als Rillen. So präparierte Platten bilden die Grundlage zahlreicher Druckverfahren.

LI (SI) Beim Tiefdruckverfahren wird der metallische Rillenboden (aus Kupfer oder Zink) geätzt, die Rille ins Metall eingegraben. Sie dient zur Aufnahme des Druckfarbstoffs, nachdem das gehärtete Profil abgetragen und die freigelegte Metalloberfläche mit einem den Farbstoff abweisenden Überzug versehen wurde. Beim Offset-Flachdruck werden die Rillen mit einem wasserbeständigen und den Druckfarbstoff annehmenden Lack ausgefüllt. Die zuerst gehärteten Profile werden aufgelöst und die neu entstandenen Vertiefungen mit einem die Druckfarbe abweisenden und "wasserfreundlichen" Stoff (Gummiarabikum) ausgegossen. Beim Einfärben der Platte nehmen nur die mit Lack beschichteten primären Dunkelstellen den Farbstoff an, während ihn das feuchte Gummiarabikum abstößt.

Der Farbstoff wird zunächst mit einer Gummiwalze, die mit einem saugfähigen Gummituch bespannt ist, von der Platte abgerollt, dann erst im eigentlichen Druckvorgang aufs Papier übertragen. Dabei wird das Papier durch eine "Andruckwalze" gegen die "Tuchwalze" gepreßt. Schließlich wird die den lokalisierten Farbstoff tragende dünne Metallplatte als Mantel um die "Plattenwalze" gelegt, so daß alle am Druckvorgang beteiligten Teile - einschließlich der Einfärbewalzen - rotieren: Rotationspresse.

Mit diesen drei Beispielen für die Auswirkungen von photochemischen Prozessen dürfte eine nicht übliche Perspektive der "Lehre vom Licht" (Optik) aufgezeigt worden sein.

c) Neue Aufgaben und Fragen

1. Die folgenden Filter lassen durch:
   a) Purpur → Rot, (Grün), Blau, Violett
   b) Rot → Rot, (Gelb)
   c) Blau → Rot, Grün-Blau, Violett
   d) Grün → (Gelb), Grün-Blau, (Violett)
   e) Orange → Rot, Gelb, (Grün)
   f) Grün → (Rot), Gelb, Grün, (Blau)

Anm.: Die in Klammern gesetzten Farben sind abgeschwächt.

Aus welchen Farbkomponenten bestehen die subtraktiven Restfarben aus den Filterkombinationen a/b; a/c; a/d; b/c; b/d; c/d; e/f? (S. O48)

L a/b aus Rot → Rot
   a/c aus Rot, Blau, Violett → Blau
   a/d aus (Grün), (Blau), Violett → Dunkelgrün-Schwarz
   b/c aus Rot → Rot
   b/d aus ((Gelb)) → Schwarz
   c/d aus Grün-Blau, (Violett) → dunkles Eis-Grün
   e/f aus (Rot), Gelb, (Grün) → olivgrün

* 2. Warum zeigt das Spektrum eines Glühfadens keine Fraunhoferschen Linien? (S. O52)

L Der Glühfaden müßte von einer genügend dichten und heißen Schicht seines Metalldampfes (Wolframdampf) umgeben sein.

d) Audio-visuelle Hilfsmittel

AT	Das Fotoelement	35 7719 (1)
AT	Additive und subtraktive Farbmischung	36 0157 (1)
AT	Emissions- und Absorptionsspektren	36 0140 (1)
WB	Spektraltafel	79480. 01 (2)

Unterrichtsbeispiel mit Grob- und Feinlernzielen

DR Werdegang der Philips
     TL-Leuchtstofflampe   B 21   (4)
DR Farbfernsehen -
     Farbenlehre (14)   100 963 (11)
F   Abenteuer Farbe (33 min)   (14)
DR Optische Täuschungen   146 610 (20)

3.2.3 Unterrichtsbeispiel mit Grob- und Feinlernzielen

Thema: Das Mikroskop (in zwei Darstellungen)

a) Entwurf eines Mikroskops aus Projektor und Lupe (Synthetisch-technisches oder konstruktives Vorgehen)

Vorausgesetzt werden Vergrößerung durch Lupe und Projektor. Mit der Frage, ob man beide Verfahren kombinieren kann, wird auch der Transfer auf Fernrohre vorbereitet. Das im Schülerbuch auf S. O37 beschriebene Vorgehen kann im Klassenunterricht oder auch im
SV Übungsunterricht geschehen, wenn entsprechende Arbeitsanweisungen gegeben und Zwischenergebnisse im Unterrichtsgespräch erörtert werden.

1. Schritt: a) Direktbeobachtung eines vergrößerten Projektorbildes auf der Mattscheibe. b) Mattscheibe entfernen: Man sieht nur Teile des Bildes, aber heller.

2. Schritt: a) Lupenvergrößerung des Mattscheibenbildes. b) Lupenvergrößerung bei direkter Sicht: Das Bildfeld schrumpft noch weiter.

Bei der Zwischenerörterung der Frage, warum das Bildfeld mit der Mattscheibe größer ist, wiederholt sich die Überlegung, die zum Kondensor des Projektors führte (vgl. Abb. O35, 3-35, 5).

3. Schritt: Eine plankonvexe Kondensorlinse (Arbeitshypothese) an die Stelle der Mattscheibe gesetzt, bestätigt die Bildfeldvergrößerung durch eine Feldlinse.

4. Schritt: Das Modellmikroskop wird mit dem Schülermikroskop verglichen; Objektive und Okulare auswechseln. Vergrößerung und Tubuslänge besprechen, berechnen und nachmessen. Einsatz, wissenschaftliche und sonstige Bedeutung des Mikroskops erörtern (vgl. 4.36).

b) Analyse eines einfachen Schüler-Mikroskops im Gruppenunterricht (Analytisch-forschendes Vorgehen)

Die Voraussetzungen sind die gleichen wie bei a). Die Arbeitsanweisungen erfolgen schrittweise, dazwischen Erörterung der Zwischenergebnisse.

SV 1. Schritt: Ein Testgegenstand wird in einem schwachvergrößernden Schülermikroskop beobachtet und die Lage des Testgegenstandes vor dem Objektiv bei Scharfeinstellung festgehalten. Objektiv und Okular werden bezeichnet, vom Tubus getrennt und als Linsensysteme erkannt.

Die Funktionen dieser Linsensysteme sind zu erschließen. Wie? Dazu müssen die Schüler selbst Vorschläge machen. Mit Wahrscheinlichkeit kommt eine Brennweitenbestimmung zur Sprache. Dann als

LV 2. Schritt (evtl. im Lehrerversuch): Das parallele Lichtbündel einer Beleuchtungslampe mit abgeblendeten Randstrahlen fällt von oben durch den leeren Tubus (ohne Okular) auf das (wieder eingesetzte) Objektiv. Durch Senken des Mikroskops gegenüber seiner Stellung beim 1. Schritt wird der Brennpunkt in die Objektebene gebracht. Man erkennt: Bei der Scharfeinstellung des Mikroskops galt $f < g_0 < 2f$. Das Objektiv erzeugte also ein vergrößertes reelles Bild (Vergrößerung durch Projektion). Wo?

SV 3. Schritt (im Schülerversuch, nur Objektiv einsetzen): Wir kehren das Problem um und legen den Bildort durch ein auf den oberen Tubus-Rand gelegtes Stückchen Mattscheibe (rauhe Seite nach unten) fest (Fremdlicht durch ein aufgesetztes Papprohr fernhalten). Auf ihr entsteht ein scharfes Bild, wenn der Abstand g des Objektivs vom Gegenstand gegenüber g_0 bei der 1. Scharfeinstellung verkleinert wird: Das tatsächlich existierende reelle Zwischenbild lag also ursprünglich im Tubus.

Untersuchung des Okulars

SV 4. Schritt: Nach Entfernung der Mattscheibe (das reelle Bild liegt immer noch am oberen Tubusrand) wird das Okular ohne vordere Linse so weit in den Tubus geschoben, bis man das reelle Zwischenbild durch die Lupe scharf sieht: Das

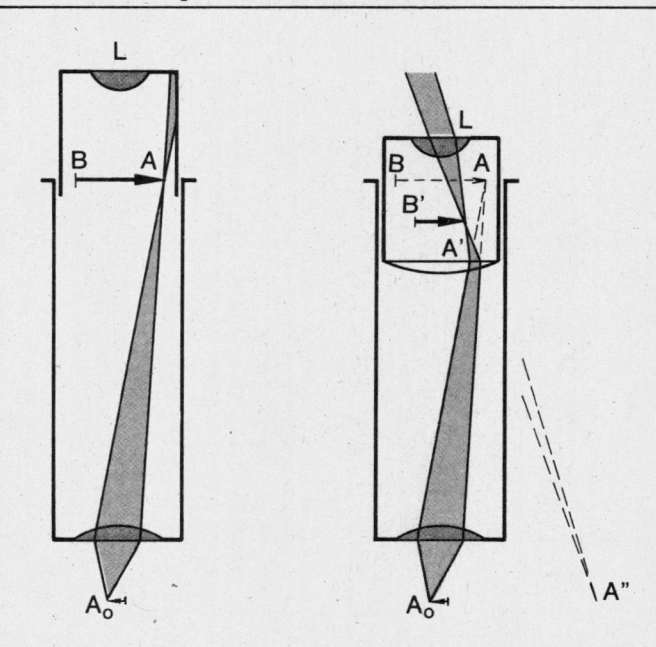

Unterrichtsbeispiel mit Grob- und Feinlernzielen

Abb. 167,1 (links) Mikroskop mit einfacher Lupe als Okular
Abb. 167,2 (rechts) Mikroskop mit Huygensschem Okular

Einsteckrohr des Okulars ist dann etwa 1/3 eingeschoben.

SV 5. Schritt: Die Frontlinse des Okulars wird eingeschraubt. Das Lupenbild ist jetzt etwas kleiner, das Gesichtsfeld aber größer und bis zum Rand gleichmäßig ausgeleuchtet. Das Bild ist scharf, wenn das Einsteckrohr etwa 2/3 eingeschoben ist. D. h. aber: Das reelle Zwischenbild wurde durch die Frontlinse in den Tubus verschoben und verkleinert; es liegt in der unteren Hälfte des Raumes zwischen Frontlinse und Lupe.

Zusammenfassung: Das Objektiv eines Mikroskops erzeugt ein vergrößertes reelles Zwischenbild (AB in Abb. 167,1), das mit einer Lupe L ein zweites Mal vergrößert wird. Eine vor den Bildort von AB eingebrachte Konvexlinse (Abb. 167,2) lenkt die nach außen gerichteten, das reelle Zwischenbild erzeugenden Strahlenbündel nach der Lupe L um und erzeugt ein neues, kleineres reelles Bild A'B', das nun in seiner ganzen Größe gesehen wird. Wegen der das Gesichtsfeld vergrößernden Wirkung heißt die Frontlinse des Okulars auch Feldlinse. Die Feldlinse des hier benutzten Huygensschen Okulars beeinflußt - im Gegensatz zu der in Abb. O37, 2 rechts - den Abbildungsvorgang. Weitere Ergänzungen wie bei a) 4. Schritt.

Groblernziele: Bei beiden Vorgehensweisen werden die folgenden allgemeinen Ziele immanent angesprochen (nach 1.2.1): 1.1, 1.9; 2.1, 2.2; 3.1, 3.2; 4.3, 4.5, 4.6. Hinzu kommen beim Vorgehen a) 2.4 beim Vorgehen b) 2.3. Die beiden letzten Ziele sind für die Vorgehensweisen typisch. Bei der Unterrichtsvorbereitung wählt der Lehrer die Ziele aus, die er besonders deutlich machen will und setzt dementsprechend die Akzente im Unterrichtsablauf.

Feinlernziele zum Thema Mikroskop:

1. Das Mikroskop als Kombination eines Projektors mit einer Lupe verstehen und wissen, welche Art von Linsen als Objektiv und Okular verwendet werden.

2. Wissen, daß das Objektiv ein vergrößertes reelles Zwischenbild erzeugt und das Okular als Lupe von diesem für den subjektiven Beobachter ein nochmals vergrößertes virtuelles Bild.

3. Anhand der Abb. O37, 2 links den Strahlengang im einfachen Mikroskop erläutern und nach Abb. O37, 2 rechts die Funktion der Feldlinse erklären können.

4. Über den Einsatz des Mikroskops in verschiedenen Bereichen informiert sein.

Literatur

3.2.4 Literatur

Schulmethodische Literatur

1. Brettschneider et alii: Die Physik in Versuchen, Teil Optik. Göttingen: Industrie-Druck GmbH.
2. Friedrich, A.: Handbuch der experimentellen Schulphysik, Band 5. Köln: Aulis Verlag Deubner & Co.
3. Heidemann/Kelle: Physik in Schülerversuchen 5.-10. Schuljahr. Göttingen: Industrie-Druck GmbH.
4. Kröncke, H.: Optische Versuche mit Aufbauteilen. Selbstverlag E. Leybold
5. Krumm, E.: Im Zauberreich der Lichtwellen. Karlsruhe: Verlag G. Braun
6. Leybold: Physikalische Handblätter 1. - 4. Folge, Abt. 535
7. Sprockhoff-Baumann: Physikalische Schulversuche, Band Strahlenoptik. München: Oldenbourg Verlag.
8. Töpfer, R.: Schüler experimentieren, Teil I. Göttingen: Industrie-Druck GmbH
9. Töpfer, R.: Leitfaden zu "Schüler experimentieren", Lehrerhandbuch. Göttingen: Industrie-Druck GmbH.

Spezielle Themen (Abhandlungen und Aufsätze)

10. Autorenkollektiv: Astronomie, Lehrbuch für Klasse 10. Berlin: Volkseigener Verlag Volk und Wissen
11. Spitzing, G.: Schulphotographie, Didaktik und Methodik. München: Oldenbourg Verlag
12. Gentil, K.: Optische Täuschungen, Praxis-Schriftenreihe Band 9. Köln: Aulis Verlag
13. Kämmerer, J.: Pankreatische Objektive
    Müller, G.: Informationsübertragung durch moduliertes Licht im Physikunterricht der Sekundarst. I
    in: Der Physikunterricht, Jahrgang 10, Heft 2. Stuttgart: Klett Verlag
14. Kühn/Roos: Sieben Jahrhunderte Brille, Abhandlungen und Berichte des Deutschen Museums. München: Oldenbourg Verlag
15. Müller, K.: Einführung in die Physik und Chemie der Photographie. Frankfurt/M.: Otto Salle Verlag
16. Voit, F.: Ein Modellversuch zur Klärung des Vario-Objektivs (Zoom, "Gummilinse") in Praxis der Naturwissenschaften 1962, Heft 12, S. 321 ff.
17. Voit, F.: Ein Modell zu den Finsternissen auf der Erde und auf dem Jupiter in Praxis der NW 1962, Heft 12, S. 317 ff. Köln: Aulisverlag Deubner & Co.
18. Voit, F.: Astronomie, Grundlagen und Praxis für die Schule. Praxis-Schriftenreihe, Abt. Physik, Band 23. Köln: Aulis-Verlag
19. Volkmann, H.: Carl Zeiß und Ernst Abbe, ihr Leben und ihr Werk. München: Oldenbourg Verlag
20. Winneburg, W. et alii: Astronomie in der Schule in: Der Physikunterricht Jahrgang 8, Heft 2. Stuttgart: Ernst Klett Verlag
21. Seus, E.: Der Gas-Laser in der Schule, Praxis-Schriftenreihe, Abt. Physik Band 24. Köln: Aulis Verlag
22. Machemer, H.: Der Laser als Lichtquelle für die Experimente der geometrischen Optik, Praxis der NW, Heft 1/77, S. 5 ff: Aulisverlag Deubner u. Co.

Wissenschaftliche Lehrbücher und sonstige Fachliteratur

23. Bergmann-Schaefer: Lehrbuch der Experimentalphysik, Band III. Berlin: W. de Gruyter & Co.
24. Eggert, J.: Lehrbuch der physikalischen Chemie, Abschnitt 9: Photochemie. Stuttgart: Hirzel Verlag
25. Gerthsen-Kneser: Physik, Abschnitt V. Berlin-Heidelberg-New York: Springer Verlag
26. Hermann, J.: dtv- Atlas zur Astronomie, Tafeln und Texte. München: dtv-Verlag
27. Littrow, J. J.: Die Wunder des Himmels, Neubearbeitung durch Dr. K. Stumpff. Bonn: Ferd. Dümmler Verlag
28. Tolanski, S.: Linse, Licht und Laserstrahl, Revolution in der Optik. Frankfurt/M.: Umschau Verlag
29. Mirow, B.: Quellenheft zur Physik, Braunschweig: Westermann Verlag
30. DIN 5033 Farbmessung

Allgemeine Hinweise zum Block E (Elektrizitätslehre)

3.3 Elektrizitätslehre

3.3.1 Allgemeine Hinweise zum Block E

Stellung der E-Lehre in den Lehrplänen

In den Lehrplänen früherer Jahrzehnte bildete die Elektrizitätslehre den Abschluß. Als in den 20er Jahren das Radiobasteln einsetzte, begannen viele Schüler damit, lange bevor die E-Lehre in der Schule behandelt war; heute ist es die Elektronik, die reizt. Dieser und anderen von außen kommenden Motivierungen für Dinge der E-Technik mußten auch die Lehrpläne Rechnung tragen und die E-Lehre vorziehen; denn es ist kaum noch möglich, für das zum Verstehen Grundlegende zu motivieren, wenn Schüler schon zuviel "Unverstandenes" wissen, das zudem noch "funktioniert" wie die elektrischen Spielzeuge. In einem Elementarkurs (Klassen 5/6) ergeben sich aber echte Schwierigkeiten in der Begriffsentwicklung, die ja mit der Sachdarstellung gekoppelt ist - man denke nur an die SI-Einheiten-, und auch erhebliche Probleme für die didaktische und methodische Aufbereitung des Stoffkomplexes. Es ist auch kaum möglich, eine auf die Lehrpläne aller Bundesländer genau passende Konzeption zu entwerfen. Die im Lehrbuch KUHN I innerhalb der einzelnen Kapitel vorgenommene Differenzierung dürfte aber eine Anpassung an die altersmäßigen und sonstigen Gegebenheiten dadurch erleichtern, daß man schwierige Erweiterungen abtrennen und auf einen späteren Zeitpunkt verschieben kann.

Didaktische Gesichtspunkte

Man versteht die derzeitige didaktische Situation für die Einführung in die Elektrizitätslehre am besten, wenn man sich ihre <u>historische Entwicklung</u> vergegenwärtigt.
Die Griechen rieben Bernstein mit Tüchern: Sie entdeckten dabei vor über 2000 Jahren - in der Wertung und Sprache von heute ausgedrückt - "den Ladungsübergang durch Kontakt mit anschließender Trennung". Wie Abb. E 44,6 illustriert, dienten die Effekte der Reibungselektrizität, durch Guerickes Elektrisiermaschine perfektioniert, der Belustigung - vielleicht auch der geistigen Anregung - in Salons. Die Entdeckung der Influenz und der Leydener Flasche (Kondensator) bildeten einen gewissen Abschluß der Elektrostatik. (9)

Mit den Entdeckungen Galvanis und Voltas begann die Ära der "Stromphänomene". Durch Faradays Entdeckung der Induktion wurde der inzwischen durch Oerstedt und Ampère begrifflich abgeklärte "elektrische Strom" ins Blickfeld der technischen Verwertbarkeit gerückt und durch Siemens technisiert. In der Pohlschen Darstellungsweise der Elektrizitätslehre bildet der Strom die methodische Basis. Dies geschah wohl unter dem Eindruck der vielfältigen technischen Anwendungen der Stromwirkungen zu Beginn dieses Jahrhunderts. Bemerkenswert aber ist, daß bis dahin im Unterricht von Schule und Hochschule die Experimente der Elektrostatik Vorrang hatten, und daß die Einheiten von Ladung und Spannung als primären Größen zunächst auf elektrostatischem Wege definiert wurden.

Um die Mitte des vorigen Jahrhunderts definierte W.Weber eine nach ihm benannte Einheit der Stromstärke erstmals ohne den Ladungsbegriff mit Hilfe der magnetischen Wirkung eines kreisförmigen Leiters. Der Vergleich mit der aus der elektrostatisch definierten Ladung abgeleiteten Stromstärkeeinheit ergab:

1 Weber = $3 \cdot 10^{10}$ elektrostatische Ladungseinheiten/s, vgl. (3) S.188.

Die gebräuchliche Stromstärkeeinheit 1 A wurde durch die Beziehung 1 Weber = 10 A festgesetzt.

Die neue SI-Definition der Basiseinheit 1 A ist also nur eine Variante der Weberschen Idee. Mit ihr wurde die der Schul- und Schülersituation adäquatere elektrolytische Ladungsdefinition aufgegeben.

Man kann zwar mit Hilfe der Tatsache, daß sich unter gewissen Umständen zwei Drähte abstoßen oder anziehen, eine physikalische Größe "Stromstärke" definieren, aber daraus niemals erschließen, was in den Drähten geschieht und die Bezeichnung "Strom" im Sinn von bewegter Ladung rechtfertigen. Die Erfahrung lehrt auch, daß der zentrale Begriff eines schuladäquaten methodischen Lehrgangs die quantisierbare <u>Ladung und ihre Feldwirkungen</u> sind. Beim Aufbau eines solchen Lehrgangs spielt die Elektrostatik eine wesentliche Rolle. Auch die Pohlsche Methode konnte nicht ganz auf sie verzichten. Die Ablehnung der "Katzenfellphysik" früherer Zeiten war wohl hauptsächlich auf das häufige Fehlschlagen elektrostatischer Versuche infolge mangelhafter Isolation zurückzuführen. Die Entwicklung hervorragend isolierender Kunststoffe, mit denen man überdies auf elementare und zuverlässige Weise Kontaktspannungen erzeugen kann, haben ein altes Experimentierfeld durch neue technische Hilfsmittel wieder erschlossen, zu denen auch die praktischen Hochspannungs-Netzgeräte zählen.

Allgemeine Hinweise zum Block E (Elektrizitätslehre)

Neben der experimentiertechnisch begünstigten Renaissance der Elektrostatik bestimmen die Fortschritte in der Erkenntnis der Leitungsvorgänge die didaktische Situation mit. Die Entwicklung begann mit Lenards Kathodenstrahlen, aus denen sich mit Hilfe des Elementarquantums (Millikan) das Modell des Elektrons als Baustein der Atome konstituierte; sie endet bei den Leitungsvorgängen in Festkörpern, insbesondere in Halbleitern. Die Ergebnisse dieses Forschungszweiges, die durch ihre technischen Anwendungen bedeutungsvoll und populär geworden sind, zwingen zur Konsequenz, daß das <u>Elektron als Teilchen und Atombaustein</u> heute nicht mehr aus einem Lehrgang der Sekundarstufe I ausgeklammert werden kann. Es ist aber nicht nötig und auch nicht angebracht, dieses Modell im Lehrgang gewaltsam nach "vorne" zu zerren, um damit "alles erklären" zu wollen. Das Elektron läßt sich durchaus auch in der Sekundar-Stufe I als Modell hinreichend begründen, und dies erscheint wesentlicher als sein naiv-realistischer Gebrauch. Seine Schlüsselrolle wird bei der Analyse der Leitungsvorgänge noch deutlich genug.

Die didaktische Situation wird bis in methodische Konzeptionen hinein auch von der Tatsache geprägt, daß Atomismus der Elektrizität und neue Erkenntnisse der Festkörperphysik - insbesondere der Halbleiter - die <u>Phänomene der Spannungserzeugung</u> in einem neuen Licht erscheinen lassen. So z.B. beherrscht das Modell der auf Grund ihrer Wärmebewegung durch Grenzflächen diffundierenden Elektronen in gleicher Weise den seit über 2000 Jahren bekannten Vorgang der Erzeugung von Reibungselektrizität durch Kontakt von Bernstein und Wolle, den Kontakt zwischen verschiedenen Metallen im Thermoelement und die Sperrschichtbildung an der Grenzfläche von verschieden dotierten Halbleitern. Hinzu kommt noch die Vorstellung von der Ladungstrennung als Arbeitsvorgang in verschiedenen Variationen. Da diese Vorstellungen aus den Phänomenen der Elektrostatik und der Elektrodynamik hervorgehen, liegt es nahe, komplementäre Phänomene beider Gebiete situationsgerecht zu verschmelzen, wie dies in KUHN I angestrebt wurde. Es kann sich dabei aber nicht darum handeln, mit obigen Modellen neueste Erkenntnisse vorwegzunehmen, sondern die Modelle als Fernziele anzusteuern. Dies gilt auch, wenn man zunächst nicht bis zu ihnen vordringt und z.B. Influenz und Induktion ohne Elektronenvorstellung behandelt.

Quasi als Randbedingungen für einen didaktischen Entwurf treten die <u>SI-Einheiten</u> auf. Es gehört zwar zum guten Ton, mit der Verwendung dieser Einheiten die Modernität eines Lehrbuchs zu beteuern, es sollte aber auch einmal gesagt werden, daß sie für die Didaktik eines Einführungslehrgangs Schwierigkeiten bringen (s. 1.1, S. 8). Auch für sie muß gelten, daß die Hinführung zum Begriff vor dem Gebrauch der perfekten Definition rangiert, selbst auf die Gefahr hin, daß man vorübergehend genetisch adäquatere Begriffe benutzen muß wie z.B. einen elektrostatisch begründeten Ladungsbegriff (s. auch 1.2.3).

Aus den vorstehenden Überlegungen ergeben sich folgende <u>Grob-Ziele,</u> wobei die beiden ersten den Kern der Sachziele bilden:

1. Kennenlernen der Wirkungen des elektrischen Stromes.

2. Technische Anwendungen der Stromwirkungen.

3. Alle Beobachtungen sind unter dem Gesichtspunkt auszuwerten, was sie zur Stützung der Modellvorstellung eines strömenden Etwas beitragen können.

4. Auf die Wechselwirkung zwischen Physik und technischer Anwendung ist besonders zu achten.

5. Ein von der späteren Definition unabhängiger - aber nicht im Widerspruch zu ihr stehender - Ladungsbegriff ist über den mit der Glimmlampe nachweisbaren Lade- und Entladestromstoß zu begründen. Die Ladung ist durch Kraftwirkungen elektrostatisch mit Elektroskopen und auch durch Influenzwirkungen nachweisbar. In Modellversuchen zeigt bewegte Ladung Stromwirkungen, die sich auch im Sinne der SI-Definition der Stromstärke auswerten lassen.

6. Die im Stromkreis enthaltene Stromquelle hat die Funktion einer Pumpe, die von der Ladung durchflossen wird (Nachweis!). Die Pumpmechanismen (Generatoren) lassen sich (später) unter dem Gesichtspunkt der Ladungstrennung zusammenfassen und gegebenenfalls für die Definition der Spannung auswerten.

7. Die Strukturen von elektrischen Feldern erschließen Sitz und Verteilung der Ladungen und verschaffen Übersicht über Größe und Richtung der Kraftwirkungen der Ladungen untereinander und auf eingebrachte Probeladungen. Da das Aufladen eines Kondensators (Herstellen einer elektrischen Spannung) einen Arbeitsvorgang darstellt, ist dieser ein Ladungs- und Energiespeicher, dessen Feld als Träger der gespeicherten Energie angesehen werden kann.

Allgemeine Hinweise zum Block E (Elektrizitätslehre)

8. Das Elektronen-Teilchen-Modell steht letztlich im Mittelpunkt aller Leitungsvorgänge und der angewandten Elektronik. Bereits bekannte Phänomene der Spannungserzeugung können nachträglich mit Hilfe des Elektronenmodells interpretiert werden, z.B. Kontaktspannungen im Zusammenhang mit der Elektrizitätsleitung in Metallen oder den Diffusionsvorgängen in Grenzschichten der Halbleiter.

Zur Gliederung des Stoffs

Übersicht: Der recht umfangreiche Stoffkomplex wurde zunächst in E-Lehre 1 (E1) und E-Lehre 2 (E2) geteilt. E1 umfaßt den Magnetismus in eigenständiger Behandlung als Vorspann, den Strombegriff, die Stromwirkungen und die Definitionen der Größen Stromstärke und Ladung. Die Zunahme der Anforderungen an den Intellekt, das Modellverständnis und das Abstraktionsvermögen im Zuge fortschreitender Mathematisierung setzt sich in E2 fort mit dem Spannungsbegriff, den Gesetzen in einfachen und verzweigten Stromkreisen, dem elektrischen Feld und den Leitungsmechanismen in Leitern und Halbleitern. Es ist verständlich, daß dabei die Erweiterungen immer mehr zum Zuge kommen.

Anmerkungen: Man könnte daran denken, den Magnetismus in den Elektromagnetismus zu integrieren. Die eigenständige Behandlung wurde gewählt, weil

1. der Komplex als Ganzes zu umfangreich ist,

2. der Umgang mit Magneten in Schülerversuchen schon sehr frühzeitig erfolgen kann und deshalb die magnetischen Grundphänomene auch vielfach schon früher behandelt werden.

3. Der Feldbegriff kann auf elementare und anschauliche Weise in Schülerversuchen eingeführt werden.

Im Hinblick auf die heute vorhandenen Schülererfahrungen mit elektrischen Erscheinungen an Kunststoffen wäre es durchaus möglich, einen Einführungslehrgang (wieder) mit "Reibungselektrizität" zu beginnen. Der Beginn mit dem geschlossenen Stromkreis stellt eine Konzession an die überkommene Pohlsche Darstellungsweise dar, und zwar mit Rücksicht auf die darauf ausgerichtete Geräteausstattung der Schulen. Hochspannungsnetzgeräte und Glimmlampen (vergl. LE3) ermöglichen aber, den elektrischen Strom schon frühzeitig mit bewegter Ladung zu identifizieren. Der mit der Glimmlampe als Stromstoß eingeführte Ladungsbegriff steht prinzipiell im Einklang mit der späteren Definition und bewährt sich bis dahin widerspruchsfrei.

Die Erarbeitung eines dem Begriffssystem gerechten Spannungsbegriffs setzt die Erkenntnis voraus, daß elektrische Spannung aus Arbeitsprozessen hervorgeht und auch durch solche wieder abgebaut wird. Deshalb wurde der Spannungsdefinition die Erarbeitung eines allgemeinen Generatorprinzips vorangestellt. An dieser Stelle bietet sich eine Alternative für die Fortsetzung des Lehrgangs an:

1. Wenn der Arbeitsbegriff zur Verfügung steht, kann die Spannung sofort durch die Gleichung $U = \frac{W}{Q}$ definiert werden.

2. Die Spannung wird zunächst als Basisgröße behandelt und später systemgerecht definiert.

Im Zuge dieser Abschnitte werden auch die Grundlagen der Induktion erarbeitet, der wegen ihrer Bedeutung für technische Generatoren, Transformatoren und die Erzeugung elektromagnetischer Schwingungen später ein besonderes Kapitel eingeräumt wird.

Die Verfasser konnten sich zwar nicht der Auffassung anschließen, daß man sich in der Sekundarstufe I auf die praktischen Anwendungen elektronischer Bauelemente beschränken solle. Deshalb wurde den Leitungsmechanismen und der Erarbeitung der Elektronenvorstellung ein eigenes Kapitel gewidmet. Trotzdem wurden die Kapitel über die Anwendungen elektronischer Bauelemente (12. und 13.) weitgehend verselbständigt, so daß auch ein rein praxisbezogener Lehrgang möglich ist. Im Bedarfsfall können einzelne Fragen aus den Leitungsmechanismen ad hoc eingeflochten werden.

Schwerpunktbildung

Elektrizitätslehre 1 (E1)

Kurs A, theoriebezogen: Die vorgeschlagenen Schwerpunkte betreffen das Magnetisieren als Ordnen (1.3), das magnetische Feld als Träger der magnetischen Eigenschaften (2.1), die experimentelle Verifikation des Strommodells in (3.4) und den Magnetismus als Stromwirkung. Der kritischen Sichtung der Stromstärkedifinition (5.2) folgt das 1. Kirchhoffsche Gesetz (5.5) als Verifikation dieser Definition. Bei den technischen Anwendungen liegen die Akzente bei den Unterscheidungsmerkmalen von Steuerung und Regelung (6.2) und den Grundsatzfragen der Nachrichtenübertragung (6.3).

Kurs B, praxisbezogen: Dem in den technischen Anwendungen liegenden Hauptschwerpunkt (6.1, 6.2, 6.3) werden als vorbereitende

Allgemeine Hinweise zum Block E (Elektrizitätslehre)

Grundlagen schwerpunktmäßig vorgeordnet: der Elektromagnetismus (4.4), die Strommessung (5.1) und verzweigte Stromkreise (5.6).

Kurs C, praxisbezogen, verkürzt: Solide Grundkenntnisse über den einfachen (3.2) und verzweigten (5.6) Stromkreis, den Elektromagnetismus (4.4) und seine Anwendung bei der Strommessung (5.1) begründen das Verständnis für das Funktionieren der technischen Anwendungen (6.1, 6.2, 6.4).

Elektrizitätslehre 2 (E2)

Kurs A, theoriebezogen: Der Spannungsbegriff wird mit der Herausarbeitung des Generatorprinzips gründlich vorbereitet (7.3, 7.4, 7.6, 7.7). Die Abhängigkeit des Widerstandes von der Temperatur, den Leiterabmessungen und dem Material (8.2, 8.3) liefert wichtige Prüfkriterien für die Modelle der Leitungsmechanismen (11.1, 11.2, 11.3 insbes. 11.4 und 11.5). Das Kondensatorgesetz (9.3) ist die quantitative Zusammenfassung der Betrachtungen zum elektrischen Feld. Im Hintergrund der Induktionsvorgänge (10.1) und der Transformatoren (10.3) stehen die beiden Varianten: Induktion durch Leiterbewegung im Magnetfeld (Lorentzkraft) und Induktion durch Änderung des Kraftflusses (Durchflutung). Auf die Unterscheidung der Spannungssteuerung in Trioden und der Stromsteuerung in Transistoren (12.3) sollte Wert gelegt werden. Die überragende technische Bedeutung des Transistors zeigt sich bei seiner Verwendung als kontaktfreies Schaltelement (12.5) z.B. im Flipflop.

Kurs B, praxisbezogen: Unter Beschränkung auf den technischen Aspekt werden zur Intensivbehandlung vorgeschlagen: Generatoren aller Art (7.5, 7.6, 10.2, 10.3), Gesetze und Schaltungen im Stromkreis (8.1, 8.3, 8.7), die Anwendung des Kondensators (9.3), die unterschiedlichen Leitungsmechanismen (11.1, 11.3) einschließlich der Halbleiter (11.5) und die Anwendungen des Transistors (12.4, 12.5).

Kurs C, praxisbezogen, verkürzt: Als Schwerpunkte sind vorgesehen: In der Schulpraxis und der Technik gebräuchliche chemische (7.5) und induktive Generatoren (7.6, 10.1, 10.2, 10.3), Widerstandsabhängigkeiten (8.3) und Schaltungen von Nutz- und Meßgeräten im Stromkreis (8.7), Ionenleitung in Flüssigkeiten (11.1). Die Elektronenleitung im Vakuum (11.3) soll auf den Oszillographen und die Bildröhre vorbereiten.

Differenzierende Lehrgänge (E 1)

Schwerpunktplan

Kapitelnummern und Themen aus Elektrizitätslehre 1	Verkürzt, ohne Erweiterungen praxisbezogen Kurs C	Anm.	Praxisbezogen mit Erweiterungen (12) Kurs B	Anm.	Theorie- bezogen Kurs A	Anm.
1. Erfahrungen mit Magneten						
1.1 Die magnetische Kraft	F		F1		F12	
1.2 Die Pole der Magnete	F		F	1	F	1
1.3 Magnetisieren	F	2	F		F	3
1.4 Die Erde als Magnet	F		F	4	F2	
2. Das magnetische Feld						
2.1 Feldlinien	F	5	F1		F12	6
2.2 Magnetisches Feld der Erde	-			1	12	
3. Der einfach elektrische Stromkreis						
3.1 Einführung	F		F	7	F	7
3.2 Geschlossener Stromkreis	F	8	F	9	F	9
3.3 Leiter und Nichtleiter	F	10	F	10	F	10
3.4 Strom als bewegte Ladung	F	11	F1	11	F12	12
4. Wirkungen des elektrischen Stromes		32		32		32
4.1 Wärmewirkung	F		F1	13	F1	13,14
4.2 Chemische Wirkung	F	15	F1		F1	
4.3 Lichtwirkung	F		F1		F1	
4.4 Elektromagnetismus	F	16	F1	17	F1	18
Stromleiter im Magnetfeld	F	19	F1		F1	
4.5 Elektromagnetische Stromanzeiger	F	20	F	20	F	21
5. Strommessung						
5.1 Stromwirkungen als Grundlage der Strommessung	F	22	F1		F1	
5.2 Zur Definition der Stromstärke	-			1	12	
5.3 Chemische Wirkung und Stromstärke	F		F1		F1	
5.4 Elektrizitätsmenge - Ladung	-			1		1
5.5 1. Kirchhoffsches Gesetz	F		F1		F12	
5.6 Beispiele für verzweigte Kreise	F		F	23	F	23
6. Technische Anwendungen der magnetischen Stromwirkung						
6.1 Elektrische Antriebsmaschinen	F		F1		F1	
6.2 Elektrische Automaten, Steuerung - Regelung	F	24	F	25	F2	26
6.3 Nachrichtenübertragung	F	27	F1	28	F1	29
6.4 Nachrichtenspeicherung	F	30	F1	31	F1	31

Schwerpunkte sind unterstrichen. F12 heißt: Das Thema umfaßt Fundamentum, 1. und 2. Erweiterung. Anm.: Die numerierten Anmerkungen befinden sich auf S. 175.

Charakterisierung der Kurse A, B, C s. S. 87 "Hinweise für den Benutzer".

Differenzierende Lehrgänge (E 2)

Schwerpunktplan

Kapitelnummern und Themen aus Elektrizitätslehre 2	Verkürzt, praxisbezogen Kurs C	Anm.	Praxisbezogen, Erweiterung (12) Kurs B	Anm.	Theorie- bezogen Kurs A	Anm.
7. Generatoren zur Stromerzeugung						
7.1 Generatoreffekt	F		F		F	33
7.2 Influenz	F		F		F	
7.3 Kontaktelektrizität	F		F	34	F	34
7.4 Thermoelektrizität-Thermoelement	F		F	34	F	34
7.5 Chemische Generatoren	F	35	F1	35	F12	
7.6 Induktion (mit der Leiterschaukel)	F	36	F1	37	F1	37
7.7 Generatorprinzip-el. Spannung	F	38	F1	38	F12	39
8. Gesetze des el. Stromkreises						
8.1 Ohmsches Gesetz	F	40	F1	41	F12	41
8.2 El. Widerstand und Temperatur	-		1		1	42
8.3 Abhängigkeit des Widerstandes von d. Leiterabmessungen u. d. Material	F	40	F1		F12	43
8.4 Reihenschaltung von Widerständen	F		F1		F12	
8.5 Parallelschaltung-2.Kirchhoff-Ges.	-		1		12	
8.6 Technische Spannungsmesser	F		F1		F12	
8.7 Schaltung v. Strom- u. Spannungsmessern	F		F1	44	F12	44
8.8 Entwicklung der Stromvorstellung	-		-		2	
9. Spannung und elektrisches Feld						
9.1 Sp.-Erzeugung durch Aufladen	F		F1		F1	
9.2 Das elektrische Feld	F		F1		F1	45
9.3 Kondensatoren-Kondensatorgesetz	F	46	F1	47	F1	48
10. Elektromagnetische Induktion						
10.1 Induktionsvorgänge	F	49	F1	50	F12	51
10.2 Technische Generatoren	F		F1		F1	
10.3 Transformatoren	F		F1		F12	52
10.4 Verkettung v. el. u. magn. Feldern	-		-		2	53
11. Elektrizitätsleitung-atomistische Vorstellung von der Elektrizität						
11.1 E.-Leitung in flüssigen Leitern	F		F1		F12	54
11.2 E.-Leitung in gasförmigen Leitern	F		F		F 2	54
11.3 E.-Leitung im Vakuum	F	55	F1	55	F12	56
11.4 E.-Leitung in metallischen Leitern	F	57	F1	58	F12	59
11.5 E.-Leitung in Halbleitern	F	60	F1	61	F12	62
12. Elektronische Bauelemente						
12.1 Oszillograph und Bildröhre	F		F1		F1	
12.2 Unipolare Leiter - Gleichrichter	-		1		12	
12.3 Steuerbare Stromleiter	-		1		12	63
12.4 Transistor als Verstärker	-		1	64	12	
12.5 Transistor als Schaltelement	-		1	64	12	
13. Grundlagen der Schaltalgebra						
13.1 Automatisierung v. Wahrheitswerten	-		1		1	
13.2 Verknüpfung von Aussagen	-		1		12	
13.3 Rechenwerke	-		-		2	65

Schwerpunkte sind unterstrichen. F 12 heißt: Das Thema umfaßt Fundamentum, 1. und 2. Erweiterung. Anm.: Die numerierten Anmerkungen befinden sich auf S. 176/177.
Charakterisierung der Kurse A, B, C, s. S. 87 "Hinweise für den Benutzer".

Anmerkungen zu den differenzierenden Lehrgängen (E 1)

Anmerkungen zum Schwerpunktplan von E1

1. Nachdruck auf VE 3,7 wegen weiterführender Problematik.

2. In den Klassen 5/6 sollten das Modell der Elementarmagnete ausgeklammert, aber alle Versuche zur Magnetisierung und Entmagnetisierung durchgeführt werden.

3. Schwerpunkt im Modellbegriff der Elementarmagnete.

4. Schwerpunkt im Umgang mit dem Kompaß.

5. Beschränken auf die typischen Feldlinienbilder der Abb. E 8,3.

6. Schwerpunkt im Feld als Träger der magnetischen Eigenschaften.

7. Kann nach dem Buch erarbeitet werden.

8. Auf die Entsprechung der Teile des Netzstromkreises mit denen des Modellkreises der Abb. E11,1 und 12,1 Wert legen.

9. Die Notwendigkeit eines geschlossenen Stromkreises ist als Indiz für die Brauchbarkeit der Stromvorstellung zu werten.

10. Hinweis auf Unfallverhütungsvorschriften und geeignete Maßnahmen.

11. Die Ursache des Zeigerausschlags des Elektroskops ist auf die Abstoßung gleichnamiger Ladungen zu beschränken.

12. Auf den Einfluß der influenzierten Gehäuseladung kann im Zusammenhang mit der Influenz (S. E18) eingegangen werden. Wesentlich ist der Nachweis, daß die Stromquelle vom Strom durchflossen wird.

13. Bemühungen um Verbesserung des Glühlampen-Wirkungsgrades würdigen und verstehen lehren (Doppelwendel).

14. Halogenlampe besprechen und auf die spektrale Verteilung des von ihr emittierten Lichts eingehen (vergl. Abb. O 50,1).

15. Kann auf die Knallgasabscheidung und die Kupferwanderung beim Galvanisieren beschränkt werden.

16. Falls das Modell der Elementarmagnete bisher ausgeklammert wurde, kann es im Zusammenhang mit der "Bedeutung des Eisenkerns für den Elektromagneten" ad hoc eingeführt werden. Der Schwerpunkt liegt bei den Elektromagneten.

17. Die Akzente werden auf Elektromagnete und Oerstedt-Versuch gesetzt.

18. Strukturen von Magnetfeldern in Abhängigkeit von der Leiterform, vor allem die Zuordnungen: linearer Strom - zirkuläres Magnetfeld, zirkulärer Strom - lineares Magnetfeld und die magnetische Erregung des Eisens werden besonders betont.

19. Beschränken auf den Leiterschaukel-Versuch (V E27,2 und 27,3).

20. Die Drehspule wird als Elektromagnet betrachtet.

21. Die Drehwirkung resultiert aus der magnetischen Kraft auf Stromleiterteile. Welche sind dies? Erklärung mit Hilfe der Dreifinger-Regel.

22. V E29,3 aus der 1. Erweiterung und die anschließende Begründung für die Notwendigkeit einer Neufestsetzung sollte mit einbezogen werden.

23. Durch Rechenbeispiele an verzweigten Kreisen soll das 1. Kirchhoffsche Gesetz vertieft werden.

24. Ohne die Aufgaben (A) auf S. E37. Im Mittelpunkt stehen die Geräte.

25. Besondere Bedeutung soll den durch die Aufgaben angesprochenen Wirkprinzipien beigemessen werden.

26. Neben den Wirkprinzipien der Geräte stehen die Unterscheidungsmerkmale von Steuerungs- und Regelvorgängen als Unterrichtsziele.

27. Ohne Maschinentelegraf, auch sonst noch auswählen.

28. Methoden der Nachrichten-Übertragung unterscheiden nach Analog- und Digitalprinzip.

29. Wie 27., aber ergänzen durch: Das Verstärkerprinzip von Relais (Hinweis auf elektronische Verstärker in Radio und Fernsehgeräten).

30. Schwerpunkt bilden aus Verfahren der Tonspeicherung mit praktischen Demonstrationen.

31. Es wird auf die Ergänzungen zur Datenverarbeitung unter LE 6b) hingewiesen. Schwerpunktbildung mit dem Thema "Auswertung gespeicherter Information" ist möglich, wenn die logischen Verbindungen mit elementaren Hilfsmitteln, (zu denen Schalter und Relais zählen), realisiert werden.

32. Es ist darauf zu achten, welche Stromwirkungen Hinweise geben, die das Strommodell stützen.

Anmerkungen zu den differenzierenden Lehrgängen (E 2)

Anmerkungen zum Schwerpunktplan von E2

33. Die Fußnote 1) besonders beachten.

34. Im Hinblick auf die analogen Vorgänge in der Grenzzone verschieden dotierter Halbleiter sind die Versuche V E45,5, E45,6, E 45,7 und E46,1, E46,2 und E46,3 genauestens auszuwerten. Vergl. auch S. E92.

35. Schwerpunktbildung mit Akkumulator als galvanischem Element, im Kurs B unter Einschluß der Polarisation.

36. Die hier vorliegende Form der Induktion (durch Bewegung eines Leiters senkrecht zu einem magnetischen Feld) kann sowohl im aktuellen Rahmen als auch später (Kap. 10) im Verbund mit der Faradayschen Form der Induktion nur als selbständiges Grundphänomen betrachtet werden.

37. Die Begründung der Induktion erfolgt mit der Kraft des Magnetfeldes auf die mit dem Leiter bewegte Ladung (Strom); man nennt sie Lorentz-Kraft. Der Induktionsvorgang ist - besonders im Kurs A - betont als Arbeitsvorgang aufzufassen (Lenzsche Regel).

38. Wegen der Definition der Spannungseinheit s. LE 7b), S. 213 und 3.3.3 Beispiel 2. oder S. A6.

39. Die Versuche zur Begründung der "Arbeitsdefinition der Spannung" erfahren durch den auf S. 214 beschriebenen "Feldmotor" eine quantitative Abwandlung.

40. Zur Vermeidung begrifflicher Schwierigkeiten beschränkt sich Kurs C auf die Definition des Widerstandes und seine Abhängigkeit von den Leiterabmessungen und dem Material (in verbaler Formulierung).

41. Ein Exemplum für die Unterscheidung von Gesetz und Definitionsgleichung.

42. Ist als Beitrag zur phänomenologischen Grundlegung von Leitungsmechanismen anzusehen.

43. Neben der Mathematisierung der Abhängigkeit des Widerstandes von den Leiterabmessungen steht hier die exemplarische Erarbeitung einer Materialkonstanten (spezifischer Widerstand). Bei einer Behandlung in Kl. 5/6 müßte dieser Begriff als 2. Erweiterung ganz entfallen und auch die Mathematisierung vereinfacht werden (s. LE 8 b) S. 219).

44. Wegen des Innenwiderstandes vergl. mit "Stromquelle als Bestandteil des geschlossenen Stromkreises" (Kap. 3.4, S. E18).

45. Die Schüler sollen lernen, aus Feldlinienbildern auf Kraftwirkungen zu schließen und die Verteilung influenzierter Ladungen zu erkennen.

46. Schwerpunktbildung erfolgt aus: 1. Kondensator = Ladungsverdichter, 2. Kondensatorgesetz verbal, 3. Kondensator als Wechselstrom-"Leiter" (auf das Phänomen beschränken).

47. Schwerpunktbildung mit: Ladungsverdichtung als Influenzeffekt (erklären), Kondensatorgesetz (mathematisch) und Definitionsgleichung für die Kapazität.

48. Wie 47., Akzent aber auf der Spannungserhöhung bei der Vergrößerung des Plattenabstandes (vergl. Kondensatorelektroskop S. E52). Kondensator als Energiespeicher s. LE 9 b) S. 229).

49. Induktion nach Faraday muß zunächst als neue, selbständige Variante des Induktionsvorgangs (Aufbau und Abbau eines Magnetfeldes in der Induktionsspule) betrachtet werden.

50. Wie 49., aber bei der Untersuchung der Bedingungen für das Entstehen einer Induktionsspannung auf die Modellvorstellung des sich ändernden Kraftflusses hinarbeiten (s. LE 10 b) S. 230).

51. Induktion nach 7.6 (Leiterschaukel) mit Kraftflußänderung deuten (vergl. LE 10 b) S. 236, Aufg. 4).

52. Die Zunahme der Primärstromstärke im belasteten Transformator kann begründet werden (s. LE 10 b) S. 235).

53. Kann evtl. hier fortfallen und mit A 3.15 (S. A26 ff) verbunden werden.

54. Ionenbildung bei der Elektrolyse, Stoßionisation in Gasen und Stoffabscheidung durch Entladen von Ionen geben einen ersten Einblick in die elektrischen Eigenschaften von Materieteilchen (Atome, Moleküle, Atomgruppen).

55. Schwerpunkt bei den Phänomenen, die die Elektronenvorstellung stützen.

56. Diode als thermischer und Photozelle als optischer Elektrogenerator zeigen, daß Elektronen zum Verlassen der Metalloberfläche eine "Starthilfe" brauchen.

57. Beschränkung auf die Begründung der Annahme, daß Elektronen Atombausteine und Ladungsträger bei der Elektrizitätsleitung in Metallen sind.

58. Evtl. unter Auslassung aller Versuche zum Leitungsmechanismus mit dem magneto-

Hinweise zur LE 1: Erfahrungen mit Magneten

mechanischen Modell (Kap. E 11.41 und 11.43).

59. Falls das Gerät (Luftkissentisch) vorhanden ist, sollten die Modellversuche zur Elektronenleitung in Metallen demonstriert werden; sie sind anschaulich und aufschlußreich, sonst wie 58.

60. Die Zunahme der Leitfähigkeit von Halbleitern mit der Temperatur und Belichtung wird mit NTC-Heißleiter und Photowiderstand gezeigt.

61. Zum Thema sollten, wenn es als Schwerpunkt gewählt wird, auch die Eigenleitung aus der thermischen oder optischen Paarbildung (nach Abb. E 90,1 und von Kap. 11.53 nur die Versuchsergebnisse) gehören.

62. Akzente sind: 1. Unterscheidung von Eigenleitung und Störstellenleitung, 2. Ausbildung einer Verarmungszone um die Grenzfläche zwischen verschieden dotierten Halbleitern.

63. Als Schwerpunktleistung sollte das Verstehen der Trägerinjektion angestrebt werden.

64. Weitere Beispiele für elektronische Bauelemente s. Spezialliteratur, S. 255.

65. Für besonders interessierte Schüler (freiwillige AG) ergeben sich als Fortsetzungsthemen: Flipflop-Speicher und Codier- bzw. Dekodierschaltungen.

3.3.2 Hinweise zu den Lerneinheiten

3.3.2.1 LE 1: Erfahrungen mit Magneten

a) Vorbemerkungen und Ziele

Das Thema "Magnetismus" wurde in zwei Kapitel geteilt. Erfahrungen mit Magneten macht jedes Kind im Haushalt und beim Spielen. Auf diesen läßt sich leicht ein Lehrgang aufbauen, der in den Klassen 5 oder 6 gehalten werden kann. Die Modellvorstellung des magnetischen Feldes aber setzt abstraktes und formales Denken voraus und ist deshalb nur bedingt für diese Klassenstufe geeignet.

Der Umgang mit Magneten in der Klassenstufe 5/6 bedeutet ein reizvolles Unternehmen für Lehrer und Schüler. Unter der beherrschenden Frage: "Wie funktioniert das?" erfolgt die Hinwendung zum systematischen "Spiel", das von Denkprozessen begleitet und schließlich von ihnen gesteuert wird. Es beginnt so eine durch viel Eigentätigkeit gekennzeichnete Entdeckungsreise zu neuen, die Leitfrage immer mehr aufschließenden Erfahrungen; dabei ergeben sich neue Sachverhalte, neue Sachbegriffe (wie Pole) und verbal leicht zu formulierende qualitative Gesetze (Anziehung und Abstoßung).

Den Lehrer darf freilich nicht überraschen, wenn Schüler der Jahrgangsstufe 5/6 angesichts der für sie "geheimnisvollen Fernwirkung" Anziehung und Abstoßung z.B. die Frage stellen: "Woher weiß denn der Magnetpol, daß er den anderen abstoßen oder anziehen soll?". Obwohl diese anthropomorph formulierte Frage zentral auf den Feldbegriff hinweist, dokumentiert sie zugleich, daß eine Behandlung des Feldbegriffs verfrüht wäre. Man beschränke sich auf dieser Stufe auf die Formulierung von Erfahrungstatsachen wie z.B.: Die Teilung eines Magneten liefert stets zwei neue Magnete (Dipole). Auf das Modell der Elementarmagnete kann man verzichten. Es ist gut, wenn dieser erste Schritt zum wissenschaftlichen Denken bewußt vollzogen wird. In einem in einer höheren Klassenstufe ablaufenden Kurs wird man die Magnetteilung zwar gedanklich bis zu den Elementarmagneten fortsetzen, aber darauf zu achten haben, daß die Zone der Erfahrungstatsachen vom hypothetischen Modellentwurf deutlich abgegrenzt wird. Das Lehrbuch KUHN I ist so aufgebaut, daß er sowohl in den Klassen 5/6 als auch später Grundlage für solche - dem Alter angepaßte - Lehrgänge sein kann.

b) Bemerkungen zu den einzelnen Themen

Die magnetische Kraft (1.1)

Auch die magnetische Kraft ist an der Muskelkraft zu orientieren. Was der Magnet bewirkt, kann ersatzweise durch Muskelkraft geschehen. Es wird wohl niemand den Magnetismus zurückstellen wollen, bis die "Kraft als physikalische Größe" definiert ist. Im Gegenteil: Die Kenntnis solch typischer "Kraftarten" sollte der Definition vorangehen.

Der Bericht des Augustinus enthält fast alle Fakten der Lerneinheit. Er stellt eine vorbildliche Beschreibung eigener Beobachtung dar und unterscheidet diese deutlich vom Bericht anderer Beobachter. Obwohl der Bericht in die 2. Erweiterung gesetzt wurde, sollte er doch von allen Schülern zur Kenntnis genommen werden.

Der Begriff "ferromagnetische Stoffe" kann hier nur besagen: Diese Stoffe verhalten sich gegenüber einem Magneten wie Eisen und dies in vergleichbarer Stärke. An eine Differenzie-

Hinweise zur LE 1: Erfahrungen mit Magneten S. E3–E4

rung zu para- und diamagnetischen Stoffen ist nicht gedacht, sie wäre auch nicht anzustreben.

Wird die LE 1 in einer unteren Klassenstufe behandelt, so muß die in der 1. Erweiterung stehende Anmerkung zu der ferromagnetischen Eigenschaft entfallen. Aus der Tatsache, daß gewisse Legierungen von nicht ferromagnetischen Grundstoffen ferromagnetisches Verhalten zeigen, wird in diesem Absatz gefolgert, daß der Ferromagnetismus wahrscheinlich auf eine bestimmte Struktur der Materie zurückzuführen sei. Dieser Schluß ist nur in einem späteren Kurs möglich; er muß zudem deutlich als Hypothese gekennzeichnet werden.

Die Vorstellung, daß die magnetische Kraftwirkung eine "Fernwirkung" darstellt, die auch durch alle nicht-ferromagnetischen Stoffe hindurch wirkt, ist zunächst nicht zu umgehen; sie wird erst mit Hilfe der Feldvorstellung im Sinne einer Nahwirkung verständlich interpretierbar.

SV Alle Versuche dieses Kapitels sind als Schülerversuche durchführbar.

Die Pole der Magnete (1.2)

Außer V E3,7 und E3,2, die des Materialaufwandes wegen als Lehrerversuche durchzu-
SV sind, eignen sich alle anderen Versuche zu Schülerversuchen. Die als Pole bezeichneten Stellen stärkster Anziehung von Eisenfeilicht lassen sich zunächst nicht näher als mit "an den Stabenden" lokalisieren. Auch die Feldlinienbilder liefern später keinen Anhalt für einen bevorzugten Punkt, denn die Feldlinien beginnen und enden an allen Flächen der Stabenden; ihre geometrischen Verlängerungen weisen bestenfalls auf einen Bezirk im Innern der Stabenden hin.

LI Man kennzeichnet deshalb auch Magnete nicht mehr durch Polstärke und Polabstand, sondern durch sein magnetisches Moment w_{magn}, das im homogenen Feld einer langen Spule durch das maximale Drehmoment D (Magnetachse $\perp$ Spulenachse) meßbar ist. Es gilt
$$D = w_{magn} \cdot B = w_{magn} \cdot \mu_0 \cdot H$$
mit $H = I \cdot \frac{n}{l}$.

Die Polvorstellung ist trotzdem eine durchaus naheliegende und im qualitativen Aussagebereich nützliche Hilfskonstruktion, die sich beim Übergang zur Feldbetrachtung des Magnetismus erübrigt. Vergl. Anm. zu Kap. 4.41, S. 190.

Die Bezeichnung Nordpol und Südpol ist willkürlich (auch Plus- und Minuspol wären

Abb. 178,1 Scheibenmagnete stoßen sich ab

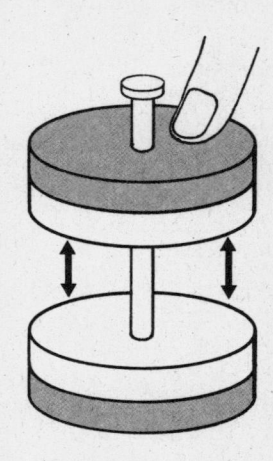

möglich), aber im Anschluß an die Bestimmung der Pole im Magnetfeld der Erde zweckmäßig. Die Magnethälften sind meist ihrer Polung entsprechend farblich unterschieden, z. B. Ende der roten Hälfte ist der Nordpol, das grüne Ende Südpol. Man sollte sich aber nicht blindlings auf den Farbanstrich oder die Kennzeichnung durch N und S verlassen und ggf. mit V E3,2 die Polung kontrollieren.

Da die Schüler bisher nur mit Stab- bzw. Hufeisenmagneten umgingen, ist es unnötig, die Aussagen über das Verhalten von Magnetpolen zueinander mit einem Zusatz zu belasten. Das gegenteilige Verhalten einer Magnetnadel im Innern einer Spule, das dazu Anlaß sein könnte, klärt sich zu gegebener Zeit mit Hilfe der Feldvorstellung (vergl. Anm. zu 4.41). Dort könnte auch der V E3,7 seine endgültige Klärung finden. Hier ist er zunächst nur als bemerkenswertes Phänomen zu registrieren, das im folgenden Kapitel eine erste Verstehensgrundlage findet.

SV Die abstoßende Kraftwirkung von gleichnamigen Polen und ihre Abhängigkeit von der Entfernung kann am eindrucksvollsten mit den in jeder Sammlung vorhandenen Scheibenmagneten demonstriert werden (Abb. 178,1).

Herstellung neuer Magnete-Magnetisieren (1.3)

SV Die Mehrzahl der Versuche, das sind alle bis auf V E4,6 und E5,2, eignet sich zu Schüler-
LV versuchen; die angeführten werden als Lehrerversuche durchgeführt werden müssen. Einer besonderen Anmerkung bedarf V E5,3. Es handelt sich eigentlich um zwei Feststellungen:

1. Eine magnetisierte Stricknadel verliert ihren Magnetismus.

2. Glühendes Eisen verliert seine ferromagnetische Eigenschaft, die sich aber nach dem Erkalten wieder einstellt. Der Ver-

Hinweise zur LE 1: Erfahrungen mit Magneten

SV such läßt sich u.U. als Schülerversuch gestalten.

Kap. 1.3 ist auf die Erarbeitung des Modells der Elementarmagnete angelegt. Ab Klasse 7 ist durchaus auch die Einsicht zumutbar, daß diese durch die makroskopische Teilung nahegelegte Gedankenkonstruktion der elementaren Dipole nur ein Bild einer noch nicht bekannten besonderen inneren Struktur des Eisens darstellt. Wir müssen fordern, daß die aus diesem Bild abgeleiteten Folgerungen mit der makroskopischen Wirklichkeit (Magnetisieren ≙ Ordnen, Entmagnetisieren ≙ Ordnung auflösen) übereinstimmen.

LI Der Ferromagnetismus läßt sich mit diesem sehr vereinfachten Modell sehr wohl deuten, nicht aber der - hier nicht anstehende - Diamagnetismus (vergl. (1) S. 146 ff., insbes. Kap. 4,2 und (2) § 54-60 und (3) Kap. X76.). Die Elementarmagnete lassen sich - später - weitgehend mit den Weissschen Bezirken identifizieren. Unter Voraussetzungen (s.(1) S. 162/163), die nur bei den Ferromagnetica gegeben sind, tritt innerhalb größerer Kristallbezirke durch Spin-Wechselwirkung eine spontane Gleichrichtung der magnetischen Spinmomente ein (spontane innere Magnetisierung, vergl. Modellversuch in (1) Abb. 165,2). Im Weissschen Bezirk bilden die Spinmomente als kleinste magnetische Einheiten - die eigentlichen Elementarmagnete - ein Kollektiv. Bei Magnetisieren wachsen die zum äußeren Magnetfeld gleich gerichteten

LV Bezirke rasch auf Kosten der anderen. Das "Umklappen" der Weissschen Bezirke, kann mit der in (1) durch Abb. 165,1 dargestellten Anordnung als knackendes Geräusch (Barkhausen-Effekt) hörbar gemacht werden. Der Versuch vermittelt auch ohne Erläuterung der Versuchstechnik einen überzeugenden Eindruck des sprunghaften Geschehens im dünnen Eisen- bzw. Stahldraht.

LI Nach dem Wegfall des äußeren Feldes oder beim Entmagnetisieren nach V E5,2 zerfällt zwar die Ordnung der Spinmomente, aber es bilden sich spontan neue Kollektivs mit unterschiedlicher Ausrichtung. An diese Stufe der Entmagnetisierung schließt sich beim Erhitzen über die Curie-Temperatur (für Eisen bei 769°C) durch die Temperaturbewegung der Gitterbausteine die Auflösung auch des Spin-Kollektivs an, was dem Verlust der Magnetisierbarkeit der Ferromagnetica entspricht (vergl. V E5,3 und Aufgabe 4). Es muß also zwischen nicht magnetisiertem und nicht magnetisierbarem Eisen unterschieden werden, wenn man von einem "unmagnetischen" Stück Eisen spricht.

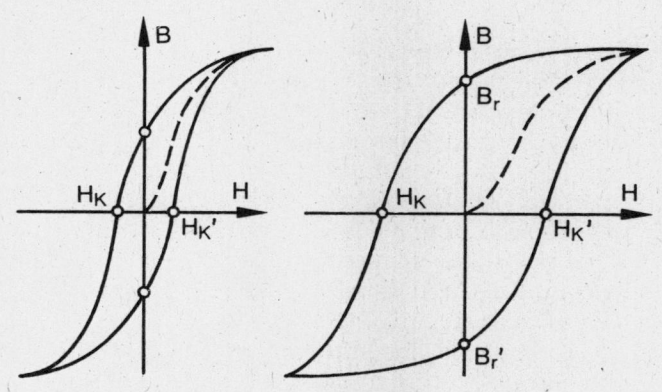

Abb. 179,1 Hysteresisschleifen (links weich, rechts hartmagnetisch)

LI "Magnetisch weiche" und "magnetisch harte" Stoffe können nicht exakt durch Weicheisen (Schmiedeeisen) und Stahl repräsentiert werden. Entscheidend für die Eingruppierung ist die nach erreichter Sättigung aus der Hysteresiskurve (Abb. 179,1) ermittelte Koerzitiv-Feldstärke. Danach sind μ-Metall mit 76% Ni, 17% Fe, 5% Cu, 2% Cr und Permalloy mit 79% Ni, 15% Fe, 5% Mo die magnetisch weichsten Legierungen und nicht Schmiedeeisen. Für die Herstellung von Permanentmagneten eignen sich magnetisch harte Stoffe. Man mißt die Eignung solcher Stoffe durch die "Güteziffer" (s.(3) S. 212), berechnet aus dem Produkt aus Koerzitiv-Feldstärke H_k und remanenter Induktion B_r. Danach ist die Legierung Alnico (15% Ni, 25% Co, 9% Al, 3% Cu, 48% Fe) 25-mal so hart magnetisch wie Federstahl mit 99% Fe und 1% C. Die in jeder Sammlung vorhandenen Scheibenmagnete sind aus dem magnetisch harten Oerstit gefertigt.

VT Zu Schülerversuchen muß der Lehrer vielfach unmagnetische Stricknadeln zur Verfügung stellen. Das Entmagnetisieren erfolgt dann am einfachsten, indem man ein ganzes Bündel von Stricknadeln (oder Eisenstäbchen) langsam durch eine Spule (500-600 Wdg) zieht, die mit kräftigem Wechselstrom (ca. 5 A) gespeist wird.

Es bleibt noch die Frage zu klären, wie das Thema "Elementarmagnete" in einem Lehrgang der Klassen 5/6 zu bewältigen ist.

Nach den vorstehenden Ausführungen unter LI gibt es keine Elementarmagnete, wie sie aus der makroskopischen Magnetteilung erschlossen werden. Das Problem besteht doch einfach darin, daß die gedankliche Fortsetzung der konkreten Teilung über den makroskopischen Bereich hinaus hypothetischen Charakter besitzt, und daß eine solche Gedankenkonstruktion sich nachträglich Korrekturen gefallen lassen muß (z.B. Elementar-

Hinweise zur LE 1: Erfahrungen mit Magneten

magnete → Weisssche Bezirke). Wir kommen nicht an der Feststellung vorbei, daß es für solche Einsichten eine durch die geistige Entwicklung und damit altersmäßig bedingte Grenze gibt, die auf dieser Altersstufe sicherlich noch nicht erreicht ist. Es wäre deshalb naheliegend, sich zunächst ganz auf das Magnetisierungsphänomen zu beschränken und eine Modellerklärung später - im Zusammenhang mit der elektromagnetischen Erregung eines Eisenkerns - durch Ampèresche Kreisströme zu versuchen (s. auch S. 191/192).

Wer sich diesem Vorschlag nicht anschließen möchte (manche Lehrpläne sehen das Modell auch für Kl. 5/6 vor), der vermeide zunächst die scheinbare Konkretisierung des Modells durch Magnetteilung und interpretiere V E5,1 als makroskopisches Bild für ein mögliches unsichtbares Geschehen im festen Eisen (V E4,5 und 5,2) wie folgt:

SI Magnetisieren und Entmagnetisieren werden verstehbar, wenn wir annehmen, daß es auch im nicht magnetisierten Eisen (oder anderen ferromagnetischen Stoffen) kleinste "magnetische Gebilde" gibt, die sich wie die Eisenfeilspäne im Röhrchen beim Magnetisieren gleichrichten (ordnen) lassen, deren Ordnung beim Entmagnetisieren wieder zerfällt. Man nannte diese - für uns zunächst nicht näher beschreibbaren - Gebilde "Elementarmagnete", später "Weisssche Bezirke".

Die noch vollkommen offene, zweckbestimmte Vorstellung von dem "magnetischen Gebilde" läßt keinen Zweifel über dessen hypothetische Struktur. Die Bezeichnung "Elementarmagnete" geht auch schon wieder wesentlich über die Aussage der Eisenfeilspäne hinaus; diese sind keine Magnete, sondern werden erst (im makroskopischen Bilde!) magnetisiert.

V E4,6 kann nach einmaliger Teilung mit der Feststellung abschließen, daß sich die Pole eines Magneten nicht trennen lassen, daß bei der Teilung stets neue Dipole entstehen.

LI Trotzdem behaupten theoretische Physiker, es müsse auch Monopole verschiedenen Vorzeichens geben, die sich aber mit so großer Kraft anziehen, daß sie sich nur schwer trennen lassen. Prof. P. B. Price (California University, USA) schließt aus ungewöhnlichen Spuren, die bei der Untersuchung der kosmischen Ultrastrahlung in großer Höhe in Kernspurdetektoren entstanden sind, auf die Entstehung von Monopolen (4).

Die Erde als Magnet (1.4).

Dieses Thema will unter bewußter Ausklammerung der Feldvorstellung zum Kompaß als Orientierungsgerät hinführen. Die Geschichte des Kompasses ist ein Stück Kulturgeschichte und kann, obwohl sie in die 2. Erweiterung gesetzt wurde, sogar in einem Elementarkurs miteinbezogen werden. Dies gilt aber nicht für die ebenfalls in der 2. Erweiterung stehenden Ausführungen über die "Ursachen des Erdmagnetismus". Einziges Problem dieses Themas ist die Bestimmung der geographischen Nord-Süd-Richtung zur Demonstration der Deklination. Man ermittelt sie am einfachsten aus der Orientierung des Schulgebäudes im Stadtplan oder mit Hilfe des kürzesten Schattens eines lotrecht stehenden Stabes.

c) Neue Aufgaben und Fragen

1. Ein Eisenstab A, den du in der Hand hältst, zieht einen zweiten B an. Nimmst du B in die Hand, dann zieht dieser A an.
   a) Welcher Stab ist ein Magnet?
   b) Drehe nacheinander A, dann B um und wiederhole: Es tritt wieder in jedem Fall Anziehung ein.
   c) Nach dem Umdrehen eines Stabes tritt Abstoßung ein.
   d) Wie kann man feststellen, welcher der beiden Stäbe ein Magnet ist?
L. a) Nicht feststellbar, welcher der beiden Stäbe ein Magnet ist oder ob beide Magnete sind.
   b) Nur einer der beiden Stäbe ist ein Magnet.
   c) Beide Stäbe sind Magnete.
   d) Mit einem dritten Stab, von dem man weiß, daß er magnetisiert wurde. Tritt Fall b) ein, dann ist der andere Eisenstab unmagnetisch, tritt der Fall c) ein, dann ist dieser auch ein Magnet.

2. Warum zieht ein Magnet ein Eisenstäbchen an, wenn nach seiner Magnetisierung zum Dipol ein Pol abgestoßen wird?
L. Der gleichnamige Pol ist weiter vom Magneten entfernt und wird schwächer abgestoßen als der ungleichnamige Pol angezogen wird.

3. Übertrage die Überlegung zu Aufgabe 2. und 3. von S. E5 auf den Anker eines Hufeisenmagneten und erkläre die große Haftkraft.
L. Starke Magnetisierung des Ankers von zwei Polen her. Beide Enden werden angezogen und zwar wegen der geringen Entfernung sehr stark.

Hinweise zur LE 2: Das magnetische Feld

4. Warum bleibt eine nur teilweise ausgeglühte Stricknadel nach der Abkühlung als Ganzes magnetisch?
L. Der nicht entmagnetisierte Rest der Stricknadel re-magnetisiert den entmagnetisierten Teil nach dem Erkalten.

5. Führe einen unmagnetischen Eisenstab in einiger Entfernung horizontal um eine Magnetnadel! Seine Längsachse zeige dabei nach dem Drehpunkt der Nadel. Beobachte den Einfluß auf ihre Richtung und erkläre!
L. a) In der N-S-Richtung keine Drehwirkung, aber Stabilisierung der Einstellung.
   b) senkrecht dazu (W-O-Richtung) keine Drehwirkung.
   c) Zwischenstellung: Ablenkung nach dem Eisenstab hin.
Zu a) Stärkste Magnetisierung des Eisenstabs, aber Kettenbildung.
   b) Keine Magnetisierung des Stabes in der Längsrichtung.
   c) Teilmagnetisierung erzeugt Drehwirkung.

d) <u>Audio-visuelle Hilfsmittel</u>

F Monopoles and dipoles (3 min 40 s)
  P 80-4070/1   (18)

3.3.2.2 LE 2: Das magnetische Feld

a) <u>Vorbemerkungen und Ziele</u>

In einem Lehrgang für die Klassen 5/6 kann man unter "magnetischem Feld" nur den <u>Raum in der Umgebung eines Magneten</u> verstehen, in dem sich folgende Wirkungen zeigen:

1. Eine kleine Magnetnadel stellt sich in jedem Punkt des Raumes in eine bestimmte Richtung ein.
2. Die Richtwirkung, die sich aus der Anziehung des einen Pols und der Abstoßung des andern zusammensetzt, nimmt mit der Entfernung ab.
3. Eisenfeilspäne ordnen sich in Linien, die überall die Richtung einer dort aufgestellten Magnetnadel haben.

Mit dieser in den Eisenspanketten sich abzeichnenden <u>Struktur des Feldes</u> erreicht das Thema eine zweite Ebene, aus der der Magnetismus in einer neuen Sicht erscheint.

Das magnetische Feld eignet sich zum Prototyp aller übrigen Felder, weil die Schüler seine Struktur mit einfachen Mitteln in Selbsttätigkeit finden, wesentliche Züge des Feldbegriffs erfahren und buchstäblich "begreifen" können. Das zentrale Anliegen sollte sein, die meist durch Eisenfeilspäne gezeichneten Feldlinien von ihren materiellen Indikatoren zu "befreien" und zu rein geometrischen Strukturlinien zu machen. Nicht die Feldlinien sind Träger physikalischer Eigenschaften, sondern der Raum in der Umgebung eines Magneten wird in einen Zustand versetzt, der an besonderen Indikatoren (wie Eisenfeilicht oder drehbaren Magnetnadeln) <u>ortsspezifische Wirkungen</u> hervorruft. Zwischen ihnen und der durch Feldlinien gezeichneten Feldstruktur bestehen Erfahrungszusammenhänge, die gestatten, aus dem Feldlinienbild auf örtliche Kraftwirkungen zu schließen, was auch geübt werden soll. So z.B.: Wo die Feldlinien parallel verlaufen, ist die Kraft auf einen Magnetpol konstant, wo sie zusammenlaufen, wird sie größer und kleiner, wo die Feldlinien auseinander streben. Im feldfreien Raum herrscht keine magnetische Kraft. Magnetpole, die durch zusammenhängende Feldlinien verbunden sind, ziehen sich an und sind ungleichnamig. Weichen aufeinander zustrebende Feldlinien nach einer zur Verbindungslinie der beiden Pole senkrechten Richtung aus, so sind die Pole gleichnamig und stoßen sich ab.

Man sollte den Schülern nun nicht mehr zumuten, den Feldlinien wieder einen Längszug und Querdruck zuzuschreiben, wie dies in theoretisch begründeten Vorstellungen von Faraday und Maxwell geschieht (vergl. (2) S. 218, (3) S. 17). Es wäre aber nichts dagegen einzuwenden, wenn Schüler beim Beobachten der Eisenspäne zwischen gleichnamigen Polen (V E7,2) Verkürzungstendenz der Eisenspanketten und Längszug und zwischen gleichnamigen Polen (V E7,3) Verdrängungstendenz der Spanketten und Abstoßung feststellen. Damit wird freilich nur gesagt, daß sich die magnetisierten Eisenspäne wie gleichgerichtet Magnete in Kettenlage (de-
SV monstriert durch hintereinander gestellte Magnetnadeln) und Parallellage (demon-
SV striert mit zwei Walzenmagneten nach Abb. E26,3) verhalten.

Da aber Anziehung und Abstoßung der Pole auch ohne die Eisenspäne weiterbestehen - wie die Spuren der Spanketten als Feldlinien -, kann man die an den Eisenspanketten gemachten Beobachtungen auf die gedachten Feldlinien übertragen, wenn man Wert auf diese Modellvorstellungen legt, in der den Feldlinien fiktive physikalische Eigenschaften zugelegt werden.

Hinweise zur LE 2: Das magnetische Feld

b) Bemerkungen zu den einzelnen Themen

Feldlinien (2.1)

Feldlinien kennzeichnen als rein geometrische Linien die Struktur des Feldes. Sie werden aus dem Verhalten von sogen. Indikatoren erschlossen:

1. Kurze Magnetnadeln erfahren im Magnetfeld Drehmomente und stellen sich in Richtung der jeweiligen Tangente an die Feldlinie ein (Abb. E8,3), aber nur dann exakt, wenn die Feldlinie waagrecht verläuft und der Einfluß des erdmagnetischen Feldes vernachlässigt werden kann.

2. Eisenfeilspäne werden im Magnetfeld magnetisiert. Als kleine Magnetchen bilden sie Ketten zwischen ungleichnamigen Polen. Benachbarte Ketten stoßen sich ab.

LV 3. Im nachfolgend beschriebenen Versuch dient ein einzelner Magnetpol (Monopol) als Indikator (s. Abb. 182,1). Der N-Pol einer magnetisierten Stricknadel, die mit einem Ende durch einen Korken gesteckt wurde, schwimmt -vom Korken getragen- frei über der Wasseroberfläche. Im Magnetfeld eines Stab- bzw. Hufeisenmagneten bewegt sich der N-Pol auf einer bestimmten, aber je nach Wahl des Anfangspunktes anderen Bahn vom N-Pol des Magneten weg zum Südpol hin. Er folgt, wenn man von Trägheitskräften absieht, der magnetischen Kraft, die in jedem Punkt in Richtung der durch diesen Punkt gehenden Feldlinie wirkt. Feldlinien heißen deshalb auch Kraftlinien und stellen mögliche Bahnen eines -masselos gedachten- Monopols dar.

LI Zu den aufgezählten Indikatoren gesellen sich später noch die Kraftwirkung auf einen stromdurchflossenen Leiter und die elektromagnetische Induktion. Beide Indikatoren bilden die Grundlage für die quantitative Behandlung von Magnetfeldern.

Der zuletzt beschriebene Ergänzungsversuch ist sogar als Einstieg in das Magnetfeld geeignet, da die gebogenen Bahnen überraschen (Beitrag zur Motivierung); als Linien, die vorgezeichnet scheinen, haben sie ohne jede weitere Abstraktion den angestrebten Status der Feldlinien. In den nachfolgenden Versuchen haben dann die Eisenfeilspäne von vornherein nur die Funktion, die Feldlinien sichtbar zu machen.

SV Bevor man die Schüler die üblichen Feldlinien-Schnittbilder erzeugen läßt (V E7,4), sollen sie unbedingt durch V1 - V3 die räumliche Struktur des Feldes kennen lernen.

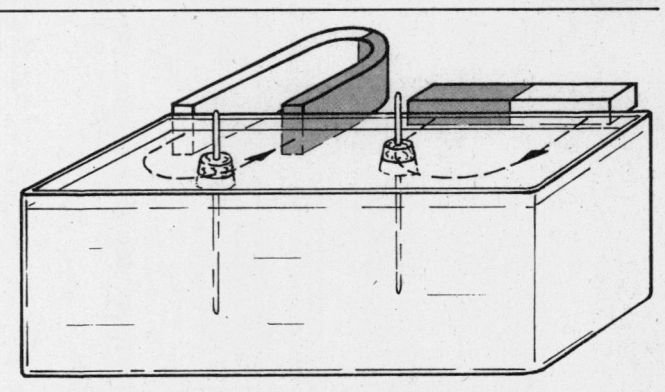

Abb. 182,1 Feldlinie = Bahn eines Mono-Pols

SV V5 ist als zentraler Versuch zu werten, da er zeigt, daß eine feste Verbindung des Feldes mit dem Magneten besteht, und daß die Feldstruktur unabhängig vom Vorhandensein von Indikatoren existiert. Die Festlegung der Feldrichtung kann statt durch V E7,6 auch durch die Bewegungsrichtung eines N-Pols im Ergänzungsversuch erfolgen. V6 wird dadurch nicht überflüssig; man sollte ihn als
LV Lehrerversuch auf dem Tageslichtprojektor durchführen und gleichzeitig die Feldlinien mit Eisenspänen ausstreuen. Dazu eine Glas-
VT platte auf den nicht allzu starken Magneten legen.

Bei Schülerversuchen streut man die Feilspäne auf rauhe Pappe, damit sie auch bei kräftigen Magneten nicht nach den Polen abgleiten.

Der oben beschriebene Ergänzungsversuch und die im Buch beschriebenen Schülerversuche - unter besonderer Beachtung von V5 - müßten auch unter Beschränkung auf das Fundamentum zu den Einsichten führen, daß die Feldlinien ein mit dem Magneten fest verbundenes System gedachter Linien bilden, die die Richtung der Kraft auf einen Magnetpol anzeigen und längs denen sich Eisenfeilspäne einordnen, weil sie in dieser Richtung auch magnetisiert wurden; Magnetnadeln werden in ihre Richtung gedreht.

Das Magnetfeld der Erde (2.2)

Deklination und die neu hinzukommende Inklination erschließen das Bild vom Magnet-
LV feld der Erde. V E9,2 zeigt erstmals ganz eindeutig, daß die Magnetisierung eines Eisenstabes eine Feldwirkung ist. Man kann diesen Versuch zum bestätigenden Gegenversuch umwandeln: Die Magnetisierung bleibt aus oder er verliert seine Magnetisierung, wenn man den Stab beim Hämmern horizontal in West-Ost-Richtung hält.

Zur Motivierung für die Kippung der Magnetnadel-Drehachse nach Abb. E9,1 rechts
SV kann der folgende Versuch beitragen: Eine

Hinweise zur LE 3: Der einfache elektrische Stromkreis

Magnetnadel folgt einem Magneten leicht und genau, wenn man den wirksamen Pol in Höhe der Nadel um sie herumführt. Sie richtet sich aber nur wenig auf, wenn man den Magnetpol dabei etwas über die Nadel hält. Man muß der Nadel also die Chance geben, sich ebenso leicht um eine horizontale Achse drehen zu können, wenn sie auch andere als horizontale Feldkräfte anzeigen soll.

c) Neue Aufgaben und Fragen

1. Untersuche lotrecht stehende und stabförmige eiserne Fensterbeschläge mit einer Magnetnadel auf evtl. vorhandene Magnetsierung.
L. Wenn sie lange genug in gleicher Lage waren, haben sie unten einen Nordpol.

2. Warum spricht die Tatsache, daß an einem Ort B die Feldwirkung eines am entfernten Ort A plötzlich entstehenden Magneten mit - zwar kleiner aber meßbarer - Verspätung eintrifft, gegen eine Fernwirkung?
L. Die Verzögerung spricht für eine Ausbreitung der Feldwirkung, bei der der magnetische Zustand eines Raumteils erst den des benachbarten hervorruft. Die Feldlinien "wachsen" von A nach B.

d) Audio-visuelle Hilfsmittel

AT	Das Magnetfeld: Stabmagnet, Hufeisenmagnet - Magnetspule	357269	(1)
DR	Magnetismus, Feldlinienbilder (14)	100942	(11)
AT	Das Magnetfeld der Erde (4)	37116	(12)
AT	Das Magnetfeld der Erde (6)	36301	(12)
F	The magnetic field (3 min 40 s)	P80-4062/1	(18)
F	Os Mundi - Magnettechnik (25 min)	EFT991 D/66	(4) (H24)

3.3.2.3 LE 3: Der einfache elektrische Stromkreis

a) Vorbemerkungen und Ziele

Einführungskapitel in neue Sachbereiche haben stets ihre eigenen methodischen Probleme; das hier vorliegende aber wird durch ein besonderes belastet: Der aus dem technischen Sprachgebrauch übernommene Modellbegriff des "elektrischen Stromes" ist bei seiner Erstbenutzung noch ohne jedes Argument. Dies darf weder übersehen, erst recht nicht absichtlich überspielt werden. Bei entsprechendem Hinweis sehen Schüler auch ein, daß die Bezeichnung "elektrischer Strom" etwas anderes beinhaltet als das Leuchten eines Glühlämpchens und daß diese Bezeichnung die Frage nach der Art des "fließenden Etwas" und der Weise seines Fließens herausfordert. Diese Frage wird auch nicht dadurch aus der Welt geschafft, daß man Elektronen als Elektrizitätsatome einführt, um den Vorgang "Strom" zu konkretisieren.

Die -verbale- Hineinnahme von späteren Erkenntnissen in die Anfangssituation macht die Methode nicht wissenschaftlicher, sie vermauert eher den Zugang zum wissenschaftlichen Vorgehen. Dieses stützt sich auf beobachtbare Fakten, verbindet diese mit anderen, die Umstände beschreibenden Fakten in "Wenn-Dann-Sätzen", liefert daraufhin Gesetze und führt zu Annahmen bzw. Modellen (als Hypothesen!), die die Fakten und ihre Zusammenhänge erklärend begleiten. Vgl. 1.2.2.

Das Arbeiten mit Modellvorstellungen wird in den Naturwissenschaften geprägt von der Bereitschaft, diese ständig in Frage zu stellen. Damit ist ein neuer wesentlicher Schritt im wissenschaftlichen Vorgehen angesprochen: Welche Umstände oder Erscheinungen (Wirkungen) stützen oder widerlegen z.B. die "Annahme Strom" im Leiter? Es gilt also, Argumente für die Brauchbarkeit der Stromvorstellung zu sammeln (Verifikation); eine einzige Erscheinung, die einer Folgerung aus dem Strommodell widerspricht, würde das Modell entwerten (Falsifikation). Deshalb bedarf dieses durch den Gebrauch in der Umgangssprache vorzeitig eingeschleuste Modell der ständigen Überwachung, die sich praktisch über den ganzen Sachbereich erstreckt.

Um den Spannungsbogen eines solchen übergeordneten Langzeitthemas abzukürzen, wurde ein zweiter Weg zur Stromvorstellung angeschlossen, der eine bereits bekannte Stromwirkung als Folge transportierter Ladung ausweist. Den Anschluß an das 1. Einführungskapitel ermöglicht die Glimmlampe als polarisierter Stromindikator. Er dient zur Anzeige der Stromstöße beim Auf- und Entladen eines Körpers, mit denen ein vorläufiger Ladungsbegriff definiert wird. Die positiven und negativen Ladungen zeigen Kraftwirkungen gegeneinander. Aus diesen resultiert der Entwurf eines Modellversuchs zum selbständigen Ladungstransport durch pendelnde Zwischenträger mit sichtbarem Stromeffekt.

Hinweise zur LE 3: Der einfache elektrische Stromkreis

S. E11–E12

Eine Folge aufschließender elektrostatischer Versuche findet ihren krönenden Abschluß im Entwurf eines funktionalen Pumpenmodells der Stromquelle und dessen erster Verifikation.

Nach Einstein ist die Begreifbarkeit des Naturgeschehens ein Wunder. Dieses erleben zu lassen, sollte man den Schülern nicht dadurch vorenthalten, daß man fertige Modelle wie Fakten anbietet.

Auch in einem Lehrgang in Klassenstufe 5/6, der mancherorts durchgeführt wird, sollte man den "Strom" deutlich als Modellvorstellung kennzeichnen, dies aber nicht weiter problematisieren. Man sollte in einem solchen pragmatischen Lehrgang dafür vielleicht die Entsprechung des Hausleitungssystems mit dem Experimentierstromkreis herausarbeiten und diesen wiederum den Erweiterungen der Hausleitung anpassen. So ergeben sich bei der Beantwortung der Frage, wie ein Wechselschalter "funktioniert", die unter b) näher ausgeführten Schalterkombinationen als "logische Schaltungen", die in einem später stattfindenden Kurs auch mathematisch formuliert werden können. Man lasse die elektrostatischen Versuche aus und erweitere die Erfahrungen mit dem einfachen Stromkreis dadurch, daß man das Glühlämpchen durch Klingel und Spielzeugmotor ersetzt. Die Frage: "Wie funktionieren beide?" führt automatisch zur Entdeckung des Elektromagneten. Das Thema "Leiter und Nichtleiter" kann auf metallische Leiter, Leitungswasser und Isolatoren beschränkt werden. Die Themen "Feuchtes Erdreich (Grundwasser) dient als Erdleiter" und "Der menschliche Körper ist bereits durch schwache elektrische Ströme gefährdet" sind gerade für einen Elementarkurs wichtig.

b) Bemerkungen zu den einzelnen Themen

Einführung (3.1)

Zur Einführung ins Thema sollte sich der Lehrer im Unterrichtsgespräch darüber informieren, welche Vorstellungen seine Schüler von den eingangs aufgeführten Geräten und Einrichtungen haben, und darauf hinweisen, daß nun das "innere Geschehen" näher interessieren müsse. Zur Demonstration von Effekten der Kontaktspannung wird auf die in Kap. 1 beschriebenen Versuche V W9,1 und 9,2 verwiesen. Der unter V W9,4 beschriebene "Gewitterversuch" mit dem Bandgenerator macht, wenn er nicht schon früher gezeigt

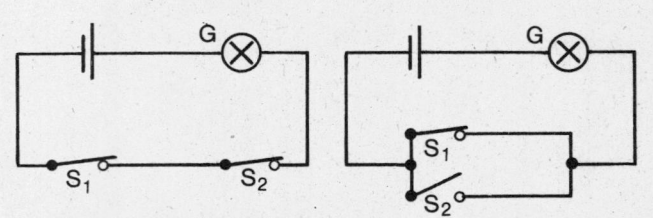

Abb. 184,1 (links) UND-Schaltung
Abb. 184,2 (rechts) ODER-Schaltung

wurde, großen Eindruck. Entscheidend ist aber die sachgerechte Wertung des Modells "Strom" im Sinne der Ausführungen im Abschnitt a).

Der geschlossene elektrische Stromkreis (3.2)

SV Aus dem V E12,1 ergibt sich: Immer dann, wenn die Pole des Akkus durch Drähte verbunden werden, die ein Glühlämpchen einschließen, glüht das Lämpchen. Dieser Aussage über eine reale äußere Erscheinung wird ein Bild von dem unbekannten Vorgang im Draht beigefügt (nicht unterschoben!). Dies geschieht auch verbal vorsichtig: "Man sagt, es fließe in der durchgehenden Drahtverbindung ein elektrischer Strom". Daß hiermit mehr gesagt wird als man weiß, wird niemand bezweifeln. Aus dem Bild folgt aber logisch, daß ein Strom nicht fließen kann, wenn die "Leitung" unterbrochen wird. Das konkordante Verhalten des Glühlämpchens zur Modellerwartung beim Öffnen des Schalters spricht als erster Hinweis für die Stromvorstellung; es spricht auch für die Eignung des Glühlämpchens als Stromindikator, allerdings mit der Einschränkung, daß man aus dem Nicht-Glühen desselben nicht auf das Nicht-Fließen eines Stromes schließen kann. Als weitere Anzeichen für die Stromvorstel-
SV lung mag gelten, daß das Glühlämpchen an jeder Stelle des Stromkreises gleich hell leuchtet. Das gilt auch, wie später in V E18,1 (s. Abb. E18,1) nachgewiesen wird, für das "Innere" der Stromquelle.

Der Entdeckung von Wechselschaltern im Hausstromkreis oder im Physiksaal sollte man am Modellstromkreis der Abb. E12,1 durch folgende Schalterkombinationen systematisch klärend nachgehen. Diese lassen sich u.U. im Sinne der Schaltalgebra auswerten.

LV 1. Kombination (s. Abb. 184,1): Das Glühlämpchen G leuchtet nur, wenn beide Schalter S1 und S2 gleichzeitig geschlossen sind. Die Schaltung ist isomorph zur binären UND-Funktion $X = A \wedge B$. $X = L$ (G leuchtet), wenn $A = L \wedge B = L$ (Schalter S1$\wedge$S2 geschlossen).

LV 2. Kombination (s. Abb. 184,2): G leuchtet, wenn S1 oder S2 geschlossen ist oder auch, wenn

Hinweise zur LE 3: Der einfache elektrische Stromkreis S. E13–E14

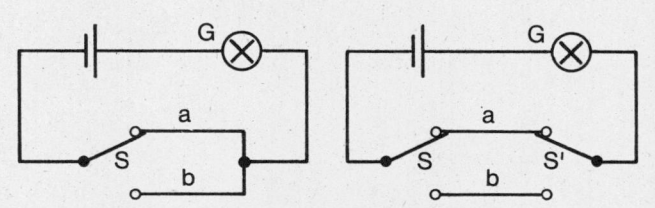

Abb. 185,1 (links) EXCLUSIV-ODER-Schaltung
Abb. 185,2 (rechts) Zweifach-Wechselschaltung

es S1 und S2 sind. In der binären ODER-Funktion $X = A \vee B$ wird $X = L$, wenn $A = L \vee B = L \vee (A \wedge B) = L$.

LV 3. Kombination (s. Abb. 185,1): Bei Verwendung eines Umschalters S wie bei 2., aber S kann nicht gleichzeitig auf a und b liegen. Man sagt auch: S liegt auf a $\wedge$ nicht auf b $\vee$ auf b $\wedge$ nicht auf a. Die Schaltung ist isomorph zur binären EXCLUSIV-ODER-Funktion $X = (A \wedge \overline{B}) \vee (B \wedge \overline{A})$. Lies A $\wedge$ nicht B oder B $\wedge$ nicht A.

LV 4. Kombination (s. Abb. 185,2): In der Kombination zweier Umschalter leuchtet G, wenn S $\wedge$ S' gleichzeitig auf a oder gleichzeitig auf b liegen. Jedes Umschalten von S oder S' bedeutet Unterbrechung des Stromkreises, zugleich aber Bereitstellung zum Schließen durch erneutes Umlegen von S oder S'. Dieses Prinzip des Zweifach-Wechselschalters ist isomorp zur Funktion
$X = [(A \wedge \overline{B}) \wedge (A' \wedge \overline{B'})] \vee [(B \wedge \overline{A}) \wedge (B' \wedge \overline{A'})]$,
wobei bedeuten: A:S auf a, A' : S' auf a und B : S auf b, B' : S' auf b.

Die Einführung des Polprüfers erfolgt als technisches Gerät im Black-Box-Verfahren als zweiter "Strom-Indikator", geeignet zum Nachweis von "schwachen Strömen" in (3.3), dann als Indikator für die Polarität und Stärke von "Stromstößen" in (3.4). Im "Black-Box-Verfahren" will besagen, daß der Wirkmechanismus im "schwarzen Kasten" hier nicht interessiert. (Nur der Experimentator muß wissen, daß dem Glühlämpchen wegen seiner fallenden Charakteristik ein hoher Schutzwiderstand (100 KΩ) vorgeschaltet werden muß und daß es beim Unterschreiten der Zündspannung erlischt). Das Verfahren setzt aber die Erfahrung voraus, daß überall
LV dort, wo im Hausstromkreis eine Glühlampe brennt, diese durch den Polprüfer ersetzt werden kann, dessen Glimmlampe dann ebenfalls aufleuchtet; es zeigt einen "Strom" an, weil es wie die Glühlampe erlischt, wenn der Stromkreis unterbrochen wird.

LI Polprüfer der in Kap. 3.2 beschriebenen Art, nach V E13,2 und Abb. E13,2 benutzt, führen nur bedingt (wie im Fall der Abb. E13,2 an der Steckdose) zu sicheren Aussagen. Wird z.B. ein Teil des Nulleiters durch einen Schalter von seiner Erdverbindung abgetrennt, so reicht die kapazitive Koppelung des "toten" Leiterstücks an den Außenleiter (Phasenleiter) aus, um den über den menschlichen Körper vorwiegend kapazitiv geerdeten Polprüfer ansprechen zu lassen: Tot liegende Leitungsteile täuschen u.U. Spannung am Leiter vor. Als sicher gilt nur der an den Schutzleiter angeschlossene - also zweipolig betriebene - Polprüfer, in dem heute magnetisch wirkende Indikatoren die Glimmlampe zunehmend verdrängen. Da es uns hier nicht um den Polprüfer als technisches Gerät sondern um die Glimmlampe als Stromdikator
VT geht, genügt es, falls Schwierigkeiten bei der Beschaffung von zur Demonstration geeigneten (gekapselten) Polprüfern entstehen, die Glimmlampe nach Abb. E14,1 (Foto) auf dem Haltestiel mit einem dunklen Hintergrund zu versehen und den Schutzwiderstand in die Zuleitung zum Schutzleiter zu schalten.

Leiter und Nichtleiter (3.3)

Mit Hilfe des Glühlämpchens als Stromindikator können Leiter und Nichtleiter nur sehr grob geschieden werden, denn ein Nicht-Leuchten bedeutet noch nicht, daß nicht doch noch ein "schwacher Strom" fließt, der aber von einem Glimmlämpchen (wie im V E13,6) noch angezeigt wird. Eine Differenzierung zwischen Nichtleitern (Isolatoren) und nur schlechten Leitern ist auch mit dem Glimmlämpchen im Polprüfer nicht möglich. Ein gutes Kriterium für diese Unterscheidung ließe sich im Rahmen des nächsten Kapitels
LV/SI finden: Man schaltet zwischen einem Elektroskop und dem nicht geerdeten Pol des Hochspannungsgeräts den Probekörper ein. Wird das Elektroskop dabei nicht aufgeladen, dann darf man den Probekörper als Isolator bezeichnen. Erfolgt eine Aufladung nur allmählich, dann liegt ein schlechter Leiter vor, erfolgt sie sofort, dann kann man mit Glimmlampe und Glühlampe (bei niedrigerer Spannung und robusterem Netzgerät) zwischen guten und schlechten Leitern unterscheiden. In der Praxis wird man die Untersuchung mit dem Glühlämpchen beginnen.

Auf die technische Bedeutung der Leitfähigkeit des Grundwassers und die Gefahren, die dem menschlichen Körper durch seine eigene Leitfähigkeit drohen, wurde an anderer Stelle schon hingewiesen. Bedeutsam ist noch, daß in diesem Kapitel erstmals von "starken" und "schwachen Strömen" gesprochen werden muß. Die Zuordnung: Hell leuchtende Glühlampe $\triangleq$ starkem Strom, schwach leuchtende

Hinweise zur LE 3: Der einfache elektrische Stromkreis

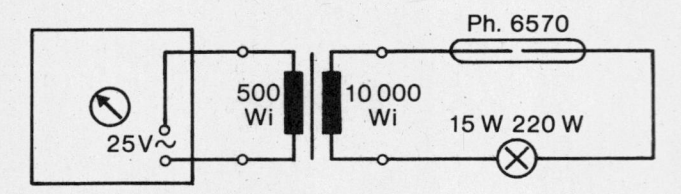

Abb. 186,1 Glimmlicht-Oszillograph

Glühlampe ≙ schwachem Strom basiert auf der Beurteilung der Leuchtkraft bzw. Wärmewirkung (vgl. c) 1.). Sie ist zwar einleuchtend, kann aber weder experimentell nachgeprüft noch logisch begründet werden, weil wir keinen direkten Zugang zum "Strom" selbst haben (vgl. LE 5: Strommessung). Die Zuordnung kann durch folgenden Versuch erweitert werden:

LV Eine Glühlampe leuchtet an der Netzsteckdose. Nachdem ein Polprüfer mit ihr in "Reihe" geschaltet wurde, leuchtet nur die Glimmlampe des Polprüfers. Die Glimmlampe sagt aus, daß ein Strom fließt, die nicht mehr leuchtende Glühlampe, daß dieser Strom -laut Festsetzung- "schwächer" sein muß als vorher: Glimmlampen mit Schutzwiderstand dienen zum Nachweis schwacher Ströme.

Strom als bewegte Ladung (3.4)

Die Glimmlampe des Polprüfers besitzt noch bisher unbenutzte Indikatoreigenschaften für den Strom, die aber im folgenden zur experimentellen Begründung eines vorläufigen Ladungsbegriffs benötigt werden. Am Gleich-
LV spannungs-Netzgerät zeigt sie in V E14,4 die Polarität des Geschehens im Stromkreis an - ein wesentliches Argument für das Strommodell. Mit dem einseitigen Aufleuchten der
LV Glimmlampe kann man eine Stromrichtung vereinbaren und den Strom aus der Steckdose als Wechselstrom nachweisen.

In Verbindung mit V E14,4 läßt sich auch eine wichtige Besonderheit der Glimmlampe im
LV Polprüfer zeigen. Man drehe zunächst den (Spannungs-)Regelknopf des Netzgeräts bis auf Null zurück. Erst bei einer bestimmten Regelknopfstellung (Zündspannung) zündet sie. Unterhalb dieser Stellung zeigt sich kein Leuchten, darüber nimmt die Länge der Glimmhaut beim Rechtsdrehen zu, vermutlich mit zunehmender Stromstärke (vergl. auch V E22,1).

LV Zur Bestätigung dieser Vermutung wird das Glimmlämpchen durch die Glimmlicht-Oszillographenröhre (Phywe 6570) ersetzt, als Begrenzungswiderstand dient eine 15 Watt-220 V-Glühlampe. Dieser Ersatz-Polprüfer wird nach Abb. 186,1 an einen Trafo (500:10000) als Wechselspannungsstromquelle angeschlossen. Seine Primärspule wird durch ein Niederspannungs-Netzgerät (0 - 25V) regelbar eingespeist. Nach dem Zünden bedeckt die Glimmhaut etwa 1/4 der beiden Elektroden, die Glühlampe beginnt gerade leicht zu glühen. Wenn die Glimmhaut (durch Spannungserhöhung) die Elektroden voll bedeckt, glüht G bereits hell (bei ca. 25 mA; die Glimmlampe erlischt erst bei ca. 5 mA, die Glühlampe bei 12 - 15 mA). Der Versuch kann ohne Gefährdung der Geräte wiederholt werden.

Beim Aufladen von Körpern dienen Glimmlämpchen (ohne Strombegrenzer) zur Beurteilung der Stärke und der Richtung von Stromstößen (= Kurzzeitströme). Die umgekehrten Stromstöße gleicher Stärke beim Entladen zeigen, daß die beim Laden zugeflossene Elektrizitätsmenge gespeichert war; als solche heißt sie die "elektrische Ladung" des Körpers. Der durch Stromstöße definierte qualitative Ladungsbegriff entspricht der quantitativen Definition. Die Versuche
LV V E15,2-15,3 führen zur Annahme zweier Elektrizitätsarten, die aber, wenn sie gegensinnig fließen, am Glimmlämpchen unipolare Stromwirkung zeigen. Mit dieser Feststellung kommt man im Fundamentum zunächst aus. In der 1. Erweiterung wird die Vorstellung von der Existenz zweier beweglicher Elektrizitätsarten zu einem ersten Modell des - positiv oder negativ geladenen Körpers ausgebaut und durch zwei weitere Modelle mit je nur einer beweglichen Elektrizitätsart ergänzt. Die drei Modelle sind als äquivalente Hypothesen zu betrachten und wahlweise anzuwenden, zumal sie alle in die Modelle der Leitungsmechanismen der verschiedenen Medien eingehen. S. (9) S. 168

Kraftwirkungen zwischen gleichnamigen und ungleichnamigen Ladungen sind fundamentale Erkenntnis. Diese elektrischen Kräfte - man achte auf die Parallele zu den magnetischen - dienen (neben dem Entladungsstromstoß) dem Ladungsnachweis, insbesondere in Elektroskopen. Sie setzen auch Ladungen (samt ihren Trägern) in Bewegung und bilden somit die Ursache eines Stromes,
LV wie dies im Modellversuch zur Elektrizitätsleitung auf S. E17 deutlich wird. Ehe man in diesem Versuch die elektrischen Kräfte ins
LV Spiel bringt, zeige man aber vorher die portionsweise Aufladung durch Zwischenträger.

Im Modellversuch sind alle bisherigen Erkenntnisse zusammengefaßt und man sollte

Hinweise zur LE 3: Der einfache elektrische Stromkreis

seinen Ablauf möglichst auch mit den drei Ladungsmodellen durchdenken (vgl. Ergänzungsaufg. 2). Aus diesen Überlegungen resultiert zwangsläufig das Funktionsmodell der Stromquelle: Im Innern einer Stromquelle wird entweder negative Elektrizität vom Pluspol nach dem Minuspol, oder positive Elektrizität vom Minuspol zum Pluspol oder beides zugleich geschafft. Man erkennt auch, daß die beiden Ladungsmodelle mit einer Elektrizitätsart der Glimmlampenaussage, dem Pumpenmodell und dem Analogmodell des Wasserstromkreises besser entsprechen als das dualistische Modell, das ohne Berücksichtigung der unipolaren Glimmlampenaussage nicht über die auch von Oersted vertretene Vorstellung von Strom und Gegenstrom der beiden Elektrizitätsarten hinausführt. S. (10), S. 109.

Die in der 2. Erweiterung auf S. E18 beschriebenen Versuche sind als Beispiele dafür zu betrachten, wie Behauptungen, die man aus Modellvorstellungen gewonnen hat, veri-
LV fiziert werden. V E18,1 verifiziert die Behauptung, daß der elektrische Strom die
LV Stromquelle durchfließt, V E18,2 die Behauptung, es müsse in jedem Leiter mindestens eine bewegliche Elektrizitätsart vorhanden sein. Die in V2 realisierte Ladungstrennung entspricht genau dem Funktionsmodell einer Stromquelle. Der dabei erzeugte elektrische Zustand ist dadurch gekennzeichnet, daß die getrennten Ladungen wieder zueinander streben, was im verbindenden Leiter auch geschieht. Wenn hier erwähnt wird, daß man diesem Zustand getrennter Ladungen eine physikalische Größe "elektrische Spannung" zuordnet, dann geschieht dies nur, um diesem in der technischen Umgangssprache gängigen Begriff einen Standort im bisher gewonnenen Vorstellungsgefüge zuzuweisen, nicht aber, um diesen Begriff hier einzuführen und mit ihm zu arbeiten.

Der in Abb. E18,1 skizzierte Versuch (E18,1) kann im Fundamentum auch unter dem Aspekt betrachtet werden, daß das Glühlämpchen ja an jeder Stelle des Stromkreises "brennt". Daß dies auch "in" der Stromquelle der Fall ist, dürfte für jeden Schüler überraschend und deshalb auch einprägsam sein: Die Stromquelle wird vom elektrischen Strom durchflossen, sie ist Bestandteil des Stromkreises. Ein experimenteller und ein theoretischer Weg führt zur gleichen, hochwichtigen Erkenntnis. Beides sind Wege der Wissenschaft.

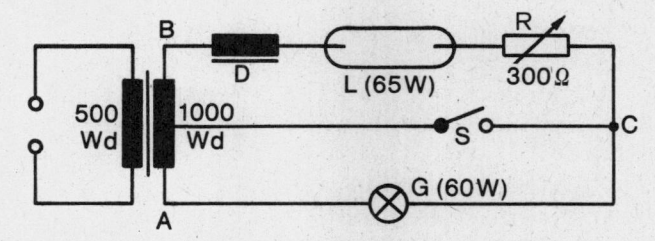

Abb. 187,1 Verschiedene Helligkeit bei gleichem Strom (und gleicher Spannung)

c) Ergänzende Aufgaben

1. Vom Lehrer zu demonstrieren: Nach Abb. 187,1 sind (bei geschlossenem Schalter S) an zwei gleiche Stromquellen eine Glühlampe G und eine Leuchtstoffröhre L angeschlossen. L leuchtet heller als G, bleibt aber im Gegensatz zu G kalt. Vergleiche die Ströme durch G (I_G) und durch L (I_L)
a) nach der Helligkeit,
b) nach der Temperatur der Lampen. Beim Öffnen von S ändert sich nichts!
c) Beurteile die Ströme I_G und I_L auf Grund der neuen Schaltung.
d) Was folgt daraus für die gleichzeitige Verwendung verschiedenartiger Lampen als Stromindikatoren?

VT Da es kaum nach ihrer elektrischen Leistung gleiche Glühlampen und Leuchtröhren gibt, muß der Ausgleichswiderstand R vorher so eingestellt werden, daß bei geöffnetem Schalter S die Spannungen zwischen A, C und B, C gleich sind.

L. a) $I_L > I_G$ b) $I_L < I_G$ c) $I_L = I_G$
d) Nicht möglich!

2. Veranschauliche dir nacheinander die Ladungen der Platten A, B und der Kugel K im Modellversuch zur Elektrizitätsleitung (Abb. E17,2) mit den drei Ladungsmodellen.

L. a) A erhält negative Elektrizität vom Minuspol und B positive vom Pluspol der Stromquelle. K transportiert abwechselnd positive und negative Elektrizität, die dann zum Gegenpol abfließt. Das Netzgerät muß dem Pluspol positive, dem Minuspol negative Elektrizität nachliefern, wenn beide Pole nicht entladen werden und Strom und Gegenstrom anhalten sollen.
b) analog c).
c) Nur negative Elektrizität sei beweglich. A wird durch die Verbindung mit dem Minuspol zum Überschußgebiet negativer Elektrizität, B wie der Pluspol zum Mangelgebiet negativer Elektrizität. Nach der Abgabe seiner negativen Ladung kehrt K nicht neutral, sondern als Mangelgebiet (positiv geladen) von B zurück. Das Mangelgebiet

Hinweise zur LE 4: Wirkungen des elektrischen Stromes

von K muß in A durch Nachschub negativer Elektrizität erst neutralisiert und dann durch weiteren Nachschub negativ aufgeladen werden. K nimmt also von A eine doppelte negative Ladung auf, die sie an B vollständig abgibt. Es wird also nur negative Elektrizität vom Minuspol zum Pluspol bewegt. Das Netzgerät muß die im Pluspol zufließende negative Elektrizität von dort weg zum Minuspol schaffen.

d) <u>Audio - visuelle Hilfsmittel</u>

AT	Der geschlossene Stromkreis	35 8807	(1)
AT	Die Glühlampe	35 7266	(1)
AT	Leiter und Nichtleiter	36 0130	(1)
AT	Schukostecker	35 7270	(1)
AT	Batterien	17 6626	(7)
AT	Stromkreise	17 6627	(7)
F	Ladungstransport (5 min)	36 0101	(11)
F	Elektroskop (3 min)	36 0102	(11)
DR	Elektrische Anlagen im Wohnungsbau I, II, III R	10 2088- 10 2090	(11)
AT	Das Elektroskop (5)	37101	(12)
F	Leiter und Nichtleiter (3 min)	F83504	(12)
F	Introduction to electrostatics	P80-2819/1	(18)
F	The electroscope (3 min 55s)	P80-2843/1	(18)
F	Sichere Elektrizität	A/76	(23)
F	Das Geheimnis des Doppelquadrates (16 min)	A/69	(23)
F	Elektroinstallation (6 min)	C1/72	(23)
F	Sicherheit in Haus und Hof	C3/73	(H23)
F	Lerne denken, bevor Du fällst (8 min)	C6/72	(23)
F	Nullung, Schutzmaßnahmen in elektrischen Anlagen (23 min)	A/72	(23/22)

3.3.2.4 LE 4: Wirkungen des elektrischen Stromes

a) <u>Vorbemerkungen und Ziele</u>

Das Thema hat als unabdingbarer Kern der gesamten Elektrizitätslehre eine methodische Tradition. Die Schulen sind dafür meist auch mit Geräten für den Übungsunterricht gut ausgestattet, so daß allen vom Thema her gegebenen Möglichkeiten entsprochen werden kann; man scheue auch vor etwas anspruchsvolleren Aufbauten nicht zurück.

Die didaktische Konzeption wird hauptsächlich von drei Fragen bestimmt:

1. Welche beobachtbaren Merkmale entsprechen den Erwartungen, die wir aus der Stromvorstellung ableiten können, wie z.B. die Polarität (Gerichtetsein) des Vorgangs oder die Zunahme der Wirkung mit der Zeit? Alle Wirkungen des elektrischen Stromes lie**fern** dazu positive Argumente.

2. In welchem Umfang sollen die technischen Anwendungen behandelt werden? Die Anwendungen wurden in der Regel auf diejenigen beschränkt, die das für die betreffende Wirkung Typische unterstreichen, denen man im täglichen Leben begegnet oder bei denen exemplarisch technische Prinzipien deutlich werden. Weitere Gesichtspunkte waren: Eignung zur Darstellung der Wechselwirkung von Physik und Technik (s. 1.2.1: Anwendungen physikalischer Erkenntnisse und 1.2.5) und zur Förderung des konstruktiven Denkens beim Schüler.

3. An welchen Gegenständen können die Auswirkungen naturwissenschaftlicher Erkenntnisse oder technischer Erfindungen auf die menschliche Gesellschaft demonstriert werden (s. 1.2.1 Gesellschaftliche Zusammenhänge)?

Das zentrale Thema der Lerneinheit ist die magnetische Wirkung des elektrischen Stromes. Sie nimmt eine Sonderstellung ein; denn die magnetische Wirkung begleitet den Strom außerhalb des Leiters, die Feldstrukturen variieren mit den Leiterformen, Vergleiche mit analogen Feldstrukturen von Permanentmagneten drängen zu weiterführenden Folgerungen: Die Erscheinung bedarf einer intensiven Behandlung. Ihre Anwendungen sind so vielseitig, zahlreich und wesentlich, daß ihnen eine ganze Lerneinheit zugestanden werden muß. Vorab werden aber als Bereitstellung für die Strommessung die elektromagnetischen Stromanzeiger behandelt.

Aus dem Vergleich des Magnetfeldes einer Spule mit dem eines Stabmagneten ergibt sich eine wichtige didaktische Frage: Es gilt auf Grund der Unterrichtssituation darüber zu entscheiden, ob man im Interesse der Vereinfachung und Abkürzung des Lehrgangs auf Feldmodelle im Magnetinnern und damit auch auf Reflexionen über den Ursprung des (Ferro-)Magnetismus verzichten will oder die im Angebot des Buches nur angedeutete Möglichkeit ausbauen möchte, um - unter Berücksichtigung der unter b) diesbezüglich gemachten Ausführungen - den Ferromagnetismus zu begründen, z.B. elektrisch mit Ampèreschen Ringströmen.

Hinweise zur LE 4: Wirkungen des elektrischen Stromes

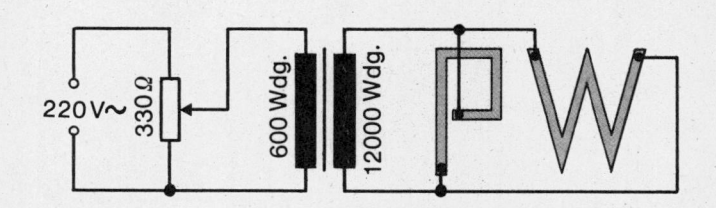

Abb. 189, 1 Betriebsweise von farbigen Leuchtröhren

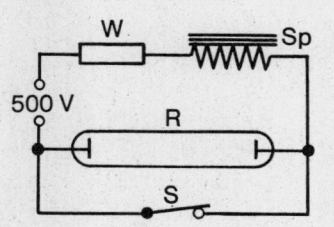

Abb. 189, 2 Zündung einer Leuchtstoffröhre

b) Bemerkungen zu den einzelnen Themen

Die Wärmewirkung des elektrischen Stromes (4.1)

SV Sie ist die einzige der hier zu besprechenden Wirkungen, die nichts über eine Polarität des Geschehens aussagt. Daß die Wärmewirkung im Tauchsieder zur Wirkungsdauer proportional ist, kann aus dem gleichmäßigen Ansteigen der Wassertemperatur gefolgert werden.

An der Glühlampe werden beispielhaft auch die technischen Probleme anderer Wärmegeräte deutlich, so daß sich eine Ausweitung des Themas in dieser Richtung erübrigt. Die
SV Untersuchungen am Heizdraht (V E20,1 und Abb. E19,4) sollen - als Schülerversuch durchgeführt - nicht nur zur Schmelzsicherung hinführen, sondern in Verbindung mit A1 auf S. E19 als Bestätigung der Stromvorstellung interpretiert werden. Für die später anstehende Strommessung von Bedeutung ist die an den Versuch zu knüpfende Feststellung, daß der gleiche Strom in verschiedenen Leitern verschiedene Wärmewirkung haben kann. Der Versuch wird später wieder aufgegriffen: In seiner Neuauflage unter dem Aspekt "Spannungsteiler" (Abb. E60,3) unterstreicht er die Zurückführung des Spannungsbegriffs auf einen Arbeitsvorgang (vergl. Anmerkung zu Reihenschaltung von Widerständen).

Elektrolyse (4.2)

Die Betrachtung der Elektrolyse beschränkt sich hier zunächst auf die chemischen Veränderungen an den Elektroden. Der Ladungstransport durch Ionen wird bewußt ausgeklammert, da er bei der Erörterung der Leitungsmechanismen in Kapitel 11 eingehend behandelt wird. Einwände, die von bereits informierten Schülern gegen die Wertung der Elektrolyse als Bestätigung für die Polarität des Geschehens erhoben werden können, es handele sich um Strom und Gegenstrom von Ionen, sind mit dem früheren Modellversuch zur Stromleitung (V E17,2), dem Versuch V E21,3 und dem Versuch nach Abb. E25,5 zu entkräften.

Von den vier besprochenen technischen Anwendungen werten drei den chemischen Vorgang an der Kathode aus. Schutzüberzügen durch "Veredelung" beim Galvanisieren (an der Kathode) steht die "Verunedelung" durch die Oxidation des Aluminiums durch den aggressiven, an der Anode gerade entstehenden (naszierenden) Sauerstoff gegenüber, ein Verfahren von großer praktischer Bedeutung.

Lichtwirkung des elektrischen Stromes (4.3)

Die Erscheinung "kaltes Leuchten" in verdünnten Gasen ist bereits von der im Polprüfer eingebauten Glimmlampe her bekannt, desgleichen die Tatsache, daß sie durch ihr nur einseitiges Leuchten die Polarität des Leitungsvorgangs bezeugt. Der als Weiterführung
SV gedachte V E22,1, der hier u.U. als SV ausgeführt werden kann, wurde bereits im Zusammenhang mit dem Stromnachweis mit der Glimmlampe (3.4) auf S. 186 besprochen und experimentell ergänzt. Unter der Bezeichnung "Zündspannung" kann der Schüler noch nicht mehr als eine bestimmte Einstellung des Regelknopfes am Netzgerät verstehen.

LV Als Modell für Reklameleuchtröhren führe man die mit verschiedenen Gasen gefüllten, rot und blau leuchtenden Leuchtbuchstaben (Phywe 6660) vor. Sie sind mit einem Induktor oder mit einem netzgespeisten Trafo nach Abb. 189, 1 zu betreiben.

Leuchtstoffröhren kennt zwar jedermann aus der Anschauung; weniger bekannt aber ist ihre Zündung, die man mit ausgedienten Röhren in der nachfolgenden Schaltung (Abb. 189, 2 demonstrieren kann.

LV Die Röhre R zündet bei 500 V Gleichspannung erst, wenn man ihr einen vorher geriebenen Hartgummistab nähert, oder wenn man den Neben-Stromkreis mit dem Schalter S zunächst schließt und dann öffnet. Beim Öffnen überlagert sich der Gleichspannung ein gleichgerichteter Hochspannungsstoß, so daß die Zündspannung überschritten wird. Am Widerstand W kann man die Helligkeit regulieren. Es ist natürlich derzeit nicht möglich, mit den Schülern diesen Zündmechanismus zu erörtern, aber mit Sicherheit sind sie durch den Versuch für die

Hinweise zur LE 4: Wirkungen des elektrischen Stromes S. E22–E24

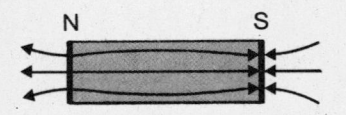

Abb. 190,1 Magnetpole als Quelle und Senke magnetischer Feldlinien

noch offene Frage nach dem Zündmechanismus motiviert, die dann im Rahmen der Induktion neu gestellt und beantwortet werden kann.

Magnetische Wirkung des elektrischen Stromes (4.4)

Die Reihenfolge im Lehrbuch, die für die Darstellung des Themas gewählt wurde, kehrt die vielfach übliche gerade um. Die Methode geht von der Überlegung aus, daß heute Kinder und Erwachsene täglich mit technischen Dingen konfrontiert werden und mit ihnen umgehen müssen, ohne mehr davon zu verstehen als die Bedienung. Kinder pflegen ihr Spielzeug zu demontieren und verraten damit, daß sie ihre geistige Relation zu diesem Gegenstand erweitern wollen. Erwachsene resignieren vielfach, weil sie das Analysieren nicht gelernt haben.

Die Entdeckung des Elektromagnetismus (4.41) bis hin zum "elementaren" Oersted-Versuch stellt eine solche Analyse dar. Die (Abstraktions-)Schritte erfolgen systematisch und müssen geistig erfaßt werden, damit am Schluß nicht nur eine Ansammlung ungeordneten Faktenwissens übrig bleibt. Das heißt, es müssen alle bei den einzelnen Abstraktionsschritten im Zuge der Analyse gezielt vorgenommenen Veränderungen und deren Folgen bewußt werden (siehe nächster Absatz). Wenn man im Unterricht gelegentlich so vorgeht, wie es hier modellhaft vorgezeichnet ist - natürlich gibt es auch andere Wege -, dann können die Schüler auch begreifen, welche "Einfälle" (=Erfindungen) notwendig waren, um aus dem elementaren Grundwissen des Oersted-Versuchs heraus (s. Bericht auf S. E25) z.B. das technische Gerät "Elektromagnet", von dem die Analyse ausging, entstehen zu lassen. Wie beim Auseinandernehmen eines Spielzeugs wird der Lernerfolg bei der Analyse durch die Fähigkeit zum Wiederzusammensetzen (Synthese) nachprüfbar. Man löse dazu die Zusatzaufgaben 1. bis 3. unter c)! Nachfolgend seien die Schritte bei der Analyse kurz skizziert.

Ein Elektromagnet zeigt Magnetismus nur, wenn in der Spule ein Strom fließt. Hieraus resultiert die Frage: Wie verhält sich die Spule ohne Eisenkern? Ergebnis: Die stromdurchflossene Spule wirkt wie ein Magnet und besitzt wie dieser ein Magnetfeld. Es gibt also einen rein elektrischen Magnetismus. Der Magnetismus der leeren Spule ist schwächer als der der mit Eisen gefüllten: Eisen verstärkt den Elektro-Magnetismus. Die Frage: "Hängt der Elektromagnetismus möglicherweise nur von der Spulenform ab?", kann nur durch Veränderung der Leiterform geklärt werden. Diese erfolgt in zwei Stufen: a) Vereinfachung der Spule zum Kreisleiter, b) Streckung zum geraden Leiter (Oersted-Versuch). Zusammenfassung: Ein gerader Leiter besitzt ein zirkuläres Magnetfeld (Faustregel für das Magnetfeld). Aus ihm läßt sich das lineare Magnetfeld einer Spule konstruieren (vergl. Aufg. 1.-2. unter c)).

SV Folgende Versuche eignen sich zu Schülerversuchen: V E22,2; V E22,4; V E23,1; V E24,4; V E24,7; V E25,2; V E26,2; V E26,3; V E26,4,
LV alle übrigen zu Lehrerversuchen, von denen
VT in der Projektion mit dem Tageslichtprojektor gezeigt werden können: V E23,4; V E23,5; V E24,1; V E24,2 und V E24,3.

Anmerkungen zum Magnetmodell von S. E24

LI Den bisherigen Aussagen über die Pole von
SI Magneten liegt die Vorstellung zu Grunde, daß diese - wie es scheint - Sitz der magnetischen Eigenschaften (Nord- und Süd-Magnetismus) und Quelle bzw. Senke von magnetischen Kraftlinien seien. Danach müssen wir im Innern eines Magneten ein vom Nordpol zum Südpol gerichtetes magnetisches Feld erwarten (s. Abb. 190, 1). Prüfmagnete in der Bruchstelle eines Magneten (Abb. E24,3) zeigen mit ihrem Nordpol wie die Prüfmagnete im Spuleninnern (Abb. E24,2) eindeutig zum Nordpol. Dieser Widerspruch zum Feldbild der Abb. 190, 1 und zur Aussage, daß sich gleichnamige Pole abstoßen, kann nur durch Revision der Polvorstellung beseitigt werden.

Schon die Magnetisierung durch Streichen mit einem Magneten weist darauf hin, daß die magnetische Wirkung aus der Ordnung der Elementarmagnete auf der ganzen Länge des magnetisierten Eisens hervorgeht. Die
SV Magnetisierung eines Röhrchens mit Stahlspänen in einer Stromspule veranschaulicht diese Vorstellung eindrucksvoll und zeigt zugleich, daß sich die magnetische Wirksamkeit der Spule ebenfalls auf ihre ganze Länge erstreckt. Es besteht also keine Veranlassung, die Enden der Spule als "Pole" besonders hervorzuheben. Anders jedoch die Enden eines Stabmagneten: Sie sind zugleich Enden der früher schon angenommenen Elementarmagnet-Ketten, und Feldlinien lassen

Hinweise zur LE 4: Wirkungen des elektrischen Stromes S. E24–E25

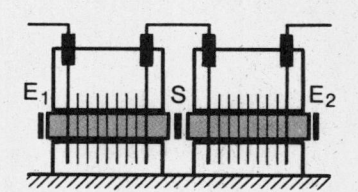

Abb. 191,1 Gleich starke und gleich gerichtete Felder in S, E1 und E2

sich auch nur außerhalb nachweisen; deshalb erscheint ihre Kennzeichnung als Pole berechtigt. Der weiteren Klärung diene der folgende Modellversuch. (Er ist durchaus zu realisieren; man kann sich notfalls auch darauf beschränken, ihn zu beschreiben und das Ergebnis mitzuteilen.)

LV Füllt man nach Abb. 191,1 zwei hintereinandergeschaltete, mit kleinem Abstand aufgestellte Experimentierspulen mit den passenden Eisenkernen, so rutschen diese beim Einschalten des Stromes nach der Mitte zusammen; werden sie auf Abstand gehalten, so zeigt ein Magnetfeldmeßgerät (Hallsonde) im Spalt S und vor den Enden E1 und E2 gleich starke und entsprechend Abb. E24,2 und E24,3 gerichtete Magnetfelder an.

SI Überträgt man dieses Ergebnis auf die früher angenommenen Ketten von Elementarmagneten, so müssen wir zwischen den aufeinanderfolgenden Enden derselben ebensolche "Spannfelder" erwarten, die sich aber erst ausbilden, wenn sich die Elementarmagnete ausgerichtet haben. Dann aber bleiben diese "Spannfelder" bei "magnetisch harten" Stoffen auch über die Wirkungsdauer des Spulenfeldes hinaus so lange erhalten (Remanenz), bis mechanische Kräfte oder die Teilchenbewegung bei erhöhter Temperatur die Ordnung der Elementarmagnete zerstören.

Das hier gezeichnete Bild vom Innern eines magnetisierten Eisenstücks entspricht genau der Kettenbildung der Eisenfeilspäne längs einer Feldlinie. Die dabei zu beobachtende Verkürzungstendenz kommt der Wirkung der Spannfelder gleich. Es ist wohl anzunehmen, daß sich auch die Ketten der Elementarmagnete im Innern längs der vom Spulenfeld vorgezeichneten Induktionslinien ausbilden. Danach hat das Feld im Innern von magnetisiertem Eisen die Struktur des induzierenden Spulenfeldes und alle Feldlinien sind geschlossen. Die Verkürzungstendenz magnetischer Feldlinien - auch ohne Mitwirkung von Eisen - kann mit der Roget-Spirale gezeigt werden (s. Abb. 194,1 und Ergänzungsaufgabe 4 unter c)).

Die Verstärkung des Spulenfeldes durch die Magnetisierung des Eisens ergibt sich aus der Überlagerung des Spulenfeldes mit dem des magnetisierten Eisen mit $\varkappa$-facher Stärke. Damit wird das Gesamtfeld auf das $(\mu = 1 + \varkappa)$-fache gebracht.

LI Wie allen Modellen haften auch den Feldlinien gewisse reale Merkmale an, die dann im Außen- und Innenfeld einheitlich zutreffen müssen, ohne daß allgemeingültige Prinzipien verletzt werden. Wird z.B. ein hypothetischer Mono-Nordpol auf einer geschlossenen Feldlinie durch die Spule geführt, so geschieht dies in voller Übereinstimmung mit dem Energieerhaltungssatz; der bewegte Pol induziert in der Spule eine Gegenspannung, so daß die bei der Umrundung vom Magnetfeld verrichtete Arbeit der Stromarbeit entnommen wird. Könnte ein solcher Monopol auf einer geschlossenen Feldlinie durch einen Magnetstab geführt werden, so würde diese Bewegung zu dessen Entmagnetisierung führen (vergl. mit Abb. E4,3a); der Abbau des Magnetfeldes entspricht einer Energieabnahme.

SI Die Versuche und Überlegungen legen nahe, auch im Falle des Stabmagneten von geschlossenen Feldlinien auszugehen. Unter Beibehaltung der Bezeichnung "Pole" sind diese aber nicht mehr "Quelle" und "Senke" des Magnetismus, sondern nur noch Aus- und Eintrittsstellen in sich geschlossener Feldlinien. Gleichgerichtete Felder führen zur Anziehung und gegeneinander gerichtete zur Abstoßung. Dies trifft sowohl für die Außenfelder ungleichnamiger bzw. gleichnamiger Pole zu (vergl. S. E3), als auch für die reale Situation im Innern einer Spule oder im Querspalt eines Magneten.

Das Modell der Ampèreschen Molekularströme stellt eine Alternative zu den Elementarmagneten dar. Sie sind in Anlehnung an das Magnetfeld eines kreisförmigen Stromleiters (Abb. E25,2) zwanglos einzuführen.

SI Ampère nahm molekulare elektrische Kreisströme als Ursache des Magnetismus an. Nach ihm sind die Achsen der Kreisströme völlig unorientiert. Im kräftigen Feld einer stromdurchflossenen Spule nehmen sie alle die Richtung des induzierenden Magnetfeldes an; damit wird die magnetische Sättigung erreicht. Die Felder der molekularen Kreisströme, die in einer Ebene liegen, lassen sich zum Feld eines Ringstromes auf der Umrandung zusammenfassen, da nach Abb. 192,1 sich alle Ströme im Innern aufheben. Das magnetisierte Eisenstück kann daher gedanklich durch seine Mantelfläche ersetzt werden, auf der flächenhaft verteilt ein Ringstrom fließt, dessen Richtung mit der des Spulenstromes übereinstimmt. Sein Magnet-

Hinweise zur LE 4: Wirkungen des elektrischen Stromes

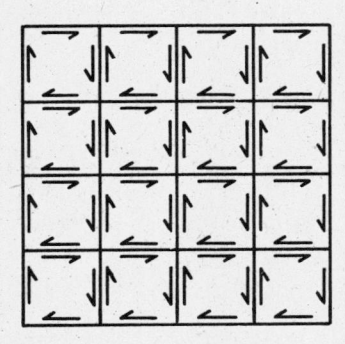

Abb. 192,1 Ampèresche Kreisströme (als Quadrate gezeichnet) heben sich im Innern auf

feld hat die gleiche Struktur wie das der Spule, wenn die Spule ganz ausgefüllt ist, und überlagert sich diesem.

Mit diesem relativ einfachen und im Zusammenhang des Kapitels auch gut verstehbaren Ampèreschen Modell erfolgt die Loslösung von der Polvorstellung, die am Anfang recht hilfreich war, ganz zwanglos und zugleich die Zurückführung des Magnetismus auf eine hypothetische elektrische Eigenschaft der Materiebausteine. Das Modell begründet auch überzeugend die Vorstellung, daß das äußere Feld eines Magneten die Fortsetzung des inneren Feldes ist.

Li Zur Vermeidung von Mißverständnissen sollte der Lehrer bei der Einführung dieses Modells die folgenden Forschungsergebnisse im Auge behalten (natürlich nicht behandeln!): Die quantentheoretische Auswertung des Einstein-de-Haas-Effektes ergab, daß der Ferromagnetismus nicht - wie nahe lag - auf die Kreisströme umlaufender Bahnelektronen zurückgeführt werden kann, sondern auf die aus optischen Erscheinungen bekannte und "Spin" genannte Kreiselbewegung der Elektronen. Lit.: (1) S. 150, (2) S. 241/242, (3) S. 187 u. 524. Mit ihr verbindet sich ein mechanisch stabilisierender Drehimpuls und ein bestimmtes magnetisches Moment, in dem wir die "eigentlichen Elementarmagnete" zu sehen haben.

Infolge der Wärmebewegung erzwingt ein äußeres Magnetfeld bei den meisten Stoffen nur eine sehr schwache Ausrichtung der magnetischen Spin-Momente und damit nur eine paramagnetische Wirkung. Die hohe Magnetisierung der Ferromagnetika beruht auf einer besonderen Kristall- und Atomstruktur, die für eine Wechselwirkung zwischen den Elektronenspins günstig ist: Es kommt innerhalb größerer "Weissscher Bezirke" zu einer spontanen Ausrichtung der magnetischen Spin-Momente ohne Einwirkung eines äußeren Feldes. Die Weissschen Bezirke sind in unterschiedlichen Richtungen vormagnetisiert (vgl. auch S. 180). Unterhalb der Curie-Temperatur ist diese Ordnung des "Spin-Kollektivs" durch die Spin-Wechselwirkung vor der Zerstörung durch die Wärmebewegung geschützt.

Bei der Darstellung des Ferromagnetismus auf der vorliegenden Altersstufe - und nur dieser kommt in Betracht - müssen die Vorstellungen des Lehrers wohl von der Existenz der Weissschen Bezirke ausgehen. Es dürfte für eine spätere vertiefte Betrachtung des Magnetismus kein Hindernis sein, wenn man das magnetische Moment des Weissschen Bezirks zu einem Elementarmagneten oder zu einem Ampèreschen Ringstrom zusammenfaßt, der den Bezirk umfließt. Es handelt sich bei diesen beiden Modellen um zwei dem Stand der Erkenntnis des Schülers angepaßte, die physikalischen Eigenschaften der Weissschen Bezirke repräsentierende Versionen, deren Vorläufigkeit durch einen Hinweis auf die Weissschen Bezirke angedeutet werden sollte und durch Vorführung der bekannten Magnetmodelle nach Abb. 165,2 in KUHN IIIC (1) auch konkretisiert werden kann. Erkennbar ist, daß es sehr wohl auf die Anordnung der kleinen Magnetchen ankommt, und daß sich die Bezeichnung "elementar" auf diese Magnetchen verlagert. Natürlich ist es nicht möglich, diese weiter zu analysieren oder sie sogar mit den Spinmomenten zu identifizieren. Für den Schüler ergibt sich dabei aber als neue Sicht: Elementarmagnete oder Ampèresche Kreisströme sind Symbole für die magnetischen Eigenschaften des Kollektivs "Weissscher Bezirk"!

Das Kreisstrommodell besitzt vielleicht den Vorteil, daß man durch die Möglichkeit, die Spule gedanklich zu "entmaterialisieren", reibungsloser zu der Vorstellung geschlossener Feldlinien kommt als mit dem Modell der Elementarmagnete. Entscheidender als die Wahl zwischen diesen beiden Modellen bleibt immer noch die eingangs unter a) schon angeschnittene didaktische Frage, ob man überhaupt auf innere Felder und materielle Strukturen von Magneten eingehen möchte (oder kann!). Die Möglichkeiten dazu wurden im Vorstehenden ausführlich erörtert.

Der stromdurchflossene Leiter im Magnetfeld (4.42)

SV Die beiden letzten Themen der Lerneinheit liegen bereits im Vorfeld der Strommessung. Der Vorversuch V E26,5, möglichst als Schülerversuch durchgeführt, soll 1. das Prinzip von Actio und Reactio zeigen, 2. zum Transfer und zur Umkehr des Oested-Versuchs
SV im V E27,1 motivieren. Aus der Querstellung des Leiters zum Magnetfeld folgt die Anord-

Hinweise zur LE 4: Wirkungen des elektrischen Stromes

nung von V E27,2 (Abb. E27,2) und schließlich die technisch rationale Version der Leiterschaukel in V E27,3 (Abb. E27,3). Bei der aufkeimenden Frage: Warum nicht gleich die Leiterschaukel?, bedenke man, daß in diese Anordnung bereits alle Erkenntnisse der vorangehenden Versuche investiert sind. Man

LV braucht nur in V E27,3 den Hufeisenmagneten auf die beiden Polenden zu stellen: Die Anordnung zeigt keine Stromwirkung an. Die Tatsache, daß die Wirkungsrichtung (Bewegung) weder mit der Strom- noch mit der Feldrichtung zusammenfällt und mit diesen Richtungen ein "Dreibein" bildet, muß besonders betont und mit den nachfolgenden Anwendungen eingeübt werden. Der nächste Schritt, die Wechselwirkung zwischen zwei stromdurchflossenen Leitern, wurde als Modellversuch zur Stromstärkedefinition (Abb. E32,1) abgeordnet.

SV Als Ergänzung zu V E27,1: Hängt man das Metallband locker in eine stromdurchflossene Spule, dann schmiegt es sich in einer Schraubenlinie der Innenwand der Spule so an, daß Innen- und Außenstrom gleichsinnig fließen. Der Versuch kann auch als Modellversuch zur Ausrichtung der Ampereschen Kreisströme dienen.

Elektromagnetische Stromanzeiger (4.5)

Das Schülerbuch behandelt Stromanzeiger als die ersten Anwendungen der magnetischen Wirkung des elektrischen Stromes. Beim Weicheiseninstrument ist es die magnetisierende Wirkung einer Spule (V E27,4), beim Drehspulinstrument die Kraft, die Stromleiter in Magnetfeldern erfahren, die technisch genutzt werden. Neben den technisch konstruktiven Maßnahmen müssen die Wirkprinzipien dieser beiden Typen von Stromanzeigern betont werden. Der Vorversuch V E26,5 (Abstoßung gleichliegender Magnete)

SV wird im Modellversuch zum Weicheiseninstrument (V E27,4 und V E27,5) als Grundversuch ausdrücklich bestätigt. Drehspulen sind stets unter zwei Aspekten zu betrachten: a) Die Spule als ganzes wirkt wie ein Stabmagnet und b) der einzelne, zum Magnetfeld senkrecht stehende Leiter erfährt einen Kraftantrieb. Beide Aspekte sind einzuüben.

Die Notwendigkeit der Rückstellkraft für die Reproduzierbarkeit der Zeigerausschläge muß unter allen Umständen einsichtig gemacht werden.

SV Grundsätzlich eignen sich alle Versuche zum Drehspulinstrument als Schülerversuche. Meistens zwingt aber Materialmangel zu Lehrerversuchen.

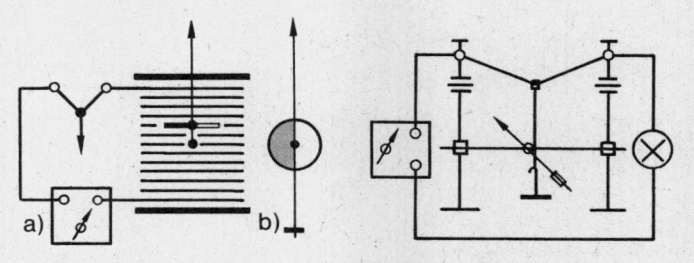

Abb. 193,1 (links) a) Galvanoskop, b) Ringmagnet
Abb. 193,2 (rechts) Hitzdrahtstromanzeiger

Ein praktischer und auch empfindlicher Stromanzeiger für Schülerversuche ist das "Nadelgalvanoskop", das aus einer Spule, einem passenden Kimmlagereinsatz (Phywe 6527) und einem Ringmagneten als Meßwerk (Phywe 7875) zusammengestellt wird. Vergl. Abb. 193,1.

Methodisch wäre nichts dagegen einzuwenden, wenn das Thema "Stromanzeiger" verallgemeinert und das Hitzdrahtinstrument mit einbezogen würde. Dasselbe spielt in der folgenden Lerneinheit beim Vergleich der Stromwirkungen eine entscheidende Rolle. Guten Einblick ins Prinzip bietet ein nach Abb. 193,2 gebautes Modellgerät.

c) Neue Aufgaben und Fragen

1. Zeichne die zirkulären Magnetfelder zweier paralleler
   a) gegensinnig, b) gleichsinnig fließender Ströme.
   Wie verlaufen die Feldlinien zwischen beiden Leitern? Beachte, daß gleichsinnig verlaufende Feldlinien Verstärkung, gegensinnig verlaufende Aufhebung des Feldes bedeuten. Deute daraus das in Abb. E32,1 dargestellte Verhalten der Stromleiter.
L. Zu a) Die Feldlinien verlaufen zwischen den Leitern gleichsinnig und weisen Verstärkung des Feldes aus. Die Abstoßung der Leiter kann auch mit einer Abstoßung zwischen den Feldlinien gedeutet werden. Zu b) Zwischen den Leitern sind die Feldlinien gegenläufig: Feldfreier Raum. Beide Leiter werden von einem kräftigen Feld umschlossen; ihrer Anziehung entspricht eine Verkürzung der Feldlinien.

2. Wie läßt sich mit dem Ergebnis von Aufgabe 1. das Feld eines Kreisleiters und einer Spule verstehen?
L. Zu jedem Stück des Kreisleiters gibt es ein gegenüberliegendes, das vom gleichen Strom gegensinnig durchflossen wird; im Innern der Kreisfläche haben die Felder aller solcher Leiterstück-Paare gleiche

Hinweise zur LE 5: Strommessung

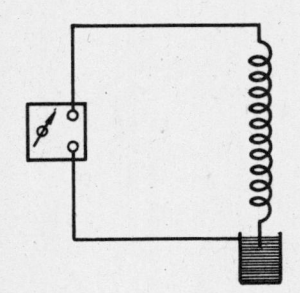

Abb. 194,1 Stromdurchflossene Spule zieht sich zusammen

Richtung, die Außenfelder werden abgeschwächt.
Die Spule ist als Hintereinanderreihung von Kreisleitern zu verstehen. Zwischen benachbarten Windungen gibt es kein Magnetfeld. Jede Feldlinie umfaßt alle Windungen der Spule.

3. Welche Erfahrung konnte Veranlassung sein, die Spule mit Eisen auszufüllen?
L. Eisen wird durch ein Magnetfeld (z.B. beim Streichen) selbst zu einem Magneten.

LV 4. Eine hängende Schraubenfeder (Abb. 194,1), deren unteres Ende in einen mit Quecksilber gefüllten Napf eintaucht, verkürzt sich, sobald sie vom Strom durchflossen wird; der Strom wird unterbrochen. Erkläre!
L. a) Mit der Verkürzung der Spule werden auch die Feldlinien kürzer.
b) Die gleichsinnig durchflossenen Stromleiterteile der Spule ziehen sich an.

d) Audio-visuelle Hilfsmittel

AT	Glühlampe	357266	(1)
AT	Die Sicherung	357267	(1)
AT	Das Magnetfeld einer Spule	357269	(1)
AT	Stromdurchflossener Leiter im Magnetfeld	357224	(1)
AT	Prinzip des Drehspulinstruments	357227	(1)
AT	Aufbau eines Drehspulinstruments	357228	(1)
F	Elektromagnetische Kraftwirkungen	355807	(1)
AT	Die Heizplatte	173809	(7)
AT	Gewinnung von Elektrolytkupfer	173854	(7)
AT	Das Bügeleisen		(7)
AT	Das Magnetfeld eines stromdurchflossenen Leiters		(7)
AT	Dreheiseninstrument (Weicheiseninstrument)	173233	(7)
DR	Meßgeräte (15)		(8)
F	Schmelzflußelektrolyse des Kochsalzes (2 min)	360004	(11)
F	Lösungselektrolyse des Kochsalzes (2,5 min)	360005	(11)
F	Das Drehspulmeßwerk I (4 min)	360201	(11)
F	Das Drehspulmeßwerk II (5 min)	360202	(11)
F	Das Drehspulmeßwerk III (5 min)	360203	(11)
F	Elektrolyse (5 min)	320 866	(11)
AT	Magnetfeld einer Spule (4)	37 106	(12)
AT	Die Schmelzsicherung (4)	37 136	(12)
AT	Die Elektrolyse von Kupferchlorid (5)	37 521	(12)
DR	Reihe 6: Magnetismus und Elektrizität	1 196	(13/23)
F	Kurzschlußversuche (14min)	A/67	(23)
F	Manchmal genügt ein Tag (25 min) (E-Technik einer Großstadt)	B/70	(H23)
F	Gebändigter Strom (die NH-Sicherung) (21 min)	B	(H23a)
F	Die eiskalten Affären des Adam G (18 min) (e-heizen, Speicherheizung)	C/70	(23)
F	Rendevous mit Wärme 2000 (Magnetton, 24 min) (Speicherheizung)	C/69	(23)

3.3.2.5 LE 5: Strommessung

a) Vorbemerkungen und Ziele

Die Bestimmung des Begriffs "Stromstärke" als Basisgröße der Elektrizitätslehre ist schwierig, weil das Phänomen Strom, das dem Begriff den Namen gab, überhaupt nicht mehr vorkommt; es wird bei der Begriffsbildung ausschließlich durch seine wahrnehmbaren Wirkungen vertreten (substituiert, vgl. 3.3.1). Diese Schwierigkeiten machen das Thema aber gerade als Exemplum für Begriffsbildung im Sinne der Ausführungen unter 1.2.3 so ergiebig. Die ausführlichen Darstellungen im Schülerbuch sollen hier nicht den Eindruck erwecken, als erschöpfe sich der Physikunterricht in der Diskussion um den Begriff "Stromstärke". Wenn z.B. bei anderer Reihenfolge der Stoffgebiete an anderer Stelle bei der Begriffsbildung in ähnlich sorgfältiger Weise vorgegangen wurde, läßt sich der Lehrgang auf das Fundamentum, allenfalls einschließlich der 1. Erweiterung verkürzen. Damit lassen sich die folgenden Ziele erreichen:

1. Definition der Gleichheit, Vielfachheit und Einheit der Stromstärke,

2. Beherrschung des Meßverfahrens und Fertigkeit im Umgang mit der Einheit und Untereinheiten,

3. Vorstellung von der Größenordnung der Stromstärken, die bei elektrischen Vorgängen im Alltagsleben auftreten.

Hinweise zur LE 5: Strommessung S. E29

Zum Lehrgang im Schülerbuch

Es geht zunächst um die Einsicht, daß die Messung des elektrischen Stromes nur durch praktisch einfach quantisierbare Stromwirkungen möglich ist. Man wählte dafür durch internationale Vereinbarung die magnetische Wirkung aus. Es leuchtet ein, daß man die Einheit der Stromstärke durch eine bestimmte, reproduzierbare magnetische Kraftwirkung zweier Stromleiter aufeinander festlegen kann. Die Frage, warum die magnetische Wirkung ausgewählt wurde, ist zweitrangig hinter der Frage, wie denn nun die Vielfachheit der Stromstärke festzulegen sei.

Es ist sinnvoll, der größeren magnetischen Kraftwirkung - unter sonst gleichen Umständen - die größere Stromstärke zuzuordnen. Eine dahin gehende Festsetzung, daß eine n-fache magnetische Kraftwirkung auf die n-fache Stromstärke zurückzuführen sei, ist zwar einleuchtend, dürfte aber von nachdenklichen Schülern als willkürlich empfunden werden (psychologischer Einwand); sie werden vielleicht fragen, wie denn die n-fache Kraftwirkung zustande komme (sachlicher Einwand). Die letzte Frage ist sehr begründet. Gehen wir nämlich einmal von der Anordnung aus, die zur Definition der Einheit dient, dann entspräche - wie unter b) noch näher ausgeführt wird - nach der der Definition zugrunde liegenden Theorie der doppelten Stromstärke die vierfache magnetische Kraft; es ergibt sich also nicht die behauptete einfache Proportionalität. Da solche Erörterungen mit Schülern dieser Altersstufe nicht möglich sind, bleibt nur ein pragmatischer Weg, z.B. den über die Analyse eines Drehspulinstrumentes, mit dem man ja die Stromstärke mißt. Man findet, daß dort mit der Rückholfeder die Kraft gemessen wird, die ein stromdurchflossener Leiter im konstanten Magnetfeld eines Permanentmagneten erfährt. Dies sind aber gegenüber den bei der Definition der Einheit benutzten, ganz neue Versuchsbedingungen. Es dient auch nur zur Beruhigung des Lehrers, daß die für diesen Fall geltende Theorie einen der obigen Festsetzung adäquaten linearen Zusammenhang zwischen Kraft und Strom bestätigt.

Um die oben bezeichneten Einwände zu entkräften, ist es zweckmäßig, experimentell zu zeigen, daß die obige Festsetzung für das Stromstärkevielfache mit den Aussagen des modifizierten Modellversuchs zum "Strom als Ladungstransport" (V E29,3) übereinstimmt. Dabei darf aber nicht der Eindruck entstehen, als habe dieser Versuch grundlegende Bedeutung und die (magnetische) Definition sei aus ihm abgeleitet. Das Verfahren zeigt exemplarisch, daß in der Physik Definitionen nicht völlig willkürlich erfolgen; sie werden erst formuliert, wenn sich daraus einfache Gesetze ergeben oder Übereinstimmung mit anderweitigen Erfahrungen bzw. Erwartungen besteht, die aus Modellvorstellungen gewonnen werden, wie z.B. der, daß Strom durch Ladungstransport entsteht. Vergl. mit 1.2.3. Der Modellversuch ist dafür nur ein erstes Beispiel, dem im Laufe der LE weitere folgen, z.B. die Proportionalität der bei der Elektrolyse abgeschiedenen Stoffmenge mit der Stromstärke und das 1. Kirchhoffsche Gesetz der Stromverzweigung.

Die besonderen Schwierigkeiten bei der methodischen Aufbereitung des Themas beruhen auf der Tatsache, daß die Definition der Stromstärkeeinheit auf einer nicht exakt realisierbaren Gedankenkonstruktion beruht, und daß man für die Festlegung des Stromstärke-Vielfachen neue Anordnungen benutzen muß, die auch quantitative Aussagen zulassen. Daher wird man sich zwangsläufig erst mit dem Aufbau einer relativen Stromstärke-Skala befassen, bevor man die Definition der Einheit bespricht, die doch nicht weiterführt.

Der im Schülerbuch aufgezeichnete, nach Anforderungen stark differenzierte Weg zur Stromstärkedefinition ist durchaus realisierbar und den SI-Vorschriften optimal angepaßt. Trotzdem sollte der zum qualitativen Verständnis der elektrischen Erscheinungen unerläßliche Ladungsbegriff zentraler Begriff bleiben. Es genügt zunächst ein vorläufiger Ladungsbegriff mit beliebiger, aber reproduzierbarer Einheit, der - wie im Buch vorher schon geschehen - als Stromstoß definiert, sogar der späteren Definition genau entspricht. Man kann doch die Ladung Q nur dann sinnvoll durch das Produkt aus Stromstärke I und der Zeit t definieren, wenn man vorher die Stromstärke aus dem Ladungstransport heraus quantisiert hat, wie dies der Modellversuch V E29,3 nahelegt. Vergl. auch c) 1. Aufg.

b) Bemerkungen zu den einzelnen Themen

Stromwirkungen als Grundlage der Strommessung (5.1)

Glühlampen jeder Größenart leisten als Stromindikatoren bisher gute Dienste, weil die vielen handelsüblichen Typen eine gute Anpassung an die verschiedenen Stromkreise erlauben. Sie sind aber für quantitative Aussagen über die Stromstärke ungeeignet, da die für die Helligkeit verantwortliche Wärme-

Hinweise zur LE 5: Strommessung

leistung von der Stromstärke <u>und</u> der Spannung abhängt. Außerdem wäre eine Helligkeitsmessung bei veränderlicher Temperatur ein sehr komplexes Unternehmen (vgl. 3.3.2.3c). Da nach SI-Vorschrift die Stromstärke durch die magnetische Kraftwirkung des elektrischen Stromes definiert wird, sollen vorläufig nur <u>Drehspulinstrumente</u> nach Kap. 4.5 benutzt werden. Sie sind ebenfalls anpaßbar (wie?, das bleibt zunächst Geheimnis des Lehrers) und werden unter zwei Aspekten betrachtet: 1. als komplettes <u>Strommeßgerät</u>, dessen auf gleichabständiger Skala gemessene Zeigerausschläge Stromstärken in einer zunächst unbekannten Einheit bedeuten. 2. Nach entsprechender Analyse im nächsten Kapitel sind sie <u>Meßgeräte für die magnetische Kraft</u>, die ein Stromleiter im konstanten, zum Leiter senkrechten Magnetfeld erfährt.

<u>Das Einführungskapitel</u> (5.1) ist naturgemäß auf das Fundamentum zugeschnitten. Hier kann die Frage, welche Stromstärke man dem n-fachen Zeigerausschlag zuordnen soll, zunächst ohne V E29,3 direkt durch die Definition der Gleichheit und Vielfachheit auf S. E29 beantwortet werden. Auch im Fundamentum müssen die folgenden drei Einsichten erarbeitet werden: 1. Stromstärken können zunächst nur mit demselben Instrument verglichen werden. 2. Es muß eine Stromstärkeeinheit festgelegt werden, auf die alle Instrumente geeicht werden, damit ihre Angaben vergleichbar sind. 3. Die Eichung erfolgt durch Reihenschaltung mit einem "Norminstrument", das die Stromstärkeeinheit durch einen bestimmten Ausschlag anzeigt.

Nach der Erörterung des Eichverfahrens können auch Schülerübungsgeräte mit nicht-linearer Skala benutzt werden. Diese müssen bei der Definition der Stromstärke-Vielfachheit ausgeschlossen bleiben, weil die Zuordnung I ~ F (magnetische Kraft) zur Grundlage dieser Definition gemacht werden soll. Dies ist aber nur möglich, wenn die magnetische Feldstärke im Spalt **des** Drehspulinstrumentes konstant ist. Wenn - wie dies auf S. E29 geschehen - I dem Ausschlagswinkel α proportional sein soll, muß außerdem der Kraftmesser linear sein, d.h.

LI α ~ F gelten. Bei den Schülerübungs-Meßgeräten mit nicht-linearer (logarithmusähnlicher) Skala soll der prozentuale Meßfehler über den ganzen Skalenbereich konstant gehalten werden. Dies kann man durch ein mit zunehmendem Zeigerausschlag abnehmendes Magnetfeld oder einen nicht-linearen Kraftmesser erreichen. Meßtechnik rangiert hier vor methodischen Belangen!

Abb. 196,1 Glättung der Stromstöße. Ergänzung zu Abb. E29,1

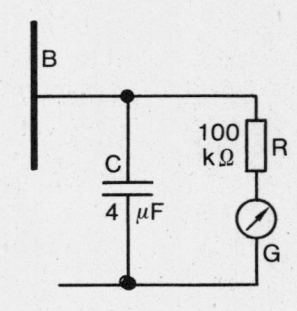

Dieser pragmatische Kurs schließt mit Meßübungen ab. Wenn irgendwie möglich, wird man auch V E29,3 ins Fundamentum hineinnehmen, am besten aber hinterher als bestätigenden Abschluß. Über die Einordnung dieses Versuchs ins Gefüge der Begriffsbildung s. unter a).

VT Es wird empfohlen, die für den Schüler vereinfacht dargestellte Versuchsanordnung zu
LV V E29,3 bei der praktischen Durchführung nach Abb. 196,1 zu ergänzen. Durch den Widerstand R und den Kondensator C erreicht man die Glättung der Stromstöße, man verhindert Kriechströme im Galvanometer, die wegen der Hochspannung auftreten können, und man schont das Gerät.

Um für das Fundamentum schon im einführenden Kapitel einen Abschluß zu erreichen, wurde auch in der Erweiterung - vorläufig - auf eine Definition der Stromstärkeeinheit verzichtet. Für weiterführende Lehrgänge ist allerdings zu begründen, warum man die Einheit der Stromstärke unabhängig von einem "Norminstrument" definieren muß.

Zur Definition der Stromstärke (5.2)

Beim <u>Vergleich der Stromwirkungen</u> werden die magnetische- und Wärmewirkung durch Zeigerausschläge von eigens dafür gebauten Instrumenten mit gleichabständiger Skala (Winkelskala) registriert, die elektrolytische Wirkung durch den Quotienten aus dem Volumen (oder der Masse) der abgeschiedenen Stoffmenge und der dafür nötigen Zeit erfaßt. Dabei spielt die elektrolytische Wirkung eine Schiedrichterrolle zwischen Drehspul- und Hitzdrahtinstrument. Nach der Versuchsreihe V E30,3 bis 30,5 dürfte feststehen, daß Drehspulinstrument und elektrolytische Abscheidung auf Grund ihres konformen Verhaltens bei der Stromstärkeänderung als echt konkurrierende Verfahren dem Hitzedrahtinstrument im Hinblick auf die Stromstärkedefinition vorzuziehen sind. Das elektrolytische Verfahren eignet sich zur Definition der Einheit <u>und</u> der Vielheit der Stromstärke, das magnetische aber bisher nicht zur Fest-

Hinweise zur LE 5: Strommessung

legung der Einheit. Im Hinblick auf die praktische Meßtechnik rangiert das Drehspulinstrument natürlich an erster Stelle, was aber die Entscheidung für die magnetische Stromstärkedefinition gegen die elektrolytische und schulmethodisch adäquatere allein nicht rechtfertigt.

Beim Vergleich der Stromwirkungen ging es auch gar nicht um eine solche Entscheidung, sondern um die Demonstration der Grundsatzfrage: Welche Konsequenzen ergeben sich aus den verschiedenen Definitionsmöglichkeiten? Die drei Möglichkeiten werden der Reihe nach diskutiert, wobei zu beachten ist, daß die Stromstärke I immer nur mit einer Wirkung definiert werden kann; die Registrierungen Y der anderen Wirkungen stellen dann gesetzmäßige Zusammenhänge von der Form I→Y dar. Diese können einfach oder kompliziert sein. Z.B. ist die Proportionalität der Stoffmenge, die in einer festgelegten Zeitspanne abgeschieden wird, mit der magnetisch definierten Stromstärke einfach. Außer ihr stellen sich noch viele solch einfacher Relationen ein, die alle bekannt waren, als man die Stromstärke endgültig mit der magnetischen Wirkung defi-

LV nierte. Wer die Bedeutung der Forderung nach einfachen Gesetzen unterstreichen möchte, möge auf einer mit Mehl bestreuten rotierenden (alten) Schallplatte die (einfache) geradlinige Bewegung seines Fingers über dieselbe aufzeichnen. Die Schüler werden sicher spontan die ruhende Platte als Koordinatensystem für die Aufzeichnung des Vorgangs wählen.

Der nächste, für die Definition der Stromstärke mit Hilfe der magnetischen Kraft grundlegende Schritt kann unabhängig von den obigen Überlegungen erfolgen (2. Erweiterung). Nach entsprechender Analyse verwandelt sich das Drehspulinstrument in einen Kraftmesser für die magnetische Kraft, die die Stromleiter der Drehspule im Schlitz zwischen den Polen des Permanentmagneten und dem feststehenden Eisenkern erfahren. Dazu ist die Kenntnis des für die Rückholfeder gültigen linearen Kraft-Gesetzes nötig, die im V E31,1 nach Abb. E31,2 im ad-hoc-Verfahren gewonnen wird, wenn dieses noch nicht bekannt ist. Eine Spiralfeder als Kraftmesser paßt sich besser an die Gegebenheiten des Drehspulinstrumentes an (falls vorhanden). Auf Grund der Proportionalität des Zeigerausschlags mit der Kraft erhalten die pragmatischen Erstdefinitionen von Gleichheit und Vielfachheit der Stromstärke von S. E29 die verallgemeinerungsfähigen Versionen von S. E31; mit ihnen kann man sich

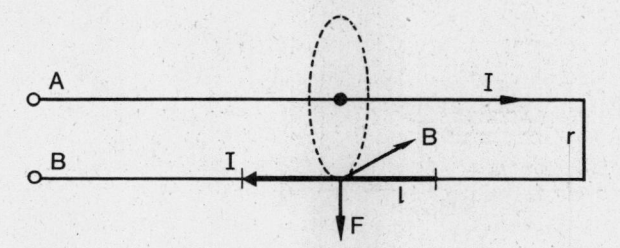

Abb. 197,1 Zur Berechnung der magnetischen Kraft zwischen zwei Stromleitern

vom Drehspulinstrument lösen und zu handelsüblichen Stromwaagen übergehen. Aber auch mit Stromwaagen ist noch keine Absolutmessung möglich, weil die Feldstärken der benutzten Permanent- oder Elektromagnete nur mit Hilfe bekannter Stromstärken bestimmt werden können.

Das Verfahren zur Definition der Einheit der Stromstärke darf außer der magnetischen Kraft nur geometrische Parameter enthalten. Dies trifft für die Wechselwirkung zweier Leiter zu, die nach Abb. E32,1 und E31,4 vom gleichen Strom durchflossen werden. Die in
LI die Definition der Basiseinheit 1 Ampere (s. Buchumschlag) eingehende magnetische Kraft von $0{,}2 \cdot 10^{-6}$ N ergibt sich aus der folgenden Theorie (s. Abb. 197,1):

Der Stromleiter A hat ein zirkuläres Magnetfeld, dessen Feldstärke im Abstand r beträgt (nach Biot-Savart): $B = \frac{\mu_0}{2\pi} \cdot \frac{I}{r}$. Das parallele Teilstück l des Leiters B, das vom gleichen Strom gegenläufig durchflossen wird, erfährt als Feldindikator die radial nach außen gerichtete Kraft $F = B \cdot I \cdot l$, so daß $F = \frac{\mu_0}{2\pi} \cdot \frac{I}{r} \cdot I \cdot l$ wird. Mit $\mu_0 = 4\pi \cdot 10^{-7} \frac{Vs}{Am}$ $= 4\pi \cdot 10^{-7} \frac{N}{A^2}$ erhält man als Definitionsgleichung für I: $F = 2 \cdot 10^{-7} \frac{N}{A^2} \cdot I^2 \cdot \frac{1}{r}$ und mit I = 1 A, l = 1 m und r = 1 m: $F = 2 \cdot 10^{-7}$ N $= 0{,}2 \cdot 10^{-6}$ N.

LV Die außerordentlich kleine Kraft kann vergrößert werden, wenn man z.B. für I = 10 A und r = 1 cm wählt:
$$F = 2 \cdot 10^{-7} \frac{N}{A^2} \cdot 100 \, A^2 \cdot \frac{1 m}{1 cm} = 2 \cdot 10^{-3} \, N.$$

Da die Theorie nicht zur Verfügung steht, kann man den Versuch nach (1) Abb. 102,1 nicht quantitativ auswerten; er besitzt aber hohen demonstrativen Wert. Man könnte auch daran denken, den Versuch dadurch quantitativ auswertbar zu machen, daß man mit dem Ergebnis obiger Rechnung die Stromstärkeeinheit ersatzweise wie folgt definiert

Hinweise zur LE 5: Strommessung

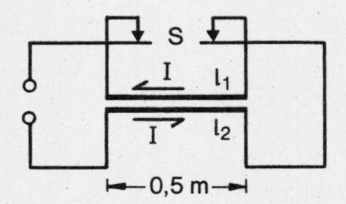

Abb. 198, 1 Zur Ersatzdefinition der Stromstärkeeinheit. Der Anschluß von l_1 erfolgt über das Schneidenlager S der Stromwaage.

(s. Abb. 198, 1): "Zwei geradlinige Leiter (l_1 und l_2) von je 1/2 m Länge (1 m Gesamtlänge), die von einem Strom von 10 A gegenläufig durchflossen werden und 1 cm Abstand haben, stoßen sich mit der Kraft F = 1 mN ab".

Eine solche Definition böte die Möglichkeit, ein auf den Meßbereich 10 A angelegtes Instrument mit der Stromwaage zu überprüfen (nachzueichen).

Anwendungen des Stromstärkebegriffs

Die Abhängigkeit der chemischen Wirkung von der Stromstärke (5.3) kann nach der magnetischen Definition des Stromstärkebegriffs nunmehr in die Form quantitativer Gesetze gebracht werden. Die unter 1. auf S. E32 festgehaltene Unabhängigkeit der abgeschiedenen Knallgasmenge vom Bau und der Füllung der Elektrolysierzelle ist nur eine Teilaussage des 2. Faradayschen Gesetzes der Elektrolyse, das besagt, daß die vom gleichen Strom in gleichen Zeiten an einer Elektrode abgeschiedenen Stoffmengen äquivalent sind (d.h. sie können sich chemisch miteinander verbinden oder in Verbindungen einander ersetzen). So sind die in 0,174 cm^3 Knallgas enthaltenen 0,116 cm^3 ≙ 0,00104 mg Wasserstoff den 1,118 mg Silber äquivalent, die ebenfalls an der Kathode abgeschieden werden (s. 2. auf S. E32).

Früher definierte man mit den Angaben unter 2. auf S. E32 die Einheit der Stromstärke 1 Ampere und mit den Angaben unter 3. ihr Vielfaches; man kann sie auch heute noch zum Eichen von Meßinstrumenten benutzen.

Der Begriff der Elektrizitätsmenge - Ladung (5.4) ist nur vom Strömungsmodell her zu verstehen und quantitativ zu definieren (vergl. c) 2. Aufg.). Wenn man unter der Stromstärke I eines stationären Stromes den Quotienten aus der Menge Q des Strömenden und der Zeit t versteht, in der diese Menge durch einen beliebigen Leiterquerschnitt fließt, so erhält man Q aus $I = Q/t$ und $Q = I \cdot t$ als Definitionsgleichung für Q.

LI Da für die bei der Elektrolyse abgeschiedenen Stoffmengen ebenfalls gilt: $S \sim I \cdot t$, ist auch $Q \sim S$ oder $Q = F \cdot S$. Messungen ergaben, daß für die Abscheidung eines Mols (S = 1 mol) einwertiger Ionen stets die Elektrizitätsmenge Q = 96500 C nötig ist. Aus 96500 C = F · 1 mol ergibt sich für einwertige Ionen die Faradaysche Konstante $F = 96500 \frac{C}{mol}$. Ionen mit der Wertigkeit w transportieren pro Mol die w-fache Elektrizitätsmenge; für sie gilt: $Q = F \cdot n \cdot w$, wobei n die abgeschiedene Stoffmenge in mol bedeutet.

Das 1. Kirchhoffsche Gesetz (5.5) der Stromverzweigung wird von den Schülern - unabhängig von jeder Messung - allein aus der Stromvorstellung und dem Prinzip der Stofferhaltung heraus (also rein deduktiv) als selbstverständlich betrachtet. Die Tatsache, daß die Meßergebnisse den Erwartungen entsprechen, spricht nicht nur für die Brauchbarkeit der Meßinstrumente und die ihnen zugrunde liegende Stromstärkedefinition, sondern auch für das Strommodell. Neben dem wichtigen Sach-Lernziel des Gesetzes selbst gilt es, diese für die physikalische Erkenntnis typische Situation als Verifikation zu würdigen. Vgl. 1.2.3

Die Zahl der Beispiele für verzweigte Stromkreise (5.6) kann hier auf zwei wesentliche beschränkt werden; denn erst im Zusammenhang mit Leitwert- und Widerstandsbestimmung werden verzweigte Stromkreise als Rechenbeispiele effizient. Die Stromteilung durch Nebenschluß im Strommesser (Shunt) zur Erweiterung des originalen Meßbereichs des Instruments rundet das Thema Strommes-
SV sung ab. Die V E34,1 bis 34,3, unter günstigen Umständen als Schülerversuche durchführbar, sollten die elementar gehaltene Durchrechnung des Shuntproblems, die sich auf Angabe der Zweigstromstärken beschränkt, unbedingt begleiten. Die Parallelschaltung von Geräten im Stromkreis eines Hauses, in Abb. E34,4a realitätsgetreu dargestellt, wird erst in der schematischen Darstellung b) recht deutlich. Die Äquivalenz dieser beiden Darstellungsweisen wird aus der Tatsache einsichtig, daß man den Anschluß eines Geräts an den Zähler an jeder beliebigen Stelle vornehmen kann, was man im Mo-
LV dellversuch demonstrieren sollte. Im Hinblick auf die zukünftige Realisierung schematischer Schaltskizzen vom Typ b) muß festgehalten werden, daß Schülern der Transfer von b) in die Realität nach Skizze a) über Erwarten schwer fällt.

Hinweise zur LE 5: Strommessung   Aufgaben–Hilfsmittel

c) Neue Aufgaben und Fragen

1. In V E29,3 ver-n-facht sich der Ausschlag des Galvanometers, wenn a) n Kugeln statt einer pendeln; d.h. es wird in derselben Zeit die n-fache Ladung transportiert. b) Der Ausschlag vergrößert sich von α_o auf α, wenn sich durch Verkürzen der Pendellänge (s. VT) die Dauer für bspw. 20 Ladungstransporte bei 10 Vollschwingungen von t_o auf t verkleinert: $\alpha/\alpha_o = t_o/t$ oder $\alpha = \frac{t_o}{t} \alpha_o$.
Welche Beziehungen ergeben sich a) zwischen α und transportierter Ladung Q und aus b) zwischen α und der Transportdauer t?

L. a) $\alpha \sim Q$, b) $\alpha \sim \frac{1}{t}$.

Wenn $I \stackrel{def.}{\sim} \alpha \longrightarrow I \sim Q/t \longrightarrow I \stackrel{def.}{=} Q/t$.

VT Da sich den mechanischen Pendelbedingungen die gleichbleibende elektrische Beeinflussung der Schwingungsdauer überlagert, führt eine Verkürzung des Pendels nur dann zu einer nennenswerten Erhöhung der Pendelfrequenz, wenn man für den Versuch b) eine Kugel größerer Masse benutzt, z.B. eine Messingkonduktorkugel (d=4cm). Die Verkürzung der Pendellänge wird dadurch erreicht, daß man den Aufhängefaden mit einer Krokodilklemme festklemmt, die über einen Haltestiel am Stativ befestigt wird.

LV Die Daten des obigen Versuchs lassen sich auch mit der folgenden Versuchsanordnung gewinnen: Zwei gleich große Kunststoffplatten (Langspielplatten, s. Abb. 49,1) werden auf der Unterseite mit Metallfolie beklebt. Auf die Oberseiten werden 11 bzw. 15 gleich große dreieckige Lamellen L aus Alublech, gleichmäßig verteilt, und mit ausreichendem Abstand aufgeklebt. 1 cm vom Plattenrand bleibt auf beiden Seiten frei. Die Folie auf der Rückseite wird über den Schleifkontakt K_1 (dünner, entsprechend gebogener Draht) geerdet. Die Aufladung der Lamellen geschieht über einen ebensolchen Schleifkontakt K_2 und die Entladung auf der anderen Seite über K_3 und das Drehspulgalvanometer G (vgl. Anm. zu Abb. 196,1).

1. Platte mit 15 Lamellen liefert bei 33 U/min: α_1
2. Platte mit 11 Lamellen liefert bei 33 U/min: $\alpha_2 = \frac{11}{15} \alpha_1$
2. Platte mit 11 Lamellen liefert bei 45 U/min: $\alpha_3 = \frac{45}{33} \alpha_2 = \alpha_1$

Zusammenfassende Lösung wie oben.

2. Wie könnte man aus der Zahl der Hin- und Hergänge n im V E29,3, der Zeit t und der

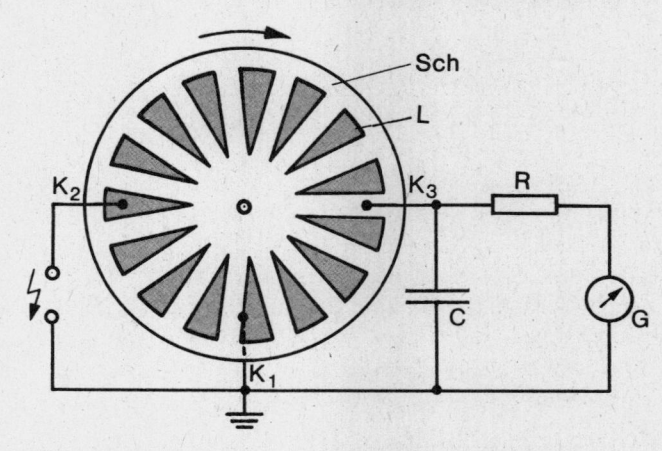

Abb. 199,1 Ladungstransport auf einer rotierenden Scheibe

mit dem Galvanometer gemessenen Stromstärke I die von einer Kugel transportierte Einzelladung berechnen?

L. Beträgt die Einzelladung der Kugel q, so transportiert sie auf n Transportwegen die Ladung Q = n·q und dies in der Zeit t. Die Stromstärke berechnet sich aus $I = Q/t = nq/t \longrightarrow q = It/n$.

3. a) Drücke folgende Stromstärken in passenden Untereinheiten aus. b) Schreibe sie in Zehnerpotenzen der Einheit 1 A mit ganzzahligen Vorzahlen um!
0,3 A; 0,327 A; 0,0005 A; 0,0000296 A; 0,0000063 A

L. a) 300 mA; 327 mA; 0,5 mA = 500 μA; 29,6 μA; 6,3 μA

b) $3 \cdot 10^{-1}$ A; $327 \cdot 10^{-3}$ A; $5 \cdot 10^{-4}$ A; $296 \cdot 10^{-7}$ A; $63 \cdot 10^{-7}$ A

d) Audio-visuelle Hilfsmittel

AT Elektrische Schaltungen: Grund-, Parallel- und Reihenschaltung	357265	(1)
DR Elektrische Meßinstrumente (12)	B 20	(4)
AT Drehspulmeßgerät	173231	(7)
DR Meßgeräte (15)		(8)
F Verteilungsnetz und Verbraucheranlage (11 min)	32 2158	(11)
DR Elektrische Anlagen im Wohnungsbau: I (7), II (10), III (15)	10 2088- 10 2090	(11)

Hinweise zur LE 6: Technische Anwendungen

3.3.2.6 Technische Anwendungen der magnetischen Stromwirkung

a) Vorbemerkungen und Ziele

Da Anwendungen das Begreifen der Phänomene fördern, sollte man beide nicht ohne Not trennen. Bei der magnetischen Stromwirkung erfordern Anzahl und Eigengewicht der Anwendungen aber eine eigene LE; sie hätten allein durch den Umfang den didaktischen Rahmen der LE 4 gesprengt.

In einer rein technischen LE sollte vor allem die spezifische Denkweise im technischen Bereich angesprochen werden. Es genügt nicht zu lernen, wie die Dinge aussehen und funktionieren, man sollte auch lernen, wie sie sich aus einer technischen Problemstellung heraus entwickeln. Dies kann nach folgendem Schema erfolgen: 1. Was soll erreicht werden? 2. Welche physikalischen Grundlagen bieten sich dafür an? 3. Wie kann man das Problem mit eigenen (schulischen) Mitteln (evtl. nur modellhaft) lösen? 4. Wie sehen funktionstüchtige technische Lösungen aus? Der Schüler lernt so hinter jedem technischen Gegenstand einen geistigen Entwicklungsprozeß sehen, in dem Wissen und schöpferische Phantasie (Ingeniosität) unter ständiger logischer und sachlicher Kontrolle in Wechselwirkung stehen.

Neben diesen, die Unterrichtsmethodik direkt angehenden Fragen gibt es noch eine Reihe von Gesichtspunkten, die den praktischen Anwendungsbereich betreffen (vgl. 1.2.1 und 1.2.5). Zu nennen wären folgende: 5. Betriebssicherheit (Zuverlässigkeit, Wartung, Gefahrenmomente), 6. Ökonomische Fragen (Wirkungsgrad, Wirtschaftlichkeit, Rationalisierung von Arbeitsprozessen), 7. Anpassungsfähigkeit an die Dimensionen verschiedener Einsatzarten- und Orte (Haushalt, Industrie, Verkehr), 8. Transfer des Prinzips auf andere Formen (Drehstrommotor auf Linearmotor), 9. Gesellschaftspolitische Auswirkungen und 10. Umwelteinfluß.

An den Auswirkungen technischer Erzeugnisse für den Einzelmenschen und die Gesellschaft muß der Schüler erfahren, daß das spezifisch technische Denksystem kein Kriterium für eine existentiell relevante Wertung der technischen Erfindung enthält. Die Fremd-Kategorie der Verantwortung muß heute eine zunehmende Rolle bei technischen Entwicklungen spielen. Nach Popper (s. (6)) sollte der Wissenschaftler "darin eine seiner besonderen Verpflichtungen sehen, die ungewollten Folgen seiner Tätigkeit so weit als möglich vorauszusehen. Dann kann er, bevor es zu spät ist, die Aufmerksamkeit auf jene ungewollten Folgen lenken, die wir vermeiden müssen".

Der Überschrift entsprechend behandelt die LE Anwendungen der magnetischen Stromwirkung; doch fließen im Zuge einer modernen Gruppierung des Themas unter übergreifenden Gesichtspunkten wie "elektrische Antriebsmaschinen", "elektrische Automaten-Steuerung und Regelung", "Nachrichtenübertragung" und "Nachrichtenspeicherung" gelegentlich im Verbund auch andere Bauelemente ein wie Bimetallschalter, Schallplatte, Lochstreifen und Lochkarte. Sie alle lösen Ströme aus oder formen (modulieren) diese.

Antriebsmaschinen aller Art, vom Motor der D-Zug-Lokomotive bis zum Kleinmotor im Tonband- oder Schallplattengerät, begleiten den Menschen wie ihn automatische Sicherungen vor Schaden oder Lebensgefahr bewahren. Die Regelkreise in der Heizungsanlage oder dem Warmwasserspeicher dienen nicht nur der Bequemlichkeit des Menschen, sie machen ihn vielmehr frei für andere Tätigkeiten; Telefon, Radio und Fernsehen informieren ihn, Tonband und Schallplatte speichern Wort und Ton zu seiner Entspannung bei der Wiedergabe. Die unmittelbare Bedeutung dieser Gegenstände und Vorgänge für den Menschen machen wohl zur Genüge verständlich, warum diese Themen ins Schülerbuch aufgenommen wurden. Mit dieser LE schließt das Generalthema "Strom" vorläufig ab.

Natürlich sind in diesem Rahmen die technischen Möglichkeiten, die die Elektronik im Bereich der Nachrichtenübertragung- und Speicherung bietet, noch nicht berücksichtigt. In diese Richtung zielende Hinweise können aber jetzt schon gegeben werden.

b) Bemerkungen zu den einzelnen Themen

Elektrische Antriebsmaschinen - Elektromotoren (6.1)

Neben der Entwicklung der Ankerform zum Trommelanker unter dem Gesichtspunkt optimaler Nutzung des Magnetfeldes (vgl. 3.3.3) konzentriert sich das Thema auf die Automatik einer zeitgerechten Umschaltung der Ankerströme, die zur Erhaltung eines gleichgerichteten Drehmoments wichtig ist. Die Lösung des Problems bringt der auf der Motorachse sitzende Kollektor. Er stellt durch die Funkenbildung zwischen Kollektorlamellen und Kohlebürsten zugleich die störanfäl-

Hinweise zur LE 6: Technische Anwendungen

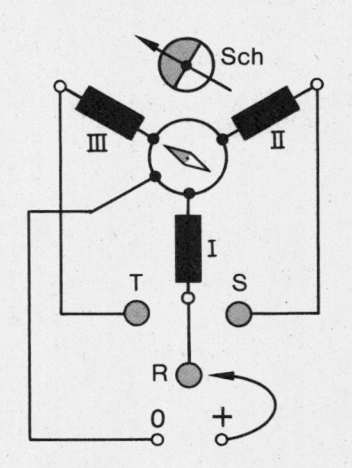

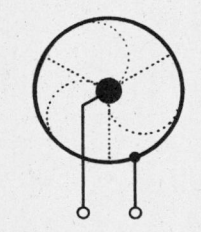

S. E35–E36

Abb. 201, 1 (links) Drehfeld

Abb. 201, 2 (rechts) Corbinoscheibe

ligste Stelle des Motors dar. Deshalb ist - wenn man auch nicht darauf eingehen möchte oder kann - wenigstens ein Hinweis auf kollektorlose Wechselstrom- oder Drehstrommotoren und die mit sogen. Feldplatten magnetisch gesteuerten Gleichstrommotoren angebracht. Es ist auch durchaus möglich, das diesen Motoren gemeinsame Prinzip des Drehfeldes durch den nachfolgend beschriebenen einfachen Versuch zu demonstrieren.

SV Die inneren Enden von drei Spulen mit Eisenkern, nach Abb. 201,1 im Dreieck aufgestellt, sind untereinander und mit dem Pol 0 einer Gleichstromquelle verbunden; die drei äußeren Enden führt man zu drei Kontaktkugeln R, S, T. Im Innenraum der drei Spulen befindet sich eine Magnetnadel oder ein auf Spitze gelagerter Scheibenmagnet Sch, der in Richtung eines Durchmessers magnetisiert ist, als Anker. Berührt man mit dem Stecker nacheinander die Kontaktkugeln RSTR... u.w. reihum, so stellt sich der Anker jeweils in Richtung der nacheinander eingeschalteten Magnetfelder ein, er führt eine Drehbewegung aus, d.h. er folgt dem sich drehenden Magnetfeld.

Noch zu lösen ist das Problem des kontaktfreien Reihumschaltens der Spulen I, II, III. Wie dies geschehen kann, soll - aber nur zur Verwendung für freiwillige Arbeitsgruppen speziell interessierter Schüler - als Lehrerinformation beschrieben werden.

LI Der mit Feldplatten gesteuerte Motor für Gleichstrom knüpft direkt an den vorbeschriebenen SV an. Feldplatten sind dünne runde Halbleiterplatten aus InSb und 1,8% NiSb. Als sogen. Corbino-Scheiben besitzen sie eine Mittel- und Randelektrode (s. Abb. 201, 2). Die normalerweise radialen Strombahnen werden im zur Scheibe senkrechten Magnetfeld zu Spiralen. Bei hohen Feldstärken entspricht den verlängerten Strombahnen ein bis 300-facher Widerstand, der praktisch einer Sperrung gleichkommt.

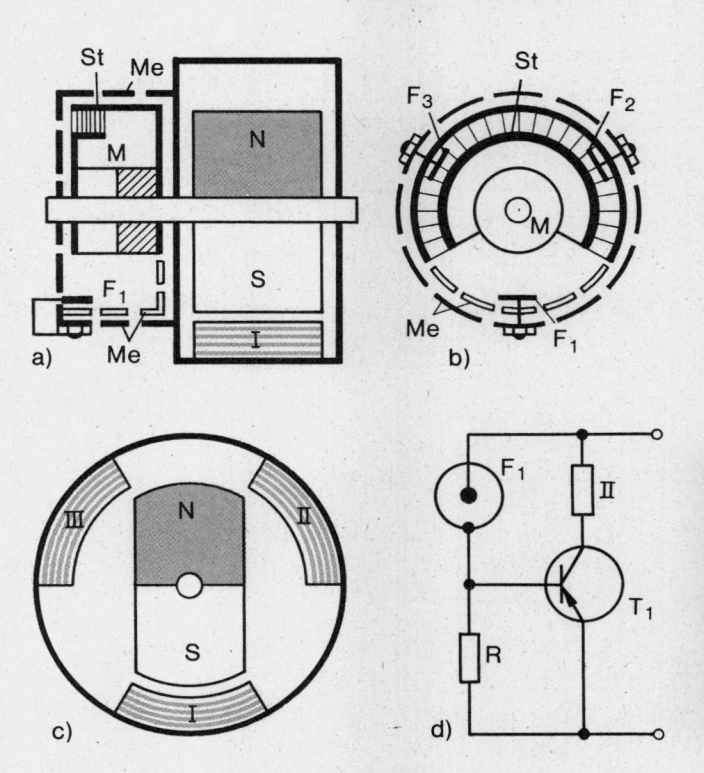

Abb. 201, 3 Feldplattenmotor. a) Längsschnitt. Schnitt durch: b) Steuerkopf, c) Motorteil, d) elektronische Schaltung

Der Motoranker besteht aus einem Permanentmagneten (N-S in Abb. 201, 3a). Auf der gleichen Achse mit ihm sitzt ein als Topfmagnet gestalteter Permanentmagnet M als Steuerkopf (Abb. 201, 3a/b). Ein Drittel des Stahlmantels (St) ist durch Messing ersetzt (Me). Im Spalt des Topfmagneten (Abb. 201, 3b) befinden sich die drei feststehenden (am Motorgehäuse befestigten) Feldplatten F_1, F_2, F_3; zwei davon befinden sich stets im Magnetfeld, die dritte (z.B. F_1) im feldfreien Sektor des Topfmagneten: Sie leitet gut und öffnet den Transistor T_1 (Abb. 201, 3d) für den Speisestrom der Feldspule II. Dadurch erfährt der jetzt vertikal orientierte Ankermagnet (N-S in Abb. 201, 3 c) ein Drehmoment gegen den Uhrzeigersinn. Nach einer Drehung um 120° sperrt F_1 und F_2 öffnet T_2 für den Speisestrom von III u.s.w..

Zum Verstehen der beschriebenen kontaktlosen Steuerung fehlen an dieser Stelle des Lehrgangs noch viele Detailkenntnisse. Diese können später an passender Stelle erworben werden, z.B. die zur Erklärung der Feldplatte notwendigen Kenntnisse am Fadenstrahlrohr (E 82); die Transistorschaltung von Abb. 201, 3 d) erledigt sich im Kap."Transistor als Schalter" mit Abb. E 100,3 von selbst. Wegen des aktuellen Zusammenhangs erfolgte die Beschreibung schon hier.

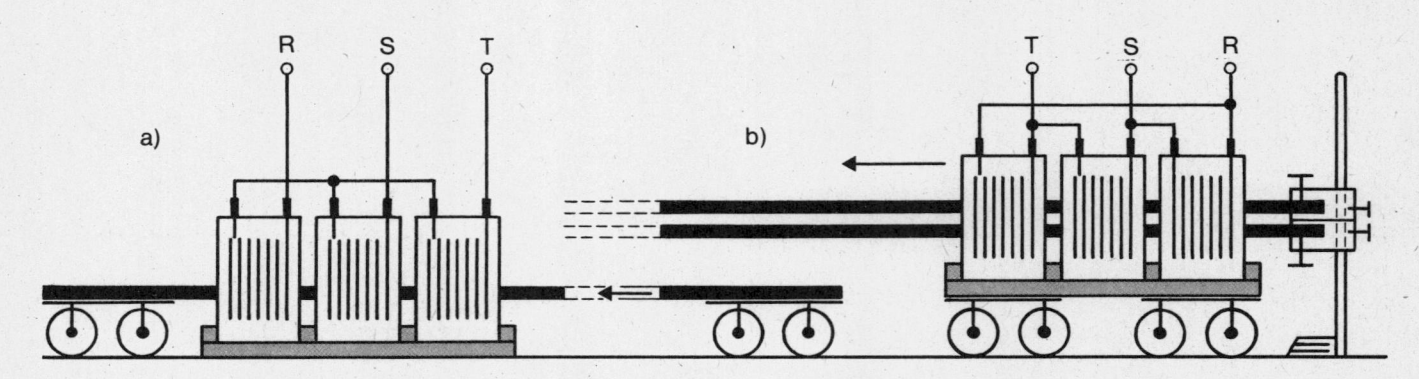

Hinweise zur LE 6: Technische Anwendungen

S. E36

Abb. 202,1 Linearmotor. a) Schiene wird bewegt, b) Wagen bewegt sich

LV Der <u>Drehstrommotor</u> stellt die ideale Lösung für die kontaktfreie Erzeugung eines Drehfeldes dar. Jede der drei Spulen von Abb. 201,1 wird an eine eigene Wechselstromsteckdose (22 V) angeschlossen; die Steckdosen haben einen gemeinsamen Nulleiter, aber ihre Phasenleiter R, S, T liefern Ströme, die zeitlich um 1/3 der Periodendauer, d. i. 1/150 s hintereinander herlaufen; d.h. die maximale Erregung der Magnete I, II, III mit nach innen gerichteten Nordpolen erfolgt im Abstand von 1/150 s; 1/100 s später werden sie in derselben Reihenfolge maximal umgepolt. <u>Die gleichzeitig existierenden drei Magnetfelder überlagern sich</u> in ihrer Gesamtwirkung auf eine Magnetnadel <u>zu einem Feld,</u> das sich 50-mal in der Sekunde um die Achse der Magnetnadel dreht. Diese dreht sich nach einiger Zeit gleichlaufend mit dem Feld

LV (synchron). Im Motor wird die Magnetnadel durch einen sogen. Kurzschlußanker ersetzt. Als Modelle dafür dienen (s. Abb. 202, 2 a-c):
a) ein in Richtung eines Durchmessers auf einer Nadelspitze gelagerter Alu-Ring,
b) Eine geschlossenen Alu-Dose, axial spitzengelagert (ein in die obere Bohrung gedrückter Druckknopf dient als Lager),
c) ein Käfig aus Kupferstäben, die mit zwei Kupferplatten K_1, K_2 verlötet sind. Man zeige die Drehfeldwirkung wenigstens mit einem dieser Modell-Kurzschlußanker. Die Erklärung der Induktionsvorgänge im Anker hole man im Zusammenhang mit der Leiterschaukel (E 51) oder mit V E72,3b nach.

Im technische Kurzschlußanker denke man sich die Stäbe des unter c) beschriebenen Käfigs als Alustäbe in die Nuten eines Trommelankers - diese ausfüllend - eingebettet und an den Endflächen durch einen Ring verbunden.

Als <u>Linearmotor</u> beschreibt O. E. Berge in (7) S. 70 ff moderne Antriebsmaschinen für Schnellbahnen, die als Abwandlung des Drehstrommotors zu betrachten sind.

LV In einem Modellversuch (s. (7) S. 94 Abb. 23/24 oder Abb. 202, 1 a/b hier) werden drei Spulen (250 Wdg) auf einem Brettchen hintereinander befestigt und in "Sternschaltung" wie in Abb. 202, 1 a (22 V) oder in "Dreieckschaltung" wie in Abb. 202, 1 b (38 V) an einen Drehstromtransformator angeschlossen (Anschlußkabel genügend lang wählen!). Die Magnetfelder der drei Spulen bilden ein wellenförmig fortschreitendes "Wanderfeld", das sich in 1/50 s um die Länge der Spulenkette verlagert.
a) Steckt man durch die drei Spulen zwei auf Rollwägelchen gelagerte 1 m lange eiserne Stativstäbe, so "nimmt sie das Wanderfeld mit": Die Stangen bewegen sich durch die Spulen (Achtung, rechtzeitig festhalten!).
b) Klemmt man die beiden Stäbe an den Enden fest und setzt das Spulenpaket auf zwei Wägelchen, so wird der "Zug" durch die Rückstoßkraft beachtlich beschleunigt (besonders in Dreieckschaltung). Vertauscht man zwei Anschlüsse am Trafo, dann fährt der "Zug" rückwärts.

Elektrische Automaten - Steuerung und Regelung (6.2)

Die begriffliche Differenzierung von Steuerung und Regelung ist erst möglich, wenn entsprechende Vorgänge und Schaltungen verstanden sind. Die Unterscheidungskriterien folgen deshalb nach; sie bleiben auch der 2. Erweiterung vorbehalten. Lit. s. (11) und (12).

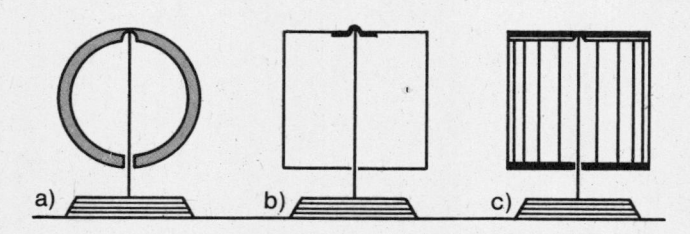

Abb. 202, 2 Modell-Kurzschlußanker

Hinweise zur LE 6: Technische Anwendungen

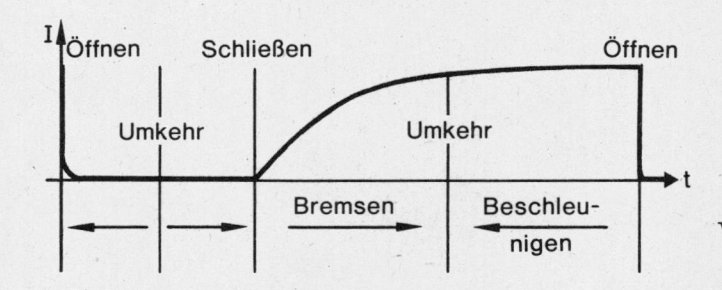

Abb. 203,1 Stromverlauf in der elektrischen Klingel

LV Mit V E37,1 nach Abb. E36,5 wird der von einem Bimetallstreifen gesteuerte Regelvorgang eines Thermostaten demonstriert. Rasches Schalten und sichere Kontakte sind ein wesentliches technisches Problem; man hört das Klicken von Thermostatsschaltern. Im Modellversuch wird dies durch Magnetisieren der Kontaktnadeln K_1, K_2 erreicht. Der Kontakt des Bimetallstreifens mit K_1 z.B. löst sich erst, wenn die bei der Abkühlung entstandene Spannung des Streifens ausreicht, um rasch einen festen Kontakt mit K_2
LV herzustellen. Mit stärkerer Magnetisierung vergrößert sich die Breite des Intervalls, innerhalb dessen die Temperatur fluktuiert.

Einen typischen Steuerungsvorgang stellt die Selbstunterbrechung des elektrischen Stromes in der automatischen Sicherung dar. Die Wirkungsweise des Schnapphebels S in Abb. E37,1 sichert die gewollte Einmaligkeit des Vorgangs. Hierdurch unterscheidet sich dieser Steuerungsvorgang von der periodischen Selbstunterbrechung im Wagnerschen Hammer (Klingel, Hupe). Die Membran der Hupe bzw. der Klöppel der Klingel bewegen sich auch nach der Stromunterbrechung auf Grund ihres Schwungs und der Remanenz auf den Magneten zu, bis sie durch elastische Verformung zur Umkehr gezwungen werden. Dem evtl. Einwand, daß der auf dem Rückweg erneut eingeschaltete Strom die Membran ebenso stark bremst, wie er sie vorher beschleunigte, so daß diese spätestens bei Erreichen der Ausgangslage zur Ruhe kommen müsse, kann man nur durch die gegenteilige Aussage des Versuchs begegnen. Wie man an der Klingel feststellen kann, schwingt der Klöppel trotz Bremsens - anfangs sogar zunehmend - weit über seine Ausgangslage hinaus.

LI Eine Erklärung hierfür folgt aus dem unterschiedlichen Verlauf der Stromkurve auf der Ein- und Ausschaltflanke (s. Abb. 203,1). Der Strom steigt wegen der Selbstinduktion der Magnetspule nach dem Einschalten nur langsam an; die Stromstärke ist deshalb während der Bremsdauer im Mittel kleiner als während der Beschleunigungsdauer. Dies wäre auch auf dieser Stufe verständlich zu machen, wenn man - ohne auf die Selbstinduktion einzugehen - den Stromverlauf oszillografierte. Hierzu führt man einen kleinen Meßwider-
VT stand in den Stromkreis ein und oszillographiert den Spannungsabfall an demselben.

Schaltgeräte oder Relais sollten betont unter dem Aspekt "Verstärker" betrachtet werden, weil hier die Trennung des Steuerstromkreises vom Nutzstromkreis noch recht deutlich ist, was bei den elektronischen Verstärkern nicht auf den ersten Blick zu erkennen ist. Es gilt dem Mißverständnis vorzubeugen, als werde bei elektrischer Verstärkung der Steuerstrom selbst verstärkt. In Abb. E37,5 ist auch der Vierpolcharakter des Relais erkennbar. Von der Funktion her unterscheidet man Relais, die den Nutzstrom so lange einschalten, wie der Steuerstrom fließt (analoges Relais), von solchen, bei denen ein kurzer Stromstoß den "Druckknopf" eines Schalters betätigt, mit dem der Nutzstromkreis geöffnet bzw. geschlossen wird (Stromschritt- oder digitales Relais). Die Bedeutung der heute vielgebrauchten Bezeichnungen "analog" und "digital" wird am Relais einprägsamer gezeigt als bei der Nachrichtenübertragung.

Nachrichtenübertragung (6.3)

Zur Übertragung von Nachrichten bedient man sich, wie der einführende Absatz des Kapitels aufzeigt, vielfältiger Signale und Übertragungsverfahren, von denen einige behandelt werden; daneben werden auch Geräte besprochen, die Signale umformen. Das Kapitel kann und soll zwar nicht in eine "Informationstheorie" ausarten, Details sollten aber stets in ihrem Funktionszusammenhang mit dem ganzen Übertragungsvorgang gesehen werden. Darüber hinaus stellt sich die Frage, wann eine Information "gelingt". Dies und die verschiedenen Etappen des Übertragungsvorgangs sollen an zwei Beispielen erläutert werden.

Das unmittelbare Gespräch zweier Personen oder eine in Betrieb befindliche Ampelanlage stellen bereits Nachrichtenübertragungen dar. Quellen der Nachricht sind der Gedanke des Autors bzw. die gespeicherte Schaltfolge der Ampelanlage. Die Nachricht wird ausdrückbar durch die Auswahl von passenden Wörtern aus einem Vokabular oder von anderen Zeichen aus einem sogen. Zeicheninventar, z.B. den Farben Rot, Gelb, Grün. Zur Übermitt-

Hinweise zur LE 6: Technische Anwendungen

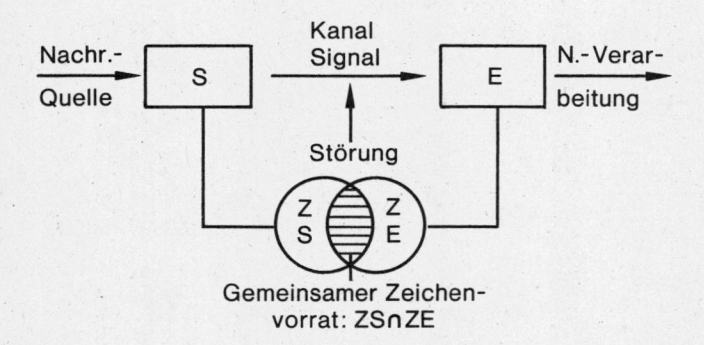

Abb. 204, 1 Schema einer Nachrichtenübertragung

lung nach außen bedarf es der Ausformung eines der Nachricht entsprechenden und der Eigenart des Übertragungskanals (s. Abb. 204,1) angepaßten Signals: Das Aussprechen eines Wortes in Form einer Lautfolge erzeugt eine (frequenz- und amplitudenmodulierte) Schallwelle als akustisches Signal, die wahlweise Ausleuchtung der farbigen Verkehrsampeln ein optisches Signal.

Ohr bzw. Auge des Empfängers nehmen das Signal auf, vorausgesetzt, daß die Ausbreitung desselben nicht unterbrochen oder gestört wird; die Sicht der Ampel kann verstellt, der Lärmpegel im Übertragungskanal so hoch sein, daß das Schallsignal nicht mehr verstehbar ist.

Im Wahrnehmungsprozeß wird das Signal zur Lautfolge (Wort) bzw. zur Farbe (Rot, ...) verarbeitet. Die Information ist aber erst dann gelungen, wenn das gehörte Wort auch im Wortschatz (Zeicheninventar) des Empfängers vorkommt und wenn dieser mit ihm denselben Sinngehalt verbindet wie der Absender. Die Information ist mißlungen, wenn z.B. dem Empfänger die Sprache des Sprechers fremd ist oder wenn er die Bedeutung der Ampelfarben nicht kennt. Ein richtig übertragenes Morsetelegramm ist wertlos, wenn auf der Empfängerseite niemand die Morsezeichen deuten kann.

Die Übertragung einer Information durch Signale ist nur dann möglich, wenn zwischen Sender und Empfänger ein gemeinsamer Zeichenvorrat (Code) besteht (z.B. Nationalsprache) oder ein spezieller Code (z.B. Morsealphabet) verabredet worden ist. Dabei versteht man unter Zeichenvorrat die Gesamtheit aller verfügbaren Zeichen und ihrer Kombination einschließlich der konventionell zugeordneten Sinnbedeutung (z.B. Zeichen: · und -; Kombination · · · · entspricht dem Zeichen f). Der Sender hat also mit dem Empfänger zwei Verbindungen: 1. Eine einmalige Konvention über die Bedeutung der Zeichen,

2. durch physikalische Signale, die die Zeichen vermitteln (s. (8) S. 29 und hier Abb. 204, 1).

Zur Fernübertragung von Nachrichten benutzt man als Übertragungskanäle elektrische Leitungsströme und elektromagnetische- oder Funkwellen aller Wellenlängen bis herab zum Laserlicht. Das bedeutet z.B. für ein Ferngespräch: Das primär akustische Signal wird durch das Mikrofon in ein Stromsignal verwandelt, das als Fernsignal, je nach Entfernung mehrmals durch elektronische Relais aufgefrischt, im Kopfhörer oder Lautsprecher des Empfängers in ein akustisches Signal zurückverwandelt wird.

Man möge aus diesem einfachen Beispiel erkennen, daß bei einer Nachrichten-Fernübertragung durch Funk oder Fernsehen zwischen dem Nachrichten-Original und dem Fernsignal mehrere Signalumwandlungen stattfinden müssen, die zusammen die Codierung der Nachricht ausmachen. Ihr entspricht beim Empfänger die Decodierung, die auf dem umgekehrten Weg zu einer originalgetreuen Wiedergabe führen muß.

Die in Kap. 6.3 besprochenen Nachrichten-Übertragungssysteme sind individuelle, d.h. ein Nachrichtengeber wendet sich an einen oder mehrere, aber bestimmte Empfänger. Rundfunk und Fernsehen dagegen bieten jedem Besitzer eines passenden Empfangsgeräts Information über Länder- und Sprachgrenzen hinweg an. Die Chance erfolgreich zu informieren, ist beim Fernsehen höher als im Hörrundfunk, da Bilder - auch bei fremdsprachlichem Begleittext - vielfach allein schon einen "ausreichenden Zeichenvorrat" darstellen, um die beabsichtigte Information zu liefern.

Anmerkung zum Maschinentelegrafen: Verzichtet man auf die Besprechung der maschinellen Codierung (Umsetzen von Buchstaben in positive und negative Stromsignale) und des Decodierens, so kann man die reine Signalübertragung im Prinzip mit dem in Abb. 205, 1 skizzierten Modellversuch zeigen: Drückt man eine der Tasten T^+ oder T^-, so schließt das unpolarisierte Relais R_u in jedem Fall den Schalter S_1 des Empfängerstromkreises; das parallelgeschaltete polarisierte Relais R_p dagegen schaltet über S_2 je nach Stromrichtung entweder die Signallampe L^+ (grün) oder L^- (rot) in den Stromkreis. Beim Unterbrechen des Fernstromes unterbricht S_1 auch den Empfängerkreis. Das bistabile Relais R_p verharrt aber in seiner letzten Schaltlage, bis in der Signalfolge die Stromrichtung umgekehrt wird: Es kippt und

Hinweise zur LE 6: Technische Anwendungen

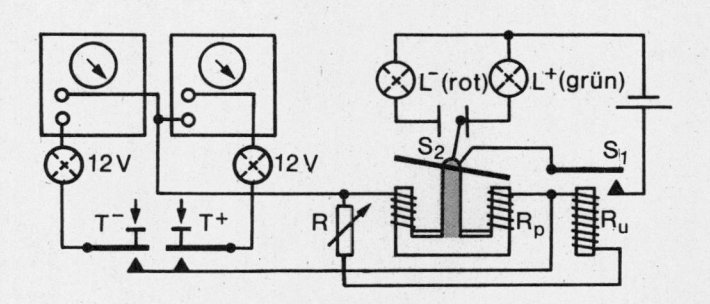

Abb. 205,1 (links)

Abb. 205,2 (rechts)
Vorrichtung zum Abtasten von Lochstreifen

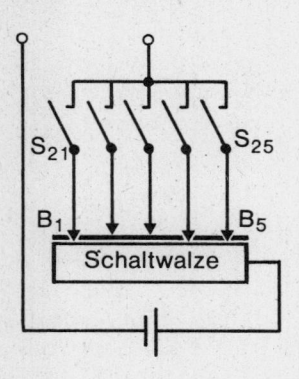

schaltet die andere Signallampe ein. Der Farbfolge Grün, Rot, Grün, Grün, Rot entspräche das Zeichen (Buchstabe) F.

Diese Dekodierarbeit leistet die Fernschreibmaschine. Sie kann dies nur, weil die Unterscheidung von positiven und negativen Stromsignalen (bzw. Strom- Pausenfolgen) sicherer ist als die kurzer und langer Stromstöße beim Morsetelegrafen.

VT Ein zweipoliges, polarisertes Relais erhält man - falls ein solches nicht vorhanden ist - aus einer Wechselstromklingel, indem man die Glocken durch Kontaktscheiben ersetzt (s. Abb.). Durch Aufbiegen des Kippankers läßt sich der Schaltweg - wenn nötig - vergrößern. Der Widerstand R regelt den Strom des Relais mit der kleineren Betriebsspannung.

Nachrichtenspeicherung (6.4)

Unser Gedächtnis als natürlicher Nachrichtenspeicher ist weder an Zuverlässigkeit noch in bezug auf die Bereitschaft, dem Abruf einer gespeicherten Information sofort zu folgen, den hier behandelten technischen Speichern vergleichbar. Die Vorgänge beim Speichern und bei der Wiedergabe sind meist aus dem Alltagsgebrauch der Geräte, die das leisten, bekannt; deshalb wurde der Schwerpunkt auf die Veränderungen der Speicherkörper (Schallplatten, Tonbandstreifen usw.) gelegt, durch die die Nachrichten gespeichert werden.

Anmerkungen zum Lochstreifen: Die Lochfolge z.B. der dritten horizontalen Zeile in Abb. E42,2 entspricht der Vorprogrammierung des Zeichens W durch Schließen der entsprechenden Schalter S_{11}, S_{14} S_{15} in Abb. E39,1. Beim Einschreiben der Fernschreibmaschine durch Lochstreifen bleiben die Codierschienen außer Betrieb. Statt der Schalterhebel wird die Kontaktwalze (Abb. 205,2) an die Stromquelle angeschlossen; die Kontaktbürsten B_1 - B_5 stellen den Kontakt durch die Löcher im Lochstreifen her. Jede Bürste wird einzeln durch den zugeordneten nockengesteuerten Schalter in der Reihenfolge S_{21} - S_{25} in den Stromkreis geschaltet; sie lösen dabei die der Lochfolge entsprechende Strom - Pausenfolge aus. Durch die Umschaltung auf die Abtastvorrichtung kann jede Direktfernschreibmaschine durch Lochstreifen eingespeist werden.

Zur Lochkarte: H. Hollerith benutzte zunächst die für eine Volkszählung angelegte Karteikarte, auf der in 4 Spalten und 10 Zeilen 40 Merkmale plaziert waren; die zutreffenden wurden angehakt. Hollerith ersetzte die Haken in den Merkmalsfächern durch Löcher und ermöglichte damit, daß jedes zutreffende Merkmal durch ein elektrisches Signal angezeigt und gezählt werden konnte, sogar alle Merkmale gleichzeitig.

Um 1900 wurde die Lochkarte auf die im Buch abgebildete Form gebracht; die potentiellen Löcher sind in 80 Spalten und 10 numerierten Zeilen angeordnet, zu denen noch zwei nicht numerierte im Kopf der Lochkarte kommen. In jeder Spalte kann eine Ziffer durch einfache Lochung (s. Spalten 3-12), ein Buchstabe durch zwei Lochungen (s. Spalten 15-40), Satzzeichen und sonstige Zeichen durch Kombinationen von 2-6 Löchern (s. Spalten 43-69) markiert werden. Bei Drei- und Mehrfachlochung hat eine ihren festen Platz in Zeile 8, eine zweite in der Zeile o oder in einer der beiden Kopfzeilen; nur die dritte und weitere Lochung wandert. Im übrigen ist es möglich, über 800 bezifferte und 160 unbezifferte Lochplätze nach einem eigenen Spezialcode (z.B. zur Steuerung einer Maschine) frei zu verfügen.

Die Zeichenspeicherung auf der Lochkarte erfolgt, wie auf dem Lochstreifen, codiert als vorprogrammierte Signalkombination. Die Dekodierung zum lesbaren Zeichen könnte nach einer Erweiterung des Fernschreibsystems auf 12 Dekodierschienen und 12-teilige Nocken- bzw. Nutwellen durch spaltenweises Abtasten wie beim Lochstreifen erfolgen. Moderne Elektronik gestattet, die

Kohlebürsten durch Lichtbündel zu ersetzen, die durch die Löcher hindurch Photodioden leitend machen.

c) <u>Neue Aufgaben und Fragen</u>

1. Warum ist dem Schreien eines Kleinstkindes als Nachrichtenübertragung in vielen Fällen der Informationserfolg versagt?
L. Es fehlt der Code, durch den die Mutter auf die tatsächliche Ursache des Schreiens schließen könnte oder: Das aus einem Zeichen bestehende Zeicheninventar (Schreien) ist zu klein, um die verschiedenen Gründe der Unzufriedenheit zu unterscheiden.

2. Welche Informationen sind den Ampel-Signalen 1. Rot, 2. Gelb, 3. Grün, 4. Rot + Gelb zugeordnet oder: Beschreibe den Zeichenvorrat einer Ampelanlage.
L. 1. Rot: Halt! 2. Gelb: Achtung, es folgt Halt! Das Fahrzeug ist anzuhalten, wenn die dazu nötige Bremsstrecke, kleiner als die Entfernung von der Ampel ist, wenn Gelb erscheint. 3. Grün: Freie Fahrt! 4. Rot + Gelb: Fahrzeug startklar machen, es folgt "freie Fahrt".

d) <u>Audio-visuelle Hilfsmittel</u>

AT	Einschaltrelais	357221	(1)
AT	Ausschaltrelais	357222	(1)
AT	Wirkungsweise des Telefons	357223	(1)
AT	Elektromagnetischer Lautsprecher	357225	(1)
AT	Elektrodynamischer Lautsprecher	357226	(1)
AT	Elektromotor	357236	(1)
AT	Die Feueralarmanlage	357741	(1)
AT	Elektrische Klingel und der Gong	357268	(1)
F	Elektromagnetische Kraftwirkungen (4 min)	355807	(1)
F	Nachrichtenübermittlung - Telefon	355809	(1)
AT	Der Kühlschrank	173930	(7)
AT	Schallplattenherstellung	173801	(7)
AT	Die elektrische Klingel mit bewegl. Teilen	176630	(7)
AT	Der Elektromotor mit bewegl. Teilen	176629	(7)
F	Mit fünf Schritten (16 mm), (20 min) (Daten- und Nachrichtenübermittlung)		(9)
F	Schleifring und Kollektor (3,5 min)	360013	(11)
F	Magnetton, Grundlagen der Aufnahme u. Wiedergabe (14 min)	332119	(11)
F	Entstehung des Drehfeldes (16 min)	301130	(11)
F	Drehstrom-Kurzschlußmotor (24 min)	321197	(11)
DR	Gleichstrommaschinen-Ankerwicklungen (19)	102033	(11)
AT	Das Mikrofon (5)	37133	(12)
AT	Der Lautsprecher	37134	(12)
F	Geschichte der Telegrafie (5, 5 min)	W 524	(15)
F	Der Morsetelegraf (10 min)	W 525	(15)
F	Kleinstmotoren in Großserie (14 min)	C1/62	(H18)
F	Köpfchen-Köpfchen (20 min) Gebäudeautomationssystem GEAZET	C2	(H18)
F	Polyäthylenkabel für die Nachrichtentechnik (18 min)	C4/73	(H23)
F	Wege für Nachrichten (23 min)	C4/74	(H23)
F	Mit fünf Schritten (Fernschreiber), (25 min)	C4/65	(H23)
F	Systeme, die verbinden (Telefonnetz), (22 min)	C4/73	(H23)
F	Hochspannungsmotoren großer Leistung (9 min)	C4	(H23)
F	Warum erst morgen? (Umweltfreundliche Elektrofahrzeuge), (25 min)	C4/70	(H22)
F	Fernsprecher - Entwicklung und Bedeutung (18 min)	C4/68	(H6)
F	Fernsprecher mit ESK (-Relais), (20 min)	C4/65	(23)
F	Gesteuerte Funktionen (Niederspannungsschaltgeräte), (28 min)	C4/65	(H20)
F	Der Ton macht die Musik (Magnetband und Schallplatte), (12 min)	C5	(H1)
F	Die Linie (Entwicklung moderner Kommunikationsmittel), (10 min)	C5	(H1)
F	Maschinen mit Gedächtnis (Programmspeicherung) (10 min)	C5	(H18)
F	Pan-Tele-Tron (Geschichte der Nachrichtenübermittlung), (10 min)	C5	(H1)
F	Post und Technik (30 min)	C5/61	(H6)
F	Tönendes Band (11 min)	C5	(H1)

Hinweise zur LE 7: Generatoren zur Stromerzeugung S. E43–E44

Elektrizitätslehre 2

3.3.2.7 LE 7: Generatoren zur Stromerzeugung

a) Vorbemerkungen und Ziele

In dieser fundamental wichtigen LE geht es um die Grundlagen für den Spannungsbegriff. Bereits in der LE 3 wurde dem "besonderen elektrischen Zustand zwischen den Polen einer Stromquelle", der Voraussetzung für das Fließen eines Stromes war, formal eine physikalische Größe, die elektrische Spannung, zugeordnet. Es war und es wird unter den gegebenen Voraussetzungen auch jetzt noch nicht möglich sein, diese Größe dem heutigen Begriffssystem entsprechend zu definieren. In der anstehenden LE soll die bereits dort begründete Vorstellung von der "Stromquelle als Pumpe" auf eine breitere Basis gestellt und vertieft werden, indem eine Reihe von Stromerzeugern (Generatoren) auf den "Pumpmechanismus oder Generatoreffekt" hin untersucht werden. Es ergeben sich dabei zwei für alle Generatoren gemeinsame Merkmale:
1. In allen Generatoren findet eine räumliche Ladungstrennung statt. 2. Jede solche Ladungstrennung erfolgt gegen die Anziehungskraft der zu trennenden entgegengesetzten Ladungen; sie stellt einen physikalischen Arbeitsprozeß dar, der nicht in jedem Fall erfaßbar ist. Da getrennte Ladungen zueinander streben und der dabei entstehende elektrische Strom wiederum Arbeit verrichten kann (z.B. im Elektromotor oder durch die Erwärmung von Körpern), liegt es nahe, die physikalische Größe Spannung durch eben diese Stromarbeit und die dabei transportierte Ladung zu definieren. Die Schüler müssen aber erfahren, daß die Gleichsetzung der im Generator bei der Trennung der Ladungen verrichteten Arbeit mit der vom Strom verrichteten eine für sie zwar plausible, aber noch nicht belegte Annahme ist (Energie-Erhaltungssatz).

Primäres Ziel der LE ist es, zur Einsicht zu führen, daß die für den "besonderen elektrischen Zustand zwischen den Polen eines Generators" charakteristische Größe durch die Stromarbeit (W) und die dabei transportierte Ladung (Q) definiert werden kann; denn es wird gezeigt, daß bei gleichbleibender Ladung die Stromarbeit größer wird, wenn man den – durch ein Elektroskop angezeigten – elektrischen Zustand erhöht, daß also ein Zusammenhang zwischen beiden besteht.

Da eine strukturgerechte Definition der Spannung die Definition der Arbeit als physikalische Größe voraussetzt, hängt das weitere Vorgehen vom Erfülltsein dieser letzten Voraussetzung ab. Für den Fall, daß der Arbeitsbegriff bereits definiert wurde, werden unter b) zwei Versuche beschrieben, die die Spannung einer Stromquelle als abgeleitete Größe zu definieren und zu messen gestatten. Da im Lehrgang des Schülerbuchs diese Voraussetzung zunächst nicht erfüllt ist, wurde eine Zwischenlösung gewählt. Dort wird auf die gesetzliche Einheit 1 Volt verwiesen. Die Spannungsangaben für die aufgeführten galvanischen Elemente beziehen sich auf diese Einheit. Im weiteren Verlauf wird die Spannung als Basisgröße eingeführt und die Einheit näherungsweise durch ein Cadmium-Quecksilber-Element realisiert. Damit wird die verwendete Spannungsdefinition als vorläufig charakterisiert.

b) Bemerkungen zu den einzelnen Themen

Der Generatoreffekt (7.1)

Im Pumpenmodell der Stromquelle (S. E17) wurde der Generatoreffekt bereits als hypothetischer Entwurf vorgestellt, in dem die Erfahrungen des Kap. 3 (LE 3) gewissermaßen zusammengefaßt werden. Der Nachweis, daß der Strom die Stromquelle (wie das Wasser den Heizkessel) durchfließt, die Verifikation von mindestens einer beweglichen Ladungsart im Leiter und deren Trennung im Influenzphänomen (S. E18) bilden die Basis für die Erörterung der Frage, wie Stromquellen pumpen, d.h. wie die in Abb. E43,2 dargestellten Vorgänge ablaufen.

Die Tatsache, daß Reibung und Influenz in der Frühgeschichte der "Elektrozitätserzeugung" – gemeint ist Spannungserzeugung – von großer Bedeutung waren, würde allein schon ein näheres Eingehen rechtfertigen; hinzu kommt jedoch, daß mit beiden Erscheinungen das Prinzip der Ladungstrennung am augenfälligsten gezeigt werden kann.

Die Influenz (7.2)

Ladungstrennung durch "Verdrängen der gleichnamigen und Bindung der ungleichnamigen Ladung", wie sie in der Versuchsreihe
LV V E43,1 – E43,3 erarbeitet und durch V E44,1
LV (Abb. E44,2) noch einmal handfest bestätigt wird, macht allein noch keinen Generator aus. Es muß noch die in V E44,2 durchgeführte
LV (dazu Abb. E44,3) Isolierung der auf dem Leiter bereits räumlich getrennten Ladungen und ihre Herausführung aus dem Einflußbe-

Hinweise zur LE 7: Generatoren zur Stromerzeugung

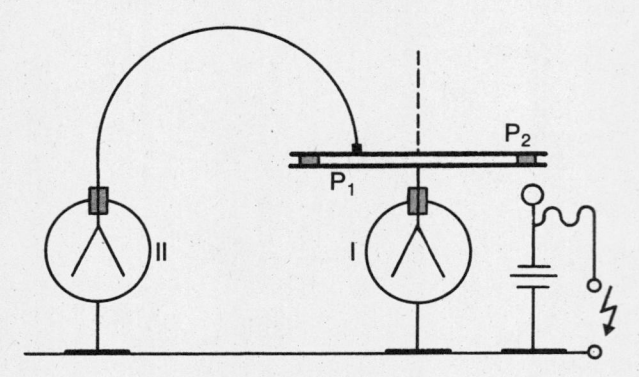

S. E44–E45

Abb. 208,1 Prinzip des Elektrophors

LV reich (Feld) der influenzierenden Ladung hinzukommen. Worauf es hier zur Weiterführung im Sinne des Schlußabsatzes ankommt, kann durch den folgenden Versuch (Abb. 208,1) noch unterstrichen werden:

LV Die Kugel K in Abb. E43,3 werde durch eine Metallplatte P1 ersetzt, auf ein Elektroskop aufgesetzt und durch kurzen Kontakt mit der Stromquelle aufgeladen. Auf P1 liegt, durch dünne Isolierklötzchen getrennt, die mit dem Elektroskop II verbundene Influenzplatte P2 (Ersatz für E). Beide Elektroskope zeigen "geladen" an (vergl. V E43,1). Erdet man P2 kurz, so zeigt II "ungeladen" an und I einen nur ganz kleinen Ausschlag. Hebt man jetzt P2 ab, so schlagen I und II wieder voll aus. Ergebnis: Der von beiden Elektroskopen angezeigte "elektrische Zustand" entsteht durch Auflösung der Bindung entgegengesetzter Ladungen gegen den Widerstand der Bindekraft.

Entlädt man jetzt P2 (II zeigt Null an) und setzt P2 wieder auf P1, so kann der Versuchszyklus, beginnend mit Erden von P2, beliebig oft wiederholt werden, ohne daß die Ladung von P1 abnimmt. Dieses von Wilcke entdeckte und von Volta verbesserte und "Elektrophor" genannte Verfahren (s. (9) S. 176) bildete die Grundlage für die Influenzmaschinen, die nicht nur hohe Spannungen erzeugten, sondern auch schwache Ströme lieferten. Erdung, mechanische Trennung der Influenzladung von der influenzierenden wurden mechanisiert. Die Influenzmaschinen wurden durch Bandgeneratoren abgelöst, deren Selbsterregermechanismus für den Schüler genau so undurchsichtig ist wie der der alten Influenzmaschine. Man sollte den Bandgenerator deshalb benutzen, ohne zunächst auf Einzelheiten einzugehen. Erst nach Kap. 7.3 wäre eine Erklärung möglich (s.(3) S. 71).

Kontaktelektrizität (7.3)

SV Die Versuche V E45,1 – E45,4 wollen zeigen,
LV daß es bei der Erzeugung freier Ladungen durch Reiben bezüglich ihres Vorzeichens sehr auf die Paarung der geriebenen Stoffe ankommt. So ist ein Plexiglasstab nach dem Reiben mit Watte oder einem Seidenlappen positiv, nach dem Reiben mit einem Wolltuch oder Abstreichen am Rockärmel negativ geladen. Die nächste Versuchsserie V E45,5 bis
LV 45,7 bemüht sich um die Vermittlung der Erkenntnis, daß es nur auf den Kontakt verschiedener Stoffe an möglichst vielen Kontaktstellen ankommt; durch Reiben wird die Anzahl der Kontaktstellen vermehrt und damit der Kontakt intensiviert. Die Zahl der Versuche, die dies zeigen, ließe sich noch vermehren.

Nach Einstein ist eine gute Theorie von großem praktischen Nutzen. Und das trifft auch hier zu. Von Bedeutung wird die Theorie vor allem in Erwartung analoger Erscheinungen beim Kontakt verschieden dotierter Halbleiter.

SI Es leuchtet ein, daß in einer gut leitenden Metallplatte die beweglichen (negativen) Ladungen in der Volumeneinheit zahlreicher sind als in der nicht leitenden Schaumstoffplatte und daß diese durch die Kontaktfläche häufiger vom Metall in die Schaumstoffplatte übertreten (diffundieren) als umgekehrt. Beim Kontakt der beiden Stoffe laden die übergetretenen negativen Ladungen aus dem Metall den Schaumstoff negativ, während sie dem Metall fehlen und dieses positiv aufladen. Aber erst nach der Auflösung der Bindekraft entgegengesetzter Ladungen durch mechanische Trennung werden diese elektrisch nach außen wirksam.

LI Nach der Coehnschen Regel wird beim Kontakt derjenige Stoff positiv aufgeladen, der die größere Dielektrizitätskonstante besitzt; er gibt leichter Elektronen an den Partner ab. S.(2), S. 193. Für die üblichen "Reibestoffe" ergibt sich die folgende Kontaktspannungsreihe:

+ Katzenfell, Elfenbein, Bergkristall, Flintglas, Baumwolle, Seide, Lack, Schwefel, Hartgummi, .. –. In dieser Reihe rangieren Metalle mit (elektrostatisch) unendlich hoher Dielektrizitätskonstante am positiven Ende.

Es ist zu erwarten, daß auch durch die Kontaktfläche verschiedener Metalle solche Ladungsverschiebungen auftreten. Die Ladungen lassen sich aber nur schwer trennen (vgl. (3), S. 77/78) da sie sich wegen der Leitfähigkeit beider Metalle über den bei der Trennung letzten Berührungspunkt ausgleichen. Der Nachweis der Ladungsverschiebung erfolgt deshalb zweckmäßig auf eine andere Weise im Zusammenhang mit dem Thermoelement.

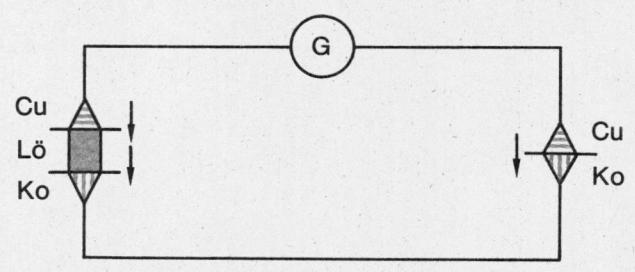

Hinweise zur LE 7: Generatoren zur Stromerzeugung

Abb. 209,1 Thermospannung einer Kontaktkette (Lötstelle)

LI Der Ladungsübergang beim Kontakt von verschiedenen Metallen hängt ab von der Austrittsarbeit der Elektronen und der Elektronendichte. Bei gleicher Elektronendichte erfolgt der Elektronenübergang vom Metall mit der kleineren Austrittsarbeit nach dem mit der größeren. Danach ordnen sich die Metalle in der Kontaktspannungsreihe (s. (3), S. 80):
+ Zink, Blei, Zinn, Eisen, Kupfer, Silber, Platin, Kohle –

Thermoelektrizität – Thermoelement (7.4).
(Lit.(3) S.157, (2) S.212)

Zur Anordnung des V E46,1 können u. U. folgende Überlegungen notwendig werden: Die Lötung der Metalle erzeugt zwar guten Kontakt; es handelt sich dann aber um eine Kon-
SV taktkette z.B. Konstantan – Lötzinn – Kupfer. Schließen wir diesen Stromkreis nach Abb. 209,1 durch den Direktkontakt von Kupfer und Konstantan, so werden die Ladungsverschiebungen in der Kontaktkette Cu/L + L/Konst. durch die entgegengesetzte von Cu/Konst. gerade kompensiert; es fließt bei gleicher Temperatur an allen Kontaktstellen kein Strom. Ein solcher würde auch ein erfahrungsgemäß unmögliches Perpetuum mobile darstellen. Es ist also für die Ladungsverschiebung unwesentlich, wenn man ein drittes Metall (Lötzinn) dazwischenschiebt. Aus dem gleichen Grund müssen sich die entgegengesetzten Ladungsverschiebungen in den beiden Lötstellen K_1 und K_2 der Abb. E46,1 kompensieren.

Dies ist aber nicht mehr der Fall, wenn die Ladungsdiffusion an einer Lötstelle durch erhöhte Teilchenbewegung (höhere Temperatur) zunimmt. Vgl. Kap. 11.45, S. E87.

LI Der nun fließende Strom stellt kein Perpetuum mobile dar, da er durch den eintretenden Peltier-Effekt die wärmere Lötstelle abkühlt und die kältere erwärmt. Wärmezufuhr und Kühlung sind also Voraussetzungen für einen Dauerstrom im Thermoelement. Hieraus ergibt sich die Möglichkeit zur Direktumwandlung von Wärme in elektrische Energie.

SI Im Thermokreis der Abb. E46,1 bestehe der rechte (rot gezeichnete) Bügel aus Kupfer als Bezugsmaterial (B); der linke Bügel werde ausgewechselt (Material M). Schließt man den Pluspol des Galvanometers an die kältere Lötstelle K1 an, so zeigt das Instrument nicht nur die sogen. Thermospannung an, sondern auch durch die Ausschlagsrichtung das Vorzeichen der Auflagung des Materials M gegen das Bezugsmaterial B. Ein negativer Ausschlag besagt, daß negative Ladungen vom Kupfer (B) nach (M) übergegangen sind, und zwar an der heißen Kontaktstelle K2 mehr als an der kalten K1. Ordnet man die Stoffe M nach Vorzeichen und Größe der Ausschläge, die man bei gleichbleibender Temperaturdifferenz zwischen K1 und K2 erhält, so ergibt sich die sogen. Thermoelektrische Spannungsreihe: Wismut (–73), Konstantan (–42), Nickel (–20), Platin (–6), Aluminium (–3), Blei (–3), Zinn (–2), Wolfram (–1), Silber (–0,2), Kupfer (0), Gold (+0,1), Zink (+0,3), Eisen (+13), Antimon (+32), Germanium (+297), Selen (+997).

Wählt man als Kontaktpartner im Thermoelement zwei beliebige Stoffe der Reihe, z.B. Konstantan und Eisen, so ist der "heiße Anschluß" des in der Reihe rechts (nachfolgenden) Partners stets positiver Pol des Thermogenerators.

LI Die in Klammern beigefügten (gerundeten) Zahlen bedeuten die differentielle Thermokraft, d.h. sie geben die Thermospannung gegen Kupfer an, die man im Temperaturbereich 0° bis 100°C bei einer Temperaturdifferenz $\Delta\vartheta = 1K$ zwischen K1 und K2 erhält. Diese Angaben in $\mu V/K$ sind für den Lehrer nützlich, damit er weiß, mit welchen Spannungen er beim Experimentieren zu rechnen hat.

Chemische Generatoren (7.5)

Dazu gehören die galvanischen Elemente, Akkumulatoren und die im Schülerbuch nicht behandelten Brennstoffzellen. Erstere und letztere sind echte Erzeuger, Akkumulatoren nur Speicher elektrischer Energie.

Aus der historischen Einleitung zum Thema können markante Merkmale physikalischer Forschung herausgelesen werden: Auch Randerscheinungen eines Untersuchungsfeldes können umwälzend neue Entdeckungen auslösen, wie im Falle Galvanis; auch sie bedürfen deshalb aufmerksamer Beobachtung. Die neue Entdeckung einschließlich ihrer Begleitumstände wird genauestens beschrieben zur Information anderer (vgl. Galvanis Bericht). Mit einem Erfahrungsbericht ist noch kein Erkenntnisfortschritt erreicht. Er fordert

Hinweise zur LE 7: Generatoren zur Stromerzeugung

S. E47–E50

aber den forschenden Geist heraus, funktionale Zusammenhänge auszuwerten und den neuen Gegenstand in den Vorrat vorliegender Erkenntnisse einzuordnen. Die eigentliche Erweiterung des Erkenntnishorizontes wird eingeleitet durch die Aufstellung einer "erklärenden" Hypothese (z.B. tierische Elektrizität!); sie bietet den Ansatz für Verifikation, Falsifikation und logische Kritik. Letztere führte Volta zu einer Aspektänderung: Der Froschschenkel ist nicht Ursache, sondern Indikator des elektrischen Stromes. Seine Ursache sieht er in – von Galvani zwar registrierten, aber nicht recht gewürdigten – Nebenbedingungen, die Volta mit anderen Erfahrungen assoziiert und die seine neue Hypothese begründen: Die Kontaktspannung. Sie initiiert planvolles Experimentieren und Erfinden (Voltascher Becher, Voltasche Kette und Voltasche Säule).

Wie bei Volta ist das Vorgehen im Schülerbuch dem Aspekt "Kontakt" – hier zwischen Metall und Flüssigkeit – unterstellt. Der Direktnachweis der Ladungsverschiebung (negative Ladung vom Elektrolyt zum Metall oder positive vom Metall zum Elektrolyten) nach Abb. E 48,4 und V E 49,1 ist für die Schule recht schwierig (s. (3) S. 78).

Es liegt deshalb nahe, wie beim Nachweis der Kontaktspannung zweier Metalle vorzugehen und im Voltaelement das Analogon zum Thermoelement zu sehen; der Elektrolyt entspräche dem Lötzinn. Verlängert man

LV die Kupferplatte durch einen Kupferdraht und die Zinkplatte durch einen Zinkdraht, so kompensiert der Direktkontakt Cu/Zn die Gesamt-Ladungsverschiebung des Voltaschen Bechers nicht: Es fließt ein Dauerstrom. Im Gegensatz zum Lötzinn beim Thermoelement spielt der Elektrolyt hier eine wesentliche Rolle.

LI Im Unterschied zum Lötzinn als Kontaktbrücke in der Kette aus drei metallischen Leitern, ist die Ladungsverschiebung zwischen Metall und Elektrolyt mit stofflichen Veränderungen an Metall und Elektrolyt verbunden. Es handelt sich nicht mehr um einfache Ladungsdiffusion durch die Grenzfläche, sondern um eine durch chemische Aktivität (Lösungstension) verursachte Trennung der in Lösung gegangenen positiven Ionen von den auf dem Metall zurückgebliebenen Elektronen (Dissoziation). So kommt es, daß alle Metalle gegen die Flüssigkeit negativ geladen sind. Die Spannung des Voltaelementes ergibt sich aus der Tatsache, daß Zink stärker dissoziiert als Kupfer. Während beim Direktkontakt von Cu und Zn die Elektronenverschiebung von

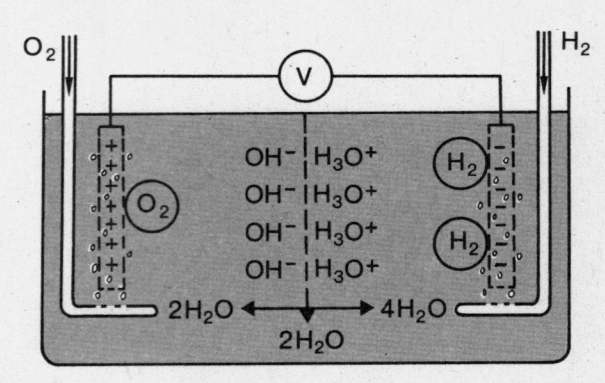

Abb. 210,1 Wasserstoff-Sauerstoff, Brennstoffzelle

Zn → CU erfolgt und Zn deshalb positiv geladen ist, ist Zn im Voltaelement negativ geladen. Hiermit wird verständlich, daß die galvanische Spannungsreihe (s. Schülerbuch) wegen der aktiven Mitwirkung des Elektrolyten nicht mit der thermoelektrischen übereinstimmt und sogar eine umgekehrte Polung zeigt.

Die vorstehende LI ist nur als Hintergrund für den Lehrer bei der phänomenologischen Darstellung gedacht. Eine Erörterung der Dissoziation als aktive Ladungstrennung im Sinne des Generatorprinzips kann später die Ausführungen zur Kontaktspannung im Kap. 11.45 des Schülerbuchs ergänzen. An jener Stelle des Lehrgangs könnte man auch Verständnis für den Mechanismus von Brennstoffzellen erreichen.

Möchte man aber Brennstoffzellen bereits hier unter die galvanischen Elemente einordnen, so ist zu empfehlen, eine Wasser-
LV stoff-Sauerstoff Brennstoffzelle einfach als Variante eines galvanischen Elementes im Betrieb vorzuführen und in vergleichender Betrachtung darauf hinzuweisen, daß der Betriebsstoff bei herkömmlichen galvanischen Elementen mit der Auflösung des Metalls am Minuspol aufgezehrt, beim Akku durch Elektrolyse regeneriert und bei der Brennstoffzelle laufend zugeführt wird. Die zukunftsträchtige Bedeutung der Brennstoffzelle beruht darauf, daß die Brennstoffe, z.B. Wasserstoff und Sauerstoff an beliebiger Stelle gewonnen und leicht in Flaschen transportiert werden können.

LI In der Brennstoffzelle findet eine Direktumwandlung von gespeicherter chemischer Energie in elektrische statt, und zwar in einer Oxidation (Verbrennung) des Wasserstoffs ohne Wärmeentwicklung mit einem Wirkungsgrad von 80 – 90 %. Nach Abb. 210,1 bestehen die Elektroden aus Nickel-Drahtnetzen, die mit Platin belegt sind. Sie wirken als Katalysatoren bei der Dissoziation der molekular zugeführten Gase, die die Elektroden in fei-

Hinweise zur LE 7: Generatoren zur Stromerzeugung

nen Bläschen umspülen. Bei der Dissoziation des Wasserstoffs nach

$$2 H_2 + 4 H_2O \rightarrow 4 H_3O^+ + 4 e^- \quad \text{(Minuspol)}$$

bleiben Elektronen auf dem Drahtnetz zurück. Fließen diese nach dem anderen Netz ab, so kann das dort befindliche Wasser mit dem hinzutretenden Sauerstoff nach

$$O_2 + 2 H_2O + 4 e^- \rightarrow 4 (OH)^- \quad \text{(Pluspol)}$$

OH^--Ionen bilden. Letztere werden von den H_3O^+-Ionen ohne Wärmetönung zu Wasser reduziert: $4 (OH)^- + 4 (H_3O)^+ = 8 H_2O$. Der verbleibende Wasserüberschuß $8 H_2O - 6 H_2O = 2 H_2O$ kann als Nutzwasser entnommen werden und stellt gerade die Wassermenge dar, aus der die zugeführten $2 H_2$ und O_2 durch Elektrolyse erzeugt werden. S. (13), S. 143.

Man kann durchaus der Meinung sein, der
LV Nachweis der "Spannung" am Voltaelement mit dem Kondensatorelektroskop erübrige sich, weil sie ja Ursache des nachgewiesenen Stromes ist. Bei großem Zeitmangel wird auch so verfahren. Für die Durchführung des Versuchs sprechen aber folgende Gründe:

1. Der "elektrische Zustand (Spannung)" ist ein eigenständiges Phänomen, mit Elektroskopen direkt (ohne Stromfluß) nachweisbar; für den Nachweis der Spannung am Voltaelement sind diese aber zu unempfindlich. Der parallel geschaltete Kondensator mit variablem Plattenabstand gestattet, die Empfindlichkeit des Elektroskops um mindestens zwei Zehnerpotenzen zu erhöhen; das Verfahren erweitert die experimentiertechnischen Möglichkeiten.
2. Das "Ausziehen der Kondensatorplatten" ist symbolisch für das Generatorprinzip der Ladungstrennung. Auch die Dissoziation stellt eine solche Ladungstrennung dar.
3. Das Verfahren der Spannungsvergrößerung durch Arbeitsverrichtung an den sich anziehenden Platten-Ladungen bildet den Ansatzpunkt für die Definition der Spannung durch Arbeit und Ladung.

Induktion durch Bewegung eines Leiters im Magnetfeld (7.6)

Die methodische Konzeption für dieses Thema folgt der These Faradays, daß es möglich sein müsse, mit Magnetismus elektrischen Strom zu erzeugen. Die Schüler lernen dabei die Tragfähigkeit einer genial erdachten Arbeitshypothes kennen. Das Umkehrprinzip wird auf die naheliegenden eignen Erfahrungen über die Bewegung von stromführenden Leitern im Magnetfeld angewandt. Die drei Arbeithypothesen von S. E51 werden in der
SV Reihenfolge 2., 3., 1. realisiert, weil das
LV 2. Beispiel durch seine Einfachheit verblüfft und das 3. den technischen Aspekt eröffnet. Mit der Leiterschaukel (1. Beispiel) als elementarste Realisierung der Faradayschen Idee läßt sich schließlich auch das Generatorprinzip der Ladungstrennung deutlich machen. Damit erfolgt der Übergang von der Beschreibung von Phänomenen zu ihrer theoretischen und modellmäßigen Deutung.

VT Der Grundversuch V E51,6 scheitert in vielen Fällen an der Wahl des Meßinstrumentes. Bei kleinen Leistungen, wie sie hier vorliegen, ist die Leistungsanpassung (s. nachfolgende LI) besonders wichtig. Da der Generatorwiderstand sehr klein ist, versucht man meist, mit einem hochempfindlichen Spiegelgalvanometer mit kleinem Widerstand optimale Anpassung zu erreichen. Der Lichtzeiger folgt der Bewegung der Leiterschaukel genau, gibt aber ein völlig falsches Bild vom Induktionsvorgang. Z.B. zeigt der Ausschlag auch noch einen Strom an, wenn man die Leiterschaukel anhält.

SV Die Erklärung dieser Tatsache liefern die V E51,1 und E51,2: Die Leiterschaukel schließt das Instrument kurz. Jede Bewegung der Drehspule erzeugt einen starken Induktionsstrom, der nach der Lenzschen Regel die Ursache des Stromes (Bewegung) aufhebt, die Drehung der Spule also blockiert. Durch diese dynamische Dämpfung werden Meßinstrumente durch Kurzschließen beim Transport gegen Stoßbeschädigung geschützt.

Die Entdämpfung durch einen höheren Vorwiderstand widerspricht der Leistungsanpassung und setzt die Empfindlichkeit des Instrumentes stark herab. Es gibt aber - meist ältere - Meßwerke mit kleinem Widerstand und geringer dynamischer Dämpfung, die sich für den Grundversuch eignen. Eine einwandfreie Wiedergabe des Induktionsvorgangs erhält man mit einem leistungsarmen (gepolten) Mikrovoltverstärker (z.B. von Kröncke) mit hohem Eingangswiderstand.

LI Leistungsanpassung bedeutet maximale Leistung im "Verbraucher" (Außenwiderstand, Instrument). Die Stromstärke in einem Kreis mit dem Außenwiderstand R_a und dem Generatorinnenwiderstand R_i ist

$I = \dfrac{U_0}{R_a + R_i}$. Der Strom erzeugt am Widerstand R_a den Spannungsabfall $U_a = I R_a = \dfrac{U_0 \cdot R_a}{R_a + R_i}$

Hinweise zur LE 7: Generatoren zur Stromerzeugung S. E51–E52

und die Leistung $P = I \cdot U_a$. Aus

$$P = U_o^2 \frac{R_a}{(R_a+R_i)^2} \text{ und } \frac{dP}{dR_a} = U_o^2 \cdot \frac{R_i - R_a}{(R_i+R_a)^3} \text{ folgt}$$

wegen $\frac{dP}{dR_a} = 0$ für $\underline{R_i = R_a}$ ein Maximum für P.

Man erhält optimale Leistungsanpassung, wenn der Widerstand R_a des "Verbrauchers" gleich dem Innenwiderstand R_i des Generators ist. Dies zu wissen, ist für den Experimentator in vielen – über das vorstehende Beispiel hinausgehenden – Fällen nützlich.

Die Deutung der Induktion mit Hilfe der Lorentz-Kraft ist der hier gebotene Weg zur Erschließung der Ladungsteilung. Dazu ist nötig, in bewegter Ladung einen elektrischen Strom (Konvektionsstrom) zu sehen und daran zu denken, daß die gleichverteilten positiven und negativen Ladungen eines nach Abb. E51,1 querbewegten elektrisch neutralen Leiters ein breites Band gegenläufiger Konvektionsströme darstellen. Aus dieser Vorstellung folgt mit Hilfe der Dreifingerregel für die Kraftwirkung auf Ströme im Magnetfeld die elektrische Polung eines im Magnetfeld be-
LV wegten Leiters. Diese läßt sich selbst bei langsamer Bewegung einer Leiterschnüre nach Abb. E51,2 mit Hilfe des gepolten Mikrovoltverstärkers nachprüfen.

Im Hinblick auf das nächste Kapitel sollte man nicht versäumen, auch die Abbremsung
LV der kurzgeschlossenen Leiterschaukel (V E52,1) zu zeigen, wird dadurch doch deutlich, daß die Erzeugung eines elektrischen Stromes durch Induktion – d. i. fortlaufende Ladungstrennung – ein Arbeitsprozeß ist.

An dieser Stelle des Lehrgangs wäre auch Gelegenheit gegeben, das Mitdrehen eines Kurzschlußankers im Drehfeld (s. LE 6) als Bremswirkung der Relativbewegung verständlich zu machen (vgl. auch A1 auf S. E52).

Das Generatorprinzip (7.7)

Nach sechs Beispielen für "die Erzeugung des elektrischen Zustandes zwischen den Polen einer Stromquelle", der Voraussetzung für das Fließen eines elektrischen Stromes ist, dürfte sich das Generatorprinzip in folgenden Feststellungen manifestieren:

1. Jeder Generator besitzt auf irgendeine Art die Fähigkeit zur Ladungstrennung.
2. Die Trennung der im Generator enthaltenen entgegengesetzten Ladungen gegen die zwischen ihnen bestehende Anziehungskraft ist ein Arbeitsvorgang: Trennarbeit.
3. Die aus ihrer Bindung befreiten – deshalb "freien"- Ladungen an den Polen des Generators werden durch dessen immanente Trennwirkung an ihrer Rückkehr gehindert; der "besondere elektrische Zustand" besteht im Gleichgewicht zwischen Trennwirkung des Generators und Anziehung der Ladungen an den Polen.
4. Die Polladungen streben durch einen verbindenden Leiter zum Ausgleich und in erneute gegenseitige Bindung.
5. So lange ein Strom zwischen den Polen fließt, muß der Generator durch erneute Ladungstrennung Trennarbeit verrichten ("pumpen").
6. Da der elektrische Strom durch seine Wirkungen wieder Arbeit verrichtet (z. B. indem ein Motor angetrieben, bei der Elektrolyse Stoffe getrennt oder Wärme an die Umgebung abgegeben werden), besteht Grund zur Annahme, daß diese der Trennarbeit des Generators äquivalent ist. Anm.: Falls der diesen Schluß rechtfertigende Erfahrungssatz von der Erhaltung der Energie noch nicht zur Verfügung steht, sollte er hier mitgeteilt werden.
7. Dann ist es aber möglich, die vom Generator bei der Ladungstrennung aufgebrachte Arbeit durch die beim Rückfluß durch den Leiter verrichtete Arbeit zu messen, sobald solche Arbeiten meßbar sind.

An diesen Stand der Erkenntnis knüpft das Kapitel A1. an mit der Untersuchung verschiedener Stromarbeiten und ihres Zusammenhangs mit der dabei geflossenen Ladung.
LI Das Ergebnis soll hier zur Orientierung des Lehrers vorgezogen werden:

8. Man charakterisiert "den zwischen Polen eines Generators herrschenden besonderen elektrischen Zustand" durch die Arbeit W, die zur Trennung von Q = 1 C elektrischer Ladung notwendig ist und definiert den Quotienten $\underline{W/Q = U}$ als elektrische Spannung, wobei Q die während der Arbeitsverrichtung W getrennte bzw. durch den Leiter geflossene Ladung bedeutet.

Daß eine solche Definition der Spannung mit Hilfe der Trenn- bzw. Stromarbeit möglich ist, wird durch die Erfahrungen mit den verschiedenen Generatorarten zur Genüge nahegelegt, ohne daß man sie nach 8. explizite definiert. In diesem Sinn sind auch die Ausführungen zur Einheit der Spannung 1 Volt unter der Überschrift "Elektrische Spannung" zu verstehen.

Die in der 2. Erweiterung beschriebenen
LV ergänzenden Versuche V E52,3 und E52,4 wollen die Bedeutung der Trennarbeit für die

Hinweise zur LE 7: Generatoren zur Stromerzeugung

Erzeugung "spannungswirksamer" freier Ladungen unterstreichen. Dazu gehören auch
SV das Abziehen der Schreibfolie vom Papier nach der Pressung und die abgebremste Leiterschaukel. V E52,5 und V E53,1 demonstrie-
LV ren, daß zusätzliche Trennarbeit die Arbeitsfähigkeit gleicher Ladungen erhöht, ein Beitrag zur Bekräftigung der These 7. Diese beiden Versuche geben nur die Richtung für eine im Sinne der Spannungsdefinition liegende quantitative Auswertung an.

Am Schluß der Anmerkungen zu den Themen dieser LE werden noch zwei quantitativ auswertbare Versuche beschrieben, die auf die unter 8. formulierte Spannungsdefinition abzielen. Sie bieten, falls der mechanische Arbeitsbegriff vorausgesetzt werden kann, eine alternative Behandlung der Spannungs-Definition und der Spannungsmessung an.

VT Das Galvanometer G in Abb. E52,1, über das das Kondensatorelektroskop entladen wird, ist wie in Abb. 196,1 mit einem Schutzwiderstand zu versehen und mit einem Kondensator zu überbrücken.

Elektrische Spannung

Die Behandlung der elektrischen Spannung im Schülerbuch geht vom ungünstigeren Fall aus, daß der Spannungsbegriff noch nicht endgültig mit Hilfe des Arbeitsbegriffs quantitativ definiert werden kann, setzt aber voraus, daß der Schüler die Bedeutung der Trennarbeit bei der Spannungserzeugung kennt und es für gesichert hält, daß man die physikalische Größe Spannung mit Hilfe der Trennarbeit definieren kann. Die so (nämlich durch 1 Volt = 1 J/1 C) definierte Einheit der Spannung 1 Volt wird als vorgegeben betrachtet. Auf sie beziehen sich die Spannungsangaben für verschiedene galvanische Elemente und Akkumulatoren. Für den anschließend behandelten Aufbau einer Spannungsskala haben diese Werte keine prinzipielle Bedeutung. Das für die Definition der Gleichheit und Vielfachheit gewählte Verfahren entspricht dem Definitionsgefüge einer Basisgröße. Als Kriterien für den Spannungsvergleich dienen - in Übereinstimmung mit der späteren Definition - Stromwirkungen bei
SV gleicher Stromstärke (vgl. V E53,2). Von den in Abb. E53,1 skizzierten Kombinationsmög-
LV lichkeiten gleichartiger Generatoren erweisen sich die Schaltungen a) und c) als bedeutsam: Es ist plausibel, die bei der Gegeneinanderschaltung (V E53,3) eintretende Stromlosigkeit als Kompensation zweier gleicher Spannungen zu betrachten; ebenso plausibel ist es, nach V E54,3 (Abb. E54,1) die augenscheinliche Verdoppelung der Stromwirkung - bei gleicher Stromstärke - auf eine Verdoppelung der Spannung durch die Reihenschaltung der beiden Generatoren zurückzuführen und anschließend die Spannungsvielfachheit - wie geschehen - entsprechend zu definieren.

Die Plausibilität nimmt der Festsetzung zwar den Schein der Willkür - vor allem für den Schüler -, sie liefert aber keine Deduktionsgrundlagen für die Festsetzung. Für den so operierenden Lehrer mag es beruhigend sein zu wissen, daß die bei den Festsetzungen über Gleichheit und Vielfachheit von Spannungen aus den Versuchen gezogenen Folgerungen in voller Übereinstimmung mit der Vorschrift stehen. Der hier praktizierte vorläufige Spannungsbegriff wird sich also zu gegebener Zeit zwanglos in die Definition der Spannung als abgeleitete Größe überführen lassen.

Mit dem eingeschlagenen Verfahren lassen sich nur diskrete Spannungswerte definieren. Das genügt aber als Voraussetzung für die Herleitung des Ohmschen Gesetzes. Dieses begründet den Spannungsteiler, mit dessen Hilfe sich auch beliebige Zwischenwerte auf der bislang nur aus diskreten Werten bestehenden Skala realisieren lassen. Auch lassen sich mit Hilfe des Ohmschen Gesetzes Strommesser zu Spannungsmessern umbauen. Es muß aber nachdrücklich darauf hingewiesen werden, daß die Benutzung eines solchen Spannungsmessers bei der Herleitung des Ohmschen Gesetzes gleichbedeutend ist mit der Herleitung dieses Gesetzes mit sich selbst. Die dafür benutzten Spannungswerte müssen - logischerweise - einem der Definition unmittelbar entsprechenden Meßverfahren entnommen sein, was für die diskreten Werte der Akku-Spannungsskala zutrifft oder wie sie bspw. durch die nachfolgend beschriebenen Versuche gewonnen werden können.

Es soll hier noch ergänzend angemerkt werden, daß es prinzipiell möglich ist, mit Hilfe der bisher getroffenen Festsetzungen auch andere als die vorgegebenen diskreten Spannungswerte zu realisieren. Z.B.: Zwei Netzgeräte sind - durch Gegeneinanderschalten geprüft - auf gleiche Spannung eingestellt. Hintereinander geschaltet haben sie die gleiche Spannung wie ein 6 V-Autoakku - wiederum durch Gegeneinanderschaltung mit dieser geprüft: Jedes Netzgerät liefert die Spannung 3 V, ein Wert, der in der "Akkuskala" nicht vorkommt. Ein solches Probierverfahren ist aber für die Praxis wenig geeignet.

Der "elektrische Feldmotor" als Weiterentwicklung der Pendelversuche (V E29,3) ge-

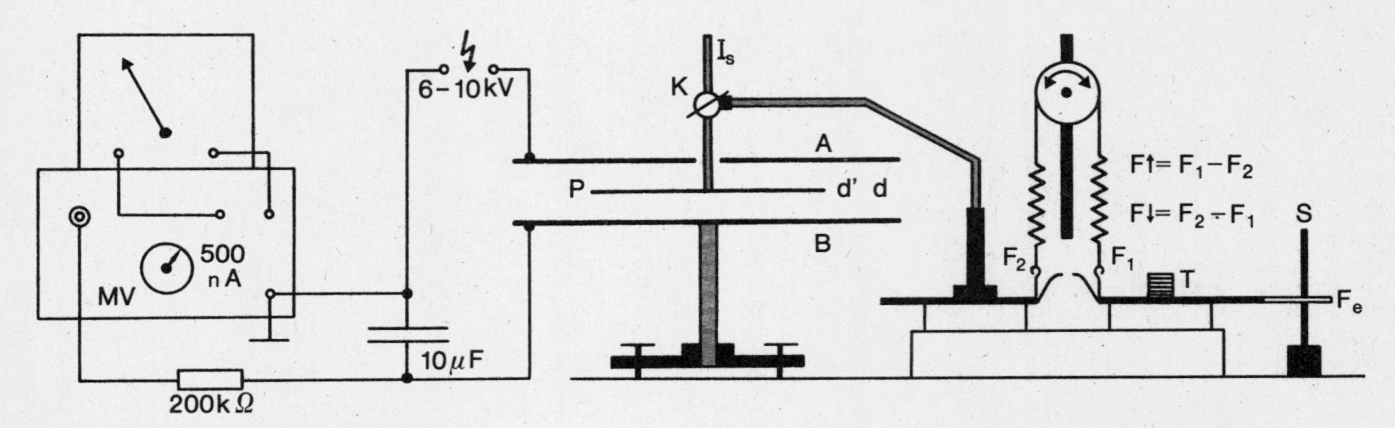

Hinweise zur LE 7: Generatoren zur Stromerzeugung

Abb. 214,1 Elektrischer Feldmotor

LV stattet eine direkte Spannungsmessung nach der unter 8. beschriebenen Definition; das Verfahren setzt nur die Kenntnis der Definition der mechanischen Arbeit durch die Gleichung $W = F \cdot s$ voraus.

Versuchsanordnung nach Abb. 214,1: Parallel zu den Kondensatorplatten A und B justiert, hängt die Ladungstransportplatte P (Alu-Scheibe der Dicke $d' = 1\,mm$) an einem Isolierstäbchen I_S, das seinerseits über ein Kugelgelenk K und ein Gestänge leicht federnd an der einen Platte einer Tafelwaage befestigt ist. Die Waage ist austariert. Sie dient zunächst nur der Parallelführung der Transportplatte P, die sich im Gleichgewichtszustand der Waage etwa in der Mitte zwischen A und B befinden soll. Der Unterbau der Kondensatorplatten A, B enthält deshalb einen Feintrieb für dessen Höhenverstellbarkeit.

Die obere Kondensatorplatte A besteht aus Montagegründen aus zwei Hälften mit einer Bohrung für die Durchführung des Isolierstäbchens I_S; sie ist mit dem Spannung führenden Pol des 10-kV-Netzgerätes verbunden. Die untere Platte B ist über den Meßverstärker MV und den Schutzwiderstand 200 kΩ geerdet. Der parallel geschaltete Kondensator dient als "Reservoir" der stoßweise anfallenden Ladungen, die aus diesem nahezu gleichmäßig abfließen (Glättung). Der Meßverstärker mißt im Bereich $I_{max} = 500\,nA$.

Inbetriebnahme: Nach dem Anlegen der Spannung (ca 6 kV) an A und einer ersten Berührung mit A schwingt P zwischen A und B in gleichbleibendem Rhythmus auf und ab, die vom Meßgerät des Meßverstärkers angezeigte Stromstärke I steigt langsam auf einen konstanten Endwert an; dieser ändert sich bei der Änderung der Spannung oder beim Abbremsen, das man erreicht, wenn man die an der Waage befestigte dünne Blattfeder F_e leicht an einem Stativstab S entlangstreichen läßt.

Die Meßgrößen: Die Bewegung der Waage stellt einen mechanischen Arbeitsvorgang dar (Beschleunigungs- und Reibungsarbeit), erfaßbar durch $W = F \cdot s$; dabei wird die Ladung $Q = I \cdot t$ zwischen den Platten A und B transportiert (überführt). Q bedeutet die Summe der in der Zeit t bei n Ladungstransporten (Halbschwingungen) übertragenen Teilladungen wechselnden Vorzeichens ($\pm q$). Der Arbeits- oder Überführungsweg s setzt sich aus n Strecken $d^* = (d - d')$ zusammen: $s = n \cdot d^*$. (d = Abstand der Platten A, B, d' = Dicke der Transportplatte. (d^* deckt sich also mit dem die Feldstärke bestimmenden effektiven Plattenabstand.)

Die Messung der auf die Transportplatte wirksamen elektrischen Kraft F erfolgt entweder durch Auflegen von Wägestücken oder direkt mit einem empfindlichen Kraftmesser (10 cN). Zu bestimmen ist jeweils der Mittelwert $\overline{F}$ aus der im Gleichgewichtszustand der Waage gemessenen Kraft bei der Abwärtsbewegung $F\downarrow$ und der am gleichen Ort herrschenden Kraft aufwärts $F\uparrow$.

LI Die Abweichung der beiden Kräfte $F\downarrow$ und $F\uparrow$ voneinander wird durch die von den Plattenladungen $\pm q$ ausgehenden unterschiedlichen "Bildkräfte" verursacht, deren Einfluß auf die gemessene Kraft durch die Mittelwertbildung eliminiert wird. In der Tat stimmen die an verschiedenen Stellen gebildeten Mittelwerte $\overline{F}$ trotz verschiedener Abweichungen zwischen $F\downarrow$ und $F\uparrow$ kontrollierbar überein. Nur in der Mitte gilt $\overline{F} = F\downarrow = F\uparrow$. $\overline{F}$ ist die theoretisch aus $F = E \cdot q = U \cdot q/d^*$ berechenbare Feldkraft. Die Bildkraft (F_B) beeinflußt sicher den zeitlichen Ablauf der Bewegung, hat aber keinen Einfluß auf die Überführungsarbeit der Ladung, da ihre Bremswirkung auf der ersten Hälfte des Weges d^* durch eine analoge Beschleuni-

Hinweise zur LE 7: Generatoren zur Stromerzeugung S. E54

gungswirkung auf der zweiten Hälfte kompensiert wird:
$$\int_{x=0}^{d^*} F_B \, dx = 0$$

Definition und Berechnung der Spannung:
Bei dem nachfolgenden Meßbeispiel ist
$d^* = (19,7 - 1,0)$ mm $= 18,7 \cdot 10^{-3}$ m. Für 20 gezählte Vollschwingungen der Platte beträgt der gesamte Wirkweg der Kraft:
$s = 40 \cdot 18,7 \cdot 10^{-3}$ m $= 0,748$ m. Gemessen werden jeweils $\overline{F}$, I und t; berechnet werden $W = F \cdot s$ und $Q = I \cdot t$.

1. Messung: $\overline{F}_1 = 34 \cdot 10^{-3}$ N $\Rightarrow W_1 = 25,4 \cdot 10^{-3}$ Nm
$I_1 = 0,1325 \cdot 10^{-6}$ A und $t_1 = 31,0$ s $\Rightarrow Q_1 = 4,11 \cdot 10^{-6}$ As.

2. Messung: Es werde die Stromstärke I durch Abbremsen geändert, Kraft und Arbeit wie bisher.
$I_2 = 0,12 \cdot 10^{-6}$ A, $t_2 = 34,2$ s $\Rightarrow Q_2 = 4,11 \cdot 10^{-6}$ As.
Ergebnis: Bei gleichem elektrischen Zustand wird, unabhängig von der Stromstärke, von der gleichen Ladung die gleiche Arbeit verrichtet.

3. Messung: Es werde nun der elektrische Zustand laut Elektroskopanzeige erhöht.
$\overline{F}_3 = 57,8 \cdot 10^{-3}$ N $\Rightarrow W_3 = 43,2 \cdot 10^{-3}$ Nm,
$I_3 = 0,212 \cdot 10^{-6}$ A, $t_3 = 25,2$ s $\Rightarrow Q = 5,34 \cdot 10^{-6}$ As
Ergebnis: Während die transportierte Ladung auf das 1,3-fache zunahm, wuchs die verrichtete Arbeit auf das 1,7-fache. Zum besseren Vergleich bildet man die Quotienten W/Q:

$$\frac{W_1}{Q_1} = \frac{25,4 \cdot 10^{-3} \text{ Nm}}{4,11 \cdot 10^{-6} \text{ As}} = 6,2 \cdot 10^{-3} \frac{\text{Nm}}{\text{As}} = \frac{W_2}{Q_2}$$

$$\frac{W_3}{Q_3} = \frac{43,2 \cdot 10^{-3} \text{ Nm}}{5,34 \cdot 10^{-6} \text{ As}} = 8,1 \cdot 10^{-3} \frac{\text{Nm}}{\text{As}}$$

Ergebnis: Der Quotient W/Q bleibt konstant, wenn sich der elektrische Zustand nicht ändert, er wächst, wenn der elektrische Zustand erhöht wird. Auf Grund dieses Gleichverhaltens zum elektrischen Zustand definiert man die elektrische Spannung zwischen den Enden der Arbeitsstrecke durch die Gleichung $U = \frac{W}{Q}$. Die Einheit der Spannung ist 1 Nm/As $= 1$ Volt $= 1$ V.

An den Enden der Arbeitsstrecke liegt die Spannung 1 V, wenn von der Ladung 1 As = 1 C die Arbeit $W = 1$ Nm verrichtet wurde, z.B. wenn ein Elektromotor, durch den ein Strom $I = 0,2$ A fließt, in 5 s einen Körper mit der Masse 101,8 g und dem Gewicht 1 N 1 m hoch hebt (100 % Wirkungsgrad angenommen).

Die Spannung betrug in den Meßbeispielen 1. und 2.: $U_1 = U_2 = 6,2 \cdot 10^3$ V, im Beispiel 3.: $U_3 = 8,1 \cdot 10^3$ V.

Vergleichende Betrachtungen: Das soeben beschriebene Verfahren liefert in aller Form der Definition $U = \frac{W}{Q}$ entsprechende Spannungswerte, die zudem so genau sind, daß man Elektroskope damit eichen und zu statischen Voltmetern machen kann. Sie liegen aber in einem für die Weiterführung des Lehrgangs ungünstigen Meßbereich. Man kann aber auf analoge Weise durch Auswechseln des Arbeitsprozesses auch Spannungen im praktisch nutzbaren Bereich definieren, z.B. Definition der Spannung durch die Wärmewirkung des Stromes:

Man muß dafür allerdings als bekannt voraussetzen, daß mit 4187 Joule (J = Nm) 1 kg Wasser um 1 K erwärmt werden kann (vgl. Kap. M6,1, S. M76-81 und Kap. A1, S. A1-6). Dann läßt sich die vom Strom verrichtete Arbeit mit Hilfe der Gleichung:
$W = 4187 \frac{J}{\text{kg} \cdot K} \cdot m \cdot \Delta \vartheta$ aus der Temperaturzunahme $\Delta \vartheta$ berechnen. Man zeigt zunächst durch Parallelschalten von 2 Heizspulen (z.B. Phywe 4449) die Proportionalität von W mit I und der Zeit t: $W \sim I \cdot t \sim Q$. Bei deren Reihenschaltung an 2 ebenfalls in Reihe geschalteten Autoakkus nach Abb. E54,1 ergibt sich aus der Verdoppelung von W bei gleichgebliebener Stromstärke I die Proportionalität zwischen W und der noch zu definierenden Spannung U als plausible Festsetzung. Aus $W \sim Q$ und $W \stackrel{\text{def.}}{\sim} U \Rightarrow W \stackrel{\text{def.}}{\sim} U \cdot Q$ und $U \stackrel{\text{def.}}{\sim} W/Q$. U wird nun durch die Gleichung $U \stackrel{\text{def.}}{=} \frac{W}{Q}$ definiert. Wenn W und Q aus Messungen bekannt sind, lassen sich die Spannungen in $\frac{\text{Nm}}{\text{As}}$ berechnen und mit 6 Volt bzw. 12 V identifizieren. D.h. die Einheit 1 Volt ist in der Tat mit $1 \frac{\text{Nm}}{\text{As}} = 1 \frac{J}{C}$ identisch. Vgl. auch Unterrichtsbeispiel unter 3.3.3.

Die Darstellung von drei Alternativen soll helfen, die Lösung dieses wohl schwierigsten

Hinweise zur LE 8: Die Gesetze des elektrischen Stromkreises

Problems der E-Lehre in Sekundarstufe I auf bestmögliche Weise den lehrplanmäßigen Gegebenheiten anzupassen. Der im Schülerbuch dargestellte Weg sichert wohl das zügigste Fortschreiten im Lehrgang. Im Block A, Kap. 1 wird die als Basisgröße eingeführte (Akku-) Spannung in eine abgeleitete Größe umgewandelt und damit dem modernen Begriffssystem entsprochen.

c) Neue Aufgaben und Fragen

1. Wodurch unterscheidet sich der Ladungsaustausch a) beim Kontakt zweier Metalle (Leiter 1. Klasse) beim Thermoelement von dem b) beim Kontakt eines Metalls mit einem Elektrolyten (Leiter 2. Klasse) im galvanischen Element?
L. a) Nur Ladungen diffundieren durch die Grenzflächen, die Diffusion ist nur temperaturabhängig. b) Metall geht in Lösung, dissoziiert in positive Teilchen und negative Ladung: Aktive Beteiligung der Materie an der Ladungstrennung.

d) Audio-visuelle Hilfsmittel

AT	Das Fernthermometer	35 7742	(1)
AT	Elektrizität aus chemischer Reaktion	36 0161	(1)
AT	Chemische Vorgänge in der Bleibatterie	35 7100	(1)
F	Induktion 1 (Generator) (4 min)	35 5804	(1)
F	Dampfkraftwerke (4 min)	35 5803	(1)
DR	Edertalsperre (17)	HE 66	(4)
AT	Induktionsvorgang in einem Leiter-Lenzsche Regel	173252	(7)
AT	Galvanisches Element (Trockenelement, Cd-Normalelement)	173261	(7)
AT	Das Kraftwerk	176628	(7)
AT	Batterie und Taschenlampe	460301	(7)
F	Ladungstrennung durch Berührung: Leiter (4 min)	360 105	(11)
F	Influenz (3,5 min)	360 106	(11)
F	Bandgenerator (4 min)	360 107	(11)
F	Der Bleiakkumulator, Wirkungsweise, Aufbau, Wartung (11 min)	320 232	(11)
F	Generator und Elektromotor (12 min)	320 913	(11)
DR	Wasserkraftwerke (14)	100 548	(11)
DR	Walchenseekraftwerk (17)	100 112	(11)
DR	Induktion, Rechte-Hand-Regel (9)	100 944	(11)
AT	Der Bandgenerator (6)	37135	(12)
F	Das Voltaelement (4 min)	F 83501	(12)
DR	Elektrizitätserzeugung im Wärmekraftwerk	E 71 / 1882	(23) / (13)
F	The van de Graaf Generator 3 : 45 min	P80-2876/1	(18)
F	Strom aus dem Schwarzwald	B	(23)
F	Keine Angst vor statischer Elektrizität (Spannung durch Ladungstrennung), (36 min)	C6/68	(H3)

3.3.2.8 LE 8: Die Gesetze des elektrischen Stromkreises

a) Vorbemerkungen und Ziele

Es gibt wohl kein Gesetz, über das so viele widersprüchliche Meinungen bezüglich seiner Bedeutung, seines Zusammenhangs mit dem Begriff des elektrischen Widerstandes, ja sogar hinsichtlich seiner inhaltlichen Aussage geäußert wurden und werden, wie über das Ohmsche Gesetz. Bei ihm handelt es sich nicht um ein Naturgesetz vom Rang z.B. des Gravitationsgesetzes oder der Erhaltungssätze der Mechanik, sondern um ein vor allem praktisch bedeutsames Gesetz mit materialbedingten Einschränkungen.

Von ihm zu unterscheiden sind die Definitionsgleichungen für den elektrischen Leitwert und den Widerstand. Dies sind von der Temperatur und den Leiterabmessungen abhängige Größen, deren Definition unabhängig von der Gültigkeit des Ohmschen Gesetzes ist. Es sollte ein Hauptanliegen dieser LE sein, am Beispiel des Ohmschen Gesetzes und der Einführung des Widerstandes die Unterscheidung zwischen Gesetz und Definitionsgleichung exemplarisch zu demonstrieren. Auch die Aussage, daß für einen Leiter das Ohmsche Gesetz nur gilt (lineare Leitercharakteristik), wenn - unter welchen Bedingungen auch immer, z.B. bei Metallen konstante Temperatur - der Widerstand bei variabler Strombelastung konstant ist, sollte diesen Unterschied unterstreichen.

Mit den Abhängigkeiten des Widerstandes von der Temperatur und den Leiterabmessungen befassen sich die beiden nächsten Kapitel. Vielleicht sollte man im Hinblick auf die später erfolgende Eingliederung der Halbleiter anhand der beiden Prototypen Eisen und Kohle (vgl. Leitercharakteristiken von Abb. E55,1) für positive und negative Temperaturkoeffizienten die Bezeichnungen PTC- und NTC-Widerstände einführen.

Hinweise zur LE 8: Die Gesetze des elektrischen Stromkreises

Leitungsvorgänge sind modellmäßig Bewegung von Ladungen. Es ist durchaus denkbar, daß dann, wenn alle Ladungsträger in einem Leiter mobilisiert sind und eine bestimmte Geschwindigkeit erreicht haben, der Strom nicht mehr gesteigert werden kann. Solche Sättigungsströme gibt es bekanntlich in Elektronenröhren und Halbleiterbauelementen (vgl. Kap. E12), (15) S. 11; 34; 138, (3) S. 435. Reihen - und Parallelschaltungen von "Widerständen" - als Bezeichnung für den gegenständlichen Leiter und die mit ihm verbundene Größe "elektrischer Widerstand" zugleich gemeint - lassen sich von den Erörterungen zur Abhängigkeit des Widerstandes von den Leiterabmessungen her verstehen. Im Rahmen dieser Kapitel sind sinnvolle Aufgaben angebracht. Von besonderer Bedeutung sind Spannungsteiler und Stromteiler für die technischen Entwürfe des Spannungsmessers und die Meßbereichserweiterung von Strommessern. Auch hier sind Rechenaufgaben sinnvoll anzusetzen. Schließlich lassen sich mit Hilfe von variablen Spannungsteilern (Potentiometer) leicht gerade die Spannungszwischenwerte realisieren, die eingangs der LE nur auf sehr umständliche Weise hätten hergestellt werden können. Schüler aller Kurse müssen nicht nur wissen, wie man Strom- und Spannungsmesser in einen Stromkreis einordnet, sie sollen auch wissen, warum man es so tut und es praktisch ausführen können.

Wir erinnern uns an die frühere Feststellung, daß der elektrische Strom auch die Stromquelle durchfließt, dieser ist also ein Stück der Leitung mit dem Widerstand R_i, der mit dem Außenwiderstand R_a in Reihe liegt und diesen zum Gesamtwiderstand $R = R_a + R_i$ vergrößert. In vielen Fällen führt das Außerachtlassen des Innenwiderstandes zur Diskrepanzen zwischen Rechnung und Versuchsergebnis.

b) Bemerkungen zu den einzelnen Themen

Ohmsches Gesetz (8.1)

Der Zusammenhang der Stromstärke I und der Spannung U dokumentiert sich am besten in einem Schaubild, hier Kennlinie genannt. Man gewinnt sie aus einer Meßreihe, indem man
LV die vorgegebenen Spannungswerten zugeord-
SV neten Stromwerte mißt und der Zuordnungsfolge U → I entsprechend I über U aufträgt. Da man mit Meßinstrumenten immer nur eine Meßreihe mit endlich vielen diskreten Wertepaaren aufstellen kann, ist die Beschränkung auf die durch die "Akku-Spannungsskala" vorgegebenen Spannungswerte ohne grundsätzliche Bedeutung. Es könnte aber einmal die Frage gestellt werden, ob sich die durch eine glatte (gerade oder gekrümmte) Kurve gefundenen beliebig vielen, zwischen den Meßpunkten gelegenen Wertepaaren auch durch Messung bestätigen lassen. Wie bereits erörtert wurde, ist dies zwar umständlich, aber prinzipiell möglich. Man verläßt sich auf die "Vorhersage" durch eine solche Kurve, weil man aus vielen Erfahrungen weiß, daß die physikalischen Vorgänge im Makrokosmos stetig verlaufen. Man sagt auch: "Die Natur macht keine Sprünge". Dieses Stetigkeitsprinzip mußte bekanntlich im Mikrobereich aufgegeben werden. Mit der Absicht, die lineare Kennlinie (c) als Spezialfall zu kennzeichnen, wurden die beiden anderen Kennlinien beigegeben. Nur für den Konstantandraht läßt sich ein einfaches mathematisches Gesetz formulieren: Das Ohmsche Gesetz I/U = konst.

Leitwert - Widerstand

Ein Leiter mit einer steileren geraden Charakteristik liefert bei den gleichen Spannungswerten jeweils stärkere Ströme: Er ist der bessere Leiter; der Quotient I/U ist größer. Der Quotient I/U (= Steigung der linearen Kennlinie) charakterisiert also das Leitungsverhalten des Leiters. Man definiert durch ihn eine neue physikalische Größe: $G = I/U$ als den Leitwert des Leiters und den Kehrwert $R = U/I$ als den Widerstand. Gilt für einen Leiter das Ohmsche Gesetz I/U = konst., so läßt sich sein Leitungsverhalten durch eine einzige Angabe, nämlich durch G oder R charakterisieren: Leitwert und Widerstand sind konstant, d.h. invariant gegenüber der Strombelastung. (S. Abb. E 55,1c)

Auch längs der nicht-linearen Charakteristiken a), b) kann man aus den zugeordneten U-I-Werten den Quotienten $I/U = G$ oder $U/I = R$ bilden: Beide sind mit der Spannung bzw. Strom veränderlich. Für den Leiter a) (Eisendraht) nimmt der Leitwert mit zunehmender Spannung (und Strom) ab, der Widerstand zu, beim Leiter b) (Graphitstäbchen) nimmt der Leitwert zu, der Widerstand ab.

Aus den beiden Beispielen geht hervor, daß die Definitionen $G = I/U$ und $R = U/I$ auch dann sinnvoll sind, wenn das Ohmsche Gesetz U/I = konst. nicht erfüllt ist. Erstere sind uneingeschränkt und unabhängig vom Ohmschen Gesetz gültig. Deshalb müssen Ohmsches Gesetz und die Definitionsgleichungen für den Leitwert G und den Widerstand R streng unterschieden werden.

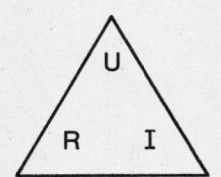

Hinweise zur LE 8: Die Gesetze des elektrischen Stromkreises

Abb. 218,1 Zur Merkregel über die Verknüpfung der Größen U, R und I

Die Definitionsgleichungen $G = I/U$ und $R = U/I$ verknüpfen drei Größen und lassen sich in folgenden äquivalenten Formen schreiben: $I = G \cdot U$ und $U = R \cdot I$
$U = I/G$ und $I = U/R$

Obwohl der Leitwert, von der Leitercharakteristik her gesehen, das Leitungsverhalten sinnfälliger charakterisiert, dominiert die Benutzung des Widerstandsbegriffs. Wegen seiner Anschaulichkeit und der Vorteile, die er an verschiedenen Stellen bringt, sollte man aber auf den Leitwertbegriff nicht ganz verzichten.

Ordnet man die Größen U, R, I nach Abb. 218,1 an, so läßt sich über deren Verknüpfungen folgende Merkregel aufstellen: Der Quotient aus der oben stehenden Größe und einer unten stehenden ergibt die dritte, das Produkt der beiden unteren die obere Größe.

VT Will man die drei Charakteristiken in einer Darstellung unterbringen, so müssen die mittleren Widerstände der drei Leiter in der gleichen Größenordnung liegen. Die Widerstände müssen so groß gewählt werden, daß der Innenwiderstand des Akkus (nach S. E62) und des Strommessers vernachlässigt werden kann. Mit zu kleinen Außenwiderständen gerät man in die gleichen Schwierigkeiten, mit denen Ohm zu kämpfen hatte, bevor er Thermoelemente mit niedrigem Innenwiderstand benutzte. Da R_i als Flüssigkeitswiderstand nicht konstant ist, erhielte man auch mit Konstantan als Außenwiderstand keine lineare Kennlinie.

VT Vielfach werden als Leiter a) eine Metallfadenlampe nach V E56,1 und als Leiter b) eine Kohlefadenlampe nach V E56,2 verwandt. Geht man von den mittleren Widerständen für a) $R(a) \approx 100\,\Omega$, für b) $R(b) \approx 350\,\Omega$ aus, so wird man $R(c) \approx 200\,\Omega$ wählen. Man wird dann, um deutliche Effekte zu erhalten, drei Ni-Fe-Batterien hintereinander schalten (frisch geladen!) und stets 3 Zellen als Spannungseinheit zusammenfassen, so daß man bei 6 Meßpunkten maximal 23 V erreicht.

Abhängigkeit des Widerstandes von der Temperatur (8.2)

Die Untersuchung wird durch die Erwärmung des Leiters bei der Stromleitung nahegelegt. Es ist aber nicht daran gedacht, den Widerstand R als Funktion der Temperatur ϑ darzustellen; es genügt - wie es in V E56,5 und V E57,1 geschieht - der Nachweis, daß eine Widerstandsänderung mit der Temperatur besteht, daß diese für den Stoff des Leiters charakteristisch ist und sogar verschiedenes Vorzeichen haben kann. Dieses konträre Temperaturverhalten des elektrischen Widerstandes bildet die phänomenologische Grundlage für die verschiedenen Leitungsmechanismen in Metallen, Graphit und Halbleitern (vgl. S. E85 und E90).

SV

VT Bei den nach Abb. E56,1 und E57,2 von außen herbeigeführten Temperaturänderungen bleibt die angelegte Spannung konstant, um den Temperatureffekt zu isolieren.

SI Nimmt der Widerstand - wie bei Eisen und anderen reinen Metallen - mit der Temperatur zu, so sagt man, der Widerstand des Leiters haben einen positiven Temperatur-Coeffizienten; man bezeichnet ihn als PTC-Widerstand. Nimmt der Widerstand - wie bei Kohle, Elektrolyten und Halbleitern - mit zunehmender Temperatur ab, so sagt man, der Widerstand des Leiters habe einen negativen Temperatur-Coeffizienten; man bezeichnet ihn als NTC-Widerstand. Mit solchen NTC-Widerständen lassen sich sehr praktische elektrische Thermometer bauen (vgl. Kap. 11.51, S. E88).

Noch offen bleibt die Frage, warum der Einfluß der Temperatur auf den Widerstand der drei repräsentierenden Leiter a), b), c) so verschieden ist. Sie kann erst später im Zusammenhang mit den Leitungsmechanismen behandelt werden (vgl. S. E85 und E90).

LI Bei Metallen wird die Driftbewegung der Leitungselektronen, die ja an der Temperaturbewegung der Gitterteilchen teilnehmen, mit zunehmender Temperatur stärker behindert. (Gute elektrische Leiter sind wegen der Mitwirkung der Elektronen an der Temperaturbewegung der Teilchen auch gute Wärmeleiter: Wiedemann-Franzsches Gesetz (3) S. 136 und 489). Bei Kohle (Leiter b), Elektrolyten und Halbleitern dominiert die Zunahme der Zahl der Ladungsträger über die zunehmende Behinderung ihrer Bewegung durch die Teilchenbewegung. Legierungen haben einen kleinen Temperatur-Koeffizienten, der von Konstanten ist praktisch gleich Null. Wie Abb. 219,1 zeigt, ändern sich die Widerstände nicht linear mit der Temperatur. Die Funktion $\vartheta \rightarrow R$ läßt sich durch eine Funktion 2. Grades darstellen: $R(\vartheta) = R_0(1 + \beta\vartheta + \gamma\vartheta^2)$, näherungsweise durch $R = R_0(1 + \beta\vartheta)$. Für die meisten chemisch reinen Leiter (1. Art) liegt β zwischen $1/200$ und $1/300 \cdot 1/K$,

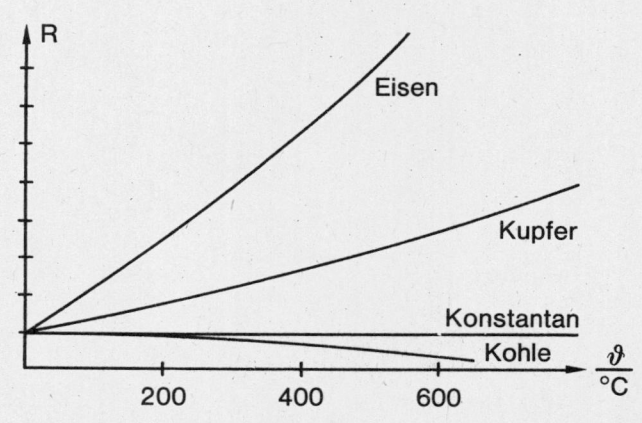

Hinweise zur LE 8: Die Gesetze des elektrischen Stromkreises

Abb. 219,1 Änderung des Widerstandes mit der Temperatur bei Leitern verschiedenen Materials

ist also mit dem Ausdehnungskoeffizienten der Gase vergleichbar.

Nachdem die Abhängigkeit des Widerstandes von der Temperatur feststeht, erhebt sich die Frage, wie wohl die Leitercharakteristiken von Abb. E55,1 ausfallen, wenn man sie
LV erneut, aber bei gleichbleibender Temperatur aufnimmt. Man verwendet dazu einen dünnen, zur Spule gewickelten Eisendraht, gegen dessen Widerstand der des Akkus vernachlässigbar klein ist, und kühle ihn im Luftstrom eines Föns oder lege ihn in Eis-Schmelzwasser: Für reine Metalle ist R konstant, wenn ϑ konstant ist; es gilt dann auch für sie das Ohmsche Gesetz.

LV Nur als LV durchführbar, zeigt V E57,4, daß der "Nichtleiter Glas" durch Erhitzen zum Leiter wird; er weist dadurch das Glas als amorph erstarrte Flüssigkeit aus (Ionenleiter). Bei der Herstellung von Aluminium hat die Schmelzflußelektrolyse von Kryolith-Aluminiumoxid-Gemisch eine hohe technische Bedeutung erlangt.

LV Gewissermaßen als Abfallprodukt ergibt sich die Leitfähigkeit der Luft bei der hohen Temperatur des Lichtbogens der Bogenlampe im V E58,1.

Die Abhängigkeit des Widerstandes von den Leiterabmessungen und dem Material (8.3)

Das Thema war zu allen Zeiten beliebt, da es mit einfachen Versuchen größtenteils in
SV Selbsttätigkeit der Schüler bewältigt werden kann (V E58,3, V E58,4, V E58,5 und evtl. V E59,1 und E59,2). V E58,2 ist als ein-
LV führender Lehrerversuch gedacht.

Die Bedeutung des Themas hängt vom Schultyp ab. Für Berufsschulen für das Fach Elektrotechnik z.B. ist es mit allen Konsequenzen wichtig, für alle übrigen Schulen steht es in der Gefahr, überbetont zu werden. Dadurch wird der Eindruck erzeugt, als hand-
SI le es sich um das "eigentliche Ohmsche Gesetz". In der Tat gilt das Ohmsche Gesetz ja nur so lange, wie der spezifische Widerstand des Leitermaterials konstant ist oder gehalten wird (vgl. Temperaturabhängigkeit). Dieser bedeutungsvolle Zusammenhang sollte an dieser Stelle herausgestellt werden.

Die didaktische Entscheidung: "Mit oder ohne spezifischen Widerstand" hängt vom Alter der Schüler und ihren mathematischen Vorkenntnissen ab. Man unterschätze nicht die Schwierigkeiten, die sich aus der Koppelung zweier Proportionalitäten ergeben, von denen eine sogar eine indirekte ist. Beide Möglichkeiten sind im Lehrbuch vorgesehen. Das Fundamentum ist auf die einfachste Formulierung der Abhängigkeit von Länge und Querschnitt des Leiters angelegt; der Materialvergleich erfolgt am Widerstand von Leitern bestimmter Abmessungen (l = 1m, d = 0,2 mm). Alle Überlegungen, die zum Begriff des spezifischen Widerstandes hinführen, sind in der zweiten Erweiterung zusammengefaßt.

Physikalisch von besonderer Bedeutung ist V E58,5. Das proportionale Wachsen der Stromstärke mit der Querschnittsfläche - mit dem Durchmesser wächst I quadratisch - ist ein Hinweis dafür, daß die Stromleitung sich gleichmäßig auf die ganze Querschnittsfläche verteilt (nicht mehr so bei hochfrequenten Wechselströmen!).

Auch im Fundamentum läßt sich durch die beiden Schritte:

1. $l \to 2l$: $I \to I/2$, wenn A konstant,
2. $A \to 2A$: $I \to 2I$, wenn l konstant,

die Erkenntnis vermitteln, daß der Widerstand eines Leiters unverändert bleibt, wenn man gleichzeitig die Länge und den Querschnitt im gleichen Verhältnis ändert, d.h., wenn l/A = konst.

Anm.: Der $\to$ heißt hier: "ändert sich auf".

Reihenschaltung von Widerständen (8.4)

Es handelt sich um ein anwendungsträchtiges Thema, dessen bedeutungsvollste Anwendung der Spannungsteiler ist. Im technischen Bereich Potentiometer genannt, vermittelt der Mittelabgriff eines Schiebewiderstandes zwischen Null und der angelegten Spannung gleitend veränderliche Spannungen z.B. zwischen 0 und 6 V, wenn man den Spannungsteiler an einen Autoakku anschließt. Damit sind alle Spannungszwischenwerte zwischen den dis-

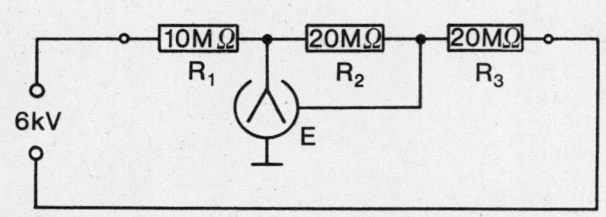

Hinweise zur LE 8: Die Gesetze des elektrischen Stromkreises   S. E59–E60

Abb. 220,1 (links) Nachweis der Spannung an den Teilwiderständen

Abb. 220,2 (rechts) Spannungsmessung durch Kompensation am Meßdraht

kreten Werten der Akku-Skala realisierbar und ohne Spannungsmesser - der auch noch nicht zur Verfügung steht - definierbar, wie nachfolgend gezeigt werden soll.

SV V E59,3 liefert als Schlüsselversuch des Kapitels die Additivität der Widerstände R_1, R_2 bei Reihenschaltung. Aus ihr folgt die Additivität der Teilspannungen U_1, U_2, die sich aus $R_1 = U_1/I$ und $R_2 = U_2/I$ berechnen lassen, weil die beiden Widerstände vom gleichen Strom durchflossen werden;
$U_1 = I \cdot R_1 \wedge U_2 = I \cdot R_2 \Rightarrow U_1 + U_2 = I \cdot (R_1 + R_2) = I \cdot R = U$. Außerdem ergibt sich für das Teilungsverhältnis $U_1/U_2 = R_1/R_2$. Die Berechnung der Teilspannungen erfolgt unter der Annahme, daß durch einen Leiter mit dem Widerstand R_x nur dann ein Strom der Stärke I fließt, wenn an ihm die Spannung $U_x = R_x \cdot I$ anliegt.

LV Daß tatsächlich zwischen den Enden der Teilwiderstände die angenommenen Teilspannungen herrschen, läßt sich zeigen, wenn man nach Abb. 220,1 die Spannung eines 6 oder 10 kV Netzgeräts an eine Kette von drei Widerständen $R_1 = 10 M\Omega$, $R_2 = 20 M\Omega$ und $R_3 = 20 M\Omega$ anlegt.

Die praktische Spannungsmessung im Niederspannungsbereich erfolgt mit dem Spannungsteiler der Abb. 220,2 entsprechend.

SV Die Normspannung eines Bleiakkus (2 V) oder eines Autoakkus (6 V) wird an die Enden A, B eines dünnen Konstantandrahtes der Länge l angelegt. Eine oder mehrere Ni-Fe-Akkuzellen mit der Spannung U_x werden mit dem Pluspol an A und mit dem Minuspol über den veränderlichen Schutzwiderstand W, ein Galvanometer G und den Schleifkontakt Sk mit dem Draht D verbunden. Man suche mit Sk auf dem Draht die Stelle C, in der G auch bei W → 0 keinen Strom mehr anzeigt. Der Punkt hat dann die Spannung U_x gegen A; er teilt die Spannung U_o im Verhältnis $U_x/U_o = l_x/l \rightarrow U_x = U_o \frac{l_x}{l}$, d.h. Spannungsmessung mit dem Längenmaßstab. Da kein Strom fließt, wird mit diesem Kompensationsverfahren die Leerlaufspannung U_x gemessen.

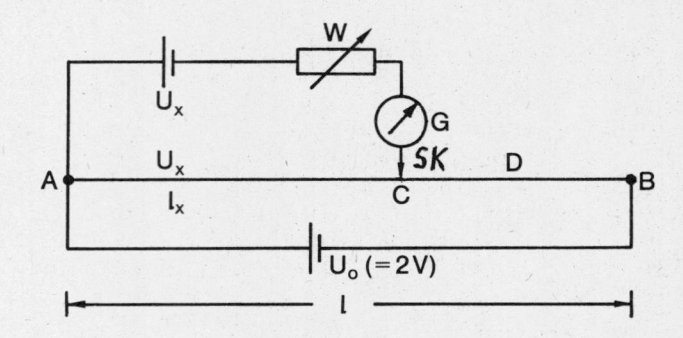

Für Rechenaufgaben gibt es einen generellen Ansatz, der von der Tatsache ausgeht, daß bei Reihenschaltung alle Widerstände vom gleichen Strom durchflossen werden.

Entsprechend gilt für die anschließend zu behandelnde Parallelschaltung von Widerständen (Stromteiler), daß an allen Widerständen die gleiche Spannung anliegt.

Parallelschaltung von Widerständen (8.5)

Das 2. Kirchhoffsche Gesetz folgt aus dem vorstehenden generellen Ansatz. Ersetzt man die Widerstandswerte durch die Leitwerte, so erhält man aus
$I_1 = U \cdot G_1$ und $I_2 = U \cdot G_2$ für die beiden Kirchhoffschen Gesetze die einprägsameren Formen: $I = I_1 + I_2 = U \cdot (G_1 + G_2)$ — (es addieren sich die Leitwerte) - und $I_1/I_2 = G_1/G_2$.

Man kann durch Parallelschalten von Widerständen
1. den Gesamtleitwert vergrößern, d.h. den Gesamtwiderstand vermindern und
2. einen Strom in vorgegebener Weise teilen.

Beispiele für Stromteilung sind die Nebenschlußwiderstände von Strommessern (Shunt), durch die man ein vorgegebenes Meßwerk mehreren Stromstärkebereichen anpassen kann. Für den Shuntstrom I_s gilt:
1) $I_s = I_g - I_i$ (I_g = Gesamtstrom, I_i = Strom, der durch das Instrument fließt, (s. auch Abb. E61,3) und 2) $I_s/I_i = G_s/G_i = R_i/R_s$, wobei der Meßwerkswiderstand R_i und der dem Meßwerk maximal zumutbare Strom I_i vorgegeben sind. Aus 2) folgt: $R_s = R_i \cdot \frac{I_i}{I_s}$.

Die Berechnung des Shuntwiderstandes ist auch möglich, wenn man zunächst aus I_i und R_i die auch am Shunt anliegende Spannung $U_i = R_i \cdot I_i$ berechnet. Hieraus ergibt sich:
$$R_s = \frac{R_i \cdot I_i}{I_s}.$$

Vergl. auch c) Aufgabe 7.

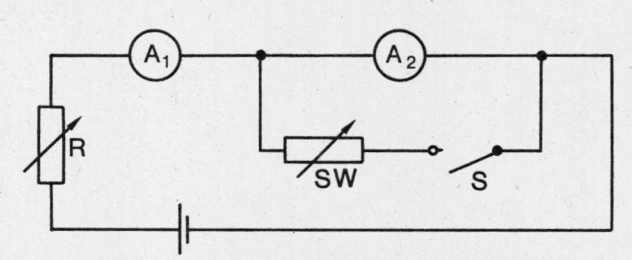

Hinweise zur LE 8: Die Gesetze des elektrischen Stromkreises

Abb. 221,1 Versuch zur Demonstration der Shuntwirkung

Das Prinzip der Strombereichserweiterung ist durchaus auch dem Fundamentum adäquat, wenn man sich auf die Berechnung des Shuntstromes beschränkt. Im übrigen sollte man

LV die Meßbereichserweiterung mit der Schaltung nach Abb. 221,1 demonstrieren: Bei geöffnetem Schalter S werde der Strom am Regulierwiderstand R oder am Netzgerät so geregelt, daß A_2 (2mA) Vollausschlag und A_1 (10mA) 2 mA anzeigen. Nach dem Schließen von S zeigt A_2 weniger Strom an. Man reguliere den Shuntstrom mit SW hoch, bis A_2 nur noch 0,4 mA (1/5 Vollausschlag) und A_1 2 mA anzeigen (notfalls mit R oder Netzgerät auf 2 mA Gesamtstrom nachregulieren). Die Stromstärke läßt sich jetzt auf 10 mA erhöhen: A_2 und A_1 erreichen jetzt gemeinsam den Vollausschlag.

SI Wir fassen die Reihenschaltung (RS) und Parallelschaltung (PS) von Widerständen als Spannungsteiler und Stromteiler in folgenden analogen Aussagen und Gleichungen zusammen

1. RS: Die Summe der Teilspannungen an den in Reihe geschalteten Widerständen ist gleich der angelegten Gesamtspannung.
$U_1 + U_2 = U$

   PS: Die Summe der Teilströme durch die parallel geschalteten Widerstände ist gleich dem Gesamtstrom.
$I_1 + I_2 = I$ (1. Kirchhoffsches Gesetz)

2. RS: Die Teilspannungen an den Widerständen verhalten sich wie die Teilwiderstände.
$U_1/U_2 = R_1/R_2$

   PS: Die Teilströme in den Zweigleitungen verhalten sich wie die Leitwerte oder umgekehrt wie die Widerstände.
$I_1/I_2 = G_1/G_2 = R_2/R_1$
(2. Kirchhoffsches Gesetz)

LI Die Aussagen unter 2. resultieren aus der Anwendung der Relation $U/I = R$ bzw. $I/U = G$ auf die Tatsache, daß bei RS die Widerstände vom gleichen Strom durchflossen werden, daß bei PS an allen Widerständen die gleiche Spannung anliegt (s. Anm. a). Die Aussagen unter 1. beruhen in beiden Fällen auf Messungen, bei PS direkt mit Strommessern, bei RS auf der indirekten Ermittlung der Teilspannungen aus Widerstandsmessungen mit vorgegebenem Spannungswert (wobei in diesem Fall auch das Ohmsche Gesetz gelten muß, weil die Widerstandswerte bei anderen Spannungen als beim Versuch bestimmt werden), (s. Anmerkung b). Legt man, wie im Unterrichtsbeispiel 2 von 3.3.3 geschehen, die Definition der Spannung durch $U = W/It$ zu Grunde, so folgt die Additivität der Teilspannungen aus der experimentell ermittelten Additivität der Wärmemengen oder Arbeiten.

Anmerkungen zu 1. und 2.

a) Aus $U_1 = R_1 \cdot I$ und $U_2 = R_2 \cdot I$
folgt $U_1/U_2 = R_1/R_2$.

Aus $I_1 = G_1 \cdot U$ und $I_2 = G_2 \cdot U$
folgt $I_1/I_2 = G_1/G_2$.

b) Aus $U_1 = R_1 \cdot I$ und $U_2 = R_2 \cdot I$
zusammen mit $R_1 + R_2 = R$ (nach V E59,3):
$U_1 + U_2 = I \cdot (R_1 + R_2) = I \cdot R = U$.

Die Aussagen über Reihenschaltung stellen als "notwendige Beziehungen zwischen physikalischen Größen" zu den Kirchhoffschen analoge und – wie die Genese besagt – gleichwertige Gesetze dar, die nur keinen besonderen Namen gefunden haben.

Technische Spannungsmesser (8.6)

Sie arbeiten nach dem Grundsatz: Wo ein Strom fließt, da ist Spannung seine Ursache. Dieser Schluß gilt aber nicht für den Fall der Supraleitung in manchen Leitern bei extrem tiefen Temperaturen.

Da Strommeßwerke meist nur schwache Ströme I_i von bspw. maximal 2 mA oder 0,3 mA vertragen, muß die Stromstärke im Spannungs-Testkreis begrenzt werden. Dies geschieht durch einen Vorschaltwiderstand R_V, der der zu messenden Spannung angepaßt sein muß (s. Abb. E61,4) und wie folgt berechnet wird:

Bei angelegter maximaler Spannung U fließt der maximal zulässige Strom I_i, wenn

$R = R_v + R_i = U/I_i$. Hieraus
$R_v = R - R_i = U/I_i - R_i$,

vgl. Beispiel S. E61 und die Aufgaben E61,1 und E62,2. Man kann zur Berechnung von R_v

Hinweise zur LE 8: Die Gesetze des elektrischen Stromkreises

alternativ wie folgt verfahren: Bei Vollausschlag herrscht am Meßwerk die Spannung $U_i = R_i \cdot I_i$. Soll damit die Spannung U gemessen werden, so muß an R_v die Spannung $U-U_i$ abfallen, wenn der Strom I_i fließt. Hieraus ergibt sich: $R_v = (U-U_i)/I_i$. (Abb. E61, 4).

LI Da Spannungsmesser im Nebenschluß liegen, wie z.B. in Abb. E61,5, beeinflussen sie durch ihre Strombelastung die zu messende Spannung. Dies muß vor allem der experimentierende Lehrer im Auge behalten; deshalb ist die zur Abb. E61,5 gehörige Versuchsfolge V E61,1 - V E61,3 auch für den Lehrer wichtig. Vgl. auch Aufgaben E 60,2 und 3 und deren Lösungen. Hinzu kommt, daß die Klemmspannung an Generatoren mit hohem Innenwiderstand bei der Messung mit einem technischen Spannungsmesser (Voltmeter) gegenüber der Leerlaufspannung stark abfällt. Hierzu als Ergänzung die Aufgaben E62,1 und 62,2 und ihre Lösungen.

Die Schaltung von Strom- und Spannungsmessern (8.7)

Die Schaltung der Meßinstrumente im Stromkreis geht aus Abb. E62,1 hervor und ist im Text des Lehrbuchs zur Genüge begründet.

LI Für den experimentierenden Lehrer bleibt jedoch ein wesentliches Problem: Wie stark wirkt sich die Belastung durch die Meßinstrumente auf die ungestörten Verhältnisse im Stromkreis aus? Der Fragenkomplex wird unter dem Begriff "Anpassung" zusammengefaßt: Welche Typen von Meßinstrumenten muß man verwenden, damit die Meßvorgänge den originalen Vorgang möglichst wenig beeinflussen? Auch dann gilt noch, daß jeder Meßvorgang grundsätzlich den zu erfassenden Vorgang stört. Einblick in die Größenordnung solcher Störungen vermitteln die Aufgaben von S. E62 und ihre Lösungen (s. Teil 2).

Als Grundregel für günstige Anpassung gilt: Strommesser mit möglichst kleinem und Spannungsmesser mit möglichst großem Widerstand zu verwenden. Dieser Forderung werden nur Spezialgeräte gerecht; Universalgeräte für Strom- und Spannungsmessung zugleich unterliegen dem Zwang zum Kompromiß.

Aus Abb. E62,1 ist erkennbar, daß es - wie dort - nur möglich ist, die wahre Arbeitsspannung zu messen und einen verfälschten Nutzstrom in Kauf zu nehmen oder den Spannungsmesser vor den Strommesser zu schalten und bei wahrem Nutzstrom eine überhöhte Nutzspannung zu messen (der Spannungsabfall am Strommesser bleibt dabei unberücksichtigt).

Da man die Schüler im allgemeinen nicht mit Überlegungen über den Einfluß des Innenwiderstandes der Stromquelle bei quantitativen Auswertungen belasten möchte (z.B. bei der Aufnahme von Kennlinien), gilt es, die Art der Stromquelle, die Erfordernisse des aufzubauenden Stromkreises und die Bestückung mit Meßinstrumenten so aufeinander abzustimmen, daß 1. der Innenwiderstand R_i der Stromquelle vernachlässigbar klein gegen den Außenwiderstand R_a gewählt und die Störung durch die Meßinstrumente möglichst klein gehalten wird.

Entwicklung der Stromvorstellung (8.8)

Der kurze historische Abriß will nicht nur die Schüler rückschauend informieren, er stellt auch eine Rechtfertigung für den im Lehrbuch "KUHN I" eingeschlagenen didaktischen Weg dar. Obwohl die Wirkungen des elektrischen Stromes in der Zeit zwischen Volta und Oersted bereits bekannt waren, besaß man zunächst noch keine klare Vorstellung vom Geschehen im Draht. Auch Ampères klar formulierte Stromhypothese ist nur die theoretische Zusammenfassung einer Vielzahl von Fakten, auf die seine Hypothese paßte. Ein rundes Dreiviertel-Jahrhundert bewährte sich diese geniale Hypothese, ohne daß man wußte, was sich bewegt. Und da die heute zwar bekannten Ladungsträger aller Art doch nicht vorzeigbare und nur aus komplexen Erscheinungen erschließbare Gebilde sind, bleibt für den Anfangsunterricht, wenn er aufschließende Wirkung haben soll, nur das sorgfältige Arbeiten mit der Ampèreschen Stromvorstellung als Hypothese, für die es im Bereich der Phänomene Indizien zu sammeln gilt. Die Situation heute unterscheidet sich von der Ampères vor allem dadurch, daß Ampère die Indizien kannte, bevor er die Stromhypothese schuf. Die Schüler sind heute durch die Umgangssprache für den Begriff "Strom" derart manipuliert, daß sie nur schwer die Notwendigkeit für einen nachträglichen "Indizienbeweis" einsehen.

c) Neue Aufgaben und Fragen

1. Die Aufgabe zu V E56,3 muß lauten: Vergleiche den Widerstand R_1 einer Kohlefadenlampe im kalten Zustand mit dem R_2 im heißen Zustand, wenn

Hinweise zur LE 8: Die Gesetze des elektrischen Stromkreises — Neue Aufgaben

$U_1 = 2{,}56$ V (Ni-Fe-Akku) und $I_1 = 0{,}006$ A
$U_2 = 110$ V und $I_2 = 0{,}4$ A.

L. $R_1 = \dfrac{2{,}56 \text{ V}}{0{,}006 \text{ A}} = 426\ \Omega$; $R_2 = \dfrac{110 \text{ V}}{0{,}4 \text{ A}} = 275\ \Omega$.

2. Zwei Widerstände $R_1 = 55\ \Omega$ und $R_2 = 165\ \Omega$ werden, in Reihe geschaltet, an die Steckdose mit 220 V angeschlossen. Wie groß sind: a) der Gesamtwiderstand, b) die Stromstärke, c) die Teilspannungen U_1 und U_2 an R_1 und R_2?

L. a) $R = 220\ \Omega$; b) $I = \dfrac{220 \text{ V}}{220} = 1$ A;

 c) $U_1/U_2 = 55\ \Omega/165\ \Omega = 1/3$ bei
 $U_1 + U_2 = 220$ V $\Rightarrow U_1 = 55$ V, $U_2 = 165$ V,
 oder $U_1 = I \cdot R_1 = 1$ A $\cdot$ 55 Ω = 55 V,
 $U_2 = I \cdot R_2 = 1$ A $\cdot$ 165 Ω = 165 V.

3. Die Widerstände von Aufgabe 2 werden parallel geschaltet. Wie groß sind:
 a) die Teilstromstärken I_1 und I_2 bei 220 V angelegter Spannung.
 b) die Gesamtstromstärke I,
 c) Gesamtwiderstand R?
 d) Vergleiche den Gesamtwiderstand R mit jedem der beiden Zweigwiderstände!
 e) Bestätige diese Aussage mit Hilfe der Leitwerte.

L. a) $I_1 = 220$ V/55 Ω = 4 A;
 $I_2 = 220$ V/165 Ω = (4/3) A = 1,33 A;
 b) $I = I_1 + I_2 = 5{,}33$ A;
 c) R = 220 V/5,33 A = 41,25 Ω;
 d) R ist kleiner als der kleinste der beiden Widerstände R_1, R_2;
 e) $G = G_1 + G_2 : G > G_1 \wedge G < G_2 \Rightarrow R < R_1 \wedge R < R_2$.

4. Am Meßdraht A, B von 1 m Länge (s. Abb. 220, 2) liegen 6 V Spannung an (Pluspol in A).
 a) Welche Leerlaufspannung besitzt eine in A mit dem Pluspol angeschlossenen Trockenbatterie, wenn das Galvanometer G bei $\overline{AC}$ = 70 cm stromlos ist?
 b) Wird die Batterie mit einem Glühbirnchen belastet, so vermindert sich $\overline{AC}$ auf 32 cm.
 c) Gib eine Erklärung für das Absinken der Klemmspannung!

L. a) $U_x = 6\text{V} \cdot \dfrac{70 \text{ cm}}{100 \text{ cm}} = 4{,}2$ V;

 b) $U_x = 6\text{V} \cdot \dfrac{32 \text{ cm}}{100 \text{ cm}} = 1{,}86$ V.

 c) Die Klemmspannung der Batterie sinkt wegen ihres hohen Innenwiderstandes bei Strombelastung so stark ab, weil sie "verbraucht" ist.

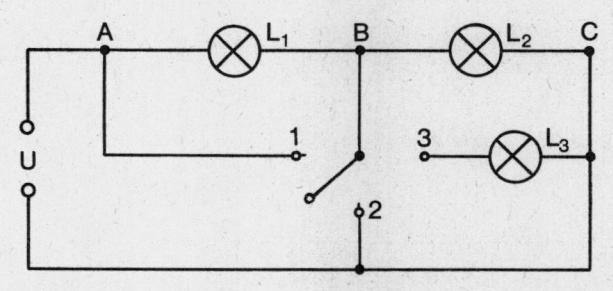

Abb. 223,1 Netzwerk zur Ergänzungsaufgabe 5

5. Drei gleiche Glühlampen L_1, L_2, L_3 sind nach Abb. 223, 1 verschaltet. Welche Schaltkombinationen liegen vor, welche Lampen leuchten und wie hell leuchten sie bei den Schalterstellungen 0, 1, 2, 3?

L. Schalter in 0: L_1 und L_2 in Reihe, leuchten gleich hell, aber nicht voll.

 Schalter in 1: Nur L_2 brennt, aber mit voller Helligkeit.

 Schalter in 2: Nur L_1 brennt, ebenfalls mit voller Helligkeit.

 Schalter in 3: L_2 parallel L_3, beide in Reihe mit L_1. L_2 und L_3 brennen gleich hell, aber wesentlich schwächer als L_1.

6. Berechne bei Schalterstellung 3 in Abb. 223, 1 für U = 12 V und drei Glühlampen mit je R = 4 Widerstand
 a) den Widerstand R_{BC} der Lampenkombination L_2 L_3,
 b) die Teilspannungen zwischen A, B und B, C: U_{AB} und U_{BC},
 c) den Gesamtwiderstand R_g des Stromkreises,
 d) den Gesamtstrom I,
 e) die Teilstromstärken I_2 und I_3 durch L_2 bzw. L_3.
 f) Trage die errechneten Werte in eine nachgefertigte, vereinfachte Schaltskizze ein.

L. a) $R_{BC} = R/2 = 2\ \Omega$; b) $U_{AB}/U_{BC} = 4/2 = 2$.
 Mit $U_{AB} + U_{BC} = 12$ V: $U_{AB} = 8$ V, $U_{BC} = 4$ V.

 c) $R_g = R_{AB} + R_{BC} = 4\ \Omega + 2\ \Omega = 6\ \Omega$
 d) I = 12V/6 Ω = 2 A; e) $I_2 = I_3 = 1$ A
 f) S. Abb. 224, 1

Hinweise zur LE 9: Spannung und elektrisches Feld

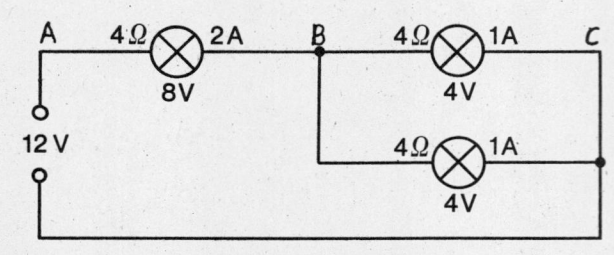

Abb. 224,1 Ergebnisse von Ergänzungsaufgabe 6

7. Der Innenwiderstand eines Meßwerks beträgt R_i = 50 Ω (R_i = 200 Ω) der maximal zulässige Strom I_{max} = 2 mA (300 μA).
   a) Berechne die am Instrument und Shunt anliegende Spannung U_i
   b) Berechne den Shuntstrom und Shuntwiderstand, wenn der zu messende maximale Gesamtstrom 0,1 A (0,3 A) sein soll.

L. a) $U_i = R_i \cdot I_{max}$ = 50 Ω · 2 mA = 100 mV = 0,1 V
   (= 200 Ω · 300 μA = 200 Ω · 0,3 mA
   = 60 mV = 0,06 V)

b) I_s = 0,1 A - 0,002 A = 98 mA;
   (I_s = 0,3 A - 0,0003 A = 0,2997 A)
   $R_s = U_i / I_s$ = 0,1 V / 0,098 A = 1,02 Ω
   (R_s = 0,06 V / 0,2997 A = (6/29,97) Ω = 0,201 Ω)

d) Audio-visuelle Hilfsmittel

AT Elektrische Schaltungen: Grund-, Parallel- und Reihenschaltung	357265	(1)
AT Der Widerstand des Stromkreises (1)	357700	(1)
AT Das Ohmsche Gesetz (2)	357701	(1)
AT Stromstärke bei der Reihenschaltung von Widerständen (2)	357702	(1)
AT Spannung bei einer Reihenschaltung von Widerständen (2)	357703	(1)
AT Parallelschaltung von Widerständen (2)	357704	(1)
F Elektrizität paßt sich an (Ohmsches Gesetz) 8 mm, 9 min	A 74	(23)

3.3.2.9 LE 9: Spannung und elektrisches Feld

a) Vorbemerkungen und Ziele

Nichts ist in der Physik so abgeschlossen, als daß es sich nicht verlohnte, ein altes Themas wie die Spannungserzeugung in einer neuen Variante - hier durch Aufladen - wieder aufzugreifen. Dies geschieht aber nicht, um zum 7. Male festzustellen, daß auch Spannungserzeugung durch Ladungsaddition einen Arbeitsvorgang darstellt, sondern weil dabei eine zunächst nicht überschreitbare Schwelle für die Ladungszufuhr deutlich wird, die bei allen Beispielen in anderer Form latent auch vorhanden war. Die trickhafte Überwindung dieser Schwelle mit Hilfe des Faraday-Bechers fordert die Klärung heraus. Sie endet mit der Entdeckung, daß die Ladung außen sitzt und daß ihre Kraftwirkung auf andere Ladungen nur nach außen zielen. Damit ist die Frage nach der räumlichen Verteilung der von elektrischen Ladungen ausgehenden Kraft- und sonstigen Wirkungen gestellt; sie kann durch Einbringen geeigneter Indikatoren in den "Feld" genannten Wirkraum untersucht werden. Feldlinien lassen die Struktur dieses Raumes und ihren Zusammenhang mit der Ladungsverteilung erkennen.

Von besonderem Interesse ist die Feldstruktur des sogen. Plattenkondensators (homogenes Feld) und dessen Ladungsverteilung. Diese scheint den Aussagen über den Faradaybecher zu widersprechen, findet aber in der Anziehung entgegengesetzter Ladungen ihre weiterführende Erklärung. Mit der Erklärung des Mechanismus der Ladungsverdichtung durch Influenzwirkung stellt sich ein Gerät vor, das für Forschung und Technik von größter Bedeutung ist.

Bedenkt man, daß dem Ladestromstoß, durch den ein Kondensator bei seiner Verbindung mit einem Gleichstromgenerator aufgeladen wird, die Ladungstrennung im Generator vorausgeht, so erkennt man, daß im Kondensator mit der Ladung auch "Energie" als Äquivalent der verrichteteten Trennarbeit gespeichert wird. Die Arbeitsfähigkeit der gespeicherten Ladung ist durch V E52,5 und E53,1 belegt; sie dokumentiert sich z.B. auch im Knallfunken einer Kondensatorenentladung, bei der Ladung und Feld verschwinden. Es ist sicher legitim, die mit der Kondensatorladung gespeicherte Trennarbeit elektrische Energie zu nennen, aber es würde wahrscheinlich doch zu weit führen, nachzuweisen, daß diese eigentlich im elektrischen Feld gespeichert ist.

Das didaktische Problem dieser LE besteht vor allem in der Beschränkung der Themen

Hinweise zur LE 9: Spannung und elektrisches Feld   S. E64–E67

"elektrisches Feld und Kondensatoren" auf die grundlegenden und anwendungswichtigen Fakten und ihr Verständnis; denn in der S II nehmen ja theoretische Erörterungen zu beiden Themen einen breiten Raum ein. Zu den praxisorientierten Themen gehören sicher das Kondensatorgesetz und einige technische Anwendungen. Da Beschränkung aber nicht zugleich Normierung auf einen Kanon bestimmter Gegenstände bedeutet, soll unter b) noch auf weitere technische Anwendungen und die Frage der Ladungsbestimmung eingegangen, die Energiespeicherung experimentell untermauert werden. Allenfalls wäre in Analogie zur Abhängigkeit des Widerstandes von den Leiterabmessungen die Abhängigkeit der Kapazität von den Kondensatorabmessungen diskutabel, wenn man diese nicht ganz der S II überlassen möchte.

b) Bemerkungen zu den einzelnen Themen

Spannungserzeugung durch Aufladen - Sitz der Ladung (9.1)

Aufladen durch "Hinüberlöffeln" ist nicht neu (s. V E17,1). Zunächst nicht erwartet, aber hinterher selbstverständlich ist, daß die abstoßende Kraft der bereits aufgebrachten Ladung zunehmend den Übergang neu zu übertragender Ladung behindert. Die Grenze der Aufladung ist erreicht, wenn die Spannung des aufgeladenen Körpers gegen Erde der des Ladegenerators gegen Erde gleich geworden ist. Die genaue Beobachtung des Aufladevorgangs zeigt, daß auch die Spannungserzeugung durch "Addition von Ladungen" ein Arbeitsvorgang ist. Hier schon ergibt sich unter Umständen die erste Gelegenheit, den durch "Arbeit" aufgeladenen Körper als "Energiespeicher" zu bezeichnen.

Der Elektroskopausschlag während der Heranführung der Ladung ist als Influenzvorgang erklärbar. Ein neuer Aspekt des Ladevorgangs wäre, daß die aufzubringende Ladung die influenzierte ungleichnamige kompensiert und die verdrängte gleichnamige freisetzt. Damit ist das erste Thema eigentlich erschöpfend abgerundet.

Das Aufsetzen eines Faraday-Bechers läßt sich aus der vorgegebenen Situation heraus nicht motivieren und muß vom Lehrer als Zufallsentdeckung angeboten werden. Um so mehr motiviert die überraschende Überschreitung der Generatorspannung für die systematische Klärung des neuen Phänomens und für den Einstieg in Feldbetrachtungen. Dieser Klärungsvorgang erfolgt in zwei Etappen:

1. Die Ladung sitzt auf der Außenfläche.
2. Erklärung mit dem Feldlinienbild der Abb. E66,3. Damit befinden wir uns aber schon im nächsten Thema.

Das elektrische Feld (9.2)

Wie beim Magnetfeld definieren wir das elektrische Feld als den Raum in der Umgebung eines geladenen Körpers, in dem sich gewisse - im Schülerbuch auf S. E65 beschriebene - Indikatorwirkungen zeigen. Alle Indikatoren enthüllen durch ihr Verhalten, daß der Raum eine Struktur besitzt, die durch Feldlinien gekennzeichnet werden kann. Die typischen Strukturen, von denen einige abgebildet sind, hängen von der Ladungsverteilung auf den verschieden geformten Ladungsträgern ab. Aus den Bildern mag man auch erkennen, daß die elektrischen Feldlinien in entgegengesetzten Ladungen enden und zwar senkrecht zur Fläche des Ladungsträgers. Es ist nicht nötig, alle Feldlinienbilder vor den Augen des Schülers zu erzeugen; es wäre aber erwünscht, die Abbildungen im Buch erläuternd zu besprechen. Wichtig erscheint vielmehr zu zeigen, daß alle Methoden der Feldlinienerzeugung für die gleiche Elektrodenkonstruktion - z. B. der des Plattenkondensators - zur gleichen Struktur führen. Es sei hier noch eine eindrucksvolle und relativ einfache Methode angefügt.

LV Legt man an die Netzelektroden der Abb. E 67,1 statt der Gleichspannung die Spannungsstöße eines Induktors oder die Wechsel-Hochspannung eines Transformators (500:23000 mit Schutzwiderstand $2 \cdot 10$ MΩ) oder die Wechselspannung (400 V) eines Hochfrequenzgenerators (Leybold 57840) und bringt in das Feld ein Glimmlämpchen auf Isolierstiel (nach Abb. E14,1), so leuchtet das Lämpchen bei jeder Umladung maximal auf, wenn es in Richtung der Feldlinien gehalten wird. So läßt sich an jedem Ort des elektrischen Feldes die Feldrichtung finden (Richtantenne).

Kondensatoren - Kondensatorgesetz (9.3)

Der Plattenkondensator als Prototyp aller Kondensatoren stand für das Schaltzeichen (Abb. E67,4) Pate; und gerade weil auch alle weiteren Untersuchungen am Plattenkondensator angestellt werden, sollen die beiden ersten Versuche V E67,1 und E67,2 - um Mißverständnis auszuschließen - von vornherein dokumentieren, daß jeder Leiter seiner Größe entsprechend das besitzt, was im Laufe des Kapitels als Kapazität definiert wird.

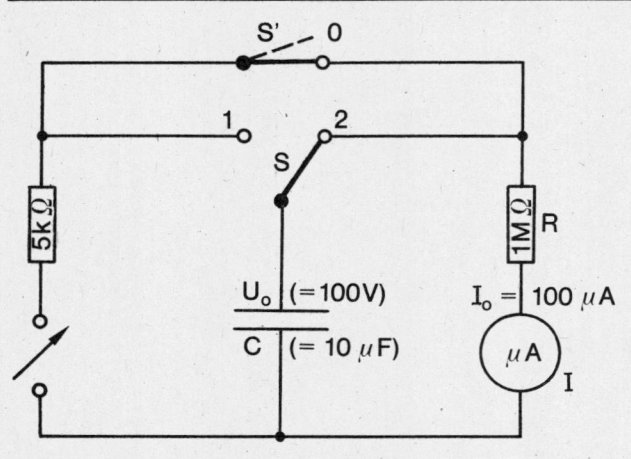

Hinweise zur LE 9: Spannung und elektrisches Feld S. E67–E69

Abb. 226,1 Ladungsmessung durch langsame Entladung, Stoßausschlag und Schaltrelais

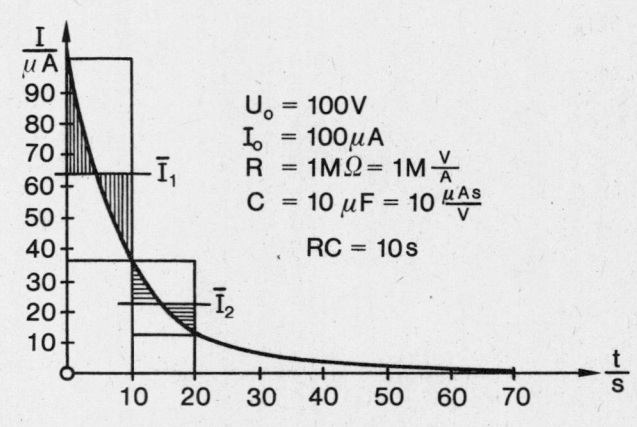

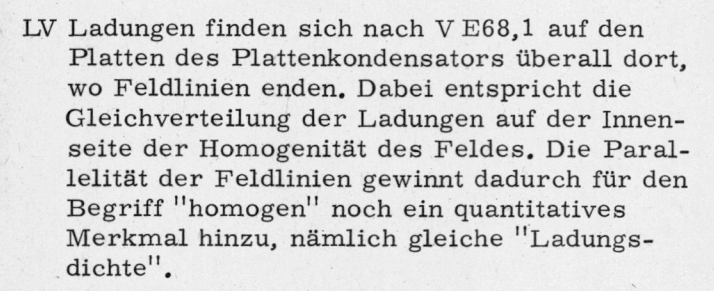

Abb. 226,2 Entladekurve t → I, Ladungsbestimmung durch Zwickelabgleich

LV Ladungen finden sich nach V E68,1 auf den Platten des Plattenkondensators überall dort, wo Feldlinien enden. Dabei entspricht die Gleichverteilung der Ladungen auf der Innenseite der Homogenität des Feldes. Die Parallelität der Feldlinien gewinnt dadurch für den Begriff "homogen" noch ein quantitatives Merkmal hinzu, nämlich gleiche "Ladungsdichte".

Die Tatsache, daß die Ladungen fast ausschließlich auf den Innenflächen sitzen, erklärt sich aus der Anziehung entgegengesetzter Ladungen. Damit wird auch die Influenzladung auf der Innenseite der geerdeten Kondensatorplatte in V E68,2 verständlich und auch die mit der Versuchsfolge V E68,3 - V E68,7 demonstrierte Ladungsverdichtung erklärbar.

LV V E68,3 - V E68,5 zeigen zunächst das Phänomen der Ladungsverdichtung durch Annähern einer geerdeten Platte. Da die Ladung eines Kondensators mit der Plattengröße verhältnisgleich wächst - wie man sich durch Aneinanderfügen gleicher Kondensatoren vorstellen kann - läßt sich das Ergebnis dieser Versuche auch wie folgt zusammenfassen: Bei gleicher Spannung wächst die Ladung eines Plattenkondensators mit der Plattengröße und mit abnehmendem Abstand derselben. Damit ist der Ansatz Q ~ A/d vorbereitet, den nachzuweisen noch der Ladungsmessung bedarf (vgl. S. 226ff.). Die schrittweise Aufladung des Kondensators in den Versuchen E68,6 und 68,7 soll nur die Rolle der Influenz bei der Ladungsverdichtung bestätigen.

Das Kondensatorgesetz, das den Zusammenhang zwischen Ladung und Spannung mathematisch darstellt, setzt Ladungsmessung voraus. Da die Definitionsgleichung Q = I·t in dieser Form nicht auf Stromstöße anwendbar ist, wurde das Kondensatorgesetz sehr

LV anschaulich mit relativer Ladungsmessung gewonnen. Das hat auf die Form des Gesetzes keinen Einfluß. Sogar die Kapazität und ihre Einheit lassen sich definieren. Erst die Kapazitätsbestimmung setzt die Ladungsmessung in der Einheit As = C voraus. Die Frage nach der Kapazitätsbestimmung wird mit Wahrscheinlichkeit erst nach der Besprechung der technischen Kondensatoren aktuell. Um einer solchen Forderung entsprechen zu können, sollen hier ergänzend drei Methoden der Ladungsmessung erörtert werden.

Methoden der Ladungsmessung

SV 1. Mit Hilfe einer langsamen Kondensatorentladung (s. Abb. 226,1)

Der Schalter S befindet sich auf Stellung 2 (=S2). Bei geschlossenem Schalter S' (=S'2) fließt der Strom I_0, der Kondensator C ist auf die Spannung U_0 aufgeladen. Beim Öffnen von S'(=S'0) entlädt sich der Kondensator langsam. Die Stromstärkewerte werden in bestimmten Zeitintervallen (10 s) registriert.

LI Die Entladung geschieht mit von I_0 nach $I = I_0 \cdot e^{-t/RC}$ abfallender Stromstärke. Wenn diese 1/n ihres Anfangswertes erreicht, gilt
$\frac{1}{n} I_0 = I_0 \cdot e^{-t/RC} \Rightarrow \frac{1}{n} = e^{-t/RC} \Rightarrow n = e^{t/RC}$

ln n = t/RC und schließlich t_n = RC · ln n.

Für R = 1 MΩ und C = 10 μF

$t_n = 10^6 \frac{V}{A} \cdot 10^{-5} \frac{As}{V} \cdot \ln n$

$t_n = 10 \, s \cdot \ln n$

Für U_0 = 100 V wird $I_0 = \frac{U_0}{R} = 100 \, \mu A$.

Hinweise zur LE 9: Spannung und elektrisches Feld — Ladungsmessung

Es ergeben sich folgende, den Werten für n zugeordnete Stromstärken und Zeitwerte t_n:

n	I/A	t_n/s
1	100	0
2	50	6,9
10	10	23
100	1	46
1000	0,1	69

SI Die Ladung läßt sich mit Hilfe des Graphen der vorstehenden Tabelle (s. Abb. 226,2) berechnen, wenn man intervallweise eine mittlere Stromstärke $\bar{I}$ so bestimmt, daß die in der Abb. schraffierten Flächen gleich werden.

Dann gilt $Q_1 = \bar{I}_1 \cdot 10$ s, $Q_2 = \bar{I}_2 \cdot 10$ s, $Q_3 = \bar{I}_3 \cdot 10$ s, ... und $Q = \Sigma Q_i$.

Die Entladungskurve kann im SV ermittelt und nach der Erläuterung des "Zwickelabgleichs" zur Ladungsbestimmung ausgewertet werden.

2. Mit Hilfe des ballistischen Galvanometers

LV a) Wiederholt man den Versuch unter 1. mit einem Kondensator der Kapazität 1 μF, so erfolgt die Entladung ($I_o = 10$ Skt) 10 mal so rasch. b) Lädt man bei geöffnetem Schalter So den Kondensator über S in Stellung 1 (S1) auf und entlädt ihn über S2, so schlägt der Strommesser A um ca. 9 Skt. aus, der Entladevorgang ist wie vorher gut zu erkennen. Dasselbe mit R = 100 kΩ und U = 10 V: a) I fällt rasch ab, b) der Stoßausschlag $\approx$ 3 Skt. Wiederholt man das Lade-Entladeverfahren b) mit immer kleineren Entladewiderständen R (= 10 kΩ, 1 kΩ, 100 Ω), so nehmen die Stoßausschläge zunächst leicht zu, bleiben aber ab R = 1 kΩ konstant. Behauptung: Dieser bei kleinem Entladewiderstand R konstante Stoßausschlag ist ein Maß für die Ladung des Kondensators. Er verdoppelt sich mit der Spannungsverdopplung und entspricht damit dem Kondensatorgesetz, er verdoppelt sich mit dem Parallelschalten eines zweiten Kondensators gleicher Kapazität, was wiederum plausibel ist, wenn vorher beide Kondensatoren - einzeln geschaltet - den gleichen Stoßausschlag lieferten.

Der Stoßausschlag

LI Der Kraftstoß $\int_o^{t_s} F \cdot dt$, den die Drehspule des Meßinstrumentes durch den Stromstoß $\int_o^{t_s} I \cdot dt$ erfährt, bewirkt einen Drehimpuls. Sein Zusammenwirken mit der Rückstellkraft der Rückholfeder am Instrument werde vereinfacht nach Abb. 227,1 als lineares Problem behandelt. Die Masse m (Drehspule) erfährt einen vom Strom I kommenden Kraftantrieb $F_i = k_1 \cdot I$. Dabei wird dieser durch die Gegenkraft der Rückholfeder: $F_e = k_2 \cdot x$ vermindert, so daß das System den mechanischen Impuls

$$p = \int_o^{t_s} (k_1 I - k_2 x)\, dt$$

erfährt. Aus ihm folgt die Bewegungsgröße $m v_{max} = p$ und $v_{max} = \frac{p}{m}$ und die kinetische Energie $(1/2) \cdot (m \cdot v_{max}^2)$, die sich mit der Amplitude S des Stoßausschlags in die potentielle Energie $(1/2) \cdot (k_2 \cdot S^2)$ verwandelt. Hieraus ergibt sich:

$$S = \sqrt{\frac{m}{k_2}} \cdot v_{max} = \sqrt{\frac{m}{k_2}} \cdot \frac{p}{m}$$

und schließlich

$$S = \sqrt{\frac{1}{k_2 m}} \int_o^{t_s} (k_1 I - k_2 x)\, dt.$$

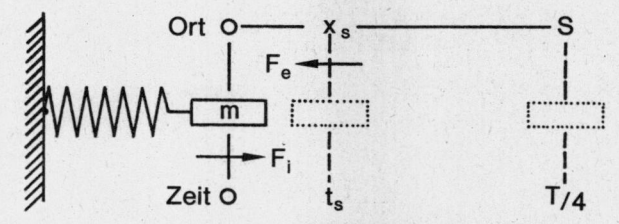

Abb. 227,1 Zur Theorie des ballistischen Galvanometers

Wenn die Stoßdauer $t_s \ll T/4$ (=Ausschlagsdauer des Zeigers), wird die Rückstellkraft der Feder $F_e = k_2 x_s$ beim Stoßende noch vernachlässigbar klein gegen $k_1 I$ sein, so daß der Stoßausschlag $S = \sqrt{\frac{1}{k_2 m}} \cdot k_1 \int_o^{t_s} I \cdot dt$ sich als Maß für die Ladung $Q = \int_o^{t_s} I \cdot dt$ ausweist.

SI Bei der Eichung des ballistischen Galvanometers in As wird ein konstanter Strom I durch eine Schaltuhr eine definierte Zeit Δt eingeschaltet: $Q = I \cdot \Delta t$.

Das ballistische Verfahren ist auch ohne Eichung zum Ladungsvergleich sehr praktisch, für den Schüler dieses Alters aber kaum durchschaubar. Das aber ist der Vorzug der nachfolgend beschriebenen Methode.

3. Auf- und Entladen mit Wechselschalter nach Abb. 228,1

Der Schalter S in Abb. 226,1 wird durch ein polarisiertes Postrelais als Umschalter ersetzt. G zeigt einen Dauerstrom I an.

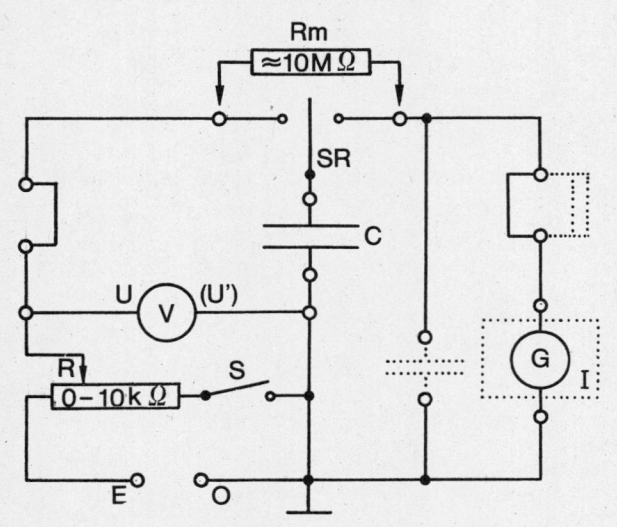

Hinweise zur LE 9: Spannung und elektrisches Feld — Ladung/Kapazität

Abb. 228,1 Bestimmung kleiner Kapazitäten mit Schaltrelais

LI Betrachtet man den Entladevorgang mit $I = \frac{1}{100} I_o$ als beendet, so ergibt sich aus $t_n = RC \cdot \ln n$: $t_n = RC \cdot 4,6$. Da t_n maximal gleich der Schaltzeit des Relais mit 10^{-2} s sein darf, ergibt sich für $t_n = 10^{-2}$ s: $RC = 10^{-2} s/4,6 \approx 2,2 \cdot 10^{-3}$ s. Für die Entladung eines Kondensators mit $C = 10^{-7} \frac{As}{V} = 100$ nF muß der Entladewiderstand $R \leqq 2,2 \cdot 10^{-3} s \cdot 10^7 \frac{V}{As} = 22 \cdot 10^3 \Omega$ sein. Mit $R \leqq 10$ kΩ erfolgt also die Entladung bis auf weniger als 1 % vollständig. Der Grenzwiderstand läßt sich experimentell ermitteln, indem man R so lange erhöht, bis ein deutliches Absinken der Strom-Stärke zu beobachten ist.

SI Beträgt die Kondensatorladung Q, so fließen in 1 s 50 Q durch das Meßinstrument ab. Dieses zeigt die Stromstärke $I = \frac{50 Q}{1 s}$ an.

Hieraus berechnet sich $Q = \frac{I \cdot 1 s}{50}$.

Beispiel: Ein Kondensator mit $C = 0,1 \cdot 10^{-6} \frac{As}{V}$ wird auf 20 V aufgeladen. Gemessen wird $I = 100 \cdot 10^{-6}$ A.

$Q = \frac{100 \cdot 10^{-6} A \cdot 1 s}{50} = 2 \cdot 10^{-6}$ As. Nach dem Kondensatorgesetz wird $Q = C \cdot U = 0,1 \cdot 10^{-6} \frac{As}{V} \cdot 20 V = 2 \cdot 10^{-6}$ As.

Anwendung der 3. Ladungsmeßmethode auf geometrisch definierte Plattenkondensatoren

Da die Entladeströme unter 1 μA liegen, muß man als Strommesser ein Spiegelgalvanometer (mit hohem Widerstand) oder auch einen Meßverstärker benutzen. Die Versuche werden als mit Spiegelgalvanometer G durchgeführt beschrieben. Es lohnt sich, den Aufbau der Schaltung nach Abb. 228,1 für häufigen Gebrauch auf eine Kunststoffplatte zu montieren. Benutzt werden Aufbaukondensatoren (C) mit den Plattengrößen $A_1 = 800$ cm^2 und $A_2 = 400$ cm^2 (Phywe 6233 und 6228), dazu die Abstandsplättchen $d_1 = 2$ mm und $d_2 = 4$ mm (Phywe 6228.01).

1. Verifikation des Ansatzes $C \sim A/d$

LV Bei geöffnetem Schalter S (in Potentiometer P eingebaut) und kleinem Ladewiderstand R ist die Ladespannung am Spannungsmesser V: $U = 20$ V.

V1: $A_1 = 800$ cm^2, $d_1 = 2$ mm, Ausschlag von G: S

V2: $A_1 = 800$ cm^2, $d_2 = 4$ mm, Ausschlag von G: S/2

V3: $A_2 = 400$ cm^2, $d_1 = 2$ mm, Ausschlag von G: S/2

Nullpunkt und Ausschläge werden auf dem Schirm markiert.

Ergebnis: Aus V1 und V3: $S \sim A$; aus V1 und V2: $S \sim 1/d$; aus V2 und V3: S ist konstant, wenn A/d konstant. Hieraus folgt: $S \sim \frac{A}{d}$

Da $S \sim I \sim Q \sim Q/U = C$, gilt $C \sim \frac{A}{d}$ oder als Gleichung $C = k \cdot \frac{A}{d}$

LV 2. Bestimmung der Ladung und der Kapazität C

Es wird angenommen, das Galvanometer sei nicht geeicht. Das Schaltrelais wird abgeschaltet und durch den Meßwiderstand $R_m = 9,65$ MΩ überbrückt. Bei geschlossenem Schalter S und einer Spannung von 2 V zwischen E und O wird die am Spannungsmesser V abgelesene Spannung U' mit Hilfe des Potentiometers P so reguliert, daß G den gleichen Ausschlag S/2 zeigt. Mit z.B. $U' = 1,7$ V berechnet sich $I = U'/R_m = 1,7 V/9,65 \cdot 10^6 \Omega = 0,176 \cdot 10^{-6}$ A. Hieraus ergibt sich für $Q = \frac{I \cdot s}{50} = 3,52 \cdot 10^{-9}$ As und für $C = Q/U = 3,52 \cdot 10^{-9} As/20 V = 176 \cdot 10^{-12}$ F oder

$C = 176$ pF

3. Bestimmung der Konstanten k

Aus $C = 176 \cdot 10^{-12} \frac{As}{V} = k \cdot \frac{400 \cdot 10^{-4} m^2}{2 \cdot 10^{-3} m}$

Hinweise zur LE 9: Spannung und elektrisches Feld

$$k = \frac{176 \cdot 10^{-12} \text{As}}{200 \cdot 10^{-1} \text{Vm}}$$

$$k = 0{,}88 \cdot 10^{-11} \frac{\text{As}}{\text{Vm}} = 8{,}8 \cdot 10^{-12} \frac{\text{As}}{\text{Vm}}.$$

Der genaue Wert der <u>Feldkonstanten</u> beträgt

$$k = \varepsilon_o = 8{,}854 \cdot 10^{-12} \frac{\text{As}}{\text{Vm}}$$

LV 4. Kondensator mit Dielektrikum

Füllt man den Zwischenraum der großen Platten mit einer 4 mm dicken Glasplatte aus, so wächst der Ausschlag des Galvanometers bei gleicher Kondensatorspannung je nach Glasart auf das 5 bis 10-fache an; d.h. die Kapazität wird auf ein ε_r-faches vergrößert. Man berechnet dann C nach $C = \varepsilon_r \cdot \varepsilon_o \frac{A}{d}$,

wobei ε_o als <u>Feldkonstante</u> und ε_r als <u>Dielektrizitätszahl</u> bezeichnet wird. Beispiel für die Kapazitätsberechnung s. c).

Anwendungen technischer Kondensatoren
Die Verwendung technischer Kondensatoren in der Elektrotechnik der Wechselströme wird im Schülerbuch nicht besprochen. Kondensatoren spielen eine bedeutende Rolle bei der Erzeugung elektromagnetischer Schwingungen (vgl. S. E77/78 und A26/27). Zusammen mit Richtleitern wirken sie mit bei der Umformung von Wechselstrom in Gleichsstrom (vgl. S. E95 ff.). In jedem Fall speichern Kondensatoren gleichbleibende oder auch periodisch wechselnde Ladungen.

Kondensatoren als Energiespeicher
Die Einführungsversuche in diese LE vermittelten die Erkenntnis, daß das Aufbringen von Ladung auf einen Körper in einem Arbeitsvorgang ein neues Generatorprinzip darstellt. Die so aufgebrachten Ladungen werden im Kondensator zum überwiegenden Teil von den influenzierten Ladungen auf der Gegenplatte gebunden. So ist es möglich, neue Ladung zuzuführen. Zwischen der zugeführten und der Influenzladung wird ein elektrisches Feld aufgebaut, in dem die Zuführungsarbeit als Energie gespeichert wird. Diese dokumentiert sich in der Arbeitsfähigkeit der Ladungen, die bei der Entladung durch einen verbindenden Leiter zum Ausgleich streben und <u>Stromarbeit</u> verrichten. Dabei wird das <u>elektrische Feld</u> abgebaut.

LV Ein technischer Kondensator (C=16 μF) wird über einen Ladewiderstand auf ca. 1000 V aufgeladen. Die Entladung erfolgt über einen dünnen Draht, der zwischen den Enden eines Entladebügels mit Isoliergriff eingespannt ist und mit lautem Knall zerstäubt. (Vorsicht, der Kondensator ist meist nicht ganz entladen). In dieser Wärmewirkung des Entladestromes kommt zum Ausdruck, daß im Kondensator nicht nur Ladung gespeichert wird. Wir erhalten beim Entladevorgang in Form von Wärme, die zur Zerstörung des Drahtes führt, wieder zurück, was beim Aufladen an <u>Ladearbeit</u> hineingesteckt wurde. Dies ist vergleichbar mit dem Spannen einer Uhrfeder.

c) Neue Aufgaben und Fragen

1. Was läßt sich über die Ladungsverteilung auf den Kondensatorplatten von Abb. E66,9 sagen?

L. Sie ist in der Mitte größer als am Rand.

2. a) Woran erkennt man die abstoßende Wirkung auf die Elektroskop-Blättchen in Abb. E66,2?
b) Wie erklärt sich das Feld zwischen den Elektroskop-Blättchen und dem geerdeten Gehäuse? Auf welche Kraftwirkungen kann man daraus schließen?

L. a) Die Feldlinien weisen sich ab.
b) Als Feld zwischen Ladung und entgegengesetzter Influenzladung. Die Ladungen auf den Blättchen und die Influenzladungen ziehen sich an.

3. Ein Kondensator mit C = 0,5 μF wird auf 20 V aufgeladen.
a) Wie groß ist seine Ladung Q?
b) Welche Dauerstromstärke erhält man bei 50 Entladungen je Sekunde?

L. a) $Q = C \cdot U = 0{,}5 \cdot 10^{-6} \frac{\text{As}}{\text{V}} \cdot 20 \text{ V} = 10 \, \mu\text{As}$

b) $I = 50 \, Q/s = 500 \, \mu\text{A}$.

4. Ein Wickelkondensator besteht aus zwei 5 cm breiten, 10 m langen Alu-Bändern, die durch eine 0,1 mm dicke Isolierfolie mit der Dielektrizitätszahl $\varepsilon_r = 2{,}5$ getrennt sind.
a) Wie groß ist seine Kapazität vor dem Aufwickeln,
b) nach dem Aufwickeln?

L. a) $C = 2{,}5 \cdot 8{,}854 \cdot 10^{-12} \frac{\text{As}}{\text{Vm}} \cdot \frac{0{,}5 \text{ m}^2}{1 \cdot 10^{-4} \text{m}} =$

$11 \cdot 10^{-8} \frac{\text{As}}{\text{V}} = 0{,}11 \cdot 10^{-6} \text{F}$

$C = 0{,}11 \, \mu\text{F}$.

b) Da die Rückseiten benachbarter Wicklungen ebenfalls Kondensatoren mit dem gleichen Plattenabstand bilden, verdoppelt sich die Kapazität beim Aufwickeln auf 0,22 μF.

Hinweise zur LE 10: Elektromagnetische Induktion

d) Audio-visuelle Hilfsmittel

AT	Der Kondensator im Gleich- und Wechselstromkreis (2)	357708	(1)
AT	Laden und Entladen eines Kondensators (4)	357709	(1)
AT	Die Kapazität des Kondensators (2)	357710	(1)
AT	Wickelkondensator	174111	(7)
F	Elektrisches Feld (3,5 min)	360103	(11)
F	Faraday-Becher (2,5 min)	360104	(11)
F	Gleichrichtung von Wechselströmen Grundlagen (11 min)	320976	(11)
DR	Elektrische Feldlinienbilder	102143	(11)

3.3.2.10 LE 10: Elektromagnetische Induktion und ihre technischen Anwendungen

a) Vorbemerkungen und Ziele

Induktion ist als Generatormechanismus bereits bekannt, und zwar in folgender Ausprägung: An den Enden eines zu den Feldlinien eines Magneten senkrecht bewegten Leiters entsteht der elektrische Zustand (Spannung), der in einem außerhalb des Feldes geschlossenen Stromkreis einen Strom hervorruft. Diese Form der Induktion wurde in das Thema "Generatoren" vorgezogen, weil die Ladungstrennung mit Hilfe der Lorentz-Kraft auf bewegte Ladung erklärt werden kann und der Arbeitsvorgang, z.B. beim Kurzschließen der Leiterschaukel, deutlich wird. Die Versuchsreihe wurde dort bereits durch die Faradaysche Idee der Umkehrbarkeit der Beziehung: "Strom erzeugt ein Magnetfeld" initiiert und auf die den Schülern naheliegenden Vorrichtungen angewandt, in denen ein stromdurchflossener Leiter bewegt wird. Faraday ging dagegen ganz einfach von der Situation des Oersted-Versuchs aus und war zunächst der Meinung, in einem dem stromdurchflossenen Draht benachbarten Stromkreis müsse ebenfalls ein Dauerstrom fließen. Zwischen seinen in diese Richtung zielenden Versuchen des Jahres 1825 (s. (10), S. 180) und der im Faksimile abgebildeten Urform des Transformators liegen unzählige gescheiterte Versuche, weil einerseits der Stromnachweis mit der Magnetnadel zu grob und andrerseits die Erwartung des Dauerstromes falsch war. Die Notwendigkeit, die Effekte zu verstärken, führte zur Verlängerung der aufeinander wirkenden Leiter in Form von Spulen und zur Entwicklung des Multiplikators, in dem der Strom in einer rechteckigen Flachspule mehrmals über die Magnetnadel hinweg und unter ihr hindurch geführt wurde. Dies entspricht genau den "Schwimmregeln", die Ampère gerade aufgestellt hatte.

Faradays größte Entdeckung - eine der folgeträchtigsten Entdeckungen überhaupt - ist dem Umstand zu verdanken, daß Faraday die den Strom anzeigende Magnetnadel auch gerade dann beobachtete, als nach seinen Vorstellungen kein Effekt zu erwarten war. Es gehörte schon das Gespür eines Faraday dazu, auch mit Unerwartetem zu rechnen.

Durch alle Induktionsphänomene dieser LE einschließlich der Anwendungen zieht sich als roter Faden die <u>Änderung des magnetischen Flusses als Ursache der induzierten Spannung</u>. Der Begriff "magnetischer Fluß" ist natürlich nicht mathematisch zu definieren oder meßtechnisch zu erfassen, sondern als geometrisch - z.B. durch eine Spule - <u>begrenzter Magnetfeldschlauch</u> zu verstehen, symbolisch vertreten durch ein <u>Bündel von Feldlinien</u>. Eine Änderung des magnetischen Flusses folgt entweder aus einer Veränderung der Querschnittsfläche des Bündels oder einer Änderung der Stärke des Magnetfeldes, was im Feldlinienbild durch eine Änderung der Feldliniendichte ausgedrückt wird.

Da alle Phänomene dieser LE mit dem "Kraftflußmodell" gedeutet werden können, ist man versucht, die so beschreibbaren Induktionsphänomene von den früher mit Hilfe der Lorentzkraft beschriebenen abzugrenzen. Bei näherem Zusehen ergibt sich aber, daß auf alle Phänomene, bei denen sich Leiter und Magnetgeld gegeneinander bewegen, beide Betrachtungsweisen anwendbar sind (z.B. technische Generatoren, Leiterschaukel). Dies fordert die Frage heraus, ob nicht grundsätzlich alle Induktionsvorgänge mit beiden Vorstellungen zu erklären seien. Ausnahmen bilden in der Tat nur die Transformatoren und ein bewegtes geradliniges Leiterstück (vgl. LI unter b) 10.1, Fall 2 a)).

Für das Fundamentum und praxisorientierte Lehrgänge liegt der Schwerpunkt ohne Zweifel im technischen Bereich. Die technische und humanitäre Bedeutung der Faradayschen Entdeckung wurde erst nach der Erfindung des Selbsterregerprinzips durch Siemens im Jahre 1866 (ein Jahr vor dem Tode Faradays) recht deutlich. Neben dem Verstehen der physikalischen Prinzipien dieser Maschinen gilt es, den praktischen Einsatz der im Buch beschriebenen Generatoren und Transformatoren zu beleuchten; dazu bieten sich zahlreiche audiovisuelle Hilfsmittel (s.d)) an. Im letzten Kapitel der LE wird mit der Entste-

Hinweise zur LE 10: Elektromagnetische Induktion

Abb. 231,1 Induktion in bewegten Kupferdrahtsprossen oder in einem bewegten Kupferband erzeugt Gleichstrom

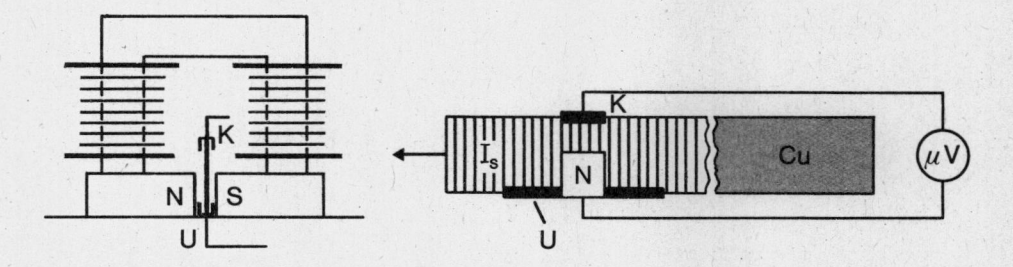

hung eines sinnsförmigen Wechselstromes bei der Entladung eines Kondensators über eine Spule latent auch die Selbstinduktion angesprochen. Eine elementare Behandlung elektromagnetischer Schwingungen erfolgt später zusammen mit anderen Schwingungen auf S. A26/27. Als Alternative bietet sich an, die elektromagnetischen Schwingungen gleich an Kap. E 10.4 anzuschließen oder auch dieses letzte Kapitel der LE 10 dem Kap. M 3.15 voranzustellen.

b) Bemerkungen zu den einzelnen Themen

Induktionsvorgänge (10.1)

Die Induktion ist methodisch und didaktisch von dem klassischen Vorbild Faradays nicht zu trennen. Mindestens ebenso wichtig wie das Studium des Tagebuchauszugs - sein Inhalt wird ja im V E71,1 reproduziert - erscheinen deshalb einige Ergänzungen, z.B. die Tatsache, daß Faraday bei seinen ersten Versuchen im Jahre 1825 in Anlehnung an die Influenz von der Vorstellung ausging, ein Strom (=bewegte Ladung) in einem Stromkreis A könne in einem benachbarten Stromkreis B einen zweiten Strom hervorrufen. Erst 1828 operierte er mit Magneten; er hat seine Idee modifiziert: "Wenn ein Strom Magnetismus erzeugt, kann dann nicht umgekehrt Magnetismus einen Strom hervorrufen?". Der im Tagebuch am 29. August 1831 beschriebene Versuch erscheint auch als folgerichtige Verwirklichung der letzten Vorstellung, und wir interpretieren V E71,1 auch in diesem Sinn, doch Faraday soll beim Entwurf des Versuchs den verbindenden Eisenkern nur als Träger von Ampèreschen Kreisströmen betrachtet haben, von denen er einen Effekt in Form eines parallelen Dauerstromes in der Sekundärspule erwartete.

Daß ein Effekt gerade beim Ein- und Ausschalten des Primärstromes eintritt, dürfte Faraday damals noch mehr überrascht haben als es die Schüler heute sind. Wenn Faraday in seinem Versuchprotokoll nichts davon erwähnt, so beweist dies, daß er sich bereits ganz auf den Boden des neuen Faktums gestellt hat:

Voraussetzung für das Entstehen eines Induktionsstromes ist die Änderung des magnetischen Zustandes in der Skundärspule. Bei allen weiteren Versuchen Faradays - darunter unsere Versuche V E72,1 und 72,2 - sind dann auch Permanentmagnete im Spiel. Er um-

LV wickelt z. B. den Anker eines Hufeisenmagneten mit Draht und reißt den Anker ab (Änderung des Kraftflusses) oder er bewegt einen Draht (vgl. Leiterschaukel) an dem Pol eines Stabmagneten vorbei und beherrscht damit auch den im Lehrbuch zuerst praktizierten Induktionsvorgang. In einer Teilübersicht über diese Versuche (s. (10), S. 185), über die Faraday bereits am 24. November 1831 der Royal Society berichtete, findet man unter Nr. 88 auch den ersten Dauerstromgenerator: Eine Metallscheibe, die zwischen den Polen eines Hufeisenmagneten gedreht wird, liefert je nach Drehrichtung einen Strom von der Achse

LV zum Rand oder umgekehrt. Der Versuch läßt sich mit der Scheibe für Wirbelstromversuche (Phywe 6475) oder dem Barlowschen Rad (Leyb. Nr. 56035) und Schleifkontakt improvisieren oder auch wie folgt abwandeln (Abb.

LV 231,1): Zwischen den Polschuhen eines mit Batteriestrom gespeisten Elektromagneten liegt eine nach oben offene Aluminium-U-Schiene (U) als Abstandshalter. Sie dient zugleich einem lotrechtstehenden Kupferband (Cu, s. auch VT) als Führung und Schleifkontaktverbindung. Zieht man das Kupferband durch das Magnetfeld, so entsteht zwischen U und dem oberen Schleifkontakt (K) eine Spannung, die man mit einem Galvanometer oder Mokrovoltmeter nachweisen kann. Der Versuch ist Modellversuch für den Halleffekt und den heute aktuellen MHD-Generator (s.(1), S. 145); er stellt hier die Verbindung zu den früheren Induktionsversuchen her und repräsentiert damit die Induktionsversuche, die sich so überzeugend mit der Lorentzkraft deuten lassen.

VT Um die Ausbildung von Wirbelströmen zu verhindern, benutzt man an Stelle des Kupferbandes besser einen dünnen Kunststoffstreifen, den man mit Kupferlackdraht dicht umwickelt. An den beiden Kanten wird der Lack zur Herstellung des Kontaktes mit U und K entfernt. Führt man beide Arten des Ver-

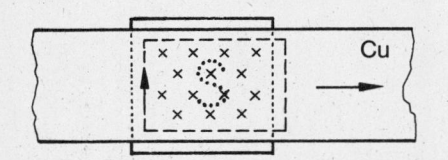

Hinweise zur LE 10: Elektromagnetische Induktion S. E72–E73

Abb. 232,1 Entstehung von Wirbelströmen

Abb. 232,2 Zur LI: Lorentzkraft und Kraftflußänderung erklären dasselbe Phänomen

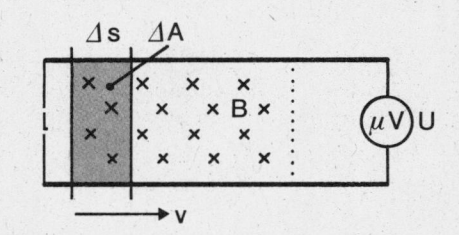

suchs nacheinander aus, so fällt auf, daß sich der Kupferstreifen nur sehr schwer, der mit Draht bewickelte Kunststoffstreifen aber leicht durch das Magnetfeld ziehen läßt. Verantwortlich dafür sind Wirbelströme, die sich im Kupferband ausbilden können. Denken wir uns in ihm eine der Magnetfeldbegrenzung parallele Strombahn eingezeichnet (s. Abb. 232,1), so wird bei deren Bewegung nach rechts - im Gegensatz zur Abb. E72,4 - nur im linken Schenkel ein Strom (aufwärts) induziert. Es kommt auf der eingezeichneten Strombahn zu einem sehr starken Stromwirbel (im Uhrzeigersinn), dessen Magnetfeld mit dem äußeren gleichgerichtet ist und die Haftwirkung erzeugt.

Würde man das Magnetfeld - wie beim Drehfeld oder Wanderfeld - bewegen, so besorgten die Wirbelströme die Mitbewegung des Kupferstreifens. Solche Kreisströme bedingen das Mitdrehen des Kurzschlußläufers beim Drehstrommotor.

Es sollte das Ziel dieses Kapitels sein, die neu einzuführende "Kraftflußänderung" der "Leiterbewegung im Magnetfeld" als Induktionsvoraussetzungen gegenüberzustellen und zu zeigen, daß, wie im Falle der Abb. E72,3 und 72,4, auch in anderen Fällen beide Deutungsweisen angewandt werden können (vgl. auch LI am Schluß). Dies sollte bei jedem neuen Phänomen der nachfolgenden Kapitel versucht werden. Weitere Beispiele für die Anwendung der beiden Versionen finden sich unter c) Aufg. 1.-4.

Da praktisch alle Induktionserscheinungen durch Induktionsströme nachgewiesen werden, muß zum Abschluß des Kap. 10,1 deutlich herausgestellt werden, daß das primäre Ergebnis der Induktion die Erzeugung einer Spannung durch Ladungstrennung ist; der Induktionsstrom ist nur deren stromkreisabhängige Folgeerscheinung. Das Beispiel der Abb. E72,4 zeigt, daß in dem geraden Leiterstück AD sehr wohl eine Spannung entsteht, die wegen der in BC gleichzeitig entstehenden Gegenspannung aber nicht durch einen Strom nachweisbar ist. Daraus folgt: Aus dem Ausbleiben des Induktionsstromes kann nicht gefolgert werden, daß keine Spannung induziert wurde.

Auch die Verallgemeinerung der Lenzschen Regel durch V E73,1 sollte möglichst ein-

drucksvoll demonstriert werden. Im Fundamentum muß die neue Art der Induktion, wie sie sich in den Grundversuchen V E71,1, V E72,1 und 72,2 darstellt, als eigenständige Form behandelt werden. Unter günstigen Voraussetzungen kann man durch V E72,3 aufstocken und die Vorstellung des magnetischen Kraftflusses erarbeiten (s. a)).

LI 1. <u>Induktion nach dem Induktionsgesetz</u>
$U = -n \frac{d\Phi}{dt}$ tritt ein, wenn in
$\frac{d\Phi}{dt} = \frac{d}{dt}(B \cdot A) = B \cdot \frac{dA}{dt} + A \cdot \frac{dB}{dt}$
nicht gleichzeitig $\frac{dA}{dt} = 0$ und $\frac{dB}{dt} = 0$ sind.

a) $\frac{dA}{dt} = 0 \Rightarrow U = -n \cdot A \cdot \frac{dB}{dt}$: Fall der Transformatoren.

b) $\frac{dB}{dt} = 0 \Rightarrow U = -n \cdot B \cdot \frac{dA}{dt}$: Fall der Generatoren, Leiterschaukel und der veränderlichen Leiterschlaufe.

2. <u>Induktion durch Bewegung des Leiterstücks 1 senkrecht zu B</u>
Berechnung der Spannung aus der Lorentzkraft $F_m = B \cdot v \cdot q$ und der elektrischen Feldkraft $F_e = E \cdot q = \frac{U}{1} \cdot q$ durch $F_m = F_e$:

a) $U = B \cdot v \cdot 1$: Es wird nur $v = 0$ vorausgesetzt.

b) U wird nach Abb. 232,2 durch ein Meßinstrument außerhalb des Feldes gemessen:
Mit $v = \frac{\Delta s}{\Delta t}$ und $\Delta s \cdot 1 = \Delta A$ wird
$U = B \cdot v \cdot 1 = B \frac{\Delta A}{\Delta t}$. Die Gleichung entspricht der von 1.b).

Die Beschreibung durch das Induktionsgesetz (1.) besitzt die größere Allgemeingültigkeit. Sie umfaßt alle Fälle bis auf den abstrakt theoretischen Fall 2.a).

Technische Generatoren (10.2)

Da es bei Generatoren nur auf die Relativbewegung des Leiters gegen das Feld ankommt, ist es im Prinzip einerlei, ob man mit Innenpol- oder Außenpolmaschinen beginnt. Im Lehrbuch wurde mit <u>Innenpolmaschinen</u> be-

Hinweise zur LE 10: Elektromagnetische Induktion

gonnen, weil die Grundversuche dazu einfacher zu realisieren sind; dieser Typ ist auch vielen Schülern vom "Fahrraddynamo" her bekannt. Die Maschine kann - wie alle rotierenden Generatoren - nur Wechselspannung erzeugen. Die gewaltigen Hochspannungsgeneratoren müssen so gebaut werden, damit eine kollektorlose Stromabnahme erfolgen kann. In dieser Richtung wären die Ausführungen im Buch noch ergänzungsbedürftig: Abb. E43,1 stellt einen solchen Großgenerator dar. Es ist klar, daß solche Maschinen nicht mit Permanentmagneten als Rotoren, wie in Abb. E73,3 dargestellt, betrieben werden können. Die Rotoren sind Elektromagnete, die mit Gleichstrom eingespeist werden, der von einem auf der gleichen Welle sitzenden Gleichstromgenerator geliefert wird (vgl. Abb. E43,1 rechts). Dieser Generatortyp wird zuletzt besprochen.

Aufbau des Generators und Abfolge der Induktionsvorgänge sollten an Hand der Abb. E73,3 genauer besprochen werden. Aufeinanderfolgende Spulen sind gegensinnig gewickelt und aufeinanderfolgende Pole des Rotors ungleichnamig. Dadurch wird erreicht: Während sich alle N-Pole gleichzeitig auf im Uhrzeigersinn gewickelte Spulen zu bewegen, nähern sich die S-Pole des Rotors den gegensinnig gewickelten Spulen. Außerdem entfernt sich ein Pol von einer Spule in dem Maße, wie er sich der gegensinnig gewickelten annähert. D.h. aber, daß alle Innenpole auf alle Spulen gleichgerichtete induzierende Wirkung haben: Die Momentanspannungen aller Spulen können durch Hintereinanderschalten addiert werden.

Für den Spannungsverlauf brauchen wir nur die Wirkung eines Rotorpols zu betrachten. In der gezeichneten Zwischenstellung der Rotorpole hat der magnetische Kraftfluß den Wert Null. Er nimmt mit der Annäherung eines Innenpols an die nächste Spule zu und erzeuge dabei bspw. eine vom linken-oberen zum rechten-unteren Kollektorpol (Abb. E73,3) gerichtete Spannung. Steht der Pol vor der Spule, so hat der magnetische Kraftfluß sein Maximum und ändert sich momentan nicht, d.h. die induzierte Spannung ist Null und wechselt ihr Vorzeichen, wenn beim Entfernen des Pols von der Spule der Kraftfluß wieder abnimmt. Dem abnehmenden Kraftfluß folgt ein zunehmender entgegengesetzter. Dem Richtungswechsel des magnetischen Feldes (stärkste Kraftflußänderung) entspricht eine maximale Spannung von rechtsunten nach links-oben. Jedesmal, wenn der Rotor die gezeichnete Stellung hat (d.i. nach jeder Halbdrehung), hat die Spannung den größten positiven Wert, nach einer Vierteldrehung den größten negativen Wert. Der gezeichnete Generator erzeugt bei jeder vollen Umdrehung zwei Perioden des Wechselstromes.

Außenpolmaschinen

Sie erzeugen die Spannung im Rotor, weshalb die Wechselspannung über Schleifbürsten an Schleifringen abgegriffen werden muß. Hinsichtlich des Induktionsvorgangs gilt das für Innenpolmaschinen Gesagte. Auch hier ist verwunderlich, daß die Höchstwerte positiver und negativer Spannung induziert werden, wenn der Doppel-T-Anker zwischen den Außenpolen steht, die Spannung ist Null, wenn die Ankerspule, vor den Polen stehend, ihren größten Kraftfluß aufnimmt. Man muß sich daran erinnern, daß es nicht auf den Kraftfluß selbst, sondern auf dessen Änderung ankommt. An dieser Stelle lohnt sich wiederum ein Vergleich mit Abb. E72,4.

Gleichstromgenerator

Die primär erzeugte Wechselspannung kann mit einem auf die Drehachse montierten Kommutator gleichgerichtet werden. Es ist klar, daß die Umschaltung am Kommutator immer dann erfolgen muß, wenn die Spannung Null ist - also, wenn der Doppel-T-Anker in Richtung des Magnetfeldes steht. Da dies dieselbe Stellung ist wie beim Motor, ist der Modellmotor auch als Generator verwendbar, wie dies in Abb. E50,3 zu sehen ist.

Die Abnahme der Welligkeit beim Übergang zum Trommelanker (Abb. E74,3) bietet eine gute Gelegenheit, den Induktionsvorgang einmal vom Standpunkt des bewegten Leiters aus zu betrachten. Von den vier in der Draufsicht gezeichneten Rechteckspulen der Abb. E36,3 bewegen sich bei einer Linksdrehung des Rotors die dem N-Pol zugewandten Leiterstücke der Rechteckspulen abwärts, die dem S-Pol zugewandten aufwärts. Die Induktionsströme fließen in allen linken Rechteckhälften auf den Beschauer zu, in den rechten von ihm weg. Das hat zur Folge, daß die Induktionsströme so fließen wie die eingezeichneten Betriebsströme des rechtsdrehenden Motors. D.h. aber: Die über A1 und E4 vom rechten Kollektor abfließende positive Ladung erzeugt an diesen einen Minuspol, die über E2 und A3 zufließende positive Ladung am linken Kollektor einen Pluspol, ganz im Sinne der Ladungstrennung. Dabei wird in den in Reihe geschalteten Spulen 1, 2 zwischen A1 und E2 die gleiche Spannung induziert wie zwischen A3 und E4. Bei der Dre-

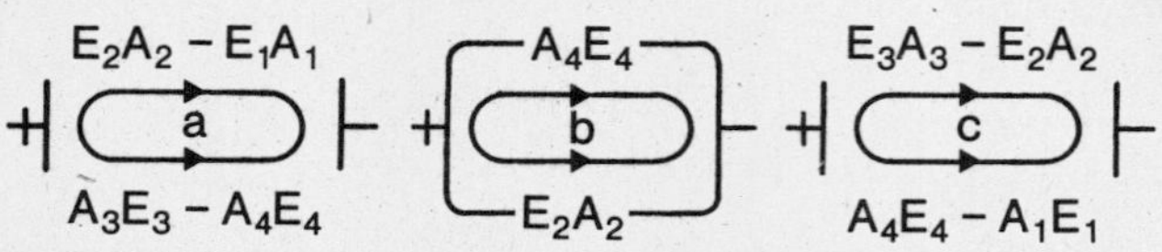

Hinweise zur LE 10: Elektromagnetische Induktion

Abb. 234,1 Schaltkombination der vier Rechteckspulen eines Trommelrotors

hung gibt es die Spulenkombinationen von Abb. 234,1: Hieraus wird erkennbar, daß in mindestens zwei parallel geschalteten Spulen Spannung induziert wird, so daß die Spannung nie Null werden kann. Zumeist sind es zwei in Reihe geschaltete Spulenpaare, die zusammenwirken und auch wie in den Kombinationen a) und c) ein Gleichspannungsmaximum liefern. Je Umdrehung entstehen 4 solcher Maxima. Nicht zu übersehen ist, daß in den Rechteckspulen auch nach dieser Betrachtungsweise dann die höchste Spannung induziert wird, wenn die Achse der Spule (d. i. die Flächennormale) senkrecht zum Magnetfeld steht.

Selbsterregung

Bei den Modellversuchen wurden bisher Permanentmagnete bzw. fremderregte Elektromagnete zur Felderzeugung benutzt. Wie Siemens 1866 die Selbsterregung fand, ist mit jedem Modellmotor nachzuvollziehen und geeignet, das "dynamoelektrische Prinzip" - wie es Siemens nannte - experimentell einzuführen. (10), S. 199 ff.)

LV Ein Modellmotor im Hauptschluß (vgl. E36,2 a) wird mit Batteriespannung angetrieben. Die Stromstärke nimmt ab, während der Motor schneller wird. Ursache dafür ist ein dem Betriebsstrom gegenläufiger Induktionsstrom. Hält man den Motor an (vorher nur langsam laufen lassen), so steigt die Stromstärke. Dreht man den Motor sogar in entgegengesetzer Richtung mit einer Handkurbel oder zweitem Motor, so steigt die Stromstärke erheblich an, da jetzt der Induktionsstrom die gleiche Richtung wie der Betriebsstrom hat. Schaltet man nun die Batterie ab und schließt den Kreis sofort wieder, so fließt der Strom - um den Batteriestrom vermindert - weiter. Setzt man eine Weile aus, dann steigt die Stromstärke von zunächst kleinen Werten auf den alten Höchstwert an; der remanente Magnetismus genügt für den Anfang (s. Text auf S. E75). Da zu jeder Vormagnetisierung eine bestimmte Drehrichtung des Motors gehört, wird durch falsche Drehrichtung der remanente Magnetismus abgebaut; eine neue Erregung ist notwendig.

LV Wird der äußere Stromkreis unterbrochen, so kann, da kein Strom fließt, keine Selbsterregung stattfinden, was man mit einem Spannungsmesser mit hohem Widerstand und geringem Strom zeigen kann.

LV Schaltet man die Spulen des Feldmagneten parallel zum Rotor, so läuft der Motor jetzt im Nebenschluß, der Spannungsmesser zeigt die Betriebsspannung an. Nach dem Abschalten der Batterie wird der Motor als Generator gegenläufig angetrieben: Die induzierte Spannung hat die gleiche Richtung wie die Betriebsspannung; die Spannung stellt sich auch ohne äußere Belastung ein. S. auch c) Aufg. 5. und 6.

Transformatoren (10.3)

Der Behandlung der Transformatoren müssen einige Erklärungen zum Wechselstrom vorausgehen. Die Begriffe wie Periode, periodisch, Periodendauer, Frequenz und Amplitude sind zu erläutern. Näheres s. A 19 ff. Wichtig ist vor allem die Demonstration der Stromform, denn Richtungswechsel könnte auch in Rechteck- oder Dreiecksform erfolgen.

LV gen. Man oszillografiere den technischen Wechselstrom aus der Steckdose durch eine 100-Watt-Glühbirne mit Hilfe der Teilspannung, die man an einem Potentiometer (10 Ω) abgreift, das man der Glühlampe auf der Seite des Nulleiters vorschaltet. Der Eingang eines Kathodenstrahloszillographen ist stets an einem Pol geerdet! Scheut man das Blackbox-Verfahren mit dem Kathodenstrahloszillographen, so muß man den Schleifenoszillographen benutzen. Die Amplitude der abgegriffenen Spannung kann man zur Erklärung dieses Begriffs bequem ändern. Gezeigt wird hier der zeitliche Verlauf einer Teilspannung, der ein form- und zeitgleicher Stromstärkeverlauf entspricht.

Im Hinblick auf die für Induktionsvorgänge wichtige Kraftflußänderung ist eine genaue Analyse des Stromverlaufs nötig. Schickt man eine Wechselstrom $I_\sim$ durch eine Spule, so entsteht ein dem Stromstärkeverlauf ähnlicher zeitlicher Verlauf der Magnetfeldstärke - in einem Eisenkern leicht verzögert. Die Spule begrenzt einen Kraftfluß, der in einem geschlossenen Eisenkern zusammengehalten und geführt wird. Als solcher durchsetzt er die Sekundärspule eines Transformators und induziert in dieser eine der Kraftflußänderung entsprechende Spannung. Da die Stromstärkeänderung beim Richtungswechsel ($I_\sim$ = o) und mit ihr die Kraftflußänderung am größten ist, wird zu diesem Zeitpunkt die in der Sekundärspule erzeugte Spannung Extremwerte annehmen. Dagegen ändert sich in den Extremwerten des Stromes die Stromstärke und damit auch der Kraftfluß nicht;

Hinweise zur LE 10: Elektromagnetische Induktion

deshalb ist die induzierte Spannung zu diesem Zeitpunkt Null.

Die für das Verständnis des Transformators grundlegende Erkenntnis ist die Zunahme der induzierten Spannung mit zunehmender Windungszahl, dargestellt im V E76,1 nach Abb. E75,2. An zweiter Stelle folgt die Beziehung $U_1/U_2 = n_1/n_2$. Immerhin ist diese Beziehung sehr nützlich für die Beurteilung der zu erwartenden Sekundärspannungen.

Für das Fundamentum liegt der Schwerpunkt in der eindrucksvollen Demonstration der Effekte von Hochstrom-Transformator (Schweißtrafo) und Hochspannungs-Transformator (Hochspannungs-Fernleitung). Zu den großtechnischen Anwendungen dieser Transformatortypen gibt es zahlreiches Bildmaterial (s. d)).

Eine Erklärung der Vorgänge im belasteten Transformator (z.B. Hochstromtrafo) und des Vorteils der Hochspannung bei Überlandleitungen muß in die Erweiterungen verwiesen werden. Bei sekundärer Strombelastung (I_2) steigt, wie der Versuch zeigt, auch die Stromstärke im Primärkreis (I_1) an. Diese Rückwirkung soll nun näher untersucht werden. Der Trafo sei zunächst unbelastet. Der sich mit dem Primärstrom ändernde magnetische Kraftfluß induziert nicht nur in der Sekundärspule sondern auch in der Primärspule eine Spannung; und da die Primärspule in einem geschlossenen Stromkreis liegt, fließt in ihr ein Induktionsstrom, der nach der Lenzschen Regel als Gegenstrom den zunehmenden Primärstrom abschwächt und als gleichsinniger Strom den abnehmenden Primärstrom erhält. Dieser durch "Selbstinduktion" ausgelöste primäre Induktionsstrom hemmt die Entfaltung des primären Wechselstromes und begrenzt dessen Stromstärke.

Wird nun an die Sekundärspule ein geschlossener Stromkreis (Glühlampe) angeschlossen, so erzeugt dieser "Verbraucherstrom" im beide Spulen verbindenden Eisenkern ein zusätzliches Magnetfeld, das (nach Lenz) dem vom Primärstrom erzeugten Magnetfeld entgegenwirkt. Durch diese Abschwächung des magnetischen Kraftflusses wird auch der den Primärstrom begrenzende primäre Induktionsstrom abgeschwächt, so daß die Primärstromstärke zunimmt.

LI Eine genaue Darstellung der Verhältnisse im belasteten Trafo ist nur unter Berücksichtigung der Phasenbeziehungen zwischen Strom und Spannung mit Hilfe eines nicht gerade einfachen Zeigerdiagramms möglich (s. (14), S.321). Da andrerseits Transformatoren zum Belasten gebaut werden, erschien es angezeigt, obige Erklärung mit Hilfe der bisher mehrmals bestätigten Lenzschen Regel zu versuchen. In den meisten Fällen wird man sich mit der Tatsachenfeststellung begnügen müssen, daß sekundäre Strombelastung auf den Primärstrom zurückwirkt.

Spannungserzeugung mit dem Induktor stellt eine Rückkehr zum Ausgangspunkt dar. Die Klärung der Frage, warum nur beim Öffnen des Stromkreises so hohe Spannungen entstehen (man schalte dazu in der Anordnung
LV von Abb. E71,1 an Stelle des Meßinstrumentes eine Glimmlampe), würde einen ähnlich vertiefenden Abschluß darstellen wie die Behandlung des belasteten Trafos.

Die Verkettung von elektrischen und magnetischen Feldern (10.4)

Das Thema ist zwar deutlich in die Erweiterung gesetzt, doch so elementar gehalten, daß es auch im Fundamentum verkraftet werden könnte. Es besteht auch nicht die Gefahr, daß Schüler nicht dafür motiviert wären. Da elektromagnetische Schwingungen für das Fundamentum auch später nicht vorgesehen sind (vgl. S. A26 f), stellten die Experimente eine effektvolle Zusammenfassung und Ausblick zugleich dar. Selbstverständlich können auch die im Buch als Erweiterungen gekennzeichneten Gebiete behandelt werden, wenn die Lehrpläne es verlangen. In diesen Fällen müssen die beschriebenen Sachverhalte noch stärker vereinfacht werden.

Das Wechselspiel der beiden Felder rückt abschließend die Tatsache ins Blickfeld, daß Felder Energiespeicher darstellen oder, weniger perfekt ausgedrückt, daß sie "etwas" beinhalten, das sie aufnehmen, speichern und wieder abgeben können. Das "Etwas", das beide Felder miteinander austauschen, bleibt quantitativ gleich - man nennt es in der Physik Energie - und hat nur qualitativ verschiedene Ausprägungen, Energieformen genannt. Das Gleichbleibende und Austauschbare geht eindeutig aus einem Arbeitsprozeß hervor. Das Anstoßen oder Hochführen einer Pendelkugel ist z.B. ein solcher Arbeitsvorgang, der "Schwung" und "Höhe" - Bewegungsenergie und Lageenergie - ins Wechselspiel bringt. Bei den Versuchen dieses Kapitels (V E78,1) stellt das Aufladen eines Kondensators, wie bereits gezeigt wurde, einen solchen Arbeitsprozeß dar. Daß auch das Magnetfeld, mit dem der Gedankenversuch von Abb. E77,2 a eingeleitet wird, eine solche Arbeitsfähigkeit besitzt, zeigt schon die anschließen-

Hinweise zur LE 10: Elektromagnetische Induktion — Neue Aufgaben

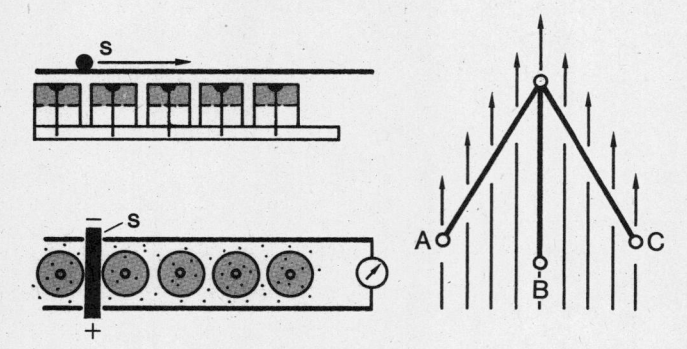

Abb. 236,1 (links) Zur Aufgabe 1.
Abb. 236,2 (rechts) Zur Aufgabe 4.

de Aufladung des Kondensators nach Abb. E77,2 b; darüber hinaus zeigen es auch: der Stoßausschlag des Galvanometers im V E71,1 beim Öffnen des Stromkreises, der Hochspannungsfunke oder das Aufleuchten des Glimmlämpchens beim Modellversuch zum Induktor (nach V E71,1 abgewandelt, vgl. Schluß von (10.3) Transformatoren). Die Versuche dieses Kapitels zeigen: Der Zerfall des einen Feldes baut das andere auf oder die eine Energieform entsteht, wenn die andere verschwindet.

c) Neue Aufgaben und Fragen

1. Ein Messingstab S (s. Abb. 236,1) rollt auf schwach geneigter Bahn aus zwei Messing- oder Alu-Schienen über auf einem Brett aneinandergereihte Scheibenmagnete. Deute den Induktionseffekt auf beide Arten! Das Magnetfeld sei aufwärts gerichtet.
L. 1. Ladungsteilung auf dem Stab S: Die nach rechts bewegte positive Ladung (Stromrichtung) wird im Bilde nach unten, die negative Ladung nach oben abgelenkt. 2. Durch die Rechtsbewegung von S verkleinert sich die Fläche des den Stromkreis durchsetzenden magnetischen Kraftflusses.

2. Das Schienen-Stab-Rechteck der Aufgabe 1. werde in einem horizontal rasch bewegten Fahrzeug mitgeführt. Es bewegt sich dabei im Magnetfeld der Erde; beachte die Inklination! Beurteile die Induktionsverhältnisse a) bei auf den Schienen ruhendem Stab, b) bei abwärts rollendem Stab!
L. a) Kein Effekt, vgl. Abb. 72,4. b) Spannung entsteht unabhängig vom Bewegungszustand des Fahrzeugs.

3. Warum herrscht zwischen den Flügelenden eines aus Metall gebauten Flugzeugs eine Spannung?, b) warum ist diese aber nicht meßbar?
L. a) Die Flügel stellen einen im Erdfeld bewegten Leiter dar. b) Die Zuleitungen zu einem Meßinstrument würden einen geschlossenen Stromkreis nach Abb. 72,4 herstellen.

4. Versuche die Entstehung der Spannung an der Leiterschaukel an Hand der Abb. 236,2 auch mit einer Kraftflußänderung zu erklären!
L. Auf dem Wege von A nach B nimmt die Fläche des Kraftflusses ab, in B wird sie Null. Auf dem Wege von B nach C nimmt die Fläche wieder zu, aber die Fläche des Leiterrechtecks wird jetzt von der Rückseite her durchsetzt. Zunahme der Rückseitenfläche hat die gleiche Wirkung wie Abnahme der Vorderseitenfläche. Deshalb hat die induzierte Spannung beim Seitenwechsel in B einen Extremwert.

5. Warum versagt das Selbsterregerprinzip bei einem Generator im Hauptschluß, wenn er nicht belastet ist?
L. Die Magnetisierung des Feldmagneten setzt den Stromfluß voraus; die Erregung setzt erst beim Schließen des äußeren Stromkreises ein.

6. a) Warum liefert ein Verbundgenerator stets Spannung?
b) Wodurch paßt er sich der Stromanforderung der angeschlossenen Verbraucher an?
c) Wie hat man sich die Verbundschaltung vorzustellen?
L. a) Die im Nebenschluß liegende Spule erregt den Feldmagneten sofort.
b) Durch die im Hauptschluß liegende Spule wird der Feldmagnet mit zunehmender Stromstärke immer stärker erregt.
c) Der Feldmagnet hat zwei getrennte Wicklungen, eine parallel zum Anker, die andere in Reihe mit dem Anker geschaltet.

7. a) Warum dreht sich ein Elektromotor im Leerlauf nicht fortwährend rascher?
b) Wodurch paßt er sich einer Arbeitsbelastung an?
L. a) In den Rotorspulen wird eine Gegenspannung induziert; der Induktionsstrom setzt die Betriebsstromstärke herab.
b) Im abgebremsten oder langsamer laufenden Motor steigt die Stromstärke an.

8. Die Betriebsspannung einer Bogenlampe beträgt 70 Volt. Wieviel Windungen muß die Sekundärspule eines Trafos haben, der gerade die passende Spannung liefert, wenn die Primärspule 500 Windungen hat?
L. $n_2/500 = 70\,V/220\,V \quad n_2 = \dfrac{70\,V \cdot 500}{220\,V} = 159$

Hinweise zur LE 11: Elektrizitätsleitung – Atomische Vorstellung

d) Audio-visuelle Hilfsmittel

AT	Induktion I: Grundversuch	357229	(1)	
AT	Induktion II: Abhängigkeit der Induktionsspannung von der Windungszahl	357230	(1)	
AT	Induktion III: Abhängigkeit der Induktionsspannung von der Fläche	357231	(1)	
AT	Erzeugung vom Wechselstrom	357232	(1)	
AT	Transformator	357233	(1)	
AT	Wechselstromgenerator	357234	(1)	
AT	Gleichstromgenerator	357235	(1)	
F	Induktion 1: Generator (8 mm)	355804	(1)	
F	Induktion 2: Transformator (8 mm)	355811	(1)	
F	Wasserkraftwerke (8 mm)	355801	(1)	
F	Dampfkraftwerke (8 mm)	355803	(1)	
AT	Prinzip des Wechsel- und Gleichstromgenerators	173253	(7)	
AT	Der Induktionsschmelzofen	173850	(7)	
AT	Versorgung mit elektrischer Energie	173855	(7)	
AT	Das Kraftwerk	176628	(7)	
DR	Erzeugung elektrischer Energie (15)		(8)	
DR	Vom Generator zum Motor (23)		(8)	
DR	Verteilung elektrischer Energie (15)		(8)	
F	Strom im Verbund (19 min)	320995	(11)	
F	Faraday entdeckt die Induktion (12 min)	320657	(11)	
DR	Erzeugung der Wechselspannung, Sinuskurve (8)	102009	(11)	
DR	Wasserkraftwerke (14)	10548	(11)	
AT	Die elektromagnetische Induktion (3)	37108	(12)	
AT	Der Transformator (5)	37111	(12)	
AT	Die Zündkerze (5)	37137	(12)	
AT	Stromversorgung	5041-5046	(13)	
DR	Physik, Reihe 7: Maschinen	1197	(13)	
DR	Elektrizitätserzeugung im Wärmekraftwerk (21)	1882	(13)	
DR	Wasserkraftwerk (Tauernkraftwerk) (20)	1896	(13)	
DR	Stromverteilung (24)	1883	(13)	
F	Die unsichtbare Kraft (Kraftwerke), (17 min)	A 73	(23)	
F	Gespeicherte Kraft (Kohlekraftwerk), (10 min)	A 70	(23)	
F	Unsichtbare Kohle (13 min)	A 66	(23)/H12	
F	An einem Freitagabend (Verbundsystem), (29 min)	B 66	(23)	
F	Lastverteilung (12 min)	B 69	(23)/H12	
F	Kohle über Draht (18 min)	B 67	(23)/H12	
F	Zum Beispiel Frankfurt – E-Technik und Elektronik einer Großstadt (11 min)	B 66	(23)/H23	
F	Protothen-Kabel für Mittelspannung (8 min)	C4/73	H23	
F	Schmelzen durch Induktion (15 min)	C4	(14)/H18	
DR	Strom im Verbund (36), (11 min), Tonband, Verkauf	E/71	(23) (13)	
DR	Stromversorgung – Vom Generator zum Verbraucher (24) – Verkauf	E/71 2003	(23) (13)	
F	Induktive Erwärmung – physikal. Grundlagen	C4/75	(23)	
F	Induktive Erwärmung – praktische Anwendungen	C4/75	(23)	
F	Induktive Erwärmung – induktives Schmelzen	C4/75	(23)	

3.3.2.11 LE 11: Elektrizitätsleitung – Atomistische Vorstellung der Elektrizität

a) Vorbemerkungen und Ziele

Zu Beginn der Lerneinheit werden Phänomene zusammengestellt, die den Ladungstransport durch bewegte Ladungsträger entweder direkt zeigen oder nahelegen. Sie können als Realisierung der Modellversuche V E17,2 und V E29,3 im mikrophysikalischen Bereich gewertet werden. Weitere ergänzende Versuche werden unter b) beschrieben.

Im Grunde genommen könnten die Versuche der Kapitel 11,1 und 11,2 bereits früher eingeordnet werden, z. B. im Anschluß an die Elektrolyse (Kap. E4,2) bzw. als Ergänzung zum Lichtbogen der Bogenlampe (V E58,1). Im Rahmen dieser LE haben sie die Aufgabe, die Ionenvorstellung experimentell zu begründen; als Beispiele für den Ladungstransport durch materielle Teilchen sollen sie die Ionenleitung gegen die anschließend zu behandelnde Elektronenleitung abgrenzen.

Es liegt nahe, die neuen Ladungsträger "Elektronen" zunächst durch ihre Verhaltensweisen im Vakuum vorzustellen, weil sie dort nur von definierten Feldern beeinflußt werden. Aus ihrer thermischen und optischen Emission aus Metalloberflächen kann geschlossen werden, daß sie in Metallen vorkommen. Als "Leitungselektronen" müssen sie im lockeren Metallgefüge beweglich sein; dies ist auch durch den in der Schule nicht praktikablen Tolman-Versuch nachgewiesen worden. Das sich um einen Magneten schlingende Leiterband (vgl. Abb. E27,1) spricht aber auch für die Bindung der

Hinweise zur LE 11: Elektrizitätsleitung – Atomische Vorstellung   S. E79

Leitungselektronen an das Leitergefüge, das von ihnen "mitgenommen" wird.

Von da her gewinnt die Vorstellung, daß Elektronen Bestandteil der Materie sind, an Boden. Aber ebensowenig wie man aus dem trägen und schweren Verhalten eines Wasserstrahls seine Teilchenstruktur erschließen kann, ist dies aus dem trägen Verhalten des Elektronenstrahls im Fadenstrahlrohr und dem Transport negativer Ladung möglich. Es muß an dieser Stelle Klarheit darüber geschaffen werden, daß sich mit dem Übergang von makroskopischen Begriffen wie Leiter und Strom zu den mikrophysikalischen Begriffen Atom, Ion und Elektron die Konstituierung von hypothetischen Gebilden verbindet, die weit mehr beinhalten als die Realversuche nahelegen. So sollen z. B. alle Elektronen identisch sein, d. h. gleiche Masse (m) und gleiche Ladung (q) haben, nämlich die des Millikanschen Elementarquantums e; aus dem Gleichverhalten der Elektronen im Magnetfeld folgt aber nur, daß q/m konstant sein muß. Es muß den Schülern mitgeteilt werden, daß sich diese Annahmen durchaus experimentell rechtfertigen lassen. Hier kann es sich aber nur darum handeln, daß sich das Korpuskelmodell des Elektrons als ein die Erscheinungen begleitendes Bild bewährt. Ähnliches gilt auch für die anschließend zu entwickelnden Vorstellungen und Modelle.

Elektron als Atombaustein und einfaches Atommodell

Diese zentralen Themen können nach folgender Teilzielfolge entwickelt werden:

1. Atome sind als die Stoffart charakterisierende Elementarbausteine zu definieren; sie sind nicht "unteilbar", wie der Name sagt, aber mit ihrer Teilung treten wesentliche Änderungen der Stoffeigenschaften ein.

2. Da ein Stück Kupferdraht trotz der Elektronen, die es enthält, normalerweise elektrisch neutral ist, muß man diese Eigenschaft auch von seinen Elementarbausteinen, den Kupfer-Atomen erwarten. D. h.: Auch die elektrische Neutralität der Atome soll als Kompensation der negativen Elektronenladung durch eine gleich große positive (Kern-)Ladung verstanden werden, die sich gegenseitig anziehen. Influenz und Elektronenmission verlangen dann aber, daß sich Elektronen aus ihrem Atomverband ablösen lassen.

3. Das hier zu entwerfende Atommodell soll so einfach wie möglich sein und nicht mehr Eigenschaften aufweisen, wie ein Atom als Materiebaustein und "Lieferant" von frei beweglichen Elektronen (Leitungselektronen) haben muß.

4. Das Modellatom bestehe aus einem die Stoffart bestimmenden positiven Atomrumpf und einem Elektron, das sich mehr oder weniger leicht ablösen läßt.

5. Dieses Atommodell kann durch das in Abb. E84,2 dargestellte magneto-mechanische Funktionsmodell simuliert werden. Sein Aufbau, seine Funktionsweise und die Vorgänge, die mit diesem Modell veranschaulicht werden können, sind unter b) als Lehrerinformation (LI) ausführlich beschrieben.

6. Das vereinfachte Modell macht die Bildung positiver Ionen durch vollständige Ablösung des Elektrons verstehbar. Bilden die Atomrümpfe ein Gitter, so befindet sich das Elektron häufig gleichzeitig im Bereich mehrerer Nachbarrümpfe: Die Bindung zum Stammrumpf lockert sich dabei so weit, daß die Elektronen zwischen den Rümpfen streuen; sie driften im elektrischen Feld und stellen damit einen Elektronen-Leitungsstrom dar. Zwischen zwei Rümpfen befindliche Elektronen ziehen beide Rümpfe an und wirken als Bindung zwischen ihnen im Sinne der auf S. 111 beschriebenen Elektronenbindung.

7. Die Leistungsfähigkeit dieses vereinfachten Modells und des simulierenden magneto-mechanischen Modells gipfelt in der Darstellung der Halbleiter-Leitungsmechanismen, deren Kenntnis dem Verständnis zahlreicher technischer Bauelemente aus der modernen Elektronik dienlich ist.

b) Bemerkungen zu den einzelnen Themen

Elektrizitätsleitung in flüssigen Leitern – Ionenvorstellung (11)

Mit V E79,1 wird die Frage nach der Art der Ladungsträger angegangen. Die dort und im Zusammenhang mit Abb. E79,1 beschriebene
VT flache Elektrolysierzelle kann auch durch andere Zellen ersetzt werden, z. B. Phywe Nr. 6605, Leybold Nr. 55243 oder 44265 oder eine offene Zelle nach Wolf, beschrieben in (16), S. 109. Die Kupfersulfat-Grundfüllung der im Schülerbuch beschriebenen Flachzelle
LV vermeidet Gasbildung, gestattet die Beobachtung der Kupferabscheidung an der Kathode und die Auflösung der Kupferfäden nach der Stromumkehr. Schließlich setzt gleichzeitig mit dem Geschehen an der Kathode die Wanderung des violetten Permanganatstreifens auf die Anode zu ein, womit erwiesen

Hinweise zur LE 11: Elektrizitätsleitung – Atomische Vorstellung

ist, daß dieser Streifen Träger einer negativen Ladung ist und daß an der Stromleitung die gesamte Flüssigkeit zwischen den Elektroden beteiligt ist.

LV Das Geschehen zwischen den Elektroden kann am besten durch einen Versuch nach Pohl illustriert werden (17): In das elektrische Feld zwischen zwei Kondensatorplatten wird durch ein Gummirohr ein Gemisch aus Mennige- und Schwefelpulver geblasen. Die positiv geladenen Mennigeteilchen werden nach der negativen Kondensatorplatte, die negativen Schwefelteilchen nach der positiven abgelenkt, wo sie sich entladen. Der durch Ladungstrennung im Feld entstehende Strom ist mit dem Galvanometer nachweisbar.

SV V E79,1 kann auch wie folgt in einen SV abgewandelt werden: Ein mit Kupfersulfatlösung getränkter Streifen Fließpapier (2 cm × 8 cm) liegt auf einer Glasplatte, zwei an den Enden aufgelegte Kupferstreifen (Pfennigstücke) dienen als Elektroden. Mit einem Kaliumpermanganatkristall, den man mit der Pinzette faßt, zeichnet man in der Mitte des Streifens einen kräftigen Strich. Die Stecker der Stromkabel werden von Hand gegen die Elektroden gedrückt; die Spannung beträgt ca. 40 V. Durch Verschieben der Elektroden kann man die Geschwindigkeit, mit der der Streifen wandert, verändern.

Die Interpretation des Versuchs beginnt mit der Frage, woher die negative Ladung des Farbstreifens kommt, wenn der Kristall vorher neutral war? Es drängt sich die Vermutung auf, daß mit der farbigen negativen Wolke gleichzeitig eine nicht erkennbare positiv geladene zur Kathode unterwegs ist. In der Tat

LV wird das Eintreffen neuer positiver Ladungsträger an der Kathode durch Gasblasen signalisiert, die sich an den Kupferfäden zu bilden beginnen, kurz bevor die farbige Wolke die Anode erreicht. Die Wasserstoffabscheidung kann als Sekundärreaktion des sich abscheidenden Kaliums gedeutet werden. Aus dem Versuch kann man auf entgegengesetzt geladenen Bestandteile schließen, in die der neutrale Kristall beim Auflösen in Wasser offensichtlich zerfällt. Ein solcher Zerfall, den man Dissoziation nennt, wird durch den direk-

LV ten Nachweis der Abscheidung von Kupfer und Chlor in V E79,2 ausdrücklich bestätigt.

Beide Versuche liefern aber kein Argument dafür, die Aufspaltung in elektrisch geladene Teile in die Dimension von "Teilchen" zu verlegen. Man muß auch wohl oder übel über die Existenz einer elektrischen Elementarladung als Ergebnis des Millikanversuchs berichten, wenn man solchen Teilchen, die man Ionen nennt, nur ganzzahlige Vielfache einer bestimmten Elementarladung (e) zuspricht, wie dies z.B. in den Symbolen Cu^{++} und Cl^- zum Ausdruck kommt. Die Rechtfertigung solcher Annahmen, für die es natürlich eine Reihe von hier aber noch nicht verfügbaren Argumenten gibt, und die nicht so einfach einzubinden sind wie das Ergebnis des Millikanversuchs, erfolgt in diesem Fall im Nachhinein durch das leichtere Verstehen der Vorgänge, begründet in der Anwendbarkeit der Logik innerhalb der Ionenvorstellung. So sind z.B. die Vorgänge beim V E79,2 wie folgt zu interpretieren: Das Kupferzweichlorid, beschrieben durch das chemische Symbol $CuCl_2$, zerfällt bei der Lösung in Wasser in positive Kupferionen Cu^{++} und negative Chlorionen $2 \cdot Cl^-$. Die Lösung als ganzes ist neutral wie der Kristall, und es fragt sich, ob dieser nicht schon aus den sich anziehenden Bestandteilen Cu^{++} und Cl_2^{--} besteht und bereits im Symbol in der Form $Cu^{++} Cl_2^{--}$ geschrieben werden müßte (Kristall mit Ionenbindung).

Da sich in der Flüssigkeit gleichartige Ionen abstoßen, bleiben sie als Einzelteilchen – wegen ihrer Kleinheit auch mikroskopisch – unsichtbar. Sie können aber in der Gesamtheit durch Lichtabsorption eine Farbwirkung haben (vgl. MnO_4^--Ionen).

Treffen die gegenläufig wandernden Cu^{++}-Ionen und Cl^--Ionen auf die Elektroden, dann werden sie entladen ($Cu^{++} \rightarrow Cu + 2\,e^+$ und $2\,Cl^- \rightarrow Cl_2 + 2\,e^-$). Während sich die neutralen Cu-Teilchen zum sichtbaren Kupferniederschlag zusammenlagern, müssen zwei entladenen Cl-Teilchen erst ein solches von der Form Cl_2 bilden, bevor man sie als Blasen sieht und als stechendes Clorgas riecht.

Nicht alle Entladungen verlaufen so einfach, daß man hier darauf eingehen könnte. Zu verstehen ist noch in V E79,1 die Abscheidung von Wasserstoff anstelle von Kalium als sekundäre chemische Reaktion von Kalium mit Wasser nach $2K + 2H_2O = 2\,KOH + H_2$, schwieriger z.B. die Neutralisation (statt Entladung) der SO_4^{--}-Ionen durch die an der Anode in Lösung gehenden Cu^{++}-Ionen, die ihre negative Ladung (anstelle der SO_4^{--}-Ionen) an die Anode abgeben (vgl. LE 7, Chemische Generatoren (7,5)). Auf die Reduktion des MnO_4^--Ions zu Braunstein (MnO_2), die man an der Anode nach der Ankunft der MnO_4^--Wolke im V E79,1 beobachten kann, wird man sicher nicht eingehen.

Hinweise zur LE 11: Elektrizitätsleitung – Atomische Vorstellung S. E80–E83

Elektrizitätsleitung in gasförmigen Leitern (11.2)

Gase leiten unter "Normalbedingungen" den elektrischen Strom nicht, unter "besonderen Umständen", die in diesem Kapitel an Beispielen demonstriert werden, aber gut bis sehr gut. Diese Tatsache kann nach den Erörterungen des vorigen Kapitels über Ionenleitung in Flüssigkeiten nur so gedeutet werden, daß die Ionendichte in Gasen normalerweise sehr gering ist und daß Ionen erst unter den genannten "besonderen Umständen" entstehen können. Unter dem Aspekt der Temperaturbewegung der Gasteilchen deutet die Ionenentstehung durch hohe Temperatur (thermische Dissoziation) auf heftige Zusammenstöße schneller Teilchen als Ursache der Ionisierung hin. In Leuchtstoffröhren und Glimmlampen ist offenbar die durch Auspumpen von Gas vergrößerte "mittlere freie Weglänge" Voraussetzung zur Ionisierung des Gases. Derselbe Effekt tritt bei sehr hoher Spannung auch bei "Normalbedingungen" ein (selbständiges Zünden des Hörnerblitzableiters).

Auf den Vorgang der Stoßionisation – um den es sich hierbei handelt – einzugehen, ist an dieser Stelle noch nicht effizient, da Elektronen, die maßgebend daran beteiligt sind, zuerst eingeführt werden müssen. Der experimentelle Nachweis der Mitwirkung von Elektronen beim Ionisierungsvorgang von Gasen soll im nächsten Kapitel besprochen werden.

Elektrizitätsleitung im Vakuum (11.3)

In diesem Kapitel werden Fakten zusammen-
LV getragen, die für die Genese des Korpuskel-
SV modells für Elektronen wesentlich sind. Der Edisoneffekt, um den es sich hier zunächst
VT handelt, kann auch mit einer einfachen Röhrendiode oder mit speziellen Glühlampen für den Edisoneffekt (Phywe Nr. 6700, Leybold 55455) demonstriert werden. Zur Einführung zwar
LV nicht geeignet, aber hinterher als Ergänzung instruktiv, ist der historische Edisonversuch: Die Emission negativer Ladung aus dem Glühdraht einer normalen Glühlampe wird dadurch nachgewiesen, daß ein positiv geladenes Elektroskop, das mit einer auf den Lampenkolben aufgesetzten Kappe aus Alu-Folie verbunden ist, scheinbar entladen wird, sobald man die Glühlampe einschaltet. Hebt man die Kappe aber mit einem Perlonfaden ab, so zeigt sich, daß die positive Ladung nur durch eine im Kolben befindliche negative Raumladung gebunden war.

Die für die Darstellung des Edisoneffektes im Schülerbuch gewählte Duodiode (z. B. EZ 80/81) gestattet die gleichzeitige Demonstration des Sperr- und Durchlaßverhaltens; ihr Hauptvorteil besteht aber in der Trennung der beiden Prüfstromkreise über KE_1 und KE_2 (Abb. E81,2) vom Heizstromkreis durch die indirekte Heizung. Diese Tatsache ge-
LV währleistet, daß es sich beim Edisoneffekt um einen rein thermischen Effekt handelt, denn er dauert auch nach der Abtrennung der Heizleitung so lange an, wie die Elektrode K heiß genug ist; dies kann im Zusammenhang mit V E81,2 und V E81,3 gezeigt werden. Von gleicher Bedeutung für die Argumentation ist die zweite experimentell gesicherte Tatsache, daß das Vakuum zwischen den Elektroden die Mitwirkung von materiellen Ionen ausschließt. Damit gilt: Die neuen Ladungsträger, die man Elektronen nennt, kommen aus der heißen Elektrode, ohne daß diese oder die kalte Auffangelektrode materiell nachweisbar verändert werden.

LV V E81,3 zeigt, daß die Elektronenemission
SV unabhängig von der angelegten Spannung erfolgt. Die ohne weitere Stromquelle entstandene Generatorspannung kann nur auf den thermisch bedingten Austritt von Elektronen ins Vakuum zurückgeführt und analog zum Thermoelement als Diffusionsvorgang gedeutet werden.

LV Die Versuche V E83,1 und V E83,2 mit der Vakuumphotozelle verlaufen analog; sie zeigen, daß Elektronen auch durch Licht aus Metalloberflächen ausgelöst werden können.

Zur Begründung des Elektronen-Modells

Von den neuen Ladungsträgern ist bisher nur bekannt, wie sie entstehen und daß sie negative Ladung tragen. Die sprachliche Verwendung der Mehrzahl unterstellt bereits, daß es sich um eine Vielzahl des Einzelteilchens "Elektron" handeln soll. Diese Aussage überschreitet damit die Grenze gesicherter Erkenntnis. Nimmt man die Teilchenstruktur als offene Arbeitshypothese an, dann ist dies auch nur sinnvoll, wenn alle Teilchen die gleichen Eigenschaften haben, d. h. identisch sind. Zur Klärung dieser letzten Frage sollen die Ablenkungsversuche von Kathodenstrahlen im Fadenstrahlrohr herangezogen werden.

Die Bezeichnung "Kathodenstrahlen" für den von der heißen Kathode herkommenden freien Elektronenstrom leuchtet beim Anblick der
LV geraden Leuchtspur im V E82,1 ein; der Vergleich mit einem Wasserstrahl liegt nahe. Die Geradlinigkeit des Strahls, die Tatsache,

Hinweise zur LE 11: Elektrizitätsleitung - Atomische Vorstellung   S. E82-E83

daß der Elektronenstrom die Anodenöffnung durchdringt, statt auf der Anode zu landen, und die stetig gekrümmten Bahnkurven in den beiden Feldern besagen:

1. Die Teilchen sind träge, d.h. sie besitzen Masse, obwohl sie nicht als Materie nachweisbar sind.
2. Die Bahnkrümmungen bestätigen den Kathodenstrahl als Strom negativer Ladungen.

Geht man von der Vorstellung einer Vielzahl selbständiger Teilchen aus, dann ist man geneigt, aus der einheitlichen Bahn aller Teilchen zu folgern, daß alle Teilchen unter sich gleichwertig sind, d.h. gleiche Masse haben und gleiche Ladung tragen. Gewiß folgt aus der Identität der Teilchen die Identität der Bahnen. Die Frage muß aber hier umgekehrt gestellt werden: Setzt die beobachtete Identität der Bahnen die Identität der Teilchen voraus? Die Beantwortung dieser Frage ist nur durch eine - hier als LI angefügte - Rechnung möglich, für die aber in der Lernsituation jede Voraussetzung fehlt. Hieraus ergibt sich folgende didaktische Alternative:

a) Man entwirft das Korpuskelmodell des Elektrons aus der einfachen Elementarladung e des Millikanversuchs zunächst als Hypothese und teilt mit, daß sich dann auch dessen Masse m_e aus dem Radius der Elektronen-Kreisbahn in V E82,2 berechnen läßt.
b) Man stellt von vornherein klar, daß die Frage nach der Ladung (q) und der Masse (m) des Elektrons durch mathematische Auswertung der beiden Ablenkungsversuche nicht eindeutig entschieden werden kann, daß aber andere - in SI nicht auswertbare Versuche (z.B. der Franck-Hertz-Versuch) - die Annahme q = e bestätigen. Mit Rücksicht auf die große Zahl der Schüler, denen eine experimentelle Begründung auch später nicht mehr gegeben werden kann, verdient dieses letzte Verfahren den Vorzug, weil es das Korpuskelmodell weitgehend absichert; außerdem erfährt der Schüler, daß auch mitgeteilte Versuchsergebnisse zu objektiver Erkenntnis führen.

LI Das Korpuskelmodell des Elektrons "erklärt" zwar sehr viele Verhaltensweisen des Elektrons, doch - man denke nur an die Elektronenbeugung - nicht alle! Damit soll unterstrichen werden, daß noch so häufig verifizierte Modelle - wie das Korpuskelmodell des Elektrons - doch nur Bilder der Wirklichkeit sind, vielfach sogar nur Bilder eines Teilaspektes.

LI Die nachfolgenden Ausführungen wollen dem Lehrer nur Hintergrund für seine Mitteilung an die Schüler sein. Im einzelnen geschieht die wissenschaftliche Erarbeitung der Elektronendaten wie folgt:

1. Ablenkung eines geladenen Teilchens im elektrischen Feld (vgl. Abb. E82,1 rechts)

Im Feld der Spannung U* zwischen K und der Anode erhält ein Teilchen mit der Ladung q und der Masse m die Geschwindigkeit v_o.

Aus $\frac{1}{2} m v_o^2 = q \cdot U^*$ folgt a) $v_o^2 = 2 \cdot \frac{q}{m} \cdot U^*$.

Im Feld $\frac{U}{d}$ des Ablenkkondensators (AK) "fällt" das Teilchen mit der Beschleunigung $a = \frac{F}{m} = \frac{U \cdot q}{d \cdot m}$ auf einer Parabelbahn mit den Parameter-Gleichungen: $x = v_o \cdot t$ und $y = \frac{1}{2} \cdot a \cdot t^2$ oder der Koordinaten-Gleichung

$y = \frac{1}{2} \frac{a}{v_o^2} \cdot x = \frac{1}{2} \frac{U \cdot q \cdot x^2}{d \cdot m \cdot v_o^2}$.

Mit Gl·1): 2) $y = \frac{1}{2} \frac{U \cdot q \cdot m}{d \cdot m \cdot 2 \cdot q \cdot U^*} =$
$\frac{1}{4} \cdot \left(\frac{U}{d}\right) \cdot \frac{1}{U^*} \cdot x^2 = \frac{1}{4} \frac{U}{U^*} \cdot \frac{x^2}{d}$.

Die Kürzung durch m und q setzt $q \neq o$ und $m \neq o$ voraus und zeigt - wie jede Möglichkeit zur Kürzung - wesentliche physikalische Konsequenzen an. Da weder m noch q in der Bahngleichung vorkommen, fliegen alle Teilchen beliebiger Masse und beliebiger Ladung auf derselben Bahn, die nur von den angelegten Spannungen U, U* und dem Plattenabstand d abhängt! Es tritt also keine Differenzierung der Teilchen verschiedener Masse oder Ladung ein.

2. Ablenkung im homogenen Magnetfeld
Im Magnetfeld der Feldstärke (Kraftflußdichte) B erfährt ein vom Strom I durchflossener Leiter der Länge l, der senkrecht zum Magneten steht, eine zum Feld und Strom senkrechte Kraftwirkung $F_m = B \cdot I \cdot l$. Ein Teilchen mit der Ladung q, das die Strecke l in der Zeit t durchfliegt, stellt einen Strom der Stärke I = q/t dar. Die Kraftwirkung auf das Teilchen ist

$F_m = B \cdot \frac{q}{t} \cdot l = B \cdot q \cdot \frac{l}{t}$. Da $l/t = v_o$,
wird $F_m = B \cdot q \cdot v_o$.

F_m stellt die für die Führung des Elektrons auf der Kreisbahn nötige Zentralkraft dar.

Deshalb gilt: $\frac{m \cdot v_o^2}{r} = B \cdot q \cdot v_o$.

Für $v_o \neq o$ wird der Bahnradius
$r = \frac{m \cdot v_o}{q \cdot B}$. Mit $v_o = \sqrt{2 \cdot \frac{q}{m} \cdot U^*}$

Hinweise zur LE 11: Elektrizitätsleitung – Atomische Vorstellung   S. E82-E83

wird $r = \frac{1}{B}\frac{m}{q}\sqrt{2\frac{q}{m}\cdot U^*} = \frac{1}{B}\sqrt{2\cdot\frac{m}{q}\cdot U^*}$

Identische Bahnen haben nach dieser Gleichung nur Teilchen, für die der Quotient m/q gleich ist. Da im V E82,2 alle Teilchen die gleiche Kreisbahn durchfliegen, müssen Elektronen diese Bedingung erfüllen. Läßt man auch für Elektronen nur ganzzahlige Vielfache der Elementarladung e zu: $q = n\cdot e$, so müssen die Massen solcher Teilchen gleichzeitig ein gleiches Vielfaches einer der Elementarladung e zugeordneten Masse m_e ausmachen: $m = n\cdot m_e$. Die Masse m_e ist aus obiger Gleichung nach Ausmessen von r bestimmbar, wenn q = e gesetzt wird. Die Rechnung zeigt also, daß V E82,2 neben Teilchen mit den Daten $(e; m_e)$ auch Pakete solcher Teilchen mit den Daten $(ne; nm_e)$ zuläßt. Die Beschränkung der Elektronenladung auf 1e ist aus der Identität der Kreisbahnen im V E82,2 nicht abzuleiten. Das kann aber durch das Ergebnis des folgenden Versuchs geschehen.

3. Der Franck-Hertz-Versuch

Da sich Teilchen $(e; m_e)$ und $(ne; nm_e)$ durch die Energie $W = U^*\cdot q = U^*\cdot n\cdot e$ unterscheiden, die sie beim Durchlaufen der gleichen Spannung U^* aufnahmen, müßten sie sich in energetischen Effekten wie sie z.B. im Franck-Hertz-Versuch stattfinden, differenzieren (s. (1), S. 47, (2), S. 381, (18), S. 183 und (20), S. 28). Energieverluste der stoßenden Elektronen treten jeweils nur bei Zunahme der Beschleunigungsspannung von $\Delta U^* = 4,9$ V ein, d.h. jeweils bei einem Energiezuwachs $\Delta W = 4,9 V\cdot e$. Gäbe es außer Teilchen mit q = e noch solche mit q = 2e, q = 3e..., dann müßte es außerdem noch Absorptionen bei Spannungszunahmen von 4,9 V/2, 4,9 V/3 usw. geben.

Nachweisbar entsteht nur UV-Licht mit $\nu = 1,18\cdot 10^{15}$ Hz und dem Energiequant $\Delta W = h\cdot\nu = 6,625\cdot 10^{-34}$ Js $\cdot 1,18\cdot 10^{15}\cdot 1/s = 7,82\cdot 10^{-19}$ J. Aus der Gleichsetzung von $h\cdot\nu$ mit $4,9 V\cdot q$ ergibt sich für q = $7,82\cdot 10^{-19}$ J/$4,9$ V = $1,6\cdot 10^{-19}$ VAs/V = $1,6\cdot 10^{-19}$ As (C).

Das ist aber gerade das Millikansche Elementarquantum e. Diese Argumentation setzt allerdings voraus, daß das Plancksche Wirkungsquantum h nicht – wie in der Schule üblich – aus dem Photoeffekt bestimmt wird, sondern – wie es historisch auch der Fall war – aus den Strahlungsgesetzen (s. (19), S. 161). Der dort angegebene historische Wert für h ist genau genug, um die berechnete Ladung q mit der Millikanschen Elementarladung identifizieren zu können.

Elektrizitätsleitung in metallischen Leitern (11.4)

Die Einführung in dieses sehr umfangreiche Kapitel hat ihre besonderen Schwierigkeiten in der Verflechtung von Fakten, Annahmen und Modellvorstellungen. Eine Reihe von Annahmen und Vorstellungen erscheinen im Darstellungszusammenhang so einleuchtend, daß ihr hypothetischer Status verwischt wird; sie greifen aber der Faktenkenntnis vor, die zur Abstützung notwendig wäre. Als Arbeitshypothese können und sollen solche vorgreifenden Aussagen und Vorstellungen die Schüler dafür motivieren, in Experimenten nach Bestätigungen zu suchen. Um eine gedankenlose Gleichbewertung mit Faktenaussagen zu verhindern, wird vorgeschlagen, übungshalber die Faktenaussagen und Annahmen von S. E83 am Rand durch die Buchstaben F und A kennzeichnen zu lassen.

Die Hinführung zu einem einfachen Atommodell, das der Erklärung von Leitungsvorgängen verschiedener Art genügt, geht davon aus, daß Elektronen, die im Edison-Effekt aus Metallen entweichen, auch in den Metallen vorkommen.

a) Nachdem die Ionenleitung durch den auf S. E83 beschriebenen Versuch ausgeschlossen wurde, ist zu vermuten, daß Elektronen als bewegliche negative Ladungsträger die Elektrizitätsleitung in Metallen besorgen. Dafür gibt der Tolman-Versuch eine handfeste Bestätigung (s. (1), S. 62, (2), S. 200, (3), S. 484 und hier unter 11.42). Wenn Elektronen träge und im Leiter frei beweglich sind, müssen sie sich beim plötzlichen Abbremsen eines in Längsrichtung rasch bewegten Leiters verhalten wie stehende Fahrgäste eines Busses bei der Notbremsung: Sie "fallen nach vorn", erzeugen am vorderen Ende durch Verdichtung einen Minuspol, am hinteren Ende einen Pluspol. Die erzeugte Spannung ist nachweisbar. Metalle müssen also eine lockere Struktur haben, die den Elektronen Durchlaß gewährt (Elektronenleitungsmodell).

b) Da der Leitungsdraht trotz der negativen Elektronen elektrisch neutral ist, muß das ortsfeste materielle Stützgerüst (Gitter) des festen metallischen Leiters eine kompensierende positive Ladung tragen.

Daß auch Leitungselektronen wie im Fadenstrahlrohr auf ein Magnetfeld reagieren, beweist V E27,1. Die Mitführung des Leiters

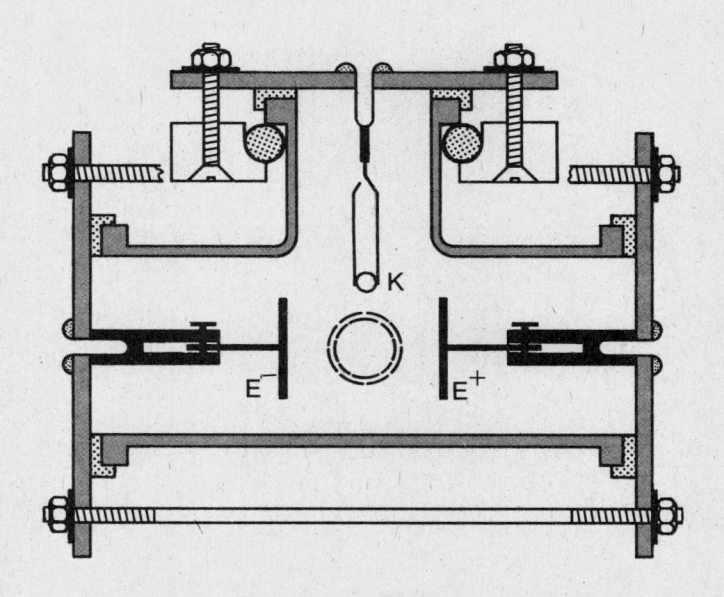

Hinweise zur LE 11: Elektrizitätsleitung – Atomische Vorstellung S. E83–E84

Abb. 243,1 Duodiode zur Demonstration des Edisoneffektes und der Stoßionisation

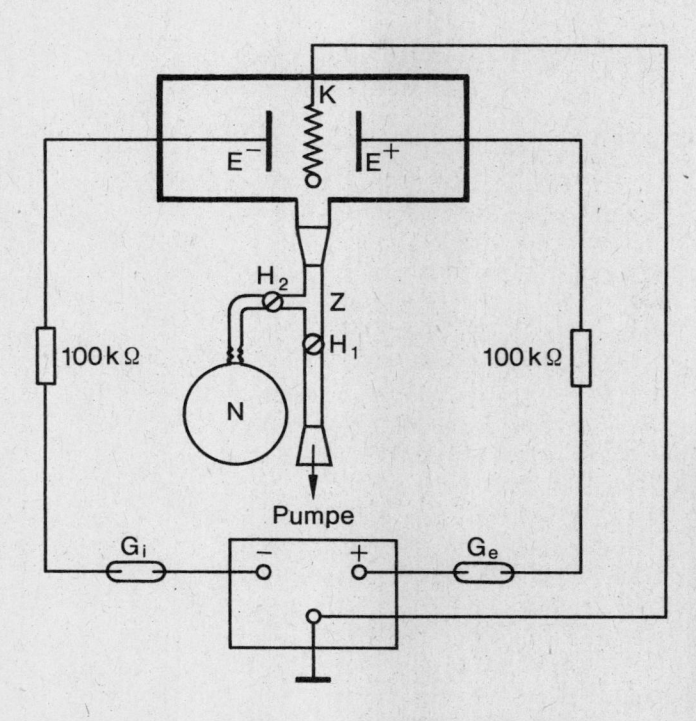

auf der Kreisbahn der Elektronen deutet ferner darauf hin, daß eine Bindung der Leitungselektronen an das positiv geladene materielle Gefüge des Leiters besteht: Elektronen bewegen sich im Leiter nur "quasi-frei".

c) Überträgt man gemäß dem letzten Absatz von S. E83 die Vorstellung von einem makroskopisch neutralen Körper mit ortsfester positiver Ladung und beweglichen, quasi-freien Elektronen auf das neutrale Atom, so müßte dieses aus einem die materiellen Eigenschaften verkörpernden Teil mit mindestens einer positiven Elementarladung – wir nennen ihn Atomrumpf – und einem Elektron mit der gleichen negativen Ladung bestehen. Atomrumpf und Elektron ziehen sich je nach Atomart mehr oder weniger stark an.

d) Unter gewissen Umständen – z.B. beim Erstarren (Kristallbildung) oder heftigen Zusammenstößen von Gasatomen – können sich Elektronen von ihren Rümpfen lösen, die dann positive Ionen bilden. Danach besteht das nach a) lockere Gefüge des metallischen Leiters (Kristallgitter) aus positiven Ionen, zwischen denen sich die Elektronen quasi-frei bewegen können. Hiermit wird das Modell für die Elektronenleitung ergänzt und präzisiert.

e) Da, wie wir bei der Elektrolyse und Ionenleitung gesehen haben, auch negative Ionen vorkommen (z.B. Cl^-, MnO_4^-), muß es Atome geben, die leichter ein Elektron anlagern als abgeben. So nimmt ein Cl-Atom ein Elektron auf, das ein Na-Atom beim Zusammentreffen leicht abgibt, so daß Na^+- und Cl^--Ionen Kochsatzteilchen Na^+Cl^- bilden. Die anziehende Kraft der beiden entgegengesetzten Ladungen wird in Wasser so stark herabgesetzt, daß sich die beiden Ionen trennen (dissoziieren). Damit sei angedeutet, daß das "einfache Atommodell" auch die Vorgänge bei der Elektrolyse und der Ionenleitung verstehbar macht. Es ist noch zu ergänzen, daß Ionen auch aus Atomgruppen wie z.B. $(MnO_4)^-$ bestehen können.

Bei der Entwicklung des "einfachen Atommodells" (c) wurde der übliche Begriff des Atomkerns bewußt übergangen und durch den "Atomrumpf" ersetzt. Dieser besteht de facto aus dem in Abb. E84,1 rot gezeichneten Kern mit n positiven Elementarladungen und (n–1) Elektronen. Für die Darstellung von Leitungsvorgängen genügt es, mit einem Außen- oder Valenzelektron zu operieren, so daß im Atomrumpf einheitlich nur eine positive Elementarladung unkompensiert bleibt. Die für die Atomart charakteristische verschieden starke Bindung kann durch Abstand oder (und) Abschirmung bedingt sein. Ihre Begründung erscheint unwesentlich. Natürlich sind auch Atomrümpfe mit mehreren positiven Elementarladungen und einer gleichen Anzahl Außenelektronen denkbar, z.B. vier bei den Gitteratomen der Halbleiter.

Realversuche zur Ionisierung

Die "Schlüssigkeit", mit der sich das "einfache Atommodell" (c) entwickeln läßt, verleitet geradezu zu vergessen, daß es sich dabei um eine gedankliche Konstruktion handelt. Deshalb erscheint es angebracht, die entwickelten Vorstellungen durch die experi-

Hinweise zur LE 11: Elektrizitätsleitung – Atomische Vorstellung S. E83–E84

mentell gesicherten Fakten der nachfolgend beschriebenen Realversuche zu stützen, damit das "einfache Atommodell" genügend autorisiert ist, bevor es durch das "magnetomechanische" Funktionsmodell simuliert wird.

VT Die dafür benutzte Apparatur ist eine vergrößerte Duodiode (s. Abb. 243, 1). Der Glaskolben kann mit einer zweistufigen Vakuumpumpe (Leybold Nr. 11012 S, Phywe Nr. 2652.93) ausreichend evakuiert und über ein Zwischenstück Z (Bild rechts) bei geschlossenem Hahn H_1 über den Hahn H_2 aus einem angeschlossenen Gummiballon nach Bedarf mit Stickstoff (N_2) gefüllt werden. Die Außenelektroden der Röhre werden über Schutzwiderstände und den Strom anzeigende Glimmlampen gegen die, an den geerdeten Mittelabgriff des Netzgerätes angeschlossene heizbare Elektrode entgegengesetzt aufgeladen. Die beiden Spannungen sind symmetrisch und von 0 bis ± 1000 V regelbar.

Die Zubehörteile zur Apparatur einschließlich Zwischenstück können von der Fa. Herbert Walther, Laborbedarf, Sensfelderweg 8, 6100 Darmstadt auf Bestellung bezogen werden; bei vorhandenem Zwischenstück ist Angabe der Schliffart (Kern- oder Mantelschliff) und Weite des apparaturseitigen Endes nötig.

LV 1. Das Rohr ist gut evakuiert, bleibt aber in Verbindung mit der laufenden Pumpe. Bei schwacher Rotglut der geheizten Elektrode fließt kein Strom. Erst bei höherer Fadentemperatur setzt der Edison-Effekt ein. Der Elektronenstrom Nach E^+ verstärkt sich mit zunehmender Temperatur. Gleichzeitig beobachtet man aber auch – völlig unerwartet – einen schwachen Strom über E^-, der zunächst mit der Fadentemperatur ansteigt, dann aber konstant bleibt und damit ein Sättigungsverhalten zeigt.

LV 2. Die Frage, ob der Glühfaden auch positive Ladungen aussendet, kann dadurch entschieden werden, daß man den Elektronenstrom über E^+ durch Abtrennen der Zuleitung unterbricht: Der Strom positiver Ladungsträger über E^- setzt sofort aus. Hieraus folgt, daß diese nicht vom Glühfaden kommen. Da der Strom über E^- mit dem Schließen des Elektronenstromkreises wieder einsetzt, müssen die bewegten Elektronen Ursache für die Entstehung der positiven Ladungsträger sein. Es liegt nahe, in ihnen positive Ionen zu sehen, die durch den Elektronenstrom aus den beim Auspumpen noch verbliebenen Gasresten erzeugt werden. Für diese Annahme spricht bereits das Sättigungsverhalten des Stromes positiver Ladungsträger, deren Zahl begrenzt ist.

LV 3. Läßt man nun ein wenig Stickstoffgas (H_1 geschlossen) in die Röhre, so wächst – bei sonst gleichgebliebenen Bedingungen – der Strom über E^- kräftig an; aber in gleichem Maße verstärkt sich auch der Strom über E^+ !

Auswertung: Das Ergebnis von V3 paßt auf folgende Vorstellung: Wenn genügend rasche Elektronen auf neutrale Gasteilchen treffen, erzeugen sie durch Stoß positive Ionen (Stoßionisation), indem sie mindestens ein Elektron vom gestoßenen Teilchen abtrennen. Ein stoßendes Elektron erzeugt also ein aus positivem Ion und Sekundärelektron bestehendes Ladungsträgerpaar, das sich im elektrischen Feld zwischen E^+ und E^- trennt und – wie Schwefel und Mennige im Modellversuch (s. S. 239) als Strom und Gegenstrom positiver und negativer Teilchen einen Direktstrom zwischen E^+ und E^- bilden. Dieser überlagert sich dem primären Elektronenstrom; deshalb nimmt dieser im gleichen Maße zu wie der über E^- fließende Strom der positiven Ionenladung. Der von G_e angezeigte Strom ist um den primären Elektronenstrom stärker als der von G_i angezeigte Ionenstrom. Mit V3 dürfte das Elektron als ablösbarer Bestandteil von Atomen und Atomgruppen experimentell überzeugend nachgewiesen sein. Das Ziel dieser Versuchsreihe ist damit erreicht.

Es soll aber noch kurz angedeutet werden, wie das mit der Röhre durchführbare Programm noch erweitert werden kann.

LV Durch allmähliches Einlassen von Gas ändern sich nicht nur fortlaufend die Stromverhältnisse, es stellen sich auch Leuchterscheinungen ein und selbständige Entladung (auch ohne Heizung). Die kalte Gasfüllung wird schließlich mit zunehmendem Druck zum Nichtleiter; erst durch "thermische Dissoziation" wird die Gasstrecke wieder leitend. Damit ist der Anschluß an das Vorkapitel erreicht.

Es besteht nun die Möglichkeit, an Kap. 11.2 anknüpfend, die Versuchsfolge rückwärts zu durchlaufen. Damit vollzieht sich der Übergang zur Elektronenleitung im Vakuum (Edison-Effekt) allmählich, aber die einzelnen Versuchsphasen sind nur registrierbar, nicht interpretierbar und damit zu wenig effizient, weil das "Ionisierungsmodell" als Arbeitshypothese dann nicht zur Verfügung steht.

Die Darstellung im Schülerbuch wurde einmal auf vorhandene Hilfsmittel abgestimmt, zum anderen mit dem Ionisierungsmodell abgeschlossen, das eine erschöpfende Inter-

Hinweise zur LE 11: Elektrizitätsleitung – Atomische Vorstellung

pretation der Versuchsreihe erlaubt und sich dabei selbst verifiziert. Notfalls könnte man auch die Ergebnisse der Versuche 1 bis 3 anhand von Skizzen interpretieren, wenn man den experimentellen Rahmen nicht erweitern möchte oder kann.

Als Realversuche zur Ionisierung können auch die Vorgänge in galvanischen Elementen und der Brennstoffzelle betrachtet werden. Die chemische Aktivität der Lösungstension von Metallen in Elektrolyten dokumentiert deren Abgabefreudigkeit von Elektronen. Der gleiche Vorgang spielt sich bei der Dissoziation des Wasserstoffs am negativen Pol der Brennstoffzelle ab (vgl. S. 210). Am positiven Pol ermöglicht die Anlagerung von Elektronen die Bildung von (OH^-)-Ionen; dies hat im verbindenden Leiter (s. Abb. 210, 1) einen Elektronenstrom von der H_2-Elektrode zur O_2-Elektrode zur Folge.

Die Vorgänge in der Brennstoffzelle können hier unter dem Gesichtspunkt der Ionenbildung durch Abgabe bzw. Anlagerung von Elektronen effizienter gestaltet werden als bei einem früheren Kenntnisstand.

Leitungsvorgänge in Metallen und Halbleitern (11.41 – 11.55)

Da diese Vorgänge durchgehend durch Versuche mit dem magneto-mechanischen Modell veranschaulicht werden, über die in einer besonderen Lehrerinformation ausführlich berichtet wird, beschränken sich die Anmerkungen zu diesen Kapiteln auf außerhalb der Modellversuche liegende Sachverhalte.

LI Tolman-Versuch: Zum Nachweis der "freien" Leitungselektronen ließ Tolman eine flache Spule mit der Drahtlänge l rasch rotieren. Beim plötzlichen Abbremsen ergab sich die Spannung U zwischen den Enden der Spule.

Bei einer Bremsverzögerung a gilt für ein Elektron: $m \cdot a = q \cdot E = q \cdot U/l$

$\Rightarrow \frac{q}{m} = a \cdot \frac{l}{U} \Rightarrow \frac{q}{m} = 1,76 \cdot 10^{11} \frac{As}{kg} = \frac{e}{m_e}$,

wenn a richtig bestimmt wurde (s. (3), S. 484).

LI Leitungselektronen sind nur "quasi-frei", d.h. sie befinden sich zugleich im elektrischen Kraftfeld mehrerer Atomrümpfe, deren Zusammenhalt im Gitterverband sie besorgen, entsprechend dem Modellversuch zur Elektronenbindung (s. S. 111). Auf Grund dieser besonderen Gitterbindung sind Metalle schmiedbar. Leitungselektronen übertragen auch auf Grund dieser Kraftwirkung auf die Gitterteilchen deren Temperaturbewegung; deshalb sind gute elektrische Leiter auch gute Wärmeleiter (Wiedemann-Franz, s. (2), S. 197 und 503, (3), S. 136 und 489).

LI Berechnung der Driftgeschwindigkeit von Leitungselektronen (vgl. (2), S. 201 und (3), S. 486): Wenn n Elektronen in der Zeit t aus einem Drahtstück der Länge l mit der Querschnittsfläche A ausgeflossen sind, war die Stromstärke

$I = \frac{Q}{t} = \frac{n \cdot e}{t} = \frac{n}{m} \cdot \frac{m \cdot e}{t} = \frac{n}{m} \cdot \varrho \cdot A \cdot \frac{l}{t} \cdot e =$

$= \frac{n}{m} \cdot \varrho \cdot A \cdot v \cdot e$. Es bedeuten: v = Driftgeschwindigkeit der Elektronen und ϱ die Dichte des Leitermaterials. Hieraus ergibt sich für $v = \frac{I}{A} \cdot \left(\frac{m}{n}\right) \frac{1}{\varrho \cdot e}$. Mit $\frac{m}{n} = \frac{M/mol}{N_A}$

wird $v = \frac{I}{A} \cdot \frac{M/mol}{N_A} \cdot \frac{1}{\varrho \cdot e}$ und mit den speziellen Werten für Kupferleiter:

$\varrho = 8,9 \ g/cm^3$, $M/mol = 63,6 \ g/mol$ und der universellen Avogadroschen Konstanten

$N_A = 6,022 \cdot 10^{23} \cdot 1/mol$: $v = \frac{I}{A} \cdot 0,74 \cdot 10^{-4} \frac{cm^3}{As}$.

Bei einer Belastbarkeit des Leiters von $I/A = 6 \ A/mm^2 = 600 \ A/cm^2$ wird

$v = 0,044 \ \frac{cm}{s} = 0,44 \ \frac{mm}{s}$.

Gitterbindungen (real): Zur Darstellung von Leitungsvorgängen in Metallen und Halbleitern genügt es zwar, einen graduellen Unterschied der Bindung zwischen Elektron und Atomrumpf anzunehmen, wie es in den Modellversuchen mit dem magneto-mechanischen Modell geschieht. Effektiv laufen die Vorgänge auch so ab. Ein Unterschied zwischen metallischen Leitern und Halbleitern bzw. Isolatoren zeigt sich aber darin, daß beim Hämmern letztere so zerspringen, daß die Kristallstruktur makroskopisch noch erkennbar ist, während sich Metalle – wie bereits gesagt – im allgemeinen schmieden, d.h. plastisch verformen lassen.

LI Das Gitter von Metallen wird von positiven Ionen gebildet, das von Halbleitern wie z.B. Silizium oder Germanium aus neutralen Atomen. Im Diamantgitter dieser Halbleiterkristalle ist jedes Gitteratom von vier tetraederförmig angeordneten Nachbaratomen umgeben. Vier Valenzelektronen erlauben den Aufbau von vier gleich starken kovalenten Bindungen an die Nachbaratome, ohne daß diese Elektronen ihre Atome verlassen und frei oder quasi-frei werden (vgl. (13), S. 42 und 58-61). Die vorübergehende Ablösung von Valenzelektronen (Paarbildung aus Elektron und

Hinweise zur LE 11: Elektrizitätsleitung - Atomische Vorstellung   S. E84-E93

Loch, die die Eigenleitfähigkeit ausmachen) erfolgt durch Lichteinfluß oder die Temperaturbewegung der Gitterteilchen. Beim Diamanten selbst aber geschieht dies auch bei hohen Temperaturen nicht: er bleibt ein Isolator. Seine große mechanische Härte beruht ebenfalls auf der festen und allseitigen Gitterbindung seiner Kohlenstoffatome.

LI Die Leitfähigkeit des ebenfalls aus Kohlenstoff bestehenden (Nichtmetalls) Graphit beruht allein auf dessen besonderer Kristallstruktur (vgl. (13), S. 60). Die C-Atome bilden in parallelen Ebenen ein Wabenmuster mit sechseckigen Zellen. Jedes Atom unterhält mit dreien seiner Nachbarn in derselben Ebene ähnlich feste Bindungen wie beim Diamant, während das vierte Valenzelektron eine weitaus lockerere Bindung zu einem 2,4 mal so entfernten Atom in der Nachbarebene besorgt. Dieses 4. Elektron wird thermisch leicht abgelöst; es kann sich zwischen den Schichten als Leitungselektron frei bewegen. Daher nimmt die Leitfähigkeit des Graphits mit der Temperatur zu. Seine leichte mechanische Abreibbarkeit in Plättchenform (vgl. Bleistift) und seine Eignung als Schmiermittel verdankt der Graphit dieser schwächeren flächennormalen Bindekraft zwischen den Schichten, die Scherung der Schichten gegeneinander zuläßt. Man sieht, daß auch hier elektrische und mechanische Eigenschaften auf die gleiche Ursache, die besondere Festkörperstruktur zurückgehen.

Legende zu den Abb. E90,4, E91,1 und E93,1, E93,2:

Blauer Kreis ≙ Leitungselektron aus einem Donatoratom,

roter Kreis ≙ Defektelektron (Loch) ausgelöst durch Akzeptoratom,

weißer Kreis mit (+)-und (-)-Zeichen ≙ in der Verarmungszone nicht mehr kompensierte Störstellenionen. Diese wurden nur dort eingezeichnet, wo sie infolge Diffusion und Rekombination von Elektronen und Löchern nicht mehr neutralisiert sind und beiderseits der Grenzfläche zwischen n- und p-leitendem Material als ortsfeste Ionen Raumladungen mit ungleichen Vorzeichen und diffusionshemmender Wirkung darstellen. Im übrigen Raum sind die Donatoren - elektrisch und zeichnerisch - durch freie Elektronen (blau), die Akzeptoren durch bewegliche Löcher (rot) abgedeckt. Das Halbleiter-Grundgitter mit seinen Minoritätsträgern aus der thermischen Paarbildung wurde nicht berücksichtigt.

[1] Ein Beitrag von Gerd Schwarz, Gießen

LI Konzeption der Analogieversuche auf dem Luftkissentisch zur elektrischen Leitfähigkeit in Metallen und Halbleitern [1]

Vorbemerkung und Ziele

Die Beschreibung der Elektrizitätsleitung in festen Körpern durch ein mikrophysikalisches Modell geht von dem Konzept aus, die "Wechselwirkung von Ladungsträgern mit ihrer Umgebung durch Stoßprozesse" zu betrachten. Diese atomistische Vorstellung wird nicht als Phänomen der "Elektronenreibung" herausgestellt, da dies für die Schüler leicht zu mißverständlichen Interpretationen führen kann, insbesondere wenn sie nicht als statistischer Effekt der Elektronengesamtheit mit dem Metallionengitter, sondern als Individualprozeß eines Elektrons aufgefaßt wird.

Einen Ansatz zur Modellbildung findet man mit den folgenden Experimenten, die zunächst den Übergang von der makroskopischen Beschreibung der Leitungsvorgänge zu einer möglichst mikroskopischen Deutung darstellen.

In Anlehnung an die früheren Untersuchungen zur elektrischen Leitfähigkeit der verschiedenen Stoffe baut man sich einen "Teststromkreis" aus Teststrecke, Spannungsquelle und

LV Stromindikator (Glühlampe, A-Meter) auf. Eine flache Ionenleitungskammer mit $KMnO_4$-Lösung belegt den Zusammenhang zwischen Strom und dem Fließen von Ladung (vgl. V E79.1 und Abb. 79.1).

Der Versuch V E17.1 in einer prinzipiell gleichen Anordnung (Ladungsübertragung durch graphitierte Tischtennisbälle; Hochspannungsquelle mit Glimmlampe als Stromindikator) unterstützt die Hypothese, den elektrischen Strom als Transport von Ladungen mithilfe von beweglichen Ladungsträgern zu betrachten. Nach Anlegen einer Spannung kann demnach in einem Stoff Strom fließen, wenn dort bewegliche Ladungsträger vorhanden sind.

Eine Erweiterung dieser Modellversuche liefert Informationen, wie die unterschiedliche Leitfähigkeit verschiedener Stoffe verstanden werden kann.

LV 1. Werden in der Teststrecke statt eines mehrere Tischtennisbälle verwendet, steigt die Stromstärke an. D. h. die Leitfähigkeit nimmt mit der Anzahl (Konzentration) der vorhandenen, beweglichen Ladungsträger zu (Versuche E 17.2 und E 29.2).

LV 2. Bei gleicher Spannung und gleicher Anzahl der Tischtennisbälle hängt die Stromstärke

Hinweise zur LE 11: Elektrizitätsleitung – Atomische Vorstellung — Modellversuche

auch davon ab, wie die Ladungsträger in ihrer Bewegung behindert werden, was durch zusätzlich aufgestellte Kunststoffstäbe im Modellversuch simuliert werden kann (Versuch E84.3).

Diese Modellversuche veranschaulichen den Zusammenhang zwischen der makroskopisch beobachtbaren Größe der Stromstärke und den mikrophysikalischen Parametern dieses Modells zur Elektrizitätsleitung, d.h. der Anzahl von Ladungsträgern und deren Beweglichkeit, die von Stößen mit der Umgebung abhängt. Gerade die Anzahl der frei beweglichen Ladungsträger und die Ladungsträgergeschwindigkeit in Stromrichtung bedingen insbesondere bei Metallen und Halbleitern das unterschiedliche Leitungsverhalten.

Zum Verständnis der Leitungsvorgänge werden die Auswirkungen dieser Parameter an Hand von Modellversuchen auf dem Luftkissentisch (Phywe Nr. 11 204. 88) mit den dazugehörigen Modellplatten (statisches Gitter: Phywe, Nr. 11 204. 31; dynamisches Gitter: Phywe, Nr. 11 204. 10) simuliert.

Aufbau des Luftkissentisches

LV Die Bewegung von Schwebekörpern (Pucks) auf einer mit feinen Bohrungen versehenen Düsenplatte des transparenten Luftkissentisches kann mit einem Tageslichtprojektor einem großen Zuschauerkreis demonstriert werden. Wird mit einem Gebläse Luft eingeblasen, so schweben die Pucks auf einem Luftpolster nahezu reibungsfrei. Als Pucks zur modellmäßigen Darstellung von Atomen, Molekülen und Elektronen dienen durchsichtige, farbige Plastikscheibchen mit axial magnetisierten Zylindermagneten (vgl. Abb. E84.2). Da alle Pucks in gleicher Richtung magnetisiert sind, können infolge der magnetischen Abstoßung Wechselwirkungskräfte
LV zwischen beweglichen Teilchen untereinander oder mit periodischen Feldern (Ionengitter) in Analogieversuchen demonstriert werden. Die Konstruktion erlaubt es, insbesondere relativ kleine Pucks verwenden zu können, so daß auch Vorgänge in Vielteilchensystemen simuliert sind, wie sie z.B. Gase oder Elektronen im Metall darstellen. Da die ebenfalls magnetischen Randbarrieren in Tischebene abstoßend wirken, erfolgen alle Stoßvorgänge ebenso wie die Bewegungsvorgänge nahezu verlustlos.

In einer Ebene über der Düsenplatte hängen an Stahldrähten in regelmäßiger Anordnung Magnete, die sich um ihre Gleichgewichtslagen bewegen und auf die Magnetpucks anziehende Kräfte ausüben; sie simulieren ein Metallionengitter.

Konzeption der Luftkissentisch-Experimente zur elektrischen Leitfähigkeit

Eine mikrophysikalische Vorstellung von der elektronischen Leitfähigkeit in Metallen, Halbleitern und Isolatoren mit einem Elektronenmodell geht von der Annahme aus, daß in diesen festen Stoffen bewegliche Ladungsträger – im allgemeinen Elektronen – vorhanden sind, die sich nach Anlegen einer Spannung vom Minuspol zum Pluspol in Bewegung setzen. Zur Veranschaulichung dieses "Teilchenmodells zur elektrischen Leitfähigkeit" eröffnen Modellversuche auf dem Luftkissentisch für den Unterricht eine Reihe von neuartigen methodischen Möglichkeiten.

Das Erfassen der dynamischen Abläufe zur Deutung der elektrischen Leitungsvorgänge bereitet den Schülern in der Regel besondere Schwierigkeiten, da man es hier mit Bewegungsvorgängen in einem komplexen Vielteilchensystem zu tun hat; es besteht aus den Gitterionen und den Elektronen, die sich quasi frei im Bereich der regelmäßig räumlich angeordneten Atomrümpfe – den Gitterionen – bewegen, deren Schwingungen um ihre Gleichgewichtslage ein Maß für die Temperatur des Körpers darstellen. Der lernpsychologisch schwierige Schritt, eine Abfolge von statischen Bildern (z.B. Tafelzeichnungen, Lehrbuchabbildungen) in einen dynamischen Prozeß umzusetzen, gelingt vielen Schülern nur unvollkommen. Durch Simulation dieser kinetischen Vorgänge auf dem Luftkissentisch, können diese Lernvorgänge wesentlich erleichtert werden, da die einzelnen Bewegungsphasen reproduzierbar und genügend langsam visuell verfolgt werden können. Durch Modifikation der Versuchsanordnung können einzelne Prozesse der Wechselwirkung zwischen Elektronen und Ionengitter isoliert betrachtet und besonders herausgehoben werden. Im Vergleich zu einem Zeichentrickfilm bleibt die direkte Eingriffsmöglichkeit der Schüler gewahrt. Die wesentlichen mikrophysikalischen Vorgänge sind damit in elementarisierter Form auch einem Adressatenkreis zu vermitteln, der mit einer mathematisierten oder abstrakt sprachlichen Darstellung weit überfordert wäre.

Zur Deutung der beobachteten Phänomene in der Elektrizitätslehre reicht ein sehr vereinfachtes Atommodell aus. Atome werden als Teilchen angesehen, die ein Elektron abgeben können, während dann ein Atomrumpf,

Hinweise zur LE 11: Elektrizitätsleitung – Atomische Vorstellung — Modellversuche

ein positiv geladenes Ion, zurückbleibt. Mit der zusätzlichen Annahme, daß verschiedene Atome sich nur in der Eigenschaft unterscheiden, ein Elektron unterschiedlich leicht abgeben zu können, kann damit ein Zugang zur Halbleiterpysik gewonnen werden. Modelle, die für die Beschreibung der Leitfähigkeit von Metallen Verwendung finden, sind somit auch für die Halbleiterphysik zu erweitern. Dazu muß weder ein Bohrsches Atommodell vorgegeben werden, noch müssen den Schülern die zu diesem Zeitpunkt nur schwer verständlichen Zusammenhänge über die speziellen Bindungsverhältnisse in Halbleitern auseinander gelegt werden. Die elektronische Leitfähigkeit in festen Körpern wird damit auf die Eigenschaft der Gitterbausteine (Atome) zurückgeführt, mindestens ein Elektron abgeben zu können.

Beschränkt man sich zunächst auf die modellmäßige Beschreibung der Leitungsvorgänge in Metallen, so kann man von den schon bekannten Modellen der Wärmelehre ausgehen (vgl. S. 249 f). Das Kugelmodell des Atoms wird erweitert um die Eigenschaft, ein Elektron abgeben zu können: Atom = Ion + Elektron. Im "Federmodell" des Festkörpers werden für das Metall die Gitterteilchen als Ionen (Atomrümpfe) aufgefaßt.

Die Vorstellung von der elektrischen Leitfähigkeit in Metallen geht damit von der folgenden Hypothese aus:

1. Im Metall gibt es frei bewegliche Ladungsträger (Elektronen). Sie bewegen sich im Innern wie die Moleküle eines Gases.
2. Die Metallionen sind regelmäßig räumlich angeordnet (Ionengitter).
3. Die Schwingung der Gitterionen um ihre Gleichgewichtslagen stellt ein Maß für die Temperatur dar.

Die modellmäßige Betrachtung der Elektronen im Ionengitter des Metalls konzentrieren sich damit unter der Verwendung von schon Gelerntem aus der Wärmelehre auf die Wechselwirkung der Elektronen mit den Ionen durch Stoßprozesse.

Diese dynamischen Vorgänge können auf dem Luftkissentisch mit Hilfe eines Federmodells simuliert werden. Als "Modellelektronen" VT dienen Plastikscheiben, die wie die mit Federn verbundenen Plastikscheiben der "Gitterionen" auf dem Luftpolster reibungsarm schweben. Dem Anlegen einer elektrischen Spannung an einen Metalldraht entspricht in diesem Modell das Neigen des Luftkissentisches gegen die Horizontale, wobei der Neigungswinkel ein Maß für die Höhe der Spannung darstellt. Zur Simulation einer unterschiedlich hohen

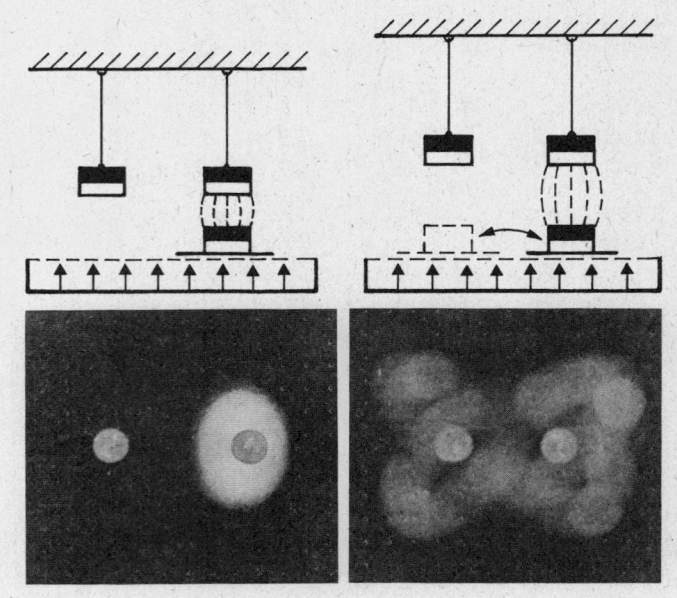

Abb. 248, 1 (links) Starke Bindung
Abb. 248, 2 (rechts) Schwache Bindung

Temperatur des Metalls kann das Federgitter mit Hand in unterschiedlich heftige Bewegung versetzt werden. Die Modellversuche liefern einen Zugang zum atomistischen Verständnis der makroskopischen Phänomene, wie: Wärmewirkung des elektrischen Stroms, Stromstärke überall im Stromkreis konstant, Existenz des elektrischen Widerstandes, Temperaturabhängigkeit des Widerstandes, Ohmsches Gesetz usw. Die Versuche mit dem Federmodell dienen zur Simulation der Wechselwirkung von Elektronen mit dem Ionengitter durch mechanische Stoßvorgänge. Die gleichen Ergebnisse lassen sich mit einer veränderten Anordnung auf dem Luftkissentisch erzielen, wenn die mechanischen Zusammenstöße durch eine magnetische Beeinflussung zwischen "Modellelektron" und "Modellion" ersetzt werden. Dazu wird von dem oben vorgeschlagenen Atommodell ausgegangen. Es wird auf dem Luftkissentisch durch ein magnetomechanisches Modell simuliert (s. Abb. E 84.2).

Ein Elektron wird modellmäßig durch eine auf dem Luftpolster schwebende Plastikscheibe mit aufgesetztem Magnet dargestellt. An einem Stahldraht über die Luftkissentisch hängt ein zweiter Magnet der den Atomrumpf darstellen soll. Er ist so gepolt, daß er das Modellelektron anzieht. In diesem Atommodell kann die Bindung Atomrumpf – Elektron durch den Abstand des aufgehängten Magneten über der Düsenplatte des Luftkissentisches verändert werden (s. Abb. 248, 1). Die Stärke dieser Bindung ist experimentell demonstrierbar, wenn man mit einem zweiten Schwebemagnet mit unterschiedlichen Geschwindigkeiten auf das Modellelektron schießt. Bei schwacher

Hinweise zur LE 11: Elektrizitätsleitung – Atomische Vorstellung — Modellversuche

Bindung gelingt es, schon mit niedriger Geschwindigkeit das Elektron von seinem Ion zu entfernen (ionisieren). Bei starker Bindung muß diese kritische Geschwindigkeit wesentlich höher sein.

In den Modellversuchen zur metallischen Leitfähigkeit wird zunächst die Existenz von freien Elektronen in Metall vorausgesetzt. Im Versuchsaufbau wird in einer regelmäßigen Anordnung von aufgehängten Magneten als "Atomrümpfe" ein "Ionengitter" dargestellt, in dessen Einflußbereich sich einzelne "Modellelektronen" auf der Düsenplatte bewegen können (vgl. Abb. E86.1). Der Unterschied zwischen der thermischen Elektronenbewegung in einem Metall ohne angelegte Spannung und der Driftbewegung (als konstante, mittlere Geschwindigkeitskomponente in Feldrichtung) nach Anlegen einer Spannung ($\hat{=}$ Neigen des Luftkissentisches gegen die Horizontale) kann u.a. in den Modellversuchen deutlich herausgehoben werden. Auf mögliche Vorstellungen zum Entstehen dieser Leitungselektronen kann in ergänzenden Modellversuchen (S. 250 f) später eingegangen werden.

Die Modellvorstellungen können auf den Bereich der Isolatoren und Halbleiter erweitert werden, wenn unterschiedliche Atomsorten durch Verändern der Bindungsstärke zwischen "Elektron" und "Ion" simuliert werden. Ordnet man diese Modellatome ("Ion" und "Elektron") in einer Fläche regelmäßig an, erhält man einen ebenen Modellkristall. Wird die Bindung zwischen Gitterionen und Elektronen fest gewählt, so bleiben auch bei hoher Tem-

LV peratur, d.h. bei heftiger Gitterbewegung, alle Elektronen bei ihrem Ion lokalisiert. Es entstehen keine beweglichen Elektronen, so daß man diesen Kristall als Isolator (vgl. Abb. E89.3) bezeichnen muß. Experimentell kann eine unterschiedliche Gitterbewegung (Simulation der Kristalltemperatur) durch leichtes Bewegen der Trägerplatte für die aufgehängten Magneten realisiert werden. Eine Erregung der Gitterbewegung kann be-

VT sonders gleichmäßig mit einer Ringspule in der Ebene des Luftkissentisches erfolgen, die mit Wechselstrom von etwa 0,5 - 2 Hz aus einem Sinusgenerator (Fa. Dr. H. Kröncke, 3 Anderten, Best. Nr. 124600) betrieben wird.

Verringert man die Bindungsstärke, d.h. vergrößert man den Abstand Ion - Elektron, so ist dieses Verhalten nur bei schwacher Gitter-

LV bewegung (niedriger Temperatur) zu beobachten. Bei hoher Temperatur lösen sich allerdings einige Elektronen von ihrem Ionenrumpf und können damit als bewegliche Elektronen zum Strom beitragen. Wie die Realexperimente zeigen, ist dieses Leitungsverhalten geradezu typisch für Halbleiter.

Mit dieser Konzeption kann einerseits die gesamte elektronische Leitfähigkeit von festen Stoffen unter einem einheitlichen Gesichtspunkt modellmäßig betrachtet werden, andererseits gestattet es, die relativ einfachen Annahmen über die Eigenschaften eines Atoms, die Vorgänge beim Ladungstransport in Halbleitern mit einzubeziehen. Gerade die Existenz von Defektelektronen (Löchern), deren Bewegungsmöglichkeiten und Rekombinationsvorgänge sind mit den Modellversuchen auf

LV dem Luftkissentisch schrittweise besonders anschaulich zu demonstrieren. Erweiterungen zu dotierten Halbleitern und zur Simulation der Vorgänge bei einer pn-Schicht sind möglich. Die zum physikalischen Verständnis der

LV Halbleiterbauelemente wichtige Unterscheidung der ungerichteten (thermischen) Bewegung von Elektronen und Löchern und deren Bewegung unter dem Einfluß eines elektrischen Feldes (Driftbewegung) kann mit Hilfe

LV dieser Modellversuche deutlich herausgearbeitet werden (vgl. Abb. E90.5).

Einordnung der Modellversuche zur elektrischen Leitfähigkeit in das Teilchenkonzept der Materie

Die Modellversuche zur elektrischen Leitfähigkeit schließen an die schon in der Wärmelehre entwickelten Vorstellungen zum Teilchenmodell der Materie an. Dort werden die Teilchen als Kugeln aufgefaßt, die Kräfte aufeinander ausüben können. Für kleine Teilchendichten (Gase) werden diese innermolekularen Kräfte als abstoßende Kräfte nur bei Teilchenstößen wirksam. Diese Verhältnisse sind auf dem Luftkissentisch simulierbar, so daß eine Reihe von Analogieexperimenten zum Verhalten von Gasen möglich werden. Da diese Experimente im Schülerbuch noch nicht enthalten sind, seien hier einige Beispiele aufgeführt.

Aus einer Reihe von Realexperimenten ist die im Mikroskop zu beobachtende Brownsche Bewegung von Rauchteilchen ein relativ direkter Zugang zur Teilchenhypothese der Materie. Aus der unregelmäßigen "Zick-Zack-Bewegung" wird auf nicht sichtbare und sich bewegende Luftteilchen (Moleküle) als Antriebsursachen geschlossen. Diese Schlußweise ist für Schüler besser nachvollziehbar, wenn im Modellversuch die beobachtete Bewegung eines (großen) Indikatorteilchen als Folge der Teilchenstöße mit der analogen

LV Bewegung von Rauchteilchen verglichen werden kann.

Hinweise zur LE 11: Elektrizitätsleitung – Atomische Vorstellung — Modellversuche

Der Zusammenhang zwischen Temperatur und Teilchenbewegung kann am Beispiel von Realversuchen bzw. Modellversuchen zur Vermischung (Diffusion) zweier Gase als Funktion der Temperatur bzw. der (mittleren) Teilchengeschwindigkeiten herausgehoben werden. Insbesondere kann eine vorläufige, elementare Vorstellung von einer Geschwindigkeitsverteilung der Gasmoleküle ohne mathematische Betrachtung sehr gut mithilfe dieser Modellversuche auf dem Luftkissentisch vermittelt werden. Eine Erklärung von Aggregatzustandsänderungen, Verdunsten, Osmose oder Elektronenaustritt aus geheizten Metalloberflächen wäre ohne die Annahme der – in den Modellversuchen erarbeiteten – Geschwindigkeitsverteilung kaum möglich.

LV In der Simulation eines Gases (etwa 12 Magnetpucks auf dem horizontal ausgerichteten Luftkissentisch mit 4 Magnetbarrieren an den Seiten der Düsenplatte zur modellmäßigen Darstellung der Gasatome bzw. Moleküle) können die Schüler beobachten, daß infolge der Stoßprozesse ein Teilchen nach einem Stoß mit einem anderen Teilchen eine veränderte Geschwindigkeit nach Betrag und Richtung angenommen hat. Wandstöße ändern nur die Richtung der Geschwindigkeit. Beobachtet man ein (andersfarbiges) Teilchen über einen längeren Zeitraum, so ändert es laufend Betrag und Richtung seiner Geschwindigkeit. Relativ selten ist seine Geschwindigkeit sehr groß oder sehr klein, relativ häufig nimmt es eine mittlere Geschwindigkeit an. Beobachtet man alle Teilchen zu einem Zeitpunkt, so gibt es relativ wenige mit sehr großen oder sehr kleinen Geschwindigkeiten, aber relativ viele Teilchen mit einer mittleren Geschwindigkeit. Das Modellgas kann "erwärmt" werden, wenn man die Teilchen leicht seitlich anbläst oder mithilfe einer wechselstromdurchflossenen (0,5 – 2 Hz) Ringspule (z.B. Helmholtzspule zum Fadenstrahlrohr der Firma Phywe) in Tischebene anregt. Die
VT "Abkühlung" erfolgt durch kurzzeitiges Verringern der Gebläseleistung. Mit steigender "Temperatur" wächst der Anteil der schnellen Teilchen auf Kosten des Anteils der langsamen Teilchen. Diese einfach zu erarbeiten-
LV den Folgerungen aus den Modellversuchen reichen aus, um die im Bereich der Sekundarstufe I diskutierten makroskopischen Phänomene im Teilchenmodell verstehen zu können.

LV Mit einer verschiebbaren magnetischen Randbarriere kann das Modellgas auf dem Luftkissentisch stark komprimiert werden. Dabei nimmt die mittlere Teilchengeschwindigkeit sehr stark zu, d.h. das "Gas" erwärmt sich. Nach Abkühlung (Energieentzug durch ver-

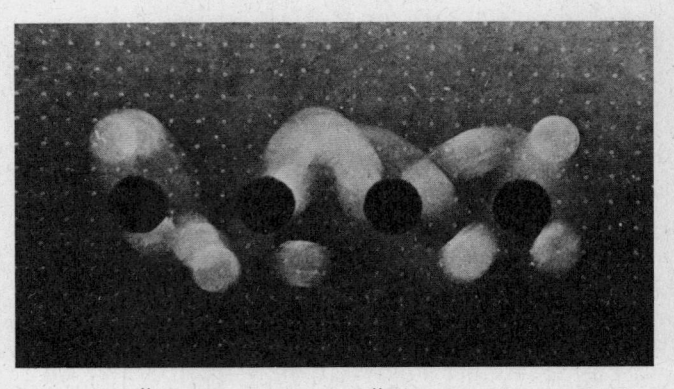

Abb. 250,1 "Elektronenbewegung" im linearen Kristall

stärkte Reibung der Pucks auf der Düsenplatte) ordnen sich die Teilchen in einer regelmäßigen Struktur an, mit festen Gleichgewichtslagen, um die sie leichte Schwingungen ausführen. Diese Simulation der Verfestigung eines Gases zu einem Kristall führt zu einer anschaulichen Vorstellung über den Bau eines festen Körpers, wobei die Heftigkeit der Teilchenschwingungen ein Maß für die Temperatur darstellt. Das Modell ist in Analogie zum Federmodell des festen Körpers zu betrachten.

Diese beiden Systeme des Gases und des Festkörper-Kristalls mit ihren unterschiedlichen dynamischen Eigenschaften werden in der Elektrizitätslehre wieder aufgegriffen, auf die Leitungselektronen (als Elektronengas) und das Ionengitter übertragen und deren Wechselwirkung diskutiert.

Ergänzende Modellversuche

Die im Schülerbuch vorgeschlagenen Modellversuche gehen für das Metall davon aus, daß bei der Zusammenlagerung von Metallatomen zu einem festen Körper gleichzeitig Ladungsträger frei werden und nicht erst geschaffen werden müssen wie bei Halbleitern. Ziel dieser Analogieexperimente ist es, eine modellmäßige Anschauung für die Elektronenbewegung im Ionengitter zu gewinnen.

Das vorgeschlagene vereinfachte Atommodell der Elektrizitätslehre und die Simulation mit einem magnetomechanischen Analogie-Modell auf dem Luftkissentisch ermöglicht weiterhin eine vorläufige Veranschaulichung zum
LV Entstehen freier Elektronen im Metall bei der Kristallbildung. Die in Abb. 248,1 dargestellte Anordnung gibt den im Modellexperiment simulierten Zustand zweier im konstanten Abstand angeordneten Gitterionen wieder, in dessen Einflußbereich sich ein repräsentatives Elektron befindet. Bei einer festen Bindung (geringer Abstand der Gittermagnete zur Düsenplatte) bleibt das Modellelektron

Hinweise zur LE 11: Elektrizitätsleitung – Atomische Vorstellung — Modellversuche

an sein "Gitterion" gebunden. Bei loser Bindung kann das Elektron zwischen beiden Gitterionen hin und her pendeln. Ordnet man die Gitterionen äquidistant in einer Reihe (Simulation eines linearen Kristalls) an, so gehört jetzt das Repräsentativelektron dem ganzen Kristall an, ohne ihn allerdings verlassen zu können (Bild 250, 1).

Diese Versuche zum Entstehen der Leitungselektronen veranschaulichen zunächst den Einfluß unterschiedlicher Atomsorten. Wie das Beispiel von Diamant (Isolator) und Graphit (Leiter) zeigt, hängt die elektrische Leitfähigkeit auch von den Atomabständen (hier den Abständen der Kohlenstoffatome) ab. In den Modellversuchen kann ein Repräsentativelektron nur dann sein Gitterion verlassen und sich im ganzen Kristall frei bewegen, wenn die Abstände zwischen den Gittermagneten genügend klein gewählt werden. Für große Gitterabstände bleibt das Modellelektron lokalisiert. In diesen beiden Fällen muß jeweils der Abstand der Gittermagnete zur Düsenplatte gleich gewählt werden, da der Einfluß des Gitterabstandes auf die Leitfähigkeit bei jeweils gleicher Atomsorte simuliert werden soll.

VT

Diese Experimente gestatten unmittelbar auch den Begriff der Austrittsarbeit zu veranschaulichen. Die Leitungselektronen können nur dann den Modellkristall verlassen, wenn sie eine kritische Geschwindigkeit übertreffen, die zum Überwinden des einseitigen Kräfteeinflusses der Modellionen am Rande des Gitters notwendig ist. Wählt man ein ebenes Magnetgitter mit einigen Modellelektronen und erhöht die Temperatur des "Elektronengases", so wird mit der in der Wärmelehre erarbeiteten Vorstellung von der Geschwindigkeitsverteilung verständlich, daß der Anteil der zum Verlassen des Metalls genügend schnellen Elektronen zunimmt. Das kann im Modellversuch nochmals simuliert werden und liefert damit ein Verständnis zur Glühemission in der Elektronenröhre.

Weitere Versuche zur Halbleiterphysik und zu angrenzenden Themenbereichen sind im Handbuch zum Luftkissentisch (G. Schwarz, Phywe-Schriftenreihe 1977) enthalten.

c) Neue Aufgaben und Fragen

sollen für diese LE nicht formuliert werden. Es müßte ohnehin eine Auswahl getroffen werden, die wegen der Vielfalt der Differenzierungs- und Gestaltungsmöglichkeiten dieser LE nicht möglich ist.

d) Audio-visuelle Hilfsmittel

AT	Der temperaturabhängige Widerstand NTC (2)	357705	(1)
AT	Der temperaturabhängige Widerstand PTC (2)	357706	(1)
AT	Der Fotowiderstand (2)	357707	(1)
F	Ein neuer Partner (Elektronik)	EFT 1371	(4)
AT	Elektrolyse - Leitungsvorgang in Salzlösungen	173260	(7)
DR	Physikalische Grundlagen des Halbleiters		(8)
F	Eigenleitung des Siliziums (5 min)	360 120	(11)
F	Dotierung mit Fremdatomen (5 min)	360 121	(11)
F	Der Bleiakkumulator, elektro-chemisches Prinzip (11 min)	32 2232	(11)
F	Elektrischer Strom in metallischen Leitern (Modellvorstellung); Gleichstrom (5 min)	360 460	(11)
F	Elektrischer Strom in metallischen Leitern (Modellvorstellung): Wärmewirkung (4 min)	360 462	(11)
F	Elektrolyse (5 min)	320 866	(11)
F	Lösungselektrolyse des Kochsalzes (2,5 min)	36000 5	(11)
F	Messung der Elementarladung (4 min)	360 117	(11)
F	Halbleiter (8 mm), (2 min)	F 83505	(12)
F	Bewegung elektrisch geladener Teilchen (12,5 min)	W 307	(15)
F	Enträtsele Elektrizität (8 mm), (8 min)	A/74	(23)
F	Prinz Elektron (16 mm), (12 min)	C1	(23)/H1
F	Halbleiterphysik Teil 1: Eigenhalbleiter (16 mm), (15 min)	D/66	(H24)
F	Halbleiterphysik Teil 2: Störstellenleiter (16 mm), (12 min)	D/66	(H24)
F	Halbleiterphysik Teil 3: Der PN-Übergang (16 mm), (16 min)	D/66	(H24)

Hinweise zur LE 12: Elektronische Bauelemente

3.3.2.12 LE 12: Elektronische Bauelemente
und ihre technischen Anwendungen

a) Vorbemerkungen und Ziele

Da die in Kap. 13 abgehandelte Schaltalgebra auch ein Anwendungsgebiet für elektronische Bauelemente darstellt, werden beide Kapitel hier zu einer LE zusammengefaßt. Diesem Zusammendrängen scheinen Umfang des Sachgebietes, seine technische Bedeutung und die Faszination, die von den entwickelten Techniken ausgeht, zu widersprechen.

Als Begründung möge gelten, daß es gerade aus den vorerwähnten Gründen über das Thema eine umfangreiche Literatur aller Art gibt, angefangen bei Bastelbüchern über populärwissenschaftliche Darstellungen bis zu solchen mit wissenschaftlichem Niveau. Die Angebote der Verlage und Industrie-Firmen an audiovisuellen Hilfsmitteln (vgl. d) unterstreichen die Bedeutung und vielleicht auch die Beliebtheit des Gegenstandes. Angesichts der Schwemme von Literatur und sonstigen Hilfsmitteln hieße es "Eulen nach Athen tragen" und den Umfang dieses Lehrerbandes unnötig erweitern, wollte man - wie bisher üblich - im Teil b) auf Einzelheiten eingehen. Dafür soll dort eine praxisorientierte Variante für die Unterrichtsgestaltung skizziert werden. Außerdem wird dem Teil b) ein Verzeichnis über Speziallliteratur angefügt.

Für die Konzeption eines Lehrgangs über elektronische Bauelemente sind folgende Fakten zu berücksichtigen:

1. Der nach einer rasanten technischen Entwicklung mit gleicher Vehemenz in die Schule eindringende neue Stoff stellt in didaktischer und methodischer Hinsicht Neuland dar.

2. Das neue Sachgebiet läßt sich nicht in für die SI konventionelle Bereiche "einarbeiten"; es stellt also eine zusätzliche Stoffbelastung dar, deren potentieller Umfang im Anwendungsbereich den Rahmen des rein zeitlich Möglichen sprengt. Die daraus resulierende Verdrängungstendenz gegenüber anderem konventionellen Lehrgut läßt sich allerdings nicht einfach mit dem Anspruch auf Aktualität oder durch den Hinweis auf die Nützlichkeit des einzuführenden Gegenstandes rechtfertigen. Da die Schule aber im Zeitalter des Computers nicht daran vorbeigehen kann, muß man nach einer Lösung suchen. Als gangbar erscheint, die Anwendungen im Unterricht auf prinzipiell wesentliche Beispiele zu beschränken und zusätzliche Beispiele in freiwillige Arbeitsgruppen besonders interessierter Schüler zu verlegen.

3. Über die Didaktik und Methodik der Sachbewältigung sind die Ansichten sehr kontrovers. Sie reichen von der Bedienungsanleitung von Fertiggeräten über den rein pragmatischen Umgang mit den Bauelementen beim Zusammenbau von Modellgeräten nach Schaltplänen bis zu utopisch theoretischen Zielsetzungen.

Die Darstellung im Schülerbuch versucht einen vernünftigen Ausgleich, indem die theoretischen Grundlagen weitgehend elementarisiert und die Anwendungen auf die für den technischen Einsatz der Bauelemente typischen Kombinationen und Schaltungen beschränkt werden. Die Konzeption geht von der Vorstellung aus, daß das Elektron durch Realversuche sorgfältig erarbeitet werden müsse und nicht einfach durch Mitteilung kreiert oder durch Trickfilme als geldstückähnliche Scheibchen vorgestellt werden dürfe. Zu diesen Realversuchen gehört z. B. auch der Tolmanversuch und der bekannte Versuch V E27,1. Die durch letzteren erwiesene Wechselwirkung zwischen Elektron und Materie geht in das "einfache Atommodell" ein, dessen variable elektrische Bindung an den Atomrumpf so treffend im magneto-mechanischen Modell durch variable magnetische Bindung simuliert werden kann. Die Simulation der Leitungsmechanismen in Metallen und Halbleitern eliminiert die theoretischen Erörterungen und elementarisiert damit den Weg zum Verstehen von Eigen-, n- und p-Leitung in Halbleitern. Auch die Diffusionsvorgänge in der Grenzzone, die zur Ladungsträgerverarmung und zur Ausbildung der bedeutsamen inneren elektrischen Felder führt, können simuliert werden. Wesentlich erscheint aber, daß die Existenz dieser inneren Raumladungs-Felder und die Möglichkeit, ihre Sperrfunktion durch äußere Felder zu verstärken oder abzubauen, durch die Realversuche zum Halbleitergleichrichter und zur Sperrstrom-Photodiode verifiziert wird. Diese Versuche bilden zugleich den Einstieg in die Anwendungen von Halbleiterbauelementen.

Die einzige für das Fundamentum vorgesehene Anwendung - Bildröhre und Fernsehen - schließt unmittelbar an Kap. 11.3 an, so daß alle Modellversuche zu den Leitungsmechanismen für diesen Lehrgang irrelevant sind. Auf der gleichen Basis ließen sich auch noch die Röhrendiode und die Triode eingliedern. Alle übrigen - nur für die Erweiterungen vorgesehenen - Beispiele setzen Kenntnisse über die Leitungsmechanismen in Halbleitern voraus. Wie man solche Kenntnisse auch im Rahmen eines pragmatischen Lehrgangs ad

Hinweise zur LE 12: Elektronische Bauelemente

hoc erwerben kann, soll nachfolgend im Teil b) skizziert werden.

b) Ein pragmatischer Lehrgang

Ein solcher Lehrgang soll auf dem Fundamentum der Kap. 11.3 und 11.4 aufbauen und praxisbezogen weitergeführt werden. Die mit einem oder zwei senkrechten Strichen gekennzeichneten Ausführungen sind Ergänzungen, die dem theoretischen Verständnis dienen.

LV 1. Die Versuche mit dem Fadenstrahlrohr beinhalten alle Voraussetzungen für die Behandlung des Oszillographen und der Bildröhre (12.1). Daran können sich, wie schon erwähnt, Röhrengleichrichter und Triode anschließen.

SV | Eine Leitercharakteristik der Röhrendiode nach Abb. 96,1 und eine Arbeitskennlinie der Triode mit angepaßtem Arbeitswiderstand unterstreichen die Begriffe "Richtleiter" und "steuerbarer Widerstand".

2. Richtleiter und steuerbare Widerstände werden heute vorwiegend mit Halbleitern gebaut (Mitteilung).

LV 3. Halbleiter werden nach den Ausführungen im Fundamentum von Kap. 11.51 als temperatur- und lichtempfindliche Leiter vorgestellt; dies geschieht in Verbindung mit der Anwendung.

|| Zunehmende Leitfähigkeit (vgl. Graphit) deutet darauf hin, daß Ladungsträger erst thermisch oder lichtelektrisch erzeugt werden. Ladungsträger entstehen als Paare aus Elektron und - hier ortsfestem - positivem Ion (vgl. Stoßionisation). Sie bewirken die sogen. Eigenleitung der Halbleiter.

4. Die sehr geringe Leitfähigkeit der Halbleiter wird durch Einbau von Fremdatomen als Störstellen des Halbleiterkristalls erhöht; dieser Vorgang heißt Dotieren. Es gibt Fremdatome, die sich dadurch ins Halbleitergitter einfügen, daß sie ein Elektron abgeben (Donatoren) und solche, die dabei ein Elektron aufnehmen (Akzeptoren). Beide haben bei normaler Temperatur ihr Elektron abgegeben bzw. aufgenommen; sie bilden ortsfeste positive bzw. negative Ionen. Die vakanten Elektronen der Donatoren erzeugen eine ähnliche, aber schwächere Leitfähigkeit (n-Leitung oder Elektronenleitung) wie in Metallen. Die von den Akzeptoren aufgenommenen Elektronen stammen aus Nachbaratomen des Halbleitermaterials, denen nun ihrerseits ein Elektron fehlt ("Loch"), und die bestrebt sind, ihren Elektronenmangel aus dem Bestand vollbesetzter Nachbaratome auszugleichen. Das gelingt ihnen mit Unterstützung eines elektrischen Feldes. Das "geraubte" Elektron springt in das dem Pluspol nähere "Loch" (Rekombination) und hinterläßt selbst ein neues Loch in Richtung des negativen Pols. Diese der Bewegung einer positiven Ladung gleichkommende "Löcherwanderung" nennt man p-Leitung oder Löcherleitung.

Ergebnis: Halbleiter können durch Dotieren n- oder p-leitend gemacht werden.

Die Störstellenleitung liegt rund drei Zehnerpotenzen über der Eigenleitung.

LV 5. Richtwirkung zeige man zunächst (nach Spezialliteratur 1, S.40) mit einem Kristalldetektor. Ein kräftiger Durchlaßstrom fließt, wenn die Metallspitze an den negativen Pol angeschlossen ist, d.h. Elektronen gehen vom n-leitenden Metall zum Kristall über. Der "Sperrstrom" beim Umpolen ist wesentlich schwächer. Vermutung: Die einseitige Sperrung erfolgt an der Berührungsfläche von Draht und Kristall.

LV Bei der Flächendiode gehen Elektronen nur vom n-leitenden zum p-leitenden Teil über (V E93,1 und E93, 3): Bestätigung des obigen Befundes.

SV Die aus V E93,2 gewonnene oder mit Hilfe des Oszillographen nach Abb. E96,2 dargestellte
LV Leitercharakteristik der Halbleiterdiode zeigt, daß der Durchlaßstrom erst bei einer bestimmten Spannung, der sogen. Schleusenspannung einsetzt (s. Abb. E92,5).

Ergebnis: Der Elektronenübergang erfolgt vom n-leitenden zum p-leitenden Material, wo die Elektronen mit den entgegenkommenden Löchern rekombinieren.

Die technische Stromrichtung (Pfeilrichtung im Symbol, s. Abb. E92,1) verläuft vom p-Leiter zum n-Leiter; man spricht deshalb vom p-n-Übergang.

LV | Das Verhalten einer modernen Germanium-Spitzendiode scheint dem zu widersprechen; denn Elektronen fließen vom Kristall zum Metallspitze. Erklärung: Das Germanium ist n-dotiert. Beim Einschmelzen der Metallspitze in das Germanium durch einen kräftigen Stromstoß (Formierung) wird eine dünne Schicht des die Spitze umgebenden Germaniums p-leitend. Die Gleichrichterwirkung wird in die Grenzschicht zwischen n- und p-leitendem Germanium verlagert.

LV Der Sperrstrom einer Photodiode wächst mit der Beleuchtungsstärke (vgl. V E93,5). Man kann diesen Effekt nach V E93,5 auch an einer

Hinweise zur LE 12: Elektronische Bauelemente

in Plexiglas eingeschmolzenen Spitzendiode beobachten.

LV / SV: Zunächst Erklärung der Sperrwirkung durch Verbreiterung der Verarmungszone nach Abb. E91,1 d. Diese wird leitend durch Paarbildung, ausgelöst durch Bestrahlung (s. Abb. E93,3). Die Existenz des durch Diffusion bedingten inneren elektrischen Feldes zwischen den in der Verarmungszone nicht mehr kompensierten Störstellenionen wird in V E93,4 (Abb. E93,1) durch die Trennung der Ladungsträgerpaare nachgewiesen, denn es ist kein anderes elektrisches Feld vorhanden (Generatoreffekt!) Als weiteres Argument gilt, daß erst das elektrische Feld der Schleusenspannung (vgl. 5) das den Übergang der Ladungsträger hemmende innere Feld aufheben muß, bevor der Strom einsetzt.

6. Technische Gleichrichterschaltungen nach S. E97 besprechen und praktizieren. Als Merkregel für die Durchlaßrichtung mag gelten: Die Ladungsträger kommen beim Durchlaß stets aus der Schicht, in der sie als "Mojoritätsträger" vorhanden sind: Elektronen aus der n-Schicht, Löcher aus der p-Schicht.

LV 7. Ein (npn-) Transistor wird zuerst analog zur Triode in Emitter-Meßschaltung nach Abb. E99,2 vorgeführt; dabei entsprechen die drei Beinchen, nach Abb. E92,2 angeordnet und benannt, den drei Anschlüssen der Triode, nämlich: Emitteranschluß (E) ≙ Kathode (-), Basisanschluß (B) ≙ Gitter, Kollektoranschluß C ≙ Anode (+). Es fließt ein Kollektorstrom nur bei gegen E positiver Basisspannung; er nimmt nach Tabelle und Abb. E99,4 mit dem Basistrom I_B zu: Der starke Kollektorstrom wird durch einen schwachen Basisstrom gesteuert und ist diesem in einem bestimmten Bereich proportional. Mit dieser Proportionalität begründet der Transistor seine Verstärkerfunktion. (Bei der Triode erfolgt die Steuerung vergleichsweise durch die am Gitter anliegende negative Spannung). Man kann den Transistor auch als Schalter benutzen und ihn einfach als steuerbaren variablen Widerstand betrachten. Damit ist der Weg für die Realisierung typischer Anwendungsbeispiele frei.

LV: Eine solche rein funktionale Betrachtungsweise des Transistors sollte durch vertiefende Betrachtungen ergänzt werden. In der Basismeßschaltung nach Abb. E99,1 (für npn-Transistoren mit umgekehrter Polung!) läßt sich zeigen: a) Bei abgeschalteter Emitterzuleitung: Die Transistorstrecke BC sperrt, bei umgekehrter Polung fließt ein Strom. Also liegt zwischen B und C eine sperrende Grenzschicht mit p-leitendem Material auf der Basisseite und n-leitendem auf der Kollektorseite. b) Bei abgeschalteter Kollektorzuleitung: Transistorstrecke EB leitet, bei Spannungsumkehr sperrt sie. Der Transistor besteht also aus zwei gegeneinander geschalteten Dioden (vgl. Abb. E98,2), die eine Schicht, die Basisschicht (kurz Basis), gemeinsam haben. Diese ist schwächer dotiert als die beiden äußeren, entgegengesetzt dotierten Schichten (Mitteilung) und sehr dünn.

LV: Der eigentliche Transistoreffekt, die Trägerinjektion - beim npn-Transistor sind es Elektronen - ergibt sich nach V E98,2, wenn man den - zuletzt unterbrochenen - Basis-Kollektorstromkreis mit $U_{BC} = 0$ wieder schließt: Der Emitterstrom I_E teilt sich in der Basis und fließt trotz sperrender Grenzschicht zum überwiegenden Teil über **LV** den Kollektor. Es gilt $I_E = I_B + I_C$. Die V E98,3 und 98,4 weisen die Durchlaßdiode E/B als regelbare Elektronenquelle für den Kollektorstrom aus.

LV: Zwei entsprechend geschaltete Dioden zeigen den Transistoreffekt nicht. Es kommt also, wie aus der Deutung von V E98,2 zu entnehmen ist, auf die Dimensionierung (sehr dünn) der Basis als gemeinsamer Schicht und deren Dotierung (schwach) an. (In der Beschreibung sind für npn-Transistoren "Löcher" durch "Elektronen" zu ersetzen). Bei hoher Dotierung gäbe es keine Überflutung mit Elektronen als Voraussetzung für deren Eindringen in das die "Löcher" bremsende, Elektronen aber beschleunigende (injizierende) innere Feld der benachbarten Grenzschicht B/C.

Der hier beschriebene Lehrgang hat eine pragmatisch-funktionale Grundlinie, an die wahlweise vertiefende Ergänzungen angeschlossen werden können. Mit den dabei vermittelten Kenntnissen über Halbleiter ist es möglich, die in den Kapiteln 12 und 13 aufgeführten Auswahl von Anwendungsbeispielen und weitere Beispiele aus der nachfolgend zusammengestellten Literatur auf verschiedenen Verstehensebenen zu bewältigen. Die Darstellung im Schülerbuch und die soeben skizzierte Variante schließen ein breites methodisches und didaktisches Spektrum ein, das optimale Anpassung an Umstände und Absichten gestattet.

Hinweise zur LE 12: Elektronische Bauelemente — Spezialliteratur

Spezialliteratur zum Thema Anwendungen elektrischer Bauelemente

1. Voit, F.: Die Halbleiter im Unterricht (3. Aufl.) - Praxis-Schriftenreihe, Abt. Physik, Bd. 6 - Köln: Aulis Verlag Deubner u. Co., 1971
2. Spengler, W.: Versuche mit Transistoren - Göttingen: Phywe Verlag
3. Albrecht - Farber: Elektronik mit Halbleiter-Bauelementen - Grundlagen, Schaltungen, Experimente - Köln: Aulis Verlag Deubner 1973
4. Pütz, J. u. a.: Einführung in die Elektronik, 3. Aufl. - Köln: Verlagsgesellschaft Schulfernsehen, 1972
5. Kreß, K. u. a.: Digitale Elektronik und Computer - Frankfurt: Diesterweg Salle 1977
6. Voit, F.: Die Halbleiter, in Handbuch der experimentellen Schulphysik Bd. 7, Abschnitt C - Köln: Aulis Verlag, 1963
7. Albrecht, K. H.: Einführung in die digitale Elektronik, in Praxis der NW 11/71, S. 281 ff.
8. Voit, F.: Die Herstellung integrierter Halbleiterschaltungen, in Praxis der NW 11/71, S. 288
9. Mergenthaler, J.: Behandlung der Halbleiter in Klasse 9, in Praxis der NW 2/72, S. 29
10. Bruhn, J.: Datenverarbeitung im Unterricht - MNU 4/71, S. 210
11. Neusüß, W. u. Grenzdörfer, J.: Ein Transistorschaltbrett für die Multivibratorfamilie. MNU 5/71, S. 287
12. Neusüß, W.: Die Behandlung von Halbleiterbauelementen in der Mittelstufe. MNU 8/71, S. 477
13. Neusüß, W.: Experimente mit Digitalbausteinen. MNU 2/73, S. 92
14. Kreß, K.: Digitale Elektronik, ihre experimentelle Behandlung unter Verwendung der Logitron-Bausteine. MNU 3/73, S. 155 und MNU 8/73, S. 488
15. Richter, H.: Praxis der Elektronik, Teil 1 bis 4. Stuttgart: Telekosmos Verlag, Francksche Verlagshandlung
16. Richter, H.: Praxis der integrierten Schaltungen, 1. Aufl. - Stuttgart: Francksche Verlagshandlung, 1970
17. Sabrowski, L.: Elektronik-baubücher heute und morgen
    301/03: NF-Elektronik
    304/06: Transistor- und Schaltverstärker
    307/09: Elektronische Schranken und Wächter
    310/12: Thyristor-Schalter und Regler
    München: Franzis-Verlag
18. Heidemann, K.: Logik-Bausteine für die Boolesche Algebra. Göttingen: Phywe AG
19. Kreß, K.: Digitale Elektronik, Lehr- und Arbeitsbuch zum Logitrongerät. Darmstadt-Arheilgen: GRS, 1974
20. Elbert, F. J. u. Dehler, J.: Handbuch zum discitron-Gerät, 1. Aufl. - Darmstadt: GRS, 1976
21. Phywe-Schriftenreihe: Die Physik in Versuchen - Halbleiter. Göttingen: Industrie-Druck
22. Leybold: Simulog-Arbeitsbuch zum Lehrgerät für Boolesche Algebra - Köln: Fa. Leybold
23. Liedl, Reuß, Spichall: Siemens Digitalbausteine in integrierter Technik, Teil 1, aus "Technische Mitteilungen Halbleiter" - München 8, Balanstr. 73: Siemens AG
24. Telefunken-Fachbücher: Der Transistor I/II - Ulm: AEG-Telefunken, 1964
25. Texas Instruments Deutschland: Wir lernen Elektronik - vom Elektron zur MOS-Schaltung. München: TID-Verlag, 1974
26. Teichmann, H.: Halbleiter. Mannheim: Bibliographisches Institut- Hochschultaschenbücher-Verlag, 1969
27. Seiler, K.: Physik und Technik der Halbleiter (Physik und Technik Bd. 7). Stuttgart: Wissenschaftliche Verlagsgesellschaft, 1964
28. Dosse, J.: Der Transistor. München: Oldenbourg-Verlag, 1962
29. Müser, H. A.: Einführung in die Halbleiterphysik. Darmstadt: Dr. Dietrich Steinkopf-Verlag, 1960
30. Wagemann, H. G.: Halbleiter, in Bergmann-Schaefer, Lehrbuch der Experimentalphysik Band IV, Teil 1, S. 665 ff. - Berlin-New York: Verlag de Gruyter, 1975

Erläuterung von benutzten Abkürzungen

Zeitschriften: Praxis der NW = Praxis der Naturwissenschaften - Physik - im Unterricht der Schulen. Köln: Aulis Verlag Deubner u. Co. MNU = Der mathematische und naturwissenschaftliche Unterricht. Bonn und Frankfurt: Dümmlers Verlag und Hirschgraben-Verlag. Firmen: Phywe = Phywe AG, Postfach 665, 3400 Göttingen.

Hinweise zur LE 12: Elektronische Bauelemente

Leybold = Leybold-Heräus, Postfach 510760, 5000 Köln
GRS = Gesellschaft für Regelungstechnik und Simulationstechnik, Darmstädterstr. 1, 6100 Darmstadt-Arheilgen
TID = Texas Instruments Deutschland, 8000 München
Bei Zeitschriften bedeuten die Zahlenangaben (z.B. hinter MNU und Praxis der NW): Heft Nr./Jahrgang, Seite.

d) Audio-visuelle Hilfsmittel

AT	Die Wirkungsweise der Halbleiterdiode	357717	(1)
AT	Die physikalischen Vorgänge in einer Halbleiterdiode	357718	(1)
AT	Der Anodenstrom einer Diode	357720	(1)
AT	Die Elektronenröhre als elektrisches Ventil	357721	(1)
AT	Die Steuerwirkung des Gitters	357722	(1)
AT	Steuerung der Elektronenröhre durch eine Gitterwechselspannung	357723	(1)
AT	Die Verstärkerwirkung der Elektronenröhre	357724	(1)
AT	Aufbau des Transistors	357725	(1)
AT	Die Steuerung des Transistors durch Gleichstrom	357726	(1)
AT	Die Steuerung des Transistors durch Wechselstrom	357727	(1)
AT	Der Transistor als Verstärker	357728	(1)
AT	Die Lichtschranke	357732	(1)
AT	Das Transistorrelais-Zeitschalter	357736	(1)
AT	Der elektronische Umschalter	357737	(1)
AT	Die Blinkanlage	357738	(1)
AT	Dämmerungsschalter und fotoelektrische Selbststeuerung	357739	(1)
AT	Der fotoelektrische Umschalter	357740	(1)
AT	Feueralarmanlage	357741	(1)
AT	Das Fernthermometer	357742	(1)
AT	Diodenempfänger	357750	(1)
AT	Diodenempfänger mit einfacher Transistorverstärkung	357751	(1)
AT	Sprechanlage mit zweifacher Transistorverstärkung	357735	(1)
AT	Elektronische Bauelemente (14)	359561	(1)
AT	Röhre und Transistor (7)	359563	(1)
F	Nachrichtenübermittlung - Fernsehen	355808	(1)
F	Post und Technik (30 min)	ETF1018	(4)
F	Hinter dem Bildschirm (14 min)	ETF952	(4)
AT	Fernsehen	176633	(7)
DR	Röntgenfernsehen, ein Mittel zur Nachrichtenübertragung in der Medizin (12)		(8)
DR	Elektronische Datenverarbeitung: Technische Grundlagen (15)		(8)
DR	Elektronische Datenverarbeitung: Wie entsteht ein Programm? (12)		(8)
DR	Integrierte Halbleiterschaltungen (12)		(8)
DR	Halbleiterbauelemente, Technologie und Herstellungsverfahren (16)		(8)
F	Siliziumgleichrichter: Gleichrichterwirkung (3,5 min)	360 122	(11)
F	Diode I: Physikalische Grundlagen (5,5 min)	360 215	(11)
F	Diode II: Gleichrichterwirkung (5 min)	360 216	(11)
F	Diode III: Kennlinie (4 min)	360 217	(11)
F	Zeile für Zeile (16 mm), (10 min)	320 851	(11)
F	Bildübertragung in Zeilen (3 min)	360 171	(11)
F	Aufnahme und Aussendung des Bildes (3,5 min)	360 172	(11)
F	Empfang und Wiedergabe des Bildes (3 min)	360 173	(11)
F	Gleichrichtung von Wechselströmen mit Siliziumzellen (16 mm), (16 min)	32 1288	(11)
F	Gleichrichtung von Wechselströmen mit Hochvakuumröhren (16 mm), (14 min)	321291	(11)
F	Verstärkung elektrischer Signale, Grundlagen (16 mm), (15 min)	322152	(11)
DR	Farbfernsehen (Bildwiedergabe- Bildaufnahme) (13)	102118	(11)
AT	Die Diode (6)	37112	(12)
AT	Die Triode	37113	(12)
AT	Die Braunsche Röhre (5)	37114	(12)
AT	Die Diode als Gleichrichter (7)	37118	(12)
AT	Die Triode als Verstärker (5)	37119	(12)
F	Wie funktioniert das Fernsehen? (16 mm) (10 min)	C5	(H1)
F	Farbe im Fernsehen (16 mm), (16 min)	C5/68	(H1)
F	Daten- und wie man ihrer Herr wird (23 min)	C4/-	(H1)
F	1 + 1 = 2 (16 mm), (10 min)	C5/-	(H1)
F	Mensch und Computer (16 mm)	C4/68	(H11)
F	Elektronische Miniaturen	C4/71	(H24)

Unterrichtsbeispiele mit Lernzielen — Beispiel 1

F	Halbleiter 73	D/73	(H16)
F	Moderne Halbleiterbauelemente	D/72	(H24)
F	Die Kristalldiode	D/66	(H24)
F	Der Transistor	D/66	(H24)
F	Integrierte Schaltungen	76	(23)

3.3.3 Unterrichtsbeispiele mit Lernzielen

1. Beispiel: Einführung des Elektromotors

Teilthemen: a) der Kollektor (1. und 2.)
b) Ankerformen (3. bis 6.)

Methode: Entwickeln im Sinn der technischen Denkweise als Lösung der Aufgabe: Konstruktion einer Drehspulführung, bei der sich die Drehspule fortlaufend über ihre Einstellung in Richtung des Magnetfeldes hinaus dreht; dazu gehört auch die elektrische Steuerung. Die experimentelle Erarbeitung erfolge weitgehend in Form von Schülerversuchen (SV), wenn die erforderlichen Geräte in entsprechender Zahl vorhanden sind.

Alternative: Es gibt Bastelmotoren, die nach Anleitung aus einfachen Bauteilen zu fertigen und auf Pappe zu montieren sind. Das Staunen darüber, daß die Geräte tatsächlich funktionieren, ist groß; dies ist die ideale Ausgangslage für ein Einstiegsverfahren. Bei der Analyse läßt sich viel Grundlegendes erfahren. Das Verfahren ist aber sehr zeitaufwendig.

Hier soll systematisch entwickelnd vorgegangen werden. Es ergeben sich zwanglos folgende Schritte:

VT 1. Ausgangssituation ist die leere Drehspule von Abb. E 28,1, als Modell zum Drehspulinstrument bekannt. Die Bandaufhängung muß im Sinne der Aufgabenlösung durch eine Achslagerung ersetzt werden, die Rückstellkraft, die für das Drehspulinstrument von grundlegender Bedeutung war, entfällt. Man könnte daran denken, in Anlehnung an die dort verwandte Spule eine analoge aus dickem Kupferdraht zu fertigen, ihre - längeren - Enden gegensinnig und in gerader Verlängerung aufzubiegen, anzuspitzen und in Hohlkegeln zu lagern, die man in die Köpfe zweier Schrauben bohrt. Die Schrauben lassen sich in der großen Bohrung der Isolierstützen einklemmen (s. Abb. 257,1). Damit

SV lassen sich V E 35,1 und 35,2 durchführen, sogar als Schülerversuche, wenn genügend Drehspulen der beschriebenen Art zur Verfügung stehen.

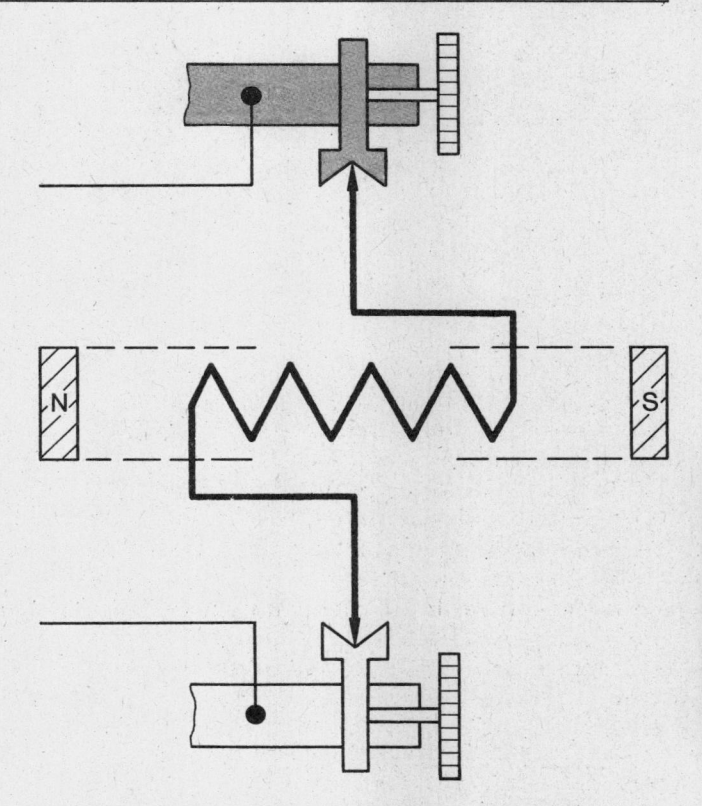

Abb. 257,1 Lagerung einer freistehenden Drehspule

2. Fehlumschaltungen bei letztem Versuch führen zum Mißerfolg. Dieser macht die Notwendigkeit zur Automatisierung der Umschaltung einsichtig: Die Änderung der Stromrichtung muß stets dann erfolgen, wenn die Spulenachse in Richtung des äußeren Magnetfeldes zeigt (s. Abb. E 35,2). Die Lösung ergibt sich aus dem bisher von Hand betriebenen Kommutator: Er ist auf der Motorachse anzubringen. - Man findet solche zweiteili-
LV gen Kollektoren auf den eisenfreien Rotor-
(SV) spulen mit 1, 10, 100 Windungen (Phywe 6551 - 6553); sie werden in den Motoraufsatz (Phywe 6550) eingebaut, mit diesem auf einen U-Kern oder Hufeisenmagneten aufgesteckt (vgl. Abb. E 50,2). Zu prüfen ist, ob die Umschaltung zum "richtigen Zeitpunkt" stattfindet. Dann folgt der erste Probelauf.

Anm.: Da sich neben dem zweiteiligen Kollektor noch zwei Schleifringe auf der Drehachse der Spule befinden, die an die Spulenenden angeschlossen sind, können V E 35,1 und E 35,2 auch mit einer solchen eisenlosen Rotorspule durchgeführt werden.

3. Eine Steigerung der Motorzugkraft ergibt sich:

LV a) Durch Erhöhung der Windungszahl. Das
(SV) zeigt man durch Auswechseln der eisenfreien Rotorspulen, wenn man den ganzen Satz zur Verfügung hat.

| Unterrichtsbeispiele mit Lernzielen | Beispiel 1 |

LV b) Man verwendet den Doppel-T-Anker mit
(SV) Eisenkern: Die Zugkraft wird wesentlich größer, der Totpunkt (Umschaltung) wird durch den "Schwung" des rotierenden Eisenkerns besser überwunden. Der in der Totpunktlage ruhende Anker dreht sich nicht, der zum Magnetfeld senkrecht stehende Anker läuft am besten an.

Anm.: Für diesen und die weiteren Versuche eignet sich sehr gut die Sammlung III der Elektro-Lehrmaschinen von Leybold (56306). In dieser Sammlung fehlen eisenfreie Rotoren, auf die man aber verzichten kann, wenn die Problematik des Kommutators an der unter 1. beschriebenen Spule demonstriert wurde. Fehlumschaltung von Hand kann man auch am Doppel-T-Anker zeigen, da auch alle Rotoren dieser Sammlung neben den zwei- und mehrteiligen Kollektoren Schleifringe tragen, über die man den Strom auch direkt zuführen kann.

4. Die Anlaufschwierigkeit des Doppel-T-Ankers beseitigt man mit Hilfe des Dreifach-T-Ankers, dem ein dreiteiliger Kollektor entspricht. Es kann sich immer nur eine Spule in Totpunktlage befinden - sie ist dann stromlos -, während die beiden anderen T-Anker entgegengesetzt vom Strom durchflossen werden, so daß das eine Polende angezogen, das andere abgestoßen wird. Die Schleifbürsten sind in Richtung der Achse des Außenfeldes angebracht; die Schlitze zwischen den Kollektorlamellen befinden sich jeweils am Fußpunkt der T-Stücke.

LV Neben der Verbesserung der Zugkraft wird ein gleichmäßiger Lauf des Motors erreicht. Bei rasch laufendem Motor wird die Leistung weiter verbessert, wenn die Schleifbürsten gegen den Drehsinn des Motors aus der Feldrichtung herausgedreht werden (Schlupf). Die Umschaltung erfolgt dann bereits vor dem Totpunkt. Damit wird die Verzögerung beim Ummagnetisieren des Eisens ausgeglichen, so daß das die Totpunktlage passierende Polende sofort nach dem Passieren mit voller magnetischer Kraft abgestoßen wird.

5. Es liegt nun nahe, eine weitere Verbesserung in einer Vermehrung der Zahl der T-Anker zu suchen. Da solche Rotoren nicht zur Verfügung stehen, muß man darüber im Unterrichtsgespräch nachdenken: Bei gerader Zahl der Pole können 2 Spulen des Rotors gleichzeitig in Totlage und stromlos sein. Bei 4 Spulen sind dann entweder 2 oder 4 Pole in Aktion, bei 5 Spulen sind es entweder 4 oder 5. Rotoren mit ungerader T-Anker-Zahl laufen sicher gleichmäßiger.

Schwierigkeit bei der Vermehrung der T-Stücke: Der auf der Achse sitzende Sockel für die T-Stücke wird umfänglicher, die Spulen dafür kürzer.

Vorteil: Es kommt damit immer mehr Eisen zwischen die Polschuhe des Feldmagneten mit feldverstärkender Wirkung.

6. Der Trommelrotor. Die Schüler erinnern sich an die Bedeutung des feststehenden Eisenkerns beim Drehspulinstrument, der nur einen schmalen Spalt zwischen Kern und Polschuhen für die Aufnahme der Drehspule freiließ. An der Wirksamkeit des Eisenkerns ändert sich nichts, wenn er, auf die Drehachse gesetzt, sich mitdreht und wenn die Rechteckspule auf ihn gewickelt wird. Wir haben dann die Verhältnisse des Doppel-T-Ankers mit kurzer Spule.

LI Da das mechanische Drehmoment einer Rechteckspule, deren Spulenfläche senkrecht zum Magnetfeld steht, nach $M_{mech.} = B \cdot I \cdot A \cdot n$ (vgl. (1), S. 106) der Windungszahl n und der Fläche einer Windung proportional ist, wird die Kürze der Spule durch ihre größere Fläche kompensiert.

Man wickelt die Rechteckspulen in Nuten, die im Eisenkern paarig ausgespart sind und umhüllt damit den Kern mantelförmig mit einer größeren Anzahl von gegeneinander verdrehten Rechteckspulen. Da die Drähte in den Nuten liegen, kann der Luftspalt sehr klein gemacht werden.

SI Zur besseren Übersicht gibt man die Vorstellung von Spulen und Magneten auf und betrachtet - wie beim Drehspulinstrument - die Kraft des Magnetfeldes auf den einzelnen Stromleiter. Je besser die Polschuhe den Trommelrotor umgreifen, desto gleichmäßiger verteilt sich die in Drehrichtung wirkende magnetische Kraft gleichzeitig auf alle Leiter, d.h. den ganzen Rotorumfang.

LV Motoren mit Trommelrotor laufen gleich-
(SV) mäßig, die Kraft des Feldmagneten wird bestens genutzt.

Anm.: Trommelrotoren gibt es z.B. auch zum Aufbaumotor der Phywe (6555). Der Dreipolrotor als Bindeglied fehlt leider.

Evtl. ist aufgefallen, daß das Rotoreisen aus dünnen, voneinander isolierten Blechen besteht. Die Erklärung muß hier offen gelassen werden; sie kann erst im Zusammenhang mit der Induktion erfolgen.

LI Die Isolierung zwischen den Lamellen verhindert die Ausbildung von Stromwirbeln im Eisen parallel zu den Leiterrechtecken. Die

Unterrichtsbeispiele mit Lernzielen — Beispiel 2

würden den Motor abbremsen und das Eisen erhitzen.

Notwendige Zeit: 2 Stunden.

Schlußbemerkung

Die obige Darstellung ist zunächst auf die Herausarbeitung der einzelnen Entwicklungsschritte und ihre Realisierung angelegt. Es ist klar, daß der tatsächliche Ablauf sehr von den versuchstechnischen Voraussetzungen bestimmt wird, denen man sich anpassen muß. Hinweise dafür möge man den Anmerkungen unter 2., 3. und 6. entnehmen.

An allgemeinen Zielen (1.2.1, S.14) wird mit dem Thema selbst zunächst nur 2.4 angesprochen. Im Zusammenhang mit der Erörterung des Einsatzes von Elektromotoren werden 2.6, 3.2, 4.2, 4.3 und 4.7 relevant.

Im Zuge der gedanklichen Entwicklung vom Doppel-T-Rotor zum Trommelrotor sollen die Schüler erfahren und lernen, daß Fehler und Unvollkommenheiten stets Anlaß sind, die im technischen Problem steckenden physikalischen Gegebenheiten technisch besser auszuschöpfen. Das setzt aber voraus, daß man solche Gegebenheiten kennt bzw. bei der Analyse des Problems erkennt und sie dann auch sinnvoll auszuwerten versteht.

2. Beispiel: Versuche zur Definition der Spannung mit Hilfe der Wärmewirkung des elektrischen Stromes

Die Art der Bewältigung des Themas hängt sehr von den Voraussetzungen ab, die man vorfindet.

1. Vorausgesetzt werden muß die Kenntnis, daß Körper nicht nur durch Tauchsieder oder Flammen sondern auch durch mechanische Arbeit erwärmt werden können und der Begriff der Energie. Thermische und mechanische Vorgänge sind äquivalent, wenn sie zur gleichen Erwärmung gleicher Wassermassen führen. Die zugeführte Wärme oder mechanische Arbeit W führt z. B. zu einer erhöhten Teilchenbewegung. Diese stellt als solche eine Energieform dar (vgl. S. M 77). Ist dies noch nicht bekannt, so kann man die Äquivalenz von Wärme und mechanischer Arbeit durch einen qualitativen ad hoc-Versuch mit dem Reibungsgerät (Phywe 4040 oder Leybold 347 78) demonstrieren.

2. Günstig wäre zu wissen, daß die mechanische Reibungsarbeit von 4,187 kJ 1 kg Wasser um 1 K zu erwärmen vermag.

3. Ist überdies noch die Kalorimeter-Gleichung $W = c \cdot m \cdot \Delta\vartheta$ bekannt, dann ist die Behandlung des Themas nach der Beschreibung von S. 215 möglich.

Das nachfolgend beschriebene Verfahren basiert allein auf der 1. Voraussetzung. Zeitbedarf für die Meßreihen in Schülerversuchen und für die Auswertung im Unterrichtsgespräch ca. 3 Stunden. Die Meßreihen A und B können in je 2 Gruppen parallel durchgeführt werden, wenn 8 Dewargefäße, 8 Heizspulen (z. B. Phywe 4449), 4 Niederspannungs-Netzgeräte und 8 Strommesser zur Verfügung stehen. Im Entwurf ist berücksichtigt, daß die Widerstandswerte der Heizspulen zwischen 2,4 und 2,5 Ω schwanken. Die Versuche sind auf den Nachweis additiver Relationen angelegt, aus denen die Proportionalität folgt. Erfolgt die Abhandlung des Themas in Lehrerversuchen, dann sollten die Versuche einzeln sofort ausgewertet werden; andernfalls bildet die gemeinsame Auswertung der beiden Meßreihen die Schlußzusammenfassung.

Lernziele: Meßreihe A strebt den Nachweis der Proportionalität der erzeugten Wärmemenge W mit der Stromstärke I an. Meßreihe B die Proportionalität von W mit der noch entsprechend zu definierenden Spannung U. Aus beiden Meßreihen ergibt sich die Kalorimetergleichung zur kalorimetrischen Bestimmung der Wärmemenge. Ist der Begriff "Wärmemenge" noch nicht bekannt, dann muß er an dieser Stelle eingeführt werden.

Da es bei den Versuchen auf die Reproduzierbarkeit von Stromstärken ankommt, werden regelbare Netzgeräte verwandt; diese stehen auch meist in ausreichender Zahl zur Verfügung. Benutzt man deren Gleichspannung, so muß man wissen, daß der Strommesser den linearen Mittelwert $\overline{I}$ des in Sinushalbwellen pulsierenden Gleichstroms anzeigt. Dieser ist bei gleichem Scheitelwert I_o mit $\overline{I} = I_o / \frac{\pi}{2} = I_o \cdot \frac{2}{\pi} = 0{,}636\, I_o$ kleiner als dessen Effektivwert $I_{eff} = I_o / \sqrt{2} = I_o \cdot 0{,}706$, der für die Wärmewirkung maßgebend ist. Daher fallen die kalorimetrisch mit $W = 4{,}187 \frac{J}{gK} \cdot m \cdot \Delta\vartheta$ bestimmten Wärmemengen höher aus als die nach $W = R \cdot I^2$ errechneten. Dies hat für die Hinführung zur Definitionsgleichung für die elektrische Spannung keine Bedeutung, wohl aber für die defi-

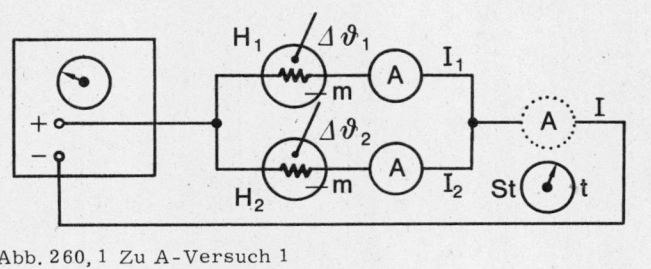

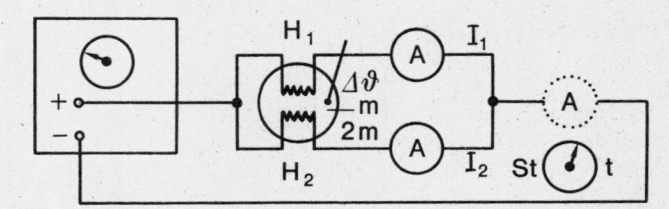

Unterrichtsbeispiele mit Lernzielen   Beispiel 2

Abb. 260,1 Zu A-Versuch 1

Zu A-Versuche 2 und 3

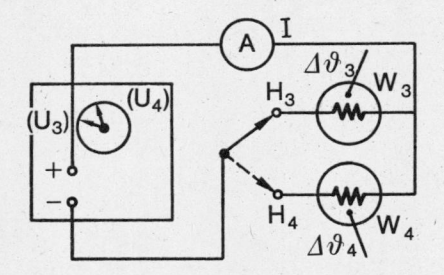

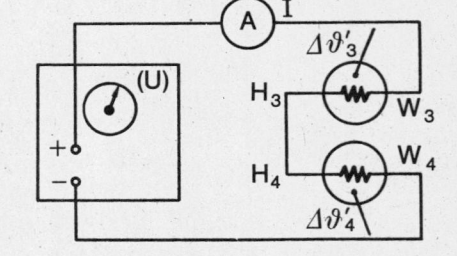

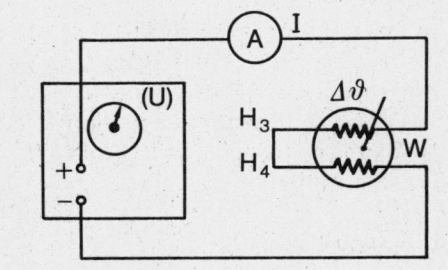

Abb. 260,2 Zu B-Versuch 1

Zu B-Versuch 2

Zu B-Versuch 3

nitionsgemäße Berechnung der Spannung aus den Meßwerten. Man benutze für eine solche Spannungsberechnung entweder Wechselstrom und einen I_{eff} anzeigenden Wechselstrommesser, besser aber einen belastbaren, möglichst frisch geladenen Autoakku (mit geringem Innenwiderstand!), dessen Spannung von 6 Volt mit der aus $U = \frac{W}{I \cdot t} = \frac{c \cdot m \cdot \Delta \vartheta}{I \cdot t}$ berechneten Spannung gleich sein muß.

Bei allen Versuchen der Reihe A werden zwei Meßinstrumente gleichzeitig benutzt. Da Schülermeßinstrumente selten übereinstimmen, verfahre man wie folgt: Die beiden Meßinstrumente (auf den richtigen Meßbereich eingestellt) werden mit einem kleinen Widerstand (3-5 Ohm) in Reihe geschaltet; dann wird am Netzgerät die Stromstärke so reguliert, daß beide Instrumente zu I = 2,0 A symmetrische Werte anzeigen. Man verstelle dann die Nullpunktsregulierung der Instrumente so, daß beide Zeiger genau auf 2,0 A stehen. Beide Instrumente liefern dann in der Nachbarschaft von 2 A vergleichbare Werte. Alle Versuche müssen dann aber auch mit dieser - zwar ungenauen - Standardstromstärke I' ≈ 2 A durchgeführt werden.

Die Motivation für das Thema ergibt sich aus V E54,3 durch die Forderung, die Wärmewirkung des elektrischen Stromes meßbar zu machen, um durch sie die Eigenschaft "Spannung der Stromquelle" erfassen zu können.

SV Versuchsdurchführung (als Schülerversuche)
Die Schüler fertigen Versuchsskizzen und Versuchsprotokoll an.

Versuchsreihe A: Parallelschaltung von 2 Heizspulen

1. Versuch: Zwei nach Abb. 260,1 parallel geschaltete Heizspulen H1 und H2 heizen in getrennten Dewargefäßen je 0,5 kg Wasser (m) t = 5 min = 300 s lang. Gemessen werden die Stromstärken der einzelnen Heizspulen und die erzielten Temperaturerhöhungen, z. B.:
H1: I_1 (= 2,0 A) erzeugt $\Delta \vartheta_1$ (= 1,5 K)
H2: I_2 (= 2,1 A) erzeugt $\Delta \vartheta_2$ (= 1,6 K)

2. Versuch: Beide Heizspulen werden (nach Abb. 260,1 r) in das gleiche Dewargefäß mit 0,5 kg Wasser gebracht und unter den gleichen Bedingungen wie in V1 300 s lang betrieben. Zu messen sind: Die beiden Teilströme I_1, I_2 und die Temperaturänderung $\Delta \vartheta$, der Gesamtstrom I ist zu berechnen.
$I = I_1 + I_2 = 4,1$ A erzeugt $\Delta \vartheta = 3,1$ K = $\Delta \vartheta_1 + \Delta \vartheta_2$.

3. Versuch: Wie V2, aber mit m = 2m = 1 kg Wasser (Füllung der beiden Dewargefäße von V1). Gemessen wird bei I_1 = 2,0 A, I_2 = 2,1 A und I = 4,1 A : $\Delta \vartheta'$ = 1,55 K = $\Delta \vartheta/2$.

Reihe B: Reihenschaltung von 2 Heizspulen

1. Versuch: Die beiden Heizspulen H_3 und H_4 befinden sich in getrennten Dewargefäßen und werden nach Abb. 260,2 l einzeln und nacheinander an die Stromquelle angeschlossen und jedes Mal mit der Stromstärke 2,0 A 300 s lang geheizt. Gemessen werden die Temperaturerhöhungen $\Delta \vartheta_3$ und $\Delta \vartheta_4$; am Netzgerät werden die Zeigerstellungen markiert,

Unterrichtsbeispiele mit Lernzielen — Beispiel 2

bei denen sich die Stromstärke I = 2,0 A einstellt.

2. Versuch: (s. Abb. 260, 2 m). Beide Dewargefäße sind wie vorher mit je 0,5 kg Wasser gefüllt, die Heizspulen H3 und H4 hintereinander geschaltet im gleichen Stromkreis. Die "Spannung" (U) am Netzgerät (markieren!) wird so reguliert, daß beide Heizspulen vom Strom I = 2,0 A durchflossen werden. Nach 300 s Heizdauer werden wieder $\Delta\vartheta'_3$ und $\Delta\vartheta'_4$ gemessen.

3. Versuch: Beide Heizspulen befinden sich (nach Abb. 260, 2 r) im gleichen Gefäß mit m = 0,5 kg Wasser. Es wird erneut 300 s lang mit I = 2,0 A geheizt. Zu bestimmen ist die Temperaturzunahme $\Delta\vartheta$.

Gemeinsame Auswertung der beiden Meßreihen

Meßreihe A

V1: H1 erzeugt mit I_1 (= 2,0 A)

die Temperaturzunahme $\Delta\vartheta_1$ (= 1,5 K).

H2 erzeugt mit I_2 (= 2,1 A)

die Temperaturzunahme $\Delta\vartheta_2$ (= 1,6 K).

V2: H1 ∥ H2 gemeinsam in einem Gefäß mit m = 0,5 kg Wasser:
$I = I_1 + I_2 = 4,1$ A erzeugt
$\Delta\vartheta$ (= 3,1 K) = $\Delta\vartheta_1 + \Delta\vartheta_2$

V3: H1 ∥ H2 gemeinsam in einem Gefäß mit m' = 2m = 1 kg Wasser:
$I = I_1 + I_2 = 4,1$ A erzeugt $\Delta\vartheta' = \Delta\vartheta/2$

Der Addition der Stromstärken entspricht die Addition der Temperaturzunahmen bzw. nach V3 die Addition der Wassermassen. Der größeren Stromstärke entspricht in V1 die größere Temperaturzunahme.

Es besteht auch kein Zweifel, daß für völlig gleiche Heizspulen H1 und H2 gilt: $I_2 = I_1$, $\Delta\vartheta_2 = \Delta\vartheta_1$.

Damit geht das Ergebnis von V2 über in:
Wenn $I = 2I_1$, dann ist $\Delta\vartheta' = 2\Delta\vartheta_1$, bei m = konst.

Das Ergebnis von V_3 ist:
Wenn $I = 2I_1$, dann ist $\Delta\vartheta' = \Delta\vartheta_1 = \Delta\vartheta/2$, bei m' = 2m.

Anm.: Diese Ergebnisse gelten nur, wenn die Heizdauer Δt bei allen Versuchen die gleiche war.

Verallgemeinerung

Aus V2 folgt: $I \sim \Delta\vartheta$, wenn m = konst. und Δt = konst.

Aus V3 folgt: $I \sim m$, wenn $\Delta\vartheta$ = konst. und Δt = konst.

Aus beiden folgt: $I \sim m \cdot \Delta\vartheta$, wenn Δt = konst.

Interpretation der Versuchsergebnisse

Durch den elektrischen Strom wurde zunächst die Temperatur des Tauchsieders erhöht, dieser wiederum erwärmte das Wasser. Dasselbe kann auch durch Energiezufuhr in Form von mechanischer Arbeit geschehen. Auf Grund der Äquivalenz beider Vorgänge spricht man auch bei der Erwärmung durch einen Tauchsieder oder einen Bunsenbrenner von Energiezufuhr. Man nennt die neue, der mechanischen Arbeit entsprechenden Energieform "Wärmemenge".

Definition der Wärmemenge

Auf Grund der ganzen Versuchsreihe leuchtet ein, daß die Wärmemenge W durch das Produkt $m \cdot \Delta\vartheta$ erfaßt werden kann; in ihm ist die Energiezufuhr (jedweder Art) als Erwärmung der Wassermasse m um $\Delta\vartheta$ mathematisch formuliert. Definiert man die Wärmemenge W durch die Gleichung $\underline{W = c \cdot m \cdot \Delta\vartheta}$, dann gilt auf Grund unserer Versuchsreihe: $\underline{W \sim I}$. Die Konstante c hängt von der Wahl der Einheit für die Wärmemenge ab.

Man nannte früher die Wärmemenge W = 1 kcal, wenn durch sie 1 kg Wasser um 1 K erwärmt wurde und definierte damit eine Basiseinheit. Nach gesetzlicher Vorschrift ist die Einheit der Wärmemenge 1 Joule = 1 J = 1 Nm. Erwärmt man 1 kg Wasser mit Hilfe eines meßbaren Reibungsvorganges (z.B. mit dem Gerät von Abb. M77, 1 oder der Phywe Nr. 4440 oder von Leybold Nr. 388 14) um 1 K, so sind dazu 4,187 kJ mechanischer Arbeit nötig.

Aus 4,187 kJ = $c \cdot 1$ kg (Wasser)· 1 K berechnet sich

$c_{Wasser} = 4{,}187 \, \frac{kJ}{kg \cdot K} = 4{,}187 \, \frac{J}{g \cdot K}$.

Dieses Ergebnis kann hier schadlos mitgeteilt werden. Die vom elektrischen Strom I in der Zeit Δt erzeugte Wärmemenge W kann mit Hilfe der Beziehung

$W = 4{,}187 \, \frac{J}{g \cdot K} \cdot m \cdot \Delta\vartheta$

aus der Temperaturerhöhung $\Delta\vartheta$ einer Wassermasse m berechnet werden.

Zusammenhang der Wärmemenge mit der elektrischen Ladung

Da $\Delta\vartheta$ gleichmäßig mit der Zeit anwächst, ist die Annahme berechtigt, daß W proportional zur Dauer Δt des Stromflusses ist. Aus $W \sim I$ und $W \sim \Delta t$ folgt $\underline{W \sim I \cdot \Delta t = Q}$.

Die abgegebene Wärmemenge W ist der Ladung $Q = I \cdot \Delta t$, die durch den Leiter floß, proportional; d.h. es gilt auch $\frac{W}{Q}$ = konst.

Meßreihe B

Der elektrische Zustand, den das Netzgerät als Generator durch Ladungstrennung erzeugt, wird durch die physikalische Größe "Spannung" erfaßt. Die Aussagen der Meßreihe B und die Auswertung der Meßreihe A gestatten die Definition der Spannung entsprechend der gesetzlichen Vorschrift.

V1: Es erzeugen in der Wassermasse m:
H3 mit I = 2 A: $\Delta \vartheta_3 \triangleq W_3$ (W aus m und
H4 mit I = 2 A: $\Delta \vartheta_4 \triangleq W_4$ $\Delta \vartheta$ bestimmbar)

Die Spannungen U_3 und U_4, bei denen sich die Stromstärke I = 2 A in beiden Heizspulen H3 und H4 einstellt, sind (entsprechend dem Widerstand) etwas verschieden.

V2: H3 und H4 in Reihe geschaltet und vom gleichen Strom I = 2 A durchflossen.
H3 erzeugt $\Delta \vartheta'_3 = \Delta \vartheta_3 \triangleq W_3$,
H4 erzeugt $\Delta \vartheta'_4 = \Delta \vartheta_4 \triangleq W_4$.

Die Temperaturerhöhungen und erzeugten Wärmemengen sind die gleichen wie in V1; die Heizspulen H3 und H4 wirken so, wie wenn die Spannungen U_3 und U_4 anlägen.

V3: H3 und H4 in Reihe geschaltet im gemeinsamen Dewargefäß mit m = 0,5 kg Wasser:
Bei I = 2,0 A entsteht $\Delta \vartheta = \Delta \vartheta_3 + \Delta \vartheta_4 \triangleq W_3 + W_4 = W$.

Wäre H4 von genau gleichem Bau wie H3, dann hätte sich bei V1 in H4 die Stromstärke I = 2,0 A bei der gleichen Spannung $U_4 = U_3$ eingestellt; in V2 wäre $\Delta \vartheta_4 = \Delta \vartheta_3$ und $W_4 = W_3$. In V_3 entspräche der Gesamtwärmemenge $W = 2 W_3$ die Spannung U.

Definition der Spannung

Es erscheint sinnvoll, die Verdoppelung der Wärmemenge bei gleicher Stromstärke auf eine Verdoppelung der Spannung zurückzuführen, d.h. zu fordern, daß, wenn sich bei gleicher Stromstärke die erzeugte Wärmemenge verdoppelt (ver-n-facht), dies durch die doppelte (n-fache) Spannung erfolgen soll. D.h. aber

$U \stackrel{def}{\sim} W$, wenn I = konst.

Fassen wir diese Festsetzung mit dem Ergebnis der Versuchsreihe A zusammen, so ergibt sich aus $W \sim I \cdot \Delta t = Q$, wenn U = konst. und $W \stackrel{def}{\sim} U$, wenn I = konst.:

$W \stackrel{def}{\sim} U \cdot I \cdot \Delta t = U \cdot Q$ und $U \stackrel{def}{\sim} \frac{W}{Q}$

Durch gesetzliche Vorschrift ist festgelegt, daß die Spannung 1 Volt = 1 V herrschen soll, wenn beim Transport der Ladung Q = 1 As vom Strom die Arbeit 1 J = 1 Nm verrichtet wird. Dann gelten:

$1 V = \frac{1 Nm}{1 As} = \frac{1 J}{1 C}$ und $U \stackrel{def}{=} \frac{W}{Q}$ als Definitionsgleichungen für die elektrische Spannung.

Das Ergebnis der Versuchsreihe A: $\frac{W}{Q}$ = konst. ist also gleichbedeutend mit der Aussage, daß für alle Versuche dieser Reihe die Betriebsspannung der Tauchsieder gleich war, und daß dieser Quotient bereits die Spannung darstellte.

Beispiel: Da sich W durch die Beziehung
$W = 4{,}187 \frac{J}{g \cdot K} \cdot m \cdot \Delta \vartheta$ kalorimetrisch bestimmen läßt (vgl. Ergebnis von A), bietet die Definitionsgleichung die Möglichkeit, z.B. die Spannung eines Autoakkus zu bestimmen.

Meßdaten: I = 2,5 A, Δt = 300 s; m = 500 g (Wasser), $\Delta \vartheta$ = 2,15 K.

$U = \frac{4{,}187 \frac{J}{g \cdot K} \cdot 500 g \cdot 2{,}15 K}{750 As} = 6 \frac{J}{As} = 6 V$.

Erweiterungen des Themas

Wendet man die obigen Definitionsgleichungen auf die Einzelspannungen von V1 an, so ergibt sich: $U_3 = W_3/Q$ und $U_4 = W_4/Q$, woraus folgt, daß $U_3 + U_4 = (W_3 + W_4)/Q = W/Q = U$. Damit ist der Spannungsteiler angesprochen. V2 und V3 der Versuchsreihe B bestätigen dieses Gesetz.

Löst man die obige Definitionsgleichung nach W auf: $W = U \cdot Q = U \cdot I \cdot \Delta t$, so stellt das Produkt $U \cdot I \cdot \Delta t$ die vom Strom I in der Zeit Δt verrichtete Arbeit dar, man nennt dieses Produkt deshalb auch elektrische Arbeit.

An allgemeinen Zielen (1.2.1, S. 14) werden hier angesprochen: 1.2; 1.3; 1.5; 1.7. Die Besonderheit des vorliegenden Beispiels besteht darin, daß zwei neue Begriffsbildungen miteinander verkoppelt sind: Die Einführung der Wärmemenge und die Definition der elektrischen Spannung. Bei der Definition der Spannung ist die sinnvolle Festsetzung als Grundlage der Definition unübersehbar. Damit kann auch als weiteres allgemeines Ziel 1.15 angesprochen werden, wenn die Schüler dafür ansprechbar sind.

Literatur

3.3.4 Literatur

1. Kuhn, W.: Physik III C Felder und Ladungen (Kap. 4). Braunschweig: Westermann Verlag, 1976

2. Gerthsen-Kneser: Physik, 11. Aufl. - Berlin, Heidelberg, New York: Springer Verlag, 1971

3. Bergmann-Schaefer: Lehrbuch der Experimentalphysik, Band II Elektrizität und Magnetismus. Berlin, New York: de Gruyter, 1971

4. Bericht über Monopole in: Physikalische Blätter, Band 31. Weinheim: Physik-Verlag, 1975, S. 525 ff. und S. 634 ff.

5. Lüscher, E.: Experimentalphysik II - Elektromagnetische Vorgänge. Mannheim: BI Hochschultaschenbücher 115/115a, 1966

6. Popper, K.: Die moralische Verantwortlichkeit des Wissenschaftlers. Ztschr. universitas, Heft 7/1975

7. Berge, E.O.: Linearmotoren - Grundlagen, Anwendungen, Modellversuche, in "Der Physikunterricht", Jahrgang 10, Heft 2, S. 70 ff. - Stuttgart: Ernst Klett Verlag

8. Steinbuch, K.: Die informierte Gesellschaft. Stuttgart: Deutsche Verlagsanstalt, 1969

9. Fraunberger, F.: Elektrizität im Barock. Köln: Aulis Verlag Deubner u. Co.

10. Fraunberger, F.: Vom Frosch zum Dynamo. Köln: Aulis Verlag Deubner u. Co.

11. Preßler, G.: Regelungstechnik, Grundelemente I. Mainz: Bibliographisches Institut

12. Schäfer, O.: Grundlagen der selbsttätigen Regelung, 5. Aufl. - Gräfelfing/München: Technischer Verlag

13. Cuny u.a.: Chemie Oberstufe. Hannover: Schroedel Verlag KG, 1968

14. Moeller-Fricke: Grundlagen der Elektrotechnik. Stuttgart: BG Teubner Verlagsgesellschaft

15. Albrecht-Farber: Elektronik mit Halbleiter-Bauelementen, Grundlagen, Schaltungen, Experimente. Köln: Aulis Verlag Deubner u. Co., 1973

16. Friedrich, A.: Handbuch der experimentellen Schulphysik, Band 7 - Elektrizitätslehre II. Köln: Aulis Verlag Deubner u. Co.

17. Pohl, R.W.: Einführung in die Physik, Band 2 - Elektrizitätslehre. Berlin, Göttingen, Heidelberg: Springer Verlag, 1964

18. Bergmann-Schaefer: Lehrbuch der Experimentalphysik, Band IV, Teil 1 und 2 - Aufbau der Materie. Berlin, New York: Verlag W. de Gruyter

19. Kuhn, W.: Physik III B Thermodynamik. Braunschweig: Westermann Verlag, 1976

20. Kuhn, W.: Physik III E Quantenphysik. Braunschweig: Westermann Verlag, 1976

21. Friedrich: Tabellenbuch für Elektrotechnik. Bonn: Dümmler Verlag, 1975

Der HEA-Bilderdienst-actuell: Elektrizität und ihre Anwendung - Informations- und Arbeitsmittel bildet eine Ergänzung zu den audiovisuellen Hilfsmittel der Elektrizitätslehre.

Die mehrfarbig bebilderten Doppel- und Dreifach- DIN A4-Bogen behandeln stets ein geschlossenes Thema, das durch begleitende Texte ausführlich erläutert wird. Die Blätter können den Unterricht vorbereiten, als Arbeitsunterlage im Unterricht dienen oder zur Nacharbeit benutzt werden. Interessierte Schulen bestellen zur eigenen Information bei der HEA die für allgemeinbildende Schulen vorsortierten Auswahlmappen 3.01: Grundlagen und 3.11: Gerätekunde und wählen die Blätter aus, die sie als Klassensatz bestellen wollen. Über das gesamte Bildmaterial des Bilderdienstes informiert eine jährlich erstellte Inhaltsübersicht.

Anschrift: Hauptberatungsstelle für Elektrizitätsanwendung e.V. - HEA -, Am Hauptbahnhof 12, 6000 Frankfurt/M. - Tel. 0611/233537

Die nachfolgend aufgeführten Broschüren sind als Arbeitsmittel für Lehrer geeignet:

B1: Sichere Elektrizitätsanwendung - Lernziele für Sekundarstufe I - DIN A4, 20 S., 16 Abb. Herausgegeben von der HEA, von dort auch kostenlos zu beziehen.

B2: Dr. D. Penner: Elektrizität - Leitfaden für den Unterricht, DIN A4, 68 S., 74 Abb., dazu 22 Arbeitstransparente. Herausgeber: HEA, zu beziehen von Energie Verlag GmbH e.V., Blumenstraße 13, 69 Heidelberg

B3: H.H. Henk und J. Koppe: Basiswissen zum Thema Energie - Teil I, DIN A4, 38 S., 60 Abb., dazu 6 Arbeitstransparente. Herausgeber: Hamburgische Elektrizitäts-Werke AG - Kostenlos zu beziehen von: Verlags- und Wirtschaftsgesellschaft der Elektrizitätswerke m.b.H. - Stresemannallee 23, 6 Frankfurt/M. 70

3.4 Mechanik

3.4.1 Allgemeine Hinweise zum Block M (Mechanik)

Didaktische Gesichtspunkte

Die Mechanik als ein Teilgebiet der Physik, in dem Bewegungen und Kräfte, welche die Bewegungen hervorrufen oder welche miteinander im Gleichgewicht stehen, untersucht werden, wird auch heute noch als die Grundlage der verschiedenen physikalischen Stoffgebiete angesehen, und zwar nicht nur aus historischen Gründen. Lassen sich doch an einfachen, anschaulichen Gegenständen Methoden, Begriffsbildungen und mathematische Verfahren darstellen, die für alle weiterführenden Theorien von größter Bedeutung sind. So können z. B. die Begriffe Kraft, Arbeit, Energie auf andere Gebiete übertragen werden, und die Erhaltungssätze wie der Energieerhaltungssatz gelten, wenn auch teilweise in abgewandelter Form, ganz allgemein in der Physik. Diese Sonderstellung der Mechanik hat dazu geführt, daß in den meisten Einführungen in die Physik die Mechanik als geschlossenes Kapitel auch zuerst behandelt wird. Dies gilt sowohl für Kursvorlesungen in theoretischer oder experimenteller Physik als auch für die meisten Lehrbücher, z. B. (1), (2), (3). Im Bereich der Schulphysik, in der natürlich nur eine kleine Auswahl aus dem umfangreichen Gebiet der Mechanik gebracht werden kann und soll, spiegelte sich - von wenigen Ausnahmen abgesehen - diese Reihenfolge in fast allen Lehrplänen und Schulbücher wider. Erst in jüngster Zeit bahnt sich hier eine Änderung an.

Verantwortlich hierfür ist die Einsicht, daß die Gegenstände der Mechanik zwar anschaulich und zugänglich sind, die zur Beschreibung der Phänomene erforderlichen Begriffe aber auf einem Abstraktionsniveau liegen, das im Anfangsunterricht der Sekundarstufe I im allgemeinen nicht gegeben ist. Außerdem ist der Mathematisierungsanspruch zu hoch, Schüler der Anfangsklassen können noch nicht mit Größengleichungen umgehen. Die Mechanik enthält eine Fülle abstrakter Größenbegriffe, die bei verfrühtem Gebrauch gründlich mißverstanden werden können. Konsequenterweise begann deshalb der Physikunterricht relativ spät, im Gymnasium in der Regel in Klasse 8, in Haupt- und Realschulen etwas früher.

Die Reihenfolge der Stoffgebiete und die Art der Behandlung orientieren sich heute stärker als früher an pädagogischen Gesichtspunkten, die Stoffsystematik ist nicht mehr allein maßgebend. So wird vielfach die Mechanik aufgeteilt, die einzelnen Teilgebiete werden zu verschiedenen Zeitpunkten und mit verschiedenem Anspruch unterrichtet. Die pädagogische Dimension des Qualitativen und die Tragweite der qualitativen Betrachtungsweise wird erkannt und in der Unterrichtspraxis stärker berücksichtigt. (4), (5)

Die gegenüber früher völlig veränderte Situation ist gekennzeichnet durch

- einen früheren Beginn des Physikunterrichts in einigen Bundesländern, z.B. in Klasse 5 oder 6,
- die Einführung eines naturwissenschaftlich-technischen Elementarunterrichts in der Primarstufe,
- eine veränderte Umwelterfahrung der Schüler,
- gesetzliche Maßnahmen, die z. B. den Gebrauch der Krafteinheit "Newton" im gewerblichen und amtlichen Bereich vorschreiben.

Der Physikunterricht beginnt in Klasse 5 z. B. in Hamburg, Niedersachsen, Nordrhein-Westfalen und Rheinland-Pfalz. Schüler dieser Altersstufe besitzen bereits sehr viel Erfahrungswissen aus außerschulischen Quellen und zeigen ein ausgeprägtes Interesse für naturwissenschaftlich-technische Problemstellungen. Die Umwelterfahrungen, die die Schüler bewußt erleben, sind oft nicht-mechanischer Art. Die Schüler kennen elektrisches Spielzeug, Elektronikbaukästen, optische Geräte wie Fotoapparat, Mikroskop, Fernrohr, Projektor. Teilweise werden diese Geräte sogar von ihnen selbst aus Baukästen zusammengebaut. Radio, Fernsehgerät, Kassettenrecorder sind Gebrauchsgegenstände auf dieser Altersstufe geworden. (vgl. auch 3.1.1)

Ein früherer Beginn des Physikunterrichts wird allenthalben begrüßt, zumal man sich eine positive Auswirkung auf die Einstellung der Schüler zum Fach Physik erhofft (6).

Nicht zuletzt hat das "Gesetz über Einheiten im Meßwesen" die Diskussion über das Physikcurriculum in Bewegung gebracht, (7), (8). Schließlich kann der Physikunterricht die Tatsache nicht ignorieren, daß ab 1.1.1978 nur noch die Einheit "Newton" im amtlichen und gewerblichen Bereich verwendet werden darf, während vorher die Einheit "Kilopond" zugelassen war. Eine solche Forderung hat unmittelbare Konsequenzen auf den Physikunterricht. Die zugehörigen physikalischen Zusammenhänge müssen elemen-

Allgemeine Hinweise zum Block M (Mechanik)

tarisiert und didaktisch aufbereitet werden, da niemand erwarten kann, daß im Anfangsunterricht die Grundgleichung der Mechanik $F = m \cdot a$ hergeleitet wird, aus der sich dann die Einheitenbeziehung $1\,N = \frac{1\,\text{kgm}}{s^2}$ ergibt, die der Definition der gesetzlichen Einheit "Newton" entspricht.

Aus den genannten Gründen geht man in vielen Lehrplänen dazu über, die Mechanik aufzuteilen bzw. mit anderen Stoffgebieten wie z. B. mit der Optik oder Teilen der Elektrizitätslehre oder Wärmelehre zu beginnen. Gleichzeitig ist die Tendenz spürbar, das gesamte Physikcurriculum in kleinere Abschnitte aufzuteilen.

Eine vergleichende Übersicht über den derzeitigen Stand der Lehrplanentwicklung in den einzelnen Bundesländern findet man in (9).

Für die Strukturierung eines Lehrplans gibt es verschiedene Ansätze:

1. Stoffsystematische Gliederung: Mechanik, Wärmelehre, Optik, Elektrizitätslehre, Atomphysik.

2. Spiralcurriculum: Auflösung der fachsystematischen Reihenfolge, dagegen eine Aufeinanderfolge von lernpsychologisch begründeten Lerneinheiten. Dabei wird ein Thema wie z. B. "Der elektrische Strom" im Laufe der Sekundarstufe I mehrmals aufgegriffen, vertieft und erweitert.

3. Strukturierung nach Konzepten: Hierzu gibt es eine Reihe von Vorschlägen, z. B.: Strukturierung durch Begriffe wie Energie, Steuerung und Regelung, Wellen und Schwingungen, Teilchen, Teilchensystem, Felder, Wechselwirkung.

Viele Physikbücher weisen eine stoffsystematische Gliederung auf. Nimmt man aber die Forderung ernst, daß in der Sekundarstufe I der Übergang vom vorwissenschaftlichen zum wissenschaftsorientierten Denken vollzogen werden muß, so verbietet sich für ein Physikbuch, das den Unterricht begleitet, eine rein stoffsystematische Gliederung. Diese nimmt zu wenig Rücksicht auf die verschiedenen Altersstufen (vgl. auch Kap. 1.2.3).

Auch ein spiralig angelegtes Curriculum ist keine ideale Lösung, da die Gefahr der Zersplitterung sehr groß ist. Die Systematik der Stoffgebiete und die Zusammenhänge der Phänomene sind ja schließlich ebenfalls Ziele des physikalischen Unterrichts. Im spiralig angelegten Curriculum könnten sie verloren gehen, zumal diese Art der Unterrichtsorganisation das Erarbeiten eines konsistenten Begriffssystems zumindest erschwert. Eine Gliederung nach Konzepten kommt nicht in Frage, da dies im Grunde erst möglich ist, wenn man schon tief in die Physik eingedrungen ist.

Die Autoren beachteten deshalb beim Physikbuchs KUHN die folgenden Konstruktionsprinzipien:

Als grobe stoffliche Gliederung wurde an der Einteilung Optik, Elektrizitätslehre, Wärmelehre, Mechanik in etwa festgehalten. Die Gebiete treten jedoch nicht isoliert nebeneinander auf, sondern sind stärker unter übergeordneten Gesichtspunkten angeordnet, die als durchgängige Prinzipien den Stoff gliedern. Hierzu gehören z. B. die Atomistik (Teilchenbild der Materie, Wärmevorgänge im Teilchenbild, atomistische Struktur der Elektrizität), das Energieprinzip und Schwingungen und Wellen. Der Begriff "Spiralcurriculum" wird nicht in erster Linie auf die Stoffe bezogen, sondern auf Begriffe, Modelle, Zusammenhänge. So sind die allmähliche Ausschärfung der Begriffe (vgl. Kap. 1.2.3), das Arbeiten mit Modellen in abgestufter Form an verschiedenen Gegenständen (vgl. Kap. 1.2.4) und ein Differenzierungsangebot bezüglich der Mathematisierung (vgl. Kap. 1.2.6) wesentliche Anliegen des KUHN.

Das oben Gesagte betrifft natürlich das gesamte Unterrichtswerk, in besonderer Weise aber den Block M, der mit Mechanik bezeichnet ist. Einige wichtige elementare Grundbegriffe wie Länge, Fläche, Volumen, Masse und Zeit werden bereits in der Einführung gebracht. Entsprechende Bemerkungen hierzu findet man in Kap. 3.1.1 "Allgemeine Hinweise zum Block W" und in Kap. 3.1.2 "Hinweise zu den Lerneinheiten".

Das Kapitel "Mechanik" baut auf diesen elementaren Begriffen auf, vertieft und ergänzt sie. Die Schüler sollen die grundlegenden Begriffe der Mechanik wie "Kraft", "Masse", "Arbeit", "Energie" kennenlernen und damit arbeiten. Besonderer Wert wird darauf gelegt, daß die Schüler erkennen, wie die Begriffe gebildet werden, wie umgangssprachliche Begriffe verschärft und in ihrer physikalischen Bedeutung von der umgangssprachlichen klar abgegrenzt werden.

Eine besondere Rolle kommt dem Energiebegriff zu. Seine Tragweite und Verallgemeinerungsfähigkeit läßt sich nur aufzeigen, wenn auch andere Stoffbereiche mit einbezogen werden. Dies geschieht in Kap. 6 "Mechanische Arbeit und Wärme - Energieerhaltungssatz". Dabei wird sowohl auf die historische Entwicklung als auch auf die ungeheure technische Bedeutung (Energiewandler) eingegangen.

Allgemeine Hinweise zum Block M (Mechanik)

Bemerkung zur Gliederung

Der Block M besteht aus sechs Kapiteln, die ersten drei ("Eigenschaften der Körper", "Kraft und Masse", "Aus der Mechanik fester Körper") sind die einzigen mit rein mechanischen Themen und könnten auch unter der Überschrift stehen: "Kraft, Masse, Energie". Denn um diese drei grundlegenden Begriffe geht es hier im wesentlichen. Diese drei Kapitel haben die Einführung zur Voraussetzung (Kap. 1 von Block W). In der Einführung wurde die Raumerfüllung der Körper ausführlich dargelegt. Dies wird jetzt ergänzt durch weitere Eigenschaften wie Verformbarkeit, Schwere und Trägheit, welche die Grundlage bilden für die nachfolgenden quantitativen Betrachtungen.

Die Begriffe "Arbeit" und "Energie" werden im Zusammenhang mit den einfachen Maschinen erarbeitet, wobei die mechanische Arbeit zunächst anschaulich am Beispiel des Hebens von Lasten eingeführt und die Zweckmäßigkeit dieser Begriffsbildung anschließend bei der Untersuchung der einfachen Maschinen nachgewiesen wird (Konstanz des Produkts $W = F \cdot s$). Damit wird gleichzeitig die für Schüler sehr motivierende Frage aufgeworfen, ob es mit mechanischen Mitteln möglich ist, ein "perpetuum mobile" zu konstruieren. Die Diskussion dieses Problems führt zum Energieerhaltungssatz der Mechanik. Eine Darstellung von Energiemaschinen rundet das Kapitel ab. Da bei der Betrachtung von einfachen Maschinen nur ideale, reibungsfreie Anordnungen benutzt wurden, erscheint es angebracht, sich anschließend mit dem Phänomen "Reibung" zu beschäftigen.

Unter Berücksichtigung der angebotenen Differenzierungsmöglichkeiten kann der skizzierte Abschnitt des Blocks M sofort im Anschluß an die Einführung behandelt werden oder aber erst nach der qualitativen Wärmelehre, der Optik oder der Elektrizitätslehre.

Nach der Durchnahme der ersten drei Kapitel kann der Lehrgang in verschiedener Weise fortgesetzt werden. Die Lehrpläne schlagen hier unterschiedliche Wege vor. Diesen Möglichkeiten wurde im Block M dadurch Rechnung getragen, daß die folgenden Kapitel "Aus der Mechanik der Flüssigkeiten und Gase - Wärmeverhalten der Gase", "Molekularphysik" und "Mechanische Arbeit und Wärme - Energieerhaltungssatz" nicht nur mechanische Probleme enthalten, sondern zum Teil weit über die Mechanik hinausweisen. Damit wurde auch der oben aufgestellten Forderung entsprochen, die Stoffgebiete nach übergeordneten Gesichtspunkten zu ordnen. In Kapitel 4 wird dies erreicht, indem nicht nur die Zustandsgrößen p und V betrachtet werden, sondern auch die Zustandsgröße T. Die beschriebenen Phänomene werden damit in einen größeren Zusammenhang gestellt. Einige davon werden im nachfolgenden Kapitel zur Molekularphysik mit Hilfe des Teilchenmodells erklärt, in dem die Überlegungen von Kap. W3 fortgeführt werden.

Schließlich wird in Kap. 6 der Energiebegriff als ein zentraler Begriff der Physik erkannt und benutzt.

Auf Grund dieser Gestaltung der drei Kapitel des Schülerbuches können diese Abschnitte auch an verschiedenen Stellen eines Physiklehrgangs sinnvoll eingebaut werden. Während die Statik der Flüssigkeiten und Gase außer den Kapiteln M 1 bis 3 nur die Einführung (W1) voraussetzt, müssen bei allen übrigen Abschnitten die Inhalte des gesamten Blocks W bekannt sein.

Schwerpunktbildung

Zur Schwerpunktbildung bieten sich in der Mechanik an:

- die Begriffsbildung, Herausarbeitung <u>physikalischer Methoden,</u>
- die <u>technischen Anwendungen.</u>

Darüber hinaus können sachliche Schwerpunkte gesetzt werden. So kann z.B. die Statik der Flüssigkeiten sehr ausführlich besprochen werden mit vielen Beispielen und Ergänzungen, andere Gebiete wie z.B. die einfachen Maschinen können nur kurz gestreift werden. Welche Sachgebiete ausführlicher behandelt werden, richtet sich nach dem zeitlichen Rahmen, der dem Lehrer gegeben ist, und natürlich auch nach der Interessenlage der Schüler. Auf diese verschiedenen sachlichen Schwerpunkte wird im folgenden nicht näher eingegangen.

<u>Kurs A, theoriebezogen:</u> Im Mittelpunkt stehen die Bildung physikalischer Begriffe, das Denken in Modellen und das Erarbeiten und Bewußtmachen physikalischer Methoden (z.B. die Anwendung der deduktiven Methode). Deshalb bieten sich als Schwerpunkte an die Kapitel über Kraft, Masse, Dichte, Energie, Druck, innere Energie und Wärme.

Im Zusammenhang mit der schiefen Ebene (S. M33f.), dem Komplex "Erhaltung der Arbeit" (S. M36f.), dem Druck (S. M47 und M50), dem Auftrieb (S. M60) lernen die Schüler das <u>deduktive Verfahren</u> kennen. Sie erfahren damit an ganz einfachen Beispielen etwas von der Arbeitsweise der Theoretischen Physik.

Allgemeine Hinweise zum Block M (Mechanik)

Die Gewinnung von Gesetzen mit Hilfe von Meßreihen braucht nicht besonders betont zu werden, da laufend damit gearbeitet wird.

Wenn auch bereits an vielen Stellen hervorgehoben wurde, in welcher Weise theoretische Konzepte oder Vorstellungen bei der Erklärung physikalischer Erscheinungen benutzt werden, so z.B. im Zusammenhang mit den Begriffen "Schwere" und "Trägheit" (S. M2 und S. M5), bei den einfachen Maschinen (S. M29), bei der Erklärung des Luftdrucks (horror vacui, S. M53 und S. M56), so kann dennoch das Kapitel 5 "Molekularphysik" schwerpunkthaft unter diesem Gesichtspunkt gesehen und behandelt werden.

Kurs B, praxisbezogen: Selbstverständlich müssen auch hier die wichtigen Begriffe wie Kraft, Masse usw. gründlich erarbeitet werden. Doch kann man jeweils die Hinführungen zum Begriff abkürzen und den Schwerpunkt auf den Umgang mit diesen Begriffen und auf die Anwendung bei verschiedenen Meßverfahren legen. Zum Begriff der Dichte kann man beispielsweise unter Umgehung der vorgeschlagenen Versuche V M14,1 und V M14,2 direkt durch eine geeignete Interpretation der Abb. M14,1 und 14,2 gelangen und die Dichtebestimmung verschiedener Stoffe in den Mittelpunkt des Unterrichts stellen, wobei auch ergänzend zu den im Buch dargestellten Verfahren weitere praktische Meßmethoden behandelt werden können. Ähnliche Überlegungen gelten auch für die Zusammensetzung und die Zerlegung von Kräften, die an sehr vielen Beispielen aus der Praxis geübt werden können. Auch hier kann man über das im Schülerbuch Dargestellte hinausgehen (Untersuchung einfacher Fachwerke). Der Schwerpunkt bei den einfachen Maschinen liegt in den zahlreichen Anwendungen. Die hydraulische Presse (4.1) kann im Zentrum der Betrachtung stehen, zumal alle wesentlichen Begriffe an diesem Beispiel erarbeitet werden können.

Die vielfältigen Anwendungen des hydrostatischen Drucks bei Flüssigkeiten (4.21) und bei Gasen (4.22) und die Erscheinungen und technischen Anwendungen des Auftriebs (4.23) motivieren die Schüler sehr. Das Kapitel "Mechanische Arbeit und Wärme" legt die Grundlagen für eine Beschäftigung mit der Energie und ihrer Umwandlung. Von großer praktischer Bedeutung ist die Messung von Wärmemengen (6.3), zumal eine Fülle von Anwendungsaufgaben Gelegenheit zum Üben und Vertiefen gibt. Den Anschluß bilden die Wärmeenergiemaschinen, die auch in ihrer gesellschaftlichen Bedeutung gesehen werden sollten.

Kurs C, verkürzt, praxisbezogen: Hier gelten ähnliche Überlegungen wie bei Kurs B. Man muß sich allerdings auf das unbedingt Notwendige beschränken, was die begriffliche und mathematische Seite anbelangt; auf eine breite, anschauliche, experimentelle Behandlung der einzelnen Themen sollte man allerdings nicht verzichten. Kürzungsvorschläge bei der Erarbeitung der Grundlagen werden in den Anmerkungen zu der nachfolgenden Übersicht gemacht.

Hebel und Hebelgesetz (Kap. 3.2), Anwendungen des Hebels (S. M25 ff.), die einfachen Maschinen (3.3) mit Rollen und Flaschenzug usw., Arbeit, Leistung, Energie (3.4) gehören zum klassischen Unterrichtsstoff der Sekundarstufe I und haben nichts von ihrer Attraktivität und Bedeutung verloren, da gerade hier der Bezug zur natürlichen und technischen Umwelt in überzeugender Weise hergestellt werden kann. Wer die Themen für zu altmodisch hält, möge bedenken, daß die moderne Technik sehr viele Anregungen bietet von der Feinmechanik einer Spiegelreflex-Kleinbildkamera über funktionsgerechte Hebelsysteme bei Automobilen bis hin zu Konstruktionen gewaltigen Ausmaßes, wie z.B. dem in Abb. M28,1 wiedergegebene Schwimmkran. Ähnliches gilt für die Statik der Flüssigkeiten und Gase. Für das Fundamentum ist es nicht möglich, den Begriff der Wärme in ähnlich gründlicher Weise zu erarbeiten wie in der ersten und zweiten Erweiterung. Deshalb wird in Fortführung der im Block W benutzten Sprachregelung (s. z.B. S. W27) die Wärme als Energie pragmatisch eingeführt (S. M80) und der quantitative Zusammenhang zwischen Wärme, Masse und Temperaturerhöhung durch Beispiele veranschaulicht. Der Begriff "Wärme" wird dann beim Arbeiten mit dem Tauchsieder angewandt.

Den Abschluß bildet wie bei B eine eingehende Behandlung der Wärmeenergiemaschinen.

Differenzierende Lehrgänge (Mechanik)

Themen und Kapitelnummern	Verkürzt, ohne Erweiterungen praxisbezogen Kurs C	Anm.	Praxisbezogen mit Erweiterungen (12) Kurs B	Anm.	Theoriebezogen Kurs A	Anm.
1. Eigenschaften der Körper						
1.1 Verformbarkeit und Elastizität	F		F	1	F	
1.2 Schwere und Trägheit	$\underline{F}$		$\underline{F1}$	2	F12	3
1.3 Die Messung von Eigenschaften	F	4	$\underline{F1}$	5	$\underline{F1}$	6
2. Kraft und Masse						
2.1 Kraft-Gewichtskraft	F		F1		$\underline{F1}$	7
2.2 Masse	F	8	F	9	$\underline{F}$	10
2.3 Dichte	F	11	F	12	$\underline{F}$	13
2.4 Kraft und Gegenkraft - Kraft als Vektor	F		F1	14	F12	15
3. Aus der Mechanik fester Körper						
3.1 Schwerpunkt und Gleichgewichtsarten	F		F		F	
3.2 Hebel und Hebelgesetz	F	16	F1	17	F1	
3.3 Die einfachen Maschinen	$\underline{F}$		$\underline{F1}$	18	F12	19
3.4 Arbeit-Leistung-Energie	$\underline{F}$	20	$\underline{F1}$	21	$\underline{F1}$	22
3.5 Reibung	$\underline{F}$	23	$\underline{F1}$	24	$\underline{F1}$	
4. Aus der Mechanik der Flüssigkeiten und Gase - Wärmeverhalten der Gase						
4.1 Der Druck in Flüssigkeiten und Gasen	F	25	$\underline{F1}$	26	$\underline{F2}$	
4.2 Der Schweredruck in Flüssigkeiten und Gasen						
4.21 Der Schweredruck in Flüssigkeiten	F	27	F1	28	F1	
4.22 Der Schweredruck in Gasen	$\underline{F}$	29	$\underline{F1}$		F12	
4.23 Der Auftrieb	$\underline{F}$	30	F1		F1	
4.3 Druck und Temperatur in abgeschlossenen Gasen	-		12	31	12	
4.4 Druck und Siedepunkt - Dampfdruck	-		1		12	32
5. Molekularphysik						
5.1 Molekularkinetische Theorie	-		1	33	$\underline{1}$	
5.2 Kapillarwirkung	-		1	34	$\underline{1}$	35
5.3 Entstehung der Reibung	-		1		$\underline{1}$	
6. Mechanische Arbeit und Wärme - Energieerhaltungssatz						
6.1 Mechanische Arbeit und innere Energie	-		1	36	12	
6.2 Wärme und Wärmemenge - spezifische Wärmekapazität	F	37	F1	38	F1	
6.3 Messung von Wärmemengen	$\underline{F}$		$\underline{F1}$		$\underline{F1}$	
6.4 Entwicklung des Energiebegriffs	-		-		2	39
6.5 Wärmeenergiemaschinen	$\underline{F}$		$\underline{F}$		F	

Schwerpunkte sind unterstrichen. F12 heißt: Das Thema umfaßt Fundamentum, 1. und 2. Erweiterung. Anm. x: Siehe unter x der nachfolgenden Liste.
Charakterisierung der Kurse A, B, C s. S. 87, "Hinweise für den Benutzer"

Anmerkungen zu den differenzierenden Lehrgängen (M)

Anmerkungen zu den differenzierenden Lehrgängen

1. Technische Anwendungen der Verformbarkeit und Elastizität betonen, da im Schülerbuch nur Hinweise enthalten sind. Erkundungsaufträge erteilen.
2. Technische Anwendungen der Trägheit stärker hervorheben und durch weitere Beispiele ergänzen: automatische Haltegurte, Beschleunigungsmesser (nur prinzipielle Wirkungsweise), Pendelschwingung, Schüttelsiebe, Schüttelrutsche u. a. m.
3. Die Gravitation wird als eine Ursache der Schwere (Gewichtskraft) bezeichnet. Falls die Lerngruppe interessiert und leistungsfähig ist, kann dies durch Experimente und Erläuterungen zur Fliehkraft ergänzt werden (s. auch Kap. 3.4.2.1).
4. Die Tatsache, daß eine physikalische Größe als Produkt aus Zahlenwert und Einheit geschrieben werden kann, sollte auch im Fundamentum gebracht werden. Man kann aber auf die formale Schreibweise $g = \{g\} \cdot [g]$ verzichten und sich beschränken auf die Darstellung: Größe = Zahlenwert × Einheit.
5. Der Schwerpunkt kann auf die Behandlung der technischen Ausführung von Meßinstrumenten gelegt werden bzw. auf verschiedene Meßmethoden (Messung von kleinen oder sehr großen Längen).
6. Beispiele für physikalisch sinnlose Messungen einfügen (So kann z. B. für einen Vorgang ein Meßinstrument eine zu große, nicht erforderliche Genauigkeit besitzen.).
7. Bei der Einführung der Kraft können die verschiedenen Möglichkeiten der Definition ausführlich diskutiert werden.
8. Ohne Diskussion der verschiedenen Möglichkeiten zur Erfassung einer "Stoffmenge", für praktische Wägungen nur Verfahren II verwenden.
9. Verschiedene Waagen in ihrer technischen Ausführung besprechen, Herstellung von Wägestücken.
10. Der Schwerpunkt sollte auf der Hinführung zur Definition des Begriffs "Masse" liegen.
11. Auf V14,1 oder V14,2 kann verzichtet werden. Veranschaulichen des Quotienten m/V, Beispiele hierzu angeben.
12. Praktische Anwendungen und Bedeutung der Dichte betonen. Verschiedene Dichtebestimmungen durchführen. Mögliche Ergänzungen: Dichte von porösen Stoffen oder pulverförmigen Stoffen, Stoffgemische etc.
13. Übergang von einer Zahlenwertgleichung zu einer Größengleichung kann als Beispiel für das Rechnen mit Größen gelten.
14. Praktische Anwendungen stecken zum Teil in den Übungsaufgaben, ergänzen durch einfache Statik-Aufgaben (Einsatz von Statik-Lehrgeräten möglich).
15. Das Gesetz von actio = reactio kann an dieser Stelle noch nicht in seiner vollen Bedeutung (Newtonsches Axiom) erkannt werden, der Unterschied zum Kräftegleichgewicht zweier auf einen Körper wirkenden Kräfte muß jedoch durch viele Beispiele herausgearbeitet werden. Bei dem Abschnitt "Kraft als Vektor" können gute Querverbindungen zur Mathematik hergestellt werden.
16. Auf Dezimal- und Brückenwaage kann man verzichten.
17. Betonung der technischen Anwendungen: Man kann als Anschauungsobjekt ein Auto oder als Beispiel für Feinwerktechnik ein Filmprojektor oder eine Spiegelreflex-Kleinbildkamera verwenden. Die Fülle und Verschiedenartigkeit der in diesen Geräten erforderlichen Hebel ist beeindruckend.
18. Anwendung betonen.
19. Theoretische Behandlung der Gleichgewichtsbedingung an der schiefen Ebene. Auf eine experimentelle Bestätigung (V33,1) kann verzichtet werden.
20. Beschränken auf die Versuche M38,1 bis M38,5 einschließlich der daraus zu ziehenden Folgerungen.
21. Auf theoretische Überlegungen zum Hebel (S. M37) kann man verzichten.
22. Das Kapitel ist ein Beispiel dafür, wie in der Physik physikalische Größenbegriffe aufgestellt werden, und kann deshalb vorwiegend unter diesem Gesichtspunkt behandelt werden.
23. Ohne Versuch M43,3.
24. Auf die Deutung der Abb. 42,1 und Abb. 43,3 verzichten; Anwendungen betonen.
25. Ohne Versuch M46,2 und Versuch M46,3.
26. Zusätzliche technische Anwendungen: Hebebühnen auf hydraulischer Basis, Druckwandler, pneumatische Steuerungen etc.
27. Anwendungen qualitativ betrachten.
28. Wasserversorgung als wichtige Anwendung ausbauen, auf hydrostatische Paradoxon verzichten.
29. Ohne horror vacui.
30. Verkürzt behandeln. Es sind nicht alle beschriebenen Versuche nötig. Auf die Versuche M59,1 und M59,2 nicht eingehen.

Hinweise zur LE 1: Eigenschaften der Körper S. M1

31. Boyle-Mariottesches Gesetz quantitativ bringen, von den übrigen Sachgebieten nur eine Auswahl behandeln, z. B. nur das Druck-Volumen-Gesetz.
32. Der Begriff des Dampfdrucks und seine Abhängigkeit von der Temperatur sollte behandelt werden.
33. Man kann sich hier auf die Entstehung des Drucks beschränken, alle anderen Überlegungen weglassen.
34. Technische Anwendungen der Kohäsion, Adhäsion und Oberflächenspannung betonen.
35. Das Arbeiten und Denken in Modellen sollte in diesem Kurs im Vordergrund stehen.
36. Erst ab Versuch M76,1, Versuch M77,3 nur mit Wasser durchführen. Die technischen Anwendungen des Versuchs (Wasserwirbelbremse) betonen.
37. Es geht hier um eine Veranschaulichung der Beziehung $Q = c \cdot m \cdot \Delta \vartheta$, nicht um eine experimentelle Herleitung aus Meßreihen.
38. Der Schwerpunkt des Unterrichts liegt auf Untersuchungen mit dem Tauchsieder, Bestimmung von Wärmeleistungen. Dabei ergibt sich dann die verschiedene Erwärmbarkeit der Stoffe.
39. In diesem Zusammenhang kann auch stärker auf die technische Nutzung der Sonnenenergie eingegangen werden.

3.4.2 Hinweise zu den Lerneinheiten

3.4.2.1 LE 1: Eigenschaften der Körper

a) Vorbemerkungen und Ziele

Während in den übrigen Abschnitten des Buchs optische, thermische, magnetische und elektrische Eigenschaften von Körpern untersucht werden, geht es in dieser Einheit darum, die Eigenschaft der Raumerfüllung der Körper, die bereits in der Einführung behandelt wurde, durch weitere mechanische Eigenschaften zu ergänzen. Dazu gehören so fundamentale Eigenschaften wie die Verformbarkeit, die Schwere und die Trägheit. Verformbarkeit und Elastizität werden nur kurz gestreift, da neben der Feststellung, daß alle Körper mehr oder weniger verformbar sind, im wesentlichen nur die Voraussetzungen geliefert werden sollen für eine quantitative Erfassung der Schwere (elastische Verformung von Schraubenfedern).

Mit dem Begriff der Schwere lernt der Schüler eine fundamentale Wechselwirkung kennen, die Gravitation. Dies Phänomen, das durch die alltäglichen Erfahrungen so selbstverständlich geworden ist, daß kaum jemand darüber nachdenkt, gehört nach unserer Auffassung zu den Erscheinungen, die jeder im Physikunterricht erfahren haben sollte, demonstriert etwa mit der Gravitationswaage.

Diese Forderung leitet sich nicht nur aus der Bedeutung ab, welche die Gravitation im Naturgeschehen auf der Erde und im Weltall besitzt, sondern auch aus der wichtigen Rolle, die die Gravitation in der geschichtlichen Entwicklung der Physik spielte. Und nicht zuletzt erleben die Schüler am Beispiel der Gravitationswechselwirkung, daß die Frage nach dem Warum eigentlich keine physikalisch sinnvolle Frage darstellt. Mit der Frage nämlich, warum etwas so ist, beschäftigt sich die Physik nicht. Man erfährt genauere Einzelheiten über den Vorgang selbst. Wenn gelegentlich das Fragewort "warum" vorkommt, dann meint man damit etwas anderes, nämlich das Zurückführen auf andere bekannte Phänomene oder das Einordnen in umfassendere Ordnungsprinzipien (vgl. hierzu auch die Bemerkungen zum Auftrieb).

Wenn der Nachweis der Gravitationswirkung in die erste Erweiterung gesetzt wurde, so geschah das einmal mit Rücksicht auf die unterschiedliche Ausstattung der Schulen, zum anderen aber auch um Möglichkeiten zur Differenzierung zu schaffen. Für den Anfangsunterricht ist dieser Abschnitt nicht geeignet, da die Schüler über eine Reihe von Lernerfahrungen aus dem Bereich der Physik verfügen müssen (z. B. Kenntnis von magnetischen und elektrischen Kräften).

b) Bemerkungen zu den einzelnen Themen

Verformbarkeit und Elastizität (1.1)

Die Motivation zur Beschäftigung mit diesem Thema kann in verschiedener Weise erfolgen. Man kann anknüpfen an die bereits in der Einführung untersuchte Eigenschaft der Raumerfüllung und an die Klassifikation in feste, flüssige und gasförmige Körper, so wie es im Schülerbuch geschieht, man kann aber auch die Fragen aufwerfen, was man in der Physik unter "Kraft" versteht und wie man "Kräfte" vergleicht und mißt. Bei der Diskussion dieser beiden Fragen stößt man auf die Verformbarkeit der Körper, die dann gleichsam nebenbei untersucht wird. Die Diskussion umfaßt also gleichzeitig die Inhalte, die im Buch auf der Seite M1 und der ersten Hälfte der Seite M9 dargestellt sind.

Bevor der Begriff "Kraft" weiter verschärft wird, muß der Abschnitt über die Gravitation (S. M2 - M4) eingefügt werden. Im Anschluß daran kann dann der Kraftbegriff mit Hilfe

Hinweise zur LE 1: Eigenschaften der Körper

der Gewichtskraft gewonnen werden. Die Eigenschaft der Trägheit bespricht man bei diesem Verfahren am zweckmäßigsten zusammen mit dem Begriff "Masse", zumal die Trägheit auch im Schülerbuch dort noch einmal angesprochen wird.

Dieser soeben skizzierte zweite Weg ist wesentlich anspruchsvoller und setzt leistungsfähige Schüler voraus, auch Flexibilität beim Lehrer; er zeigt aber auch, daß es durchaus möglich ist, im Unterricht andere Wege als im Schülerbuch zu beschreiten. Im folgenden wird der erste Weg zugrunde gelegt.

Ausgangspunkt ist das Verhalten von festen, flüssigen und gasförmigen Körpern. Angesprochen werden Gestaltänderungen und Volumenänderungen, die qualitativ beschrieben werden. Das unterschiedliche Verhalten der verschiedenen Arten von Körpern läßt sich durch die Kompressibilität charakterisieren, die hier mit "Zusammendrückbarkeit" bezeichnet wird.

LI Setzt man einen Körper einem allseitigen Druck aus, so verkleinert sich sein Volumen. Die äußeren Formen sind sich vorher und nachher geometrisch ähnlich. Es gilt dabei, daß die relative Volumenänderung proportional der Druckänderung ist, also:

$$-\frac{\Delta V}{V} = \varkappa \cdot \Delta p, \quad T = \text{konst.}$$

Der Kehrwert des Proportionalitätsfaktors "$\varkappa$", $K = 1/\varkappa$, heißt "Kompressionsmodul", $\varkappa$ heißt "Kompressibilität". $\varkappa$ hängt von dem verwendeten Stoff ab und ist eine Materialkonstante.

Die Zusammendrückbarkeit ist klein bei festen Körpern, ebenso bei flüssigen, dagegen groß bei gasförmigen Körpern.

Die folgende Tabelle zeigt einige $\varkappa$-Werte:

Stoff	$\varkappa$ in 10^{-6} bar^{-1}	$\varkappa_{Stoff}/\varkappa_{Fe}$
Benzol	91	152
Glyzerin	20	12
Quecksilber	3,8	6
Wasser	51	85
Al	1,3	2
Pb	2,3	4
Fe	0,6	1
Cu	0,7	1,2
Sn	1,7	2,8
Quarzglas	2,7	4,5

SI Als Maß für die Zusammendrückbarkeit kann man die Volumenänderung bei gleichen Randbedingungen, d.h. bei gleichem Ausgangsvolumen und gleicher äußerer Einwirkung [Δp = konst.] nehmen.

In der dritten Spalte ist das Verhältnis der $\varkappa$-Werte der verschiedenen Stoffe zu dem $\varkappa$-Wert von Eisen angegeben. Die Werte geben demnach an, wievielmal stärker der betreffende Stoff als Eisen zusammendrückbar ist.

Die Zusammendrückbarkeit von festen und flüssigen Körpern ist so gering, daß man sie im allgemeinen vernachlässigen kann. [Betrachtet man als Beispiel Wasser, so beträgt die relative Volumenänderung bei einer Druckänderung von Δp = 100 bar:

$$\Delta V/V = 51 \cdot 10^{-6} \text{bar}^{-1} \cdot 100 \text{bar} =$$
$$51 \cdot 10^{-4} \approx 5/1000 \triangleq 5\text{‰}.]$$

Eine Versuchsanordnung zur Bestimmung der Zusammendrückbarkeit ist in Abb. M49,2 dargestellt.

Die Verformung fester Körper läßt sich bestimmen, wenn man sie z.B. in eine Flüssigkeit bringt und diese zusammendrückt [ein Druck p wird ausgeübt].

Bei Verformung von Körpern denkt man unwillkürlich an Verbiegen, Verdrehen, Verdrillen oder ähnliches, die Volumenänderung wird zunächst nicht beachtet. Schüler neigen darüber hinaus dazu, die Möglichkeit, Körper mehr oder weniger stark verbiegen zu können, in unzulässiger Weise mit einer Stoffeigenschaft in Verbindung zu bringen, zumal sie aus der Primarstufe im Rahmen des Sachunterrichts falsche Vorstellungen über diese Eigenschaften mitzubringen scheinen. ("Eisen läßt sich nicht biegen" oder: "Holz läßt sich nicht biegen"). Man sollte sehr sorgfältig darauf achten, daß die Schüler erkennen, daß jeder Körper sich verformen z.B. durchbiegen läßt, aber in Abhängigkeit von Gestalt und Material verschieden leicht.

SV Versuch: Man legt ein Lineal einmal mit der
oder schmalen Seite, einmal mit der breiten Seite
LV auf zwei Unterlegklötze und belastet in der Mitte. Liegt das Lineal auf der schmalen Kante, so ist die Durchbiegung ohne zusätzliche Hilfsmittel nicht mehr festzustellen.

LV Ein kräftiges Brett wird entsprechend Abb. 272,1a über zwei Unterlegklötze gelegt und in der Mitte durch Auflegen eines Gewichtsstücks belastet. Das Brett muß so stark sein, daß ein Durchbiegung ohne weitere Hilfsmittel nicht beobachtet werden kann. Legt man jedoch einen Spiegel auf das Brett, durch den der Lichtstrahl einer Lampe zur Zimmerwand reflektiert wird, so kann man anhand der

Hinweise zur LE 1: Eigenschaften der Körper

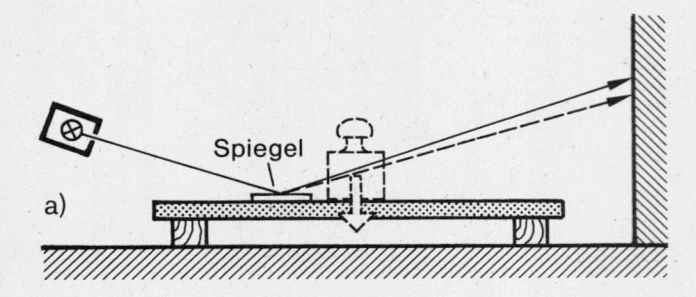

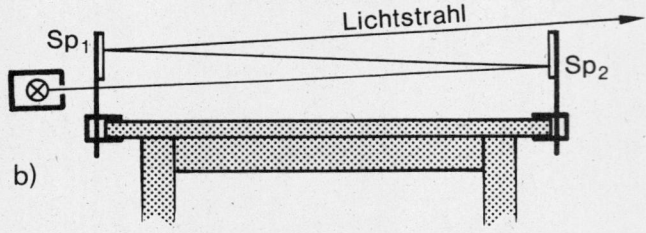

S. M 1

Abb. 272,1 Demonstrationsversuch zur Durchbiegung eines Bretts (a), Versuchsanordnung zur Demonstration der Durchbiegung einer Tischplatte (b)

Lageänderung des Lichtflecks an der Wand bei Belastung bzw. Entlastung des Bretts die Durchbiegung demonstrieren (s. auch Abb. 272,1b).

SV Ein dünnes Blatt Papier trägt, an den Rändern unterstützt, noch nicht einmal sich selbst. Es biegt sich durch. Bei geeigneter Faltung kann es sogar noch belastet werden (s. Abb. 272,2).

Schüler treffen durchaus die richtigen Entscheidungen, wenn sie entsprechende Versuchsanordnungen aufbauen sollen. Verbal beschreiben sie jedoch die Zusammenhänge oft falsch.

LI Um die Verhältnisse zu verdeutlichen, sei der Sonderfall eines einseitig eingespannten Stabes betrachtet, an dessen freiem Ende die Kraft F wirkt (s. Abb. 272,3). Für die Durchbiegung y gilt:
$$y = \frac{F \cdot l^3}{3 E I}$$

Hierbei bedeuten: l die Länge des Stabes, E der Elastizitätsmodul, definiert als $E = \sigma/\varepsilon$ mit $\sigma = F/A$, $\varepsilon = \Delta l / l$, I das Flächenträgheitsmoment. Mit dem Flächenträgheitsmoment, das bei vielen Verformungsproblemen eine Rolle spielt, geht die Form der Querschnittsfläche mit ein.

Der Elastizitätsmodul ergibt sich aus dem Hookeschen Gesetz:
$$\Delta l = \frac{1}{E} \cdot \frac{F \cdot l}{A}$$

zu $E = \frac{F}{A} \cdot \frac{l}{\Delta l} = \frac{F}{A} : \frac{\Delta l}{l} = \frac{\text{Flächenbelastung (Zug- oder Druckspannung)}}{\text{relative Längenänderung}}$.

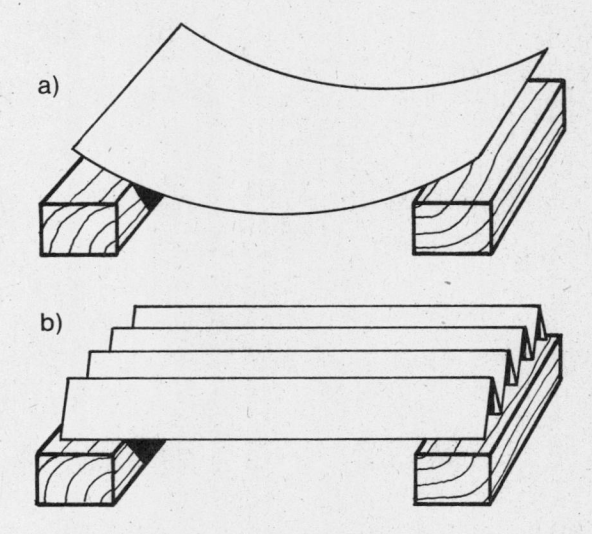

Abb. 272,2 Durchbiegung von Papier: (a) nicht gefaltet, (b) gefaltet

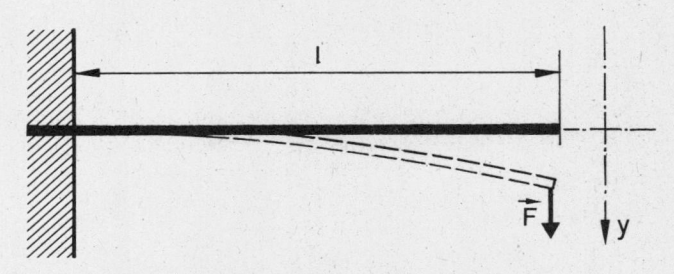

Abb. 272,3 Durchbiegung eines einseitig eingespannten Stabes

Für die Druck- oder Zugspannung ist das Symbol σ, für die relative Längenänderung ε üblich. (10), (11)

Nachdem die Körper in ihrem unterschiedlichen Verhalten bei Verformung nach dem Widerstand, den sie diesen Deformationen entgegensetzen, klassifiziert wurden, kann anschließend die Art der Verformungen selbst Gegenstand der Untersuchung sein. Es sind dies die Eigenschaften, die mit "elastisch" und "plastisch" beschrieben werden. Diese Bezeichnungen werden nicht eindeutig gebraucht, die Übergänge sind fließend. Das unterschiedliche Maß der "Elastizität" wird auch in der Physik umschrieben durch "hochelastisch", "vollkommen elastisch" oder "vollkommen unelastisch". Man könnte nun daran denken, mit "elastisch" bzw. "plastisch" nur die Extremfälle zu bezeichnen, also z. B. das Wort elastisch nur dann zu verwenden, wenn die durch äußere Kräfte bewirkte Formänderung wieder völlig rückgängig gemacht werden kann. Ein solcher Gebrauch des Wortes ist erstens nicht üblich und zweitens würde er nur bei reversiblen Formänderungen erlaubt sein, die streng genommen nicht beobachtet werden können.

Hinweise zur LE 1: Eigenschaften der Körper S. M 1

Abb. 273,1 Zur qualitativen Untersuchung der elastischen Dehnung von Drähten

Immer geht ein Teil der zur Verformung aufgewandten Arbeit verloren (mechanische Hysteresisschleife). (12), S. 106 f., (13), S. 211)

LI Ein Maß für die Zurückbildung einer Verformung ist der Elastizitätsgrad. Er ist definiert als der Quotient aus Formänderungsarbeit W_1, die dem Körper durch äußere Belastung zugeführt wurde, und der abgegebenen mechanischen Arbeit W_2 nach der Entlastung: $\eta_e = W_2/W_1$. Der Elastizitätsgrad hat bei einem vollkommen elastischen Körper den Wert 1, bei einem vollkommen plastischen Körper den Wert Null.

LV Versuch VM1,1 zur Demonstration der elastischen Eigenschaften einer Stahlkugel ist sehr eindrucksvoll. Dieser Versuch sollte auf jeden Fall vorgeführt werden. Am zweckmäßigsten verwendet man eine dicke Glasplatte (Masse groß gegen die Masse der auftreffenden Stahlkugel). Geeignet ist auch eine dicke Glasplatte mit leicht konkaver Oberfläche. Wird sie auf eine waagrechte Unterlage gelegt (mit Libelle kontrollieren), dann hüpft die Kugel (3 mm ϕ) mehrmals auf der Platte, ohne über den Rand zu springen.
VT

Berußt man die Platte, so wird durch den Aufschlag der Ruß weggewischt. Verschiedene Verformungen erkennt man an den verschieden großen Durchmessern der Auftreffstellen. Die Glasplatte projiziert man nach der Versuchsdurchführung mit einem Diaprojektor.

Ergänzende Versuche zum elastischen bzw. plastischen Verhalten von Körpern können mit
SV folgender Versuchsanordnung gemacht werden (vgl. auch (14), S. 62):

Man legt zunächst einen Konstantendraht über Umlenkrollen (bzw. über einen Umlenkstab), die an den Enden eines Übungstisches befestigt sind (Abb. 273,1). An das freie Ende hängt man ein 5kg-Stück, läßt vorsichtig los, so daß der Draht nicht voll belastet wird. Wiederholung bei stärkerer Belastung. Der Versuch wird mit einem entsprechenden Stahldraht sowie auch mit einem Kupferdraht

Belastung 1t $\widehat{=}$ ca.10 000 N

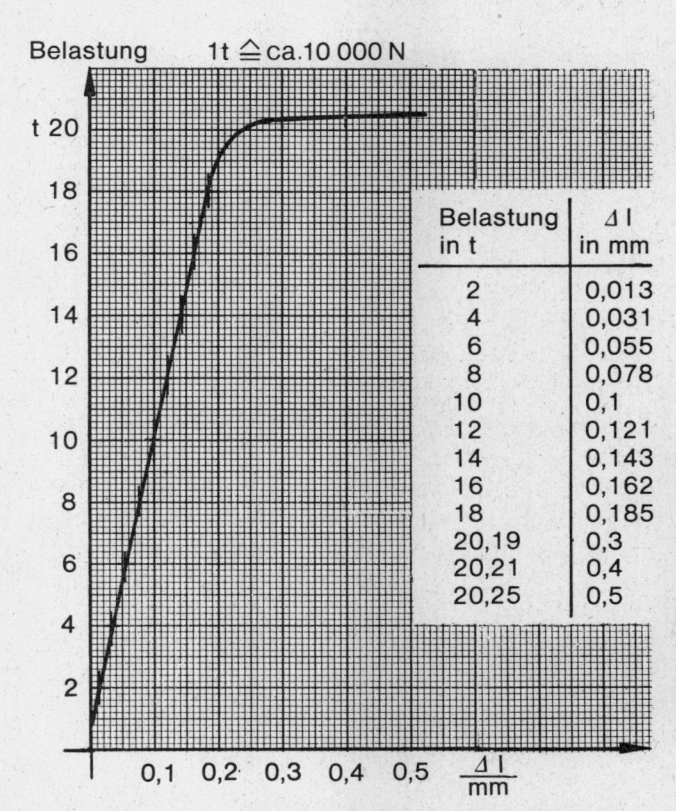

Belastung in t	Δl in mm
2	0,013
4	0,031
6	0,055
8	0,078
10	0,1
12	0,121
14	0,143
16	0,162
18	0,185
20,19	0,3
20,21	0,4
20,25	0,5

Abb. 273,2 Dehnung eines Stahlstabes in Abhängigkeit von der Belastung

durchgeführt. Man belaste die Drähte auch mit einem 1kg-Stück.

Die Versuche, die an dieser Stelle das elastische bzw. plastische Verhalten der Drähte nur qualitativ zeigen, können später, etwa im Zusammenhang mit Kap. A2.3, S. A13 f., quantitativ durchgeführt werden (Meßreihen, graphische Darstellung).

VT Man verwende Drähte mit einem Durchmesser von 0,3 mm und einer Länge von ca. 2 m. Kürzere Drähte ergeben keine deutlichen Effekte. Geeignete Stahldrähte werden z. B. bei Modellflugzeugen für die Steuerung der Ruder benutzt.

LI Die Dehnung eines Stahlstabes in Abhängigkeit von der Belastung zeigt Abb. 273,2.

LV Ähnliche Versuche hierzu können mit dem Ruptoskop (Phywe) durchgeführt werden. Es dient zur Untersuchung der Längenausdehnung von Prüfstäben in Abhängigkeit von der Zugbelastung (Spannungs-Dehnungs-Diagramm, Zerreißfestigkeit). Die Prüfstäbe haben einen Durchmesser von 6 mm. Näheres siehe unter (35).

Schwere und Trägheit (1.2)

Bei diesem Thema geht es um die beiden fundamentalen Phänomene "Schwere" und "Trägheit".

Hinweise zur LE 1: Eigenschaften der Körper

Das Wort "Schwere" wird nicht einheitlich gebraucht. Ist es nur eine umgangssprachliche und auch in der Physik gebräuchliche andere Bezeichnung für Gewichtskraft, oder bezeichnet es nur die Auswirkung der Gravitation? Ein schwereloser Körper wäre nach der letzten Version ein Körper, auf den keine Gravitationskraft einwirkte. So kann bei mehreren sich überlagernden Gravitationsfeldern die resultierende Kraft Null werden, z. B. im sogenannten abarischen Punkt zwischen Erde und Mond.

Die Beschränkung der Bezeichnung "schwerelos" nur auf diesen einen Punkt ist auch in der Physik nicht üblich. In dem vorliegenden Buchabschnitt wird deshalb das Wort "Schwere" synonym mit "Gewichtskraft" verwendet.

LI Die Gewichtskraft setzt sich vektoriell zusammen aus zwei Teilkräften, der Gravitationskraft $\vec{F}_{gr}$ und der Zentrifugalkraft $\vec{F}_{cf}$ (15). $\vec{F}_{cf}$ ist eine Trägheitskraft infolge der Erdrotation. Es gilt:

$$\vec{G} = \vec{F}_{gr} + \vec{F}_{cf}.$$

Die Fallbeschleunigung ist dementsprechend die vektorielle Summe aus Gravitationsbeschleunigung $\vec{a}_{gr}$ (Gravitationsfeldstärke) und der Zentrifugalbeschleunigung (Zentrifugalfeldstärke) $\vec{a}_{cf}$:

$$\vec{g} = \vec{a}_{gr} + \vec{a}_{cf}.$$

Für die Gewichtskraft gilt somit

$$\vec{G} = m\vec{g}.$$

Im Buch wurde deshalb die Gravitation als eine Ursache, und nicht als die Ursache der Schwere dargestellt.

Wichtig ist die Herausarbeitung des Unterschieds zwischen "Schwere" und "Trägheit". Während die Trägheit eine Eigenschaft des einzelnen Körpers darstellt, beschreibt der Begriff "Schwere" eine Wechselwirkung. Es wird deshalb vielfach vorgeschlagen, die Schwere nicht mehr als Eigenschaft zu kennzeichnen, sondern als eine Kraft, die ein Körper erfährt. Konsequenterweise spricht man dann nicht mehr von der Gewichtskraft, die ein Körper besitzt, sondern von der Gewichtskraft, die dieser Körper erfährt.

Wir halten diese angestrebte Korrektheit im sprachlichen Ausdruck für übertrieben und gekünstelt, zumal die Schwere im Grund doch eine Eigenschaft beschreibt, nämlich die Eigenschaft, andere Körper anzuziehen und von diesen angezogen zu werden. Schließlich besitzt jeder Körper unabhängig davon, ob ein zweiter da ist oder nicht, ein Gravitationsfeld.

LI Trägheitserscheinungen spielen sich in beschleunigten Bezugssystemen ab. 1907 zeigte Albert Einstein, daß die Wirkungen einer Beschleunigung des Bezugssystems von denen eines Gravitationsfeldes nicht unterschieden werden können. So ist z. B. die Gravitationswirkung der Sonne äquivalent einer Beschleunigung des Bezugssystems von der Sonne weg. Damit wurden Trägheit und Gravitation miteinander verknüpft. Diesen Sachverhalt kennzeichnet man auch als die Äquivalenz von träger und schwerer Masse. (16), (17)

Auch aus diesem Grund sollte man beim Gebrauch des Wortes "Eigenschaft" etwas großzügiger sein. Ausgangspunkt der Überlegungen sind die Erfahrungen mit der Muskelkraft. V M2,1 dient dazu, die Begriffe "schwerer", "leichter" zu präzisieren. Gleichzeitig bereitet er die Kraftmessung vor, die in Kapitel M2.1 behandelt wird.

Der historische Einschub hat zwei Aufgaben. Zum einen wird eine in sich geschlossene, heute nicht mehr gültige Theorie, die fast 2000 Jahre lang das "physikalische Weltbild" bestimmte, kurz vorgestellt. Zum anderen verdeutlicht er den langen und schwierigen Weg, den die Entwicklung des physikalischen Denkens nehmen mußte. Im übrigen finden sich auch Relikte jener Denkweise, zumindest in der umgangssprachlichen Beschreibung beobachtbarer Phänomene auch bei jungen Menschen, die erst mit der naturwissenschaftlichen Methode vertraut gemacht werden sollen. Begründungen wie "der Rauch steigt nach oben, weil er leicht ist" oder "ein Stein fällt nach unten, weil das so ist" hört man immer wieder von Schülern im Unterricht. Sie können natürlich vom modernen Standpunkt aus interpretiert werden, aber auch in aristotelischer Betrachtungsweise gesehen werden. Was Schüler wirklich hierbei denken, können wir meist nicht feststellen, zumal wir häufig zu schnell über diese Äußerungen hinweggehen und die richtige Erklärung parat haben.

Genauere Angaben zur Aristotelischen Physik findet man bei Sambursky: Der Weg zur Physik, S. 93 ff. (18), vgl. auch (19).

LV VM2,2 zeigt, daß die Gravitation nicht nur auf das System Erde-Stein beschränkt ist. Wegen seiner fundamentalen Bedeutung sollte der Versuch allen Schülern demonstriert werden. Die Gravitationsdrehwaage nach Schürholz (Leybold, Nr. 33210) ist eine hochempfindliche Drehwaage, welche die Messung außer-

Hinweise zur LE 1: Eigenschaften der Körper

ordentlich kleiner Kräfte ermöglicht. Diese betragen für die verwendeten Körper von $m_1 = 1,5$ kg und $m_2 = 20$ g in einigen Zentimeter Abstand nur etwa 10^{-9} N.

Die Anschaffung der Drehwaage lohnt sich auf jeden Fall, auch wenn sie nur zur qualitativen Demonstration eingesetzt wird. Bei entsprechender Pflege dürfte sie auf Jahre hinaus einsatzbereit sein.

Im Buch ist die Endausschlagmethode beschrieben. Da sie sehr zeitraubend ist, sei hier noch eine andere Möglichkeit skizziert (Beschleunigungsmethode).

LV Die äußeren Kugeln werden so eingestellt, daß sie an den Scheiben nahezu anliegen. Der Torsionsfaden wird so weit verdrillt, daß die inneren Kugeln in Ruhestellung die Scheiben gerade nicht berühren: maximale Verdrillung des Aufhängefadens, vgl. auch Abb. M3.2. Werden die äußeren Kugeln herumgeschwenkt, wird das Gleichgewicht zwischen den Anziehungskräften der Kugeln und der Torsionskraft des Fadens gestört. Die Hantel setzt sich in Bewegung. Allein daraus kann man schließen, daß die Hantel in der vorhergehenden Lage durch Gravitationskräfte festgehalten worden ist. Diese Vorführung erfordert praktisch keinen großen Zeitaufwand, da die Beschleunigung der Hantel sofort feststellbar ist. Beide Methoden lassen sich übrigens zur quantitativen Ermittlung der Gravitationskonstanten verwenden. Näheres hierzu in: Handbuch der exp. Schulphysik, Bd. 2, 1963, S. 244 f; Leybold, Physikalische Handblätter, DK 531, 51 a und DK 531, 51 b.

Die Gravitationsdrehwaage sollte man möglichst erschütterungsfrei aufstellen. Man kann sie mit Hilfe eines Stativfußes an einer Wand montieren. Wo das nicht möglich ist, sollte man einen schweren Betonklotz (50 cm x 50 cm x 90 cm) gießen lassen mit fahrbarem Untergestell. Der Klotz läßt sich außerdem noch für andere Zwecke verwenden (z.B. zum Aufstellen von Waagen jeglicher Art).

Balkenwaagen werden im Schülerbuch als Meßgeräte für die Bestimmung von Massen eingeführt (Kapitel W 1.344). Ihre Wirkungsweise beruht aber auf der Gravitation, man vergleicht Gewichtskräfte. Man kann sie demnach auch zur Feststellung der "Schwere" benutzen. Genau dies geschieht bei den auf Seite M 3
LV und M 4 beschriebenen Versuchen. V M3,1 bereitet diese Art der Schwerebestimmung vor. Die Vereinbarung, daß zwei Körper gleich schwer sind, wenn sie dieselbe Schraubenfeder um den gleichen Betrag dehnen, ist im Grunde Teil der statischen Kraftdefinition (vgl. S. M9). Sie soll an dieser Stelle nur eine vorläufige, plausible Grundlage zum "Schwerevergleich" bieten. Falls die Lehrpläne es vorsehen oder der Lehrer es für geeigneter hält, kann dies in Verbindung mit den Bemerkungen auf Seite M 9 zur statischen Kraftdefinition ohne weiteres erweitert werden.

LV V M4, 2 ist ein typischer Demonstrationsversuch, da Schüler nicht mit diesen Glaskolben umgehen sollen. Man kann diesen Versuch unter Verwendung von Tarierschrot selbstverständlich auch dann ausführen, wenn nur ein Glaskolben zur Verfügung stehen sollte.

SV Eine Variante stellt V M16,1 dar, der als Schülerversuch möglich ist und bei vorhandener Ausstattung dort auf jeden Fall von Schülern auch ausgeführt werden sollte. Hier kommt es aber nur auf den qualitativen Nachweis der Schwere an, deshalb erscheinen Schülerversuche nicht angebracht.

LV Eindrucksvoll ist die Zunahme der "Schwere", wenn man statt des Glaskolbens einen Fußball verwendet. Die Luft wird einmal fast vollständig herausgelassen, anschließend wird
VT der Fußball stark aufgepumpt. Man sollte keinen Luftballon verwenden, da dieser beim Aufpumpen stark verformt wird, während das Volumen des Fußballs sich nicht wesentlich ändert.

Die Beobachtungen im Zusammenhang mit V M4,1 und V M4,2 bringen gelegentlich - das hängt von der Klassenstufe ab - Schüler zur Vermutung, daß "Luft in Luft kein Gewicht" habe. Diese umgangssprachlich formulierte Aussage kann bei entsprechender Leistungsfähigkeit der Klasse aufgegriffen werden, denn sie führt bei einer sorgfältigen Analyse zum Begriff des Auftriebs und zum Archimedischen Gesetz (vgl. hierzu S. M60 und S. M62, A3).

Die Schwere wurde als Wechselwirkungskraft erkannt. Deutlich wird dies durch die moderne Raumfahrt. So zeigt die Abbildung M 2.1 einen Astronauten im schwerelosen Zustand. Der Astronaut übt auf die mitfliegende Kapsel keine Kraft aus. Es empfiehlt sich, weitere Weltraumbilder zu zeigen. Besonders geeignet sind auch Filme. (s. Abschnitt d)

Weltraumbilder und Filme, welche die Bewegung der Astronauten im Raumschiff zeigen, leiten über zu der Eigenschaft "Trägheit". Das Raumschiff ist antriebslos, es würde die Bahn um die Erde verlassen, wenn es nicht durch die Gravitation gehindert würde.

Im Buch werden neue, andersartige Erfahrungen an den Anfang gestellt, die der Lehrer initiieren muß. Sie führen zu den Versuchen

Hinweise zur LE 1: Eigenschaften der Körper   S. M 4–M 5

SV V M4, 3 – V M4, 6 und V M5, 1 und 5, 2. Sie sind alle als Schülerversuche durchführbar. Bei V M4, 6 genügt natürlich auch ein Gewichtsstück mit der Masse 1 kg.

Hat man geeignete Filme aus der Weltraumfahrt zur Hand, dann ist es günstiger, von diesen auszugehen und durch Versuche zu ergänzen und anschließend erst zu den im Buch beschriebenen Experimenten überzugehen. Anhand der Filme können folgende Erfahrungen gewonnen werden.

1. Ein Körper setzt sich nur in Bewegung, wenn man ihm z. B. einen Stoß gibt. Er bewegt sich dann geradlinig. (Ausgangspunkt: Astronauten "werfen" sich im Raumschiff Gegenstände zu.)
2. Ein Körper kommt nicht von selbst zur Ruhe, man muß ihn aufhalten.
3. Ein Raumschiff würde sich gradlinig weiterbewegen, wenn die Gravitation dies nicht verhinderte.

Zu allen diesen Aussagen können die Schüler Beobachtungen aus der alltäglichen Erfahrung liefern, die dann durch Lehrer- oder Schülerversuche ergänzt werden.

LV Man läßt eine elektrische Eisenbahn, die Gleisanlage soll ein Oval bilden, auf dem geraden Teil anfahren oder abbremsen oder mit konstanter Geschwindigkeit (genauer: konstantem Geschwindigkeitsbetrag) auf der Anlage fahren und beobachtet in allen Fällen das Verhalten einer Kugel, die auf einem offenen Güterwagen liegt. die Beobachtungen werden verglichen mit den Erfahrungen, die jeder beim Anfahren oder Abbremsen eines Autos oder beim Kurvenfahren gemacht hat.

Entscheidend ist die Erkenntnis, daß das Phänomen der Trägheit stets bei <u>Bewegungsänderungen</u> beobachtbar ist, wobei diese Bewegungsänderungen an dieser Stelle des Lehrgangs beschrieben werden durch Worte wie "anfahren", "beschleunigen", "abbremsen", "Richtungsänderung" u. a. m.

LI Im Hintergrund steht das Trägheitsgesetz, das als 1. Newtonsches Axiom bekannt ist:

Ein Körper verharrt im Zustand der Ruhe oder seiner gleichförmigen Bewegung, solange keine äußeren Einflüsse auf ihn einwirken. (20)

Diese Aussage ist ein Sonderfall des 2. Newtonschen Axioms: $F = m \cdot a$. Ist nämlich $F = 0$, so folgt $a = 0$. Das ist aber gerade die Aussage des 1. Axioms.

Man unterschätze nicht die Schwierigkeiten, welche hinter dem Begriff "Trägheit" und dem "Trägheitssatz" stecken.

Der Trägheitssatz wurde relativ spät dargestellt, in voller Klarheit zuerst von Newton, während er bei Galilei unvollständig und implizit vorhanden war. Galilei war sich wohl des Trägheitssatzes nicht voll bewußt.

So sagt er in den "Discorsi" z. B. folgendes: "Indes ist zu beachten, daß der Geschwindigkeitswert, den der Körper aufweist, in ihm selbst unzerstörbar enthalten ist (Impresso), während äußere Ursachen der Beschleunigung oder Verzögerung hinzukommen, was man nur auf horizontalen Ebenen bemerkt, denn bei absteigenden nimmt man Beschleunigung wahr, bei aufsteigenden Verzögerung. Hieraus folgt, daß die Bewegung in der Horizontalen eine unaufhörliche sei: denn wenn sie sich stets gleichbleibt, wird sie nicht geschwächt oder aufgehoben, geschweige denn vermehrt. Und ferner, da die beim freien Fall erlangte Geschwindigkeit unzerstörbar und unaufhörlich ihm eigen ist, so erhellt, daß, wenn nach dem Fall längs einer geneigten Ebene eine Ablenkung nach einer ansteigenden Ebene statthat, in dieser letzteren die Ursache einer Verzögerung auftritt, denn in eben solch einer Ebene findet auch natürliche Beschleunigung statt; deshalb tritt eine Vereinigung entgegengesetzter Impulse ein, indem der beim Fallen erlangte Geschwindigkeitswert, der den Körper unaufhörlich fortbewegen würde, sich zu dem durch den Fall erzeugten hinzugesellt." ((21), S. 19 u. S. 57; (22), S. 386 f.; (18), S. 288–293)

Der Grund für diese späte Formulierung liegt wohl nicht nur in der beherrschenden Rolle der aristotelischen Anschauung, nach der "alles Bewegtwerdende notwendig von etwas bewegt werden muß", sondern wohl auch in der Tatsache, daß der Trägheitssatz zwar auf einem vielfältigen Beobachtungsmaterial beruht, empirisch aber nicht beweisbar ist. Die gedankliche Leistung von Galilei und Newton wird deutlich, wenn man sich vor Augen hält, daß der Trägheitssatz nicht das ausspricht, was man wirklich sieht. Er stellt vielmehr eine idealisierende Forderung dar, die sich allerdings als Ausgangspunkt weiterer Analysen als äußerst fruchtbar erweist. Die völlig ungehinderte gradlinig gleichförmige Bewegung ist im Grunde nur eine Fiktion. Dies sollte man sich stets vor Augen halten, selbst wenn es in diesem Abschnitt nicht um den Trägheitssatz geht, sondern nur um eine Vorstufe, der Feststellung des Beharrungsvermögens aller Körper.

Die Anwendungen der Trägheit sind sehr vielseitig. Einige sollten auch im Unterricht besprochen werden. (Crash-Test beim Auto zur Erprobung von Sicherheitsvorrichtungen.)

Hinweise zur LE 1: Eigenschaften der Körper

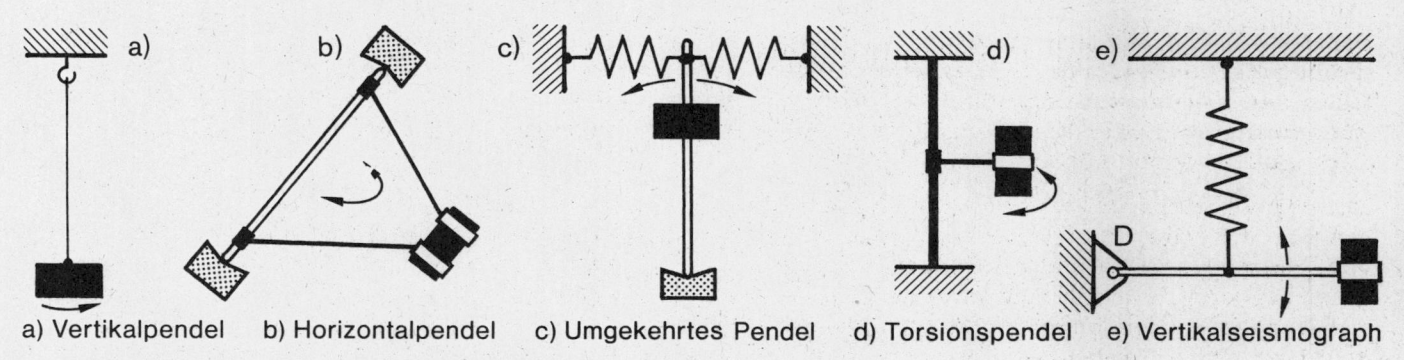

S. M4-M5

a) Vertikalpendel   b) Horizontalpendel   c) Umgekehrtes Pendel   d) Torsionspendel   e) Vertikalseismograph

Abb. 277, 1 a-d Horizontalseismographen, e Vertikalseismograph

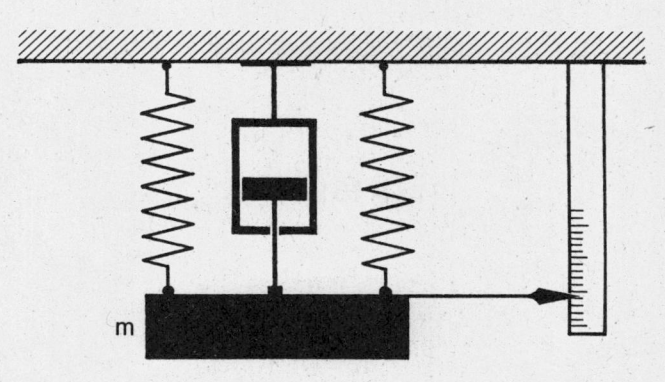

Abb. 277, 2 Schematische Darstellung eines Beschleunigungsmessers

Eine wichtige Anwendung kommt z. B. bei Automatik-Sicherheitsgurten zum Tragen. In der Automatik befindet sich ein kleines Pendel, welches bei scharfem Bremsen, Aufprall oder übermäßiger Neigung (Überschlag) anspricht und das Abrollsystem bei Automatik-Gurten blockiert. Zusätzlich ist häufig zur erhöhten Sicherheit noch ein zweites Sperrsystem eingebaut, das ebenfalls auf der Trägheit beruht und so gebaut ist, daß das System nur bei blitzschnellem Anzug des Gurtbandes zur Wirkung kommt.

Beschleunigungsmesser beruhen ebenfalls auf dem Beharrungsvermögen, da eine direkte Messung der Beschleunigung nicht möglich ist, sondern stets nur die Auswirkung gemessen wird. Die am häufigsten verwendete Art benutzt einen an einer Feder aufgehängten Körper. Das System ist gedämpft. Wird dieses System beschleunigt, dann wird der Körper infolge seiner Trägheit eine Bewegung relativ zum Gehäuse ausführen. Aus dem Ausschlag kann man dann auf die Beschleunigung schließen. (Abb. 277, 2)

LI Auch das Meßprinzip eines Seismographen beruht auf Trägheit. Ein in ein Gehäuse eingebauter, beweglich gelagerter Körper bewegt sich aufgrund seiner Trägheit nicht oder nur wenig, während die Grundplatte mehr oder weniger den Bodenerschütterungen folgt.

Eine Dämpfung verhindert Vergrößerung der Relativbewegungen durch Resonanzschwingungen. Registriert werden dann durch besondere Vorrichtungen die Relativbewegungen. Es gibt je nach Zweck verschiedene Ausführungsformen. Man kann die Schüler zur Förderung des technischen und konstruktiven Denkens das Prinzip verschiedener Ausführungsformen entwerfen lassen. Selbstverständlich fehlen die Voraussetzungen, um alle Feinheiten zu überblicken (Dämpfung, Registrierung, Größe der Masse bei der Registrierung langperiodischer Wellen und anderes mehr).

Zur Anregung seien hier einige Seismographentypen im Schema wiedergegeben (Abb. 277, 1a-d, e).

Die Physik ist eine messende Wissenschaft. Deshalb ist es unumgänglich, daß auch über die Messung von Eigenschaften Grundsätzliches gesagt wird. Im Grunde ist es gleichgültig, an welcher Stelle dies geschieht, da in allen Bereichen der Physik Meßgeräte entwickelt und benutzt werden. Jedoch setzt eine Reflexion über den Vorgang des Messens schon eine gewisse Vertrautheit im Umgang mit Meßgeräten voraus, die erst Einsicht in den Meßvorgang ermöglicht, zumal auch erst beim Rechnen mit gemessenen Größenwerten sich die gesamte Problematik auftut. Aus dem genannten Grund wurde dieser Abschnitt zwar an den Anfang der Mechanik, nicht aber an den Anfang des Buches gestellt.

Im Physikunterricht der Sekundarstufe I muß in der Regel eine Fehlerrechnung ausgeklammert bleiben, da die mathematischen Voraussetzungen nicht vorhanden sind. Fehlerbetrachtungen sollten dagegen niemals fehlen. Schüler möchten immer gern wissen, welches nun der genaue oder wahre Wert ist. Es dauert ziemlich lange, bis sie einsehen, daß eine Messung ohne Meßfehler nicht möglich ist. Deshalb ist dieses Kapitel auch nicht an den Anfang gestellt, da zum Verständnis

Hinweise zur LE 1: Eigenschaften der Körper

bereits eine große Lernerfahrung im physikalischen Bereich erforderlich erscheint. Es ist in der Mechanik eingeordnet, weil die Zusammenhänge hier am übersichtlichsten dargestellt werden können.

Bei der Vereinbarung über die Genauigkeit von durch Rechnung gefundenen Werten wird von "geltenden Ziffern", nicht aber von einer "Genauigkeit von einer bestimmten Anzahl von Dezimalen" gesprochen. Die Angaben 0,027 km und 27 m besitzen die gleiche Genauigkeit, beide Meßergebnisse haben eine Genauigkeit von zwei geltenden Ziffern. Es kann zu Schwierigkeiten kommen, wenn man den ersten der beiden Größenwerte kennzeichnet als ein Meßwert, der auf drei Dezimalen genau sei.

Der Übergang zu anderen Einheiten ist nur beim Übergang zu größeren Einheiten unproblematisch: 5 cm = 0,05 m. Im umgekehrten Fall muß man bedenken, daß damit auch eine Veränderung der Genauigkeit verbunden sein kann (vgl. S. M8). Ausführliche Angaben zur Fehlerrechnung findet man in (23) und (24).

c) Neue Aufgaben und Fragen

1. Gib an, welche verschiedenen Federungen außer der Schraubenfeder bei einem Auto verwendet werden. (Diese Aufgabe kann als Erkundungsauftrag gestellt werden.)
L. a) Blattfeder: Mehrere verschieden lange Blattfedern sind miteinander verbunden. Blattfederpakete sind nur auf einer Seite fest gelagert, auf der anderen Seite befindet sich eine Lasche. Das Federpaket ist in der Mitte durch einen Bügel an der Achse befestigt und an den Enden an der Karosserie oder am Motor.
b) Drehstäbe (Torsionsfederung): Hier werden mehrere gleich lange "Federstäbe" in Paketen zusammengefaßt und in Stahlrohren befestigt. Die Federung beruht auf einer Verdrillung der Stäbe.
c) Gummifederung: Gummiklötze, die meist zwischen zwei Metallplatten einvulkanisiert sind. Gummiringe zum Aufhängen von Teilen (Auspuffrohre).
d) Luftfederung: Luftgefüllte Bälge aus Gummi mit Gewebeeinlagen oder ein Kolben-Zylinder-Element.

2. Drückt man mit einem Eisenstab gegen eine Glasscheibe, so zerspringt diese. Ein Schuß durch eine Scheibe verursacht aber nur ein Loch. Wie erklärst du dir dies?
L. Das Geschoß trifft mit hoher Geschwindigkeit auf die Glasscheibe. Die Festigkeit des Glases reicht nicht aus, um die benachbarten Teile mitzureißen. Der Widerstand, den die Glasscheibe der Bewegungsänderung entgegensetzt ist so groß, daß die Scheibe durchschlagen wird.

3. Wie befestigt man einen lockeren Hammer auf dem Stiel?
L. Man stößt den Hammer mit dem Stiel auf oder schlägt mit einem zweiten Hammer auf den Stiel. Der Eisenkörper widersetzt sich der Bewegungsänderung, der Stiel wird in die Öffnung hineingetrieben.

4. Von einem Jahrmarkt berichtet ein Beobachter folgendes:
Ein Mann habe mit dem Rücken flach auf dem Boden gelegen. Auf die Brust des Mannes sei ein Nagelbrett mit den Nagelspitzen nach unten gelegt worden. Das Nagelbrett habe etwa 150 Nägel enthalten und sei mit einem 15 kg-Zement-Baustein belastet worden. Ein zweiter Mann habe dann mit einem Vorschlaghammer den Stein zertrümmert, ohne daß dem liegenden Mann etwas geschehen sei. Kann man diesem Bericht glauben?
L. Durchaus! Die Trägheit des Betonklotzes verhindert, daß auf das Brett eine große Kraft übertragen wird. Diese verteilt sich außerdem auf die 150 Nägel, so daß tatsächlich nichts Ernstliches passiert.

d) Audiovisuelle Hilfsmittel zur LE 1

AT	Schublehre und Nonius	36 0105	(1)
AT	Transparente, Serie Mechanik 1	8671	(24)
	Schublehre (2)		
	Fehlerbetrachtung (3)		
	Die Serie enthält noch weitere Transparentsätze, die hier nicht interessieren.		
F	Spaziergang im Weltraum (Gemini 4)	W 826	(11)
F	Schwerelosigkeit	35 5794	(1)
F	John Glenn umkreist die Erde - 11 min		(14)
	Mensch im Weltraum - 9 min		
	Pionier im Weltall (Weltraumfahrt) - 9 min		
	Unternehmen Erdtrabant - 11 min		
	Vorstoß in den Weltraum - 13 min		
F	Leaving the earth 3 min 40 s	P80-4237/1	(18)
	Landing on the moon - 3 min 40 s	P80-4245/1	(18)
	Exploring the moon - 3 min 40 s	P80-4254/1	(18)
	Returning to earth - 3 min 40 s	P80-4260/1	(18)
	Exploring the moon - 3 min 40 s	P80-4252/1	(18)

3.4.2.2 LE 2: Kraft und Masse

a) Vorbemerkungen und Ziele

Nachdem in der Lerneinheit 1 Eigenschaften der Körper untersucht wurden, wird jetzt die Frage aufgeworfen, wie einige dieser Merkmale quantifiziert werden können. Dies führt zu den Begriffen Kraft, Gewichtskraft, Masse, Dichte und Wichte, die für den weiteren Lehrgang unabdingbare Voraussetzung sind.

Dieses Kapitel kann somit exemplarisch dazu dienen, wie in der Physik physikalische Größen gebildet werden, wie man damit arbeitet und wie die Begriffe neuen Gegebenheiten angepaßt werden (vgl. hierzu Kapitel 1.2.1 "Zur Aufgabe des Physikunterrichts in der Sekundarstufe I", Kapitel 1.2.3 "Begriffsbildung").

Beispiel für eine ständige Verbesserung der Begriffe und eine Anpassung der Begriffe an neue Gegebenheiten und Erfahrungen ist der Kraftbegriff. So werden, ausgehend von der Muskelerfahrung, die Möglichkeiten für eine physikalische Definition der Kraft erörtert. Die Kraftmessung mit geeichten Schraubenfedern bietet dann die Voraussetzungen für weitere Untersuchungen, die dann in die Erkenntnis münden, daß die Kraft als Vektorgröße aufgefaßt werden muß. (Alternativen zur Einführung des Kraftbegriffs im Schülerbuch werden am Ende des Abschnitts b) gebracht.)

Mit diesen Kenntnissen können bereits einfache statische Aufgaben gelöst werden. Dabei ist es allerdings unumgänglich, daß auch das Wechselwirkungsgesetz, zumindest für die Erweiterungen, formuliert wird.

Das Kapitel über die Masse setzt ebenfalls die in vorhergehenden Abschnitten gesammelten Erfahrungen fort (Kapitel W 1.344 "Die Messung der Masse" und Kapitel M 1.2 "Schwere und Trägheit").

Während im Kapitel W 1.344 die Masse pragmatisch eingeführt wird, d.h., es wird nur das Meßverfahren angegeben, ohne die Festlegung des Begriffs selbst als Basisgrößenart zu problematisieren, wird jetzt die Masse definiert und die Brauchbarkeit dieser Meßvorschrift (Unabhängigkeit vom Ort und von der Temperatur) diskutiert.

b) Bemerkungen zu den einzelnen Themen

Kraft - Gewichtskraft (2.1)

Vielfach hört man die Meinung, man müsse von vornherein klar sagen, was man in der Physik unter bestimmten Begriffen verstehe (vgl. Kapitel 1.2.3). Dies ist sicher richtig.

Man muß aber dabei bedenken, daß die verwendeten Begriffe orientiert sind an dem Stand der Kenntnisse, dem Grad des Verständnisses für physikalische Zusammenhänge und dem Abstraktionsvermögen der Schüler (s. hierzu Kap. 1.1.1 "Didaktische und methodische Konzeption des Buches"). Physik kann man nicht mit den Grundlagen beginnen, sondern man muß irgendwo in der Mitte anfangen. Friedrich Hund sagt in seinem Buch "Geschichte der physikalischen Begriffe" folgendes: "Man lernt ja Physik meist aus einem Lehrbuch, das auf kurzem Wege das für richtig gehaltene Wissen plausibel macht oder nur systematisch darstellt. Der Leser gewöhnt sich so an die Begriffe und an die Sätze. Wie die Menschen sich daran gewöhnt haben, daß die Erde um die Sonne läuft oder daß der Mensch aus einer tierischen Entwicklungsreihe hervorgegangen ist, so haben sich die Physiker daran gewöhnt, daß das Licht auf elektromagnetischen Wellen beruht, daß die Wärme eine Energieform ist und in ungeordneter Bewegung besteht, daß die Materie Elektronen enthält und daß eine atomare Frequenz zu zwei Energiestufen gehört. Die Gründe dafür, die Zweifel daran und viele Schwierigkeiten, die eine solche Vorstellung bot, werden nicht mehr diskutiert. So werden auch die grundlegenden Begriffe der Physik nicht mehr voll verstanden. Jedem, der Physik studiert, tritt ja ein ernstes Dilemma entgegen. Er möchte Physik "verstehen" und er möchte Physik "handhaben" lernen, sie vielleicht sogar weiterbilden. Versucht er, alles zu verstehen, so kommt er nie dazu, es zu handhaben; beschränkt er sich auf das zweite (er muß ja an sein Weiterkommen im Beruf denken), so versteht er die Dinge nicht ganz, mit denen er umgeht. Nun, wissenschaftliches Studium bewegt sich immer am Rande des Menschenmöglichen, und jeder muß persönlich den Kompromiß suchen, den er verantworten kann. In dem Zwiespalt von Verstehen und Handhaben kann vielleicht eine Betrachtung der geschichtlichen Entwicklung der physikalischen Begriffe einiges helfen. Natürlich können wir in einem Menschenleben nicht die Diskussionen aus mehreren Jahrtausenden nachvollziehen." ((25), S. 11)

In weit höherem Maße gilt dies, was Hund für das Physikstudium sagt, für die Schule. Kein Begriff der Schulphysik macht dies deutlicher als der Begriff der Kraft. Für Schüler der 5. und 6. Jahrgangsstufe ist der Kraftbegriff kein Problem. Ihre Vorstellungen sind an der Muskelkraft orientiert, selbst wenn sie noch so geschickt mit Kraftmessern umzugehen vermögen, anschaulich gegeben

Hinweise zur LE 2: Kraft und Masse

ist zunächst die Muskelkraft, mit der auch andere Erfahrungen in Beziehung gesetzt werden. Die Gewichtskraft dagegen wird häufig auch mit Masse verwechselt. Die subjektiv empfundene Anstrengung darf aber nicht mit dem physikalischen Begriff "Kraft" gleichgesetzt werden. So schreibt z. B. Günther Ludwig: "Daß physikalische Begriffe intuitiv auch durch subjektive Erlebnisse nahegelegt werden können, soll nicht bestritten werden. So entstand historisch sicherlich auch der Begriff der Kraft auf Grund von Erlebnissen, daß man sich selber "anstrengen" muß, will man einen Wagen mit einer Last in Bewegung setzen. Man verfehlt aber vollkommen den physikalischen Begriff der Kraft, wollte man ihn als Bezeichnung für dieses unmittelbare Erlebnis der Anstrengung einführen. Der physikalische Begriff der Kraft beschreibt eben nicht etwas unmittelbar Feststellbares, ... Die erlebte Anstrengung ist kein durch die Mechanik als physikalische Theorie beschriebener Sachverhalt und kann daher höchstens eine Anregung zu einer Intuition sein, den Kraftbegriff einzuführen; eine ähnliche Anregung, wie diejenige, die über die Entdeckung des Gravitationsgesetzes durch Newton erzählt wird: ein herabfallender Apfel soll Newton, als er im Garten ruhte, zu der Vorstellung des allgemeinen Anziehungsgesetzes der Massen geführt haben." ((1), S. 121f.)

Alle diese Probleme sind sicher hochinteressant. Was sollen wir aber im Unterricht tun? Welchen Kraftbegriff sollen wir verwenden?

Gehen wir von der Gleichung $F = m \cdot a$ aus, so ist dies nicht exakt, da hieraus nicht erkennbar ist, daß mit F eigentlich die resultierende Kraft gemeint ist. Aber auch dies befriedigt nicht, denn in der Gleichung wird m als konstant vorausgesetzt, was auch bei nicht relativistischer Betrachtungsweise nicht immer der Fall ist. Man schreibt also mit $p = m \cdot v$: $F = \dot{p}$. Diese Definitionsgleichung geht auf Newton zurück. Die dahinterstehende gedankliche Leistung ist nicht gering zu veranschlagen. Entscheidend für die Aufstellung einer solchen Definitionsgleichung dürfte die Denkweise sein, daß jedes Geschehen eine vorangehende Ursache oder Ursachen habe, aus denen es mit Notwendigkeit folgt. Jede Bewegungsänderung führen wir auf eine Ursache zurück, wir nennen sie Kraft. In der Definitionsgleichung ist allerdings keine Aussage darüber gemacht, wie diese Kraft entsteht bzw. welche Quellen vorliegen. In diesem Sinne ist der physikalische Kraftbegriff eine reine Gedankenkonstruktion, die sich allerdings als äußerst zweckmäßig erweist. Die Definitionsgleichung ist für sich allein genommen im Grund eine leere Aussage, die durch andere Kraftgesetze (z. B. durch actio = reactio oder durch das lineare Kraftgesetz) ergänzt wird.

Boltzmann sagt hierzu: "Alle unsere Vorstellungen und Begriffe sind ja innere Gedankenbilder. Die Aufgabe unseres Denkens ist es nun, dieselben so zu gebrauchen und zu verbinden, daß wir mit ihrer Hilfe allzeit die richtigen Handlungen treffen und auch andere zu richtigen Handlungen anleiten." ((26), S. 20)

Bei den Teilchenbeschleunigern ist die magnetische Kraft Ursache der Bewegungsänderung. Weitere Beispiele sind die elektrischen Kräfte und die Gravitationskräfte. Newtons große Leistung bestand darin, daß er die Kraft, mit der z. B. der Mond in seiner Bahn gehalten wird, mit der Schwerkraft identifizierte, wie wir sie von der Erdoberfläche her kennen. Newton sagte: "Der Mond ist gegen die Erde schwer, er wird durch die Schwere von der geradlinigen Bahn abgezogen und in seiner Bahn erhalten." ((20), S. 386)

Aber auch die Newton'sche Kraftdefinition genügt nicht allen Ansprüchen. Blicken wir z. B. aus einem beschleunigten Auto, so erscheinen die Bäume nach der anderen Seite hin beschleunigt, obwohl keine Kraft auf sie wirkt. Im Bezugssystem des beschleunigten Autos ist die Kraftdefinition also nicht sinnvoll anwendbar. Sie setzt ein unbeschleunigtes System voraus. Ein System, in dem die Körper nur ihrer Trägheit folgen, heißt <u>Inertialsystem.</u> Ein Inertialsystem erkennen wir aber daran, daß der Impuls eines Körpers sich nicht ändert, d. h. wenn er nicht beschleunigt ist. Gegen welches Bezugssystem darf er nicht beschleunigt sein? Gegen ein Inertialsystem. Und damit haben wir das Inertialsystem durch sich selbst definiert. Wir können uns aber helfen, wenn wir annehmen, daß ein Körper im Weltraum, weit entfernt von allen anderen Körpern, zumindest in sehr guter Näherung ein Intertialsystem darstellt. In einem Bezugssystem, wie dem der Erde, müssen wir aber mit einer Reihe von Beschleunigungen rechnen, die nicht einfach vernachlässigt werden dürfen. Erinnert sei nur an die sogenannte Coriolisbeschleunigung, die z. B. bewirkt, daß jede Bewegung auf der nördlichen Halbkugel der Erde nach rechts abgelenkt wird. So weht der Wind nicht einfach vom Hochdruck- zum Tiefdruckgebiet, sondern infolge dieser <u>Coriolisbeschleunigung</u> gegen den Uhrzeigersinn um das Tiefdruckgebiet herum. Diese Beschleunigungen führt ein mitbewegter Beobachter,

Hinweise zur LE 2: Kraft und Masse

d. h. ein Beobachter auf der Erdoberfläche, auf Kräfte zurück. Diese Kräfte heißen Scheinkräfte oder auch Trägheitskräfte, da sie nicht durch die unmittelbare Nachbarschaft von Quellen - z. B. elektrischen Ladungen oder anziehenden Körpern - entstehen. Wenn wir die in einem Labor auf der Erde gewonnenen Ergebnisse auswerten wollen, müssen wir entsprechende Korrekturen anbringen. Nur bei bestimmten Bedingungen sind die Effekte gering. Die Erde kann nur sehr vereinfacht als ein Inertialsystem angesehen werden. Will man die durch Einstein in die Physik getragenen Anschauungen (Veränderlichkeit der Masse) ebenfalls berücksichtigen, so kommt nicht der Kraft, sondern der Beschleunigung bei dem als Gravitation bezeichneten Phänomen eine von den bewegten Körpern unabhängige Bedeutung zu. Das Gravitationsfeld ist nach dieser Auffassung kein Kraft-, sondern ein Beschleunigungsfeld.

Kraft als Gedankenkonstruktion wird besonders im folgendem Zitat von Heinrich Hertz deutlich:

"Wir schwingen einen Stein an einer Schnur im Kreise herum: Wir üben dabei bewußtermaßen eine Kraft auf den Stein aus; diese Kraft lenkt den Stein beständig von der geraden Bahn ab. Nun aber verlangt das dritte Newton'sche Gesetz eine Gegenkraft zu der Kraft, welche von unserer Hand auf den Stein ausgeübt wird. Auf die Frage nach dieser Gegenkraft lautet die jedem geläufige Antwort: Es wirke der Stein auf die Hand zurück infolge der Schwungkraft, und diese Schwungkraft sei der von uns ausgeübten Kraft in der Tat genau entgegengesetzt gleich. Ist diese Ausdrucksweise zulässig? Ist das, was wir Schwungkraft oder Zentrifugalkraft nennen, etwas anderes als die Trägheit des Steins? Dürfen wir, ohne die Klarheit unserer Vorstellungen zu zerstören, die Wirkung der Trägheit doppelt in Rechnung stellen, nämlich einmal als Masse, zweitens als Kraft? In unseren Bewegungsgesetzen war die Kraft die vor der Bewegung vorhandene Ursache der Bewegung. Dürfen wir, ohne unsere Begriffe zu verwirren, jetzt auf einmal von Kräften reden, welche erst durch die Bewegung entstehen, welche eine Folge der Bewegung sind?

Alle diese Fragen sind offenbar zu verneinen; ...

Mögen die logischen Unbestimmtheiten, welche uns um die Sicherheit der Grundlagen besorgt machten, auch wirklich bestehen, sie haben sicherlich keinen einzigen der zahllosen Erfolge verhindert, welche die Mechanik in ihrer Anwendung auf die Tatsachen errungen hat. ... Es kann nicht geleugnet werden, daß in sehr vielen Fällen die Kräfte, welche unsere Mechanik zur Behandlung physikalischer Fragen einführt, nur als leergehende Nebenräder mitlaufen, um überall da außer Wirksamkeit zu treten, wo es gilt, wirkliche Tatsachen darzustellen. In den einfachen Verhältnissen, an welche die Mechanik ursprünglich anknüpfte, ist dies freilich nicht der Fall. Die Schwere eines Steins, die Kraft des Armes scheinen ebenso wirklich, ebenso der unmittelbaren Wahrnehmung zugänglich wie die durch sie erzeugten Bewegungen. Aber wir brauchen nur etwa zur Bewegung der Gestirne überzugehen, um schon andere Verhältnisse zu haben. Hier sind die Kräfte niemals Gegenstand der unmittelbaren Erfahrung gewesen; alle unsere früheren Erfahrungen beziehen sich nur auf die scheinbaren Orte der Gestirne. Wir erwarten auch in Zukunft, nicht die Kräfte wahrzunehmen, sondern die zukünftigen Erfahrungen, welche wir erwarten, betreffen wiederum nur die Lage der leuchtenden Punkte am Himmel, als welche uns die Gestirne erscheinen. Nur bei der Ableitung der zukünftigen Erfahrungen aus den vergangenen treten als Hilfsgrößen vorübergehend die Gravitationskräfte auf, um wieder aus der Überlegung zu verschwinden." ((33), S. 16)

Mit diesen Bemerkungen werden Äußerungen verständlich, die - wie die nachfolgende - in modernen Darstellungen der Physik zu finden sind: "In gewissem Sinne ist der Kraftbegriff für die Physik ein Malheur. Er tritt nur im Bereich der makroskopischen Physik auf, in atomaren und kleineren Dimensionen verliert er seinen Sinn. Da wir die makroskopische Physik letztlich als einen Spezialfall der Mikrophysik auffassen, wäre es besser, den Kraftbegriff von vornherein auch in der makroskopischen Physik zu vermeiden. Leider sind aber die ganze klassische Mechanik und Elektrodynamik aus didaktischen Gründen auf dem Kraftbegriff aufgebaut. Das liegt daran, daß der Kraftbegriff sehr anschaulich ist. Wir benötigen ihn z. B., um den in der Anschauung viel weniger zugänglichen Begriff Energie "begreiflich" zu machen. Danach könnte man den Kraftbegriff wieder streichen. Meist behält man ihn jedoch bei." (27)

Wir können also den Kraftbegriff wegen seiner Anschaulichkeit nicht entbehren. Allerdings können wir auch nicht die volle Problematik, wie sie in den vorhergehenden Bemerkungen deutlich geworden ist, in der Schule bringen.

Hinweise zur LE 2: Kraft und Masse

Welche Abstufungen in Richtung elementarer Begriffsbildungen sind aber möglich? Bei dem Entwurf eines Lehrgangs sollten wir bedenken, was im Lehrerband an den verschiedensten Stellen immer wieder deutlich gemacht wurde und was Rudolf Carnap in seinem Buch "Physikalische Begriffsbildung" zutreffend folgendermaßen charakterisiert: "Die Physik hat die Aufgabe, die sinnlich wahrnehmbaren Gegenstände begrifflich zu behandeln, d.h. die Wahrnehmungen systematisch zu ordnen und aus vorliegenden Wahrnehmungen Schlüsse auf zu erwartende Wahrnehmungen zu ziehen.

Wie bei fast allen Wissenschaften, so werden auch bei der Physik die untersten Schichten des Gebäudes schon im vorwissenschaftlichen Denken des täglichen Lebens errichtet. Schon bevor es eine einheitliche Physik gibt, werden die wahrnehmbaren Dinge und Vorgänge verglichen, ihre räumlichen, qualitativen und zeitlichen Beziehungen festgestellt. Damit wird der Anfang gemacht zu dem Aufbau einer Gesamtordnung des wahrnehmbaren Geschehens. Die Arbeit der Physik besteht in nichts anderem als der Fortsetzung dieser Tätigkeit in geregelter Weise; die Ordnung wird strenger durchgeführt, es werden besondere dingliche Hilfsmittel, die physikalischen Apparate, geschaffen, um den Bereich des zu verarbeitenden Materials zu erweitern; ferner auch besondere begriffliche Hilfsmittel, um die Verarbeitung gründlicher durchzuführen, Zusammenhänge höheren Grades behandeln zu können." (28)

Am Anfang der Sekundarstufe I wird die Kraft vielfach noch substantiell gesehen. "Ein Magnet hat Kraft". Die Kraft wohnt dem Körper inne, geht von ihm aus. Dies ist auch bei der Gewichtskraft so. Der Körper besitzt "Gewicht". Erst später sehen die Schüler ein, daß es sich um eine Wechselwirkung handelt. Dann "erfährt" ein Körper eine Kraft. Eine Kraft besteht zwischen zwei Körpern. Erschwerend kommt hinzu, daß die Bedeutung des Wortes Kraft in der Umgangssprache sehr vielseitig ist: Kraft im Sinne des physikalischen Kraftbegriffs, Kraft im Sinne von Energie (Kraftstoff, Atomkraft, Kraftwerk usw.) und Kraft im übertragenen Sinne (Waschkraft, Ausstrahlungskraft, Überführungskraft usw.).

Aufgabe des Physikunterrichts ist es nun, das umgangssprachliche Wort "Kraft" in der Physik nur zur Beschreibung von bestimmten Vorgängen zuzulassen. Dieser Prozeß kann frühzeitig erfolgen, kann sich aber auch über einen längeren Zeitraum hinziehen. Die Lehrpläne der Länder lassen hier verschiedene Möglichkeiten zu. Ausgangspunkt für diesen einfachen Kraftbegriff sind die Erfahrungen mit der Muskelkraft (Dehnung eines Expanders, Heben von Gewichtsstücken, Biegen einer Stahlfeder, aber auch Bewegungsänderungen wie Ablenkung eines Fußballs, Beschleunigung eines Balls beim Werfen u.a.m.). Die Übertragung der auf das Muskelgefühl zurückgehenden Kraftvorstellungen auf die unbelebte Natur (elektrische Kräfte, magnetische Kräfte, Gravitation) führt auf die Vorstellung von einer Kraft als Ursache von Verformungen und Bewegungsänderungen.

Der Vergleich von Kräften kann auch subjektiv vorgenommen werden. Für die Beurteilung von Verformungen und Bewegungsänderungen ergeben sich hiermit schon eine Reihe von Möglichkeiten. Man kann größere und kleinere Kräfte unterscheiden. Man löst sich von diesem subjektiven Muskelgefühl, wenn man den Vergleich mit Geräten vornimmt, z.B. mit einer Schraubenfeder. Die Notwendigkeit zur Bildung eines quantitativen Kraftbegriffs wird spätestens dann eingesehen, wenn der Vergleich von Kräften subjektiv nicht mehr vorgenommen werden kann bzw. nicht mehr ausreicht zur Beschreibung der zu untersuchenden physikalischen Phänomene. Auch bei der Bildung des quantitativen Kraftbegriffs sind verschiedene Stufen möglich. Eine erste Stufe wäre z.B.: Kraft ist das, was man mit dem Kraftmesser mißt. Es gibt geeichte Kraftmesser. Die Einheit ist 1 Newton. Um eine Vorstellung von dieser Einheit zu bekommen, wird mitgeteilt bzw. mit dem Kraftmesser überprüft, daß die Gewichtskraft eines Körpers von 1 kg Masse etwa 10 Newton beträgt. Voraussetzung für diese Einführung des Kraftbegriffs ist natürlich, daß der Begriff Masse bereits bekannt ist. In dieser Stufe kann der Kraftmesser als ein Meßinstrument für Kräfte benutzt werden, ohne daß gesagt wird, wie man zu dieser Skala kommt. Ein solches Verfahren ist durchaus nicht unzulässig. Bei der Zeitmessung verfährt man in der Schule schon lange so, da man eingesehen hat, daß der Zeitbegriff für eine genauere Behandlung in der Sekundarstufe I viel zu schwierig ist.

Eine zweite Möglichkeit wäre: Man benutzt die Verformung zur Kraftdefinition und legt fest: zwei Kräfte sind gleich groß, wenn sie dieselbe Schraubenfeder um den gleichen Betrag dehnen. Wirken mehrere Kräfte in gleicher Richtung, so addieren sich die Einzelkräfte zur Gesamtkraft. Die Einheit der Kraft ist wiederum 1 Newton. Sie kann in etwa realisiert werden durch die Gewichtskraft eines Körpers von 1/10 kg Masse am

Hinweise zur LE 2: Kraft und Masse

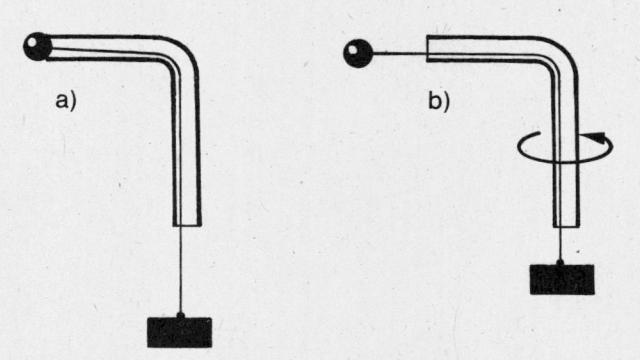

Abb. 283,1 Beschleunigende Kraft bei Richtungsänderung einer Bewegung

Abb. 283,2 Zur Definition der Gewichtskraft

Normort. Anschließend muß die Kalibrierung des Kraftmessers besprochen werden. Als Nebenprodukt ergibt sich das Hookesche Gesetz.

Eine ausführliche Behandlung dieser Definition erschwert möglicherweise den Anschluß an die dynamische Kraftdefinition, die über Beschleunigungen erfolgt, da erfahrungsgemäß ein Umlernen erhebliche Schwierigkeiten bereitet. Man soll zwar die Bereitschaft zum Umdenken fördern, doch darf dies als Lernziel nicht zum Selbstzweck werden. Wenn es sich erweist, daß offenkundig beim Umlernen erhebliche Schwierigkeiten auftreten, dann sollte man lieber einen anderen Weg wählen. Die dynamische Kraftdefinition wäre demnach sofort anzustreben. Dies setzt allerdings eine Reihe von physikalischen Erkenntnissen voraus, ohne die die Kraftdefinition nicht verstanden werden kann. Es bietet sich deshalb an, den Kraftbegriff zunächst in dem oben zuerst angegebenen Sinn pragmatisch zu benutzen, d.h. Kräfte als das zu bezeichnen, was mit einem Kraftmesser gemessen wird. Erst wenn genügend Lernerfahrungen vorliegen, kann die dynamische Kraftdefinition nachgeholt werden. Im KUHN wird der zuletzt skizzierte Weg beschritten. Für denjenigen, der die statische Kraftdefinition dazwischenschalten will, bieten sich noch genügend Möglichkeiten. (Vgl. auch S. 285!)

V M9, 1 und V M9, 2 stellen genaugenommen eine ganze Versuchsgruppe dar, die nach Belieben erweitert werden kann. Es geht zunächst um ein Sammeln von Vorgängen oder Phänomenen, bei denen in der Physik das Wort Kraft gebraucht wird.

Das Gemeinsame, nämlich die verformende bzw. bewegungsändernde Kraftwirkung, muß im Unterrichtsgespräch herausgearbeitet werden. Schülerversuche erscheinen deshalb in dieser Phase des Unterrichts nicht angebracht. Die anschauliche Grundlage muß durch breit angelegte Demonstrationsversuche gegeben werden, die meist als Freihandversuche möglich sind.

LV oder SV Ergänzende Versuche sind etwa die folgenden: Man läßt einen Wagen eine schiefe Ebene (geneigtes Brett) hinabfahren, der Wagen wird schneller. Auch hier führen wir das Schnellerwerden auf eine Kraft zurück.

Ein an einem Bindfaden befestigter Körper wird auf einer Kreisbahn herumgeschleudert. Die Rückwirkung auf den Finger ist deutlich zu spüren. Der Versuch kann nach Abb. 283, 1 folgendermaßen abgewandelt werden. Der Bindfaden wird durch ein rechtwinklig abgebogenes Glasröhrchen geführt und an das freie Ende ein geeignetes Gewichtsstück gehängt. Wird das Glasröhrchen nun in Rotation versetzt, so wird das Gewichtsstückchen angehoben. Auf den bewegten Körper wirkt also ständig eine Kraft. Bewegungsänderung bedeutet hier Richtungsänderung der Bewegung.

Kraft wird nun als Ursache von Bewegungsänderungen oder Verformungen aufgefaßt.

Die Gewichtskraft $\vec{G} = m \cdot \vec{g}$ läßt sich in diesem Stadium des Lehrgangs noch nicht einwandfrei verbal darstellen. Es wurde deshalb die auf Seite M9 gelb unterlegte Formulierung gewählt. Sie setzt ein intuitives Verständnis voraus, wie ein Körper auf eine Unterlage wirken muß, damit die volle Gewichtskraft wirksam wird. Die Schüler werden wohl kaum in dieser Phase eine schräg gestellte Unterlage verwenden. (s. Abb. 283,2)

Für das Fundamentum ist vorgesehen, im Anschluß daran pragmatisch den Kraftmesser einzuführen. Die lineare Einteilung der Skala erleichtert das Verständnis, zumal die Anzeige des Kraftmessers nicht im Widerspruch steht zur Muskelanstrengung. (Je größer die Dehnung, um so größer ist auch die wirkende Kraft.)

Obwohl erst im folgenden Kapitel der Zusammenhang zwischen Gewichtskraft und Masse eines Körpers behandelt wird, läßt sich bereits jetzt die Einheit der Kraft veranschaulichen durch die Gewichtskraft eines Kilogrammstücks (ein 1 kg-Stück erfährt die Gewichtskraft von ca. 10 N).

LV oder SV Nachdem Kräfte gemessen werden können, muß auch noch der Einfluß der Richtung untersucht werden (V M10, 1). Dies geschieht

Hinweise zur LE 2: Kraft und Masse   S. M 10–M 11

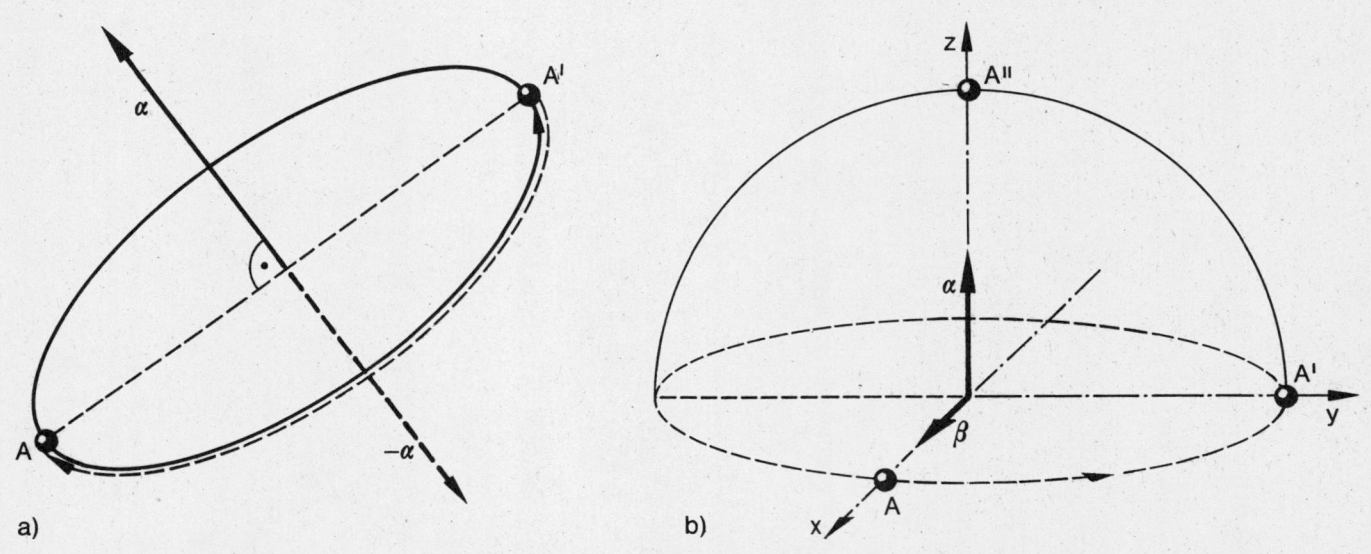

Abb. 284, 1 Drehwinkel können nicht durch Vektoren beschrieben werden

mit Kraftmessern. Hierbei muß entweder der Betrag der Kraft konstant gehalten werden oder aber die "Wirkung" (z. B. gleiche Durchbiegung einer Blattfeder, Abb. M10, 2).

Sollten in der Schulsammlung keine in Newton kalibrierten Kraftmesser vorhanden sein, so überklebt man die Beschriftung, 1 kp wird z. B. ersetzt durch 10 N. Der Fehler beträgt 2 %, liegt also im Bereich der Meßunsicherheit.

Einige Lehrmittelfirmen liefern Torsionskraftmesser, die mit Haftmagneten an Blechtafeln befestigt werden können. Versuchsanordnungen dieser Art sind besonders gut im Demonstrationsunterricht einzusetzen (z. B. Wandtafel-Demonstrations-Mechanik von MAPHY, Ingenieur-Büro Ludwig Maaß, 5758 Strickherdicke).

Es muß betont werden, daß mit dem Nachweis des Richtungscharakters einer physikalischen Größe noch nicht gezeigt ist, daß sie auch als Vektorgröße beschrieben werden kann. Hierzu muß experimentell überprüft werden, ob die betreffende Größe, z. B. die physikalische Größe "Kraft", vektoriell addiert werden kann (vgl. Kap. M2. 4).

Ein wesentliches Kriterium dafür soll an einem Gegenbeispiel erläutert werden. Jedem Drehwinkel kann z. B. ein Pfeil zugeordnet werden, wobei die Richtung des Pfeils die Richtung der Drehung angibt, die Länge des Pfeils den Betrag der Drehung. Es läßt sich leicht nachweisen, daß die durch den Pfeil dargestellte Größe kein Vektor ist.

In Abb. 284, 1a ist dem Drehwinkel α eine gerichtete Strecke zugeordnet: Der Punkt A wird durch Drehung um $180°$ in den Punkt A überführt. Die entgegengesetzte Drehung macht den Vorgang wieder rückgängig. Eine Addition der beiden gerichteten Strecken α und $-\alpha$ ergäbe eine Strecke der Länge Null, wie man es auch erwartet. Im Räumlichen dagegen kann keine sinnvolle Addition vereinbart werden. Eine Drehung um die z-Achse mit dem Drehwinkel $90°$ führt A in A' über. Die Drehung ist durch die gerichtete Strecke α dargestellt. Führt man nachfolgend eine Drehung um die x-Achse aus, die von der gerichteten Strecke β beschrieben wird, dann ergibt sich die neue Lage A". Vertauscht man die Reihenfolge der beiden Drehungen, so stimmt die Endlage nicht mit der vorhergehenden überein. Eine Drehung kann demnach nicht durch einen (axialen) Vektor beschrieben werden, da das Vertauschungsgesetz für die Addition nicht erfüllt wäre.

Für Kräfte trifft dies dagegen zu (s. V M18, 3 und Abb. M18, 4).

Kräftegleichheit bedeutet, daß die Kräfte nach Betrag und Richtung übereinstimmen. Der Angriffspunkt spielt dabei keine Rolle, er ist aber in vielen Fällen für unterschiedliche Auswirkungen der Kräfte verantwortlich zu machen. So ist es nicht gleichgültig, wo die Kraft angreift, wie V M10, 2 beweist. Es wurde deshalb die Formulierung gewählt:

"Die Wirkung einer Kraft hängt von Richtung, Betrag und Angriffspunkt ab", statt der früher üblichen Beschreibung: "Eine Kraft ist durch Betrag, Richtung und Angriffspunkt bestimmt."

Von großer Bedeutung sind die Beispiele für Kraftwerte, da sie erst ein Gefühl für Größenordnungen geben. Der Umgang mit neuen Einheiten ist weitgehend eine Frage der Gewöhnung. Man sollte deshalb die Kraftwerte durch weitere Beispiele ergänzen.

Hinweise zur LE 2: Kraft und Masse

Weitere Beispiele für Kraftwerte

Gewichtskraft eines erwachsenen Menschen auf der Erde	ca. 750 N
Tragkraft von Personenaufzügen (4 - 16 Personen)	(3000...12000) N
Gewichtskraft eines Betonklotzes von 1 m^3	22 000 N
Maximale Belastung einer Achse eines Eisenbahn-Güterwagens	200 000 N
Bruchfestigkeit eines Stahldrahtes (Baustahl) von 2 mm^2 Querschnitt	(660...1700) N

Soll über eine pragmatische Einführung hinausgegangen werden, so gibt es mehrere Möglichkeiten. Grundlage ist jeweils die in der ersten Erweiterung auf S. M9/10 dargestellten Überlegungen.

1. Die statische Kraftdefinition ist auf S. M9 angedeutet, sie muß ausführlicher erläutert werden, wenn sie der Lehrer zur Grundlage nehmen möchte:
a) Zwei Gewichtskräfte sind dem Betrage nach gleich, wenn sie dieselbe Schraubenfeder um den gleichen Betrag dehnen.
b) n Körper mit untereinander gleicher Gewichtskraft haben zusammengefügt die n-fache Gewichtskraft.
c) Ein Körper der Masse 1 kg erfährt am Normort eine Gewichtskraft von ca. 10 N (genau: 9,80665 N).
Die Vielfachheit beinhaltet die Proportionalität zwischen Gewichtskräften und Massen. Dies steht nicht im Widerspruch zur dynamischen Definition der Kraft. Da alle Körper mit gleicher Beschleunigung fallen, folgt aus $F = ma$: $G = m \cdot g$. Die Gewichtskraft ist der Masse proportional (vgl. auch S. A 13).

2. Möchte man sich etwa bei der Definition der Vielfachheit von der Gewichtskraft lösen, so wäre folgendes denkbar:
a) Zwei Kräfte sind dem Betrage nach gleich, wenn sie dieselbe Schraubenfeder um den gleichen Betrag dehnen.
b) n untereinander gleiche Kräfte üben in gleicher Richtung zusammenwirkend die n-fache Kraft aus.
c) Die Einheit der Kraft wird mit Hilfe der Gewichtskraft des Urkilogramms am Normort realisiert.

3. Findet der Mechanik-Lehrgang in den Klassen 9 oder 10 statt, so kann man im Anschluß an die Mitteilung, daß die Kraft mit Hilfe von Bewegungsänderungen definiert wird (S. M10), mit Kap. A 2.1 fortfahren. In Kap. A 2.3 wird die dynamische Kraftdefinition erarbeitet, Kraftmesser werden kalibriert. Der Begriff "Masse" (Kap. M 2.2) muß parallel zu A 2.3 oder vorher behandelt werden.

4. Da im allgemeinen die Voraussetzung für den dritten Weg nicht gegeben sein dürften, kann man zwar die Kraftmessung auf die beschriebene pragmatische Weise einführen, die Krafteinheit "Newton" aber durch Beschleunigungsversuche veranschaulichen. Vorschläge hierzu findet man in (29). Zum Verständnis ist der Geschwindigkeitsbegriff nötig. 1 Newton wird als diejenige Kraft bezeichnet, die einen Körper der Masse 1 kg in 1 s aus der Ruhelage auf eine Geschwindigkeit von 1 m/s zu bringen vermag.

Abb. 285,1 Mathematisches Pendel. Es gilt:
$F = G \sin \alpha = mg \frac{x}{l}$

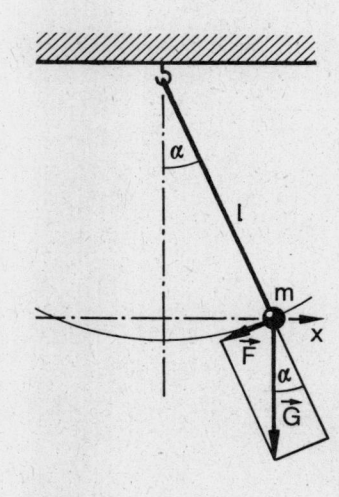

Masse (2.2)

Der Begriff "Masse" ist ähnlich wie viele andere Begriffe der Physik sehr schwierig und in der Schule in seiner ganzen Problematik nicht aufzeigbar.

Die Eigenschaften "Schwere" und "Trägheit" lassen sich zur Massenbestimmung benutzen. Das führte dazu, daß man das Ergebnis des Schwerevergleichs "schwere Masse", das Ergebnis des Trägheitsvergleichs "träge Masse" nannte. Während die klassische Physik der Auffassung war, träge und schwere Masse seien etwas verschiedenes und die Proportionalität zwischen beiden sei rein zufälliger Natur, geht die Allgemeine Relativitätstheorie von der Gleichheit von träger und schwerer Masse aus (17), S. 29ff., (30). Es ist allgemein üblich, träge und schwere Masse zu identifizieren. Ein Beispiel hierfür ist die mathematische Behandlung des Fadenpendels (Abb. 285,1):

Hinweise zur LE 2: Kraft und Masse

LI Für kleine Auslenkungen α gilt, wenn wir die träge Masse mit m_t, die schwere Masse mit m_s bezeichnen, nach der Newtonschen Mechanik:

$$-m_s g \frac{x}{l} = m_t \ddot{x} \quad \text{oder} \quad \ddot{x} + \frac{m_s g}{m_t l} x = 0.$$

Aus dem Lösungsatz $x = x_o \sin \omega t$ folgt durch Einsetzen $\omega^2 = \frac{m_s g}{m_t l}$ und mit $\omega^2 = \frac{4\pi^2}{T^2}$:

$$T = 2\pi \sqrt{\frac{m_t}{m_s} \cdot \frac{l}{g}}.$$

Für $m_t = m_s$ erhält man die bekannte experimentell nachprüfbare Schwingungsformel.

LI Nach der speziellen Relativitätstheorie ist die träge Masse keine unveränderliche Eigenschaft eines Körpers, die unter allen Umständen konstant bleibt, sondern hängt gemäß der Formel

$$m = \frac{m_o}{\sqrt{1 - \frac{v^2}{c^2}}}$$

(m_o: Ruhemasse; m: Masse des Körpers, der mit der Geschwindigkeit v bewegt wird, c: Lichtgeschwindigkeit) von der Geschwindigkeit ab. Wie man sich leicht überlegen kann, ist selbst bei sehr hohen Geschwindigkeiten bezüglich der Erde (z. B. ca. 11 km/s in der Raumfahrt) die Massenänderung äußerst gering, so daß man sie vernachlässigen kann. Dies gilt nicht mehr für Teilchen, die in modernen Beschleunigungsanlagen mit großem technischen Aufwand nahezu auf Lichtgeschwindigkeit beschleunigt werden. Sie erfahren eine beträchtliche Massenzunahme. Im Bereich der "gewöhnlichen Geschwindigkeiten" können wir aber ohne Bedenken mit m_o rechnen.

Sowohl die Identifizierung von träger und schwerer Masse als auch die Vernachlässigung relativistischer Effekte bei gewöhnlichen Bedingungen ist deshalb zulässig.

Welche Eigenschaft soll man aber in der Schule für die Metrisierung verwenden, die Trägheit oder die Schwere?

Bei einer Definition der Masse über die Trägheit muß man Beschleunigungen messen oder Geschwindigkeiten. Benutzt man den zentralen unelastischen Stoß, so kann z. B. festgelegt werden:

Kommen zwei Körper mit entgegengesetzt gleichen Geschwindigkeiten nach einem zentralen, unelastischen Stoß zur Ruhe, so besitzen sie gleiche Massen.

Ein solches Verfahren wird vielfach in der Oberstufe angegeben (31), (32). Es kommt aber aus zwei Gründen für die Sekundarstufe I nicht in Frage:

1. Der Begriff der Masse muß propädeutisch auch mit Rücksicht auf die Nachbardisziplinen Chemie und Biologie bereits sehr früh, in der Regel schon in den Klassen 5 und 6 (Mathematikunterricht) eingeführt werden. Auf dieser Stufe fehlen aber alle Voraussetzungen, um den o. a. Vorgang mathematisch zu behandeln.

2. Als praktisches Meßverfahren ist der unelastische Stoß ungeeignet. Messungen werden mit der Balkenwaage vorgenommen. Die Schüler sehen nicht ein, wozu eine Meßvorschrift mit Stoßversuchen festgelegt wird, wenn man nachher doch wieder mit der Balkenwaage umgehen muß.

So bleibt nichts anderes übrig, als die Masse mit Hilfe der Balkenwaage einzuführen, selbst wenn manche Vorschriften als undurchsichtige Manipulationen erscheinen oder die Schüler nicht alle Zusammenhänge (z. B. die Rolle des Hebelgesetzes) durchschauen können.

Um trotzdem den Schülern einen gewissen Einblick in die Bildung des Begriffs "Masse" zu geben, wird im Schülerbuch der Begriff in vier Schritten eingeführt:

1. Pragmatische Einführung des Meßverfahrens auf Seite W15 (Kap. W 1.344).

2. Untersuchung der Eigenschaften "Schwere" und "Trägheit".

3. Diskussion verschiedener Möglichkeiten zur Beschreibung dessen, was vom Ort und der Temperatur unabhängig ist. Ausgangspunkt ist hierbei ein intuitives Verständnis der Masse. Definition der Masse mit Hilfe der Balkenwaage, Durchführen von Wägungen.

4. Demonstration der Brauchbarkeit des Meßverfahrens; Unabhängigkeit der Wägeergebnisse von Ort und Temperatur, Zusammenhang mit der Gewichtskraft, Veranschaulichung.

Im vorliegenden Kapitel geht es um die beiden letzten Schritte. Masse als Maß für "Menge Materie" ist zwar Ausgangspunkt, man sollte sich aber im Unterricht bald davon lösen, zumal in Physik und Chemie als Maß für die "Menge Materie" auch noch die Basisgröße "Stoffmenge" mit der Einheit Mol dient, die über die Teilchenzahl definiert ist:

LI Die Einheit der Stoffmenge n heißt Mol (1 mol). Sie wird repräsentiert durch die Stoffmenge

Hinweise zur LE 2: Kraft und Masse

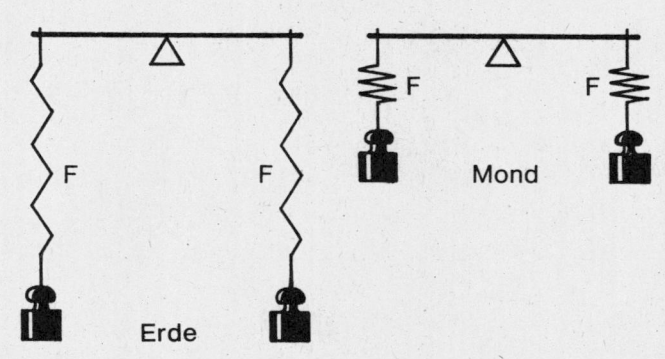

Abb. 287,1 Kräftegleichgewicht auf Erde und Mond

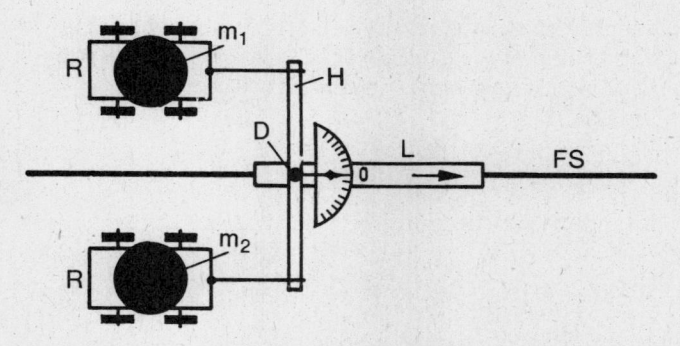

Abb. 287,2 Massenbestimmung mit Hilfe der Trägheit

von genau 12 g des reinen Kohlenstoffnuklids ^{12}C. Ein System besitzt demnach die Stoffmenge 1 mol, wenn es ebenso viele Teilchen (Moleküle, Atome, Ionen, Elektronen usw.) enthält wie in genau 12 g des reinen Kohlenstoffnuklids ^{12}C vorhanden sind.

LI Körper mit gleicher Stoffmenge, also gleicher Teilchenzahl, können durchaus verschiedenen Massen haben (1 mol Blei hat die Masse 207,2 g und 1 mol Aluminium hat 27 g).

Im KUHN wird deshalb die Formulierung benutzt:
"Die durch das Meßverfahren (gemeint ist das weiter oben beschriebene Meßverfahren mit der Balkenwaage) definierte Größe nennt man Masse (Symbol m)."

Hiermit soll verhindert werden, daß die Stoffmengenvorstellung zu sehr mit dem Begriff "Masse" verbunden wird.

Das in V M11,1 beschriebene Ersatzverfahren scheint nur auf den ersten Blick kompliziert zu sein. Verwendet man Schülerübungswaagen von der in Abb. M16,1 dargestellten Art, so leuchtet es eigentlich sofort ein, daß man den Versuchskörper gegen einen anderen austauschen muß. Der Massenvergleich zwischen den Laufgewichten und dem Versuchskörper wird von den Schülern nicht erwogen.

Das hier eingeführte Meßverfahren für Massen setzt ein Schwerefeld voraus; es versagt zum Beispiel in einer Raumkapsel im sogen. schwerelosen Zustand (auf einer Kreisbahn um die Erde). Obwohl das Gleichgewicht der Balkenwaage auf die gleiche Gewichtskraft zweier Körper (am gleichen Ort) zurückzuführen ist, sagt es doch nichts über den Betrag dieser Gewichtskraft aus; denn auch auf dem Mond würde Gleichgewicht herrschen, wenn auch die beiden Körper dort viel leichter sind (s. Abb. 287,1).

SI Wie verfährt man in schwerefreien bzw. schwerekompensierten Gebieten, z.B. einem Raumfahrzeug auf einer Kreisbahn? Eine Balkenwaage, die man ins Gleichgewicht gebracht hat, spricht auf keine - auch ungleiche - Belastung an. Beschleunigt man sie jedoch senkrecht zum Waagbalken nach oben, so bleibt sie nur dann im Gleichgewicht, wenn die Massen gleich waren.

Die auftretenden Trägheitskräfte genügen den Gleichungen $F_1 = m_1 \cdot a$ und $F_2 = m_2 \cdot a$; d.h. bei beliebiger, aber auf beide Körper gleicher Beschleunigung a wirken auf Körper gleicher Masse gleiche Trägheitswiderstände. Man kann also die Massengleichheit zweier Körper auch mit Hilfe ihrer Trägheitseigenschaft durch Beschleunigung feststellen.

LV Eine Vorrichtung zur Demonstration dieses Verfahrens könnte nach Abb. 287,2 improvisiert werden: Auf horizontalem Tisch werden zwei gleiche Rollwägelchen R mit Lasten (m_1, m_2) an die Enden eines gleicharmigen Hebels H angehängt; dessen Drehachse D ist an der Holzleiste L befestigt und wird mit dieser längs einer Führungsschiene FS beschleunigt. Die Tatsache, daß Körper, deren Massen mit Hilfe der Schwere als gleich festgestellt wurden, auch mit dem Trägheitsverfahren sich als massengleich erweisen, besagt, daß beide Verfahren gleichwertig sind.

SV Weitere Möglichkeit zur Massenbestimmung: Eine Schraubenfeder (s. Abb. 287,3 mit angehängter Schale wird mit dem zu messenden

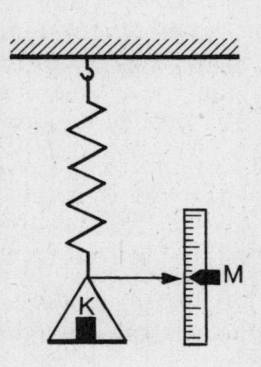

Abb. 287,3 Massenbestimmung mit Kraftmesser und Wägesatz

Hinweise zur LE 2: Kraft und Masse

S. M 12–M 13

Körper belastet und der Zeigerstand M markiert. Dann wird die Schale mit Wägestücken beladen, bis der Zeiger wieder bei der Marke M steht. Die Summe der Wägestück-Angaben ergibt die Masse des Körpers. (Vgl. V M13,2.)

SV Nach der Einführung des Meßverfahrens sollten einige Wägungen durchgeführt werden, und zwar sowohl von festen als auch von flüssigen Körpern. Um die Phantasie der Schüler anzuregen, sollten diese Übungen verbunden werden mit weiteren meßtechnischen Problemen, z. B. mit der

- Bestimmung der Masse einer Stecknadel (man mißt die Masse von 100 Nadeln);
- Bestimmung der Masse eines Blatts Papier;
- Bestimmung der Masse von 1 m^3 Sand (man ermittelt die Masse von 1 dm^3 Sand)

u. a. m.

Diese Übungen können verknüpft werden mit

SV V M12,3. Im Übungsunterricht könnte eine Schülergruppe, während die anderen ihre Meßübungen veranstalten, mit der Durchführung von V M12,3 betraut werden. Im gemeinsamen Unterrichtsgespräch werden dann die Ergebnisse diskutiert und ausgewertet. Im Demonstrationsunterricht läßt man einzelne Schüler oder Schülergruppen die Wägungen durchführen.

VT Um die Unabhängigkeit der Masse von der Temperatur zu demonstrieren, kann auch die Eisenkugel aus V W18,3 (s. Abb. W18,2) verwendet werden. Ein wegen seiner prinzipiellen Bedeutung gewichtiger Einwand gegen die Versuchsauswertung ist, daß die Meßgenauigkeit nicht ausreiche, um eine Aussage wie "Die Masse ist von der Temperatur unabhängig" zu rechtfertigen. Dieser Einwand wird gelegentlich auch von Schülern vorgebracht. Hier muß der Lehrer mitteilen, daß auch bei einer sehr viel größeren Meßgenauigkeit keine Massenänderung festgestellt werden kann.

LI Selbstverständlich gelten diese Aussagen auch nur bei nicht relativistischer Betrachtungsweise. Wegen $E = mc^2$ wird eine Energiezufuhr, wie sie ja jede Erwärmung darstellt, auch mit einer Massenzunahme verbunden sein. Durch eine Überschlagsrechnung kann man sich leicht davon überzeugen, daß der Effekt wegen des großen Wertes der Lichtgeschwindigkeit ($\Delta m = \Delta E/c^2$) viel zu klein ist, als daß er hier nachgewiesen werden könnte. Schülern, die oft erheblich Vorkenntnisse besitzen, muß man - wenn das Problem zur Sprache kommt - mitteilen, daß die hier zu erwartende Massenzunahme weit unterhalb der Meßunsicherheit liegt.

Meist erwarten aber die Schüler intuitiv eine der Volumenzunahme entsprechende Massenzunahme. Da aber die erwartete deutliche Massenzunahme nicht eintritt, schließen sie, daß überhaupt keine Massenänderung erfolgt.

SV Für den weiteren Lehrgang ist V M13,1 wichtig, da später Kräfte oft durch Gewichtskräfte realisiert werden.

Abb. M13,1 dient der Veranschaulichung des Unterschieds zwischen Masse und Gewichtskraft (vgl. auch Abb. 287,1). Einsatz von audiovisuellen Hilfsmitteln ist gut möglich (s. Abschnitt d)).

Dichte (2.3)

Während bisher im Mechanikteil Stoffeigenschaften nur qualitativ betrachtet wurden, ist der Dichtebegriff quantitativ gefaßt. Kapitel M2.3 ist somit beispielhaft für die Metrisierung von Stoffeigenschaften, aber auch für die Definition abgeleiteter Größenarten. Aus diesem Grunde ist der Übergang von der umgangssprachlichen Beschreibung der zu quantifizierenden Stoffeigenschaft zur physikalischen Größe, die durch eine algebraische Verknüpfung zweier bekannter Größenarten gewonnen wird, relativ ausführlich und breit dargestellt, und zwar auf verschiedenen Anspruchsniveaus.

Die Tatsache, daß es sich bei dem im Schülerbuch beschriebenen Vorgehen um homogene Körper handeln muß, wird nicht thematisiert.

Entsprechend der Gesamtkonzeption des KUHN wird auch hier von der ungenauen Beschreibung durch die Alltagssprache ausgegangen. Dies bedeutet keineswegs, daß kein intuitives Verständnis vom Begriff "Dichte" vorhanden wäre. Schüler merken sehr wohl, daß die Hilfsmittel der Umgangssprache nicht ausreichen. Sie geben sich aber schnell damit zufrieden, sich bei der Erfassung der Stoffeigenschaft des "Schwerer- oder Leichterseins" auf gleiche Volumina zu beziehen (vgl. auch Abb. M14,1). Diese Stufe der Begriffsbildung muß bewußt überschritten werden. "Dichte" ist nicht gleichzusetzen mit der "Masse eines Körpers von 1 cm^3". Oft erhält man von Schülern auf die Frage, wie groß die Dichte von Wasser sei, die Antwort: "1 Gramm". Deshalb wird in diesem Kapitel der Dichtebegriff sehr ausführlich abgehandelt, deshalb auch wird die Sprechweise "Gramm je Kubikmeter" vermieden, und stets die Ausdrucksweise "Gramm durch Kubikzentimeter" benutzt (vgl. S. M15 oben).

Hinweise zur LE 2: Kraft und Masse

Wichtig ist die Erkenntnis, daß bei (homogenen) Körpern zwischen Masse und Volumen eine proportionale Zuordnung besteht, wobei der Proportionalitätsfaktor für jeden Stoff einen festen Wert besitzt. Der zugehörige Graph ist eine Gerade, deren Steigung die Dichte angibt.

Vorbereitet wird dieser Zusammenhang durch Abb. M14, 1 und Abb. 14, 2. Obwohl es naheliegt, von der Masse eines Einheitswürfels auf die Masse eines Würfels mit n-fachem Volumen zu schließen und damit auch auf die Gleichung (14, 1) zu kommen, empfiehlt es sich, die Versuche M V14, 1 und M V14, 2 als Lehrer- oder Schülerversuche durchzuführen. Zum einen können beliebige Volumina bzw. Massen gemessen werden, wobei die Messungen selbst eine gute Übung zum vorhergehenden Kapitel darstellen, zum anderen zeigt besonders V14, 1, daß die Dichte eine Eigenschaft ist, die für den betreffenden Stoff charakteristisch ist: Jede Gerade kennzeichnet nämlich eine bestimmte Steinsorte. Damit wird die Dichtebestimmung als eine Möglichkeit erkannt, einen unbekannten Stoff zu identifizieren. [LV SV]

Die Umformung einer Zahlenwertgleichung in eine Größengleichung ist nur für die zweite Erweiterung gedacht. Sie kann auch entfallen, wenn entsprechende Überlegungen bereits an anderen Stellen gemacht worden sind (z. B. im Zusammenhang mit der Linsenformel, S. O27 und O28).

Messungen liegen in Form von Tabellen oder Graphen vor; man vergleicht Zahlenwerte, um Beziehungen zu erkennen. Auch Schüler denken zunächst in Zahlenwerten. Dem entspricht Gleichung (14, 1) auf S. M14. Der Übergang zur Größengleichung kann direkt erfolgen (S. M15 unten), wobei der Vorteil der Größenschreibweise nachträglich durch Beispiele (S. M15 rechts unten) gezeigt wird oder aber durch eine Umformung unter Benutzung der Darstellungen physikalischer Größen als Produkt aus Maßzahl und Maßeinheit (vgl. S. M6). Dieser Weg ist zwar sehr formal und verlangt eine gewisse Fertigkeit im Umgang mit physikalischen Größen, demonstriert aber in überzeugender Weise die Unabhängigkeit der Größengleichungen von den verwendeten Einheiten.

Mit der Berechnung der Masse eines Körpers von 1 cm^3 wird wieder die Verbindung zum Ausgangspunkt hergestellt: Vergleich der Massen von Körpern gleichen Volumens. Der Unterschied zur Dichte wird noch einmal herausgearbeitet.

[LV oder SV] Die Dichtebestimmung von Luft knüpft an die Überlegungen des Kapitels M 1.2 an und beschließt gleichzeitig den Abschnitt über die Dichte.

Es ist vielfach üblich, statt der Kunststoffkugel einen Glaskolben zu evakuieren und die Massenabnahme zu bestimmen. Dieser Versuch geht auf Otto von Guericke zurück. In seinem Buch "Neue Magdeburger Versuche über den leeren Raum" schreibt er:

"Eine Teilwägung von Luft kann (wie die Abbildung zeigt), auf folgender Grundlage vor sich gehen: Da die Luft tatsächlich Gewicht besitzt, so ergibt sich, daß ein gläserner Kolben L von der in Kap. 5, 11 und 12 erwähnten Art nach dem Auspumpen in ihm enthaltener Luft nicht mehr ebenso schwer ist wie vorher. Man hänge beispielsweise ein solches Glas an eine Waage und wäge es (bei geöffnetem Hahn, damit es zuverlässig mit Luft gefüllt ist). Pumpt man es jetzt von aller Luft leer, so wird man bemerken, daß es nunmehr nach Maßgabe seines Fassungsvermögens eine oder zwei usw. Unzen weniger wiegt. Für meine Vorlage beträgt solcherart die nach dem Auspumpen bei mittlerem Luftdruck an der Waage nachweisbare Gewichtsminderung über 4 Lot, was dem Gewicht von 2 Kaisertalern entspricht. Gewährt man dann der Luft wieder Zutritt (aber allmählich, damit sie nicht bei zu ungestümem Eindringen das Glas zertrümmert), so hört man sie nicht nur zischend einströmen, sondern sieht auch das Glas nach und nach sein früheres Gewicht wieder annehmen, was der wichtigste Beweis für die Schwere der Luft ist. Aus diesen Versuchen folgt ferner, daß die Luft auf sich selbst lastet, mit anderen Worten, daß sie infolge ihres Gewichtes bei uns hier unten stark zusammengepreßt und verdichtet ist. Je höher und weiter entfernt von der Erdoberfläche sie sich aber befindet, um so geringer wird ihr Gewicht, und sie ist demnach nicht so stark zusammengedrückt, sondern dünner oder ausgedehnter und leichter. Ebenso folgt, daß verdichtete Luft mehr an Luft enthält als ausgedehnte, daß aber dabei keine Unterschiedlichkeit der Luft als solcher vorhanden ist." ((33), S. 113)

Das Denken und die Arbeitsweise Otto v. Guerickes, der ja nicht nur Experimentator war, sondern sich im Dreißigjährigen Krieg jahrelang als Gesandter der Stadt Magdeburg verdient gemacht hat (34), werden besonders deutlich in der "Vorrede an den Leser" seines Buches:

"Ich ...., wollte aber nicht jene mannigfachen und ungereimten Auffassungen ver-

Hinweise zur LE 2: Kraft und Masse

bessern oder widerlegen, ... Denn das würde zu weit führen und die Leser verdrießen, da es auf Grund der erworbenen reicheren Erfahrung und Wissenschaft alle, die nicht an einer vorgefaßten Meinung kranken, sondern leidenschaftslos um eine richtige Auffassung der Versuche bemüht sind und sie mit der gerechten Waage der Wahrheit wägen, von solchen veralteten und schlecht begründeten Vorstellungen abzubringen vermag. Vor dem Zeugnis der Tatsachen muß ja leeres Gerede verstummen. Gegen einen Menschen aber, der handgreifliche und sichere Erfahrungen leugnet, lohnt es nicht, zu streiten oder zu kämpfen: mag er denken, wie er will und wie die Maulwürfe im Dunklen wühlen. Denn die exakte Wissenschaft liegt nicht mehr zu Felde, sondern feiert Siegesfeste und ruht im allertiefsten Frieden der Wahrheit." ...

"Daher darf man nicht glauben, irgendein besonders Glücklicher vermöge seine Werke fehlerlos herausbringen. Im Gegenteil, wir begehen zuweilen gerade dann einen Fehler, wenn wir andere eines solchen bezichtigen. So unterstellen wir denn gern alles, was nicht durch Versuche bewiesen wird, der Beurteilung sachverständiger und redlicher Männer, und falls wir in irgendeinem Punkte eines besseren belehrt oder zu einer richtigeren Ansicht angehalten werden, wollen wir uns ihr anschließen.

Vor allen Dingen ist es aber unser Wille, daß die Lehren dieses Werkes sich hinter den Klostermauern der Naturwissenschaft halten, nicht in fremdes Gebiet, etwa in solches, das den Glauben betrifft, hinüberschlüpfen, sondern allein auf die wissenschaftlichen Grundlagen, soweit sie durch Versuche gesichert sind, beschränkt bleiben. Sollte uns aber unbedachtsam oder aus Unaufmerksamkeit eine verdächtige Äußerung wider Willen entschlüpft sein, so möchten wir sie hiermit zurückziehen. Die Freiheit, anders zu denken, räumen wir jedem ein und sind unsererseits bereit, der Lehre zu folgen, die der Wahrheit näher kommt. Im übrigen aber glauben wir, es werde in künftigen Zeiten nicht an feinen und scharfsichtigen Geistern fehlen, die, angeregt durch dieses Buch, sich bemühen werden, anderes, vielleicht Besseres und Tieferes zu erdenken." ((33), S. 133 f.)

Der Versuch Guerickes wird aus zwei Gründen nicht empfohlen: 1. Aus Sicherheitsgründen ist er nur als Lehrerversuch durchführbar. 2. Die Wägung erfolgt ohne Berücksichtigung des Auftriebs, das erste Wägeergebnis liefert deshalb nicht die Masse von Glaskolben und darin enthaltener Luft, da die Gewichtskraft der eingeschlossenen Luft durch den Auftrieb, den sie erfährt, gerade kompensiert wird.

Im Buch benutzen wir eine Versuchsanordnung, bei der die Masse einer zusätzlichen Luftmenge ermittelt wird.

LI Zu 2): Hat der Glaskolben die Gewichtskraft G_g, das Volumen V_g, die eingeschlossene Luft die Gewichtskraft G_L, das Volumen V_L, so wirkt auf die Waagschale die Gewichtskraft $G_1 = G_g + G_L - \gamma_L(V_g + V_L) = G_g - \gamma_L V_g$. Wird der Kolben evakuiert, so erfährt er einen zusätzlichen Auftrieb, die genau der Gewichtskraft der eingeschlossenen Luft entspricht: $G_2 = G_g - \gamma_L V_L - \gamma_L V_g$; $G_1 - G_2 = \gamma_L V_L$.

Pumpen wir aber eine zusätzliche Luftmenge hinein, so ist
bei der 1. Messung:
$G_1 = G_g + G_L - F_A$ (Auftriebskraft),
bei der 2. Messung:
$G_2 = G_g + G_L + \Delta G_L - F_A$.
Und es ist: $G_2 - G_1 = \Delta G_L$.

Zur Bestimmung der Dichte eines Stoffs müssen Masse und Volumen eines homogenen Körpers gemessen werden. Da Auftriebsmethoden noch nicht zur Verfügung stehen (vgl. SM60, A1 und V M61,1!), kommen zur Dichtebestimmung nur Wägemethoden in Frage. Sie können alle auf Grund der im Unterricht dargestellten Zusammenhänge erarbeitet werden, wenn auf die verschiedenen Meßverfahren verstärkt eingegangen werden soll. Zur Volumenbestimmung sind Meßkolben, Meßzylinder, Pipetten, Büretten und Pyknometer geeignet. Bei unregelmäßig geformten festen Körpern muß man bei der Volumenbestimmung auf Verfahren zurückgreifen, die im Unterricht besprochen wurden (vgl. S. W13 f.) Soll die Dichte von Kokspulver, Sägespänen, Zucker o. ä. gemessen werden, so kann man auf einen erweiterten Dichtebegriff aufbauen, nämlich auf dem Begriff der "Rohdichte" oder dem Begriff der "Schüttdichte". In DIN 1306 heißt es hierzu unter Nr. 4: "Ist ein Stoff porös, faserig oder körnig, enthält er also in seinem Gefüge Hohlräume (z. B. Poren) oder Zwischenräume oder beides, so sind von der Dichte nach Abschnitt 1, bei deren Ermittlung das Volumen ohne Einbeziehung von Hohl- und Zwischenräumen einzusetzen ist (gemeint ist die Definition $\varrho = m/V$), noch die Dichten nach den Abschnitten 4.1 bis 4.3 zu unterscheiden.

4.1 Die Rohdichte ist der Quotient aus Masse und jenem Volumen, das die Hohlräume einschließt.

Hinweise zur LE 2: Kraft und Masse

4.2 Die Schüttdichte ist der Quotient aus der Masse und jenem Volumen, das die Zwischenräume und, falls zusätzlich Hohlräume vorhanden, auch diese einschließt.

4.3 Die Größen nach den Abschnitten 4.1 und 4.2 sind außer vom Zustand (Temperatur, Druck) der Stoffe noch von ihrer Vorbehandlung abhängig, z.B. von früheren Druckbehandlungen, von der Art und dem Verlauf des Schüttvorgangs oder von der Art der Lagerung." ((15), S. 49)

Für die Sekundarstufe I geeignet scheint uns der sehr anschauliche Begriff der <u>Schüttdichte</u> zu sein.

Bezüglich der oben erwähnten Meßverfahren sei auf die einschlägige Literatur verwiesen, z.B. auf (14), S. 8; (71), S. 56, 58 ff., 98 ff.; (24), S. 305

Kraft und Gegenkraft - Kraft als Vektor (2.4)

In diesem Kapitel geht es um zwei wichtige Sachverhalte, um das grundlegende Gesetz von <u>actio und reactio</u> und um das <u>Gleichgewicht von Kräften</u>.

LI Bezeichnen wir die Kraft, mit der ein Körper auf einen zweiten einwirkt, mit $\vec{F}_{12}$, die Kraft, mit der dieser auf den ersten zurückwirkt, mit $\vec{F}_{21}$, so gilt:

$$\vec{F}_{12} = -\vec{F}_{21}.$$

Wegen $\vec{F} = \frac{d}{dt}(m \cdot \vec{v})$ ist

$$\frac{d}{dt}(m_1 \vec{v}_1) = -\frac{d}{dt}(m_2 \vec{v}_2) \quad \text{oder}$$

$$\frac{d}{dt}(m_1 \vec{v}_1 + m_2 \vec{v}_2) = 0.$$

Aus der letzten Gleichung folgt, daß

$$m_1 \vec{v}_1 + m_2 \vec{v}_2 = \text{konst.}$$

Das ist aber nicht anderes als der Impulserhaltungssatz: Aus dem <u>Wechselwirkungsgesetz</u> folgt unter Berücksichtigung der Grundgleichung die <u>Erhaltung des Impulses.</u> Wird umgekehrt der Impulserhaltungssatz aus der Erfahrung gewonnen und an den Anfang gestellt, so kann hieraus durch Differentiation das Wechselwirkungsgesetz hergeleitet und an der Erfahrung geprüft werden. Der Impulserhaltungssatz gehört zu den grundlegenden Gesetzen der Physik. Die obige Überlegung, in der der Zusammenhang mit dem Gesetz von actio und reactio, das auch als drittes Newtonsches Axiom bezeichnet wird, aufgezeigt wurde, unterstreicht somit den Stellenwert, der diesem Gesetz in der Physik zukommt.

Wendet man den Impulserhaltungssatz auf den zentralen unelastischen Stoß an, dann ergibt sich für den Sonderfall, daß nach dem Stoß die beiden Stoßpartner zur Ruhe kommen:

$$m_1 \vec{v}_1 + m_2 \vec{v}_2 = 0 \quad \text{und damit} \quad \frac{m_1}{m_2} = \frac{|\vec{v}_2|}{|\vec{v}_1|}.$$

Das Massenverhältnis ist durch das Geschwindigkeitsverhältnis gegeben. Die Gleichung kann dazu benutzt werden, ein Meßverfahren für Massen definitorisch festzulegen. (Vgl. auch Bemerkungen zu Kap. M2.2.) Sie stellt dann für den beschriebenen Sonderfall kein experimentell nachprüfbares Gesetz dar, sondern durch sie werden Gleichheit und Vielfachheit von Massenwerten definiert. Die Übertragung der Gleichung auf andere Fälle, z.B. auf zwei auseinanderfliegende Körper, und die Verallgemeinerung auf ein System von beliebigen miteinander wechselwirkenden Körpern stellt natürlich wiederum ein an der Erfahrung nachprüfbarer Satz dar.

LI Der zweite Sachverhalt, der oft mit dem ersten verwechselt wird, handelt von dem <u>Gleichgewicht der Kräfte</u>. Hier betrachtet man keine Kräfte, die zwischen zwei Körpern wirken, sondern Kräfte, die auf ein- und denselben Körper angreifen. Es gilt:

Der Schwerpunkt eines Körpers ist unbeschleunigt, d.h. es herrscht Gleichgewicht, wenn die Vektorsumme aller wirkenden Kräfte gleich Null ist:

$$\sum_{i=1}^{i=n} \vec{F}_i = 0 \Rightarrow \vec{a}_s = 0.$$

Diese Bedingung reicht noch nicht aus, um einen starren Körper z.B. völlig in Ruhe zu halten. Wie V M17,6 zeigt, kann ein solcher Körper sich noch (beschleunigt) drehen. Diese Zusammenhänge werden in Kap. M3 untersucht.

Betrachten wir den Sonderfall, daß zwei Kräfte an einem sich im Gleichgewicht befindlichen Körper angreifen, dann erhält man:

$$\vec{F}_1 + \vec{F}_2 = 0 \quad \text{oder} \quad \vec{F}_1 = -\vec{F}_2.$$

Diese Beziehung hat eine formale Ähnlichkeit mit dem Wechselwirkungssatz. Oft wird auch die eine Kraft als "Gegenkraft" bezeichnet. Man sollte aber sehr sorgfältig auf den Unterschied achten. Beide Kräfte wirken auf ein- und denselben Körper. Durch welche Art von Wechselwirkung sie entstehen, ist nicht von

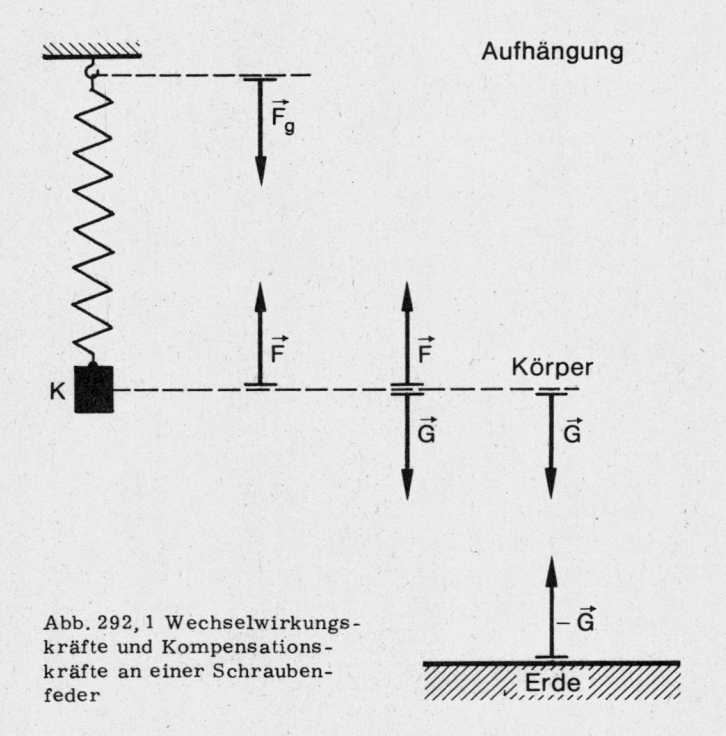

Hinweise zur LE 2: Kraft und Masse S. M17–M19

Abb. 292,1 Wechselwirkungskräfte und Kompensationskräfte an einer Schraubenfeder

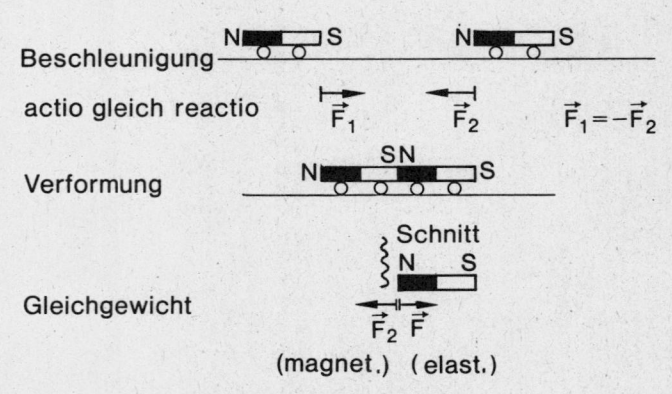

Abb. 292,2 Wirkung zweier Magnete aufeinander

Belang. In den Versuchen werden sie auch in unterschiedlicher Weise realisiert, so z.B. durch Federkräfte, Gewichtskräfte (Gravitationswechselwirkung) u.a.m.

Beide Sachverhalte, das Wechselwirkungsgesetz als auch das "Ins-Gleichgewicht-Setzen von Kräften" spielen in der Statik eine große Rolle und können auf dasselbe Problem angewandt werden. Um Verwirrung zu vermeiden, sollte man sie sorgfältig voneinander trennen.

Wir zeigen dies am Beispiel:

Ein Gewichtsstück wird an eine Schraubenfeder gehängt (Abb. 292,1). Auf den Aufhängepunkt wirkt die Kraft $\vec{F}_g$, am Körper zieht die Aufhängung mit entgegengesetzt gleicher Kraft $\vec{F}$. Dies sind <u>Wechselwirkungskräfte</u>. Dagegen erfährt der Körper infolge der Gravitation eine Gewichtskraft $\vec{G}$, die kompensiert wird durch die gleich große, aber entgegengesetzt am Körper angreifende Kraft $\vec{F}$ (Federkraft).

Die Betragsgleichheit der Wechselwirkungskräfte führt oft zu einer falschen Vorstellung vom Kräftegleichgewicht und in manchen Fällen zu falschen Schlußfolgerungen. Aufgabe 6 auf Seite M 19 ist hierzu ein Beispiel.

Daß entgegengesetzt gleiche Kräfte nicht zu einem "Gleichgewichtszustand" führen müssen, zeigt folgendes Beispiel: Zwei Magnete wirken aufeinander mit entgegengesetzt gleichen Kräften: $\vec{F}_1 = -\vec{F}_2$. Die Magnete bewegen sich beschleunigt, statt in Ruhe zu bleiben. Wenn sie sich berühren und elastisch verformen, entstehen neue Kräfte. (Abb. 292,2)

Um alle diese Schwierigkeiten in den Griff zu bekommen, wendet man in der Statik das <u>Schnittprinzip</u> an. Man trennt z.B. das System Körper-Erde bzw. das System Körper-Aufhängung und stellt jedes System und die darauf wirkenden Kräfte für sich dar. Um beim Beispiel zu bleiben: Man betrachtet nur den Körper K und die auf ihn wirkenden Kräfte. Bei den beiden Magneten legt man im Gleichgewichtszustand den Schnitt so, daß nur die Kräfte auf einen Magneten betrachtet werden: die magnetische Kraft $\vec{F}_2$ und die durch elastische Verformung des linken Magneten hervorgerufene Kraft $\vec{F}_{elast}$, die auf den rechten Magneten einwirkt. (Abb. 292,2). Ein weiteres Beispiel ist in Abb. 292,3 wiedergegeben. Die einzelnen Stäbe, die in A, B, C, D gelenkig gelagert sind (es treten keine Momente auf), bestimmen ein sogenanntes <u>Stabwerk</u>. Dieses ist wegen des losen (beweglichen) Lagers in B statisch bestimmt, d.h. aus der bekannten Auflagerkraft in B ($\vec{F}_B = -\vec{G}/2$) lassen sich alle anderen Kräfte nach Betrag und Richtung allein aus den Gleichgewichtsbedingungen ermitteln, ohne daß das elastische Verhalten der Stäbe heran-

Abb. 292,3 Stabwerk (a), Kräftedreieck zum Auflager B (b)

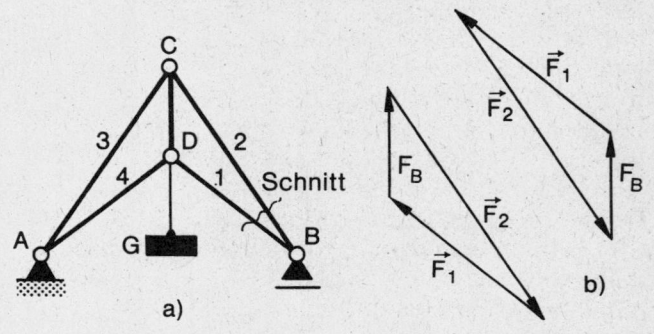

292

Hinweise zur LE 2: Kraft und Masse

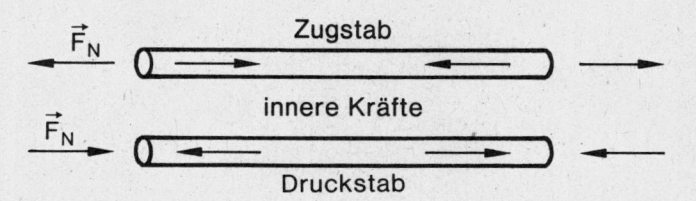

Abb. 293,1 Kräfte bei Druck- und Zugstäben

gezogen werden muß. Man bestimmt zunächst die Stabkräfte der Stäbe 1 und 2. Da die Richtungen vorgegeben sind, kann das Kräftedreieck aus $\vec{F}_B$ und den beiden Geraden, die zu $\vec{F}_1$ bzw. $\vec{F}_2$ parallel sind, gezeichnet werden. Man muß nur noch vereinbaren, in welcher Reihenfolge man vorgehen will, ob man durch die Spitze von $\vec{F}_B$ zuerst die Parallele zu $\vec{F}_1$ oder diejenige zu $\vec{F}_2$ legen will. Hat man $\vec{F}_1$ und $\vec{F}_2$, dann geht man zum nächsten Knoten über. Im vorgegebenen Beispiel ist der Stab 2 ein Druckstab, Stab 1 wird auf Zug beansprucht.

Wirken auf einen Stab nur Normalkräfte (senkrecht zur Querschnittsfläche), dann liegt ein Druck- oder ein Zugstab vor. Abb. 293,1 zeigt die Richtungen der äußeren und inneren Kräfte in einem Druck- und in einem Zugstab.

Im Schülerbuch werden beide beschriebenen Sachverhalte, Wechselwirkungsgesetz und Kräftegleichgewicht, an vielen einfachen Beispielen entwickelt. Differenzierungsmöglichkeiten bieten sich in vielfältiger Weise an. Das Wechselwirkungsgesetz ist nur für die zweite Erweiterung vorgesehen, die vektorielle Darstellung der Kraft für die erst und zweite Erweiterung. Um der ausführlich dargestellten Verwechslung von Gleichgewichts- und Wechselwirkungskräften entgegenzuwirken, wird in dem vorliegenden Abschnitt stets von Kräften gesprochen, die an einem Punkt oder einem Körper angreifen, wenn es sich um ein Problem handelt, bei dem das Gleichgewicht von Kräften interessiert. Da aber bei vielen statischen Problemen, etwa bei der Belastung einer schiefen Ebene, auch das Gesetz von actio und reactio herangezogen werden muß, kann zumindest für einen vertiefenden Lehrgang auf eine Behandlung dieses Gesetzes nicht verzichtet werden.

LV Die Versuche V M17,1 und V M18,1 können u.U. wegfallen, wenn sie zu schwierig erscheinen, da die wesentliche Aussage über das Gleichgewicht zweier Kräfte auch mit

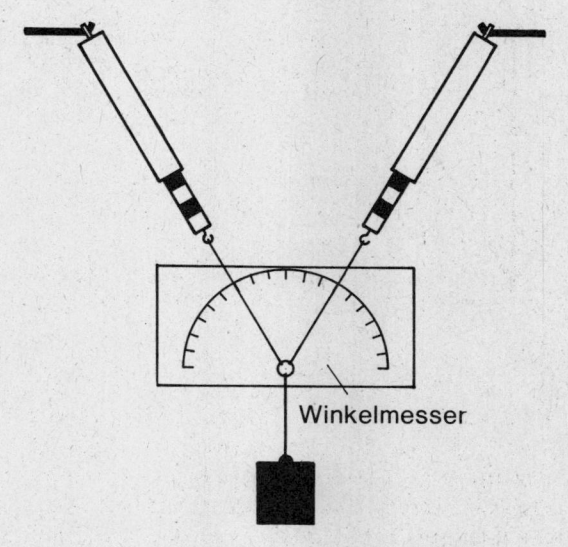

Abb. 293,2 Zusammensetzung von Kräften

V M17,6 gewonnen werden kann. Dann entfällt aber auch V M18,1. Wegen seiner besonderen Bedeutung für die Übertragung einer Kraft sollte dieser Versuch jedoch nachgeholt werden, spätestens im Zusammenhang mit den einfachen Maschinen "Stange" und "Seil".

Die Behandlung der vektoriellen Addition von Kräften im Schülerbuch setzt die Kenntnis des Begriffs Vektor und die Kenntnis der Addition von Vektoren voraus. Obwohl der Vektorbegriff heutzutage nach den Lehrplänen für den Mathematikunterricht bereits sehr früh (etwa im Zusammenhang mit den Verschiebungen in Klasse 7) behandelt werden soll, kann man nicht überall davon ausgehen, daß dies auch wirklich geschehen ist. In diesem Fall muß der Lehrer Durchführung und Auswertung von V M18,3 im Anschluß an V M18,2 initiieren, da nicht erwartet werden kann, daß Schüler die Versuchsanordnung selbst finden.

LV oder SV Um die Motivation zu verstärken, kann der Versuch V M18,2 vereinfacht und übersichtlicher gestaltet werden. Beide Kraftmesser werden in gleicher Höhe angebracht, so daß die Haltekräfte symmetrisch wirken. Die Stativstangen werden auf zwei verschiedene Stativfüße befestigt, damit man sie auseinanderrücken kann. Der Versuch ist sowohl als Lehrer- als auch als Schülerversuch durchfahrbar. Man beobachtet die Veränderung der Kräfte beim Auseinanderrücken der Halterungen. (Abb. 293,2)

LV Ausgehen kann man von folgendem Versuch: Zwei Schüler werden beauftragt, ein etwa 5m langes Seil zu spannen, indem sie an den Enden gleich stark ziehen. (Es empfiehlt sich,

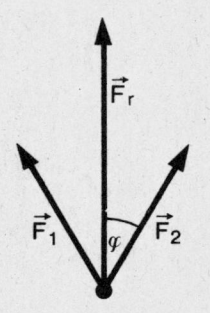

Hinweise zur LE 2: Kraft und Masse

Abb. 294,1 (links) $\vec{F}_r$ ersetzt die beiden Kräfte $\vec{F}_1$ und $\vec{F}_2$

Abb. 294,2 (rechts) Durchhang bei einer Straßenleuchte

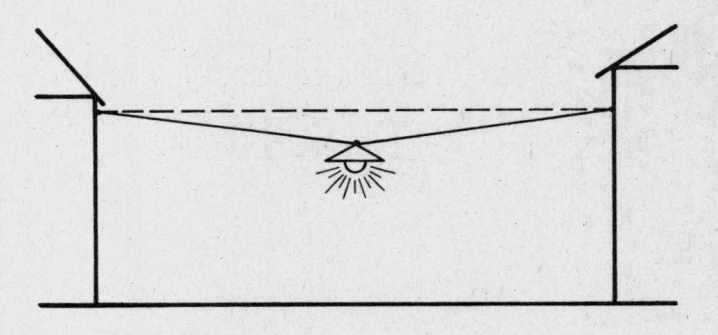

das Seil zunächst etwas kürzer zu fassen.) Das Seil wird in der Mitte mit einem 50 N schweren Stein oder einem 5 kg-Stück belastet. Es wird den Schülern trotz größter Anstrengungen nicht gelingen, das Seil so zu spannen, daß es nicht durchhängt. Gelegentlich machen Schüler den Vorschlag, ein längeres Seil zu nehmen oder das Seil an einem Ende anzubinden. In allen Fällen wird man feststellen, daß es stets etwas durchhängt.

Nach dieser Demonstration, die das Interesse der Schüler zu wecken vermag, wird dann der bereits beschriebene Versuch durchgeführt. Bevor man eine Meßreihe aufnimmt, müssen zunächst im Unterrichtsgespräch die bisherigen Ergebnisse zusammengetragen werden. Das kann etwa folgendermaßen aussehen:

Aus Symmetriegründen müssen die beiden Haltekräfte gleich groß sein. Der Versuch bestätigt diese Überlegung: Die beiden Kraftmesser zeigen stets gleiche Beträge der Kräfte an.

LV Ist der Winkel $\varphi = 0$, dann wirken beide Kräfte in gleicher Richtung und entgegengesetzt der Gewichtskraft. Sie addieren sich deshalb, jede ist halb so groß wie die senkrecht nach unten wirkende Gewichtskraft. Nimmt der Winkel zu, den die beiden Teilkräfte einschließen, dann vergrößern sich ihre Beträge bei konstant gehaltener Gewichtskraft. Dies leuchtet ein, denn die Kräfte wirken ja auch gegeneinander. Die eine Kraft "hilft" nicht nur der anderen, der Gewichtskraft das Gleichgewicht zu halten, sondern zieht zugleich nach rechts, während die andere nach links zieht.

Nach den bisherigen Erkenntnissen muß eine Kraft, die genauso groß ist wie die Gewichtskraft und in entgegengesetzter Richtung am Ring angreift, genau die gleiche Wirkung haben wie die Kräfte $\vec{F}_1$ und $\vec{F}_2$ zusammen.

(Abb.294,1) Für jeden beliebigen Winkel φ müssen $\vec{F}_1$ und $\vec{F}_2$ durch $\vec{F}_r$ ersetzt werden können, jede einzelne für sich durch $\frac{1}{2}\vec{F}_r$.

Im Beispiel ist $F_r = 2N$. Damit liegt die Frage nahe nach dem Zusammenhang zwischen den Kräften $\vec{F}_1$, $\vec{F}_2$ und $\frac{1}{2}\vec{F}_r$ bzw. φ.

LV oder SV Ein Versuch zeigt, daß bei doppeltem Winkel nicht auch die doppelten Einzelkräfte zu erwarten sind. Der Zusammenhang ist nicht linear. Nun erst wird eine Meßreihe aufgestellt.

Meßbeispiel

φ in Grad	0	15	30	45	60	75	90
F in N	2,00	2,03	2,30	2,84	4,00	7,80	

Aus der Tabelle erkennt man schon, daß die Kraft F sehr viel schneller wächst als der Winkel. Strebt der Winkel gegen 90° ($\varphi \to 90°$), dann müssen die Haltekräfte über alle Grenzen wachsen. Das ist praktisch niemals erfüllbar, da kein Werkstoff diese Belastung aushielte. Außerdem betrüge der Winkel zwischen den beiden Teilkräften 180°, sie wären entgegengerichtet, gleich groß und hielten sich das Gleichgewicht. Es bliebe kein Kraftanteil übrig, der der Gewichtskraft entgegenwirkte. Aus diesem Grunde kann ein in der Mitte belasteter Draht (z.B. eine Straßenleuchte, Abb. 294,2) niemals so straff gespannt werden, daß er eine gerade Linie bildet.

Der Versuch und die skizzierten Überlegungen machen deutlich, daß Kräfte nicht in gleicher Weise addiert werden können wie Längen oder Flächeninhalte. Das entspricht der auf Seite M18 oben formulierten Erkenntnis.

Um den Versuch auszuwerten, muß der Lehrer die Schüler daran erinnern, in welcher Weise Kräfte dargestellt werden. (Vgl. S. M11) Motiviert wird die zeichnerische Auswertung durch die Tatsache, daß ja nicht nur die Beträge, sondern auch die Richtungen der

Hinweise zur LE 2: Kraft und Masse

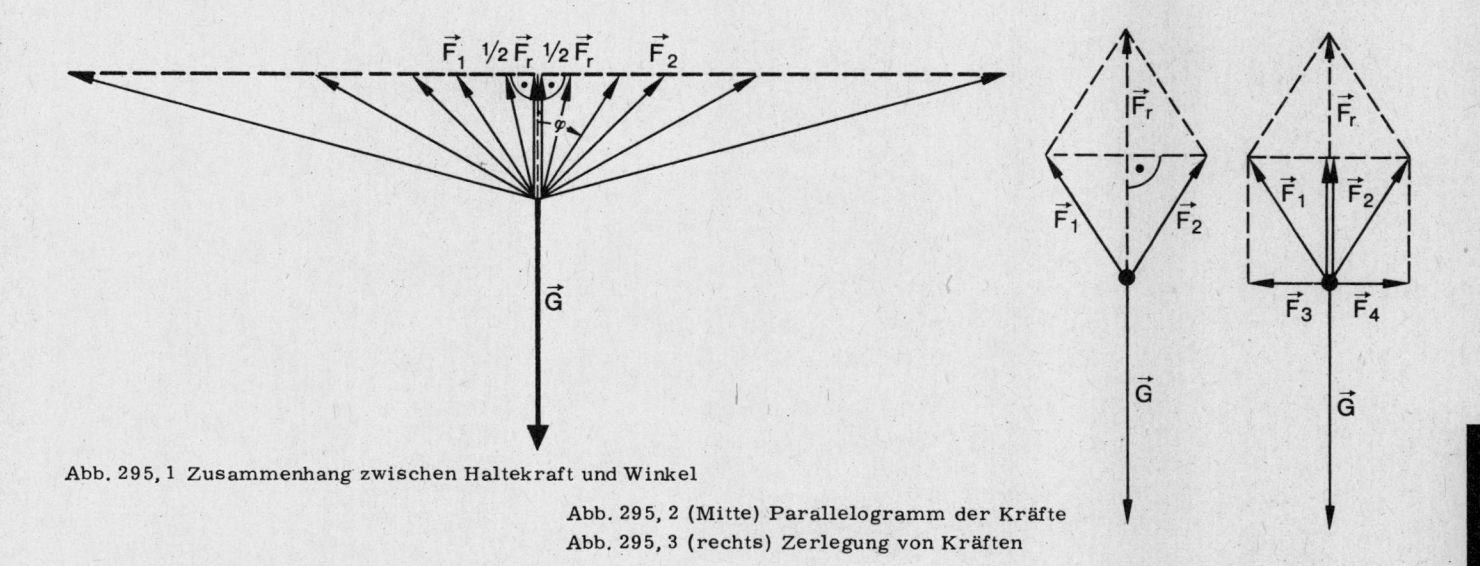

Abb. 295,1 Zusammenhang zwischen Haltekraft und Winkel

Abb. 295,2 (Mitte) Parallelogramm der Kräfte
Abb. 295,3 (rechts) Zerlegung von Kräften

Kräfte in die Auswertung eingehen müssen. Für das oben angegebene Meßbeispiel ist die Auswertung in Abb. 295,1 wiedergegeben. Man erkennt:

1. Die senkrechte Projektion einer der Teilkräfte auf die Wirkungslinie der Ersatzkraft ist stets gleich dem Betrag von $\vec{F}_r/2$.

2. $\vec{F}_r/2$ und $\vec{F}$ bilden immer ein rechtwinkliges Dreieck. Ergänzt man die Figur in der in Abb. 295,2 angegebenen Weise, so ergibt sich eine Raute mit $\vec{F}_r$ als Diagonalen.

Nach der Untersuchung dieses Sonderfalls liegt es nahe, für den allgemeinen Fall $(|\vec{F}_1| \neq |\vec{F}_2|)$ zu vermuten, daß die resultierende Kraft $\vec{F}_r$, die in ihrer Wirkung den beiden Kräften $\vec{F}_1$ und $\vec{F}_2$ gleichkommt, als Diagonale in einem Parallelogramm dargestellt werden kann. Damit wäre man ebenfalls bei V M18,3 angelangt.

Auch bei der Zerlegung von Kräften in Komponenten kann man an die Ergebnisse bzw. an den Versuch bei symmetrischer Anordnung der Kräfte anknüpfen.

Die Kräfte $\vec{F}_1$ und $\vec{F}_2$ können durch eine einzige Kraft $\vec{F}_r$ in der bekannten Weise ersetzt werden.

$\vec{F}_r/2$ ist die Projektion von $\vec{F}_1$ auf die Diagonale, also die Komponente von $\vec{F}_1$ bzw. $\vec{F}_2$, die senkrecht nach oben wirkt. $\vec{F}_1$ und $\vec{F}_2$ ziehen aber auch seitlich. Mit welcher Kraft geschieht dies? Nach dem bisherigen kann es sich dabei nur um die Projektionen der Kräfte $\vec{F}_1$ und $\vec{F}_2$ auf eine Linie durch den Angriffspunkt handeln, die waagerecht verläuft, also senkrecht auf der Wirkungslinie der Resultierenden steht. Nur wenn diese gleich sind, bleibt der Angriffspunkt in Ruhe.

Die Projektionen geben (vgl. Abb. 295,3) nach Größe und Richtung die Seitenkräfte $\vec{F}_3$ und $\vec{F}_4$ an. $\vec{F}_3$ und $\vec{F}_r/2$ setzen sich nach dem Kräfteparallelogramm zu $\vec{F}_1$, $\vec{F}_4$ und $\vec{F}_r/2$ zu $\vec{F}_2$ zusammen. $\vec{F}_3$ und $\vec{F}_4$ sind jedoch entgegengesetzt gleich und heben sich in ihrer Wirkung auf.

Es ist danach möglich, Kräfte nicht nur zusammenzusetzen, sondern auch in Komponenten zu zerlegen. $\vec{F}_1$ wurde demnach hier in die Komponenten $\vec{F}_3$ und $\vec{F}_r/2$ zerlegt.

Erste und zweite Erweiterungen der nachfolgenden Kapitel setzen voraus, daß die Schüler Kräfte vektoriell zusammensetzen und in Komponenten zerlegen können. Deshalb muß dies an vielen Beispielen geübt werden. Man sollte dabei nicht nur die Ausbildung von Fertigkeiten im Auge haben, sondern die Schüler sollen vor allem befähigt werden, das Gelernte auf neuartige Situationen und Probleme in neuartigen Zusammenhängen zu übertragen. Hierzu dienen z.B. die Aufgaben 1 und 2 (S. M 19), in denen das Problem gestellt ist, zwei und mehr Kräfte zu einer Resultierenden zusammenzufassen.

Die Schüler finden bald heraus, daß man jeweils den Anfangspunkt eines Kraftpfeils in

Hinweise zur LE 2: Kraft und Masse

S. M18–M19

den Endpunkt des vorhergehenden legt. Die Reihenfolge ist beliebig. Die Resultierende ergibt sich, indem man den Anfangspunkt des ersten Kraftpfeils mit dem Endpunkt des letzten verbindet, Abb. 296,1. Das Verfahren läßt sich in Gruppenarbeit gewinnen.

Fragt man umgekehrt, wann drei Kräfte im Gleichgewicht sind, so kann man zwei Kräfte zu einer Resultierenden zusammenfassen und mit der dritten vergleichen, man kann aber auch die oben beschriebene Konstruktion durchführen und hält als Resultierende im Falle des Gleichgewichts Null. Das Kräftedreieck schließt sich. (Abb. 296, 2) Bei mehreren Kräften muß sich ein geschlossenes Kräftepolygon ergeben. Auch diese Zusammenhänge kann man im Gruppenunterricht erarbeiten.

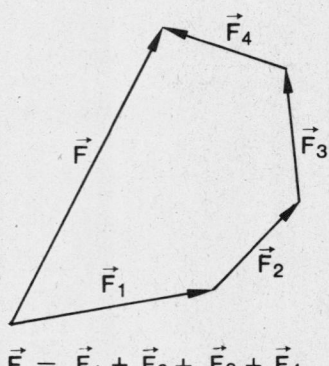

$\vec{F} = \vec{F}_1 + \vec{F}_2 + \vec{F}_3 + \vec{F}_4$

Abb. 296,1 Kräftepolygon

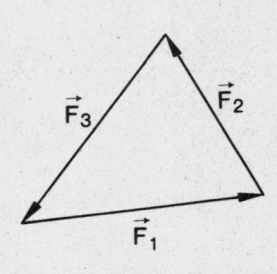

Abb. 296, 2 Bei Kräftegleichgewicht zwischen drei Kräften schließt sich das Kräftedreieck

Schließlich sollte man noch die Frage aufwerfen, unter welchen Bedingungen parallele Kräfte im Gleichgewicht sind, Abb. 296,3. Dieser Fall ist besonders wichtig, um das Gleichgewicht am Hebel zu verstehen (vgl. V M24, 3!)

Als ein praktisches Beispiel hierzu ist das zulässige "Gesamtgewicht" bei Kraftfahrzeugen zu nennen, das sich bekanntlich aus den zulässigen "Achslasten", die im allgemeinen verschieden sein können, additiv zusammensetzt. (S. auch Abschnitt c)).

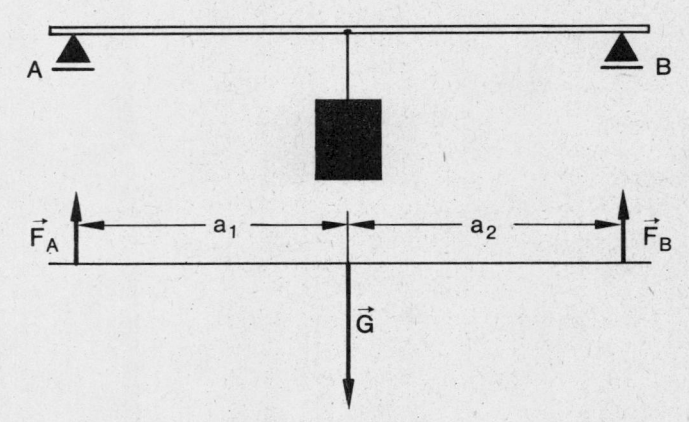

Abb. 296, 3 Gleichgewicht paralleler Kräfte. Ist $a_1 = a_2$, sind die Auflagerkräfte gleich groß. Die Lager in A und B sind drehbar und beweglich.

Die in diesem Kapitel erarbeiteten sachlichen Zusammenhänge bilden die Grundlage für die Lösung einfacher statischer Probleme. Falls genügend Zeit zur Verfügung steht (z. B. in zusätzlichen Wahlpflichtkursen oder in zusätzlich angebotenen Schülerübungen), kann für technisch interessierte Schüler die Statik ausgebaut werden. Eine Reihe von Lehrmittelfirmen liefern Gerätesätze zur Statik, die z. T. auch von Schülern benutzt werden können:

LEYBOLD: Statik-Lehrgerät, Bestell-Nr. 34 361
CONATEX: Statik-Lehrgerät (mit Magnethaltern zum Aufbau von Fachwerken auf Metallplatten), EU 710
MAPHY: Wandtafel-Demonstrations-Mechanik, Grund- und Ergänzungsausstattung; WM 571/3M u. WMERM

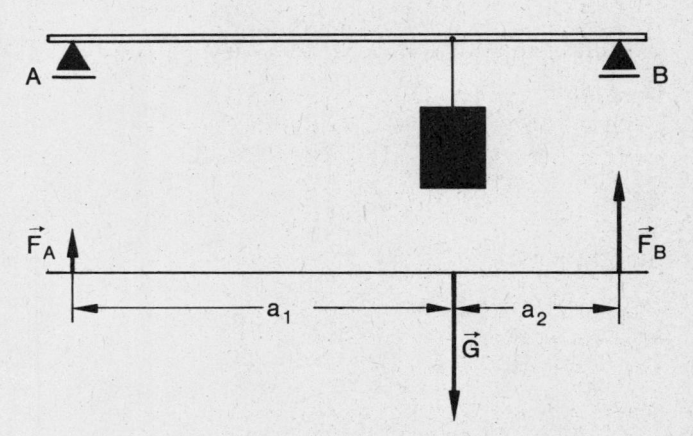

Abb. 296, 4 Gleichgewicht paralleler Kräfte für $a_1 \neq a_2$. Es gilt: $F_1 : F_2 = a_2 : a_1$

Für die Behandlung von Statikaufgaben müssen allerdings auch die Begriffe "Druckkraft" und "Zugkraft" eingeführt werden. Mit den bisher eingesetzten Federkraftmessern konnten nur Zugkräfte gemessen werden. Um mechanische Aufbauten zu untersuchen, ist es aber unerläßlich, auch die Druckkräfte mit einzubeziehen. Dies ist bei den oben erwähnten Statik-Lehrgeräten möglich, da die mitgelieferten Meßgeräte entweder gleichzeitig als Druck- oder Zugwaage verwendet werden können oder der Bausatz auch Druck-Dynamometer enthält (Maphy).

Mit den Statik-Lehrgeräten können eine große Anzahl von Fachwerkkonstruktionen wie Dreiecke, Parallelogramme, Brückenkonstruktionen u. a. m. aufgebaut werden.

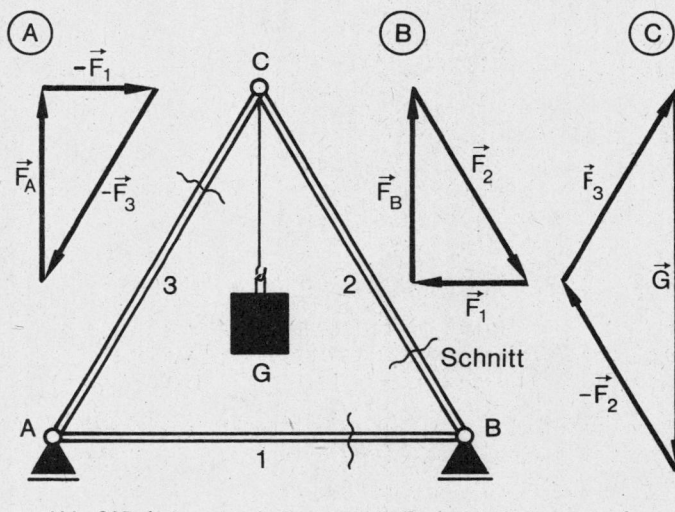

Hinweise zur LE 2: Kraft und Masse

S. M19

Abb. 297,1 Aus der bekannten Auflagerkraft in B werden der Reihe nach die Kräftedreiecke für B, C, A gezeichnet.

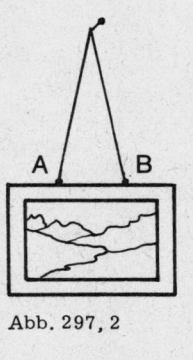

Abb. 297,2

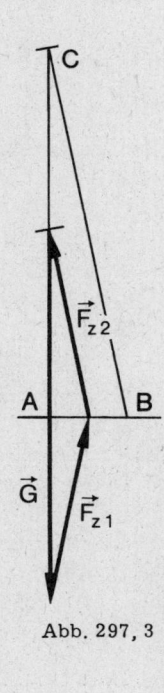

Abb. 297,3

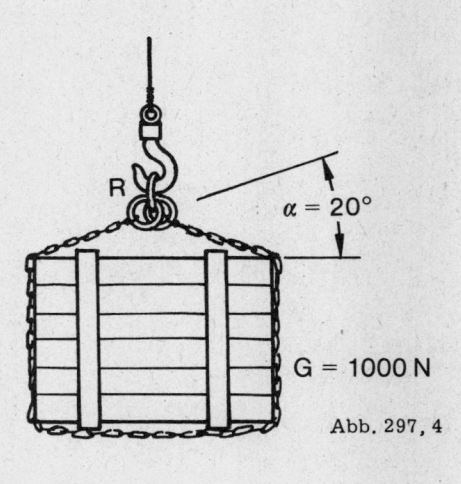

Abb. 297,4

In Abb. 297,1 wird ein einfaches Beispiel behandelt.

c) Neue Aufgaben und Fragen

1. Was zeigt ein Kraftmesser an, der links und rechts mit einer Kraft von je 10N gezogen wird?
L. 10N

2. Bei einem Wettkampf stehen zwei Parteien zu je drei Personen in entgegengesetzter Richtung an einem Seil. Die erste Mannschaft mit den Einzelkräften 300, 450, 230N, die zweite Mannschaft mit den Kräften vom Betrage 250, 380, 350N.
a) Welche Mannschaft gewinnt?
b) Welche Belastung muß dabei das Seil aushalten!
L. a) Es gewinnt keine Mannschaft, Gleichgewicht
b) 980N

3. In einem Kfz-Brief stehen die folgenden Angaben: Zulässige Achslast vorn: 900kg, zulässige Achslast hinten: 1180.
a) Welches zulässiges "Gesamtgewicht" ergibt sich daraus?
b) Wie groß ist die maximal zulässige Gewichtskraft des Autos?
c) Wie groß ist die Nutzlast, wenn Leergewicht 1410 kg beträgt?
L. Den zulässigen Achslasten entsprechen Kräfte von ca. 9000N und 1180N, Gewichtskraft: 19 800 N. Nutzlast: 580 kg $\hat{=}$ 5800 N.

4. In Abb. M 32,2 wird ein Eisenbahnkranwagen gezeigt, der eine Lokomotive trägt. Die Lokomotive hängt an 10 Seilen. Wie groß ist die Belastung eines jeden Seils, wenn die Lokomotive eine Masse von 50 t besitzt?
L. Jedes Seil wird mit 5 t belastet, das entspricht einer Kraft von 50 000N.

5. Ein Gemälde wird nach Abb. 297,2 aufgehängt. Die Punkte A und B haben 1 m Abstand, der Draht ist insgesamt 5 m lang. Wie groß ist die Zugkraft im Seil, wenn das Gemälde eine Gewichtskraft von 250N erfährt?
L. Rechnerische Lösung:
$$\frac{F_z}{G/2} = \frac{2,5 \text{ m}}{\sqrt{2,5^2 - 0,5^2} \text{ m}} \approx 1,02; \quad F_z \approx 130 \text{ N}.$$
Zeichnerische Lösung (1 cm $\hat{=}$ 50 N), s. Abb. 297,3.

6. Um eine Kiste ist nach Abb. 297,4 eine Kette gelegt und an einen Kranhaken gehängt. Welche Zugkräfte wirken auf die Kettenteile? Man zeige an diesem Beispiel, daß die Kraftkomponenten größer sein können als die Gesamtkraft!
L. Untersucht werden die auf die Stelle R wirkenden Kräfte. Das Halteseil wirkt mit F = 1000N. Aus dem Kräftedreieck ergibt sich: $F_1 = F_2 \approx 1500$N. Für $\alpha = 30°$ ist das Kräftedreieck gleichseitig und es ist

Hinweise zur LE 2: Kraft und Masse

S. M19

Abb. 298, 1

Kräftedreieck
($\longmapsto \; \widehat{=} \; 500\,N$)

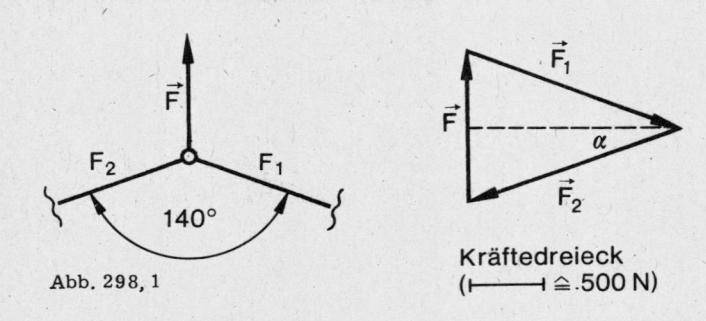

$F = F_1 = F_2$. Größere Kraftkomponenten erhält man für $\alpha < 30°$, Abb. 298, 1.

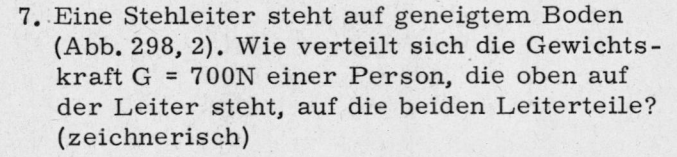

7. Eine Stehleiter steht auf geneigtem Boden (Abb. 298, 2). Wie verteilt sich die Gewichtskraft G = 700 N einer Person, die oben auf der Leiter steht, auf die beiden Leiterteile? (zeichnerisch)

L. $F_1 \approx 190\,N$, $F_2 \approx 540\,N$

8. Die Oberleitung einer Straßenbahn wird in einer Kurve von drei Haltedrähten (Drahtseilen) gehalten, die in demselben Punkt A eines Hauses verankert sind. Größe und Richtung der Zugkräfte sind aus Abb. 298, 3 ersichtlich. Man bestimme Betrag und Richtung der auf A wirkenden Gesamtkraft zeichnerisch! (Der Durchhang werde vernachlässigt.)

L. $F \approx 2800\,N$, Winkel bezügliche AD: $\alpha \approx 55°$
Abb. 298, 4.

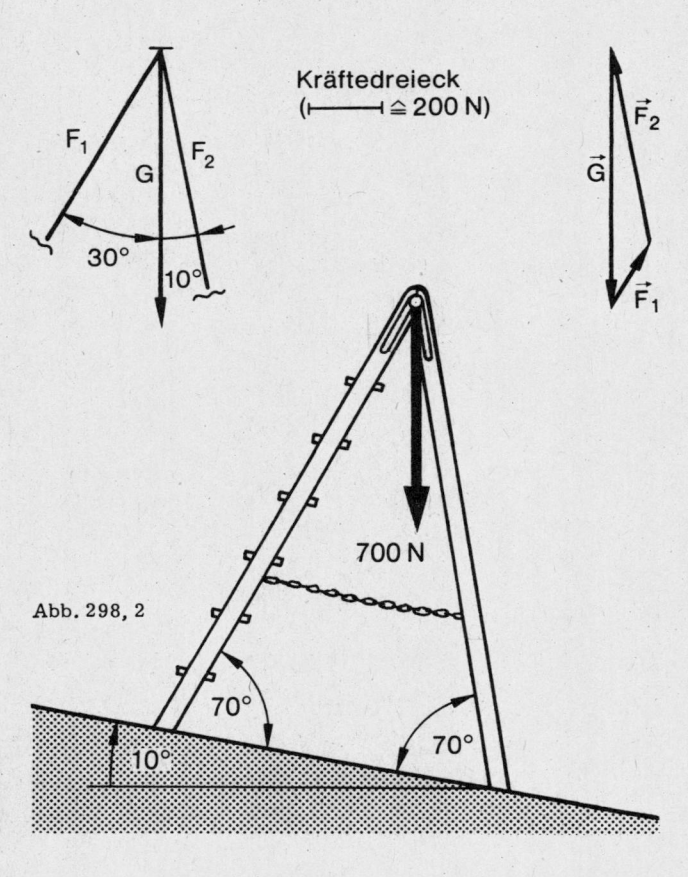

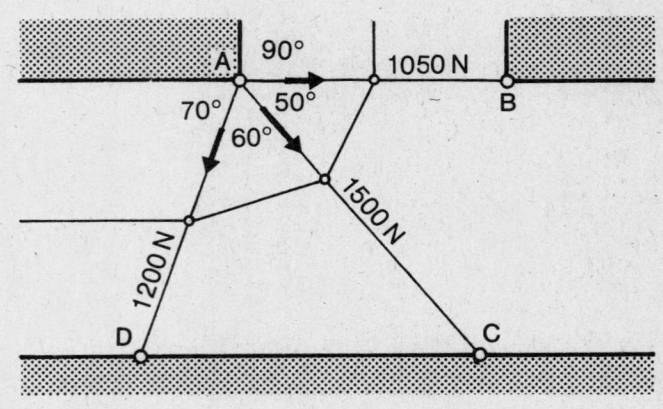

Abb. 298, 3

Kräftepolygon
($\longmapsto \; \widehat{=} \; 500\,N$)

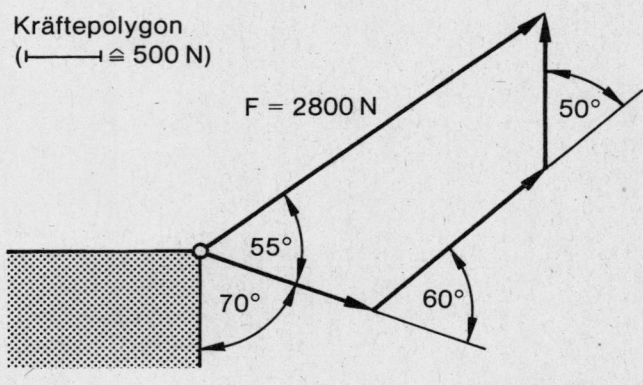

Abb. 298, 4

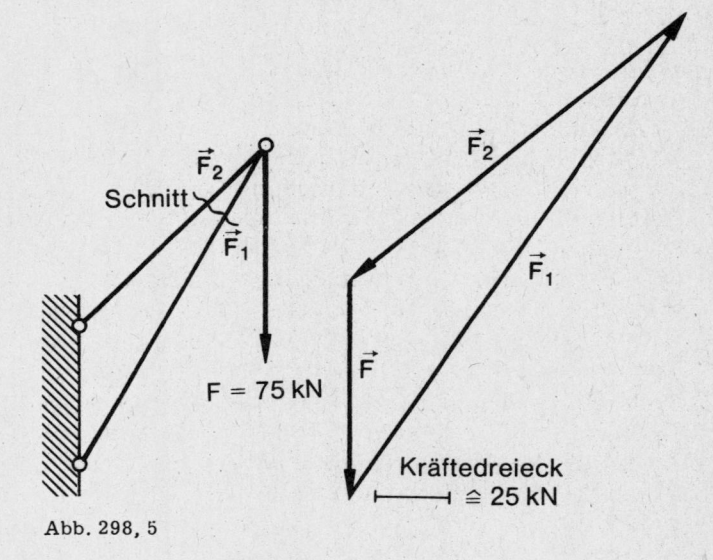

Abb. 298, 2

Abb. 298, 5

9. Die Zugstang eines Wandkrans habe die Länge von 3,5 m, die Strebe eine Länge von 5 m. Die Wandbefestigungen liegen 1,85 m übereinander. Man bestimme die Zug- bzw. Druckkraft in den Stangen, wenn eine Last von 75 kN gehoben werden soll.

L. $F_1 \approx 200\,kN$ (Druckkraft),
   $F_2 \approx 145\,kN$ (Zugkraft)

Abb. 298, 5

Hinweise zur LE 3: Aus der Mechanik der festen Körper

d) Audiovisuelle Hilfsmittel

AT Darstellung einer Kraft 360101 (1)
    Parallelogrammgesetz der
    Kräfte 360102
    Vektoraddition 360103
    Kräftepolygon 360104
    Verschiedene Formen
    der Kraft 360121
    Kraft und Gleichgewicht 360132
AT Dichte und Wichte (2) (24)
    Schwerefeld der Erde (3)
    Hookesches Gesetz-
    Kraftmesser (1)
    Kräftevieleck (7)
    Kräftezerlegung (3)
    aus der Serie Mechanik 1 MD-Nr. 8671
F Identifying Solids by
    Density P80-3262/1 (18)
    Identifying Liquids by
    Density P80-3262/1
    Identifying Gases by
    Density P80-3288/1

3.4.2.3 LE 3: Aus der Mechanik der festen Körper

a) Vorbemerkungen und Ziele

In diesem Kapitel zeigt sich besonders die Zweckmäßigkeit des Kraftbegriffs. So können neue Gesetze gefunden und neue Begriffe formuliert werden. Ein besonders wichtiges Gesetz ist das Hebelgesetz, es ist in der für die Sekundarstufe I geeigneten Fassung ein Sonderfall des Momentensatzes. Durch die Einbeziehung dieses Sachverhaltes erfährt die Statik eine wesentliche Erweiterung. Probleme, die mit den bisherigen Hilfsmitteln nicht bearbeitet werden konnten, sind jetzt lösbar. Wichtig erscheint, daß man auch im Fundamentum davon abkommt, den Begriff "Hebelarm" mit dem materiellen Arm zu identifizieren. Erst dann können nämlich die vielseitigen Anwendungsmöglichkeiten des Hebelgesetzes erschlossen werden.

Die einfachen Maschinen werden unter zwei Gesichtspunkten betrachtet, einmal unter dem Aspekt der kraftumformenden Wirkung, zum anderen auch unter dem Aspekt der Konstanz des Produkts F·s.

Der wichtigste in dieser Lerneinheit erarbeitete Begriff ist der Energiebegriff, der wichtigste Sachverhalt der Energieerhaltungssatz der Mechanik. Weitere zweckmäßige Begriffsbildungen sind "Schwerpunkt" und "Drehmoment".

Zur Behandlung dieser Lerneinheit gibt es verschiedene Möglichkeiten, die sich auch in dem Differenzierungsangebot niederschlagen. Als Einstieg in den Themenkreis bieten sich die Gleichgewichtslagen an, die ein Körper annehmen kann. Dies ist der Weg, der im Buch eingeschlagen wird. Ausgangspunkt ist die Frage, ob man auch bei der Gewichtskraft einen Angriffspunkt angeben kann. Die Verfolgung dieser Frage führt dann auf den Begriff "Schwerpunkt" und über den Versuch V M 22,2 zum Hebel und Hebelgesetz. Man kann auch an V M 17,6 (vgl. auch Abb. M 17,1) anknüpfen und die Frage aufwerfen, welche Bedingungen aufgestellt werden müssen, um die Drehung eines Körpers zu verhindern. Die Frage ist einmal motiviert durch den angegebenen Versuch, zum anderen aber auch durch das Bestreben, die aufgestellten Gleichgewichtsbedingungen (Kräftegleichgewicht) zu vervollständigen, da offensichtlich nicht alle Fälle beschrieben werden können. Die Beantwortung dieser Frage führt natürlich zuerst zum Hebel unter Umgehung des Kapitels M 3.1, indem man das im Versuch M 17,6 verwendete Brett zu einer in der Mitte drehbar gelagerten Stange schrumpfen läßt und an diesem Sonderfall die "Drehwirkung" von Kräften untersucht, sofort zu Versuch M 23,1. Der Schwerpunkt kann dann mit Hilfe der Überlegung auf S. M 24 (s. auch Abb. 24.2 und Abb. 25.1) eingeführt werden. Wesentliche Tatsachen aus Kapitel M 3.1 werden dann an dieser Stelle nachgeholt.

Leistungsfähigkeit und Interesse der Lerngruppe sollten hier den Unterrichtsweg bestimmen.

b) Bemerkungen zu den einzelnen Themen

Schwerpunkt und Gleichgewichtsarten (3.1)

LI Der Massenmittelpunkt eines Systems von Massenpunkten $m_1, m_2, \ldots m_n$ ist definiert durch die Gleichung

$$\vec{r} = \frac{\sum_{i=1}^{i=n} m_i \vec{r}_i}{\sum_{i=1}^{i=n} m_i} = \frac{m_1\vec{r}_1 + m_2\vec{r}_2 + \ldots + m_n\vec{r}_n}{m_1 + m_2 \ldots\ldots + m_n}.$$

Hierbei ist $\vec{r}$ der Ortsvektor des Massenmittelpunktes bezogen auf ein beliebiges Koordinatensystem, $\vec{r}_i$ sind die Ortsvektoren der

Hinweise zur LE 3: Aus der Mechanik der festen Körper

einzelnen Massenpunkte. Von einem System aus starr miteinander verbundenen Massenpunkten kann man zu einem starren Körper übergehen, wenn man diesen in einzelne Volumenelemente ΔV aufteilt. Näheres hierzu s. (13), S. 53 ff.

Betrachten wir den Sonderfall zweier Massenpunkte, so gilt:

$$(m_1 + m_2)\, \vec{r} = m_1 \vec{r}_1 + m_2 \vec{r}_2 \quad \text{oder}$$

$$(m_1 + m_2)\, \frac{d\vec{r}}{dt} = m_1 \frac{d\vec{r}_1}{dt} + m_2 \frac{d\vec{r}_2}{dt}.$$

Die letzte Gleichung besagt folgendes:

Der Gesamtimpuls eines Systems aus zwei Massenpunkten ist gleich dem Impuls des Massenmittelpunktes. Dieser Sachverhalt läßt sich verallgemeinern.

Wenden wir nun die Gleichung $F = \frac{d}{dt}(mv)$ an, so erkennt man, daß bei einem beliebigen System die resultierende äußere Kraft gleich dem Produkt aus der Gesamtmasse und der Beschleunigung des Massenmittelpunktes ist. Hierin liegt auch die Bedeutung dieses Massenmittelpunktes:

Im Massenmittelpunkt eines Systems kann man sich die Gesamtmasse vereinigt und die resultierende äußere Kraft angreifend denken.

Die obige Formulierung läßt auch den Zusammenhang mit dem Impulserhaltungssatz erkennen. Mit Hilfe des Begriffs "Massenmittelpunkt" ist nämlich eine andere Formulierung des Impulserhaltungssatzes möglich. Ist die äußere Kraft Null, so bleibt der Impuls des Massenmittelpunktes nach Betrag und Richtung konstant und es gilt:

Der Massenmittelpunkt eines abgeschlossenen Systems (keine äußere Kräfte) ist entweder in Ruhe oder er bewegt sich gleichförmig.

Soviel zur Bedeutung des Massenmittelpunktes. Was hat dies aber mit dem Begriff "Schwerpunkt" zu tun?

In den vorhergehenden Kapitel des Schülerbuchs wurde erarbeitet, wie Einzelkräfte zu einer resultierenden Gesamtkraft zusammengesetzt werden können. Die Wirkung einer solchen resultierenden Kraft kann nun im allgemeinen nicht gleichgesetzt werden mit der Wirkung aller Einzelkräfte, da durch die Zusammensetzung Drehungen nicht erfaßt werden, vgl. Kap. 3.4.2.2. Man kann nun ganz allgemein zeigen, daß jedes beliebige Kräftesystem, das an einem frei beweglichen starren Körper angreift, ersetzt werden kann durch eine Einzelkraft und ein "Kräftepaar".

Unter einem Kräftepaar versteht man zwei parallele, entgegengesetzt gerichtete Kräfte, deren Wirkungslinien nicht auf derselben Geraden liegen.

Dem Kräftepaar entspricht ein Drehmoment. Sind alle Kräfte gleichgerichtet und untereinander parallel, so entfällt das Drehmoment und alle, an dem frei beweglichen Körper angreifenden Kräfte können in diesem Sonderfall ersetzt werden durch eine einzige resultierende Kraft. Bringt man in deren Angriffspunkt eine Kraft an, die der Resultierenden entgegengesetzt gleich ist, so hält diese allen gleichgerichteten parallelen Kräften das Gleichgewicht.

Genau dies ist aber der Fall bei einem im Schwerefeld der Erde befindlichen starren Körper. Sind dessen Abmessungen klein, so daß das Schwerefeld als homogen angesehen werden kann, dann kann man ihn in einzelne Volumenelemente ΔV_i aufteilen, deren Masse $\varrho\, \Delta V_i$ beträgt. An diesen Volumenelementen greifen Gewichtskräfte an, die, wegen der großen Entfernung des Erdmittelpunktes parallel verlaufen und proportional sind zur Masse der Volumenelemente. Alle diese Teilkräfte vom Betrage $g\, \Delta V_i$ summieren sich zu einer Gesamtkraft, der Gewichtskraft des Körpers:

$$\vec{F}_g = \vec{G} = \sum_{i=1}^{i=n} \vec{g}\, \varrho\, \Delta V_i.$$

Für diese resultierende Gewichtskraft existiert ein Punkt, bezüglich dessen das resultierende Drehmoment Null ist (vgl. S. M24). Dieser Punkt heißt Schwerpunkt. Unterstützt man den Körper in diesem Punkt, so bleibt er im Gleichgewicht. Dieser "Kräftemittelpunkt" ist im allgemeinen nicht gleich dem Massenmittelpunkt. Nur wenn die Teilkräfte proportional der Masse der Volumenelemente sind, was ja für die Schwerkraft erfüllt ist, fällt der Schwerpunkt mit dem Massenmittelpunkt zusammen. Wegen der Forderung der Parallelität der Teilkräfte kann der Begriff "Schwerpunkt" nur in einem homogenen Schwerefeld gebildet werden. In allen anderen Fällen hat der Begriff "Schwerpunkt" keinen Sinn. Die Bezeichnung des Massenmittelpunktes als Schwerpunkt, wie man es gelegentlich findet, kann deshalb zu Mißverständnissen Anlaß geben. (s. hierzu auch (36)).

SI Beim Schwerpunkt handelt es sich nach dem Vorhergehenden um einen Sonderfall und um eine zulässige Näherung, die von großer praktischer Bedeutung ist, z.B. für die Beschreibung von Gleichgewichtszuständen.

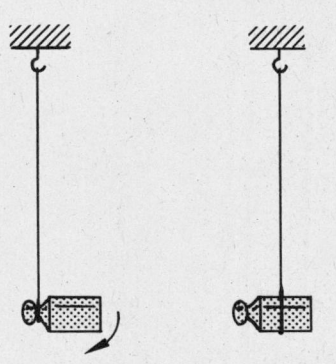

Hinweise zur LE 3: Aus der Mechanik der festen Körper

Abb. 301,1 Einführungsversuch zum Angriffspunkt von Gewichtskräften

Abb. 301,2 (Mitte) Verlagerung des Schwerpunktes

Abb. 301,3 (rechts) Versuch zur Standfestigkeit

Der hier skizzierte theoretische Hintergrund kann im Unterricht nicht zur Sprache kommen. Allenfalls kann Abb. M24,2 im Zusammenhang mit V M24,2 im nachfolgenden Kapitel die einschränkenden Voraussetzungen bei der Bestimmung des Schwerpunktes deutlich machen.

Ausgangspunkt ist die an die Überlegungen von S. M10f. anknüpfende Frage, ob man auch für die Gewichtskraft einen Angriffspunkt angeben kann. Zur Verdeutlichung sollte man
LV in V M20,1 den Körper nicht einfach an einen Faden hängen, sondern provozierend die Frage stellen, warum das Gewichtsstück nicht an einer anderen Lage hängen bleibt, sondern sich stets in eine bestimmte Gleichgewichtslage hineinbewegt. Wenn man dagegen den Körper in der "Mitte" aufhängt, so kann er auch in der Abb. 301,1 dargestellten Weise gehalten werden. Mit diesen kleinen, nicht unwichtigen Variationen erinnert man an Abb. M17,1 und bereitet die Versuche zu den Gleichgewichtsarten vor. Der Übergang zu
SV V M20,2 muß vom Lehrer angeregt werden, etwa mit dem Hinweis, daß die weitere Untersuchung übersichtlicher gestaltet werden kann, wenn man nur "flächenhafte" Körper benutzt. Als Näherung für solche "unendlich dünnen" Körper verwendet man Scheiben, z.B. aus Pappe, die beliebige Gestalt haben können.

SV Die Versuche V M20,3 bis V M20,5 und V M21,1 sind alle vorzüglich als Schülerversuche geeignet, hier sogar als häusliche Versuche oder als Versuche in größeren Gruppen.

Da zur Berechnung der Schwerpunkte die mathematischen Voraussetzungen fehlen, können nur plausible Aussagen gemacht werden, etwa über die Lage des Schwerpunktes bei regelmäßig geformten Körpern mit homogener Massenverteilung (die Dichte ist
LV keine Funktion des Ortes). Alle Aussagen
oder können jedoch experimentell verifiziert werden.
SV

Die Zweckmäßigkeit des Begriffs "Schwerpunkt" wird in diesem Kapitel an zwei Beispielen gezeigt:

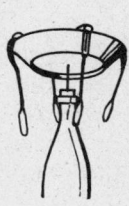

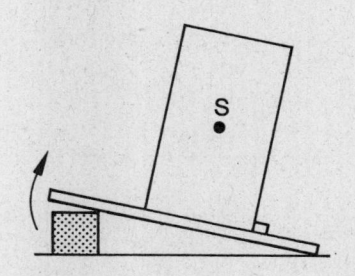

1. Am Beispiel der Gleichgewichtslagen sowie der Stabilisierung von instabilen Körpern (s. Abb. M21,1),
2. am Beispiel der Standfestigkeit.

Die Stabilisierung des Gleichgewichts darf nicht verwechselt werden mit dem Balancieren. Bei letzterem wird der Unterstützungspunkt bzw. die Unterstützungsfläche bewegt, bei der Stabilisierung handelt es sich um eine Verlagerung des Schwerpunktes (s. auch Abb. M21,1 und Abb. 301,2).

Von großer praktischer Bedeutung ist die Standfestigkeit. Sie wird in diesem Kapitel weitgehend experimentell behandelt, als Anwendung des Hebelgesetzes im folgenden Kapitel.

SV Im Unterricht kann Aufgabe M21,2 als motivierendes Ausgangsbeispiel dienen: Man stelle einen Schüler in der beschriebenen Weise an die Wand und fordere ihn auf, ein Bein anzuheben. Die vergeblichen Versuche des Schülers geben Anlaß zu einer sachlichen Analyse. Die Aufgabe kann in folgender Weise abgeändert werden. Der Schüler stellt sich mit dem Rücken gegen eine Wand, auch die Füße müssen die Wand berühren. Nun wird ihm die Aufgabe gestellt, ein 5kg-Gewichtsstück, das vor seinen Füßen steht, hochzuheben. Auch dies gelingt ihm nicht. Diese Demonstration, die übrigens auch zur Einführung von Seil und Stange als Hilfsmittel zur Verschiebung des Angriffspunktes einer Kraft verwendet werden kann, schafft sofort eine günstige Atmosphäre im Unterricht bei guter Beteiligung der Schüler.

Die Analyse der Beobachtungen und der Versuchsergebnisse führt entweder direkt zur Planung eines Versuchs oder über eine theoretische Überlegung zur Lage des Schwerpunktes zum Versuch V M21,2.

VT Als Gegenstand nimmt man eine leere Zigarrenschachtel, die man auf ihre verschiedene Seitenflächen stellen kann. Dadurch wird die Größe der Unterstützungsfläche verändert. Den Abstand des Schwerpunktes über der Unterstützungsfläche kann man durch Einfüllen von Sand oder Kieselsteinen verändern. Die Lage des Schwerpunktes über der Fläche variiert man durch Unterschieben eines Pappkeils oder Holzklotzes (s. Abb. 301,3). Der

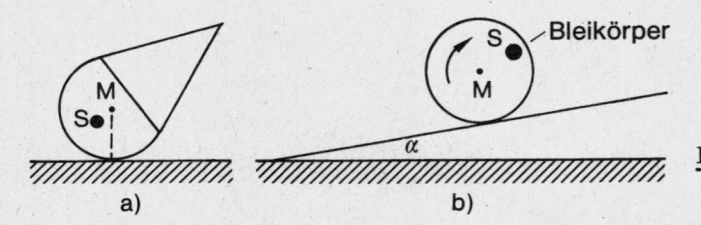

Hinweise zur LE 3: Aus der Mechanik der festen Körper

Abb. 302,1 Stehaufmännchen (a), bergan rollender Zylinder (b)

Körper kippt, wenn der Schwerpunkt die Kippkante überschreitet. Man kann auch Körper aus Plastillin formen lassen, welche etwa den in Abb. M21,2 dargestellten entsprechen.

LV Zur Demonstration geeignet sind die von Lehrmittelfirmen gelieferten Standfestigkeitsapparate, bei der sich die Lage des Schwerpunktes relativ zur Standfläche verändern läßt und stabile und labile Aufstellung erläutert werden können. Durch Belasten mit Zusatzgewichtsstücken kann man die Stabilitätsverhältnisse z.B. bei einem Baukran veranschaulichen.

Die in diesem Zusammenhang auftauchenden Begriffe wie "Kippkante" und "Unterstützungsfläche" bedürfen noch einer weiteren Klärung. Die Unterstützungsfläche ist nicht gleichbedeutend mit der tatsächlichen Berührungsfläche, wie man an Beispiel eines Stuhls, eines Tischs oder eines Stativfußes leicht einsehen kann.

Auch beim Menschen ist die Unterstützungsfläche zwar durch die Füße bestimmt, nicht aber gleich dem Flächeninhalt der Fußsohlen. Die zwischen den Füßen liegende Fläche gehört ebenfalls zur Standfläche, andernfalls wäre z.B. die größere Standfestigkeit bei auseinandergespreizten Beinen nicht denkbar. Mögliche Kippkanten sind die Tangenten an die Unterstützungsfigur. So hat ein Dreibein drei Kippkanten. Ein Schreibtischsessel steht auf drei Stützen (drei Rollen) kippsicher, nicht aber, wenn eine Person draufsitzt. Durch Zurücklehnen, Vorbeugen oder seitliches Beugen kann der Schwerpunkt so verlagert werden, daß er über einer Kippkante liegt. Aus Sicherheitsgründen sind deshalb heutzutage nur noch Stühle mit 5 Rollen zulässig.

SV V M22,1 kann als Schülerversuch mit einer Zigarrenschachtel durchgeführt werden.

Körper mit nicht homogener Massenverteilung führen oft unter dem Einfluß der Schwere Bewegungen aus, die uns unnatürlich oder sogar unmöglich erscheinen. Hierzu gibt es unzählige Beispiele. Sie sind alle sehr gut geeignet, den Unterricht zu beleben, sei es, daß man sie in der Ausgangssituation benutzt, sei es, daß man mit ihrer Hilfe überprüft, ob die Schüler das Gelernte auf eine neue Situation übertragen können. Genannt seien nur

LV das Stehaufmännchen und der berganlaufende Zylinder (s. Abb. 302,1).

Hebel und Hebelgesetz (3.2)

LI Das Hebelgesetz ist ein Sonderfall des allgemeineren Momentensatzes. Angewandt auf den Hebel lautet dieser:

Ein Hebel ist im Gleichgewicht, wenn die Summe der auf seine Achse bezogenen Drehmomente gleich Null ist:

$$\sum_{i=1}^{i=n} \vec{r_i} \times \vec{F_i} = 0. \quad ((37), S. 207 \text{ u. } 222).$$

Der Momentensatz gilt für jeden beliebigen starren Körper. Die Drehmomente können auf jeden Punkt bezogen werden. Bei verschwindendem äußeren, resultierendem Drehmoment kann der Hebel in Ruhe sein oder eine gleichförmige Kreisbewegung ausführen, entsprechend der dynamischen Grundgleichung

$$\vec{M} = \dot{\vec{L}}, \quad \text{mit } \vec{L} = J\vec{\omega}. \quad (49)$$

Für $\vec{M}=0$ folgt $\vec{L}$ = konst. Dies ist aber nichts anderes als der Drehimpulserhaltungssatz. Analog zum Begriff der Kraft sind die sachlichen Zusammenhänge in einen umfassenden Rahmen eingebettet, der durch den Drehimpulserhaltungssatz beschrieben wird. An dieser Stelle ist es nicht möglich und nötig, hierauf näher einzugehen. Es sei deshalb auf die einschlägige Literatur verwiesen (37), (38).

Da in der Statik der Fall interessant ist, daß ein betrachtetes System z.B. bezüglich der Erde in Ruhe ist, gelten somit die Gleichgewichtsbedingungen

$$1. \quad \sum_{i=1}^{i=n} \vec{F_i} = 0$$

$$2. \quad \sum_{i=1}^{i=n} \vec{r_i} \times \vec{F_i} = 0$$

In dieser Fassung können die Gleichgewichtsbedingungen auf der Sekundarstufe I nicht gebracht werden. Man kann aber den Sachverhalt beschreiben und sich bei der mathematischen Fassung auf Sonderfälle beschränken.

Hinweise zur LE 3: Aus der Mechanik der festen Körper

Eine mögliche elementare Beschreibung des Kräftegleichgewichts wurde bereits diskutiert. Beim Momentensatz liegen die Verhältnisse komplizierter. Zunächst ist das statische Moment in Form des Vektorprodukts nicht zu leisten. Man versteht darunter folgendes:

Ist $\vec{F}$ die wirkende Kraft, $\vec{r}$ der Vektor, der vom Drehpunkt 0 eines Körpers bis zum Angriffspunkt der Kraft weist, so versteht man unter dem statischen Moment $\vec{M}$ der Kraft $\vec{F}$ die Größe

$\vec{M} = \vec{r} \times \vec{F}$ (r Kreuz F)

Das Vektorprodukt ist folgendermaßen definiert:

1. Betrag: $|\vec{M}| = |\vec{r} \times \vec{F}| = |\vec{r}| \cdot |\vec{F}| \cdot \sin \alpha$; $(\alpha \leq 180°)$.
2. Richtung: Der Vektor $\vec{M}$ steht senkrecht auf $\vec{r}$ und auf $\vec{F}$.
3. Orientierung: $\vec{r}$, $\vec{F}$ und $\vec{M}$ bilden ein Rechtssytem. (Abb. 303,1)

Für den Sonderfall $\alpha = 90°$ ist $\sin 90° = 1$ und $M = F \cdot r$.

Den allgemeinen Fall $(\alpha \neq 0)$ beschreibt man auf der Sekundarstufe I mit dem Begriff "Hebelarm" als Abstand des Drehpunktes von der Wirkungslinie der Kraft. Der Hebelarm ist somit nichts anderes als das Produkt $|\vec{r}| \cdot \sin \alpha$ (Abb. 303,2). Die Richtung bzw. Orientierung von $\vec{M}$ berücksichtigt man unter Beschränkung auf "ebene Probleme" (alle Kräfte liegen in einer Ebene) durch Einführung des "Drehsinns", dem man je nach Drehrichtung ein positives oder negatives Vorzeichen zuordnet. Mit diesen Elementarisierungen kann der physikalische Inhalt des Momentensatzes in einer für Schüler der Sekundarstufe I angemessenen Weise deutlich gemacht werden. (s. S. M24 Mitte)

Natürlich müssen die Sachverhalte in abgestufter Weise dargeboten werden. Im Kapitel M3.2 geschieht dies in drei Stufen. Als erste Elementarisierungsstufe wird der Momentensatz am geraden Hebel eingeführt, an dem gleichgerichtete, parallele Kräfte angreifen.

Die Hebelarme fallen zusammen mit den zugehörigen Teilen der Hebelstangen. Eine experimentelle Untersuchung liefert das Hebelgesetz in der Form: $F_1 \cdot a_1 = F_2 \cdot a_2$. Damit sind bereits eine Reihe von Anwendungen verstehbar, deren Zahl sich wesentlich vergrößert, wenn in der zweiten Elementarisierungsstufe der Begriff des Hebelarms erarbeitet wird (vgl. S. M25). Auch im Fundamentum sollte man auf diesen Begriff nicht verzichten, da sonst viele Anwendungen,

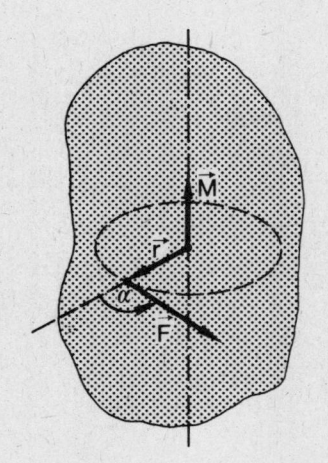

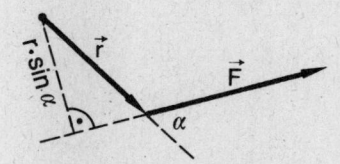

Abb. 303,2 Zum Begriff Hebelarm

Abb. 303,1 Zur Richtung von $\vec{M}$: $\vec{M}$, $\vec{F}$, $\vec{r}$ bilden ein Rechtssystem

wie sie z. B. in Abb. M25.5 dargestellt sind, den Schülern nicht erschlossen werden können. Da im Fundamentum oft nicht genügend Zeit vorhanden ist, wird vorgeschlagen, die Definition mitzuteilen und nachträglich an Hand vieler Beispiele zu veranschaulichen (Momentenscheibe). V M24,4 kann natürlich in diesem Zusammenhang ebenfalls gezeigt werden.

Die dritte Stufe ist gekennzeichnet durch den Begriff "Drehmoment", der zur Beschreibung vieler technischer Probleme ein unentbehrliches Hilfsmittel ist. Er wird im Anschluß an V M23,1 entwickelt. Was zunächst nur als eine andere Formulierung des zuvor gefundenen Sachverhaltes erscheint, erweist sich als stark verallgemeinerungsfähig. Sehr viele komplizierte Probleme lassen sich nun auf elegante Weise beschreiben und lösen. Nicht zuletzt kann nun auch der Zusammenhang mit dem Schwerpunkt hergestellt werden (s. Abb. M24,2).

SV Der erste Teil des Kap. M3.2 ist als eine Hinführung zu V M23,1 gedacht. Für diesen Grundversuch liefern alle Lehrmittelfirmen genügend Materialien, die sich nur geringfügig unterscheiden. Es soll deshalb hier nicht näher darauf eingegangen werden.

Das Kapitel ist nach folgendem unterrichtsmethodischem Konzept aufgebaut:

1. Anknüpfen an das Vorhergehende (Gleichgewichtslagen)

2. Ergänzen und Erweitern durch Beispiele aus der alltäglichen Erfahrung (z. B. Abb. M22,4 und Abb. M23,1)

3. Analyse der Beispiele, Einführen von Bezeichnungen, Spezialisieren auf einfache Fälle (Hebelstange ruht im Schwerpunkt)

4. Experimentelle Untersuchung am zweiseitigen Hebel, Formulieren des Hebelgesetzes

Hinweise zur LE 3: Aus der Mechanik der festen Körper S. M23–M25

Abb. 304,1 Funktionsgraph zu $a_2 \rightarrow F$

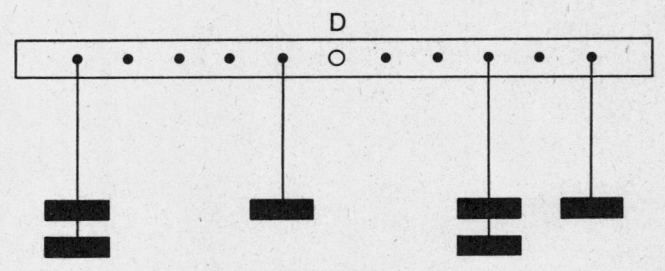

Abb. 304,2 Drehmomentengleichgewicht

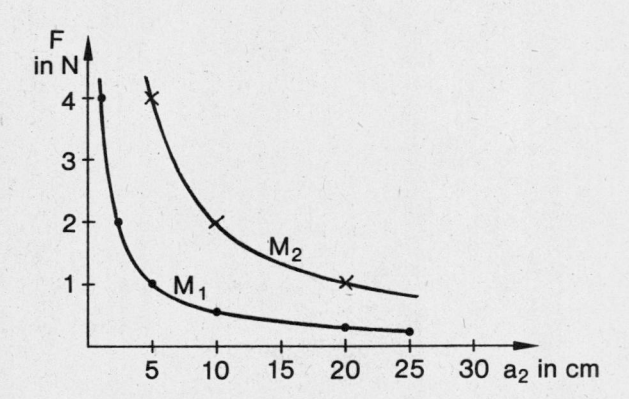

5. Interpreatition des Hebelgesetzes, Definition des Begriffs "Drehmoment", Verallgemeinerung
6. Präzisierung des Begriffs "Hebelarm"
7. Anwendungen. Damit kehrt man wieder zum Ausgangspunkt zurück.

LV V M22,2 ist ein zwar einfacher, aber <u>typischer Einführungsversuch</u>. Solche Einführungsversuche sind eigentlich nur als Demonstrationsversuche denkbar (vorgeführt vom Lehrer oder von Schülern), da im Unterrichtsgespräch mit den Schülern die Zusammenhänge aufgedeckt oder vermutet werden können. Detaillierte Versuchsanweisungen, die an dieser Stelle bei Schülerversuchen nötig wären, würden einen offenen Unterricht zunichte machen.

Der Übergang zur Wippe ist gegeben durch die Erkenntnis, daß eine kleine Kraft einer großen das Gleichgewicht halten kann. Die
LV Wippe sollte man im Versuch nachbauen
oder Eine Stativstange dient als Unterlage, ein
SV Regalbrett als "Balken".

SV Die Sachanalyse führt zu V M23,1. Für die Auswertung empfiehlt sich auf jeden Fall eine Tabelle, da erfahrungsgemäß die Schüler in diesem Fall die gewünschte Beziehung leichter aus einer Tabelle ablesen können als aus einem Graphen, zumal aus den qualitativen Vorversuchen sich direkt die Vermutung ergeben könnte, daß sich bei einer Verdopplung des Hebelarms die Kraft halbiert. Wenn die Schüler im Umgang mit Größengleichungen weniger geübt sind, so sollte die Tabelle in der folgenden Form angelegt werden:

a_1 in cm	a_2 in cm	F_1 in N	F_2 in N
10	5	0,5	1,0
20	5	1,0	4,0
.	.	.	.
.	.	.	.
.	.	.	.

Daraus liest man die Beziehung $a_1 : a_2 = F_2 : F_1$ oder $a_1/a_2 = F_2/F_1$ ab, wie es in Abb. M23,2 M24,1 und M24,2 dargestellt ist.

Da es sich um Quotienten derselben Größenart handelt, treten hierbei bei der Division keine Lern-Schwierigkeiten auf.

In der zeichnerischen Darstellung, die als Hausaufgabe möglich ist, hält man das Produkt $F_1 a_1$ konstant und trägt F_2 über a_2 ab. Der Funktionsgraph zu $a_2 \rightarrow F_2$ ist eine Hyperbel (Abb. 304,1).

Die Verallgemeinerung des Hebelgesetzes in der Fassung von S. M24 muß natürlich zunächst vermutet werden, bevor man sie experimentell bestätigt. Es kann nicht erwartet werden, daß die Schüler aus tabellarisch dargestellten Meßergebnissen die Gleichung
$F_1 a_1 + F_2 a_2 + \ldots + F_n a_n = G_1 b_1 + \ldots + G_n b_n$ ablesen können. Der Begriff Drehmoment erleichtert die Vermutung.

SV Im Versuch verwendet man zweckmäßigerweise verschiedene Gewichtsstücke, die in unterschiedlichen Abständen vom Drehpunkt an den Hebel gehängt werden (s. Abb. 304,2).

Im Sinne einer fortlaufenden Motivationskette wird die Frage des Hebelarms am Beispiel des Schwerpunkt aufgeworfen. Für alle bisher in Versuchen verwendeten Hebel lag der Drehpunkt im Schwerpunkt. Daß bezüglich des Schwerpunktes die Summe aller Drehmomente Null ist, kann hier leicht eingesehen werden. Es liegt nahe, dies auch für beliebig geformte Körper anzunehmen. Damit geht man von Abb. M24,2 auf Abb. M25,1 über.

Abb. M24,2 kann ergänzt werden durch eine räumliche Darstellung, wie sie in Abb. 305,1 wiedergegeben ist.

LV Selbstverständlich könnte man das Problem des Hebelarms auch an einem Winkelhebel

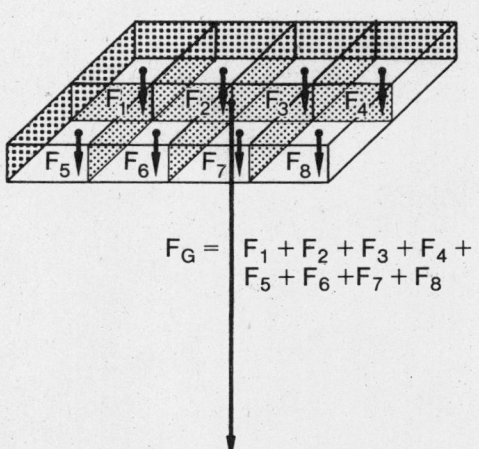

Hinweise zur LE 3: Aus der Mechanik der festen Körper

Abb. 305,1 Zur Erklärung des Schwerpunktes

$$F_G = F_1 + F_2 + F_3 + F_4 + F_5 + F_6 + F_7 + F_8$$

Abb. 305,2 Winkelhebel

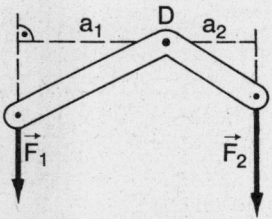

studieren (Abb. 305,2). Dies würde aber in diesem Aufbau den Gedankenfluß unterbrechen.

Den zahlreichen Anwendungen des Hebels sollte man im Unterricht genügend Zeit einräumen, zumal die Schüler gerade an diesen Anwendungen überprüfen können, ob sie die physikalischen Grundlagen verstanden haben. Es lohnt sich auch nicht, neue Regeln oder Sätze aufzustellen, z.B. eine Gleichgewichtsbedingung für das Wellrad: Am Wellrad herrscht Gleichgewicht, wenn die am Umfang der Räder angreifenden Kräfte sich umgekehrt wie die Radien verhalten.

Solche Sätze belasten nur unnötig das Gedächtnis. Entscheidend ist, daß die Schüler das Gelernte, also im einfachen Fall das Hebelgesetz $F_1 a_1 = F_2 a_2$ oder für komplizierte Fälle den Momentensatz anwenden können, d.h. im Radius des Wellrades z.B. den Hebelarm erkennen.

In diesem Sinne sind auch die Beispiele in den Abb. M25,5, M26,1 bis M26,3 zu sehen. Der Abb. M25,3 kann man sofort die Gleichgewichtsbedingungen entnehmen. In allen anderen Fällen kann man von den Schülern Prinzipzeichnungen von Teilen der abgebildeten Vorrichtungen anfertigen lassen, in denen die wirkenden Kräfte und die Hebelarme anzugeben sind.

SI Im Text auf Seite M26 tritt auch der Begriff der Drehzahl auf. Er wird hier nicht definiert, da die Schüler ihn intuitiv als Anzahl der Umdrehungen pro Minute oder pro Sekunde begreifen. Diese Vorstellung reicht aus. Wer den Begriff als physikalische Größe einführen möchte, kann dies ohne weiteres tun. Es ist

$$\text{Drehzahl} = \frac{\text{Zahl der Umdrehungen}}{\text{benötigte Zeit}}$$

$$n = \frac{N}{t}, \quad [n] = s^{-1}$$

Abb. M27,2 soll nur einen Eindruck vom Aufbau eines Schaltgetriebes vermitteln. An Hand dieser Abbildung kann die Wirkungsweise nicht verstanden werden. Hierzu ist es erforderlich, die einzelnen Schaltmöglichkeiten auf großen Schautafeln oder schematisierten Detailzeichnungen (Arbeitstransparente) oder sogar mit Hilfe von Schnittmodellen o.ä. darzustellen. Geeignete Modelle werden geliefert von PHYWE (Getriebelehrmodelle) oder LEYBOLD (z.B. Wechselgetriebe mit Kupplung).

Dieser Abschnitt kann überhaupt durch interessante Beispiele aus der Technik bereichert werden.

SI Die Hebelwaagen gehören ohne Zweifel zu den beeindruckendsten Anwendungen des Hebels, zumal ihr Einsatzbereich bei Handelswaagen (z.B. bei Brückenwaagen, Gleiswaagen, Schaltgewichtsneigungswaagen, Dezimalwaagen) von Höchstlasten von 20 g bis zu Höchstlasten von 100 t reicht, bei Präsisionswaagen (Feinwaagen, Analysenwaagen u.a.) von Höchstlasten von 0,1 g bis Höchstlasten von 200 g, (39). Hinzu kommt, daß die Waagen im Laufe ihrer Geschichte zu einem beachtlichen Präzisionsinstrument entwickelt wurden. (vgl. auch (40))

Die Hebelwaagen unterscheidet man nach der Art des Drehmomentenausgleichs:

a) Ausgleich durch nicht mit der Waage verbundenen Gewichtsstücke. Dazu gehören gleicharmige und ungleicharmige Waagen wie Tafelwaagen, Dezimalwaagen u.a.

b) Ausgleich durch fest mit der Waage verbundenen Gewichtsstücke. Hierzu gehören die
- Schaltgewichtswaagen. Das Hebelverhältnis ist unverändert. Verschiedene Gewichtsstücke werden mechanisch aufgesetzt.
- Laufgewichts- und Rollgewichtswaagen. Das Hebelarmverhältnis ist veränderbar. Das Gewichtsstück ändert sich nicht.
- Neigungswaagen. Das Hebelarmverhältnis ändert sich selbsttätig unter dem Einfluß der Last. Das Gewichtsstück ist konstant.
- Hubgewichtswaagen. Das Hebelverhältnis ändert sich selbsttätig unter dem Einfluß der Last. Verschiedene Gewichtsstücke werden nacheinander selbsttätig aufgesetzt.

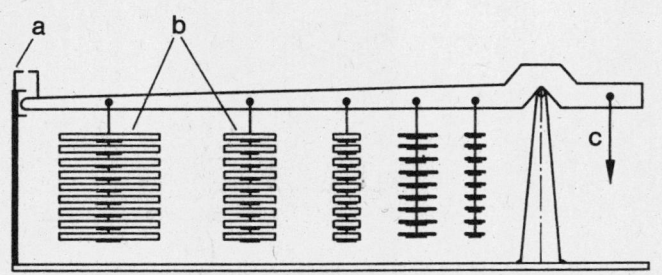

Hinweise zur LE 3: Aus der Mechanik der festen Körper

Abb. 306,1 Schematische Darstellung einer Schaltgewichtswaage: a Einspielanzeige, b Schaltgewichtssätze, c Zugstange zur Last

Abb. 306,3 Substitutionswaage mit automatischer Anzeige: a abhebbare Gewichte, b Beleuchtungseinrichtung

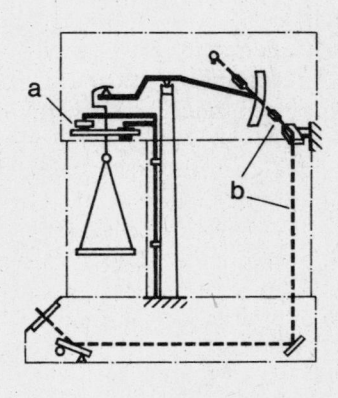

Daneben gibt es hydraulische Waagen, Federwaagen, und elektromagnetische Waagen. An dieser Stelle sind nur die unter a) und b) genannten interessant. Während die unter a) genannten schon seit jeher Bestandteil des Physikunterrichts waren, sind von den unter b) aufgeführten nur die Neigungswaagen und die Laufgewichtswaagen im Unterricht aufgetaucht. Als Beispiel für eine Neigungswaage kann die Briefwaage dienen, aber auch die Waagen, die in vielen Einzelhandelsläden oder auch bei der Post verwendet werden und neben Gewichtsskalen auch Preisskalen tragen. Früher wurde im Unterricht nur die Römische Schnellwaage als Laufgewichtswaage behandelt, heute treten daneben auch modernere Ausführungen, die sehr vielseitig einsetzbar sind, in der Schule vor allem auch in Schülerübungen (vgl. Abb. M16,1).

Diese Waagen sind mit einer magnetischen Dämpfung ausgerüstet und haben einen Wägebereich von 0 ... 311 g mit einer Einstellgenauigkeit von 0,01 g. Sie sind z. B. bei PHYWE und LEYBOLD erhältlich.

LV Mit der Dezimalwaage soll gezeigt werden, mit welch sinnreichen Hebelsystemen man die Massen größerer Lasten messen kann. Obwohl es natürlich nicht Aufgabe des Physikunterrichts sein kann, alle möglichen Typen zu besprechen, sollte doch gelegentlich über das im Buch Dargestellte hinausgegangen werden. Die Schüler kennen nämlich z. B. aus dem Chemieunterricht moderne Analysenwaagen, die von der äußeren Form her gesehen kaum etwas mit den aus dem Physikunterricht bekannten Waagen gemeinsam zu haben scheinen. Letztere werden dann häufig und zu Unrecht als Relikte aus vergangenen Zeiten angesehen, zumal die Anzeigesysteme auch ein anderes Meßprinzip vortäuschen. Ein anderes Meßprinzip liegt bei den übrigen erwähnten Waagen wie z. B. bei den hydraulischen Waagen vor. Die modernen Analysenwaagen, oft mit Digitalanzeige versehen, sind häufig Schaltgewichtswaagen. Sie seien deshalb hier kurz vorgestellt.

Die Schaltgewichtswaage besteht aus mehreren, an einem Auswägehebel (Schaltgewichtshebel) wirkenden Schaltgewichten und einer beim Schalten mit betätigten Anzeigevorrichtung. Die Abb. 306,1 zeigt eine Schaltgewichtswaage mit hintereinander angeordneten Gewichtssätzen, wobei die einzelnen Gewichte zu- oder abgeschaltet werden können. Je nach Bauart haben die Schaltgewichte Platten, Bügel oder Ringe. Für eine Dezimale werden meist vier Gewichte der Stufung 1, 2, 2, 5 verwendet, die durch die Nocken des Schaltwerks in der gewünschten Kombination aufgelegt werden. Das Schaltwerk ist in der schematischen Zeichnung nicht angegeben.

Auch bei der Hubgewichtswaage wird die Last durch eine Art Schaltgewichte ausgeglichen. Diese werden vom Haupthebel nacheinander abgehoben (s. Abb. 306,2) Hubgewichtswaagen werden verwendet zur Ermittlung von Postgebühren oder zum Sortieren von Eiern.

Moderne Schaltgewichtswaagen arbeiten oft nach dem Substitutionsprinzip. (Abb. 306,3) Das Hebelwerk ist hierbei stets gleich belastet. Die Waagschale ist außer für die Last auch zur Aufnahme von Gewichten vorgesehen. Die Waage spielt ein, wenn die Masse der abzuwägenden Last der Masse der vorher

Abb. 306,2 Hubgewichtswaage: a Hubgewichte, b Lastschale, c Haupthebel, d Dämpfung

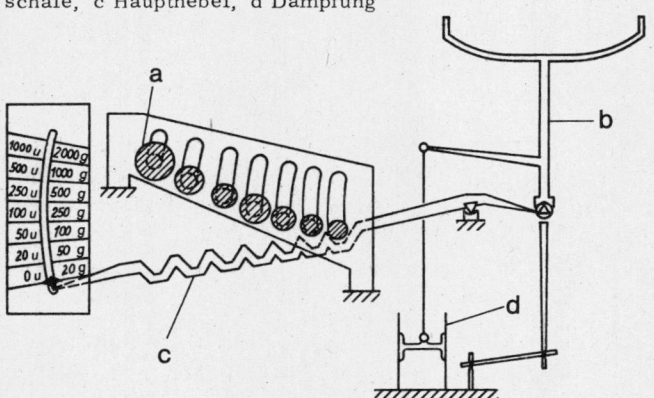

Hinweise zur LE 3: Aus der Mechanik der festen Körper

abgenommenen Gewichte gleicht. Das Meßverfahren entspricht dem auf S.M11 angegebenen Meßverfahren für Massen. Auch dort wird die Waage durch irgendeine Belastung auf der anderen Waagschale ins Gleichgewicht gebracht, dann wird die unbekannte Last durch Massenstücke ersetzt, deren Masse genau bekannt ist. Der Vorteil liegt darin, daß das Wägeergebnis nur von der Empfindlichkeit der Waage abhängt.

Die einfachen Maschinen (3.3)

Daß die Geschichte der Physik sowohl zum Verständnis physikalischer Zusammenhänge als auch zum Verständnis der Querverbindungen zu anderen Disziplinen sehr viel beitragen kann, wird besonders in diesem Kapitel über die einfachen Maschinen deutlich (vgl. auch Kap. 1.1 "Die historische Dimension").

Folgende Ziele können z.B. angestrebt werden:
1. Aufzeigen der Wechselwirkung zwischen Physik und Technik,
2. Erkennen der Wechselwirkung zwischen Physik/Technik und Gesellschaft,
3. Erkennen, welchen Einfluß Auffassungen oder Lehrmeinungen über die Natur bzw. die Naturwissenschaften auf den Erkenntnisfortschritt haben.

LI Lange bevor man die klassischen fünf "Potenzen", den Hebel, das Rad, den Flaschenzug, die Schraube und den Keil, wissenschaftlich behandelte, wurden einige dieser Maschinen bereits praktisch genutzt. Schon in der Steinzeit machte sich der Mensch einfache Formen des Hebels zunutze, seit etwa 2300 v. Chr. wurden in Mesopotamien Schöpfwerke mit einfachem Hebelmechanismus eingesetzt. Die Ägypter verwendeten die schiefe Ebene beim Bau ihrer Pyramiden und die Assyrer gebrauchten um 870 v. Chr. die feste Rolle mit Seil. Auch die Benutzung des Keils als Werkzeug ist aus der Vorgeschichte des Menschen zu belegen, z.B. in den verschiedenen Axt- und Dolchformen. Da der Keil sehr bald planvoll hergestellt wurde (damit wurde der Mensch selbst zum Werkzeughersteller), fand das Keilprinzip auch im Meißel Verwendung. In den Stadtkulturen des Alten Orients erhielt der Keil in der Bautechnik große Bedeutung (zum Sprengen von Steinen, als Keilverbindung bei der festen Vereinigung von Bauteilen u.a.m.). Der Mensch verbesserte die Geräte im täglichen praktischen Umgang mit ihnen.

In den "Mechanischen Problemen", die etwa 40 bis 50 Jahre nach Aristoteles (280 v.Chr.) geschrieben wurden und sich vornehmlich mit dem Hebel beschäftigten, wird schon gesagt, daß das kleinere Gewicht einen größeren Weg, die größere Last einen kleineren Weg zurücklege, das kleinere Gewicht sich aber schneller bewege. Diese Beschreibungen gehen über einen praktischen Umgang hinaus, sie zeigen das Bemühen, die Vorgänge genauer zu erfassen. Da die Bewegung der Lasten auf einem Kreis erfolgt, sah man darin letztlich die Ursache der Hebelwirkung. Denn dem Kreis wurde bekanntlich in der Antike als "vollkommenste Figur" wunderbare Eigenschaften zugeschrieben. Das gesamte Geschehen wurde in ein größeres Ordnungsschema gestellt. Bestrebungen dieser Art waren zu allen Zeiten vorhanden. Heute spielen Erhaltungssätze und Symmetrieprinzipien vielleicht eine ähnliche Rolle (37), S.147, (41), (42). In der Schrift des Archimedes findet man den Versuch, aus wenigen Axiomen das Hebelgesetz nach dem Vorbild von Euklid logisch streng abzuleiten. Der Grundgedanke ist der folgende:

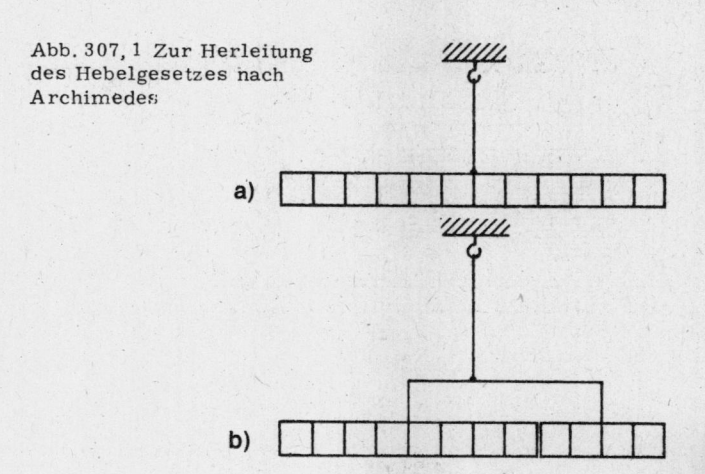

Ein nach Abb. 307,1a aufgehängter Hebel ist im Gleichgewicht. Diese Erfahrung ist die Grundlage für das Axiom, daß am gleicharmigen Hebel bei gleichen Gewichten Gleichgewicht herrscht. Den aufgehängten Körper kann man nun so aufteilen, wie es in Abb. 307,1b geschehen ist. Jeder Teil ist für sich im Gleichgewicht. Man erkennt, daß sich die Gewichtskräfte wie 2:1, die Hebelarme aber wie 1:2 verhalten. Ähnliche Überlegungen kann man für alle anderen rationalen Verhältnisse anstellen. Die Überlegungen für irrationale Verhältnisse sind komplizierter, s. hierzu (25), S.38f., (43). Eine Kritik dieser Herleitung des Archimedes findet man bei E. Mach, der behauptet, daß die Ableitung den zu beweisenden Satz bereits enthalte (44).

Der Hinweis auf die wissenschaftlich-kulturelle Hochburg Alexandria (S. M29 Mitte) soll auf den Zusammenhang zwischen Gesellschaft

Abb. 307,1 Zur Herleitung des Hebelgesetzes nach Archimedes

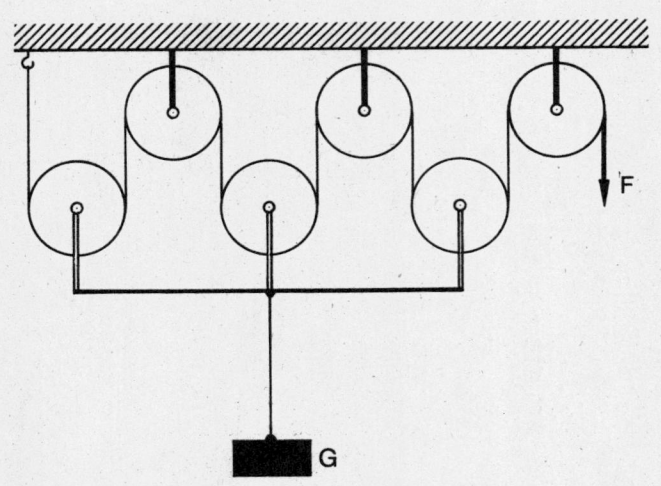

Hinweise zur LE 3: Aus der Mechanik der festen Körper

Abb. 308,1 Faktorenflaschenzug

Abb. 308, 2 Potenzflaschenzug

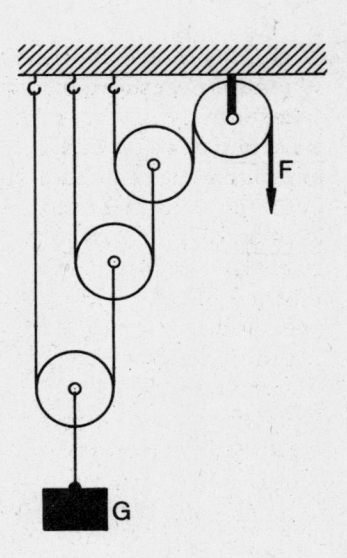

und Wissenschaft aufmerksam machen. Auch dieser war zu allen Zeiten vorhanden. Das Museion von Alexandria war das erste staatlich geförderte Forschungsinstitut, das der Wissenschaft mehr gegeben hat als irgendein anderes zuvor oder noch 2000 Jahre danach. Es standen auch erhebliche Geldmittel für die mathematischen und ingenieurwissenschaftlichen Disziplinen zur Verfügung. Unter den Vertretern der mathematischen Wissenschaft ragen hervor: Eukild, Erathosthenes, Apollonius von Perge, Ptolemäus, Pappus von Alexandria und Diophantus. Archimedes, Ktesibios und Heron von Alexandria machten hier ihre Erfindungen. (45), (46))

Zu allen Zeiten war der Einfluß der Maschinen auf Politik, auf Wirtschaft und Zivilisation sehr groß. Auch die Auswirkung auf die Kunst darf man nicht vergessen, ohne die Maschinen wären z.B. die großartigen Bauwerke der Griechen nicht entstanden. Einen Überblick über die Maschine im Leben der Völker gibt das gleichnamige Werk von F.M. Feldhaus (47).

Die Gegenüberstellung historischer Maschinen und moderner Anwendungen (z.B. in Abb. M29,3 und Abb. M30,1) soll deutlich machen, daß die grundlegenden mechanischen Prinzipien heute noch ebenso aktuell sind wie vor vielen hundert Jahren.

Zur Behandlung dieser Unterrichtsreihe gibt es verschiedene Möglichkeiten.

SV Der Lehrer wird vielleicht mit der bereits auf Seite 301 beschriebenen Aufgabenstellung beginnen, d.h. einen Schüler auffordern, ein Gewichtsstück hochzuheben, das ihm vor die Füße gestellt wird, während der Schüler selbst mit dem Rücken dicht an einer Wand steht. Der Schüler wird sofort nach einem Seil oder einer Stange verlangen. Damit ist man beim Thema der Stunde: Vorrichtungen (Maschinen) als Kraftwandler. Zunächst handelt es sich nur um eine Verlagerung des Angriffspunktes, im weiteren Verlauf des Unterrichts, der natürlich sehr stark von der Jahrgangsstufe abhängt, werden auch die anderen Möglichkeiten für die Umwandlung von Kräften diskutiert. Das Gleichgewicht an

SV festen und losen Rollen und beim Flaschenzug wird experimentell untersucht, bevor man die Ergebnisse auf bekannte Zusammenhänge (Zusammensetzung paralleler Seilkräfte, Hebelgesetz) zurückzuführen sucht. Dies ist der Weg, wie er im Schülerbuch beschritten wird.

SI Die Gleichgewichtsbedingungen kann man aber bei gegebener Leistungsfähigkeit der Lerngruppe sofort gewinnen, wenn man den bereits bekannten Momentensatz oder die Bedingungen des Kräftegleichgewichts heranzieht. (vgl. A3 auf S. M31)
Bei der festen Rolle liefert das Momentengleichgewicht die Beziehung: $F \cdot r = G \cdot r \Rightarrow F = G$. Die Reibungskräfte werden vernachlässigt, da die mathematische Erfassung auf der Sekundarstufe I ohnehin nicht möglich ist, (48).

Die Betrachtung zeigt übrigens, daß bei der losen Rolle die beiden Haltekräfte parallel zueinander verlaufen müssen (s. auch Aufg. 1, S. M34).

Ist die Wirkungsweise der losen und der festen Rolle verstanden, dann ist es nicht sehr schwierig, durch Kombination beider zum Flaschenzug zu kommen. (Abb. M32,1) Eine Übergangsform stellt Abb. M31,4 dar. Die technische Fantasie der Schüler kann auch hier angeregt werden, indem man verschiedene Formen von Flaschenzügen entwickeln läßt, so z.B. den Faktorenflaschenzug

Hinweise zur LE 3: Aus der Mechanik der festen Körper

(Abb. 308,1), der sich durch fortgesetztes Aneinanderfügen einer Kombination aus loser und fester Rolle ergibt, und den Potenzflaschenzug (Abb. 308,2). Die Gleichgewichtsbedingungen sind leicht herzuleiten (s. unter c)). Die Zusammenfassung in sogenannte Kloben oder Flaschen muß heute der Lehrer mitteilen, da den Schülern einfache Rollenflaschenzüge aus der täglichen Umwelt vielfach nicht mehr bekannt sind. Denn selbst kleine Baukräne haben diese einfachen Flaschenzüge meist nicht mehr. Wo sie noch verwendet werden, dienen sie zum Verteilen der Last auf mehrere Seilstränge.

SI Moderne technische Flaschenzüge enthalten fast immer ein Getriebe, so der Schneckenflaschenzug mit vorgeschaltetem Schneckengetriebe oder Stirnradflaschenzug mit ein- oder mehrfacher Stirnradübersetzung. Der Antrieb kann von Hand am Haspelrad mit Hilfe eines Ratschenhebels (Ratschzug), aber auch elektrisch erfolgen (Elektroflaschenzug, Elektrozug). Der Differentialflaschenzug (Differenzflaschenzug) wird wegen seines schlechten Wirkungsgrades in Betrieben kaum mehr benutzt. (Abb. 309,1)

Schraubenflaschenzüge werden bis zu einer Tragfähigkeit von 150 000 N (Masse der Last entspricht dann 15 000 kg = 15 t) gebaut, Stirnradflaschenzüge bis zu 10 t.

SI Daß der Wirkungsgrad auch bei Flaschenzügen eine entscheidende Rolle spielt, kann den Schülern am Beispiel des Faktorenflaschenzuges demonstriert werden. Reibung und Eigengewicht der Rollen verhindern, daß man durch Steigern der Rollenzahl den "Kraftaufwand" beliebig verringern kann. Gehen wir von Abb. M31,4 aus, so ergibt sich, daß sich die Gewichtskraft der Nutzlast bei Verwendung weiterer Rollen verringert, wenn man eine konstante max. Zugkraft annimmt. Will man größere Lasten heben, dann werden auch größere Anforderungen an die Festigkeit der Rollen gestellt. Damit steigt auch die Gewichtskraft der Rollen, die Reibung wird ebenfalls vergrößert: Der Wirkungsgrad verschlechtert sich.

Deshalb werden Ober- und Unterflasche mit maximal 4 Rollen bestückt. (8 Seilstränge $\triangleq$ 8facher Übersetzung). Nimmt man die Zugkraft einer Person mit max. 500 N an, so läßt sich mit einem Rollenzug bei einem Wirkungsgrad von 75 % eine Last von $50 \cdot 8 \cdot 0,75$ kg = 300 kg heben.

SI Die Hebezeuge der Antike und des Mittelalters verwendeten Flaschenzug und Haspel oder Winde. Sie bestanden aus 1-2 Kranbäumen, die in einer Pfanne aus Stein oder Metall lagerten und durch mehrere Seile gehalten wurden. Trotzdem war der Einsatz von Menschen- und Tierkraft bei der Bewältigung großer Lasten noch erheblich. Ein eindrucksvolles Beispiel hierfür ist die Errichtung des Obelisken in Rom (Abb. M30,2). Erst mit der Erfindung der neuen "Kraftmaschinen", der Wärmeenergiemaschinen und der Elektromotoren, also eigentlich erst mit dem 19. Jahrhundert, konnte man menschliche und tierische Kraft ersetzen.

Abb. 309,1 Differentialflaschenzug

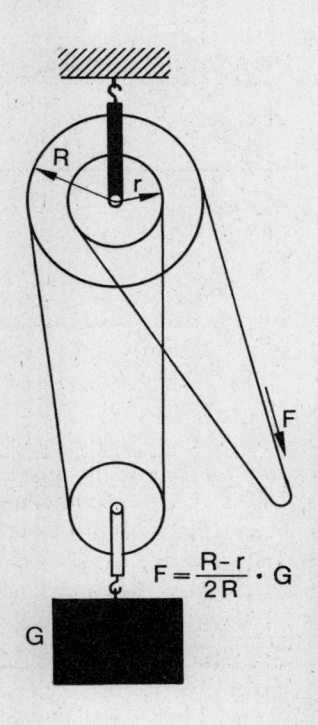

$$F = \frac{R-r}{2R} \cdot G$$

Bei der Behandlung von Hebeln und Rollenzügen kann der Einfluß der Reibung nicht übersehen werden, die Bedingungen werden jedoch so gewählt, daß man zunächst für idealisierte Verhältnisse Gleichgewichtsbedingungen formuliert, die näherungsweise gültig sind und durch Berücksichtigung der Reibung modifiziert werden können.

Eine ähnliche Idealisierung muß man bei den schiefen Ebenen vornehmen. Auch hier betrachten wir den reibungslosen Fall, der näherungsweise realisiert wird, indem man keinen Gleitkörper verwendet, sondern eine Walze. Durch diese Vereinfachung kann die schiefe Ebene in der Schule mathematisch behandelt werden. Bei Schraube und Keil wird man auf eine quantitative Behandlung verzichten und nur ihre prinzipielle Wirkungsweise angeben, da hier die Reibung in der Regel so groß ist, daß sie in die Beschreibung einbezogen werden muß.

In der klassischen Aufzählung der einfachen Maschinen ("fünf Potenzen") ist die schiefe

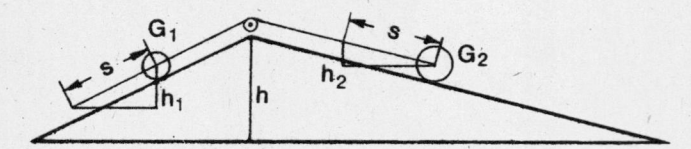

Hinweise zur LE 3: Aus der Mechanik der festen Körper

Abb. 310,1 Zur Herleitung der Gleichgewichtsbedingung an schiefen Ebenen nach Jordanus

Abb. 310,2 Schülerversuch zur schiefen Ebene

Ebene nicht aufgeführt. Dies kann man als ein Zeichen dafür werten, daß man bereits in der Antike die Verwandschaft zum Keil sah.

LI Die Gleichgewichtsbedingung für die schiefe Ebene wurde in der Zeit der Scholastik von Jordanus Nemorarius, Dominikanerpater in Paris, also rund 1500 Jahre nach Archimedes, aufgestellt. Interessant ist der Weg, wie er zu dieser Bedingung kam. Er hatte nämlich bereits eine Vorstellung von dem Prinzip der virtuellen Verrückungen, das in der Statik sehr nützlich ist. Er ging von der Annahme aus, daß zwei miteinander verbundene Lasten auf zwei schiefen Ebenen gleicher Höhe, aber verschiedener Länge im Gleichgewicht sind, wenn sich die Gewichtskräfte dieser Lasten bei einer Verschiebung umgekehrt verhalten wie die vertikalen Verschiebungsgrößen. In heutiger Schreibweise:

$$\frac{G_1}{G_2} = \frac{h_2}{h_1} \Rightarrow G_1 \cdot h_1 = G_2 \cdot h_2 \quad \text{(s. Abb. 310,1)}$$

Das entspricht der Betrachtung auf Seite M37 links.

In der Renaissance gewannen die Schriften des Archimedes und des Pappus (um 300 n. Chr.) zur Mechanik und die "Mechanischen Probleme" neuen Einfluß. Der Marchese Guibaldo del Monte, der 1577 ein Werk über Mechanik schrieb, lehnte sich noch sehr stark an die antiken Vorbilder an. Erst Galilei verfaßte 1593 als 29jähriger eine Schrift, die 1600 vollendet wurde und weit über das hinausging, was seine Vorgänger geliefert hatten. Von ihm stammt auch die Formulierung: "Man verliert am Weg, an der Zeit oder an der Langsamkeit, was an Leichtigkeit gewonnen wird". (S. M37)

Im Schülerbuch werden verschiedene Möglichkeiten angegeben, die Gleichgewichtsbedingungen an der schiefen Ebene zu gewinnen:

1. Zerlegung der Gewichtskraft. Aus der Ähnlichkeit der Dreiecke folgt: $F = G \cdot h/l$ (S. M33, Abb. 33,7). Die Beziehung wird experimentell bestätigt.
2. Gedankenexperiment von Stevin,
3. Experimentelle Herleitung der Beziehung $F = \text{konst} \cdot (\frac{h}{l})$. Erkennen, daß die Konstan-

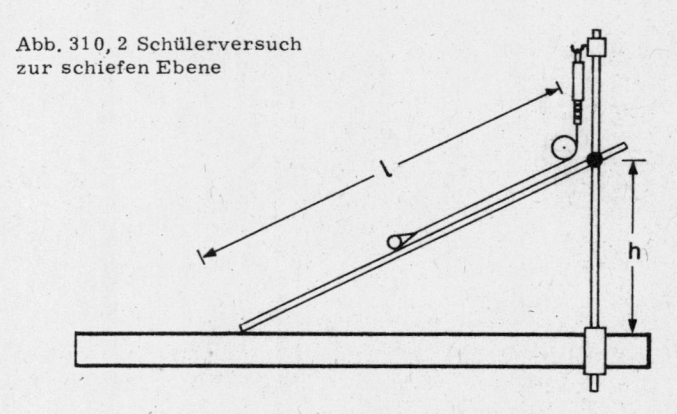

te den Wert von G besitzt. Überprüfen dieser Erkenntnis an Sonderfällen, z. B.: Für $h/l = 1$ ist $F = G$.

Das Unterrichtsverfahren sollte je nach Kenntnisstand und Leistungsfähigkeit der Klasse gewählt werden. Die Motivation zur Beschäftigung mit der schiefen Ebene ist bereits aus den vorhergehenden Stunden gegeben (Erkennen der Grundformen einfacher Maschinen).

LV V M32,2 ist als Lehrerversuch gedacht; er kann als Freihandversuch durchgeführt werden. Erst nach diesem Vorversuch, der die Erkenntnis liefert, daß die Hangabtriebskraft, abgesehen von dem Sonderfall $\alpha = 90°$, stets kleiner ist als die Gewichtskraft der Walze, hat es Sinn, nach dem genauen Zusammenhang zwischen Gewichtskraft und Winkel zu fragen.

SV Die Messung der Haltekraft in Abhängigkeit von der Neigung h/l kann als Schülerversuch erfolgen.

VT Falls kein Schülerübungsgerät vorhanden ist, kann man sich aus zwei Stativstangen eine schiefe Ebene zusammenbauen. Man verändert die Höhe bei konstanter Länge (s. Abb. 310,2). Als Last dient eine kurze Stativstange.

Bei der Schraube ist nicht sofort zu sehen, daß eine Anwendung der schiefen Ebene vorliegt. Hier sind Hilfen nötig. Die Entstehung einer Schraubenlinie wird vom Lehrer veranschaulicht durch Aufwickeln eines Papierstreifens in Form eines rechtwinkligen Dreiecks auf einen Zylinder. Selbstverständlich

SV können dies auch die Schüler selbst durchführen. Man benutzt ein DIN A4-Blatt und wickelt es in geeigneter Weise auf eine Stativstange.

Denkt man sich längs der Schraubenlinie in den Zylinder eine Vertiefung eingeschnitten, so entsteht eine Schraube.

Historisch wurde die Schraube wahrscheinlich zunächst als "Archimedische Schraube" zur Wasserförderung eingesetzt, später kam

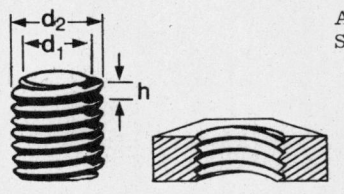

Hinweise zur LE 3: Aus der Mechanik der festen Körper   S. M33–M35

Abb. 311,1 Scharfgängige Schraube

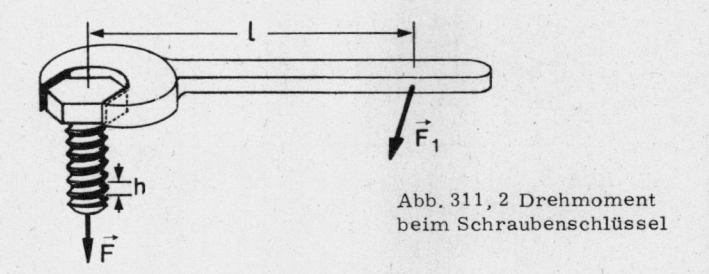

Abb. 311,2 Drehmoment beim Schraubenschlüssel

vor allem bei den Römern die Verwendung in der Schraubenpresse (Oliven, Wein, Tuch) hinzu, als Verbindungselement wurde sie, ebenfalls bei den Römern, vor allem bei Instrumenten, z.B. bei medizinischen Instrumenten benutzt.

SI Nach der Art der Einkerbung unterscheidet man scharfgängige Schrauben und flachgängige Schrauben (Abb.311,1). Je nach dem Gewindesinn bezeichnet man das Gewinde als Rechtsgewinde oder als Linksgewinde. Bei allen Schrauben ist die Reibung groß, bei scharfgängigen Schrauben größer als bei flachgängigen (wie z.B. bei Trapezgewinden, s. Abb. M33,4).

Den auf der Mantellinie gemessenen Abstand zweier Windungen der Schraubenlinie bezeichnet man als Ganghöhe h (Abb.311,1). Für den Steigungswinkel α gilt

$$\tan \alpha = \frac{h}{2\pi r}.$$

Wenn man eine Schraube mittels eines Schraubenschlüssels (Abb. 311,2) dreht mit $M_1 = F_1 \cdot l$, so entsteht am Umfang der Schraube eine Umfangskraft. (Die längs der gesamten Berührungslinie verteilten Kräfte kann man sich in einem Punkt zusammengefaßt denken.) Diese Kraft hat als Hebelarm $r = d/2$, und es gilt:

$$F_2 = F_1 \cdot \frac{l}{r}.$$

Um den Zusammenhang mit der Schraubenlast zu erhalten, etwa beim Anziehen einer Schraube, muß man die in Richtung der Achse wirkende Kraft in zwei Komponenten zerlegen, in eine Normalkomponente und eine Parallelkomponente. Außerdem muß die Reibungskraft berücksichtigt werden, und zwar sowohl bei der Bewegungsschraube (z.B. bei Schraubengetrieben) als auch bei der Befestigungsschraube. Eine mathematische Behandlung auf der Sekundarstufe I scheidet deshalb im Normalfall aus. Näheres hierzu s. (49).

Arbeit – Leistung – Energie (3.4)

Der Energiebegriff ist für das Verständnis unserer modernen Umwelt notwendig; er besitzt auch innerhalb des physikalischen Begriffssystems wegen seiner außerordentlich großen Tragfähigkeit eine entsprechende Bedeutung. Es ist deshalb gerechtfertigt, wenn er auch im Physikunterricht eine zentrale Rolle spielt. Über die Stellung des Energiebegriffs im KUHN wurde bereits in Kap. 1.1.1 gesprochen. Es soll deshalb an dieser Stelle nicht mehr darauf eingegangen werden. Wenn trotzdem noch einige grundsätzliche Bemerkungen hinzugefügt werden, so geschieht dies nicht zuletzt mit Rücksicht auf die Tatsache, daß in letzter Zeit an der herkömmlichen Art, den Energiebegriff über den Begriff "Arbeit" einzuführen, und an der Art der Darstellung des Energiebegriffs Kritik geübt wurde. (50), (51)

Wir halten diese Kritik für bedenkenswert, vor allem sollte die in (50) vorgeschlagene Unterscheidung zwischen Austausch- und Existenzformen der Energie konsequent durchgehalten werden. Dieser Prozeß wird sicher einige Zeit in Anspruch nehmen, zumal man in manchen Fällen von gewohnten Ausdrucksweisen abgehen muß. Den Bestrebungen wurde im KUHN dadurch Rechnung getragen, daß die Energie als übergeordneter Begriff aufgefaßt wird, der sowohl Zustände als auch deren Änderung zu beschreiben gestattet. Im KUHN wird deshalb nicht von "gespeicherter Arbeit" oder "gespeicherter Wärme" gesprochen. "Wärme" und "Arbeit" werden als Energien dargestellt, die Prozessen zugeordnet werden, also den Energieaustausch beschreiben. Den in (50) erwähnten methodischen Weg halten wir allerdings für nicht gangbar, da er doch ein höheres Abstraktionsniveau voraussetzt, als die Autoren behaupten. Daß die Energie als abgeleitete Größe erscheint, hängt mit dem gewählten Begriffssystem zusammen, sagt aber nichts über die Bedeutung dieser Größe aus. Der Vorschlag, den Kraftbegriff etwas zurückzudrängen zugunsten des Energiebegriffs, ist sicher zu begrüßen, er ist aber nicht neu. Schließlich hat Heinrich Hertz bereits 1894 in seinen "Prinzipien der Mechanik" eine Formulierung der Mechanik gebracht, in der der Kraftbegriff völlig eliminiert war. (52)

Hinweise zur LE 3: Aus der Mechanik der festen Körper

Der Vorschlag von Heinrich Hertz wurde weder von der Hochschuldidaktik noch von der Didaktik der Schulphysik aufgegriffen. Vermutlich gibt es mehr Gründe als nur die Macht traditioneller Gewohnheit, die für eine Beibehaltung des Kraftbegriffs sprechen.

Im KUHN wird der Energiebegriff in drei Stufen eingeführt. Ausgangspunkt ist das Bestreben, mechanische Arbeitsverrichtungen (hier wird das Wort "Arbeit" auch im umgangssprachlichen Sinn gebraucht) miteinander zu vergleichen, sie also zu quantifizieren.

Die gewählten Beispiele zeigen, daß hierbei zwei Größen, nämlich die Kraft und die Verschiebungsstrecke eine Rolle spielen. Die einfachste Möglichkeit, die beschriebenen Vorgänge zu quantifizieren, ist die Bildung des Produkts aus F und der Verschiebungsstrecke s. (vgl. S. M35)

Selbstverständlich ist die auf Seite M35 angegebene Überlegung nicht zwingend trotz der Veranschaulichung durch Abb. M35,1 oder vergleichbarer Vorgänge, die im Unterricht z. B. mit Holzklötzen durchgeführt werden können. Die Produktbildung fällt auch nicht "vom Himmel", wie gelegentlich behauptet wird, sondern wird begründet, plausibel gemacht. Die volle Tragweite dieser Begriffsbildung erweist sich allerdings erst im Nachhinein. Dadurch erfahren die Schüler, daß von vornherein nicht gesagt werden kann, welche Begriffe sich in der weiteren Entwicklung bewähren.

Sollte das Produkt aus F und s von den Schülern nicht sofort als eine mögliche mathematische Beschreibung ins Auge gefaßt werden, dann schlage man als weitere Verknüpfungen die Summe oder den Quotienten aus diesen beiden Größen vor. Die Summe wird als eine nicht erlaubte Verknüpfung ungleicher Größenarten ausgeschieden und der Quotient wird von den Schülern als unsinnig bezeichnet, da dadurch einer größeren Verschiebungsstrecke bei gleicher Kraft eine kleinere Arbeit zugeordnet würde.

An der konventionellen Art der Einführung des Arbeitsbegriffs wird auch bemängelt (vgl. (51)), daß die physiologische Anstrengung kein geeignetes Maß sei für die Arbeit. Man weist mit Recht darauf hin, daß subjektiv die Anstrengung durchaus größer erscheinen kann, wenn man einen Sack Zement zwei Stockwerke hochträgt anstatt 2 Säcke nur 1 Stockwerk hoch. Im Schülerbuch wird deshalb bewußt nicht von der Anstrengung gesprochen, die der aufzubringenden Kraft und dem zurückzulegenden Weg proportional zu setzen sei.

Die Beispiele dienen dazu, plausibel zu machen, daß man - wie bereits gesagt - zwei Größen ins Spiel bringen muß, wenn man Arbeitsvorgänge miteinander vergleichen will. Man kritisiert außerdem, daß man von der Umgangssprache ausgehe und den zu definierenden Begriff "Arbeit" von den vielfältigen Bedeutungen in der Umgangssprache abzuheben versuche. Mit diesem Problem der Abgrenzung und Unterscheidung hat man es aber auch bei anderen Begriffen der Physik zu tun. (vgl. auch Kap. 1.2.3)

Über die Art, Begriffe einzuführen, schrieb Max Planck an seinen Studienfreund Carl Runge: "Der Begriff Gelb kann auf zweierlei Weise definiert werden, entweder durch den Farbensinn, oder durch den Raum- und den Zeitsinn (Dauer der Lichtschwingung). Die erste Definition ist unvollkommen, weil nach ihr keine exakte Messung möglich ist. Nichtsdestoweniger würde sich der Dozent wenig Dank erwerben, der beim Beginn der Farbenlehre den Begriff Gelb auf die zweite Art definierte, obwohl diese Definition die exaktere ist. Er wird vielmehr mit der ersten unvollkommenen Definition beginnen, wird dann nachweisen, daß, soweit eine Prüfung möglich ist, die erste mit der zweiten übereinstimmt, und wird dann die unvollkommenere durch die vollkommenere ersetzen.

Geradeso ist es mit dem Begriff der Kraft. Man muß Kraft zunächst durch Muskelempfindung (Anstrengung), freilich unvollkommen in bezug auf Größenmessung, definieren, und dann die exaktere Definition, die auf Raum- und Zeitempfindung beruht, substituieren. Fängt man, wie Kirchhoff, gleich mit der letzteren Definition an, so verzichtet man im ersten Fall auf die Benutzung des Farbensinns, im zweiten Fall auf die des Muskelgefühlt. Es heißt aber dies nichts anderes, als die Naturwissenschaft ihres höchsten Reizes entkleiden, nämlich der steten Übertragung der gewonnenen Gesetze auf Sinnesempfindungen. Kirchhoffs Definition der Kraft ohne den Begriff der Anstrengung steht auf gleicher Stufe wie die Definition einer Farbe ohne den Begriff des Farbensinns." (53)

Bei der Definition der Arbeit wird nicht alles thematisiert. So müßte z. B. genaugenommen die Verschiebung bei konstanter Geschwindigkeit erfolgen. Die Schüler fassen aber intuitiv den Begriff "Verschiebung" in diesem Sinne auf, so daß man im allgemeinen nicht darauf eingehen muß. Im übrigen würde eine präzi-

Hinweise zur LE 3: Aus der Mechanik der festen Körper

sere Fassung andere Probleme aufwerfen, die auf der Sekundarstufe I nicht behandelt werden können. So muß zu Beginn des Vorgangs der Körper beschleunigt werden, dann erst wird er mit konstanter Geschwindigkeit bewegt, schließlich abgebremst. Um dies zu verstehen, sind Kenntnisse aus der Dynamik erforderlich, die nicht vorhanden sind.

Natürlich kann man die Einführung des Begriffs "Arbeit" an die Überlegungen von S. M37 ankoppeln. Die Produktbildung wird dann z.B. durch die Gleichgewichtsbedingung auf der schiefen Ebene oder durch den Vergleich von Last- und Kraftweg mit den wirkenden Kräften an Rollen nahegelegt. Diese Gleichgewichtsbedingungen wurden ja im vorhergehenden Kapitel erarbeitet. Gleichung M33,1 besagt dann, daß dem Produkt aus der Verschiebungsstrecke l und der Kraft F das Produkt aus dem Hub h und der Gewichtskraft G äquivalent ist. Man nennt die äquivalenten Produkte mechanische Arbeit.

An die Einführung des Begriffs "Arbeit" schließt sich zwanglos die Definition der Leistung an, die durch die Tabelle auf S. M36 veranschaulicht wird.

Der Begriff "Arbeit" gilt in der vorliegenden Fassung nur für den Sonderfall, daß Kraft und Weg gleichgerichtet sind. Eine Verallgemeinerung kann in drei Schritten erfolgen, von denen zwei auf der Sekundarstufe I vorgenommen werden können.

Zunächst werden einige Beispiele diskutiert (S M36 Mitte), bei denen die Definition nicht angewandt werden kann. Anschließend wird bei Beschränkung auf

F = konst. der Fall $90° \geq \alpha \geq -90°$ betrachtet, der schließlich auf $|\alpha| > 90°$ erweitert wird.

Natürlich wäre es einfacher, die Arbeit als Skalarprodukt zu definieren

$$W = \vec{F} \cdot \vec{s} = |\vec{F}| \cdot |\vec{s}| \cdot \cos \alpha,$$

aus dem sich dann die oben angegebenen Fälle ablesen lassen. Da aber selbst bei relativ später Behandlung der Mechanik oder von Teilen der Mechanik (Spiralcurriculum) die notwendigen mathematischen Hilfsmittel (trigonometrische Funktionen, Produkt von Vektoren) nicht bekannt sein dürften, erübrigt sich eine Behandlung des Skalarprodukts. Die nächste Stufe der Verallgemeinerung ist durch

$$W = \int_{s_1}^{s_2} \vec{F} \cdot d\vec{s}$$

für nicht konstante Kräfte gegeben. Sie kann erst auf der Sekundarstufe II erreicht werden.

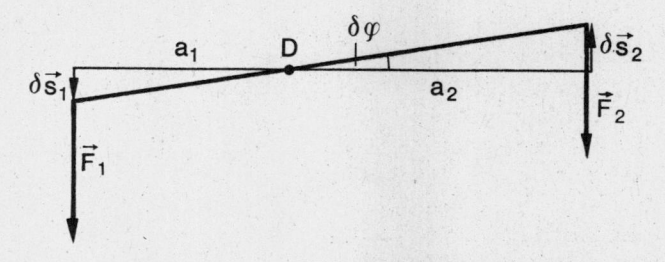

Abb. 313,1 Zur Herleitung der Gleichgewichtsbedingung am Hebel

Von besonderer Wichtigkeit ist der Abschnitt über die Erhaltung der Arbeit, da hier die Tragfähigkeit des Begriffs gezeigt wird: Das Produkt $F \cdot s$ ist bei Verwendung einfacher Maschinen konstant. Der sachliche Hintergrund bildet das sogenannte Prinzip der virtuellen Verrückungen. (55)

Mit einfachen Maschinen kann man die beiden Faktoren des die Arbeit darstellenden Produktes ändern, ohne daß das Produkt selbst verändert wird. Man kann dies auch so ausdrücken, daß im Gleichgewichtszustand im Idealfall, d.h. im reibungslosen Fall, die gesamte Arbeit der an den Maschinen angreifenden Kräfte Null ist. Zur mathematischen Beschreibung denken wir uns, daß die sich im Gleichgewichtszustand befindliche Maschine eine kleine Bewegung ausführt. Die Angriffspunkte der Kräfte $\vec{F}_i$ verschieben sich dann um eine gedachte Strecke $\delta \vec{s}_i$.

Diese gedachte, "virtuelle" (die Bezeichnung stammt aus dem Mittelalter) Verschiebung beinhaltet eine gedachte "virtuelle Arbeit" $\Delta W_i = \vec{F}_i \cdot \delta \vec{s}_i$. Die Summe aller virtuellen Arbeiten muß Null sein, also

$$\sum_i \vec{F}_i \cdot \delta \vec{s}_i = 0.$$

Dies Prinzip der virtuellen Verrückungen wurde von J. Bernoulli 1717 erstmals in voller Erkenntnis seiner Tragweite aufgestellt. Das Prinzip ist ein Differentialprinzip, s. auch (54).

Um es auf den Hebel anzuwenden, denken wir uns den Angriffspunkt der Kraft $\vec{F}_1$ um die Strecke $\delta \vec{s}_1$ verschoben. Die Arbeit beträgt $\vec{F}_1 \cdot \delta \vec{s}_1$. Im Punkt D wird keine Arbeit verrichtet. Die Kraft $\vec{F}_2$ dagegen verrichtet die Arbeit $\vec{F}_2 \cdot \delta \vec{s}_2$. (Abb. 313,1)

Es gilt: $\vec{F}_1 \cdot \delta \vec{s}_1 + \vec{F}_2 \cdot \delta \vec{s}_2 = 0$

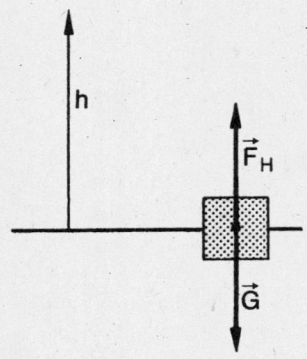

Hinweise zur LE 3: Aus der Mechanik der festen Körper

Abb. 314,1 Zum Begriff der Hubarbeit

Nun ist
$$\vec{F}_1 \cdot \delta \vec{s}_1 = |\vec{F}_1| \cdot |\delta \vec{s}_1| \cos 0° = \vec{F}_1 \cdot \delta \vec{s}_1 \text{ und}$$
$$\vec{F}_2 \cdot \delta \vec{s}_2 = |\vec{F}_2| \cdot |\delta \vec{s}_2| \cos 180° = -\vec{F}_2 \cdot \delta \vec{s}_2, \text{ also}$$
$$F_1 \cdot \delta s_1 - F_2 \cdot \delta s_2 = 0$$
$$F_1 \cdot \delta s_1 = F_2 \cdot \delta s_2$$

Da $\delta s_1 = a_1 \delta \varphi$ und $\delta s_2 = a_2 \delta \varphi$ erhält man
$$F_1 a_1 = F_2 a_2 ,$$
die Gleichgewichtsbedingung am Hebel.

Eine solche Herleitung ist Schülern nicht zumutbar. Im Schülerbuch wird eine Elementarisierung mit Hilfe des Begriffs "Hubarbeit" versucht. Die Länge der Hebelarme ändert sich bei einer Verschiebung, die Hubarbeit kann aber berechnet werden (Angriffspunkt der Kraft wird um die Höhe h verschoben.)

LI Für die Berechnung der Hubarbeit ergibt sich allerdings eine kleine Schwierigkeit. Laut Definition ist in die Gleichung $W = \vec{F} \cdot \vec{s}$ die Kraft einzusetzen, mit der ein Körper verschoben wird. Das wäre bei der Hubarbeit die Kraft $\vec{F}_H$ (Abb.314,1). Es ist demnach:
$$W = \vec{F}_H \cdot \vec{h} = F_H \cdot h \cos 0° = F_H \cdot h.$$
Nun ist beim Heben mit konstanter Geschwindigkeit $\vec{F}_H = -\vec{G}$, also
$$W = -\vec{G} \cdot \vec{h} = -G \cdot h \cdot \cos 180° = G \cdot h.$$

Da die Beträge von $\vec{G}$ und $\vec{F}_H$ gleich sind, erhält man den gleichen Wert für die Hubarbeit. Es könnte zu Schwierigkeiten kommen, wenn die Schüler nicht wissen, was sie als Kraft in die Gleichung $W = \vec{F} \cdot \vec{s}$ einsetzen sollen. Im Unterricht sollte man darauf besonders achten. Mit Rücksicht auf das Fundamentum wurden im Schülerbuch nur die Beträge angegeben. Nach der obigen Überlegung ist diese Vorgehensweise berechtigt, wenn auch der Sachverhalt verkürzt dargestellt ist.

Hinter dem Prinzip der virtuellen Verrückungen steht natürlich ein noch allgemeinerer Erfahrungssatz, der Energieerhaltungssatz. Da im KUHN nach dem zugrundeliegenden methodischen Konzept nicht von dem Energieerhaltungssatz ausgegangen, sondern zu ihm hingeführt werden soll - ein anderes didaktisches Konzept wäre es, den Energieerhaltungssatz als Postulat an den Anfang zu stellen -, dient die Überlegung an den einfachen Maschinen als Ausgangspunkt für die Einführung des Energiebegriffs. Dies wird auf zwei Wegen erreicht.

1. Zum einen wird die Arbeitsfähigkeit von Körpern untersucht (z. B. die Fähigkeit eines Körpers, durch Aufprall einen anderen Gegenstand zu verformen) und in Beziehung gesetzt zur Arbeit, die vorher an dem Körper verrichtet wurde,
2. zum anderen wird ein Entwurf für ein Perpetuum mobile gezeigt, das im Unterricht analysiert werden kann (Abb. M38,4)

Die Unmöglichkeit eines perpetuum mobile bietet im Unterricht immer wieder Anlaß zu eingehenden Diskussionen. Seit Jahrhunderten beseelte die Menschen der Wunsch, eine Maschine zu erfinden, die fortwährend Arbeit abgibt, d.h. Energie liefert, ohne daß ihr welche zugeführt werden muß. Der Name ist eigentlich irreführend, da eine Maschine, die dauernd in Bewegung bleibt, ohne Arbeit zu verrichten, durchaus möglich ist. Die Planeten z.B. stellen ja im Grunde solche Maschinen dar, sie laufen seit Millionen von Jahren auf ihren Bahnen, ohne daß ihre Bewegung merklich langsamer geworden wäre.

Die historische Entwicklung und eine umfassende Darstellung des Prinzips der Erhaltung der Energie findet man in der preisgekrönten Schrift von M. Planck aus dem Jahre 1887, (56).

Das im Buch abgebildete Beispiel für ein perpetuum mobile ist leicht zu durchschauen: es kann nicht funktionieren, da das Wasser durch die Archimedische Schraube höchstens gerade auf die Ausgangshöhe transportiert werden kann, wenn Reibung und Nutzarbeit unberücksichtigt bleiben. Die Konstruktion kann mit dem Galileischen Hemmungspendel verglichen werden, bei dem die Kugel auch nur bestenfalls die Höhe erreichen kann, aus der sie losgelassen wird.

LI Für mechanische Vorgänge erhält man zwei durch vielfältige Beobachtungen gesicherte Erfahrungstatsachen:

1. Die Arbeit, die ein mechanisches System von einem beliebigen Anfangszustand A in einen beliebigen Endzustand B überführt,

Hinweise zur LE 3: Aus der Mechanik der festen Körper S. M38-M39

ist unabhängig vom Weg, auf dem der Übergang erfolgte (Beispiel: schiefe Ebene).

2. Ein System, das vom Zustand A in den Zustand B überführt wird, indem an ihm die Arbeit W_{AB} verrichtet wird, vermag selbst Arbeit zu verrichten. Kehrt es in den Anfangszustand zurück, so ist $W_{BA} = -W_{AB}$.

Der erste Sachverhalt wird im KUHN nur durch Beispiele belegt (V M38,2 und
LV V M38,5), der zweite wird in dem gelb unterlegten Merksatz auf S. M39 (links oben) vereinfacht formuliert. Hierbei wird allerdings stillschweigend vorausgesetzt, daß man beim Vergleich der beiden Arbeiten sich jeweils auf die gleiche Ausgangslage bezieht, wie es je auch in den betrachteten Beispielen der Fall ist. Die Arbeitsfähigkeit eines Körpers oder allgemeiner eines mechanischen Systems wird durch die vielen Beispiele auf S. M38 gezeigt, insbesondere durch die Versuche
LV V M38,1, V M38,3 und V M38,5.

LV Für V M38,5 kann man auch eine 2 bis 3 m
VT lange Vorhangschiene aus Kunststoff nehmen, die sich in gewissen Grenzen biegen läßt. In der Mitte schraube man sie an einem Brett fest, das mit einer Schraubzwinge an den Experimentiertisch befestigt werden kann. Mit Stativteilen können die Enden der Schiene in die gewünschte Höhe gebracht werden. Der Vorteil dieser Vorrichtung ist, daß man auch gekrümmte Bahnen erzeugen kann. Statt der Wagen verwende man dann eine Stahlkugel (2 cm $\emptyset$). Läßt man die Stahlkugel von der steiler geneigten Seite der Schiene auf einen sehr flach ansteigenden Teil rollen, so setzt es Schüler immer wieder in Erstaunen, daß die Stahlkugel trotz des sehr viel längeren Weges stets fast die gleiche Höhe erreicht.

Sollte im Unterricht die Sprache darauf kommen, daß ein Körper eine größere Arbeit abgeben kann als vorher an ihm verrichtet wurde, dann muß dies näher untersucht werden. Dies kann folgendermaßen geschehen: Hebt man z.B. einen Körper von einem Tisch aus um einen Meter und läßt ihn auf den Boden fallen, so vermag er dort eine größere Arbeit zu verrichten als vorher an ihm geleistet wurde. Schüler erkennen aber sofort, daß der Körper einen größeren Höhenunterschied durchfällt und sehen ein, daß ein Vergleich nur sinnvoll ist, wenn man den Körper in dieselbe Lage zurückbringt, die er zu Beginn des Vorgangs innehatte.

Während diese Sachverhalte im Unterrichtsgespräch unter starker Beteiligung der Schüler erarbeitet werden können, muß die physikalische Größe "Energie" in der Regel im Lehrervortrag vorgestellt werden, zumal die Größe definitorisch durch ihre Änderung erfaßt wird. Es ist zu empfehlen, von einem Zahlenbeispiel auszugehen.

Man hebt einen Körper mit der Gewichtskraft 1N von einem bestimmten Niveau, etwa von einem Tisch, in ein höheres Niveau, das 1 m höher liegen soll. Schreibt man dem Körper (genauer: dem System Körper-Erde), der auf dem Tisch liegt bereits eine Energie, E_1, zu, dann hat der Körper auf dem höheren Niveau eine größere Energie, E_2. Da der Körper beim Übergang vom Zustand 2 in den Zustand 1 eine Arbeit von 1Nm verrichten kann, die im reibungslosen Fall so groß ist wie die vorher aufgebrachte Arbeit, liegt es nahe, diesen Arbeitsaufwand dem Energiezuwachs gleichzusetzen:

$$E_2 - E_1 = 1 Nm.$$

Diesen Sachverhalt kann man verbal beschreiben, wie es für das Fundamentum vorgesehen ist, man kann ihn aber auch in die Form bringen:

$$\Delta E = W. \quad (1.\text{Erweiterung})$$

Da aber Reibung nie vermeidbar ist, gilt für die Energieänderung:

$$\Delta E \leq W.$$

Faßt man die Arbeit ebenfalls als Energie auf, dann besagt die Definitionsgleichung, daß sich die Energie eines Systems nur ändert, wenn es Energie in Form von Arbeit aufnimmt (W > 0) oder Energie in Form von Arbeit abgibt (W < 0). Ist somit W=0, dann ändert sich die Energie eines Systems nicht, sie bleibt konstant. Das ist der Inhalt des letzten, gelb unterlegten Satzes auf S. M39. Eine Verallgemeinerung erfolgt in Kap. M6.

Das Kleinerzeichen in $\Delta E \leq W$ gilt für beide Fälle, für $\Delta E > 0$ und für $\Delta E < 0$. Ist nämlich der zweite Zustand durch eine kleinere Energie gekennzeichnet, dann ist $E_2 < E_1$ und $E_2 - E_1 < 0$. Die gewonnene Arbeit ist negativ. Wegen nicht vermeidbarer Reibung kann der Betrag der Arbeit kleiner sein als der Betrag der Energieabnahme. Bei Berücksichtigung der Vorzeichen gilt aber auch hier $\Delta E < W$. Da solche Überlegungen erfahrungsgemäß den Schülern große Schwierigkeiten bereiten, sollte man entweder nur den reibungslosen Fall betrachten oder sich auf die Angabe von Beträgen beschränken.

Der Energieerhaltungssatz wurde zunächst nur für rein mechanische Systeme formuliert, die Anwendungsbeispiele entstammen natürlich ebenfalls diesem Bereich.

Hinweise zur LE 3: Aus der Mechanik der festen Körper

Von den Wasserturbinen werden im Schülerbuch nur die Peltonturbine und die Kaplanturbine in ihrer prinzipiellen Wirkungsweise gezeigt, auf andere Turbinenformen wie z.B. die Francis-Turbine wurde verzichtet. Der besseren Übersicht halber wurden in Abb. M41,2 die Leitschaufeln nicht gezeichnet.

Zur ergänzenden Information sollten in dieser Unterrichtseinheit Filme gezeigt werden, als Kurzfilm besonders geeignet ist der Film "Wasserkraftwerke" von Westermann (s. auch unter c)).

Abb. M41,2 ist ein typisches Beispiel einer Turbine mit vertikal angeordneter Achse, wie es früher bevorzugt wurde. Ein Beispiel für die Konzeption einer Rohrturbine zeigt der erwähnte Film.

Während die Wasserräder alter Zeiten in den modernen Wasserturbinen (Abb. M41,1 und Abb. M41,2) ihre Weiterentwicklung erfuhren, und zwar bereits im 19. Jahrhundert, wendet sich das Interesse erst in jüngster Zeit wieder den Windrädern zu. Ziel ist es, die natürlich gegebenen Energiequellen besser auszunutzen. (57), (58)

SI Das Windrad tritt als neue "Kraftquelle" seit dem Mittelalter auf. Die erste Windmühle wurde erstmals im 8. Jh. n. Chr. im persisch-afghanischen Grenzgebiet gebaut. Im 12. Jh. kam die Windmühle nach Europa. Die Antriebswelle wurde horizontal gelagert, mit einem Zahnrad-Winkelgetriebe mußte die Drehbewegung auf das Mahlwerk übertragen werden. Eine Verbesserung stellte die Bockwindmühle dar, bei der die ganze Mühle gedreht werden konnte, um sie in eine günstige Stellung zum Wind zu bringen. Leonardo da Vinci, der nicht nur ein großer Künstler, sondern auch ein begabter Ingenieur war, entwarf eine Turmwindmühle, bei der nur das Dach mitsamt dem Flügelwerk gedreht werden mußte. Sie war der Vorläufer der sogenannten holländischen Windmühle, die zu einer gewissen Vollkommenheit gebracht wurde. Mühlenbauer waren zu ihrer Zeit sehr angesehene Leute mit bedeutenden mechanischen und mathematischen Kenntnissen. Gegen Ende des 19. Jh. waren im norddeutschen und holländischen Raum an die 100 000 Windmühlen in Betrieb.

Der verbreitete Einsatz von Wasser- und Windmühlen bedeutete im Grunde eine technische Revolution, da eine Reihe technischer Neuerungen mit ihnen verbunden waren. Siehe hierzu auch (59), (60).

Die Leistung einer Windmühle steigt linear mit der von den Rotoren überstrichenen Fläche und mit der dritten Potenz der Windgeschwindigkeit (57). Daraus folgt, daß die Windräder in windgünstiger Lage stehen müssen. Der maximale Durchmesser des Rotors liegt derzeit unter 60m. Windhäufigkeit und Windgeschwindigkeit bestimmen somit den Standort von Windkraftwerken. An den Küsten der Nord- und Ostsee liegt die Windgeschwindigkeit für rund 2/3 eines Jahres unter 5m/s. Im Binnenland ist die Windhäufigkeit bei einer ausreichenden Windgeschwindigkeit noch geringer. Es wurde deshalb auch der Vorschlag diskutiert, Windräder auf hohen Türmen zu installieren, wo die Verhältnisse günstiger sind. Die Leistung eines Windkraftwerks läßt sich abschätzen.

LI Die wirksame Fläche der Rotoren sei A, bei der Geschwindigkeit v ist das in der Zeitspanne Δt durch die Fläche A hindurchströmende Luftvolumen $\Delta V = A \cdot v \cdot \Delta t$. Dies Volumen hat die Masse $\Delta m = \varrho \cdot \Delta V$. Nimmt man an, daß die Energie vollständig angegeben wird, dann erhalten wir die Leistung

$$P = \frac{\Delta W}{\Delta t} = \frac{1}{2} \frac{\Delta m}{\Delta t} v^2 \text{ oder}$$

$$P = \frac{\Delta W}{\Delta t} = \frac{1}{2} A \varrho v^3$$

Für $A = 100 m^2$, $\varrho = 1{,}3 \cdot 10^{-3} g/cm^3$ und $v = 5 m/s$ erhält man
$P = 50 m^2 \cdot 1{,}3 \cdot 10^{-3} kg \cdot 10^6 m^{-3} \cdot 125 m^3 \cdot s^{-3}$
$P \approx 8 kW$

In Wirklichkeit läßt sich die Windenergie nur zu knapp 2/3 ausnutzen. (57)

Das größte bisher gebaute Windkraftwerk lief in den Jahren 1942 bis 1945 in den Vereinigten Staaten mit einer Leistung von 1250 kW.

Reibung (3.5)

Das Kapitel über Reibung ist als Ergänzung der vorhergehenden Abschnitte gedacht, zumal bei vielen statischen Problemen die Reibung nicht außer acht gelassen werden darf, da sie zur Herstellung von Gleichgewichtszuständen erforderlich ist.

LI Zum Verständnis der im Schülerband vorgeschlagenen Unterrichtssequenz sei an die folgenden Merkmale der Haftreibungskraft erinnert:

1. Wirkt eine äußere Kraft F parallel zur Reibfläche, so wirkt die Unterlage auf den Körper mit einer Reibungskraft, die der angreifenden Kraft entgegengesetzt gleich ist. Ihre Wirkungslinie liegt in der Berührungsebene zwischen Körper und Unterlage. (Abb. 317,1a, b)

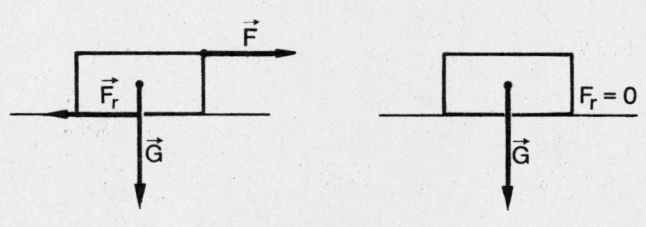

Hinweise zur LE 3: Aus der Mechanik der festen Körper S. M42–M43

Abb. 317,1 Zum Begriff der Reibungskraft, $F_r \neq 0$ (a), $F_r = 0$ (b)

Abb. 317,2 Reibung auf der schiefen Ebene, zum Begriff des Reibungswinkels

2. Aus 1) ergibt sich, daß die Reibungskraft Null ist, wenn an dem Körper keine Kräfte angreifen, die eine Komponente parallel zur Berührungsfläche haben.

3. Die Reibungskraft wächst mit der angreifenden Kraft bis zu einem Maximalwert, für den annähernd gilt:

$$F_{r,\,max} = \mu_o \cdot F_N \quad \text{(Coulombsches Reibungsgesetz)}$$

($F_{r,\,max}$: maximale Haftreibungskraft, μ_o: Haftreibungszahl, F_N: Normalkraft)

4. Es gilt das Gesetz actio = reactio, d.h. wirkt eine Reibungskraft auf den Körper, so wirkt auch der Körper mit einer Reibungskraft auf die Unterlage.

Wächst die angreifende Kraft über $F_{r,\,max}$ hinaus, so wird der Körper beschleunigt, es tritt Gleiten ein. Für statische Gleichgewichtsfälle lautet das Reibungsgesetz:

$$F_r \leq \mu_o \cdot F_N.$$

Das Kleinerzeichen gilt für den Ruhezustand, das Gleichheitszeichen für den Grenzfall des Übergangs zum Gleiten. Bei der Diskussion von Gleichgewichtsproblemen unter Einschluß der Reibung spielt die Forderung $F_r \leq \mu_o \cdot F_N$ eine Rolle, entzieht sich aber einer experimentellen Überprüfung.

LI Der Neigungswinkel α (Reibungswinkel) einer schiefen Ebene, auf der ein Körper gerade noch nicht ins Gleiten kommt (s. Abb. M42,2) ist bestimmt durch:

$$\tan \alpha = \mu_o.$$

An der schiefen Ebene (s. Abb. 317,2) gilt:

$$F_N = G \cdot \cos \alpha \quad \text{und} \quad F_H = G \cdot \sin \alpha, \text{ also}$$

$$F_r \leq \mu_o G \cdot \cos \alpha.$$

Im Grenzfall $\vec{F}_r = -\vec{F}_H$; mit $F_{r,\,max} = \mu_o G \cos \alpha$ gilt: $\mu_o G \cdot \cos \alpha = G \cdot \sin \alpha$

$$\mu_o = \tan \alpha$$

SV Mit Hilfe der schiefen Ebene kann man danach Haftreibungszahlen ermitteln.

Für die Gleitreibung gilt das Gesetz

$$F_r = \mu F_N.$$

Haftreibungszahl μ_o und Gleitreibungszahl μ sind nur annähernd unabhängig von F_N, der Größe der Berührungsfläche und der Geschwindigkeit. Es ist $\mu < \mu_o$.

Der hohe Wert der Haftreibungszahl für Luftreifen/Beton ist von nicht unerheblicher technischer Bedeutung bei Kraftfahrzeugen. So ist z.B. eine gute Haftreibung beim Durchfahren von Kurven wesentlich.

Reibungszahlen				
Stoffpaar	Haftreibungszahl μ_o		Gleitreibungszahl μ	
	trocken	gefettet	trocken	gefettet
Stahl/Stahl	0,15 … 0,3	0,1	0,15 … 0,23	0,01 … 0,1
Stahl/Eis	0,027		0,014	
Holz/Holz	0,3 … 0,6	0,16	0,2 … 0,4	0,08
Holz/Stein	0,7	0,4	0,3	
Holz/Metall	0,6 … 0,7	0,11	0,4 … 0,5	0,1 … 0,2
Luftreifen auf Beton	0,65			

Hinweise zur LE 3: Aus der Mechanik der festen Körper

S. M42-M43

Im Schülerbuch wird nur das Gesetz $F_r = \mu \cdot F_N$ für die Gleitreibungskraft aufgestellt, da der Betrag der Gleitreibungskraft auf Grund der Vereinbarung von S. M42 Mitte leicht zu messen ist (s. auch V M42,2). Eine Möglichkeit zur Bestimmung der Haftreibungszahl bietet V M42,3. Hierzu ist allerdings die Herleitung des Zusammenhangs zwischen Reibungswinkel und Reibungszahl erforderlich, was im allgemeinen auf der Sekundarstufe I aus Zeitgründen nicht geleistet werden kann. Man muß sich deshalb auf Mitteilungen beschränken. Die experimentelle Bestimmung der Haftreibungszahl nach V M42,2 ist etwas mühsam, da man die Zugkraft beim Übergang von der Ruhe zum Gleiten messen muß. Der Versuch gibt aber einen qualitativen Hinweis auf die Beziehung $\mu < \mu_0$.

SV

LV oder SV

Abb. M42,1 ist ein komplexes Einstiegbeispiel, dessen Klärung erst am Ende des Unterrichtsabschnitts erfolgen kann. Man vereinfacht das Problem zunächst, indem man ein Seil um einen runden Holzstab legt (V M42,1). Nochmaliges Herumwickeln verringert die Haltekraft. (Abb. 318,1)

LV

Wer auf das Ausgangsbeispiel nicht näher eingehen möchte, beginnt am zweckmäßigsten mit den Überlegungen des 4. Absatzes von S. M42. Es sind genug Anknüpfungspunkte vorhanden. So kann man an die Versuche mit der schiefen Ebene erinnern und die Frage aufwerfen, weshalb bei der quantitativen Untersuchung eine Walze erforderlich war (s. Abb. M33,5). Der Übergang zu V M42,3 ist danach zwanglos gegeben.

LV

Im Laufe der Diskussion müssen die Begriffe "Gleitreibungskraft" und "Haftreibungskraft" geklärt werden. Es erscheint sinnvoll, die bisher genannten qualitativen Versuche, die den zugrunde liegenden physikalischen Sachverhalt erhellen sollen, als Lehrerversuche durchzuführen, V M42,4 bis V M43,2 jedoch als Schülerversuche anzulegen.

SV

Die einführenden Versuche sollen folgende Fragestellungen provozieren:

1. In welcher Weise hängt die Reibungskraft von der Gewichtskraft (bzw. Normalkraft) ab?
2. Welche Rolle spielt die Oberflächenbeschaffenheit?
3. Sind die Größe der Berührungsfläche und die Geschwindigkeit der Bewegung für den Betrag der Gleitreibungskraft von Bedeutung?
4. Wie kann man die Entstehung der Reibungskraft verstehen?

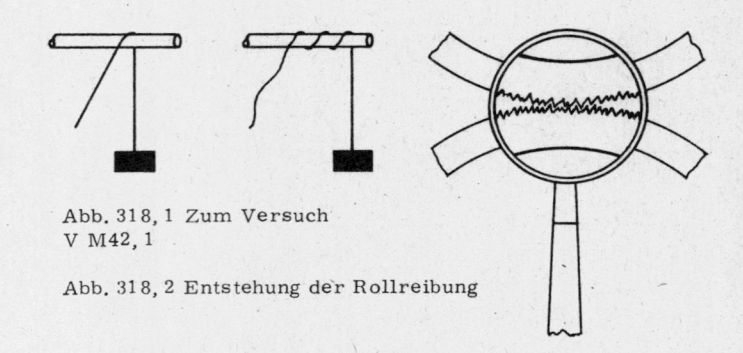

Abb. 318,1 Zum Versuch V M42,1

Abb. 318,2 Entstehung der Rollreibung

Punkt 4 wird im gemeinsamen Unterrichtsgespräch geklärt. Ein entsprechender Versuch (Gegeneinanderschieben zweier Bürsten) kann später, z.B. bei der Behandlung der Rollreibung (Abb. 318,2) angefügt werden.

LV

Alle anderen Fragen können durch die im Buch dargestellten Schülerversuche beantwortet werden.

In der Regel wird man die Versuche wohl so anlegen, daß die Gewichtskraft zugleich Normalkraft ist. Man sollte allerdings betonen, daß dies nur im Sonderfall zutrifft. Zur Verdeutlichung zieht man einen Körper eine schiefe Ebene hinauf und hält dabei den Kraftmesser parallel zur schiefen Ebene. Gemessen wird bei verschiedenen Neigungswinkeln.

LV

Die Unabhängigkeit der Gleitreibungskraft von der Geschwindigkeit zwischen Körper und Unterlage weist man entweder mit einem Freihandversuch nach, indem man einen Holzklotz mit unterschiedlicher Geschwindigkeit über eine Unterlage (Tischplatte) zieht oder mit folgendem Demonstrations-Experiment:

Der Reibungskörper wird auf ein Brett mit Papierauflage gelegt. Während der Körper durch einen an einer Stativstange befestigten Kraftmesser festgehalten wird, zieht man das Brett gleichmäßig unter dem Körper weg. Der Ausschlag des Kraftmessers ist auf diese Weise leichter abzulesen. (Abb. 318,3)

LV

Eine Variation stellt die folgende Versuchsanordnung dar (Abb. 318,4). Statt des Brettes benutzt man eine runde Holzplatte, die mit

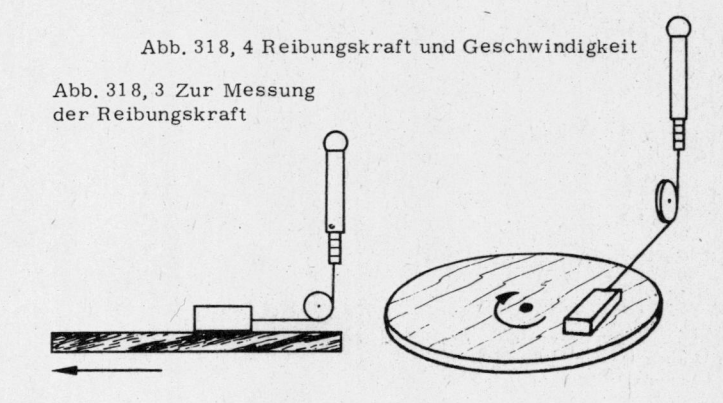

LV

Abb. 318,4 Reibungskraft und Geschwindigkeit

Abb. 318,3 Zur Messung der Reibungskraft

Hinweise zur LE 3: Aus der Mechanik der festen Körper

Abb. 319,1

Abb. 319,2

einem Experimentiermotor oder notfalls mit einem ausgedienten Schallplattenapparat in Rotation versetzt wird. Den Reibungskörper befestigt man an einem Bindfaden und hält ihn mit einem Kraftmesser fest, während sich die Holzplatte dreht. Mit dem Versuch kann man zeigen, daß die Reibungskraft annähernd unabhängig ist sowohl von der Geschwindigkeit als auch von der Größe der Berührungsfläche. Im ersten Fall wird der Körper in verschiedene Entfernungen von der Mitte des rotierenden Brettes gelegt. Im zweiten Fall verwendet man einen quaderförmigen Klotz, den man auf die verschiedenen Seitenflächen legen kann.

LV Die Rollreibung wird nur qualitativ betrachtet, ebenso die Reibung in Flüssigkeiten und Gasen, zumal gerade hier der Reibungsmechanismus ein anderer ist als bei festen Körpern (vgl. auch die Bemerkungen zu Kap. M5.3).

c) Neue Aufgaben und Fragen

1. Erkläre die verschiedenen Haltungen beim Tragen schwerer Lasten (s. Abb. 319,1).
L. Durch Neigen des Körpers wird der Schwerpunkt verlagert, so daß er stets über der Unterstützungsfläche liegt; a) Ausstrecken des rechten Arms, Neigen des Oberkörpers nach rechts; b) gerade Haltung, Schwerpunkt verlagert sich nach unten; c) linker Arm wird zur Seite gestreckt, Neigen nach links; d) Vorbeugen, dadurch Schwerpunkt nach vorne; e) Oberkörper nach hinten beugen, Schwerpunkt verlagert sich dadurch ebenfalls nach hinten; f) gerade Haltung, durch die Last verlagert sich der Schwerpunkt nach oben, Standfestigkeit wird geringer.

2. Ein Auto wird beladen. Welchen Einfluß hat das auf die Lage des Schwerpunkts?
L. Fall a): Personenwagen: Beladen des Kofferraums, Schwerpunkt verlagert sich nach hinten und etwas nach oben, deshalb Gefahr des "Ausbrechens" bei Kurvenfahrten. Beladen des Daches, Schwerpunkt liegt dann höher, Seitenwind kann gefährlich werden, auch in Kurven muß vorsichtiger gefahren werden.

Fall b): Lastwagen, Laderaum: Schwerpunkt verlagert sich nach hinten und nach oben, Fahreigenschaften werden dadurch beeinflußt. Bei unsachgemäßer Verteilung der Last auf Ladefläche kann die zulässige Achslast überschritten werden, obwohl das zulässige Gesamtgewicht noch nicht erreicht ist.

3. Neige ein Brett, auf dem nach Abb. 319,2 ein quaderförmiger Klotz steht. Wann kippt der Klotz?
L. Liegt der Schwerpunkt genau senkrecht über der Kippkante, dann ist das Gleichgewicht labil. Ein geringfügiges Anheben bringt den Körper zum Kippen.

4. Wie schneidet man hartes Material mit der Schere möglichst kraftsparend?
L. Man muß das Material möglichst bis zum Anschlag in die weit geöffnete Schere einschieben (nahe zur Achse).

5. Erkläre die Wirkungsweise von Türgriff, Schlüssel, Bohrwinde und Schraubenzieher!
L. Der Türgriff bildet mit dem kürzeren Metallarm im Innern des Schlosses, wo die sogenannte Falle betätigt wird, einen zweiseitigen Hebel (Winkelhebel). Am Türgriff ist der größere Hebelarm. Der Schlüssel besteht aus Rohr, Bart und Ring. Der Bart bildet den einen Teil des Hebels mit kurzem Hebelarm, am Ring greift ein Kräftepaar an (man verwendet Daumen und Zeigefinger) mit größerem Hebelarm. Maximaler Hebelarm der am Bohrer angreifenden Kräfte: Radius des Bohrers; Hebelarm der Drehkraft: Abstand des Griffs von der Drehachse.
Beim Schraubenzieher umschließt die Hand den im Verhältnis zu den anderen Teilen dicken Griff; die am Umfang angreifenden Kräfte haben dann einen größeren Hebelarm als das Kräftepaar an der Schneide.

6. Ein Lastwagen (30t) fährt über eine Brücke von 150 m Länge. Wie verteilt sich die Last auf die beiden (beweglichen) Lager während der Fahrt über die Brücke?
L. Vereinfachung: Wir betrachten nur die Lage des Schwerpunktes vom Lastwagen, seine Entfernung vom Ende A sei x. Die Lagerkräfte seien F_A, F_B. Zur Berechnung lege man den Drehpunkt in eines der Lager, z.B. in A. Aus $150\,\text{m} \cdot F_B = G \cdot x$

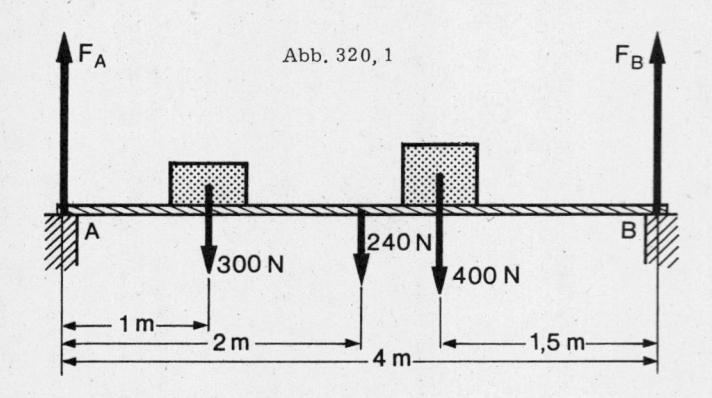

Hinweise zur LE 3: Aus der Mechanik der festen Körper   S. M45–M48

Abb. 320,1

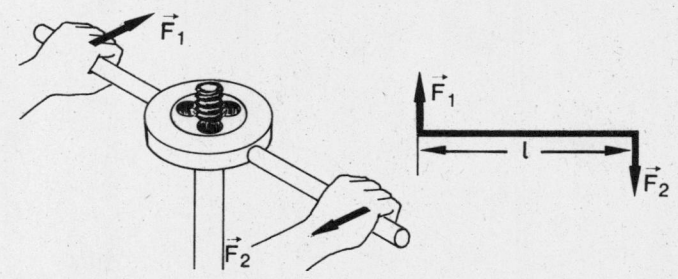

Abb. 320,3 Kräftepaar bei einem Gewindeschneider

folgt: $F_B = 2000 \frac{N}{m} \cdot x$; $F_A = 300\,000\,N - 2000 \frac{N}{m} x$. Sonderfälle $x = 0\,m, 75\,m, 150\,m$.

7. Ein homogenes Brett mit einer Gewichtskraft von 240N und einer Länge von 4 m ist an beiden Enden unterstützt. (Abb. 320,1) 1m vom linken Ende befindet sich eine Last mit 300N und 1,5m vom rechten Ende eine Last von 400N. Wie groß sind die Auflagerkräfte? Man verfahre wie in Aufgabe 6.

L. $F_A = 495N$, $F_B = 445N$.

8. Bei einem Lastwagen mit den in Abb. 320,2 dargestellten Abmessungen und der angegebenen Belastung darf im Ruhezustand und bei horizontaler Fahrbahn die hintere Achse nur mit 25 000 N und die vordere Achse nur mit 15 000 N belastet werden. Man prüfe nach, ob die zulässigen Belastungen eingehalten werden. In der Zeichnung sind die Kräfte nicht maßstabgerecht eingetragen.

L. $F_H = 21800N$; $F_V = 15200N$. Die zulässige vordere Achslast wird überschritten, obwohl die gesamte Gewichtskraft mit 37000N kleiner ist als die zulässige (40000N).

9. Man weise nach, daß das Drehmoment eines Kräftepaares ($|\vec{F}_1| = |\vec{F}_2| = F$) (s. Abb. 320,3) gegeben ist durch das Produkt $F \cdot l$.

L. Liegt der Drehpunkt in der Mitte, so gilt: $F \cdot (l/2) + F \cdot (l/2) = F (l/2 + l/2) = F \cdot l$.
Bei beliebigem Drehpunkt (z.B. im Abstand $l + s$ von F_1):
$F \cdot (l + s) - F \cdot s = F \cdot l$.

10. Unter der Übersetzung z.B. bei zwei Zahnrädern versteht man das Verhältnis der Drehzahlen. Man zeige, daß die Drehzahlen sich umgekehrt wie die Radien verhalten: Man vergleiche die Drehmomente!

L. In einer bestimmten Zeit vollführe das eine Rad N_1 Umdrehungen, dann dreht sich das andere mit $N_2 = N_1 \cdot 2\pi r_1 / 2\pi r_2 = N_1 r_1 / r_2 \Rightarrow N_1/N_2 = r_2/r_1$ oder $n_1/n_2 = r_2/r_1$.
Möglicher Ansatz: $N_1 \cdot 2\pi r_1 = N_2 \cdot 2\pi r_2$
Drehmomente: $M_1 = F \cdot r_1 \wedge M_2 = F \cdot r_2$
$\Rightarrow M_1/M_2 = r_1/r_2$.

11. Man ermittle die Gleichgewichtsbedingungen beim a) Faktorenflaschenzug, b) beim Potenzflaschenzug. Weshalb kann man eine Nähnaht als Faktorenflaschenzug auffassen?

L. a) n Rollen: $F = G/n$; b) n Rollen: $F = G/2^{n-1}$. Infolge der Fadenschlingen verteilt sich die Kraft wie beim Faktorenflaschenzug auf viele Stränge.

12. Man beschreibe für jede der in Abb. 320,4 angegebenen Lagen die potentielle Energie, die Arbeit und die kinetische Energie!

L. potentielle Energie	Arbeit	kinetische Energie
Höchstwert	Null	Null
nimmt ab	Beschleunigungsarbeit	nimmt zu
Null	Null	Höchstwert
nimmt zu	Hubarbeit	nimmt ab
Höchstwert	Null	Null
nimmt ab	Beschleunigungsarbeit	nimmt zu

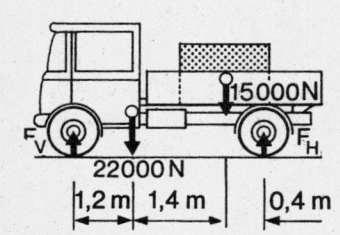

Abb. 320,2

Abb. 320,4

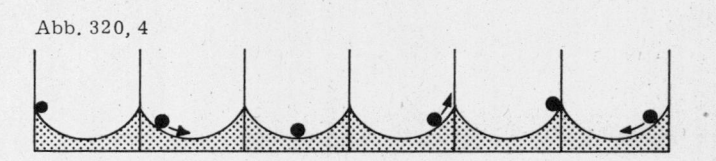

Hinweise zur LE 4: Mechanik der Flüssigkeiten und Gase S. M45-M48

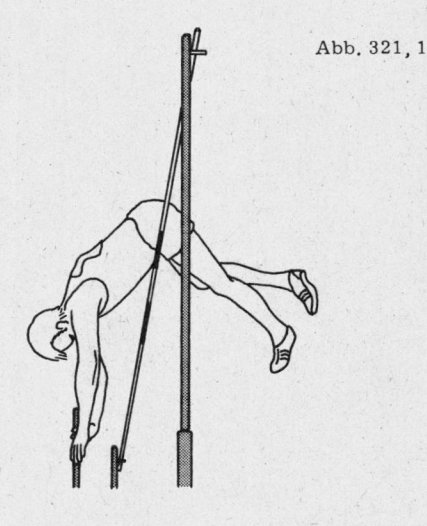

Abb. 321, 1

13. Beim Schaukeln wird ständig Energie umgewandelt. Man beschreibe diesen Vorgang vom energetischen Standpunkt, die Reibung werde vernachlässigt.
L. Vergleiche 12)

14. Beim Stabhochsprung unterquert der Schwerpunkt des Hochspringers die Latte (s. Abb. 321,1). Erkläre dies! Welchen Vorteil bietet diese Sprungtechnik?
L. Beim "zusammengeklappten" menschlichen Körper liegt der Schwerpunkt außerhalb des Körpers. Der Hochspringer spart Hubarbeit.

d) Audio-visuelle Hilfsmittel

AT	Lose Rolle	36 0106	(1)
	Flaschenzug	36 0107	(1)
	Wellrad	36 0108	(1)
	Keil	36 0109	(1)
	Schraube	36 0110	(1)
	Zusammengesetzte Maschinen-Beispiel Fahrrad	36 0111	(1)
	Gleitreibung	36 0113	(1)
	Verminderung der Reibungskraft	36 0114	(1)
	Nützliche Reibung	36 0115	(1)
	Arbeit	36 0116	(1)
	Leistung	36 0117	(1)
	Getriebe	36 0165	(1)
	Kräfte an der schiefen Ebene (4)	35 7246	(1)
F	Wasserkraftwerke (4min)	35 5801	(1)
F	Das Rad, eine Grundlage der Technik	35 5812	(1)
AT	Die schiefe Ebene	17 6634	(7)
	Der Flaschenzug	17 6635	(7)
	Getriebe (mit beweglichen Teilen)	17 6638	(7)
F	Kräfte am Pflug	FT 1461 (321461)	(11)
F	Wälzlager: Kugellager	FT 2327 (322327)	(11)
F	Schraubenverbindungen im Stahlbau	FT 2278 (322278)	(11)
F	Sperrsynchronisierte Wechselgetriebe (Bauprinzip)	8FT 0206 (370206)	(11)
F	dto. (Funktionsprinzip)	8 FT 0255 (370255)	(11)
DR	Wasserkraftwerke (13)	R 548 (10 0548)	(11)
AT	Die schiefe Ebene (5)	37 003	(12)
	Der zweiseitige Hebel	37 063	(12)
AT	Arbeit	8522	(13)
	Lose Rolle und Flaschenzug, Goldene Regel	8523	(13)
	Schiefe Ebene	8524	(13)
AT	Hebel	8525	(13)
	Anwendungen des Hebels	8526	(13)
	Synchron-Getriebe	8527	(13)
DR	Wasserkraftwerk, Tauernkraftwerk "Glockner-Kaprun"	1896	(13)
F	Strom aus dem Schwarzwald		(23)
AT	Aus der Serie: Mechanik 1		
	Hebelgesetz (3)		(24)
	Reibung (2)		(24)
	Kräftezerlegung		(24)

3.4.2.4 LE 4: Aus der Mechanik der Flüssigkeiten und der Gase - Wärmeverhalten der Gase

a) Vorbemerkungen und Ziele

Die Inhalte dieses Kapitels gehören zum klassischen Unterrichtsstoff, der erste Teil, in dem der Druckbegriff erarbeitet und in verschiedenen Bereichen angewandt wird, sicher zu den unverzichtbaren Inhalten.

Zum einen werden die bisher erarbeiteten Begriffe auch bei Flüssigkeiten und Gasen angewandt. Dabei zeigt sich, daß sie nicht ausreichen und eine neue Größe zur Beschreibung des Zustandes einer Flüssigkeits- oder Gasportion eingeführt werden muß. Es tritt zu den Zustandsgrößen Masse, Volumen und Temperatur noch eine weitere, der Druck, hinzu. Zum anderen werden bekannte Alltagserfahrungen, wie das Schwimmen oder die Erscheinungen des Luftdrucks, verstehbar.

Im Gegensatz zu manch anderen Darstellungen werden im KUHN die Druckerscheinungen bei Flüssigkeiten und Gasen parallel behandelt.

Hinweise zur LE 4: Mechanik der Flüssigkeiten und Gase

Obwohl es natürlich reizvoll wäre, neben der Statik der Flüssigkeiten und Gase auch die Mechanik bewegter Flüssigkeiten und Gase mit einzubeziehen, sollte man sich doch auf den ersten Bereich beschränken, zumal die Anforderungen an die mathematischen und begrifflichen Fähigkeiten erheblich größer sind. Eine Beschränkung der Themen wird auch durch die zur Verfügung stehende Zeit nahegelegt. Manche Lehrpläne schlagen allerdings vor, einige Zusammenhänge über strömende Flüssigkeiten und Gase im Unterricht der Sekundarstufe I zu bringen. Als Begründung wird zumeist angeführt, daß es in der heutigen Zeit unumgänglich sei, wenigstens etwas über die Grundlagen des Fliegens zu erfahren. Da dies in der Regel nur auf einer phänomenologischen und experimentellen Basis erfolgen kann, ist dies leicht in diesem Kapitel als Ergänzung oder im Anschluß an das Kapitel "Aus der Mechanik der Flüssigkeiten und Gase" einzubauen. Vorschläge hierzu werden unter b) gemacht. (s. auch (92))

Von zentraler Bedeutung für das Verständnis vieler Erscheinungen aus Natur und Technik ist der Schweredruck. Er wird deshalb sehr ausführlich behandelt mit sehr vielen Anwendungsbeispielen. So erschien es sinnvoll, den Schweredruck in Gasen am Beispiel des Luftdrucks nicht isoliert als Einzelphänomen zu behandeln, sondern seine Bedeutung in der Wetterkunde herauszuarbeiten. Damit werden elementare Grundtatsachen aus der Wetterkunde, die bereits im Block W (z. B. S. W 40) an verschiedenen Stellen gebracht wurden, ergänzt. Falls genügend Zeit vorhanden ist, kann dieser Teil der Lerneinheit zu einer Wetterkunde, die im Buch nicht mehr wie früher als geschlossenes Kapitel auftaucht, ausgebaut werden.

Von praktischer und historischer Bedeutung ist der Abschnitt "Erzeugung eines Vakuums". Die Vakuumtechnik ist heute in vielen Bereichen von eminenter Wichtigkeit. Sie wird im Labor und großtechnisch angewandt, z. B. für das Eindampfen, Destillieren und Rektifizieren sowie für das Trocknen und Gefriertrocknen temperaturempfindlicher Stoffe. Sie findet Anwendung bei der Entgasung von Flüssigkeiten, bei der Filtration, in der Metallurgie, bei der Herstellung von elektronischen Geräten, zum Aufdampfen von Metallschichten, in der Raumfahrttechnik und anderem mehr. Auf alle diese Dinge kann in einem Lehrbuch der Physik nicht eingegangen werden. Hier muß der Lehrer im Unterricht entsprechende Hinweise geben.

In der traditionellen Mittelstufenphysik gehörte das Boyle-Mariottesche Gesetz zum festen Bestandteil des Lehrstoffs. Es ist aber nicht einzusehen, weshalb der Zusammenhang von nur zwei Zustandsgrößen behandelt werden soll. Außerdem wird mit der Behandlung der drei Gasgesetze auch die Voraussetzung zur Herleitung der allgemeinen Gasgleichung geschaffen. Die experimentelle Herleitung der Gasgesetze ist darüber hinaus ein Beispiel für die Vorgehensweise in der Physik, wenn mehrere Variable berücksichtigt werden müssen.

Im Kapitel M 4.4 kann dann die Abhängigkeit des Siedepunktes vom äußeren Druck untersucht werden; ein bereits von Kapitel W 2.52 bekanntes Phänomen wird damit seiner endgültigen Klärung zugeführt.

b) Bemerkungen zu den einzelnen Themen

Der Druck in Flüssigkeiten und Gasen (4.1)

Ausgangspunkt sind die bisherigen Erfahrungen im Unterricht und - wie fast immer im KUHN - die vielfältigen Alltagserfahrungen der Schüler. Wir haben schon an mehreren Stellen betont, daß es zur Grundkonzeption dieses Buches gehört, die Begriffe der Alltagssprache, die zur Darstellung physikalischer oder technischer Sachverhalte bereits vorhanden sind, in ihrer Bedeutung abzugrenzen, zu verschärfen oder in manchen Fällen durch neue Begriffe zu ersetzen. Dies trifft in besonderem Maße auch für den Druckbegriff zu (Stempeldruck und Schweredruck werden getrennt behandelt).

Es bietet sich folgender methodischer Aufbau an:

    a) Untersuchung von Druckphänomenen. Wie kann man einen Druckzustand erzeugen? Woran erkennt man ihn?
    b) Nachweis, daß ein Druckzustand sich durch eine Kraft äußert, durch die allein er nicht beschreibbar ist.
    c) Definition der physikalischen Größe "Druck", Druckmessung, Anwendungen (hydraulische Presse).

Druckphänomene müssen den Schülern zunächst an vielen Beispielen vorgestellt werden. Dies geschieht mit den Versuchen LV V M45,1 und V M45,2, die eigentlich eine ganze Versuchsgruppe darstellen. Das Aufpumpen eines Luftballons oder eines Fahrradschlauches macht deutlich, daß sich der Druckzustand durch eine Kraft auf die Be-

Hinweise zur LE 4: Mechanik der Flüssigkeiten und Gase S. M46 – M47

grenzungsfläche äußert. Eine Fülle von Versuchen sind hierzu möglich, s.(12), (62), (63).

LV Die Versuche V M45,3 und V M46,1 bis V M46,5 haben die Aufgabe, die Allseitigkeit des Druckzustandes nachzuweisen. Damit wird auch gleichzeitig der Nachweis erbracht, daß die Kraft allein den Druckzustand nicht charakterisieren kann. Das Ergebnis von V M 46,3 wird zwar durch einen aufgepumpten Luftballon nahegelegt, demonstriert aber noch einmal in überzeugender Weise, worauf es hier ankommt: <u>Der Druckzustand wirkt sich nach allen Seiten gleich stark aus.</u>

Abb. 323,1 Druckzustand im Innern einer Flüssigkeit

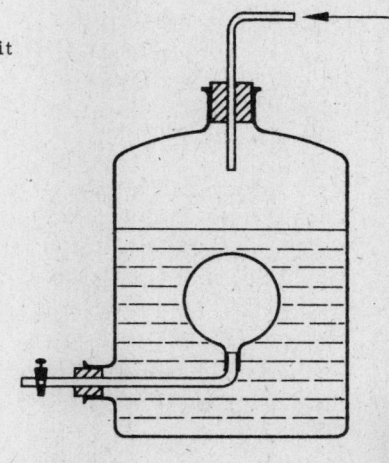

An die Gummimembrane kann man eine Anzeigevorrichtung befestigen. Dies stellt dann das Prinzip eines Druckmeßgerätes dar, wie es bei der Druckdose (Druckmeßdose, Dosenbarometer (Abb. M54, 3), Membranschalter usw.) angewandt wird. Auf diesen wichtigen ergänzenden Versuch sollte man deshalb
VT nicht verzichten. Den Glaskolben mit den seitlichen Ansatzstutzen muß man sich entweder von einem Glasbläser anfertigen lassen (Durchmesser ca. 20 cm) oder man benutzt Experimentierkugeln, die mit bis zu 4·Stutzen oder Stopfbetten von der Fa. Mauer, Lehrmittel + Labortechnik, Lorsbach, geliefert werden. Für die Membranen verwendet man am einfachsten den Gummi von Kinder-Luftballons, der - passend zurechtgeschnitten - mit Gummiringen an den Stutzen befestigt wird. Nach Gebrauch sollte man die Membranen wieder entfernen, da sie mit der Zeit spröde und undicht werden.

Nachdem die allseitige Auswirkung des Druckzustandes nach außen gezeigt wurde, schließt sich die Frage an, ob diese Wirkung auch nach innen festzustellen ist. Sie wird mit
LV Hilfe von V M46,2 beantwortet. Der Luftballon wird erst nach Einführen in den Rund-
VT kolben etwas aufgepustet. Alle Gummistopfen müssen gut befestigt werden. Sollte
LV ein Kolben nach Abb. M46,1 nicht zur Verfügung stehen, dann benutzt man eine sogenannte Mariottesche Flasche (z. B. PHYWE, Nr. 02629.00). Die Mariottesche Flasche ist eine Glasflasche mit einem Fassungsvermögen von 5 l und einem seitlichen Ausflußstutzen (Abb.323,1). Diesen seitlichen Stutzen verschließt man mit einem Gummistopfen, durch den ein Glasröhrchen in das Innere der Glasflasche führt. Am Ende des Glasröhrchens, das rechtwinklig abgebogen ist, wird der Luftballon befestigt. Die Mariottesche Flasche muß so viel Wasser enthalten, daß der schwach geblähte Luftballon völlig eintaucht. Pumpt man nun durch ein Glasröhrchen, das durch den oberen Gummistopfen gesteckt ist, etwas Luft in die Flasche, so wird der Luftballon merklich zusammengepreßt, und zwar von allen Seiten. Läßt man die Luft aus der Flasche durch Öffnen des Hahnes plötzlich ausströmen, dann ver-
VT größert sich der Luftballon wieder. Wesentlich ist hierbei, im ersten Fall den Luftdruck im Innern der Flasche schnell zu erhöhen, im zweiten Fall schnell zu erniedrigen, da so der Effekt am deutlichsten sichtbar wird. Der Versuch mit der Mariotteschen Flasche zeigt überdies, daß durch die Änderung des Druckzustandes in der Luft oberhalb des Wassers auch der Druckzustand im Wasser geändert wurde.

Für den weiteren Unterrichtsgang sind verschiedene Möglichkeiten denkbar. Im Buch wird angeknüpft an Versuch V M46,3, um schnell zu einem benutzten Druckmeßgerät zu gelangen (offenes Manometer). Es wäre aber auch möglich, bereits jetzt zu den Anwendungen der allseitigen Auswirkung des Druckzustandes zu kommen und die Funktionsweise einer hydraulischen Presse oder der Bremsanlage eines Autos zu untersuchen. Hierbei tritt das Problem auf, in welcher Weise Kraft und Stempelfläche zusammenhängen. Dies
LV führt dann zur Planung der Versuche V M47, 1
oder und V M47, 2.
SV

VT Für V M47,1 ist Spiritus besser geeignet als Wasser. Man spart sich auch das Reinigen. Günstig ist es ebenfalls, mit Luftfüllung zu arbeiten. Den Nachteil, daß die Kolben bei Belastung allmählich absinken, muß man in Kauf nehmen. Einreiben mit Glyzerin ist nicht zu empfehlen, da die Reibung zu sehr vergrößert würde.

Methodisch ungünstig wirkt sich die Gewichtskraft der Kolben aus. Vor dem Auflegen zusätzlicher Gewichtsstücke wird der kleinere Kolben so belastet, daß keine Verschiebung

Hinweise zur LE 4: Mechanik der Flüssigkeiten und Gase S. M47–M48

stattfindet. Man betrachtet dann nur noch die Gewichtskräfte der zusätzlich aufgelegten Gewichtsstücke. Nimmt man statt zweier Kolbenprober drei, so muß man entsprechend verfahren.

Kritischen Schülern kann nachträglich die Berechtigung dieser Vorgehensweise erläutert werden. Auf der einen Seite wirkt außer der Kraft F_1 auch die Gewichtskraft G_1 des Kolbens, auf der anderen Seite sind entsprechend F_2 und G_2 zu berücksichtigen. Zum Ausgleich muß ein Gewichtsstück zusätzlich aufgelegt werden. Seine Gewichtskraft sei G'. Es gilt nun:

$$\frac{F_1 + G_1}{A_1} = \frac{F_2 + G_2 + G'}{A_2}$$

$$\Rightarrow \frac{F_1}{A_1} + \frac{G_1}{A_1} = \frac{F_2}{A_2} + \frac{G_2 + G'}{A_2}$$

Da im "unbelasteten" Fall ($F_1 = F_2 = 0$) mit G' "Gleichgewicht" hergestellt wurde, sind die beiden Quotienten G_1/A_1 und $(G_2+G')/A_2$ gleich groß und es folgt stets $F_1/A_1 = F_2/A_2$. In den Kolbenprobern herrscht aber nicht der Druck $p_1 = F_1/A_1$, sondern der etwas größere Druck $p_2 = (F_1 + G_1)/A_1$.

Der theoretischen Herleitung liegt ebenso wie z. B. beim Hebel das Prinzip der virtuellen Verrückungen zugrunde. Nur bei kleinen gedachten (virtuellen) Verschiebungen ist die Summe aller Arbeiten Null, also der Ansatz $F_1 \cdot s_1 = F_2 \cdot s_2$ berechtigt. Außerdem macht man hier Gebrauch von der Inkompressibilität idealer Flüssigkeiten.

Der Begriff "Druck" muß veranschaulicht werden. Im Schülerbuch wird deshalb im Anschluß an den Kolbenproberversuch die hydraulische Presse behandelt, die aus dem Versuch direkt entwickelt werden kann. Auch die Übungsaufgaben dienen diesem Ziel. Ergänzend hierzu sollte man, um ein Gefühl für Größenordnungen zu vermitteln, Beispiele für Druckwerte angeben.

In der folgenden Tabelle sind die Größenordnungen für einige Druckwerte aufgeführt:

	Druck in bar
kleinster im Labor erzielbarer Druck	10^{-13}
Gasballastpumpe (aus der Schulsammlung)	10^{-7}
Blutdruck des Menschen ($\triangleq$ 120 mmHg)	0,16
Pkw-Reifen	2 ... 3
Spitzendruck im Zylinder von Ottomotoren	30 ... 40
Wasserleitung	6
Sauerstoff in Stahlflaschen	150
Druckluftkompressor	1000
Spitze einer Nadel	10 000
höchster im Labor erzielbarer Druck	400 000
Druck im Erdinnern (Mittelpunkt)	4 000 000
Druck im Sonnenmittelpunkt	10^{10}

Der Schweredruck in Flüssigkeiten und Gasen (4.2)

Der Schweredruck in Flüssigkeiten (4.2.1)

Während es im ersten Kapitel noch darum ging, den Druckbegriff sowohl bei Flüssigkeiten als auch bei Gasen gleichzeitig einzuführen, erscheint es hier nicht sinnvoll, die Parallelität der Erscheinungen in übertriebener Weise herauszustellen, zeigen doch Flüssigkeiten und Gase unterschiedliches Verhalten, das gerade beim Schweredruck erkennbar wird. Zum einen können wir Gasmengen, z. B. der Luftschicht der Erde, keine Oberfläche zuordnen, zum anderen macht das damit im Zusammenhang stehende Expansionsbestreben der Gase diesen Unterschied deutlich: So läßt sich der Druck eines Gases vermindern, indem man ihr einen größeren Raum zur Verfügung stellt. Letzten Endes wird dieses verschiedene Verhalten von der atomistischen Vorstellung her verstehbar. Das Expansionsbestreben der Gase wird in Kap. 4.3 wieder aufgegriffen, die atomistische Deutung in Kap. M 5. Dort wird zwar nur der Gasdruck molekularkinetisch gedeutet, der Unterschied zu Flüssigkeiten sollte jedoch in die Überlegungen einbezogen werden.

Aus den genannten Gründen werden die beiden Erscheinungen "Schweredruck in Flüssigkeiten" und "Schweredruck in Gasen" getrennt behandelt.

LV Anknüpfungspunkt ist das offene Manometer, z. B. nach Abb. M 47, 1: Die überstehende Flüssigkeitssäule hält durch ihre Gewichtskraft dem Druck im Innern des Gefäßes das Gleichgewicht. Eine genaue Analyse dieser Versuchsanordnung führt dann zwanglos zur Unterscheidung von Schweredruck und Stempeldruck. Bevor man den Schweredruck mißt oder sogar nach der Formel $p = \gamma \cdot h$ berechnet, muß das Phänomen "Schweredruck" durch mehrere Versuche präsentiert werden, um es breit imaginativ zu untermauern. Dies

Hinweise zur LE 4: Mechanik der Flüssigkeiten und Gase

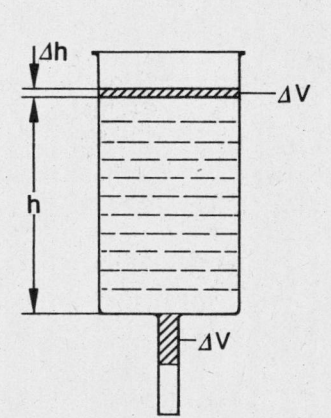

Abb. 325,1 Zur Herleitung des Ausflußgesetzes

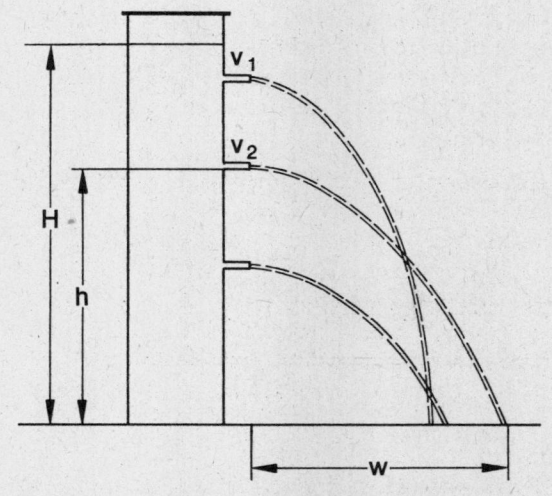

Abb. 325,2 Zusammenhang zwischen Spritzweite und Ausflußgeschwindigkeit

ist der Zweck von V M49, 2. Er kann ergänzt werden durch einige Versuche aus dem Bereich der Anwendungen des Schweredrucks, die auf den Seiten M50 und M51 dargestellt sind, z. B. in den Abb. M51, 1, 51, 3 oder 51, 4.

LV Eine Variation von V M49, 2 ist die folgende: Die seitlichen Stutzen des Gefäßes werden mit Gummimembranen verschlossen und das Gefäß mit Wasser gefüllt. Sofort wölben sich die Gummimembranen nach außen, und zwar unten stärker als oben.

SI Die Ausbeulungen der Membranen veranschaulichen die Druckverteilung an Staumauern, an einem Schleusentor, in einem Aquarium, Schwimmbad oder ähnlichem.

LV Durchsticht man die Membranen mit einer Stricknadel, so spritzt das Wasser heraus, unten stärker als oben. V M49, 2 stellt dann eine Weiterentwicklung dieser Versuchsanordnung dar. Die Gummimembranen werden durch Gummistopfen ersetzt, durch die dünne Glasröhrchen gleichen Durchmessers gesteckt werden. Aus der Spritzweite kann man

LI allerdings nicht auf den sich mit der Höhe ändernden Druck, wie man aus Abb. M49, 3 deutlich sehen kann, schließen. Maßgebend ist die Austrittsgeschwindigkeit. Da man noch die Fallhöhen berücksichtigen muß, spritzt z. B. der untere Wasserstrahl weniger weit als die beiden mittleren. Treten Turbulenzen auf, so verringert sich die Spritzweite. Wie die nachfolgende Rechnung zeigt, ist der so einfach erscheinende Versuch wegen fehlender Kenntnisse auf der Sekundarstufe I quantitativ nicht auswertbar.

Ändert sich der Flüssigkeitsspiegel um die Höhe Δh, so nimmt die potentielle Energie der Flüssigkeit um $\Delta E_p = g \cdot \varrho \cdot A \cdot \Delta h \cdot h$ ab, die kinetische Energie nimmt zu um

$$\Delta E_k = \frac{1}{2} \varrho \Delta V \cdot v^2. \quad (Abb. 325,1)$$

Bei einer idealen, reibungsfreien Flüssigkeit sind diese beiden Energien gleich, so daß sich ergibt:

$$v^2 = 2 \cdot g \cdot h \Rightarrow v = \sqrt{2gh}.$$

Dies ist das Torricellische Ausflußgesetz. Danach ist die Ausflußgeschwindigkeit einer Flüssigkeitsmenge gleich der Geschwindigkeit, die sie erreichen würde, wenn sie um die Fallstrecke h von der Flüssigkeitsoberfläche bis zur Ausflußöffnung frei fallen würde.

In Wirklichkeit sind die Verhältnisse nicht ganz so einfach, da auch die Form der Ausflußöffnung noch eine Rolle spielt. Diese Einzelheiten sollen hier nicht erörtert werden. Das Torricellische Ausflußgesetz kann auch mit Hilfe der Bernoullischen Gleichung hergeleitet werden, (13), S. 267.

Um nun die Spritzweite zu errechnen, vernachlässigen wir den Luftwiderstand und nehmen an, daß die Flüssigkeit den Raum frei durchfällt. Somit können wir die Gesetze des waagerechten Wurfes anwenden.

Die Höhe der Ausflußöffnung über dem Boden sei h, die Höhe des Wasserspiegels H. (Abb. 325,2) Dieser wird durch Regulieren des Wasserzuflusses stets gleich gehalten.

Die Spritzweite ist dann $w = v \cdot \Delta t$, wobei Δt durch die Fallzeit gegeben ist:

$h = \frac{1}{2} g (\Delta t)^2$. Mit $v = \sqrt{2g(H-h)}$ und $\Delta t = \sqrt{2h/g}$ erhält man dann:

$$w = \sqrt{2g(H-h)} \cdot \sqrt{2h/g}$$
$$w = \sqrt{4h(H-h)}.$$

Es ergibt sich ein Extremum für $h = H/2$, d. h. strömt die Flüssigkeit aus einer Öffnung aus, die sich genau in der Mitte befindet, dann ist die Spritzweite am größten.

Hinweise zur LE 4: Mechanik der Flüssigkeiten und Gase

S. M50 – M51

Abb. 326,1 Bodendruckapparat ("Pascalscher Apparat")

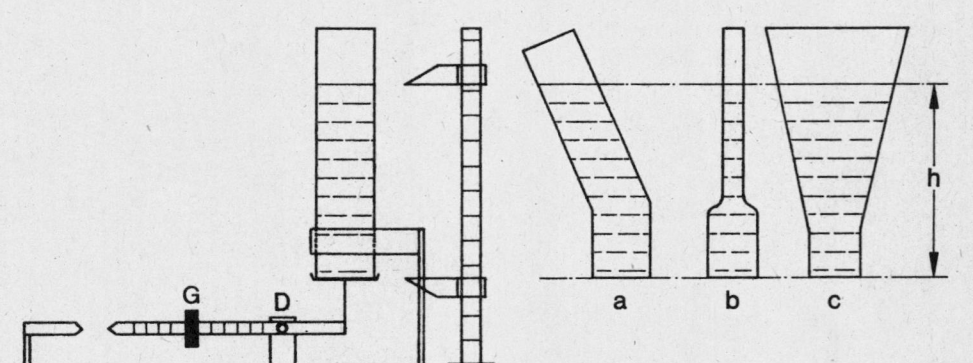

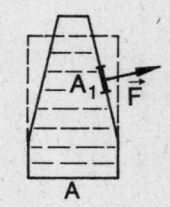

Abb. 326,2 Zur Erklärung des hydrostatischen Paradoxons

LV Will man die Gleichung $p = \gamma \cdot h$ experimentell herleiten, so kann man die Pascalsche Waage verwenden, die im Schülerbuch nicht abgebildet ist. Der Versuch kann aus V M51, 1 (Abb. M50, 4) in Verbindung mit der Druckdose nach Hartl (Abb. M50, 1) entwickelt werden.

Die Bodenplatte wird durch eine hochelastische Gummimembrane ersetzt, deren Verformung auf einen Meßanzeiger übertragen wird. Die Auslenkung läßt sich durch ein verschiebbares Gewichtsstück kompensieren (Abb. 326,1). Aus der Gewichtskraft des Gewichtsstückes und dem Abstand von der Drehachse kann die Druckänderung quantitativ errechnet werden. Das Meßprinzip beruht also auf einer Kompensationsmethode (Drehmomentengleichgewicht). Nun kann man verschieden geformte Glasgefäße aufstecken und damit die Unabhängigkeit des am Boden des Gefäßes herrschenden Druckes von der Gefäßform zeigen. Bei ein- und demselben Gefäß läßt sich aber auch die Füllhöhe variieren und der Zusammenhang zwischen hydrostatischem Druck und Füllhöhe experimentell ermitteltn. Die Membrane darf nicht vorgespannt werden, da sonst zu geringe Drucke errechnet werden. In Zusatzversuchen kann man mit Flüssigkeiten unterschiedlicher Wichte zeigen, daß bei konstanter Füllhöhe $p \sim \gamma$ ist.

Die Unabhängigkeit des Bodendruckes von der Gefäßform gestattet es, diesen Druck für den Sonderfall eines senkrechten Glaszylinders theoretisch herzuleiten: Auf die Bodenfläche wirkt die Kraft $F_g = A \cdot h \cdot \gamma$, also

$p = F_g / A = \gamma \cdot h$.

Die Gefäßform nach Abb. 326,1b entspricht im Prinzip der Abb. M51, 2. Um zu verstehen, weshalb in diesem Fall die gleiche Druckkraft auf die Bodenfläche wirkt wie bei einem senkrechten Glaszylinder, muß man auf die Allseitigkeit des Druckes zurückgreifen. Die Erklärung dieser Erscheinung ist auf S. M51 links angegeben. Zum Verständnis ist nicht unbedingt die Berechnung des Druckes erforderlich. Hierzu betrachtet man ein Gefäß nach Abb. 326,2. Man glaubt zunächst, daß auf die Bodenfläche nur die Gewichtskraft der Flüssigkeitssäule wirke. Wegen der Allseitigkeit des Druckes wirken aber auch auf die schrägen Wände des Glasgefäßes Kräfte. Man greift ein kleines Flächenstück heraus. Die Kraft auf dieses Flächenstück sei $\vec{F}$. Dann drückt die Wand infolge der Wechselwirkungskraft mit gleich großer, entgegengesetzter Kraft auf die Flüssigkeit zurück. Diese erfährt demnach eine Kraft nach unten. Berücksichtigt man die gesamte Wandfläche, so entsteht eine Wirkung, die der Gewichtskraft einer zusätzlichen Wassermenge gleichkommt.

LI Der Ausschuß für Einheiten und Formelgrößen (AEF) im Deutschen Normenausschuß (DNA) empfiehlt, die Größe Wichte, insbesondere unter dem Namen spezifisches Gewicht, nicht mehr zu benutzen. Ähnlich wie die Gewichtskraft als Produkt aus m und g (örtliche Fallbeschleunigung) dargestellt werden soll, so soll auch nur noch das Produkt aus ϱ und g verwendet werden. Aus didaktischen Gründen kann aber im Physikunterricht der Sekundarstufe I auf den Begriff "Wichte" nicht verzichtet werden. Ein wichtiges Anwendungsgebiet dieses Begriffes ist der hydrostatische Druck und die damit verbundenen Erscheinungen.

Die Anwendungen des hydrostatischen Drucks sind vielfältig. Im Schülerbuch konnte nur eine Auswahl angegeben werden. Als Ergänzung sollte man jedoch noch eine wichtige Anwendung der Druckdose bringen.

SI Die Membrane kann ja nicht nur durch ihre Verformung einen Meßzeiger bewegen, sondern z.B. auch einen elektrischen Schalter betätigen. Ein solcher Membranschalter ist in vielen Geräten eingebaut, wo ein bestimm-

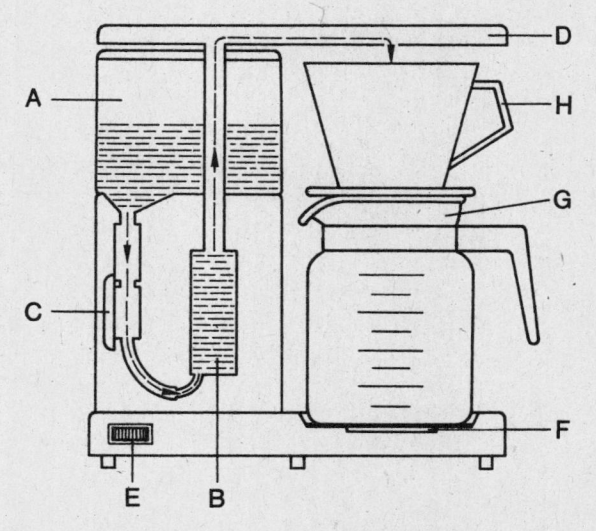

Hinweise zur LE 4: Mechanik der Flüssigkeiten und Gase

Abb. 327, 1 Schematische Darstellung eines Kaffeeautomaten: A Frischwasserbehälter, B Durchlauferhitzer, C Membranschalter, D Auslaufrohr, E Ein- und Ausschalter, F Warmhalteplatte, G Glaskanne, H Filter

ter Füllstand maßgebend ist. Abb. 327,1 zeigt den prinzipiellen Aufbau eines Kaffeeautomaten, die elektrischen Bauteile und Schaltkreise sind nicht eingezeichnet. Ist der Wasserdurchlauf beendet, so schaltet der Membranschalter C automatisch ab. Das im Durchlauferhitzer befindliche heiße Wasser wird durch den entstehenden Wasserdampf herausgedrückt.

Der Schweredruck in Gasen (4.2.2)

Die methodische Konzeption dieses Kapitels beruht auf der Analogie der durch Flüssigkeitsdruck und Luftdruck bedingten Vorgänge. Auch in historischer Vergangenheit wurde diese Analogie benutzt, um bei Luft zu verstehen, was man bei Flüssigkeiten bereits durchschaute. Ähnliche Bedingungen wie in der historischen Situation sind ja auch im Unterricht gegeben. So erscheint es sinnvoll, dies methodisch zu nutzen.

Zunächst wird, aufbauend auf den Erfahrungen der vorhergehenden Kapitel, die Frage aufgeworfen, wie der Luftdruck in dem uns umgebenden Luftmeer festgestellt und gemessen werden kann. Mit den Versuchen
LV V M52, 1 und V M52, 2 greift man auf Anordnungen zurück, die den Schülern aus früheren Untersuchungen, z. T. in einer etwas abgewandelten Form bekannt sind. So kann z. B. V M52, 1 in Verbindung gebracht werden mit
LV V W15, 1. Bevor die zu messende Gasmenge in den Glaszylinder geleitet werden kann, muß dieser vollständig mit Wasser gefüllt sein.

Die Frage liegt nahe, warum das Wasser nicht ausfließt.

Hebt man den Zylinder vorsichtig an, so strömt das Wasser erst aus, wenn die Öffnung über die Wasseroberfläche ragt. Deckt
LV man einen randvoll mit Wasser gefüllten Standzylinder mit einer Glasplatte zu - der Glaszylinder muß zu dem Zweck einen geschliffenen Rand besitzen -, so kann man das Gefäß umdrehen, ohne daß das Wasser aus dem Zylinder fließt. Während des Umdrehens muß die Glasplatte gegen den Rand gedrückt werden.

LV V M52, 2 kann folgendermaßen durchgeführt werden: Ein Aluminiumkolben von 2 cm^2 Querschnitt ist sehr genau in einen Glaszylinder eingepaßt. Das Glasrohr besitzt unten einen Schliff, mit dem es auf den Ansaugstutzen einer Vakuumpumpe gesetzt werden kann. Der Kolben wird an einen Kraftmesser (Meßbereich 20N) gehängt. Auf diesen Kolben wirkt der atmosphärische Luftdruck, wenn der Raum unterhalb des Kolbens ausgepumpt wird. Aus der Kraft und der Fläche des Kolbens wird der Druck berechnet. Das Gerät wird von der Firma LEYBOLD geliefert.

Die Wasserpumpen in der Form der Druck- und Saugpumpe gehören zu den sogenannten Hub-Kolbenpumpen und sind schon seit alters her bekannt, aber noch nicht veraltet. Neben modernen Formen von Pumpen (Membranpumpen, Flügelpumpen, Drehkolbenpumpen oder Kreiselpumpen) finden die Kolbenpumpen auch heute noch ihre Anwendung, z. B. in der Bautechnik als mechanisch oder hydraulisch betriebene Betonpumpen oder als Gestänge-Tiefbrunnen-Pumpe, mit denen Wasser aus größeren Tiefen hochgepumpt werden kann. Die Wasserpumpe nach Abb. M52, 2 (rechts) wird bei den einfachen Abessinierbrunnen zur Förderung kleiner Wassermengen in Gärten oder Einzelhäusern eingesetzt.

Auch die Pumpe eines Einspritzmotors ist eine Kolbenpumpe mit einem Saugventil und einem Druckventil.

Der berühmte Torricellische Versuch hat nicht nur historische Bedeutung, da moderne Formen des Quecksilberbarometers (z. B. das in Abb. M54, 1 dargestellte Heberbarometer) genaueste Luftdruckmessungen erlauben (24).

Trotzdem wird der Versuch von Lehrern nur ungern ausgeführt, weil der Umgang mit Quecksilber nicht ganz ungefährlich ist. Wer das Arbeiten mit Quecksilber vermeiden möchte, kann auf einen Film zurückgreifen, s. unter d). Dieser Film zeigt den Versuch

Hinweise zur LE 4: Mechanik der Flüssigkeiten und Gase S. M53–M54

V M53, 1, außerdem den analogen Versuch mit einem wassergefüllten Gartenschlauch, sowie Versuch V M53, 2 und den interessanten, aber etwas aufwendigen, auf Seite M54 beschriebenen historischen Versuch nach Pascal "le vide dans le vide". Da die dazu erforderliche Glasröhre von Lehrmittelfirmen nicht geliefert wird, muß man sie sich entweder selbst herstellen oder vom Glasbläser anfertigen lassen. Der Film ersetzt diesen Versuch.

LV Völlig ungefährlich ist bei entsprechenden Vorsichtsmaßnahmen die folgende Versuchsanordnung: Anstelle der Torricellischen Röhre benutzt man eine Dampfdruckröhre (z.B. v. LEYBOLD, Bestell-Nr.: 38 508).

VT Sie wird nach Abb. 328,1 (links) durch einen durchbohrten Gummistopfen in eine Doppelhalsflasche (Woulfsche Flasche) geführt. In die Flasche wird Quecksilber gegeben. Die Röhre wird dann von oben evakuiert, bis die Quecksilbersäule den atmosphärischen Luftdruck anzeigt. Die ganze Versuchsanordnung wird in eine Quecksilberwanne gestellt. Einziger Nachteil dieses Versuchs ist die Erzeugung des Vakuums mit einer Pumpe. Während es nach dem historischen Versuch sofort klar ist, daß in der "Torricellischen Leere" keine oder kaum Luft enthalten ist, kann dies hier nicht mehr behauptet werden.

Die Torricellische Leere ist wieder gesichert, wenn man über ein Ventil mit Hilfe einer Fahrradluftpumpe Luft in das Gefäß pumpt (Die Stopfen müssen gut befestigt werden!), bis das Quecksilber durch den Hahn H in die Erweiterung des Rohrs vorgedrungen ist. Nach dem Schließen des Hahns H wird der Dreiwegehahn D geöffnet. (Abb. 328,1 rechts)

Zur Vermeidung von Unfällen beim Experimentieren mit Quecksilber seien hier die folgenden Hinweise gegeben:

Die Oberflächenspannung ist viel höher als bei nichtmetallischen Flüssigkeiten. Quecksilbertropfen benetzen deshalb ihre Unterlage nicht, sondern bilden abgeplattete Kugeln. Quecksilber ist nur als Dampf giftig. Giftig sind auch alle löslichen Quecksilberverbindungen.

Der Sättigungsdampfdruck des Quecksilbers beträgt bei 20 °C etwa 0,0012 mm Hg ($\triangleq$ 0,0016 mbar). 1 m^3 Luft enthält unter diesen Bedingungen 13,5 mg Hg. Eine solche Konzentration kann sich sehr leicht in schlecht durchlüfteten Räumen einstellen, in denen Quecksilber verschüttet wurde. Dagegen beträgt die höchstzulässige Konzentration

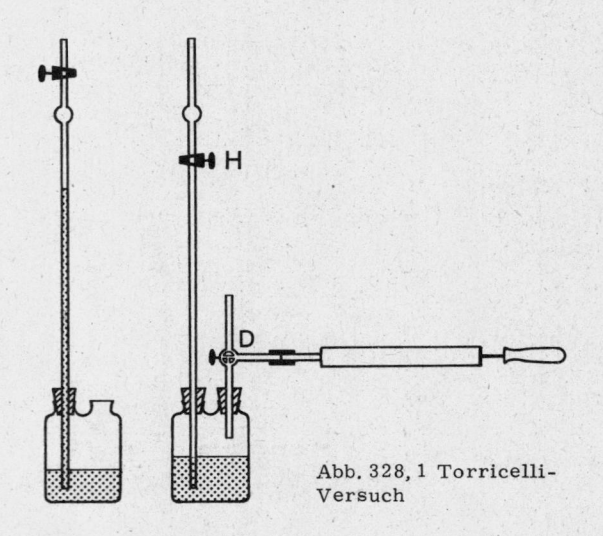

Abb. 328,1 Torricelli-Versuch

(Maximal zulässige Arbeitsplatz-Konzentration, MAK-Wert) nur 0,1 mg Hg je 1 m^3 Luft. Oberhalb dieses Wertes kann chronische Vergiftungen eintreten:

Erste Anzeichen: metallisch süßer Geschmack im Munde, Übelkeit und Erbrechen.

Nach Stunden oder Tagen: Durchfälle und Leibschmerzen, Entzündungen an den Schleimhäuten des Mundes und des Rachens.

Chronische Vergiftungen: Störungen des Zentralnervensystems, Übererregbarkeit und allgemeines Zittern, Lustlosigkeit, Gedächtnisschwäche, Gleichgültigkeit.

Quecksilber wird nur sehr langsam aus dem Körper ausgeschieden. Eine Behandlung ist deshalb sehr langwierig.

VT Aus dieser Sachlage ergeben sich Verhaltensmaßregeln für das Experimentieren, bei deren Beachtung sich keine schädlichen Wirkungen einstellen können:

1. Man verwende stets nur so viel Quecksilber, wie unbedingt benötigt wird.
2. Verschütten von Quecksilber, unnötig offenstehende Gefäße sind zu vermeiden.
3. Alle Arbeiten mit Quecksilber sind über einer fugenlosen Wanne auszuführen. Quecksilberreste auf keinen Fall in den Ausguß gießen, da Anschlußstutzen aus Blei durch Amalgambildung zerstört werden.
4. Verspritztes Quecksilber wird mit einem feinen Pinsel zusammengekehrt, mit einer Quecksilberzange aufgenommen und in einer besonderen Flasche gesammelt. Kommt doch einmal Quecksilber in Ritzen oder

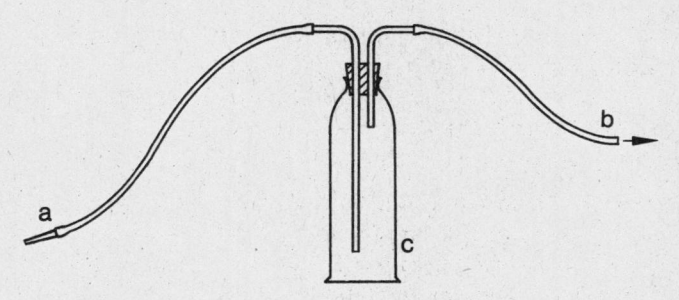

Hinweise zur LE 4: Mechanik der Flüssigkeiten und Gase

Abb. 329,1 Versuchsanordnung zum Aufsammeln von Quecksilbertropfen: a verengtes Glasrohr, b zur Pumpe, c Waschflasche

Fugen, dann sammelt man es zweckmäßigerweise mit Hilfe einer Wasserstrahlpumpe, an die über eine Waschflasche ein kleines Glasröhrchen mit Spitze angeschlossen ist (Abb. 329,1).

5. In Ritzen liegendes Quecksilber kann durch Bestreuen mit Zinkpulver durch Amalgambildung unschädlich gemacht werden.
6. Zur Reinigung von Gefäßen, denen noch Quecksilberspuren anhaften, wird Salpetersäure verwendet, die das Quecksilber auflöst.

Weitere Hinweise s. (62), (64).

Die Abnahme des Luftdrucks mit zunehmender Höhe läßt sich auf verschiedene Weise demonstrieren.

Man packt eine leere 25-Liter-Flasche in eine Kiste und schützt sie durch Papier oder Schaumstoffreste gegen Temperaturänderungen. Die eine Bohrung des abschließenden Gummistopfens trägt einen Abschlußhahn, die andere ein mehrfach gebogenes Glasrohr (Abb. 329,2a). Bei offenem Hahn H wird ein Quecksilbertropfen T in die Mitte des waagerechten engen Rohrteils R gebracht und der Hahn H geschlossen. Die in der Flasche enthaltene Luftmenge ist nun durch den beweglichen Quecksilbertropfen (oder Alkoholfaden) abgeschlossen.

Beim ruckartigen Öffnen der Zimmertür verschiebt sich der Flüssigkeitsfaden nach außen, schließt man die Zimmertür, dann wird der Faden nach innen gedrückt. Hebt man die Flasche, so zeigt die Verschiebung des Fadens einen niedrigeren Außendruck an. Will man nur schnelle Druckschwankungen sichtbar machen, dann setzt man auf die Flasche eine Anordnung nach Abb. 329,2b. Die zweite Glasröhre ist zu einer feinen Spitze ausgezogen. Dadurch gleichen sich langsame Druckänderungen aus, schnelle Druckschwankungen werden jedoch angezeigt.

Diese Anordnung ist gleichzeitig ein Modellversuch zum sogenannten Variometer, das benutzt wird, um z. B. das Steigen oder Sinken eines Flugzeuges festzustellen. Anstelle der Flasche wird eine hochempfindliche Membrandose benutzt, die mit der Außenluft durch eine Kapillare in Verbindung steht. Der Druckausgleich erfolgt langsam, Druckänderungen werden angezeigt. Die Druckdifferenz ist ein Maß für die Sink- bzw. Steiggeschwindigkeit.

Die bisherigen Erkenntnisse werden im Schülerbuch in zwei Richtungen vertieft. Zum einen wird die Bedeutung des Luftdrucks in der Wetterkunde untersucht, zum anderen soll das Thema "Erzeugung eines Vakuums" neben einigen Anwendungen auch die historischen Zusammenhänge verdeutlichen.

Die Wetterkunde stößt bei den Schülern erfahrungsgemäß immer wieder auf großes Interesse, wohl deshalb, weil doch die meisten mehr oder weniger unmittelbar vom Wetter betroffen sind. Erstaunlich ist aber, daß trotz der täglichen Wettermeldungen und trotz der Informationen über das Wettergeschehen falsche Vorstellungen über Möglichkeiten und Grenzen der Meteorologie so weit verbreitet sind wie in keinem anderen Wissenschaftsbereich. Die Aufgabe des Physikunterrichts ist es, falsche Vorstellungen abbauen zu helfen.

Im Physikunterricht kann man nun prinzipiell zwei verschiedene Wege einschlagen:

1. Behandlung der Wetterkunde in einem geschlossenen Kurs,
2. Aufteilen der Wetterkunde auf verschiedene Jahrgangsstufen, wobei die einzelnen Themen im Zusammenhang mit anderen physikalischen Sachgebieten behandelt werden.

Im KUHN wurde im wesentlichen der zweite Weg beschritten, obwohl der Schwerpunkt der wetterkundlichen Themen im vorliegenden Kapitel zu finden ist. Wettererscheinungen bzw. physikalische Sachverhalte, die zur Beschreibung des Wetters erforderlich sind, findet man in der Einführung (S. W3-W5), in der Wärmelehre (S. W24 - W25, S. W29), im

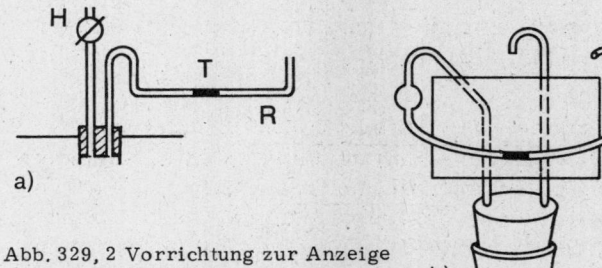

Abb. 329,2 Vorrichtung zur Anzeige von Druckschwankungen

Hinweise zur LE 4: Mechanik der Flüssigkeiten und Gase S. M54–M55

Kapitel "Wärmetransport" (S. W35, W37, W40-42), in der Mechanik auf den Seiten S. M54, M55, M69, M82 und M96.

Soll über die diesbezüglichen im Schülerbuch behandelten Sachgebiete hinausgegangen werden, dann ist dies im Zusammenhang mit dem Luftdruck am günstigsten.

Im folgenden werden die Inhalte dargestellt, die in einem ergänzenden Kurs gebracht werden können. Sie sind so geordnet, daß sie als Grundlage eines achtstündigen Kurses "Wetterkunde" dienen können. Ausgangspunkt ist die den Schülern bekannte Wetterkarte.

1. Stunde (Einführung)

Anhand der vereinfachten (Boden-)Wetterkarte im Buch (S. M55) werden die verschiedenen Druckgebiete und der Zusammenhang zwischen Druckgefälle und Windrichtung erkannt. Man entnimmt ferner Angaben über Temperatur und Bewölkung. Im Anschluß daran sollten amtliche Wetterkarten, wie sie von den Wetterämtern täglich herausgegeben werden, untersucht werden. Es empfiehlt sich, aktuelle Wetterkarten als Unterlagen zu verwenden (Klassensatz).

Das Studium der Wetterkarte gibt Veranlassung, die folgenden Zusammenhänge und Sachverhalte genauer zu untersuchen.

1. Aufbau der Atmosphäre, vertikale und horizontale Temperaturverteilung
2. Wetterbeobachtung
3. Wind, Bewölkung, Niederschläge, Luftfeuchtigkeit
4. Klimazonen
5. Wettererscheinungen in gemäßigten Breiten
6. Wettervorhersage

Geräte zur Wetterkunde werden von verschiedenen Lehrmittelfirmen angeboten. Das Angebot reicht vom einfachen Thermometer bis zu Beobachtungsstationen mit der Möglichkeit, Temperatur, Luftdruck und relative Feuchte gleichzeitig zu registrieren. Anregungen zum Eigenbau von meteorologischen Beobachtungsinstrumenten findet man in (65), (66).

Literatur zur Wetterkunde: (67), (68), (69), (70), (71), (72), (73).

2. Stunde: Der Aufbau der Atmosphäre

Alle Wettererscheinungen spielen sich in der Lufthülle oder Atmosphäre ab. Sie ist ein Gasgemisch, das aus 78,09 Volumenprozent Stickstoff, 20,95 % Sauerstoff, 0,92 % Argon und Spuren von einigen weiteren Gasen besteht. Außerdem sind in der Luft noch örtlich und zeitlich wechselnde Mengen von Kohlendioxid vorhanden (im Durchschnitt etwa 0,03 %) und der für das Wetter und für die Menschen so wichtige Wasserdampf.

LI Während der Wasserdampfgehalt der Luft - Wasserdampf ist nur in den untersten Luftschichten bis zu einer Höhe von etwa 20 km enthalten - starken Schwankungen unterworfen ist, kann die oben angegebene Zusammensetzung der Atmosphäre infolge der dauernden Bewegung und der damit verbundenen Durchmischung bis zu einer Höhe von 100 km als nahezu konstant angesehen werden. Oberhalb dieser Höhe werden die atmosphärischen Gase durch die Sonnenstrahlung ionisiert und dissoziiert. Außerdem sammeln sich die Gase mit der größeren Dichte (Sauerstoff, Stickstoff) in den unteren Schichten, die Gase mit geringerer Dichte (Wasserstoff, Helium) in den oberen Schichten. Die "Heliumatmosphäre", die überwiegend Helium enthält, beginnt vermutlich bei (600-1200) km, die "Wasserstoffatmosphäre" bei (1000-2000) km. Danach geht die Atmosphäre allmählich in den luftfreien Weltraum über.

SI Neben den Gasen enthält die Atmosphäre noch einen kleinen Anteil flüssiger und fester Schwebeteilchen, die als Wolken und als Dunst- bzw. Staubtrübung sichtbar werden. Dazu gehören z.B. Schwefelsäure, Natrium- und Kalziumverbindungen und zahlreiche Verunreinigungen durch die moderne Industrie.

Wetterbestimmend ist die Einstrahlung der Sonne, die durch die periodisch wechselnde Stellung der Erde und der Erdoberfläche zur Sonne im Laufe eines Jahres und im Laufes eines Tages in ihrer Stärke ständig schwankt. Infolgedessen kann sich in den unteren Luftschichten nie ein Temperaturgleichgewicht ausbilden, und es finden unaufhörlich Ausgleichsvorgänge statt.

Temperatur

Die Heizung der Lufthülle geht hauptsächlich so vor sich, daß die Sonnenstrahlung von der Erdoberfläche teilweise absorbiert wird, wobei sich letztere beträchtlich erwärmt. Die erwärmte Erdoberfläche heizt wiederum von unten her die Luft.

LV Zur Temperaturmessung dient neben dem Quecksilberthermometer der Thermograph (Temperaturschreiber). Er überträgt die Bewegungen eines Bimetallstreifens mit Hilfe eines Schreibstiftes auf den Registrierstreifen einer Trommel, die sich in sieben Tagen einmal dreht. In allen Wetterstationen wird

Hinweise zur LE 4: Mechanik der Flüssigkeiten und Gase   S. M54 – M55

die Temperatur unter vergleichbaren Bedingungen gemessen.

Die Meßanordnung der Meteorologen ist die Thermometerhütte (Dia). Sie besteht aus Holz. Um den Einfluß der Sonneneinstrahlung möglichst gering zu halten, ist sie weiß gestrichen. Die Tür ist stets auf der Nordseite, so daß beim Öffnen der Tür keine Sonnenstrahlen auf die Instrumente fallen können. Um eine gute Luftzirkulation zu gewährleisten, haben die Seitenwände Jalousien. Damit die Bodeneinflüsse an allen Meßorten gleichartig sind, wurde vereinbart, die Hütten über kurzgeschnittenen Rasenflächen aufzustellen, und zwar in mindestens 10 m Abstand von Gebäuden und so hoch, daß sich die Gefäße der Thermometer 2 m über dem Boden befinden.

Die mittlere Tagestemperatur wird nach den Vorschriften des Deutschen Wetterdienstes dadurch bestimmt, daß man die Summe der Meßwerte von 7 Uhr, 14 Uhr und des doppelten Wertes von 21 Uhr durch 4 dividiert. Die Mittelwerte eines Monats und eines Jahres werden aus diesen Tagesmitteln errechnet. Sie dienen z. B. dazu, Temperaturzonen auf der Erde und in der Lufthülle zu erkennen. Die Mittelwerte kann man in eine Landkarte eintragen und Orte mit gleichen mittleren Temperaturen durch Linien verbinden. Diese Linien heißen Isothermen.

Auf diese Weise kann man sich auch ein Bild über die Temperaturschichtung der Atmosphäre machen (Abb. 331,1). Die untere Schicht heißt Troposphäre und reicht in unseren Breiten bis zu einer Höhe von etwa 11 km. In ihr nimmt die Temperatur im Durchschnitt um etwa $(0,5-0,7)^\circ C$ pro 100 m nach oben ab. An ihrer oberen Grenze, der Tropopause, liegen die Temperaturen zwischen $-50^\circ C$ und $-90^\circ C$. Darüber breiten sich trockene Luftmassen aus. Diese Luftschicht heißt Stratosphäre. In der unteren Stratosphäre bleibt die Temperatur bis zu einer Höhe von $(20-30)$ km nahezu gleich. Danach beginnt eine immer stärker werdende Temperaturzunahme. In $(50-60)$ km Höhe beträgt die Temperatur $0^\circ C$ und darüber.

Nach einer Übergangszone, der sogenannten Stratopause, sinkt in der Mesosphäre die Temperatur ab bis auf etwa $-80^\circ C$ in ca. 80 km Höhe. An die Obergrenze der Mesosphäre, der Mesopause, schließt sich die Thermosphäre an. Die Temperatur steigt hier sehr stark an und erreicht in 200 km Höhe bereits etwa $1000^\circ C$. Infolge der großen Verdünnung der Atmosphäre in diesen Höhen sagen diese Temperaturen nichts mehr aus

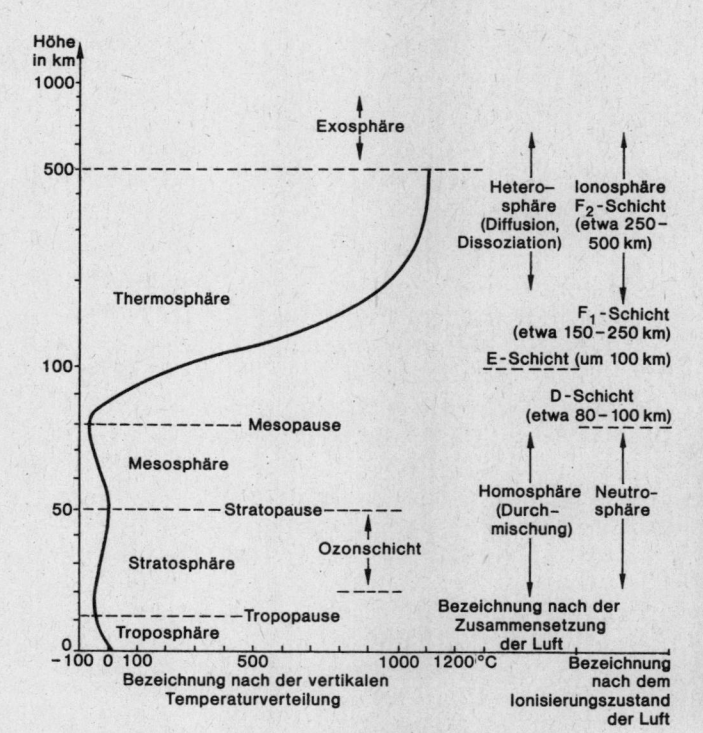

Abb. 331,1 Temperaturschichtung der Atmosphäre

über den Wärmezustand eines Körpers, etwa eines Satelliten.

LI Die hohe Temperatur ist nur ein Maß für die mittlere kinetische Energie der Gasmoleküle. Ein Satellit, der dort seine Bahn zieht, erwärmt sich nicht durch Kontakt mit der äußerst verdünnten Atmosphäre, sondern durch Absorption der Strahlung der Sonne.

3. Stunde: Wetterbeobachtung

Das Wettergeschehen besteht darin, daß sich die Einzelfaktoren wie Luftdruck, Luftdichte, Lufttemperatur, Luftfeuchtigkeit, Wind, Bewölkung und Niederschläge im Laufe der Zeit stark ändern.

SV Um das Zusammenwirken der Wetterelemente genauer kennenzulernen, läßt man während einer Woche dreimal am Tage Luftdruck, Temperatur und relative Feuchte beobachten und die Meßwerte über der Zeit auftragen. Die entstehenden Punktfolgen werden durch eine Kurve verbunden. Man erkennt die täglichen Schwankungen von Temperatur und relativer Feuchte.

LV Das menschliche Haar besitzt die Eigenschaft, sich bei einer Zunahme der relativen Feuchte auszudehnen und bei einer Abnahme wieder zusammenzuziehen. Bei einem Haarhygrometer überträgt man die Längenänderung eines solchen Haares oder eines ganzen Büschels (Abb. 332,2) auf ein Zeigersystem und

Abb. 332,2 Haarhygrometer (schematische Darstellung)

kann so auf einer Skala die relative Feuchte (vgl. S. M69) ablesen.

Abb. 332,2 zeigt nur das Prinzip. Moderne Hygrometer (z.B. LEYBOLD, Nr. 38 340 oder PHYWE, Nr. 04845.00) benutzen die Längenänderung einer Kunststofffaser bei wechselnder Feuchtigkeit.

Die Wetterberichte der Wetterämter stützen sich nicht auf Beobachtungen an einem einzigen Ort, sondern auf die Einzelmessungen vieler Wetterstationen, deren Ergebnisse zu international vereinbarten Zeiten (meist dreistündig: 0^h, 3^h, ... 18^h, 21^h Weltzeit) durch Funkübertragung an die Zentralen gelangen und dort in eine Wetterkarte eingetragen werden. Sie ergeben einen Überblick über das Wetter, wie es an den Wetterwarten des von der Karte erfaßten Gebiets beschaffen war und erlauben Rückschlüsse auf das zukünftige Wetter. Man nennt diese Karten deshalb auch synoptische Wetterkarten (synopsis, gr. = Überblick).

In den Wetterstationen, zu denen auch Wetterschiffe auf den Weltmeeren gehören, werden die Wetterelemente ständig beobachtet. Da aber auch Vorgänge in höheren Luftschichten das Wetter wesentlich beeinflussen, läßt man von manchen Stationen Ballone mit selbstregistrierenden Instrumenten regelmäßig bis zu Höhen von 35 bis 40 km aufsteigen. Diese Radiosonden übermitteln den Bodenstationen die gemessenen Werte für Luftdruck, Temperatur und Luftfeuchtigkeit.

So werden allein auf der Nordhalbkugel der Erde täglich zweimal von etwa 500 aerologischen Stationen Messungen mit Radiosonden durchgeführt.

Hinzu kommen Messungen mit Wetterraketen und in jüngster Zeit Messungen und fotografische Aufnahmen durch Wettersatelliten. Man erhält so einen ausgezeichneten Überblick über die Bewölkungsverhältnisse. (M55, 1 und 55.3).

LI Der erfolgreiche Abschuß des 122,5 kg schweren Erdsatelliten Tiros I am 1.4.1960 leitete eine neue Ära für die Meteorologie ein. Inzwischen sind diesem Satelliten noch eine ganze Reihe anderer gefolgt (TIROS-Serie, NIMBUS-Serie, geostationäre Satelliten des ATS-Typs, schließlich Satelliten des ITOS-Systems.

Bedeutung der Abkürzungen: TIROS = Television and Infra-Red Observation Satellite; ATS = Applications Technology Satellites; ITOS = Improved TIROS Operational System.)

Die Aufnahmen von der Wolkenverteilung erlauben die Entdeckung tropischer Orkane (Abb. M55, 3) und die Erkennung und Beobachtung von neugebildeten außertropischen Zyklonen (Abb. M55, 1). Darüber hinaus sind die Wettersatelliten auch mit Geräten ausgerüstet, mit denen die Wärmestrahlung und das Reflexionsvermögen der Erdoberfläche, der Wolken usw. gemessen werden können. Aus diesen Messungen können Rückschlüsse gezogen werden auf die Energieverteilung in der Atmosphäre, die für das Wettergeschehen bedeutsam ist.

4. und 5. Stunde (Doppelstunde):
Wind, Bewölkung, Niederschläge

Die Folgen einer ungleichmäßigen Erwärmung der Erdoberfläche sind Luftströmungen, die den Temperaturausgleich wieder herbeizuführen versuchen. Mit der Erwärmung ist nämlich gleichzeitig eine Änderung der Luftdichte und des Luftdrucks verbunden. Es entstehen Gebiete hohen Luftdrucks und Gebiete niedrigen Luftdrucks. So ist nicht nur das Temperaturgleichgewicht, sondern auch das Druckgleichgewicht gestört. Die Luft bewegt sich bei einem solchen Austausch immer von dem Gebiet höheren Luftdrucks zu dem Gebiet niedrigeren Luftdrucks. Die Luftbewegungen bezeichnet man als Wind.

Liegt eine Luftmasse längere Zeit über demselben Gebiet der Erde, dann nimmt sie entsprechend ihrer Lage bestimmte Eigenschaften an. So wird sie in der Arktis bis in größere Höhen hinein stark abgekühlt, in subtropischen Breiten dagegen wird sie über dem Meer warm und feucht, über dem Festland warm und trocken. Man unterscheidet deshalb kontinentale und maritime Luftmassen. Außerdem werden die Luftmassen noch nach ihrer Herkunft unterteilt in arktische Luftmassen, Luftmassen der gemäßigten Breiten, subtropische und äquatoriale Luftmassen.

Die Ungleichmäßigkeit in der Erwärmung entsteht durch verschiedenartige Beschaffenheit des Bodens. Über dem freien Feld erwärmt sich die Luft stärker als über Wald oder über Wasser. An der heißen Stelle haben wir aufsteigende Luft, die am Boden von allen Seiten

Hinweise zur LE 4: Mechanik der Flüssigkeiten und Gase

durch kältere Luft ersetzt wird. Besonders gut sind diese Verhältnisse auf kleinem Raum und bei schönem Wetter an Meeresküsten zu beobachten. Am Tage ist das Land wärmer als das Wasser. Es weht infolgedessen ein kühler Seewind. In der Nacht kühlt sich das Land durch Ausstrahlung schneller ab, und die Windrichtung ist umgekehrt (Landwind).

Den großräumigen Luftbewegungen überlagern sich diese lokalen Wettererscheinungen und gestalten das Wetter für ein bestimmtes Gebiet.

Zur Kennzeichnung des Windes ist die Angabe der Richtung und der Stärke nötig. Als Richtung des Windes wird immer die Richtung angegeben, aus der er weht. Ein Nordostwind weht also aus nordöstlicher Richtung, ein Westwind aus Westen. Die Richtung des Windes stellt man mit Hilfe der Wind- oder Wetterfahne fest. Zur Windstärkenmessung wird das Schalenkreuzanemometer benutzt (anemos, gr. Wind).

LV An einem waagerechten Kreuz sind vier hohle Halbkugeln angesetzt, die durch den Wind um die senkrechte Achse in Drehung versetzt werden (Abb. 333,1). Aus der Zahl der Umdrehungen je s wird rechnerisch die Windgeschwindigkeit ermittelt. Sie wird in Metern durch Sekunde, in Seemeilen durch Stunde oder in Kilometern durch Stunde angegeben. Meist ist die Skala des Instrumentes schon so geeicht, daß man die Geschwindigkeit direkt ablesen kann.

Wird mit Wasserdampf gesättigte Luft unter den Taupunkt (vgl. S. M69) abgekühlt, dann tritt Kondensation ein. Die Kondensation erfolgt nur dann, wenn in der Luft außerdem noch sogenannte Kondensationskerne vorhanden sind, kleine mit dem bloßen Auge nicht wahrnehmbare feste oder flüssige Teilchen. In der Luft sind fast immer solche Kondensationskerne vorhanden. Ihre Zahl schwankt von Ort zu Ort und ist in Industriegebieten besonders groß.

LV Ein großer Glaskolben wird mit etwas Wasser gefüllt und dann mit einem durchbohrten Korken verschlossen. Durch den Korken führt eine mit einem Hahn verschließbare Glasröhre. Der Raum im Kolben ist nach einiger Zeit mit Wasserdampf gesättigt.

Man bläst etwas Luft hinein, verschließt den Kolben und wartet bis die Luft sich wieder abgekühlt hat.

Öffnet man nun den Hahn, dann dehnt sich die Luft aus und kühlt sich gleichzeitig unter den Taupunkt ab. Es entsteht ein schwacher Nebel, der aber bald wieder verschwindet.

Abb. 333,1 Schalenkreuzanemometer (Schnittbild)

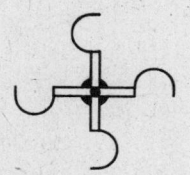

Gibt man vorher etwas Tabakrauch hinein, so bildet sich beim Öffnen des Hahns dichter Nebel.

Abkühlung feuchter Luftmassen erfolgt vielfach durch Aufwärtsbewegung, die z. B. an einem heißen Sommernachmittag durch ungleichmäßige Erwärmung des Erdbodens zustandekommen kann. Über Sandflächen oder an Berghängen, wo die Sonnenstrahlen fast senkrecht auftreffen, bilden sich Aufwinde, während im Flachland über Wald- oder Seegebieten die Luft abwärts strömt (Abb. W40,3). Ist die Abkühlung so groß, daß die Sättigungsgrenze überschritten wird, dann bilden sich im Bereich der Aufwinde sogenannte Haufen- oder Kumuluswolken. Sie sind typische Schönwetterwolken. Haufenwolken lassen also immer erkennen, wo Aufwinde herrschen. Diese "Thermik" wird von Segelfliegern und Vögeln benutzt, um sich von ihr in die Höhe tragen zu lassen.

Im Bereich der Abwinde ist der Himmel wolkenlos. Wolken lösen sich dort auf.

Die Wolken bestehen aus feinsten Wassertröpfchen oder aus kleinen Eiskristallen, wenn der Taupunkt unter dem Gefrierpunkt liegt. Eine Wolke ist kein fertiges Gebilde, sondern befindet sich dauernd im Werden und Vergehen.

Bei sehr starker Sonneneinstrahlung und feuchtwarmer Luft kann statt einer kleinen Schönwetterwolke eine mächtige Haufenwolke entstehen, die sich bis in große Höhen auftürmt und als Gewitterwolke bezeichnet wird. Die auf diese Weise entstehenden Wärmegewitter sind örtlich begrenzt und treten nur an feuchtheißen Tagen auf.

Eine Aufwärtsbewegung der Luft kann auch stattfinden, wenn warme Luft auf einem Kaltluftkeil aufgleitet oder wenn sich kalte Luft unter warme Luft schiebt. Auch hier findet eine Abkühlung statt, es bilden sich Schichtwolken. Schließlich führt auch eine Vermischung von Luftmassen verschiedener Temperatur oft zur Wolkenbildung. Eine weitere Möglichkeit der Abkühlung liegt in der Ausstrahlung von Wärme. Sie wird dann spürbar, wenn die Einstrahlung geringer wird als die ausgestrahlte Wärme, besonders also nach Sonnenuntergang. Ist die Nacht klar und wolkenlos, dann kann die Abkühlung im Laufe der Nacht bis in die frühen Morgenstunden sehr stark sein (Bodenfröste). Die Ausstrahlung hat zur Folge, daß die Luftbewegung in lotrechter Richtung aufhört. Die Staub- und Dunstteilchen sammeln sich daher in der abgekühlten und feuchten Luft unmittelbar über dem Erdboden. So bildet sich im Herbst schon in den späten Nachmittagsstunden der Bodennebel.

Aus den Wolkenformen kann man Rückschlüsse auf das Wetter ziehen.

Man unterscheidet drei Grundformen von Wolken: Die Federwolken (Cirren) sind feine, faserige Wolken in sehr großer Höhe (etwa 10 km). Die Schichtwolken, in den Höhen zwischen 0 und 4 km, sind dünne, gleichmäßige Wolkendecken. Die Haufenwolken sind dicke, kuppenförmige Wolken, deren Untergrenze meist 1-2 km hoch liegt. Sie können aber auch in große Höhen hinaufreichen (bis zu 9 km). Zwischen den einzelnen Wolkenformen gibt es zahlreiche Übergänge: der Cirrocumulus (Schäfchenwolken, 7 km Höhe); der Altocumulus (grobe Schäfchen, 4 km Höhe); Stratocumulus (dunkelgraue Wolken, 2-3 km Höhe); Nimbostratus (Regenwolken, formlos, sehr geringe Höhe); Cumulonimbus (Gewitterwolken, unten dunkel, nach oben mächtig aufgetürmt, Untergrenze bis zu 2 km Höhe).

Vereinigen sich mehrere Wassertröpfchen in den Wolken zu größeren Tropfen, so kann der aufsteigende Luftstrom das Fallen der Tropfen nicht mehr ausgleichen, und es entstehen Niederschläge.

Durch Zusammenfließen feinster Tröpfchen entsteht ein feintropfiger Regen, den man als Nieselregen oder Sprühregen bezeichnet.

Großtropfiger Regen bildet sich immer nur unter Mitwirkung von Eiskristallen. Fallen sie in eine Wolke aus unterkühlten Wassertröpfchen, so frieren die Tröpfchen an den Eiskristallen an und vergrößern diese zu Graupel- oder auch Hagelkörnern, die in wärmeren Luftschichten schmelzen und als mehr oder weniger große Regentropfen zur Erde fallen. (vgl. S. 105 und S. 115)

Bei genügend tiefen Temperaturen treten statt dessen Graupeln verschiedener Art und Größe auf. Sie bestehen aus lockerem Eis. Durch Vereinigung zahlreicher Eiskristalle entsteht Schnee.

Hagelkörner sind Eiskugeln, die in einer Gewitterwolke entstehen. Sie fallen in einer solchen Wolke mehrmals nach unten, werden durch starke Aufwinde wieder hochgetragen und haben deshalb wegen der mehrmals erfolgenden Anlagerung von Eisschichten eine glasige und milchige Schalenstruktur. Sie haben meist Haselnußgröße, seltener Hühnereiergröße. Es kamen aber auch schon Hagelkörner bis zu einer Masse von 1 kg vor. Sie geben eine Vorstellung davon, welche Stärke die Aufwinde in einer Gewitterwolke haben müssen.

Abb. 334, 1 Regenmesser

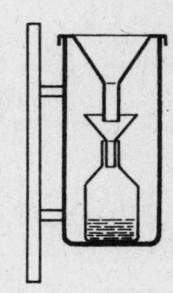

Tau entsteht an kalten Flächen bei mit Wasserdampf gesättigter Luft; Reif entsteht, wenn der Taupunkt unter 0°C liegt, und Rauhreif ist eine Eisbildung aus unterkühlten Nebeltröpfchen.

LV Um die Niederschlagsmenge zu messen, benutzt man einen Regenmesser (Abb. 334,1). Die Regenmenge wird durch die Niederschlagshöhe gemessen. Sie gibt an, wie hoch die Niederschläge (Schnee und Hagel geschmolzen) den Boden bedeckten, wenn sie nicht abliefen oder verdunsteten. Sie wird in Millimetern angegeben. Dabei bedeutet 1 mm Niederschlag, daß auf eine Fläche von 1 m^2 eine Wassermenge von 1 l gefallen ist.

In Deutschland beträgt die jährliche Niederschlagshöhe im allgemeinen 500 bis 1000 mm. An Gebirgsrändern (Steigungsregen) oder in den Gebirgen selbst ist sie größer. In einigen Zonen der Erde fallen bis zu 12 m Niederschläge im Jahr.

6. Stunde: Großräumige Luftbewegungen, kleine Zonen

Der Unterschied in der Stärke der Sonneneinstrahlung verursacht den periodischen Ablauf des Wetters im Laufe eines Jahres.

Die Stärke der Sonneneinstrahlung schwankt nicht nur zeitlich, sondern auch örtlich. In der Nähe des Äquators treffen die Sonnenstrahlen nahezu senkrecht auf die Erdoberfläche auf, in Polnähe sehr schräg. Äquatornahe Gebiete der Erde empfangen deshalb mehr Wärme als polnahe Gebiete. Durch intensive Erwärmung entsteht in den äquatorialen Gegenden ein ständig in die Höhe gerichteter Strom erwärmter Luft, die durch kältere Luft von Norden und Süden ersetzt

Hinweise zur LE 4: Mechanik der Flüssigkeiten und Gase

wird. Die emporgestiegene Luft strömt nach Norden bzw. Süden und sinkt in höheren Breiten, den sogenannten Roßbreiten (25.-35. Breitengrad) wieder ab. Diese Kreisströmung der Luft ist von gewaltigem Ausmaß und findet das ganze Jahr über statt (Abb. W40, 3 links). Sie verlagert sich mit dem Stand der Sonne etwas nach Norden bzw. Süden.

Infolge der Erddrehung werden die zum Äquator strömenden Winde nach Westen abgelenkt. Auf der Nordhalbkugel entsteht so der Nordost-Passat, auf der Südhalbkugel der Südost-Passat. Die äquatornahen Gebiete zeichnen sich also durch eine gewisse Konstanz der Luftströmung und des Wetters aus. In höheren Breiten, den gemäßigten Zonen, ist dies nicht mehr der Fall.

Hier, wo im Mittel eine kräftige Westwindzone vorherrscht, versagt das einfache Zirkulationsschema verschieden temperierter Luftmassen. Das Modell muß modifiziert werden. (s. Abb. 335,1)

Auf beiden Halbkugeln läßt sich bezüglich der Luftzirkulation eine Dreiteilung erkennen. Da gibt es zunächst das Gebiet der Passatwinde, die im Äquatorialgebiet zusammentreffen und dort eine Konvergenzzone bilden. An das Passatwindengebiet schließen sich die subtropischen Hochdruckgürtel an, die in einer geographischen Breite von 25°-35° zu finden sind. Zwischen den mittleren Breiten mit vorwiegender Westströmung und den polaren Kaltluftgebieten liegen jeweils Zonen mit einem im zeitlichen Mittel tiefen Druck, die sogenannten polaren Tiefdruckrinnen (Abb. 335,1).

Das Wettergeschehen im Äquatorgebiet kann folgendermaßen gekennzeichnet werden: Infolge der starken aufsteigenden Luftströme regnet es dort täglich, die Vegetation ist üppig, das Klima feucht-heiß. Ungefähr in 30 Grad nördlicher Breite (Sahara, Wüstengürtel) sinkt die Luft ab, es entsteht der subtropische Hochdruckgürtel (Roßbreiten). In den Roßbreiten herrscht wegen der dauernd absinkenden Luftbewegung meist schönes und regenloses Wetter. Im Sommer verlagert sich die Zone des Absinkens weiter nördlich und die gemäßigte Zone gerät in den Einfluß des Hochdruckgürtels. Diesem südlichen Hochdruckgürtel entströmen feuchtwarme Luftmassen, die über dem Atlantik nach Nordosten vorstoßen.

An den Polen dagegen lagern gewaltige Kaltluftmassen, die nach Südwesten abfließen und bis in die gemäßigten Breiten vordringen.

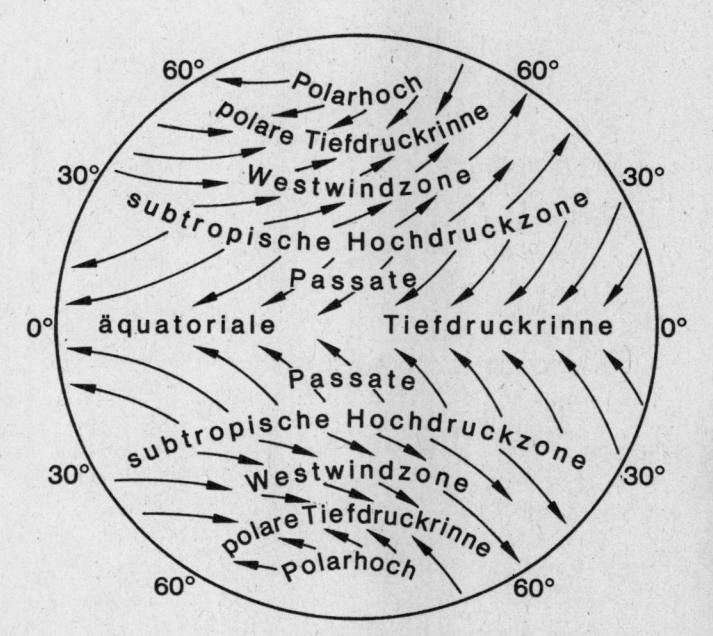

Abb. 335,1 Schema des planetarischen Luftdruck- und Windsystems in den bodennahen Luftschichten

Zwischen dem polaren Kaltluftgebiet und den Roßbreiten bildet sich also eine Zone veränderlichen Wetters aus, das durch die Kaltluft- und Warmlufteinbrüche von Norden und Süden her bestimmt wird. Das Wetter ist gekennzeichnet durch Zyklonen (Wirbel), die ihren Ursprung über dem Atlantik haben, wo feuchtwarme Meeresluft und kalte Polarluft aufeinandertreffen. Die Zyklonen wandern von Westen nach Osten. Im Sommer verlagern sie sich wie die Roßbreiten im allgemeinen weiter nach Norden.

7. Stunde: Wettererscheinungen in den gemäßigten Breiten

Die Entstehung und die Entwicklung einer solchen Zyklone zeigt Abb. 335,2. Wenn warme und kalte Luft aneinandergrenzen, dann hat die Kaltluft das Bestreben, in der Nähe des Erdbodens zu bleiben, während die Warmluft nach oben steigt. Die Trennungsfläche beider Luftmassen stellt sich auf der Wetterkarte als glatte Linie dar. Bewegen sich beide Luftmassen gegeneinander, so entsteht an der Grenzfläche - wie bei der Bildung von Oberflächenwellen, wenn der Wind

Abb. 335, 2 Entstehung einer Zyklone

Zugrichtung der Zyklone

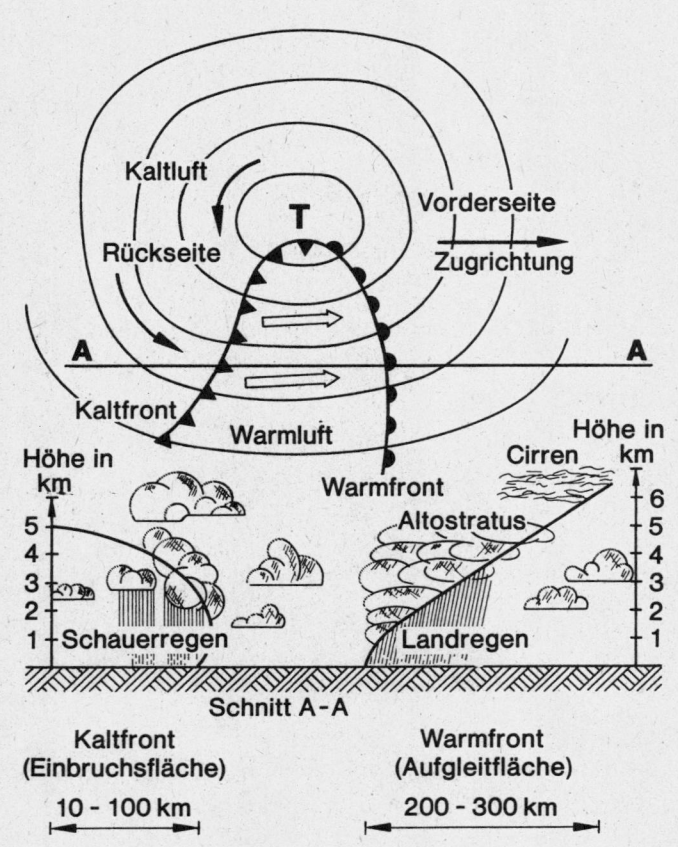

Hinweise zur LE 4: Mechanik der Flüssigkeiten und Gase

S. M54 – M55

Abb. 336,1 Grund- und Aufriß einer Zyklone

Abb. 336,1 zeigt in Grund- und Aufriß den Aufbau eines solchen Tiefs. Die Luft strömt gegen den Uhrzeigersinn in ein Tief. Infolgedessen gleitet die Warmluft auf ihrer Vorderseite auf der kalten Luft aufwärts und kühlt sich dabei ab. Als erste Anzeichen der herannahenden Front sind also die aus westlicher Richtung am Himmel aufziehenden feinen, faserigen Federwolken zu sehen, die in großen Höhen von der aufgleitenden Warmluft erzeugt werden. Die Wolken verdichten sich. Es treten wegen einer Wellenbewegung an der Aufgleitfläche unter Umständen Schäfchenwolken auf, der Luftdruck beginnt stark zu fallen, da sich über die dichtere Kaltluft eine immer stärkere Schicht der leichteren Warmluft aufschiebt. Bei weiterer Annäherung der Warmfront wird die Wolkendecke immer dichter und tiefer, und schließlich beginnt es zu regnen. Dieser sogenannte Landregen kann stundenlang andauern.

Sobald die Warmfront über den Beobachter hinweggezogen ist, hört der Druckfall auf, die Bewölkung reißt auf, der Regen ist zu Ende und die Temperaturen steigen um einige Grade. Den soeben skizzierten Wetterablauf bezeichnet man auch als Vorderseitenwetter.

Im Warmsektor herrscht heiter bis wolkiges Wetter. Da die herannahende Kaltluft schneller voranschreitet als die warme, wird diese schnell emporgehoben. Es bilden sich vielfach Haufenwolken mit schauerartigen Niederschlägen (Regen, Schnee, Hagel oder Graupel). Nicht selten treten Gewitter auf, die man als Frontgewitter bezeichnet.

Die Temperatur fällt spürbar um einige Grade, der Wind dreht auf Nordwesten und frischt erheblich auf, zum Teil ist er sogar stark böig. Nach dem Durchzug der Kaltfront können immer noch einzelne Schauer auftreten, die aber nur örtlich begrenzt sind. Die Luft ist klar und durchsichtig. Man bezeichnet dieses Wetter als Rückseitenwetter, da es auf der Rückseite einer abziehenden Kaltfront auftritt. Selbstverständlich sind die Wettererscheinungen etwas anders, wenn der Beobachter sich in der Nähe des Zentrums der Zyklone befindet. Kalt- und Warmluft gehen hier stetig ineinander über.

über das Wasser streicht - eine Wellenbewegung, durch die kalte Luft nach Süden und warme Luft nach Norden vorstößt. Auf diese Weise wird zwischen der Kaltluft ein Warmluftsektor eingeschlossen, der an seiner Ostseite (Warmfront) und an seiner Westseite (Kaltfront) typische Wettererscheinungen zeigt. Eine derartige Zyklone wandert im allgemeinen unter ständiger Veränderung in östlicher Richtung. Die Kaltluft dringt nun schneller vor als die Warmluft, der Warmsektor verkleinert sich, schließlich überholt die Kaltfront die Warmfront, die warme Luft wird völlig vom Boden abgehoben, die Zyklone "okkludiert" (occludere, lat. = einschließen). Der Warmsektor ist nur noch in der Höhe festzustellen. Diesen Zustand nennt man Okklusion. Die Ausmaße einer solchen Zyklone kann man auf der Wetterkarte erkennen.

Oft bildet sich eine ganze Zyklonenfamilie aus, wenn dieser Bildungsprozeß sich nacheinander mehrere Male wiederholt. Mit besonderer Häufigkeit stellen sich diese Wettererscheinungen in den Übergangszeiten ein, also zwischen Sommer und Winter (Aprilwetter, Novemberstürme).

Wie sieht nun der Ablauf des Wetters für einen Beobachter aus, über den eine solche Zyklone hinwegzieht?

Daneben gibt es einen zweiten Kaltfronttyp, bei dem die Kaltluft am Boden rasch fortschreitend, ein passives Aufgleiten der Warmluft mit Schichtbewölkung und kürzerem Dauerniederschlag verursacht. Die labile Schichtung der Kaltluft führt bei Zwischenaufheiterungen dann zu den Rückseitenschauern.

Hinweise zur LE 4: Mechanik der Flüssigkeiten und Gase

In unseren Breiten haben die Zyklonen oft einen Durchmesser von 1500 km. In tropischen Gegenden sind sie nicht so groß und sehr viel seltener. Dafür sind die Druckunterschiede stärker. Sie können sich deshalb zu außerordentlich verderblichen Wirbelstürmen entwickeln. Solche Orkane heißen im westindischen Bereich Hurrikane, in asiatischen Gewässern Taifune.

LI Die geschilderte Theorie der Entstehung der Zyklonen an der Grenze zwischen warmen Luftmassen und polarer Kaltluft wurde von dem norwegischen Forscher Wilhelm Bjerknes (1862-1951) entwickelt und erfolgreich für die Wettervorhersage eingesetzt. Auch heute noch ist sie für den im praktischen Wetterdienst stehenden Meteorologen von großer Bedeutung. Ein wichtiger Einwand gegen die Polarfronttheorie ist, daß sie Vorgänge in den höheren troposphärischen Schichten unberücksichtigt läßt. Neuere Zyklonentheorien versuchen deshalb auch die Strömungsverhältnisse in größeren Höhen mit einzubeziehen. Die systematische Untersuchung der Windverteilung in der oberen Troposphäre führte nämlich zur Entdeckung der Strahlströmungen mit west-östlicher Richtung (Jet-Streams), also Starkwindbändern von schlauchartiger Struktur mit Windgeschwindigkeiten von 300 km/h und mehr. Eine solche Strömung wird nun gestört durch die ungeheuren Temperaturgegensätze, wie sie quer zur Strömungsrichtung zwischen den Subtropen und den Polargebieten vorherrschen. Die Wirbel (Zyklonen) entstehen dabei dort, wo die Gegensätze am größten sind. Deshalb sind z. B. vornehmlich die Seegebiete um Neufundland als Brutherde der Zyklonen anzusehen. Je größer die Temperaturgegensätze sind, einen um so gewaltigeren Umfang nehmen die Zyklonen an. Aus diesem Grund ist auch auf der Nordhalbkugel die Zyklonentätigkeit im Winter sehr viel stärker als im Sommer.

8. Stunde: Wettervorhersage

Hoch- und Tiefdruckgebiete lassen sich in kein starres Schema pressen, denn ihre Entstehung und Entwicklung weisen immer wieder Besonderheiten auf. Darüber hinaus ist die Zahl der wetterbestimmenden Faktoren erheblich größer als die, die messend erfaßt werden können. Deshalb kann man heute das Wetter noch nicht mit der gleichen Sicherheit voraussagen wie andere naturwissenschaftliche Ereignisse. Dies trifft besonders für langfristige Wettervorhersagen zu.

Die Aufgabe der langfristen Wettervorhersage ist es, in den Großwetterlagen gewisse Periodizitäten festzustellen. Mit Sicherheit ist schon bekannt, daß der elfjährige Zyklus der Sonnenflecken sich auf das Wettergeschehen bemerkbar macht. Außerdem kann man durch den Vergleich mit früheren Großwetterlagen gewisse Rückschlüsse auf den weiteren Verlauf der augenblicklichen Lage ziehen.

Wettererscheinungen, die sich mit großer Wahrscheinlichkeit immer wiederholen und die man als Singularitäten bezeichnet, sind die Eisheiligen Mitte Mai, die Schafkälte Mitte Juni, der Altweibersommer Ende September/Anfang Oktober, das Tauwetter um den Jahreswechsel und der Temperaturrückgang Mitte Februar.

Die wirtschaftliche Bedeutung des Wetterdienstes, der heute der Öffentlichkeit Milliardenwerte durch seine Tätigkeit erhält, liegt in der Sicherung der besten Arbeits- und Ertragsleistungen in allen Sparten der Wirtschaft durch Berücksichtigung des Wetterfaktors. Da die Sicherheit der Wettervorsagen immer mehr wächst, beziehen immer mehr Zweige der Wirtschaft den Wetterfaktor in ihre Planungen mit ein.

Unmittelbar betroffen ist natürlich die Landwirtschaft; aber auch die Bauwirtschaft, die Energiewirtschaft und das Verkehrswesen profitieren von einer verbesserten Wettervorhersage. In England schätzte man (1967), daß die für den Flugwetterdienst aufgewendeten Mittel und der sich daraus ergebende Nutzen sich wie 1 : 10 verhalten. Dabei bedeuten in der Luftfahrt wetterbedingte Schäden nicht etwa den Totalverlust von Flugzeugen, sondern die Vermeidung von Verlusten durch optimale Nutzung der Wetterberatung z. B. bei der Wahl der richtigen Flughöhe oder Flugstrecke.

Wettervorhersage ist nicht möglich ohne internationale Zusammenarbeit. So wurde denn auch vor rund 100 Jahren, 1873 in Wien, die Internationale Meteorologische Organisation (IMO) gegründet, deren Nachfolgeorganisation, die Weltorganisation für Meteorologie (WMO), heute über 130 Mitgliedstaaten umfaßt. Ihre Hauptaufgabe ist die Koordination der nationalen Wetterdienste.

Erzeugung eines Vakuums

Der Begriff "Vakuum" wird in unterschiedlicher Weise benutzt. In der Geschichte der Physik spielte der "leere Raum" eine entscheidende Rolle, vielfach verknüpft mit philosophischen Fragestellung. In der heutigen Vakuumtechnik versteht man unter Vakuum

Hinweise zur LE 4: Mechanik der Flüssigkeiten und Gase S. M56

den Zustand eines Raumbereichs, in dem ein Druck herrscht, der geringer ist als der Luftdruck. Nach DIN 28400 gilt folgende Einteilung:

Grobvakuum	760 Torr - 100 Torr
	750 Torr = 1000 mbar
Zwischenvakuum	100 Torr - 1 Torr
	1 Torr = 1,333 mbar
Feinvakuum	1 Torr - 10^{-3} Torr
	1 mbar = 0,750 Torr
Hochvakuum	10^{-3} Torr - 10^{-6} Torr
Ultravakuum (Höchstvakuum)	unter 10^{-6} Torr

SI Wir wollen zunächst auf die historische Bedeutung des Vakuums eingehen, die in dem Werk "Neue Magdeburger Versuche über den leeren Raum" von Otto v. Guericke deutlich zum Ausdruck kommt. Das Werk ist in 7 Bücher aufgeteilt. Im ersten Buch setzt er sich mit den hauptsächlichsten Lehrmeinungen aller Naturforscher über den Bau der Welt auseinander (58 Seiten), im zweiten Buch beschäftigt er sich mit dem leeren Raum (29 Seiten), das dritte Buch enthält die berühmten Luftdruckversuche (60 Seiten), im vierten Buch behandelt er die kosmischen Wirkkräfte (30 Seiten), im fünften Buch Erde und Mond (40 Seiten), das sechste Buch ist dem Sonnensystem gewidmet (30 Seiten) und im siebten Buch schließlich beschreibt er die Fixsternwelt und deren Grenzen (26 Seiten). Diese kurze Übersicht macht deutlich, worauf es Guericke ankam, nämlich auf eine Darstellung seiner astronomischen und kosmologischen Vorstellungen.

Er schreibt: "Daß die Spuren des allmächtigen Gottes sich in der Natur, vornehmlich jedoch in dem Riesenbau des Weltalls offenbaren, wird niemand leugnen. Insbesondere geht aus dem vorigen Buch, Kap. 20 u. folg. hervor:

1. Unbegreiflich ist die Entfernung, d. h. der Sonne, des Mondes und der übrigen Planeten, und es steht fest, daß einige von ihnen so ungeheuer groß sind, daß sie nicht nur unsere Erde überhaupt an Größe übertreffen, sondern dies sogar um das Zehnfache-, Hundert- und noch viel Mehrfache tun. Denn welcher Sterbliche vermöchte die Abmessungen unseres Erdballs sich vorzustellen oder zu begreifen, der einen Durchmesser von 1720, einen Halbmesser von 860 und einen Umfang von 5400 deutschen Meilen besitzt? Und doch ist er im Vergleich zur Sphäre des äußersten Planeten, des Saturn, kaum erbsengroß!"...

"5. Das Größte von allen ist dieser unermeßliche Abstand, der Raum oder das Ausgedehnte, das die sämtlichen Sternkugeln, wie viele und wie zahlreich sie auch sein mögen, umfaßt. Im Vergleich zu ihm sind alle diese Weltkörper insgesamt nur einem winzig kleinen Teilchen, einem Atom gleich zu achten.

Als ich dies lange erwog, und zugleich immer wieder dem Geheimnis des Weltenbaus nachsann, ließ mich nicht nur der Gedanke an die Riesenmassen dieser Gestirne und an ihre jedem menschlichen Verstande völlig unzugänglichen Entfernungen erschauern, insbesondere bannte mich dieser ungeheure, zwischen ihnen sich breitende, ins Grenzenlose erstreckte Raum und entfachte in mir die unauslöschliche Begierde nach seiner Erforschung. Was mochte das für ein Etwas sein, das jegliches Ding umfaßt und ihm die Stätte seines Seines und Bleibens darbeut? Ist es wohl irgendein feuriger Himmelsstoff, fast (wie sie Aristoteliker wollen) oder flüssig (wie Kopernikus oder Tycho Brahe lehren)? Ist es eine zarte Quintessenz? oder am Ende doch der stets geleugnete, jeder Stoffheit bare Raum? Oder was sonst?" ((33), S. 59 u. 60)

Anmerkung zum Text: Deutsche Landmeile: 7532,48 m; Erdradius nach Guericke: 6478 km; Umfang: 40675 km. Die fünf Planeten Merkur, Venus, Mars Jupiter, Saturn waren schon im Altertum bekannt. Uranus wurde 1781 von Herschel entdeckt, 1846 der Planet Neptun von Galle, Pluto von Tombaugh 1930. Neptun und Pluto wurden auf Grund von Störungsrechnungen vorhergesagt.

Die zitierte Stelle aus dem Werk Guerickes wirft auch ein Licht auf die Beweggründe zu wissenschaftlichen Untersuchungen. Man kann Guericke nicht unterstellen, seine jahrzehntelang unternommenen Versuche, aus den bekannten Feuerspritzen eine brauchbare Luftpumpe zu konstruieren, die durch Öffnen und Schließen von Ventilen zum Auspumpen von Kugeln und Glasgefäßen geeignet war, seien letztlich durch gesellschaftliche Bedürfnisse oder Produktivverhältnisse bestimmt. Ihm ging es um die kühne Frage, ob es die Leere im Weltraum geben könne, und diese Frage wollte er durch Experimente auf der Erde entscheiden, ein für die damalige Zeit ungeheures und wahrscheinlich noch nie dagewesenes Unterfangen.

Dabei war es sich durchaus darüber im klaren, daß er durch seine Versuche keinen völlig leeren Raum erzeugen konnte: "Als Beweis für das Vorhandensein eines leeren Raums, (und zwar in der wirklichen Natur), reicht es

Hinweise zur LE 4: Mechanik der Flüssigkeiten und Gase

aus, wenn Wasser, die Luft selbst oder irgendein anderer Stoff so weit aus den Gefäßen herausgeschafft wird, daß weniger als etwa ein Hundertstel oder Tausendstel von ihnen darin verbleibt und nichts anderes an ihre Stelle tritt. Denn wenn sich auch hier auf Erden kein im strengsten Sinne des Wortes leerer Raum herstellen läßt, ist uns wenigstens der Grund hierfür klar: die Ausflüsse der Dinge verhindern nämlich sein Entstehen. Wo es aber keine Dinge mehr gibt (nämlich droben außerhalb der Erde), wird es auch keine Ausflüsse aus ihnen mehr geben; denn mit dem Schwund der Ursache schwindet die Wirkung. Folglich muß dort der leere Raum sein." ((33), S. 95)

LI Die Luftpumpen wurden von ihm in den Jahren 1650 bis 1663 in schwieriger Arbeit entwickelt. Den spektakulären Versuch, der in Abb. M57,2 wiedergegeben ist, führte Guericke im Jahre 1657 zuerst in Magdeburg vor. Später zeigte er diesen typisch barocken Schauversuch auch dem Großen Kurfürsten in Cölln an der Spree. Auf dem Reichstag zu Regensburg 1654 wurden nur einfachere Vakuumversuche vorgeführt.

SI Mit der Möglichkeit, hinreichend gute Vakua herzustellen, wurden erst die Voraussetzungen geschaffen für eine Fülle wichtiger Entdeckungen und Forschungen in den folgenden dreihundert Jahren, von denen nur einige hier genannt seien: Herstellung von Thermometern, Untersuchung von elektrischen und magnetischen Erscheinungen im luftverdünnten Raum, Abhängigkeit der Siedetemperatur vom Druck, elektrische Entladungen im luftverdünnten Raum, Emission von Elektronen aus Glühkathoden, Kathodenstrahlen mit all den wichtigen Anwendungen von der einfachen Elektronenröhre bis zur modernen Fernseh-Röhrentechnik, Röntgenstrahlen u. a. m.

Wenn auch eine direkte Linie von den Luftdruckversuchen Guerickes zu den Dampfmaschinen von Papin, Newcomen und Watt führt (s. S. M88ff.), so wurde das Vakuum im technischen Maßstab erst später bei der Herstellung von Glühlampen eingesetzt. Die Kohlenfadenlampe von Th. A. Edison (ausgehendes 19. Jh.) bestand aus einem evakuierten Glaskolben, in die ein verkohlter Baumwollfaden eingesetzt war. Gasgefüllte Wolframdrahtlampen wurden erst 1913 konstruiert.

SI Als weitere, moderne Anwendungen der Vakuumtechnik seien hier noch zwei Beispiele genannt, auf die man z. B. im Zusammenhang mit Kap. M4.4 eingehen könnte: die Vakuummetallurgie und die Vakuumtrocknung. Die Vakuummetallurgie ermöglicht z. B.

- die Entfernung gelöster Gase,
- die Vermeidung der Oxydation,
- die genaue Zusammensetzung von Legierungen.

Die Bedeutung der Vakuummetallurgie hat in letzter Zeit zugenommen, da der Bedarf für hochwertige Werkstoffe größer geworden ist. Die Vakuumtrocknung ist eine Trocknung temperaturempfindlicher Güter unter vermindertem Druck. Das Verfahren wird z. B. bei Lebensmitteln angewandt.

Man kann demnach durchaus sagen, daß Guericke zu seiner Zeit physikalische Grundlagenforschung betrieb. (74) Die praktische Verwertbarkeit seiner Erkenntnisse stand im Hintergrund. Die Tatsache, daß Fortschritte in der Grundlagenphysik vor allem von Physikern erzielt worden sind, die die Physik um ihrer selbst willen betrieben, läßt sich durch viele Beispiele belegen und man kann - wie im Falle des Vakuums - nicht sagen, daß diese Entdeckungen ohne technische und damit gesellschaftliche Bedeutung geblieben wären. Dagegen endet eine vordergründige Beschränkung der Forschung nur auf das, was der Gesellschaft nützt, meist in sterilem Wissenschaftsbetrieb und mit dem Verlust des wissenschaftlichen Rangs. Selbstverständlich erforschte man auch Erscheinungen, die bereits technisch genutzt wurden. So entstand die Thermodynamik, nachdem man bereits Dampfmaschinen bauen konnte. Allerdings verhalf dann wiederum die Theorie zu einem besseren Verständnis der dabei sich abspielenden Prozesse und zu einer Verbesserung der Maschine selbst. (75)

Als Beispiele für Vakuumpumpen werden nur die Wasserstrahlpumpe und die Kapselluftpumpe oder Drehschieberpumpe behandelt, da diese in Schulsammlungen meist vorhanden sind und bei den beschriebenen Vakuumversuchen eingesetzt werden können.

VT Für die Unterrichtspraxis wichtig sind noch die Gasballastpumpen, mit denen Wasserdampf oder Lösungsmitteldämpfe abgepumpt werden. Die Gasballastpumpen sind Drehschieberpumpen mit einer Gasballasteinrichtung, die die Kondensation der abzupumpenden Dämpfe verhindert. Die Wirkungsweise dieser Pumpen braucht im Unterricht nicht besprochen zu werden. Aus Abb. 340,1 geht ihr Arbeitsprinzip hervor:

I. Ansaugen: Die Pumpe ist an das fast luftleere Gefäß angeschlossen.
II. Beginn der Kompression: Der Schöpfraum ist vom Gefäß getrennt. Das Gasballastventil öffnet sich, dadurch wird dem Schöpfraum von

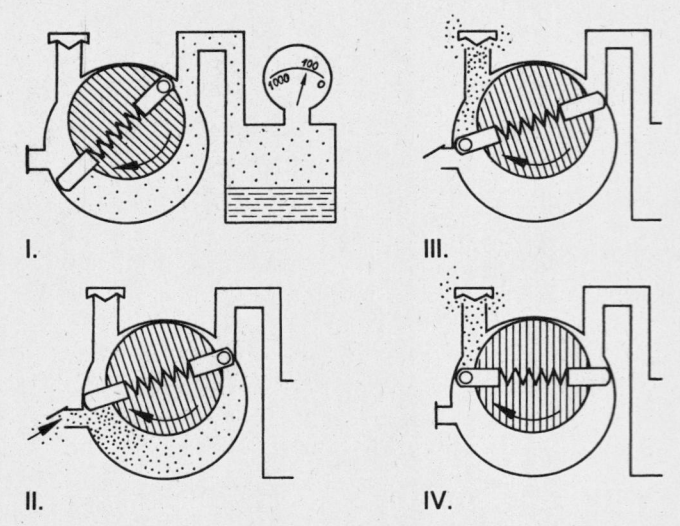

Hinweise zur LE 4: Mechanik der Flüssigkeiten und Gase

Abb. 340,1 Gasballastpumpe: Arbeitsprinzip

Abb. 340,2 Membranpumpe

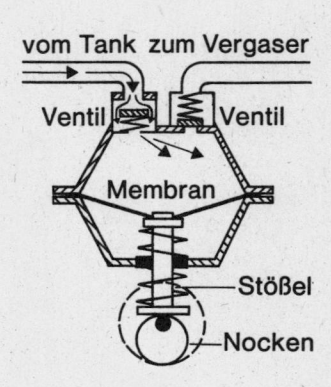

außen zusätzlich Luft, der "Gasballast", zugeführt.

III. Beginn des Auspuffs: Aufdrücken des Auspuffventils. Luft- und Dampfteilchen werden ausgestoßen. Durch die zusätzliche Luftmenge wird der zum Öffnen erforderliche Überdruck früher erreicht als ohne Gasballast. Kondensation tritt deshalb nicht ein.

IV. Auspuff

SI Technisch interessierten Klassen kann die Membranpumpe in ihrer prinzipiellen Wirkungsweise vorgestellt werden. Sie dient häufig als Kraftstofförderpumpe (Abb. 340,2), pumpt also den Kraftstoff vom Tank zum Vergaser. Im Pumpengehäuse wird eine unter Federdruck stehende Membran von einem Stößel auf und abbewegt. Das Ventilspiel ist aus der Abb. 340,2 zu ersehen.

VT Ein- oder zweistufige Membranpumpen zur ölfreien Förderung von Gasen oder Dämpfen liefern auch Lehrmittelfirmen für den Physikunterricht (z.B. PHYWE, Bestell-Nr.: 08166.93 oder 08163.93). Diese Pumpen sind leicht und handlich und bei vielen Versuchen verwendbar, bei denen es nur auf ein Grobvakuum oder Zwischenvakuum ankommt.

Alle beschriebenen Vakuumversuche im Kapitel Mechanik lassen sich mit der zweistufigen Membranpumpe durchführen. Für Gasentladungen benötigt man allerdings eine Ölluftpumpe mit gutem Endvakuum.

VT Für V M56,1 ist ein Blechkanister mit luftdichtem Schraubenverschluß erforderlich. Empfehlenswert sind Kanister mit ca. 21 Liter Inhalt. Ersatzweise kann zum Nachweis des atmosphärischen Luftdrucks der sogenannte
LV Blasensprenger verwendet werden. Dies ist ein an beiden Enden offener Glaszylinder (Zylinderdurchmesser 110 mm, Höhe 60 mm) mit plangeschliffenen Rändern. Er wird auf einen Pumpenteller aufgesetzt, oben mit einer Pergamentscheibe verschlossen. Evakuiert man den Innenraum, so platzt die Pergamentscheibe infolge des äußeren Luftdrucks.

LV V M57,3 dient als Hinführung zum Eigendruck der Gase. Mit diesem Versuch löst man sich in gewisser Weise vom atmosphärischen Luftdruck, der bei allen vorhergehenden Überlegungen und Demonstrationen noch mitgespielt hat. Hier betrachtet man nur den Druck, unter dem eine abgeschlossene Gasmenge steht. Er ist demnach auch als Vorversuch zum Kapitel M4.3 anzusehen. Gleichzeitig zeigt er, daß ein Vakuum durch den Gasdruck gekennzeichnet werden kann. Die Einteilung der verschiedenen Vakua könnte an dieser Stelle den Schülern mitgeteilt werden. (s. auch V M58,1)

In diesem Zusammenhang ist es nützlich, sich vor Augen zu halten, wie groß die Teilchendichte bei den verschiedenen Vakua ist. Auch dies sollte man den Schülern mitteilen, spätestens aber bei der Erklärung des Gasdrucks in Kap. M5.

LI Betrachtet man die thermische Zustandgleichung idealer Gase ((76), S. 76)

$$p \cdot V = N \cdot k \cdot T,$$

wobei N die Zahl der Teilchen, k die Boltzmannsche Konstante und T die absolute Temperatur bedeuten, so kann man daraus die Teilchenzahl bei einer bestimmten Temperatur in einem bestimmten Volumen für jeden Gasdruck ausrechnen.

Es seien $T = 273,15\,K$ ($\triangleq 0\,°C$) und $V = 1\,cm^3$, dann gilt:

$$N = \frac{1\,cm^3 \cdot p}{1,38054 \cdot 10^{-23}\,NmK^{-1} \cdot 273,15\,K}.$$

Mißt man den Druck in mbar, also $p = \{p\} \cdot 10^2 N/m^2$, dann ist

Hinweise zur LE 4: Mechanik der Flüssigkeiten und Gase   S. M58

$$N = \frac{10^{-6} m^3 \cdot K \cdot 10^2 N}{1,38054 \cdot 273,15 \cdot 10^{-23} Nm \cdot K\, m^2} \{p\}_{mbar}$$

$$N = 2,6519 \cdot 10^{16} \cdot \{p\}_{mbar} \quad \text{oder}$$

$$N = 3,536 \cdot 10^{16} \cdot \{p\}_{Torr}$$

SI Das Ergebnis ist äußerst aufschlußreich, beträgt doch danach die Zahl der Teilchen bei einem Druck von 10^{-4} mbar oder 10^{-4} Torr noch größenordnungsmäßig einige 10^{12} Teilchen in einem Kubikzentimeter. In der folgenden Übersicht ist die Zahl der Teilchen für verschiedene Vakua bzw. Körper wiedergegeben.

Zahl der Teilchen in 1 cm³: 10^x Teilchen, x	Vorkommen
1	Interstellarer Raum
2	Kometenbahn
3	Kühlfallen, Ionenpumpen, Beginn der Exosphäre
9	Ionosphäre, F_2-Schicht
11	Ionosphäre, F_1-Schicht
12	Endvakuum der Ölvakuumpumpen
13	Röntgenvakuum, Torricellische Leere
14	Dampfdruck Hg bei Zimmertemperatur, Wolframlampe
17	Ionosphäre E-Schicht, Mesopause, Wasserstrahlpumpe, Leuchtröhren
18	Gasgefüllte Lampen, Vakuum-Destillation, Beginn der Stratosphäre, Tropopause
19	Normale Destillation, Beginn der Troposphäre Erdatmosphäre in Meereshöhe
20	Tiefseetaucher
23	Feste Körper
24	im Erdinnern
25	Sterne
28	im Innern mancher Sterne

LV V M58,1 kann auch mit Seifenblasen durchgeführt werden. Man gibt zu diesem Zweck etwas Seifenschaum in einen Standzylinder, so daß der Boden gerade bedeckt ist. Stellt man anschließend den Zylinder unter einen Rezipienten und pumpt mit einer Wasserstrahlpumpe langsam aus, dann werden die Bläschen gedehnt und füllen schließlich den ganzen Zylinder aus.

Abb. 341,1 Dehnung einer Luftmenge bei Verminderung des äußeren Drucks

LV Die Dehnung einer Luftmenge bei abnehmendem äußeren Druck zeigt auch der folgende Versuch (Abb.341,1). Das eine Ende eines u-förmig gebogenen Glasröhrchens ragt durch einen durchbohrten Gummistopfen in eine kleine Flasche hinein, das andere Ende taucht in ein Gefäß mit Wasser. Das ganze Gerät wird unter einen Rezipienten gestellt. Beim Evakuieren entweichen Luftblasen aus der Flasche; läßt man die Luft wieder einströmen, dann drückt sie das Wasser in die Flasche.

LI V M58,3 kann an dieser Stelle noch nicht völlig verstanden werden, da nicht klar ist, welche Rolle die Zerreißfestigkeit des Flüssigkeitsfadens spielt. Der Versuch wird deshalb in Kap. M5.2 noch einmal aufgegriffen. Bei gewöhnlichem Wasser, wie es hier verwendet wird, kann wegen der Verunreinigungen und der Gasblasen die Zerreißfestigkeit des Wassers für die Heberwirkung nicht allein verantwortlich gemacht werden. Die auf S. M58 gegebene Erklärung ist deshalb zulässig.

LV Daß der von beiden Seiten wirkende Luftdruck den Flüssigkeitsfaden zusammenhält, läßt sich leicht zeigen. Führt man den Heberversuch unter einem Rezipienten durch, dann reißt der Flüssigkeitsfaden an der Stelle C auseinander, sobald der Druck im Rezipienten den Dampfdruck des Wassers erreicht (Wasserstrahlpumpen-Vakuum genügt).

Bei der Konstruktion verschiedener Heberformen können die Schüler ihre Fantasie spielen lassen. Je nach Aufgabenstellung (Mund oder Finger dürfen nicht mit der Flüssigkeit in Berührung kommen, Giftheber) können die Heber entwickelt werden. In Abb. 342,1 sind einige Beispiele dargestellt: Stopfenpipette, bei der die untere Öffnung durch einen Stab verschlossen wird (a); Giftheber, die Flüssigkeit wird angesaugt, während die untere Öffnung entweder mit

Hinweise zur LE 4: Mechanik der Flüssigkeiten und Gase S. M59

Abb. 342,1 Verschiedene Heberformen

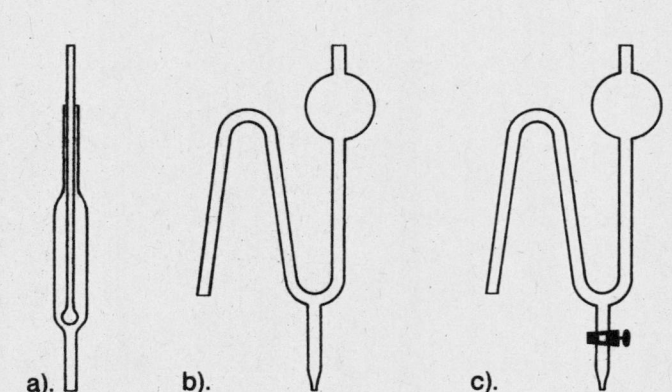

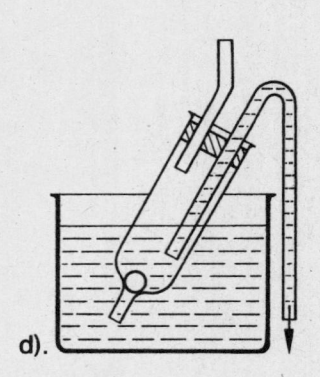

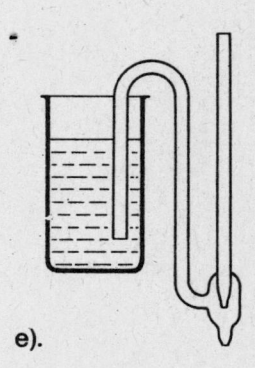

einem Finger (b) oder einem Hahn (c) zunächst verschlossen wird; Heber, der durch Blasen in Betrieb gesetzt wird; und zwar entweder durch Erzeugen eines Überdrucks (d) oder eines Unterdrucks (e) nach dem Prinzip der Wasserstrahlpumpe.

Der Auftrieb (4.23)

Die "unterschiedliche Schwere" der verschiedenen Stoffe wurde mit dem Begriff der Dichte bzw. dem Begriff der Wichte erfaßt. Mit diesem begrifflichen Rüstzeug ist es auch möglich, das unterschiedliche Verhalten der Körper beim Sinken oder Steigen in Flüssigkeiten oder Gasen zu beschreiben, nicht aber zu erklären. So gibt die gelb unterlegte Aussage auf S. M59 nur die Bedingungen an, unter denen die beiden Phänomene des Sinkens und Steigens beobachtet werden können, erklärt jedoch weder Schwimmen noch Schweben. Die Erscheinungen des Auftriebs sind somit beispielhaft dafür, daß ein Zusammenhang durchaus richtig wiedergegeben werden kann, obwohl die Erklärung der Phänomene nicht bekannt oder sogar falsch ist. Ja man kann sogar das Archimedische Gesetz richtig anwenden, wie es auch in der Geschichte gewesen war, ohne daß man die Ursache genau kennt.

Erklären heißt hier, zunächst den Auftrieb als Ursache des Schwimmens erkennen und diesen schließlich auf den Schweredruck zurückführen.

Hieran orientiert sich der methodische Aufbau dieser Unterrichtseinheit:

1. Formulieren der Bedingungen für Schwimmen, Schweben, Sinken oder Steigen
2. Erkennen der Auftriebskraft, Erklären des Auftriebs
3. Ermitteln des Betrags der Auftriebskraft, Archimedisches Gesetz
4. Sicherung der Ergebnisse, Verallgemeinerung, Anwendungen

LV V M59,1 dient dazu, die bereits vorhandenen vielfältigen Erfahrungen der Schüler durch gezielt angelegte Experimente und Beobachtungen zu ergänzen. Aus diesen Vorüberlegungen bzw. Vorversuchen folgt, daß ein Körper in einer Flüssigkeit oder einem Gas sinkt bzw. steigt, wenn der Stoff, aus dem er besteht, eine größere bzw. kleinere Wichte hat als das ihn umgebende Medium. Daraus erhält man die Vermutung, daß bei Gleichheit der Wichten Schweben eintreten müßte.

SV V M59,2 ist als Schülerversuch gedacht. Er kann auch als Hausaufgabe gestellt werden. Zur Herstellung einer geeigneten Lösung müssen 4 - 5 Eßlöffel Kochsalz in 0,5 l Wasser aufgelöst werden. Man beginnt zweckmäßig mit einer Konzentration, bei der die Kartoffel - im Lehrerversuch kann man auch ein Ei nehmen - schwimmt. Durch vorsichtiges Zugießen von Wasser kann sie zum Schweben oder Sinken gebracht werden. In allen drei Fällen entnimmt man der Lösung eine Probe zur Bestimmung der Wichte.

Ein sehr schöner Versuch, der den Begriff des Schwimmens verdeutlicht und außerdem zeigt, daß er nicht nur bei Flüssigkeiten einen Sinn hat, ist der folgende: Unter ein großes
LV Glasgefäß gibt man zunächst Erdgas, das sich wegen seiner, im Vergleich zur Luft kleineren Wichte im oberen Teil des Gefäßes ansammelt. Betreibt man nun einen Pustefix mit Erdgas, so sinken die Seifenblasen im Erdgas und schwimmen in Luft, d. h. die Seifenblasen tauchen in die Luft teilweise ein. Sie scheinen an der Grenzfläche Erdgas/Luft zu "schweben".

LV V M59,4 bis V M59,6 haben zum Ziel, den Schweredruck als Ursache der Auftriebskraft nachzuweisen. Erst wenn dies hinreichend geklärt ist - man beachte besonders V M59,6 -, sollte das Archimedische Gesetz theoretisch oder experimentell hergeleitet werden.

Hinweise zur LE 4: Mechanik der Flüssigkeiten und Gase

S. M60 – M61

Während die deduktive Ableitung des Gesetzes im Schülerbuch von dem Sonderfall eines quaderförmigen Körpers Gebrauch macht und deshalb für beliebig geformte Körper experimentell bestätigt werden muß, liefert die Stevinsche Überlegung (s. Aufg. 3 S. M62) das Archimedische Gesetz sofort in voller Allgemeinheit für jeden beliebigen Körper und jede beliebige Flüssigkeit.

Es wurde bereits erwähnt, daß Schüler gelegentlich die Vermutung äußern, "Luft habe in Luft kein Gewicht" oder "Wasser habe in Wasser kein Gewicht". In diesem Fall gehe man sofort zu der bereits genannten Aufgabe über. Die theoretischen Überlegungen auf Seite M60 können dann leistungsfähigen Schülern zur Nachbereitung des Unterrichts als Hausaufgabe gestellt werden.

LV V M60,3 und V M60,4 sind typische Demonstrationsversuche. Oft machen die Schüler das in einem Standzylinder nach oben steigende Wasser für den Auftrieb verantwortlich, den ein eingetauchter Körper erfährt.
SV Der Freihandversuch V M60,3 widerlegt sofort diese Vorstellung. Er ist auch als Schülerversuch möglich. V M60,3 muß dagegen
LV wegen des erforderlichen Quecksilbers vom Lehrer vorgeführt werden.

LV Der in Abb. M60,2 dargestellte Versuch ist zwar prinzipiell durchführbar, verlangt jedoch eine gewisse Vorbereitung, da das Holzstück gut eingepaßt und die Oberfläche eingefettet werden muß, damit zwischen Holz und Glas kein Wasser eindringen kann. Man sollte bedenken, daß es nicht notwendig ist, alle möglichen oder denkbaren Versuche auch wirklich aufzubauen und durchzuführen. Das <u>Experimentieren in Gedanken</u> ist nämlich auch ein Merkmal der physikalischen Arbeitsweise. Stevin und auch Galilei benutzten dieses Verfahren meisterhaft. Man stellt sich Umstände vor und knüpft an diese Vorstellung bestimmte Erwartungen. Vielfach ist es so, daß jedem wirklich ausgeführten Experiment ein <u>Gedankenexperiment</u> vorausgeht. Jeder Experimentator muß die Anordnung im Kopfe haben, bevor er sie in die Tat umsetzt.

SI Um den Entdecker des Archimedischen Gesetzes rankten sich schon früh sehr viele Legenden. Zu diesen Legenden gehören wohl auch die Umstände, unter denen Archimedes das Gesetz gefunden haben soll. Bekanntlich soll er während eines Bades den Ausspruch getan haben: "heureka!" ("ich hab' es gefunden!"). Das Gefühl des Leichterwerdens im Wasser soll ihn auf den Zusammenhang gebracht haben zwischen Auftrieb und verdrängter Wassermenge. Diese Legende wird gern im Unterricht erzählt, zumal sie sicher motivierend wirkt. Sie kann wohl auch als Beispiel dafür dienen, daß der "Einfall", der "Geistesblitz" zwar oft plötzlich kommt, niemals aber rein zufällig. Stets geht solchen "Einfällen" eine intensive Beschäftigung mit dem Problem voraus. Bei Archimedes bestand dies Problem darin - so berichtet die Legende -, die Fälschung einer goldenen Krone nachzuweisen, ohne diese zu zerstören.

Der Umgang mit dem Archimedischen Gesetz
LV wird durch die Versuche V M60,3 und V M60,4 und die beiden Aufgaben geübt. Dies leitet über zu einer weiteren Klärung des Phänomens "Schwimmen". Während bisher nur homogene Körper betrachtet wurden, werden jetzt auch Körper miteinbezogen, die keine homogene Massenverteilung besitzen. Der Stoff, aus dem sie bestehen, kann eine größere Wichte haben als die umgebende Flüssigkeit. Man muß dann die Gewichtskraft der verdrängten Flüssigkeitsmenge größer machen als die Gewichtskraft des eingetauchten Körpers. Er treibt an die Oberfläche und schwimmt. Man erreicht dies durch eine geeignete Form wie z. B. bei metallischen Hohlkörpern, eisernen Schiffen, leeren Flaschen u.ä.

SV Im Schülerversuch läßt man zu dem Zweck die Schüler aus Plastillin ein Schiffchen formen. Während eine Plastillinkugel zu Boden sinkt, schwimmt das Schiffchen bei geeigneter Formgebung.

Auch dies ist leicht einzusehen, wenn man sich die Überlegung Stevins zunutze macht: Denkt man sich anstelle des schwimmenden Körpers die verdrängte Flüssigkeitsmenge, so muß diese in Ruhe sein, das heißt aber nichts anders, als daß die Auftriebskraft und die Gewichtskraft entgegengesetzt gleich sind und, da auch keine Drehbewegung zu beobachten ist, in einer Wirkungslinien liegen müssen. Der Versuch V M61,1 und die Abb. M61,1 helfen, diesen Sachverhalt zu verstehen.

SI Bei vorhandenem Interesse und entsprechender Leistungsfähigkeit der Klasse können sie außerdem Ausgangspunkt sein für eine weitergehende Klärung des Schwimmvorgangs. Als Angriffspunkt des Auftriebs ist der Schwerpunkt der verdrängten Flüssigkeitsmenge anzusehen. Nur wenn ein homogener Körper vollständig eintaucht, fallen die Angriffspunkte von Gewichtskraft und Auftrieb zusammen. Dieser Fall ist in Abb. M61,1 links dargestellt. In jedem anderen Fall bilden die Gewichtskraft und der Auftrieb ein Kräftepaar, das den Körper zu drehen sucht,

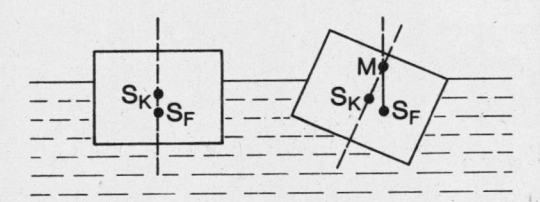

Hinweise zur LE 4: Mechanik der Flüssigkeiten und Gase

Abb. 344, 1 Zur Stabilität beim Schwimmen

bis die Wirkungslinien beider Kräfte zusammenfallen.

Die Lage dieses Kräftepaares ist es auch, die für stabile Schwimmlagen verantwortlich ist. Die Schüler wissen bereits aus Erfahrung, daß Körper nicht in jeder Lage stabil schwimmen. So schwimmt ein Holzbalken oder ein Baumstamm niemals vertikal, sondern stets waagerecht im Wasser; ein Brett schwimmt stabil nur dann, wenn es flach im Wasser liegt.

Schüler werden dazu neigen, die relative Lage der beiden Angriffspunkte zur Erklärung heranzuziehen und eine stabile Schwimmlage dann anzunehmen, wenn der Angriffspunkt der Gewichtskraft des Körpers unterhalb vom Angriffspunkt des Auftriebs liegt analog der Beschreibung von Gleichgewichtslagen mit Hilfe der relativen Lage von Schwerpunkt und Unterstützungspunkt. Eine solche Erklärung trifft für den Fall der Abb. M61, 2 zu, aber nicht mehr für den Fall der Abb. M61, 1 (rechts). Der eingezeichnete Körper befindet sich in einer stabilen Schwimmlage, obwohl der Angriffspunkt seiner Gewichtskraft oberhalb des Angriffspunktes vom Auftrieb liegt.

Man kann sich dies klarmachen, wenn man den Körper z.B. an der rechten Kante herunterdrückt, d.h. aus der Gleichgewichtslage herausbringt. (Abb.344,1) Die Lage von S ändert sich dabei im Innern des Körpers nicht, wohl aber die Lage des Angriffspunktes S_F vom Auftrieb. Er verschiebt sich auf jene Seite, wo der Körper tiefer eingetaucht ist. Das Kräftepaar erzeugt ein Drehmoment, das die alte Lage wieder herzustellen sucht. Zur Beschreibung des Gleichgewichtszustands erweist sich der Begriff des Metazentrums als zweckmäßig. Darunter versteht man jenen Punkt M, der auf der Geraden liegt, die in der Gleichgewichtslage durch die beiden Schwerpunkte S_K und S_F geht, und der Wirkungslinie der Auftriebskraft F_A, wenn der Körper aus der Gleichgewichtslage herausgekippt wird. Liegt dieses Metazentrum oberhalb des Schwerpunkt S_K, dann schwimmt der Körper stabil. Aus diesem Grunde legt man den Schwerpunkt von Schiffen möglichst tief, indem man z.B. die Boote mit einem Bleikiel ausstattet oder Schiffsmaschinen oder Ladungen möglichst tief im Innern anbringt. ((13), S. 244 ff.)

Die Untersuchung des Auftriebs in Luft kann mit der Scherzfrage verbunden werden, was schwerer sei, 1 kg Blei oder 1 kg Styropor. Die Antwort gibt der in Abb. M61,4 dargestellte Versuch. Da Massenbestimmungen mit Balkenwaagen im Grunde auf einem Kräftevergleich beruhen, erhält man falsche Ergebnisse, wenn die Volumina der zu vergleichenden Körper sehr verschieden sind. Man sollte durchaus mit Schülern den Fehler abschätzen, der bei Vernachlässigung des Auftriebs gemacht wird, zumal bei dieser Gelegenheit das Problem der Genauigkeit von Messungen noch einmal diskutiert werden kann.

SI Ein Körper habe ein Volumen von $10\,cm^3$. Dann erfährt er in Luft einen Auftrieb von

$$F_A = 1{,}268 \cdot 10^{-3} \frac{cN}{cm^3} \cdot 10\,cm^3 = 0{,}01268\,cN$$

$$\triangleq 12{,}9\,mg.$$

Zum Nachweis dieser geringen Auftriebskraft müßte die Waage eine entsprechende Genauigkeit besitzen, also im Milligrammbereich anzeigen. Aber dies reicht noch nicht aus. In der obigen Angabe ist nämlich nichts darüber ausgesagt, wie genau das Volumen bestimmt wurde. Es könnte sein, daß V nur auf $0{,}5\,cm^3$ gemessen wurde: $V = (10 \pm 0{,}5)\,cm^3$. Dann aber wäre es wichtig zu wissen, aus welchem Stoff der Körper besteht. Handelte es sich um Eisen, so läge der durch Volumenmessung bedingte Fehler bei $\pm 4\,g$.

Es wäre völlig unsinnig, wollte man in diesem Fall wegen des Auftriebs eine Korrektur anbringen. Dagegen muß der Auftrieb berücksichtigt werden, wenn die Wichte des Körpers nicht sehr verschieden ist von der Wichte der Luft. Bei Styropor z.B. müßte der Auftrieb berücksichtigt werden ($\gamma = 0{,}017\,cN/cm^3$).

Eine unmittelbare Anwendung des Auftriebs in Luft sind Ballone. Heißluftballone werden auch heute wieder gebaut, und zwar als eine besonders exklusive Art der Freizeitbewälti-

SI gung. Mit Wasserstoff gefüllte Freiballone waren die ersten Hilfsmittel zur Erforschung der höheren Luftschichten. Bemannte Ballone stiegen bis in Höhen von 15 000 m. Piccard erreichte 1932 in einer Druckkabine die Höhe von 16,2 km, ein Amerikaner 1957 eine Höhe von 30 km.

Weniger spektakulär, dafür um so wichtiger ist der Einsatz von unbemannten Registrierballonen, die Höhen von über 36 000 m erreichen, z.B. im Wetterdienst. Die sogenannten

Hinweise zur LE 4: Mechanik der Flüssigkeiten und Gase

Abb. 345, 2 Zur Entstehung des dynamischen Auftriebs

Abb. 345, 3 Zur Entstehung des dynamischen Auftriebs - gewölbte Karte

Abb. 345, 4 Tragflügelprofil

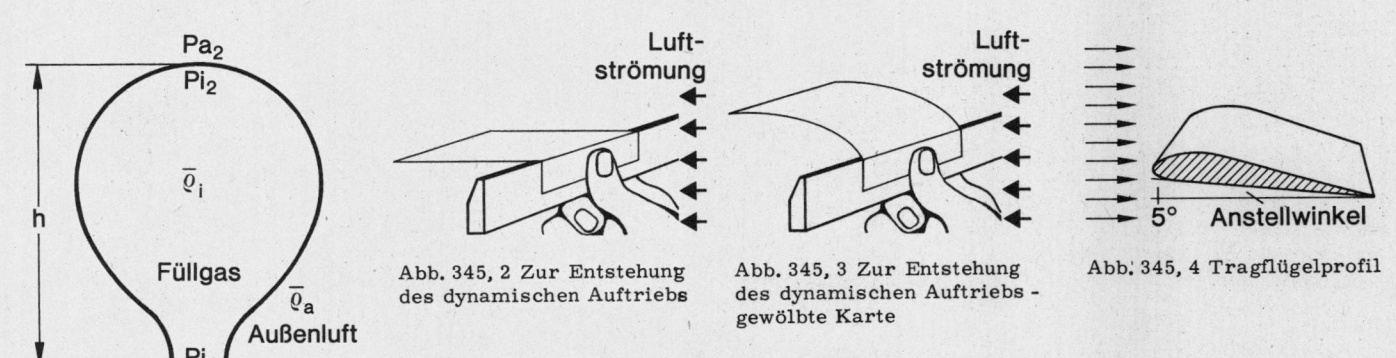

Abb. 345, 1 (links) Zur Wirkungsweise eines Freiballons

Pilotballone sind kleine, meist mit Wasserstoff gefüllte Ballone. Sie dienen zur <u>Messung von Luftströmungen und Wolkenuntergrenzen.</u> Mit geeigneten Winkelmeßgeräten (Ballontheodoliten) wird die Bahn der frei fliegenden Ballone verfolgt. Nimmt man die Steiggeschwindigkeit als konstant an, so kann man aus der Zeit zwischen Start und Eintauchen des Ballons in die Wolkenschicht die Höhe der Wolkenuntergrenze berechnen.

<u>Radiosonden</u> sind Meßgerätesätze, die an größere Pilotballone angehängt werden. Die gemessenen Daten werden über einen kleinen Sender an die Bodenstationen übermittelt. Pilotballone platzen in größerer Höhe (etwa 20km). Die Sonde schwebt an einem Fallschirm zur Erde und kann wieder verwendet werden.

LI Während bei den geschlossenen Pilotballonen wie auch bei den Luftschiffen der Auftrieb, den der Ballon insgesamt erfährt, für die Tragkraft verantwortlich ist, liegen die Verhältnisse bei den offenen Freiballonen und auch bei den Heißluftballonen etwas komplizierter. Aus diesem Grund wurde im Schülerbuch auf die Zusammenhänge nicht genauer eingegangen.

Ursache der nach oben gerichteten Kraft ist die unterschiedliche Druckabnahme in Gasen unterschiedlicher Dichte mit zunehmender Höhe. Diese Druckabnahme erfolgt nach der barometrischen Höhenformel (76), S. 81ff.):

$$p = p_0 e^{-\frac{\varrho g h}{kT}}$$

Da der Ballon unten offen ist (s.Abb.345,1), kann an der Öffnung kein Unterschied zwischen dem Druck p_{i1} innen und dem Außendruck p_{a1} bestehen. Es gilt also in jeder Höhe $p_{i1} = p_{a1}$. Oben dagegen ist $p_{i2} > p_{a2}$, da die Druckabnahme in der Außenluft größer ist als die im "leichteren" Füllgas, wie man aus der barometrischen Höhenformel ersehen kann. Aus der Druckdifferenz $p_{i2} - p_{a2}$ resultiert eine nach oben gerichtete Kraft.

Diese Auftriebskraft ist also abhängig vom Dichteunterschied zwischen Luft und Füllgas. Der Ballon steigt aber nicht beliebig hoch, weil mit zunehmender Höhe Füllgas entweicht, die mittleren Dichten $\bar{\varrho}_i$ innen und $\bar{\varrho}_a$ außen abnehmen und mit ihnen auch die Druckdifferenz $p_{i2} - p_{a2}$, aus der die Auftriebskraft resultiert. Ist die Auftriebskraft gleich der Gewichtskraft des Ballons, so schwebt er. Weiteres Steigen ist nur durch Abwerfen von Ballast möglich.

SI Vielfach wollen die Schüler wissen, warum Flugzeuge fliegen können, obwohl der Auftrieb, den sie erfahren, viel zu klein ist, um sie zu tragen. Der sogenannte statische Auftrieb reicht hier zur Erklärung des Fliegens nicht aus. Um herauszufinden, wie hier die Tragkraft zustande kommt, sind die folgenden einfachen Experimente möglich:

LV 1. Man bläst nach Abb. 345,2 flach über eine
od. Postkarte hinweg. Sie wird leicht angehoben.
SV 2. Die Karte wird so gebogen, daß sie nach
LV oben gewölbt ist (Abb.345,3). Bläst man wie-
od. der über die Karte, dann wird sie sehr viel
SV stärker als vorher angehoben.

Ergänzt werden diese Erfahrungen durch die Beobachtungen beim Umgang mit Papierdrachen; sie benötigen einen großen Anstellwinkel. Dagegen weisen die Tragflügel eines Flugzeugs einen kleinen Anstellwinkel, aber ein bestimmtes Profil auf (Abb.345,4). Es liegt dann die Vermutung nahe, daß die Ursache für die Entstehung des <u>dynamischen Auftriebs</u> beim Flugzeug in der umströmenden Luft zu suchen ist.

LV Dies wird mit einem <u>Venturi-Rohr</u> untersucht. Man leitet den Luftstrom eines Föns durch ein Rohr, das nach Abb.346,1 in der Mitte eine Verengung hat. An den Meßstellen werden Manometer angeschlossen. Der geringste Druck wird an der engsten Stelle angezeigt. Damit kommt man zu folgenden Beziehungen, die für ein erstes Verständnis vieler Erscheinungen ausreichen:

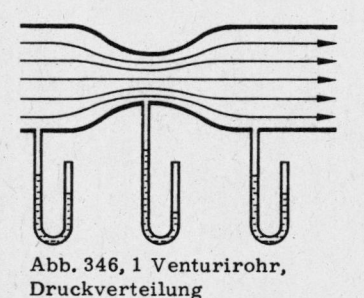

Hinweise zur LE 4: Mechanik der Flüssigkeiten und Gase

S. M62 – M63

Abb. 346, 1 Venturirohr, Druckverteilung

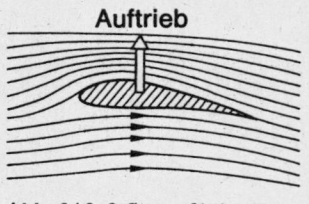

Abb. 346, 2 Stromlinienverlauf bei einem Tragflügelprofil

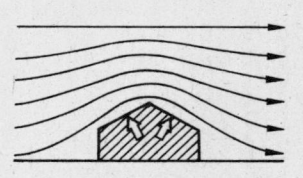

Abb. 346, 3 Umströmung eines Hauses

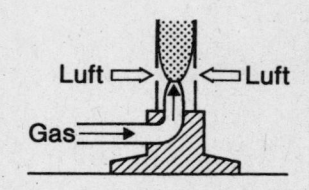

Abb. 346, 4 Strömungsvorgänge im Bunsenbrenner

Im gleichen Luft- oder Flüssigkeitsstrom gilt:

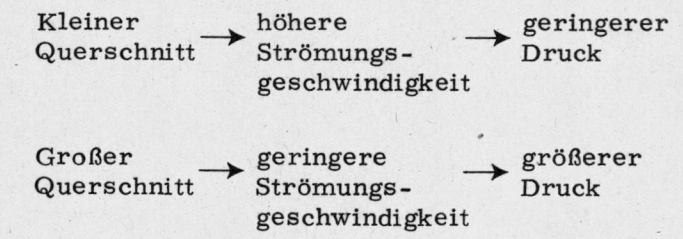

Kleiner Querschnitt → höhere Strömungsgeschwindigkeit → geringerer Druck

Großer Querschnitt → geringere Strömungsgeschwindigkeit → größerer Druck

Verfolgt man die Bahnen einzelner Teilchen unter Nichtbeachtung der thermischen Bewegung, so erhält man ein Bild von "Stromlinien", die den Vorgang sehr gut veranschaulichen: Dort, wo die Strömungsgeschwindigkeit groß ist, liegen die Stromlinien dichter als an den Stellen geringerer Geschwindigkeit.

Stromlinien und Bahnlinien der Teilchen fallen nur für stationäre Strömungen zusammen. Da wir aber nur stationäre Strömungen betrachten, erscheint es zulässig, zur Erklärung der Stromlinien von den Bahnlinien auszugehen.

Die Überlegungen kann man auf ein von Luft umströmtes Tragflächenprofil übertragen: An der Oberseite herrscht ein geringerer Druck als an der Unterseite und es resultiert ein dynamischer Auftrieb. (Abb. 346,2)

Mit diesen Kenntnissen kann man auch verstehen, warum ein starker Wind ein ganzes Dach abheben kann, warum die Wasserstrahlpumpe die "Luft mitreißt". Man versteht die Wirkungsweise des Bunsenbrenners u. a. m. (Abb. 346,3, Abb. 346,4)

Der Antrieb eines Flugzeuges erfolgt mit einem Propeller, einer sog. Luftschraube, oder auch mit einem Strahltriebwerk (vgl. S. M93). Beim letzteren wird der Vortrieb mit Hilfe des Rückstoßes erzeugt. Beim Propeller, der im Profil ähnlich geformt ist wie die Tragflächen, wird die Luft nach hinten beschleunigt, gleichzeitig erfährt er einen Vortrieb.

Zur Geschichte der Luftfahrt s. (77).

Druck und Temperatur in abgeschlossenen Gasen (4.3)

Ziel dieser Einheit ist die experimentelle Herleitung der Gesetze von Boyle-Mariotte, Amontons und Gay-Lussac. Gleichzeitig wird der Begriff der absoluten Temperatur eingeführt. Der absolute Nullpunkt kann an dieser Stelle physikalisch nicht begründet werden, da hierzu Überlegungen aus der kinetischen Gastheorie erforderlich wären (vgl. KUHN, Physik, Bd. IIIB).

So bleibt nichts anderes übrig als mitzuteilen, daß der absolute Nullpunkt die tiefste Temperatur ist, aber grundsätzlich nicht erreicht werden kann. Eine plausible Deutung auf molekularkinetischer Grundlage kann im nächsten Kapitel erfolgen.

LI Der physikalische Hintergrund ist die allgemeine Zustandsgleichung idealer Gase in der Form

$$p \cdot V = nRT \quad \text{oder} \quad pV = NkT.$$

Hierin bedeuten: n die Stoffmenge, gemessen in mol, R die universelle Gaskonstante, N die Teilchenzahl und k die Boltzmannsche Konstante.

Es ist $pV/T = $ konst., wenn n bzw. N unveränderlich ist. Im Schülerbuch wird dieser Sachverhalt durch die Bezeichnung "abgeschlossene Gasmenge" beschrieben.

Die Gleichung gilt für ideale Gase, d. h. für Gase, bei denen die Teilchendurchmesser klein sind gegen den mittleren Abstand der Teilchen. Bei Zimmertemperaturen verhalten sich alle schwer kondensierbaren Gase wie He, H_2, N_2, O_2 nahezu wie ideale Gase. In dieser Unterrichtseinheit geht es im wesentlichen um diese Gase, so daß es nicht sinnvoll erscheint, den Unterschied zwischen realen und idealen Gasen, die im Grunde nicht existieren und rein gedankliche Konstruktionen sind, herauszuarbeiten. Zulässig ist diese Vereinfachung allerdings nur, wenn auf die Gültigkeitsgrenzen der Gasgesetze hingewiesen wird.

Hinweise zur LE 4: Mechanik der Flüssigkeiten und Gase S. M63–M64

Abb. 347, 1 Meldesche Röhre

Abb. 347, 2 Versuch zur Ermittlung des Boyle-Mariotteschen Gesetzes

Im Schülerbuch geschieht dies durch die Betrachtung des Grenzfalls $\vartheta \to -273\ ^\circ C$ und durch die Überlegungen im Zusammenhang mit dem Begriff des Sättigungsdampfdrucks (Kap. 4.4., S. M69 links).

Das Kapitel beginnt mit der Erfahrung, daß der Zustand einer abgeschlossenen Gasmenge durch Druck, Temperatur und Volumen beschrieben werden kann. Diese Größen heißen deshalb auch <u>Zustandsgrößen</u>. Es liegt nahe, nach dem auf Seite M63 angegebenen Schema vorzugehen. Will man einigermaßen gut reproduzierbare Versuchsergebnisse erhalten, so kommt man bei den Gesetzen von Gay-Lussac bzw. Amontons nicht um die Verwendung von Quecksilber herum. Deshalb sind fast alle Versuche nur als Lehrerversuche möglich. Hält man die Quecksilbermengen

SV klein, wie dies bei V M64,2 der Fall ist, so können auch Schüler den betreffenden Versuch demonstrieren. V M63,1 und V M66,1

LV sind dagegen als Lehrer-Demonstrationsversuche konzipiert.

Steht ein Gerät nach Abb. M63,3 (LEYBOLD, Nr. 371 57), das im Unterricht vorzüglich eingesetzt werden kann, nicht zur Verfügung, so kann man folgendermaßen verfahren:

LV In einem Kolbenprober wird eine ganz be-
od. stimmte Gasmenge eingeschlossen. Durch
SV Auflegen von Massenstücken mit bekannten Gewichtskräften erzeugt man im Zylinder einen erhöhten Druck. Das Volumen der eingeschlossenen Gasmenge liest man an der außen angebrachten Teilung direkt ab. Einen geringeren Druck als den gerade herrschenden Luftdruck stellt man her, indem man den Kolbenprober umdreht, Gewichtsstücke anhängt oder mit einem Kraftmesser den Kolben aus der Angangsstellung herauszieht. Etwas umständlich ist hierbei, daß sowohl der äußere Luftdruck als auch die Gewichtskraft des Kolbens berücksichtigt werden müssen.

LV Genauere Messungen lassen sich mit der sogenannten Meldeschen (Melde, 1832-1901) Röhre durchführen (Abb.347,1). In einer engen Glasröhre (Kapillarröhre), die an einem Ende zugeschmolzen ist, schließt ein Quecksilberfaden ein Gasvolumen ab. Verschiedene Druck-

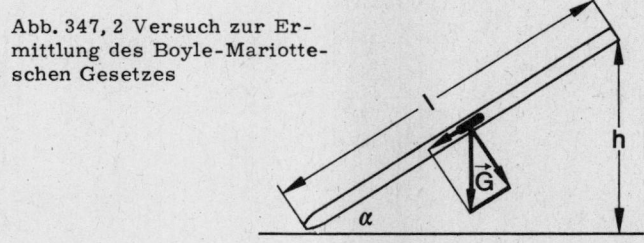

werte stellt man sich mit Hilfe eines Kolbenprobers her, dessen Kolben mit Gewichtsstücken belastet oder unter Zwischenschaltung eines Kraftmessers herausgezogen wird. Erzeugt man auf der rechten Seite einen höheren Druck, dann bewegt sich der Quecksilberpropfen nach links, bis der Druck in dem von ihm abgeschlossenen Raum den gleichen Wert erreicht hat wie außerhalb.

SV Einfacher ist es, die Meldesche Röhre zu neigen und die Länge des Luftraums in Abhängigkeit von der Neigung der Röhre zu messen. Der Versuch ist bei entsprechenden Vorsichtsmaßnahmen sogar in kleinen Gruppen als Schülerversuch möglich. Allerdings muß die Kräftezerlegung an der schiefen Ebene als bekannt vorausgesetzt werden. (Abb. 347,2) Für die Kraft in Richtung der Röhre gilt $F = G \cdot \sin \alpha$. Mit $\sin \alpha = h/l$ erhält man für den Druck, wenn A die Querschnittsfläche der Kapillarröhre ist

$$p = \frac{G \cdot \sin \alpha}{A} = \frac{G}{A \cdot l} \cdot h.$$

Der in der abgeschlossenen Gasmenge herrschende Druck ist somit proportional der Höhe h. Die Meßergebnisse sind einfach zu gewinnen und gut reproduzierbar.

Die Behandlung der Gesetze von Gay-Lussac und Amontons hängt sehr stark von der Ausstattung der Schule ab, zumal auch die Lehrmittelfirmen unterschiedliche Geräte anbieten. Auch im Handbuch für experimentelle Schulphysik findet man zu den Gasgesetzen eine Fülle experimenteller Vorschläge.

Es ist zu empfehlen, wenigstens eines dieser Gesetze quantitativ zu ermitteln, das andere aber qualitativ zu demonstrieren. Als besonders geeignet erweist sich das Volumen-Temperatur-Gesetz, da man mit sehr

VT wenig Quecksilber auskommt. Die Röhre nach Abb. M64,4 kann man sich selbst herstellen. An eine Kapillare ist unten ein etwa 4cm langes, weiteres Rohr angeschmolzen. Um den Quecksilbertropfen in die Kapillare zu bringen, erwärmt man zunächst das untere Gefäß ein wenig und taucht anschließend die obere Öffnung der Kapillaren in Quecksilber ein. Der Faden soll etwa 1cm lang sein.

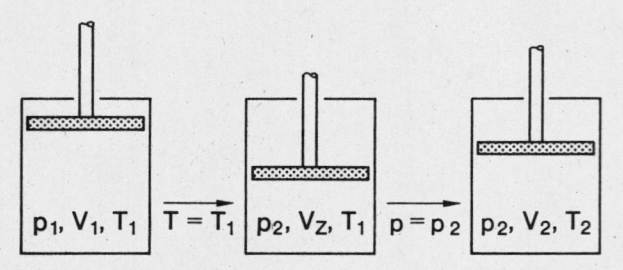

Hinweise zur LE 4: Mechanik der Flüssigkeiten und Gase

Abb. 348,1 Zur Herleitung der allgemeinen Gasgleichung

Mit einer sehr langen und dünn ausgezogenen Haarröhre durchsticht man den Quecksilbertropfen, so daß der durch den Faden abgetrennte Raum mit der Außenluft verbunden ist. Durch Neigen der Meldeschen Röhre kann man dann den Quecksilbertropfen in jede gewünschte Lage bringen. Man muß dabei sorgfältig darauf achten, daß das feine Haarröhrchen nicht abbricht.

SV V M65,1 ist ein Schülerversuch, er ist einfach und durchsichtig, jedoch nicht sehr genau. Die Reagenzgläser müssen gut getrocknet sein, da anwesender Wasserdampf die Ergebnisse sofort verfälscht. Außerdem treten beim Umkehren der Reagenzgläser Fehler auf. Trotzdem ist dieser Versuch sehr lehrreich, zeigt er doch, auf welche Randbedingungen geachtet werden muß, damit überhaupt aussagekräftige Ergebnisse erwartet werden können. Im übrigen macht er deutlich, mit welchen Schwierigkeiten man früher zu kämpfen hatte. Da man zur Zeit Amontons z.B. sehr wenig über die Zusammensetzung der Luft wußte, verdarb vor allem der Wasserdampf die Messungen. So war es nicht verwunderlich, daß die verschiedenen Forscher, die sich mit der Ausdehnung von Gasen beschäftigten, kaum vergleichbare Ergebnisse erhielten. Erst Gay-Lussac schaffte hier endgültig Klarheit. (89)

SI Zur Herleitung der Zustandsgleichung in der Form $(pV)/T$ = konst. denkt man sich eine Gasmenge von einem Anfangszustand p_1, V_1, T_1 in den Endzustand p_2, V_2, T_2 übergeführt. Man zerlegt die Zustandsänderung in zwei Teilschritte, wobei man für jeden einzelnen das entsprechende Gesetz anwenden kann. (Abb. 348,1)

Zunächst werde der Druck p_1 bei konstanter Temperatur T_1 durch Verkleinerung des Volumen erhöht auf p_2. Der Zwischenzustand sei gekennzeichnet durch p_2, V_z, T_1. Es gilt nach Boyle-Mariotte:

$$p_1 \cdot V_1 = p_2 \cdot V_z, \quad T = T_1.$$

Nun erwärmt man die Gasmenge bei konstantem Druck $p = p_2$ auf die Temperatur T_2. Das Gas dehnt sich hierbei aus, für V_2 gilt nach dem Volumen-Temperatur-Gesetz:

$$\frac{V_z}{V_2} = \frac{T_1}{T_2}, \quad p = p_2.$$

Aus beiden Gleichungen ergibt sich:

$$p_1 \cdot V_1 = p_2 \cdot \frac{T_1}{T_2} \cdot V_2.$$

Schreibt man alle Größenwerte, die einen Zustand kennzeichnen, auf eine Seite, dann erhält man eine sehr übersichtliche Form der allgemeinen Gasgleichung, die für die Sekundarstufe I völlig ausreicht

$$\frac{p_1 \cdot V_1}{T_1} = \frac{p_2 \cdot V_2}{T_2}.$$

Zur Herleitung dieser Gleichung sind also nur zwei der Gesetze von S. M63 erforderlich, das dritte kann man durch Spezialisierung aus der allgemeinen Gasgleichung gewinnen: Ist V = konst., also $V_1 = V_2$, dann gilt: $p_1/T_1 = p_2/T_2$.

Mit der allgemeinen Gasgleichung läßt sich z.B. die Aufgabe S. M67 sehr viel einfacher lösen. Das dort angegebene Rechenverfahren entspricht aber im Prinzip (Zerlegung in Teilschritte) der hier dargestellten Herleitung der allgemeinen Gasgleichung.

LI Bei der Einführung der absoluten Temperatur genügt im allgemeinen der Wert T_0 = 273K. Selbstverständlich sollten auch Rechnungen mit diesem Wert durchgeführt werden. Mit Rücksicht auf die genaue Definition der Basiseinheit "Kelvin", die auf der Umschlagseite des Schülerbandes abgedruckt ist, muß man im Unterricht auf die unterschiedlichen Angaben 273,16K und 273,15K eingehen. Der Zahlenwert von 273,16 (s.Abb.105,1) bezieht sich auf den Tripelpunkt des Wassers, der 0,01 K über dem Eispunkt liegt. Demnach liegt der Eispunkt des Wassers bei 273,15K ≙ 0 °C. Auf der Sekundarstufe I sind die entsprechenden physikalischen Zusammenhänge nicht im vollen Umfang darstellbar. Der Tripelpunkt wird deshalb als die Temperatur bezeichnet, bei der alle drei Phasen eines Einstoffsystems existieren. Auch beim Eispunkt, der 0,01 K niedriger liegt als der Tripelpunkt des Wassers, kommen alle drei Phasen vor, jedoch sind die Drücke der beiden Zustände sehr verschieden. Beim Tripelpunkt: 6,1 mbar (Sättigungsdampfdruck von Wasser und Eis), beim Eispunkt: 1013,25 mbar = Normluftdruck. Das bei 6,1 mbar existierende Eis schmilzt unter Druckzunahme (vgl. V W25,5) und gefriert bei 1013,25 mbar erst wieder bei einer um 0,01 K niedrigeren Temperatur.

Hinweise zur LE 4: Mechanik der Flüssigkeiten und Gase S. M68 – M69

Druck und Siedepunkt - Dampfdruck (4.4)

Das Kapitel "Druck und Siedepunkt - Dampfdruck" hat dreierlei Aufgaben. Zum einen ergänzt es die Überlegungen zu den Gasgesetzen, indem deren Gültigkeitsgrenzen aufgezeigt werden (Der Sättigungsdampfdruck ist bei konstanter Temperatur vom Volumen unabhängig.), zum anderen werden die Erkenntnisse vom Kapitel W 2.32 vertieft. Dort wurden Siedepunkt und Eispunkt des Wassers als Fixpunkte bezeichnet. Dies wird nun relativiert. Schließlich wird mit dem Begriff der relativen Feuchte die Verbindung zur Wetterkunde hergestellt.

LV Die Versuche V M68.1 und V M68.2 sind bewährte Schulversuche und bieten im Demonstrationsunterricht keinerlei Schwierigkeiten. V M68.2 kann auch mit einer Vakuumpumpe durchgeführt werden. Drehschieberpumpen
VT müssen allerdings eine Gasballastvorrichtung besitzen. Damit kann Wasser von Zimmertemperatur zum Sieden gebracht werden. (Siedesteinchen zugeben!)

Während des Abpumpens sinkt die Temperatur laufend. Diese Beobachtungen bestätigen die Vorstellung, daß beim Verdampfen die im Mittel schnelleren Teilchen den Flüssigkeitsverband verlassen (vgl. auch Kap. W3.6).

LV Auf sehr einfache Weise läßt sich die Druckabhängigkeit des Siedepunkts auf die folgende Weise zeigen:

In einem Rundkolben wird Wasser bis zum Sieden erhitzt. Dann verschließt man den Kolben mit einem Stopfen und dreht ihn um. Gießt man nun kaltes Wasser über den Glaskolben, dann fängt das Wasser kurzzeitig wieder an zu sieden. Durch die Abkühlung kondensiert nämlich der Wasserdampf, es entsteht ein Unterdruck. Der Versuch ist nur als Lehrerversuch möglich.

VT In Abb. M69.1 ist die Bestimmung des Dampfdrucks verschiedener Flüssigkeiten nur schematisch dargestellt. In der Praxis benutzt man geeignete <u>Dampfdruckröhren</u>, die von oben evakuiert werden können (LEYBOLD, Nr. 385 08). Die Röhren sind ca. 98cm lang und besitzen oben zwei Hähne, zwischen denen ein Vorratsgefäß angebracht ist. (Abb. 349,1) Die Röhre wird in Quecksilber eingetaucht und evakuiert, das Vorratsgefäß ist verschlossen.

Nachdem durch den unteren Hahn die Torricellische Leere vom Vorratsgefäß getrennt ist, füllt man die zu untersuchende Flüssigkeit ein. Auch der Raum über der Flüssigkeit wird nun evakuiert, dann wird der obere Hahn geschlossen und der untere geöffnet.

Abb. 349.1 Dampfdruckröhre

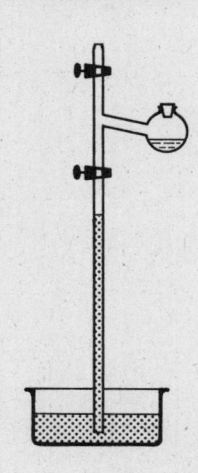

Der Dampfdruck der Flüssigkeit im Vorratsgefäß wirkt von oben auf die Quecksilbersäule, die um einen entsprechenden Betrag absinkt. Die Versuchsanordnung gewährleistet, daß keine Flüssigkeit auf das Quecksilber kommt. Mit mehreren Röhren kann man Vergleichsmessungen bei verschiedenen Flüssigkeiten gleichzeitig vornehmen.

c) Neue Aufgaben und Fragen

1. Man berechne den Druck, den ein erwachsener Mann (G= 700N) durch die Schuhsohlen von je 2,8dm^2 auf die Unterlage ausübt! Wie ändert sich der Druck, wenn er sich auf 1,80m lange, 9cm breite Skier stellt?
   L. $p = 700N/5,6dm^2 = 13000Pa = 130mbar$
   $p = 700N/(1,8m \cdot 0,18m) = 2,2 \cdot 10^3 Pa = 0,022bar = 22mbar$
   Der Druck sinkt auf rund 1/6 seines vorherigen Wertes.

2. Welchen Druck übt eine Nähnadel aus, deren Spitze eine Fläche von 0,01mm^2 besitzt, wenn auf die Nadel mit einer Kraft von 2,5N gedrückt wird?
   L. $2,5N/0,01mm^2 = 250 \cdot 10^6 Pa = 2500bar$

3. Aus welchem Grund ist es bequemer, in einem weichen Bett zu liegen als auf einer harten Bank?
   L. Das weiche Bett schmiegt sich dem Körper an, dadurch verteilt sich die Gewichtskraft auf eine größere Fläche. Der Druck wird geringer.

4. Mit welcher Kraft drückt das Wasser in 15m Tiefe auf die Ausstiegsöffnung (Durchmesser: 0,60m) eines U-Bootes?
   L. $F = \pi \cdot 0,30^2 \cdot 15m^3 \cdot 1cN/cm^3 = 4,2 \cdot 10^4 N$

5. Zwei Kolbenprober mit verschieden großer Querschnittsfläche werden nach Abb. 350,1 miteinander verbunden. Über einen Dreiwegehahn wird Gas aus der Gasleitung zugeleitet. Was passiert?

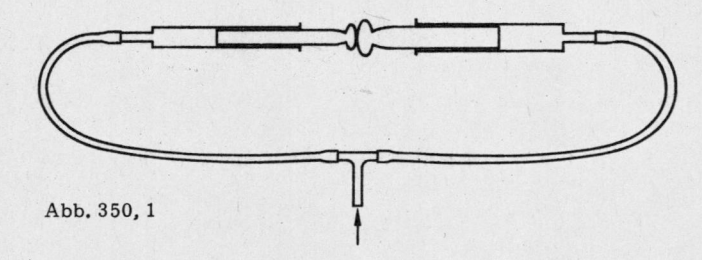

Hinweise zur LE 4: Mechanik der Flüssigkeiten und Gase

Abb. 350,1

L. In beiden Kolbenprobern herrscht der gleiche Druck, auf den Kolben mit der größeren Fläche wirkt aber die größere Kraft. Dieser drückt dann den kleineren in den Zylinder hinein.

6. Welchen Druck braucht die Preßluft, um bei einem U-Boot in 150m Tiefe das Wasser aus den Tauchtanks zu pressen? Die Wichte des Seewassers beträgt $1,01 cN/cm^3$.
L. $p = 1,01 \cdot 10^4 N/m^3 \cdot 150m = 152 \cdot 10^4 N/m^2 = 15,2 bar$

7. In einer Gemeinde liegt der Wasserbehälter 270m über NN. Wie groß ist der Wasserdruck in einem Straßenhydranten, der 180m über NN liegt? Wie groß ist er im 3. Stock eines Hauses 12m über der Straße? Welche Kraft übt das Wasser dort auf die Öffnung einer Wasserleitung mit dem Innendurchmesser 1/2 Zoll (1 Zoll = 25,4mm) aus?
L. $p = 1 cN/cm^3 \cdot 90m = 9 \cdot 10^5 N/m^2 = 9$ bar; 7,8bar; $F = 7,8 bar \cdot 507 mm^2 \approx 400 N$.

8. Die Abb. 350,2 zeigt einen sogenannten hydraulischen Widder (Montgolfier, 1796), mit dem Wasser über die ursprüngliche Höhe hinaus befördert werden kann. Erkläre die Wirkungsweise dieses Widders! Besteht hier ein Widerspruch zum Energiesatz?
L. Das herabströmende Wasser schließt das Ventil bei A. Durch das Abbremsen des Wasserstromes erhöht sich der Druck bei B und öffnet das Ventil. Das Wasser strömt in den Windkessel, dort komprimiert es die Luft, die dann das Wasser im Steigrohr hochdrückt. Sobald ein Gleichgewichtszustand erreicht ist, schließt sich das Ventil bei B, das Wasser kommt zur Ruhe. Die Verschlußplatte bei A ist so dimensioniert, daß sie jetzt abfällt. Das Wasser strömt wieder aus, gewinnt Bewegungsenergie, der Vorgang beginnt von neuem. Der Energiesatz ist nicht verletzt, da nur ein Teil des strömenden Wassers auf ein höheres Niveau gehoben wird, die Energie hierfür stammt aus dem Abbremsen des strömenden Wassers. Im statischen Fall würde das Wasser überall gleich hoch stehen, der Widder funktionierte nicht.

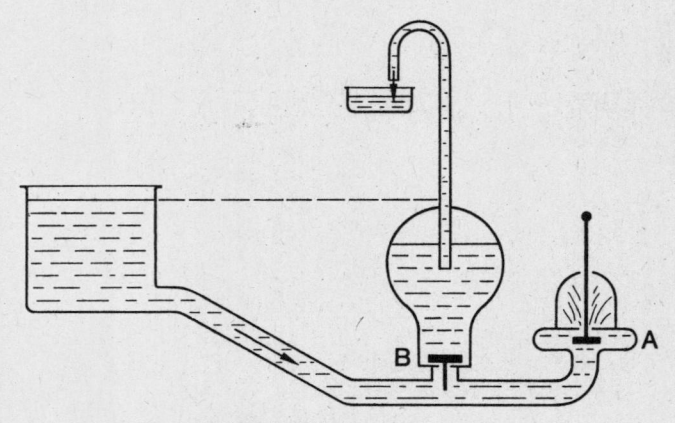

Abb. 350,2 Hydraulischer Widder

9. Wie groß ist die Kraft, die infolge des Luftdrucks auf die Außenfläche einer Fernsehröhre wirkt? Die Bildfläche der Fernsehröhre werden vereinfacht als quadratische Fläche angesehen mit 0,50m Seitenlänge.
L. $F \approx 1 bar \cdot 0,50^2 m^2 = 2,5 \cdot 10^4 N \,\hat{=}\,$ der Gewichtskraft von ca. 35 erwachsenen Personen.

10. Im Blut wird bei erhöhtem Druck mehr Stickstoff gelöst. Warum erleiden dann Taucher einen Kollaps, wenn sie zu schnell aus großen Tiefen auftauchen?
L. Der im Blut gelöste Stickstoff wird beim Entspannen frei, das Blut schäumt.

11. Am Boden eines mit Flüssigkeit gefüllten Gefäßes befindet sich ein Körper, dessen Wichte nur wenig größer als die der Flüssigkeit sein soll. Kann man den Körper zum Schweben bringen, wenn man in der Flüssigkeit (z.B. mit einem Stempel) den Druck erhöht?
L. Der Körper schwebt, wenn es gelingt, die Wichte der Flüssigkeit durch den Druck entsprechend zu vergrößern. Da aber auch der Körper zusammengedrückt wird, kann der Versuch nur dann erfolgreich sein, wenn die Kompressibilität der Flüssigkeit größer ist als die des Körpers.

12. Welche Höhe hätte die Atmosphäre, wenn bei einem Luftdruck von 1bar die Wichte der Luft in jeder Höhe dieselbe wäre?
L. Aus $p = \gamma \cdot h$ folgt: $h = 10^5 Nm^{-2}/1,3 cN \cdot dm^{-3} \approx 8 km$.

13. Der Durchmesser der Magdeburger Halbkugeln wird von Guericke mit 67/100 Magdeburger Ellen angegeben, (33), S.116. Wie groß war die Kraft, mit der die Kugeln aneinandergepreßt wurden, wenn eine Magdeburger Elle einer Länge von 0,77m entspricht und der Innendruck mit 26mbar, der äußere Luftdruck mit 1bar angenom-

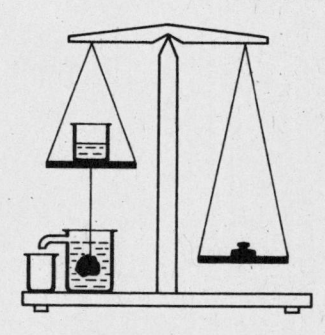

Hinweise zur LE 4: Mechanik der Flüssigkeiten und Gase

Abb. 351,1 Demonstrationsversuch zum Archimedischen Gesetz

men wird? Häufig wird gesagt, daß 16 Pferde die Kugeln nicht zu trennen vermochten. Ist diese Aussage physikalisch korrekt?

L. ca. 20 000 N ≙ 2t. Die Kugeln wurden von 2 mal 8 Pferden getrennt. 8 Pferde hätte genügt, die anderen erzeugten die Gegenkraft. Guericke hätte, was er wohl wußte, die Vorrichtung auch an einer Mauer befestigen können. Für physikalisch nicht gebildete Zuschauer war aber der Versuch mit 16 Pferden sicher eindrucksvoller.

14. In Abb. 351,1 ist ein Versuch zum Archimedischen Gesetz wiedergegeben. Beschreibe und erkläre diesen Versuch?

L. An die Waagschale einer Balkenwaage wird ein Körper gehängt, ein Auffanggefäß befindet sich auf der Waagschale. Die Waage wird ins Gleichgewicht gebracht. Der Körper wird nun in ein mit Wasser gefülltes Überlaufgefäß getaucht, das von ihm verdrängte Wasser ins Auffanggefäß geleitet. Stellt man dieses Gefäß wieder auf die Waagschale zurück, so wird durch die Gewichtskraft der Wassermenge die Auftriebskraft kompensiert und das vorher gestörte Gleichgewicht wiederhergestellt.

15. Auf einer Waage wird ein Gefäß austariert, das zu drei Vierteln mit Wasser gefüllt ist. Was geschieht mit der Waage, wenn man in das Wasser einen Gegenstand taucht, den man am anderen Ende mit der Hand festhält?

L. Der Körper erfährt einen Auftrieb: Das Wasser wirkt mit einer nach oben gerichteten Kraft auf den Körper. Nach dem Prinzip actio gleich reactio drückt auch der Körper mit gleich großer, aber entgegengesetzter Kraft nach unten. Die Waage schlägt aus, vgl. auch Aufg. 14.

16. Eine abgeschlossene Gasmenge hat bei 18 °C und 960 mbar das Volumen von 250 cm³. Berechne das Volumen bei −10 °C und 1013 mbar!

L. $V_2 = \dfrac{V_1 \cdot p_1 \cdot T_2}{T_1 \cdot p_2} \approx 214 \text{cm}^3$

17. Warum fallen die Wolken nicht vom Himmel, obwohl sie doch aus Wassertröpfchen bzw. Eiskristallen bestehen?

L. Eine Wolke ist kein statisches Gebilde, sondern gekennzeichnet durch ein ständiges Werden und Vergehen. Sinken bedeutet Auflösen, Steigen Kondensation. Die Tröpfchen bilden sich also immer wieder neu, werden aber auch über längere Zeit durch schwache Aufwärtsströmungen am Schweben gehalten. Zusammenfließen (Koagulation) der Wassertröpfchen ist die Voraussetzung für Niederschläge.

d) Audiovisuelle Hilfsmittel

AT	Wasserkreislauf (5)	358661	(1)
AT	Scheinbare Sonnenbahn (5)	358662	(1)
AT	Revolution der Erde (5)	358663	(1)
AT	Luftdruck und Wind (4)	358665	(1)
AT	Wetterlagen (5)	358668	(1)
AT	Klimazonen (5)	358669	(1)
AT	Aufbau der Lufthülle (4)	356250	(1)
AT	Bestrahlung der Erde - Bestrahlungsstärke (5)	356251	(1)
AT	Bestrahlung der Erde - Bestrahlungsdauer (4)	356252	(1)
AT	Lufttemperatur - Januar u. Juli (5)	356255	(1)
AT	Luftdruck, Wind und Niederschlag - Juli (5)	356257	(1)
AT	Bestrahlung der Erde - Gesamtstrahlung (5)	356253	(1)
AT	Lufttemperatur - Jahresmittel und -schwankung (5)	356254	(1)
AT	Dynamische Struktur	356258	(1)
AT	Bau der Zyklone	356259	(1)
AT	Typische Wetterlagen für Mitteleuropa (5)	356260	(1)
AT	Klimazonen der Erde (5)	356261	(1)
AT	Klimatypen - niedere Breiten (5)	356262	(1)
AT	Klimatypen - höhere Breiten (5)	356263	(1)
AT	Klimazonen und -typen auf dem Idealkontinent (2)	356264	(1)
AT	Das Archimedische Prinzip	360123	(1)
AT	Druck in Flüssigkeiten	360124	(1)
AT	Luftdruck	360125	(1)
AT	Pascalsches Prinzip	360126	(1)
F	Torricelli-Versuch (4min)	355806	(1)
F	Wie das Flugzeug fliegt (4min)	355800	(1)
F	Jahreszeiten (3min)	355056	(1)
F	Tageszeiten (3min)	355055	(1)
AT	Wolkenformen	4601315	(7)
D	Aus der Geschichte der der Luftfahrt (12)	R286 (100286)	(11)

Hinweise zur LE 5: Molekularphysik

D	Beim Wetterwart auf der der Zugspitze (16)	10 2175	(11)
F	Klimatypen in Europa	320579	(11)
F	Hydraulische Presse I	8F129 (360129)	(11)
F	Hydraulische Presse II (versch. Anwendungen)	8F147 (360147)	(11)
F	Hydraulische Kraftübertragung I: Hydrodyn. Getriebe	FT823 (320823)	(11)
F	Hydraulische Kraftübertragung II: hydrostatische Getriebe	FT824 (320824)	(11)
D	Die Grundlage der Wetterkunde (12)	K11004	(12)
D	Die Wolkenformen (10)	K11005	(12)
D	Hydraulische Bremsen, Trommelbremsen (20)	1773	(13)
D	Hydraulische Bremsen, Scheibenbremsen u. Bremskraftverstärker (23)	1774	(13)
D	Hydraulische Bremsen, Bremsprüfung	1772	(13)
AT	Stempeldruck (Beispiel Hebebühnen)	8529	(13)
AT	Auftrieb (Beispiel: U-Boot)	8530	(13)
AT	Atmosphäre - Luftdruck	8531	(13)
F	Wie wird das Wetter (10min)		(14)
F	Cumuluswolken (7min)	C159	(15)
F	Cirruswolken (11min)	C463	(15)
F	Die Hauptarten des Wetters - Der schnelle Wettertyp (6min)	C577	(15)
F	Wetter und Wolken beim schnellen Wettertyp (10,5min)	C578	(15)
F	Die Hauptarten des Wetters - der langsame Wettertyp	C579	(15)
F	Wetter u. Wolken beim langsamen Wettertyp (10,5min)	C580	(15)
F	Zyklonenbildung auf der Wetterkarte (10,5min)	C581	(15)
F	Sommerliches Westwetter m. kühler Meeresluft (7,5min)	C821	(15)
F	Zustrom tropischer Meeresluft bei sommerlicher Südwest-Wetterlage (9min)	C822	(15)
F	Entstehung eines Höhentiefs I -(Abbau eines Zwischenhochs) (8,5min)	C889	(15)
F	Entstehung eines Höhentiefs II (10min)	V890	(15)
F	Liquid Forces (3min, 30s)	P82-0001/1	(18)
F	The Buoyant Force (3min, 30s)	P82-0019/1	(18)
F	Archimedes' Principle (2min, 15s)	P82-0027/1	(18)
F	Floating and Sinking (3min, 30s)	P82-0035/1	(18)
F	Density of Liquids (2min, 30s)	P82-0043/1	(18)
F	The Surface of water (3min, 15s)	P82-0068/1	(18)
F	Thermal Expansion of Gases (4min)	P80-3312/1	(18)
F	Boiling Point and Pressure (4min)	P80-34o3/1	(18)
F	Boyle's Law (4min)	P80-3387/1	(18)
F	Findung Absolute Zero (4min)	P80-3395/1	(18)
AT	Lufthülle der Erde		(24)
AT	Auftrieb (3)		(24)
AT	U-Rohr (3)		(24)
AT	Kapselpumpe (2)		(24)
AT	Das Aneroidbarometer (5)	751018.3	(25)
AT	Aufbau der Erdatmosphäre	752902	(25)
AT	Temperatur u. Gewicht der Luft i. d. Erdatmosphäre	752903	(25)
AT	Wolkenformen	752904	(25)
AT	Niederschläge und ihre Entstehung	752906	(25)
AT	Entstehung u. Entladung von Gewittern	752907	(25)
AT	Die Entstehung d. Windes	752908	(25)
AT	Luftdruckverteilung	752909	(25)
AT	Windgürtel und Großwetterlage	752910	(25)

Zu den Arbeitstransparenten von (25) ist jeweils ein Block mit 50 Umrißarbeitsblättern f. Schüler erhältlich, die farbig illustriert werden können

3.4.2.5 LE 5: Molekularphysik

a) Vorbemerkungen und Ziele

Eine Reihe von Erscheinungen, die in den vorhergehenden Kapiteln dargestellt wurden, verlangen nach einer Deutung im Teilchenmodell. Es wäre möglich, daß die entsprechenden Sachverhalte im Zusammenhang mit den zugehörigen Phänomenen behandelt werden, so z.B. die Deutung der Unabhängigkeit des Sättigungsdrucks vom Volumen im Kapitel M4.4. Mit Rücksicht auf die Differenzierung erschien es aber geboten, die wesentlichen Tatsachen der Molekularphysik zusammenhängend darzustellen. Somit bleiben beide Wege offen: eine Integration in die entsprechenden Abschnitte der vorhergehenden Kapitel oder eine geschlossene Behandlung der Molekularphysik im Anschluß an Kapitel M4.4, wobei hier natürlich das <u>Arbeiten und Denken in Modellen</u> und die Behandlung ihres Stellenwerts innerhalb einer Theorie schwerpunkthaft betrieben werden soll. Eine solche geschlossene Darstellung bietet auch die Möglichkeit, Themen, wie z.B. die Entstehung der Reibung bei festen Körpern, aufzunehmen.

Hinweise zur LE 5: Molekularphysik

Entsprechend der Charakterisierung des Differenzierungsangebotes gehört dieser Abschnitt "Molekularphysik" in die Erweiterungen. Das heißt natürlich nicht, daß Teile davon nicht auch im Fundamentum besprochen werden können, etwa die sehr instruktive Veranschaulichung der Entstehung des Drucks.

Abb. 353,1 Modellversuch zur Druckausbreitung in Flüssigkeiten

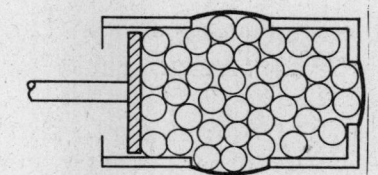

b) Bemerkungen zu den einzelnen Themen

Molekularkinetische Theorie (5.1)

Ziel dieses Abschnitts ist es, eine für die Sekundarstufe I angemessene Deutung beobachtbarer Phänomene aus der Wärmelehre auf molekularkinetischer Grundlage zu geben. Die kinetische Gastheorie als ein Teilgebiet der allgemeinen "statistischen Mechanik" versucht, aus der Vorstellung, daß ein Gas aus einer großen Anzahl von Molekülen besteht, von denen jedes einzelne geradlinig mit konstanter Geschwindigkeit durch den Raum fliegt und deren Bewegung nur durch Zusammenstöße mit der Wand oder mit anderen Molekülen unterbrochen wird, die beobachtbaren Eigenschaften eines Gases wie z. B. die spezifische Wärmekapazität oder die Zustandsänderungen u. a. m. möglichst quantitativ abzuleiten. Eine solche Herleitung setzt die Kenntnis einer Reihe von mathematischen und physikalischen Zusammenhängen voraus, die auf der Sekundarstufe I nicht gegeben sind. Es kann also nur ein qualitatives Verständnis auf der Grundlage einer molekularkinetischen Theorie für einige Prozesse, nicht für alle, angestrebt werden. Diese Reduktion auf das Qualitative ermöglicht auch die Einbeziehung von Flüssigkeiten und festen Körpern.

Die Bezeichnung "molekularkinetisch" ist etwas mißverständlich, da es sich oft nicht um Moleküle im chemischen Sinne handelt, sondern ganz generell um Teilchen, die man z.T. als ideal elastische Körper betrachtet. Von Bewegungen innerhalb dieser Teilchen sieht man dabei völlig ab.

Früher war es üblich, von "kinetischer Theorie der Wärme" oder von "Wärme als ungeordneter Bewegung" zu sprechen. Diese Ausdrucksweise entspricht nicht dem wissenschaftlichen Sprachgebrauch. Wärme ist danach ausgetauschte Energie, sie kennzeichnet keinen Zustand.

Der Abschnitt beginnt mit einer Art Bilanz. Es werden einige Phänomene aufgezählt, die noch der Klärung bedürfen (vgl. S. M70). Falls der zeitliche Abstand zu der Behandlung des Kapitels "Teilchenstruktur der Materie" zu groß ist, empfiehlt sich auch eine kurze Wiederholung der dort dargestellten Zusammenhänge, und zwar in Form von Kurzreferaten, unterstützt durch Filme (Brownsche Bewegung) oder Modellversuche, wie sie in der Lehrerinformation zu Kap. E11.4 beschrieben sind ("Einordnung der Modellversuche zur elektrischen Leitfähigkeit in das Teilchenkonzept der Materie").

LV V M70,1 veranschaulicht mit einfachsten Hilfsmitteln das Zustandekommen des Drucks. Daß es sich beim Druck eigentlich nur um einen Mittelwert handelt, wird nicht hervorgehoben. (vgl. hierzu: KUHN Physik, Bd. III B, Thermodynamik und Statistik, S. 72ff.)

VT Die verwendeten Stahlkugeln haben einen Durchmesser von 2mm. (Lieferung: PHYWE; Bestell-Nr. 09060.02, 1000 Stück).

LV Zur molekularkinetischen Theorie können noch eine Fülle von Versuchen vorgeführt werden. Sehr gut geeignet ist außer dem bereits erwähnten Luftkissentisch das Gerät zur kinetischen Gastheorie der Fa. Phywe (Bestell-Nr. 09060.93), vgl. (76).

Um zu zeigen, daß bei Flüssigkeiten ein anderer Übertragungsmechanismus als bei Gasen angenommen werden muß, fertigt man
LV ein Modell an. Die Flüssigkeit wird durch kleine Kugeln simuliert, die zwischen zwei Glasplatten innerhalb eines Rahmens gelegt werden, der nach drei Seiten Öffnungen besitzt, die durch Gummibänder abgedeckt sind. (Abb. 353,1). Schiebt man den Stempel in den Rahmen, so rücken die Kugeln zusammen und übertragen die auf sie wirkenden Kräfte auf die Wand und beulen sie aus. Manchmal blockieren die Kugeln. Man kann dies durch Schütteln beseitigen. Dem Schütteln entspricht in Wirklichkeit die Eigenbewegung der Teilchen, wodurch eine gleichmäßige Kraftverteilung gewährleistet ist.

Kapillarwirkung und Oberflächenspannung (5.2)

Die Hypothese von den zwischenmolekularen Kräften ist im Schülerbuch noch nicht experimentell abgesichert, obwohl sie zur Erklärung einer Reihe von Erscheinungen herangezogen wurde (vgl. S. W31, W33, E84ff.). Dies soll nun in der in diesem Kapitel beschriebenen Versuchsfolge nachgeholt werden. Dabei lernen die Schüler weitere neuartige Phänomene

Hinweise zur LE 5: Molekularphysik   S. M71−M73

kennen und erklären wie die Erscheinungen der Kapillarität und die der Oberflächenspannung.

LV V M71,1 ist ein Freihandversuch, da er ohne große Vorbereitung durchführbar ist. Man kann auch im Schattenwurf beobachten. Obwohl die Beobachtungen auf der Sekundarstufe I nicht völlig geklärt werden können, sollte man
LI auf diesen Versuch nicht verzichten. Beim Ausgießen wird der Wasserstrahl zunächst an das Gefäß gedrückt, dann läuft er am Gefäß entlang. Das letzte beruht auf Adhäsion, das erste dagegen wird durch die Gesetze der Strömungslehre verursacht. Gießt man aber sehr vorsichtig aus, dann ist das "Umbiegen" und "Angedrücktwerden" des Wasserstrahls nicht zu sehen, man beobachtet nur die Haftung an der Gefäßwand.

V M71,2 kann wegen des erforderlichen Quecksilbers nur vom Lehrer vorgeführt werden. Er stellt auch an das experimentelle Geschick
VT des Lehrers einige Anforderungen. Das Quecksilber muß gut gereinigt sein, jede Verunreinigung wirkt als "Einkerbung" und setzt die Zerreißfestigkeit herab. Als Heber verwendet man eine dünne Kapillare mit verengter Öffnung, damit der Quecksilbervorrat nicht zu schnell erschöpft ist. Der Heber wird in Betrieb gesetzt, dann wird mit einer Pumpe genügend hoher Saugleistung evakuiert. Den Druck mißt man mit einem abgekürzten Manometer.

Die Zerreißfestigkeit oder Zugfestigkeit wird
LI nur qualitativ erfaßt. Unter der Zerreißfestigkeit versteht man den Quotienten aus der Zerreißkraft und dem Querschnitt eines Stabes oder Flüssigkeitsfadens vor der Beanspruchung. Dieser Wert kann für Wasser erstaunlich hoch sein: $\sigma_{max} = 334 N/cm^2$. (12)

SI Eine luftfreie Wassersäule von $1 cm^2$ Querschnitt könnte also ca. 340m lang sein, bevor sie unter ihrer eigenen Gewichtskraft reißen würde.

LV Für einen Modellversuch zur Zerreißfestigkeit eignen sich kleine Scheibenmagnete, die man aneinanderhängen kann, bis die ganze Kette reißt.

Interessant die Erklärung der Festigkeit nach Aristoteles, der auch noch Galilei zustimmte, vgl. (21), Erster und zweiter Tag, S. 12f. Hier wird deutlich, wie sich die Widerlegung einer Theorie (horror vacui) in einem Bereich der Physik (Luftdruck) auf einen anderen auswirkt und hier der Theorie von den zwischenmolekularen Kräften zum Siege verhilft.

Aus den bisher betrachteten Beispielen ergibt sich zwanglos die Unterscheidung zwischen Kohäsion und Adhäsion. Dies führt zu den Erscheinungen bei benetzenden und nicht benetzenden Flüssigkeiten, wozu eine Fülle von Experimenten möglich ist, auf die wir hier nicht eingehen können. (62), (78), (79)

Bildung und Entstehung des Meniskus sollten aber auf jeden Fall untersucht werden, zumal damit ein den Schülern bereits bekanntes Phänomen geklärt wird. Hierzu dient V M72,2
LV in Verbindung mit den Abb. M72,1 und Abb. M73,1.

SI Wasser vermag leicht eingefettete Körper nicht zu benetzen. Dagegen benetzen die flüssigen Brennstoffe alle Körper vollkommen. Man findet deshalb auch niemals Staub auf ihrer Oberfläche.

LV Ein Gefäß, dessen Wände vollständig benetzt sind, wirkt als Heber. Hängt man einen dicken Faden oder einen Stofflappen über den Rand, dann wird der Vorgang beschleunigt.

SI Die quantitative Behandlung der Kapillarität ist auf der Sekundarstufe I nicht zu leisten. Es sind aber einige ergänzende Mitteilungen nötig, damit sich bei Schülern keine falschen Vorstellungen z.B. über die Auswirkung der Kapillarität bilden. Vielfach wird nämlich der Saftstrom in den Pflanzen auf die Kapillarität zurückgeführt. Diese spielt sicher eine Rolle, kann aber allein nicht verantwortlich sein für das Aufsteigen des Saftes in Bäumen von 30m Höhe und mehr.

LI Unter der Oberflächenspannung ζ (Zeta) versteht man den Quotienten aus der Arbeit ΔW, die für einen Oberflächenzuwachs ΔA erforderlich ist, und diesem Zuwachs ΔA.

Eine benetzende Flüssigkeit wird in ein Kapillarrohr bis zur Höhe h hineingezogen. Das Rohr habe den Durchmesser r. Denkt man sich die Flüssigkeitssäule um dh angehoben, dann vergrößert sich die Oberfläche um $2 \pi r \cdot dh$. Entsprechend gilt für die Arbeit $\Delta W_1 = 2 \zeta \pi r \cdot dh$. Infolgedessen erhöht sich die potentielle Energie um $\Delta W_2 = \varrho \pi r^2 g h dh$. Aus $\Delta W_1 = \Delta W_2$ folgt:

$$h = \frac{2 \zeta}{r \varrho g}.$$

ζ hat für Wasser den Wert $72,5 \cdot 10^{-3} N/m$ (bei 20 °C). Für die Steighöhe in einer Kapillarröhre mit Radius r erhält man demnach

$$h = \frac{2 \cdot 72,5 Nm^{-1} \cdot 10^{-3}}{1000 \frac{kg}{m^3} \cdot 9,81 \frac{m}{s^2}} \cdot \frac{1}{r}$$

$$h = 15 \cdot 10^{-6} m^2 \cdot \frac{1}{r}.$$

Hinweise zur LE 5: Molekularphysik

Nehmen wir einen Durchmesser der Kapillaren von $1\,\mu m = 10^{-6}$ m an, dann ergibt sich h = 30m. Man weiß aber, daß Poren mit einem solchen Durchmesser in Wirklichkeit Wassersäulen von 300m Länge tragen können. (80)

SI Als Transportwege für das Wasser dienen bei Pflanzen Gefäße, in denen sich geschlossene Wassersäulen bewegen mit einem Durchmesser bis zu 0,7mm und einer Höhe bis zu 10m, (80), (91). Bei 0,7mm Durchmesser betrüge die Steighöhe infolge der Kapillarwirkung 4,3cm.

Nehmen wir einen Porendurchmesser von $10\,\mu m$, dann errechnet man eine Steighöhe von 3m.

SI Man erhält also das wichtige Ergebnis, daß die Kapillarität zwar beteiligt, aber bei der Entstehung des Kapillarstroms in Pflanzen nicht das Entscheidende ist. (Näheres hierzu s. (80), (81), (91)).

Man erkennt auch, wie wichtig die hohe Zerreißfestigkeit luftfreien Wassers ist, denn ohne diese Eigenschaft wäre der Wasserhaushalt der Pflanzen nicht möglich.

Die vorstehende Überlegung macht darüber hinaus deutlich, daß ohne Messung und ohne mathematische Fassung des Vorgangs die Zusammenhänge nicht verstanden werden können. Bei einer rein qualitativen Betrachtung bestünde keine Veranlassung, an der Erklärung mit Hilfe der Kapillarität zu zweifeln.

Alle diese Erscheinungen und ihre Deutung durch zwischenmolekulare Kräfte führen zur Erkenntnis, daß die Oberflächenspannung stets die größte mit den Versuchsbedingungen verträgliche Verkleinerung der Flüssigkeitsoberfläche herzustellen sucht. Beispiele hierfür sind die Versuche V M74,3 und V M74,4.

LV Aber auch V M73,1, der nur als Lehrerversuch möglich ist, demonstrieren diesen Sachverhalt.

Vorausgehen kann das folgende Experiment:

LV In ein flaches Uhrglas wird etwas verdünnte Säure gegeben und mit einer Pipette ein feiner Strahl aus Quecksilber eingeleitet. Es bilden sich zunächst zahllose, feine Quecksilbertropfen von etwa 1mm Durchmesser. Der Versuch muß in einer Quecksilberwanne oder auf dem Tageslichtprojektor in einer Glasschale durchgeführt werden. Es tritt ruckweise eine Vereinigung der Tropfen ein, bis schließlich nur ein einziger großer Tropfen vorhanden ist. Das Quecksilber hat sich unter dem Einfluß der Oberflächenspannung auf das erreichbare Minimum an Oberfläche zurückgezogen.

LI Der Versuch zeigt aber noch zwei wesentliche Merkmale, die auch für physikalische Vorgänge aus anderen Bereichen charakteristisch sind:

1. Es ist nicht vorhersagbar, welcher der kleinen Tropfen sich im nächsten Moment mit dem großen Tropfen vereinigen wird. Über das Schicksal des einzelnen Individuums ist keine physikalische Aussage möglich.

2. Die Gesamtzahl der vorhandenen Tropfen vermindert sich dagegen nach einem experimentell verifizierbaren Exponentialgesetz:

$N(t) = N_o e^{\lambda t}$, λ Konstante, N_o Zahl der Tropfen zu Beginn des Vorgangs. Wie man leicht zeigt, ist die Zeit, nach der noch die Hälfte der Tropfen vorhanden ist, gegeben durch $t_H = \dfrac{\ln 2}{\lambda}$.

LV Zur Demonstration der Tropfenbildung (V M73,1) bringt man eine mit Wasser gefüllte Küvette vor den Kondensor eines Diaprojektors. Auf die Wasseroberfläche bringt man mit einer Pipette etwas Anilin ($C_6H_5NH_2$), das mit Fuchsin gefärbt ist. Es bildet sich an der Ausflußstelle zunächst ein Anilinfleck, dann eine sackförmige Wölbung, eine taillenartige Abschnürung und schließlich ein Tropfen. Erzeugt man auf diese Weise mehrere Anilintropfen nacheinander, so kann man diese zu einem großen Einzeltropfen (bis 3cm Durchmesser) vereinigen, der wegen seiner größeren Wichte langsam zu Boden sinkt. Erwärmt man vorsichtig, dann steigt die Anilinkugel wieder an die Oberfläche und verteilt sich wieder. Der Vorgang wiederholt sich dauernd, wenn man die Temperatur auf 80 °C hält. Im Falle der Erwärmung arbeitet man mit einem Becherglas und zeigt den Vorgang im Schattenwurf.

VT Freischwebende Kugeln, die zu einer einzigen Kugel oder mehreren größeren Kugeln vereinigt werden können, erhält man auch mit Hilfe von Olivenöltropfen, die man in ein Gemisch aus Alkohol und Wasser gibt ($\varrho_{öl} = 0,9\,g/cm^3$, $\varrho_w = 1\,g/cm^3$, $\varrho_{Alk} = 0,79\,g/cm^3$, Mischung Wasser/Alkohol: $G_w : G_{Alk} \approx 1:1$)

Entstehung der Reibung bei festen Körpern (5.3)

Die Reibung zwischen festen Körpern genügt gewöhnlich einfachen Gesetzen (vgl. M43). Ein universeller Mechanismus der Reibung

Hinweise zur LE 6: Mechanische Arbeit und Wärme – Energieerhaltungssatz

dürfte jedoch kaum existieren. Für Oberflächen verschiedener Art und Bearbeitung sind nämlich die Ursachen jeweils verschieden, so sind die Oberflächen von Metallen in Luft stets mit Oxiden, adsorbierten Gasen usw. verunreinigt. Dadurch ändern sich die Bedingungen völlig. Reine, erwärmte Metalloberflächen zeigen im Vakuum eine starke Gleitreibung, ungleich höher als unter gewöhnlichen Bedingungen.

In diesem Abschnitt wird deshalb die auf S. M43 entwickelte Vorstellung vom "Verhaken rauher Oberflächen" ergänzt durch die Wirkung zwischenmolekularer Kräfte. Eine weitergehende Beschäftigung mit dem Problem der Reibung erscheint nicht angebracht.

Es versteht sich von selbst, daß die Überlegungen dieses Abschnitts nur für <u>trockene Oberflächen</u> gelten. Bei geschmierten Oberflächen, die durch eine Flüssigkeitsschicht voneinander getrennt sind, entsteht die Reibungskraft auf Grund der Zähigkeit der Flüssigkeit. Hier liegt ein Mechanismus zugrunde, der mit Diffusion und Wärmeleitung vergleichbar ist. Es findet eine Impulsübertragung infolge der thermischen Bewegung der Moleküle von Bereichen mit größerer Strömungsgeschwindigkeit in Bereiche mit kleinerer Strömungsgeschwindigkeit statt. Auch diese Zusammenhänge können im Unterricht nicht zur Sprache kommen.

c) Neue Aufgaben und Fragen

1. Erkläre Bedeutung und Wirkung der Kapillarität an folgenden Beispielen: Petroleumlampe, Feuerzeug, Wassertransport im Erdboden.
L. Im Docht steigt die Flüssigkeit hoch. Die feinen Poren im Boden stellen Kapillarröhren dar. Bei Trockenheit führt die Kapillarität des Bodens Wasser aus tieferen Schichten nach oben. Feinporiger Boden nimmt das Wasser auf, im grobporigen Sand versickert es sofort.

2. Wie sieht die Form eines Wassertropfens und eines Quecksilbertropfens auf einer fettfreien Glasplatte aus? Erkläre sie!
L. Das Wasser benetzt, der Tropfen ist flach gewölbt. Das Quecksilber benetzt nicht, bildet einen abgeplatteten Tropfen (Gewichtskraft). Im ersten Fall überwiegt die Adhäsion, im zweiten Fall die Kohäsion. (Abb. 356,1)

3. Man erkläre die Wirkungsweise von Spülmitteln!

Abb. 356,1

Wasser   Quecksilber

L. Die Mittel setzen die Oberflächenspannung herab, d.h. die Kohäsion wird stark verringert: das Wasser benetzt.

4. Eine Wasseroberfläche wird mit Sägespänen bestreut. Man läßt einen Tropfen Spülmittel auf die bestreute Fläche fallen. Was ist zu beobachten? Wie kann man die Beobachtungen erklären?
L. Die Oberflächenspannung wird örtlich herabgesetzt. Dadurch werden die Kräfte zwischen den Flüssigkeitsteilchen dort stark verringert, die der umliegenden Teilchen nicht. Infolgedessen werden diese Teilchen in Richtung dieser Kräfte bewegt. Man beobachtet ein Auseinanderstreben der Sägespäne, sie geben ein kreisrundes Stück Wasserfläche frei.

5. Wie äußert sich die Oberflächenspannung bei einem sehr dünnen Wasserstrahl?
L. Der Wasserstrahl zerfällt in Tropfen.

d) Audiovisuelle Hilfsmittel

AT	Intermolekulare Kräfte	360122	(1)
AT	Oberflächenspannung	360127	(1)
F	Brownsche Bewegung	360024	(11)
F	Brownsche Bewegung in verschiedenen Medien	360025	(11)
F	Random Walk and Brownian Motion 3min50s	P80-2926/1	(18)
F	The Surface of Water 3min15s	P82-0068/1	(18)
F	Drops and Splashes 3min30s	P82-0076/1	(18)
AT	Oberflächenspannung und Haarröhrchenwirkung bei Wasser	8518	(13)

3.4.2.6 LE 6: Mechanische Arbeit und Wärme - Energieerhaltungssatz

a) Vorbemerkungen und Ziele

Im Zentrum dieser Lerneinheit steht der <u>Energiebegriff.</u> Die Schüler erleben beispielhaft die Entstehung neuer Begriffe (z.B. die Entstehung der Begriffe "Innere Energie", "Wärmemenge"), und sie erfahren durch die Übertragung des Energieprinzips der Mechanik auf Vorgänge nichtmechanischer Art die

Hinweise zur LE 6: Mechanische Arbeit und Wärme – Energieerhaltungssatz

Tragweite des Begriffs. Der Bogen wird gespannt von der Definition dieser Begriffe über physikalische Anwendungen (z. B. die Messung von Wärmemengen) und die historische Entwicklung des Energiebegriffs bis zu den technischen Anwendungen und der Bedeutung der Energie für unsere moderne Gesellschaft (Wärmeenergiemaschinen).

Viele werden aber doch die Frage stellen, weshalb dieses Kapitel der Wärmelehre im Rahmen des Blocks M "Mechanik" angesiedelt wurde, widerspricht dies doch der traditionellen stoffsystematischen Einteilung. Ein wesentlicher Grund ist, daß trotz mancher Bedenken die Einführung der Energieform Wärme über Innere Energie und Mechanische Arbeit, wenigstens zur Zeit noch, am leichtesten möglich erscheint, und daß außerdem die so definierte "Wärme" dem wissenschaftlichen Gebrauch entspricht.

Ferner werden durch die Verklammerung von Mechanik und Wärmelehre die einzelnen Gebiete nicht mehr isoliert nebeneinander betrachtet, sondern im Zusammenhang gesehen. Dadurch treten die übergeordneten Gesichtspunkte, wie z. B. der Energiebegriff, deutlicher hervor. Die Herausarbeitung solcher Strukturen ist ja nun auch das erklärte Ziel dieses Buchs (vgl. Kapitel 1.1.2 und Kapitel 3.4.1).

Gleichzeitig setzt diese Lerneinheit die im phänomenologischen Teil der Wärmelehre gewonnenen Erkenntnisse in der begrifflich mathematischen Ebene fort. Die Aufgliederung in einen phänomenologischen Teil und einen anspruchsvollen begrifflichen Teil bietet die Möglichkeit, die elementaren Wärmeerscheinungen auf einer niedrigeren Klassenstufe zu behandeln (z. B. bereits in Klasse 7), als es unter Einbeziehung z. B. des Begriffs "Wärmemenge" möglich wäre.

Falls die Lehrpläne die Verwendung des Begriffs "Wärmemenge" schon in früheren Klassenstufen vorschreiben, so ist auch in diesem Fall der Einsatz des Lehrbuchs möglich, wenn man von dem Differenzierungsangebot Gebrauch macht. Allerdings kann dann nur der Gesamtband oder die Ausgabe B verwendet werden.

Im Anschluß an das Kapitel W2.5 ("Vorgänge bei Änderung der Aggregatzustände") beschränkt man sich im wesentlichen auf das Fundamentum, d. h. auf die Seiten M80 und M81 einschließlich des Energieaustauschs durch Mischung (S. M83). Die Wärme wird eingeführt als Energie, die von einem Körper auf einen anderen übertragen wird. Anschauliche Grundlage sind Abb. M80.1 und die Versuche V M80,1 und V M81,1.

Bei späterer Behandlung der Lerneinheit sollte der Zugang zum Begriff Wärme über die mechanische Arbeit erfolgen, wobei zu überlegen ist, welche Teile von Kapitel 6.1 auch für das Fundamentum aufbereitet werden können (s. auch die entsprechenden Hinweise unter b).

b) Bemerkungen zu den einzelnen Themen

Mechanische Arbeit und innere Energie (6.1)

Der physikalische Hintergrund dieses und des folgenden Kapitels ist der 1. Hauptsatz der Wärmelehre. Er lautet:

In einem abgeschlossenen System, d. h. in einem System, dem von außen weder Energie zugeführt noch entzogen wird, in dem sich beliebige mechanische, thermische, elektrische, chemische oder sonstige physikalische Vorgänge abspielen, bleibt die vorhandene Gesamtenergie konstant. Die Zunahme bzw. Abnahme der Energie ist gleich der Summe der von außen zu- bzw. abgeführten Energie.

In der geschichtlichen Entwicklung dieses Prinzips waren die einzelnen Energien unabhängig voneinander definiert worden. Der experimentelle Nachweis, daß unabhängig von den gewählten Versuchsbedingungen und unabhängig von der Richtung der Energieumwandlung zwischen den verschiedenen Energien jeweils ein bestimmter zahlenmäßig erfaßbarer Zusammenhang besteht, spielte bei der Aufstellung dieses Satzes eine zentrale Rolle. Heute haben wir es gewissermaßen leichter, da man sich auf eine vielfältige Bestätigung des Energieprinzips stützen und es bei der Definition der verschiedenen Energieformen, z. B. der inneren Energie benutzen kann.

Um den oben genannten Sachverhalt quantitativ zu erfassen, müssen die Begriffe "innere Energie" und "Wärme" eingeführt werden. Es wäre nun denkbar, diese beiden Begriffe mit Hilfe einer mikroskopischen Theorie der zu beschreibenden Vorgänge näher zu kennzeichnen. Dieser Weg scheint uns aber zu schwierig und deshalb für die Sekundarstufe I und II nicht gangbar zu sein. Allenfalls wäre dies für ein ideales Gas zu leisten, bei dem die innere Energie vollständig durch die thermische Energie der Gasteilchen erfaßt werden kann. Aber auch dies ist bestenfalls auf der Sekundarstufe II möglich.

Es bleibt deshalb nichts anderes übrig, als auf der Grundlage makroskopischer Eigen-

Hinweise zur LE 6: Mechanische Arbeit und Wärme – Energieerhaltungssatz   S. M76–M77

schaften zweckmäßige Definitionen auszusprechen. Damit ist man auch nicht an spezielle Vorstellungen über den molekularen oder atomistischen Aufbau der Materie gebunden. Dies ist die Vorgehensweise der klassischen oder phänomenologischen Thermodynamik, die natürlich nur sinnvoll ist für Systeme, deren Abmessungen groß sind gegenüber molekularen Dimensionen und deshalb stets sehr viele Teilchen enthalten. (82)

Die Einführung des Begriffs "Wärme" oder des Begriffs "innere Energie" im Rahmen der phänomenologischen Thermodynamik schließt aber nicht aus, von Fall zu Fall und für bestimmte Vorgänge die Begriffe mikroskopisch oder aufgrund anderer Theorien zu deuten. In diesem Sinne kann "Wärme" durchaus etwas Verschiedenes bedeuten. So beinhaltet z.B. der Wärmeübergang durch Leitung die Summe von regellos verrichteten mechanischen Arbeiten bei der Weitergabe von kinetischer Teilchenenergie, die Wärmestrahlung jedoch die Übertragung von Energie mit Hilfe elektromagnetischer Wellen.

LI Bezeichnen wir die Wärme mit Q, die innere Energie mit U, die am System verrichtete mechanische Arbeit mit W, dann lautet der 1. Hauptsatz:

$Q = \Delta U - W$ oder $\Delta U = Q + W$

Zu dieser Aussage gelangt man in zwei Schritten:

1. Man denkt sich ein adiabatisches System, dessen Zustand sich nur durch Zufuhr oder Abgabe von mechanischer Arbeit ändern kann. Die mechanische Arbeit ist für ein solches System unabhängig von dem Weg, auf dem die Zustandsänderung erfolgte. In diesem Fall wird die Zustandsänderung erfaßt durch die innere Energie U, definiert durch die Gleichung:

$\Delta U = U_2 - U_1 = W_{ad}$ (Definition 1)

2. Für ein nicht adiabatisches System muß man zur Aufrechterhaltung des Energieprinzips eine Energieform postulieren, die ebenfalls zur Änderung der inneren Energie beiträgt. Sie heißt Wärme (Q). Es gilt dann: $Q = \Delta U - W$.   (Definition 2)
Die zugeführte Wärme ist gleich der Änderung der inneren Energie, vermindert um die am System verrichtete mechanische Arbeit. Man schreibt auch: $\Delta U = Q + W$

Die Definitionsgleichung für die innere Energie bzw. für die Wärme ist aber nur dann sinnvoll, wenn die Änderung der inneren Energie und damit die Wärmemenge durch andere Größen bestimmt werden kann. Die Zahl der Zustandsgrößen hängt natürlich von der Art des Systems ab. Je komplizierter der Aufbau eines Systems ist, um so größer ist auch die Zahl der sie charakterisierenden Zustandsgrößen.

Beschränkt man sich auf einfache Systeme, dann ist der Zustand durch zwei voneinander unabhängige intensive Zustandsgrößen (z.B. Druck p, Temperatur T) festgelegt. Treten aber z.B. chemische Reaktionen auf, dann sind noch zusätzliche Größen erforderlich.

LI Für ein solch einfaches System ist die auf das spezifische Volumen $v = V/m$ bezogene, innere Energie u ein Funktion der beiden Zustandsgrößen T und dem spezifischen Volumen v und es gilt für die spezifische innere Energie:

$$du = \left(\frac{\partial u}{\partial T}\right)_v dT + \left(\frac{\partial u}{\partial v}\right)_T dv.$$

Die partielle Ableitung $c_V(T,v) = \left(\frac{\partial u}{\partial T}\right)_v$

heißt spezifische Wärmekapazität bei konstantem Volumen.

Nun kann man Flüssigkeiten und Gase vielfach als einfache Systeme betrachten. Bei Flüssigkeiten ist außer bei der Verdampfung die Volumenänderungsarbeit gering, bei Wasser zwischen 0 °C und 100 °C beträgt ihr Anteil weniger als 0,01%o. Der zweite Term kann deshalb vernachlässigt werden. Bei Gasen muß man allerdings das Volumen künstlich konstant halten. Die Gleichung vereinfacht sich demnach zu

$dU = c_V m \, dT$ oder $\Delta U = c_V m \, \Delta \vartheta$.

Es ist also möglich, ΔU aus m und $\Delta \vartheta$ zu bestimmen, wenn man c_V aus der adiabatischen Zustandsänderung $\Delta U = W_{ad} = c_V \cdot m \cdot \Delta \vartheta$, d.h. mit Hilfe eines mechanischen Arbeitsprozesses (Reibung) ermittelt. (83)

Es versteht sich von selbst, daß die hier dargestellten physikalischen Zusammenhänge in der vorliegenden Form im Unterricht der Sekundarstufe I natürlich nicht gebracht werden können. Sie zeigen aber, daß die im Schülerbuch gegebene Elementarisierung zulässig ist.

Die wesentlichen Begriffe werden dort in mehreren Schritten erarbeitet:

1. Eine Reihe von Erfahrungen führen zur Definition der inneren Energie für einen adiabatischen Prozeß
2. Experimentelle Herleitung der Gleichung $\Delta U = cm \Delta \vartheta$ für einen Sonderfall (zugeführte Energie wird vollständig oder nahezu

Hinweise zur LE 6: Mechanische Arbeit und Wärme – Energieerhaltungssatz S. M77-M79

vollständig in thermische Energie verwandelt)
3. Definition der Wärmemenge, kinetische Deutung des Wärmeübergangs durch Leitung
4. Erwärmungsgesetz
5. Spezifische Wärmekapazität
6. Anwendungen

Man kann anknüpfen an die in der Wärmelehre benutzte Sprachregelung. Dort wurden mit dem Wort "Wärme" Wärmevorgänge beschrieben, die durch Temperaturänderungen bzw. Phasenänderungen gekennzeichnet waren. (vgl. S. W17, W27, W32 und W33).

Die quantitative Erfassung dieser Vorgänge wird möglich, wenn man bedenkt, daß durch Reibungsarbeit Körper erwärmt werden können. Dies ist der Ausgangspunkt im Kapitel M6.1, wo auf die Erfahrungen der vorhergehenden Unterrichtsabschnitte zurückgegriffen und gleichzeitig an die historische Situation, als Graf Rumford und Robert Mayer ihre Untersuchungen anstellten, erinnert wird.

Aus den Vorüberlegungen von S. M76 ergeben sich die Lehrerversuche V M77,1 und 77,2, die den Begriff "innere Energie" vorbereiten. Abb. M76,1 untermauert die Beobachtungen durch Beispiele aus der Technik.

Die Definition der inneren Energie muß der Lehrer initiieren. Man kann nicht erwarten, daß die Schüler von sich aus eine neue Energieform einführen, zumal die umgangssprachliche Bedeutung von "Wärme" eine Identifizierung mit der inneren Energie nahelegt. Hier muß der Lehrer die Schüler daran erinnern, daß mit der Festlegung des Gebrauchs der Vokabel "Wärmezufuhr" bzw. "Wärmeabgabe" für Vorgänge, die eine Zustandsänderung herbeiführen, bereits über den Begriff "Wärme" verfügt wurde. Man kann ihn dann nicht gleichzeitig zur Beschreibung eines Zustands verwenden. Als Zustandsgröße wurde im Kap. W2 bereits die Temperatur eingeführt. Sie allein reicht aber nicht aus, um den "Wärmezustand" eines Körpers zu erfassen. Dies
LV zeigt vor allem V M77,2, denn es dauert wesentlich länger, bis man durch Rühren bei einer größeren Wassermenge die gleiche Temperaturerhöhung erzielt hat.

Auf S. M39 wurde nicht nur die Arbeit betrachtet, die an einem Körper verrichtet wird, sondern auch die Arbeit, die dieser Körper wieder verrichten kann. Das letztere erst, nämlich die Fähigkeit der Körper, Arbeit verrichten zu können, veranlaßte die Einführung des Energiebegriffs.

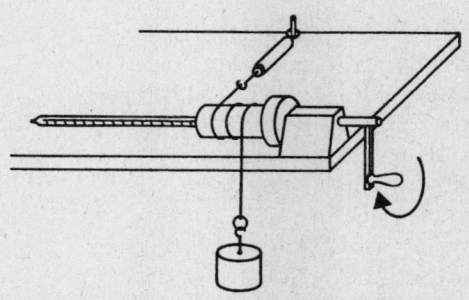

Abb. 359,1 Gerät zur Ermittlung des Zusammenhangs zwischen mechanischer Arbeit und innerer Energie

Dieser Sachverhalt wird auf Seite M77 nicht angesprochen. Hier wird vielmehr das Prinzip der Erhaltung der Energie benutzt, das bei den entsprechenden früheren Überlegungen (vgl. S. M38 und M39 links) noch nicht zur Verfügung stand. Sollten die Schüler das Problem zur Sprache bringen, dann muß man V M79,1
LV und V M79,2 demonstrieren.

LV Die experimentelle Herleitung der Beziehung $W = cm \, \Delta \vartheta$ hängt von der experimentellen Ausstattung ab. Die Lehrmittelfirmen bieten Hohlkörper oder Metallvollzylinder unterschiedlicher Größe an (z. B. Leybold, Bestell-Nr. 388 00 und 388 01, Dr. Kröncke, Bestell-Nr. 151 201 und 151 211), mit denen die Versuche durchgeführt werden können.

Die Zylinder sind waagrecht gelagert und können mit einer Kurbel gedreht werden. Um die Zylinder wird eine Nylonschnur gewickelt, an das eine Ende ein Wägestück von etwa 50N gehängt und das andere wie in Abb. 359,1 an einer Feder befestigt oder mit der Hand festgehalten.

Zur Demonstration der Wirkungsweise im Vorversuch läßt man bei blockierter Kurbel das Gewichtsstück langsam zu Boden sinken, indem man die Schnur von Hand über den Zylinder rutschen läßt. Die Energie des Gewichtsstücks verringert sich dabei um $W = G \cdot h$, eine gleich große Reibungsarbeit wird vom Gewichtsstück verrichtet. Die innere Energie des Zylinders wird durch die Reibungsarbeit erhöht, die Temperatur erhöht sich dabei um etwa 0,2 K.

LV Im Hauptversuch zum Nachweis der Proportionalität zwischen verrichteter mechanischer Arbeit und Temperaturerhöhung des Zylinders, läßt man das Gewichtsstück nicht zu Boden sinken, sondern dreht stattdessen bei ruhender Schnur den Zylinder.

Entsprechend verfährt man, um den Einfluß der Masse zu bestimmen. Man tauscht zu dem Zweck den Vollzylinder gegen einen anderen aus, der eine größere Masse besitzt.
Ergebnis: $W = \Delta U = c \cdot m \cdot \Delta \vartheta$, $Q = 0$.

Hinweise zur LE 6: Mechanische Arbeit und Wärme – Energieerhaltungssatz   S. M79–M80

Energieübertragung durch

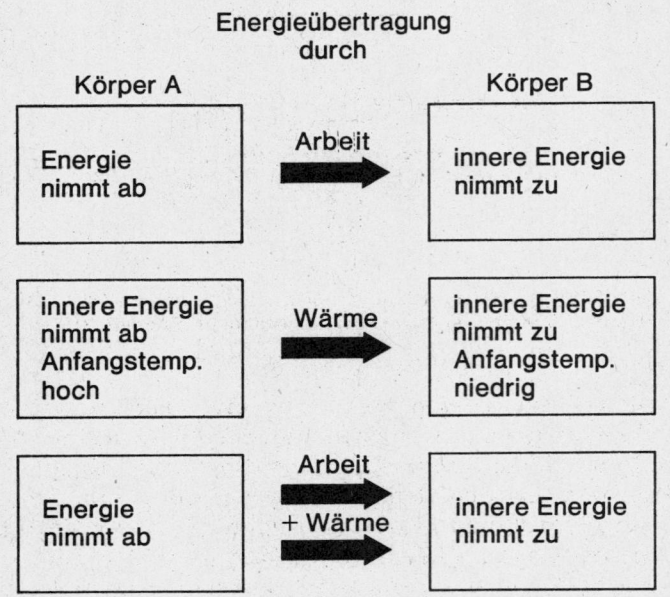

Körper A		Körper B
Energie nimmt ab	Arbeit →	innere Energie nimmt zu
innere Energie nimmt ab, Anfangstemp. hoch	Wärme →	innere Energie nimmt zu, Anfangstemp. niedrig
Energie nimmt ab	Arbeit + Wärme →	innere Energie nimmt zu

Abb. 360,1 Schematische Darstellung der Energieübertragung durch mechanische Arbeit oder Wärme

Wärme und Wärmemenge – spezifische Wärmekapazität (6.2)

Nach dem vorhergehenden ist klar, wie nun der Begriff "Wärme" definiert wird. Man betrachtet den Sonderfall, daß an dem Körper keine mechanische Arbeit verrichtet wird. In diesem Fall heißt die zugeführte Energie Wärme, gemessen durch $Q = \Delta U = c \cdot m \cdot \Delta \vartheta$, $W = 0$.

Mit einer leistungsstarken Gruppe können in höheren Klassenstufen die Ergebnisse zusammengefaßt werden zum 1. Hauptsatz der Wärmelehre:

Die zugeführte Wärme erhält man aus der Änderung der Energie unter Berücksichtigung der evtl. gleichzeitig verrichteten mechanischen Arbeit. ($Q = \Delta U - W$)

In einer Übersicht werden nun die verschiedenen Energien zusammengestellt

Existenzformen der Energie (die in einem System enthaltene Energie)	kinetische Energie E_k	potentielle Energie E_p	innere Energie U
Austauschformen der Energie (sie gehen von einem System zu einem anderen über)	mechanische Arbeit (Verschiebungsenergie) W	Wärme Q	

Die Schüler müssen erfahren, daß diese Übersicht nicht vollständig ist. Zu den Existenzformen zählen noch die elektrische Feldenergie eines Kondensators und die magnetische Feldenergie einer Spule; zu den Austauschformen z.B. die elektrische Arbeit (Energie), die chemische Energie und die Lichtenergie.

Auch die Erhöhung der inneren Energie durch Übertragung von Energie in Form von Arbeit oder Wärme sollte schematisch dargestellt werden, um die Unterschiede und den Zusammenhang zwischen diesen Größen zu verdeutlichen (Abb. 360,1).

Die in den beiden Kapiteln M 6.1 und M 6.2 gestellten Anforderungen sind nicht gering zu veranschlagen. Die Art der Behandlung hängt natürlich auch davon ab, in welcher Klassenstufe sie erfolgt. Deshalb wurden beide Kapitel nur für die erste bzw. zweite Erweiterung vorgesehen. So kann der Lehrer entscheiden, welches Anspruchsniveau angemessen ist. Ist die quantitative Darstellung des Energiebegriffs für einen späteren Zeitpunkt vorgeschrieben (Klasse 9 oder 10), dann sollte man auch im Fundamentum den Begriff der inneren Energie erarbeiten. In

LV diesem Fall empfiehlt es sich, mit V M76,1 zu beginnen. Die innere Energie wird im Anschluß an V M77,1 und V M77,2 eingeführt, und zwar so, wie es im gelb unterlegten Text auf S. M77 geschieht. Auf die Gleichung (M77,1) kann man verzichten.

In Klasse 8 dagegen muß der Begriff Wärme in einem stark vereinfachten und verkürztem Lehrgang behandelt werden. Man geht z.B. von einer Versuchsanordnung nach Abb. M80,2 aus, teilt den Schülern mit, daß man auch hier von einer Energieübertragung spricht, die zwischen Tauchsieder und Wasser erfolgt. Die übertragene Energieform wird Wärme genannt. Wer das Erwärmungsgesetz für zu schwierig hält, kann sich zunächst mit der Angabe der Einheit der Wärmemenge begnügen und den physikalischen Inhalt der Gleichung (M80,1) folgendermaßen veranschaulichen:

1. Um die Temperatur von 1 kg Wasser um 1K zu erhöhen sind 4186,8 Joule (ca. 4,2 kJ) nötig.
2. Erwärmt man x kg Wasser um 1K, dann sind $x \cdot 4,2$ kJ erforderlich.
3. Soll 1 kg Wasser um yK erhitzt werden, dann müssen $y \cdot 4,2$ kJ zugeführt werden.
4. Erwärmt man $x \cdot$ kg Wasser um $y \cdot$ K, dann sind $x \cdot y \cdot 4,2$ kJ notwendig.

Mit diesen Angaben können alle folgenden kalorimetrischen Versuche, die als Lehrer-

Hinweise zur LE 6: Mechanische Arbeit und Wärme – Energieerhaltungssatz S. M80-M82

und als Schülerversuche möglich sind, durchgeführt werden.

SV Im Fundamentum sollte man V M80, 1 auch mit verschiedenen Wassermengen durchfüh-
SV ren lassen, bevor man zu V M81, 1 übergeht. Die Schüler gewinnen dadurch Sicherheit im Umgang mit Gleichung (80, 1) bzw. mit der hier gegebenen Umschreibung dieser Formel.

Die verschiedene Erwärmbarkeit der Stoffe - besser ist es, vom Wärmebedarf zu sprechen - wird durch vielfältige Erfahrungen belegt. So werden Steine am Fluß- oder Seeufer in der Sonne schneller heiß als das Wasser. Im Sommer erwärmt sich das Land schneller als das Meer: Zur Erwärmung von Körpern gleicher Masse um die gleiche Temperaturstufe sind verschiedene Wärmemengen nötig. Umgekehrt erniedrigt sich die Temperatur z.B. des Meeres im Vergleich zum Land im Winter nicht zu schnell. Dies bedeutet, daß das Meer eine größere Energiemenge in Form von Wärme abgeben kann als das Land, wenn es sich um eine bestimmte Temperaturstufe abkühlt.

Die Auswertung von Versuch V M81, 1 führt zu zwei zweckmäßigen Begriffsbildungen, dem Begriff der spezifischen Wärmekapazität und dem der Wärmekapazität eines Körpers. Leider hat man sich nicht dazu entschließen können, andere Bezeichnungen für diese beiden Größen zu wählen. So besteht stets die Gefahr, daß die Schüler von der Wortbedeutung her auch den physikalischen Sinn erfassen wollen. Das Wort "Wärmekapazität" legt die Vorstellung nahe, daß damit die "Wärmeaufnahmefähigkeit" eines Körpers bezeichnet werde, die angibt, wieviel "Wärme" in einem Körper enthalten ist. Genau dies entspricht aber nicht der physikalischen Bedeutung. Sie gibt an, welche Energiemenge in Form von Wärme übertragen werden muß, damit die Temperatur dieses Körpers sich um 1 K erhöht.

Erfahrungsgemäß bereiten Begriffe wie die spezifische Wärmekapazität wegen der komplizierten Einheit kJ/(kg · K) (in Worten: Kilojoule durch Kilogramm mal Grad Kelvin) große Schwierigkeiten.

Nicht immer aber sind die mathematischen und begrifflichen Voraussetzungen gegeben, in der Reihenfolge vorzugehen, wie es auf S. M81 im Schülerbuch vorgeschlagen wird, d.h. die Gleichung $Q = cm \cdot \Delta \vartheta$ nach c aufzulösen und c aus den gemessenen Werten für Q, m und $\Delta \vartheta$ zu errechnen.

In diesem Fall sollte man zunächst nur den Wärmebedarf Q ermitteln, der zur Erhöhung der Temperatur eines Körpers um eine bestimmte Stufe $\Delta \vartheta$ benötigt wird.

So sind z.B. für eine Glyzerinmenge von 0, 5 kg 48 kJ nötig, um eine Temperaturerhöhung von 39, 6 K zu erzeugen (vgl. V M81, 1)

Der Wärmebedarf für 1K beträgt demnach: 48 kJ/39, 6 K = 1, 2 kJ/K. Für jeweils 1K Temperaturerhöhung sind 1, 2 kJ notwendig.

Diese Überlegung führt zur Definition der Wärmekapazität als Quotient aus Wärmemenge und Temperaturerhöhung: $C = Q/\Delta \vartheta$.

Im nächsten Schritt wird der Einfluß der Masse untersucht. Um verschiedene Stoffe bezüglich ihres Wärmebedarfs miteinander vergleichen zu können, muß man die Wärmekapazität auf die gleiche Masse beziehen, also jeweils 1 kg eines Stoffes betrachten. Man erhält diese "spezifische Größe", indem man die Wärmekapazität C durch m dividiert: $c = C/m$.

Für obiges Beispiel:
$c = 1,2 \frac{kJ}{K} / 0,5 \, kg = 2,4 \frac{kJ}{kg \cdot K}$.

Die Abhängigkeit der spezifischen Wärmekapazität von der Temperatur wird nicht thematisiert, zumal sie in dem betrachteten Temperaturintervall zwischen 0°C und 100°C bei vielen Stoffen nahezu konstant ist. Kohlenstoff z.B. macht eine Ausnahme, seine spezifische Wärmekapazität steigt in dem genannten Temperaturbereich mit der Temperatur erheblich an. Daß die spezifischen Wärmekapazitäten mit sinkender Temperatur ($T \rightarrow 0$ K) gegen Null konvergieren, ist eine Folge des dritten Hauptsatzes der Thermodynamik. Näheres hierzu s. (76).

Für die verwendeten Stoffe und für den betrachteten Temperaturbereich ist aber die vereinfachte Betrachtungsweise zulässig, die von der Konstanz der spezifischen Wärmekapazitäten Gebrauch macht.

Messung von Wärmemengen (6.3)

In diesem Abschnitt geht es um die Anwendung der in den vorhergehenden Kapiteln gewonnenen Erkenntnisse. Er umfaßt die klassischen Versuche zur Bestimmung der Schmelz- und Verdampfungswärme und die altbekannten Mischungsversuche. Diese Versuche bildeten früher den Schwerpunkt eines Teilgebiets der Schulphysik, das mit Kalorimetrie bezeichnet wurde. Die Bezeichnung ist nach wie vor zutreffend. Wenn auch nicht mehr die Anzahl der Kalorien ermittelt wird, so handelt es sich doch um die Messung von Wärmemengen (Kalorimetrie: lat. calor = Wärme; gr. metron = Maß).

Hinweise zur LE 6: Mechanische Arbeit und Wärme – Energieerhaltungssatz S. M82–M84

Alle Versuche des Kapitels können von Schülern durchgeführt werden. Bei gegebenen Voraussetzungen ist arbeitsteiliger Unterricht möglich. Man bildet 4 oder 5 Schülergruppen, jede Gruppe bearbeitet einen der angegebenen Versuche. V M83, 2 kann auch mit Aluminium oder Blei durchgeführt werden. Als Versuchsanleitung kann der Text im Schülerbuch dienen. Die Gruppen berichten anschließend über ihre Ergebnisse, im gemeinsamen Unterrichtsgespräch werden diese diskutiert und zusammengefaßt.

Insbesondere wird noch einmal herausgearbeitet, daß man bei der Aufstellung der <u>Energiebilanzen</u> stets vom Energieerhaltungssatz Gebrauch macht.

LV Falls genügend Zeit vorhanden ist, demonstriert der Lehrer oder eine Schülergruppe die Bestimmung der Kondensationswärme nach Aufgabe M84, 6 (vgl. Lösungen und Hinweise zu den Aufgaben, S. 83). Der Verschlußkorken des Kalorimeters muß eine dritte Bohrung besitzen.

Wir geben folgendes Versuchsbeispiel: Im Kalorimeter seien 500 g Wasser von 15°C. Durch Einleiten von Wasserdampf, der mit heftigem Knallen im Wasser des Kalorimeters kondensiert, steigt die Temperatur auf 75°C an. Eine Wägung ergibt, daß die Masse des im Kalorimeter enthaltenen Wassers um 54 g zugenommen hat. Dann erhält man die folgende <u>Energiebilanz:</u>

Vom Wasser aufgenommene Wärmemenge:
$4,2 \cdot 500 \cdot 60$ J $= 126$ kJ.

Die abgegebene Wärmemenge setzt sich zusammen aus der Kondensationswärme und der Wärmemenge, die durch Abkühlen von 54 g Wasser von 100°C auf 75°C an die Wassermenge von 500 g übergegangen sind.

Abgegebene Wärmemenge: $L_k + 4,2 \cdot 54 \cdot 25$ J
$= L_k + 5,67$ kJ.

Gleichsetzen dieser Wärmemengen liefert
$L_k = 126$ kJ $- 5,67$ kJ ≈ 120 kJ.

Bezogen auf 1 g:
$l_k = \dfrac{L_k}{m} = 120$ kJ$/54$ g $\approx 2,2$ kJ$/$g.

Im Rahmen der Versuchsgenauigkeit wurde hiermit bestätigt, daß die spezifische Kondensationswärme gleich ist der spezifischen Verdampfungswärme.

SV Der Mischungsversuch V M83, 1 bestätigt ebenfalls den Energieerhaltungssatz. Zur Verdeutlichung sollte man auch hier eine <u>Energiebilanz</u> aufstellen. Wir zeigen dies für den ersten und dritten Teilversuch:

Energiebilanz für den ersten Versuch:

Abgegebene Wärmemenge:

$Q_1 = 4,2 \cdot 500 \cdot 20,4$ J ≈ 43 kJ

(ausführlich: $Q_1 = 4,2 \dfrac{J}{g \cdot K} \cdot 500$ g $\cdot 20,4$ K)

Aufgenommene Wärmemenge:

$Q_2 = 4,2 \cdot 500 \cdot 19,6$ J ≈ 41 kJ.

Die Differenz beträgt 2 kJ. Diese Wärmemenge ist erforderlich, um das Kalorimeter von 20°C auf 39,6°C zu erwärmen. Seine Wärmekapazität beträgt demnach

$C = \dfrac{2 \text{kJ}}{19,6 \text{K}} \approx 0,1 \dfrac{\text{kJ}}{\text{K}}.$

Energiebilanz für den dritten Versuch:

Abgegebene Wärmemenge:

$Q_1 = 4,1 \cdot 100 \cdot 21,8$ J $\approx 9,2$ kJ.

Aufgenommene Wärmemenge:

$Q_2 = 4,2 \cdot 100 \cdot 18,2$ J $\approx 7,6$ kJ

$C = \dfrac{1,6 \text{ kJ}}{18,2 \text{K}} \approx 0,1 \dfrac{\text{kJ}}{\text{K}}.$

Man erhält in beiden Fällen im Rahmen der Meßgenauigkeit denselben Wert für die Wärmekapazität des Kalorimeters.

Die Entwicklung des Energiebegriffs (6.4)

Die Zielsetzung dieses Kapitels kann folgendermaßen charakterisiert werden: Die Schüler sollen erkennen,

- daß bei physikalischen Prozessen stets <u>Energieumwandlungen</u> stattfinden, nicht aber – wie vielfach mißverständlich gesagt wird – <u>Energieerzeugung</u> oder <u>Energievernichtung.</u>
- daß es einer <u>langen historischen Entwicklung bedurfte bis zur Formulierung des Energieerhaltungssatzes.</u>

Zur Realisierung des ersten Ziels werden zunächst in einer Art Rückschau alle Energieformen und Energieumwandlungen zusammengestellt, welche die Schüler bereits kennengelernt haben. Sie werden ergänzt durch weitere Energieformen und Umwandlungsprozesse, die im Unterricht noch nicht besprochen worden sind. Dies erscheint hier zulässig, da der Energiebegriff durch die intensive Beschäftigung mit einigen Beispielen gefestigt ist und dadurch eine Übertragung auf andere Bereiche ermöglicht. In einer weitergehenden Betrachtung können die Formen der abgegebenen bzw. aufgenommenen Energie der Änderung gegenübergestellt werden, die sie bei einem Gerät oder einem Vorgang bewirken (s. Tabelle).

Hinweise zur LE 6: Mechanische Arbeit und Wärme – Energieerhaltungssatz   S. M84-M87

Form der abgegebenen bzw. aufgenommenen Energie	Gerät / Vorgang	Änderung
elektrische Arbeit	Auf- und Entladen eines Akkus	Änderung des Plattenbelags und der Dichte der Flüssigkeit
Wärme	Erwärmen und Schmelzen eines Metalls	Änderung des Volumens, des Aggregatzustandes
	Erwärmen und Verdampfen von Wasser	Änderung der Temperatur, der Dichte, des Aggregatzustandes
Wärme	Erwärmen eines Gases	Änderung der Temperatur, des Druckes
	Erwärmen von präpariertem Papier oder Flüssigkristallen	Änderung der Farbe
Wärme / Licht	Strahlung der Sonne, einer Lampe	Änderung der Temperatur von Gegenständen
Licht	Belichten eines Filmes	Änderung der chemischen Zusammensetzung der lichtempfindlichen Schicht
chemische Energie	Auftanken eines Autos	Änderung des Gewichts
	Nahrungsaufnahme eines Lebewesens	Änderung des Gewichts, der Größe
mech. Arbeit (Beschleunigungsarbeit)	Beschleunigen und Bremsen eines Autos	Änderung der Geschwindigkeit
mech. Arbeit (Drehung)	Beschleunigen und Bremsen eines Schwungrades	Änderung der Drehgeschwindigkeit
mech. Arbeit (Verschiebung)	Heben einer Last	Änderung der Höhe
	Spannen einer Feder	Änderung der Länge

Eine genauere Analyse der in der Tabelle aufgeführten Beispiele macht noch einen Sachverhalt deutlich, der die Redeweise von der Energieerzeugung oder der Energievernichtung in einem anderen Licht erscheinen läßt, als es vom Standpunkt der Energieerhaltung gerechtfertigt wäre.

Betrachtet man nämlich z. B. die chemische Energie, die im Öl, das wir zum Heizen der Wohnungen verwenden, oder im Benzin, das zum Betrieb eines Autos benötigt wird, enthalten ist, so wird diese Energie letzten Endes voll an die Umgebung abgegeben. Die Energie ist damit "wertlos" geworden.

Man erkennt, daß Energieumwandlung durchaus auch mit Vernichtung von Energie verbunden sein kann, nämlich mit der Vernichtung nutzbarer, wertvollerer Energie. Diese Energie, mit der man etwas anfangen kann, meint man nämlich, wenn man von Energieproduktion und von Energiebedarf spricht.

LI Die folgenden Energie-Matrix (nach Prof. E. Justi) enthält alle denkbaren Formen von direkter Energieumwandlung. In den einzelnen Feldern sind die Prozesse oder Techniken angegeben, welche die links aufgeführten Energieformen in die oben genannten Energieformen überführen.

Zur Verwirklichung des zweiten Ziels kann man keinen bestimmten Weg empfehlen. Es hängt zu sehr von der Interessenlage der Schüler und den Neigungen des Lehrers ab, wie weit man auf die Entwicklung des Energiebegriffs, die ohnehin nur stark verkürzt geschildert werden kann, im Unterricht eingeht. Zwei Gesichtspunkte sollten allerdings herausgestellt werden:

1. die geschichtliche Bedingtheit der physikalischen Begriffe. Dies wird z.B. erkennbar am Beispiel der Begriffe "Wärmekapazität", "Wärmespeicher", "latente

Hinweise zur LE 6: Mechanische Arbeit und Wärme – Energieerhaltungssatz   S. M84-M87

LI   Energie-Matrix

von ↓ \ zu →	Mechanische Energie	Thermische Energie	Lichtenergie	Elektrische Energie	Chemische Energie
Mechanische Energie →	Einfache Maschinen	Reibung, Wärmepumpe, Kältemaschine	Tribolumineszens	Dynamomaschine, Mikrophon ✗	
Thermische Energie →	Wärmekraftmaschine ✗	Absorptionskältemaschine	Glühen	MHD-Generator, Seebeck-Effekt, Thermionik ●	Endotherme chemische Reaktionen
Lichtenergie →	Radiometer	Lichtabsorption ●	Fluoreszenz	Sperrschichtphotozelle (Sonnenzelle)	Photosynthese, Photodissoziation
Elektrische Energie →	Elektromotor, Elektroosmose, MHD-Pumpe	Peltier-Effekt, Thomson-Effekt	Spektrallampe, Leuchtstoffröhre	Speicherung im Akkumulator od. Pumpspeich. ✗	Elektrolyse, Elektrodialyse ●
Chemische Energie →	Osmose, Muskel	Exotherme chem. Reakt. spez. Verbrennung ✗	Chemolumineszenz (Leuchtkäfer)	Galvanische u. spez. Brennstoffelemente ●	Frühreaktionen in Brennstoffelementen

Für die Umwandlung von mechanischer Energie in chemische Energie gibt es keinen direkten Prozeß.

✗ Umwandlungsschritte der konventionellen Energieversorgung

● Umwandlungsschritte für unkonventionelle Energieversorgung, die in der Zukunft möglicherweise Bedeutung erlangen werden.

Wärme", im Grunde auch an Bezeichnungen wie "Wärmezufuhr", "Wärmeabgabe". Alle diese Bezeichnungen gehen auf die Vorstellung zurück, daß Wärme als Stoff zu betrachten sei.

Daß die Wärmelehre in ihrem begrifflichen Rahmen auch anders aussehen könnte, und zwar auch vom heutigen Standpunkt aus, zeigt das Buch von W. Job: "Neue Darstellung der Wärmelehre". (90)

2. die Abhängigkeit der Forschungen von philosophischen Einstellungen oder Auffassungen der Forscherpersönlichkeit. Als Repräsentanten zweier Grundhaltungen werden in diesem Kapitel zwei Forscher näher charakterisiert, der Naturphilosoph Robert Mayer und der Empiriker James Prescott Joule. R. Mayer war von vornherein überzeugt, daß das Energieprinzip allgemeingültig sei und in dieser Überzeugung wendete er es an. Joule setzte seinen Ehrgeiz vor allem darin, durch eine Fülle sinnreich angelegter Experimente den Energiesatz empirisch zu sichern (86), (89).

LI Die Auffassung Robert Mayers kommt in folgendem Zitat gut zum Ausdruck:

"In dem erwähnten Aufsatz (gemeint ist: Bemerkungen über die Kräfte der unbelebten Natur) ist das hierher gehörige Naturgesetz auf einige Grundvorstellungen des menschlichen Geistes zurückgeführt worden. Der Satz, daß eine Größe, die nicht aus Nichts entsteht, auch nicht vernichtet werden kann, ist so einfach und klar, daß gegen seine Richtigkeit wohl so wenig als gegen ein Axiom der Geometrie etwas Begründetes wird eingewendet werden können, und wir dürfen ihn so lange als wahr annehmen, als nicht etwa durch eine unzweifelhaft festgestellte Tatsache das Gegenteil erwiesen ist. Es ist nun ein Erfahrungssatz, daß sowohl die Bewegung als die Wärme nur unter dem Aufwande eines meßbaren Objektes entsteht, und daß in unzähligen Fällen Bewegung verschwindet, ohne daß dabei etwas anderes als Wärme zum Vorschein kommt. Das aufgestellte Axiom fordert also jetzt, daß die verschwindende Bewegung zu Wärme wird, oder daß mit anderen Worten diese beiden Objekte in einer unveränderlichen Größenbeziehung stehen.

Hinweise zur LE 6: Mechanische Arbeit und Wärme – Energieerhaltungssatz

Die Prüfung dieses Satzes auf dem Erfahrungswege, die Feststellung desselben in allen Einzelfällen, der Nachweis einer zwischen den Denkgesetzen und der objektiven Welt bestehenden vollkommenen Harmonie, ist die interessanteste, aber auch umfassendste Aufgabe, die sich finden läßt."
((84), S. 248)

Mayer betont zwar die Notwendigkeit einer umfassenden empirischen Überprüfung, das Energieprinzip wurde aber von ihm, ausgehend von "Grundvorstellungen des menschlichen Geistes", aufgestellt, bevor die empirische Grundlage gegeben war.

Mayer wurde stark angefeindet. Seine Vorstellungen wurden nicht begeistert aufgenommen, sondern hatten sich gegen mannigfache Widerstände zu behaupten. So schrieb z. B. der Physiker Dr. O. Seyffer in der "Allgemeinen Zeitung" zu Augsburg im Jahre 1849:

"... daß eine wirkliche Metamorphosierung zwischen Wärme und Bewegung stattfinde, ist ein vollkommen unwissenschaftliches, allen klaren Ansichten über die Naturtätigkeit widersprechendes Paradoxon."
((84), S. 231)

Rund zehn Jahre später, also um 1860, war die Entscheidung endgültig zugunsten der neuen Theorie gefallen. (56)

Am Beispiel der Entwicklung des Energieprinzips lassen sich also historische und geistesgeschichtliche Zusammenhänge besonders gut darstellen (vgl. auch die Bemerkungen hierzu im Kapitel 1.2.1 und 1.2.2.) Anregungen findet man in (86), (87), (88), (89).

Der Stand der Wissenschaft in der Zeit vor Robert Mayer wird in einer Abhandlung über die Wärme von LAVOISIER (1743-1794) und LAPLACE (1749-1827) aus dem Jahre 1780 deutlich: "Die Physiker sind sich über das Wesen der Wärme nicht einig. Einige betrachten sie als ein in der ganzen Natur auftretendes Fluidum, das alle Körper mehr oder weniger stark durchdringt ... Andere Physiker glauben, daß die Wärme nur das Ergebnis unmerklicher Bewegung der Moleküle der Materie darstellt. Man weiß, daß die Körper, auch sehr dichte, mit einer großen Zahl von Poren durchsetzt sind, deren Volumen dasjenige der Materie, welche sie umschließt, beträchtlich übersteigen kann. Diese leeren Zwischenräume erlauben nun den nicht feststellbaren Teilchen, die sich in dauernder Bewegung befinden, frei nach allen Richtungen zu schwingen, und es ist nur natürlich, sich vorzustellen, daß diese Teilchen sich in dauernder Bewegung befinden, welche, sofern sie bis zu einem gewissen Punkte zunimmt, die Körper zersetzen und sie zerfallen lassen kann. Diese innere Bewegung stellt nach Ansicht der Physiker, von denen wir jetzt sprechen, die Wärme dar."

"Wir wollen damit keine Entscheidung zugunsten einer der beiden vorhandenen Hypothesen treffen. Einige Phänomene scheinen eher für die letztere zu sprechen, so z. B. das Entstehen von Wärme durch die Reibung zweier fester Körper. Es gibt jedoch auch andere Tatsachen, welche sich durch die erstere viel einfacher erklären lassen. Vielleicht haben auch beide gleichzeitig Geltung." (85)

Laplace hielt während seines ganzen Lebens an der falschen Hypothese der substantiellen Wärme fest und zog daraus Folgerungen von überraschender Genauigkeit.

Wärmeenergiemaschinen (6.5)

Die Schüler sollen in diesem Kapitel die technische Wirkungsweise einiger Wärmeenergiemaschinen im Prinzip kennenlernen und auf die gesellschaftliche Bedeutung dieser Energiewandler in Vergangenheit und Gegenwart aufmerksam gemacht werden.

Sie erfahren, welche Bedeutung dem Begriff des Wirkungsgrades in Naturwissenschaft und Technik zukommt.

Zur Behandlung dieses Unterrichtsabschnittes bieten sich so viele Möglichkeiten an, die alle untereinander gleichwertig sind, daß keine besondere Empfehlung ausgesprochen werden kann. Darüber hinaus ist kein anderes Thema für einen fachübergreifenden Unterricht so geeignet wie gerade das Thema "Wärmeenergiemaschinen". Deshalb sollte man die Kooperation mit anderen Fächern suchen, evtl. auch für eine gewisse Zeit gemeinsam unterrichten, wenn die äußeren Voraussetzungen hierzu gegeben sind.

Im Schülerbuch wird von der technisch-physikalischen Fragestellung ausgegangen, wie man einen periodisch ablaufenden Vorgang zur Gewinnung von mechanischer Arbeit realisieren kann.

LV Die Dampfmaschine von Newcomen kann direkt aus V M88, 1 (vgl. auch Abb. M88, 2) entwickelt werden. Der Weg von der Newcomenschen Maschine zu den ausgereiften Konstruktionen Anfang des 20. Jh. zeigt, wie

Hinweise zur LE 6: Mechanische Arbeit und Wärme – Energieerhaltungssatz

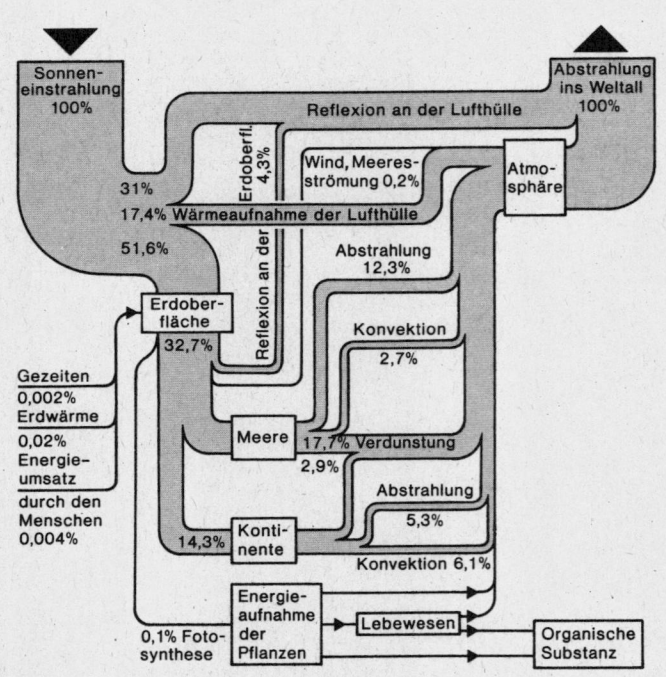

S. M88-M96

Abb. 366,1 Energiebilanz der Erde. An jedem Tag wird der Erde eine Energiemenge von $4,3 \cdot 10^{15}$ kWh zugestrahlt, fast die gleiche Menge wird in irgendeiner Weise wieder an den Weltraum abgegeben. (93).

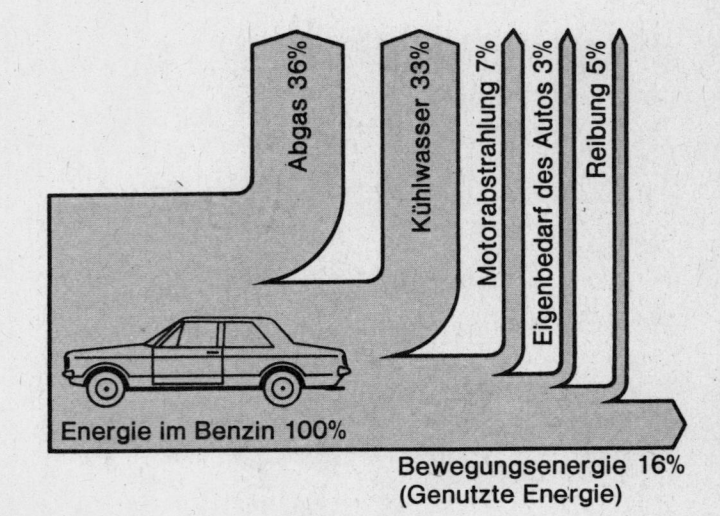

Abb. 366,2 Energiebilanz beim Auto. (93)

mühevoll es ist, wieviel Erfindungsgeist, technische Phantasie und Einfallsreichtum erforderlich waren, um vom physikalischen Prinzip des periodischen Ablaufs zu einer funktionierenden und wirtschaftlich arbeitenden Maschine zu gelangen.

SI Newcomensche Maschinen waren bis zum Ende des 18. Jahrhunderts im Betrieb, also über 90 Jahre. Die Ventile mußten noch größtenteils mit der Hand bedient werden. Die Maschinen verbrauchten sehr viel Kohle, da der ganze Kolben jedesmal miterhitzt und anschließend abgekühlt werden mußte. Auch das Problem der Kolbendichtung war für die Ingenieure des 18. Jahrhunderts eine schwierige Aufgabe.

Die Entwicklung wurde gefördert durch den Wunsch vieler Bergwerke, denen das Grundwasser zu schaffen machte, nach wirkungsvolleren Pumpen. Die entscheidende Weiterentwicklung erfolgte durch James Watt, der nicht nur über handwerklich technische Fähigkeiten verfügte, sondern sich auch erhebliche theoretische Kenntnisse in der Wärmelehre aneignete. Etwa zwei Jahrzehnte lang konstruierte James Watt an seiner Maschine, ehe ein gewinnbringendes Unternehmen aufgebaut werden konnte.

Dies war nur dadurch möglich, daß James Watt einen Unternehmer interessieren konnte, der die Entwicklung finanzierte. Als die ersten Maschinen erfolgreich liefen, waren die Unternehmer, vor allem Bergwerksbesitzer, zunächst nicht bereit, die Maschinen zu kaufen. Watt und sein Kompagnon Boulten boten an, die Maschinen kostenlos abzugeben, wenn die Ersparnis an Kohlen geteilt wurde. Die Hälfte des Ersparten sollten die Unternehmer behalten dürfen, die andere Hälfte als Miete abführen.

So bietet die Geschichte der Dampfmaschine auch einen Einblick in den vielschichtig ablaufenden Prozeß der industriellen Entwicklung, der sicher nicht so einfach zu beschreiben ist, wie es manche Gesellschaftstheoretiker wahrhaben wollen.

Für die Dampfturbinen, Verbrennungsmaschinen, Strahltriebwerke und Raketen gibt es genügend Materialien (Modelle, Folien, Diareihen, Filme u. a.), so daß hier nicht näher darauf eingegangen werden muß.

LI Nur einige ergänzende Hinweise:
In Abb. M90,1 handelt es sich um eine Gegendruckdampfturbine, bei der der Abdampf mit einem Gegendruck von über 1 bar zu anderen Wärmeverbrauchern geleitet wird. Weitere technische Daten: Frischdampftemperatur: 490 °C; Frischdampfdruck: 59,6 bar; Frischdampfmenge: 70 t/h; Gegendruck: 4,9 bar.

SI Energieflußdiagramme – in Abb. M95,2 ist ein Beispiel für eine einfache Dampfkraftanlage gegeben – veranschaulichen in hervorragender Weise, welche Wege die Energie bei den verschiedenen Umwandlungsprozessen nimmt, wie aus wertvoller Energie weniger wertvolle oder wertlose Energie wird. Unter Umständen kann diese

Hinweise zur LE 6: Mechanische Arbeit und Wärme – Energieerhaltungssatz S. M95

$117 \cdot 10^6$ kJ ≙ ca 4000 kg Steinkohle

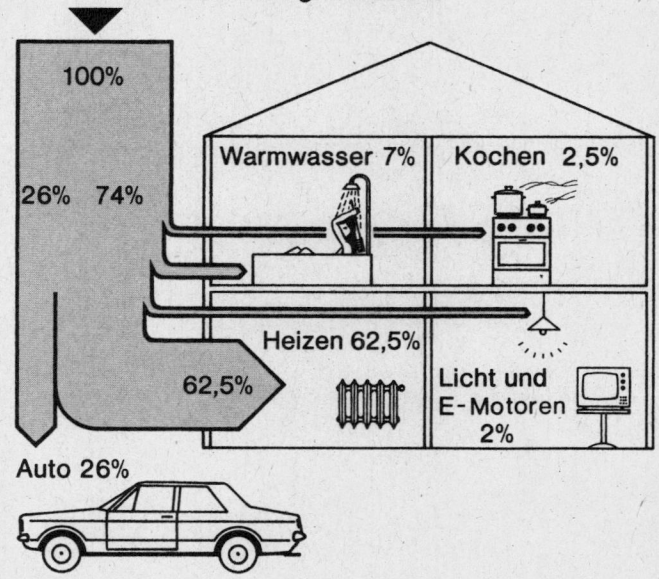

Abb. 367, 1 Energieverbrauch im Haushalt (1974), beim Auto wurde eine mittlere Fahrleistung von 10 000 km/Jahr angenommen, (93).

Angaben in 10^6 t SKE (Steinkohleneinheiten)

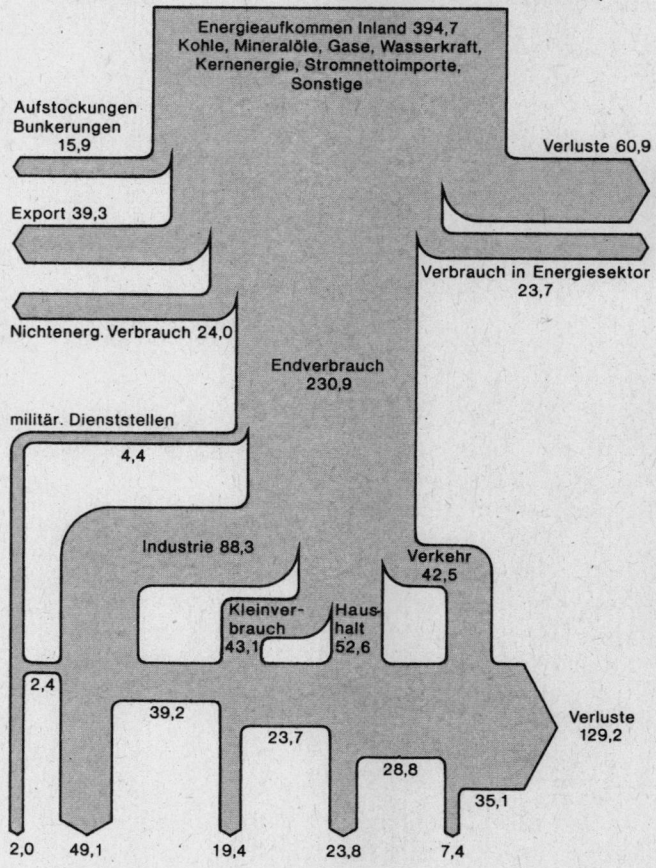

Abb. 367, 2 Energiebilanz in der Bundesrepublik Deutschland 1974 (Schaefer: Integrierte Energieversorgung - Problemstellung. In: VDI-Berichte Nr. 22, 1974)
1 kg SKE = 7000 kcal = $29{,}3 \cdot 10^6$ J

wertlos gewordene Energie erhebliche Probleme aufwerfen (s. Abb. M95, 3, Abb. M96, 1)

Weitere Beispiele für den Energiefluß sind in Abb. 366,1 (Energiebilanz der Erde), Abb. 366,2 (Energieumwandlung beim Auto), Abb. 367,1 (Energieverbrauch im Haushalt) und in Abb. 367,2 (Energiebilanz der Bundesrepublik 1971) gegeben.

c) Neue Aufgaben und Fragen

1. Welche mechanische Energie ist erforderlich, um 10 kg Wasser von 20°C auf 80°C zu erwärmen?
   Wie oft müßte man diese Wassermenge hochstemmen (Hubhöhe 0,5 m), um die gleiche Arbeit zu verrichten?
   Welchen Berg könnte ein 76 kg schwerer Erwachsener besteigen, wenn er dieselbe mechanische Arbeit verrichten will?
   L. Es ist $c_W = 4{,}2$ kJ/(K·kg) und damit
   $W_1 = 2520$ kJ $\approx 2{,}5 \cdot 10^6$ J.
   Hubarbeit: $W_2 \approx x \cdot 0{,}5$ m $\cdot 100$ N = $2{,}5 \cdot 10^6$ Nm $\Rightarrow x = 50000$
   Hubarbeit des Bergsteigers:
   $W_3 \approx 750$ N $\cdot h = 2{,}5 \cdot 10^6$ Nm
   $\Rightarrow h \approx 3{,}3$ km

2. Warum erwärmt sich das Mahlgut in einer Mühle?

   L. Die Zerkleinerungsarbeit erhöht die innere Energie, was sich in einer Temperaturerhöhung äußert.

3. Wie groß ist ungefähr die Temperaturdifferenz zwischen dem Wasser oben und am Fuß eines 100 m hohen Wasserfalls?
   L. Die potentielle Energie des Wassers verringert sich. Pro Kilogramm Wasser werden ca. $10 \cdot 100$ Nm = 1000 J umgesetzt. Nimmt man an, daß diese Energie infolge Verwirbelung vollständig zur Erhöhung der inneren Energie dient, die auch zu einer entsprechenden Erhöhung der thermischen Energie der Moleküle führt, dann beträgt die Temperaturerhöhung: $1/4{,}2$ K $\approx 0{,}2$ K.

4. Welche Bedeutung hat die relativ große spezifische Wärmekapazität des Wassers in der Natur?
   L. Meere und Seen wirken als Energiespeicher und beeinflussen so das Klima.

Hinweise zur LE 6: Mechanische Arbeit und Wärme – Energieerhaltungssatz

5. Warum ist Wasser als Kühlmittel für Motoren besonders geeignet. Die Frostschutzmittel enthalten Glyzerin und Alkohol. Wie beeinflussen diese Stoffe die spezifische Wärmekapazität des Kühlmittels?

   L. Die spezifische Wärmekapazität von Wasser ist groß. Es kann deshalb pro Kilogramm bei gleicher Temperaturzunahme eine größere Wärmemenge aufnehmen als andere Stoffe. Die spezifische Wärmekapazität der Mischung wird kleiner, die Kühlflüssigkeitstemperatur dadurch höher.

6. Unter dem Heizwert eines Stoffes versteht man den Quotienten aus der Wärmemenge, die bei der Verbrennung abgegeben wird, und der Masse der verbrannten Stoffmenge: $H = Q/m$; bei Gasen bezieht man die abgegebene Wärmemenge auf das Volumen: $H = Q/V$.
   Wieviel Wasser könnte man theoretisch mit 1 kg Steinkohle um 80 K erwärmen? (Heizwert: $32 \cdot 10^6$ J/kg). Wieviel Kubikmeter Erdgas benötigte man hierfür? (Heizwert: $33,5 \cdot 10^6$ J/m^3)

   L. $\frac{4200 \text{ J}}{\text{kg} \cdot \text{K}} \cdot m_w \cdot 80 \text{ K} = 32 \cdot 10^6 \text{ J}$

   $\Rightarrow m_w \approx 95 \text{ kg}; \quad \frac{32}{33,5} \text{ m}^3 = 0,96 \text{ m}^3$.

7. Die Sonnenstrahlung führt der Erde bei senkrechtem Einfall je m^2 eine Energie von rund 80 kJ in jeder Minute zu.
   a) Welche Energie ergibt dies in einem Jahr?
   b) Wieviel Wasser von 10°C könnte damit verdampft werden?
   c) Welche Energie strahlt die Sonne in einem Jahr insgesamt ab? (Entfernung Erde-Sonne: $1,5 \cdot 10^{11}$ m)
   d) Wie lange könnte die Sonne diese Leistung abstrahlen, wenn sie ganz aus Kohle bestünde, die verbrannt wird? (Masse der Sonne: $2 \cdot 10^{30}$ kg, Heizwert von Steinkohle: $32 \cdot 10^6$ J/kg)

   L. $A = \pi r^2 \approx 1,3 \cdot 10^{14}$ m^2 (Erde wird vereinfacht als Scheibe betrachtet)
   a) $5,4 \cdot 10^{21}$ kJ/Jahr; b) spez. Verdampfungswärme von Wasser beträgt 2300 kJ/kg, spez. Wärmekapazität 4,2 kJ/(kg·K)
   $\left(\frac{4,2 \text{ kJ} \cdot 90}{\text{kg}} + \frac{2300 \text{ kJ}}{\text{kg}} \right) \cdot m = 5,4 \cdot 10^{21}$ kJ
   $\Rightarrow m \approx 2 \cdot 10^{18}$ kg;
   c) $1,3 \cdot 10^{14}$ m^2 : $4\pi \cdot 1,5^2 \cdot 10^{22}$ m^2 = $5,4 \cdot 10^{21}$ kJ : x, $\quad x \approx 12 \cdot 10^{30}$ kJ/Jahr;
   d) ca. 5300 Jahre

8. Bei Frostgefahr werden im Frühjahr Reben bzw. Obstbäume ständig mit Wasser berieselt. Sinkt die Temperatur auf etwa −1°C, so gefriert das Wasser an Blättern und Trieben und vereist diese. Schadet dies den Pflanzen?

   L. Wenn Wasser gefriert, gibt es Energie als Wärme an die Umgebung ab und verhindert so, daß die Temperatur der Pflanzengewebe wesentlich unter 0°C absinkt. Pflanzensäfte gefrieren aber erst bei niedrigeren Temperaturen.

9. Benzin hat einen Heizwert von 43500 kJ/kg. Wie groß ist der Wirkungsgrad bei einem Auto, wenn der Motor eine mittlere Leistung von 30 kW besitzt und in einer Stunde im Mittel 10 kg Brennstoff verbraucht?

   L. $(30 \cdot 3600)/(10 \cdot 43,5 \cdot 1000) = 0,25 \triangleq 25\%$

10. Bei einer Bodentemperatur über 0°C fallen 10 cm Neuschnee (mittlere Dichte 10^2 kg/m^3 bei 0°C).
    a) Welche Wärmemenge wird pro m^2 vom Boden abgegeben, wenn der Schnee schmilzt und man annimmt, daß keine nennenswerte Wärmemenge von der Luft zufließt?
    b) Wieviel Kilogramm Kohle müßten bei einem Heizwert von $32 \cdot 10^6$ J/kg verbrannt werden, um die gleiche Wirkung zu erzielen?

    L. a) Schneemenge: 10 kg/m^2, Schmelzwärme: 3340 kJ;
    b) 3340 kg/32000 $\approx$ 0,1 kg

11. Um die mittlere Flammentemperatur eines Bunsenbrenners zu bestimmen, wird eine Eisenkugel in der Flamme erhitzt, bis die Eisenkugel die Flammentemperatur angenommen hat. Beschreibe, wie man mit Hilfe der Kugel die Temperatur der Flamme bestimmen kann!

    L. Die Kugel wird schnell in Wasser geworfen und die Mischungstemperatur bestimmt. Die Kugel habe die Masse m_1, die Flammentemperatur sei ϑ_1, dann ist die von der Eisenkugel abgegebene Wärmemenge: $c_{\text{Eisen}} \cdot m_1 (\vartheta_1 - \vartheta_m)$, ϑ_m Mischungstemperatur. Das Kalorimeter habe die Wärmekapazität C_k, die Masse des Wassers sei m_2, die Wassertemperatur sei ϑ_2, dann ist die aufgenommene Wärmemenge
    $(c_w \cdot m_2 + C_k) \cdot (\vartheta_m - \vartheta_2)$.

    Es folgt: $\vartheta_1 = \dfrac{(c_w \cdot m_2 + C_k) \cdot (\vartheta_m - \vartheta_2)}{c_{\text{Eisen}} \cdot m_1}$

12. Der tägliche Energiebedarf eines erwachsenen Menschen bewegt sich je nach Tätigkeit zwischen 7500 kJ bis 16700 kJ. Wie hoch könnte man damit einen Körper mit der Gewichtskraft von 1000 N ($\triangleq$ ca. 100 kg) heben?
L. 7500 m bis 16700 m

d) Audiovisuelle Hilfsmittel

AT	Strahlantriebe	36 0112	(1)
AT	Wärmeenergie	36 0128	(1)
AT	Spezifische Wärmekapazität	36 0129	(1)
F	Dampfkraftwerke	35 5803	(1)
F	Der Viertaktmotor	35 5813	(1)
F	Der Dieselmotor	35 5814	(1)
F	Schub durch Rückstoß	35 5704	(1)
F	Der Raketenantrieb	35 5700	(1)
F	Das Düsentriebwerk	35 5701	(1)
F	Schub durch Rückstoß, 3 min.	23050.21	(2)
F	Raketenantrieb, 2,5 min.	23050.02	(2)
F	Viertaktmotor 1, 3,5 min.	23050.04	(2)
F	Viertaktmotor 2, 2,5 min.	23050.05	(2)
F	Vergaser 1, physikalische Grundlagen	23050.06	(2)
F	Dieselmotor, 2,5 min.	23050.08	(2)
AT	Kraftmaschinen (6) Dampfmaschine, Viertakt-, Zweitaktmotor, Dieselmotor, Kreiskolbenmotor, Raketen	17 6749	(7)
	Tafel: Rakete - Phys. Grundlagen, Antrieb, Aufbau, Steuerung	tN14204	(10)
F	Die Entwicklung der Dampfmaschine, 10 min.	32 1222	(11)
F	Viertakt-Otto-Motor, 4 min.	30 0264	(11)
F	Zweitakt-Otto-Motor, 3 min.	30 0408	(11)
F	Kreiskolbenmotor, 8 min.	30 0883	(11)
F	Verbrennungsablauf im Kreiskolbenmotor, 1,5 min.	36 0007	(11)
F	Physik und Chemie des Wassers	32 2045	(11)
DR	Raketen (4)	10 0722	(11)
DR	Nutzung der Raketen (11)	10 0723	(11)
DR	Kreiskolbenmotor (1)	10 0920	(11)
DR	Rudolf Diesel (18)	10 0417	(11)
AT	Das Düsentriebwerk (5)	37 075	(12)
AT	Der Kreiskolbenmotor (7)	37 081	(12)
AT	Die Zündkerze (5)	37 138	(12)
AT	Raketen und Strahltriebwerke	8544	(13)
AT	Energieumwandlungsketten	8532	(13)
DR	Die Entwicklung des Verbrennungsmotors (17)	1769	(13)
DR	Der Wankelmotor (20)	1770	(13)
DR	Raketen (20)	1133	(13)
F	Heat of Fusion, 4 min.	P80-3429/1	(18)
F	Energy Conversion, 4 min.	P80-3437/1	(18)
F	Straße ohne Wiederkehr, 30 min.		(H22)
F	Gespeicherte Kraft, 10 min.		(H12)
F	Energie heute - für morgen		(H22)

3.4.3 Unterrichtsbeispiele mit Lernzielen

Beispiel 1: Hydraulische Presse - Stempeldruck

Groblernziele:

1. Die Funktionsweise einer hydraulischen Presse beschreiben, Anwendungen angeben
2. Den Begriff des Drucks erläutern und anwenden
3. Den Begriff der Verdrängungsarbeit kennen und anwenden

Methode: Fragend-entwickelndes Unterrichtsgespräch mit Demonstrationen im Wechsel mit Schülerversuchen

Zeitbedarf: 4 Stunden (oder 2 Doppelstunden)

Es soll nur der mögliche Verlauf der ersten Stunde skizziert werden.

1. Stunde:

Ausgangssituation

Der Lehrer legt den Schülern entsprechendes Bildmaterial vor. Falls eine hydraulische LV Presse in der Schulsammlung vorhanden ist, wird diese vorgeführt (z.B. LEYBOLD, Nr. 361 10).

Die Schüler werden aufgefordert, die Presse oder Hebebühne in ihrem Aufbau und ihrer Wirkungsweise zu beschreiben (es geht nur um die Frage, wie das Gerät funktioniert, nicht aber um die Erklärung). Bezeichnungen wie Pumpkolben, Preßkolben usw. werden eingeführt.

Wird die hydraulische Presse im Modellversuch vorgeführt, dann läßt man einzelne Schüler den Hebel am Pumpkolben betätigen. Sie erfahren so die relativ geringe Kraft im

Unterrichtsbeispiele mit Lernzielen S. M45–M48

Vergleich zur Kraft, die auf den Probekörper (z.B. bei der Bruchdehnung von Stäben) wirkt.

Von dem Gerät wird, unterstützt durch das vorgelegte Bildmaterial, eine Prinzipzeichnung angefertigt und die Funktionsweise an der Prinzipzeichnung erläutert. Dabei muß das Ventilspiel durchschaut werden. Zur Veranschaulichung dieses Ventilspiels führt

LV der Lehrer noch einmal die Funktionsweise der Presse oder Hebebühne anhand eines Glasmodells vor (z.B. PHYWE, Nr. 02697.00).

Problemsituation:

Sie kann eingeleitet werden durch die Lehrerfrage: "Wie kommt es, daß am Preßkolben eine große Kraft wirkt?" oder auch, sehr viel offener: "Wie erklären wir die Wirkungsweise der Presse?"

Meist aber werden die Schüler schon sehr viel früher wissen wollen, wie das Ganze zu erklären sei, warum die Kraft am Preßkolben so groß sei u.a.m. Vielfach werden sie auch versuchen, ihre Beobachtungen bereits zu deuten, etwa mit einem Hinweis auf die größere Querschnittsfläche.

Alle diese Probleme, Fragen und Vermutungen werden gesammelt und notiert. So könnte sich etwa folgende Problemliste ergeben:

1. Wieso kommt es, daß die Kraft am Pumpkolben auf den Preßkolben übertragen wird?
2. Ist die Kraft um so größer, je größer die Querschnittsfläche des Kolbens ist? Trifft das auch für den Pumpkolben zu?
3. Wirken auch auf die Wandungen Kräfte? Wie könnte man sie nachweisen?
4. Warum strömt überhaupt durch das erste Ventil Flüssigkeit nach, wenn man den Pumpkolben anhebt?
5. Der erste Versuch zeigte die Größe der auftretenden Kräfte (man kann Stäbe zerreißen). Wieso hält die Presse dies aus?
6. Kann man mit der hydraulischen Presse Arbeit im physikalischen Sinn sparen?

2. bis 4. Stunde:

Der weitere Verlauf hängt davon ab, welche der angeschnittenen Fragen zuerst untersucht werden, und dies wiederum wird bestimmt durch äußere Bedingungen wie Möglichkeiten zu Schülerversuchen, Stundentafel, Ausstattung u.a.m. Es sei deshalb nur angedeutet, wie es weitergehen könnte, zumal für alle Probleme sowohl im Schülerbuch als auch im Lehrerband genügend Anregungen gegeben werden.

Die Untersuchung der Fragen 1 und 3 führen zur Allseitigkeit des Druckzustandes und zur Einführung des Begriffs "Druck". Hierzu folgende Lehrerversuche:
LV V M45,2, V M45,3, V M46,2 und V M46,3. Die Klärung der Fragen 2 und 3, 5 und 6 veranlaßt die Planung
SV der Versuche V M47,1 und V M47,2, die von den Schülern durchgeführt werden.

Frage 4 leitet bereits über zu den Erscheinungen des Luftdrucks. Um diese zu verstehen, scheint es zweckmäßig, zunächst den Schweredruck bei Flüssigkeiten zu untersuchen, der im Grunde bereits bei allen vorhergehenden Versuchen festgestellt werden konnte. Das Ausgangsbeispiel "Hydraulische Presse" liefert demnach genügend Probleme, um im Sinne einer fortlaufenden Motivationskette das gesamte Gebiet der Statik der Flüssigkeiten und Gase zu erarbeiten. Dies kann natürlich nicht in 4 Stunden geschehen.

Beispiel 2: Das Archimedische Gesetz

Ziele:
1. Begründen können, daß der Auftrieb auf dem Schweredruck beruht
2. Das Archimedische Gesetz experimentell und für einen Sonderfall theoretisch herleiten können
3. Das Archimedische Gesetz auf konkrete Probleme anwenden können

Sachliche Voraussetzungen: Hydrostatischer Druck, Schweredruck in Gasen
Methode: fragend-entwickelnd mit Demonstrationen im Wechsel mit Schülerversuchen
Zeitbedarf: je nach Verlauf 2 bis 4 Stunden

1. Stunde:

Ausgangssituation:

Folgende Geschichte wird erzählt:

Von Archimedes wird berichtet: König Hieron von Syrakus (um 250 v. Chr.) ließ sich für seine glücklichen Taten einen goldenen Kranz, den er irgendeinem Heiligtum weihen wollte, von einem Goldschmied anfertigen. Der fertige Kranz entsprach völlig den Vorstellungen des Königs. Doch es kam der Verdacht auf, daß der Goldschmied einen Teil des gelieferten Goldes für sich behalten und durch Silber ersetzt habe. Äußerlich sah man nichts, auch das Gewicht stimmte.

Unterrichtsbeispiele mit Lernzielen

Nun war Archimedes zur damaligen Zeit ein berühmter Mann und wurde deshalb vom König beauftragt, herauszufinden, ob der Kranz wirklich aus reinem Gold bestünde, wie der Schmied behauptete. Der Kranz selber sollte dabei noch nicht einmal geritzt werden. Archimedes wußte zunächst nicht, wie er es anfangen sollte. Eines Tages - so berichtet die Legende - kam ihm im Bade der entscheidende Gedanke. Er soll aus dem Bade gesprungen sein mit dem freudigen Ausruf: "Heureka!", was so viel bedeutet wie: "Ich hab' es!"

Danach soll er folgenden Versuch ausgeführt haben: Archimedes hängte den Kranz an die eine Seite einer Balkenwaage und einen gleich schweren Goldklumpen an die andere Seite. Die Waage befand sich im Gleichgewicht. Dann tauchte er das Ganze in Wasser. Mit diesem Versuch wies er nach, daß der Kranz gefälscht war.

Meist sind die Schüler von dem Ausgang der Geschichte etwas enttäuscht, vielleicht erwarten sie auch etwas Spektakuläres, der Versuch erscheint ihnen zu banal.

Es liegt die Frage nahe, wieso Archimedes zum Schluß kommen konnte, daß der Kranz gefälscht sei. Was passierte, als er Kranz und Goldklumpen gleichzeitig ins Wasser senkte?

In der Regel werden von den Schülern hierzu verschiedene Meinungen vertreten. Um zu entscheiden, was nun wirklich passierte, wird ein analoger Versuch vom Lehrer vorgeführt.

LV An die eine Seite einer Balkenwaage wird ein Aluminiumwürfel gehängt, an die andere Seite ein gleich schwerer Ring aus einem den Schülern unbekanntem Material (Eisenring mit Silberbronze gestrichen).

Werden beide Körper gleichzeitig eingetaucht, dann senkt sich der Ring, der Würfel wird gehoben: Es besteht kein Gleichgewicht mehr.

Die Beobachtung zeigt, daß der Würfel regelrecht vom Wasser nach oben gedrückt wird. Dies steht auch im Einklang mit den bisherigen Erkenntnissen: Das Gleichgewicht an einer Balkenwaage läßt sich stören, wenn man z.B. eine Seite anhebt, also eine zusätzliche Kraft wirken läßt.

Wie steht es aber mit dem Ring?

Einige Schüler werden vielleicht vermuten, daß "der Ring leichter ins Wasser eindringen kann, weil er ein Loch habe". Andere werden die Vermutung äußern, daß beide Körper nach oben gedrückt werden, der Ring nur weniger als der Würfel. Die Vermutungen werden im Experiment überprüft.

LV oder SV Beide Körper werden, an Kraftmessern hängend, in Wasser eingetaucht. In beiden Fällen zeigt der Kraftmesser weniger an, und zwar ist die Verringerung des Ausschlags beim Würfel größer.

Jetzt wird klar, warum Archimedes im Bade den Einfall gehabt hatte: Er ist scheinbar leichter geworden.

Ergebnis:

Alle Körper erfahren einen Auftrieb, wenn man sie in eine Flüssigkeit eintaucht.

LV Nun wird mitgeteilt, daß der Ring aus Eisen, der Würfel aber aus Aluminium ist. Bei einem entsprechenden Versuch mit Körpern aus dem gleichen Material bleibt das Gleichgewicht erhalten.

An diese Versuchsreihe schließen sich die folgenden Fragen an:

1. Wovon hängt der Auftrieb ab? (Form, Volumen, Masse, Eintauchtiefe, ...?)
2. Wie kommt er zustande?

Es ist zweckmäßig, sich zunächst der zweiten Frage zuzuwenden.

Oft bieten die Schüler folgende Erklärung an: Die Körper verdrängen eine bestimmte Wassermenge. Dadurch steigt der Wasserspiegel. Die Flüssigkeit will nun an ihren alten Ort zurück und drängt den Körper nach oben.

Die Frage nach einer Überprüfung dieser Behauptung führt zum nächsten Versuch:

LV oder SV Ein Becherglas wird randvoll mit Wasser gefüllt. Taucht man den Körper ein, dann fließt das verdrängte Wasser ab, der Auftrieb bleibt. Die verdrängte Wassermenge übt also keinen Einfluß auf den Auftrieb aus.

Damit ist klar, wie das Zustandekommen des Auftriebs zu erklären ist: Das Wasser bedrängt den eingetauchten Körper von allen Seiten, gleichgültig, ob die verdrängte Wassermenge noch vorhanden ist oder nicht. Da der Schweredruck mit der Tiefe zunimmt, ist der Druck an der oberen Seite des Körpers größer als unten. Infolgedessen wirkt von unten auch eine größere Kraft als von oben. Die seitlichen Kräfte heben sich gegenseitig auf.

Die Fragen, ob der Auftrieb von der Eintauchtiefe abhänge, ob die Form eine Rolle spiele (vgl. Abb. M60, 1) oder ob die Wichte des Körpers entscheidend sei oder sein Volumen, werden durch Versuche entschieden.

Literatur

Diese Versuche ergeben:

Jeder vollständig eingetauchte Körper erfährt in einer Flüssigkeit einen von der Eintauchtiefe unabhängigen Auftrieb. Dieser Auftrieb ist um so größer, je größer das Volumen des eingetauchten Körpers ist.

Mit dieser Erkenntnis ist auch das Versuchsergebnis von Archimedes verstehbar: Beide Körper besaßen gleiche Gewichtskraft. Da sie aus verschiedenem Material gefertigt waren, hatten sie unterschiedliche Volumia und erfuhren deshalb einen unterschiedlichen Auftrieb.

2. Stunde (Doppelstunde)

Aus der vorhergehenden Stunde ergeben sich die folgenden Fragestellungen:

1. Zusammenhang zwischen Auftrieb und Volumen des eingetauchten Körpers.
2. Welche Rolle spielt die Wichte der Flüssigkeit?

In Schülerversuchen, evtl. im arbeitsteiligem Unterricht, werden diese Fragen experimentell untersucht.

Im zusammenfassenden Unterrichtsgespräch kann dann die theoretische Herleitung der Gleichung $F = \gamma \cdot V$ erfolgen.

3.4.4 Literatur

(1) Ludwig, G.: Einführung in die Grundlagen der theoretischen Physik. Band 1: Raum, Zeit, Mechanik. Düsseldorf: Bertelsmann Universitätsverlag, 1972

(2) Gerthsen, Chr., Kneser, H.O.: Physik. Ein Lehrbuch zum Gebrauch neben Vorlesungen. Berlin-Heidelberg-New York: Springer Verlag, 1969, 10. Auflage

(3) Dorn-Bader: Physik, Mittelstufe. Hannover: Schroedel Verlag, 1974

(4) Wagenschein, M.: Die pädagogische Dimension der Physik. Braunschweig: Georg Westermann Verlag, 1971

(5) Jung, W.: Beiträge zur Didaktik der Physik. Frankfurt: Diesterweg Verlag, 1970

(6) Weninger, J., Dierks, W.: Die Notwendigkeit des Unterstufenunterrichts in Physik und Chemie, MNU 22, S. 334 ff.

(7) Weninger, J., Dierks, W.: Gesetz über Einheiten im Meßwesen vom 2.7.1969. Bundesgesetzblatt Teil I, Nr. 55, 1969

(8) Weninger, J., Dierks, W.: Ausführungsverordnung zum Gesetz über Einheiten im Meßwesen vom 26. Juni 1970, Bundesgesetzblatt Teil I, Nr. 62, 1970

(9) Härtel, H.: Die Lehrpläne der Sekundarstufe I für das Fach Physik und Bezüge zum IPN Curriculum P9/10. In: Der Physikunterricht 2/77, S. 71 ff.

(10) Frauenfelder, P./Huber, P.: Einführung in die Physik, Band I. Basel: Ernst Reinhardt Verlag, 1968

(11) Müller, H.: Festigkeits- und Elastizitätslehre. München: Carl Hanser Verlag, 1970

(12) Pohl, R., W.: Einführung in die Physik, Band 1, Mechanik Akustik, Wärmelehre. Berlin-Heidelberg-New York: Springer Verlag, 1969

(13) Bergmann-Schaefer: Lehrbuch der Experimentalphysik, Band I, Mechanik, Akustik, Wärmelehre. Berlin: Walter de Gruyter, 1965

(14) Friedrich, A. (Hrsg.): Handbuch der experimentellen Schulphysik, Bd. 2. Köln: Aulis Verlag Deubner & Co., 1963

(15) Deutscher Normenausschuß, DNA (Hrsg.): Normen für Größen und Einheiten in Naturwissenschaft und Technik. Berlin, Frankfurt: Beuth Vertrieb GmbH, 1972

(16) Born, M.: Die Relativitätstheorie Einsteins. Heidelberg-New York: Springer Verlag, 1969, S. 65-S. 73, S. 269 ff.

(17) Einstein, A., Infeld, L.: Die Evolution der Physik. Hamburg: Rowohlt, 1957, S. 29 ff., S. 141-S. 149

(18) Sambursky, Shmuel: Der Weg der Physik. Zürich-München: Artemis Verlag, 1975, S. 62 ff. und S. 93 bis S. 117 (Originaltexte)

(19) Aristoteles: Werke in deutscher Übersetzung, hrsg. v. E. Grumach, Bd. 11, Physikvorlesung Darmstadt: Wissenschaftliche Buchgesellschaft, 1967

(20) Newton, Isaac: Mathematische Prinzipien der Naturlehre. Darmstadt: Wissenschaftliche Buchgesellschaft, 1963, unveränderter fotomech. Nachdruck der Ausgabe Berlin 1872, S. 21 u. S. 32

(21) Galilei: Mathematische Demonstrationen über zwei neue Wissenszweige, die Mechanik und die Fallgesetze betreffend, Dritter und vierter Tag. Übers. und

Literatur

hrsg. v. A. v. Oettingen. Leipzig: Engelmann, 1891

(22) Crombie, A., C.: Von Augustinus bis Galilei. Köln, Berlin: Kiepenheuer & Witsch, 1959

(23) Walcher, W.: Praktikum der Physik. Stuttgart: B. G. Teubner, 1966

(24) Kohlrausch, F.: Praktische Physik, Bd. 1. Stuttgart: B. G. Teubner, 1968

(25) Hund, F.: Geschichte der physikalischen Begriffe. Mannheim: Bibliographisches Institut, 1972

(26) Hunger, E.: Von Demokrit bis Heisenberg. Quellen und Betrachtungen zur naturwissenschaftlichen Erkenntnis, 3. Teil. Braunschweig: Vieweg, 1968, S. 16

(27) Martienssen, W.: Einführung in die Physik I, Mechanik. Frankfurt: Akademische Verlagsgesellschaft, 1969, S. 7

(28) Carnap, R.: Physikalische Begriffsbildung. Darmstadt: Wissenschaftliche Buchgesellschaft, 1966. Nachdruck der Ausgabe Karlsruhe, 1926, S. 4 f.

(29) Ruoss, H.: Zur Definition der Krafteinheit. - Der Physikunterricht 1/76, S. 24 ff. Stuttgart: Klett Verlag

(30) Falk, G., Ruppel, W.: Mechanik, Relativität, Gravitation. Berlin, Heidelberg, New York: Springer Verlag, 1973, S. 32 u. S. 302

(31) Brenneke, Schuster: Physik, Oberstufe. Braunschweig, Vieweg Verlag, 1973, 3. Auflage, S. 58

(32) Kuhn, W. (Hrsg.): Einführung in die Physik. Köln: Verlagsgesellschaft Schulfernsehen, 1974, S. 74 ff.

(33) Guericke, O. v.: Neue Magdeburger Versuche über den leeren Raum, hrsg. und übers. v. H. Schimank. Düsseldorf: VDI-Verlag, 1968

(34) Hermann, A.: Lexikon der Geschichte der Physik A - Z. Köln: Aulis Verlag Deubner & Co., 1972, S. 133 f.

(35) Flügel, R.: Kunststoffe - Chemie, Physik, Technologie. Göttingen: Phywe AG

(36) Perron, O.: Über Massenmittelpunkt und Schwerpunkt im hyperbolischen Raum. In: Der Mathematikunterricht 2/1969, S. 61 ff.

(37) Kuhn, W.: Physik, Bd. III A, Mechanik, Braunschweig: Georg Westermann Verlag, 1977

(38) Kittel et alii: mechanics, berkeley physics course - volume 1, macgraw-hill book company, 1965

(39) Hess, E.: Waagen, Bau und Verwendung. Berlin, 1963

(40) German, S.: Das Kilogramm. - In: Die SI-Basiseinheiten, Definition, Entwicklung, Realisierung, hrsg. von der Physikalisch-Technischen Bundesanstalt, Braunschweig, Berlin, Juli 1975

(41) Atkins, K., R.: Physik. Berlin, New York: Walter de Gruyter, 1974, S. 735 ff.

(42) Kuhn, Th., S.: Die Struktur wissenschaftlicher Revolutionen, suhrkamp taschenbuch wissenschaft 25. Frankfurt: Suhrkamp Verlag, 1967

(43) Archimedes: Über das Gleichgewicht ebener Flächen oder über den Schwerpunkt ebener Flächen. - In: Werke, übers. und mit Anmerkungen hrsg. v. A. Czwalina. Darmstadt: Wissenschaftliche Buchgesellschaft, 1963, S. 179 ff.

(44) Mach, E.: Die Mechanik in ihrer Entwicklung. Leipzig: F. A. Brockhaus, 1921, S. 14 ff.

(45) Krafft, F.; Meyer-Abich, A.: Große Naturwissenschaftler, biogr. Lexikon. Frankfurt: Fischer Verlag, 1970

(46) Bernal, J. D.: Wissenschaft. Science in History, 4 Bde. Bd. 1: die Entstehung der Wissenschaft, Bd. 2: Die wissenschaftliche und industrielle Revolution, Bd. 3: Die Naturwissenschaften der Gegenwart, Bd. 4: Die Gesellschaftswissenschaften. Hamburg: Rowohlt Taschenbuch Verlag, 1970, Bd. 1, S. 57 u. S. 200

(47) Feldhaus, F., M.: Die Maschine im Leben der Völker. Stuttgart: Birkhäuser Verlag, 1954

(48) Marguerre, K.: Technische Mechanik, Bd. 1, Statik. Berlin, Heidelberg, New York: Springer Verlag, 1973. Hochschultaschenbuch 20

(49) Roloff, H., Match, W.: Maschinenelemente, Normen, Berechnung, Gestaltung. Braunschweig. Vieweg Verlag, 1976, S. 155

(50) Falk, G., Herrmann, F. (Hrsg.): Konzepte eines zeitgemäßen Unterrichts, Heft 1. Hannover: Schroedel Verlag, 1977

Literatur

(51) Jung, W., Weber, E., Wiesner, H.: Der Energiebegriff als Erhaltungsgröße - Ein Einführungskurs in der Sekundarstufe I. - Hildesheim: Didaktischer Dienst, physica didact., Jg. 4, Heft 1, Febr. 1977

(52) Hertz, H.: Die Prinzipien der Mechanik. Darmstadt: Wissenschaftliche Buchgesellschaft

(53) Planck, M.: Brief an Carl Runge, 15. Sept. 1881. Staatsbibliothek Preußischer Kulturbesitz. - In: Kultur & Technik, 1/1977, S. 3 (Zeitschrift des Deutschen Museums)

(54) Franke (Hrsg.): dtv-Lexikon der Physik Bd. 7, S. 150 München: Deutscher Taschenbuch Verlag, 1971

(55) Sommerfeld, A.: Vorlesungen über Theoretische Physik, Bd. 1 Mechanik, Leipzig: Akademische Verlagsgesellschaft, 1968, 8. Auflage, S. 91 ff.

(56) Planck, M.: Das Prinzip der Erhaltung der Energie. Leipzig, Berlin: Teubner, 1926

(57) Fricke, J.: Windmühlen. In: Physik in unserer Zeit, 5/1976. Weinheim: Verlag Chemie

(58) Paturi, F., R.: Wovon werden wir leben? In: Westermanns Monatshefte, 4/76, 77 ff. Braunschweig: Georg Westermann Verlag

(59) Klemm, F., Varchmin, J.: Quellen der Energie von der Antike bis zum 19. Jh. - In: Kultur und Technik, Zeitschrift des Deutschen Museums, 2/77, S. 36

(60) Hess. Institut für Bildungsplanung (Hrsg.): Materialien zum Unterricht, Heft 6, Physik 3, Wärmelehre und Wetterkunde, S. 53 f. Frankfurt: Diesterweg

(61) Klemm, F.: Technik. Eine Geschichte ihrer Probleme. Freiburg: München: Verlag Karl Alber, 1954

(62) Friedrich, A. (Hrsg.): Handbuch der experimentellen Schulphysik. Bd. 3, Mechanik der Flüssigkeiten, der Gase, Strömungslehre, Molekularphysik. Köln: Aulis Verlag, 1962

(63) Sprockhoff-Baumann: Physikalische Schulversuche, Mechanik. München: Oldenbourg Verlag

(64) Flörke, W.: Unfallverhütung im naturwissenschaftlichem Unterricht. - Chemie, Physik, Biologie. Heidelberg: Quelle & Meyer, 1967

(65) Thompson, P., D.: Das Wetter, Hamburg 1970

(66) Wetterkundliche Lehrmittel, hrsg. vom Deutschen Wetterdienst, Seewetteramt, 2 Hamburg 4, Bernhard-Nocht-Str. 76

(67) Berg, H.: Atmosphäre und Wetter. Stuttgart: Humboldt Verlag, 1953

(68) Reuter, H.: Die Wissenschaft vom Wetter. Heidelberg: Springer Verlag 1968

(69) Schneider-Carius, K.: Wetterkunde - Wetterforschung, Geschichte ihrer Probleme und Erkenntnisse in Dokumenten aus drei Jahrtausenden. Freiburg: Karl Alber, 1955

(70) Pohlmann, D.: Wetterkunde. Köln: Aulis Verlag Deubner & Co., 1974

(71) Scherhag, R.: Klimatologie. Braunschweig: Georg Westermann Verlag, 1969

(72) Calder, N.: Die Wettermaschine - Droht eine neue Eiszeit? Berlin, Stuttgart: Hallwag Verlag, 1975

(73) Newell et alii (Hrsg.): Satelliten erkunden Erde und Mond. Frankfurt: Umschau Verlag, 1969

(74) Klinckowstroem, C. v.: Geschichte der Technik. München, Zürich: Droemersche Verlagsanstalt, 1959, S. 130

(75) Casimir, H. B. G.: Physik und Gesellschaft, Phys., Blätter, 1972, 11, S. 484

(76) Kuhn, W.: Physik III B, Thermodynamik und Statistik. Braunschweig: Georg Westermann Verlag, 1971

(77) Wissmann, G.: Geschichte der Luftfahrt von Ikarus bis zur Gegenwart. Berlin, 1960

(78) Wolf, K., L.: Tropfen, Blasen und Lamellen oder Von den Formen flüssiger Körper. Verständliche Wissenschaft, Bd. 97. Berlin: Springer Verlag, 1968

(79) Boys, C. V.: Seifenblasen und die Kräfte, die sie formen. Klassische Experimente und Erkenntnisse. München: Kurt Desch, 1960

(80) Vogel, G., Angemann, H.: dtv-Atlas zur Biologie, Bd. 1 und Bd. 2, S. 293. München: dtv-Verlag, 1968

(81) Strugger, S. (Hrsg.): Das Fischer Lexikon, Biologie 1 (Botanik). Frankfurt: S. Fischer Verlag, 1962, S. 314 ff.

(82) Schürmann, H., Quast, U.: Zum Begriff Wärme - In: Der Physikunterricht, Jg. 10, Heft 1, Februar 1976, S. 81 ff.

Literatur

(83) Lochhaas, H.: Die Behandlung der Energieform Wärme in der Sekundarstufe I. MNU 1974/8, S. 482 ff.

(84) Mayer, R.: Die Mechanik der Wärme in gesammelten Schriften. Stuttgart, 1893

(85) Lavoisier, A., Laplace, P.S. de: Zwei Abhandlungen über die Wärme. Ostwalds Klassiker Nr. 40, Leipzig 1892

(86) Kuznecov, B. G.: Von Galilei bis Einstein. Entwicklung physikalischer Ideen. Braunschweig: Vieweg, 1970, S. 175 - S. 202

(87) Mayer, R.: Die Mechanik der Wärme. Leipzig, 1911. Ostwalds Klassiker Nr. 180

(88) Dühring, E.: Robert Mayer der Galilei des neunzehnten Jahrhunderts und die Gelehrtenuntaten gegen bahnbrechende Wissenschaftsgrößen, 1. u. 2. Teil Darmstadt: Wiss. Buchgesellschaft, 1972, Nachdruck der Ausgabe von 1904

(89) Ramsauer, C.: Grundversuche der Physik in historischer Darstellung. Berlin, Göttingen, Heidelberg: Springer Verlag, 1953, S. 28 ff.

(90) Job, G.: Neudarstellung der Wärmelehre. Die Entropie als Wärme. Frankfurt: Akademische Verlagsgesellschaft 1972

(91) Troll, W.: Allgemeine Botanik. Ein Lehrbuch auf vergleichender Grundlage. Stuttgart: Enke Verlag, 1973, S. 618

(92) Götsch, E.: Einführung in die Luftfahrzeugtechnik. Frankfurt: frankfurter fachverlag.

(93) Rumpf, H.-G.: Energie und sinnvolle Energieanwendung. Heidelberg: Energie-Verlag GmbH, 1976.

3.5 Elektrische Arbeit
Einfache Bewegungen
Schwingungen und Wellen
Energie aus dem Atom

3.5.1 Allgemeine Hinweise

Didaktische Gesichtspunkte

Die Themen dieses Blocks erscheinen bunt zusammengewürfelt und ohne ersichtlichen Grund zu einem Block zusammengefaßt. Was hat z.B. die elektrische Arbeit mit einfachen Bewegungen, womit hier kinematische und dynamische Probleme (Definition der Kraft) gemeint sind, zu tun? In der Tat fällt gerade dieser Abschnitt etwas aus dem Rahmen. Während alle anderen Lerneinheiten dieses Blocks z.B. unter dem Begriff der Energie gesehen werden könnten, schließt sich die erste Lerneinheit "Elektrische Arbeit" nämlich nahtlos an das Kapitel 6 an. Die zweite Lerneinheit "Schwingungen und Wellen" kann unter dem Gesichtspunkt der Energiespeicherung (Schwingung) und der Energieübertragung (Welle) gesehen werden, und der letzte Abschnitt (Energie aus dem Atom) führt hin zu dem aktuellen Problem der "Energiegewinnung" mit Hilfe der Kernenergie.

Für eine Zusammenfassung dieser Themen können folgende Gründe genannt werden:

Alle Themen haben den Block M zur Voraussetzung, bei der Lerneinheit 1 wird auch noch der Block W und E vorausgesetzt, ebenso bei der Lerneinheit 3. Zum Verständnis der Lerneinheit 4 "Energie aus dem Atom" sind Kenntnisse aus allen Bereichen der Physik erforderlich. Diese Eingangsvoraussetzungen bedingen, daß die Lerneinheiten in der Regel im Physikunterricht der Sekundarstufe I relativ spät angesetzt werden müssen.

Die Kernphysik wird in fast allen Plänen in Klasse 10 behandelt. Die Akustik wird in vielen Lehrplänen nicht mehr als eigenes Sachgebiet aufgeführt, sondern in den Themenkreis "Schwingungen und Wellen" integriert, wobei dieser Kurs durch Betonung struktureller Gesichtspunkte verschiedene Bereiche umfaßt. Konsequenterweise kann deshalb dieses Thema frühestens in Klasse 9 nach der Elektrizitätslehre und nach der Mechanik im Unterricht auftauchen.

Darüber hinaus wird wegen der begrifflichen Schwierigkeit die Mechanik aufgeteilt, so z.B. in Hamburg, Hessen, Nordrhein-Westfalen (dort nur für die Realschulen), Schleswig-Holstein, Bayern. Für eine spätere Behandlung werden meist Teile der Bewegungslehre, also Gebiete, die Begriffe wie Beschleunigung und die dynamische Kraftdefinition umfassen, vorgesehen. So bot es sich an, diese Themen ebenfalls in den Block A aufzunehmen.

Damit die Übersicht nicht verloren geht und der systematische Aufbau deutlich wird, wurde die gesamte für die Sekundarstufe I vorgesehene Bewegungslehre im Zusammenhang dargestellt, obwohl z.B. das Kapitel A 2.1 ("Die gleichförmige Bewegung") auch zu einem früheren Zeitpunkt, als es das Buch vorsieht, behandelt werden könnte.

Bemerkungen zur Gliederung

Die vorhergehenden Bemerkungen haben wohl deutlich gemacht, daß es nicht sehr zweckmäßig wäre, den Block A geschlossen als zusammenhängenden Unterrichtsabschnitt zu planen, obwohl dies für große Teile sogar möglich wäre. Es ist dagegen zu empfehlen, die einzelnen Lerneinheiten an den vorhergehenden Unterricht anzubinden. Klammern wir z.B. die geometrische Optik als ein relativ unabhängiges Gebiet einmal aus, so ergeben sich folgende mögliche Reihenfolgen in der Grobgliederung: WME, WEM.

In beiden Fällen schließt sich zwanglos als Fortsetzung das Kapitel "Elektrische Arbeit" an, so daß verständlich ist, daß dieser Abschnitt an den Anfang gestellt wurde.

Das Thema "Schwingungen und Wellen" setzt den Geschwindigkeitsbegriff voraus. Vor dieser Lerneinheit mußte deshalb der Abschnitt über einfache Bewegungen eingeschoben werden. Auch die Bewegungslehre kann an frühere Kapitel anknüpfen, etwa an das Kapitel M 3. So wäre es z.B. denkbar, daß man im Anschluß an das Problem der Reibung (Kapitel M 3.5) die Frage aufwirft, wie die gleichförmige Bewegung näher charakterisiert werden kann, die bei konstanter Gleitreibungskraft zu beobachten ist (S. M42). Oder man kann im Anschluß an Kapitel M 2.1 den Bewegungszustand von Körpern untersuchen, um bereits in diesem Stadium zur dynamischen Kraftdefinition zu kommen. Die Reihenfolge der zu behandelnden Kapitel wäre dann: Kapitel M 2.1, Kapitel A 2.1 bis Kapitel A 2.3; Fortsetzung wieder mit Kapitel M 2.2.

Allgemeine Hinweise zum Block A

Da - wie bereits gesagt - die Kernphysik Kenntnisse aus allen Bereichen der Physik verlangt, wurde dieses Thema an das Ende gesetzt. Es sollte im Anschluß an die gesamten übrigen Stoffgebiete behandelt werden. Anknüpfungsmöglichkeiten sind überall gegeben.

Das Kapitel A 4.3 bildet auch einen guten Übergang zum "Rückblick" (S. A49 f.), in dem die Frage noch einmal aufgegriffen wird, was Physik eigentlich ist.

Schwerpunktbildung

Die Bildung von sachlichen Schwerpunkten innerhalb des Blocks A kann nach dem vorher Gesagten eigentlich nur im Zusammenhang mit den Sachgebieten gesehen werden, an welche die einzelnen Themen anknüpfen.

Kurs A, theoriebezogen

Der Schwerpunkt liegt hier, wie auch bei anderen ähnlichen Kursen, auf Begriffsbildung, Modellverständnis und mathematischer Durchdringung. Deshalb stehen im Mittelpunkt der Betrachtung der Begriff der elektrischen Arbeit und der Begriff der elektrischen Energie, bei den einfachen Bewegungen ist das Ziel die dynamische Kraftdefinition (Kapitel A 2.2 und A 2.3), in der Lerneinheit 3 ist die Erkenntnis der übergeordneten Struktur "Schwingung" und "Welle" zentrales Thema. Bei der Bearbeitung der einzelnen Themen muß hierauf besonders geachtet werden.

Im Abschnitt A 4 geht es um eine weitere Sicherung der Atomhypothese.

Kurs B, praxisbezogen

Entsprechend der Zielsetzung dieses Kurses steht im Vordergrund der praktische Umgang mit den physikalischen Größen und deren technischen Anwendungen. Für den Abschnitt A 1 kann man keine generelle Empfehlung aussprechen, da seine Behandlung davon abhängt, wie in der Elektrizitätslehre der Begriff "Spannung" eingeführt wurde. Wurde die Spannung als Basisgröße definiert, so kann auf Kapitel 1.1 nicht verzichtet werden. Versuch A 2,3 und Versuch 3,1 sind für einen praxisbetonten Kurs nicht erforderlich, ebenso Versuch V A4,2 mit der dort angegebenen Zielsetzung. Günstiger ist es, den Versuch durchzuführen mit dem Ziel, den Wirkungsgrad ("Gütefaktor") eines Elektromotors zu ermitteln.

In der 2. Lerneinheit liegt der Schwerpunkt von vornherein auf der Begriffsbildung; der Bezug zu den Anwendungen tritt etwas in den Hintergrund. Deshalb muß der Lehrer versuchen, die Akzente zu verschieben. Dies kann geschehen durch Betonung geeigneter Problemstellungen und Versuche, so z.B. durch eine Betonung der Anwendungen der s, t-Diagramme bei der Aufstellung von grafischen Fahrplänen. Bei der dynamischen Kraftdefinition kann der Akzent auf Beschleunigungsmessungen gelegt werden (s. auch V A14,1).

Schwerpunkthaft können die Kapitel A 3.13, bei musikalisch interessierten Schülern auch 3.14, Kapitel 3.15, 3.22 und 3.24 behandelt werden. Bei der letzten Lerneinheit bieten sich zur Schwerpunktbildung die Kapitel A 4.14 und A 4.31 an.

Kurs C, verkürzt praxisbezogen

Die Begriffe "Elektrische Arbeit" und "Elektrische Energie" müssen erarbeitet und in vielfältiger Weise veranschaulicht werden. Bei der gleichförmigen Bewegung könnte man sich beschränken auf die Gleichung $v = s/t$, da man die Anfangsbedingungen ja immer so wählen kann, daß für $t = 0$ auch $s = 0$ ist.

Die Behandlung ungleichförmiger Bewegungen sollte einschließlich des Begriffs der mittleren Geschwindigkeit auch im Fundamentum besprochen werden. Es böte sich dann nämlich die Gelegenheit, wenigstens auch eine Vorstellung von der Beschleunigung zu vermitteln, die man dann durch den Zuwachs der mittleren Geschwindigkeit in einer Sekunde beschreiben könnte.

Ebenso wie beim Kurs B sollten die Kapitel 3.13, 3.21, 3.22 und 3.23 ausführlich behandelt werden, zumal die gezeigten Phänomene bei Schülern aller Altersstufen stets auf großes Interesse stoßen.

Die Atomhypothese sollte nur kurz besprochen werden, dagegen können die Kapitel A 4.12 und A 4.13 wiederum ausführlich dargestellt und unter Umständen sogar vertieft und ergänzt werden. Wesentlich für das Verständnis von Strahlenschutzmaßnahmen (Kapitel 4.14) ist die Kenntnis der drei Strahlungsarten (S. A 36).

Um einige Grundlagen der Atomkernenergie mit allen ihren Konsequenzen diskutieren zu können, sind Kenntnisse zum Aufbau der Atomhülle (Kapitel A 4.21) und des Atomkerns (Kapitel 4.22) erforderlich. Die Nutzbarmachung der Kernenergie mit Kernreaktoren steht zwar in der ersten Erweiterung,

Allgemeine Hinweise zum Block A

Themen und Kapitelnummern	Verkürzt, ohne Erweiterungen, praxisbezogen Kurs C Anm.	Praxisbezogen mit Erweiterungen (12) Kurs B Anm.	Theoriebezogen Kurs A Anm.
1. Elektrische Arbeit			
1.1 Die Wärmeleistung des elektrischen Stroms	F	F12 1	F12
1.2 Elektrische Leistung - elektrische Arbeit - elektrische Energie	F	F2 2	F2 3
1.3 Definition der elektrischen Spannung	-	2	2
2. Einfache Bewegungen			
2.1 Die gleichförmige Bewegung	F 4	F1	F1
2.2 Ungleichförmige Bewegungen	F	F2	F2
2.3 Dynamische Kraftdefinition	-	2 5	<u>2</u> 6
2.4 Kreisbewegung	-	1	<u>1</u>
2.5 Zeitmaß	-	1	<u>1</u> 7
3. Schwingungen und Wellen			
3.1 Schwingungen			
3.11 Schwingungen einer Schraubenfeder - Energiespeicherung	F	F	F
3.12 Schwingungen eines Fadenpendels - Harmon. Schwingungen	F	F	F2
3.13 Schallerzeugung	F	<u>F</u> 8	F
3.14 Schwingende Saiten	F	<u>F1</u>	F1
3.15 Elektromagn. Schwingungen	-	<u>1</u>	1
3.2 Wellen			
3.21 Energietransport durch Wellen	F	F1	F1
3.22 Schallwellen	F	<u>F1</u> 9	F1
3.23 Wasserwellen	F	<u>F</u>	F
3.24 Elektromagnetische Wellen	-	1	12
4. Energie aus dem Atom			
4.1 Radioaktivität - zerfallende Atome			
4.11 Die atomistische Struktur der Materie	F	F	F
4.12 Die Entdeckungsgeschichte der Radioaktivität	F	F	F
4.13 Grunderscheinungen der Radioaktivität - zerfallende Atome	F	F12	F12
4.14 Strahlengefahr und -schutz	F	F1	F1
4.2 Der Aufbau der Atome			
4.21 Der Aufbau der Atomhülle	F	F2	<u>F2</u>
4.22 Der Aufbau der Atomkerne	F	F1	<u>F1</u>
4.3 Atomenergie			
4.31 Kernspaltung	F	F1	F1
4.32 Kernverschmelzung (Kernfusion)	-	1	1

Schwerpunkte sind unterstrichen. F12 heißt: Das Thema umfaßt Fundamentum, 1. und 2. Erweiterung. Anm.: Die numerierten Anmerkungen befinden sich auf S. 379. Charakterisierung der Kurse A, B, C, s. S. 87.

Hinweise zur LE 1: Elektrische Arbeit

sollte aber auch im Fundamentum im Unterricht besprochen werden, zumal eine Reihe von Unterrichtsfilmen die Arbeit des Lehrers unterstützen kann. Es versteht sich fast von selbst, daß in diesem Abschnitt die Zusammenhänge von den Schülern nicht erarbeitet werden können, sondern diesen mitgeteilt werden müssen.

Anmerkungen zu den differenzierenden Lehrgängen

1. Auf die Versuche V A2,3 und V A3,1 kann verzichtet werden. Daß k_w den Wert 1 J/VAs besitzt, wird mitgeteilt.

2. V A4,2 kann auch mit einer anderen Zielrichtung angelegt werden. Man erörtert die Energieverluste und bestimmt den Wirkungsgrad des Elektromotors und setzt dabei die Äquivalenz von elektrischer und mechanischer Arbeit voraus. Solche Messungen sind von praktischer Bedeutung.

3. Im theoriebezogenen Kurs wird die Äquivalenz von elektrischer und mechanischer Arbeit in den Mittelpunkt gestellt. Zusammen mit Kap. A1.3 ist dieser Abschnitt ein Beispiel für physikalische Begriffsbildung.

4. Im Fundamentum kann man sich auf Bewegungsvorgänge beschränken, für die gilt: $s \sim t$.

5. V A14,1 zeigt eine Möglichkeit, wie man in der Praxis Beschleunigungen messen kann: bei bekannter Masse mißt man die beschleunigende Kraft. Dies kann durch entsprechende Beispiele vertieft werden.

6. Dieser Abschnitt stellt nicht nur von der begrifflichen Seite her erhöhte Anforderungen, sondern auch von der experimentellen.

7. In diesem Zusammenhang kann auf den Unterschied zwischen Zeitpunkten und Zeitdauern besonders eingegangen werden. Falls genügend Zeit besteht, können die astronomischen Zusammenhänge ausführlicher dargestellt werden, s. unter b).

8. Ergänzungsmöglichkeiten: Ultraschall.

9. Ergänzungen: Reflexion von Schallwellen, Echo, Echolot.

3.5.2 Hinweise zu den einzelnen Lerneinheiten

3.5.2.1 L 1: Elektrische Arbeit

a) Vorbemerkungen und Ziele

In dieser Lerneinheit wird, wie wir bereits ausführten, außer den Begriffen "Elektrische Arbeit" und "Elektrische Energie" und den Möglichkeiten zu deren Messung auch eine neue Definition der elektrischen Spannung erarbeitet. Auf Seite E54 wird die elektrische Spannung noch als Basisgröße eingeführt (Festlegung der Spannungsgleichheit und Vielfachheit, bei der Einführung der Einheit wird allerdings bereits auf die SI-Einheit verwiesen). Die Neudefinition der Spannung als abgeleitete Größe kann erst erfolgen, wenn der Energiebegriff geklärt und die Wärmemenge definiert worden ist. Deshalb kann die Untersuchung der Wärmeleistung eines Tauchsieders von Seite M80 wieder aufgegriffen werden, wobei jetzt ihre Abhängigkeit von den elektrischen Größen I und U interessiert. Es ergibt sich der experimentelle Befund 1 Joule $\approx$ 1 VAs. Diese Beziehung wird anschließend durch eine Definitionsgleichung ersetzt.

Es wäre prinzipiell denkbar, auch die mechanische Arbeit in Abhängigkeit von den Größen U und I zu messen. Die dabei auftretenden Schwierigkeiten sind jedoch nicht unerheblich, da man ja auch die von den Wicklungen als Wärme abgegebene Energie berücksichtigen muß. Dies aber setzt die Kenntnis der Gleichung $Q = RI^2 t$ voraus. Da neben der Nutzarbeit auch noch Reibungsarbeit verrichtet wird, ist die Angelegenheit noch unübersichtlicher. Deshalb wird in dieser Lerneinheit vom Tauchsieder ausgegangen. Die Äquivalenz von elektrischer und mechanischer Arbeit muß noch - wenigstens qualitativ - experimentell gezeigt werden. Erst im Anschluß daran ist es möglich, das Begriffssystem zu vereinfachen und die Spannung als abgeleitete Größe aufzufassen. ($U = W/Q$ und $1 V = 1 Nm / 1 As$).

Die Einführung der elektrischen Spannung kann auch mit Hilfe eines elektrischen Zählers erfolgen (1).

Mit der Neudefinition der elektrischen Spannung gewinnen die Schüler Einblick in das Begriffsgebäude der Physik. Sie lernen, daß die <u>physikalischen Größen keine naturgegebenen Begriffe sind,</u> sondern <u>Erfindungen des menschlichen Geistes,</u> die dazu dienen, die verwirrende Fülle der Erscheinungen durch einfache Gesetze überschaubar zu machen.

Hinweise zur LE 1: Elektrische Arbeit

Hierbei spielen Zweckmäßigkeitsgründe eine Rolle, natürlich auch der Wunsch, die zugrundeliegenden physikalischen Sachverhalte adäquat zu beschreiben. Bei der elektrischen Spannung sind dies der Vorgang der Ladungstrennung und die dabei zu verrichtende Arbeit.

Wir sehen, daß nicht nur der Vorgang der Spannungserzeugung selbst verstanden sein muß, sondern auch die passenden Begriffe zur Beschreibung dieses Vorgangs vorhanden sein müssen. Beides setzt erhebliche physikalische Kenntnisse voraus. Aus diesem Grund wurde im KUHN die Spannung zunächst als Basisgröße eingeführt. Damit wurde auch der Forderung nach einem Spiralcurriculum entsprochen, nach dem z. B. elektrische Erscheinungen in verschiedenen Anspruchsebenen behandelt werden können. Es ist aber auch möglich, direkt im Anschluß an die Kapitel E 7.1 - E 7.6 die Spannung als abgeleitete Größe einzuführen. Ein Weg hierzu ist im zweiten Unterrichtsbeispiel zur Elektrizitätslehre beschrieben.

b) Bemerkungen zu den einzelnen Themen

Die Wärmeleistung des elektrischen Stroms (1.1)

Die Untersuchung der Wärmeleistung des elektrischen Stroms wird motiviert durch die Frage, wofür man eigentlich bezahlt, wenn man die verschiedenen "Dienstleistungen" des elektrischen Stroms in Anspruch nimmt. Die Frage wird veranschaulicht durch Abb. A1.1 und Abbildung A2.1, von denen man im Unterricht ausgehen kann.

Der Tauchsieder bietet den Vorteil, daß alle beschriebenen Versuche als Schülerversuche durchführbar sind. Auch die Lehrmittelfirmen liefern geeignete Versuchsanordnungen. Natürlich kann man auch die mechanische Arbeit in Beziehung setzen zu meßbaren elektrischen Größen. Die Schüler sehen aber leicht ein, daß bei einem Elektromotor durch die Erwärmung der Wicklungen auch Wärme abgegeben wird, die bei einer quantitativen Untersuchung nicht vernachlässigt werden darf.

Es sei hier auf den auf S. 214 f. beschriebenen elektrischen Feldmotor hingewiesen, der die mechanische Arbeit bzw. Leistung verlustfrei zu bestimmen gestattet. Er führt geradewegs zur Beziehung $W/t = P_{mech} = k_m \cdot U \cdot I$ und zur Definition der elektrischen Leistung $P_e = U \cdot I$ bzw. der Stromarbeit $W = P_e \cdot t = U \cdot I \cdot t$. Der Versuch kann die Betrachtungen von Kap. A1.1 nicht voll ersetzen, wohl aber die Frage auf die Äquivalenz von zugeführter elektrischer und mechanischer Arbeit bezüglich ihrer Wärmeleistung konzentrieren. Diese Äquivalenz ergibt sich aus der experimentell bestätigten Gleichheit von c_m und c_e (die auf unterschiedlichen Wegen gewonnenen Werte für c könnten ja verschieden sein) im Gleichungssystem

$W_m = F \cdot s = c_m \cdot m \, \Delta \vartheta$ (vgl. Gl. (M78,3)) und
$c_e \cdot m \cdot \Delta \vartheta = U \cdot I \cdot t$ (aus Kap. A1.1).

Im Anschluß daran kann mit $k_m = 1$ die Spannung neu definiert werden.

LV od. SV Die Versuche V A1.1 und V A1.2 sowie V A2.1 und V A2.2 ergeben den Zusammenhang $P_w \sim U \cdot I$. Dabei wird die vom Tauchsieder abgegebene Wärmemenge durch die Erwärmung des Wassers (Erhöhung der inneren Energie) gemessen. Aus der gleichmäßigen Temperaturzunahme schließt man auf eine gleichmäßige Wärmeabgabe, d. h. auf eine konstante Wärmeleistung.

Der Proportionalitätsfaktor $k_w \approx 1 \, J/VAs$ kann mitgeteilt werden. Falls die Möglichkeit zu Schülerübungen besteht, führt man die Versuche V A2.3 und V A3.1 im arbeitsteiligen Unterricht durch. V A2.3 ist etwas zeitraubend, man kann notfalls auf ihn verzichten.

SV Der Zusammenhang $P_w = k_w \cdot U \cdot I$ ist auch mit Hilfe von Glühlämpchen ableitbar. Sechs gleiche Glühlämpchen werden auf einem Brettchen montiert. Bei gleicher Spannung brennen sie alle gleich hell. Sie entsprechen dann sechs Tauchsiedern von gleicher Wärmeleistung. Schaltet man zunächst der Reihe nach 1, 2, 3, ... 6 Glühlämpchen hintereinander, so muß die 1-, 2-, 3-, ... 6fache Spannung angelegt werden, damit bei allen Versuchen die Stromstärke gleich groß ist. Der Versuch zeigt, daß bei gleicher Stromstärke die Wärmeleistung zur Spannung proportional ist.

Anschließend werden die Glühlämpchen nacheinander parallel geschaltet und jeweils bei konstanter Spannung die Stromstärke im Gesamtstromkreis gemessen. Man beobachtet, daß beim Hinzuschalten weiterer Lämpchen die Stromstärke sich verdoppelt, verdreifacht, ... versechsfacht. Man erhält somit: Bei konstanter Spannung ist die Wärmeleistung der Stromstärke proportional.

Durch Zusammenfassung der beiden Ergebnisse ergibt sich ebenfalls die auf S. A2 angegebene Beziehung.

LI Früher wurde meist die Bezeichnung "Joulesche Wärme" gebraucht für jene Wärme-

Hinweise zur LE 1: Elektrische Arbeit

menge, die in einem Ohmschen Widerstand durch den elektrischen Strom erzeugt wurde. Wir haben diesen Ausdruck ebenso vermieden wie das häufig benutzte Wort "Reibungswärme". Beide Bezeichnungen suggerieren eine falsche Vorstellung von den zugrunde liegenden Prozessen. In beiden Fällen erhöht sich primär die innere Energie, der Energieaustausch mit der Umgebung erfolgt aber durch die Energieform Wärme. Wenn man also die Wärmeleistung eines Tauchsieders mißt, dann meint man damit die Energie, die er pro Zeiteinheit als Wärme abgibt.

Alle Überlegungen gelten zunächst für den Gleichstromkreis. Im Wechselstromkreis sind die Verhältnisse im allgemeinen sehr viel verwickelter. In fast allen Abbildungen sind deshalb auch Gleichspannungsquellen angegeben. Viele Versuche führt man aber zweckmäßig mit Wechselstrom durch, z.B. alle Tauchsiederversuche. Den Schülern teilt man

SI mit, daß in einem Leiterkreis, in dem keine Spulen und Kondensatoren vorhanden sind, der Wechselstrom die gleiche Wirkung zeigt wie ein Gleichstrom mit den von den Wechselstrom-Meßinstrumenten angezeigten Werten für Stromstärke und Spannung.

LI In einem Wechselstromkreis mit rein ohmschem Widerstand vereinfachen sich nämlich die Zusammenhänge: Stromstärke und Spannung sind in Phase und die Momentan-Leistung ist $P_{el} = U_o I_o \sin^2 \omega t$, wobei U_o und I_o die jeweiligen Scheitelwerte von Stromstärke und Spannung bedeuten. Die Gesamtarbeit während einer Periode T ergibt sich zu

$$W_{el}(T) = \int_o^T I_o^2 R \sin^2 \omega t \, dt = \frac{1}{2} I_o^2 RT .$$

Diese elektrische Arbeit setzt man nun der Arbeit eines Gleichstroms gleich, die in derselben Zeit T im gleichen Widerstand verrichtet wird. Die Stromstärke wird mit I_{eff}, die Spannung mit U_{eff} bezeichnet.

Es ist

$$W_{el} = U_{eff} \cdot I_{eff} \cdot T = I_{eff}^2 \cdot RT,$$ wobei

$U_{eff} = I_{eff} \cdot R$ gesetzt wird. Aus den beiden Beziehungen für W_{el} folgt: $I_{eff} = I_o / \sqrt{2}$ und $U_{eff} = U_o / \sqrt{2}$. Alle Meßinstrumente für Wechselstrom sind in Effektivwerten kalibriert. (2)

Wir können also bei rein ohmschen Widerständen Wechselstrom verwenden, da er in seiner Wirkung einem Gleichstrom mit den angezeigten Effektivwerten von Stromstärke und Spannung gleichkommt.

Elektrische Leistung - elektrische Arbeit - elektrische Energie (1.2)

In diesem Kapitel, in dem die Ergebnisse des vorhergehenden zusammengefaßt und ergänzt werden, sollen die Schüler die Begriffe "elektrische Energie" und "elektrische Leistung" kennenlernen.

Der Begriff "elektrische Arbeit" wird in Analogie zur Wärme und zur mechanischen Arbeit als eine Austauschform der Energie eingeführt und von der Existenzform der Energie unterschieden, wie sie z.B. bei der elektrischen Feldenergie eines Kondensators vorliegt (S. A5 rechts oben). Im weiteren Verlauf des Unterrichts kann diese unterschiedliche Bezeichnung aufgegeben werden. Da "Energie" den Oberbegriff darstellt, spricht man generell von elektrischer Energie, die sowohl gespeichert als auch ausgetauscht werden kann.

Entsprechend der Zielsetzung dieses Abschnitts sollte die Messung der genannten Größen nicht nur im Prinzip besprochen werden, damit man passende Aufgaben rechnen kann, sondern einige dieser Messungen sollten möglichst von den Schülern selbst durchgeführt werden. Dabei sollte man von Geräten ausgehen, die die Schüler aus ihrer Umwelt kennen, also von Glühlampen, Bügeleisen, Tauchsieder, Lötkolben, Fön, Rasierapparat, Taschenlampen u.a.m.

SV Stromstärke und Spannung werden gemessen, die Leistung wird errechnet und mit den Angaben auf dem Gerät verglichen. Es ist zweckmäßig, bei manchen Geräten auch den Wirkungsgrad zu ermitteln. So kann man z.B.
LV bei einer Haushalts-Glühlampe (60 W) ermitteln, welche elektrische Energie in Wärme umgesetzt wird. Zu diesem Zweck wird die Glühlampe in ein durchsichtiges Kalorimeter gehängt, das so weit mit Wasser gefüllt ist, daß der Glaskolben gerade mit Wasser bedeckt ist. (Abb. 381,1) Als Kalorimeter kann man auch zwei ineinandergestellte Bechergläser verwenden. Man mißt Stromstärke,

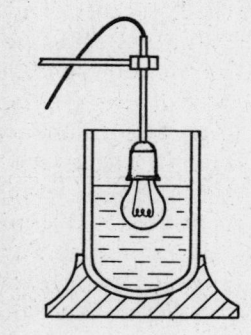

Abb. 381,1 Versuch zur Bestimmung des Wirkungsgrades einer Glühlampe

Hinweise zur LE 1: Elektrische Arbeit S. A4–A5

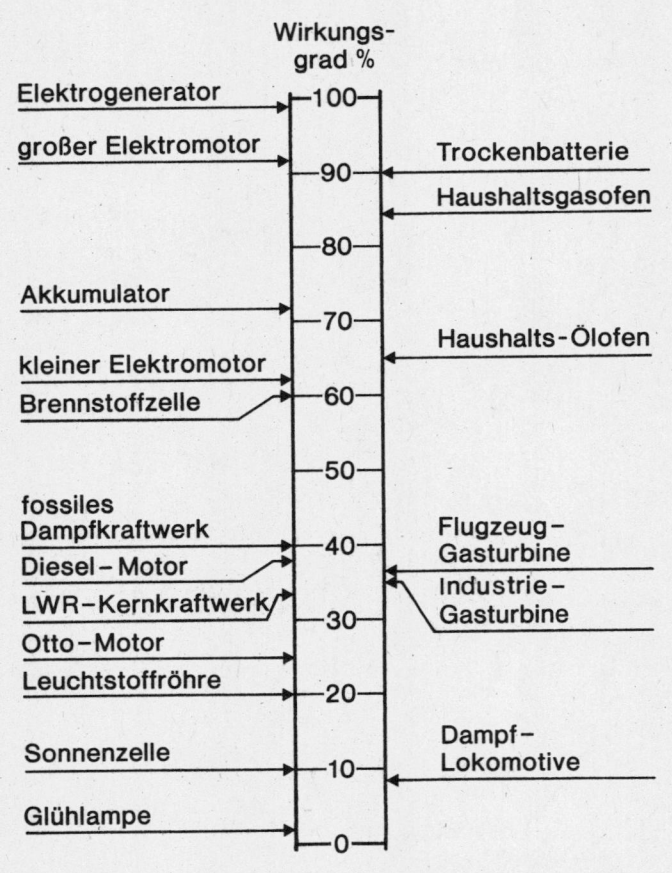

Abb. 382,1 Wirkungsgrade bei verschiedenen Arten der Umwandlung und Verwendung von Energie

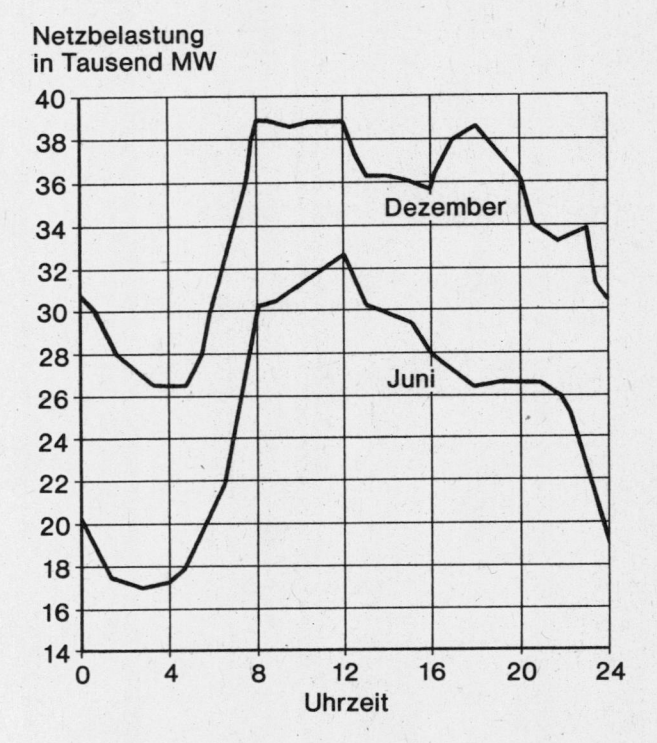

Abb. 382,2 Tageslastkurven (4)

Spannung und Zeit und bestimmt aus der Erwärmung des Wassers einschließlich des Kalorimeters die abgegebene Wärmemenge. Der Versuch wird mit einem verspiegelten Kalorimeter wiederholt, das mit Silberpapier abgedeckt wird. Es ergeben sich verschiedene Werte.

LV Der Versuch leitet über zu V A4,2, der nur als Demonstrationsversuch möglich ist. Während vorher die abgegebene Wärme einer Glühlampe in Beziehung gesetzt wurde zur aufgenommenen elektrischen Arbeit (Energie), wird jetzt die abgegebene mechanische Leistung - gemessen mit einem Bremsdynamometer - verglichen mit der aufgewandten elektrischen Leistung. Dieser Versuch dient im Schülerbuch zum Nachweis der "Äquivalenz von mechanischer und elektrischer Arbeit". Selbstverständlich muß dieser Aufwand nicht betrieben werden. Im Vertrauen auf die Gültigkeit des Energieerhaltungssatzes kann man sich beschränken auf die Messung des Wirkungsgrades des Elektromotors, d.h. auf das Verhältnis zwischen aufgenommener und abgegebener Leistung. In diesem Fall ist dieser Versuch auch für das Fundamentum geeignet, zumal sowohl die Fragestellung (Bestimmung des "Gütefaktors", des Wirkungsgrades) wie auch das Meßverfahren (Bremsband) von praktischer Bedeutung sind.

VT Geeignet für diesen Versuch ist der von LEYBOLD zu beziehende Antriebsmotor für 220 V (Gleich- oder Wechselstrom, Leistungsaufnahme ca. 70 W, Leistungsabgabe ca. 50 W). Geht es nur um das Prinzip, dann genügt es, bei einer bestimmten Drehzahl den Wirkungsgrad zu messen und die Abhängigkeit von der Drehzahl qualitativ zu demonstrieren. Bei genaueren Untersuchungen muß der Wirkungsgrad in Abhängigkeit von der Drehzahl quantitativ bestimmt werden. (3)

Die abgegebene mechanische Nutzarbeit mißt man mit Hilfe des Bremszaums. Die Verluste setzen sich zusammen aus den Verlusten in den Feld- und Ankerwicklungen (Erwärmung), den Reibungsverlusten (Lagerreibung etc.) und sonstigen Verlusten wie Eisenverluste im Anker durch Ummagnetisieren und Verluste durch unvollständigen Kontakt der Bürsten. (2) Den Reibungsverlusten wurde im Schülerbuch in erster Näherung dadurch Rechnung getragen, daß nur die gegen den Leerlauf zusätzlich aufgenommene Leistung berücksichtigt wurde.

Inwieweit man in diesem Kapitel auf die Schaltung eines Wattmeters oder die Funktionsweise eines elektrischen Zählers eingehen kann, hängt von der zur Verfügung stehenden Zeit ab.

Hinweise zur LE 1: Elektrische Arbeit

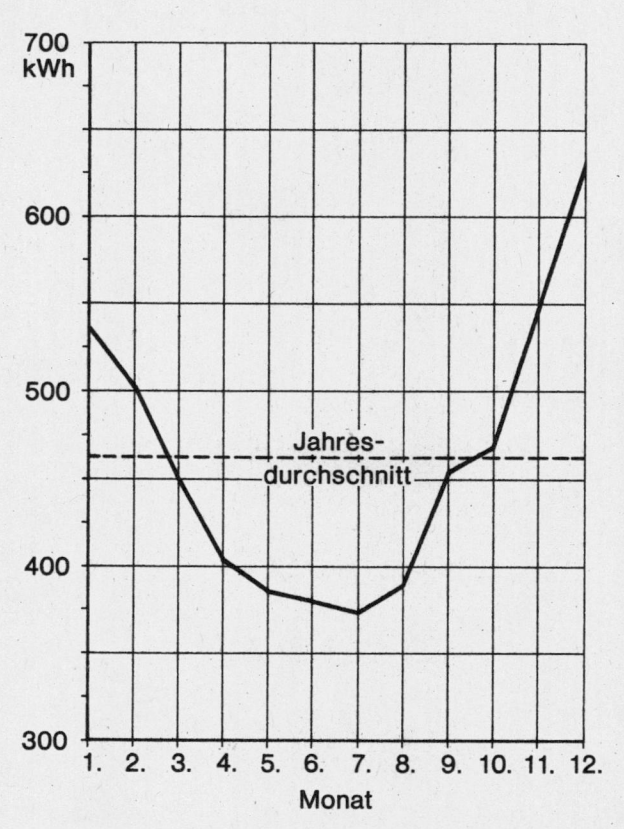

Abb. 383,1 Monatsbedarf eines 4-Personen-Haushaltes im Laufe eines Jahres

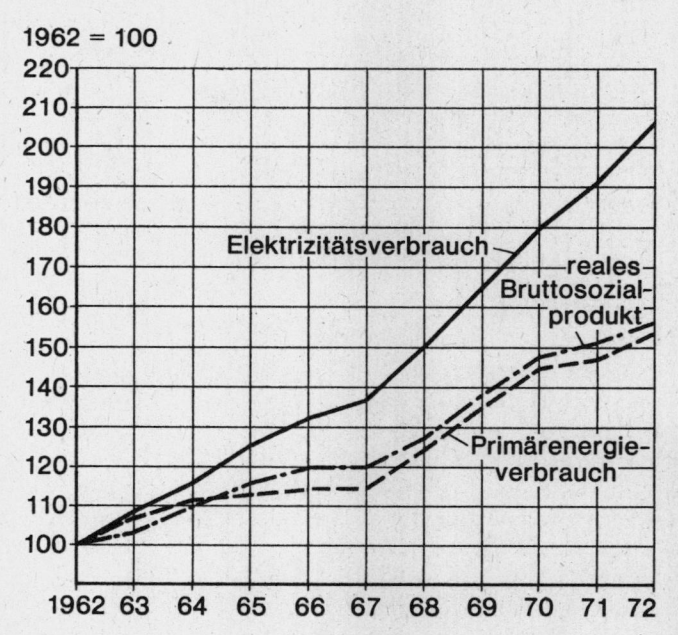

Abb. 383,2 Zeitliche Entwicklung von Elektrizitätsverbrauch, realem Bruttosozialprodukt und Primärenergieverbrauch für die Bundesrepublik Deutschland (4)

Welche Rolle der Wirkungsgrad bei der Nutzung von Energie spielt, zeigt Abb. 382,1. Prozesse mit einem hohen Anteil von sogenannter Primärenergie haben z. T. recht geringe Wirkungsgrade.

Aber auch die Auslastung der Kraftwerkskapazität kann verbessert werden. Sie ist nämlich starken Schwankungen unterworfen. Abb. 382,2 gibt die typische Tageslastkurve eines Kraftwerkes im Monat Juni und Dezember wieder, in Abb. 383,1 ist der Monatsbedarf an elektrischer Energie eines vollelektrisierten 4-Personen-Haushalts im Laufe eines Jahres dargestellt. Um eine gleichmäßige Auslastung der Kraftwerke zu gewährleisten, wodurch die Kosten für Erzeugung und Übertragung der Energie gesenkt werden können, muß die überschüssige elektrische Energie vorübergehend gespeichert werden (Pumpspeicherwerke). Auf alle diese Fragen sollte man im Unterricht eingehen. Man kehrt damit wieder zum Ausgangspunkt dieser Lerneinheit zurück, die mit der Frage begann, wofür wir eigentlich zahlen müssen. Daß die Elektrizität nicht mehr aus unserem Leben wegzudenken ist, erkennt man an der Fülle von elektrischen Geräten, die uns mittlerweile fast schon zur Selbstverständlichkeit geworden sind (s. auch Aufgabe 12) und an der damit verbundenen Steigerung des Elektrizitätsverbrauchs in den Jahren 1962 bis 1972 (Abb. 383,2).

Leicht bilden sich in diesem Zusammenhang falsche Vorstellungen über den Energieverbrauch. Man sollte deshalb stets die Energieflußdiagramme vor Augen haben (vgl. S. 367), wonach die Haushaltsgeräte nur einen verhältnismäßig geringen Anteil am gesamten Energiebedarf eines Haushaltes ausmachen.

Der Verbrauch an elektrischer Energie in der Bundesrepublik Deutschland ist für die Jahre 1968 und 1975 in der folgenden Übersicht zusammengestellt. (5)

	1968 in Mill kWh	1975 in Mill kWh
Industrie	119 857	157 103
Haushalte	33 090	67 810
Öffentl. E.-Werke	10 285	16 265
Verkehr	6 408	8 888
Handel u. Kleingewerbe	16 188	27 180
Sonstige	9 246	17 284
Verluste (einschl. Übertragungsverluste)	10 946	14 772
Ausfuhr	4 715	9 791
Landwirtschaft	4 326	6 339
	215 061	319 432

Hinweise zur LE 1: Elektrische Arbeit

Definition der elektrischen Spannung (1.3)

Die elektrische Spannung wird ebenso wie z.B. die Begriffe "Kraft", "Wärme", "Energie" in abgestufter Weise eingeführt. Ziel des Physikunterrichts ist es, zum heutigen Begriffssystem hinzuführen, dieses also den Schülern nicht verfrüht als ein fertiges Produkt vorzusetzen.

Natürlich "kennen" die Schüler den Begriff "Spannung" aus ihrer alltäglichen Erfahrung im Umgang mit elektrischen Geräten. Sie wissen vielleicht, daß im Haushalt "220 V Spannung" verwendet wird, daß manche Geräte die Möglichkeit zum Umschalten von 220 V auf 110 V besitzen, daß die Batterien für tragbare Geräte (Taschenlampen, Taschenrechner, Kofferradios u.a.m.) verschiedene Spannungen haben (1,5 V, 4,5 V, 9 V u.a.m.). Sie kennen die Spannung eines Autoakkus oder die erforderliche Spannung zum Betreiben einer elektrischen Eisenbahn. Auf dieser Basis wird aufgebaut, wenn im Kap. E3.2 die "elektrische Spannung" als "besonderer elektrischer Zustand" bezeichnet wird, der zwischen den Polen einer Spannungsquelle herrscht.

Sehr viel anschaulicher als der Begriff "Spannung" ist für die Schüler der Begriff "Strom", so daß es naheliegt, sich zunächst mit diesem zu beschäftigen.

Eine weitere Verschärfung des Spannungsbegriffs erfolgt auf S. E18. Dort wird erkannt, daß zur Erzeugung einer elektrischen Spannung Ladungen getrennt werden müssen. Diese Ladungstrennung wird dann in Kap. E7 in den Mittelpunkt der Betrachtungen gestellt und der Vorgang der Spannungserzeugung an vielen Beispielen genau analysiert. Erst jetzt hat es den Sinn, diesen Vorgängen auch eine physikalische Größe zuzuordnen. Dies geschieht auf den Seiten E53 und E54 und findet in dem vorliegenden Kap. A1.3 seinen Abschluß.

c) Neue Aufgaben und Fragen

1. Ein Bügeleisen nimmt bei 220V eine Stromstärke von 2,80A auf. Wie groß ist die in 3 Stunden aufgenommene elektrische Energie? Wieviel kostet die "Bügelstunde" bei einem Arbeitspreis von 11,5Pf/kWh? Die Stunden seien auf Sekunden genau angegeben.
L. W_{el} = 1,85kWh, 21,3Pf:3h = 7,1Pf/h.

2. Ein Staubsauger hat bei 220V eine Leistungsaufnahme von 240 W. Wie groß ist die Stromstärke?
L. 1,09A

3. Wie lange kann ein elektrischer Heizlüfter bei voller Leistung (3000W) laufen, wenn bei einem Arbeitspreis von 12Pf/kWh die Kosten nicht höher liegen sollen als 5,00DM?
L. 13,9h

4. Ein Bügeleisen (1000W), ein Staubsauger (240W), ein Tauchsieder (600W) und ein Heizlüfter (2000W) werden zu gleicher Zeit betrieben. Der Leiterkreis ist mit 16A abgesichert. Hält die Sicherung?
L. Nein! Denn es ist:
$I = \frac{(1000+240+600+2000) \text{ W}}{220 \text{ V}} \approx 17,5 \text{A}.$

5. 1977 wurde einem Kunden eines Elektrizitätswerks innerhalb von 6 Monaten eine elektrische Energie geliefert von 2396kWh. Er zahlte hierfür einschließlich Grundpreis und sonstiger Abgaben 362,58DM. Wie hoch wurde 1kWh berechnet?
L. 15,1Pf

6. Für eine Weihnachtsbaumbeleuchtung werden Kerzen mit 3W, 10V verwendet.
a) Wie müssen die Kerzen geschaltet werden bei einem Betrieb mit 220V?
b) Wieviel Kerzen enthält die gesamte Leitung, wenn jede Kerze bei Betriebsspannung brennen soll?
c) Was kostet der Betrieb, wenn vor und während der Weihnachtszeit insgesamt 30 Tage lang die Beleuchtung täglich von 16.oo-24.oo Uhr eingeschaltet ist? Preis: 15Pf/kWh einschließlich aller Abgaben.
L. a) 220V/10V = 22
b) 22·3W = 66W
c) 66W·240h·0,15DM/kWh ≈ 2,38DM

7. Eine Herdplatte nimmt 2200W auf. Wie lange braucht sie, um 1kg Wasser von 20 °C auf 100 °C zu bringen, wenn
a) von allen Verlusten abgesehen wird,
b) nur 70% der von der Platte abgegebenen Wärme zur Erwärmung des Wassers dient?
c) Was kostet dies bei 0,15Pf/kWh?
L. a) 80·4186,8 J/2200W ≈ 2,54min,
80·4186,8J/2200W·0,7 ≈ 3,6min
c) im Fall b) 1,6Pf

8. Ein Autoanlasser entnimmt einer 6V-Batterie kurzzeitig 240A. Welche Leistung in kW kann er bei einem Wirkungsgrad von 55% abgeben?
L. 1,44kW·0,55 ≈ 0,8kW

9. Welchen Widerstand muß eine Heizwicklung besitzen, wenn sie bei 220V eine Leistung von 2000 W abgeben soll?
L. $P_{el} = U^2/R \Rightarrow R = U^2/P$; $R \approx 24,2 \, \Omega$

Hinweise zur LE 2: Einfache Bewegungen

10. Ein Widerstand von 1,5 kΩ darf höchstens mit 200 mA belastet werden.
    a) Welche Leistung nimmt er in diesem Fall auf?
    b) Welche Spannung liegt an seinen Enden?

L. a) $P = RI^2$; 60 W, b) 300 V

11. Zwei Niederspannungslampen tragen die Aufschrift 6V 30W und 6V 5W. Kann man die beiden Lampen an eine 12V-Spannungsquelle anschließen, indem man sie hintereinanderschaltet?

L. Es ist $R_1 = 1,2\,\Omega$; $R_2 = 7,2\,\Omega$. Mit $U_1 : U_2 = R_1 : R_2$ und $U_1 + U_2 = U$ erhält man:

$$U_2 = \frac{6}{7}U \approx 10,3\,V.$$

An die Glühlampe mit 6V 5W liegen 10,3V. Sie brennt durch.

12. Stelle alle Elektrogeräte in einem Haushalt zusammen! Welche Anschlußwerte besitzen die Geräte? Welchen Anschlußwert haben alle Geräte zusammen?

L. Beispiel:

Kaffeeautomat	750 W
Röster	650 W
Mahlautomat	120 W
Handmixer	140 W
Küchenmaschine	150 W
Entsafter	250 W
Staubsauger	600 W
Speicherplatte	850 W
Infrarotgrill	2000 W
Infrarotstrahler	2000 W
Fernseher	150 W
Haartrockner	850 W
Höhensonne	600 W
Heizlüfter	2000 W
Herd	7900 W
Geschirrspüler	3400 W
Bügeleisen	1000 W
Stereoanlage	100 W
Handbohrmaschine	310 W
Waffeleisen	1000 W
Waschmaschine	3000 W
Kühlschrank	150 W
	27 970 W
	≈ 28 kW

d) Audiovisuelle Hilfsmittel

AT	Wechselstromzähler	36 0162	(1)
F	Ein Wechselstromlangzeitzähler wird gebaut	W 204	(8)
DR	Leistungsmesser (5)	101056 (R1056)	(11)
F	Der Blei-Akkumulator I, 2min 41s	F83502	(12)
F	Der Blei-Akkumulator II, 2min 41s	F83503	(12)
F	Leistungsfähige Elektrizität	A6/76	(23)
F	Energie 2000 (16mm, 16min)	A/72	(23)
F	Der elektrische Strom (16mm, 22min)	A/68	(23)
F	Energie heute - für morgen (16mm, 28min)	A/68	(23) (H12)
F	Was ich über die Elektrizität wissen sollte? (16mm, 18min)	A/66	(23) (H12)
F	An einem Freitagabend (16mm, 20min)	A/66	(23)
AT/DR	Elektrische Arbeit und ihre Messung	31003A	(23)
AT/DR	Elektrische Leistung und Leistungsstufen	31005A	(23)
AT/DR	Elektrowärme und elektrisches Wärmeäquivalent	31008A	(23)
AT	Energie und sinnvolle Energieanwendung (16)		(23)
AT	Elektrizität - Leitfaden für den Unterricht (22)		(23)
AT	Basiswissen zum Thema Energie (6)		(23)

3.5.2.2 LE 2: Einfache Bewegungen

a) Vorbemerkungen und Ziele

In früheren Lehrplänen für die Mittelstufe der Gymnasien war im allgemeinen nur die gleichförmige Bewegung vorgesehen, während in Haupt- und Realschulen auch beschleunigte Bewegungen, zumindest qualitativ, untersucht wurden. Dies hat sich geändert. Verantwortlich hierfür sind:

1. eine veränderte Zielsetzung der Sekundarstufe I infolge der Reform der gymnasialen Oberstufe. Die Schüler müssen auf das Kurssystem vorbereitet werden, was nicht allein in der Klasse 11 erfolgen kann.
2. Andere Organisationsformen, z.B. die Einrichtung von Gesamtschulen. Das Problem der Abschlüsse muß neu durchdacht werden, da diese sich auch auf das Curriculum auswirken.
3. Eine veränderte Umwelterfahrung der Schüler, vor allem durch den modernen Verkehr. So liegen z.B. zu den Begriffen "Beschleunigung", "Verzögerung", "Durchschnittsgeschwindigkeit", auch zu "Bezugssystem" vielfältige alltägliche Erfahrungen vor, von denen man ausgehen kann.

Aus dieser Situation wurden die Konsequenzen gezogen. In den Lehrplänen fast aller

Hinweise zur LE 2: Einfache Bewegungen

Bundesländer finden man neben der gleichförmigen Bewegung auch beschleunigte Bewegungen wie die <u>gleichmäßig beschleunigte Bewegung</u> und die <u>Kreisbewegung.</u>

In der vorliegenden Lerneinheit geht es nun gerade um diese Begriffe bzw. Bewegungen. Damit sind auch die Voraussetzungen gegeben zur Klärung des <u>dynamischen Kraftbegriffs</u>.

Die Behandlung einiger Eigenschaften der Kreisbewegung leitet über zum Zeitmaß, das mit Hilfe der Erddrehung gewonnen wird. Die aus der Erddrehung gewonnenen Einheiten sind für das tägliche Leben und für astronomische Zwecke wichtig. Die Überlegungen des Kapitels W1.343 ("Zeitmessung") werden damit fortgeführt.

Da die Kreisbewegung als ein periodischer Vorgang aufgefaßt werden kann, macht es für die Schüler keine Schwierigkeiten, sich vorzustellen, daß zur Festlegung der Zeiteinheit heute andere periodische Vorgänge benutzt werden. Eine mögliche Überleitung zur nächsten Lerneinheit "Schwingungen und Wellen" wäre damit gegeben.

Obwohl in den meisten Fällen die zum Verständnis notwendigen mathematischen Begriffe und Methoden bereits im Mathematikunterricht erarbeitet sein dürften, bereitet die <u>Anwendung</u> selbst einfacher mathematischer <u>Sachverhalte</u> nach aller Erfahrung doch große Schwierigkeiten. Es handelt sich um den Umgang mit quotientengleichen Größenpaaren (direkte Proportionalität), um das Rechnen mit Differenzen, vor allem aber um die mathematischen Hilfsmittel zur Behandlung von Momentangeschwindigkeit und Beschleunigung. Auf Grenzwertbetrachtungen wurde deshalb verzichtet, dagegen wurden beide Begriffe sehr eng mit meßtechnischen Problemen verbunden. Auch in der Schulpraxis werden ja Geschwindigkeiten, auch Momentangeschwindigkeiten, direkt über hinreichend kleine Zeitintervalle, wobei die Bewegung innerhalb des Intervalls als gleichförmig angesehen wird, gemessen. Eine Orientierung des Begriffs der Momentangeschwindigkeit an dieser Meßpraxis schien deshalb den Autoren am sinnvollsten zu sein.

Daß die Kraft als Vektorgröße beschrieben werden kann, wurde bereits in Kapitel M2.4 gezeigt. Wollte man dies auch auf die dynamische Beschreibung ausdehnen, dann müßten Geschwindigkeiten und Beschleunigungen ebenfalls vektoriell dargestellt werden. Der dafür erforderliche begriffliche und experimentelle Aufwand erschien aber für die Sekundarstufe I zu groß. Deshalb wurde im Buch auf eine entsprechende ausführliche Behandlung verzichtet. Es wird aber darauf hingewiesen, daß man bei Geschwindigkeit und Beschleunigung noch die Richtung beachten muß, die man - entsprechend den Definitionsgleichungen

$$v = \frac{\Delta s}{\Delta t} \text{ und } a = \frac{\Delta v}{\Delta t} -$$

auch bei skalarer Schreibweise durch ein entsprechendes Vorzeichen ausdrücken kann. (vgl. die Bemerkungen unter b).

b) Bemerkungen zu den einzelnen Themen

Die gleichförmige Bewegung (2.1)

Ziel dieses Unterrichtsabschnittes ist neben der <u>mathematischen Beschreibung der gleichförmigen Bewegung</u> die Erkenntnis, daß <u>Ruhe und Bewegung relative Begriffe sind</u>. Abb. A7,1 stellt eine Art Zusammenfassung der Überlegungen zu Anfang des Kapitels dar: Eine Beschreibung von Bewegungen hat nur Sinn, wenn man einen Bezugskörper oder ein Bezugssystem angibt.

Es hat ziemlich lange gedauert, bis man die Relativität dieser beiden Begriffe erkannt hatte. Bekanntlich unterschied man vor 2000 Jahren zwischen "natürlichen" und "erzwungenen", zwischen "himmlischen" und "irdischen" Bewegungen (vgl. S. M2). Selbst Newton konnte sich noch nicht völlig freimachen von der Vorstellung eines absoluten Raumes, der stets gleich und unbeweglich sein sollte.(8) Erst Einstein hat rund 2000 Jahre später in seiner speziellen und allgemeinen Relativitätstheorie den Gedanken eines absoluten Raumes aufgegeben. (9), (10).

In Anbetracht dieser langwierigen historischen Entwicklung sollte man auch im Unterricht die Einsicht in die Notwendigkeit eines Bezugsortes oder - mathematisch gesprochen - eines Koordinatensystems und je nach Jahrgangsstufe in die Unmöglichkeit, etwas anderes als relative Bewegungen angeben zu können, allmählich wachsen lassen. Dabei faßt man den Begriff "Bewegung" als die Lageänderung eines Körpers relativ zu einem anderen im Laufe der Zeit auf. Dies wird im Schülerbuch nicht besonders betont, da ein Verständnis von Bewegung in diesem Sinne durchaus vorhanden ist.

Wer den <u>physikalischen Aspekt</u> besonders hervorheben möchte, kann selbstverständlich ganz verschiedene Bewegungsvorgänge (Fahrt eines Segelbootes, Bewegung eines Trampolinspringers, eines Schnelläufers, Tanz, Flug

Hinweise zur LE 2: Einfache Bewegungen

eines Balls u.a.m.) betrachten und andere mögliche Aspekte, z.B. ästhetische, sportliche oder therapeutische dem physikalischen gegenüberstellen.

Die Relativität der Bewegungen als physikalisches Phänomen muß anhand vieler Beispiele erläutert werden. Man sollte sich dabei nicht nur auf Vorgänge stützen, die auf der Erde ablaufen. Deshalb wurde z.B. auf die Bewegung von Mond und Sonnensystem hingewiesen.

Während sich die Schüler gut vorstellen können, daß die Bahn des Mondes um die Erde nahezu als Kreis angesehen werden kann, haben sie große Schwierigkeiten, sich ein entsprechendes Bild von der Mondbahn um die Sonne zu machen. Sie geben meist eine Schlangenlinie an, wobei die Größenverhältnisse verzerrt wiedergegeben werden. Sie verstehen nicht die Aussage, wonach die Bahnkurve zur Sonne stets konkav sei. Hier hilft eine maßstäbliche Zeichnung. Die Entfernung Erde-Sonne verhält sich zur Entfernung Erde-Mond annähernd wie 390:1 (150 000 000 km : 384 000 km). Im Laufe eines Monats überstreicht der Fahrstrahl Sonne-Erde einen Winkel von 30°. In dieser Zeit bewegt sich auch der Mond etwas mehr als einmal um die Erde. War er zu Beginn außerhalb des Erdbahnkreises, so wechselt er in dieser Zeitspanne nach innen und wieder nach außen. Die Erdbahn wird durch einen Kreis abgebildet mit einem Radius von 390mm = 39cm, der Mond bewegt sich dann auf einer Linie, deren maximale Entfernung von dem Kreis von innen bzw. von außen 1mm beträgt.

Die auf Seite A7 vorausgesetzten astronomischen Kenntnisse sind auch bei relativ später Behandlung dieses Stoffbereichs leider nicht immer vorhanden. Man muß dann in einem Lehrervortrag die wesentlichen Tatsachen mitteilen oder in einem Film zeigen.

Wie beim Begriff des Bezugssystems, so kann man auch zur <u>Vorbereitung des Geschwindigkeitsbegriffs</u> auf das Vorwissen der Schüler zurückgreifen (vgl. S. A8). Die Schüler sehen leicht ein, daß die Bahnkurve allein nicht ausreicht, um eine Bewegung zu beschreiben. Sie gibt keine Auskunft darüber, wie schnell die Bahn oder einzelne Abschnitte davon vom Körper durchlaufen wurden.

Im Schülerbuch wird sofort zum <u>s,t-Diagramm</u> übergegangen, was nur bei entsprechenden mathematischen Kenntnissen möglich ist. Es werden zwar im Mathematikunterricht der Klasse 6 bereits Aufgaben zur gleichförmigen Bewegung gerechnet und in Klasse 8 im Zusammenhang mit dem Begriff der linearen Funktion auch die graphische Darstellung von Bewegungsvorgängen behandelt, im Physikunterricht jedoch kann man selten darauf aufbauen.

SV Bei sehr geringen mathematischen Kenntnissen muß das s,t-Diagramm schrittweise eingeführt werden, da es oft mit der Bahnkurve selbst verwechselt wird. Man geht von irgendeiner geradlinigen Bewegung aus, so wie sie z.B. in V A14,1 realisiert wird. Die Bahnkurve ist dort durch die Schiene bestimmt, die Zeitmarken sind durch die Staubspuren gegeben. Nachdem die Weg-Zeit-Kurve gezeichnet ist - es geht hierbei noch nicht um eine Auswertung, also noch nicht um die Einführung der mittleren Geschwindigkeit -, kann die Bewegung spezialisiert werden zur gleichförmigen Bewegung, bei der nicht nur die Bahnkurve gerade ist, sondern auch der Funktionsgraph zu $t \to s$. Anschließend wird der Geschwindigkeitsbegriff eingeführt und die ungleichförmige Bewegung betrachtet.

Wir können aber auch von einem anderen Beispiel ausgehen: Der zeitliche Ablauf der Bewegung eines Autos auf einer geraden Bahn wird folgendermaßen registriert: Von Null beginnend wird jeweils in zeitlichen Abständen von einer Minute die Gesamtlänge des bis dahin zurückgelegten Weges mit einem Kilometerzähler gemessen. Es ergeben sich z.B. folgende Werte:

t in min	0	1	2	3	4	5	6	7
Weg s in m	0	250	750	1750	2000	2500	3000	3500

Um den zeitlichen Verlauf zu kennzeichnen, kann man auf der Bahnkurve die Stellen markieren, die das Fahrzeug nach 1, 2, 3, 6 Minuten passiert. Einen besseren Überblick erhält man, wenn das zeitliche Nacheinander in ein räumliches Nebeneinander aufgelöst wird. Gleiche Zeitspannen werden geometrisch durch gleich lange Strecken veranschaulicht. (Abb. 388,1)

Das Autobeispiel ist auch insofern günstig, als hier der Begriff "Weg" geklärt werden kann. Bei der Messung mit einem Kilometerzähler geht nämlich eine wesentliche Information verloren. Man kann der Meßreihe nicht entnehmen, ob das Auto zwischenzeitlich in die entgegengesetzte Richtung gefahren ist. Um dies festzuhalten, muß man sich an den Kilometersteinen orientieren, die am Straßenrand aufgestellt sind und eine Wegachse fest-

Hinweise zur LE 2: Einfache Bewegungen S. A8–A9

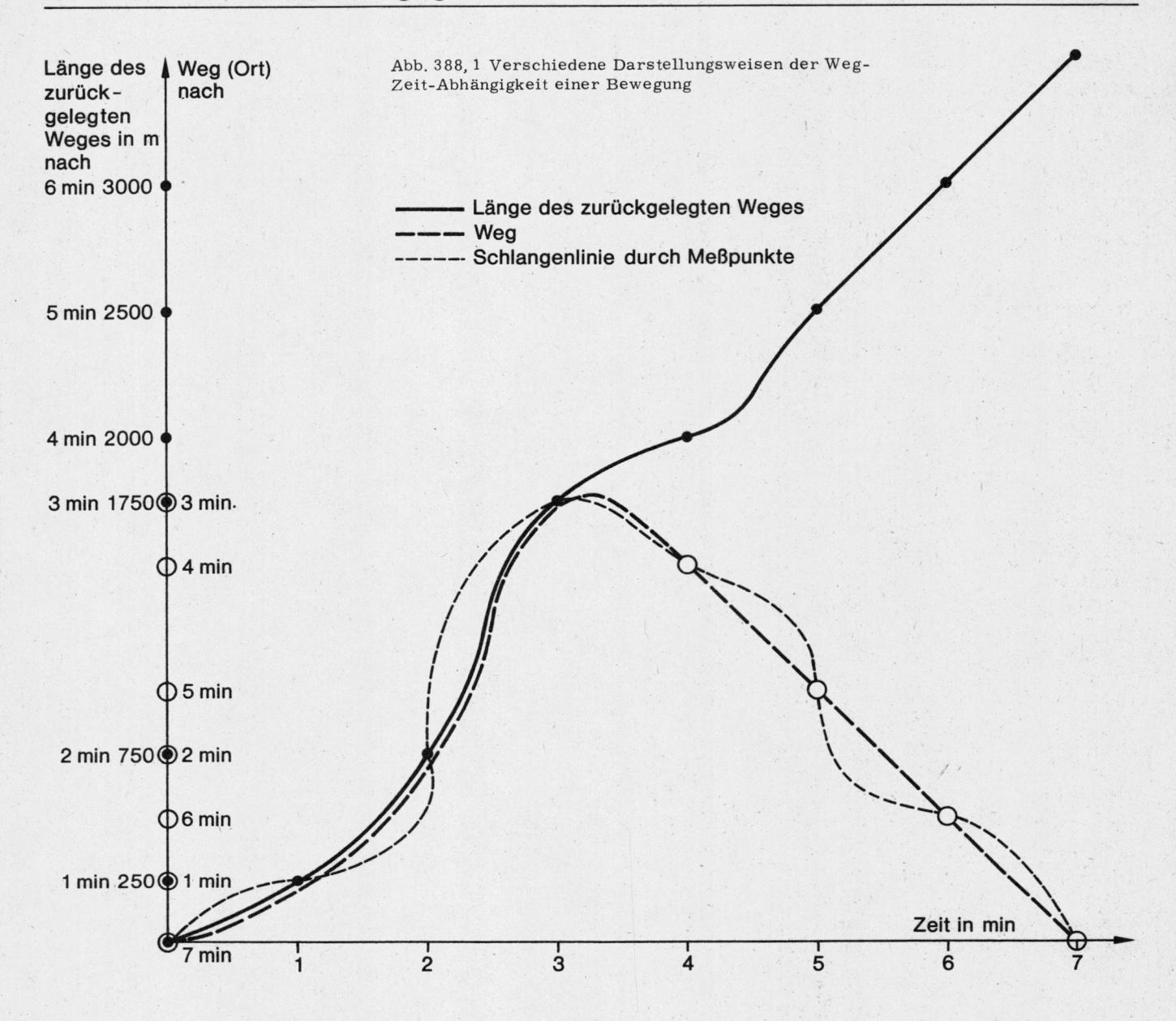

Abb. 388,1 Verschiedene Darstellungsweisen der Weg-Zeit-Abhängigkeit einer Bewegung

— Länge des zurückgelegten Weges
– – – Weg
------- Schlangenlinie durch Meßpunkte

legen. Jeder Punkt der Bewegung wird durch eine bestimmte Wegmarke und eine Zeitmarke gekennzeichnet. Wege in Richtung der Wegachse zählt man positiv, in entgegengesetzter Richtung negativ. In dem betrachteten Beispiel könnte das folgendermaßen aussehen (Abb. 388,1):

t in min	0	1	2	3	4	5	6	7
Ort s in m	0	250	750	1750	1500	1000	500	0

Anhand der Meßergebnisse ergibt sich zunächst nur eine Punktfolge. So ist die Gelegenheit gegeben, wieder die Frage aufzuwerfen, wie man aus der Punktfolge eine glatte Kurve gewinnt, welche Vorteile diese bietet u. a. m. Langjähriger Physikunterricht kann erfahrungsgemäß nicht verhindern, daß Schüler immer wieder Meßpunkte durch Strecken verbinden. Ein Streckenzug scheidet aber hier aus physikalischen Gründen aus, da an jeder Meßstelle das Auto sprunghaft seinen Bewegungszustand ändern müßte. Eine andere Kurve (Schlangenlinie) kann entweder durch Kontrollmessungen oder durch eine Beurteilung des gesamten Bewegungsablaufs ausgeschlossen werden. Trotzdem bleibt die Kurve ein plausibler <u>hypothetischer Ansatz,</u> der aber im Grunde stets durch weitere Messungen bestätigt werden kann.

Nach dieser Klärung kann die gleichförmige Bewegung definiert und der Geschwindigkeitsbegriff eingeführt werden, der anschließend durch Beispiele und Aufgaben gefestigt werden muß.

Hinweise zur LE 2: Einfache Bewegungen

Vielfach wird vorgeschlagen, vom Versuch auszugehen, um induktiv zum Weg-Zeit-Gesetz der gleichförmigen Bewegung zu gelangen. Versuche wie V A9,4 werden z. B. an den Anfang gestellt. Auf diese Weise erhält man allerdings nur das Weg-Zeit-Gesetz der betrachteten Bewegung, nicht aber die Klasse der gleichförmigen Bewegungen. Irgendwann muß einmal definiert werden, was man unter "gleichförmig" verstehen will.(11) Um hier keine falschen Vorstellungen von der Empirie zu bekommen, haben wir im Schülerbuch nicht den sogenannten induktiven Weg beschritten (vgl. auch Kap. 1.2.2), sondern den Weg Galileis, der zunächst die Bewegung definierte (12).

Die Verallgemeinerung des Geschwindigkeitsbegriffs von $v = s/t$ auf $v = \Delta s/\Delta t$ wird am Beispiel einer Bewegung vorgenommen, die nicht bei $s = 0$ beginnt.

SI Dies kann ergänzt werden durch Beispiele mit negativen Geschwindigkeiten, also für gleichförmige Bewegungen, deren s,t-Diagramm durch fallende Geraden gekennzeichnet sind. (Abb. 389,1)

Hier ist
$$v = \frac{s_2 - s_1}{t_2 - t_1} < 0, \quad s_2(t_2) < s_1(t_1) \text{ für } t_2 > t_1.$$

Für die in Abb. 389,1 dargestellte Bewegung ist $v = 8\,\text{m/s}$. Mit diesen Ergänzungen sind die Möglichkeiten der Sekundarstufe I weitgehend ausgeschöpft. Immerhin können mit den Kenntnissen schon relativ komplexe Probleme wie das Aufstellen graphischer Fahrpläne bewältigt werden.

Die Beschreibung der Geschwindigkeit als Vektorgröße wird im allgemeinen der Sekundarstufe vorbehalten bleiben müssen.

SI Beispiele für Geschwindigkeitswerte

	v in m/s
Wachstum eines Haares	$3 \cdot 10^{-9}$
Schnecke	$1,5 \cdot 10^{-3}$
Fußgänger	1,5
Rennpferd	25
Orkan	45
Schwalbe	89
Karabinergeschoß	870
Erde auf ihrer Bahn um die Sonne	$30 \cdot 10^3$
Lichtausbreitung	$3 \cdot 10^8$

Ungleichförmige Bewegungen (2.2)

Die Bedeutung der gleichförmigen Bewegung liegt unter anderem darin, daß sie auch zur

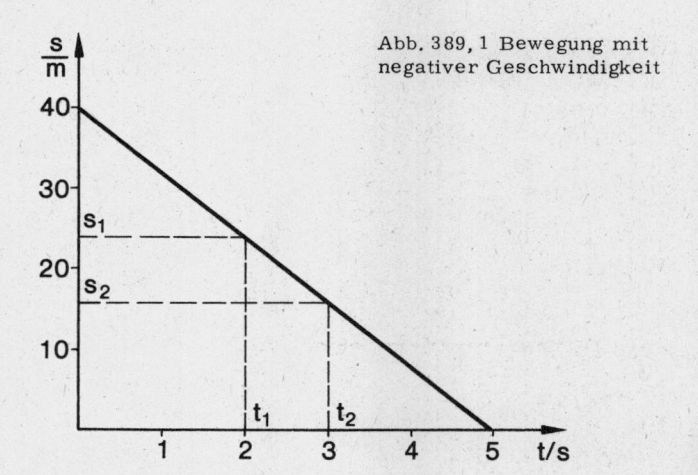

Abb. 389,1 Bewegung mit negativer Geschwindigkeit

Beschreibung von ungleichförmigen Bewegungen herangezogen werden kann, und zwar

a) beim Begriff der Durchschnittsgeschwindigkeit (mittleren Geschwindigkeit),
b) beim Begriff der Momentangeschwindigkeit als Grenzwert einer Folge von mittleren Geschwindigkeiten.

Auch die Geschwindigkeitsmessung beruht im Physikunterricht stets auf der Messung der Länge einer Wegstrecke und der zugehörigen Zeitspanne, sei es mit Hilfe der Staubfigurenmethode, wie es im Schülerbuch geschieht, oder mit elektrischen Kontakten oder Lichtschranken. So erscheint es nicht nur von der begrifflichen Seite, sondern auch von der zur Verfügung stehenden Meßtechnik her sinnvoll, auf dem Begriff der mittleren Geschwindigkeit aufzubauen.

Technische Verfahren zur Geschwindigkeitsmessung scheiden in der Regel aus, da zum Verständnis des Meßprinzips weit mehr Kenntnisse vorhanden sein müssen als auf der Sekundarstufe 1 möglich ist. Selbst wenn man Tachometer zur Geschwindigkeitsmessung benutzen könnte, wären damit die begrifflichen Schwierigkeiten nicht aus dem Weg geräumt. Auch hier müßte man erklären, was man unter der Momentangeschwindigkeit versteht.

LI Bei Landfahrzeugen (Kraftfahrzeuge und Schienenfahrzeuge) werden mechanische oder magnet-elektrische Geräte verwendet. Tachometer messen primär die Drehzahl, die Skala ist auf Geschwindigkeit umgeeicht. (Hierbei gehen Radumfang und Drehzahlverhältnis von Radwelle zur Antriebswelle ein.)

Fliehpendelmeßwerke arbeiten rein mechanisch. Neuere Tachometer arbeiten nach dem Wirbelstromprinzip. Die Tachometerwelle trägt einen Permanentmagneten, der in einer Aluminiumtrommel rotiert und in ihr Wirbel-

Hinweise zur LE 2: Einfache Bewegungen

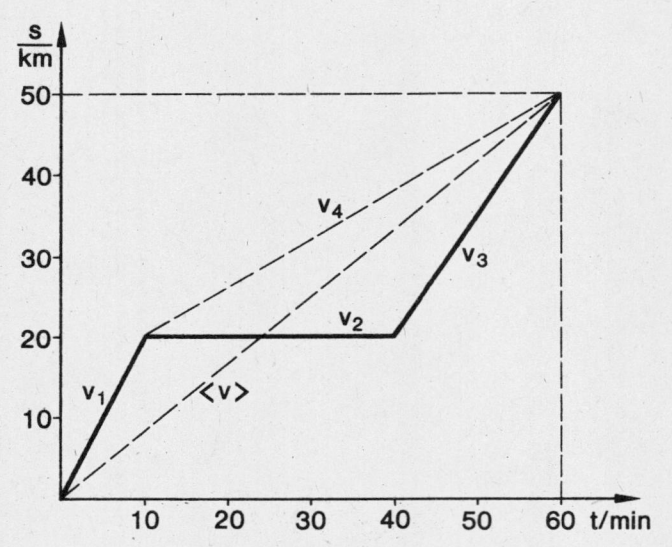

Abb. 390,1 Zum Begriff der Durchschnittsgeschwindigkeit

ströme induziert. Diese erzeugen ein Drehmoment, das von einer Feder, an der ein Zeiger befestigt ist, kompensiert wird. Das Drehmoment ist der Drehzahl proportional. Die Geschwindigkeitsmessung auf See benutzt Staudruckfahrtmesser oder die Drehzahl eines Meßpropellers, der im Wasser mitgeschleppt wird, oder auch die Umdrehungszahl der Schiffsschraube selbst. Das klassische Gerät der Geschwindigkeitsmessung auf See ist die Logge, ein an einer Leine befestigtes Holzscheit, das ins Wasser geworfen wird. Es darf nicht mitgezogen werden. Der Beobachter zählt die in bestimmten Zeitabständen an der Leine auslaufenden Knoten. Daher rührt übrigens der Geschwindigkeitsbegriff "Knoten", der die Geschwindigkeit eines Schiffes in sm/h angibt.

In der Luftfahrt verwendet man ausschließlich aerodynamische Meßmethoden (Staurohr, Venturirohr).

SI Der Begriff der mittleren Geschwindigkeit läßt sich auch anwenden auf Bewegungen, die stückweise aus gleichförmigen Bewegungen zusammengesetzt sind. Man vernachlässigt hierbei Brems- und Beschleunigungsvorgänge. Ein solches idealisiertes Weg-Zeit-Diagramm sieht dann z.B. folgendermaßen aus (Abb. 390,1):

Die erste Teilstrecke wird mit $v_1 = \frac{20km}{10min} = 120 \frac{km}{h}$ durchfahren, dann folgt ein 30minütiger Aufenthalt, schließlich wird die restliche Strecke mit $v_3 = \frac{30km}{20min} = 90 \frac{km}{h}$ zurückgelegt.

Bei der Berechnung der mittleren Geschwindigkeit schlagen Aufenthalte sehr stark zu Buche, wie jeder schon bei der Berechnung seiner Reisegeschwindigkeit festgestellt hat. Laut Definition ergibt sich für die mittlere Geschwindigkeit der Wert

$$v = \frac{50km}{(10+30+20)min} = \frac{50km}{h}.$$

Es ist die Geschwindigkeit, die erforderlich ist, um den gesamten Weg s = 50km in der gleichen Zeit t = 60min gleichmäßig zu durchfahren. Bei Vorgabe der Teilgeschwindigkeiten berechnen die Schüler meist als "Durchschnittsgeschwindigkeit"

im ersten Fall:

$$\langle v \rangle_1 = \frac{120km/h + 0km/h + 90km/h}{3} = 70km/h;$$

im zweiten Fall:

$$\langle v \rangle_2 = \frac{120km/h + 36km/h}{2} = 78km/h.$$

Die Werte stimmen nicht mit der errechneten mittleren Geschwindigkeit überein. Der Fehler liegt darin, daß bei der Rechnung nicht berücksichtigt wurde, wie lange jeweils mit einer bestimmten Geschwindigkeit gefahren wurde. Nach der falschen Rechnung geht jede Geschwindigkeit mit gleichem Gewicht in die Rechnung ein.

Man kann sich dies leicht folgendermaßen klar machen: Eine Strecke werde mit zwei Teilgeschwindigkeiten von 90km/h und 10km/h durchfahren. Fährt man fast die gesamte Zeit mit 90km/h, die restliche Zeit mit 10km/h, so erhält man eine größere mittlere Geschwindigkeit als im umgekehrten Fall. Fährt man dagegen die Hälfte der Zeit mit 90km/h, die andere Hälfte mit 10km/h, dann ist die mittlere Geschwindigkeit genau 50km/h (vgl. Lösung zur Aufg. 1 auf S. A12).

Bei der Berechnung der mittleren Geschwindigkeit muß man demnach den gesamten Weg Δs zusammensetzen aus den Teilstrecken Δs_1, Δs_2, Δs_3 und durch die Gesamtzeit $\Delta t = \Delta t_1 + \Delta t_2 + \Delta t_3$ dividieren:

$$\langle v \rangle = \frac{\Delta s}{\Delta t} = \frac{\Delta s_1 + \Delta s_2 + \Delta s_3}{\Delta t_1 + \Delta t_2 + \Delta t_3}$$

$$\langle v \rangle = \frac{v_1 \Delta t_1 + v_2 \Delta t_2 + v_3 \Delta t_3}{\Delta t_1 + \Delta t_2 + \Delta t_3}$$

Man bezeichnet diesen Term als gewichtetes Mittel, da jede Geschwindigkeit entsprechend ihrer Zeitdauer in Rechnung gestellt wurde.

Hinweise zur LE 2: Einfache Bewegungen

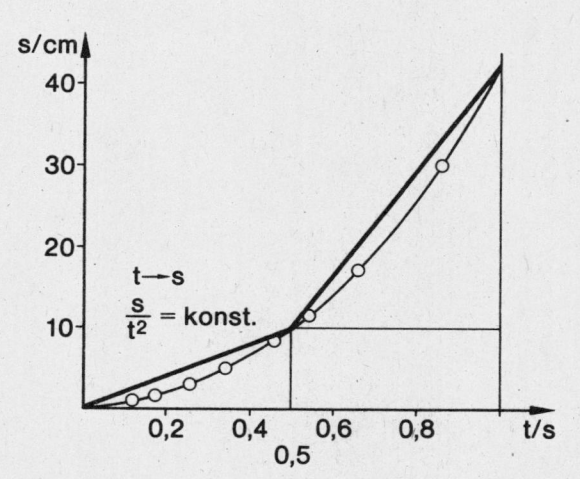

Abb. 391,1 Auswertung des s,t-Diagramms einer gleichmäßig beschleunigten Bewegung. Mittlere Geschwindigkeiten vor und nach t_0

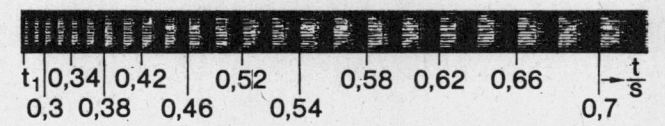

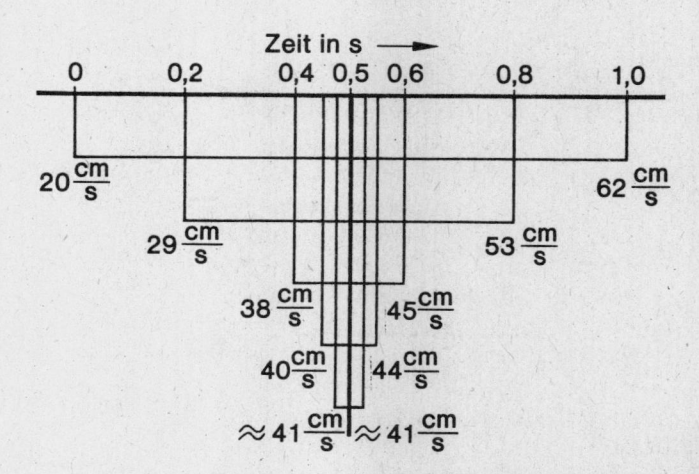

Abb. 391,3 Zur Berechnung der mittleren Geschwindigkeiten in Abhängigkeit von der Länge des Intervalls. Alle Intervalle enthalten den Zeitpunkt t_0

Nachdem der Begriff der mittleren Geschwindigkeit geklärt ist, kann man anschließend zum Begriff der Geschwindigkeit eines Körpers zu einem bestimmten Zeitpunkt übergehen. Die Überlegung auf S. A10 links in Verbindung mit der Abb. A10,1 soll zeigen, daß die Definition dieser Geschwindigkeit unter Einschluß der Meßgenauigkeit zulässig ist. Man kann auch auf diesen Abschnitt verzichten und direkt anhand des Weg-Zeit- Diagramms (Abb. A10,2) den Geschwindigkeitsbegriff erarbeiten. Man ersetzt die Kurve stückweise durch Strecken, betrachtet also die Bewegung innerhalb der zugehörigen Zeitintervalle als geradlinig.

Die experimentelle Behandlung der gleichmäßig beschleunigten Bewegung ist auf verschiedene Weise möglich. Welches Verfahren gewählt wird, hängt sehr stark von der Ausstattung der Schule ab. Die im Schülerbuch dargestellte Methode liefert mit einem verhältnismäßig geringen Aufwand gut reproduzierbare Ergebnisse. Darüber hinaus ist sie für Schülerübungen vorzüglich geeignet. Zur Auswertung der Messungen werden die Staubfiguren mit einem Tesa-Streifen aufgenommen und auf Papier (z.B. Kohlepapier) oder zur Demonstration durch Projektion auf eine Folie aufgeklebt. Die Abb. A10,1 und Abb. A11,1 wurden auf diese Weise im Übungsunterricht gewonnen. Die einzige Schwierigkeit liegt in der Bestimmung des Beginns der Bewegung, da die Marken am Anfang sehr dicht liegen und deshalb oft nicht ausgezählt werden können. Den Zeitpunkt des Beginns bestimmt man aus dem Geschwindigkeitszeitdiagramm, da man dort bei irgendeinem Zeitpunkt t_1 (vgl. Abb. A11,2) anfangen kann. Bei etwas stärkerer Neigung der Schiene und ruhigem Start des Wagens erhält man auch für den Beginn der Bewegung gut erkennbare Marken und kann das Weg-Zeit-Diagramm zuerst ermitteln. In diesem Fall kann man natürlich den Begriff der Durchschnittsgeschwindigkeit anhand der Abbildung A11,3 erarbeiten und anschließend das Geschwindigkeits-Zeit-Diagramm zeichnen.

VT Um den Wagen zu starten, schraubt man einen Holzklotz an den Experimentiertisch mit einer Schraubzwinge an. Mit der Hand drückt man den Wagen an den Klotz, stellt dann die Verbindung zur Spannungsquelle her und gibt den Wagen frei. Auf diese Weise ist es möglich, auch zu Beginn der Bewegung deutliche Staubmarken zu erhalten.

Zur Begründung des Geschwindigkeitsbegriffs mit Hilfe der Abb. A11,3 greift man sich einen beliebigen Zeitpunkt t_0 (z.B. t_0 = 0,5s) heraus. (Abb. 391,1) Man betrachtet zunächst ein Intervall, das t_0 als Anfangspunkt enthält und berechnet für kleiner werdende Intervalle die mittleren Geschwindigkeiten. Die Werte entnimmt man entweder dem s,t-Diagramm oder direkt der Staubspur (Abb. A11,1 und Abb. 391,2). Das Ergebnis ist in Abb. 391,3 dargestellt. Anschließend berechnet man die mittleren Geschwindigkeiten, die t_0 als Endpunkt enthalten. Die Übersicht zeigt, daß die mittleren Geschwindigkeiten sich immer weniger voneinander unterscheiden. Wählt man also das Intervall hinreichend klein, so kann die

Abb. 391,2 Auswertung der Staubspur

Hinweise zur LE 2: Einfache Bewegungen

Geschwindigkeit in dem betrachteten Zeitintervall als konstant angesehen werden.

Schüler werden den Vorschlag machen, aus je zwei zusammengehörigen mittleren Geschwindigkeiten das Mittel auszurechnen und diesen Wert als die Momentangeschwindigkeit zu bezeichnen, zumal ein solcher Zusammenhang aus den errechneten Mittelwerten abgelesen werden kann. Dieser besondere Mittelwert ist bei dieser Bewegung und bei dem gewählten Verfahren (Zeitintervalle links und rechts von t_o gleich lang) in der Tat exakt gleich der Momentangeschwindigkeit ($\dot{s}$); das Verfahren gilt aber nicht allgemein. Man sollte deshalb die Schüler auf Gültigkeit und Grenzen dieser Mittelwertbildung aufmerksam machen.

LI Es ist $s_1 = \frac{a}{2}(t_o - \Delta t)^2$ und $s_2 = \frac{a}{2}(t_o + \Delta t)^2$, außerdem $s_o = \frac{a}{2} t_o^2$. Die mittleren Geschwindigkeiten ergeben sich zu

$$\langle v_1 \rangle = \frac{s_2 - s_o}{\Delta t} = at_o + \frac{a}{2}\Delta t,$$

$$\langle v_2 \rangle = \frac{s_o - s_1}{\Delta t} = at_o - \frac{a}{2}\Delta t$$

$$v = \frac{1}{2}(\langle v_1 \rangle + \langle v_2 \rangle) = at_o; \text{ dies ist}$$

aber genau die Momentangeschwindigkeit zum Zeitpunkt t_o.

v ist aber nicht anderes als die mittlere Geschwindigkeit im Zeitintervall $2 \cdot \Delta t$. Damit erhält man für die gleichmäßig beschleunigte Bewegung eine sehr einfache Möglichkeit, aus einer beliebig großen Wegstrecke und der zugehörigen Zeitspanne die Momentangeschwindigkeit zu einem beliebigen Zeitpunkt t_o zu ermitteln. Man muß das Zeitintervall so wählen, daß t_o in der Mitte liegt. Dann mißt man die zugehörige Wegstrecke. Aus den Momentangeschwindigkeiten zu zwei verschiedenen Zeitpunkten t_1 und t_2 berechnet man den Geschwindigkeitszuwachs in einer Sekunde und gewinnt so eine anschauliche Vorstellung von der Beschleunigung.
(Der mathematische Hintergrund zu dem skizzierten Verfahren ist der Mittelwertsatz der Differentialrechnung).

Im Schülerbuch wird zuerst das Geschwindigkeits-Zeit-Diagramm aufgestellt. Auch Galilei ging von der Geschwindigkeit aus, und zwar von der Annahme eines konstanten Geschwindigkeitszuwachses. Die folgende Stelle aus den "Discorsi" zeigt, in welcher Weise Spekulation und Erfahrung miteinander verknüpft werden.

LI "Über die natürlich beschleunigte Bewegung. Bisher war die gleichförmige Bewegung behandelt worden, jetzt gehen wir zu beschleunigten Bewegung über. Zunächst muß eine der natürlichen Erscheinung genau entsprechende Definition gesucht und erläutert werden. Obgleich es durchaus gestattet ist, irgend eine Art der Bewegung beliebig zu ersinnen und die damit zusammenhängenden Ereignisse zu betrachten (wie z.B. Jemand, der Schraubenlinien oder Conchoiden aus gewissen Bewegungen entstanden gedacht hat, die in der Natur gar nicht vorkommen mögen, doch aus seinen Voraussetzungen die Haupteigenschaften wird erschließen können), so haben wir uns dennoch entschlossen, diejenigen Erscheinungen zu betrachten, die bei den frei fallenden Körpern in der Natur vorkommen, und lassen die Definition der beschleunigten Bewegung zusammenfallen mit dem Wesen einer natürlich beschleunigten Bewegung. Das glauben wir schließlich nach langen Überlegungen als das Beste gefunden zu haben, vorzüglich darauf gestützt, daß das, was das Experiment den Sinnen vorführt, den erläuterten Erscheinungen durchaus entspreche. Endlich hat uns zur Untersuchung der natürlich beschleunigten Bewegung gleichsam mit der Hand geleitet die aufmerksame Beobachtung des gewöhnlichen Geschehens und der Ordnung der Natur in allen ihren Verrichtungen, bei deren Ausübung sie die allerersten einfachsten und leichtesten Hilfsmittel zu verwenden pflegt; denn wie ich meine, wird Niemand glauben, daß das Schwimmen oder das Fliegen einfacher oder leichter zu Stande gebracht werden könne als durch diejenigen Mittel, die die Fische und die Vögel mit natürlichem Instinkt gebrauchen. Wenn ich daher bemerke, daß ein aus der Ruhelage von bedeutender Höhe herabfallender Stein nach und nach neue Zuwüchse an Geschwindigkeit erlangt, warum soll ich nicht glauben, daß solche Zuwüchse in allereinfachster, Jedermann plausibler Weise zu Stande kommen. Wenn wir genau aufmerken, werden wir keinen Zuwachs einfacher finden, als denjenigen, der in immer gleicher Weise hinzutritt." ((12), S. 9f.)

Die Überlegungen zur gleichmäßig beschleunigten Bewegung kann man aber auch direkt bei der Fallbewegung anstellen, da auch hier die Methode der Staubfiguren verwendet werden kann. Ein entsprechendes Gerät wird von der Firma Dr. Kröncke geliefert.

LV Das <u>Fallgerät</u> besteht aus einer Grundplatte
od. mit quadratischer Stativstange, an der eine
SV Auslöseplatte verschiebbar angebracht ist. An der Grundplatte ist ein Auffänger befestigt,

Hinweise zur LE 2: Einfache Bewegungen

S. A12–A13

mit dem ein Kontakt geschlossen werden kann (s. Abb. 393,1). Zur Zeitmessung dient eine Spurenplatte (vgl. V A9,2) die mit Schwefelpulver eingestaubt wird, und ein Spurenschreiber, der über die Platte geführt wird. Platte und Spurenschreiber sind genauso wie der Wagen in Abb. A9,1 über Hoch-Ohm-Widerstände mit der Netzspannung verbunden. Die Zeitmessung ist denkbar einfach. Mit Beginn des Vorgangs wird ein Kurzschluß geöffnet, der bis dahin das Schreiben der Spuren verhinderte. Bei Beendigung des Vorgangs wird der Kurzschluß wieder hergestellt. Danach werden keine weiteren Spuren mehr geschrieben.

Mit dem Gerät, das auch in Schülerübungen eingesetzt werden kann, sind Fallhöhen von 5 cm bis 45 cm realisierbar. Das Fallgesetz kann mit guter Genauigkeit bestätigt und die Fallbeschleunigung ermittelt werden.

Bei einer Fallhöhe von 5 cm ergibt sich eine Fallzeit von $t = \sqrt{2s/g} \approx \sqrt{10\,cm/10\frac{m}{s^2}} = 0{,}1$ s.
Man erhält also 10 Zeitmarken.

Ein sehr genaues Fallgerät (Hersteller: TERCO Lehrmittel, Birkweg 57, 5064 Rösrath 5) wird in (17) beschrieben.

Abb. 393,1 Zur Wirkungsweise des Fallgerätes nach KRÖNCKE

SI Beispiele für Beschleunigungswerte

PkW beim Anfahren	1 ... 3 m/s²
Bremsverzögerung eines PkW bei trockener Straße	5 ... 6 m/s²
Bremsverzögerung eines PkW auf Hartschnee (Sommerreifen)	0,5 m/s²
Rennwagen	8 m/s²
Geschoß (im Lauf)	5·10⁵ m/s²
Verträgliche Beschleunigungen bei der Weltraumfahrt (g: Fallbeschleunigung)	6g–10g

Dynamische Kraftdefinition (2.3)

LI Die Definition der Kraft erfolgt üblicherweise mit Hilfe des Impulsbegriffs (13), S. 78f. Für den Sonderfall, daß der Impuls p eine lineare Funktion der Zeit ist, vereinfacht sich die Definitionsgleichung $\vec{F} = \dot{\vec{p}}$ zu $F = \Delta p / \Delta t$.

Spezialisiert man noch weiter, m = konst, dann erhält man $F = m\,\Delta v/\Delta t = m \cdot \vec{a}$. Interessiert man sich nur für den Betrag, so ist $F = m \cdot a$.

Dies ist die Gleichung, die im Schülerbuch zur Definition der Kraft benutzt wird. Im Sinne einer allmählichen Entwicklung der Begriffe, wird dann der Kraftbegriff erweitert. Man geht hier also vom Besonderen zum Allgemeinen.

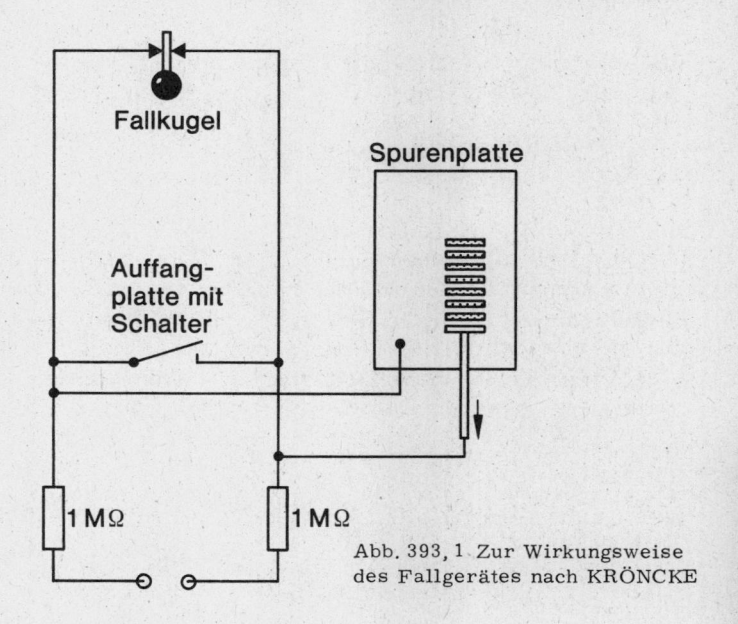

LV V A12,4 dient zur Hinführung zum dynamischen Kraftbegriff, V A13,1 und V A13,2 stellen eine erste Anwendung dar.

LV V A13,2 gehört zu den unverzichtbaren Inhalten.

LI In einer scharfsinnigen Überlegung zeigt Galilei in den "Unterredungen", daß alle Körper mit gleicher Beschleunigung fallen müssen. Die Stelle ist so charakteristisch für das Denken Galileis, daß wir sie hier wiedergeben wollen:

"Simpl.: Unzweifelhaft hat ein Körper in einem gewissen Mittel eine von Natur bestimmte Geschwindigkeit, die nur mit einem neuen Antrieb vermehrt oder durch ein Hindernis vermindert werden kann.

Salv.: Wenn wir zwei Körper haben, deren natürliche Geschwindigkeit verschieden sei, so ist es klar, daß, wenn wir den langsameren mit dem geschwinderen vereinigen, dieser letztere von jenem verzögert werden müßte, und jener, der langsamere, müßte vom schnelleren beschleunigt werden. Seid Ihr hierin mit mir einverstanden?

Simpl.: Mir scheint die Consequenz völlig richtig.

Salv.: Aber wenn dieses richtig ist, und wenn es wahr wäre, daß ein großer Stein sich z.B. mit 8 Maaß Geschwindigkeit bewegt, und ein kleinerer Stein mit 4 Maaß, so würden beide vereinigt eine Geschwindigkeit von weniger als 8 Maaß haben müssen; aber die beiden Steine zusammen sind doch größer, als jener größere Stein war, der 8 Maaß Geschwindigkeit hatte; mithin würde sich nun der größere langsamer bewegen, als der kleinere; was gegen Eure Voraussetzung wäre.

Hinweise zur LE 2: Einfache Bewegungen

Ihr seht also, wie aus der Annahme, ein größerer Körper habe eine größere Geschwindigkeit, als ein kleinerer Körper, ich Euch weiter folgern lassen konnte, daß ein größerer Körper langsamer sich bewege als ein kleinerer.

Simpl.: Ich bin ganz verwirrt, denn mir will es nun scheinen, als ob der kleine Stein, dem größeren zugefügt, dessen Gewicht und daher durchaus auch dessen Geschwindigkeit vermehre, oder jedenfalls, als ob letztere nicht vermindert werden müsse.

Salv.: Hier begeht Ihr einen neuen Fehler, Herr Simplicio, denn es ist nicht richtig, daß der kleine Stein das Gewicht des größeren vermehre.

Simpl.: So? das überschreitet meinen Horizont.

Salv.: Keineswegs, sobald ich Euch von dem Irrtume, in dem Ihr Euch bewegt, befreit haben werde: und merket wohl, daß man hier unterscheiden müsse, ob ein Körper sich bereits bewege, oder ob er in Ruhe sei. Wenn wir einen Stein auf eine Wagschale thun, so wird das Gewicht durch Hinzufügung eines zweiten Steines vermehrt, ja selbst die Zulage eines Stückes Werch wird das Gewicht um die 6-10 Unzen anwachsen lassen, die das Werchstück hat. Wenn Ihr aber den Stein mitsamt dem Werch von einer großen Höhe frei herabfallen lasset, glaubt Ihr, daß während der Bewegung das Werch den Stein drücke, und dessen Bewegung beschleunige: oder glaubt Ihr, daß der Stein aufgehalten wird, indem das Werchstück ihn trägt? Fühlen wir nicht die Last auf unseren Schultern, wenn wir uns stemmen wollen gegen die Bewegung derselben; wenn wir aber mit derselben Geschwindigkeit uns bewegen, wie die Last auf unserem Rücken, wie soll dann letztere uns drücken und beschweren? Seht Ihr nicht, daß das ähnlich wäre, wie wenn wir den mit der Lanze treffen wollten, der mit derselben Geschwindigkeit vor uns herflieht? Zieht also den Schluß, daß beim freien Fall ein kleiner Stein den großen nicht drücke und nicht sein Gewicht, so wie in der Ruhe, vermehre.

Simpl.: Aber wenn der größere Stein auf dem kleineren ruhte?

Salv.: So würde er das Gewicht vermehren müssen, wenn seine Geschwindigkeit überwöge; aber wir fanden schon, daß, wenn die kleinere Last langsamer fiele, sie die Geschwindigkeit der großen vermindern müßte, und mithin die zusammengesetzte Menge weniger rasch sich bewegte, als ein Teil; was gegen Eure Annahme spricht. Laßt uns also feststellen, daß große und kleine Körper, von gleichem specifischen Gewicht, mit gleicher Geschwindigkeit sich bewegen." (14)

Die Definitionsgleichung der Kraft umfaßt ein Verfahren zu ihrer Messung, das allerdings sehr unhandlich ist. Man muß demnach andere Kraftwirkungen, z.B. die Dehnung von Schraubenfedern, für praktische Kraftmessungen heranziehen. Zu dem Zweck müssen diese Schraubenfedern auf der Grundlage der dynamischen Kraftdefinition kalibriert werden.

Dies bedeutet im einzelnen, daß in Beschleunigungsversuchen ein Zusammenhang hergestellt wird zwischen den Größen a und m und der Dehnung einer Schraubenfeder, mit deren Hilfe der Körper beschleunigt wird.

Der experimentelle Aufwand hierzu ist nicht unerheblich, auch an die Fähigkeit zur Mitarbeit und an die Leistungsfähigkeit der Klasse werden hohe Anforderungen gestellt, so daß in der Regel für die zweite Erweiterung nur eine verkürzte Darstellung gegeben werden kann. In allen anderen Differenzierungsstufen muß das Ergebnis, nämlich der lineare Zusammenhang zwischen Kraft und Auslenkung, mitgeteilt werden.

SV / LV Da darüber hinaus auch die experimentellen Voraussetzungen nicht überall gegeben sein dürften, wurde im Schülerbuch die Kalibrierung einer Schraubenfeder nur für den Sonderfall $a = 0$ vorgenommen (V A13, 4) und für $a \neq 0$ nur der Nachweis $\Delta l \sim a$ (m = konst.) gebracht, vgl. V A14, 1. Abb. A14, 1 stellt nur das Versuchsprinzip dar, das Experiment kann so nicht durchgeführt werden.

LV Zum Nachweis der Beziehung $\Delta l = a \cdot m$ ist z.B. die Luftkissen-Fahrbahn von LEYBOLD geeignet. Erforderlich sind wenigstens drei Gleiter. An einem der Gleitkörper wird nach Abb. 395,1 a u. b eine leichte Halterung für eine Schraubenfeder (Kraftmesser, Meßbereich 0,1 N) festgeschraubt. Die Beschriftung des Kraftmessers kann mit einer Papierhülse verdeckt werden. Über eine Umlenkrolle (im Zubehör zur Luftkissenschiene enthalten), die mit etwas Plastillin befestigt wird, werden die beiden anderen Gleiter angekoppelt, und zwar zunächst wie in Abb. 395,1 a.

Das ganze System wird mit Antriebsstücken beschleunigt, die über eine zweite Umlenkrolle mit den Gleitern verbunden sind. Die Trägheitsmomente der Rollen brauchen bei dieser Versuchsanordnung nicht berücksichtigt zu werden. Man mißt zuerst die Auslenkung der Schraubenfeder in Abhängigkeit von

Hinweise zur LE 2: Einfache Bewegungen

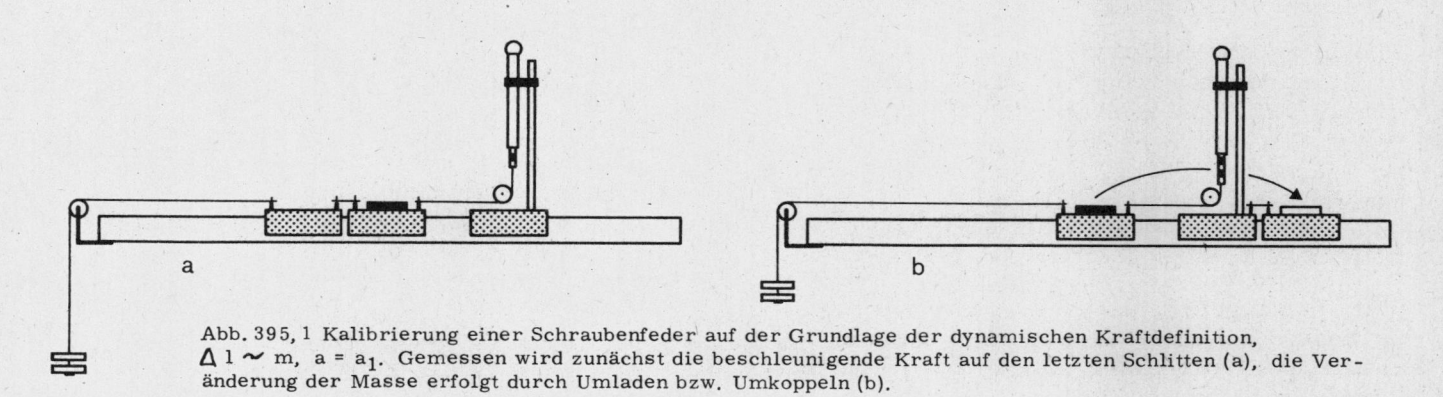

Abb. 395,1 Kalibrierung einer Schraubenfeder auf der Grundlage der dynamischen Kraftdefinition, $\Delta l \sim m$, $a = a_1$. Gemessen wird zunächst die beschleunigende Kraft auf den letzten Schlitten (a), die Veränderung der Masse erfolgt durch Umladen bzw. Umkoppeln (b).

der Masse des zu beschleunigenden Körpers bei konstanter Beschleunigung. Die Anzahl der Antriebsstücke bleibt dabei unverändert. Man koppelt der Reihe nach die vorderen Gleiter ab und hängt sie an den letzten Gleiter an. Bei drei Gleitern erhält man so drei Meßwerte für drei verschiedene Massen m_1, m_2, m_3. Weitere Meßwerte sind möglich, wenn man auflegbare Massenstücke benutzt, die von einem vorderen Gleiter auf einen hinten angekoppelten umgeladen werden. Die Schüler staunen zunächst darüber, daß sich beim Umladen der Ausschlag des Kraftmessers ändert, obwohl die Zahl der Antriebsstücke nicht verändert wurde. Der scheinbare Widerspruch klärt sich, wenn man daran erinnert, daß jeder Körper durch eine seiner Masse entsprechende Kraft in Bewegung gesetzt werden muß. Bedingt durch die spezielle Versuchsanordnung erfahren alle Gleiter dieselbe Beschleunigung. Bei unterschiedlichen Massen müssen auf die Körper auch verschiedene Kräfte wirken.

Der Versuch ergibt zunächst folgende Ergebnisse:

1. Beim Beschleunigen ist die Auslenkung kleiner als im statischen Fall. Dies entspricht einer kleineren Kraft.
2. Während des Beschleunigungsvorgangs ist der Ausschlag konstant. Diese Beobachtung entspricht der Tatsache, daß definitionsgemäß bei konstanter Beschleunigung auch eine konstante Kraft wirken muß.

Um auch bei konstanter Masse, die Auslenkung in Abhängigkeit von der Beschleunigung zu erhalten, variiert man die Beschleunigung durch Verändern der Anzahl der Antriebsstücke. Die Beschleunigung wird nach $a = 2s/t^2$ aus dem Weg und der Zeit ermittelt, die der Gleiter braucht, um vom Beginn der Bewegung an ($v = 0$) den Weg zu durchlaufen. Das genaue Verfahren hierzu ist in den Versuchsanleitungen der Lehrmittelfirmen beschrieben.

VT Zuverlässige Ergebnisse erhält man allerdings nur dann, wenn der Einschwingvorgang nach Beginn der Bewegung verhindert wird. Im Ruhezustand ist nämlich die Schraubenfeder stärker gedehnt als während der Bewegung, so daß nach dem Loslassen der angehängte Gleiter gegen den vorderen beschleunigt wird: die Gleiter schwingen gegeneinander.

Eine konstante Kraftanzeige stellt sich erst nach einem längeren Einschwingvorgang ein, eine Beobachtung wäre somit wegen der kurzen Bahn und der geringen Dämpfung nicht möglich.

Man vermeidet das Schwingen, wenn man in einem Vorversuch ungefähr die Auslenkung ermittelt. Mit einem Pappstreifen, den man mit einer Krokodilklemme an der Halterung befestigt, wird die innere Hülse des Kraftmessers bis zum erwarteten Ausschlag in die äußere Hülse hineingeschoben (Abb. 395,2). Auf diese Weise kann man mit 1 bis 2 Vorversuchen den Kraftmesser so einstellen, daß er nach dem Loslassen der Gleiter nicht mehr schwingt. Die Einstellung geht sehr rasch, da man die Gleiter nur beim Anfahren beobachten muß. Bei der genauen Bestimmung des Ausschlags läßt man dann die Gleiter die gesamte verfügbare Bahn durchlaufen.

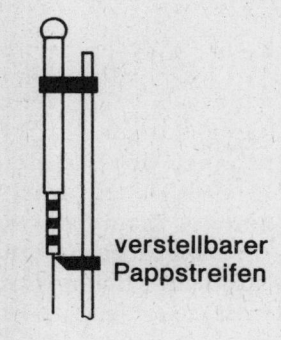

Abb. 395,2 Vorrichtung zur Verhinderung des Einschwingvorgangs

verstellbarer Pappstreifen

Hinweise zur LE 2: Einfache Bewegungen

Die Ergebnisse solcher Messungen werden grafisch dargestellt. Man liest ab:

$\Delta l \sim m$, wenn a = konst. und
$\Delta l \sim a$, wenn m = konst.

Zusammenfassung: $\Delta l \sim a \cdot m = F$, d. h. bei einer Schraubenfeder ist die Auslenkung dem Betrag der wirkenden Kraft proportional.

Der Fahrbahnversuch demonstriert gleichzeitig die Wirkungsweise von Beschleunigungsmessern. Gemessen werden m und F, a wird entweder errechnet oder direkt auf einer geeichten Skala abgelesen.

LI Die Herleitung des linearen Kraftgesetzes auf die beschriebene Weise setzt voraus, daß die Kraft F dynamisch definiert wurde. Nun kennen die Schüler bereits Kraftmesser und gehen damit um. Deshalb kann diese Versuchsreihe aufgefaßt werden als eine Überprüfung der vorhandenen Kraftskala.

Wurde allerdings die Kraft statisch definiert, z. B. mit Hilfe der Gewichtskraft (vgl. S. M9 und M10), dann liefert der Versuch zwischen der statisch gemessenen Kraft (Hookesches Gesetz) und dem Produkt m·a einen proportionalen Zusammenhang:

$$F_{st} \sim m \cdot a = F_{dyn}.$$

Der Proportionalitätsfaktor in der Gleichung $F_{st} = k \cdot F_{dyn}$ ergibt sich dann zu

$$k = \frac{1\,N}{1\,kg \cdot m / s^2},$$

wenn die Einheit der statisch definierten Kraft mit 1N bezeichnet wurde und über die Gewichtskraft eines Kilogrammklotzes am Normort (G = 9,81 N) eingeführt wurde.

Kreisbewegung (2.4)

Das Kapitel erfüllt zweierlei Aufgaben. Es ergänzt den vorhergehenden Abschnitt, in dem die geradlinigen Bewegungen betrachtet wurden, durch einen weiteren Sonderfall von Bewegungen. Es führt aber auch die Gedanken von Kapitel M 1.2 fort. Dort wurde die Trägheit der Körper erkannt, sie kommt jetzt wieder bei der Kreisbewegung zum Tragen. Viele alltägliche Erfahrungen wie die Erscheinungen der "Fliehkraft" werden durch Erkenntnisse verstehbar, die bei der Kreisbewegung gewonnen werden. In gewisser Weise kann man die Ergebnisse auf andere krummlinige Bewegungen übertragen, sei es, daß man die gesamte Bahn näherungsweise als Kreis auffaßt wie bei den Planetenbahnen (vgl. S. A15 rechts), sei es, daß man nur Teile der Bahnkurven durch Kreisbahnen annähert.

Wesentlich ist hierbei die Erkenntnis, daß die Kreisbewegung durch eine zum Mittelpunkt gerichtete Kraft zustande kommt, was im ersten Teil des Kapitels erarbeitet wird.

LV Im zweiten Teil geht es um eine der Sekundarstufe I angemessene Darstellung zwischen Betrag der Zentralkraft, Drehzahl und Entfernung vom Drehpunkt. Die Ergebnisse wurden als Je-Desto-Beziehungen formuliert. Im
LI Hintergrund steht die Gleichung

$$F_z = m \cdot \omega^2 \cdot r.$$

Mit $\omega = 2\pi/T$ und $T = 1/n$ erhält man $F_z = 4\pi^2 m \cdot r \cdot n^2$. n bedeutet die Drehzahl.

LV Um zu verhindern, daß die Schüler die auf S. A16 beschriebene Abhängigkeit als Proportionalität deuten, mißt man die Drehzahl: Verdoppelt man die Drehzahl, so vervierfacht sich die Zentralkraft. Eine quantitative Auswertung von V A16,1, die möglich, aber nicht nötig ist, liefert den Zusammenhang: $F_z \sim m \cdot r \cdot n^2$. Ohne theoretische Überlegungen ist es nicht möglich zu zeigen, daß der Proportionalitätsfaktor den Wert $4\pi^2$ besitzt.

Die Gleichung $F_z = mv^2/r$ ist nur für die zweite Erweiterung gedacht, eine Herleitung scheidet ohnehin auf der Sekundarstufe aus.

Wird die Gleichung im Unterricht gebracht, so kann das Mißverständnis entstehen, daß zwischen ihr und der Aussage auf Seite A16 Mitte ein Widerspruch bestehe. Besagt doch die Gleichung, die Kraft nehme mit dem Radius ab, während V A16,1 gerade das Gegenteil zeigt. An diesem Sachverhalt kann man prüfen, ob die Schüler nicht nur Auswendiggelerntes wissen, sondern auch mit Verständnis Gleichungen oder Versuchsergebnisse interpretieren können. Die Aussage "F_z wächst mit r" hat ohne Angabe der weiteren Größen, die konstant gehalten werden müssen, keinen Sinn. In $F_z = mv^2/r$ ist v eine Funktion vom Radius bei konstanter Winkelgeschwindigkeit oder Drehzahl. Aus $F_z = mv^2/r$ folgt mit $v = 2\pi r/T$ $F_z = 4\pi^2 mr/T^2$. Die letzte Formel entspricht dem Versuchsergebnis von V A16,1.

Zeitmaß (2.5)

Gerade die grundlegenden Begriffe wie Länge, Zeit, Masse gehören zu den schwierigsten der Physik. Wie wir an anderer Stelle schon ausführten, kann es nicht die Aufgabe des

Hinweise zur LE 2: Einfache Bewegungen

S. A17

Physikunterrichts sein, hier erschöpfend Auskunft zu geben. Es wäre auch gar nicht zu leisten. Dies betrifft vor allem den Begriff "Zeit".

In Kap. W1.343 wurde bereits auf die Zeitmessung hingewiesen, wobei deutlich wurde, daß den Uhren periodische Vorgänge zugrunde liegen, mit denen Zeitspannen gezählt werden. Auf diese Kenntnisse wird zurückgegriffen, wobei gleichzeitig der Unterschied zwischen einer "Zeitspanne" (Dauer) und einem "Zeitpunkt" betont wird. Beide Begriffe sind aus dem Mathematikunterricht und dem täglichen Gebrauch hinreichend bekannt, die Schüler gehen in der Regel mit ihnen sicher um.

Die Abbildungen A17,2, A18,1 und A18,2 sollen einen Einblick vermitteln in die historische Entwicklung, aber auch in die Komplexität moderner Anlagen. Um die Definition des Sonnentags zu verstehen, sind einige astronomische Kenntnisse nötig (Meridian, Kulmination usw.). Zur Vorbereitung läßt man den Stand der Sonne im Laufe eines Tages von Sonnenaufgang bis Sonnenuntergang verfolgen und qualitativ beschreiben. Gleichzeitig wird die scheinbare tägliche Bewegung eines Fixsterns oder eines charakteristischen Sternbildes oder einer leicht auffindbaren Konfiguration (Orion, Sommerdreieck o.ä.) beobachtet, indem man im Abstand von einer oder mehreren Stunden die Beobachtung wiederholt und den Standort der Gestirne mit dem vorher festgestellten vergleicht. Man täusche sich nicht: Die astronomischen Kenntnisse der Schüler sind trotz Fernsehen, populärwissenschaftlicher Literatur o.ä. erschreckend und kaum einer hat bewußt einmal den Sternenhimmel angesehen. Verantwortlich hierfür ist nicht zuletzt auch die Tatsache, daß im Erdkundeunterricht Wirtschafts- und Sozialgeographie verstärkt betrieben werden, die Erde selbst aber und ihre Stellung im Weltraum eine untergeordnete Rolle spielen.

SI Beispiele für Dauern

Alter der Welt	10^{17} s
Auftreten des Neandertalers	10^{12} s
mittlere Lebensdauer eines Menschen	$2 \cdot 10^9$ s
Tag	86 400 s
Pulsschlag	0,8 s
Laufzeit des Lichts für 1 m	10^{-8} s

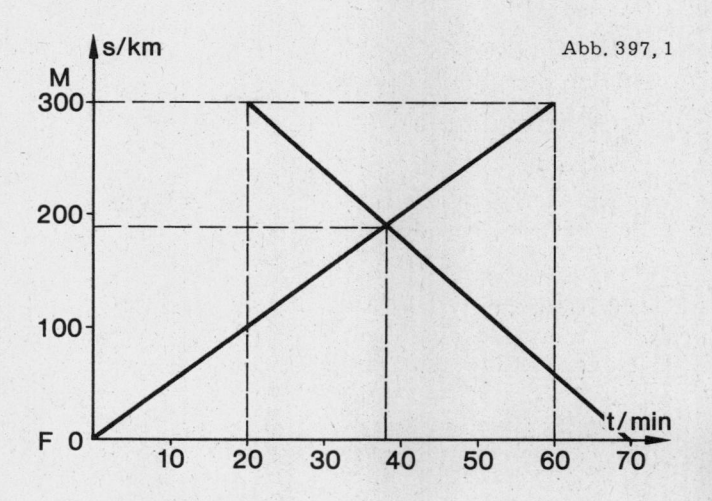

Abb. 397,1

c) Neue Aufgaben und Fragen

1. Ein Verkehrsflugzeug startet um 9.00 Uhr von Frankfurt nach dem 300 km entfernten München und trifft um 10.00 Uhr ein. In München fliegt ein Flugzeug um 9.20 Uhr ab und landet um 10.10 Uhr in Frankfurt. Wo und wann begegnen sich die beiden Flugzeuge? Löse die Aufgabe rechnerisch und zeichnerisch!
L. Zeichnerisch: s. Abb. 397,1
Rechnerisch:
$$s_1 + s_2 = 300\frac{km}{h} \cdot 20\,min + 300\frac{km}{h} \cdot t_B$$
$$+ 360\frac{km}{h} \cdot t_B = 300\,km$$
$$t_B = \frac{200}{11}\,min \approx 18\,min, \text{ Zeit bis zur Begegnung}$$

Treffzeit: ca. 9.38 Uhr, Treffpunkt: 100 km + 90 km = 190 km von Frankfurt entfernt.

2. Gib die folgenden Höchstgeschwindigkeiten in km/h an: Fußgänger 1,5 m/s; Fluchtgeschwindigkeit eines Hasen 22 m/s; Windhund 25 m/s; Orkan 45 m/s!
L. 5,4 km/h; 79 km/h; 90 km/h; 162 km/h

3. Ein Auto fährt 20 km mit 100 km/h, anschließend müssen wegen einer Panne 13 min Pause eingelegt werden. Mit welcher Geschwindigkeit muß es weiterfahren, wenn es den Zielort zur gleichen Zeit erreichen will wie ein Fahrzeug, das die gesamte Strecke von 60 km mit einer konstanten Geschwindigkeit von 80 km/h gefahren ist? Löse die Aufgabe zeichnerisch und rechnerisch!
L. Zeichnerisch: Abb. 398,1
Rechnerisch: $t_g = \frac{60\,km}{80\,km/h} = 45\,min$,
$$t_1 = \frac{20\,km}{100\,km/h} = 12\,min,$$
$t_2 = 12\,min + 13\,min = 25\,min;$
$v = 40\,km/(t_g - t_2) = 120\,km/h.$

Hinweise zur LE 2: Einfache Bewegungen

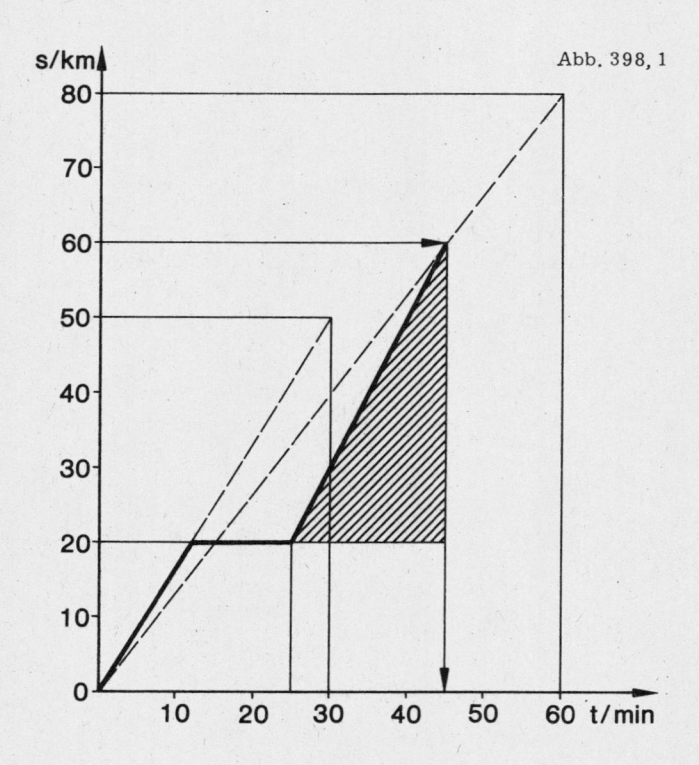

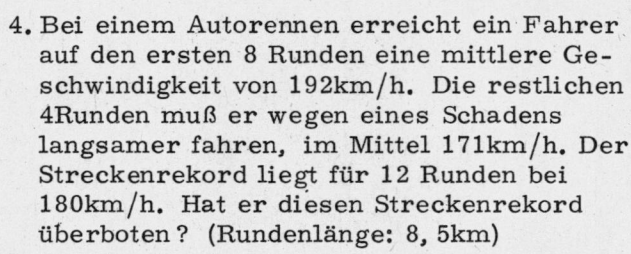

Abb. 398,1

Abb. 398,2

4. Bei einem Autorennen erreicht ein Fahrer auf den ersten 8 Runden eine mittlere Geschwindigkeit von 192km/h. Die restlichen 4 Runden muß er wegen eines Schadens langsamer fahren, im Mittel 171km/h. Der Streckenrekord liegt für 12 Runden bei 180km/h. Hat er diesen Streckenrekord überboten? (Rundenlänge: 8,5km)

L. Ja, denn es ist:

$$v = 12\text{km} : \left(\frac{8}{192}\text{h} + \frac{4}{171}\text{h}\right) \approx 184\text{km/h}$$

5. Die Weg-Zeit-Funktion einer idealisierten gleichförmigen Bewegung ist durch folgenden Graphen vorgegeben. (Abb. 398,2)
   a) Beschreibe die Bewegung!
   b) Mit welchen Geschwindigkeiten werden die einzelnen Teilstrecken durchfahren?
   c) Wie groß ist die Länge des insgesamt zurückgelegten Weges?

L. a) gleichförmige Bewegung in der ersten Minute, 2 min Stillstand, Bewegung in entgegengesetzter Richtung, Dauer: 4,5min

b) $v_1 = 500\text{m/min} \approx 8,3\text{m/s}$;

$v_2 = -\dfrac{750\text{m}}{4,5\text{min}} \approx -2,8\text{m/s}$

6. Die Reifen eines Pkw haben einen Durchmesser von d = 50cm. Wie groß ist die Zahl der Umdrehungen 1. in 1 Sekunde, 2. in 1 Minute, wenn das Auto mit a) 50km/h, b) 120km/h fährt?

L. Umfang: $U = \pi \cdot d$, Weg: $s = v \cdot t$;

Zahl der Umdrehungen: $N = \dfrac{v \cdot t}{\pi \cdot d}$.

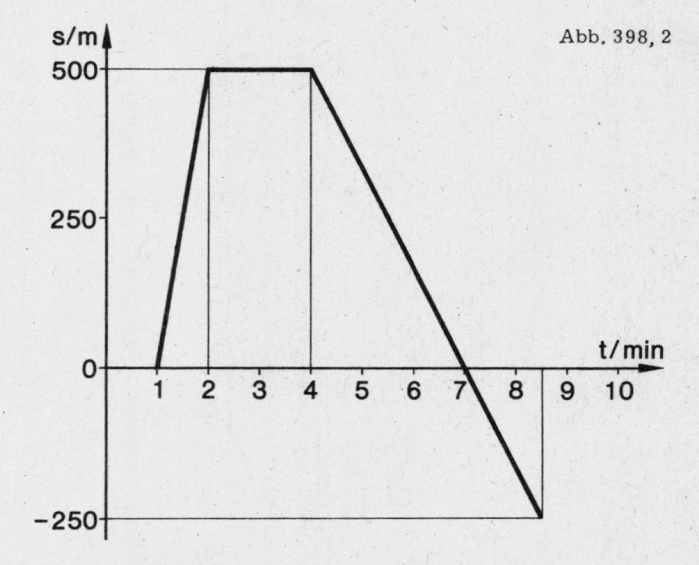

a) $N_1 = \dfrac{50\,000\text{m} \cdot 1\text{s}}{3600\text{s} \cdot \pi \cdot 0,5\text{m}} \approx 8,8$

$N_2 \approx 530$

b) $N_1 \approx 21$, $N_2 \approx 1,27 \cdot 10^3$.

7. Das Weg-Zeit-Diagramm einer Bewegung ist in Abb. 399,1 wiedergegeben.
   a) Wie groß ist die mittlere Geschwindigkeit?
   b) Welcher Weg wird zurückgelegt?
   c) Beschreibe die Geschwindigkeit und die Beschleunigung während der Bewegung.
   d) Zeichne den ungefähren Verlauf des Geschwindigkeit-Zeit-Diagramms!

L. a) $\langle v \rangle = 10\text{m}/5\text{s} = 2\text{m/s}$; b) 10m;
c) Zu Beginn der Bewegung ist die Beschleunigung positiv; die Geschwindigkeit nimmt zu, bleibt schließlich konstant (Beschleunigung Null), die Geschwindigkeit nimmt ab, die Beschleunigung ist negativ, die Geschwindigkeit nimmt bis auf Null ab.
d) s. Abb. 399,2.

8. Ein Zug im Städteschnellverkehr beschleunigt mit 0,8m/s². Nach welcher Zeit hat er seine Höchstgeschwindigkeit von 120km/h erreicht? Die Beschleunigung sei konstant. Welchen Weg hat er in dieser Zeit zurückgelegt?

L. $\Delta t = \Delta v/a = 42\text{s}$. $s \approx 694\text{m}$

9. Ein Auto muß bei einer Geschwindigkeit von 90km/h plötzlich eine Vollbremsung vornehmen. Wie groß ist der Weg, den das Auto zurücklegt, wenn nach einer Schreckdauer von 1s (Schrecksekunde) noch eine weitere Sekunde vergeht, bis die Bremsen ansprechen und die mittlere Bremsverzögerung (erreichbar sind 5...6m/s²) angenommen wird?

Hinweise zur LE 3: Schwingungen und Wellen

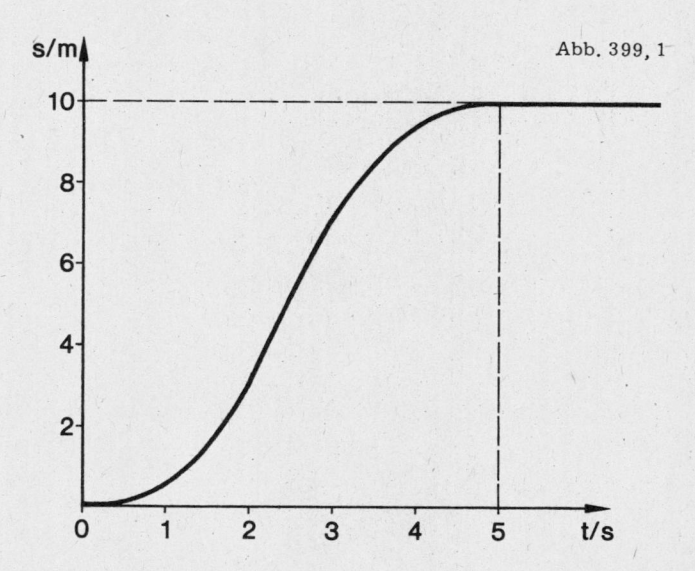

Abb. 399,1

Abb. 399,2

L.a) Berechnung der Bremszeit:
$\Delta t_B = \Delta v/a$; 5s.
b) Zur Berechnung des Bremsweges nimmt man an, daß der Vorgang genau in umgekehrter Weise wie beim Beschleunigen erfolgt.
$s_B = \frac{90m}{3,6s} \cdot 2s + \frac{5}{2}\frac{m}{s^2} \cdot (\Delta t_B)^2 \approx 113\ m$

10. Ein Rettungsfallschirm sinkt mit 5,5m/s. Zu Übungszwecken springen die Fallschirmspringer aus einer Höhe frei herunter, die dieselbe Endgeschwindigkeit liefert. Wie groß ist diese Höhe?

L. Aus $v = g \cdot t$ und $s = \frac{g}{2}t^2$ ergibt sich $v = \sqrt{2gh}$ und damit $h \approx 1,5m$.

11. a) Wie lange braucht ein Stein auf der Erde, um eine Höhe von 100m zu durchfallen?
b) Wie lange braucht er dafür auf dem Mond? ($g_M = 1,62 m/s^2$)

L. $t = \sqrt{2s/g}$, a) $t_E \approx 4,5s$, b) $t_M \approx 11s$

12. Ein Auto fährt mit 72km/h gegen einen starren Pfeiler und kommt in 0,1s zum Stehen. Welche mittlere Kraft wirkt auf das Auto, wenn seine Masse 1000kg beträgt?

L. $F = m\ \Delta v/\Delta t$; 200 000 N

13. In einem Fahrstuhl steht eine erwachsene Person (m = 70kg) auf einer Personenwaage (Federwaage). Der Aufzug bewegt sich am Anfang mit $a = 4,9 m/s^2$ aufwärts, abwärts beginnt die Bewegung mit $1 m/s^2$. Was zeigt die Waage an?

L.a) aufwärts: zusätzliche Kraft zum Beschleunigen $F = 70kg \cdot 4,9 m/s^2 \approx 340N$, Anzeige: 1040N $\triangleq$ ca. 106kg
b) abwärts: $F = 70kg \cdot 1 m/s^2 = 70N$, Anzeige: 610N $\triangleq$ 62kg

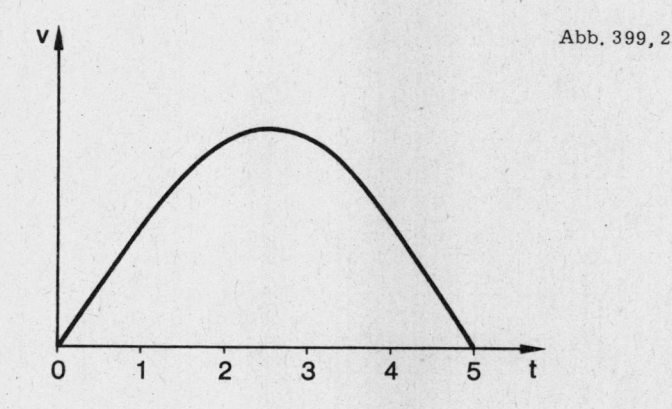

d) Audiovisuelle Hilfsmittel

F	Freier Fall	36 0041	(11)
F	Gleichmäßig beschleunigte Bewegung s(t), 4min	36 0029.1	(11)
F	Gleichmäßig beschleunigte Bewegung v(t), 4min	36 0029.2	(11)
F	Gleichmäßig beschleunigte Bewegung s(F), 2min	36 0029.3	(11)
F	Gleichmäßig beschleunigte Bewegung s(m), 1,5min	36 0029.4	(11)
F	Bremsweg und Bremskraft, 4min	36 0035	(11)
AT	Geschwindigkeit und Beschleunigung	8541	(13)
F	Acceleration due to Gravity	P80-3452/1	(18)
F	Trägheitsauslösung beim Freien Fall	TERCO-Lehrmittel (s. S. 393)	

3.5.2.3 LE 3: Schwingungen und Wellen

a) Vorbemerkungen und Ziele

Das Thema "Schwingungen und Wellen" ist inzwischen im Physikunterricht der Oberstufe sehr beliebt. In den früheren sprachlichen Zweigen der gymnasialen Oberstufe wurde es meist in Klasse 11 angeboten, in der reformierten Oberstufe in Grund- und Leistungskursen der Jahrgangsstufen 11-13. Gründe für diese Beliebtheit des Themas sind:

1. Phänomene aus ganz verschiedenen Bereichen der Physik werden durch eine übergreifende Struktur geordnet, und die Themen können unter den Gesichtspunkten der Energieausbreitung und Energiespeicherung gesehen werden.

2. Das Thema ist besonders gut experimentell darzustellen, eine Mathematisierung

Hinweise zur LE 3: Schwingungen und Wellen

ist, besonders bei den Wellen, in verschiedenen Anspruchsniveaus möglich.

3. Das Thema läßt sich sehr gut mit historischen und wissenschaftstheoretischen Problemen verknüpfen, die bis zu modernen Fragestellungen (Modellvorstellungen von Licht und Materie u. a. m.) reichen.

Die Möglichkeit, das Thema "Schwingungen und Wellen" auf phänomenologischer Grundlage zu behandeln und die Bestrebungen, Inhalte durch Leitlinien oder Leitthemen auch auf der Sekundarstufe I zu strukturieren, machen das Thema "Schwingungen und Wellen" auch für die Sekundarstufe I attraktiv.

Selbstverständlich muß man sich hier beschränken auf Bereiche, die anschaulich zugänglich, experimentell einfach darstellbar und qualitativ beschreibbar sind, ohne daß falsche Vorstellungen entstehen. Das sind die mechanischen Schwingungen bis hin zur Schallerzeugung und die elektromagnetischen Schwingungen, entsprechend dann auch mechanische Wellen, Schallwellen, Wasserwellen und bis zu einem gewissen Grade auch elektromagnetische Wellen. Damit sind genügend Anregungen gegeben, die in freiwilligen Unterrichtsveranstaltungen oder im sogenannten Wahlpflichtunterricht, der in einigen Ländern vorgesehen ist, aufgegriffen und fortgeführt werden können. In das Thema "Schwingungen und Wellen" kann nun die traditionelle Akustik eingebaut werden. Sie enthält im wesentlichen die folgenden Themen: Schallquellen, Schallwellen, Schallgeschwindigkeit, Reflexion, Wahrnehmung des Schalls (Ohr), Musikinstrumente, Tonleiter, Schallaufzeichnung. Bis auf das Ohr und die Reflexion des Schalls (Echo) sind in der Lerneinheit alle Themen der Akustik zu finden; die Schallaufzeichnung findet man im Kap. E 6.4. Die im Schülerbuch fehlenden Sachverhalte können leicht ergänzt werden, zumal man auch audiovisuelle Hilfsmittel sehr gut einsetzen kann. Wissenschaftstheoretische Fragestellungen, wie sie gern in der Oberstufe gebracht werden, bleiben hier ausgeklammert.

Als wesentliche Ziele dieser Lerneinheit können die folgenden angesehen werden:

Die Schüler sollen periodische Bewegungsabläufe beschreiben können, die Begriffe Frequenz und Schwingungsdauer kennen und anwenden. Sie sollen wissen, was man unter einer "harmonischen Schwingung" versteht und Möglichkeiten angeben können, wie man Schall erzeugt und Schallarten (Geräusch, Klang, Ton) unterscheidet. Die Schüler sollen die Entstehung einer elektromagnetischen Schwingung im Prinzip verstehen. Sie sollen Wellen aller Art als Möglichkeit für einen Energietransport erkennen und Längs- und Querwellen unterscheiden. Sie sollen die Schallgeschwindigkeit kennen, ein Verfahren zur Bestimmung der Schallgeschwindigkeit beschreiben, den Begriff Resonanz am Beispiel erläutern und ein einfaches Verfahren zur Erzeugung elektromagnetischer Wellen angeben können.

Da es zum Themenkreis "Schwingungen und Wellen" inzwischen in sich geschlossene Darstellungen gibt, die den physikalischen Gegenstand gleichsam von einem höheren Standpunkt abhandeln, als es auf der Sekundarstufe I möglich ist, sollen die Bemerkungen zu den einzelnen Themen knapper gefaßt werden als in den anderen Blöcken. Sachliche und methodische Hinweise findet man auch in den erwähnten Darstellungen (18), (19), (20).

b) Bemerkungen zu den einzelnen Themen

Schwingungen (3.1)

Schwingungen einer Schraubenfeder - Energiespeicherung (3.11)

Bereits auf Seite A 18 wurde die Periodizität der Kreisbewegung und der Pendelschwingung hervorgehoben. Mit V A19,1 wird nun am Beispiel der Schwingungen einer Schraubenfeder eine solche periodische Bewegung genauer untersucht.

Die Schüler werden aufgefordert, den Vorgang zunächst zu beschreiben. Dieser muß genügend langsam ablaufen (T groß). Sie erkennen dabei die beteiligten Energieformen und deren periodische Änderung. Für V 19,1 sind weiche Schraubenfedern geeignet (z. B. PHYWE, 02228.00 mit D = 3 N/m).

Die energetische Betrachtung rückt sofort zwei wesentliche Gesichtspunkte in den Vordergrund:

a) Schwingung als Energiespeicher, wobei ein ständiger Austausch von Energie stattfindet,
b) Erzeugung ungedämpfter Schwingungen.

Eine quantitative Behandlung der Phänomene findet man in (19). Hier kommt es nur darauf an, den Begriff "Energie" und den "Energieerhaltungssatz" erneut anzuwenden (vgl. auch Seite M 38 und 39).
Da reale Schwingungen aber stets gedämpft sind, ergibt sich zwanglos die Frage nach einem Ersatz des Energieverlustes im geeigneten Augenblick. Dies leitet über zu dem

Hinweise zur LE 3: Schwingungen und Wellen

SV wichtigen Problem der Selbststeuerung von Vorgängen. Abb. A 20.1 ist ein Beispiel, wie man mit Aufbauteilen einen solchen Selbststeuerungsmechanismus zur Erzeugung ungedämpfter Schwingungen einer Schraubenfeder zusammenstellen kann. Motiviert wird dieser Versuch durch den Hinweis, daß ungedämpfte Schwingungen dieser Art wichtig sind für alle Arten von Pendeluhren (vgl. Abb. W 15.3) und daß auch im Wagnerschen Hammer in ähnlicher Weise als Blattfederschwingung bereits realisiert wurden (vgl. S. E 37 und Lehrerband S. 203).

SV In einem Vorversuch läßt man die Schüler den an eine Schraubenfeder gehängten Körper so anstoßen, daß dem System bei jeder Schwingung Energie zugeführt wird. Man gibt also z.B. dem Körper einen kleinen Stoß in Bewegungsrichtung, wenn er sich gerade über die Ruhelage hinaus nach unten bewegt.

LV Der Vorgang kann elektromechanisch gesteuert werden, wenn man unter der Kugel einen Elektromagneten anbringt, der dann eingeschaltet wird, wenn sich der Pendelkörper gerade auf den Magneten zubewegt; im Umkehrpunkt des Pendelkörpers aber ausgeschaltet wird.

SV Der Versuch nach Abb. A 20.1 stellt dann eine Weiterentwicklung dieses einfachen Mechanismus dar. Die Schüler kommen wohl von selbst nicht auf den Gedanken, die Schraubenfederschwingung durch Bewegen des oberen Endes anzuregen. Als Hilfe zeigt
LV der Lehrer in einem Freihandversuch, daß man eine Schraubenfeder durch periodische Auf- und Abbewegungen der Hand zu ungedämpften Schwingungen anregen kann.

Abb. A 19.1 zeigt ein Federpendel in verschiedenen Schwingungszuständen. Die eingezeichnete Kurve kann erst in Zusammenhang mit Kapitel A 3.12 interpretiert werden, aber auch jetzt schon als Hinweis für die Darstellung einer Schwingung durch eine Sinusfunktion dienen.

LV Man verschafft sich einen Eindruck von dieser Kurve, wenn man den Aufhängepunkt des schwingenden Federpendels mit ausgestrecktem Arm gleichmäßig in horizontaler Richtung bewegt. Der Versuch gelingt besser,
VT wenn man eine Flachbatterie (4,5 V), an die Glühlämpchen angeschlossen ist, als Pendelkörper verwendet und im verdunkeltem Raum die Anordnung schwingen läßt, zunächst bei ruhendem Aufhängepunkt, dann bei gleichförmig bewegtem. Mit etwas größerem technischen Aufwand läßt sich ein solcher Versuch quantitativ auswerten (20), auf der Sekundarstufe 1 genügt aber diese qualitative Demonstration völlig. Sie zeigt das zeitliche Nacheinander einer Schwingung räumlich nebeneinander.

Schwingungen eines Fadenpendels - harmonische Schwingungen (3.12)

Die Erfahrungen des Kap. A 3.11 können auf zwei Weisen ergänzt und vertieft werden: Man kann die bereits in Abb. A 19.1 angedeutete Weg-Zeit-Funktion experimentell darstellen und untersuchen, um zu dem Begriff der harmonischen Schwingung zu gelangen. Es ist aber auch möglich, zuerst weitere Beispiele aus der Schwingungslehre zu betrachten und das Gemeinsame dieser verschiedenen Schwingungen herauszukristallisieren. Im Schülerbuch wird die zweite Möglichkeit benutzt. Sie bietet zudem den Vorteil, daß bei Fadenpendel und Blattfeder, die als Beispiele gewählt wurden, die Registrierung der Schwingungen (Aufzeichnen der Weg-Zeit-Kurve) mit einfachsten
LV Hilfsmitteln möglich ist, siehe V A 20.5 und V A 21.1. Die Schraubenfederschwingung ist dagegen besser geeignet zum Vergleich mit einer Kreisbewegung, da bei den vorhergenannten Beispielen die Pendelkörper keine gerade Bahn, sondern auch in der Projektion einen Kreisbogen beschreiben.

Darüber hinaus können mit den Versuchen des Kap. 3.12 sämtliche erlernten Begriffe wiederholt und geübt werden, so daß dadurch der Lernerfolg gesichert wird. So stellt nämlich V A 20.4 im Prinzip genau den gleichen Versuch dar wie V A 20.1.

LV In Ergänzung zu V A 20.2 und V A 20.4 demonstriert man am Fadenpendel, wovon die Schwingungsdauer abhängig ist. Während der qualitative Zusammenhang zwischen Pendellänge und Schwingungsdauer den Schülern sofort einleuchtet, ruft die Unabhängigkeit der Schwingungsdauer eines Fadenpendels von der Masse des Pendelkörpers großes Erstaunen hervor.

LV Zur Demonstration dieses Sachverhalts hängt man eine schwere Pendelkugel aus Stahl und eine gleich große aus Holz (PHYWE, Nr. 02802.00, Nr. 02720.00, $\varnothing$ 76 mm)
VT bei gleicher Pendellänge nebeneinander und läßt sie zu gleicher Zeit los. Um die Pendellänge leichter einstellen zu können, führt man den Bindfaden über die Aufhängehaken und befestigt das Ende mit einer Muffe an einer Stativstange. Durch Verschieben dieser Muffe kann man jede gewünschte Höhe leicht einstellen. Eindrucksvoll ist es natürlich,

Hinweise zur LE 3: Schwingungen und Wellen

S. A20-A22

Fadenlängen von 2 - 3 m zu verwenden und die Pendel an der Decke des Physiksaales aufzuhängen. Mit einem solchen langsam schwingenden Fadenpendel kann man noch einmal in gleicher Weise wie bei V A19, 1 Ablauf und Zustandekommen einer Schwingung verfolgen. Bei hinreichend großen Elongationen ist die sich mit der Auslenkung ändernde Geschwindigkeit gut zu erkennen. Hält man den Pendelkörper bei gespanntem Faden an das eigene Kinn, ohne daß es dieses berührt, so schwingt das Pendel nach dem Loslassen fast wieder in die Ausgangslage zurück.

Die Unabhängigkeit der Schwingungsdauer von der Masse des Pendelkörpers wird verständlich, wenn man sich daran erinnert, daß Masse und Gewichtskraft einander proportional sind. Mit der Vergrößerung der Masse erhöht sich zwar die Trägheit, es vergrößert sich aber auch die beschleunigende Kraft.

LV Aber auch Anregung und Erzeugung von ungedämpften Schwingungen kann man mit dem Fadenpendel sehr einfach demonstrieren. Man stellt einem Schüler die Aufgabe, durch Pusten das Pendel (Masse des Pendelkörpers 1, 8 kg) zum Schwingen zu bringen und in Bewegung zu halten. Meist wird der Schüler versuchen, möglichst kräftig zu pusten, da ja auch der Pendelkörper eine große Masse besitzt. Der Mißerfolg seiner angestrengten Bemühungen verhilft zur Einsicht, daß es nicht darauf ankommt, mit voller Kraft zu pusten, sondern zum richtigen Zeitpunkt und nur so stark, daß die Schwingungen sich aufschaukeln. Um diese in Gang zu halten, braucht anschließend nur so viel Energie zugeführt werden, wie durch Reibung entzogen wird.

LV Trotz seiner Einfachheit beeindruckt immer wieder der Versuch V A20, 5 die Schüler. Man läßt zunächst den Sand ausströmen, ohne die Unterlage zu bewegen. Der Sand wird an den Umkehrpunkten des Pendels höher aufgehäuft als in der Mitte: Die Geschwindigkeit des Sandpendels ist demnach in der Mitte beim Durchgang durch die Gleichgewichtslage am größten. Anschließend zieht man die Unterlage (weißes Regalbrett) möglichst gleichmäßig unter dem Pendel weg.

LV Bei V A21, 1 muß man zunächst einen Zusatzkörper an die Blattfeder anbringen, damit auch hier T möglichst groß wird. Erst im weiteren Verlauf der Untersuchungen wird T verkleinert, indem man den Zusatzkörper entfernt oder die Blattfeder kürzer einspannt.

VT Geeignet sind Blattfedern mit Spiegel (PHYWE Nr. 02810. 00, Laufkörper groß Nr. 02812. 00 bzw. klein Nr. 02811. 00).

VT Für V A21.1 ist als Lichtquelle der Laser vorzüglich geeignet, zumal dann nicht im verdunkelten Raum gearbeitet werden muß. Allerdings kann man dann nicht den Zinksulfidschirm verwenden, die "Lichtkurve" muß man mit dem Auge verfolgen.

LV V A21, 2 bestätigt die Vermutung, daß die Schwingung einer Schraubenfeder durch eine Sinusfunktion beschrieben werden kann. Eine weitergehende mathematische Behandlung, z. B. auch der Nachweis des Zusammenhangs zwischen linearem Kraftgesetz und harmonischer Schwingung, muß der Sekundarstufe II vorbehalten bleiben (19), (20).

Es versteht sich fast von selbst, daß die als zweite Erweiterung gekennzeichneten Sachverhalte frühestens in der zehnten Klasse behandelt werden können. Bei früherer Behandlung des Themenkreises "Schwingungen", etwa im Rahmen einer Akustik, müssen diese Teile wegfallen.

Schallerzeugung (3. 13)

Die schwingenden Blattfedern von Kap. A 3. 12 bilden den Ausgangspunkt zum Thema dieses Kapitels, der Schallerzeugung. Von der Blattfeder (V A22,1) gelangt man
LV zum eingespannten Stab (V A22,3 und Abb. A22, 2) und von ihm zu den Stimmgabeln. Mit dem Kapitel "Schallerzeugung" beginnt die eigentliche Akustik, zu der auch noch die Kapitel 3. 14 (Schwingende Seiten) und 3. 22 (Schallwellen) zu rechnen sind.

Im Schülerbuch wird nur die Akustik im engeren Sinne behandelt, d. h. der Schwingungsbereich, der vom menschlichen Ohr wahrgenommen wird. Bei entsprechendem Interesse der Schüler können aber einige Phänomene des Ultraschalls mitgeteilt oder demonstriert werden ((15), S. 376 ff u. S. 413).

SI Die Akustik zerfällt in zwei Hauptgebiete, in die physikalische Akustik, die sich mit der Erzeugung und Fortpflanzung des Schalls beschäftigt und die physiologische Akustik, die alle Vorgänge behandelt, die mit der Sinnesempfindung zusammenhängen. Beide Bereiche lassen sich nicht völlig trennen. Es wurde deshalb im Schülerbuch auf eine solche scharfe Trennung verzichtet, zumal z.B. die physikalischen Größen zur Beschreibung der Schallintensität und der Schalleistung den Schülern dieser Altersstufe kaum verständlich gemacht werden können. Dagegen läßt sich

Hinweise zur LE 3: Schwingungen und Wellen S. A22–A23

die Abhängigkeit z. B. zwischen der subjektiv empfundenen Lautstärke eines Tons und den physikalisch darstellbaren Schwingungen des Schallerregers aufzeigen. Auf diese Weise soll deutlich werden, welche Begriffe den Schallempfindungen und welche der physikalischen Akustik angehören.

LV Nach der Klärung einiger Begriffe wird zunächst durch die Versuche V A22, 4 und V A22, 5 nachgewiesen, daß auch bei hohen Frequenzen Schwingungen feststellbar sind, selbst wenn man sie mit dem Auge nicht mehr verfolgen kann. Damit erhält man gleichzeitig noch einmal die Möglichkeit, die Sinuskurve als "Schriftzug der Natur" (vgl. S. A21 links und S. A49) wiederzuerkennen.

LV Die Bewegung der Schreibstimmgabel ist gut im Schattenwurf bei stroboskopischer Beleuchtung sichtbar zu machen. Die Stimmgabel wird vertikal fest eingespannt und mit einem Blitzlichtstroboskop oder auch mit einem periodisch unterbrochenen Lichtbündel
VT (Sägezahnrad, vgl. S. 160) beleuchtet. Man muß die Frequenz dabei so einstellen, daß sie nicht genau der Eigenfrequenz der Stimmgabel entspricht, dann sieht man die verlangsamte Bewegung der Stimmgabelzinken.

LV V 22, 6 leitet zu Schwingungen über, wie sie bei Musikinstrumenten zu finden sind. Untersucht werden schwingende Saiten, schwingende Membranen und schwingende Luftsäulen. Die schwingenden Platten regt man am besten mit einem Kleinlautsprecher an (vgl. Abb. A23, 2).

LV Eine Variation von V A23, 2 ist der folgende Versuch: Ein weites Glasrohr wird durch einen Gummischlauch mit einem Vorratsgefäß verbunden. Durch Heben und Senken ändert man den Wasserstand in dem weiten Glasrohr und damit die Länge der wirksamen Luftsäule. Bläst man gleichzeitig entsprechend Abb. 403,1 das Rohr oben mit einem Luftstrom an, so kann man den zu jeder Luftsäule gehörenden Klang erzeugen.

Im Anschluß an die Erkenntnis, daß das menschliche Ohr hinreichend rasche - aber nicht zu rasche - Sinusschwingungen als Ton empfindet, kann die subjektiv empfundene Lautstärke etwas genauer untersucht und einige Einzelheiten zum Vorgang des Hörens den Schülern mitgeteilt werden.

LI Die Schallempfindung wird durch kleine Druckschwankungen ausgelöst. Im empfindlichsten Bereich registriert das Ohr sinusförmige Schallwellen mit einer Druckamplitude von ca. $2 \cdot 10^{-5} \text{N/m}^2$. Diese Druckamplitude entspricht bei einem Ton von

Abb. 403, 1 Schwingungen einer Luftsäule mit veränderbarer Höhe

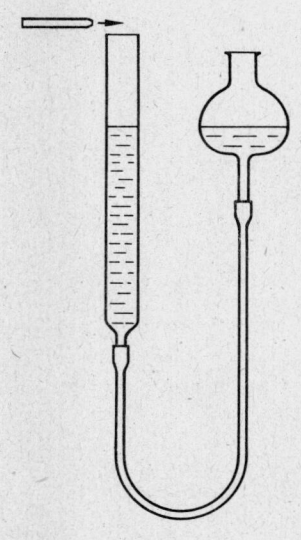

1000 Hz nahezu der durchschnittlichen Hörschwelle. Ein praktisches Maß für den von einer Schallwelle ausgelösten physischen Reiz ist die Dezibelskala.

Als Anzahl Dezibel (dB) eines Schalldrucks p bezeichnet man die Größe $20 \log(p/p_o)$ mit dem Normdruck $p_o = 2 \cdot 10^{-5} \text{N/m}^2$.

p/p_o	1	10	10^2	10^3	10^4	10^5
Zahl der Dezibel	0	20	40	60	80	100

Der physische Reiz kennzeichnet noch nicht die Schallempfindung. Hierzu dient die Lautstärke-Phonskala. Für den Normalton von 1000 Hz ist die Dezibelskala identisch mit der Phonskala, beruhend auf dem Normdruck p_o.

Ein Schall irgendwelcher Herkunft (Ton beliebiger Frequenz, Geräusch, Klang u. ä.) besitzt die Lautstärke n Phon, wenn eine Gruppe von Beobachtern ihn gleich laut empfindet wie einen Normalton von n dB.

Phonskalen können deshalb nur empirisch und subjektiv festgelegt werden und von Beobachter zu Beobachter ziemlich schwanken.

LI Um Lautstärken messen zu können, muß man die Druckamplitude p_o bzw. die Schallintensität I_o des Normaltons bei der Reizschwelle bestimmen, d. i. die Reizstärke, bei der gerade beim Ohr eine Empfindung hervorgerufen wird. Aufgrund vieler Versuche legte man als Bezugsgröße - wie bereits gesagt - die Druckamplitude $p_o = 2 \cdot 10^{-5} \text{N/m}^2 = 2 \cdot 10^{-4} \mu\text{bar}$ fest. Dieser Druckamplitude entspricht eine Schallintensität $I_o = 10^{-16} \text{W/cm}^2$.

Die Schallintensität I gibt die Energie an, die pro Sekunde durch eine zur Fortpflan-

Hinweise zur LE 3: Schwingungen und Wellen

S. A23–A26

zungsrichtung senkrechte Fläche von 1 cm² hindurchströmt.

Der Schallintensität I entspricht ein Schalldruck p. Die Lautstärke L wird nun definiert durch die Gleichung:

$$L = 10 \cdot \log \frac{I}{I_0}.$$

Für 1000 Hz gilt:

$$L = 10 \cdot \log \frac{I}{I_0} = 20 \log \frac{p}{p_0}.$$

Ein Ton hat demnach die Lautstärke 10 Phon, wenn $\log \frac{I}{I_0} = 1$, d.h. $I = 10 I_0$.

10 Schallquellen von jeweils 10 Phon erzeugen zusammen nicht etwa 100 Phon, sondern 20 Phon. Die von einer Schallplatte herrührende Intensität sei I_1, dann ist die Gesamtlautstärke

$$L = 10 \log \frac{10 I_1}{I_0} = 10 + 10 \log \frac{I_1}{I_0}$$

Laut Vorgabe ist $10 \log (I_1/I_0) = 10$, also ist $L = 20$

Die logarithmische Skala entspricht dem Weber-Fechnerschen Gesetz, wonach die Empfindungsstärke dem Logarithmus der Reizstärke annähernd proportional ansteigt. Das hat zur Folge, daß ein außerordentlich großer Bereich von Schallintensitäten vom

SI Ohr empfangen werden kann. So reicht die Schallempfindung des menschlichen Ohres im Frequenzbereich von 1000 bis 2000 Hz von $10^{-16} W/cm^2$ (0 Phon) bis $10^{-3} W/cm^2$ (130 Phon). Die Schallintensitäten von Hörschwelle und Schmerzschwelle verhalten sich demnach wie $1:10^{13}$, dies ist eine Leistungsfähigkeit, die von keinem technischen Gerät erreicht wird.

In der Regel kann man im Unterricht die hier dargestellten Zusammenhänge im Unterricht der Sekundarstufe I nicht bringen. Ähnlich wie in der Wetterkunde eine Skala von Windstärken angegeben werden kann (Beaufort-Skala), so kann man auch hier den Schülern einen Eindruck vermitteln von Lautstärken durch Beispiele von Phonwerten. Die Phonwerte werden dann durch die Beispiele erklärt.

SI **Beispiele für Phonwerte**

Schallart	Lautstärke in Ph.
Blätterrauschen	10
Flüstern	30
Sprache	50
laute Sprache	70
unruhige Straße	70
lautes Rufen, Untergrundbahn	80
Hupen, Preßluftbohrer	90
Kesselschmiede	110
Flugzeug (3 m Entfernung)	120

Die gesamte von der Schallquelle abgegebene Leistung heißt Schalleistung. In der folgenden Tabelle sind einige Beispiele aufgeführt.

Schallquelle	Leistung in W
Menschliche Stimme	$10^{-9} - 2 \cdot 10^{-3}$
Klavier	$2 \cdot 10^{-9} - 2 \cdot 10^{-1}$
Orchester	$7 \cdot 10^{-5} - 70$
Pauke	max. 10
Großlautsprecher	max. 100

Schwingende Saiten (3.14)

Die schwingenden Saiten werden als ein Beispiel für die Anwendung von Schallschwingungen in der Musik gewählt, weil der physikalische Aspekt mit relativ einfachen Hilfsmitteln darzustellen ist - wenigstens in dem Umfang, der für die Sekundarstufe I sinnvoll erscheint. Außerdem spielten die mit Hilfe schwingender Saiten gefundenen Zahlenverhältnisse auch in der Geistesgeschichte eine Rolle, vgl. S. A24.

Im Schülerbuch wird von den subjektiven Tonempfindungen und den Kenntnissen aus dem Musikunterricht ausgegangen und zunächst ein Zusammenhang hergestellt zwischen den Tönen einer Tonleiter und den Saitenlängen. Kann man diese Kenntnisse

LV nicht voraussetzen, dann empfiehlt es sich mit V A25, 1 zu beginnen, die Frequenzen für eine Dur-Tonleiter mit Hilfe der Lochsirene zu ermitteln und anschließend erst den Zusammenhang zwischen Frequenz und Saitenlänge zu behandeln.

LV V A24, 1 und V A24, 2 sind Lehrerversuche, die zur Vorbereitung der Schülerversuche
SV V A24, 3 und V A24, 4 dienen.
LV V A25, 1 und V A25, 2 sind wieder als Lehrerversuche gedacht, da sie die Überlegungen bestätigen sollen, die gemeinsam mit den
LV Schülern im Unterrichtsgespräch erarbeitet wurden. V A26, 1 und V A26, 2 sind zwar prinzipiell als Schülerversuche möglich, jedoch ist zum Heraushören der Obertöne unbedingte Ruhe erforderlich. Man führt sie demnach zweckmäßig als Schüler- oder Lehrer-Demonstrationsversuche durch.

Hinweise zur LE 3: Schwingungen und Wellen S. A26-A30

Elektromagnetische Schwingungen (3.15)

Nach der Untersuchung von Schallschwingungen stellt sich natürlich die Frage, ob auch in anderen Bereichen der Physik der Begriff "Schwingung" Anwendung findet, zumal Mikrophon, und Oszillograph in Kap 3.13 schon darauf hindeuteten, daß die untersuchten periodischen, mechanischen Vorgänge ihre Entsprechung finden in periodischen, elektrischen Vorgängen. Solche periodisch sich ändernden elektrischen Vorgänge wurden bereits beobachtet. So kann der Versuch V E78, 1 wiederholt werden.

VT An Stelle des Wechselstromrelais in V A27, 1 kann auch ein rotierender Schalter verwendet werden.

Der Vergleich von Schwingkreis und der Schwingung eines Federpendels führt zur Frage, von welchen Größen die Frequenz der elektromagnetischen Schwingung abhängig ist.

Da es aber in diesem Kapitel nur darauf ankommt, durch Verkleinern der Kapazität des Kondensators und der Selbstinduktion der Spule zu elektromagnetischen Schwingungen hoher Frequenz zu gelangen, kann man sich bei der Spule auf die Windungszahl beschränken. Der Lehrer sollte allerdings mitteilen, daß auch noch andere Bedingungen (Eisenfüllung, Windungsdichte n/l, Fläche der Spule) maßgebend sind (19).

LI Die Eigenfrequenz eines elektrischen Schwingkreises berechnet sich aus der Thomsonschen Schwingungsgleichung

$T = 2\pi\sqrt{LC}$ oder $f = 1/(2\pi\sqrt{LC})$.

Dabei bedeuten
C die Kapazität mit $C = \varepsilon \cdot \varepsilon_o \cdot \frac{A}{d}$ (Plattenkondensator) und

L die Selbstinduktion mit $L = \mu \cdot \mu_o \frac{n^2 \cdot A}{1}$

für eine langgestreckte Spule.

Die Versuche V A27, 3 und V A27, 4 haben zum Ziel, hochfrequente Schwingungen zu erzeugen und damit die Voraussetzung für das Kapitel A 3.24 zu schaffen.

Wellen (3.2)

Energietransport durch Wellen (3.21)

Der Begriff "Welle" wird im Schülerbuch auf einer phänomenologischen Stufe, stets in enger Anlehnung an Beobachtung und Experiment entwickelt und verwendet. Die Wellenlänge wird nicht angeführt, da dieser Begriff im Grunde nur Sinn hat für harmonische Wellen; in dieser elementaren Stufe ist aber im Begriff "Welle" noch sehr viel allgemeiner gefaßt als eine Störung, die sich in einem Medium ausbreitet. Mit diesem sehr allgemein gehaltenen Begriff sind auch alle Vorgänge beschreibbar, die z. B. auf S. A 28 in den Abbildungen dargestellt sind.

LI Eine exakte Beschreibung der hier phänomenologisch erfaßten Vorgänge, kann man erst leisten, wenn man bereits tief in die Wellenlehre eingedrungen ist und gelernt hat, harmonische Wellen mathematisch darzustellen und zu überlagern. Dann läßt sich auch jede einzelne Störung wiederum als eine Überlagerung unendlich vieler harmonischer Wellen auffassen. Auch die Wasserwellen als ein Beispiel für nicht harmonische Wellen sind im Prinzip auf diese Weise erfaßbar. Zu einem einzigen Wellenberg gehören dann eine Vielzahl von "Wellenlängen" oder besser gesagt "Frequenzen" (Frequenzspektrum).

Dagegen ist der Begriff "Frequenz" eher zugänglich, da er eine vom Sender einer periodischen Welle aufgeprägten Eigenschaft mißt.

Man beginnt die Wellenlehre zweckmäßig mit mechanischen Beispielen oder mit Schallwellen, da hier die Begriffe anschaulich zugänglich sind. In Kap. 3.21 werden beide Wellenarten vorgestellt. Dies bietet sich an, da vorher mechanische Schwingungen und Schallschwingungen in enger Verbindung behandelt wurden.

LV Alle Versuche des Kapitels sind als Lehrer-
SV oder Schüler-Demonstrationsversuche angelegt, V A29, 3 ist ein Schüler-Übungsversuch.

Schallwellen (3.22)

Es wird zunächst der Unterschied zu den Seilwellen betont, bei denen der Energietransport nur in einer Richtung erfolgt. Danach schließt sich zwanglos die Frage nach der Ausbreitungsgeschwindigkeit des Schalls an.

LV V A30, 1 ist ein einfacher Versuch, der nur einen Näherungswert liefert, aber sehr viel anschaulicher ist als andere raffiniert angelegte Versuche zur Bestimmung der Schallgeschwindigkeit in Luft, die z. B. die Welleneigenschaft (stehende Wellen) benutzen.

Außerdem handelt es sich bei der Bestim-
LI mung der Schallgeschwindigkeit mit Hilfe stehender Schallwellen um die Phasenge-

Hinweise zur LE 3: Schwingungen und Wellen

schwindigkeit, die nicht direkt aus Laufzeit und Weg ermittelt werden kann, während im Versuch V A30, 1 die Ausbreitung eines Schallimpulses im Vordergrund steht, der mit dem Begriff der Gruppengeschwindigkeit verknüpft ist.

Zwischen Phasen- und Gruppengeschwindigkeit besteht ein Zusammenhang nach der Formel:

$$c_g = c_p - \lambda \frac{dc_p}{d\lambda}$$

Hängt die Phasengeschwindigkeit von der Wellenlänge ab, gibt es also in einem Medium Dispersion, dann sind Gruppen- und Phasengeschwindigkeit verschieden voneinander. Die Gruppengeschwindigkeit ist kleiner als die Phasengeschwindigkeit. Im Bereich des Hörschalls wird aber bei nicht zu großen Schall-Druckamplituden keine Dispersion beobachtet, wenn die Wellen sich in einem unbegrenzten Medium ausbreiten können. Es ist deshalb

$$c_g = c_p .$$

Auch aus diesem Grund ist es berechtigt, auf der Sekundarstufe I nur die Ausbreitungsgeschwindigkeit eines Schallimpulses, d. h. die Gruppengeschwindigkeit zu messen.

LV Die Schallgeschwindigkeit kann man auch mit einem elektronischen Kurzzeitmesser bestimmen, an dem zwei Mikrofone angeschlossen sind. Ein Lautsprecher erzeugt einen Schallimpuls; erreicht dieser das erste Mikrofon, dann wird der Zähler ausgelöst, kommt er zum zweiten, dann wird der Zähler gestoppt.

SI Nach Behandlung der Schallgeschwindigkeit kann man noch auf die Reflexion des Schalls eingehen, auf Echo und Nachhall. Bereits bei den Versuchen mit dem Federwurm (V A29, 1) konnte man beobachten, daß die Wellen an den Enden reflektiert werden. Zum Nachweis, daß auch Schallwellen durch Wände reflektiert werden, legt man einen
LV Wecker in einen hohen Standzylinder (oder ein hohes Einmachglas) auf eine Schaumstoffunterlage. Das Ticken des Weckers ist schwächer oder kaum zu hören. Nun nimmt man ein Brett oder einen festen Karton und hält ihn über das Glas. Man hört das Ticken deutlicher, bei einer bestimmten Neigung des Brettes am lautesten. In dieser Stellung wird das Brett fixiert. Die Vermutung, daß die Schallwellen nach dem gleichen Gesetz reflektiert werden wie das Licht, bestätigt man, indem man an dem Brett einen Spiegel befestigt. Blickt man in die Richtung in den Spiegel, aus der der Schall kommt, dann sieht man das Spiegelbild des Weckers. Ist das Reflexionsgesetz für Licht den Schülern bekannt, so kann man leicht ein entsprechendes Reflexionsgesetz für die Schallwellen formulieren. Die Ausbreitungsrichtung wird durch eine Halbgerade festgelegt. Dann ist der Winkel zwischen dieser Ausbreitungsrichtung und dem Lot auf der reflektierenden Ebene genau so groß wie der Winkel zwischen dem Lot und der Ausbreitungsrichtung der reflektierten Schallwelle.

Als Anwendung der Schallreflexion behandelt man das Echolot, das z. B. zur Messung von Wassertiefen eingesetzt wird.

SI Es besteht aus einem Schallsender, der am Boden des Schiffes angebracht ist und elektrisch ausgelöste Schallimpulse (Anschlagen einer Metallplatte) aussendet. Der Empfänger besteht aus einem Mikrophon, der das Echo, d. h. den reflektierten Schallimpuls, aufnimmt. Die Laufzeit wird elektrisch gemessen. Der Zeitmesser wird mit Hilfe eines Mikrophons gestartet, das dicht neben dem Sender eingebaut ist, und gestoppt durch das Empfangsmikrophon. Aus Laufzeit und Schallgeschwindigkeit kann man die Tiefe errechnen. Die Skalen der Empfangsgeräte sind bereits in entsprechender Weise geeicht, so daß man nur die Tiefe abzulesen braucht. Auf genau die gleiche Weise kann
LV man die Schallgeschwindigkeit messen, wenn man die Entfernung der schallreflektierenden Wand kennt.

Vom Echolot gelangt man im Unterricht zu den Erscheinungen des Echos. Die Schüler wissen bereits, daß nur unter bestimmten Bedingungen das Echo (Widerhall) zu hören ist. Nach dem Vorhergehenden müßte eigentlich stets der Schallimpuls und ein reflektierter Schallimpuls zu hören sein, wenn großflächige Wände (Felswände, Hauswände, Waldränder) in der Nähe sind. Um die Bedingungen für das Zustandekommen des Echos herauszufinden, läßt man die Schüler fol-
SV genden Versuch ausführen: Vor einer großen Wand (Wand des Schulgebäudes) werden zunächst im kleinen Abstand (5 m), dann in immer größer werdenden Abständen von der Wand Schallimpulse durch Schlagen auf eine Metallplatte oder durch Klatschen mit den Händen erzeugt und der Widerhall beobachtet. Erst bei einer Entfernung von ca. 17 m kann man den Widerhall getrennt wahrnehmen vom direkten Schall. Das liegt daran,
SI daß das Ohr zwei Schallimpulse dann als getrennt wahrnehmen kann, wenn sie ca. 1/10 sec. auseinander liegen. (Die Lautstärke

Hinweise zur LE 3: Schwingungen und Wellen S. A31–A32

wird vom Ohr innerhalb von 65 - 140 ms registriert). In dieser Zeit legt der Schall gerade 34 m zurück.

SI Will man einzelne Silben oder Worte widerhallen lassen, dann muß die Entfernung noch größer sein. Um eine Silbe auszusprechen, benötigt man im Mittel ca. 1/5 s. Dazu benötigt man einen Schallweg von 68 m, d.h. in einer Entfernung von 34 m von der reflektierenden Wand hört man den Ruf von der Wand zurückschallen.

SI Ist die Entfernung kleiner, dann vermischen sich direkter Schall und reflektierter Schall. Man spricht dann vom Nachhall, der für die "Hörsamkeit" eines Raumes von Bedeutung ist.

Die Beschäftigung mit dem Echo gibt Veranlassung, das menschliche Ohr genauer zu untersuchen. Das Ohr ist ein äußerst kompliziertes Organ, das in der Schule nur in vereinfachter Weise den Schülern nahegebracht werden kann. Auf eine Theorie des Hörens muß verzichtet werden. Zur Demonstration von Aufbau und Wirkungsweise
SI des Ohres setzt man audiovisuelle Hilfsmittel ein (vgl. unter d).

Der zweite Teil des Kapitels ist dem Begriff der Resonanz gewidmet, der bei der Übertragung von Energie eine Rolle spielt. Genau genommen stimmen im Resonanzfall die Eigenfrequenz des freien, ungedämpften Systems und die Erregerfrequenz wegen der stets vorhandenen Dämpfung nicht oder nur annähernd überein. Der Unterschied wird um so größer, je größer die Dämpfung ist.

Auf diese Zusammenhänge kann aber auf der Sekundarstufe I nicht eingegangen werden. Man sollte deshalb korrekterweise sagen, daß bei Resonanz die Erregerfrequenz ungefähr gleich der Eigenfrequenz ist. Diese Aussage ist auch durch die Vorgehensweise berechtigt, da ja keine Messung vorgenommen wird.

Wasserwellen (3.23)

Ziel dieses Abschnitts ist die Veranschaulichung von Wellenvorgängen. Ausbreitung und Reflexion können nochmals am Beispiel der Wasserwellen gezeigt werden, ebenso die Begriffe "Querwelle" und "Längswelle".

LV Die Versuche V A31, 2 und V A32, 1 führt man in einer etwas abgewandelten Form in einer
VT Wellenwanne durch. Ersatzweise verwendet man ein Kuchenblech, auf dessen Boden man einen alten ausgedienten Spiegel legt. Unter dem Spiegel breitet man ein Tuch (Handtuch) aus, so daß Reflexionen am Wannenrand weitgehend vermieden werden. Periodische, fortschreitende Wasserwellen erzeugt man mit Wassertropfen, die in gleichmäßiger Folge auf die Wasseroberfläche auftreffen. Alle Versuche sind Lehrerversuche.

Die Entstehung der Wasserwellen nach Abbildung A32, 1 muß den Schülern mitgeteilt werden.

Elektromagnetische Wellen (3.24)

In einer Unterrichtseinheit über Schwingungen und Wellen dürfen die elektromagnetischen Wellen nicht fehlen. Die Schwierigkeit allerdings liegt darin, die Zusammenhänge so zu elementarisieren, daß die Schüler sie durchschauen können. Andererseits dürfen aber auch keine falschen Vorstellungen geweckt werden. Eine solche falsche Vorstellung erzeugt z.B. der gelegentlich geäußerte Vergleich von Sender und Empfänger mit der Übertragung von Energie von der Primärspule zur Sekundärspule beim Transformator. In beiden Fällen wird ohne verbindende Leitungen elektrische Energie übertragen. Beim Transformator handelt es sich um eine Induktionswirkung, die auf ein sich änderndes magnetisches Feld im Eisenkern zurückgeht; bei der elektromagnetischen Welle dagegen werden elektrische und magnetische Felder verknüpft, die sich im Raum ausbreiten. Deshalb wurde im Schülerbuch, ausgehend vom Schwingkreis, stets diese Verknüpfung von elektrischen und magnetischen Feldern betont (vgl. Kap. A 3.15 und E 10.4 S. E 77).

Um die Ausbreitung elektromagnetischer Wellen als zeitliche und räumliche Verkettung elektrischer und magnetischer Felder zwischen Sender und Empfänger zu untersuchen, fehlen auf der Sekundarstufe I alle Voraussetzungen. Das meiste muß mitgeteilt werden. Allein möglich sind gewisse Analogieschlüsse. Man vergleicht die Ausbreitung elektromagnetischer Wellen mit Erscheinungen, von denen man weiß, daß sie auf Wellenphänomenen beruhen. Hierzu gehört die Reflexion an ebenen Platten und an Hohlspiegeln. Deshalb wird die Reflexion elektromagnetischer Wellen an einer Metallplatte und an einem Metall-Parabolspiegel gezeigt (vgl.
LV V A32, 3 bis V A32, 5).

Diese Versuche machen deutlich, daß es sich um ein neuartiges Phänomen handelt, das mit der Erscheinung der Induktion alleine nicht

Hinweise zur LE 3: Schwingungen und Wellen S. A33

erklärt werden kann, wie es vielleicht qualitativ bei V A27, 4 noch möglich wäre.

SI Zur Illustration kann man noch angeben, wie in Dipolferne elektrische und magnetische Felder miteinander verknüpft sind. (Die Richtungen der Felder stehen senkrecht aufeinander und die Schwankungen in der Stärke erfolgen zu gleicher Zeit und im gleichen Rhythmus (Phase φ und Frequenz f)).

SI Daß überhaupt elektrische und magnetische Felder entstehen, erläutert man vom Schwingkreis ausgehend am Dipol, ohne allerdings näher auf die Struktur und Entstehung der Felder in der Nähe des Dipols einzugehen.

LV V A33, 1 dient dazu, die Möglichkeit zur Übertragung von Nachrichten zu zeigen. Der Versuch ist sehr einfach aus Aufbauteilen zusammenzustellen, auch die Schüler können ihn nachbauen.

Der letzte Abschnitt hat nur informatorischen Charakter, ebenso die **Übersicht über den Bereich elektromagnetischer Wellen.**

c) Neue Aufgaben und Fragen

1. Man bindet um den Hals eines Löffels einen Bindfaden, Länge etwa 0,5 m, läßt den Löffel frei hängen und schlägt gegen Holz, z.B. gegen eine Stuhllehne. Anschließend wickelt man das Ende des Bindfadens um einen Finger, steckt diesen in das Ohr und läßt den Löffel erneut gegen die Stuhllehne pendeln. Was stellt man in beiden Fällen fest? Wie erklärt man die Erscheinungen?

L. Der Bindfaden leitet den Schall in eine Richtung, während in Luft sich die Schallwellen nach allen Richtungen (Kugelwellen) ausbreiten und deshalb mit zunehmender Entfernung die Intensität immer schwächer wird. Die Energie verteilt sich auf eine größere Fläche. Dies ist bei der Schalleitung durch den Bindfaden nicht der Fall.

2. Erkläre den in Abb. W7, 2 dargestellten Versuch!
Man falte ein Papier zu einem Trichter, biege die Spitze um und stecke eine Nadel hindurch. Die Nadel setze man vorsichtig in die Rillen einer alten Schallplatte, die auf den Teller eines Plattenspielers gelegt wird. Was kann man feststellen? Erkläre!

L. Durch die Rille wird die Nadel in Schwingungen versetzt, die sich auf die Postkarte übertragen und von ihr an die umgebende Luft weitergegeben werden. Das gleiche gilt für den Trichter. Durch Reflexion der Schallwellen an den Trichterwandungen tritt eine Bündelung auf. Der Schall ist besser zu hören.

3. Das Signal eines Echolots wird bei Meeresgrundvermessungen nach folgenden Laufzeiten wieder empfangen: 0,050 s, 0,080 s, 0,120 s. Wie tief ist das Meer, wenn die Schallgeschwindigkeit 1450 m/s beträgt?

L. Vereinfachte Rechnung: Sender und Empfänger liegen dicht beieinander, dann ist $x = v \cdot t/2$, 36,3 m; 58 m; 87 m.

4. Auf welche Weise kann man die Frequenzen einer Saite erhöhen?

L. Verkürzen der Saite, Erhöhen der Spannung.

5. Warum hängt der Klang einer Saite davon ab, in welcher Entfernung von der Mitte man sie anspielt?

L. Bestimmte Obertöne werden bevorzugt. Streicht man z.B. in der Mitte an, so hört man den Grundton und den zweiten Oberton, nicht aber den ersten Oberton, der durch eine Schwingung angeregt wird, die in der Mitte der Saite einen Knoten besitzt.

6. Warum hört man eine Biene fliegen, aber einen Schmetterling nicht?

L. Die Frequenz der Schmetterlingsflügel liegt unterhalb der Hörgrenze.

d) Audiovisuelle Hilfsmittel

AT	Schwingungen	36 0144	(1)
AT	Eigenschaften von Wellen	36 0145	(1)
AT	Geschwindigkeit, Frequenz, Wellenlänge	36 0147	(1)
AT	Wellenerzeugung	36 0150	(1)
AT	Längswellen	36 0151	(1)
AT	Querwellen	36 0152	(1)
AT	Reflexion von Wellen	36 0153	(1)
F	Das Ohr - Bau und Funktion	3554 16	(1)
F	Das Ohr - Wahrnehmung von Schallwellen	3554 15	(1)
F	Lärm	35 5071	(1)
F	Der Doppler-Effekt	35 5736	(1)
F	Einsturz einer Brücke	35 5722	(1)
AT	Transversalwellenmodell	471 30	(3)
AT	Longitudinalwellenmodell	471 31	(3)
AT	Echolot	1731 30	(7)

Hinweise zur LE 4: Energie aus dem Atom

AT	Vorgang des Hörens	17 928	(7)
AT	Das Ohr	17 1930	(7)
F	Entstehung elastischer Quer- und Längswellen, 4 min.	30 0634	(11)
F	Der Dopplereffekt, 4 min.	32 0635	(11)
F	Entstehung von Querwellen, 2,5 min.	36 0021	(11)
F	Entstehung von Längswellen, 2 min.	36 0036	(11)
F	Wie wir hören, 8 min.	32 0544	(11)
D	Überlagerung von Schallwellen	14/15 0004	(11)
F	Schallübertragung im Mittelohr, 1,5 min.	36 0023	(11)
F	Elektrischer Schwingkreis, 5 min.	36 0216	(11)
F	Einführung in die Akustik I: Schall, Lautheit, Lautstärke (Tonband)	20 2011	(11)
AT	Ausbreitung des Schalls (Echo und Nachhall)	8551	(13)
AT	Aufbau des Ohres, Schallwahrnehmung und Schalleistung	8552	(13)
AT	Schallmauer- Überschallflug	8553	(13)
AT	Musikinstrumente	8554	(13)
AT	Resonanz	8555	(13)
F	Appleton und die Ionospäre - 19 min. (Entwicklung der Funktechnik, Erforschung der Ionosphäre, Radiostrahlung)		(14)
F	Tonschwingungen am menschlichen Mittelohrapparat, 10,5 min.	E 560	(15)
F	Ultraschallversuche, 9 min.	C 318	(15)
F	Lautloser Schall - Ultraschall, 18,5 min. (Zeichentrickfilm)	W 732	(15)
AT	Die Intensität des Schalls (4)	37 049	(12)
F	Raisting, 25 min. (16 mm)	C 5	(H6)
F	Raisting II, 10 min. (16 mm)	C 5/70	(H6)
F	Wie funktioniert das Radio, 10 min. (Lichtton, 16 mm)	C 5	(H1)

3.5.2.4 LE 4: Energie aus dem Atom

a) Vorbemerkungen und Ziele

Vor noch nicht allzu langer Zeit wurde heftig darüber diskutiert, ob die Atomphysik in die Schule überhaupt Eingang finden solle. Diese Diskussion erfolgte im wesentlichen in den Jahren 1950-1960 (38). Inzwischen gehören viele dieser damals didaktisch aufbereiteten Stoffgebiete zum festen Bestandteil des Physikcurriculums des Gymnasiums. Auf der Sekundarstufe I werden bereits vor allem kernphysikalische Erscheinungen behandelt (39). Die Gründe liegen auf der Hand:

1. Schüler haben heutzutage aus den unterschiedlichsten Quellen zum Teil ungeordnete und unklare Vorstellungen über atomphysikalische Vorgänge. Hier muß die Schule eingreifen und helfen.

2. Das Problem der Energieversorgung beschäftigt wie nie zuvor die Menschen. Die Rolle, welche hierbei die Kernenergie spielen muß oder soll, wird in aller Öffentlichkeit diskutiert. Um hier mitreden zu können, sind im Grunde erhebliche Kenntnisse erforderlich, die die Schule auf der Sekundarstufe I nicht bieten kann. Der Physikunterricht kann aber dazu beitragen, daß wenigstens die größten Mißverständnisse beseitigt werden.

3. Die vielfältigen Anwendungen ionisierender Strahlung von den schrecklichen Auswirkungen moderner Waffensysteme bis hin zu den segensreichen und weittragenden Anwendungen in der Medizin, der Biologie, der Chemie und der Technik erfordern es, daß eigentlich jeder mit der Notwendigkeit und den Möglichkeiten von Strahlenschutz bekannt gemacht wird.

4. Kernphysikalische Schulversuche sind vielfach mit relativ einfachen Hilfsmitteln durchführbar, zumal die erforderlichen Zusatzgeräte - wie Verstärker, Meßinstrumente - meist auch in den physikalischen Sammlungen vorhanden sind.

In der Regel wird das Thema "Energie aus dem Atom" in Klasse 10 behandelt werden. Da oft auch die Lehrpläne für den Chemieunterricht das Thema "Radioaktivität" enthalten, empfiehlt es sich, mit dem Chemielehrer zusammenzuarbeiten.

Welche konkreten Ziele können nun im Unterricht angestrebt werden? Da dieses Thema in den meisten Fällen auf der Sekundarstufe I neu sein dürfte, seien deshalb abweichend von der sonst üblichen Darstellungsweise im Lehrerband einige dieser möglichen Lernziele

Hinweise zur LE 4: Energie aus dem Atom

angegeben. Die Zusammenstellung erhebt keinerlei Anspruch auf Vollständigkeit.

1. <u>Ziele, die auf der Sekundarstufe I auf jeden Fall erreicht werden sollten:</u>
- Einige radioaktive Elemente nennen können;
- wissen, daß radioaktive Strahlen fotoempfindliche Schichten schwärzen;
- Versuche angeben können, die die ionisierende Wirkung radioaktiver Strahlen zeigen;
- das Geiger-Müllersche Zählrohr in seiner Funktionsweise beschreiben können;
- die Strahlungsarten nennen und nach Reichweite und Durchdringungsvermögen unterscheiden können;
- das Verhalten der drei Strahlungsarten im Magnetfeld beschreiben können;
- wissen, daß die β^--Strahlen aus Elektronen bestehen mit unterschiedlicher kinetischer Energie;
- die Eigenschaften der α-Teilchen angeben können (Masse, Ladung);
- wissen, daß die γ-Strahlung eine elektromagnetische Strahlung darstellt;
- wissen, daß die Schwächung der γ-Strahlung um so stärker ist, je dicker die zu durchdringende Schicht ist;
- wissen, daß die radioaktiven Strahlen durch eine Umwandlung der Atomkerne entstehen;
- Versuche angeben, die diesen Sachverhalt bestätigen;
- wissen, daß der Zerfall statistischen Gesetzmäßigkeiten unterliegt (das Einzelereignis ist nicht vorhersagbar);
- die Halbwertszeit definieren können;
- einen Versuch zur Bestimmung der Halbwertszeit beschreiben können;
- wissen, daß beim radioaktiven Zerfall Folgeprodukte entstehen können, die selbst wieder radioaktiv sind;
- Beispiele hierfür nennen können;
- wissen, daß man sich die Atome aus Kern und Hülle aufgebaut denken kann;
- die Größenordnung des Atomdurchmessers (10^{-10}m) und des Kerndurchmessers (10^{-14}m) kennen und veranschaulichen;
- wissen, daß Atome aus Neutronen, Protonen und Elektronen bestehen.

2. <u>Zusammenstellung von Zielen, aus der auf der Grundlage geltender Lehrpläne und unter Berücksichtigung der Leistungsfähigkeit und des Interesses der Lerngruppe eine Auswahl zu treffen ist.</u>
- Den Atomkern als dichte Packung kugelförmiger Nukleonen (Neutronen, Protonen) auffassen (Tröpfchenmodell);
- den Zusammenhang zwischen Massenzahl, Neutronenzahl und Kernladungszahl angeben können;
- wissen, was ein Isotop ist;
- den β-Zerfall beschreiben können (Angabe einer Reaktionsgleichung, z. B.:
$214Pb \xrightarrow{\beta} 214Bi$);
- den α-Zerfall beschreiben können (Angabe einer Reaktionsgleichung, z. B.:
$232Th \xrightarrow{\alpha} 228Ra$);
- wissen, daß die γ-Strahlung durch eine Veränderung des Energiezustandes des Kerns hervorgerufen wird, ohne daß sich Massenzahl noch Kernladungszahl ändert;
- wissen, was man unter Kernspaltung versteht;
- ein Beispiel für eine Kernspaltung angeben können;
- wissen, wie eine Kettenreaktion zustande kommt;
- die Wirkungsweise einer Nebelkamera beschreiben können;
- das Prinzip eines Kernreaktors, z. B. eines Druckwasserreaktors erläutern können;
- Übersicht über verschiedene Nachweismethoden radioaktiver Strahlung;
- Vergleich des Rutherford'schen Atommodells mit dem Planetensystem vornehmen;
- die Brauchbarkeit der Vorstellung von der atomistischen Struktur der Materie an einigen Beispielen erläutern können (Wärmevorgänge wie Verdampfen, Verdunsten usw., Auflösungs- und Mischungsvorgänge, Erscheinungen an Grenzflächen wie Oberflächenspannung, Kapillarität, Reibung, Druck usw.);
- einige Erscheinungen angeben können, für deren Beschreibung das Kugelmodell der Atome nicht ausreicht;
- das Rutherford'sche Atommodell zur Beschreibung einiger Eigenschaften von Elementen verwenden (Periodensystem, Isotope);
- Erkennen, daß in vielen Bereichen Einzelereignisse oder Vorgänge nicht erfaßbar sind, über das Verhalten einer Gesamtheit von Ereignissen oder Teilchen jedoch gesetzmäßige Aussagen möglich sind;
- Beispiele aus der Wärmelehre, der Mechanik, der Kernphysik hierzu nennen können;
- angeben können, welche Versuchsergebnisse darauf hinweisen, daß Elektronen mit den β^--Teilchen identisch sind;
- erkennen, in welcher Weise sich die Auswirkungen des naturwissenschaftlich-technischen Fortschritts in unserer Umwelt bemerkbar machen;
- wissen, was man unter somatischen und genetischen Strahlenschäden versteht;

Hinweise zur LE 4: Energie aus dem Atom
S. A34–A35

- Beispiele für die Verwendung radioaktiver Strahlen in Medizin und Technik angeben können;
- die künstliche Strahlenbelastung im Vergleich zur natürlichen angeben können;
- begründen können, warum die Strahleneinwirkung begrenzt werden muß;
- die Wirkung von Kernwaffen kennen;
- die Entdeckungsgeschichte der Radioaktivität kennen;
- am Beispiel der Atommodelle aufzeigen, daß viele Menschen aus vielen Nationen und Generationen an der Entwicklung der Naturwissenschaften beteiligt sind;
- lernen, beim Experimentieren Gefahren vorauszusehen und Schäden für sich und andere zu vermeiden;
- Schutzmaßnahmen gegenüber radioaktiven Strahlen kennen;
- Sicherheitsvorschriften kennen.

Wir haben einige Gründe genannt, die für eine Behandlung kernphysikalischer Sachverhalte auf der Sekundarstufe I sprechen. Damit sind aber noch nicht die Probleme gelöst, die bei der Umsetzung der genannten Ziele im Unterricht auftreten. In allen übrigen Stoffbereichen war es in den meisten Fällen möglich gewesen, ausgehend von Experimenten zu physikalischen Gesetzen und Theorien zu gelangen, die Schüler also das Werden physikalischer Erkenntnisse miterleben zu lassen. Nur in wenigen Fällen konnte dieses methodische Konzept nicht realisiert werden, so z. B. in Kap. W3, Kap. O6, Kap. E11.4 und E11.5 und in Kap. A3.24. In der Lerneinheit "Energie aus dem Atom" trifft dies aber für fast alle angegebenen Inhalte zu. In sehr gedrängter Form werden zahlreiche Ergebnisse gebracht, zu deren Begründung eine Fülle von Experimenten und theoretischen Überlegungen nötig wären, die auf der Sekundarstufe I nicht möglich sind. Selbst die so einfach erscheinenden eindrucksvollen Versuche nach Abb. A45, 2 und Abb. A46, 1 erfordern zu ihrer Interpretation sehr viele Kenntnisse aus verschiedenen Bereichen der Physik. Nur das Kap. 4.13 "Grunderscheinungen der Radioaktivität - zerfallende Atome" fußt auf Experimenten.

Die meisten Ergebnisse des Kap. A4 werden demnach nicht erarbeitet, sondern mitgeteilt, und zwar durch Lehrervortrag, Schülerreferat und durch audiovisuelle Hilfsmittel, von denen es eine stattliche Anzahl gibt.

Dort, wo Experimente möglich sind, muß der Lehrer sehr sorgfältig unterscheiden zwischen dem, was man aus den Experimenten folgern kann und dem, was man sich dazu denkt oder was man aus anderen Informationsquellen unbewußt bei den Erklärungen einbringt.

Aus diesem Gründen erscheint es auch wenig sinnvoll, zu allen Themen Bemerkungen zu schreiben, da dies nur unter Berücksichtigung des Materials geschehen kann, das im Unterricht eingesetzt werden kann. Wir verzichten deshalb auf Bemerkungen zu den Kapiteln 4.14 und 4.3.

b) Bemerkungen zu den einzelnen Themen

Radioaktivität - zerfallende Atome (4.1)

Die atomistische Struktur der Materie (4.11)

In diesem Kapitel soll in einer Rückschau die Brauchbarkeit der atomistischen Vorstellung noch einmal den Schülern vor Augen geführt werden. Hierzu dient auch die Aufgabe 1 auf Seite A34. Da in der Regel die Inhalte des Kapitels 4 in Klasse 10 behandelt werden, können alle vorhergehenden Abschnitte aus den verschiedensten Bereichen der Physik in dieser Hinsicht durchforstet werden.

Die Entdeckungsgeschichte der Radioaktivität (4.12)

Grunderscheinungen der Radioaktivität - zerfallende Atome (4.13)

Der Zugang zur Radioaktivität kann einmal über die historische Entwicklung erfolgen, aber auch über experimentelle Erfahrungen. Deshalb werden die beiden Abschnitte hier gemeinsam betrachtet.

LV Man beginnt zweckmäßig mit V A35.1, der dem historischen Versuch von Becquerel entspricht. Der Versuch kann nicht während der Unterrichtsstunde durchgeführt werden. Man verwendet ein β-strahlendes Präparat, da die β-Strahlen fotografisch wirksamer sind als γ-Strahlen. Für gleiche Schwärzungen benötigt man eine größere Expositionszeit, (21), S. 95ff.

Mit β-Strahlen kann auch das Prinzip der Radiographie, bei dem durch Strahlung ein Bild vom Innern eines Körpers erzeugt wird, demonstriert werden, (21), S. 104.

Anschließend läßt man in Schülerreferaten über die Entdeckungsgeschichte der Radioaktivität berichten, (23), (24), (25), (27).

Hinweise zur LE 4: Energie aus dem Atom S. A36–A44

Auch bei den folgenden Versuchen wird die Betonung auf die Beobachtung und deren Interpretation gelegt. Die Versuchsergebnisse werden sehr vorsichtig formuliert und sorgfältig von den Aussagen getrennt, die erst durch eine Vielzahl weiterer Experimente möglich werden.

So heißt es z. B. auf Seite A37: "Die β-Strahlen verhalten sich wie ein Strahl negativer geladener Teilchen."

Das auf diese Weise interpretierte Versuchsergebnis von V A37, 2 wird dann durch die Mitteilung ergänzt: "β-Strahlen bestehen aus negativ geladenen Teilchen der Masse $m_e \approx 9,1 \cdot 10^{-31}$ kg und der Ladung $-e$. Sie sind mit den Elektronen identisch."

Sinngemäß gilt dies auch für alle anderen Ergebnisse.

LV V A38, 1 und V A38, 2 sind für die zweite Erweiterung gedacht, da Durchführung und Auswertung höhere Anforderungen stellen.

Bevor die verschiedenen Strahlenarten behandelt werden können, müssen weitere Nachweismethoden vorgestellt werden. In dieser Phase können die Schüler bei der Versuchsplanung kaum mitwirken. Der Lehrer muß demnach die Phänomene zeigen. Es gilt dann, im Unterricht Folgerungen aus den Beobachtungen zu ziehen. So erkennt man statistische Schwankungen bei den Szintillationen und die ionisierende Wirkung der Strahlung.

VT Bei der Entladung eines Elektroskops durch die Strahlung eines radioaktiven Präparats (Abb. A35, 2) wird der Effekt deutlicher, wenn man mit zwei flachen Scheibenelektroden eine Art Plattenkondensator bildet. Eine Scheibe wird an die Innenelektrode, die andere an das Gehäuse des Elektroskops angeschlossen. Da fast alle zwischen den beiden Scheiben gebildeten Ionen an das Elektroskop wandern können, erfolgt die Entladung rascher.

Strahlengefahr und Strahlenschutz (4.14)

Bezüglich dieses Themas wird auf die einschlägige Spezialliteratur (33), (34), (36), (37) verwiesen, vor allem auf die seit dem 1. 4. 1977 in Kraft befindliche neue Strahlenschutzverordnung, die die bisher gültigen 1. und 2. Strahlenschutzverordnungen ablöst (41).

Die Verordnung ist für Schulen ohne weitergehende Konsequenzen. Neu ist allerdings, daß die Zahl der bauartzugelassenen Vorrichtungen je Schule unbegrenzt ist und die der bauartzugelassenen Neutronenquellen auf zwei beschränkt ist. Für Schulröntgengeräte gibt es in dieser Hinsicht keine Einschränkung.

Der Aufbau der Atome (4. 2)

Der Aufbau der Atomhülle (4. 21)

Der Aufbau der Atomkerne (4. 22)

Zum Verständnis des Ziel-Kapitels über Gewinnung von Kernenergie (4. 3) durch Kernspaltung (4. 31) und Kernfusion (4. 32) werden detaillierte Vorstellungen über den Aufbau von Atomen benötigt, wie sie im Kap. 4. 2 vermittelt werden sollen. Als Hintergrund hierfür kann die folgende Darstellung über Atommodelle gelten, (40), (42), (43). Nur Teile davon können im Unterricht umgesetzt werden.

Was ist ein Atom?

Noch zu Beginn unseres Jahrhunderts zweifelten ernstzunehmende Physiker (z. B. Ernst Mach) an der Existenz von Atomen. Sie hielten sie trotz der Erfolge der Atomvorstellung in der Chemie und der kinetischen Gastheorie nur für ein nützliches Hilfsmittel zur Veranschaulichung von Dingen, die an sich unanschaulich waren. Erst eine Arbeit von Albert Einstein aus dem Jahre 1905, in der er die Brownsche Bewegung erklärte, verhalf der Atomvorstellung zur allgemeinen Anerkennung. Seitdem hat sich unsere Kenntnis vom Bau der Atome sehr entwickelt. Sie erweisen sich als derart komplizierte Objekte, daß es heute sogar schwierig ist, eine Definition dessen zu geben, was man unter einem Atom verstehen will:

Finkelnburg sagte: "Atome sind die kleinsten mit chemischen Mitteln nicht mehr teilbaren Bausteine der Materie". Diese Definition ist nicht voll befriedigend, weil man nicht eindeutig festlegen kann, was chemische Mittel sind und was nicht. Wenn man z. B. flüssiges Wasser elektrolytisch in seine Elemente Wasserstoff und Sauerstoff zerlegt, entstehen Wasserstoff- und Sauerstoffatome höchstens vorübergehend als Zwischenprodukte. In dem entweichenden Gas sind die Atome paarweise zu Molekülen vereint. Will man Sauerstoffatome in größerer Zahl erzeugen, so muß man das Gas bei genügend kleinem Druck hoch erhitzen. Andere Methoden zur Herstellung von Sauerstoffatomen in wägbarer Menge gibt es nicht. Soll man eine Erhitzung allgemein als chemisches Hilfsmittel zur Zerlegung der Materie ansehen? Tut man es niemals, so kann man viele Substanzen gar nicht mit chemischen Mitteln in ihre Atome zerlegen. Tut man es jedoch ausnahmslos, so ist der obige Satz auch nicht richtig, denn durch genügend starkes Erhitzen kann man die Atome noch weiter in kleinere Bausteine, nämlich in

Hinweise zur LE 4: Energie aus dem Atom

Elektronen und Ionen zerlegen, und das geschieht tatsächlich weitgehend im Innern der Sterne. Es erscheint kaum möglich, auf dieser Basis eine völlig exakte Definition des Begriffes Atom zu geben.

Aufgrund dieser Schwierigkeiten sieht ein Physiker heute ein Atom zunächst gar nicht mehr als kleinsten Teil von etwas, sondern in seiner Vorstellung wird er meist ein Atom als ein zusammengesetztes Gebilde verstehen: <u>Als Atom bezeichnet man einen Atomkern mitsamt der ihn umgebenden Elektronenhülle, vorausgesetzt, daß die Zahl der Elektronen in der Hülle gleich der Zahl der Protonen im Kern ist.</u>

Mit dieser Definition kann man nur etwas anfangen, sofern man mit den Begriffen "Atomkern" und "Atomhülle" Vorstellungen verbindet. Für die Atomhülle ist dies dank der Quantentheorie (Heisenberg/Schrödinger, 1926) weitgehend möglich geworden. Dabei handelt es sich um einen abstrakten Formalismus, der sich anschaulichen Vorstellungen weitgehend entzieht. Der Grund dafür ist

1. der sog. "Dualismus-Welle-Korpuskel" und
2. die Kompliziertheit der mathematischen Beschreibung, die bis auf wenige Ausnahmen nur Näherungslösungen gestattet.

Über den Atomkern hat man heute noch keine sehr genaue Kenntnis. Welche Kräfte zwischen den Nukleonen wirken, ist unklar. Man kann nicht einmal sagen, ob das Konzept der "Kraft", das wir letzten Endes der Erfahrung mit unserer Muskelkraft verdanken, in diesem Bereich noch anwendbar ist. Trotz dieser Problematik kann man sich Vorstellungen von den Atomkernen machen. Der Grund dafür ist in der Beschränkung zu sehen, nicht alle Eigenschaften des Atomkernes zu erfassen, sondern sich auf einige wichtige Aspekte zu konzentrieren, über die experimentelle Kenntnisse vorliegen. Dann kann man sich Modelle ausdenken. (Vgl. Kap. 1.2.4 "Modellvorstellungen in der Physik.")

Der heutige Stand der Kenntnis vom Atombau läßt sich nur in formalen Modellen auf hoher Abstraktionsstufe formulieren. Damit kann der Unterricht in der Sekundarstufe I und II kaum Erfolg haben. Dort müssen Modelle eingesetzt werden, die zwar möglichst viele Übereinstimmungen mit den bestmöglichen Modellen der heutigen Zeit haben, aber dennoch müssen sie anschaulich bleiben. Bei der Suche nach solchen Modellen kann ein Blick auf die historische Entwicklung nützlich sein.

1. Daltons Kugelmodell

Die Quantelung der Materie ergab um 1805 das sog. Dalton-Modell (John Dalton, 1766-1844). Als Arbeitshypothese moderner Naturwissenschaft greift es naturphilosophische Spekulationen der Antike wieder auf (Leukipp, Demokrit, Epikur, Zenon von Kition, Lukrez). Dieses Modell beschreibt Atome und ihre Wechselwirkungen durch die Vorstellung von kleinen kugelförmigen, gleichmäßig mit Materie erfüllten, vollkommen elastischen Gebilden. Bei praktischen Anwendungen kann oft von der ausgedehnten Kugel zum ausdehnungslosen Massenpunkt idealisiert werden.

Dieses Modell erklärt:

- die Grundgesetze der Chemie,
- die kinetische Theorie der Materie mit Änderung der Aggregatzustände, Diffusion und Osmose, Brownsche Bewegung, Gasgesetze,
- Interferenz von Röntgenstrahlen an Kristallen (Bragg-Reflexion),
- Lichtstreuung ("Warum ist der Himmel blau?"),
- Bilder des Feldelektronenmikroskops.

Unerklärt bleibt:

- Ionisierbarkeit, Elektrolyse, Gasentladungen,
- Radioaktivität,
- chemische Bindekräfte,
- Spektrallinien,
- Periodensystem der Elemente,
- Experimente zur Streuung von Teilchen an Atomen (Lenard mit Elektronen, Rutherford mit Alpha-Teilchen).

2. Das Rosinenkuchen-Atom von J. J. Thomson

Ausgangspunkt für diese Weiterentwicklung der Vorstellungen vom Atombau ist die Kenntnis von den elektrischen Eigenschaften und von den Elektronen, die sich zu Beginn dieses Jahrhunderts angesammelt hatten.

Unter verschiedenen um die Jahrhundertwende entstandenen Modellen ist besonders das Modell von Sir Joseph John Thomson (1856-1940) aus dem Jahr 1904 von Bedeutung. Es beschreibt das Atom als positiv geladene Massenkugel, in welche in regelmäßigem Muster die Elektronen ruhend oder in Bewegung angeordnet sind.

Dieses Modell erklärt zusätzlich zu den Punkten beim Dalton-Modell:

Hinweise zur LE 4: Energie aus dem Atom

- Faraday-Gesetze, Elementarladung,
- elektrolytische Leitung in Gasen und Flüssigkeiten,
- die stets gleiche spezifische Ladung e/m der Elektronen,
- die Elementperiodizität der Chemie durch das Instabilwerden des Elektronengebäudes bei bestimmten Elektronenzahlen,
- chemische Eigenschaften durch Elektronen auf der äußersten Schale,
- Edelgaseigenschaften durch abgeschlossene Elektronenschalen.

Unerklärt bleiben insbesondere

- die Streuversuche von Lenard und Rutherford.

3. Kern-Hülle-Modelle

Mit den experimentell nachgewiesenen Kräften konnte man durch die Elektrostatik ein stabiles System verstehen, ohne neue, bisher unbekannte Wechselwirkungen zu benutzen. So entstanden ab 1890 die ersten planetarischen Atommodelle (Weber, 1890, Perrin, 1901, Nagoaka, 1904). Sie verstehen das Atom als verkleinertes Abbild eines Sonnensystems mit umlaufenden Elektronen entsprechend den Planeten. Durch die Arbeiten von Rutherford zur Streuung von Alpha-Teilchen an Atomen erhielten diese Vorstellungen eine wesentliche Stütze. Bei den Streuversuchen ergab sich eine wesentlich größere Anzahl von rückwärts gestreuten Teilchen, als sich mit dem Modell einer ausgedehnten positiven Ladungswolke erwarten ließ.

In Rutherfords Atommodell von 1911 wird das Atom beschrieben als kugelförmiges Gebilde, gegliedert in Kern und Hülle. Der positive Kern hat einen Durchmesser von der Größenordnung einiger 10^{-15} m. Heute wird angegeben
$R = 1,2 \cdot 10^{-15} \text{ m } A^{1/3}$ (A: relative Atommasse).
Der Kern enthält fast die gesamte Masse des Atoms. Um ihn laufen auf Kreis- oder Ellipsenbahnen die negativen Elektronen. Sie bilden die Hülle mit einem Durchmesser von der Größenordnung 10^{-10} m.

Dieses Modell erklärt:

- den Rutherfordschen und den Lenardschen Streuversuch,
- das periodische System der Elemente.

Unerklärt bleiben

- die der klassischen Elektrodynamik widersprechende Stabilität der Atome,
- die Radioaktivität.

Da eine beschleunigte elektrische Ladung Strahlung abgeben müßte, könnte nach der klassischen Elektrodynamik ein Rutherford-Atom nur ca. 10^{-8} sec leben, dann müßte das Elektron in den Kern stürzen. Die Frequenzen des Lichtes der Spektrallinien stimmen nicht mit den Umlauffrequenzen der Elektronen überein.

4. Das Bohrsche Atommodell

Im März 1913 erfolgte durch Niels Bohr eine wichtige Fortentwicklung des Rutherfordschen Kern-Hülle-Modells. Mit drei Postulaten ließ sich ein wichtiger Teil der spektroskopischen Daten zusammenfassen:

1. Postulat

Jedes Atom besitzt eine Anzahl von durch Quantenvorschriften bestimmten stationären Zuständen. Jeder Zustand ist durch einen bestimmten Energieeinhalt E_n charakterisiert.

2. Postulat:

Der Übergang von einem dieser Zustände zu einem anderen erfolgt sprunghaft unter Aufnahme oder Abgabe eines Quants der Energie $E_m - E_n = h\nu = \hbar\omega$.

Quantisierungsvorschrift für das Wasserstoffatom: Der Bahndrehimpuls der umlaufenden Elektronen ist ein ganzes Vielfaches der Planckschen Konstanten $L = n \cdot \hbar$.

Dieses Modell erklärt:

- das Spektrum des H-Atoms und der H-ähnlichen Ionen,
- den empirischen Durchmesser des H-Atoms,
- die Rydberg-Konstante,
- die im Franck-Hertz-Versuch beobachteten Energiestufen,
- die Aufbauprinzipien des periodischen Systems.

Mängel des Modells:

- die Postulate sind nicht begründet,
- die Berechnung von Mehrelektronensystemen in den Atomhüllen schwerer Elemente ist nicht möglich,
- die Feinstruktur der Spektrallinien wird nicht erklärt,
- die Quantisierungsvorschrift sagt falsche Drehimpulse der Zustände voraus (z.B. Grundzustand $L = 0$, aber nach Bohr $L = 1\,\hbar$),
- die Vorstellung umlaufender Elektronen berücksichtigt den Welle-Teilchen-Dualismus nicht.
- das Modell sagt eine falsche Bindungsenergie für das H_2-Molekül voraus.

Hinweise zur LE 4: Energie aus dem Atom

5. Sommerfelds Ellipsenmodell

Arnold Sommerfeld erweiterte 1915 das Bohrsche Modell um Ellipsenbahnen und berücksichtigte dabei auch relativistische Effekte. Damit gelang eine Erklärung der Feinstruktur der Spektrallinien. Die von Sommerfeld entdeckte Richtungsquantelung wird durch eine "innere Quantenzahl", später Spin genannt, berücksichtigt.

Die übrigen Mängel des Bohrschen Modells werden nicht behoben. Der Rechenaufwand ist beträchtlich. Dennoch taucht dieses Atommodell in verschiedenen Schulbüchern der Sekundarstufe II auf.

6. Orbital-Modelle

Mit dieser Bezeichnung meint man die Atommodelle der Quantentheorie. 1926 hatte Erwin Schrödinger ein wellenmechanisches Modell des Wasserstoffatoms errechnet. Die Atomhülle wird darin als stehende Materiewelle verstanden. Diese Materiewelle erfüllt die sog. Schrödinger-Gleichung

$$E\psi = -\frac{\hbar^2}{2m}\left(\frac{\partial^2 \psi}{\partial x^2} + \frac{\partial^2 \psi}{\partial y^2} + \frac{\partial^2 \psi}{\partial z^2}\right) + V(\vec{r})\psi.$$

Die hierin auftretende Größe ψ interpretiert Schrödinger ganz entsprechend den Feldstärken der Elektrodynamik, indem er das absolute Quadrat der komplexen Größe gleich der Ladungsdichte der Elektronen setzte.

$$|\psi|^2 = \varrho.$$

Diese Deutung führte zu Widersprüchen. Die Atomhülle besteht ja nicht aus einer verschmierten Ladungsverteilung, sondern nach den experimentellen Befunden ist ein Elektron eher als punktförmiges Teilchen zu verstehen. Diese Schwierigkeiten konnte Max Born beheben. Er deutete die Schrödingersche ψ-Funktion als Wahrscheinlichkeitsamplitude (1928). Danach gibt die stehende Welle als Lösung der Schrödinger Gleichung die Wahrscheinlichkeit an, mit der bei einer Messung in dem betreffenden Raumgebiet ein Elektron gefunden wird. Diese Wahrscheinlichkeitsdeutung war anfänglich umstritten, sie wird aber heute von der Mehrzahl der Physiker akzeptiert (Kopenhagener Deutung der Quantentheorie), vgl. (22).

Die Wahrscheinlichkeitsverteilungen werden oft in anschaulichen Bildern dargestellt, die das Aussehen von Wolken mit bestimmten, je nach Zustand verschiedenen Symmetrien haben. Man muß dabei immer bedenken, daß hier eine Wahrscheinlichkeitsverteilung, also etwas ganz Abstraktes dargestellt ist (vgl. Abb. A43, 1).

Das Orbital-Modell von Schrödinger-Born, unter Erweiterung der relativistischen Effekte, zu denen auch der Elektronenspin gehört, durch P. A. M. Dirac (1928) und unter Hinzufügung des Pauli-Prinzips, gibt zum ersten Mal eine theoretische Deutung des Atombaues und der chemischen Bindung, die weitgehend mit der Wirklichkeit (heutiger Meßgenauigkeit) übereinstimmt. Das Pauli-Prinzip erweist sich im Rahmen der Quantentheorie als eine Folge der prinzipiellen Unterscheidbarkeit der Elektronen und der Größe ihres Spins. Die Leistungen des Modells werden durch die Unanschaulichkeit des abstrakten Formalismus erkauft. Exakte Lösungen der Schrödinger-Gleichung sind nur in wenigen Sonderfällen (z. B. H-Atom) möglich.

Mängel des Modells:

- entgegen der Voraussage der Rechnung von Dirac besteht zwischen den Niveaus $2S_{1/2}$ und $2P_{1/2}$ eine Aufspaltung, die einer Frequenz im Mikrowellenbereich entspricht (Lamb-Shift, 1947 entdeckt),
- auch das elektromagnetische Feld muß quantisiert und nicht durch Potentiale beschrieben werden.

Diese Mängel sollen durch die Quantenelektrodynamik behoben werden. Die Quantentheorie liefert bisher kein sehr gutes Modell des Atomkernes.

7. Kimballs Kugelwolken-Modell

Zwischen 1951 und 1959 schlug Kimball ein Atommodell vor, bei dem für alle Orbitale kugelförmige, homogene Ladungsverteilungen benutzt werden. Dieses aus didaktischen Gründen eingeführte Modell ist sehr einfach und anschaulich. Es liefert gute Abschätzungen für

- Atomradien,
- Bindungsenergien,
- Ionisierungsenergien,
- Elektron-Elektron-Wechselwirkungen.

Zur Interpretation der Spektren ist es ungeeignet, da nicht zwischen verschiedenen Drehimpulsen der Zustände unterschieden wird.

Das Kugelwolken-Modell findet sich z. B. in den Chemie-Büchern von Christen!

8. Modelle für den Atomkern

Im Gegensatz zu den prinzipiell bekannten elektromagnetischen Wechselwirkungen in der Atomhülle sind die Wechselwirkungen zwischen den Protonen und Neutronen (Nukleonen) des Kerns weitgehend unbekannt. Es

Hinweise zur LE 4: Energie aus dem Atom

S. A40–A44, A49–A50

liegen jedoch vielfältige experimentelle Daten vor über

- Bindungsenergien,
- angeregte Zustände der Kerne und Zerfälle,
- Drehimpulse und magnetische Momente,
- kugelförmige, zigarrenförmige und scheibenförmige Kerne.

Diese Daten werden in Modellen geordnet und übersichtlich der Anschauung zugänglich. Dabei sind zwei Arten von Modellen zu unterscheiden:

- Kollektivmodelle, z.B. das "Tröpfchen-Modell", für welches die Bethe-Weizsäcker-Formel die Bindungsenergie je Nukleon angibt. (Bindungsenergie pro Nukleon = Konstante von 14 MeV + Bindungslockerung durch Überschuß einer Nukleonenart + Oberflächenspannung + elektrostatische Abstoßung + Spinabsättigung).
- Ein-Teilchen-Modelle, bei denen sich einzelne Nukleonen im gemeinsamen Kraftfeld aller übrigen Nukleonen bewegen. Da für dieses Modell dieselben Gesetzmäßigkeiten gelten wie bei den Orbitalen der Atomhülle, erwartet man eine Schalenstruktur. Darauf baut das Schalenmodell von M. Goeppert-Mayer u. D. Jensen auf. Den Schalenabschlüssen bei den Edelgasen in der Atomhülle entsprechen die "magischen Kerne", die tatsächlich in der Natur häufiger auftreten als Kerne mit nicht abgeschlossenen Schalen und sich durch größere Stabilität auszeichnen.

Obwohl die beiden Arten von Modellen von ganz unterschiedlichen Vorstellungen ausgehen, werden beide gebraucht, um die Vielzahl von Daten einordnen zu können. Eine weitere Entwicklung unserer Kenntnis von den Wechselwirkungen der Nukleonen kann möglicherweise zu derart guten Ein-Teilchen-Modellen führen, daß dann Kollektivmodelle überflüssig werden.

Folgerungen für den Unterricht

Kein Modell von Atomhülle oder Atomkern stimmt vollständig mit der Wirklichkeit der Natur überein. Die Frage, wie ein Atom "wirklich" ist, kann niemals vollständig beantwortet werden.

Angesichts dieser Situation erscheint es didaktisch sinnvoll zu sein, nicht ein Modell zu verwenden (z.B. ein "mixed-modell", das Elemente verschiedener Modelle zu vereinen sucht), und dieses als die Wahrheit anzugeben. Es ist sicher besser, von Anfang an auf die Schwierigkeiten bei der Erkenntnis der Natur der Atome hinzuweisen und den Abbildungscharakter von Modellen herauszustellen. Dann kann man sich auf das jeweils einfachste Modell beschränken, das dem Stand der erarbeiteten Kenntnisse in der jeweiligen Klassenstufe entspricht. Die geschichtliche Entwicklung gibt dafür Anregungen. Daß Modelle prinzipiell verkürzte Abbilder sind, muß dann aber zu den Lernzielen gehören.

Bemerkungen zum Rückblick, S. A49 und 50

Auf diesen beiden Seiten werden noch einmal alle wesentlichen Elemente der physikalischen Arbeitsweise herausgestellt, die bereits in der Einführung erwähnt wurden. Neben der Kenntnis grundlegender Phänomene, Begriffe und Zusammenhänge ist es gerade das Wissen von Methoden der Physik, was zum bleibenden geistigen Besitz werden sollte.

Es empfiehlt sich deshalb, die Einführung mit in die Betrachtung einzubeziehen. Sicher ist es nicht damit getan, die Schüler dazu aufzufordern, sowohl die Einführung als auch den Rückblick einmal durchzulesen. Ein solches Verfahren verfehlt seine Wirkung. Man kann auch nicht über die Dinge nur reden, sondern man muß noch einmal an konkreten Beispielen die Arbeitsweise der Physik aufzeigen lassen.

Möglich wäre ein arbeitsteiliger Unterricht. Die Schülergruppen schauen sich einzelne Abschnitte des Buchs daraufhin durch, welche Bemerkungen zur physikalischen Arbeits- und Denkweise gemacht wurden. Geeignet sind neben dem Kapitel W 1 die Überlegungen auf den folgenden Seiten: W30, O3, O41, O42, E5, E18, M28, M72.

c) Neue Aufgaben und Fragen

1. Beim Zerfall natürlicher radioaktiver Elemente treten α-, β- und γ-Strahlen auf. Welche minimalen Schutzmaßnahmen werden für die drei Strahlenarten benötigt?
   L. Blei gegen γ-Strahlen, einige mm Aluminium gegen β-Strahlen, Papier gegen α-Strahlen.

2. Zwischen einer Drahtelektrode und einem parallel zum Draht angeordneten Drahtnetz wird eine Spannung von 4 bis 5kV angelegt. Die Spannung ist so eingestellt, daß gerade keine Funkentladung stattfindet.
   Man hält ein α-strahlendes Präparat in die Nähe der Drahtelektrode. Was passiert? Erkläre!
   L. Es werden Funken ausgelöst. Die α-Strahlen ionisieren die Luft, die gebildeten Ionen führen zu einer Funkenentladung.

Hinweise zur LE 4: Energie aus dem Atom

3. Nenne Nachweismethoden für a) α-Strahlen, b) β-Strahlen, c) γ-Strahlen, d) Neutronen!
L. a), b), c) durch ihre ionisierende Wirkung mit Zählrohr, Szintillationen, Nebelkammer. γ-Strahlen lösen z. B. aus den Zählrohrwandungen Elektronen aus, die ihrerseits wieder zu ionisieren vermögen; d) indirekt durch Kernreaktionen, welche ionisierende Teilchen auslösen.

4. Ein großes Problem bei der Verwendung von Kernenergie sind die radioaktiven Abfälle. Warum?
L. Entscheidend ist die Halbwertszeit. Langlebige Strahler bilden Gefahrenquellen.

5. Was geschieht mit einem Atomkern bezüglich seiner Masse und seiner Ordnungszahl, wenn er ein α-Teilchen, b) ein Proton, c) ein Neutron aufnimmt?
L. a) A+4, Z+2, b) A+1, Z+1, c) A+1, Z+0

6. Von welcher Größenordnung ist die Dichte der Kernmaterie? Schätze ab am Beispiel des Wasserstoffatoms. $m_p \approx 1{,}7 \cdot 10^{-27}$ kg; $r = 1{,}2 \cdot 10^{-15}$ m.
L. 10^{11} kg/cm^3 = 10^8 t/cm^3

d) Audiovisuelle Hilfsmittel

AT	Das Atom	36 0137	(1)
AT	Radioaktivität	36 0138	(1)
AT	Kernfusion	36 0139	(1)
AT	Isotope in der Medizin	36 0143	(1)
F	Kritische Masse	35 5790	(1)
F	Kettenreaktion	35 5791	(1)
F	Kontrollierte Kettenreaktion	35 5792	(1)
F	Kernkraftwerke, 4min	35 5802	(1)
D	Der Aufbau der Atome (21)	81606.00	(2), (10)
D	Der natürliche Atomzerfall (18)	81607.00	(2), (10)
D	Die Kernspaltung (20)	81609.00	(2), (10)
D	Die künstliche Atomumwandlung (25)	81608.00	(2), (10)
AT	Atombau und chemische Bindung (12)	23044.01	(2), (10)
AT	Kernreaktionen (9)	23044.05	(2), (10)

Schulwandbilder:

Aufbau der Atome	79425.01	(2), (10)
Natürlicher Atomzerfall	79426.01	(2), (10)
Künstliche Atomumwandlung	79427.01	(2), (10)
Atomkernspaltung	79428.01	(2), (10)
Kernverschmelzung	79446.01	(2), (10)
Messung radioaktiver Strahlung	79447.01	(2), (10)
Strahlenschutz 1 Wechselwirkung von Korpuskular-Strahlung mit Materie		
Strahlenschutz 2 Wechselwirkung von Röntgenstrahlung mit Materie	79481.01	(2), (10)
Strahlenschutz 6 Grundregeln	79486.01	(2), (10)

D	Atomphysik (37)	N 83	(4)
	Atomreaktor (32)	N 94	(4)
	Biologische Strahlenwirkung und Strahlenschutz (45)	N 123	(4)
F	Kahl, 14min		(14), (17)
F	Radioisotope in der Industrie, 25min		(14)
F	Spaltung des Atoms, 15min		(14)
F	Strahlenspione, 26min		(14), (17)
F	Kernprozesse und Kernstrahlung, Vorgänge im Bereich des Atomkerns, 16,5min	W603	(15)
F	Energie aus Materie, 15min	W263	(15), (17)
F	Otto Hahn spricht zur Geschichte der Uranspaltung, Göttingen, Dez. 1956, 10min	G27	(15)
F	Die Spaltung des Atoms, 15min	W971	(15)
F	Atomkraft für die Zukunft, 35min	IAEA-99	(17)
F	Besserleben durch Atome, 26min	IAEA-100	(17)
F	Atomkraftwerk Kahl, 26min	IAEA-177	(17), (23)
F	ABC der Atomenergie, 20min	IAEA-220	(17)
F	Das Atom im Dienste der Menschheit, 30min	IAEA-221	(17)
F	Atom - Quelle neuer Heilkräfte, 10min	IAEA-222	(17)
F	Das Atom ruft, 30min	IAEA-223	(17)
F	Atomare Zusammenarbeit, 20min	IAEA-224	(17)
F	Atomenergie in Amerika, 25min	IAEA-225	(17)
F	BORAX - Aufbauweise eines Atomkraftwerks, 15min	IAEA-226	(17)
F	Uran 235, 20min	IAEA-228	(17)
F	Radioactivity	P80-3346/1	(18)
F	Risiko und Fortschritt, 19min (16mm)	A/74	(23)
F	Strom aus Kernenergie, Beispiel Kraftwerk Stade, 20min (16mm)	A/73	(23), (H21)
F	Kernkraftwerke: Unsere neue Energiequelle, 21min (16mm)	A/73	(23)

Unterrichtsbeispiel

F Element 92, 13min
    (16mm)   (20)
F Die Last auf vielen Schultern
    Entsorgung
    Reaktorsicherheit
    Strahlenschutz   (23)
F Der Griff nach dem Atom, 15min   ETF 116   (4)
F Unser Freund, das Atom, 45min   ETF 593 (4),(14)

Einfluß ionisierender Strahlen auf die lebende Zelle

AT	Ionisierende Strahlen	17 21 03	(7)
AT	Inkorporation radioaktiver Isotope und Bestrahlung	17 21 04	(7)
AT	Somatische Strahlenschäden	17 21 05	(7)
AT	Strahlenkrebs	17 21 06	(7)
AT	Strahlendiagnose und Strahlentherapie	17 21 07	(7)
AT	Strahlenmutationen	17 21 08	(7)
AT	Strahlenschutz	17 21 09	(7)
D	Grundlage der Kernenergieerzeugung (12)		(8)
	Reaktortechnik (16)		(8)

Schulwandtafel

	Atomreaktoren und Atomkraftanlagen	tN 14 305	(10)
D	Kernreaktoren	tN 11205	(10)
F	Das Wasserstoffatom, 5min	36 0661	(11)
F	Das Atom: Aufbau und Größenverhältnisse	36 0270	(11)
F	Die Entdeckung der Radioaktivität, 16min	32 0591	(11)
F	Energie durch Kernspaltung, 18min	32 0922	(11)
F	Ablenkung von Strahlen im Magnetfeld, 2min	36 0032	(11)
F	Ionisationskammer, 2min	36 0033	(11)
F	Arbeitsweise eines Kernkraftwerks, 3,5min	36 0133	(11)
D	Das Atom (30)	1100	(13)
D	Das Atom - Helfer des Menschen (75) Tonband (Laufzeit 45min)	1120	(13)
D	Kernkraftwerke (24)	1878	(13)
F	Achtung Strahlung, 15min		(14)
F	Enträtseltes Atom, 30min		(14)
F	Das europäische Kernforschungszentrum, 20min		(14), (17)
F	Das friedliche Atom, 39min		(14)

3.5.3 Unterrichtsbeispiel

Radioaktivität

Groblernziele:

1. Einige radioaktive Elemente nennen können,
2. Die ionisierende Wirkung radioaktiver Strahlen kennen,
3. Funktionsweise des Geiger-Müllerschen Zählrohrs beschreiben,
4. Eigenschaften der Strahlungsarten kennen.

Methode: Fragend-entwickelnd, Lehrerdemonstrationen, Schülerreferate, Gruppenarbeit mit dem Schülerbuch.

Im folgenden werden die Inhalte eines möglichen Lehrgangs skizziert.

1. Stunde:

Ziel: Brauchbarkeit der Vorstellung von einer atomistischen Struktur der Materie. Gegenüberstellung bisher erarbeiteter Atommodelle (S. W30, S. E79 und E80, S. E83 und E84, S. M70).

Möglich ist folgendes Verfahren: Die Schüler haben als Hausaufgabe im arbeitsteiligen Verfahren einzelne Buchabschnitte durchgearbeitet.
In Arbeitsgruppen werden die Ergebnisse zunächst zusammengestellt, dann der Klasse vorgetragen.
Die Schüler sollen dabei lernen, daß die bisher verwendeten Atommodelle nur eine Näherung darstellen, die nur einen Teilaspekt richtig wiedergeben.
Kurzer Lehrervortrag über die Entdeckung Becquerels. V A35, 1 wird vorbereitet, evtl. auch V A35, 2.

2. Stunde:

Ziel: Schwärzung lichtempfindlicher Schichten durch radioaktive Strahlen (Demonstration des Versuchsergebnisses von V A35, 1).
Zwischen der ersten und der zweiten Stunde müssen einige Tage liegen.
Die Diskussion führt zur Vermutung, daß die von den Uranmineralien oder vom radioaktiven Präparat ausgehenden Strahlen zu ionisieren vermögen. Zur Überprüfung wird V A35, 5 durchgeführt, der die ionisierende Wirkung der Strahlung in Luft zeigt.
Ergänzende Versuche: Szintillationen (Zinksulfidschirm, Spinthariskop).

Literatur

3. Stunde: Demonstrationsversuche

Ziel: Aufbau eines Geiger-Müller-Zählrohrs, prinzipielle Wirkungsweise, Nachweis radioaktiver Strahlen mit dem Zählrohr

4. Stunde: Demonstrationsversuche

Ziel: Unterscheidung der drei Strahlenarten Nachweis (Reichweite, Abschirmung), Schwächung der γ-Strahlen)

5. Stunde: Demonstrationsversuche

Ziel: Verhalten der Strahlungsarten im Magnetfeld
Zusammenfassung aller Versuchsergebnisse. Ergänzung der Versuchsergebnisse durch Mitteilungen

6. Stunde: Schülerreferat

Ziel: Entdeckungsgeschichte der Radioaktivität
evtl. zur Ergänzung: Film FWU, 320591

7. Stunde:

Ziel: Strahlengefahr und Strahlenschutz, Lehrervortrag mit Film (s. unter d))

3.5.4 Literatur

(1) Kahra, J.: Die Einführung der elektrischen Spannung in der Mittelstufe. Contact 5/73, S. 4. Köln: Leybold-Heraeus

(2) Kuhn, W.: Physik III C, Felder und Ladungen. Braunschweig: Georg Westermann Verlag, 1974, S. 137 f.

(3) Friedrich, A. (Hrsg.): Handbuch der experimentellen Schulphysik, Bd. 9, Elektrische Maschinen. Köln: Aulis Verlag Deubner & Co., 1966, S. 10, 22, 33

(4) Vereinigung Deutscher Elektrizitätswerke VDEW e.V.: Die öffentliche Elektrizitätsversorgung im Bundesgebiet einschl. Berlin (West), 1972

(5) Statistisches Jahrbuch für die Bundesrepublik Deutschland, Wiesbaden 1977

(6) RWE (Hrsg.): Energie und sinnvolle Energieanwendung. Heidelberg: Energie Verlag (zu beziehen bei HEA, Frankfurt)

(7) Henk/Koppe: Basiswissen zum Thema Energie, hrsg. vom Hamburgischen Elektrizitätswerk AG. Frankfurt: VWEW, Verlag und Wirtschaftsgesellschaft der Elektrizitätswerke mbH

(8) Penner, D.: Elektrizitätslehre - Leitfaden für den Unterricht. Frankfurt: Hauptberatungsstelle für Elektrizitätsanwendung (HEA)

(9) Newton, I.: Mathematische Prinzipien der Naturlehre. Darmstadt: Wissenschaftliche Buchgesellschaft, 1963 (Nachdruck der Ausgabe von 1872), S. 25 ff.

(10) Einstein, A.: Relativitätstheorie. Braunschweig: F. Vieweg Verlag, 1965 (gemeinverständliche Darstellung), S. 5ff.

(11) Jammer, M.: Das Problem des Raumes. Die Entwicklung der Raumtheorie. Darmstadt: Wiss. Buchgesellschaft, 1960, S. 102 ff. und S. 138 ff.

(12) Mitschka, A.: Falsche und echte Empirie, dargestellt an der Untersuchung des freien Falls - In: Der Physikunterricht 1/1969, Mathematische Strukturen als Grundelemente physikalischen Denkens

(13) Galilei, G.: Untersuchungen und mathematische Demonstrationen, Dritter und Vierter Tag. Leipzig: Ostwald's Klassiker, Nr. 24, 1891, S. 4

(14) Kuhn, W.: Physik III A, Mechanik. Braunschweig: Georg Westermann Verlag, 1977

Literatur

(15) Bergmann-Schaefer: Lehrbuch der Experimentalphysik, Band I, Mechanik, Akustik, Wärmelehre. Berlin: Walter des Gruyter, 1965

(16) Galilei, G.: Unterredungen und mathematische Demonstrationen, Erster und zweiter Tag. Leipzig: Ostwalds Klassiker Nr. 11, 1917, S. 57 bis S. 59

(17) Roth, O.: Wichtigkeit der Physik und ihrer Prinzipien für die Ausbildung von Ingenieuren an Fachhochschulen. In: fachhochschule Darmstadt 6/77, S. 5. Darin enthalten: Konzipierung der rückwirkungsfreien Trägheitsauslösung des Freien Falls

(18) Friedrich, A. (Hrsg.): Handbuch der experimentellen Schulphysik, Band 1, Schwingungen, Wellen, Schall, Ultraschall. Köln: Aulis Verlag Deubner & Co., 1961

(19) Kuhn, W.: Physik, Bd. III D, Schwingungen und Wellen. Braunschweig: Georg Westermann Verlag, 1975

(20) Kuhn, W.: Physik, Band II. Braunschweig: Georg Westermann Verlag, 1968

(21) Friedrich, A. (Hrsg.): Handbuch der experimentellen Schulphysik, Bd. 10, Atomphysik. Köln: Aulis Verlag: 1969

(22) Kuhn, W.: Physik, Bd. III D. Quantenphysik. Braunschweig: Georg Westermann Verlag, 1976

(23) Curie, M. S.: Untersuchungen über die radioaktiven Substanzen. Braunschweig: Vieweg, 1904

(24) Rutherford, E.: Über die Struktur der Atomkerne. Leipzig: Hirzel Verlag, 1921

(25) Der Physikunterricht 3/1970. Radioaktivität und Kernstruktur. Stuttgart: E. Klett. Das Heft enthält Zitate aus (24) und (23)

(26) Hahn, O.: Mein Leben. München: Buchmann, 1968

(27) Hahn, O.: Vom Radiothor zur Uranspaltung. Braunschweig, 1962

(28) Finkelnburg, W.: Einführung in die Atomphysik. Berlin - Göttingen - Heidelberg: Springer Verlag, 1967

(29) Friedrich/Langeheine/Ulbricht: Versuche zur Atomphysik. Köln: Aulis, 1960

(30) Gamov, G.: Biographie der Physik. Forscher, Ideen, Experimente. Düsseldorf: Econ-Verlag, 1965

(31) Höfling, O.: Strahlengefahr und Strahlenschutz. Mathematisch-Naturwissensch. Taschenbücher, Bd. 1/2. Bonn: Dümmlers Verlag

(32) van Melsen, A. G. M.: Atom - gestern und heute. Die Geschichte des Atombegriffs von der Antike bis zur Gegenwart. Deutsche Ausgabe mit Quellentexten erweitert v. H. Dolch. Freiburg, München: Karl Alber, 1957

(33) Jacobi, E. W.: Strahlenschutzpraxis, Teil I, Grundlagen. München: Thiemig

(34) Oberhofer, M.: Strahlenschutzpraxis, Teil II und III (Meßtechnik, Umgang mit Strahlen). München: Verlag Karl Thiemig, 1968

(35) Riezler/Kopitzki: Kernphysikalisches Praktikum. Stuttgart: Teubner, 1963

(36) Wachsmann, F.: Strahlenschutz geht alle an. München: Karl Thiemig, 1969

(37) Pfaffelhuber-Donth: Kommentar zur Zweiten Strahlenschutzverordnung mit den Texten des Atomgesetzes, der Ersten Strahlenschutzverordnung sowie den Zuständigkeits- und Ausführungsvorschriften der Länder. München: Walhalla und Praetoria Verlag, Regensburg

(38) Schröder, H.: Atomphysik in Versuchen. Ein methodischer Leitfaden für den Unterricht. Braunschweig: Fr. Vieweg & Sohn, 1966, S. III-V

(39) Härtel, H.: Die Lehrpläne der Sekundarstufe I für das Fach Physik und Bezüge zum IPN Curriculum P 9/10, Der Physikunterricht 2/77, S. 70 ff.

(40) Schäfer, K.: Atommodelle. In: Behandlung der Atomphysik im Rahmen des Physikunterrichts der Sekundarstufe I. Protokoll des Lehrgangs F 1024. Frankfurt: Hessisches Institut für Lehrerfortbildung, 1975

(41) Strahlenschutzverordnung vom 13. 10. 76, Bundesgesetzblatt 1977, Teil I

(42) Naumer, H.: Atommodelle, Der Physikunterricht 3/1969. Stuttgart: Klett Verlag

(43) Becker-Bender: Atomkerne I u. II, Der Physikunterricht 2/72 und 3/74